中日関係史 1978−2008

歩平❖編集代表
高原明生❖監訳

東京大学出版会

中日友好交流三十年（1978-2008）
「政治巻」王新生主編；「経済巻」張季風主編；「文化巻」黄大慧・周穎昕主編
社会科学文献出版社（北京，中華人民共和国），2008

A History of Sino-Japan Relations, 1978-2008
Edited by BU Ping *et al*.
Translation by TAKAHARA Akio *et al*.
University of Tokyo Press, 2009
ISBN978-4-13-026250-7

監訳者まえがき

日本と中国の関係は、早く普通の国と国の関係に成熟しなければならないと言われることがある。確かに、友好であれ、反発であれ、近代以降の両国民の間には複雑な情念の葛藤があり、それは両国間関係に濃い影を落としてきた。もっと客観的な利益やしっかりとした理性に基づく関係を構築するべきだという声には、うなずける面がある。

しかし、実際のところ、日本にとって中国との交流ほど歴史が長く、大きな影響を及ぼした対外交流はない。また近現代においては、中国にとっても、日本との交流が良きにつけ悪しきにつけ最も重要な対外交流であったことは疑いない。その意味で、日中関係は双方にとって特別な二国間関係である。日中間の交流の厚みと幅は、ほかに類を見ない。国家間関係を支えるのは人の交流であることを思えば、日中政府間で合意された戦略的な共通利益に基づく互恵関係を築いていく上でも、情念の問題をうまくマネージしなければならない。そして関係を全面的に発展させていくためには、相手が自分のことをどのように思っているのかを、正確に把握することが欠かせない。

『中日友好交流三十年（一九七八-二〇〇八）』の翻訳は、まさに「相手が自分をどう思っているか」を知る努力の一環として行われた。原書は、日中平和友好条約が締結された一九七八年から二〇〇八年までの三十年間にわたる日中交流史を中国側の視点からまとめた書物である。研究者が一般人向けに書いた本であり、いわゆる学術書ではない。そこで、中国共産党の対日政策の枠内で、中国の日本専門家が日中関係についてどのようなイメージを大衆に提示しているのかを、ここから看て取ることができる。

本書の特徴だが、まず挙げるべきは集められたデータの幅の広さであり、本書の資料的価値の大きさである。

数多くの研究者や研究者の卵が動員されて資料を渉猟した結果、日本の一般読者はもとより、日中関係に携わってきた者さえ知らない交流の事例が各編に盛り込まれている。

つぎに、日本の外交史が多く編年体をとるのと異なり、本書の記述は史記以来の中国の伝統を踏まえた紀伝体による。例えば政治編では、中国側の指導者別、日本の政党別、そして日本の指導者別などの章立てがされており、日本人の目から見るとかなりユニークな構成となっている。それによって、日中交流のアクターが実に多様であり、過去三十年の間に様々なパイプが日中間に存在してきたことがよくわかる。このような日中交流史の著作は前例がなく、多くの日本人読者の目を引きつけることだろう。

また、日中関係を改善させる上で日本側が払った努力や、政府と民間とを問わず、日本側が中国の経済発展に対して行ってきた貢献についても率直に記されている。本書を手にした中国人読者は、これまで体系的に示されることのなかった、日本の対中政策や対中関与の積極性に驚かされることと思われる。

しかし、言うまでもないことだが、分厚いとはいえ限りがある紙数の範囲内で、本書がすべての交流事例をカバーできたわけではない。例えば経済編では、中小企業、高速鉄道、農業、医療産業、内陸振興、企業研修生の受け入れなど、重要な経済交流に関する記述がないか、少ない。文化・民間交流編についても、自分たちの活動が含まれていないという交流団体からの指摘がすでに上がっている。

更に注意をうながしたいのは、あくまでも本書に提示されているのは中国側の見方であり解釈であって、日本の読者の視点からは同意、納得できない点も含まれていることである。本書では交流の背景にある政治過程や経済関係構造、因果関係などの分析があまりされていない。また、大体において何か問題が発生した際には中国側に責任がなかったように記述されている。それにもかかわらず、中国側の解釈を敢えてそのまま提示することの意義についてはすでに述べたとおりである。一部、明白な事実の誤りがあった場合には修正を施したが、それ以外は原文をできるだけ忠実に翻訳することに努めた。中国側の見方を記したものだという点を強調するために、例えば通常は日中関係と翻訳される「中日関係」を、日本人の発言部分などを除きすべて中日関係という語順のままにした。地名については基本的に中国語を用い、初出箇所においては括弧を付けて日本語を記した。

実は、本書に啓発され、触発されて、日本側では二〇一二年の国交正常化四十周年に合わせて『日中関係史一九七二－二〇一二』を刊行すべく、準備を始めている。その際には、本書の成果とその長所、短所を基礎として、日本側の見方と解釈を提示する考えである。もし、本書のデータや記述に錯誤や不足が認められた場合は、ぜひともご指摘いただくよう読者の方々にはお願いしたい。『日中関係史　一九七二－二〇一二』が上梓された暁には、それを忠実に漢訳した上で中国において出版し、中国の人々に「相手が自分をどう思っているか」を伝えたいと考えている。

本書を読み通すと、中国との交流のために日本側が傾注した資金、エネルギー、そして情念の大きさと強さが深く印象付けられる。本書のもう一つの意義を挙げるとすれば、世代交代が進み、過去の経緯を知る人が次第に少なくなる中で、日中関係の発展に注がれた日本人の熱い思いを、日中両国の、特に若い読者に少しでもわかってもらえることではないかと思う。

本書の翻訳にあたっては、以下の諸氏のご協力を得ることができた（五十音順、敬称略）。上村威、江﨑香織、榎本雄二、及川淳子、加藤幸男、徐瑞芳、鈴木博、田中美佐子、古川明、矢口楓。また、監訳にあたり経済編については中央大学の服部健治教授のご助力を得た。簡単な作業ではなかったと思われるが、諸氏のご尽力に御礼申し上げたい。

原書である『中日友好交流三十年（一九七八～二〇〇八）』の企画・共同研究・刊行から始まり、この翻訳書の刊行に至るまでの一連の共同作業は、笹川平和財団笹川日中友好基金の事業の一環として実施されたものである。同基金の胡一平、玉腰辰己の両氏、そして編集を担当した東京大学出版会の阿部俊一氏の献身的な努力によって、本書の刊行は初めて可能となった。ここに記して厚く御礼申し上げる。

二〇〇九年七月

高原明生

序文

三十年前の一九七八年、中日両国は平和友好条約を締結し、条約の形式をもって両国の平和友好関係を固め、両国関係はまったく新しい時代に入った。この条約は中日国交正常化の際に発表した「共同声明」〔一九七二年九月〕とともに、両国の政治関係を築く重要な基礎となったので、深遠なる歴史的意義を有する。

二〇〇六年十月以来、中日両国の指導者による「氷を砕く旅」〔同年十月の安倍晋三首相の訪中〕、「氷を融かす旅」〔二〇〇七年四月の温家宝総理の訪日〕、「春を迎える旅」〔同年十二月の福田康夫首相の訪中〕を経て、胡錦濤中国国家主席が二〇〇八年五月六日から十日まで、日本への「暖かい春の旅」を再び成功裡に行うとともに、福田康夫首相と「戦略的互恵関係の包括的推進に関する共同声明」に署名した。中日間の第四の重要な政治文書と称されるこの共同声明は、重大な現実的意義と深遠なる歴史的意義を有し、必ずや中日関係の政治的基礎をいっそう強固にし、中日両国の戦略的な相互信頼を増進し、両国関係の長期的で健全かつ安定的な発展の総体的な枠組みを構築するとともに、中日の戦略的互恵関係を全面的に深化するであろう。

前記の「戦略的互恵関係の包括的推進に関する共同声明」は、中日間にすでに存在する三つの政治文書、すなわち国交正常化の際の「中日共同声明」、「中日平和友好条約」〔一九七八年八月〕、「中日共同宣言」〔一九九八年十一月〕の原則を継承するのみならず、中日関係の新たな発展に基づいて両国関係の長期的な発展の指導的原則を確定し、両国関係の未来を計画したものであり、三十年前に締結された「中日平和友好条約」が新たな国際情勢と中日関係のもとで継続し発展したものだということもできる。

三十年来、世界情勢と中日関係にともに重要な変化が生じたにもかかわらず、平和友好条約そのものは時代遅れにならなかったばかりか、逆に現在と今後の中日関係の発展に対しても、依然として優れた現実的かつ指導的な意義を有する。条約の核心の一つは平和と友好にほかならず、二十一世紀の今日、中日両国は大局的見地から出発し、引き続き平和と友好という大局的進路を堅持すべきである。これは少しも動揺させてはならない。まさに胡錦濤主席が福田首相と会談した際に述べているように、歴史の経験がわたしたちに教えているように、中日両国が平和、友好、協力の道を進むべきでことは、両国と両国人民の根本的な利益と一致する唯一の正しい選択であり、それと同時に、中日が平和共存、世代友好、互恵協力、共同発展をはかることは、アジア太平洋および世界の平和、安定、発展にとっても極めて重要である。

中日の戦略的互恵関係には政治、経済、安全、文化および国際関係などの面が含まれているが、そのうち最も重要なのは「政治における相互信頼を深めること」である。それゆえ、中日双方がそれぞれの政治文書の原則と精神を遵守するよう求めることは、中日関係を発展させる鍵であり、中日関係の長期的で健全かつ安定した発展を確保するための政治的な前提であり、政治的な基礎である。現在、中日関係には再び活力が出てきて、あらためて良性の循環を始めており、さまざまな分野において明らかに改善と発展の趨勢が現れつつあり、この容易には得がたい成果を保持し続けていくことは、両国の共通の願いである。しかし、中日関係に依然として不確定な要素が存在し、変数も存在することは否定できず、中日関係の政治的基礎をさらに固めていく必要がある。

中日の経済貿易関係は、中日の戦略的互恵関係が集中的に体現されており、全世界の産業の重要な構成要素でもある。これまでの現実が裏づけているように、中日間の経済的な相互依存と相互補完は、良好な中日関係を構築する強固な基礎である。貿易面では、一九九三年から二〇〇三年まで、日本は連続十一年にわたって中国の最大の貿易パートナーであり、しかもすでに中国第三の投資国になっている。東アジア地域における二つの重要な国家、最大の経済体として、中国と日本が同地域の経済的体化を推進することは、同地域の平和と振興に役立つばかりか、両国の共通の利益にも合致する。

長年にわたって、日本は中国と最も活発に文化交流を展開してきた国家であり、交流の形式、種類、プロジェクトの総数はずっと首位を占めてきた。中日両国間の文化交流はこれまで途切れることなく続けられてきており、互いに心を通わせ、人民の友情を結び付ける固い紐帯になっている。特に、二〇〇七年に展開された「中日文化・スポーツ交流年」は、内容が豊かで、形式が多様で、年間のイベント数が百近くにも及び、文化、スポーツ、観光、メディア、映画・テレビ、青少年など多くの分野を含んでおり、その意義は重大かつ深遠で、両国の伝統的な友好関係と両国人民の相互理解をいっそう推進した。

「中日平和友好条約」締結三十年来の中日両国関係の歴史には総括すべき価値があり、社会科学文献出版社が中日交流三十年に関する全三巻の論文集を出版することは、まさにそれを目的としており、かなり大きな現実的意義を有する。また一方で、この論文集は人民を対象としており、純粋な学術書ではなく、両国関係をいっそう順調に発展させ、国民感情の基礎を固める目的によるものでもある。それゆえ、出版側の厚意あふれる要請に応じ、喜んで序文を記した次第である。

劉徳有

（中華日本学会名誉会長・中国中日関係史学会名誉会長・中華人民共和国文化部元副部長）

二〇〇八年十月

中日関係史　一九七八－二〇〇八　目次

第二部　民間交流　1023

中日関係史　一九七八-二〇〇八

政治編

総論　1　中日政治防衛交流三十年

楊紅軍　王新生

一九七八年に「中日平和友好条約」が締結されてから、中日両国の間の政治的交流は絶えることなく持続してきたにもかかわらず、曲折と動揺も生じた。概括すれば、中日の政治関係は、だいたい一九七八年から一九九五年までの平穏な発展、一九九六年から二〇〇六年までの摩擦と対立、二〇〇七年から現在までの急速な回復という三つの段階を経ている。

一　平穏な発展段階

毛沢東をはじめとする中国の第一世代の指導者が中日国交正常化を積極的に推進した主要な目的が、西側陣営による中国の封鎖を突破し、ソ連からの圧力を軽減するためであったとすれば、鄧小平をはじめとする第二世代の指導者が「中日平和友好条約」の締結に尽力したのは、いっそう改革開放と経済の近代化に着目したからである。具体的にいえば、中国の経済的発展には日本の資金と技術が必要であり、日本の経済的発展には中国の資源と市場が必要であった。そのために生じた各自の利益の追求が両国関係の比較的順調な発展を推進し、調和しない要素も存在していたにもかかわらず、いずれもかなりよく処理することができた。時間的にみると、この段階は一九七八年の平和友好条約の締結から、一九九五年に日本社会党の委員長が首相に就任した村山富市内閣までである。

「官僚派政治家」として、福田赳夫首相は政治的な決断力に乏しく、自民党内で田中角栄元首相と互いに争った「角福戦争」のためもあって、他を顧みる余裕がなかったが、中日両国の経済関係の急速な発展、および中国の指導者の努力、アメリカの同意により、ついに福田政権の時期に平和友好条約が締結された。

一九七四年に中日が「貿易協定」（一月）、「航空協定」（四月）、

「海運協定」〔十一月〕を締結した後、両国の貿易取引は日増しに盛んになり、中国は日本にとってアジア最大の貿易パートナーになっただけでなく、アジアでもっとも潜在力のある市場にもなった。経済関係の急速な発展は、両国に長期的な貿易協定の締結を促し、また、長期的な貿易協定の早期締結は両国の経済関係の発展にも役立つであろう。そのため、中日政府は関連する条項の交渉を始めた。一九七八年二月、「中日民間長期貿易取り決め」が北京で調印され、中日両国は経済分野でいっそう結びつきを深め、中日交流のなかに広大な経済ルートを切り拓き、人々がまさに尽力していた「中日平和友好条約」の締結過程を推進する役割を果たした。福田内閣の園田直外務大臣はこの「取り決め」について、「善隣友好の立場からこれを高く評価する。これを契起に、日中条約に良い影響が現れるだろう」と評価した。日本の通信社は次のような論評を発表した。「日中関係はこれまで一貫して経済が政治をリードしており、それゆえ日中条約締結の条件はさらに整った。その意味で、長期貿易取り決めの調印は、政治、経済を含む包括的な日中交流の新時代がすでに到来したことを告げるものである」と指摘している。一九七八年以後、中日の経済協力はすでに極めて広範かつ堅固になっている。多くの日本の大企業や中小企業が中国と経済協力や貿易取引の関係を築いており、まだそのような関係を築いていない企業も、協力の意向を示したり、行動に移したりしている。

一九七七年七月、鄧小平副総理は正式に復活すると、「中日平和友好条約」の締結に大きな関心を寄せ、これは毛沢東、周恩来ら一世代上の指導者がやり遂げられなかった事業であり、中国外交の重要な任務であると見なし、数年間棚上げにされてきた平和友好条約の交渉の復活を積極的に促進した。同年九月十日、鄧小平副総理は浜野清吾日中友好議員連盟会長の率いる同連盟訪中団と会見したとき、「福田首相が平和友好条約締結の必要性を表明しているが、我々も彼に期待している。さまざまな問題はあるけれども、条約の締結という問題についていえば、一秒で解決することができる」、「一秒というのは、調印という二字にほかならない」と述べた。一九七八年五月三日、福田首相とアメリカのカーター大統領が会談したとき、カーター大統領はアメリカの立場について、「中日平和条約は……もっと積極的に推進するよう希望する」、「アメリカとしては、覇権に反対することに問題はない」と表明するとともに、日中の条約締結が成功するよう希望した。中日条約の締結に対するアメリカの積極的な態度が、福田首相に中日条約の締結を推進する決意を固めるよう促すのに極めて大きな役割を果たしたことは間違いない。

福田政権〔一九七六年十二月—一九七八年十二月〕の後を継いだ大平政権の時期〔一九七八年十二月—一九八〇年六月〕に、日中の政治関係はいっそう順調に発展した。中日国交正常化のときの外務大臣であり、同時にアジア太平洋地域において日本独自の役割を発揮するよう主張した大平正芳首相が、首相在任中に積極的に中日関係の発展を推進したことはいうまでもない。

大平内閣の時期、中日両国はさらに外交事務当局によるハイレベルの定期協議制度を樹立した。この制度の樹立はまず大平首相が訪中時に提起し、中国側の積極的な賛同を得た。一九七九年十二月六日、大平首相の訪中に随行した大来佐武郎外務大臣と中国外交部の黄華部長は定期協議制度について合意に達した。つまり、中国と日本の閣僚、および両国の外交当局の高官が毎年一度会議を行い、東京と北京で交互に開催し、中日両国が定期的に意見と情報を交換するために新しいチャンネルを樹立したのである。一九八〇年十二月、中日の第一回閣僚会議が北京で開催された。双方は問題を討議する内容で会議の出席者を決定し、二国間関係と双方がともに関心を寄せる問題について幅広く意見を交換し、協議を行った。この閣僚会議は一九八七年まで、あわせて五回開催された。

大平政権はさらに積極的に中国の経済近代化建設を支援し、中日の経済協力は「民間レベル」から「政府レベル」に発展した。第一次大平正芳首相内閣が誕生したのは一九七八年十二月七日で、その十一日後に中国共産党は第十一期中央委員会第三回全体会議を開催した。まさにこの極めて歴史的意義を有する会議で、中国の内外政策の調整が行われ、改革開放の方針が打ち出された。会議は明確に、「自力更生の基礎のうえに積極的に世界各国と平等な経済協力を発展させ、世界の先進技術と先進設備の導入に努力する」と提起した。そのうち日本が、中国が近代化建設を行い、改革開放政策を推進して協力を相手として進めるのにまず選ぶべき国であったことに疑問の余地はない。一九七九年五月〔三十一日〕、鄧小平副総理は自民党の鈴木善幸衆議院議員と会見した際に、中国が日本の近代化の経験を参考にする問題に言及し、「我々は現在四つの近代化を行う決意を固めているが、我々の知識は確かに不足しており、とくに日本のこの方面の経験は我々が学ぶのに値する」と語った。

大平正芳首相の主導のもと、日本政府は一九七九年から一九八四年にかけて中国に対しＯＤＡ〔政府開発援助〕の一環として三千三百億円の円借款を供与することを決定するとともに、一九七九年度の借款額を五百億円、年利を三％、償還期限を三十年、据え置き期間を十年間とすることを確定した。この円借款は六つの大型建設プロジェクト、つまり山東省日照市の石臼所港の鉱石専用深水埠頭、秦皇島港〔河北省〕の第二期石炭埠頭設備、山東省の兗州・石臼所間鉄道、北京・秦皇島間鉄道の複線化と電化、衡陽〔湖南省〕・広州間鉄道の複線化、五強渓水力発電所の建設に使われることになっていた。一九七九年三月、中日両国は一九七八年から一九八五年までを期限とする

「中日長期貿易取り決め」を一九九〇年まで延長するとともに、既定の目標金額をさらに二倍から三倍に、つまり双方の輸出総金額を二百億ドルから三百億ドルに拡大することに同意した。日本政府はさらに中国製品に「特恵関税」を適用することを決定した。

過渡的な政権として一九八〇年七月に成立した鈴木善幸内閣は存続期間があまり長くなかったが、一九八二年の「歴史教科書事件」を適切に処理し、中日の政治関係の友好的な雰囲気を維持した。

次いで成立した中曽根康弘長期政権は、「戦後政治の総決算」を標榜して政治大国という目標を実現するために、対外的には日米の軍事同盟関係を強化し、対内的には積極的に改革を推進し、とくに国家主義的な思想文化の施策を強化したため、「首相による靖国神社公式参拝」〔一九八五年八月十五日〕、「第二次教科書問題」〔一九八六年六月〕、「光華寮裁判」〔一九八六年二月、一九八七年二月〕などの問題が生ずるに至った。しかし、両国政府間の努力のもと、これらの問題は中日関係の正常な発展に影響を与えなかったばかりか、三千人の日本人青年の訪中〔一九八四年九—十月〕、四千七百億円の第二次円借款〔一九八四—一九九〇年度〕などは依然として両国関係の友好協力的性格をはっきり示していた。

また、中曽根政権の五年弱の間に、両国首脳の相互訪問が三度行われた。最初は一九八三年〔十一月〕に胡耀邦総書記が招請に応じて訪日し、日本の主要六都市を訪れるとともに、中曽根首相および天皇と会談を行った。中曽根首相は一九八四年三月と一九八六年十一月の二度にわたって訪中し、一九八四年の訪中時には中日関係の四原則〔平和友好、平等互恵、長期安定、相互信頼〕を両国で再確認し、「中日友好二十一世紀委員会」の設立について協議した。

一九八七年十一月、竹下登内閣は成立した後、日中関係を維持、発展させるという原則的立場を改めて表明するとともに、「中日平和友好条約」締結十周年にあたってそれ相応の行動をとった。

一九八八年八月二十五日から三十日にかけて、竹下首相は夫人同伴で中国を訪問した。出発に先立ち、竹下首相は中国の記者に談話を発表し、次のように強調した。「中国を重視することは我が国の外交の重要な柱である。我が国の考え方は、『日中共同声明』、『日中和友好条約』、日中関係四原則に基づいて、両国の友好協力関係をいっそう発展させるというものである。」

八月二十五日、李鵬総理が人民大会堂東門外広場で竹下首相一行のために盛大な歓迎式典を挙行した後、人民大会堂で会談を行った。竹下首相は再び「日中友好は日本外交の主要な柱の一つである」ことを強調し、改めて、「日本政府は過去の歴史に対する厳粛な反省を出発点とし、日中共同声明、日中平和友好条約および日中関係四原則を拠りどころに、引き続き中日関係を重視し、発展させていく政策は変わらない」、光華寮問題については「一つの中国の原則に基づいて対処する」ことを表明し、中国の近代化建設に対してはできる限り協力し、「日本政府は一九九〇年度から六年間にわたって中国に八千百億円の新たな政府借款を供与する」ことを明らかにした。

この第三次対中円借款は、主に水力発電所、宝鶏〔陝西省〕・中衛〔寧夏回族自治区〕間鉄道、六カ所の港湾拡張工事、雲南化学肥料工場、黄河への導水路の建設など、発電所、鉄道、港湾、農業技術改良に関する四十五のプロジェクトに使い、総額四千七百億円の第二次対中円借款よりも七〇%増え、「世界的にみても前例のない経済援助額」である。

一九八九年六月、中国で北京の「政治風波」〔六四天安門事件〕が発生し、西側国家は相次いで中国への制裁を表明した。就任したばかりの宇野宗佑首相は国会答弁のなかで、制裁措置をとる問題については、日中関係と日米関係は明らかに異なることを認識する必要があり、中国は日本の重要な隣国であり、情緒で理知に取って代えるべきではないとかなり冷静な態度を表明した。七月十日、宇野首相は再び、日本政府は対中制裁に同意しないことを表明した。七月中旬にパリで開催されたアルアシュ・サミットで、宇野首相は中国を国際的に孤立させるべきではないと主張した。

同年八月に成立した海部俊樹内閣も宇野内閣の対中政策を踏襲し、中国との接触を維持するとともに中日両国の関係を発展させた。八月十一日、首相官邸で最初の記者会見を行い、海部首相は今後の中日関係に関する「人民日報」記者の質問に対し次のように表明した。「日中両国の交流には悠久の歴史があり、両国は『日中共同声明』と『日中平和友好条約』に基づいて長期的な友好関係を発展させるであろう。中国は永遠に重要な隣国である。中国が現在行っている改革開放政策に対して、日本は好意的に協力し、両国関係がいっそう深く発展するよう努力する。」

日本政府は日本人の北京訪問に対する制限を解除することを決定するとともに、第三次対中円借款などの経済協力プロジェクトに関して世界の金融機関と中国経済の動向を観察した後に慎重に検討することを表明した。

十月四日、海部首相は国会で中日関係について議員の質問に答弁したときに、中国が改革開放政策を変えない限り、日本は対中協力を行っていくことを表明した。十二月五日、日本政府が中国政府に五十億円近い一九八九年度対中無償援助を供与する書簡を北京で公式に交換した。十二月七日、第五回中日文化交流政府間協議が北京で開催され、凍結されていた両国文化交流事業が再開された。

一九九一年の上半期、両国のハイレベルでの政府要人の相互訪問が実現し、中日関係の全面的な回復と正常化のための基礎を築いた。一月八日、橋本龍太郎大蔵大臣が中国を訪問したが、これは一九八九年六月以後で最初の日本の閣僚の訪中であり、それゆえ日本は北京の「政治風波」以後に中国とハイレベルの接触を再開した最初の西側の国家にもなった。三月二十一日から二十四日まで、中尾栄一通産大臣が訪中した。五月八日から十二日まで、中国の対外経済貿易部の李嵐清部長が日本を答礼訪問した。両国の外務大臣も一九九一年上半期に相互訪問を実現した。四月五日から七日まで、日本の中山太郎外務大臣が訪中したが、これは日本の外務大臣の一九八八年以後における最初の公式中国訪問であった。銭其琛外交部長は中山太郎外務大臣と会談したときに、中山外務大臣の訪中は両国関係がいっそう回復したことを象徴していると述べた。銭其琛国務委員兼外交部長は六月二十五日に日本を答礼訪問し、中山外務大臣と、海部首相の訪中、中日国交正常化二十周年の記念行事、天皇陛下の訪中について深く立ち入って意見を交換した。

一九九一年八月十日、海部首相は中国を友好訪問し、両国の正常な交流を回復するプロセスを完成段階に推し進めた。訪中期間中、中国共産党の江沢民総書記、楊尚昆国家主席とそれぞれ会見し、李鵬総理と公式会談を行い、二国間関係と双方がともに関心を寄せる国際問題について幅広く、深く立ち入って意見を交換した。双方は中日国交正常化二十周年を記念するために、両国のハイレベルの指導者が相互訪問を行うとともに、それぞれ一連の文化記念行事を開催することで合意した。海部首相はさらに北京の中日青年交流センターで「新しい世界と日中関係」と題する講演を行った。その講演で、海部首相が初めて「アジアのなかの日中関係」、「世界のなかの日中関係」という概念を提起したことは、日本政府の対中政策が、それまでの二国間関係に立脚するものから、アジア太平洋ないしは全世界に立脚する新しい段階に入ったことを象徴していた。

一九九一年十一月五日、宮澤喜一内閣が成立した。宮澤首相は海部俊樹内閣の「世界のなかの日中関係」という方針を継承し、中国の改革開放政策を支持し、中日関係の発展を推進することを表明した。両国の共同の努力のもと、一九九二年に両国政府は国交正常化二十周年を記念する一連の活動を行い、ハイレベルの政治対話を実現し、中日関係は新たな高まりを迎えた。日本政府の招待に応じて、江沢民総書記が四月六日から十日にかけて五日間にわたって日本を友好訪問した。

中日国交回復二十周年の際、天皇陛下の訪中を実現することは、中日両国政府が長期にわたる検討を経て到達した共通の意向であった。一九九一年に日本政府が中国とのハイレベルの接触を再開すると、天皇陛下の訪中計画が正式に両国の議事日程に上った。日本の政界の保守派の人々、とくに自民党内の少なからぬ議員の懸念と反対のために、日本政府は天皇陛下の訪中問題では明確な回答を引き延ばしていた。少なからぬ人は中日間に存在する戦争責任と戦争賠償、従軍慰安婦、釣魚島〔尖閣諸島〕などの問題に対する懸念から、天皇陛下の訪中は戦争に対する天皇陛下の謝罪の問題、いかなる文言で過去に対する態度表明を行うかという問題を引き起こすかもしれないことを心配していた。一九九二年八月初めに至っても、自民党内には依然として連名で天皇陛下の訪中の延期を要求する国会議員が三十三名いた。それにもかかわらず、宮澤首相はやはり中日国交正常化二十周年という絶好の機会を利用して、皇室外交を展開することを決定したのである。八月十日、宮澤首相は自民党の主要な幹部と会い、すでに天皇陛下の同年十月の中国訪問を実現することを最終的に決断したことを表明し、自民党が協力するよう希望した。八月二十五日、日本政府は閣議で天皇皇后両陛下が中華人民共和国の楊尚昆主席の招待に応じ、一九九二年十月に中国を公式訪問することを正式に決定した。

日本の天皇陛下の中国に対する最初の公式訪問は大成功を収め、相互理解と善隣友好の促進という目的を達成し、冷戦後の両国関係の発展を強力に推進した。宮澤首相の決断によって、二千年にわたる両国交流史上で天皇陛下の初めての訪中という象徴的意義と新たな局面を切り拓く意義のある「歴史的な大事」を実現したことは、中日関係に対する大きな貢献であった。

その後の数年間、日本の政局は混乱した。まず長期にわたって政権を担当してきた自民党が下野し、自民党と日本共産党を除く八党派が一九九三年八月に細川護熙政権を樹立し、ついで少数派の羽田孜政権が誕生し、同政権から排除された社会党が一九九四年六月に自民党、新党さきがけとともに連立政権を樹立した。

そのような状況でも、中日関係は順調に発展した。たとえば、一九九四年三月、細川首相が訪中し、中国政府の指導者と会談を行い、日本政府は中日関係を重視し、引き続き中国の改革開放政策と近代化建設を喜んで支援していくことを強調した。また、羽田政権の時期に、永野茂門法務大臣が〔一九九四年五月四日に〕「南京大虐殺は、でっち上げだと思う」という発言するや、羽田孜首相はただちに永野法相の発言は不適切であると表明するとともに、「歴史への深い反省の上に立って、平和の創造とアジア太平洋地域の輝かしい未来の建設に向かって、力を尽くしていくことこそが、これからの日本の歩むべき道である」と表明した。さらに、一九九五年五月二日から六日にかけて、村山富市首相は李鵬総理の招請に応じて中国を訪問するとともに、盧溝橋の近くにある中国人民抗日戦争記念館を参観した。これは日本の首相による最初の参観であった。参観を終えたとき、村山首相は記念館の参観者意見簿に、「歴史を直視し、日中友好と永遠の平和を祈る」と記入した。

二　摩擦と対立の段階

冷戦終結後、とくにソ連の解体以後、中日が直面していた共通の戦略的脅威は消滅した。それと同時に、バブル経済崩壊以後の改革の時期に身を置いていたにもかかわらず、日本の保守政治家たちの政治大国の夢はけっして消え失せず、「中国脅威論」を口実にして軍事力を増強し、防衛範囲を拡大し、国際社会における発言権を強化することが日本政府の努力目標になった。短期間の下野の後、再び政権を握った自民党の橋本龍太郎総裁（一九九五年十月—一九九八年七月）は中日の政治関係の面でも努力し、両国首脳の相互訪問のほかに、ハイレベルの相互訪問も頻繁に行われた。中国側で訪日した要人には胡錦濤国家副主席、国防部長として初めて日本を訪問した遅浩田中央軍事委員会副主席（一九九八年二月）、丁関根中国共産党宣伝部長（一九九七年十二月）、中国人民解放軍の熊光楷副総参謀長（一九九七年十一—十二月）らがおり、日本側で訪中した要人には竹下登（一九九六年五、九月、一九九七年九—十月）、海部俊樹（一九九六年十一月）、細川護煕（一九九七年七月）、羽田孜（一九九六年九月）ら首相経験者をはじめ、池田行彦外務大臣（一九九七年三月）、久間章生防衛庁長官（一九九八年五月）らがいた。中日両国の外相が各種の機会に行った会談は、一九九七年だけで六回に及んだ。

このような状況にもかかわらず、一九九六年四月十六日、橋本首相とアメリカのクリントン大統領は「共同宣言」を発表し、両国が「日本の周辺地域」において不測の事態が発生した際に防衛協力を強化することを強調するとともに、一九七八年に制定した「日米防衛協力のための指針（ガイドライン）」を改定することを表明した。一九九七年九月二十三日、日米両国はワシントンでとくに日本の周辺地域で緊急事態が発生した際、日本が米軍に対して後方支援を提供することを定めた「日米防衛協力のための指針」（新ガイドライン）を発表した。「（周辺）事態」の範囲に関して、それ以前に梶山静六内閣官房長官はテレビ局のインタビュー番組で、日米防衛協力の範囲内のいわゆる「周辺事態の対象には、台湾海峡も当然に含まれる」と明言している。中国外交部のスポークスマンは記者の質問に答えたとき、この発言を激しく糾弾した。しかし、橋本首相は依然として言葉を曖昧にし、「周辺事態」は事態の性質に着目するものであって、地理的な概念ではないことを何度も強調するだけであった。

また、一九九六年七月二十九日、橋本首相は自分の誕生日を口実に内閣総理大臣として靖国神社を参拝した。これは現職の首相としては十一年ぶりの公然たる参拝であり、ただちに日本の内外で大きな波紋を呼び、中国外交部のスポークスマンは強い遺憾の意を表明した。

一九九八年七月十二日、日本では第十八回参議院選挙の投票が行われ、自民党の議席数は過半数に及ばず、同党総裁の橋本龍太郎首相は引責辞職し、その後、小渕恵三前外務大臣が自民党総裁と内閣総理大臣に選出された。一九九八年はちょうど「中日平和友好条約」締結二十周年にあたっており、十月二十二日、中国人民対外友好協会と中日友好協会は北京人民大会堂で盛大なレセプションを開催し、祝賀活動を行った。中国国務院の銭其琛副総理、日本の村山富市元首相、橋本龍太郎前首相らが出席した。

一九九八年十一月二十五日から、江沢民主席は日本を六日間にわたって公式訪問した。これは中国の国家元首の史上初の訪日であった。江沢民主席は成田空港で書面による談話を発表し、一九九八年は「中日平和友好条約」締結二十周年にあたり、中日関係はまさに先人の後を受けて引き続き発展させ、将来の路を切り拓く重要な時期を迎えており、真剣に中日関係の歴史的経験を総括することが、未来の両国の友好協力を発展させることに対して重要な意義を有すると指摘した。十一月二十六日、江沢民主席は天皇陛下が迎賓館の前庭広場で挙行した盛大な歓迎式典に出席した。その後、小渕首相と迎賓館で会談を行い、両国関係のなかの重要な問題および双方が関心を寄せる問題について幅広く意見を交換し、江沢民主席は歴史問題や台湾問題に対する中国の立場を詳細に説明した。

歴史問題について、小渕首相は、「未来に目を向けた両国の関係を発展させるためには、まず過去の歴史を直視する必要があるが、日中両国の間にはかつて不幸な関係があった。一九九五年〔八月十五日〕に発表された内閣総理大臣〔社会党の村山富市委員長〕談話は、日本の過去の植民地支配と侵略に対して痛切な反省の意を表し、心からのお詫びの気持ちを表明していると述べた。また、日本政府は改めてこの反省と中国に対して表明する。日本は過去に対する誠実な反省に基づいて、第二次世界大戦後は一貫して平和的な発展の道を歩んできたし、今後も軍事大国の道を歩むことはない」と強調した。さらに、「政治家として、自分の負っている責任を認識し、日中両国の長期にわたる友好のために引き続きたゆまぬ努力を続けていきたい」と表明した。

台湾問題について、小渕首相は次のように語った。「日本は中国にとっての台湾問題の重要性を深く理解している。日中国交正常化以来、台湾問題に関し、日本は一貫して『日中共同声明』ではっきり定められた『一つの中国』の原則を遵守するとともに、その基礎のうえに、全力を傾けて日中関係を発展させていきたい」と表明し、次のように強調した。「日本は台湾の独立を支持しない。このことはすでにはっきり表明しており、今後も変わることはない。同時に、日本は台湾に対する野心もない。日本政府は台湾問題では『日中共同声明』と『日中平和友好条約』ではっきり定められた諸原則を厳守し、台湾海峡両岸の交流がいっそう進展するよう希望するとともに、台湾問題が対話を通じて平和的に解決されるよう希望する。」さらに、「二十一世紀がまもなく到来するが、中日国交正常化以後の二十六年間にわたる歴史を振り返ると、両国の関係はじつに大きく進展した。両国は平和と発展に力を尽くす友好協力パートナーシップを構築することを表明するが、そうすれば両国関係の長期的・安定的な発展のための新しい枠組みがはっきり決まるだろう」と指摘した。

小渕首相と江沢民主席は、両国の青少年交流を強化する問題について話しあい、「青少年交流の一層の発展のための枠組みに関する協力計画」に調印することを決定した。また、双方はさらに両国の経済貿易、科学技術、環境保護の分野における協力問題についても話しあい、小渕首相は日本は引き続き積極的に中国のWTO〔世界貿易機関〕への早期加盟を支持することを表明した。

首脳会談の終了後、中日双方は「中日共同宣言」を発表するとともに、「青少年交流の一層の発展のための枠組みに関する協力計画」、「二十一世紀に向けた環境協力に関する共同発表」、「科学技術と産業技術の分野において交流と協力を展開することに関する協定」に調印した。また、日本は一九九九年度と二〇〇〇年度に三千九百億円の円借款を供与することに同意した。

しかし、「中日共同宣言」に侵略戦争に対する日本の謝罪が盛り込まれなかったので、中日関係の順調な発展に影響を及ぼした。他方、一九九九年七月〔八―九日〕に小渕首相が中国を公式訪問するとともに中国の朱鎔基総理と会見した際、朱鎔基総理は日本は軍事拡張を行わないよう戒めるとともに、日本は「日米防衛協力のための指針〔新ガイドライン〕」〔一九九七年九月二十三日〕で提起した「周辺事態」の概念を曖昧にしないよう希望し、台湾地域をはっきり除外すべきであると表明したが、小渕内閣は台湾問題に関わりのある周辺事態法を国会で採択させた。

一九九〇年代は中国経済が急速に発展した時期であり、それと同時に日本経済が低迷した「失われた十年」であり、一部の日本人の心中で、実体のない軍事的な「脅威」が切実な経済的な「脅威」に変わった。日本でナショナリズム的な不満が蔓延し、歴史問題のもたらした深刻な不信のために両国の政治関係に翳りが生じた。小泉純一郎首相〔二〇〇一年四月―二〇〇六年九月〕の就任後、その翳りはいっそう悪化し、とくに連続六回にわたる靖国神社参拝によって、両国の政治関係は氷点下に陥った。二〇〇一年八月十三日、小泉首相が靖国神社を参拝すると、中国政府は断固たる反対の態度を表明したが、中日関係の大局から出発し、極めて大きな自制と譲歩の態度を示すとともに、小泉首相が問題の重大性を認識し、今後、二度と中国人民の感情を傷つけるようなことをしないよう希望した。そのため、中日のハイレベルの交流はけっして停止しなかった。

二〇〇一年十月八日、小泉首相は日帰りで中国を実務訪問した。二〇〇二年四月十二日、朱鎔基総理は海南島のボアオ・アジアフォーラム第一回年次総会に出席した小泉首相と会談するとともに、九月に中国を公式訪問するよう招請した。小泉首相はこの年次総会の基調講演で、「中国の経済発展を『脅威』と見なす人もいるが、自分は中国のダイナミックな経済発展は日本にとっては挑戦であり、好機でもあると考えている」と述べた。しかし、「ボアオ・アジアフォーラム」の九日後、小泉首相は発展する中日関係を顧みず、二回目の靖国神社公式参拝を行うとともに、参拝後に「今こそ国内外に不安や警戒を抱かせない最良の時期だと思う」と語った。この背景のもとで、中国側は断固として、中谷元防衛庁長官の訪中と中国海軍の艦隊の訪日を延期することを決定し、中日関係は政治的に急速に冷え込んだ。

その後、小泉首相は靖国神社問題で我意を押し通し、中日関係の改善を求める国内外の声にまったく耳を貸さなかった。二〇〇三年一月十四日、またもや靖国神社を参拝し、アジアの近隣諸国の人民や日本国内の有識者から厳しく糾弾された。小泉首相はまったく反省しなかったばかりか、逆に二十八日のある会議で、毎年靖国神社に参拝するつもりであることを表明した。その後も、二〇〇四年一月一日に四回目の靖国神社参拝を行い、ただちに中国、韓国など周辺諸国と日本国内の平和を願う人々から強い抗議を受けた。

二〇〇五年八月十五日、小泉首相は第二次世界大戦の終戦六十周年を迎えるにあたり、談話を発表して次のように強調した。「日本は過去の植民地統治とアジア各国への侵略がもたらした損害と苦痛に対して、『痛切な反省と心からのお詫び』を表明するとともに、理解と信頼の基礎のうえにアジア諸国との協力を強化しなければならない。一衣帯水の関係にある中国、韓国などアジア諸国と手を携え、この地域の平和を維持し、ともに発展を図るよう一緒に努力することが極めて重要である。日本は過去を直視し、歴史を正しく認識し、アジア諸国との相互理解と相互信頼に基づいた未来志向の協力関係を構築しなければならない。」

しかしながら、反省とお詫びの言葉がなお記憶に新しいのに、小泉首相はまたも二〇〇五年十月十七日に五回目の靖国神社参拝を行った。中国外交部の李肇星部長は日本大使を緊急召致し、小泉首相の靖国神社参拝に関する中華人民共和国外交部の声明を厳粛に読み上げ、その誤った行為を厳しく糾弾した。町村信孝外務大臣が十月二十三日から二十四日にかけて中国を訪問し、ＡＰＥＣ〔アジア太平洋経済協力〕と東アジアサミットの関連事項について協議することが決まっていたが、小泉首相が靖国神社を参拝したことに鑑みて、中国外交部アジア司の責任者は十月十八日に命を受けて日本公使と会見し、町村外務大臣の訪中は時宜に適さず、中国側が受け入れるのは難しいと表明した。二〇〇六年八月十五日、小泉首相は六回目の靖国神社参拝を行うや、中国外交部は即座に声明を発表し、小泉首相の再三にわたる靖国神社参拝に強く抗議した。

小泉首相の度重なる靖国神社参拝によって、中日関係は著しく後退し、両国間のハイレベルの交流はほとんど停滞してしまった。また、日本の歴史教科書問題、釣魚島〔尖閣諸島〕問題、領海の境界線、旧日本軍の遺棄化学兵器問題などをめぐって、日本側はしばしば中国を挑発し、中日両国の関係をいっそう緊張させた。

二〇〇一年四月三日、日本政府の教科書検定機関は中国、韓国や日本国内の反対を顧みず、「新しい歴史教科書をつくる会」が編纂し、扶桑社が出版する、歴史を著しく歪曲、改竄した歴史教科書を合格とし、アジア近隣諸国の猛烈な反対を引き起こした。小泉政権が誕生すると、日本は中国政府の厳正な抗議を顧みず、扶桑社の教科書をさらなる修正を加えることを拒み、中国人民の感情を著しく傷つけた。二〇〇五年四月五日、文部科学省は八社の出版社の歴史、公民などの教科書がすべて検定に合格したことを発表したが、そのなかには右翼団体である「新しい歴史教科書をつくる会」が編纂し、扶桑社が出版する、著しく歴史を歪曲した『新しい歴史教科書』が依然として含まれていた。中国の王毅大使は、即日、外務省の谷内正太郎事務次官と会見し、これについて緊急の抗議を提出した。中国外交部の秦剛スポークスマンも、即日、談話を発表し、中国政府は日本政府が中国側の度重なる厳正な抗議を顧みず、是非を混交し、白黒を顚倒させたこの教科書の出版を許したことに対して憤りを表明した。

小泉内閣の時期、釣魚島問題をめぐる中日間の紛争はいっそう激化した。二〇〇三年一月一日付の、日本の「読売新聞」は一面トップで、日本政府が二〇〇二年から、釣魚島の所有権を有すると称する日本国民と密かに賃貸借契約を結び、釣魚島とその付近の南小島、北小島の三島を二〇〇二年四月一日から二〇〇三年三月三十一日まで借り上げており、しかもその賃貸借契約はその後も長期にわたって継続されると報じた。中国外交部の王毅副部長は一月四日に日本の阿南惟茂大使を召致し、「釣魚島とその周辺の島々は古くから中国領土の不可分の一部であり、日本側がこれらの島々に対してとるいかなる一方的な措置も不法かつ無効であり、中国側は絶対に受け入れることができない」と指摘した。二〇〇三年六月二十二日、中国の香港と大陸の保釣人士〔釣魚島の領有権を主張する活動家〕が釣魚島に出向いて領有権を表明したが、釣魚島の近海で日本の多数の巡視船に妨害され、釣魚島付近の海域から排除された。中国外交部新聞司の孔泉局長は、「釣魚島および周辺の島々は古くから中国固有の領土である」と表明した。二〇〇三年八月二十五日、日本の右翼団体「日本青年社」の九名が釣魚島に上陸し、再び中国の主権を侵犯した。

東海〔東シナ海〕のガス田開発の問題でも、小泉政権はさまざまな紛糾を引き起こした。二〇〇四年五月二十七日、「東京新聞」の記者と大学教授が飛行機で、中日が論争をしている東海の海域と中国の排他的経済水域内の春暁ガス田付近を視察した。その直後、日本の主要なメディアである「読売新聞」と「朝日新聞」が、中国のガス田開発は「東海海域の中間線を越えている」、「日本の海洋権益を侵犯している」と伝えた。

その後、日本のメディアの喧伝のもとで、東海海域の境界線についての中日の紛争はたえず激化した。七月七日、日本は自らが一方的に主張するいわゆる「中間線」以東に放置する、中日間の紛争海域で海底資源調査を始めた。これに対して、中国外交部の王毅副部長は阿南惟茂日本大使を緊急召致し、日本側に厳正な抗議をした。さらに、王毅副部長は、「東海の境界線はまだ確定しておらず、中日はこの問題で議論を闘わせている。いわゆる『中間線』は日本側が一方的に主張しているにすぎず、中国側は承認したことがないし、承認することもできない。自己の主張を他者に押しつける日本側のやり方を中国側はけっして受け入れないし、日本のこの挑発的行為は非常に危険であり、中国側は断固として反対する」と述べた。

この問題をめぐる紛争を解決するために、十月二十五日、外交部アジア局の崔天凱局長を団長とする中国側代表団と外務省の藪中三十二アジア大洋州局長を団長とする日本側代表団が北京で「東海紛争」について事務レベル協議を行った。双方は東海の境界線問題における各自の立場と懸念を説明し、中日はまだ東海について境界線を確定しておらず、両国間に境界線問題で意見の相違が存在するが、「国連の海洋法条約」に基づいて、交渉を通じて公平に解決すべきことを確認した。その後、中日は東海の紛争をめぐってたえず協議を行っている。

中国が交渉を通じて両国間の紛争を解決するよう希望しているときに、日本は一方的に不当な措置を講じた。すなわち二〇〇五年七月十四日、日本政府は日本最大の石油グループである帝国石油に東海の「試掘権」を付与したのである。試掘水域は中国がまさに建設中の「春暁ガス田」と「断橋ガス田」の南側水域の三つの鉱区に位置する。それとともに、日本政府は中国が開発中の春暁ガス田を一方的に「白樺」と命名した。中国外交部の劉建超スポークスマンはその日の記者会見で日本の行為に大きな懸念を表明し、「日本が民間企業の採掘を認可すれば、中国の主権を著しく侵害することになる。中国は日本が東海の安定を危うくする行動に出ないよう強く警告する」と指摘した。中国外交部アジア司の崔天凱司長も七月十五日に「強い抗議」

を表明するとともに、「中国側はいわゆる『中間線』を承認したことがないし、承認することもありえない」、「日本側が自己の一方的な主張を既成事実として中国側に押しつけるのであれば、中国側は断固として反対するし、けっして受け入れることもない」と強調した。

二〇〇三年八月四日、中国黒龍江省チチハル市で日本の遺棄した化学兵器の毒物による傷害事件が発生し、三十名以上の被害者が出た。八月十二日、外交部の王毅副部長は阿南惟茂中国大使と会見し、この事件について厳正な抗議をした。八月二十二日、王毅副部長は阿南惟茂大使と緊急会見し、再び厳正な抗議をした。十月三日、外交部の李肇星部長は阿南惟茂大使を召致し、日本政府がこの問題をできるだけ早く解決し、善後策を講ずるよう要求した。その後、中日双方の外交当局の度重なる折衝を経て、日本政府は中国側に三億円を支払い、この事件が中国側にもたらした損害の補償にあてることを決定した。その後、中日両国は中国を侵略した日本軍が遺棄した化学兵器を共同で回収、処理をする問題についてたえず協議を行っている。

また、中日関係の発展が大幅に後退した全般的政治状況のもとで、小泉政権の時期に朝鮮人が瀋陽の日本総領事館に駆け込んだ事件〔北朝鮮からの亡命者が駆け込んだ事件。二〇〇二年五月〕、日本人観光客が珠海市〔広東省〕で集団買春をした事件〔二〇〇三年九月〕、日本の右翼による大阪の中国領事館襲撃事件〔二〇〇四年〕、台湾の李登輝前総統の訪日事件〔二〇〇四年十二月〕、日本のメディアの悪意による中国の反日デモの過大報道事件〔二〇〇五年四月〕、日本外交官の自殺事件〔二〇〇五年十二月〕なども起こり、中日関係に悪影響を及ぼした。

三　急速回復の段階

小泉首相の在任中の中日関係を振り返ると、世論は一般に「政冷経熱」と概括する。すなわち、政治関係は発展が順調でなく、両国の摩擦が絶えなかったが、経済関係は発展が持続し、経済的なつながりと協力が日増しに緊密になったということである。二〇〇五年四月二十一日の日本の財務省の貿易統計によれば、二〇〇四年度の日中〔香港地区を含む〕間貿易総額は二十二兆七千百億円に達し、日米間の二十兆六千三百億円を上回り、中国はすでに日本の最大の貿易パートナーになった。このことは、正常に発展する中日関係こそ、大勢の赴くところ、人心の向かうところにほかならないことを十分に物語っている。

日本の経済界はとくに政治関係の悪化が日中間の経済協力に影響を及ぼすことを懸念し、二〇〇六年九月に成立した安倍晋三内閣に対し、すみやかに措置を講じて日中関係の不正常な状態を改めるよう要求した。それと同時に、日本の世論も新任の首相に圧力を加えた。日本のタカ派勢力を代表する「産経新聞」が二〇〇六年九月三十日に発表した世論調査の結果によれば、一四・六%の人が「安倍内閣にもっとも期待する政策」は中国、韓国との関係改善で、首相は靖国神社を参拝すべきでないと考える人が五二・二%を占めたが、首相は参拝すべきであると考える人はわずか二九・五%を占めたにすぎなかった。

それと同時に、国際社会も中日関係が改善され、地域情勢と国際情勢の安定を利益をもたらすよう希望した。アメリカのライス国務長官は中日関係が改善されるよう希望すると表明し、ホワイトハウスの副報道官も日本が中、韓両国と建設的な関係を構築することへの期待を表明した。

もちろん、中国政府は終始一貫して中日関係の改善のためにたゆまぬ努力をしてきた。胡錦濤国家主席は二〇〇六年四月に中日関係の健全から安定した発展を推進するための五つの主張を提起し、二〇〇七年三月にはさらに中日双方が平和共存、子々孫々までの友好、互恵協力、共同発展に努めるべきであると指摘した。温家宝総理は二〇〇七年三月に中日関係の改善について三つの提案を行った。それゆえ、安倍首相の就任後に、中日関係を改善する一大契機が訪れた。このような情勢のもとで、安倍首相は時勢を理解し状況を判断し、時代の要求と世論の声に順応し、自身の過去の強硬な外交姿勢をすみやかに改め、何回も主導的にアジア外交を改善し、中国、韓国との信頼関係を強化したいと表明した。とくに敏感な靖国神社参拝の問題についても、安倍首相はかなり慎重な態度をとった。

中国国務院の温家宝総理の招請に応じて、安倍首相は二〇〇六年十月八日から九日にかけて中国を公式訪問した。中国は安倍首相が就任後に最初に訪問した国であり、日本の指導者の五年ぶりの訪中でもあった。日本の戦後六十余年の歴史上、安倍首相は中国を最初の訪問先に選んだ初めての首相であり、それは中日関係の膠着状態を打破し、訪中を契機に両国関係を改善したいという切実な願いが反映されていた。

十月八日午後、温家宝総理は北京の人民大会堂東門外広場で式典を挙行し、安倍首相の訪中を歓迎した。歓迎式典の終了後、温家宝総理と安倍首相は人民大会堂で会談を行った。温家宝総理は安倍首相が対中関係で示した積極的な姿勢に称賛の意を表明するとともに、未来の中日関係の発展について五つの意見を提起した。

第一に、両国の首脳の相互訪問を実現、維持し、各レベルでの意思疎通と交流を密接にし、政治的な相互信頼を深める。

第二に、引き続き戦略的対話を進め、二国間関係の改善と発展に関わる大きな問題を深く立ち入って研究する。

第三に、経済・技術協力の枠組みを整え、各分野の中長期的な協力計画を策定し、経済貿易関係のさらに発展させるよう努める。

第四に、文化、教育の交流に力を入れ、民間交流を拡大し、両国人民の友情を深める。

第五に地域問題についての協議を強化し、東アジア地域の協力を推進し、アジアの平和と発展のために貢献する。

安倍首相は会談で次のように表明した。

「日中関係は日本でもっとも重要な二国間関係の一つであり、日本は引き続き日中の三つの政治文書の原則と精神を遵守して両国関係を発展させる。この数年、日中関係は発展を続け、経済、貿易、文化、人的交流がたえず増加しているが、それと同時に遺憾なことも発生した。現在、日中関係はまさに大事な時期にある。日中関係をさらに高いレベルに押し上げ、アジアと世界の平和、安定、繁栄のために建設的な貢献をすることは双方に課せられた時代の使命と責任であり、そのために日中関係を共通の戦略的利益に基づいた互恵関係に構築するよう努力しなければならない。」

安倍首相はさらに明確に表明した。

「日本はかつてアジア各国の人々に大きな損害と苦痛を与え、さまざまな傷跡を残しており、このことに対して深い反省を表明する。この立場は今後も変わることはない。日本は六十数年余りにわたって平和的発展の道を選択してきたが、今後もこの方向を堅持する。日本は絶対に軍国主義を讃美せず、A級戦犯も美化しない。」

安部首相は次のように強調した。

「両国関係に影響を及ぼす政治的困難を克服し、日中関係の健全で安定した発展をはかるという共通認識によって歴史問題を適切に処理する。日中両国の経済発展はしたが相互に依存し、双方に重要な利益をもたらしており、これを大切にすべきである。政治と経済という二つの車輪を力強く作動させ、両国関係をより高いレベルに進め、アジアと世界の発展のために貢献しなければならない。」

台湾問題では、安倍首相は、「日本側は引き続き『日中共同声明』の原則に基づいて台湾問題を処理し、この立場は変わっていない。日本は『一つの中国』政策を堅持し、『二つの中国』、『一つの中国、一つの台湾』を認めず、『台湾の独立』を支持しない」と表明した。

安倍首相の中国訪問によって、中日間の政治的な膠着状態は打破され、両国の指導者の会談とハイレベルでの往来は継続された。二〇〇六年十一月、ベトナムのハノイで開催されたAPEC非公式首脳会議の際、胡錦濤主席と安倍首相は再び会談を行った。二〇〇七年六月、胡錦濤主席はドイツのハイリゲンダムで再び安倍首相と会談を行い、双方は中日の戦略的互恵関係を発展させることについて意見を交換した。

その後も、日本の政界の要人の中国訪問は絶えなかった。参議院議長〔扇千景。二〇〇六年十月十四―十七日〕と衆議院議長〔河野洋平。二〇〇七年七月。ただし、日本国際貿易促進協会代表団団長として〕が相次いで中国を訪問し、安倍内閣の重要な閣僚も次々に訪中した。それと同時に、両国の軍事部門の往来も再び開始された。二〇〇七年八月二十九日、中国の曹剛川国防部長が東京に到着して日本訪問を始め、高村正彦防衛大臣、安倍晋三首相と会見した。中国の国防部長の訪日は九年ぶりであったので、各界の注目を集めた。中日双方は防衛協力を強化することを表明するとともに、中国海軍の艦艇が日本を訪問することについて共通の認識に到達し、同時に双方はさらに両国間の軍事ホットラインの設置を検討することでも合意に達した。

両国のハイレベルの相互訪問のなかで、とくに重要であったのは二〇〇七年四月の温家宝総理の日本訪問である。四月十一日から十三日まで、中国国務院の温家宝総理が招請に応じて日本を訪問した。これは中国総理の六年半ぶりの日本訪問であり、各方面から注目された。温家宝総理は安倍首相と会談を行った際、次のように指摘した。

「中国と日本の両政府の共同の努力のもとで、双方は両国関係に影響を及ぼす政治的障害を克服することについて共通の認識に達した。引き続き中日関係を改善し、発展させ、中日の友好協力を強化し、時代の流れに適応することは、両国人民の共通の願いにかなっている。中日の戦略的互恵関係を構築するために、双方は戦略的見地と長期的な角度から両国関係の方向を把握し、積極的に以下の六つの方面の活動を推進しなければならない。

第一に中日の三つの政治文書の原則を厳守し、約束を誠実に守り、両国関係の政治的基礎を維持する。

第二にハイレベルの交流を増やし、政府、立法機関、政党間の交流と戦略的対話を通じて、二国間関係における重大問題について適時に意思の疎通をはかり、信頼を深め、疑念をなくす。

第三に、互恵協力を深め、経済面におけるハイレベルの対話メカニズムを通じて、双方の経済発展政策と協力目標を調整し、両国の省エネ、環境保護、金融、エネルギー、情報通信、ハイテクの協力を推進する。

第四に、両国軍の交流と防衛安全保障の対話を強化し、軍事を安全保障の分野の重大な措置について適時に相互通報を行い、両国軍の海上危機管理メカニズムの構築を加速する。

第五に、人と文化分野の交流を深め、二〇〇七年は重点的に「中日文化・スポーツ交流年」の活動を進める。

第六に、国際的、地域的な実務において協議と協調、地域協力を推進し、東北アジア地域の長期にわたる平和と安定を実現するために建設的な役割を果たす。」

温家宝総理は四月十二日に日本の国会で演説したが、これは中国の指導者による二十二年ぶりの国会演説であった。「友情と協力のために」と題されたその演説で、温家宝総理は大量の事例を引用して秦漢代以来の中日交流の歴史を振り返り、次のように指摘した。

「中日両国の友好交流は、その時間の長さ、規模の大きさ、影響の深さにおいて、世界文明発展の歴史に類を見ないものである。しかし、近代日本が引き起こした中国侵略戦争によって、中国人民は重大な災難に見舞われ、日本国民にも莫大な苦痛と痛みを与えた。中国政府と人民は従来から未来志向を堅持し、一貫して歴史を鑑として、未来に向かうことを主張してきた。中日両国は和すれば双方に利益をもたらし、争いあえばともに傷つく。両国人民の子々孫々にわたる友好を実現することは、歴史の流れと両国人民の願いに完全に合致し、アジアと国際社会の切実な期待でもある。」

安倍首相の「氷を砕く旅」〔二〇〇七年十月〕、温家宝総理の「氷を融かす旅」〔二〇〇七年四月〕の後、福田康夫首相が二〇〇七年末〔十二月二十七―三十日〕に「春を迎える旅」を行い、胡錦濤国家主席が二〇〇八年五月に「暖かい春の旅」を実現し、中日両国の政治関係は急速に温度が上昇した。それと同時に、日本の海上自衛隊の招請に応じて、中国海軍のミサイル駆逐艦「深圳」が二〇〇七年十一月二十八日から十二月一日まで日本を友好訪問した。これは中国人民解放軍の海軍艦艇の初めての訪日であり、七年前に達成した合意がついに実現した。十二月一日、第一回中日ハイレベル経済対話が北京で開催され、双方はマクロ経済政策の交流の強化、省エネ・環境保護協力の強化、貿易投資協力の強化、多国間と地域の経済協力の強化の四つの分野をめぐって率直に意見を交換し、相互理解を深めた。

二〇〇六年九月に安倍晋三首相は就任後ただちに中国訪問の「氷を砕く旅」を行うとともに、中国と戦略的互恵関係を構築する共通認識を成立させたにもかかわらず、日本が戦時中に行った従軍慰安婦の強制徴用の否認、李登輝訪日の許可、靖国神社参拝問題に対する曖昧な態度、とりわけ「価値観外交」の推進などによって、その対中政策は「互恵と封じ込め」の矛盾状態に陥った。二〇〇七年九月に成立した福田康夫政権では対中政策に比較的大きな変化が生じ、それで具体的に次のいくつかの面に体現された。

まず二〇〇七年十一月、日本のメディアは二〇〇八年春に発行予定の新しい日本の『外交青書』には、「自由と繁栄の弧」を構築するという文言が掲載されないと報じた。

「自由と繁栄の弧」を構築するという外交方針は麻生太郎前外相が発案するとともに、二〇〇七年版の『外交青書』に盛込まれたものである。いわゆる「自由と繁栄の弧」とは、日本から東南アジア、南アジアを経てヨーロッパまで連なる円弧を形成し、価値観を同じくする国家が互いに支援しあい、共同で円弧内の国家に対抗するというものである。日本政府はさらにこの外交構想を「新たな日本外交の柱」、「日本外交の新主軸」とも位置づけていた。二〇〇七年八月、安倍晋三首相はインドを訪問した際、いわゆる「自由、民主主義、人権といった共通の価値観を有すること」に則り、インドと共同でアメリカとオーストラリアを含む太平洋ネットワークを結成し、中国を排除した「拡大アジア」ネットワークを構築することを呼びかけたが、中国を封じ込める意図が明白であった。

十一月十八日、福田首相はアメリカのCNNテレビのインタビューで、中国の軍事力は脅威になっていないと表明した。十一月二十日、福田首相は温家宝総理とシンガポールで会談し、「今後の共通の中心任務は両国の戦略的互恵関係を推進することである。二〇〇八年は『日中平和友好条約』締結三十周年と北京オリンピック開催の年であり、日本はこれを機に経済・貿易、防衛、環境保護、文化などの分野で交流と協力を拡大し、国際的、地域的な問題で意思疎通と協調を強めることを希望する。双方が交渉を通じてできるだけ早期にに東シナ海問題の適切な解決案を見つけ出すよう希望する」と表明した。同時に、福田首相は改めて、日本の台湾問題における立場は一貫しており、変わることはないと表明した。

福田政権で対中政策が変化した背景には、主に次の数点があげられる。

第一に、福田首相の外交理念と中国観である。福田康夫首相の父親である福田赳夫元首相は、一九七六年から一九七八年までの首相在任中に、日本が軍事大国にならず、東南アジア各国と信頼関係を築き、積極的に経済協力を行う「福田ドクトリン」を提起したばかりでなく、中国とも「日中平和友好条約」を締結した。福田康夫首相も日本のアジア外交の構築を重視し、「日米同盟は基礎であり、我々は重視しなければならない。しかし、もしその他の面に不備が生ずれば、訂正しなければならない」と強調するとともに、「日米同盟の強化とアジア外交の推進を共鳴させる」という外交理念を提起した。福田首相ははっきり、「安倍首相が中国と韓国を訪問した後、日中関係と日韓関係は改善された。我々はこの趨勢をさらに発展させなければならない」と明確に主張した。福田首相は中国と長期的にわたる良好な関係を発展させることに賛成し、小泉元首相の靖国神社参拝に批判的態度をとるとともに、靖国神社に代わる国立の追悼施設を建設を提唱し、首相に就任する前から在任中は靖国神社に参拝しないと明言していた。

第二に、日本社会の各界の対中認識が徐々に変化したことである。中国経済の持続的な高度成長とその実力の急激な増強は日本にかなり大きな圧力をもたらした。しかし、この数年、中日双方の各分野の交流にともない、日本の各界の人々は徐々に、急速に発展したが悪影響を受けた中国のこの復興のプロセスを受け入れ始め、しかも「平和共存、互恵的なウィン・ウィンの関係」が日本の現実的な利益を維持、拡大する最良の選択であることを認識し始めた。

第三に、中米関係、日米関係に変化が生じたことである。一方で、小泉政権が中日関係を悪化させた時期は、ちょうど中米関係が上昇傾向にあり、しかも実効をともなう協力の時期であり、日本は周辺化される趨勢を呈した。他方で、日米関係は下降の勢いにあった。二〇〇七年初めから、久間章生防衛大臣と麻生太郎外務大臣が相次いでアメリカのイラク政策を批判し、アメリカの不満を招いたので、両国の防衛首脳会議が延期された。また、アメリカは北朝鮮を「テロ支援国家」のリストから削除しようとし、その結果、拉致事件を強調するとともに北朝鮮に対する制裁を強めたい日本とかなり大きな矛盾が生じ、日米同盟の基礎に悪影響をもたらす懸念を引き起こした。さらに、アメリカの下院は日本に責任の明確化と謝罪を要求する「慰安婦問題決議案」を採択し、アメリカが歴史問題でも日本バッシングを始めたことを裏づけた。それ以外にも、アメリカ産牛肉の輸入や在日米軍の経費負担問題でも日米間に矛盾と摩擦が存在している。だからこそ、福田首相の「日米同盟の強化とアジア外交の推進を共鳴させる」という主張は、中国に接近することを前提に、アジア地域における主導権を日本が握るということを意味した。

このようなもとで、二〇〇七年がまもなく終わろうとする十二月二十七日午後、福田首相は北京に到着し、中国を四日間にわたって公式訪問した。二十八日午前、温家宝総理と人民大会堂で二時間半にもわたる公式会談を行うとともに、一緒に両国の協力に関する文書の調印式に出席した。会談の際、福田首相は、日本は「二つの中国」や「一つの中国、一つの台湾」をやらず、「台湾の独立」を支持せず、台湾の国連「加盟」を支持せず、「〔台湾の名義による〕国連加盟についての公民投票」を支持しないと表明した。両国の指導者は同時に東海〔東シナ海〕問題についても意見を交換し、引き続き次官級の協議を行い、適切に問題を解決するなどの四点で共通の認識に到達した。

二十八日午後、福田首相は胡錦濤中国国家主席と会談し、自分の中国訪問のための周到な配慮に感謝するとともに、「日本は中国とともに努力し、協力を強め、交流を拡大し、両国民の相互理解と友情を深め、両国の戦略的互恵関係を推進してたえず大きな成果を収めるよう期待する」と表明した。北京大学における講演で、福田首相は日中両国の戦略的互恵関係を構成する核となる三つの柱――互恵協力、国際貢献、相互理解・相互信頼について説明するとともに、次のように強調した。「〔国際社会に協力してきた誇りは、〕自らの過ちに対する反省と、被害者の気持ちを慮る謙虚さを伴ったものでなくてはならない。過去をきちんと見据え、反省すべき点は反省する勇気と英知があって、初めて将来に誤り無きを期すことが可能になると考えます。」福田首相は天津経済開発区、曲阜〔山東省〕の孔子の故郷を視察した後、中国への「春を迎える旅」を終えたが、中国における一連の活動は中日関係をまた一歩前進させた。

中日関係のいっそうの発展を推進するために、国内の仕事が繁忙であるにもかかわらず、胡錦濤主席は二〇〇八年五月六日に日本を訪問した。訪問期間中に天皇陛下と会見するとともに、福田康夫首相と中日関係と双方がともに関心を寄せる問題について率直に、かつ立ち入った意見を交換し、幅広い共通認識に達した。双方は、中日が長期にわたって安定した善隣友好関係を発展させることは、両国と両国人民の根本的利益に合致し、アジアと世界の平和、安定、繁栄に重要な意義を有するという認識で一致した。

会談終了後、胡錦濤主席と福田首相は中日両国間の四つ目の政治文書である。『戦略的互恵関係』の包括的推進に関する中日共同声明」に署明した。この声明は、長期にわたる平和友好協力こそ双方の唯一の選択であることを強調し、中日関係の三つの文書を厳守し、中日の戦略的互恵関係の新たな枠組みと新たな局面を切り拓くことを重ねて表明し、相手側の平和的な発展を支持するとともに、共同で世界的な課題に対処するうえで協力することを表明している。共同声明に基づいて、両国は二国間の協力関係を拡大するだけでなく、世界政治の舞台でも両国関係の新たな枠組みを構築する。また、中日双方はさらに「中日両政府の交流と協力の強化に関する共同プレス発表」を発表した。胡錦濤主席は早稲田大学で重要な講演を行うとともに、日本の各界の人々と幅広く交流し、東京のほかに横浜、川崎、大阪、奈良をも訪問した。大阪では、北京オリンピックの公式スポンサーである松下電器〔現在のパナソニック〕本社を見学するとともに、省エネと環境保護の分野における中日両国の協力がさらに大きく発展するよう希望すると表明した。

もちろん、未来の中日関係にはなお多数の不確定要素が存在するし、福田政権の時期にも中日関係には不協和音が生じた。たとえば、日本政府がダライ・ラマ〔チベット亡命政府の指導者〕の日本通過を許可したり、フランスがEU〔ヨーロッパ連合〕の対中武器輸出の解禁を推進することに再び強烈な反対を表明したりしたことなどである。福田首相の訪中前夜にも、日本の一部の政治家とメディアは福田首相に東海のガス田開発と台湾問題で中国に「譲歩」しないよう呼びかけ、ひいては福田首相本人もエネルギー分野における中日の競争、対中投資のリスクに対して疑念を抱いていた。そのため、中日関係は今のところ良好な発展の趨勢が見られるけれども、依然として政治家を含む両国のあらゆる国民が引き続き維持と改善に努力する必要がある。

総論　2　「中日平和友好条約」の締結

陳浩　王新生

「中日友好平和条約」と一九七二年九月二十九日の中日両国政府の「共同声明」は、共同で中日両国関係を発展させる政治的な基礎を構成しており、両国が関係を発展させるときに遵守すべき基本原則でもある。同条約の締結は当時の両国関係の政治的総括であるだけでなく、両国の友好関係が新しいスタートラインに到達し、両国人民の平和友好への願いが実現したことを象徴しており、したがって重大な現実的意義と深遠な歴史的意義を有する。

一　「中日平和友好条約」の下準備

最初に公式に「中日平和友好条約」の締結を提起したのは周恩来総理である。一九七一年六月二十八日、竹入義勝公明党委員長と会見したときに、「公明党は最近中日関係の問題で非常にすばらしい見解を発表した」、「公明党の主張する五点に照らせば、日本と中華人民共和国の国交は回復することができ、戦争状態を終結することができ、中日の友好は発展させることができ、中日両国は平和共存五原則の基礎のうえに平和条約を締結することができ、さらに踏み込んで相互不可侵条約の締結を考慮することができる」と述べ、日本と平和条約を締結する意向を表明した。

中日の国交正常化の過程で、条約締結に関する問題が両国政府の会談のなかで取り上げられた。一九七二年七月二十五日、つまり田中角栄首相は就任からわずか十八日後に、盟友の竹入義勝公明党委員長を訪中させ、田中の訪中と中日両国の国交回復問題について中国政府と協議させた。周恩来総理は竹入委員長を温かく受け入れるとともに、七月二十七日から二十九日にかけて三回にわたって会談を行い、中日関係の正常化の重大な原則問題について意見が一致した。まさに七月二十七日の竹入委員長との第一回会談で、周恩来総理は、「田中首相は平和共存五原則に基づいて国交を樹立したいと考えているが、私は全面的に賛成であり、平和条約の締結も可能であるが、私は平和友好条約の締結を希望する」と提起した。竹入委員長はこれに異議を唱えなかった。七月二十九日に行われた第三回会談で、周恩来総理は中日関係正常化の「共同声明」のなかに、「双方は、両国が外交関係を樹立した後、平和共存五原則に基づいて平和友好条約を締結することに同意した」という文言を盛り込むことを提案した。

一九七二年九月〔二十九日〕、中日両国は「中日共同声明」を発表して、戦争状態の終結を宣言し、両国の国交正常化を実現した。「中日共同声明」の締結は、両国関係史上極めて重要な意義を有するが、法的な意味では、共同声明は条約に取って代わることができない。そのため、「共同声明」の第八項で、「中華人民共和国政府及び日本国政府は、両国間の平和友好関係を強固にし、発展させるため、平和友好条約の締結を目的として、交渉を行うことに合意した」と規定した。

周恩来総理が中日両国が平和友好条約を締結するよう提唱したのは、主に、中日両国政府が共同声明を発表すれば、戦争状態の終結を宣言するとともに国交を正常化することができるが、両国間の善隣友好と協力関係をさらに発展させ、両国人民の子々孫々にわたる友好を保証するためには、平和友好条約という法的な形式によって中日両国関係の基本原則と発展方向を確定する必要があるという考慮に基づいていた。一九七四年、貿易協定〔一月〕、航空協定〔四月〕、海運協定〔十一月〕が相次いで締結されたのにともない、中日両国は中日友好条約の締結交渉の下準備を始めた。九月二六日、喬冠華外交部副部長が正式に木村俊夫外務大臣に「中日友好平和条約」の早期締結を提案した。

二　反覇権条項をめぐる度重なる協議

一九七四年十一月十三日、韓念龍外交部副部長と東郷文彦外務次官が東京で条約締結問題について第一回予備会談を行い、中国側が条約の内容に対する構想を提示した。その後、陳楚駐中日国大使が東郷外務次官と何度も会談を行ったが、双方は反覇権条項の問題で意見が一致しなかった。

中国は、日本はすでに国交樹立の共同声明に反覇権条項を盛り込むことに同意している以上、平和友好条約にも反覇権条項を盛り込むべきである、なぜならば「中日平和友好条約」は中日共同声明を基礎にしながら前進するしかなく、後退してはならないと考えていたからである。しかし、日本はソ連の反応を恐れ、中国と反覇権条項を含む平和友好条約を締結すれば日ソ関係が悪化することを懸念していた。日本は七〇年代のソ連の軍事的拡張に怯え、ソ連の軍事的脅威が自国に及ぶことを心配していた。一部には、ソ連と台湾が結託し、さらに進んで極東の勢力の均衡が崩れることに不安を抱く声もあった。そのため、中ソに対して「等距離外交」政策をとるよう主張する政府の要人が少なくなかった。

しかし、日本の野党、民間人、経済人は、平和友好条約の早期締結に対して支持する態度を持していた。一九七四年九月三十日、東京で開かれた「中華人民共和国成立二十五周年祝賀、日中平和友好条約締結促進中央集会」で、日中友好協会（正統）本部の黒田寿男会長、社会党の佐々木更三国会議員、日中漁業協会の徳島喜太郎会長および共産党（左派）、社会党、公明党、民社党、日本労働組合総評議会、婦人団体の代表たちが演説を行い、全国的な大衆運動を展開して、「中日平和友好条約」の早期締結の交渉を推進するよう呼びかけた。集会はさらに日本政府に対する要望書を採択し、中日平和友好条約の交渉をすみやかに始めるよう強く要望した。

一九七四年十二月、田中角栄首相が辞任し、三木武夫内閣が誕生した。十二月十四日、三木首相は施政方針演説で、「中日平和友好条約の締結を促進する」意向を表明した。しかし、三木派は自民党内で少数派で、その他の政治勢力の干渉を受けやすかった。たとえば、同条約の締結に反対する一部の政治勢力はつねに政府に影響を及ぼした。それと同時に、ソ連も中日による平和友好条約の締結の妨害に全力を傾け、一再ならず声明、談話、文章などを発表し、日中の条約締結はソ連に的を絞っていると言明するとともに、何度も日本に対して威嚇や恫喝を行った。このような状況は日本の国内情勢に一定の影響を及ぼし、一九七五年一月、「東京新聞」は、共同声明第七項後段の内容を平和条約に盛り込めば、ソ連は必ずソ連に的を絞った同盟条約だと見なすにちがいないので、ソ連に無用な刺激を与えるであろうという記事を掲載した。

折しも、陳楚駐日大使と東郷文彦外務次官は条約締結に関する第二回予備会談を行い、次の二点で意見が一致した。

①今回締結する条約は、両国が将来友好的な道を歩むことを保障する前向きな条約であること。

②条約の内容は、中日「共同声明」を基礎にすること。

一九七五年二月、双方が各自の条約草案を交換した際、中国側は共同声明第七項の「反覇権条項」を条約に盛り込むことを主張したが、日本側はそれに異議を唱えた。中国側は、反覇権条項がすでに「共同声明」に明記され、しかも今後も履行する必要があるので、条約に盛り込む必要があると指摘した。しかし、日本側は「覇権」という言葉は「なじまない」、「慣例にない」ので使用するわけにいかないと指摘し、さらに条約は二国関係に関わるものであり、第三国に言及し、的を絞るわけにはいかないと指摘した。陳楚大使と東郷文彦外務次官の交渉は、一九七五年一月から始まり、五月までに十二回行われたが、まったく進展しなかった。

ソ連は引き続き中日の条約締結に圧力を加える措置を講じた。一九七五年二月三日、トロヤノフスキー駐日ソ連大使は椎名悦三郎自民党副総裁と会見した際、「日中平和条約がソ連に望ましくない影響を及ぼさないよう希望する」と伝えた。同月十四日、トロヤノフスキー大使はまた三木首相を表敬訪問し、ブレジネフ書記長の親書を手渡し、日ソの友好関係の発展を強調し、「日ソ平和友好条約の交渉を行いつつ、善隣協力条約を締結する」べきことを提起して、日本と中国が平和友好条約を締結するのを妨害、牽制しようとした。六月十七日、ソ連政府は、「反覇権条項」はソ連を敵視するものだという「日本政府に対する声明」を発表した。六月十八日、ソ連政府はまたも声明を発表し、「日ソ両国の共同の利益のために、自国の狭隘な意図のために日ソ関係の改善に障害をもたらす第三国のいかなる行動に対しても、しかるべき反撃を行うべきであり、ソ連が遵守するのはまさにこの方針である」と指摘し、日本も同様の態度を採るよう要求した。

これに呼応して、中日の条約締結に意見を保留していた日本国内の「慎重派」も、「反覇権条項」に反対する態度を表明した。自民党のアジア問題研究会は、条約に反覇権条項を盛り込むことは、それまでの政府の「日中は日中であり、日ソは日ソである」という主張と自己矛盾するし、「日本が中ソ対立に巻き込まれればアジアの安定が損なわれ、情勢が緊張する」と表明した。自民党の「青嵐会」は総会を開き、中日の条約交渉を再開する問題について四つの条件を提起した。

すなわち、台湾の地位保全を図る、反覇権条項の問題について日本の立場を確立する、「尖閣諸島（釣魚島）」が日本の領土であることを確認する、中ソ友好同盟相互援助条約が形式的にも実質的にもすでに失効していることを確認することであり、この四つの条件が満たされなければ、外交交渉であることを認めない。

他方、中日の条約締結を支持する民間団体と政治家も三木政権に圧力を加えた。たとえば、「中日平和友好条約」の締結を促進するために活動を展開していた「日中平和友好条約締結促進東京実行委員会」、「日中友好国民運動連絡会議」などは、中日の早期の条約締結を推進するために積極的に運動を展開した。一九七五年五月五日から十二日にかけて、社会党は第六次訪中団を中国に派遣し、中日友好協会との間で共同声明を発表し、「当面の重要課題は早期に中日平和友好条約を締結することである」、「双方は一致して二つの超大国の覇権主義に反対すべきことと認識した」と指摘した。この情勢のもとで、三木首相は条約の締結を促進する意向を表明し、六月下旬に、この条約は特定の第三国を対象にしない、反覇権の原則は国連憲章や平和共存五原則のように普遍的な原則であるべきで、中国側がこの意見に同意するなら、反覇権条項を条約に盛り込んでもかまわないと公式に表明した。しかし、中国側は、この種の反覇権を有名無実な内容に変える意図には同意できないことを表明した。

一九七五年九月、喬冠華外交部長は国連総会に出席した際、宮澤喜一外務大臣の要請に応じてニューヨークで会談を行った。その会談で、宮澤外務大臣は反覇権条項に対する三木首相の基本認識を以下の四点にまとめて説明した。

①反覇権条項は特定の第三国に向けられるべきではない。

②「共同声明」第七項の反覇権条項を後退させる意思はないが、反覇権問題では中日両国が共同行動をとらない。

③反覇権は「共同声明」で挙げているアジア太平洋地域に限定せず、世界のあらゆる地域に適用する。

④反覇権は国連の精神と一致する。

この四つ条件はのちに「宮澤四条件」と呼ばれた。その核心をなすのは、両国がもともと合意していた反覇権条項に、多くの無用な解釈を加え、とくにソ連の覇権に反対することを免れようとすることであった。会談後に、宮沢外務大臣は記者会見で、中国側はまだ条約に関する日本の考え方を理解していないようなので、交渉を再開するのは難しい、当面、両国外相の相互訪問は不可能であろうと語った。

以上の状況に鑑みて、鄧小平国務院副総理は、十月三日、三木首相の伝言を携えて訪中した小坂善太郎元外務大臣と会見した際、厳しい面持ちで、我々と多数の日本の友人は早期の条約締結を希望しているが、日本の政府はさほど熱心ではないと指摘した。小坂外務大臣は、中国に来るときに三木首相から中国の指導者に三つのことを伝えるよう託されたと述べた。

①中国に対する日本の親近感は非常に強く、ソ連に対する親近感とは比べようがない。

②平和友好条約の締結を希望するが、わだかまりは残したくない。

③反覇権条項に対する双方の理解が一致することができれば、条約のなかでこの問題を処理する方策を見出すことができる。

これに対し鄧小平副総理は、現在、双方の立場は極めて明確であり、決断する必要があると表明し、日本の民間人が条約締結交渉を推進することができるよう希望した。

中日両国の有識者の尽力で、一九七七年秋、日中友好協会、日中文化交流協会、日本国際貿易促進協会、日中友好議員連盟、日中友好国民協議会、日中友好婦人連絡会など四十三団体の千五百人の代表が東京で集会を開き、反覇権主義条項を明記した「日中平和友好条約」を締結するよう要求した。まさにこれらの日中友好団体と友好人士の努力により、一九七七年の年末までに、三十九の都道府県議会と百十七の市議会が決議やアピールを採択し、「中日平和友好条約」の早期締結を要求した。

一九七五年十一月中旬、中国政府は三木首相と宮澤外務大臣が協議した条約草案を受けとり、交渉再開の要求に同意を表明した。しかし、一九七六年に入ると、周恩来総理〔一月八日〕、毛沢東主席〔九月九日〕が相次いで死去し、外交を主宰していた鄧小平副総理も再び国家権力の中枢から離れた。一九七六年二月、日本の政界でも「ロッキード事件」が発生し、自民党と各政治勢力はその対応に追われたため、中日両国の平和条約の締結問題もその影響を受けた。こうして、三木内閣はついに中日平和友好条約の締結という歴史的任務を果たすことができなかった。

三　両国のハイレベルの政策決定過程

福田赳夫内閣が成立〔一九七六年十二月〕した後、各種の要素が中日の条約締結に有利な方向へ発展し始めた。

まず、福田赳夫首相の就任後、中日条約の締結を要求する日本国内の声が高まった。野党が次々と政府に平和友好条約の早期締結を要求し、社会党、公明党、新自由クラブ、社会民主連合などが、中日共同声明の精神にしたがって、この懸案を早期に解決するよう明確に主張した。社会党の多賀谷書記長は「共同声明の第七項（反覇権）を条約の本文に盛り込むのは当然である」と述べ、公明党の矢野絢也書記長も共同声明にしたがって早期に条約を締結すべきだと主張し、公明党は条約の締結を促進する観点から矢野書記長を訪中させた。一九七七年十月、条約締結を促進する人々が「日中平和友好条約」促進協議会を結成し、小坂善太郎元外務大臣が会長に就任した。財界も政府が早期に条約を締結し、中日関係のいっそうの発展を促進すべきだと主張した。日本経済団体連合会の土光敏夫会長は報道陣に、「外交は政府が責任を負っているが、経済界にも独自の見解がある。日中関係は友好的に発展すべきであり、できるだけ早く友好的かつ正常な政府間条約を締結すべきだ。このことには我々も熱意をもっている」と語り、稲山嘉寛副会長は、「経済界には、日中条約の締結に反対する人はほとんどいない」と語った。福田首相も就任直後に、中国を訪問する公明党の竹入義勝委員長に「日中条約の交渉を進めることを希望する」という中国指導者への伝言を託した。

次いで、中国の政治情勢にも大きな変化が生じ、鄧小平副主席ら新しい世代の指導者が中日関係を非常に重視し、力強く条約締結の交渉を推進した。鄧小平副主席は正式に復活すると、「中日平和友好条約」の締結に大きな関心を寄せ、これは毛沢東主席、周恩来総理ら一世代上の指導者がやり残した事業であり、中国外交の重要な任務であり、この数年放置してきた平和友好条約の交渉の再開を積極的に促進すべきであると見なした。同年九月十日、日中友好議員連盟の浜野清吾会長の率いる訪中団と会見した際、「福田首相が平和友好条約を締結の必要性を表明しているが、我々も彼に期待している。さまざまな問題はあるけれども、条約の締結という問題についていえば、一秒で解決することができる」、「一秒というのは、調印という二字にほかならない」と語った。

鄧小平副主席の語った「一秒」はすぐさま日本に伝わり、日中友好路線を堅持する日本各界の活動家は、中国が福田首相に対し前向きの態度を持して福田首相の「一秒」を待っていることを知ると、まもなく到来する日中国交正常化五周年の記念と結びつけ、次から次へと運動を展開し、平和友好条約の締結を要求する運動を高揚させた。このような状況のもとで、日本政府が鄧小平副主席の発言を真剣に検討したので、中日の条約締結交渉は大幅に加速した。一九七七年十月十四日、鄧小平副主席は人民大会堂で元官房長官の二階堂進衆議院議員と会見し、反覇権問題における中国の立場を改めて表明した。二階堂進元官房長官は、「反覇権条項」を条約に盛り込むことに同意するが、「日中両国は本条約に基づいて平和友好関係を発展させるが、いかなる第三国にも的を絞らない」という条件を付け加える必要があるという、日本政府の意向を伝えた。鄧小平副主席は日本側の苦しい立場を忖度し、日本のこの案を真剣に検討することができることを表明した。この態度は、日本の立場への理解の表明であり、中日平和友好条約の締結を極めて大きく推進する役割を果たした。一九七七年十二月十八日、鄧小平副主席はパキスタンのジア・ハク戒厳司令官との会見で中日関係に言及し、中日平和友好条約に反覇権条項を盛り込むことは日本に有益であり、日本のイメージを変えることができると指摘した。

さまざまな要因が影響しあうなか、福田政権は中日条約交渉を再開する準備を進めた。一九七八年一月、園田直外務大臣はソ連を訪問して説明を行ったが、ソ連の圧力には屈せず、その後も中日交渉に対するソ連の干渉に反対する談話を何度も発表し、「ソ連に脅されて日中平和友好条約を結ばなければ、日本は独立国ではない。日中友好条約に対するソ連の抗議が雷鳴のようにたえず鳴り響いているが、日本外交が他国によって左右されるわけにはいかない」と述べた。同年二月二十日、日本政府は中日条約の締結交渉の問題は「機が熟した」と表明するとともに、ソ連とアメリカに対する日本の要求を提出した。たとえば、ソ連に北方領土の返還を要求し、アメリカとソ連が人工衛星に原子炉を搭載することに反対したことなどは、福田内閣が反覇権問題ですでに行動を起こしていることを意味した。三月、日本外務省は「日中平和友好条約交渉の経緯」と題する資料を作成したが、そのなかで次のように指摘している。「条約の締結で日中関係は安定し、日中間の懸案と国際問題について、これまで以上に意思の疎通をはかることができ、日中関係の安定はアジアの平和と安定を確保するのに有益である。我が国についていえば、今後これまで以上に余裕をもってアジア外交を展開することができる。……条約を締結せずに放置すれば、日本国内に良からぬ影響を及ぼすであろう。……」

それと同時に、「中日民間長期貿易取り決め」が北京で調印され〔二月十六日〕、両国の経済交流のルートを拡げただけでなく、中日平和友好条約の締結を推進する役割も果たした。園田外務大臣はこの「取り決め」について、「善隣友好の立場から高く評価する。これを契機に、日中条約に良い影響が現れるだろう」と評した。

このような要因の影響のもとで、福田内閣は「宮澤四条件」を交渉の前提にせず、中国政府とできる限りすみやかに平和友好条約を締結する準備に入ることを決定した。一九七八年三月、矢野絢也書記長を団長とする公明党第六次訪中団が中国を訪問した。同訪中団が出発する前に、福田首相は中国指導者に対する、「条約の締結に大きな情熱をもっており、早期の実現を望む」というメッセージを託した。鄧小平副主席は北京で公明党訪中団と会見した際、「福田首相が共同声明を踏まえて少しでも前進することができれば、中日友好発展史に名を残すだろう。この条約の締結は、大局から、政治的な角度から見なければ、不可能だろう」と指摘した。

同年三月十四日、中日友好協会の廖承志会長は矢野書記長に中日平和友好条約に関する中国政府の見解を伝えた。

①中国政府は一貫して、中日共同声明に基づいて「中日平和友好条約」を早期に締結し、両国関係を発展させることを主張している。

②中国側は、中日両国が平和友好関係を構築し発展させるのは第三国に対するものではないと考えており、中日両国はともに覇権を求めず、いかなる国家や国家集団が覇権を求めることにも反対する。一方で覇権に反対すると言い、他方で誰に対するものでもないと言うのは、理屈に合わない。

③中日両国が覇権に反対するのは、けっして共同行動をとることを意味しない。

④条約交渉の再開の問題については、中国側にはいかなる障害も存在しないので、いつでも開始できる。

日本政府と自民党は鄧小平副主席ら中国指導者の見解について検討した。一九七八年三月二十二日、福田首相は園田外務大臣、安倍官房長官、外務省幹部らと協議し、「既定方針にしたがって、今後は交渉再開のための手続きと段取りを調整しつつ、引き続き全力で取り組む」ことを決定した。福田首相はこの決定を行った後、五月に訪米し、アメリカ政府の態度を探った。五月二日、園田外務大臣とバンス国務長官の会談で、バンス国務長官は日中条約の締結を含む日本の対中政策を賞賛するとともに、断固支持した。また首脳会談で、カーター大統領は福田首相に「中日平和条約のほうはどうなっているのか、もっと積極的に推進するよう希望する」と語り、「アメリカとしては、覇権に反対することに問題はない」と表明した。カーター大統領はさらに両国の交渉が成功するよう希望した。ブレジンスキー国家安全保障担当大統領補佐官は中国を訪問した後、五月二十三日に福田首相と会談し、条約の締結に対する中国の前向きの態度を紹介するとともに、中米関係の重要性を強調し、「米中両国の友情と関係正常化は世界平和に有益であり、我々の政治的観点から見れば、強大かつ安全な中国は世界平和に有利であり、全地球的な業務に参与する力強いアメリカは中国の利益にもかなっていると考えている」と述べた。アメリカの政府高官の態度表明によって、日本政府は条約締結交渉にいっそう積極的になり、福田首相は友好条約交渉の再開の準備をするよう指示した。

五月二十四日、福田首相は官邸で岸信介元首相、三木武夫前首相、前尾繁三郎元衆議院議長、椎名悦三郎元自民党副総裁ら長老と話しあい、「日中条約締結交渉を行うことに応じてから、すでに六年経っており、これ以上待てない。すでに限界である」と述べた。同日、これまでずっと「反覇権条項」に異議を唱えてきた自民党のアジア問題研究会は総会を開き、灘尾弘吉会長が、「首相がすでに決断した以上、交渉の再開に反対するのは適切でない」と表明した。自民党の政務調査会はこの日に会合を開き、福田首相が提起した交渉再開の方針に全会一致で同意した。

四　条約の最終的な締結

一九七八年六月二十二日、福田首相は官邸で園田外務大臣、安倍官房長官、佐藤中国大使をはじめ、外務省の幹部が参加する会議を開き、日中条約交渉の再開の日程、第三国条項に関する日本側の草案などの問題について協議を行った。福田首相はその席上、「これは子々孫々に伝えられていく条約であり、慎重に対処すべきである……改めて交渉を再開する以上、引き延ばすことはできない。いちばんいいのはボン・サミット〔七月十六―十七日〕までに解決することだ」と表明した。七月十八日、日本は事務レベルの交渉に参加する両国の代表者の名簿を公表した。日本側代表団のメンバーは佐藤正二中国大使、中江要介アジア局長、堂之脇光朗中国公使、斎藤邦彦条約課長、斎藤正樹一等書記官、小原育夫中国課事務官、杉本信行中国課事務官で、中国側代表団のメンバーは韓念龍外交部副部長、王暁雲アジア局副局長、蔣福喬国際条約局部長、丁民アジア局日本部部長代理、王効賢アジア局日本部副部長、徐敦信アジア局日本部副部長、および日本部のその他の要員であった。

一九七八年七月二十一日、佐藤正二中国大使を団長とする日本側代表団と韓念龍副部長を団長とする中国側代表団が交渉を開始した。午後三時、中日両国の代表団は中国外交部で第一回交渉を開始し、二十二日午後に第二回交渉を行い、双方の代表がそれぞれ自国の外交政策と条約に対する見解を述べた。中国側はソ連問題について立場を表明した後、「条約」に「特定の第三国に対するものではない」と付け加える必要はないと主張した。日本側は新しい草案を提出したが、その第三条第一項は依然として「本条約は特定の第三国に対するものではない」であり、反覇権の地域に言及する際、アジア太平洋地域の後ろに「及びその他のいかなる地域」と付け加えていた。

中日双方の条約締結の焦点は依然として反覇権条項の問題であった。七月二十四日の第三回交渉で、日本側は反覇権条項に「特定の国家に対するものではない」と盛り込むことにこだわり、中国側は「条約は覇権を求めない第三国に対するものではない」と文言を提案したが、双方とも相手側の提案に同意することができなかった。さらに五回の交渉を重ねたが、中日双方は依然として譲らなかった。

たとえば、第五回交渉で、中国側は覇権に反対する観点をいっそう明確にして、「現在、誰がアジア太平洋地域で覇権を求めたり、求めようとしたりして、横暴かつ理不尽で、人に押しつけているのかは周知のことだ」、「中国はまさに覇権主義の現実的な脅威に晒されているのだ」、「中国はけっして日本に反覇権の問題に関する中国のすべての観点を受け入れるよう要求しているわけではない。いわゆる『一致した行動』や『軍事同盟』などは、なおさら問題外である」、「しかし、中国はけっして『声明』の立場から後退しない」、「この種の原則の問題では中国側には妥協の余地はない」と主張した。

日本側は、この条約によって構築される両国の平和友好関係は子々孫々に至るまで受け継がれるので、反覇権の原則については、ソ連だけを想定するわけにはいかず、誰が覇権を求めようと反対すると述べた。日本の方案はまさにこの点を明確にしていた。

上述の見解の相違について、中国側は、実質的な問題であり、外部の干渉と圧力を排除できなければ解決することはできないと見なした。

交渉は膠着状態に陥り、双方の交渉メンバーは各自の政府に意見を仰いだ。八月一日の夜、韓念龍副部長は中共中央政治局常務委員会に対し、八回にわたる交渉の経緯、および双方とも反覇権条項について意見を譲らない状況について報告するとともに、双方が受け入れられる方案を提起すべく引き続き努力すべきであると表明した。鄧小平副主席は関連する報告を聴取した後、中国側の交渉メンバーに、交渉の妥結に向けて努力すべきであるが、妥結できない場合の準備もきちんとしておくよう指示した。八月二日、第九回交渉が行われ、日本側は再び、「いかなる国に対するものではない」という意見を提起したが、中国側は受け入れなかった。第十回交渉で、日本側は中国側の提案を拒絶して自国の提案に固執した。

中国側は、『声明』を擁護する決意はいささかも揺るがず、反覇権条項の精神の実質を弱め、骨抜きにし、否定し、『声明』から後退するいかなる企てにもまったく同意することができない。第三者の圧力を容認し、それに迎合し、ひいては屈服するいかなるやり方に対しても、中国側は賢明ではなく、政治的な見通しに欠けると考える。率直に言って、日本側が提案した『特定の第三国』、『ある第三国』はともに『声明』から後退しており、『宮澤四条件』の焼き直しであり、一言で言えばソ連の圧力に対する屈服である。この種の明らかに後退している表現には、中国はこれまでも同意しなかったし、現在も同意しないし、将来も同意しない。……原則の問題では妥協の余地はない」と強調した。

このような意見の相違は第十一回交渉でも依然として打開することができず、佐藤大使は、事務レベル交渉はすでに切るべきカードをすべて切ったので、外務大臣の訪中以外には方法がないと考えた。

日本側は中江要介アジア局長の帰国を要求し、福田首相の意見を仰いだ。八月五日、中江要介局長は東京に戻り、福田首相に十一回にわたる交渉の経緯を報告した。福田首相は代表団による事務レベルの交渉を打ち切り、園田外務大臣を北京に派遣して外相級の交渉を行うことを決定した。福田首相は園田外務大臣、安倍官房長官ら関係者を集めて協議し、条約の最終案を確定した。じつは、外務省は事前にＡＢＣＤの四案を準備していたのである。

Ａ案の骨子は「この条約に基づいて日中両国間の平和友好関係を発展させるのは、いかなる第三国に対するものではない」、Ｂ案は「第三国との関係において、この条約は各締約国の立場を損なうものではない」、Ｃ案は「反覇権条項を条約に盛り込むと同時に、さらに『この条約は、第三国との関係に関する各締約国の立場に影響を及ぼすものではない』（いわゆる高島条項）を付け加える」、Ｄ案は「条約に反覇権条項を盛り込み、同時にさらに『両締約国には第三国の利益を損ねる意図はない』と付け加える」というものであった。

以上の四種の方案のうち、日本側はＣ案がもっとも理想的であるが、Ｄ案も受け入れることができると見なしていた。八月七日、双方は第十四回事務レベル交渉を行った。八月七日の交渉で、佐藤大使はＤ案をすでに中国側に提示するとともに、中国がＣ案とＤ案のうちから選択するよう希望することを表明していた。八日、園田直外務大臣が中国を訪問し、八月九日午前、黄華外交部長と第一回外相級会談を行った。園田外務大臣は、「日中両国が覇権を求めず、第三国の覇権にも反対する立場も変わっていない。日中共同声明の発表後、日本国民の間に反覇権問題ですでにコンセンサスが得られている。日本国民は覇権に反対することを支持しているが、大半の人は中ソの紛争に巻き込まれることを案じている」ことを表明した。九日午後、双方は第二ラウンドの会談を行った。中国代表の韓念龍副部長は再び「中国は覇権を求めない」ことを表明するとともに、「日本案に同意する」と述べた。黄華外交部長はさらに「この条約は、第三国との関係に関する各締約国の立場に影響を及ぼすものではない」を受け入れるという方針を説明し、C案を受け入れることを表明した。中日双方の共同の努力のもとで、第二ラウンドの会談は極めて順調に行われ、第三国条項の問題を解決した。八月十日午前、両国は「条約の字句について意見を交換する」事務レベルの会談を行った。

八月十日午後、鄧小平副総理は園田直外務大臣と会見し、釣魚島の問題と中ソ友好同盟相互援助条約の問題について率直に意見を交換した。鄧小平副総理は次のように明確に指摘した。

「中日両国は国交の樹立がやや遅れたので、今こそその遅れを取り戻す必要がある。両国間にはいかなる問題もないわけではない。たとえば釣魚島問題、大陸棚問題などが存在する。このような問題は、現在はかかりあわず、棚上げして、後でゆっくり協議し、時間をかけて双方が受け入れられる方法を見つければよい。我々の世代で方法が見つけられなければ、次の世代、さらに次の世代が見つけるだろう。」

鄧小平副総理はさらに園田外務大臣に、かつて中ソが締結した同盟条約は、まもなく期限満了となるので、中国はいずれ適当な方法で破棄を宣言するつもりであると述べた。この会談で、中ソ友好同盟相互援助条約を継続するのか否か、釣魚島をいかに処理するのかという二大問題に対する園田外務大臣の懸念は解消された。会談が終了する前に、園田外務大臣は日本政府を代表して鄧小平副総理の訪日を招請し、鄧小平副総理はこれを快諾するとともに、条約の批准書を交換する式典を行う際に訪日することを決定した。

八月十一日午前、佐藤大使と韓念龍副部長も会談を行い、基本的に条約の具体的な内容を確定した。それと同時に、福田首相は東京でまもなくモスクワに赴任する新任の魚本藤吉朗ソ連大使と有田外務次官を呼び、ソ連政府に日中条約が第三国に対するものではないことを詳しく説明し、ソ連の理解を得るよう指示した。十一日午後、福田首相はまたも自民党の五人の幹部に対して中日条約の条文の内容と鄧小平副総理が釣魚島の問題と中ソ友好同盟相互援助条約をいかに処理しようとしているかを説明するとともに、自民党の総務会の主旨が貫徹されていることを伝えた。自民党側は、首相の説明に同意を表明し、十二日に幹部会、政務調査会、総務会を招集し、党内の同意を得ることを決定した。十二日午前、自民党は本部で総務会を開き、中曽根総務会長を含む十七名の総務が出席した。会議の過程で、「慎重派」と「推進派」の間で論争が起こり、慎重派の藤尾正行総務が退場した。最後に、総務会を主宰する中曽根総務会長が、「政府は総務会の要求を実現していると思うので、本会は政府の報告に同意する。今後の具体的な手続きの問題については、三役に処理を任せてもらいたい」と表明した。十二日午後、閣議が招集され、一貫して条約に異議を唱えてきた青嵐会の主要な発起人である中川一郎農相を含む閣僚全員が一人ひとり署名し、条約に対して同意を表明した。

八月十二日、中日両国の外相はまたも会談を行い、両国代表団がもう一度擦り合わせた条文と字句の翻訳を確認するとともに、交渉がすべて完了したことを確認した。午後、人民大会堂で盛大な調印式が行われ、華国鋒総理、鄧小平副総理らが出席し、黄華外交部長と園田外務大臣がそれぞれ本国政府を代表して条約に調印した。両国の総理は互いに電報を送りあって祝賀の意を表した。

五　条約の内容とその意義

「中日平和友好条約」は前文と五ヵ条の条文からなる。前文は「中日共同声明」の諸原則が厳格に遵守されるべきことを確認し、同時に締約国双方が平和共存五原則を基礎にして、両国間の恒久的な平和友好関係を発展させることを規定し、相互に平和的手段であらゆる紛争を解決し、武力や武力による威嚇に訴えないことを規定し、引き続き経済面と文化面の協力を展開し、両国民の往来を促進することを願っている。締約国の双方はさらに、そのいずれも、アジア太平洋地域においても、あるいはその他のいずれの地域においても覇権を求めるべきではないことを声明するとともに、いかなる地域の国家や国家集団がそのような覇権を確立することにも反対し、明文で第三国との関係に関する各締約国の立場に影響を及ぼすものではないと規定している。

八月十六日、第五期全国人民代表大会常務委員会第三回会議は決議を採択し、「中日平和友好条約」を批准した。十月十六日、日本の国会は衆議院の本会議を召集した。本会議ではまず、外務委員会の永田亮一委員長が審議状況について報告を行い、その後、自民党、社会党、公明党、民社党など各党派の代表が演説を行い、「中日平和友好条約」に賛成することを表明した。衆議院はただちに表決を行って同条約を採択するとともに、参議院の表決に回した。参議院の外務委員会は当日夜すぐに審議を開始し、十八日午後、同条約は参議院でも採択された。二十日、同条約は内閣の批准と天皇の認証を経て、日本国内のすべての立法手続きを終えた。

一九七八年十月二十二日、鄧小平副総理は日本訪問の途につき、中日友好協会の廖承志会長、外交部の黄華部長らが随行した。これは中華人民共和国建国以来、中国指導者による初めての日本への公式友好訪問であり、日本政府は鄧小平副総理の訪日を非常に重視した。十月二十三日、鄧小平副総理は東京の首相官邸で行われた「中日平和友好条約」の批准書交換式に出席した。黄華外交部長と園田外務大臣が批准書を交換した後、「中日平和友好条約」の発効が厳かに宣言された。鄧小平副総理と福田赳夫首相は批准書交換式で談話を発表した。鄧小平副総理は、『「中日平和友好条約』は、『共同声明』と中日国交正常化の継続と発展であり、中日両国の善隣友好関係のためにいっそう強固な基礎を築き、両国の政治、経済、文化、科学技術など各分野の交流をさらに発展させるためにいっそう広大な前途を切り拓き、アジア太平洋地域の平和と安全を守るうえでも積極的な大きな役割を果たすだろう」と述べた。

第一部　中国の指導者と中日関係

1　鄧小平と中日関係

陳浩　王新生

　鄧小平副総理は、我が国の「一衣帯水」の隣国である日本との平和友好協力関係の発展を極めて重視し、我が国の経済の近代化建設のために平和的な国際環境を勝ち取りやすいように、一九七八年に自ら日本に赴いて「中日平和友好条約」の批准書交換式に出席した。それと同時に、中日友好を強化することを通じて両国間の平等互恵の経済関係を発展させ、我が国の改革開放と経済発展を促進することを非常に重視し、自ら対日経済外交を実践し、日本の政界、財界など各界多数の人々と会見し、日本の企業が中国に投資したり、各種の経済協力活動を展開したりするよう積極的に努力して成果をあげた。さらに、戦後日本の経済、社会の発展の経験と教訓を吸収したり、戒めにしたりして、中国の発展、改革、近代化建設の貴重な参考にすることを非常に重視した。

一　「中日平和友好条約」の締結を推進

　中日関係正常化の過程では、毛沢東主席と周恩来総理が政策を決定し、周恩来総理が立案し、具体的に執行した。しかし、周総理が重い病に倒れ、亡くなった〔一九七六年一月八日〕後、鄧小平副総理がすでに構築された中日関係を強化、発展させる重責を担った。一九七二年の中日国交正常化の後、「中日平和友好条約」の締結が両国政府の眼前に立ちはだかり、その重責も鄧小平副総理の肩にのしかかった。

　一九七三年〔四月〕に復権した鄧小平副総理は中日関係の発展に大きな関心を寄せ、日本政府が早期に平和友好条約を締結するよう積極的に働きかけた。一九七四年の初め、十四の日本代表団と会見し、毎回のようにこの問題に言及するとともに、「中日平和友好条約」を締結する意義、プロセス、および両国の意見の違いを処理する方法について意見を述べた。再三にわたって次のように強調した。

条約調印の歩みをもっと速めるべきであり、その他の四つの協定〔貿易協定（一九七四年一月調印）、航空協定（同年四月調印）、海運協定（同年十一月調印）、漁業協定（一九七五年八月調印）〕がまとまってから同条約の交渉を始める必要はなく、平行して進めればいい。政治的見地から、長期的視野をもって中日関係を考え、中日両国の人民友好を強化する必要がある。平和友好条約の締結は百年の大計ではなく、千年の大計、万年の大計である。できる限り早く平和友好条約を締結することを妨げるいくつかの問題が存在するかもしれないが、じっくり話しあえばいい、さもなければ平和友好条約について十年間話しあってもまとまらないだろう。

「中日平和友好条約」の締結に関わる厄介な問題についても、鄧小平副総理は非常に現実的な提案を行った。一九七四年八月十五日、人民大会堂の新疆ホールで竹入義勝委員長を団長とする日本公明党第四次訪中団と会見し、すみやかに「中日平和友好条約」の交渉と締結作業を進めるよう希望することに再び言及した。「交渉をかなり速めたい。原則から言うと、我々は主に中日両国友好の願いを体現することができると考えている。もちろん、両国の共同声明が調印された後の両国関係の発展と形勢の新たな変化も体現することを避けられない。解決できない問題や解決が難しい問題は、棚上げすることができるので、このような条約の締結の妨げにはならない。」中日国交正常化以降の両国関係の発展に基づいて、友好条約では、「中日共同声明」の原則を堅持する必要があり、それと同時に、実際には中日関係の発展に適応し、長期的かつ安定した中日友好協力関係を構築しなければならないことを強調した。

鄧小平副総理はさらに条約締結の具体的な段取りについて建設的な意見を提起し、予備的な会談を通じて、相手の考え方を理解し、しかるのち交渉のなかで具体的な問題を解決することを指摘した。一九七四年十月三日、黒田寿男理事長を団長とする日中友好協会（正統）代表団と会見した際、あらゆる障害を排し、ただちに中日友好条約の交渉を行うべきだと提起した。釣魚島〔尖閣諸島〕の主権の問題について、中日両国の間でずっと争っていたため、この問題をいかに処理するかが平和友好条約が早期に締結できるかどうかに影響を及ぼしていた。鄧小平副総理は、釣魚島の主権も堅持しなければならないし、この問題が友好条約の締結に影響を及ぼしてもならないと見なしていた。そこで、日本代表団に、「交渉の際、釣魚島の主権の問題は棚上げにするのがいちばんいい。この問題を持ち出すと、おそらく数年かけても解決することができないだろう」と提起した。中国の指導者が初めて釣魚島の主権問題を一時棚上げにする主張を明確に提起したのである。

一九七五年、周恩来総理はすでに重病にかかっていたが、稲山嘉寛、保利茂、藤山愛一郎の各氏らと会見した際、「中日平和友好条約」を締結する問題について討議した。しかしながら、病状が悪化したため、引き続ききつい仕事を担うのが困難になり、「中日友好条約」の締結を主宰する任務は鄧小平副総理が担うことになった。

「中日平和友好条約」に関する協議の過程で、最大の困難は「共同声明」の「反覇権条項」を条約に盛り込むかどうかという問題にあり、中日双方はこの問題に対して深刻な対立が生じ、そのため協議が停滞した。中国側は、反覇権条項は「共同声明」にすでに盛り込まれており、しかも今後も実行する必要があり、それゆえ条約に盛り込む必要があると認識していた。日本側は、覇権という言葉はかなり「なじまない」うえ、条約は二国関係に関するものであり、第三国に言及したり対象にしたりするわけにはいかない、それゆえ盛り込むわけにはいかないと認識していた。

一九七五年四月から七月下旬にかけて、鄧小平副総理は、中国を訪問し、条約の締結に関心を寄せる日本の友人に繰り返し覇権に対する中国側の態度と見解を述べ、根気よく説明した。四月十六日午前、池田大作会長を団長とする日本創価学会第三次訪中団との会見し、締結が予定されている「中日平和友好条約」に「反覇権主義」条項を盛り込む問題について重点的に意見を述べ、次のように強調した。

「中日両国の間に貿易と人的交流があるだけではまだ十分ではなく、さらに政治的基礎も必要であるが、反覇権条項こそ政治的基礎にほかならず、それゆえ我々はこの問題を極めて重視している。日本政府が勇気をもって決断するよう希望する。覇権を唱えることは他国を侵略、奴隷化、支配、迫害することにほかならない。条約に反覇権を盛り込むことには二つの意味があるにすぎない。第一に、中日両国がともにアジア太平洋地域で覇権を唱えないということである。我々はこの条項で我々自身に制約を課したいと考えている。歴史的な由来によって、この条項を盛り込むことは、日本がアジア太平洋地域の国家との関係を改善するのに有益であり、必要である。第二に、あらゆる国家やあらゆる国家集団がこの地域で覇権を求めることに反対することである。現実に、このように振る舞っている超大国が存在する。」

鄧小平副総理は池田大作会長に、次のような三木武夫首相への伝言を託した。

「勇気を奮って共同声明を堅持するよう希望する。反覇権の問題は原則の問題であって、技術の問題ではない。三木首相は中国が条約に反覇権条項を盛り込まないことに同意するなどと誤解しないでいただきたい。」

同年十月三日午前、鄧小平副総理は小坂善太郎元外相とその夫人と会見し、客人が覇権主義という言葉の意味に注釈を付け加えることを考慮することができるかどうか提起したときに、共同声明から後退することはできない、いかなる注釈も実際には後退であると指摘した。

一九七六年以後、中国の内政は波乱が絶えなかった。周恩来総理が一九七六年一月八日に世を去り、その後まもなく鄧小平副総理が職務を剝奪され、中日間の関連する交渉も停止された。一九七七年七月二十一日、中国共産党第十期中央委員会第三回全体会議は鄧小平元副総理の中国共産党中央委員会副主席、国務院副総理、中央軍事委員会副主席、人民解放軍総参謀長などの職務への復帰を決定した。日本政府はただちに見解を発表し、鄧小平元副総理の職務への復帰に歓迎の意を表し、これは中国の政局が安定に向かっていることを反映しており、したがって中日関係は全体からいえば明るい方向へ発展すると見なすとともに、これを契機にして、中日交渉の膠着状態を打破することを期待した。

当時の日本の新聞は、「鄧小平氏の職務復帰によって、中国の外交路線はいっそう柔軟性を増すであろう」と述べるとともに、「鄧小平氏の復帰は（中日の条約締結）交渉の促進剤にもなるであろう」と形容している。復帰後の鄧小平副総理は、自民党の浜野清吾衆議院議員〔九月〕、新自由クラブ代表の河野洋平衆議院議員〔九月〕、自民党の二階堂進衆議院議員〔十月〕がそれぞれ率いる三つの訪中団と相次いで会見するとともに、平和友好条約を締結する問題について言及し、「決意さえすれば、一秒で解決することができる」と指摘した。

さまざまな要因が影響しあうもとで、福田内閣は閣内の意見を調整し、中日条約の交渉を再開することを決定した。一九七八年二月二十日、日本政府は交渉の問題は「機がすでに熟した」と表明した。一九七八年七月二十一日、佐藤正二大使を団長とする日本代表団と外交部の韓念龍副部長を団長とする中国代表団が、交渉再開後の第一ラウンドの事務レベル会談を行った。中日条約の交渉の過程でも、そのうちの一部の問題に対して、鄧小平副総理は「大同につき小異を残す」方針をとり、「反覇権条項」、「第三国条項」など、双方が意見を異にする主要な問題に対して、日本政府は世界的な視点から対処し、日本政府は条約の中心が反覇権であり、反覇権はいかなる第三国に対するものではないが、覇権を唱える者に反対することを堅持しなければならないと何回も戒めた。それと同時に、現実を踏まえ、日本の立場をも十分に考慮し、中日双方が他国との関係を処理する際には主体的であり、中国側も条文で日本の立場に配慮することを強調した。八月七日までに、双方はあわせて十四回にわたって事務レベル会談を行った。八月八日に園田直外務大臣が中国を訪問し、第二ラウンドの会談を行い、双方は条約の草案について基本的に合意に至った。一九七八年八月十日の午後、鄧小平副総理は園田直外務大臣と会見し、まもなく「中日平和友好条約」を締結することが話題に上った際、次のように指摘した。

「中日両国は国交の樹立がやや遅れたので、今こそその遅れを取り戻す必要がある。両国間にはいかなる問題もないわけではない。例えば釣魚島問題、大陸棚問題が存在する。このような問題は、現在はかかりあわず、棚上げして、後にゆっくり協議し、時間をかけて双方が受け入れられる方法を見つければよい。我々の世代で方法が見つけられなければ、次の世代、さらに次の世代が見つけるだろう。」

まさに、鄧小平の力強い推進のもとで、八月十二日、黄華中国外交部部長と日本の園田直外務大臣がそれぞれ自国政府を代表して「中日平和友好条約」に調印した。

二　中日関係の発展を極めて重視

一九七八年十月二十二日から二十九日にかけて、鄧小平副総理は「中日平和友好条約」の批准書交換式に出席するために日本を訪問した。中日国交樹立後に日本を訪問した中国の最高指導者であり、同時に戦後に日本を訪問した最高指導者でもあり、日本政府は鄧小平副総理の今回の訪日を非常に重視した。一九七八年十月二十三日、鄧小平副総理と福田赳夫首相らは共同で「中日平和友好条約」の批准書交換式に出席した。その日、鄧小平副総理は天皇陛下と歴史的な会見を行い、「今度の条約は想像以上にたいへん意義深いものです。過ぎ去ったものは過去のものとして、前向きに今後、両国の平和関係を建設したいと思います」と述べた。その夜、福田赳夫首相が主催する歓迎宴に出席した際、鄧小平副総理は、「中日友好は長い歴史を有する。我々両国の間にはかつて不幸な出来事もあったけれども、二千年余りの中日友好交流の歴史の大河においては、それはしょせん一瞬のことにすぎない」と指摘した。

十月二十四日、鄧小平副総理は衆・参両院議長および野党の指導者と会見し、徐福がかつて秦の始皇帝の命令を奉じて日本に渡って不老長寿の薬を探したという中国史上の故事から説き起こした。「日本には不老長寿の薬があるそうだが、今回の訪問の第一の目的は、批准書の交換であり、日本の古い友人たちが払った努力に感謝の意を表したい。第二の目的は、不老長寿の薬を探し求めることだ」と言い終わるや、会見の場は笑い声に包まれた。鄧小平副総理は続けて、「つまり、日本の豊富な経験を探し求めるためにやって来たのだ」と付け加え、日本と経済協力を展開することを希望する願望を十分に表明した。

十月二十五日午前、鄧小平副総理と福田赳夫首相は二回目の会談を行った。その日の午後、日本記者クラブで記者会見に応じ、釣魚島問題に回答する際、「国交正常化の際、双方はこれに触れないと約束した。今回、平和友好条約の際も同じくこの問題に触れないことで一致した。……確かに、一部の人はこういう問題を借りて中日関係に水をさしたがっている。だから、両国交渉の際は、この問題を避けるのがいいと思う。こういう問題は一時棚上げしてもかまわないと思う。十年棚上げしてもかまわない。我々の世代の人間は知恵が足りない。我々のこの話しあいはまとまらないが、次の世代は我々よりももっと知恵があろう。そのときはみんなが受け入れられるいい解決方法を見出せるだろう」とはっきり指摘した。

中日友好に関する鄧小平副総理の思想は、毛沢東主席、周恩来総理ら我が国の第一代の指導者の対日外交思想を受け継いでいる。毛沢東主席は早くも抗日戦争の時期に、「広範な日本人民と少数の軍国主義者を区別する」という指導思想を確定し、新中国の成立後、毛沢東主席ら国家の指導者はまた、中日両国人民の間の友好関係を発展させることを対日工作の全般的な方針、全般的な政策の重要な内容にした。一九七九年一月一日、鄧小平副総理は政治協商会議全国委員会が開催した座談会で、「昨年、国際実務のなかで我々が遵守した根本的な政策は、毛主席と周総理が生前に定めたものであるが、二人は実施する余裕がないまま世を去った。我々は二人の生前の願いの一部を実現した。「中日平和友好条約」の締結と中米関係の正常化は、世界の平和と安定に有利であり、世界の反覇権事業の発展に有利である」と指摘した。

鄧小平副総理は日本の友人と何回も会見した際、いつも中日友好の重要性を強調し、変転窮まりない国際情勢のもとでは、引き続き中日の友好協力関係を発展させることは、アジア太平洋地域の平和と安全に有利であり、世界の平和の擁護にも有利であると指摘した。

一九八一年六月十九日、福田一衆議院議長の率いる訪中団と会見した際、国際情勢がどのように発展、変化しようと、中日両国は平和共存、友好協力すべきであり、これは中国にとって必要であり、日本にとっても必要である、要するに、我々は日中関係に対してさらに高い見地に立って、いっそう深く、いっそう長期的に見るべきであると述べた。

一九八四年三月二十五日午前、中曽根首相、安倍晋太郎外務大臣と会見した際、「中日関係は長期的な角度から考慮し、発展させるべきだ。第一歩は二十一世紀に記し、さらに二十二世紀、二十三世紀まで発展させ、永遠に友好的であるべきだ。このことは中日間のあらゆる問題よりも重要である」、「中日関係を発展させるには、我々双方は問題をいっそう長期的に、いっそう広く見るべきだ」と指摘した。

一九八五年、有名な日中友好活動家である笹川良一と会見した際、我々は百年近い中日関係の生き証人であり、両国が二十一世紀にいっそう友好的になるためにともに努力すべきだと述べた。笹川良一氏も、「六十歳若返ったつもりで」平和な日中友好のためにいっそう多くのことをなすべきだと表明した。

三　中日経済協力の強力な推進

鄧小平副総理は一九七八年十月の日本訪問を、中日関係の全面的な発展、とくに中日経済関係の発展を促進するための絶好の契機と見なし、当時、東京で記者会見を行った際、「今世紀中に近代化するという意味は、そのときの世界の水準に近づけるということである。世界は猛烈な勢いで前進しているから、そのときのレベルはけっして現在のレベルではないだろう。我々が現在の日本、欧州、米国の水準に達するのはそう生やさしいことではない。二十二年後となれば、なおさら難しいだろう。しかし、我々はそれでもこの大きな目標を決めた。……(実現のための)……第三の条件は、正しい政策、つまり『よく学びとる』ということである。現在の国際間の進んだあらゆる技術、管理方式を採り入れて出発点にしたい。まず自分が遅れていることを認めることだ。……正直に遅れを認めることによって希望が生まれる。もう一つは学習すること。日本をはじめ発達しているすべての国に教えてもらいたい」と明確に表明した。

鄧小平副総理の考え方は日本の産業界から積極的な反響を得、いすゞ、三菱、トヨタ、日立など二百社余りの企業が鄧小平の訪日期間中に、それぞれ「読売新聞」、「日本経済新聞」、「毎日新聞」、「東京新聞」など有名なメディアに広告を掲載し、条約の締結を祝賀し、鄧小平副総理の訪日を歓迎した。

中日間の経済協力を推進するため、鄧小平副総理は数多くの日本の指導者と深い友情を結んだ。一九七八年十二月、大平正芳内閣が成立すると、中日関係は全面的発展の活気ある時期を迎え、鄧小平副総理と大平正芳首相は交互に相互訪問を行った。一九七九年二月六日、鄧小平副総理は訪米の帰りに東京を訪れ、二日間の日本訪問を行った。二月七日、大平首相と会談を行い、中日の経済関係、インドシナなどの問題について深く踏み込んで意見を交換し、数多くの問題で共通の認識に達した。一九七九年十二月五日、大平正芳首相は中国政府の招請に応じ、中国を公式訪問した。これは田中首相の一九七二年の訪中に次ぐ日本の首相の二度目の訪中であった。十二月六日午前、鄧小平副総理は大平首相の一行と会見し、「中日両国は友好協力を必要としている。それは両国の人民にとって有利であり、時代の要請でもある。大平首相の今回の来訪は重要な国際的意義を有する。あと二十数日で八〇年代に入る。我々は今回の訪問が八〇年代、九〇年代まで影響を及ぼすよう希望する」と明確に指摘した。

大平正芳首相は今回の訪中で大きな成果を収め、政治面では、中日双方は共同新聞発表を発表した。そこでは両国が「中日共同声明」と「中日平和友好条約」に基づき永きにわたる平和友好関係を堅実に維持し、発展させていくことを確認した。また日中両国民の間の相互理解と相互信頼をいっそう深めるため、両国間の体制は相異にかかわらず、今後とも両国間の今後は両国間の各レベルの交流を、あらゆるレベルで一層促進することの必要性を強調した。経済面では、中日の経済協力が「民間レベル」から「政府レベル」に飛躍し、大平正芳首相は日本政府が中国の要請した石臼所港〔山東省〕、兗州・石臼所間鉄道〔山東省〕、北京・秦皇島間鉄道〔北京市、河北省〕など大型プロジェクトに資金協力し、一九七九年度から中国に円借款を供与することを決定したことを表明し、文化交流面では、双方が文化、教育、スポーツ、学術などの協力を全面的に展開する「中日文化交流協定」を締結したことを確認した。

鄧小平副総理は中日の経済協力関係を発展させ、日本が経済と社会の発展を成功させた経験を虚心に学習、導入し、その先進的な科学技術の成果と企業管理の経験を学習、導入することを非常に重視した。鄧小平副総理の対日外交活動の重要な特徴は、日本各界の人々、とくに経済界の人々とできる限り多く接触、会見したことである。一九八六年九月、鄧小平副総理は関西の財界人と会見した際、「長い目で見ると、中日両国の相互依存関係はより緊密になるしかないだろう」と強調した。九月二十七日、日中経済協会の河合良一副会長を団長とする同協会訪中団と会談した際、「中日の経済協力は長期的なことだ。両国が近隣であることは、まさに天の恵みにほかならない。中日間には相互依存の関係が存在しており、この依存関係は来世紀になればより顕著になるだろう」と表明した。

一九八四年三月、鄧小平副総理は中曽根康弘首相と会見した際、中日関係が当時到達していた発展レベルに満足しているが、民間の経済技術協力がまだかなり少ないことを指摘し、中国の近代化政策について明確かつ詳細に説明した。「この数年、我々の脳裡をずっと離れなかった問題は、我々が提起した、今世紀末までに四倍にする目標が実現できるかどうか、だめになるかどうかということだ。目標を掲げてから、すでに五年が経過した。この五年間からみると、この目標はだめにならないだろう。四倍にすれば、一人当たりの国民総生産が八百ドルに到達し、すなわち今世紀末には中国に小康社会が出現する。この小康社会は、中国式近代化と呼ばれている。四倍増、小康社会、中国式近代化、これらはいずれも我々の新しい概念だ」、「我々は貴国の大中小企業が我々との協力を強化することを歓迎する。我々は日本政府が彼らに少し働きかけ、長期的に見るよう勧めるよう希望する。現在、中国に投資すれば、日本の将来にとって極めて有利である。」

一九八八年八月はちょうど「中日平和友好条約」締結十周年にあたっており、竹下登首相が招請に応じて中国を訪問した。二十六日午前、鄧小平中央軍事委員会主席は人民大会堂で竹下登首相とその夫人の一行と会見し、「我々の間に、首相の来訪を手始めに、田中・大平時代に劣らない新しい関係をつくれるよう希望する。田中・大平時代の両国の関係がかなり良かったと言ったのは、両国が相互に信頼していたからだ。両国の関係をさらに発展させるためには、やはり相互信頼の基礎のうえに築く必要がある」と述べた。さらに中国改革の状況と中国の今後の発展に影響を及ぼす三つの重大なポイントについて説明した。竹下登首相は、日本側が引き続き中国の近代化建設のために供与する具体的な措置、すなわち、一九九〇年からの六年間に、日本政府が中国に約六十二億ドルの政府借款を新たに供与することを表明した。鄧小平主席は日本が借款を供与することを歓迎し、感謝の意を表し、さらに日本側が技術移転と投資の面の協力を強化できるよう希望した。九月二十四日、鄧小平副主席は日本経済協会の河合良一小松製作所会長を団長とする同協会訪中団と会見した際、日本が中国への投資をさらに加速し、とくに技術移転の面でより開放的な政策をとるよう重ねて表明した。

四　中日関係における問題の適切な処置

国交正常化以来、中日関係はずっと良好な方向へと発展してきたが、二十世紀の八〇年代以後、「歴史教科書問題」、首相による靖国神社参拝などの問題が中日関係に影響を及ぼした。

一九八二年〔六月〕、日本の文部省が検定に提出された中学校の教科書に対して侵略の歴史を軽視、削除する改竄を行い、一回目の「教科書問題」の騒ぎを引き起こした。同年七月二十日、「人民日報」はこの問題について「この教訓はしっかり覚えておくべきだ」と題する論評を掲載した。七月二十六日、中国の外交部は日本大使館に公式に抗議を提起した。七月二十九日午前、鄧小平主席は胡喬木、廖承志、姫鵬飛、黄華、鄧力群らの各氏と日本の歴史教科諸問題について話しあい、次のように強調した。

「この問題はしっかり摑むべきで、教科書の改定、中国侵略の歴史の改竄は『内政』であり、他国は干渉すべきではないという彼らの主張と対決し、この点をめぐって反駁すべきである。『内政』という言い方は、過去の行為を侵略ではないと言いなすことに目的がある。彼らのこの見解を論破しなければならない。」

日本政府は鄧小平主席ら中国の指導者の見解を非常に重視し、それと同時に、日本の社会党や公明党など野党、日中友好協会など民間団体、および百六十二名の国会議員がそれぞれ鈴木善幸首相に要望書を提出し、政府がすみやかに歴史教科書問題の誤りを正すよう要求した。その圧力のもとで、八月二十六日、宮澤喜一内閣官房長官が次のような談話を発表した。「過去において、我が国の行為が韓国・中国を含むアジアの国々の国民に多大の苦痛と損害を与えた」、「日中共同声明の精神は我が国の学校教育、教科書の検定にあっても、当然、尊重されるべきものであるが、今日、韓国、中国などより、こうした点に関する我が国教科書の記述について批判が寄せられている。我が国としては、アジアの近隣諸国との友好、親善を進めるうえでこれらの批判に十分に耳を傾け、政府の責任において是正する」、「今後の教科書検定に際しては、教科用図書検定調査審議会の議を経て検定基準を改め、前記の趣旨が十分実現するよう配慮する」。

同年十一月、教科用図書検定調査審議会は、社会科教科書の検定基準に「近隣のアジア諸国との間の近現代の歴史的事象の扱いに国際理解と国際協調の見地から必要な配慮がされていること」という規定、すなわち「近隣諸国条項」を付け加えることに同意した。

一九八二年九月、中日国交正常化十周年を迎え、中国政府の招請に応じて、鈴木善幸首相夫妻らが中国を公式訪問した。九月二十八日午前、鄧小平中央顧問委員会主任は人民大会堂で鈴木首相と会見し、極めて盛大なレセプションを催した。鄧小平主任が、明日は中日が国交を回復して正常化した十周年であり、両国人民が記念すべき日であると述べると、鈴木首相は、この時期に中国を訪問することはとても意義深いことだと応じた。鄧小平主任は、田中元首相、大平前首相、鈴木首相および桜内義雄外務大臣が両国の国交正常化のために尽くした貢献に感謝の意を表し、同時に一貫して中日友好に尽くし、両国の国交正常化のために貢献した日本各界の方々にも感謝の意を表し、中日関係には言うべきことがたくさんあるが、一言でいえば、中日両国人民は子々孫々まで友好的であるべきであり、日本との関係を発展させていくことが中国の長期的な国策であると述べた。歴史教科書問題について、鈴木首相は、日本政府は日中共同声明の精神に基づいて真摯に是正し、積極的かつ適切に解決することを表明した。

一九八二年十月二十四日午前、鄧小平主任は公明党の竹入義勝委員長と会見し、日本の歴史教科書の改訂問題に触れた際、「日本の教科書では、実際に軍国主義の精神で後代の人を教育しているが、これではどうして中日両国人民は子々孫々まで友好的であると言えようか。子々孫々というのは、我々の世代だけでなく、次の世代だけでもなく、もっと多くの世代のことだ」と強調した。

しかし、残念なことに八〇年代中期にまたも新たな問題が出現し、とくに「教科書問題」と「中曽根首相の靖国神社参拝問題」が、中日関係に一定の影響をもたらした。一九八五年八月、右翼団体の「日本を守る国民会議」がでっち上げた『新編日本史』が南京大虐殺を「まだ定説になっていない」と言いなし、日本が発動した中国侵略戦争を「迫られて応戦した」と言いなし、太平洋戦争を「欧米列強の支配下からアジアを解放し、日本の主導のもとで大東亜共栄圏を建設した」と美化した。一九八六年五月、同書は文部省の検定に「合格」とされた。その前年の八月十五日、中曽根首相と閣僚が公的な資格で靖国神社を公式参拝したことは、日本の戦後四十年で初めて現職の首相が公的な資格で行った靖国神社参拝であった。九月十九日、中国外交部スポークスマンは日本の閣僚による靖国神社参拝について談話を発表し、この行為は中国人民の感情を著しく傷つけるものだと指摘した。

鄧小平主任は遠い将来を見通し、大局から出発し、沈着冷静にこれらの問題を処理して、両国の関係を曲折のなかで前進させ、衝突のなかで発展させた。一九八五年十月十一日午前、鄧小平主任は安倍晋太郎外務大臣と会見し、次のように強調した。

「この数年、我々は日本に難題を突きつけていないのに、日本の教科書問題、靖国神社参拝問題、さらに蔣介石遺徳顕彰会問題は、我々に大きな難題を突きつけている。なぜならば、これらの問題が出現するや、人民は歴史と結びつける。中日両国はともに努力して、引き続き政治的、経済的関係を発展させ、人民の友好往来を推進すべきであり、それと同時に、双方は人民の感情を傷つけるような事態は避けるよう努力しなければならない。」

これに対して、日本政府は一定の措置を講じ、中日関係を修復した。十一月五日、日本の内閣は政府声明を発表し、中曽根首相の靖国神社参拝にはけっして犯罪者の名誉回復の意図はないと表明した。教科書問題では、日本政府は四回にわたって著者に原書を改訂するよう指示、督促し、中曽根首相も、一九八二年の内閣官房長官談話の精神に基づいて同書を改訂しなければならないことを何回も強調した。一九八六年七月七日、文部省は何回もの改訂を経た『新編日本史』をついに検定に合格させた。

一九八六年八月五日午後、鄧小平主任は自民党の二階堂進最高顧問と会談し、中日関係に言及した際、「我々は日本の政界に日本人の感情を非常に強調する人がいることに注目しており、中国人民の感情もあることを忘れないよう彼らに要請する。最近、厄介なことが起こっている。たとえば、靖国神社参拝や、その他のこともある。これらの問題は我々両国の間の貿易不均衡よりも、はるかに本質的なことであり、はるかに現実的であり、はるかに重要である」と指摘し、「日本政府が正しく歴史に向きあうことも日本人民に対して教育を行う形式であることを認識するよう希望する。中日両国の友好協力関係を発展させることは非常に重要であり、この面にはまだなすべきことが数多くあり、両国関係の発展は前途洋々である」と表明した。

一九八七年に入ると、中日関係にまたも波乱が生じた。一月二日、中国外交部スポークスマンは記者の質問に答えた際、日本の一九八七年度の軍事費が国民総生産の一％枠を突破したことに関心を表明した。一月十三日、鄧小平主任は自民党の竹下登幹事長一行と会見した際、この問題に触れ、中国人民はこのような事態に非常に敏感であり、とくに注目するのはあなたがたの「突破」の二字である、中日両国人民の長期的な友好の願望から、日本政府が慎重にことに当たり、引き続き「突破」しないよう忠告すると表明した。

二月二十六日、中国外交部の劉述卿副部長は中江駐中国大使と会見し、日本の〔大阪〕高等裁判所による中国の国有財産である京都光華寮に関する判決に対して厳正に抗議するとともに、中国外交部の覚書を手交した。五月五日午前、鄧小平主任は日中友好協会の宇都宮徳馬会長一行と会見し、中日両国の人民の間の友好関係がたえず発展していくことを希望し、日本政府が中日間に存在する光華寮問題に関心を寄せ、適切に処理するよう希望することを表明した。六月四日午前、鄧小平主任は矢野絢也委員長の率いる公明党代表団と会見し、再び光華寮、日本の防衛費などの問題について不満を表明した。日本との関係にどのような見解や忠告があるかという質問に回答した際、鄧小平主任は次のように指摘した。

「全般的な前提は、両国には友好的でないいかなる理由もないということである。歴史的な角度からみれば、日本は中国の発展のためにいっそう多くのことをなすべきである。率直にいって、日本は世界で中国に対する負債がもっとも多い国である。戦後日本の一部の人にはずっと日本軍国主義を復活させる傾向が存在しており、それらの人は数は多くないが、能力は小さくない。彼らは終始一貫して別の角度から戦後日本の憲法を解釈することを忘れなかったし、中日間に溝を作ることを忘れなかったが、これはじつに不幸なことだ。」

六月二十八日午前、鄧小平は第五回中日閣僚会議に出席した双方の正式メンバーと会見し、話題が現在の中日関係の状況に及んだ際、次のように明確に指摘した。

「日本はもっと多くのことができるし、しかもなすべきである。不愉快なことは、適切に処理する必要がある。そうすれば、両国と両国人民にとって利益がある。中日関係史上のいざこざは、率直にいって中国側に責任はない。歴史に対する認識、歴史に対する評価は、新しい前向きの態度で、面倒を引き起こしてはならず、不必要な新しいいざこざを引き起こしてはならないことを強調すべきである。現在のいざこざには、中国が引き起こしたものは一つもない。これらの問題に対して、中国は、人民に対する説得をも含め、最大限の自制的態度をとっている。我々は日本との関係が数年のものではなく、子々孫々、少なくとも百年、二百年にわたるものであることを考慮し、我々双方が問題を考慮するには長期的な立場に立脚すべきであり、長期的な問題を解決すべきである。現在および将来において発生するかもしれないいざこざに対しては、冷静に、迅速に協力を通じてできる限り解決して、我々の長期的な関係の発展に対する影響を避けるべきである。」

九月五日、鄧小平主任は二階堂進会長〔自民党前副総裁〕の率いる自民党「木曜クラブ」〔田中派〕訪中団と会見し、近年、中日両国の間には小さな面倒が起こっており、今後も起こるかもしれないが、「中日共同声明」と「中日平和友好条約」の原則に基づきさえすれば、我々はそれらの問題は解決するのが難しくないと信ずると表明した。九月十一日午前、鄧小平主任は塚本三郎委員長の率いる民社党第八次訪中団と会見し、話題が中日関係に話が及んだ際、次のように述べた。

「中日両国の政治家は、中日関係をもう少し長期的に見るべきで、短期的な見方は有害であり、とるべきではない。光華寮問題では、我々の見解はあまり一致していない。あなたがたは法的問題と見なし、我々は政治問題と認識しており、意見の相違はここにある。国家関係を処理する際、いかなる国家の法律も政治的原則から離れることができない。」

十一月十六日、鄧小平主任は土井たか子委員長を団長とする日本社会党訪中代表団と会見した際、「一九七二年以後の中日関係は総体的には良好だったが、つねにわだかまりも存在し、中日両国人民の感情を損ねている。中日友好はアジア、太平洋地域の問題であるだけでなく、突き詰めていえば国際平和を維持する非常に重大な要素でもある」と述べた。

中日間にたえず生ずる新しい問題について、鄧小平主任は一九八八年四月に日本の首相特使である自民党の伊東正義総務会長と会見した際、次のように指摘した。

「我々両国の関係は一般的にいえば正常である。しかし、この三、四年、教科書問題から始まって、たえず厄介なことが発生した。指摘しなければならないのは、あなたがたが右翼勢力と称するごく少数の人の活動に警戒心を高めるべきことである。それらの活動に対する処理が過度に軟弱であれば、彼らの気炎を助長するだろう。彼らの目的は中日友好を破壊することにほかならない。それらのことは一つ一つ孤立させればけっして大きく見えないが、積み重なれば一つの傾向、中日友好を破壊する精力を代表している。そのような破壊勢力のなすあらゆることは、必ず中国人民、とくに青年の反応を引き起こすだろう。圧倒的多数の日本人民もそれらの事態に賛成せず、徐々に適切な措置を講じて解決すべきである。」

一九八九年に入ると、北京で「政治風波」〔六四天安門事件〕が発生したので、中国と西側の一部の国家との関係に変動が生じ、中日関係も一定の影響を受けた。しかし、鄧小平主任は大局から出発し、日本との友好協力関係を発展させ、中日関係にすみやかに正常な道を歩ませる立場を堅持した。一九八九年九月十九日、日中友好議員連盟の伊東正義会長の率いる訪中団と会見し、話題がアルシュ・サミットの対中制裁に及んだ際、次のように述べた。

「中国は制裁など恐れない。制裁は結局のところ制裁者自身にも損失をもたらすだろう。中日友好は非常に重要であり、国際的にいかなる変化が生じようと、日本と中国の国内でいかなる変化が生じようとも、中日友好は変えるわけにいかないし、変わりもしないだろう。」

十一月十三日、鄧小平主任は斎藤四郎経団連会長を高級顧問、河合良一会長を団長とする一九八九年度日中経済協会訪中団と会見し、彼らが中日関係を引き続き発展させるよう推進することを希望した。同年十二月一日、鄧小平主任は桜内義雄会長を団長とする日本国際貿易促進協会の訪中団と会見した際、自分は引退したけれども、やはり中日関係の発展に関心を寄せることを表明した。

周知のように、歴史的な要因によって、中日関係にはつねに極めて複雑で扱いにくい難題が生じるが、鄧小平主任はそれらの外交的な難題を処理するなかで卓越した外交手腕を発揮し、個人的な能力と才知のほかに、もっとも重要なことは原則性と柔軟性をともに重んじる立場を堅持したことである。一方で、外交の場において日本側の一部の政治家の誤った言動に対して、中国の原則的立場と一貫した態度をたえず明らかにし、繰り返し強調し、他方で、両国関係の大局のために、柔軟な戦術と方針をとり、問題によっては議論を棚上げするやり方を採用した。鄧小平主任は戦略家の知恵と勇気によって、力強く中日関係の順調な発展を推進するとともに、我々のために極めて貴重な外交的遺産を残したということができる。

2　江沢民の訪日と「中日共同宣言」の発表

崔金柱　王新生

一九九八年十一月、中国の江沢民国家主席が日本を訪問した。中日両国の二千年の交流史上で中国国家元首による最初の訪日である。訪問の重要な成果として、双方は歴史的な意義を有する「中日共同宣言」を発表した。一九七二年の「中日共同声明」が両国の国交正常化の問題を解決し、一九七八年の「中日平和友好条約」が両国関係の法的原則を確定したとすれば、「中日共同宣言」は上述の二つの文書を踏まえて両国の交流の正反両面の経験と教訓を総括し、新世紀における中日関係の健全で安定した発展のために方向を明示した。

一　江沢民主席の訪日の背景

二十世紀の七〇年代に中日両国は「中日共同声明」に調印し、「中日平和友好条約」を締結し、両国がわだかまりを捨て、平和友好のために基礎を築いた。七〇年代と八〇年代に、中日関係はこの二つの文書の敷設した軌道のうえで歴史上最良の時期を迎えた。中日の経済貿易関係はずっと急速に発展し、日本は中国の第一の貿易パートナー、中国は日本の第二の貿易パートナーとなった。日本の対中投資額は上位を占め、しかも資金到着率が高く、技術レベル、投資規模、投資地域の面で拡大する勢いを呈している。日本は中国に対するODA〔政府開発援助〕の供与額がもっとも多く、中国が受け入れているODAの四〇%以上を占め、人員往来、科学教育、文化の面における中国両国の交流も急速に発展した。しかし、一九九三年以後には、政界の要人が頻繁に中国侵略の歴史を否認し、国会議員がたえず「大東亜戦争」のために名を正し、右翼団体がしばしば釣魚島〔尖閣諸島〕に上陸したなどの問題のために中日の政治的摩擦が頻繁に生じ、中日関係は国交回復以来の低迷に陥った。

とくに台湾問題における日本の政府と政治家の不当な言動が、

中日関係の順調な発展の主要な障害になった。一九七二年以来、日本政府は、台湾は中華人民共和国の一部であることを理解し、台湾問題は中国の内政問題であり、日米安全保障条約の適用に対して慎重に対処する立場をとってきた。しかし、一九九六年四月以来、日米安全保障条約を「再定義」する過程で、日本政府は日米共同防衛の範囲に台湾を含まないことを遅々として承諾せず、日本の一部の政界の要人と政府の高官は、一九六〇年に日本政府が「極東」に対して行った定義を援用して当面の「極東」の範囲を画定するとしたが、当時の岸信介政権は台湾は日米共同防衛の「極東」の範囲内に含まれると明確に表明したのであった。

中日関係を改善するために、中国政府は積極的な努力をした。一九九六年十一月、マニラで行われたAPEC閣僚会議の期間中、江沢民主席は日本の橋本龍太郎首相と会見した際、次のように明確に指摘した。

「二千年余りにも達する中日両国の関係史を振り返ると、友好と協力が主要な面である。しかし、ここ百年余り、日本は西側の列強のなかで中国に対する加害がもっともひどかった国家である。それにもかかわらず、中国の一世代上の指導者である毛沢東主席、周恩来総理は、侵略戦争を発動した元凶はごく少数の軍国主義者であり、責任は彼らが負うべきであり、広範な日本人民も被害者であると指摘した。この認識に基づいて、中国政府は終始一貫して日本と長期にわたる安定した善隣友好関係を発展させることを重要な国策にしてきた。国交正常化してからの二十年余り、両国の政府と各界の人々の努力のもとで、中日関係は各分野で長足の発展を遂げた。それと同時に、両国間には見過ごすことのできない問題も存在し、中日関係は深刻な妨害を受けており、それらの問題を十分に重視するとともに、時機を逸せずに適切に処理すべきである。」

江沢民主席はさらに、日本軍国主義が中国を侵略した歴史を正しく取り扱い、認識することが、中日関係の重要な政治的基礎であると述べ、次のように強調した。

「中国政府はかねてから、『過去の経験を忘れないで将来の戒めとし』、『先人の失敗は後人への教訓にすることができる』ので、その基礎のうえに、未来に目を向け、未来を切り拓くことを主張してきたが、その前提として歴史を直視、承認することが必要である。中国は、日本側が最近何回も、正しく歴史と向かいあい、侵略の史実を承認し、そのことを心から反省したいと繰り返し表明していることを重視しており、日本政府の主要な指導者が二度と靖国神社を参拝しないことも賢明な判断である。両国の指導者が大所高所から遠くを望み、大局を見据え、両国関係の発展の大方向をしっかり把握しさえすれば、中日の友好協力関係はさらに発展させることができるであろう。釣魚島は中国領土の不可分の一部であるが、日本はこれに対して異なる見解を有している、それは客観的な事実である。しかし、日本側が措置を講じて、右翼勢力がこの問題で新たな紛糾をもたらすことを根絶するよう希望する。」

一九九七年三月三〇日、江沢民主席は池田行彦外務大臣と会見した際、「一九九七年は中日国交正常化二十五周年、一九九八年は『中日平和友好条約』締結二十周年で、中日関係は先人の後を受け継いで発展させ、未来に向かって邁進する重要な節目にある。両国は真剣に歴史の経験を総括し、ともにいっそうすばらしい未来を切り拓かなければならない」と指摘した。同年九月〔五日〕、中南海で日本の橋本龍太郎首相と会見した際、「歴史を鑑にしてこそ栄枯盛衰がわかる。中日両国は厳格に『中日共同声明』と『中日平和友好条約』の原則を遵守し、二十一世紀に目を向け、子々孫々まで友好的な中日関係を発展させるべきである」と指摘した。

その後、中日間のハイレベルの交流と各分野の対話、交流、協議に新しいピークが生まれ、中日関係は政治的摩擦による低迷から脱け出し、両国関係を改善するために重要な一歩を踏み出した。一九九七年十一月、中国国務院の李鵬総理が日本を訪問し、一九九八年四月、胡錦濤副主席が日本を訪問した。中日防衛対話も新たな進展を見せ、一九九七年に二度にわたって行われた二国間対話の後を継いで、遅浩田国防部部長と久間章生防衛庁長官がそれぞれ一九九八年の二月と五月に相互訪問を行った。七月三十日、日本の内閣が交替し、小渕恵三新首相は就任するや、中日関係はアジア太平洋地域の安定と安全に対して重要な意義を有すると表明するとともに、靖国神社に参拝せず、歴史問題に関する一九九五年の村山内閣の立場を堅持すると宣言した。高村正彦外務大臣が就任後初めて訪問した国が中国であったことは、小渕内閣が中国を重視することを表していた。この背景のもとで、江沢民主席は一九九八年十一月二十五日から三十日にかけて日本を公式訪問した。

二　江沢民主席訪日の主要な活動

一九九八年十一月二十六日午後、江沢民主席は東京の迎賓館で小渕恵三首相と会談した。双方は両国関係の重要な問題とおよび双方が関心を寄せる問題について幅広く意見を交換した。双方はともに、今回の会談が重要であり、有益でもあり、両国関係の発展を積極的に推進する役割を果たすであろうと指摘した。

江沢民主席は歴史問題と台湾問題に対する中国側の立場を詳細に説明し、次のように指摘した。

「二千年にわたる中日両国の関係史を振り返ると、友好と協力が主流であるが、近代日本の軍国主義は中国人民に多大な災難をもたらす侵略戦争を何回も起こした。日本軍国主義は中日両国人民の共通の敵であり、人類の平和と進歩に完全に背く歴史の逆流であり、両国人民はともに断固として反対しなければならない。『歴史を鑑とし、未来に目を向ける』という基本原則を遵守し、両国人民の子々孫々までの友好を実現し、中日関係の長期にわたる健全かつ安定した発展を推進すべきである。日本政府は正しく歴史と向きあい、両国関係の政治的基礎を固めなければならない。というのは、歴史問題に対して明確な態度を示すことは、まず日本が引き続き平和的発展の道を堅持するのに有利であり、中国を含む近隣諸国の理解と信頼をも勝ち取り、日本が国際実務と地域実務でいっそう積極的な役割を発揮することに役立つからである。」

小渕首相は、次のように明確に表明した。

「未来に目を向けた両国の関係を発展させるためには、まず過去の歴史を直視する必要があるが、日中両国の間にはかつて不幸な関係があった。一九九五年〔八月十五日〕に発表された内閣総理大臣〔村山富市〕談話は、日本の過去の植民地支配と侵略に対して痛切な反省の意を表し、心からのお詫びの気持ちを表明している。」

小渕首相はさらに次のように強調した。

「日本政府は改めてこの反省とお詫びの気持ちを中国に対して表明する。日本は過去に対する誠実な反省に基づいて、第二次世界大戦後は一貫して平和的な発展の道を歩んできたし、今後も軍事大国の道を歩むことはない。政治家として、自分の負っている責任を認識し、日中両国の長期にわたる友好のために引き続きたゆまぬ努力を続けていきたい。」

台湾問題は中日関係におけるもう一つの原則問題である。江沢民主席は次のように述べた。

「国家の統一と領土の保全を維持することは、すべての主権国家の神聖な権利である。台湾問題を解決し、祖国の完全な統一を実現することは、中華民族の宿願である。歴史的にみれば、台湾問題では日本は中華民族に責任を負っている。日本はかつて武力によって台湾を併呑するとともに、五十年の長きにわたって植民地支配を行った。日本政府は『中日共同声明』で中華人民共和国が中国を代表する唯一の合法政府であり、台湾が中華人民共和国の不可分の一部であるという中国政府の立場を十分に尊重、理解することを承認している。一九七八年に締結された『中日平和友好条約』もまた、『中日共同声明』の原則を確認している。これによって、台湾の地位の問題はさらに政治的、法律的に解決しているばかりでなく、正しく台湾問題を処理するための明確な指導原則も確立されている。日本国内には台湾問題で依然として誤った認識が存在しており、日本側が真剣に台湾問題に関する中国政府の立場を尊重し、『中日共同声明』の台湾問題についての厳粛な承諾事項を厳守し、適切に台湾問題を処理するよう希望する。」

小渕恵三首相は、「日本は、中国にとっての台湾問題の重要性を深く理解している。日中国交正常化以来、台湾問題に関し、日本は一貫して『日中共同声明』ではっきり定められた『一つの中国』の原則を遵守するとともに、その基礎のうえに、全力を傾けて日中関係を発展させていきたい」と表明し、次のように強調した。

「日本は台湾の独立を支持しない。このことはすでにはっきり表明しており、今後も変わることはない。同時に、日本は台湾に対する野心もない。日本政府は台湾問題では『日中共同声明』と『日中平和友好条約』ではっきり定められた諸原則を厳守し、台湾海峡両岸の交流がいっそう進展するよう希望するとともに、台湾問題が対話を通じて平和的に解決されるよう希望する。」

江沢民主席は訪日期間中に天皇陛下と会見するとともに、日本の政界、経済界の人々および中日友好団体のメンバーと幅広く交流を行った。十一月二十六日、江沢民主席は東京の迎賓館で日本の首相経験者のために朝食会を催し、首相経験者である中曽根康弘、竹下登、海部俊樹、羽田孜、村山富市、橋本龍太郎の六氏が招待に応じて出席した。中曽根康弘元首相が首相経験者を代表して、江沢民主席が忙しい日程のなかで会見したことに心から感謝の意を表するとともに、大きな喜びのなかで「日中平和友好条約」締結二十周年に際して中国の国家主席の訪日を迎えることができたことを表明し、村山元首相が一九九五年に日本政府を代表して過去の歴史について反省とお詫びの気持ちを表明する談話を発表して出席者一同の考え方を代弁したことを表明し、その基礎のうえに二十一世紀に向かって平和協力の両国関係を構築するよう希望した。

二十七日午前、江沢民主席は自民党の指導者の森喜朗、深谷隆司、池田行彦の各氏、民主党の菅直人代表、公明党の神崎武法党首、自由党の小沢一郎党首、共産党の不和哲三委員長、社民党の土井たか子党首ら重要な政治家と個別に会見し、各党の指導者が引き続き政治家としての先見卓識をもって、両国関係の新たな発展のために積極的な役割を発揮するよう希望した。その日の午後、江沢民主席は日中友好七団体による歓迎会に出席するとともに談話を発表し、中日両国が仲よくつきあうことこそ、両国人民の共通の願いと根本的な利益にかなうと指摘した。

十一月二十八日午前、江沢民主席は東京の有名な早稲田大学の講堂で「歴史を鑑として未来を切り開こう」と題する講演を行い、一千名余りの参加者の熱烈な歓迎を受けた。江沢民主席は、まず全面的に中日関係史の正反両面の経験と教訓を回顧、総括するとともに次のように述べた。

「異なる民族、異なる国の交流は、平和友好の雰囲気のなかで人民の願望に沿って行って初めて、相互の共通発展と全人類の進歩事業に対し、大きな推進的役割を果たすことができる。

また、いかなる武力侵略、他国人民の奴隷化、あるいは自らの文化と生活方式を他の民族に押しつけることも、必然的に大きな苦しみと災難をもたらし、失敗を運命づけられている。人類がかつて大きな代価を払って初めて得たこの基本的経験は、我々現代に生きる者と後生の人々が格別に大切にすべきものである。過去をしめくくり、未来を展望して、いくつか重要な認識を得ることができる。第一に、艱難困苦をなめ尽くしたすえ、中日両国人民がともに努力して樹立した善隣友好関係をことのほか大切にし、守らなければならない。第二に、中日関係史に現れたあの不幸な出来事を直視し、そのなかから歴史的教訓を真に汲みとらねばならない。第三に、時代の前進とともに中日両国関係の絶え間ない発展を推進しなければならない。」

その日の昼、江沢民主席は日本の経済団体が開催した歓迎昼食会に出席するとともに、挨拶のなかで、中日両国が友好協力関係を構築、発展させれば、両国が経済貿易協力を拡大するために新たな広大な空間がもたらされるだろうと述べた。

三　「中日共同宣言」の主要な内容

江沢民主席と小渕恵三首相の会談の終了後、中日双方は「中日共同宣言」を発表した。二国間文書の問題では、「中日共同宣言」という方式で歴史問題と台湾問題に関する原則を明らかにするかどうかが、中日双方の交渉の重要な焦点であった。当初、日本側は「中日共同宣言」の発表に消極的であった。歴史問題と台湾問題に関する原則は、すでに七〇年代の二つの文書によって解決済みであり、再び新たな文書を発表する必要はないというのがその理由であった。代わりに日本側は、二国間、多国間協力に関する「平和と発展のための友好協力パートナーシップの構築に関する中日共同宣言」を共同で発表することを提案した。その内容は、中日が経済、政治の分野において地域的、世界的な協力を行うことを重点にしていた。その目的が、歴史問題と台湾問題を回避し、国際協力を強調することで両国間の原則問題を避けたり、和らげたりしようとする手法にあったことは明らかであり、中日関係の長所を発揮して短所を避け、中日関係を「原則」から「行動」に転じさせ、二国間から多国間へ転じさせるよう推進し、中国を現存する多極的な国際体系のなかに取り込もうとしたのである。

江沢民主席が訪日する前後、歴史問題は中日間交渉の重要な焦点になっていた。もともと九月に予定されていた訪日が中国で百年ぶりの大洪水が発生したので延期され、もともと江沢民主席の後に予定されていた韓国の金大中大統領の訪日が先行した。同大統領が訪日した際、日本は朝鮮半島の植民地支配に対する「お詫び」を日韓共同宣言に盛り込んだ。しかしながら、日本は「中日共同宣言」に同様の態度表明を盛り込むことを拒絶し、首相の口頭による「お詫び」にしか同意しなかった。このような曲折があったにもかかわらず、中国侵略史に対する日本政府の態度表明は以前よりも大きく前進した。その基礎のうえに、中日双方は「歴史を鑑とし、未来に目を向ける」という原則については意見の一致を見た。

台湾問題が交渉のもう一つの焦点であった。中日が二国間文書を起草する過程で、日本側は台湾問題に関する「三不政策」を同文書に盛り込む中国側の構想を受け入れなかった。小渕首相は首脳会談で、日本はずっと「中日共同声明」ではっきり決められた「一つの中国」の原則を遵守し、台湾の独立を支持せず、日本は台湾に野心を有してもいないと表明した。日米共同防衛の「周辺事態」に台湾が含まれるかどうかについて、小渕首相は首脳会談で明確な態度表明をせず、日本側がこれまで曖昧にしてきた解釈を繰り返した。

中日双方が発表した共同宣言の主要な内容は次のとおりである。

①冷戦終了後、世界は大きな変化を遂げつつある。経済の一層のグローバル化に伴い、相互依存関係は深化し、また安全保障に関する対話と協力も絶えず進展している。公正で合理的な国際政治・経済の新たな秩序を構築し、二十一世紀における一層揺るぎのない平和な国際環境を追求することは、国際社会共通の願いである。

主権及び領土保全の相互尊重、相互不可侵、内政に対する相互不干渉、平等及び互恵、平和共存の諸原則並びに国際連合憲章の原則が、国家間の関係を処理する基本準則である。

国際連合は世界の平和を守り、世界の経済及び社会の発展を促している。国際連合が、その活動及び政策決定プロセスにおいて全加盟国の共通の願望と全体の意思をよりよく体現するために、改革を行うことに賛成する。

日中両国はアジア地域及び世界に影響力を有する国家として、平和を守り、発展を促していく上で重要な責任を負っている。

②冷戦後、アジア地域の情勢は引き続き安定の方向に向かっており、域内の協力も一層深まっている。この地域が国際政治・経済及び安全保障に対して及ぼす影響力は更に拡大し、来世紀においても引き続き重要な役割を果たすであろう。

この地域の平和を維持し、発展を促進することが、両国の揺るぎない基本方針であること、また、アジア地域における覇権はこれを求めることなく、武力又は武力による威嚇に訴えず、すべての紛争は平和的手段によって解決すべきである。

双方は、積極的な姿勢で直面する各種の挑戦に立ち向かい、この地域の経済発展を促すためそれぞれできる限りの努力を行う。

アジア太平洋地域の主要国間の安定的な関係は、この地域の平和と安定に極めて重要である。ＡＳＥＡＮ〔東南アジア諸国連合〕地域フォーラム等のこの地域におけるあらゆる多国間の活動に積極的に参画し、かつ協調と協力を進め、理解の増進と信頼の強化に努めるすべての措置を支持する。

③双方は、日中国交正常化以来の両国関係を回顧し、政治、経済、文化、人の往来等の各分野で目を見張るほどの発展を遂げた。目下の情勢において、両国間の協力の重要性は一層増していること、及び両国間の友好協力を更に強固にし発展させることは、両国国民の根本的な利益に合致するのみならず、アジア太平洋地域、ひいては世界の平和と発展にとって積極的に貢献するものである。日中関係が両国のいずれにとっても最も重要な二国間関係の一つであり、平和と発展のための両国の役割と責任を深く認識し、二十一世紀に向け、平和と発展のための友好協力パートナーシップの確立を宣言した。

日中両国は二千年余りにわたる友好交流の歴史と共通の文化的背景を有しており、このような友好の伝統を受け継ぎ、更なる互恵協力を発展させることが両国国民の共通の願いである。

過去を直視し歴史を正しく認識することが、日中関係を発展させる重要な基礎である。日本側は、過去の一時期の中国への侵略によって中国国民に多大な災難と損害を与えた責任を痛感し、これに対し深い反省を表明した。中国側は、日本側が歴史の教訓に学び、平和発展の道を堅持することを希望する。双方は、この基礎の上に長きにわたる友好関係を発展させる。

両国間の人的往来を強化することが、相互理解の増進及び相互信頼の強化に極めて重要である。

双方は、毎年いずれか一方の国の指導者が相手国を訪問すること、東京と北京に両政府間のホットラインを設置すること、また、両国の各層、特に両国の未来の発展という重責を担う青少年の間における交流を、更に強化していくことを確認した。

平等互恵の基礎の上に立って、長期安定的な経済貿易協力関係を打ち立て、ハイテク、情報、環境保護、農業、インフラ等の分野での協力を更に拡大する。日本側は、安定し開放され発展する中国はアジア太平洋地域及び世界の平和と発展に対し重要な意義を有しており、引き続き中国の経済開発に対し協力と支援を行っていくとの方針を改めて表明した。中国側は、日本がこれまで中国に対して行ってきた経済協力に感謝の意を表明した。日本側は、中国がWTO〔世界貿易機関〕への早期加盟実現に向けて払っている努力を引き続き支持していくことを重ねて表明した。

日本側は、日中共同声明の中で表明した台湾問題に関する立場を引き続き遵守し、改めて中国は一つであるとの認識を表明する。日本は、引き続き台湾と民間及び地域的な往来を維持する。

四　「中日共同宣言」の重要な意義

二十世紀の九〇年代における中日関係の現状を総合的にみる

と、新たな国際環境と国内の条件のもとで、両国間の共通の利益と相互矛盾がともに新たに発展し、そのうち相互矛盾の面が明らかにいっそう突出した。まず、中国の発展の勢いと日本の停滞状態によって両国の戦略上の心理バランスが失われ、相互間の競争と防衛意識が急速に高まった。次いで、両国の基本条件の絶対的非対称性と発展趨勢の相対的均衡化の傾向によって、両国関係は新たな歴史的転換期を迎えた。中国は依然として発展途上国であるにもかかわらず、国際的な舞台で重要な政治的役割を発揮し、しかも総体的な経済力も着実に強化されつつある。日本はすでに経済大国になっているが、重大な国際問題ではまだ重大な役割を発揮する能力を具えていないものの、政治大国へ向かう日本の歩みは明らかに加速している。このような相互の変化によって、中日関係は前途を予測しがたい戦略的調整段階を迎えており、その調整によって互恵的な「ウィンウィン」の出発点に「軟着陸」を実現することができるかどうかが、両国が直面している共通の課題なのである。

また、経済貿易分野における中日両国の協力は競争よりも重要であるが、地域経済の主導権をめぐる競争心が増強されている。これらの基本的な状況は、中日双方がともに自己に有利な将来の地域的ないし戦略的な秩序を構築しようとしているが、双方の利益を相互に調整するメカニズムが明らかに弱体すぎることを示している。このような局面の発展を成り行きのままに放置しておけば、両国関係は徐々に対立に向かう可能性があり、その結果、共倒れになるしかない。双方が共通利益の実現に力を尽くし、同時に過度の競争をできる限り抑制することができれば、最大限に自己の利益を実現するであろう。この目的を達成するために、双方は共通の利益の最大結合点を見出す必要があり、江沢民主席が日本を訪問するとともに共同宣言を発表した意義はまさにここにある。

「中日共同宣言」は中日のパートナーシップのために原則と基礎を確立し、その内容は二十一世紀の両国関係の新たな枠組みを構築しており、そのなかで明確に「両国が平和と発展のための友好協力パートナーシップを確立することにより、両国関係は新たな発展の段階に入る」と指摘している。中日のパートナーシップという二国間の枠組みを構築したことの、両国関係に対する基本的な意味とその深遠な意義は主に次のいくつかの面に体現されている。

第一に、中日関係は九〇年代中期以来の政治摩擦による「低迷」から脱け出し、冷戦後の相互関係を調整する過渡期を乗り切り、二十一世紀に目を向けた中日関係に新たな位置づけをもたらした。

第二に、中日関係の発展はこの共同宣言によって冷戦後の国際関係の調整過程の軌道に組み込まれ、中米、中ロ、日米など大国関係が順番に調整される「定期便」に追いつき、中国、アメリカ、日本、ロシアの関係の調整過程は新たな段階を迎えた。

第三に、中日両国がともに「パートナーシップ」の構築に同意したことは、東アジアの二つの隣国が実質的に対等な関係を形成するために重要な敷居を踏み越えたことを意味する。

第四に、中日関係は初めて二国間関係の範囲を越え、地域的、世界的な問題で対話、協調、協力の方向へ歩み始めた。

第五に、中日間の相互交流の具体的な内容がさらに深化、発展し、二国間の友好協力の分野と方式がいっそう均衡のあるものになった。

「中日共同宣言」は中日関係の三つ目の基本文書として、「中日共同声明」と「中日平和友好条約」という二つの文書の原則と精神を堅持しているし、同時に新たな歴史的条件のもとで両国関係を発展させる分野と視野をいっそう深化、開拓し、二十一世紀に目を向けた中日パートナーシップの具える内容と発展方向をも体現している。「中日共同宣言」は新たな方式で歴史問題と台湾問題に関する基本原則を改めて明らかにしている。

歴史問題では、日本は初めて「中国に対する侵略」という表現を双方の共同文書に盛り込むとともに、首脳会談で小渕首相が中国侵略の歴史について「お詫び」を表明した。中国側は初めて双方の共同文書で日本に「平和発展の道を堅持する」よう希望した。

台湾問題では、日本側は改めて引き続き「中日共同声明」の立場を遵守することを表明し、改めて中国は一つであり、台湾とは民間および地域的な往来にとどめることを表明した。日本のこの態度表明は、日米が軍事同盟を強化したために中日間の相互不信がかつてないほど増大していた状況のなかで、極めて必要であったし、非常に時宜も得ていた。

「中日共同宣言」からみると、両国間の協力分野はかなり大きく発展し、両国関係の視野も二国間の領域から多国間の領域へ拡がり、両国は一致して国際社会に対する共同責任を強調し、国際政治・経済、地球規模の問題などの分野における協調と協力を強化し、世界の平和と発展、ひいては人類の進歩のために積極的な貢献を行っていくことを決定した。これらの内容は、疑問の余地なく「中日共同声明」と「中日平和友好条約」よりも大きく前進しており、二十一世紀に目を向けた中日関係の新しい特徴と発展方向を体現している。

中日両国がパートナーシップの構築について合意に達したことは、歴史問題、台湾問題、日米軍事同盟など敏感な問題をめぐって率直に誠意をこめて対話を重ね、相互の差異を縮小した成果である。しかしながら、それはけっして両国間の意見の相違を完全に取り除くことができたことを意味しない。ちょうど逆に、これらの敏感な問題は、中日のパートナーシップの枠組みを構築する全過程につきまとっていたのである。ということは、中日がパートナーシップを構築する未来の道には美しい花が咲くだけでなく、荊棘もあることを感じさせざるをえない。中日関係の重要な発展とパートナーシップの重要な内容として、中日両国は国際的な政治、経済の多くの分野で相互の協調と協力を強化することを決定したが、この共通認識も現段階では依然として原則的な枠組みと方向を提起する段階にとどまり、まだ具体的な構想と日程は形成されていない。

中日間に構築されたパートナーシップの枠組みは、けっして二十世紀の七〇年代の国交回復以来の中日関係が自然に延長した結果ではなく、内外の環境が変化し、政治的摩擦が激化し、両国関係に新たな特徴が生まれ、双方が相互関係を調整するという曲折に富む過程を経ている。七〇年代の国交回復以来の中日友好関係と比べると、中日のパートナーシップは冷たくも熱くもなく、相互に一定の距離を置く「普通の関係」に近いし、一九九五年から九六年にかけての摩擦の局面と比べると、中日のパートナーシップによって両国が政治的摩擦から脱却し、より成熟した二国間関係の枠組みを構築したことは明らかである。表面的に見れば、中日のパートナーシップは国交を回復した七〇年代以来の両国関係の「最良の時期」と「最悪の時期」の中間に位置づけられるが、実質からみれば、中日のパートナーシップは新たな状況のもとで両国関係がより高いレベルに発展した産物であり、したがって以前の相互関係よりも前進しており、絶対に後退していない。

総じていえば、中日のパートナーシップは具体的に次の三つのレベルの枠組みと細目からなる。

第一のレベルは、中日のパートナーシップの全体的な枠組み、すなわち「平和と発展のための友好協力パートナーシップ」と記されている将来の両国関係の基本的な位置づけである。

第二のレベルは、双方が共通して受け入れられる協力範囲、すなわち「中日共同宣言」で二国間、国際的な実務に関して双方が合意に達した一連の共通認識である。

第三のレベルは、現在確定しうる具体的な協力プロジェクト、すなわち「中日共同プレス発表」で公布された、実施予定の中日間の三十三項目の中日協力プロジェクトである。

この三つのレベルの内容から、中日両国の政府がこれらの合意の達成のために非常に大きな努力を払い、双方の立場の最大公約数となりうる基本的な共通認識の範囲を構築したことがわかる。それらの内容を詳しく分析すると、そのなかには中国側が一貫して主張、提唱したり、最初に提唱したりした内容、表現や見解、立場もあるし、日本側が主張したり、最初に提唱したりしたものもあることが容易に見てとれる。原則的な表現のなかには、双方がともに一貫して受け入れることのできた立場もあるが、その具体的な内容の理解、解釈、主張の面では一定の差異が存在している。それにもかかわらず、外交交渉を経て、最終的に共同文書に盛り込んだからには、双方が少なくともそれらの原則的な表現に同意したことを意味し、双方が協力を行う共通の方向と基礎を有する。双方の外交的な成果の角度からいえば、それらの内容の非常に大きな部分は外交の分野における双方のそれぞれの「得点」の結果であると理解してかまわないが、絶対に一方が「得をした」とか「損をした」わけではなく、原則を堅持する基礎のうえに、相互に相手の外交的立場を理解して思いやり、できる限り譲歩と妥協をした互恵的な「ウィンウィン」の産物なのである。

中国国家元首の日本訪問が中日関係史上で初めてであることは、疑いもなく中日関係にとって重大な意義を有し、二十一世紀に目を向けた中日の友好関係の新たな出発点になった。中日が国交を回復して正常化して以来、両国間には両国の関係を規定する二つの重要文書、つまり「中日共同声明」と「中日平和友好条約」がある。江沢民主席の訪日期間中に発表された「中日共同宣言」は、先人の後を受けて発展させ、さらに将来の道を切り拓き、両国が新世紀の友好協力関係に向かって発展するために新しい原則と行動指針を確立している。「中日共同宣言」が発表されてから、中日関係には新たな発展も見られたし、曲折も生じた。近年の両国関係の実践は、「中日共同宣言」が着実に履行されさえすれば、両国関係は順調に発展することができるが、逆に、言行が一致せず、ひいてはあらゆる行為が「中日共同宣言」と逆の方向に向かえば、中日関係が困難に直面することを一再ならず裏づけている。両国関係の実践は引き続きこのことを裏づけるであろう。

3　胡錦濤の訪日と「中日共同声明」の調印

張躍斌　王新生

二〇〇八年五月六日から十日にかけて、胡錦濤主席は日本の福田康夫首相の招請に応じて、日本を公式訪問した。今回の訪問は中日双方から非常に重視され、広く世界の世論の関心をも集めた。この数年、中日関係は次第に緩和の方向に向かっている。二〇〇六年（十月）にまず日本の安倍晋三首相の「氷を砕く旅」があり、続いて二〇〇七年（四月）に温家宝総理の「氷を融かす旅」、また同じ年（十二月）に福田康夫首相の「春を迎える旅」があった。胡錦濤主席の「暖かい春の旅」は、条件が備われば物事は自然と順調に運ぶといえるもので、中日関係の発展が必然的な趨勢であることを表している。

一　訪日の背景要因

中日関係が低迷を脱け出し、さらに一歩前進して胡錦濤主席の日本への歴史的訪問を行うことができたのは、客観的な情勢がそのようにさせたからであり、両国の政治家の知恵が具体的に現れたからでもある。一九九八年（十一月）に江沢民主席が日本を訪問して以来、十年間、中国の国家主席が日本の国土に足を踏み入れるのを見ることはなかったが、このような状況は中日関係のあるべき状態とまるで釣りあっていなかった。この数年、中日両国の経済交流は日増しに頻繁かつ緊密になり、すでに二つの国家を繋ぐ強力な絆になっている。たとえ小泉純一郎首相が頑なに靖国神社への参拝を続け、日中のハイレベルの相互訪問が停滞に陥っても、中日の経済関係は依然として安定した発展の趨勢を保ち、学者たちはこの現象を「政冷経熱」と総括した。

とくに重要なのは、二〇〇一年に中国がＷＴＯ（世界貿易機関）に加盟した後、中日の経済的なつながりがいっそう緊密になったことである。二〇〇六年、中国は日本の最大の貿易パートナーになり、日本は中国の第三の貿易パートナーになった。二〇〇七年には、中日二国間の貿易額は二千三百億ドルを突破した。日本の中国に対する実質投資額の累計は六百七億ドルに達し、中国にとって第二位の外資供給地である。このような経済的な結びつきを政治レベルで保証し、両国人民が正常な両国関係の発展によって利益を得ることを確実に保証する必要がある。それと同時に、中日双方が地理的に近く、文化が共通しているので、両国の交流が堅実な基礎を有することをも見てとるべきである。

統計によれば、二〇〇七年末までに中日両国が締結した友好都市は二百三十六組に上り、一年間の人的往来はのべ五百万人を突破した。また、中日の間ではさらに青少年交流のメカニズムを構築し、日本青年の中国訪問団の人数はもっとも多いときは一回で五千名を超えた。

中日の経済貿易関係、文化交流が日増しに緊密になると同時に、中日関係は政治レベルでは未曾有の非常事態に直面した。東アジアの地域は歴史的にこれまで「一強独大」であったが、いまや「両強並立」の局面が出現した。はてしなく長い前近代の歴史では、中国は東アジア地域の唯一の大国、強国で、中華秩序こそ同地域の安定と発展を保証した。近代以後、日本が西洋に学んで急速に勃興し、同地域で近代化を実現した唯一の国家になったが、日本が推進した対外侵略による拡張政策はアジアその他の地域、とくに中国と激烈な衝突を引き起こし、最終的に恥ずべき失敗に終わった。占領軍司令部が強行した改革によって、日本は戦前と異なる発展の道を歩み始めるとともに、経済的に驚異的な成功を収めた。一九六〇年代末には、日本は資本主義世界で第二の経済大国になるとともに、長期にわたって世界第二の大経済体の玉座を占めてきた。しかし、日本経済がアジアで唯一秀でていた状況には、中国の改革開放によって次第に変化が生じた。三十年間にわたる経済の高度成長を経て、中国経済は現在すでに世界経済のなかで無視できない勢力になり、東アジアの地域には世界的影響力を有する二つの大国が同時に出現した。二つの強国が並立し、どのようにつきあい、どのように互いに適応し、どのように新しい状勢のもとでの両国関係を規定するかが、両国関係の未来の発展方向をはっきり指し示し、両国の政治家の眼前に立ちはだかる巨大な課題であり、これに真剣に向き合うとともに、明確な回答を出す必要がある。

まさに「和すれば双方に利益をもたらし、争いあえばともに傷つく」とよく言われるように、同時に二つの強国が出現したことはけっして必然的に激しい衝突の局面が出現することを意味しない。日本は世界第二の大経済体として、ハイテク産業、技術集約型産業、資金集約型産業で中国の優位に立ち、省エネ、環境保護の先進的技術と技術立国の経験を有するが、中国は世界最大の発展途上国であり、この三十年間の経済発展が急速で、市場の需要が旺盛である。資源と経済構造の差異によって、経済発展の過程における双方の強い相互補完性が決定づけられ、中日双方は協力を通じて互恵的な「ウィンウィン」を達成することができる。中国経済は日本の技術や資金などの支援がなければ、今日の成果を得ることは難しかったし、中国の巨大な市場、生産基地の存在がなければ、日本経済も同様に発展を続けることはできない。このような客観的な条件が、中日双方が互恵協力関係を発展させる基礎になっている。

しかし、中日双方の互恵協力は、客観的な協力の基礎に関わるのみならず、同時に協力の心理的な適応にも関わりがある。新たな情勢のもとでは、双方が既往の固定的な思考モデルを改め、積極的に新しい状況に適応し、新しい問題を解決する必要がある。長年にわたる議論を経て、現在では中国はいっそう自己を信じ、日本はいっそう自らを律するようになったが、これこそ中日関係が順調に発展するための重要な前提であり、中日双方の政治家の知恵と勇気を十分に表している。中国が三十年間にわたる高度成長を経て、国力を蓄積したばかりでなく、国民の自信も日増しに強まったことは、外交面では気勢鋭く他国に迫る必要がなく、いっそう感情を包み隠し、いっそう成熟し、いっそう長期的な利益に配慮しうるようになったことに現れている。原則を堅持すると同時に、「小異を残して大同につく」ことと互恵的な「ウィンウィン」を追求することがまさに外交政策の指導原則になっている。同時に、歴史問題と靖国神社参拝の問題で中国の激しい反対にあった後、小泉純一郎首相の後任の日本の首相は中国の民族感情に配慮し、自身の行動を控えることができた。とくに福田康夫首相は自民党総裁選挙に出馬したとき〔二〇〇七年九月〕に、靖国神社を参拝しないと明言し、中日関係の発展のために一大障害を取り除いて、歴史問題が再び中日関係の正常な発展を妨害しないよう保証した。

このような情勢のもとで、胡錦濤主席が日本を訪問する条件が整った。中日関係はかなり長期にわたって不正常な状態にあったので、改善する必要があったし、中日関係は依然として多数の機会と挑戦に直面していたので、戦略的な高みから概括、規範化する必要があった。そのうえ二〇〇八年がちょうど「中日平和友好条約」締結三十周年にあたり、中日関係の発展が新たな契機を迎えたので、中国の国家主席が日本を訪問することは必要性も切迫性もあった。その目的は、相互理解を深め、新たな情勢のもとで二国間関係の発展の指導原則をいっそう明確にし、中長期的な実務協力の方向と重点をいっそう確立し、中日間の戦略的互恵関係を全面的に推進、深化するとともに、新しい共同文書で正式に確認する形で、中日関係を発展させるために新たな段階にふさわしい枠組みを構築することにほかならなかった。

二　訪問の実り多き成果

胡錦濤主席の日本訪問の最大の成果は、日本と『戦略的互恵関係』の包括的推進に関する中日共同声明」に調印したことである。二〇〇八年五月七日、胡錦濤主席は日本の福田康夫首相と会談を行うとともに、『『戦略的互恵関係』の包括的推進に関する中日共同声明」を締結した。この声明は、中日間で一九七二年〔九月〕に発表した「中日共同声明」、一九七八年〔八月〕に調印した「中日平和友好条約」、一九九八年〔十一月〕に発表した「中日共同宣言」に次ぐ四つ目の政治文書で、重大な意義を有し、深遠な影響を及ぼしている。

共同声明は次のように指摘している。

①双方は、中日関係が両国のいずれにとっても最も重要な二国間関係の一つであり、今や中日両国が、アジア太平洋地域及び世界の平和、安定、発展に対し大きな影響力を有し、厳粛な責任を負っているとの認識で一致した。また、双方は、長期にわたる平和及び友好のための協力が中日両国にとって唯一の選択であるとの認識で一致した。双方は、「戦略的互恵関係」を包括的に推進し、また、中日両国の平和共存、世代友好、互恵協力、共同発展という崇高な目標を実現していくことを決意した。

②双方は、一九七二年九月二十九日に発表された中日共同声明、一九七八年八月十二日に署名された中日平和友好条約及び一九九八年十一月二十六日に発表された中日共同宣言が、中日関係を安定的に発展させ、未来を切り開く政治的基礎であることを改めて表明し、三つの文書の諸原則を引き続き遵守することを確認した。また、双方は、二〇〇六年十月八日及び二〇〇七年四月十一日の中日共同プレス発表にある共通認識を引き続き堅持し、全面的に実施することを確認した。

③双方は、歴史を直視し、未来に向かい、中日「戦略的互恵関係」の新たな局面を絶えず切り開くことを決意し、将来にわたり、絶えず相互理解を深め、相互信頼を築き、互恵協力を拡大しつつ、中日関係を世界の潮流に沿って方向付け、アジア太平洋及び世界の良き未来を共に創り上げていくことを宣言した。

④双方は、互いに協力のパートナーであり、互いに脅威とならないことを確認した。双方は、互いの平和的な発展を支持することを改めて表明し、平和的な発展を堅持する中国と日本が、アジアや世界に大きなチャンスと利益をもたらすとの確信を共有した。

⑤台湾問題に関し、日本側は、中日共同声明において表明した立場を引き続き堅持する旨改めて表明した。

⑥双方は、以下の五つの柱に沿って、対話と協力の枠組みを

構築しつつ、協力していくことを決意した。

共同声明の精神を着実に実行するために、同じ日に、中華人民共和国政府と日本政府は「中日両政府の交流と協力の強化に関する共同プレス発表」をも発表し、中日双方が達した七十項目の共通認識を詳述した。日本側は胡錦濤主席を二〇〇八年七月に北海道の洞爺湖で開催されるG８首脳会議アウトリーチ・セッションに招待し、中国側は、福田康夫首相を二〇〇八年十月に北京で開催されるアジア欧州会合（ASEM）第七回首脳会合に招待し、日本側は二〇〇八年秋に日本で日中韓首脳会議を開催することを提案した。プレス発表はさらに、双方が中日の戦略対話が中日関係の改善と発展を推進するのに発揮している重要な役割を積極的に評価し、引き続き同対話を重視することを指摘している。また、二〇〇八年四月に東京で開催された中日外務報道官協議において、両国国民間の相互理解をさらに深めるため、双方が報道と広報の面で協力し、両国の報道担当部局間の直接の連絡体制を強化し、両国のメディアに対し客観的かつ正確な情報を提供するようともに努力することで認識が一致したことなどにも言及している。

胡錦濤主席の訪日期間中の主要な日程として、福田康夫首相の母校である早稲田大学で講演を行った。五月八日の講演で、胡錦濤主席は次のように指摘した。

「中日両国人民の友好往来は二千年以上にわたり、世界民族交流史上の奇蹟ともいえる。長い歴史のなかで、中日両国人民は学びあい、お互いの経験を参考にしあい、融合しあい、それぞれの国の進歩を促進すると同時に、東アジア文明と世界文明の宝庫を豊富なものにした。

近代に入って、日本軍国主義が中国に対して侵略戦争を起こしたことによって、両国の友好関係は大いに破壊された。この不幸な歴史は、中華民族に莫大な災難をもたらしただけでなく、日本人民にも大きな被害を与えた。歴史はもっとも哲理に富んだ教科書である。私たちが歴史を銘記することを強調するのは、恨みを抱え続けるためではなく、歴史を鑑とし、未来に向かうためであり、平和を大切にし、平和を守るためであり、そして中日両国人民が子々孫々にわたって友好的につきあい、世界各国人民が永遠に平和を享受するためである。」

胡錦濤主席は、中日関係が今新たな歴史的スタートラインに立ち、さらなる発展の新たなチャンスに恵まれていることをとくに強調し、次のように指摘した。

「福田首相と実り多き会談を行い、中日の戦略的互恵関係を全面的に深化させることについて幅広い共通認識に達し、両国関係の長期的で健全かつ安定した発展の全体的な枠組みを確定した。双方は、ともに努力し、戦略的相互信頼を増進し、互恵協力を深化させ、文化交流を拡大し、アジアの振興を推進し、グローバルな挑戦に対処し、中日の戦略的互恵関係をともに推進していくことについて一致した」。

胡錦濤主席は、両国の青年は中日友好の新鋭であり、中日友好の未来は青年たちによって切り拓かれるものであると指摘し、中国が百名の早稲田大学の学生の訪中を招請することを表明した。

三　豊富多彩な内容

胡錦濤主席の日本での活動は、大きく三つの分野に分けられる。政界、経済界の要人との会見、中日友好の代表的人物やその子孫との会見、学校、工場、歴史的文化遺産などの視察である。

五月七日午前、日本の天皇陛下は皇居内の広場で胡錦濤主席のために盛大な歓迎式典を開催した。皇后陛下、皇太子殿下、秋篠宮夫妻を含む主要な皇族、および福田康夫首相夫妻、衆参両院議長、主要閣僚ら政府要人が出席した。その後、胡錦濤主席は首相官邸で福田康夫首相と公式会談を行い、『戦略的互恵関係』の包括的推進に関する中日共同声明」に調印するとともに、共同記者会見を行った。午後、胡錦濤主席は経済団体連合会を訪れ、主要な経済団体による歓迎昼食会に出席した。その席上で、「チャンスを共有し、ともに発展する」と題する講演を行い、中日の経済貿易協力をたえず拡大し、深めることは、両国の根本的利益に合致し、中日の戦略的互恵関係を全面的に深める必然的要求でもあると強調した。

同日午後、胡錦濤主席は、自民党の伊吹文明幹事長、公明党の太田昭宏代表、民主党の小沢一郎代表、共産党の志位和夫委員長、社民党の福島瑞穂党首ら日本の主要政党の幹部と相次いで会見し、各党が中日関係の発展を重視するとともに積極的に推進していることを積極的に評価し、次のように指摘した。「政党間の対話と交流は両国の戦略的対話の重要不可欠な一部であり、双方がともに努力して、中日関係の情勢の発展に合わせて、交流の形式を革新し、交流のレベルを高め、中日の戦略的互恵関係の発展のために新たな貢献をするよう希望する。」

その日の夜、胡錦濤主席は天皇陛下の招待に応じて皇居で開催された大規模な歓迎晩餐会に出席した。主要な皇族、日本政府の要人、経済界の名士、社会各界の代表、中国訪日代表団の主要メンバーら百五十名近くが出席した。胡錦濤主席は晩餐会の席上で、「中日関係は今新たな歴史のスタートラインに立ち、さらなる発展のチャンスに恵まれている。中国側は日本とともに努力して、中日の戦略的互恵関係の全面的な発展の新たな局面を切り拓く」と表明した。

五月八日、胡錦濤主席は中曽根康弘、森喜朗、海部俊樹、安倍晋三氏ら四人の首相経験者と朝食をともにするとともに、親しく友好的に歓談した。同日、胡錦濤主席はさらに河野洋平衆議院議長、江田五月参議院議長とそれぞれ会見し、「中日の戦略的互恵関係を発展させることは、両国と両国人民の根本的利益に合致し、アジアと世界の平和、安定、繁栄に利益がある」と指摘した。

五月九日、胡錦濤主席は北京オリンピックを支援する議員の会の主要メンバーと会見し、次のように表明した。

「北京オリンピックの準備は日本の各界から誠意ある関心と強力な支援を得ている。河野洋平議長の呼びかけのもと、日本の与野党三百人余りの国会議員が党派の枠を超えて北京オリンピックを支援する議員の会を結成したことは、日本国民の中国人民に対する友情とオリンピック精神を発揚する努力を十分に示している。二十年ぶりにアジアで三回目のオリンピックが開催されるが、北京オリンピックは中国人民だけのものではなく、日本人民をも含むアジア人民のものでもあり、世界各国の人民のものでもある。」

五月九日午前、胡錦濤主席は横浜で松沢成文神奈川県知事、中田宏横浜市長と会見し、次のように表明した。

「神奈川県や横浜市の中国との交流の歴史は長く、横浜中華街は日本全国に知られており、日本国民が中国の文化に触れ、理解するうえで重要な役割を発揮している。横浜市は上海市と友好都市、神奈川県は遼寧省と友好県省の関係をそれぞれ結んでいる。長年にわたって、双方の経済・貿易、文化など各分野の交流と協力はたえず強化され、双方に大きな利益をもたらし、中日関係の発展のためにも積極的な貢献を果たしている。現在の中日関係は改善と発展の良好な趨勢をみせており、神奈川県と横浜市が中日の戦略的互恵関係のために新たな貢献をするよう希望する。」

同日、胡錦濤主席は橋下徹大阪府知事および関西地区の各県・市と各界の責任者と会見し、次のように指摘した。

「大阪と関西は歴史的に中国との交流が密接で、新中国の成立後、一貫して日本の対中協力の先頭に立ってきた。長年にわたって、大阪と関西は日本の対中経済協力では一挙手一投足が全体に影響を及ぼすほどの重要な地位を占めており、大阪の各界は中日友好の伝統を受け継ぎ、対中交流と協力に力を尽くし、中日関係の発展のために積極的な貢献を行っている。」

五月十日、胡錦濤主席は奈良で荒井正吾奈良県知事、藤原昭奈良市長と会見し、次のように表明した。

「奈良は日本の有名な古都であり、文化の奥行きが深い。悠久な歴史をもつ法隆寺と唐招提寺は中日両国の延々と続く友好交流史の証人であり、中日文化交流の重要な象徴である。長年にわたって、奈良の各界のみなさんは友好の伝統を受け継ぎ、熱心に対中交流を展開し、中日関係の発展のために積極的な貢献をしてきた。

胡錦濤主席が訪日期間中、かつて中日友好のために際立った貢献をした多くの日本の友人の家族と会見したことは、中国人の「水を飲むのに井戸を掘った人を忘れない」という一貫した理念を反映している。

五月六日午後、日本に到着したばかりの胡錦濤主席は旅の疲れを顧みずに、相次いで多数の日本の客人と会見した。かつて西園寺公一、宇都宮徳馬、岡崎嘉平太、松村謙三ら日本の友人が中日友好のために真心をこめて力を尽くしたが、胡錦濤主席はこの四人の日本の友人の家族と会見し、「あなたがたのお父様は中国人民が非常に尊敬する古い友人であり、中日友好の井戸を掘った人〔先駆者〕です。いずれのかたも生前、中日友好の固い信念を抱いて、戦後の中日関係の回復と発展のために心血を注ぎ、際立った貢献をしました」と語った。

一九八四年〔九—十月〕に日本の三千名の青年が中国を訪問したのは中日友好交流史上かつてない壮挙であった。胡錦濤主席は当時の団員であった穂積一成、小野寺喜一郎、芹洋子らとその家族と会見し、「一九八四年の三千名訪中の際、私たちは深い友情を結びました。すでに何年も過ぎましたが、私たちの友情はさらに深まりました」と語った。

二〇〇八年は中日国交正常化三十六周年であり、「中日平和友好条約」締結三十周年でもあり、胡錦濤主席はとくに田中角栄元首相の娘である田中真紀子衆議院議員とその家族、大平正芳元首相の子息である大平裕とその家族、園田直元外相の夫人の園田天光光と子息の園田博之衆議院議員などと会見した。

五月八日、胡錦濤主席は日中友好七団体と華僑四団体の共催した歓迎レセプションに出席し、日頃から日中関係の発展のために貢献している日本各界の友人に心からの感謝と敬意を表した。五月八日午後、胡錦濤主席は日本の創価学会の池田大作名誉会長と会見し、池田大作名誉会長が長年にわたって日中友好に努力していることを高く評価した。早くも一九六八年に、池田名誉会長は率先して中日国交正常化を実現するよう呼びかけ、数年前の中日関係がかなり困難な時期に、歴史的な高みから両国関係が膠着した状態を打破するために知恵を出したと語り、政治的見通しと勇気に敬意を表した。

同日、胡錦濤主席はわざわざ東京南青山の松山バレエ団を訪れ、長年にわたって日中文化交流に力を尽くしてきた清水正夫・松山樹子夫妻を訪問した。胡錦濤主席と夫人は松山バレエ団を訪れた際、道の両脇に並んでいる団員たちの歓迎を受けた。胡錦濤主席は次のように語った。

「清水正夫先生は日中友好協会の責任者として百回も中国の地を踏み、毛沢東主席、周恩来総理、鄧小平主席、江沢民主席ら中国の指導者の心温まる接見を受けた。清水正夫先生と松山バレエ団は中日民間友好交流の先駆者であり、両国の文化交流の旗印である。中国政府と人民は彼らが両国の文化交流を促進し、両国の人民の友情を深めるために行った貴重な貢献を高く評価している。」

胡錦濤主席は訪日期間中、さらに学校、工場、寺院をも視察した。五月八日、胡錦濤主席と福田康夫首相、中曽根康弘元首相は東京の早稲田大学で「二〇〇八　日中青少年友好交流年」の開幕式に出席した。開幕式の後、胡錦濤主席は有名な卓球選手の福原愛と卓球の試合を行った。五月九日、胡錦濤主席は横浜の中華山手学校を視察するとともに、三年生の国語の授業を見学した。その授業で、胡錦濤主席は教壇に立ち、生徒たちに唐詩の「静夜の思い」〔李白の作〕を解説した。当日、胡錦濤主席はさらに川崎エコタウンのペットボトルのリサイクル工場をも視察し、中日が環境保護の面の協力で新たな進展を迎えられるよう期待すると述べた。

五月十日、胡錦濤主席は日本の古都である奈良を訪れ、悠久な歴史を有し、日中の文化交流の長い歴史の証人である法隆寺と唐招提寺を見学した。五月十日午後、胡錦濤主席は国際的に有名な松下電器〔現在のパナソニック〕を見学し、挨拶のなかで次のように語った。

「二〇〇八年は中国の改革開放三十周年であり、鄧小平先生の松下電器訪問三十周年でもある。まさにその訪問によって、中国と松下の協力が始まり、松下電器はもっとも早く中国の近代化建設に参与した日本企業になり、創業者の松下幸之助氏は中国の近代化支援で重要な貢献をされた。現在、中国はまさに資源節約型の、環境にやさしい社会を建設しているところだ。松下電器はその面でも世界的に進んだ技術と経験をもっている。松下電器が強みを生かし、中国側との省エネ、環境保護分野における協力を積極的に展開し、日中の互恵協力のために新たな貢献をするよう希望する。」

四　大きな成功を収める

胡錦濤主席の訪日日程が終了した後、胡錦濤主席の日本訪問に随行した楊潔篪外交部長が今回の訪問について総括し、「胡主席の今回の訪日は内容が豊富で、実務的で効率が高く、実り豊かな成果を収め、所期の目的を達成した」、「胡主席の今回の暖かい春の旅は中日の戦略的互恵関係の新たな局面を切り拓き、申し分ない成功を収めた」と語るとともに、胡錦濤主席の訪日成果を次の四点にまとめた。

第一に、中日関係の発展の青写真を描き、発展の方向をはっきり示した。

第二に、経済・貿易分野における互恵協力を深め、中日関係が発展する物質的な基礎を強固にした。

第三に、文化交流を強化して国民感情を高め、中日関係の社会的基礎を固めた。

第四に、地域的、国際的な問題に関する共通認識を拡大し、協力を強化した。

それと同時に、胡錦濤主席の訪日は国際世論から高く評価された。福田康夫首相の外交政策ブレーンである五百旗頭真防衛大学校長は、日中首脳会談は、「いかなる人の予想をも上回る成功を収めた」と指摘した。

五月十四日付の「NOUVELLES D'EUROPE」は評論を発表し、胡錦濤主席の「暖かい春の旅」を高く評価し、「胡錦濤主席と福田康夫首相が調印した『戦略的互恵関係の包括的推進に関する共同声明』は国際社会から大きな注目を浴び、胡錦濤主席の今回の日本訪問の実り豊かな成果を集中的に体現している。これは中日両国が調印した第四の重要な政治文書であり、双方の新たな共通認識を凝集し、両国関係の長期的発展の指導原則をはっきり定めるとともに、確定させたものである。中日関係の未来の発展の青写真を描いており、アジア地域と世界全体に深遠な影響を及ぼすであろう」と述べるとともに、「共同声明を立ち入って解読すれば、中日両国の戦略的位置づけの新たな意味を容易に見出すことができる。一方で、中国の急速な台頭は日本にとって機会であって脅威ではないし、他方では、日本の第二次世界大戦以後の数十年にわたる平和的発展が中国から承認と賞賛を得た」と強調した。

シンガポールの「連合早報」は五月二十二日に評論文を掲載し、次のように指摘した。

「中日の第四の文書にはもう一つの特徴がある。すなわち、中日双方が『絶えず相互理解を深め、相互信頼を築き、互恵協力を拡大しつつ、中日関係を世界の潮流に沿って方向付け、アジア太平洋及び世界の良き未来を共に創り上げていくこと』を強調していることである。それは、現在の世界の潮流とその変化を正確に把握し、世界の潮流に適応した両国関係を構築するよう努力することを意味する。中日関係はすでにアジア太平洋地域における中日関係に昇格し、世界のなかの中日関係でもある。中日の戦略的互恵関係は中日両国に利益をもたらすだけでなく、同時にアジア太平洋地域にも利益をもたらすとともに、世界全体にも利益をもたらすことを意味する。」

総じていえば、胡錦濤主席の「暖かい春の旅」は、中日関係の新たな局面を切り拓き、中日関係の発展の青写真を描いており、必ずや未来の中日関係の発展に力強い原動力を注ぎ込むであろう。

4　鄧穎超と中日関係

初暁波

鄧穎超は一九七六年以後、全国人民代表大会常務委員会副委員長、中国共産党中央政治局委員、中央紀律検査委員会第二書記、政治協商会議第六期全国委員会主席などを歴任し、多くの外交活動に参与し、前後してミャンマー、スリランカ、イラン、カンボジア、日本、北朝鮮、タイ、フランス、欧州議会を訪問し、アジア、アフリカ、ラテンアメリカ、北アメリカ、オーストラリアの五大陸の数十カ国からやって来た賓客と会見した。一九八二年に中国人民対外友好協会の名誉会長に就任し、中国人民と各国人民との友情、世界の平和と発展を増進する進歩的事業のために多大なる貢献をしたが、そのうち中日関係の順調な発展を推進したことは重要な部分であった。

一　中日国交正常化前後の対日外交

一九七二年の中日国交正常化の後、日本の初代中国大使に就任した小川平四郎は、「周恩来総理の在世中、鄧穎超は我々と一度も会ったことがない」と回想している。しかし、実際には日中の国交が正常化される以前、鄧穎超は国家指導者の一人として主に女性の社会進出の責任を負い、そのなかには日本の女性運動との交流も含まれていた。たとえば、一九五五年十一月十七日、全国婦女連合会の副主席の任にあった鄧穎超は日本の友人である小川智子と会見し、国際民主婦人連盟の執行局会議やアジアアフリカ会議の状況について話しあった。そのほか、一九六二年十一月二十二日と一九六四年四月二十二日に、全国婦女連合会を代表して日本女性訪中代表団と会見している。それと同時に、周恩来総理の夫人として何度も日本に対する外交政策に直接参与した。たとえば、一九六一年に周恩来総理が日本の友人である西園寺公一夫妻を招宴したとき、自ら準備した。西園寺公一の回想録のために執筆した序言のなかで、次のように記している。

「先生が中国で過ごした十二年余りは、まさに中日関係が緊迫していた時期にあたっており、先生は中日関係の正常化のために寝食を忘れ、日夜取り組まれました。また、中日両国の民間の友好交流のために非常に多くのことをなされました。当時、周恩来と私はつねに先生とお会いしていいました。……一九七〇年、中国の国内事情によって、先生は中国を離れて日本へ帰国することを決意されました。それに先立ち、周恩来総理と私は先生一家への餞別として宴会を開き、以後も毎年家族とともに中国を見に来るよう要請しましたが、あのお別れのときの思い出は今でも目に焼き付いています。」

中日国交正常化の後、とくに一九七六年に周恩来総理が逝去した後、鄧穎超は全面的に中日関係を発展させる政策に参与した。日本側からみると、「混乱を鎮めて正常を回復した」後の一九七六年十二月二日、「鄧穎超が全人代副委員長に就任し、四人組に迫害されていた周総理のために実際に名誉を回復した」。また、日本の友人が周恩来総理をとても敬愛していたので、非常に多くの人の目には、総理が逝去した後、鄧穎超副委員長は総理の遺志を受け継ぎ、立派に内外の実務を処理しているように映っていた。鄧穎超副委員長は中日友好を世界平和を維持する重要な一環と見なしていたので、中国を訪問した多数の日本の友人と疲れを知らないかのように会見するとともに、親密で友好的な話しあいを重ねた。西園寺公一の言葉を借りれば、「鄧姉さんと会うと、必ず周総理との数々の思い出が甦る」のである。

全人代副委員長に就任した五日後、鄧穎超は人民大会堂で有名な作家の井上靖を団長とする日本作家代表団と会見した。かつて四回周総理と会ったことのある井上靖団長は、鄧穎超副委員長と初めて会ったときの印象について、「周総理と会ったときと同じような感じがしたし、話し方が落ち着いていて和やかであった。素朴で、穏やかで、人にとても良い印象を与える。頭脳が明晰であることがよく分かった」と記している。この会談で、鄧穎超副委員長は中国国内が直面している困難と巨大な転換を説明しただけでなく、さらにとくに、「日本の友人は周総理の仕事ぶりを称えているが、総理は毛主席の教えに基づいて実践したにすぎず、すべての功績は毛主席に帰すべきです。私たちは人民の公僕にすぎません」と強調した。

これらすべてが日本人民に強い印象を与えた。

同年十二月、鄧穎超副委員長はさらに日本の有名な評論家である松岡洋子を団長とする中日友好の翼訪中団とも会見した。

一九七〇年代後半、中国と日本は「中日平和友好条約」締結の問題に直面していたが、鄧穎超副委員長は一九七七年三月二十三日に自民党の川崎秀二衆議院議員と会見した際、積極的に推進する考えを表明した。川崎秀二議員が周恩来総理の在世中に平和友好条約を締結しなかったことに遺憾の意を表明した際、鄧穎超副委員長は明快に、「これは一人や二人の力でできることではありません。しかし、その実現はもはや時間の問題です。完全に日本政府の首脳の決断にかかっています」と答えた。双方が最終的に合意に達したことを、鄧穎超副委員長はとても喜んだ。

一九七八年九月七日、星味雅寿乃を団長とする兵庫県女性友好の翼訪中団と会見した際、鄧穎超副委員長はとくに、「あなたがたは『中日平和友好条約』の締結後に我が国を訪問しました。それゆえ、私たちはとても楽しくあなたがたを歓迎しています。……同条約の締結は中日両国の人民と女性の共通の願いであり、両国の人民と女性が長期にわたって努力、奮闘してきた結果でもあります」と強調した。

同年十月二十六日、小坂善太郎前外務大臣を名誉団長、大日向英雄氏を団長とする日中友好長野県農業農民の翼訪中団と会見した際、鄧穎超副委員長は再び、「中日平和友好条約が正式に発効したことによって、両国の友好関係が新しい頁を開いたことは、両国人民にとってもっとも喜ばしいことであり、もっとも有意義なことです。二千年にわたる友好の歴史を有する両国人民の友情はますます牢固とした基礎を築きました」と強調した。

一九七九年一月十三日、参議院代表団の歓迎宴で、鄧穎超副委員長は「中日平和友好条約」を締結する意義をさらに一歩進めて強調し、「過去一年間における偉大な歴史的意義を有する重大な国際的事件は、中日平和友好条約の締結と発効が、アジアと世界の平和と安定に深遠な影響を及ぼしたことです」と指摘した。

二　一九七九年の日本訪問

まさに中央文献研究室の李琦元主任が指摘しているとおり、鄧穎超副委員長は「世界の友人から普遍的な尊敬と信頼を勝ち取り、周恩来同志が生前にやり遂げられなかった多くの事業を成し遂げた」。もちろん、そのなかでもっとも重要なことは日本への公式訪問にほかならない。周恩来総理は在世中に幾度となく、機会があれば久しぶりに日本の大地を改めて踏みしめる希望を表明していたが〔周恩来は一九一七年十月から一九一九年四月まで日本に留学していた〕、さまざまな原因に制約され、その願いはついに実現しなかった。中日関係が急速かつ着実に発展する非常にすばらしい情勢のもとで、全国人民代表大会常務委員会の鄧穎超副委員長が日本を公式訪問することは、両国人民、とりわけ日本人民の普遍的な要望であった。

早くも一九七七年に日本国際貿易促進協会の藤山愛一郎会長が中国を訪問した際に、鄧穎超副委員長に「日中平和友好条約」締結後に必ず日本を訪問するよう要望し、その直後〔四—

五月〕に訪中した日本報道界代表団も同様の招請を行った。団長である朝日新聞の広岡知男社長は、周恩来総理が日本を再度訪れなかったことが残念であり、日本国民は鄧穎超副委員長が周総理に代わって条約の締結後に訪日するよう熱望していることに言及した。これに対して鄧穎超副委員長は、「私も同様の希望を抱いています」と答えた。同年五月中旬、日本社会党訪中団が北京を訪問した際、鄧穎超副委員長の訪日を要請した。

中日関係の発展にともない、〔一九七八年八月〕福田赳夫首相は中国と友好条約を締結する日程表を提起したが、そのなかには明確に鄧穎超副委員長訪日の日程と段取りが含まれていた。その基本方針は次のようなものであった。「条約の締結後、日中両国の友好善隣関係の象徴として、福田首相が故周恩来総理の夫人であり、全国人民代表大会常務委員会副委員長である鄧穎超氏を団長とする使節団の日本訪問を招請する予定である。日本側の意向としては、その前後、五月下旬前後に、衆議院の保利茂議長を団長とする日中協会訪中団を派遣し、条約の締結を祝賀することを希望する。」

同年九月三日、鄧小平副総理は浜野清吾会長を団長とする日中友好議員連盟代表団、藤山愛一郎会長〔元外相〕を団長とする日本国際貿易促進協会代表団を含む三つの代表団と会見した際、全国人民代表大会代表団の日本訪問はすでに確定しており、団長は鄧穎超副委員長が務めることをはっきり表明した。日本の衆議院の保利茂議長と参議員の安井謙議長は鄧穎超副委員長の訪日を正式に招請する書簡を書き、一九七九年一月に安井謙議長本人が中国を訪問した際に中国の関係部門に正式に送達した。

一九七九年四月八日、日本の衆参両院の招請に応じ、鄧穎超副委員長は全国人民代表大会代表団の一行三十四名を率いて日本を公式訪問した。その訪問に先立ち、鄧穎超副委員長は多くのきめ細かい準備作業を行い、資料に目を通しただけでなく、とくに映画の『サンダカン八番娼館　望郷』と『愛と死』をも見た。今回の代表団のスケジュールは、周総理がかつて日本に留学していたときに訪れた場所と密接な関係があり、「周総理の足跡をたどって、まず東京と箱根を訪れ、ついで京都、嵐山、琵琶湖を訪れ、最後に大阪から帰国する」というものであった。代表団の正式メンバーには、羅青長全国人民代表大会常務委員会委員、仏教界の著名人である趙樸初、胡立教の両氏、神戸生まれの華僑で、日本語が非常に流暢な林麗韞、越劇『梁山泊と祝英台』の主役を演じる人気女優の袁雪芬、有名な映画監督の謝鉄驪、故人の陳毅外交部長の子息で、当時中国社会科学院で現代史を研究していた陳昊蘇らが含まれていた。一行が北京を出発するとき、鄧小平副総理、ウランフ全国人民代表大会常務委員会副委員長ら国家の指導者が自ら空港に出向いて見送った。

日本時間の午後四時、鄧穎超一行は春雨がそぼ降るなか東京の羽田空港に到着した。銀髪をショートカットにし、黒い中山服を身に着け、コーヒー色のハーフコートを羽織った鄧穎超副委員長は日本の人民の注目を集め、衆議院の保利茂議長、中国の符浩日本大使、公明党の竹入義勝委員長をはじめ、藤山愛一郎元外相や田英夫氏ら著名人が空港で出迎えた。鄧穎超副委員長は空港での歓迎式典の答辞で、「私たちは学習の願いを携えてやって来ました。この機会を利用して、偉大な日本人民に学び、経済発展やその他の面における貴国の経験について理解したいと思っています」と述べた。それと同時に、意味深長に、桜の満開の季節に日本を訪れ、中日間の友好が必ず桜のような美しい思い出を残すでしょうとも語った。

鄧穎超は当時すでに七十五歳という高齢であったが、東京に到着した一日目に八つの重要なイベントに参加し、スケジュールは多忙を極めた。しかし、終始一貫して情熱的で誠実な、謙虚で慎み深い、他者を気遣い、鋭敏で闊達な風格を保ち、「傑出した周総理の傑出した夫人」と褒め称えられた。東京で活動中、立て続けに天皇陛下、大平正芳首相、衆参両院議長、園田直外務大臣、与野党の各指導者たちと会見し、さらにとくに中日関係で「井戸を掘った人」、および一部の古い友人の親族とも会見した。宿泊した迎賓館で創価学会の池田大作会長と会見した際、深く厚い友情をこめて、「日本の友人の友好的な感情は、必ずや私の心にとても良い印象を残してくれるでしょう。帰国後も、私たちはきっといつも日本の友人の桜のような美しい友情を思い出すでしょう」と語った。周恩来総理との会見を記念するために、池田大作はかつて東京近郊の創価大学のキャンパスに「周桜」を植樹したが、鄧穎超の訪日を記念するために、また同大学に在学中の中国人留学生とともに「周夫婦桜」を植樹した。その後、中国を訪問するたびに、池田先生はキャンパス内の満開の桜の写真を鄧穎超に携えてきた。

紹介に値するのは、鄧穎超副委員長の京都訪問の日程の一つが周恩来総理の詩碑の除幕であったことである。友人である吉村孫三郎は、周総理が中日友好事業のために尽くした偉大な功績を称揚するために、あちこち奔走し、京都府や各界の人々の力強い支持を勝ち取り、周総理が足跡を残している京都の嵐山公園内に京都特産の鞍馬石を建て、中日友好協会の廖承志会長に周総理が一九一九年〔四月五日〕に嵐山で花見をした後に詠じた詩「雨中嵐山」を揮毫するよう依頼し、卓越した技術を有する二人の石工に入念に彫らせたのである。十六日、京都の嵐山に到着した鄧穎超は招きに応じて詩碑の除幕式のためにテープカットを行った。当時、訪日に随行した孫平化は次のように回想している。

非常にまずいことに、除幕式の前夜はずっと小雨がそぼ降り、中日双方は詩碑の除幕式が雨中の嵐山で行うことになるのではないかと案じた。しかし、不思議なことに、なんと得がたい歴史的な偶然が起こり、除幕式の進行中に雨がやんだのである。その場はまさに周総理が「雨中の嵐山」で描いている情景のように、「一線《ひとすじ》の陽光　雲を穿《つらぬ》き出ずれば、愈《いよい》よ嬌妍《あでやか》さを見《あら》わす」となった。鄧穎超副委員長は挨拶をするとき、その場の状況に基づいて機転を利かして用意した原稿から離れ、即席で「たった今、太陽が出てきて、私たちを照らしており、中日両国と両国人民の友好事業の無限の光明を象徴しています」という一言を加えた。この一言はその場に居合わせた中日両国の友人の心を強く打った。鄧穎超副委員長は、周総理が生前に抱いていた大きな望みの一つは「中日平和友好条約」締結であり、両国人民が末永く友好でいられることであった、と強調した。今や条約は締結され、中日両国の末永い友好関係にとって不動の礎となった。私たちは一緒に努力して、私たち両国人民の偉大な友情を、高く聳え立つ松柏のように、とこしえに繁栄させようと。

鄧穎超副委員長は、日本を訪問中に、さらに古都奈良の唐招提寺、東大寺など名勝旧蹟を訪れるとともに、有名な松下電器産業株式会社〔現在のパナソニック〕を見学した。九十歳という高齢である松下電器産業の創業者の松下幸之助氏は、自ら同社の山下俊彦社長と三百名余りの社員を率いて会社のメインゲートで出迎えた。大阪市の催した昼食会で、鄧穎超副委員長は今回の日本訪問の感想を総括し、次のように語った。

「まるまる十日間にわたる貴国訪問で、私たちはこの目で貴国の山河の美しさ、土地の豊かさ、経済と文化の発達ぶりを見ましたが、私たちにとってもっとも忘れがたいのは中国人民に対する日本人民の深く厚い友情です。私たちは必ずこの友情を中国人民に伝えます。……私たちは、私たち双方が中日平和友好条約の基礎のうえに引き続きともに努力しさえすれば、私たち両国の善隣友好協力関係は必ずさらに大きく発展することができると確信しています。」

銭其琛副総理の回想によると、鄧穎超副委員長は日本訪問から帰った後〔四月二十五日〕、アメリカのキッシンジャー元国務長官と会見し、日本に対する印象を聞かれた際、日本民族は奮起して強大になろうとする創造精神を有し、工業がとても発達し、同時に千年余り前の文化的な旧蹟と伝統を残していることが印象深かったと答えた。

説明しなければならないのは、今回の訪問中、鄧穎超副委員長が二ヵ月前〔同年二月〕に訪日した鄧小平副総理に続いて、再び大平正芳首相の訪中を招請するとともに、最終的に中日両国の首脳のいっそう頻繁かつ緊密な相互訪問を実現したことである。

訪日から帰った後、鄧穎超副委員長は引き続き生命の最後の一息まで中日友好交流事業のために貢献した。これに対して、日本人民は非常に高い評価を与えている。一九七九年七月三日、奈良市の健田忠三郎市長は中国を訪れ、鄧穎超副委員長に奈良市の特別名誉市民証書と特別名誉市民バッジを授与し、さらに奈良市の鍵を贈った。一九九〇年五月二十八日、創価学会名誉会長である池田大作がわざわざ中国を来訪し、鄧穎超に「創価大学最高栄誉賞」を授与した。

三　中日関係のために残した貴重な財産

鄧穎超は中日友好協力関係の発展に非常に大きく貢献したが、その長年にわたる外交実践を回顧したときに、孫平化は次のように述べている。

「鄧姉さんは日本の友人と交流し、平等に人をもてなし、気さくに人に近づき、人情味に溢れていた。相手の立場に立ち、相手を気遣い、相手を理解し、相手に無理強いしないことに秀でていた。外交辞令や粗雑な道理を説かず、人を説教せず、虚心に優しく道理を説いた。友情を重んじ、誠意をもって応対した。心の触れあいを重視し、相手を思いやり、話をすれば人を感動させ、人の心を暖めた。もてなしの段取りに対して、きめ細かく周到で、入念に準備し、友情を具体的な手はずに託した。」周総理は生前、「外交事務には小事がない」と繰り返し強調していたが、鄧穎超はごく小さな細部から出発し、日本の友人に強い印象を与えた。一九七九年の訪日が終わり、専用機で日本を離れて帰途に就こうとしたとき、鄧穎超はわざわざ西花庁［中南海における周恩来・鄧穎超夫妻の住居］の庭から摘み取ってきた咲きかけの海棠の花を添乗スタッフが差し出すのを目にするや、その花束を見送りにやって来た園田直外務大臣の夫人に差し上げた。園田夫人は、その花束が北京の中南海から持ってきたものであることがわかると、感動のあまり何度も腰を屈めてお辞儀をして感謝し、その場に居合わせた日本の友人もみな感動せずにはいられなかった。

また、日本の多くの友人が受けた感じが最良の証である。一九七七年十二月、日本作家訪中団に加わった有名作家の清岡卓行は帰国後に「鄧穎超との握手」という一文に、その日、鄧穎超副委員長が人民大会堂の会見ホールの入口に立って、代表団の一人一人と握手し続けたことを記しているが、作家特有の繊細な描写で次のように書き表している。

「私は鄧女史の握手する風格に心を打たれた。微笑みと静かな視線。握手は強すぎず、弱すぎず、適度な暖かさを持っていた。右手だけではなく、左手の手のひらを軽く相手の右手の甲に添えた。いわれなくとも私は同じようにした。ある種の親切且つ厳かな感覚。それが握手の瞬間に感じたものであった。私のこの言い方は自らの感情移入がないわけではない。しかし、恐らくこうした感情が入ることで思いはさらに持続し、心の深いところに到達するかもしれない。」

こうした親近感を感じたのは恐らく清岡卓行一人に限らないであろう。鄧穎超は日本の客人と会見するときに客人の一人一人と心をこめて握手しただけでなく、ひいては日本人記者と座談するときもそのようにし、例外はなかった。

同時に、鄧穎超は繰り返し、外交活動に携わる者は長期的な見識、揺るぎない信念をもつべきであり、広大な抱負をもつべきであると戒めた。一九九〇年に対外友好協会が全国理事会を開いたとき、鄧穎超は祝電を発し、当時の国際情勢に的を定めて次のように指摘している。

「世界情勢がいかに変化しようと、平和、友情、相互理解を求める各国人民の思いはけっして変わらない」、「さまざまな友人をつくり、誠心誠意でやり、いかなる人をも感動させて局面を切り拓くことに秀でなければならず、手を弛めずに根気よくやる精神さえあれば、必ず我が国の社会主義制度と改革開放事業に対するより多くの国際友人の理解、同情、支持を勝ち取ることができるであろう。」

また、友人づきあいの道理に言及したとき、鄧穎超は身近で働く同志に、「友人とつきあうときは、安定性、連続性、長期性に注意して、古い友人が我々のことをいっそう理解し、新しい友人が厚い交情を発展させるように導き、少数から多数に拡大し、友情を増進し、友情を発展させなければならない」と諄々と教え導いた。また、このように言葉で主張すると同時に、厳しく努力、実践し、傑出した手本にもなった。

一九七一年、懇美穂子という日本の女子大学生が団体で中国を観光旅行をしているときに事故で不慮の死を遂げると、日本の非友好的勢力はこれにつけこみ、中日関係に悪影響を及ぼした。この種の状況に直面し、周恩来総理は懇美穂子の父親である甲南大学の懇信行教授を北京に招き、自ら事件の顚末を説明するとともに、陳謝した。懇信行教授は非常に感動し、帰国後、自ら新聞社に対してデマを否定した。このことによって、懇信行教授は周総理・鄧穎超夫妻と友人になり、その後何度も中国を訪問した。周総理が逝去した後、一九七八年七月十五日、鄧穎超副委員長は再び懇信行教授一家と会見するとともに、思いをこめて、「あなたがた一家三代の家族は中国人民と深く厚い友情を築きました。私たちは友人であり、また親戚でもあります」と語った。中日友好協会の王効賢副会長の回想によれば、ずっと一九八六年まで、鄧穎超はこの古い友人のことを気にかけていて中日友好協会は懇信行先生のことを忘れてはならないと念を押していた。

最後に、鄧穎超は中日関係の問題を処理するときには立場が揺るがず、愛憎がはっきりしていて、原則に関わる問題ではけっして譲歩しなかったことも見てとるべきである。たとえば、「光華寮事件」〔中国と中華民国が光華寮の所有権を争っていた民事訴訟において、一九八七年二月、大阪高裁が中華民国の所有権を認める判決を言い渡した〕が起こった後の一九八七年九月、鄧穎超は自民党の二階堂進副総裁と会見した際、「中曽根康弘内閣の採った措置は曖昧である」とはっきり表明している。原則を堅持するこの種の態度は、日本の友人にも高く評価されている。

日本の有名な政治家の野田毅の夫人は二〇〇四年に中国の記者のインタビューを受けた際、鄧穎超が一九七九年に日本を訪問した情景について語るときにもなお感動を表し、次のように語った。

「鄧穎超さんは、講演のときに原則の問題に触れると、必ず毅然として屈せず、激しい情熱に満ち溢れ、両国関係に触れたときは愛情に満ちあふれ、話題に相応しい話し方でした。私たち夫婦が尊敬し、敬愛しているだけでなく、面識のあるなしにかかわらず、非常に多くの日本人が尊敬しています。鄧穎超さんがとても偉大な女性なので、その影響によって、私たちであれ、その他の人であれ、誰もが日中の友好関係のために努力したいと思うし、さらにこの事業を次の世代に伝え、みんなでともに努力していかなければなりません。」

これは中日の子々孫々の友好という長期的な大局を維持するために、相互の意見の相違に真摯に向きあったときにとるべき正しい態度であると言うべきである。

鄧穎超は中日関係に非常に大きく貢献し、中日両国人民の間で崇高な人望を勝ち取った。一九九二年七月十一日、逝去した当日に、加藤紘一内閣官房長官は談話を発表して次のように指摘した。

「長年にわたって、鄧穎超女史はずっと故周恩来総理に協力し、その『内助の功』は誰もが知るところであり、多くの人々に尊敬されていました。一九七九年四月に日本を来訪するとともに、中国を訪問した多くの日本人と会見し、さらに日中民間人会議の中国側委員会顧問として、日中の友好関係の発展のために並々ならぬ貢献をなさいました。ここに心よりご冥福をお祈り申し上げます。」

池田大作は早くも一九八七年四月五日、有名な長詩「桜の縁――鄧穎超女史へ捧ぐ」を作り、時空を超えた中日両国人民の心の声を詠じている。

中日関係がすばらしい二十一世紀へ向かうなか、我々はとくに鄧穎超を含む先人の偉大な功績と懇ろな申しつけを忘れてはならない。

5　胡耀邦と中日関係

殷志強　王新生

中日両国は一衣帯水の隣国であり、はてしなく長い歴史の流れのなかで、両国には友好交流の楽しみがあったが、戦争の苦しみもあった。胡耀邦は遠見卓識に富んだ政治家として、中日間の理解と交流こそ両国の子々孫々にわたる友好の基礎にほかならないことを熟知するとともに、自ら実践して手本を示すように中日関係の発展のために多大な努力をし、大量の心血を注いだ。

一　中日関係の発展を推進

一九八〇年代は、中日両国の指導者が頻繁に相互訪問を行った時期であった。一九八二年九月、まさに中日両国の国交正常化十周年の際に、鈴木善幸首相が中国への友好訪問を行った。中国共産党中央委員会の胡耀邦総書記は九月二十八日に鈴木首相と会見し、「中国と日本は東方の国であり、世界における二つの偉大な民族でもある。中国は終始一貫して『和すればともに利益があり、争いあえばともに傷つく』と信じている」と語った。「和すればともに利益がある」とは、世界平和に利益があり、子孫にも幸福をもたらすということである。今回の訪問中、鈴木善幸首相はじかに胡耀邦の日本訪問を招請した。一九八三年春、自民党の二階堂進幹事長は首相特使として訪中し、胡耀邦総書記は二月二十日に武漢で二階堂進特使と会談するとともに、中国が十年来の中日友好協力関係の発展に満足していることを表明し、両国関係では未来志向を主張することを強調した。二階堂進特使は日中の友好協力関係を発展、強化することに対して中曽根康弘首相の抱いている強い願望を伝えるとともに、帰国したら「日中両国は子々孫々まで友好を続けるべきだという中国指導者の明確な方針と誠意を総理大臣に伝える」と表明し、同時に鈴木善幸前首相に引き続き、中曽根首相も改めて胡耀邦総書記に対して訪日の招請した。

胡耀邦総書記は同年八月十五日に「毎日新聞」社の山内大介社長のインタビューに応じた際、次のように表明した。

「鈴木前首相と中曽根首相がともに好意をもって自己の訪日を招請してくれたことは、我々の関係が良好であることを物語っている。過去、我々指導者の外国訪問には、『平和を追求し、友情を追求し、知識を追求する』という三つの追求があった。現在、我々の間にはすでに平和があるから、私の今回の訪問は友情と知識を追求するものにほかならない。要するに、日本に対してであれ、イギリス、フランス、ドイツ、ソ連、あるいはアメリカに対してであれ、我々はいつも同じである。すなわち、人民の友情を発展させ、先進的な経験に学ぶのである。この点については、我々は変わらない。日本は偉大なる民族であり、我々が手本とし学ぶべきところが少なくない。我々には願いが一つある。すなわち、できる限り世界のあらゆる大小の国家の長所を吸収したいということである。この目的を達成するには、なすべき困難に満ちた仕事が少なくない。」

一九八三年十一月、胡耀邦総書記は日本を公式訪問した。出発前、インタビューした日本の記者に対し、次のように語った。

「今回の訪問の目的は、中日の善隣友好関係の安定的な発展を図ることである。訪日中は、主に三つの仕事がある。第一に、日本の朝野の人々と双方がともに関心のある問題について意見を交換すること。第二に、日本の近代化された工業、科学、技術の新たな成果を見学すること、すなわち日本の先進的な科学、技術、経営管理の経験に学ぶことともいえる。第三に、日本人民に対する中国人民の友好的な情誼を伝えることである。中日両国の国交の基礎のもっとも主要なものは、『平和友好、平等互恵』の八字である。」

日本の記者が日本国民へのメッセージを請うと、「次の二言を言いたい。すなわち、私は中日間の善隣友好関係の安定的な発展を図るということと、中国人民を代表して日本人民に最高の祝福を申し上げるということだ」と語った。

一九八三年十一月二十三日、胡耀邦総書記は東京に到着し、八日間にわたる友好訪問を開始した。これは中国共産党の最高指導者の最初の日本訪問であり、先進国への最初の訪問でもあった。東京の空港での談話のなかで、日本民族は偉大な民族であると大いに褒め称えるとともに、自分は日本人民に対する十億人の中国人民の友好的な情誼を携えてやってきたと強調した。翌日の午前、胡耀邦総書記は中曽根首相と迎賓館で会談を行い、当面の国際情勢と両国関係について誠実かつ友好的に意見を交換した。双方はともに、中日の善隣友好関係の長期にわたる安定的な発展のために努力し、アジアと世界の平和と安定のために貢献したいと表明した。胡耀邦総書記は、「我々は一代、また一代とこの友好関係を伝えていかなければならない」と語るとともに、二つの提案をした。一つはたえず相互信頼を強めること、二つはたえず経済協力を拡大することである。それとともに、中日国交回復以来、とくに「中日平和友好条約」の締結以後、両国関係は年を追うごとに発展し、両国の政府と民間の友好交流は政治、経済、科学技術、文化など各分野にあまねく及び、その深さと広さはいずれも中日関係史上最新の記録に到達した。中日の二大民族間の善隣友好関係は、中日両国と両国人民の長期的な根本利益に合致するだけでなく、アジア太平洋地域と全世界の平和と安定を守ることに対して、積極的かつ重大な影響をもたらすであろうと強調した。

天皇陛下と会見するとともに招宴に出席した後、胡耀邦総書記は国会で演説し〔十一月二十五日〕、中国の基本的な国策を簡潔に「ひたすら四つの現代化建設に励み、二つの文明を建設するということ」と概括し、次のように指摘した。

「国を挙げて長期にわたり工業、農業、国防、科学技術の現代化建設に力を入れ、社会主義の物質文明と精神文明の建設に力を入れ、国家の繁栄、隆盛、人民の裕福と幸福を図る。この目的を達成するため、対外関係の面では平和共存五原則を踏まえて、世界各国との友好関係を発展させ、世界平和を守っていく。」

中日関係に言及した際、胡耀邦総書記は、両国政府と両国人民の共同の努力によって、両国の関係は確かに大きな進展を遂げ、その深さと広さの面で、中日関係史上最新の記録に到達していることを強調した。また、経済協力の問題については、「けっして一時的なことやある一つのことで、利害損得を計るべきではなく、大所高所に立って、全局的、長期的見地から問題を観察し、処理する眼力と気迫をもつべきである。重要なことは、協力する双方が、ともにいっそう高いところに立ち、さらに遠いところに目を向けることだ」と指摘した。

胡耀邦総書記の訪日の答礼訪問として、一九八四年三月、中曽根康弘首相が初めて訪中し、人民大会堂の東門外広場で十九発の礼砲の歓迎を受けたが、これは「文化大革命」以来、中国が初めて外国の政府首脳のために鳴り響かせた礼砲であった。中曽根首相はさらに外国の指導者として初めて家族をともなって胡耀邦総書記の自宅を訪問するとともに、北京大学で講演を行った。一九八六年十一月、中曽根康弘首相は二回目の訪中を行い、胡耀邦総書記は人民大会堂で中曽根首相と会見した。まず、中国人民と中国政府を代表して、中曽根首相の訪中に再度歓迎の意を表するとともに、中国が両国関係の現状に満足していることを表明し、中曽根首相が中日友好の擁護と発展のために新たな貢献をしていることを賞賛した。さらに、中国側からみると、中曽根首相と日本政府は中国人民の感情を正しく理解しており、我々も日本人民の感情を理解しており、指導者間に問題はない。互いの国民感情を理解しない少数の者がいるが、それは大したことはなく、大局に影響はしないと強調した。

中曽根首相の歓迎宴で、胡耀邦総書記は次のように述べた。

「今日の中日の善隣友好関係は両国に重要な利益をもたらすとともに、アジアと世界の平和を維持するために積極的な役割を発揮している。我々は双方の間にすでに築かれている真摯な友情を非常に大切にし、この友情を我々両国の間の友好関係とともに、たえず強化、発展させていくことをともに願うものである。両国の指導者が共同で確立した『平和友好、平等互恵、相互信頼、長期安定』の四原則は、すでに人々の心にいっそう深く浸透している。両国の官民各界が中日友好協力に力を尽くしているたゆまない努力は、まさにさらに実り多い成果を結びつつある。

社会制度とイデオロギーの相違を超え、確固として揺るぎなく中日の友好事業を新たな世紀に向かって推進することは、歴史が我々の世代に賦与した崇高な使命であると強調するとともに、中曽根首相が一貫して中日友好に固い信念を抱き、極めて大きな情熱と心血を注ぎ、とくに両国関係に関わる重大な問題で、強い責任感と政治家としての風格をもって、時機を逸せずに両国の友好の大局に利益のある賢明な決断を行ったことに対し、中国側は極めて賞賛している。

かつて中日友好の事業に貢献した日本の官民各界の人々は、すべて中国人民が記憶に留めるべき友人であり、彼らが日中友好を志した誠意溢れる情誼は、中国人民の日本人民に対する友好的な感情とともに、永遠に我々の子々孫々まで記憶に残るであろう。

中日交流の歴史的な変遷はすでに我々に豊富な恩恵と啓発をもたらし、国交正常化以来の友好協力もまた我々のために極めて貴重な経験を蓄積している。いかなる状況のもとであれ、我々双方は誠意をもって相対し、互いに信頼しあわなければならず、『中日共同声明』と『中日平和友好条約』を厳守しなければならず、容易には得られない友好の局面を心をこめて擁護し、生起する問題を時機を逸せずに適切に処理しなければならない。」

二　中日の青年交流を推進

胡耀邦総書記は、中日間の認識の相違と、その相違を取り除くための交流、とくに若者の間での交流を行うことの重要性を深く認識し、次のように考えた。

「中日両国は歴史的な原因により、それに加えて戦争のために、先入観がとても強く、両国人民には相互に相手を信用しない心理が存在する。両国人民が先入観を取り除き、不信を取り除くには、大規模な交流を行い、相互理解を増進する必要がある。」中日青年の交流と理解を促進するために、一九八三年晩秋、胡耀邦総書記は日本を訪問中に、中国政府を代表して三千名の日本青年を中国に正式に招待し、当時の国際社会にも、日本の官民にも大きな衝撃をもたらした。

胡耀邦総書記は、訪日中に日本各界の青年との会見を重要な日程とするとともに、関連する集会を開催し、とくに中国青年の最大組織である中国共産主義青年団の主要な指導者である王兆国をその集会にともに参加させることを主体的に提案した。胡耀邦総書記はその集会〔一九八三年十一月二十六日〕で次のような講話を発表した。

「私たち〔胡耀邦と王兆国〕はともに中国人民の年輩の世代と若い世代を代表して、日本国民の年輩の世代と若い世代に友好の気持ちをこめて御挨拶を送る。また、青年に対して特殊な親近感を抱いている。というのは、ほかの年長者と同じように、私も青年という時代を経てきたということもあるが、もっと重要なのは、二十年もの長い間ずっと青年に関する仕事に携わってきたからである。青年は民族の未来であり、人類の希望であり、国家の運命と前途をつかさどる未来の主宰者である。人類は一代一代とたえず前進し、青年もまた一代一代とたえず前進する。」

胡耀邦総書記は演説のなかで日本の青年を励まし、未来に目を向け、母国の平和的発展、世界平和擁護、人類の進歩促進という崇高な事業のなかで、自分たちのもつ最大の光と熱を捧げるよう心から期待していることを表明し、次のように指摘した。

『世々代々友好を続けていくこと』は両国人民の共通の願いであり、総目標であり、すばらしい理想である。中日両国政府の指導者は、善隣友好関係の長期にわたる安定した発展を図るにあたって、とくに青年に希望を寄せている。平和な時代に育った両国の青年は互いに理解し、信頼しあい、中日の平和友好の実現が容易ならざることを深く認識し、両国の社会体制が異なり、発達の度合いが違うことを認識しながら、必ず友好的につきあわねばならず、また完全に友好的につきあうことができる。友好的につきあうには、謙虚な心がけをもつことが必要である。民族は大小を問わず、また国は強弱を問わず、それぞれ長所と短所をもっている。」

この演説のなかで、胡耀邦総書記は中国の人民と青年を代表して、日本の友好的な青年諸団体を正式に招請することを表明し、次のように語った。

「来年の九月あるいは十月、さわやかな秋に、貴国から三千人の青年のみなさんを我が国に一週間お招きしたいと思います。このことについて、ぜひ貴国の政府と友好諸団体の賛助と支持を得たいと希望しています。言うまでもないことですが、我が国の経済、文化はまだかなり立ち遅れており、見るべきところはあまり多くないかもしれません。しかし、隣国の悠久の歴史、広大な国土と平和建設に従事している中国の人民は、なんといっても知っておくに値すると思います。そして、みなさんにはきっと、中国の人民と青年たちが、日本の国民と青年のみなさんに溢れんばかりの友情を抱いていることを分かっていただけるものと、私は信じます。」

日本の青年に対する招待を発表した後、党中央は中国共産主義青年団中央が全面的に責任を負い、対外的には中華全国青年連合会、中華全国学生連合会、中日友好協会の名義で具体的な仕事を行うことを決定した。それと同時に、準備委員会を結成し、中央政治局委員である中日友好協会の王震名誉会長を主任、中国共産主義青年団中央書記処第一書記を第一副主任、中華全国青年連合会の主席と副主席をそれぞれ正、副の秘書長に任命することを決定した。

三千名の日本青年を招待、編成、接待することは、非常に複雑かつ緻密な仕事である。日本には、編成と派遣に一元的に責任を負う団体や機関がなかったので、中国側は二百余りの日本の団体や機関を直接招待した。招待は民間を主とし、政府側にも十分に配慮し、全国の四十七都道府県を等しく招待した。このようにして、日中友好活動を日本全国に推し進めた。官民、各政党を一視同仁に扱い、同等に招待し、各政党の党首が団長を務めることは求めず、それによって各党派間で日中友好問題をめぐる争いが生じるのを避けた。代表団の人選に対する日本側の決定を完全に尊重し、しかも関係のかなり深い団体や機関に配慮したので、各界の著名人と古い友人の子弟もいれば、国会議員も含まれていた。最終的に日本の二百二十の団体と機関が三千十七名を派遣し、二百十七の代表団を編成したが、六十三名の記者を含めて、大半の団員は初めて中国を訪れる青年であった。

胡耀邦総書記は六回にわたって準備作業の報告を聴取するとともに、「友好そのものが最大の政治にほかならず」、交歓活動は「友好を交流のなかに託す」方針を採用し、「気楽、愉快、活発、多様」に行うべきだと提起した。さらに、再三にわたって、文化大革命期の対外宣伝における空虚で融通が利かない政治的説教と人に押しつけるやり方は徹底的に改めなければならず、周恩来総理が友人とつきあった際の、原則も堅持するし人情味にも富んでいた外交手腕に学ぶよう強調した。

一九八四年の九月から十月にかけて、三千名の日本青年が招待に応じて中国にやって来て中日青年友好交流を行ったが、これは両国人民の子々孫々までの友好を促進する、規模が最大、影響が最大の両国青年の大衆的活動であった。九月三十日、胡耀邦総書記は中日青年友好交流に参加した日本の青年と心をこめて会見するとともに、中国共産党と国家の全指導者を代表し、全中国の各民族の人民、青年、少年を代表して、もっとも誠実でもっとも熱烈な歓迎の意を表し、次のように明確に表明した。

「日本の青年を我が国に招待したのは、我々両国青年の友好往来を盛んにし、すでに確立された中日両国の善隣友好関係を長期的にわたって安定して発展させることを心から願っているからである。この数年来、我々両国は平和につきあい、友好的に協力して、両国人民に大きな利益をもたらし、またアジアの安定と世界の平和にも大きな利益をもたらした。

しかしながら、我々両国の旧い世代の切り拓いた局面が長期にわたって継続できるかどうか、よりよく発展させていくことができるかどうかは、若い青年諸君の双肩にかかっている。我々両国の旧い世代は自然法則の制限により、二十一世紀の任務を担いかねるが、青年はそうではない。あなたがたは二つの世紀に生きる人たちである。

我々両国の若い世代が両国の友好関係を受け継ぎ、発展させることを決意するならば、また、あなたがたの今いる子どもたちを、そして遅かれ早かれこれから生まれてくる子どもたちをそうするように教育するならば、二十一世紀は必ず中日両国のより友好的な世紀になるにちがいないと自信に満ちて言うことができる。

我々相互間の友情を深め、強化するためには、友好的につきあう原則をともに遵守しなければならない。両国の青年が豊富多彩な友好往来のなかでより多くの新しい経験を積み、我々二つの偉大な民族の友好的なつきあいと協力をたえず発展させていくよう望んでいる。」

二十年余りが過ぎ去り、この三千名の日本青年の訪中活動はその巨大な歴史的意義をいっそうはっきり示している。当時中国を訪問した青年たちは、現在すでに日本の官民の対中友好の重要な力になっている。三千名の日本青年の訪中は、まるまる一世代の人たちの中国に対する印象をほとんど変えたと見なす日本人が少なくない。一九八五年以後、中曽根康弘首相が靖国神社への参拝を停止することができたのは、三千名の日本青年の訪中がもたらした当時の不可逆的な日中友好ブームに鑑みたからであり、また胡耀邦総書記が自宅で「山海の珍味を集め、一家を挙げて歓迎した」情のこもった歓待に感謝していたからにほかならない。

一九八六年十一月八日、日本のＯＤＡ〔政府開発援助〕によって資金提供された「中日青年交流センター」が落成し、胡耀邦総書記と中曽根首相が自ら落成式に出席するとともに、その席上で熱情あふれる演説を行った。胡耀邦総書記はまず中曽根首相と自らを代表して中日の青年に祝賀の意を表し、中日両国の青年が友情の発展のためにこのような極めて有意義な活動方式を創造したことを祝った。次いで、とくに中曽根首相を招待したことに言及したのは、このセンターを建設することが同首相の提案によるものであり、建設費用の大部分を同首相が日本政府を代表して贈呈したからである。胡耀邦総書記は、中日両国の青年が、この数年来の切実な経験から中日友好のもたらす巨大な利益を体感したので、中日友好を維持し発展させる自覚を大いに高めたことを強調した。それゆえ、信念に満ちあふれた表情で、我々両国はさらに友好的な未来を切り拓くことができ、友好協力のなかでアジアと世界の平和のためにいっそう大きく貢献することができ、平和友好のなかでよりよく人民に幸福をもたらし、後世の子孫に幸福をもたらすことができることを表明した。

三　民間交流を重視

胡耀邦総書記は日本各界の友好人士との交流を非常に重視した。一九八三年〔十一月〕の日本訪問中に、日本経済団体連合会が主催した朝食会にとくに出席するとともに演説した。まず日本の経済界の友人たちに会えてとても嬉しく思うと述べるとともに、次のように強調した。

「中日国交正常化以来、とくに中国が対外開放政策を実施して以来、経済貿易、科学技術など各分野における両国の交流と協力は大きく発展した。これについて、中日双方は満足している。また、中日双方の協力の潜在力も非常に大きく、その先行きにはなすべき余地が大いにあり、足取りをさらに大きくすべきであり、しかも規模が広大な長期的計画をもつべきである。

なぜならば、第一に、双方にはそれぞれ相互に必要とする強みがあるからである。日本には技術、人材、資金などの面において大きな強みがあり、これは中国の近代化建設が必要とするものである。中国には資源、労働力、市場などの面で有利な条件があり、これは日本経済の発展が必要とするものである。数十年後も、双方にはそれぞれ強みがあり、依然として協力を強め、長短を補いあうべきである。

第二に、中日協力は分野が広大で、方法が非常に多いからである。中国の鉱産資源、とくに石油、石炭、非鉄金属、稀少金属を協力して開発することを歓迎する。中国は六億キロワット余りの水力資源を擁しており、二十一世紀になっても開発しきれない。中国の既存企業の技術改革への、日本の産業界と専門家、学者、技術労働者の参加を心から歓迎する。協力の方式については、二国間貿易を引き続き発展させるべきであるばかりか、合弁経営、合作開発、合作生産にもさらに大きく発展する余地があり、日本の単独出資の企業も中国で創業することが可能である。

第三に、協力の出だしがかなり良く、基礎を打ち立てることができたからである。数年来、中日は協力して石油、石炭を開発し、港湾、鉄道を建設し、かなりの成果を収め、科学技術協力も進展し、少なからぬ経験を蓄積している。二国間の協力において、あれこれ完全には思うようにいかないことがあるけれども、それはしょせん部分的なことであるとともに、一つ一つ改善されており、総体的にいえば平和友好、平等互恵の原則を体現している。これも中日双方の長期的な協力の健全な発展のために、道を切り拓いたのである。」

経済協力ではいかなる態度をとるべきかという問題について言及したとき、胡耀邦総書記は率直に次のように述べた。

「中国の対外開放政策は一時の便宜的な方法ではなく、長期にわたって変わらない重大な政策決定であり、外国投資家の正当な権益の保護に関する中国の法律や法令も徐々に完備されつつある。将来、中国経済が強大になっても、政治的には覇権を求めず、経済的にもけっして民族利己主義を行わない。両国政府や関係する各方面が共同で長期計画を研究、制定し、両国の経済関係の長期にわたる安定した発展を指導するよう希望する。」

一九八四年三月十八日午後、胡耀邦総書記は中南海で伊東正義会長の率いる日中友好議員連盟訪中団と会見し、二時間にわたって親しみのこもった会談を行い、次のように述べた。

「中国が実施している改革開放政策は、引き締めるのではなく、引き続き緩めるべきである。これは鄧小平同志が二月に深圳と厦門の経済特区を視察した後に提起したもので、我々中央の同志はみなその主張に賛成している。

現在すでに、厦門経済特区の範囲を従来の二・二平方キロメートルから厦門市全体に拡大するとともに、沿海の一線において、北は遼寧の大連から、南は広西の北海に至るまで、若干の都市を選択して特殊な政策を採用することを決定している。このようにするのは、外国の友人たちがそこで、単独出資のホテルの建設を含め、合弁企業や単独出資企業を経営するのを歓迎するためである。」

胡耀邦総書記は日本の友人に先にこれらの地方に視察に行くよう提案するとともに、共同経営と単独経営の条件については少し優遇することができるし、優遇の程度については双方が協議することができることを表明した。

胡耀邦総書記は、伊東正義氏が日中友好議員連盟の第四代会長に就任したことを祝うとともに、同議員連盟の行う仕事は非常に重要であり、中国には「桃の実を贈られれば、美しい玉で答える」〔相手からもらったものよりも価値のあるもので返礼する〕という言葉があるが、この数年、日本が中国の近代化建設に少なからぬ支援を与えてくれたことを、我々は忘れないと述べた。

一九八四年六月二十七日、胡耀邦総書記は人民大会堂の湖南ホールで、北京で開催中の第二回中日民間人会議に参加している日本側委員と会見した際、次のように指摘した。

「中日の長期的な友好協力を勝ち取るために、中国人民は日本の友人との交流のなかで『五講四美』を提唱すべきである。『五講』とは、第一に友情を重んずること。我々のイデオロギー、社会制度、内外政策を相手に押しつけてはならない。第二に双方に利益のあることを重んずること。一方の利益だけを重んずれば、友情は長く続かない。第三に信義を重んずること。

行えないことは言わず、言ったことは必ず実行し、「言ったからには約束を守り、行うからにはやり遂げる」でなければならない。第四に礼儀を重んずること。第五に規律を重んずることである。『四美』とは、行動の美、品徳の美、言葉の美、風格の美である。」

胡耀邦総書記はさらに、中日両国の経済、文化教育、科学技術の分野における交流と協力の拡大、双方がともに関心のある国際問題についても、日本側委員と広範囲にわたって意見を交換した。

一九八五年三月二十八日、胡耀邦総書記は自民党の二階堂進副総裁と会見し、次のように表明した。

「中国の外交政策は独立自主、公明正大であり、この政策はすでに定まっており、一代、また一代と伝えられていくであろう。対外交流のなかで、中国はいかなる国家や国家集団にも頼らず、いかなる国家や国家集団とも同盟を結ばない。我々は新しい友人を得るために旧い友人を捨て去らないし、一方の友情を犠牲にして他方の友情を得るようなことはしない。」

四　結び

一九七二年〔九月〕に両国が国交を回復して以来、中日両国の関係が新たな時期に入り、中国と日本が長期にわたる安定した善隣友好関係を堅持してきたことは、両国人民の根本的な利益に合致し、アジアと世界の平和の維持に有益である。胡耀邦総書記が中国共産党の総書記として、日本を先進資本主義国への最初の外遊先に選んだことは、中国人民が中日の友好関係を堅持することを自国の対外政策のなかで極めて重要な地位に位置づけていることを十分に表明している。経済、科学技術、文化などの領域における中日両国の交流と協力は空前の発展を見せ、しかもさらに大きな潜在力をも有している。いかにして両国関係をさらに前進させるか、いかにして両国の旧い政治家が中日友好のために払った努力の後継者を育て、この崇高な事業を二十一世紀に伝え、子々孫々まで伝えていくか、これこそ中日両国の人民と先見の明を有する政治家たちが大きな関心を寄せていることである。中日の平和友好の事業は深遠な意義を有し、前途洋々たるものがあり、まさに胡耀邦総書記が指摘しているように、中日両国人民が一代、また一代と努力を重ねていく必要がある。

胡耀邦総書記生誕九十周年を記念する座談会において、中央政治局の曽慶紅常務委員は胡耀邦総書記の外交路線を高く評価し、次のように語った。

「胡耀邦同志は党の外交方針と政策を堅持し、積極的に新しい時期における我が国の対外交流活動を推進して新たな局面を切り拓いた。鄧小平同志の思想に基づいて、明確に党と党との間の関係の四原則を提起し、我が党と外国の一部の政党との関係を回復するために、中国人民と世界各国人民との相互理解と友情を増進するために、そして新たな時期の我が国の対外政策の制定と実施のために、積極的な役割を果たした。」

この評価から、胡耀邦総書記が中日両国の善隣友好関係の長期にわたる安定した発展の実現と中日友好の新しい世紀のために基礎を築き、両国関係の発展に対して深遠な影響を及ぼしたこと、そして引き続き及ぼしていくことがわかる。

6　中国総理の訪日

趙瑩　崔金柱　白智立

一九七八年〔八月〕の「中日平和友好条約」の調印後、とくに中国の改革開放が滞りなく深化する過程で、中日間のハイレベルの相互訪問の頻度が著しく増加し、なかでも両国政府の首脳の相互訪問はとりわけ重大な意義を有した。一九八二年以後、中国の歴代の四名の国務院総理が日本を訪問し、中日の友好関係の急速な発展を強力に推進した。

一　趙紫陽総理の最初の訪日

一九八二年五月三十一日から六月五日にかけて、中国の趙紫陽総理の率いる中国政府代表団が招請に応じて、日本を公式訪問した。訪問期間中、代表団は天皇陛下と会見し、さらに鈴木善幸首相と二度にわたって真摯で、友好的かつ率直な会談を行った。五月三十一日午後、中日双方は第一回会談を行い、当面の国際情勢と双方がともに関心を寄せる国際問題について意見を交換した。双方は両国が国交回復してから十年間の両国関係の順調で成果に富む発展に対して満足の意を表した。六月一日午前、両国首脳は第二回会談を行い、両国の協力関係をさらに発展させる問題を重点的に討議した。中国側は中日両国には多数の有利な条件、すなわち「天の時、地の利、人の和」があることを強調し、次のように指摘した。

「天の時」とは、中日両国が国交正常化を実現し、平和友好条約を締結し、両国間の友好協力関係の発展が順調なことであり、国際情勢の発展もその種の協力を増進する必要性と可能性をもたらしていることである。「地の利」とは、中日両国が一衣帯水の隣国であり、中国には豊富な鉱産物、資源があり、日本には先進的な工業技術があり、双方は相互に有無相通じ、長短を相補うことができることである。「人の和」とは、中日両国には悠久の伝統と友情があり、両国人民が子々孫々まで友好的でありたいという強い願望を有し、両国政府が中日関係の発展に対してともに積極的な態度をとっていることである。

中国側はこの会談で中日関係を発展させる三原則を提起した。すなわち、第一に、「中日共同声明」と「中日平和友好条約」に基づき、両国間に現存する平和友好関係を踏まえて、両国の経済関係を積極的に発展させること。第二に、中日の経済関係は平等互恵の原則にのっとって、それぞれの必要と可能性から出発し、互いに有無相通じ、長所を採り入れて短所を補い、たえず新しい広がりと深さをめざして発展させること。第三に、このような経済関係を発展させることは中日両国人民の根本的利益と子々孫々友好的につきあっていくという願いにかなっており、それは長期にわたって安定したものでなければならず、国際的な波風の影響を受けるものであってはならない。この三原則を要約すれば、「平和友好、平等互恵、長期安定」ということになる。

鈴木首相は積極的にこの三原則に呼応するとともに賛同し、「中日関係の安定が日本外交の基礎であり、日本外交は日米、日中の二本の支柱が安定してこそ、盤石になることができる。中国が安定した政治勢力になることはアジア太平洋地域の安定に対して重要な要素であり、ひいては世界平和をもたらす重要な条件にもなるであろう」と述べた。中国側が提起した日中の経済関係を発展させる「三原則」について、日本の世論は高く評価した。日本各界の人々は中国政府代表団の今回の訪問活動を十分に重視し、「日中友好議員連盟」など日中友好六団体は盛大な歓迎レセプションを開催し、三千名余りの日本各界の人々が出席した。東京を離れる前、政界と財界の重要人物のほとんどが中国大使館で開催された答礼パーティーに出席した。

中国政府代表団はさらに関西地方をも訪問し、奈良の唐招提寺、京都の二条城と清水寺を見学し、京都近郊の農家を訪れた。また、京都の嵐山の周恩来総理の詩碑に献花した。中日国交正常化十周年という節目に、中国政府代表団の今回の訪問は日本朝野の各界から心のこもったもてなしを受け、双方の意思疎通と理解を強化し、申し分のない成功を収めた。

二　李鵬総理の訪日

李鵬総理は国務院総理在任中〔一九八八年四月―一九九八年三月〕に二度日本を訪問した。一九八九年四月十二日から十六日にかけて、日本政府の招請に応じて公式友好訪問をした。これは竹下登首相の一九八八年八月の中国訪問に対する答礼訪問であった。訪問中に、天皇陛下が李鵬総理と会見するとともに招宴した。四月十二日午後、李鵬総理と竹下登首相は公式会談を行った。友好的な雰囲気のなかで、主客は両国関係の問題、両国の経済協力の問題、両国が関心を寄せる国際的、地域的な問題について幅広く意見を交換した。二国間関係の問題に触れたとき、李鵬総理は、中日関係は総体的にいえば良好であり、中日の歴史問題や日台関係の問題が現存する中日両国の友好関係に影響を及ぼさないよう希望すると表明した。竹下首相は次のように表明した。

「日本政府は一貫して中国との友好協力関係を発展させることを重視してきた。日中関係を未来に向かせるために、日本は経済、貿易、文化、人材など各分野で中国と友好交流を展開していきたい。中日友好の基礎は『日中共同声明』、『中日平和友好条約』、日中関係四原則〔平和友好、平等互恵、長期安定、相互信頼〕である。台湾関係の問題では、日本側は『日中共同声明』の原則を堅持する。」

話題が両国の経済協力の問題に及んだとき、李鵬総理は、「中国は投資環境の改善のために非常に多くの努力をしてきたし、引き続き努力していき、日本側が中国に投資するのを歓迎する」と表明した。竹下首相は、日本は引き続き中国との経済協力を発展させたいと表明した。両指導者はさらに、世界の総体的な情勢、中ソ関係の問題、カンボジア問題、アジア太平洋地域の発展問題、朝鮮半島の情勢など重要な国際問題についても意見を交換した。

また、李鵬総理は日本経済界が開いた盛大な歓迎レセプションに出席するとともに講演を行い、中国の経済政策をさらに詳しく説明した。四月十三日午前、李鵬総理は東京赤坂の迎賓館で相次いで日本の官民や各政党の指導者と会見し、中国の経済調整の状況を説明するとともに、熱心に中日友好を発展させる日本の友人に感謝の意を表した。四月十五、十六日の両日、李鵬総理はさらに岡山県と福岡県をも参観訪問し、地元の各界の人々の歓迎を受けた。

今回の訪問は、中日友好協力関係の基本的基礎を強化し歴史に正しく相対する共通認識を増進し、幅広く官民各界の新しい友人を獲得し、相互理解を深め、経済協力の新しい分野を探求、開拓し、非常に大きな成功を収めた。

一九九七年十一月十一日から十六日にかけて、李鵬総理は招請に応じて日本に対して六日間にわたる公式友好訪問を行った。訪日中に、李鵬総理は中日友好五原則、すなわち、相互いに尊重し、内政干渉をしないこと、大同につき小異を残し、意見の食い違いを妥当に処理すること、対話を強化し、相互理解を増進すること、相互の利益に基づいて経済協力を発展させること、未来に向けて世々代々の友好関係を実現することを詳しく説明した。

十一月十一日午後、李鵬総理と橋本龍太郎首相は首相官邸で会談を行った。双方は、「国交正常化以後の二十五年間、中日関係の発展は総体的にいえば良好であり、各分野における交流と協力が大きく発展した。さらに友好関係を発展させ、各分野での協力を拡大し、深化させるべきである」という認識で一致した。李鵬総理は、中国は一貫して「中日共同声明」と「中日平和友好条約」の原則が中日関係を発展させる政治的基礎であり、両国の間に存在する問題と意見の食い違いを解決する拠りどころでもあると認識していると表明した。橋本首相は、「日本はこの二つの政治文書を厳守する。この立場は今後も変わらず、台湾問題では、日本はけっして『二つの中国』の立場をとらず、『台湾独立』を支持しない」と表明した。李鵬総理は、中日双方は長期的戦略の高みから中日関係を捉え、両国関係の発展方向をしっかり把握する必要があると表明した。橋本首相は李鵬総理の見方に賛同するとともに、日本が中国のWTO〔世界貿易機関〕加盟を推進するために最大限の努力をすることを表明した。両国の総理は、当面の国際情勢のもとで、各国の指導者の間で接触と往来を強化することは、相互理解を深め、国家関係の健全な発展を推進することに対して極めて重要であるという認識で一致した。

訪日中に、李鵬総理は天皇皇后両陛下と会見し、首相経験者、各政党の指導者ら政界の人々、経済界の人々と幅広く接触した。李鵬総理一行はさらにNEC本社を見学するとともに、名古屋と大阪にも赴いて参観訪問を行った。李鵬総理の今回の訪問は日本各界の熱烈な歓迎と心のこもったもてなしを受け、政界、経済界、日中友好の団体や人々とひっきりなしに接触し、友人と幅広くつきあい、理解を深め、友情を増進し協力を強化するという所期の目的を達成し、中日関係を安定、発展させることに対して深遠な影響を及ぼした。李鵬総理は日中友好団体が共同で開催した歓迎レセプションで中日関係を発展させる五つの基本原則を提起したが、それらの原則は中日関係を発展させることに対して現実的かつ長期的な指導的意義を有し、両国がさらに経済技術協力を展開するのを強力に推進するものである。

三　朱鎔基総理の訪日

二〇〇〇年十月十二日から十七日にかけて、朱鎔基国務院総理は日本への六日間にわたる友好訪問を行った。羽田空港における談話で、朱鎔基総理は、今回の訪問の目的が江沢民主席と日本側指導者が構築した、平和と発展のための友好協力パートナーシップという方向に基づき、歴史を鑑とし未来に目を向ける精神にしたがって、さらに両国関係を推進して新しい世紀に導くことにあることを明確に説明した。朱鎔基総理は今回の訪問を通じて政治面では相互の理解と信頼を増進し、経済面では互恵協力を進化させたいと希望した。

十月十三日、森喜朗首相と朱鎔基総理は首相官邸で、友好的で、率直で、建設的な会談を行った。朱鎔基総理は次のように強調した。

「一九九八年〔十一月〕に江沢民主席が訪日した際、故小渕恵三前首相と共同で平和と発展のための友好協力パートナーシップを構築し、二十一世紀の中日関係発展のために発展方向を明示した。一九七二年の国交正常化以来、両国は各分野の交流と協力で大幅な進展を実現し、双方に大きな利益をもたらした。『中日共同声明』、『中日平和友好条約』、『中日共同宣言』の三つの重要文書は中日関係を発展させる基礎であり、双方が引き続き厳格に遵守すべきである。両国間に生ずる新旧の問題に対して、両国の指導者は格別に重視し、時機を逸せずに適切に処理し、両国の友好関係の大局に影響を及ぼすことを回避し、中日両国が政治面でいっそう信頼を増し疑念を晴らし、経済面で互恵協力を促進、開拓するよう希望する。

中日の経済貿易協力は両国の友好協力関係の重要な構成部分であり、双方が積極的に新しい協力分野と協力方式を開拓して、両国の経済貿易協力を新しい段階に押し上げ、とくに中国の西部大開発、ハイテク、環境保護などが今後の双方の互恵協力の重点になることができるよう希望する。」

森喜朗首相は次のように表明した。

「『日中共同声明』は日中の友好関係を発展させる基礎であり、この共同声明を遵守する日本の立場は一貫しており、いかなる変化もない。歴史問題に対する認識については、日本政府は『日中共同声明』、『日中平和友好条約』、日本の首相（村山富市）が一九九五年（八月）に歴史問題について発表した公式談話で、歴史を直視し、反省したいという日本政府の態度を明確に説明しており、それは日本の大多数の国民の共通認識でもある。」

日本側は、二十一世紀に目を向け、中日両国は二国間の友好協力を強化するだけでなく、地域と地球規模の発展を促進するためにも、相互間の協調を強化すべきであると指摘した。中日双方は、目下の中日関係の主流は良好であるが、重要なことはさらに信頼を増し疑念を晴らし、両国関係の健全な発展に影響を及ぼす問題をきちんと処理することであるという認識で一致した。

朱鎔基総理は訪日中に、天皇陛下と会見し、衆参両院議長、主要政党の責任者、経済団体の責任者、経済界など各界の人々と幅広く接触と対話を行うとともに、十月十四日にはTBSのスタジオで日本の一般市民と前代未聞の直接対話を行った。

四　温家宝総理の「氷を融かす旅」

二〇〇七年四月十一日から十三日にかけて、温家宝国務院総理は招待に応じて日本を訪問した。これは中国の総理の七年ぶりの訪日であり、各方面の注目を浴びた。温家宝総理は安倍晋三首相と会談した際、次のように指摘した。

「中国と日本の政府の共同の努力のもとで、双方は両国関係に影響を及ぼす政治的障害を克服することについて共通の認識に達した。引き続き中日関係を改善し、発展させ、中日の友好協力を強化し、時代の流れに適応することは、両国人民の共通の願いにかなっている。中日の戦略的互恵関係を構築するために、双方は戦略的な見地と長期的な角度から両国関係の方向を把握し、積極的に以下の六つの方面の活動を推進しなければならない。

第一に中日の三つの政治文書の原則を厳守し、約束を誠実に守り、両国関係の政治的基礎を維持すること。第二にハイレベルの交流を増やし、政府、立法機関、政党間の交流と戦略的対話を通じて、二国間関係における重大問題について適時に意思の疎通をはかり、信頼を深め、疑念をなくすこと。第三に互恵協力を深め、経済面におけるハイレベルの対話メカニズムを通じて、双方の経済発展政策と協力目標を調整しさせ、両国の省エネ、環境保護、金融、エネルギー、情報通信、ハイテクの協力を推進すること。第四に両国軍の交流と防衛安全保障の対話を強化し、軍事と安全保障の分野の重大な措置について適時に相互通報を行い、両国軍の海上危機管理メカニズムの構築を加速すること。第五に人と文化の交流を深め、二〇〇七年は重点的に『中日文化・スポーツ交流年』の活動を進めること。第六に国際的、地域的な実務における協議と協調を密にし、地域協力を推進し、東北アジア地域の長期にわたる平和と安定を実現するために建設的な役割を果たすことである。」

安倍首相は温家宝総理の日本への公式訪問を熱烈に歓迎し、この訪問を通じて両国関係が新たな歩調で踏み出すよう推進することを希望し、次のように述べた。

「日中の戦略的互恵関係は、両国がアジアと世界の平和、安定、発展のために貢献し、二国間、地域的、国際的な問題で協力を強化し、日中両国とアジアの利益をはかるために努力することを求めている。これを踏まえて、両国関係の政治と経済という二つの車輪が引き続き強力に回るようにしていけば、日中関係を新たなレベルに引き上げられるだろう。戦略的互恵関係を構築するために、双方は相互信頼関係を構築し、ハイレベルの指導者と各界の人々の相互訪問を続けなければならず、日本側は二〇〇七年の両国の国交正常化三十五周年の際、二万人の代表団を訪中させる。日本側は両国が文化センターを相互に設置することを歓迎し、そのセンターを通じて両国国民の相互理解が深まり、青少年の交流が増えるよう希望する。中日双方は互いに相手を脅威と見なさず、安全保障協力を強め、防衛当局の連絡の仕組みを構築すべきである。」

歴史問題に触れた際、温家宝総理は、歴史問題は中国人民の民族感情に影響を及ぼしており、両国関係の政治的基礎に関わる重大な原則問題であるとし、次のように指摘した。

「中日両国には二千年以上にわたる友好的な交流史があるが、五十年に及ぶ不幸な歴史もある。日本軍国主義者が起こした中国侵略戦争は、中国人民に大きな災難をもたらしただけでなく、日本の人民も大きな被害を受けた。歴史を鑑とし未来に目を向けることは、歴史の教訓を汲みとり、中日の友好協力の新しい道を切り拓くことにほかならない。日本側が中日間の三つの政治文書の原則を確実に遵守し、歴史問題を適切に処理し、せっかく得られた両国関係の改善基調を維持し、発展させるよう希望する。」

安倍首相は、「日中間の三つの政治文書で確立された原則と精神を引き続き遵守し、両国関係の発展を推進することは、私の理想と信念である。真剣な態度で歴史に対処し、平和的な発展の道を歩むことを堅持しており、それは今後も変わることはない」と表明した。

台湾問題は中日関係におけるもう一つの原則問題であり、温家宝総理は、台湾問題は中国の核心的利害に関わるとして、次のように強調した。

「我々は台湾問題の平和的解決をめざして最大限の努力を尽くすが、台湾当局の推進する『台湾の法的独立』やその他のいかなる形の分裂活動にも断固として反対する。日本側が台湾問題が非常に敏感な問題であることを認識し、約束を厳守し、この問題に慎重に対処するよう希望する。」

それに対して、安倍首相は、両国の三つの政治文書で表明した立場を堅持し、「二つの中国」、「一つの中国、一つの台湾」の立場をとらず、「台湾の独立」を支持しないと表明した。

天皇陛下は十二日に皇居で温家宝総理と会見した。双方はともに中日関係の発展を振り返り、中日両国人民が仲睦まじくつきあうことは、両国にとって有益であり、アジアと世界にとって有益であるという認識で一致した。双方はともに努力し、両国が平和共存、子々孫々までの友好、互恵協力、共同発展を推進するよう希望した。

温家宝総理は四月十二日に中国の指導者として二十二年ぶりに日本の国会で演説をした。「友情と協力のために」と題されたその演説で、温家宝総理は大量の事例を引用して秦漢代以来の中日交流の歴史を振り返り、次のように指摘した。

「中日両国の友好交流は、その時間の長さ、規模の大きさと、影響の深さにおいて、世界文明発展の歴史に類を見ないものである。しかし、近代日本が引き起こした中国侵略戦争によって、中国人民は重大な災難に見舞われ、日本国民にも莫大な苦難と痛みを与えた。中国政府と人民は従来から未来志向を堅持し、一貫して歴史を鑑として、未来に向かうことを主張してきた。中日両国は和すれば双方に利益をもたらし、争いあえばともに傷つく。両国人民の子々孫々にわたる友好を実現することは、歴史の流れと両国人民の願いに完全に合致し、アジアと国際社会の切実な期待でもある。

友情と協力のために、中日関係の発展の方向を正しく把握する必要がある。中日国交正常化以来の三十五年間、中日友好関係の発展は、両国人民に確実な利益をもたらした。中国の改革開放と近代化建設は日本政府と人民から支持と支援をいただいた。

我々の目標は、時代の流れと民意にしたがって、中日関係を新たな歴史的段階に推し進め、平和共存、世代友好、互恵協力、共同発展を実現することである。」

この目標を実現するために、温家宝総理は、相互信頼を増進し、約束を履行すること、大局を念頭に置いて、小異を残し大同につくこと、平等互恵、共同発展を目指すこと、未来に目を向け、交流を強化すること、協議を密切にし、挑戦に立ち向かうことという五つの原則を提起した。

安倍晋三首相と閣僚を含む四百八十名の衆参両院議員が温家宝総理の演説に聴き入り、何回も熱い拍手を送った。同日、温家宝総理はさらに東京で自民党の中川秀直幹事長、公明党の太田昭宏代表、民主党の小沢一郎代表、社民党の福島瑞穂党首、共産党の志位和夫委員長ら各党の指導者とも個別に会見した。

四月十三日、温家宝総理はまず京都の西郊の嵐山にある周恩来詩碑に赴き、献花した。その後、京都市の西北の郊外に赴いて農民の長浜義和とざっくばらんに言葉を交わすとともに、トマトの苗を二株植えた。長浜一家と別れた後、立命館大学を訪問するとともに、野球部員とキャッチボールを楽しんだ。

わずか三日間であったが、温家宝総理は日本政府と人民の熱烈な歓迎と心のこもったもてなしを受け、中日関係の改善と発展を促進したので、国際世論は普遍的に今回の訪問に積極的な評価を与えた。

第二部　日本の政党と中日関係

1　自民党と中日関係

呉国金　李寒梅

一九五五年〔十一月〕の結党以来、今日に至るまで、一九九三年〔八月〕から一九九四年〔六月〕にかけての一時的な下野を除いて、自民党は長期にわたって日本国の政権を握っており、日本国内で中日関係に影響を及ぼすもっとも核心的な、もっとも決定的な勢力である。まさにそれゆえに、自民党の政策と日本政府の政策を明確に区別するには一定の困難が存在するが、他方で、一九七八年〔八月〕に中日が「中日平和友好条約」を締結してから今日まですでに三十年が経過し、その間に中日関係は何回も曲折に見舞われ、喜憂が相半ばするので、自民党の対中政策こそ中日関係を分析する突破口なのである。

一　自民党と日本の対中経済援助

「中日平和友好条約」締結後、中日経済交流協力のなかで、日本政府が供与した資金協力は、中国の改革開放と経済発展に対して大きな役割を発揮した。日本政府が供与した円借款と日本輸出入銀行〔現在の国際協力銀行〕のエネルギー開発貸付は、一九八〇年代以来の中日資金協力の主要ルートになった。現在にいたるまで、これらの円借款プロジェクトおよび「黒字還流基金」、政府無償援助などの経済援助は、中国のインフラ建設、西部開発、環境整備、貧困救済プロジェクトなどに対して重要な役割を発揮してきた。これらの対中経済援助は、自民党政権下の日本政府により、中日関係改善の理念に基づいて実行に移されるとともにたえず拡大され、その背後で自民党の果たした役割を見てとることができる。

一九七九年十二月五日、大平正芳首相が中国を訪問した。田中角栄首相が一九七二年〔九月〕に訪中して以来、日本の首相の二度目の訪中であり、重要な成果を収めた。中国の近代化建設を支援するために、大平首相は一九七九年度に中国に五百億円の円借款を供与することを決定したが、その条件は年利三％、償還期限三十年、そのうち据え置き期間が十年であった。物資と機材の調達は原則として付帯条件なしで、日本は中国製品に「特恵関税」を適用した。そのため、日本は世界で初めて中国に政府借款を供与する国になった。この重大な決定をしたことも、中日関係を発展させることに対する自民党主流派の基本的立場を体現していた。

一九八二年五月三十一日に中国の国務院総理〔趙紫陽〕が日本を訪問した際、鈴木首相も中国の近代化に対して、日本は「いかなる協力も惜しまない」ことを表明した。中日関係の安定は日本のアジア外交の基礎であり、日本外交は日米、日中の二本の支柱が安定してこそ、ますますしっかりすると認識したのだった。

中曽根康弘首相の時代〔一九八二年十一月—一九八七年十一月〕に、首相の靖国神社への公式参拝〔一九八五年八月〕や侵略を否定した歴史教科書の問題〔一九八六年六月〕などが徐々に水面に浮上してきたにもかかわらず、中日の経済貿易往来はけっして大きな影響を受けなかった。一九八四年三月、中曽根首相が訪中し、日本政府は七年間で総額四千七百億円の第二次長期低利息円借款を供与して、中国の近代化建設事業を支援することを表明した。

一九八七年十一月六日、竹下登内閣が誕生した。翌年四月、竹下首相は伊東正義自民党総務会長を首相特使として中国に派遣した。鄧小平中央軍事委員会主席は伊東特使と会見し、中日間に生じている問題は適切に処理すべきであり、日本政府は日本の右翼勢力の気焔を助長してはならないと強調した。それに対して、伊東特使は、自分も日本の極少数の者による行為に対して非常に遺憾に思っており、絶対多数の日本国民は日本が過去のような過激主義の国家になることを許さないと表明した。

一九八八年八月二十五日から三十日まで、「中日平和友好条約」締結十周年に際して、竹下登首相が首相就任後初めて訪中し、非常に大きな成果を収めた。政治面では、竹下首相は「光華寮問題」は「一つの中国」の原則に基づいて対処して、日中関係の修復を図ることを表明し、経済協力の面では、一九九〇年から始まる六年間に中国に新たに八千百億円の円借款を供与することを表明した。

一九八九年六月、北京で「政治風波〔六四天安門事件〕」が生じ、西側諸国は経済制裁を通じて中国を孤立させようとしたが、自民党とその政府は中日関係の発展に有益な態度をとった。六月二十八日、田紀雲副総理が中南海で衆議院外務委員会の理事である自民党の大石正光中国研究会会長と会見した際、大石会長は中国で発生した事件に対して理解を表明した。七月十日、宇野宗佑首相は先進国首脳会議に出席する際には中国に対する制裁に反対することを表明したが、この主張は自民党内の首相経験者である中曽根康弘、鈴木善幸、竹下登の三氏に支持された。しかし、七月十四日、宇野首相は、アルシュ・サミットに参加した際、やはり中国への制裁に参与し、第三次対中円借款を凍結し、ハイレベルの往来を停止することなどを表明した。

しかし、海部俊樹内閣成立後の一九九〇年四月十六日、自民党の小沢一郎幹事長は中山外務大臣と会談した際、「日中関係は日米関係とは異なる。日本は積極策をとるべきであり、単独行動であっても、第三次対中円借款を全面的に再開すべきだ」と表明した。四月十七日、自民党政務調査会の渡辺美智雄前政調会長は日本のあるテレビ局からインタビューを受けた際「歴史的背景からいえば、日中関係は米中関係とは異なる。日本はアメリカに追随する必要はない。独自の政策をとるべきである」と指摘した。自民党の長老である後藤田正晴元内閣官房長官と民社党の永末英一委員長は海部首相と会見し、中国に対する約束を履行し、できる限り早く第三次対中円借款を全面的に再開するよう要求した。

七月九日、海部俊樹首相はヒューストン・サミットに参加した際、その他の西側諸国の首脳に対し、日本はサミット後に徐々に第三次対中借款を再開することを表明し、西側諸国に中国を孤立させるべきではないと強調した。また、首脳会議の晩餐会に出席した際も、日本はすでに中国に対する五十六億米ドル相当の政府円借款を承諾しており、日本は約束を破ることはできないと表明した。七月十一日、サミット閉幕後に行われた記者会見でも、対中円借款を再開することを決定した日本政府の立場を改めて説明し、「今回の首脳会議の間、私はその他の国家の指導者に、中国の最近の改革開放の努力について、我々は正しく評価すべきだと訴えた」と述べた。

一九九〇年代以来、中日関係に「政冷経熱」〔政治的関係は冷却しているが、経済的結びつきは深い〕の局面が出現し、中日間の政治関係は複雑かつデリケートに変化し、自民党内にも対中円借款を政治化する傾向が出現した。しかし、中国経済の発展にともない、円借款に対する依存もいささか低下し、そのため、この問題は中日関係のなかで、徐々に周辺化する趨勢にある。

二　自民党と台湾問題

台湾問題はずっと中日両国関係に影響を及ぼす重要な問題であり、中日が国交を樹立して以来、この問題はすでに解決されたかのように見えたが、実際には自民党内には灘尾弘吉、藤尾正行両氏を代表とする親台派が存在していた。一九七二年十二月二十六日、日台双方は、日本は台湾に「交流協会」を、台湾は日本に「亜東関係協会」をそれぞれ設立して、日台間の交流を維持することで合意に達した。

一九八〇年代、日台間の「実質的関係」はさらに発展し、自民党の国会議員の台湾派が頻繁に台湾を訪問しただけでなく、自民党幹事長や参議院議長も台北に赴いて台湾当局の高官と交流した。一九九〇年代以後、日台間の関係にはいっそう活発な趨勢が見られた。一九九〇年七月、「亜東関係協会」と日本の関係者の斡旋のもとで、劉松藩「立法院副院長」を代表とする台湾の「立法委員会代表団」が、「日華議員懇談会」の招待という名義のもと、日台「断交」十八年目にして初めての台湾当局代表団の日本訪問を実現した。劉松藩「副院長」は日本に到着後、自民党内の親台派議員と頻繁に接触し、双方は「日華議員連誼会」を設立し、新しい世代の議員交流の制度化、組織化の新しいルートを形成することを決定した。

一九九一年に「亜東関係協会」は「台北駐日弁事処」と改称し、一九九二年五月二十日にまたも「台北駐日経済文化代表処」と改称し、実質的にすでに準政府的な性格を具えた。自民党内の一部の政治家はこれを拠点に、日台間のハイレベル交流を徐々に格上げした。一九九一年七月、自民党の金丸信副総裁は李登輝総統に訪日の招待状を発した。自民党を離党した自由党の小沢一郎党首も一九九三年に李登輝総統に訪日の招待状を発した。一九九四年九月二十五日、「日華関係議員懇談会」の藤尾正行会長をはじめとする自民党員は、日本各界の千余名の人員を糾合し、いわゆる「日華（台）国交回復、李総統訪日実現国民大会」を開催した。藤尾正行会長は、日台はただちに「国交回復」をすべきであると大声で叫び、新任の塩川正十郎自民党総務会長が演説し、李登輝総統の訪日を歓迎すべきであると鼓吹した。中国人民の態度を表明するために、「人民日報」は「日本政府はどの道を歩むべきか」という評論員の論評を発表し、新華社は「日本政府は罪を逃れることができない」という評論員の論評を発表し、日本政府に警告を発した。

しかしながら、村上正邦前労働大臣は依然として参議院の「日華友好議員同盟」の一行七名を率いて台湾訪問を強行するとともに、李登輝総統に百十一名の衆参両院議員が署名した、李登輝総統の訪日を支持する名簿を手渡した。最終的に中国政府の強い抗議により、日本政府はやっと李登輝総統の訪日を拒絶した。

一九九七年、第二次橋本龍太郎内閣が「日米防衛協力のための指針（新ガイドライン）」を制定する際、日米防衛協力の範囲に関する「周辺事態」問題が浮上した。八月十七日、梶山静六内閣官房長官はテレビのインタビュー番組で、日米防衛協力の範囲内のいわゆる「周辺事態の対象には、台湾海峡も当然含まれる」と明言している。二十二日、与党三党が「日米防衛協力のための指針（新ガイドライン）」の関連事項を検討した際、自民党の山崎拓政調会長はいわゆる「個人的見解」を提起し、日本が考慮している「周辺事態」の防衛範囲は日米安全保障条約の「極東」地域であり、台湾地区と韓国を含むと指摘した。八月十九日、外交部の唐家璇副部長は、梶山静六官房長官が「日米防衛協力のための指針（新ガイドライン）」問題について発表した「周辺事態」の範囲に台湾海峡が含まれるという見解に対して、厳しい批判を提起した。

圧力に迫られ、橋本首相は九月四日から七日にかけての中国訪問中に李鵬総理と会談した際（四日）、「日本は、台湾が中国にとって台湾が重要かつ微妙な問題であることを十分に理解した」と表明するとともに、日本政府の正式な立場を改めて表明した。

①日本は「台湾が中国の一部である」ことを承認した日中共同声明を厳守し、今後も変更しない。
②「二つの中国」と台湾の「独立」を支持しない。
③引き続き日米安保体制の透明性を高めるよう努力をする。
④「日米防衛協力のための指針（新ガイドライン）」は特定の国家や地域を対象としない。

江沢民主席と会談した際（五日）、橋本首相は再び「日米防衛協力のための指針（新ガイドライン）」の問題について、「中国を含む特定の地域を防衛対象にしない」と説明した。

一九九八年八月と一九九九年一月、新任の小渕恵三首相は相次いで、日米安全保障条約問題と「日米防衛協力のための指針（新ガイドライン）」の対象範囲について、日米安全保障条約に変更はなく、政府の条約に対する立場にも変更はなく、周辺事態は地理的概念ではなく、その範囲は日米安保の範囲を超えないと改めて表明した。台湾問題では、当事者間の対話を通じて、平和的に解決するよう強く希望した。

二〇〇〇年（三月）、民進党の陳水扁が台湾「総統」に当選すると、民進党は日本との関係の強化に努めた。三月三十日、民進党の中国政策の責任者である顔万進が日本を訪問し、自民党の森喜朗幹事長、麻生太郎前経済企画庁長官と会談を行った。八月七日、台湾の民進党「立法院」主流連盟日韓訪問団が東京で表敬訪問活動を展開し、蔡同栄団長はある懇談会で、アメリカのやり方を参照して日本版の「台湾関係法」を制定するようアピールした。二〇〇一年六月二十九日、台湾の邱義仁「行政院秘書長」が日本で共同通信記者のインタビューを受けた際、日台の安全保障協力を展開するよう提起し、日米安全保障体制を基礎に、日本と台湾はさらに多くの協力を行い、東アジアの安全保障問題について意見を交換するフォーラムと、海難救援活動を協議する枠組みを構築することが可能であると述べた。七月二日、陳水扁総統は台北で、台湾訪問中の自民党「日台友好議員連盟」のメンバーと会見し、台湾、アメリカ、日本の三者がアジア太平洋の安全保障分野での協力を強化するよう主張した。

上述のとおり、台湾問題では、田中真紀子がかつて台湾が香港のように中国に復帰する希望を表明するなど、自民党内にも異なる声もあるが、自民党内には割と強力な親台勢力が存在している。政権与党としての自民党の台湾に対する立場がどのように変化するのか、台湾問題がどのように発展するのかは、依然として細心の注意を払うべき問題である。

三　自民党と中日の歴史問題

一九八〇年代以来、中日両国の経済貿易交流の進化にともない、歴史問題も徐々に温度が上昇したが、教科書の改訂、靖国神社参拝などを含む主要な問題は、具体的には南京大虐殺、従軍慰安婦、日本軍の細菌戦、遺棄化学兵器など、中国侵略戦争に対する認識と処理に体現されている。

「中日平和友好条約」の締結後、両国関係を引き続き前進させるために、両国の国家指導者は頻繁に相互訪問を行い、中日双方は国交回復以来の両国関係の順調で成果に富む発展にともに満足するとともに、両国の協力関係をいっそう発展させる問題についてたえず検討している。一九八二年五月三十一日、中国の総理〔趙紫陽〕が日本を訪問し、天皇陛下を表敬訪問するとともに、鈴木善幸首相と二度にわたって誠実、友好的で、率直な会談を行った。その会談で、中国側は中日関係の三原則、つまり「平和友好、平等互恵、長期安定」を提起した。しかし、この時期の日本の経済大国化という目標の実現と国際環境の変化にともない、また政治大国化追求の胎動にともない、右翼保守勢力と民族主義的傾向もいささか台頭した。侵略の歴史を否定あるいは美化し、歴史教科書の侵略に関する歴史記述を歪曲、改訂しようとする自民党内の動向こそ、その一つにほかならない。

日本は一九四九年に教科書検定制度を実施し始めた。そこでは、文部省が三年ごとに小学校、中学校、高校、実業高校が選択、採用する教科書を審査するよう規定されている。日本の右翼勢力が台頭した背景のもとで、とりわけ自民党内の一部の右翼勢力の影響のもとで、一九八二年と一九八六年に文部省は中学校の歴史教科書を審査する際、「修正」を名目に、あるいは「合格」と認定することで、公然と日本軍国主義が中国を侵略した歴史を改訂したので、侵略戦争の苦しみにさいなまれた中国人民の非常に大きな憤怒と強烈な反対を引き起こさざるをえなかった。

一九八二年一月、自民党は大会で『『左翼偏向教育』を弾劾する」ことを同年度の運動方針の一つにすることを決定した。三月、自民党の幹部会は「教科書改訂運動」を展開することを決定した。その影響のもとで、一九八二年六月、文部省は審査にまわされた高校の歴史教科書に対して改訂の原則を提起する際、第一次、第二次世界大戦に関する歴史的事実を記述するときは、日本の侵略行為に対する記述を和らげなければならないと公然と要求した。それに基づいて、「侵略」を「進出」や「進入」に、「帝国主義的侵略」を「植民地拡大政策」に、「南京大虐殺」を「南京事件」に書き改めるなど、一部の重要な侵略の歴史的事実に対して詳細な修正を求め、「教科書事件」を引き起こした。

一九八六年五月、文部省はまたも、中国侵略の歴史的事実を大きく歪曲し、軍国主義のために評価を覆した、新たに編纂した高校用歴史教科書である『新編日本史』を検定合格とし、再び「教科書事件」を引き起こした。『新編日本史』は右翼団体「日本を守る国民会議」が編纂し、「皇国史観」の色彩が濃厚で、故意に軍国主義の中国侵略の犯罪行為を歪曲し、ひいては美化さえしていた。比べてみると、今回の「教科書問題」は一九八二年よりもいっそう露骨である。

一九八二年と一九八六年の「教科書事件」は中国人民の感情と自尊心をひどく傷つけ、中国人民の強烈な抗議と中国政府の厳正な交渉のもとで、それと同時に日本各界の団体や友好的な人々が反対する圧力のもとで、日本政府は是正措置を講ずるとともに、相応の約束をしたが、中日両国の関係はある程度傷つけられた。

一九九〇年以後、日本国内では侵略戦争の歴史を否定する事件が頻発し、政治家のいわゆる「失言」事件がしばしば生じただけでなく、自民党内では、侵略の歴史を否定、歪曲し、ひいては美化する傾向がますます公然化した。一九九三年八月、日本の政局に重大な変化が生じ、自民党は戦後三十八年間にわたる自民党の単独政権の終息を宣告されるとともに、野党になった。八党派による連立政権の細川護熙首相は首相に当選後、記者の質問に答えた際、太平洋戦争における日本の行為は「侵略戦争」であるとはっきり表明した。右翼勢力はこれを大いに不満とし、自民党内の「英霊にこたえる議員協議会」、「遺族議員協議会」「みんなで靖国神社に参拝する国会議員の会」などの団体を基礎に、自民党内に「歴史検討委員会」が結成され、「公正な史実に基づく日本人自身の歴史観を確立することがすみやかに解決すべき課題である」と公言するとともに、侵略の歴史を否定するための組織的、計画的、段階的な活動を展開した。

同委員会の委員長は自民党の衆議院議員の山中貞則元防衛庁長官、事務局長は戦後A級戦犯として処刑された板垣征四郎の次男の板垣正、総顧問は日本遺族会の橋本龍太郎会長で、顧問には桜内義雄、藤尾正行、奥野誠亮ら自民党議員が含まれ、メンバーの自民党議員は百五名に上った。同委員会は一九九三年十月から一九九五年二月にかけて、小堀桂一郎、江藤淳、中村粲、A級戦犯の松井石根の秘書であったと自称する田中正明ら、有名な右翼的な学者や人物を招聘し、歴史問題にまつわる報告会を二十回開催した。一回あたりの出席議員は平均五十六名、二十回の報告会ののべ出席者数は千百十六人であった。一九九五年八月十日、世界反ファシズム戦争勝利五十周年の際、同委員会は上述の右翼的な学者と人物の講演を収録し、『大東亜戦争の総括』と題して出版した。その主要な観点は次のとおりである。

①大東亜戦争は「解放戦争」、「自衛戦争」であった。

②中国侵略戦争は日本が「正当な権益を擁護した」のである。

③南京大虐殺は「捏造」であった。

④慰安婦は「強制徴用ではなく」、公娼であった。

⑤東京裁判は戦争の勝者による敗者に対する「復讐の儀式」であった。

⑥日本とドイツは「同列に論ずることができず」、ドイツが犯したのは人道に反するナチスの犯罪行為であるが、日本が犯したのは戦争の罪であり、戦勝国も同様の罪を犯すであろう。

⑦日本は「国際法に違反しておらず」、国際法の解釈によれば、戦争とは紳士間の決闘である。

⑧反省と謝罪は「思想犯罪」である。

一九九四年十二月、まさに連立与党の三党〔自民党、社会党、新党さきがけ〕が国会で決議を採択して、過去の侵略行為を反省すべく努力している際、自民党内では元国土庁長官の奥野誠亮衆議院議員の支持のもと、「終戦五十周年国会議員連盟」を結成し、板垣正を兼任事務局長に招聘し、自民党議員の参加者二百十二人は、同党の国会議員の七〇%を占めていた。同連盟は、「自衛とアジアの平和のために尊い命を捧げた日本の二百万人の戦没者を忘れてはならない」、「我が国が国際社会において子孫に禍根を残す国会決議の採択をけっして許さない」と公然と言明した。自民党から分裂した新進党の一部の議員も、右翼政客の小沢辰男の支持のもと、「歴史を正しく伝える国会議員連盟」を結成した。

二つの右翼議員連盟は相互に結託しあい「終戦五十周年国民委員会」の名義で、一九九五年八月十五日に第九回戦没者追悼中央国民集会を開催するとともに、「終戦五十周年、英霊に誠実な感謝を捧げ、大東亜戦争の真相を伝えていくことを継続しなければならない」と題する声明を発表した。その行動方針は、天皇陛下が日本の戦没者を慰霊することに対して心から擁護、感謝するとともに、国会が「不戦決議」を採択することに強く反対し、虚構の罪悪に覆われた歴史観と決別するとともに、自己の歴史観に基づく大東亜戦争の真相を次代に伝え、戦後一貫して日本人の精神を束縛してきた東京裁判史観から完全に脱却することを誓わなければならないというものであった。

一九九五年六月九日、衆議院が開会して、侵略の歴史を反省し、戦争を二度としないことを主要内容とする「戦後五十年国会決議（不戦決議）案」を表決に付す際、大部分の自民党議員は反対票を投じるか、あっさり欠席した。「決議」は採択されたけれども、自民党内外の保守勢力の妨害によって、まだ日本の侵略戦争の歴史を直視できず、字句が曖昧で、日本の世論と世界各地の世論に非難された。

他方、首相を含む自民党の国会議員は、靖国神社参拝を通じて侵略戦争を美化している。靖国神社は一八六九年に創建され、国内外の戦争で戦死した将兵を祀り、国家神道の象徴であり、国民感情を愚弄し、軍国主義が侵略戦争を発動するために動員を行う道具であった。それゆえ、戦後は非軍国主義化の措置の一つとして、アメリカ占領軍の「国家神道を廃止し、国家と宗教、政治と宗教の分離を実現する」指令によって、靖国神社は国家機関の特殊な地位を取り消され、普通の宗教法人になった。

一九五〇年代以後、日本国内の右翼勢力は、靖国神社を再び国家が管理することと公職者が「公式参拝」を実行する要求を提起した。一九六〇、七〇年代になると、その要求はさらに強烈になるとともに、民間の右翼団体の発起した「靖国神社の国家護持と国家化の運動」が形成され、靖国神社と天皇、自衛隊の結合を制度化するよう公然と主張した。一九七八年、右翼団体と右翼勢力の推進のもと、東条英機ら十四名のA級戦犯の名簿が靖国神社に納められ、「国家殉難者」として祀られた。日本政府もまた、「国民感情を尊重する」と称して、「八・一五」を首相と閣僚が靖国神社を参拝する日と定めることを決定したことがある。

実際には、それ以前にも、池田勇人首相を除く歴代の首相は、いずれも靖国神社の春と秋の例大祭に「私人」として参拝を行っていた。東条英機らA級戦犯の名簿が靖国神社に納められた後、参拝を行うことの政治的色彩が大幅に強まったが、一九七五年から一九八四年までは、歴代の首相も「私人」として靖国神社を参拝していた。一九七五年の「八・一五」に、三木武夫首相は自民党総裁として参拝するつもりでいたが、各方面の反応を探り、再三考慮を重ねたすえ、最終的に個人名義で参拝を行った。

一九八五年八月十五日は、日本の敗戦四十周年であった。一部の自民党員と閣僚は靖国神社の参拝に旺盛な意欲を見せていた。当時の中曽根康弘首相は当日「全国戦没者追悼会」に参加した後、全閣僚を率いて集団で靖国神社を「公式参拝」し、「首相という公職の身分で靖国神社を参拝する」先駆けになった。一九九一年一月十日、仙台高等裁判所は、政府首脳が公職の身分で靖国神社を参拝することと、公費で玉串料を捧げることは、ともに憲法の政教分離の原則に違反するという判決を下した。それ以後、政府首脳が公職の身分で靖国神社を参拝することは違憲行為になり、中国、韓国などの政府も再三にわたって強烈な抗議と厳正な交渉を提起した。自民党総裁としての歴代首相も、ほとんどは中日関係の大局から出発し、侵略戦争の事実を認め、靖国神社を参拝しないことを表明することができた。

一九八九年六月九日、宇野宗佑首相は参議院の答弁で、中日戦争は「軍国主義者の起こした侵略戦争である」と述べた。一九九〇年五月二十一日、海部俊樹首相は参議院予算委員会の答弁で「私は（太平洋戦争が）聖戦だと言ったことは一度もないし、侵略の事実があったことを率直に認めている」と述べた。海部首相は八月十五日に政府が主催した第二次大戦戦没者追悼会で演説し、次のように指摘した。

「日本は第二次大戦の教訓を銘記し、戦争の惨禍を再現してはならず、世界平和のために全力を尽くさなければならない。恒久平和を構築することは日本人一人一人の重大な責任である。日本の軍国主義者が当時起こした侵略戦争は、中国人民とアジアのその他の国の人民に甚大な災難をもたらしたばかりか、約三百十万の日本人も戦争のなかで命を落とした。」

一九九一年十一月十三日、宮澤喜一首相も国会答弁で、日本がアジアのその他の国家を侵略したことは否定できない事実であると明確に表明した。

それにもかかわらず、自民党の首相と大臣による歴史認識についての「失言」事件や靖国神社への公式参拝がしばしば発生し、一九九〇年代以後、ついに自民党を中心とする国会議員の集団参拝に発展し、中日関係の発展に悪影響を与えざるをえなかった。

一九九六年四月二十三日、自民党と新進党の約百二十名の衆参両院議員が靖国神社を集団参拝した。一九九七年四月二十二日、自民党、新進党など保守党の議員からなる「みんなで靖国神社を参拝する国会議員の会」に所属する百五十名の国会議員と、その他の七十三名の国会議員の代理人が集団で靖国神社を参拝した。翌年の八月十五日、一部の閣僚と、自民党を中心とする衆参両院議員とその代理人百九十名余りが集団で靖国神社を参拝した。二〇〇〇年四月二十日、自民党を中心とする百名余りの国会議員が集団で靖国神社を参拝した。八月八日、十名の閣僚と七十八名の国会議員が再び靖国神社を公式参拝した。

二〇〇一年四月二十六日、小泉純一郎内閣が成立した。五月十四日、小泉首相は国会答弁で、「総理大臣」として靖国神社を参拝すると公言し、「私は総理として（靖国神社を）参拝するつもりである」、「私は靖国神社参拝が憲法に違反するとは思わない」と述べた。同年八月十三日、小泉首相は中国政府の反対と抗議を顧みずに、靖国神社を参拝した。参拝する前に、小泉首相は声明を発表し、八月十五日前に参拝することを選択したのは、「国益」を考慮してのことであると述べ、「首相として一旦言った発言を撤回することは、慙愧の念に堪えない。しかしながら、靖国参拝に対する私の持論は持論としても、現在の私は幅広い国益を踏まえ、一身を投げ出して内閣総理大臣としての職責を果たし、諸課題を解決にあたらなければならない立場にある」と弁解した。靖国神社の参拝名簿には、「内閣総理大

臣　小泉純一郎」と記帳した。同日、外交部の王毅副部長は急遽日本大使を呼び寄せ、小泉首相が当日我意を通して靖国神社を参拝したことについて厳正な抗議を申し込れた。八月十五日、総務大臣ら五名の閣僚と自民党の幹事長、総務会長をはじめ八十五名の国会議員、百五名の国会議員の代理人が集団で靖国神社を参拝した。その後、小泉首相は毎年靖国神社へ赴いて参拝を行い、中日関係に甚大な悪影響をもたらした。

日本軍国主義の中国侵略の歴史を歪曲、改竄し、ひいては美化さえすることは、「中日共同声明」の精神と原則に違反するだけでなく、日本政府が中国侵略戦争について中国人民に表明した深い反省に対する否定でもある。一九九〇年代半ば以後から小泉内閣に至るまで、「教科書問題」と靖国神社公式参拝問題を代表とする歴史認識の問題がたびたび発生し、その勢いがますます強まったことに政権与党である自民党が果たした役割は、言うまでもなく明らかである。そのことから、日本の中国侵略の歴史に対処する問題で、自民党内のかなりの部分の勢力の認識が、依然として被害を被ったアジア諸国の人民と大きな隔たりがあり、ひいては逆の方向に向かってさえいることがわかる。

四　結論

戦後、自民党は一貫して政権与党として、中日関係で非常に重要な役割を果たしている。とくに一九七八年以後は、中日関係の改善と経済交流の発展の面で、強力な推進力としての役割を発揮した。自民党はけっして「一枚岩」ではなく、党内では日中友好を支持する勢力が存在するとともに主流を占めているけれども、同時に、台湾問題や歴史認識問題などでは、党内の右翼勢力も小さからぬエネルギーを有し、社会の右翼保守勢力と呼応しあい、政府の政策の選択に影響を及ぼすのに十分であり、中日関係に悪影響をもたらしていることも見てとるべきである。当然、その背景は錯綜して複雑であり、国益に対する考慮もあるし、政権を維持するための必要性もあるし、さまざまな派閥の間でつねに変化が生じ、日中友好を主張する議員が歴史認識や台湾問題で時には中日関係の発展に不利な発言をすることもあり、右翼的な議員が特定条件のもとで日中関係の発展を推進する勢力になることもある。

それゆえ、自民党と中日関係の歴史を深く立ち入って研究し、日中友好を支持する自民党内の勢力の拡大と発展を推進し、両国人民の根本的利益と長期にわたる安定的な中日友好関係を実現するという大局から出発し、二十一世紀に目を向けた中日関係の発展の枠組みの構築に全力を尽くして努力し、未来の中日関係のために良好な基礎を固めることが非常に重要なのである。

2　公明党と中日関係

王田　李寒梅

公明党は一九六四年に正式に結党し、創価学会がその主要な支持母体である。一九九〇年代にいったん新進党に参加したが、その後再び独立した。一九九九年以来、公明党は一貫して自民党を中心とする連立政権の一翼を担い、現在衆参両院あわせて五十五名（衆議院議員三十一名、参議院議員二十四名）の国会議員を擁する。中国と長期にわたって友好関係を維持し、中日関係の発展の各時期に重要な役割を果たし、歴史問題など中日関係の一連の重要な問題でも、一貫して適切かつ建設的な態度を持して対処し、積極的に中日関係の健全な発展を促進してきた。

一　国交回復と条約の締結を推進

一九七二年（九月）の中日国交正常化は、もとよりその功を田中角栄首相、大平正芳外相らの政治的決断に帰すべきであるが、同時に長期にわたる民間交流によって機が熟した結果でもある。公明党は庶民を代表する政党として、この特殊な時期に極めて重要な役割を果たした。実際、早くも一九六八年九月八日、創価学会の池田大作会長は同学会学生部の第十一回総会で、「栄光は戦闘的学生部に帰す」と題する有名な講演を行い、日中国交回復を力強く主張し、大きな反響を引き起こした。この講演はその後「池田提言」と呼ばれたが、その要点は以下の三つである。

第一に、中国政府の存在を正式に承認し、日中国交正常化の実現を図るべきである。

第二に、中国のために国連の合法的地位を与え、国際的な討議に参加させるべきである。

第三に、経済と文化の交流を幅広く行うべきである。

佐藤栄作内閣がアメリカ追従の反中国政策を推進していた当時の雰囲気のもとで、「池田提言」は両国の将来に関心をもつ中日双方の進歩的人士を奮い立たせ、松村謙三や藤山愛一郎ら自民党内で影響力を有する中国に友好的な政治家もこの提言に注目した。さまざまなルートを通じてこの講演を知った中国の指導者も肯定的な評価を与えた。

「池田提言」を踏まえて、一九六九年一月、公明党は「池田提言」を基礎に、党大会で「公明党の外交、安全保障政策」を採択したが、対中政策の要点は次の通り。

①中華人民共和国政府を承認するとともに、国交を回復し、正常化する。
②中華人民共和国の国連加盟を積極的に推進する。
③いわゆる北京と台湾の問題は中国の内政であり、干渉しない。
④「吉田書簡」〔日本が国民党政権（台湾）を中国の正統政権と認めた吉田茂元首相の書簡で、首相時代の一九五一年のダレス米国国務長官あてのものと、首相特使として発した一九六四年の張群総統府秘書長あてのものがある〕を廃棄する。
⑤政府間貿易を強力に推進する。
⑥中国との文化交流を活発に行う。

それと同時に、日中首脳会談の実現を希望した。

公明党と創価学会の態度は中日関係の健全な発展に対して強力な推進的役割を発揮したが、一九六〇年代末期に公明党の中国に対する政策と見解がなおいささか留保されていたことも見てとるべきである。それは主に台湾問題に対する態度、すなわち公明党が日蒋「条約」の廃棄を明確に表明しなかったことに体現されていた。

一九七〇年代以後、冷戦と米国の国内政治・経済状況に基づいて、米国の対中政策は徐々に調整され、中国の国際的地位も著しく向上した。一方、カナダとイタリアの相次ぐ中国との国交樹立、中国の国連における合法的地位の回復、二度の「ニクソン・ショック」（米ドルと金の兌換停止で円高をもたらした「新経済政策」と、日本を飛び越え中国と関係回復を図ったいわゆる「頭越し外交」）により、佐藤内閣の対中政策は行き詰まった。この大きな変化を背景に、日本の各界は中国との交流を強化し、長期間中日友好に取り組んできた政界、財界、民間の勢力も活発化した。そのブームのなか、公明党は重要な参画者になっただけでなく、時には鍵となる役割をも発揮した。

一九七〇年十二月、公明党を中心に「日中国交正常化国民協議会」を設立し、日中国交を回復する大衆運動を大々的に展開した。一九七一年初め、公明党の竹入義勝委員長は、まず党内と創価学会内部の意見を統一してから、さらに公明党の対中政策の調整に着手し、台湾問題は中国の内政問題であることを認めた。一九七一年三月、中国の大型卓球代表団が名古屋で開催された第三十一回世界卓球選手権に参加するため来日したとき、国務院外事弁公室日本組の責任者王暁雲が副団長として同行した。代表団の日本滞在中、竹入義勝委員長と王暁雲副団長との会談が実現した。これが公明党と中国の正式な交流の始まりであった。会談後まもなく竹入義勝委員長は談話を発表し、「一つの中国」、すなわち、中華人民共和国が中国の唯一の合法政府であると認めること、米軍は台湾海峡から撤退すること、中華人民共和国の国連の地位を回復することを主張した。さらに画期的であったのは、公明党を代表して初めて、日中国交回復のために「日台条約」を廃棄すべきであると表明したことである。有利な国際、国内の環境を背景として、竹入義勝委員長と王暁雲副団長の会談を機に、公明党は日中関係に対する態度を完全に改め、中国と良好な関係を構築した。これは、その後の公明党と中国との関係および中日関係全般の健全な発展のために良好な基礎を固めた。

一九七一年六月、竹入義勝委員長が率いる公明党代表団が初めて中国を訪問した。中国側はたいへん重視し、中日友好協会の王国権副会長を団長とする代表団を結成してこれと会談し、周総理が会見した。七月二日、公明党訪中団と中日友好協会代表団は「共同声明」を発表し、中日復交「五原則」を提起した。その後、中国の国連における地位回復とニクソン訪中の実現により、五原則のうち第四、第五条の原則が事実上解決されたため、「五原則」も後に有名な「中日復交三原則」に変わった。一九七一年九月、訪中の成果を基礎にして、公明党は第九回全国大会で「大会宣言」、「公明党の日中国交正常化実現に関する政策」などの文書を採択した。これらの文書は公明党の対中政策をすべて体現し、中日国交回復の過程をも推進した。一九七二年七月七日、田中内閣が誕生した。田中内閣は日中国交正常化を積極的に主張し、それと同時に野党とも積極的に協力し、野党と中国との交流ルートを利用して情報を交換し、対中外交を展開した。公明党の竹入義勝委員長は、田中内閣が日中国交を回復する過程で決定的な役割を果たした。

一九七二年七月二十五日、竹入義勝委員長は訪中したが、田中首相と大平外相の日中国交回復交渉の重要事項に関する意見を携え、周恩来総理と三回にわたって会談した。その会談で、双方は田中首相の訪中時期、成果（共同宣言）の形式、日台経済交流、中日米関係、賠償問題などについて意見を交換した。周総理はその会談の内容に基づき、将来の共同声明に盛り込む八項目の草案と台湾に関する三つの問題点を要約した。後者については、双方は口頭の黙約として声明には盛り込まないことで合意した。竹入義勝委員長はその内容を整理してメモにし、日本に帰国するや、ただちに田中首相と大平外相と会見し、二人に「竹入メモ」を手渡した。このメモは事実上、中国側の想定した中日国交回復共同声明の草案の要点であり、日本側は「竹入メモ」を基礎にして、自らの共同声明案を策定した。

中日国交回復後、両国関係は「民間先行」から徐々に「官民並行」の時代へ移行した。一九七八年二月までに、貿易、海運、航空、漁業など五つの政府間協定を相次いで締結して、両国間の交流を政治、経済、文化を包含する全面的な交流に発展させた。しかし、両国関係の健全な発展のもっとも重要な礎石である「中日平和友好条約」の締結は遅々として進まなかった。中日国交回復以後、公明党は中国の政府、各友好団体、中国共産党との間で密接かつ良好な関係を構築し、頻繁に代表団を組織して訪中したにもかかわらず、野党である公明党の内部にも論争が存在していた。竹入義勝委員長と矢野絢也書記長は条約の締結を支持したが、創価学会の池田大作会長は「反覇権条項」が世界平和の理想に悖ると見なして慎重な姿勢を示し、公明党の政策に対する圧力を形成した。

一九七〇年代中後期に、米国はさらに政策を調整し、中米関係を強化した。日本国内では、長期にわたって蓄積、構築した良好な基礎によって、条約の締結に対して、日本の政界、財界、民間は強大かつ積極的な力を有し、とくに一九七八年〔二月〕に締結した「中日民間長期貿易取り決め」が条約の締結に対しても推進する役割を果たした。それと同時に、福田内閣の誕生も条約の締結のために環境を改善し、とくに園田直外務大臣は、一貫して条約の交渉に全力を尽くすとともに、ソ連の影響を牽制するのに力を尽くした。こうした内外の情勢によって、日本政府は再び条約締結交渉を重視するようになり、日本では官民をあげて国益にかなう日中友好条約の早期締結を政府に要求した。この過程で、公明党も条約締結に対して積極的に推進する態度を固めた。福田赳夫首相が国内政治の要因によって社会党を信頼していないため、相対的に穏健で、「中道革新」の立場をとる公明党が、「日中共同声明」の精神を遵守するようはっきり主張し、政府に条約の早期締結を促すと同時に、再び日本政府と中国政府の意思疎通の重要なルートとなった。

早くも一九七四年〔八月〕に、竹入義勝委員長が公明党の第四次訪中団を率いて北京を訪問した際、鄧小平副総理が周総理の委託を受けて、「中日平和友好条約」交渉再開を希望する中国側の意向を伝えた。一九七六年〔九月〕に福田赳夫内閣が誕生し、日中平和友好条約の締結交渉にかなり熱意を示した。福田首相は就任後まもなく、訪中する竹入義勝委員長に託して中国の指導者に、「日中条約の交渉が行われるよう希望する」というメッセージを伝えた。さまざまな条件が次第に整うのにともない、福田首相は再び一九七八年三月に公明党第六次訪中団を率いて訪中する矢野絢也書記長に、「日中条約の締結に対して大きな情熱をもっており、早期の実現を望むが、同時に中国がいかなる国とも平和友好的な外交を行うという日本の立場を理解するよう希望する」という中国へのメッセージを託した。これに対して、中日友好協会の廖承志会長は正式に矢野書記長に中国政府の見解を伝え、平和友好条約の早期締結の中国の意向と交渉再開への歓迎の意を表明し、それと同時に鍵となる「反覇権条項」問題についても中国政府の見解を詳しく伝え、次のように強調した。

第一に、中国側は、中日両国が平和友好関係を構築し発展させるのは第三国に対するものではないと考えており、中日両国はともに覇権を求めず、いかなる国家や国家集団が覇権を求めることにも反対する。

第二に、中日両国が覇権に反対するのは、けっして共同行動をとることを意味しない。中日両国はおのおの独自の外交政策を有し、互いに相手の内政に干渉しない。

矢野絢也書記長は帰国後、ただちに福田首相と会談した。福田首相は自民党幹部、外務省、米国政府と調整を行った後、一九七八年五月に交渉を再開することを決定した。数回の事務レベル協議と外相会談を経て、一九七八年八月に合意にいたり、六年も解決しなかった「中日平和友好条約」がついに締結された。長期にわたる交流の過程で、公明党と中国政府の間、公明党の指導者と中国指導者の間に相互に信頼しあう友好関係が形成された。国交回復前夜に初めて訪中し、その後つねに日中間を往来した竹入義勝委員長は、周総理、鄧穎超副委員長、鄧小平副総理ら中国の党と国家の指導者と頻繁に交流を重ねた。

二　中日関係発展の推進

一九八〇年代、中国は「改革開放」政策を実施し、外部世界との交流が急速に増え、交流の分野も大幅に拡大した。中日関係についていえば、中国は、日本という経済の発展水準が高く、中国の周辺環境に対して極めて重要な隣国との間で、政治、経済、文化などの分野で内容豊富な協力と交流を展開した。一九八〇年代は、中日関係が大きく発展し、かなり順調な段階であったと言うべきである。それと同時に、交流の増加と日本国内の政治思潮の変化により、いくつかの摩擦がもたらされた。たとえば、一九八二年と一九八六年の教科書事件、釣魚島〔尖閣諸島〕問題、首相の靖国神社参拝問題、光華寮事件などである。

政府間の正式な関係が急速に発展したため、両国政府のハイレベル、政府各部門、与党、学術界の間で交流チャンネルが拡大し、しかも定期化と制度化という特徴を呈した。このため、公明党がかつて担った両国政府の調整者としての役割は以前ほど目立たなくなった。しかしながら、一方で両国は正式の外交関係が回復したけれども、数十年の経験に基づいて、中国政府は依然として中日関係の基礎を固めることを極めて重視したため、公明党を含む野党と頻繁な交流を保持し、他方で公明党自身もそれまでの中国との交流を通じて、確固とした対中友好政策を形成したため、中国とのつながりを引き続き維持、強化し、中日友好協力のために役割を果たしたいと考えていた。

この時期、公明党は主に二つの面で中日関係の健全な発展を促進した。一つは政党間交流の枠組みの長期化と制度化にともない、引き続き両国間の意思疎通の役割を発揮したことであり、もう一つはこの時期に中日間に生じた問題に対し、明確に自らの見解を表明し、中日友好を維持したことである。

一九七一年六月の初訪中から一九八七年までに、公明党はあわせて十五回訪中団を派遣し、竹入義勝委員長や後任の矢野絢也委員長も何度も代表団を率いて訪中するとともに、鄧小平中央顧問委員会主任ら中国の党と国家の指導者と心のこもった会見をした。中国の政府指導者や友好団体とのこのような頻繁な接触は、双方の友情をいっそう強化しただけでなく、両国の内外政策における情報交換と相互理解をも促進した。中国はまさに改革の大転換期にあり、その内外政策がさまざまに変化し、中日関係に問題が生ずる状況のもとでは、このような交流と理解を深めることは極めて重要であった。

一九七九年六月二十八日、公明党の第八次訪中団が中国を訪問した。当時、中国は十年も続いた「文化大革命」を終息させ、「改革開放」戦略を実施した直後で、経済建設における誤った方法が完全には正されておらず、国際社会は中国の改革の決意になお疑いの眼差しを向け、中日間にも若干の問題と矛盾が生まれた。中国政府がマクロ経済調整を実施するのにともない、日本と調印した一部のプロジェクトの合意をキャンセルしたため、日本の財界や政界はこれに不満を表明した。そのとき、鄧小平副総理は竹入義勝委員長の一行と会見し、中国の「改革開放」戦略の目標、段取り、当面の政策状況を詳しく説明するとともに、中国の民主と法制をいっそう強化することなど重要問題にも言及した。公明党の訪中を通じて、中国政府は国際社会、とくに日本各界に断固として「改革開放」を実行するという重要なメッセージを伝え、相互の理解と信頼を増進し、その後の経済の交流と協力のために不安定な要素を取り除いた。

しかしながら、一九八二年六月、文部省が検定した教科書が日本の度重なる中国侵略戦争の史実について多くの改訂を行い、中日の友好関係を損なった。両国間でこの問題について外交論争を展開するとともに、そのために文部大臣の訪中が延期された。一九八二年十月二十四日、鄧小平副総理は公明党の竹入義勝委員長と会見した際、教科書問題に言及し、中日両国が子々孫々まで友好的につきあっていくために、日本は正しい歴史教育を行うべきであると指摘した。

一九八四年十月、竹入義勝委員長は再び代表団を率いて北京を訪れた。これに先立つ一九八二年九月、英国のサッチャー首相が北京を訪問したことは、香港の復帰をめぐる外交交渉の正式な開始を意味した。日本国内と国際社会は、香港の将来、中国政府の関連政策などに対してさまざまな意見と疑念を抱いていた。竹入義勝委員長は鄧小平副総理と会見した際、香港に関する問題についていくつか質問した。鄧小平副総理は明確に、

「香港問題を解決するための我々の構想は、『一つの国家、二つの制度』にほかならない。これは香港問題を解決するだけでなく、同時に国際紛争の解決にもある種の役割を果たすことができる」と表明した。続いて台湾問題に話が及ぶと、鄧小平副総理は再び、「一国二制度」の方式で台湾問題を解決するとともに、台湾が独自の軍隊を保有するのを容認する政策を重ねて表明した。公明党の訪中は、疑念の解消と東アジアの国際関係情勢の安定に積極的な役割を果たした。

一九八五年八月一日、鄧小平中央顧問委員会主任は公明党の第十三次訪中団と会見した際、中国の経済特区政策の目的と現状に言及するとともに、中国の対外開放政策は断固として揺るぎないが、注意深く慎重でなければならないと指摘した。同じ一九八五年八月十五日、中曽根康弘首相と十八人の閣僚が靖国神社を公式参拝した。これは戦後四十年ぶりに現職の首相が公人の資格で参拝したものであり、これに対し中国政府は強い不満を表明した。しかし、日本国内では、公明党とその支持母体が日中友好の一貫した方針と世界平和の理念に基づいて、中曽根首相が公人として靖国神社を参拝したことを批判し、右翼勢力を抑制する役割を果たした。

一九八七年、中日間に「光華寮問題」が発生し、日本の防衛支出がGNPの一%を上回った。六月一日、公明党の矢野絢也委員長は中国を訪問して鄧小平中央顧問委員会主任と会談した際、上述の二つの問題と日中貿易の状況について説明し、中国側と意見を交換した。鄧小平主任は、台湾に関わる問題と中日関係の問題を処理するには法律を重んじ、政治も重んじなければならないと指摘するとともに、日本が「一つの中国」の立場を遵守するよう促した。矢野絢也委員長は理解を表明するとともに、日本の法律や制度についても説明した。

これらのことから、一九八〇年代全体を通じて、公明党代表団は頻繁に中国を訪問し、中国の党と政府の指導者と会談し、双方が触れた話題は非常に広範囲に及び、中国の「改革開放」戦略を含み、台湾統一、香港復帰など中国の重要な内政問題も含まれ、もちろん歴史教科書、首相の靖国神社参拝、光華寮など中日関係における外交問題にも言及したことを見てとることができる。公明党のルートを通じて、中国政府は重大な問題について国際社会に説明を行い、日本国内の中国に対する疑念や不安を解消し、自己の厳正な態度を表明することによって日本の反中勢力をも牽制した。このような交流を通じて、公明党自身も中日友好の政策や方針を揺るぎないものにした。

三　中日関係の安定に尽力

冷戦終結後、世界情勢に巨大な変化が生じた。ソ連の解体とロシアの親西側外交政策によって、日中米三カ国がアジアで直面していた共通の脅威が消失し、米国と日本はともに中国に対する外交政策の調整を始めた。アジア内部の国際関係と情勢にもかなり大きな変化が現われ、「アジアＮＩＥｓ」〔「四小龍」〕と呼ばれる新興工業国と地域が急速に台頭し、東南アジア諸国の経済も目覚ましい発展を遂げた。さらに重要なことは、十数年の「改革開放」の発展過程を経て、中国の政治、経済、軍事の実力がたえず増強されたことである。

しかし、日本は一九八〇年代に経済の輝かしい頂点を極めた後、バブル経済の崩壊にともない、戦後最長の経済停滞期に突入し始め、「失われた十年」と呼ばれるにいたった。経済の停滞がもたらした数多くの社会問題、それに加えて戦後長期にわたって形成された体制の問題によって、政治的スキャンダルが頻発し、政界の再編が繰り返された。その混乱のなかで、新しい世代の政治家が政界の主要な舞台を占拠し、それら若手政治家の大半は戦争を経験しておらず、中日間の歴史的教訓や友好関係の貴さを肌身に感じず、中日関係の友好的雰囲気が徐々に消えていった。日本国内の新保守主義勢力も台頭し始め、日本の政治大国化の追求、ひいては軍事大国化の追求にさえ努めた。これら国際的、国内的な情勢の変化によって、一九九〇年代から現代にいたるまで、中日関係に絶え間ない紆余曲折がもたらされた。

それと同時に、中日の国交回復以後、とくに改革開放以来、両国間の経済貿易と文化交流、政府間の対話は急速に発展した。中国の政治と経済の実力がたえず強まるのにともない、中日関係は日本にとっても、中国にとっても戦略的な重要性が増し、そのことは中日関係の将来の発展の戦略的基礎となった。冷戦終結後、公明党自身にも変化が生まれ、自民党政権を打倒し政治改革を推進するために、一度は新進党の結党〔一九九四年十二月〕に参与した。しかし、新進党の内部矛盾がたえず生じ、政権を喪失し、離党議員がたえず増加するのにともない、新進党は一九九七年〔十二月〕に突如解散した。その後、旧公明党議員らは「公明」と「新党平和」の旗のもとに続々と結集した。自民党は一九九八年〔七月〕の参議院選挙で大敗し、多くの議席を失った。しかし、「旧公明党系」の二つの政党は勝利したので、公明と新党平和は「政治的決定権を掌握し」、一九九八年十一月七日に新しい公明党が誕生した。結党全国大会で採択した新しい宣言、運動方針、基本政策に基づいて、公明党は「大衆とともに」という公明党の原点に回帰し、国民の福祉と世界の平和的発展を推進することを言明した。理念と基本政策の継続性によって、中日関係の問題では、公明党は政権与党のときも野党のときも、対中友好の方針を採っている。中日関係がぎくしゃくしているこの数年、公明党の努力は中日関係の屈折した複雑さに対して極めて重要であった。

一九九〇年代初期、中日両国は江沢民総書記の訪日と天皇陛下の訪中を実現した。一九九二年四月、江沢民総書記は日本訪問中に、与党と政府の指導者と会談しただけでなく、財界人や野党関係者とも幅広い交流を行ったが、そのなかには公明党の石田幸四郎委員長も含まれていた。江沢民総書記が天皇陛下の訪中を招待したことは、日本国内で論議を引き起こした。天皇陛下の訪中計画は右翼の妨害を受けただけでなく、多くの政界関係者も懸念を抱いた。公明党は当初は天皇陛下の訪中期間中に謝罪を迫られるのではないかと憂慮して不支持の態度を示していたが、天皇の訪中が最終的に実現するとともに大きな成功を収めると、市川雄一書記長は、天皇が楊尚昆国家主席と会見した際のお言葉について、「お言葉は中国を侵略した我が国の責任を明確にしている……日本だけでなく、今後のアジア各国との関係から考慮して、政府はもともと歴史を直視する勇気を具えているべきだ」と明確に表明した。公明党が歴史問題を直視し、中国などアジア諸国と関係を強化する願望を表明したことは、中日関係の発展にとって有益であった。

江沢民総書記の訪日と天皇陛下の訪中の実現によって、中日関係は新たな高みに達したが、一九九〇年代中期以後、両国間に多くの不協和音が生じた。たとえば、「日米防衛協力のための指針（新ガイドライン）に関わる地域の範囲の問題、平和憲法の改定や釣魚島の問題などである。しかも、一九八〇年代に生じた古い問題が再び中日関係の発展の障害になった。とくに、二〇〇一年に小泉純一郎首相が就任してからの五年間に、頻繁に靖国神社を参拝したことによって、中日関係は一時期大きく冷え込んだ。その混乱していた中国関係の問題で、連立与党の一翼を担う公明党は一貫して問題の解決、中日の友情の発展に全力を尽くし、中日両国の戦略的関係を構築するよう努力した。

一九九九年十月、公明党は自民党の要請を受け入れ、自由党とともに連立与党の一員になった。いわゆる「自自公」連立である。一九九九年から今日まで、日本の政府は何度も変わったが、公明党は終始一貫して連立与党の一員として日本政界でその役割を発揮してきた。この間、両国間の膠着状態を打破し、中日関係を改善する公明党の努力は主に三つの面に集中した。

第一に、連立与党の一員としての立場を利用して連立相手の自民党にかなり大きな圧力をかけ、その政策や言動、ひいては「ポスト小泉」時代の首相の政策にさえ影響を及ぼした。二〇〇一年四月、小泉首相が就任直後に、在任中の靖国神社参拝問題について公明党の意見を求めると、当時の冬柴鉄三幹事長は公明党を代表して、憲法に違反し、日中関係を悪化させる危険があるという理由で反対を表明した。その後、小泉純一郎が政権を握っていた時期に、公明党は与党の一員であったにもかかわらず、終始一貫して小泉首相の靖国神社参拝に反対した。二〇〇五年〔十月〕、小泉首相が再び靖国神社を参拝した後、神崎武法委員長は「人民日報」のインタビューを受けた際、小泉首相のこの行為に反対を表明するとともに、日本は歴史に対する反省を基礎にして中国を含むアジア各国と良好な関係を築くべきであると指摘した。それと同時に、同委員長は日本国内で、靖国神社への参拝は連立政権を損なうと明確に表明した。参議院で多数派を維持するのに公明党を必要とする自民党についていえば、公明党の態度表明は自民党の政策に影響を及ぼさないわけはなかった。小泉首相がもう再任はないことを表明した後、公明党の神崎武法委員長、冬柴鉄三書記長らは相次いで談話を発表し、次期首相に対して日中関係を改善するとともに、自身の言動に気を配るよう希望することを表明した。

第二に、公明党は両国の与党交流の枠組みに積極的に参与した。両国関係がぎくしゃくし、首脳会談が長期間中断していたときに、この政党ルートの外交が極めて大きな役割を果たした。二〇〇六年初め〔二月〕、公明党の井上義久政調会長と自民党の中川秀直政調会長が中国を訪問し、「日中与党交流協議会」の第一回会合に参加したが、この交流協議会はまさに長期化、制度化に向かって発展しつつある。二〇〇六年末、中国共産党中央対外連絡部の王家瑞部長が代表団を率いて日本を訪問し、第二回会合に参加した。会議の内容は、歴史問題、政治、経済交流など各分野に及び、両国政府間の意思疎通を図るうえで積極的な役割を果たした。

第三に、公明党自身についていえば、対中友好の基本政策を堅持し、中国問題研究会の設立を呼びかけるとともに、一連の問題で社会大衆に自己の意見を表明している。二〇〇五年二月十日、公明党は、中日関係改善のために、交流と理解を深めるとともに、それに応ずる方策を提起できるよう、党内に「現代中国研究会」を設置することを決定した。この研究会は、日中経済、安全保障、歴史認識、台湾問題などをテーマとして取り上げている。

二〇〇六年〔十月〕、安倍首相は就任〔九月〕後初の外遊先に中国を選び、これは「氷を砕く旅」と呼ばれた。その後〔二〇〇七年四月〕、温家宝総理は日本を訪問する「氷を融かす旅」を実現して、中日関係を膠着状態から脱け出させた。この過程で、公明党は無視できない積極的な役割を果たした。

数十年来の公明党と日中関係の歴史的発展を概観すると、「民間外交」の時代であれ、国交樹立後の各分野の関係が全面的に発展した時代であれ、日本人民との幅広い交流、自民党以外のその他の政党とのつながりを維持、強化することが、中日関係の基礎にとって非常に重要であり、なかでも公明党がかなり特殊な役割を発揮したことが十分に分かる。

第一に公明党が日本の普通の人民の声を代表していること。

第二にその基本理念から、公明党が中国の平和共存思想を受け入れやすいこと。

第三に、その穏健な革新主義、自民党と論争もするし協力もする関係によって、公明党は往々にして両国政府間の意思疎通の重要なルートの役割を担うことができたこと。

公明党のこれらの役割は、中日関係に問題が生じたときに、とりわけ貴重であったように思われる。

3　社会党（社民党）と中日関係

呂丹　李寒梅

一九五五年から一九九三年までの「五五年体制」が終結するまで、社会党は一貫して国会では最大野党として、できる限り革新政党の陣営を団結させ、与党である自民党を強力に牽制してきた。一九九三年〔八月〕、三十八年間も政権与党であった自民党が下野し、社会党を含む八党派による連立政権が成立し、細川護熙内閣が誕生した。一九九四年〔六月〕、社会党の村山富市委員長が首相に就任した。一九九六年一月、社会党は党大会で党名を社会民主党（社民党）に変更することを決定するとともに、新しい党規約と綱領を採択した。社会党（社民党）は一貫して中国との友好の方針を堅持し、積極的に中国との友好協力を展開し、中日の二国間関係の順調な発展を促進している。

一　「中日平和友好条約」の締結を推進

一九七八年八月十二日、中日両国政府の代表は北京で「中日平和友好条約」に調印した。同条約は一九七二年〔九月〕に調印した「中日共同声明」とともに中日両国の友好交流と協力を展開する基本的な法的枠組みを構築し、中日の二国間関係の発展の政治的基礎を固め、中日関係の各分野における全面的発展を促進しており、重大な歴史的意義を有する。しかしながら、「中日平和友好条約」の調印はけっして順風満帆ではなかった。一九七四年十一月に予備交渉を行ってから、一九七八年八月に条約に調印するまで四年近くかかり、曲折に富む困難な交渉過程を経た。その過程において、国会の第一野党である社会党は積極的に活動を展開し、両国政府の交渉を進展させ、条約の最終的な調印のために独特の貢献をした。

一九七五年五月十二日、社会党の成田知巳委員長の率いる日本社会党第六次訪中代表団が中国を訪問し、国務院の李先念副総理、廖承志会長を団長とする中日友好協会代表団と会談を行った。中日友好協会代表団との会談で、社会党は、中日両国が国交を回復し、中日関係が新しい段階に入ったこの際、「日中平和友好条約」の早期締結のために尽力する気持ちがあることを表明した。両国政府の間で意見が分かれた「反覇権条項」の問題で、社会党は中国の立場を支持することを表明し、平和共存五原則を遵守し、内外の障害を排除し、「反覇権条項」を明確に条約に盛り込むことを主張した。会談後、社会党第六次訪中代表団と中日友好協会代表団は「共同声明」を発表した。声明は当面のもっとも重要な課題は一九七二年の「中日共同声明」の原則を基礎に、一日も早く「中日平和友好条約」を締結することであると指摘し、双方は各種の障害を排除し、条約を一日も早く締結するために、両国の善隣友好関係の強化と発展のために共同で努力することを表明し、「中日平和友好条約」の締結を契機に、中日両国人民の恒久平和と友好関係を構築するために、中日友好運動をさらに推進することで同意した。

一九七七年六月六日、社会党は衆議院に「日中平和友好条約」の締結を促進するための決議案を提出した。一九七八年三月二十二日、日本社会党中央執行委員会の飛鳥田一雄委員長の率いる日本社会党第八次訪中団が中国を訪問した。当時は、まさに平和条約交渉が大詰めを迎えていた。日本政府の内部では依然として「反覇権条項」の問題のために論争が絶えず、決着がつかなかったし、福田赳夫首相は一九七六年末に就任して後一貫して、「日中平和友好条約については、両国はともにすみやかに締結する誠意を有している。日本政府は努力し、双方がともに満足する状態のもとでこの目標を実現する」という言葉で、日中両国人民の条約締結の強い要求をなんとか取り繕い、世論に「階段の音はしたが、誰も下りてこない」〔かけ声ばかりで何もしない〕と評された。この種の状況のもとで、社会党の代表団は何回も中国を訪問し、福田内閣に一日も早く「階段を下り」させるために積極的に努力した。三月二十六日、飛鳥田一雄委員長は国務院の鄧小平副総理と会談し、中国の指導者の訪日を要請したが、鄧小平副総理は、「福田首相が決断しさえすれば、私が東京に行ってもかまわない」と答え、「中日平和友好条約」早期締結の願望を表明した。鄧小平副総理はさらに明確に次のように指摘した。

中日の友好協力、「中日平和友好条約」の早期締結は大勢の赴くところであり、真に中日両国人民の根本的利益に合致する。「現在の問題はやはり福田首相の決断だ。恐れてはいけない、ソ連の恨みを買うのを恐れてはいけない、実際に調印すれば、彼らはどうしようもない。」

鄧小平副総理はさらに、大衆のなかで活動し、積極的に条約の締結を推進する社会党の言動を称賛した。

飛鳥田委員長は日本に戻った後、鄧小平副総理の談話を福田首相に伝え、「首相は決断を下すべきである。正文に『反覇権』

を明記し、園田外務大臣を訪中させ、条約の締結を急がなければならない」と督促したうえ、「政府が反覇権条項を加えて条約を締結する立場をとるのであれば、社会党は国会の内外で協力する」ことを表明した。

それゆえ、福田首相は中国指導者の条約締結への積極的な態度を理解し、社会党の立場をも理解した。その結果、福田首相が交渉の再開を決意することを非常に大きく促したことに疑問の余地はない。五月下旬に至って、福田首相はついに党内のタカ派と親台派の妨害を排除し、交渉を行うことを決意し、条約の締結のために交渉を再開するからには、条約の締結を成し遂げなければならないと表明した。八月十二日、「中日平和友好条約」がついに締結された。条約の第二条には、「両締約国は、そのいずれも、アジア・太平洋地域においても又は他のいずれの地域においても覇権を求めるべきではなく、また、このような覇権を確立しようとする他のいかなる国又は国の集団による試みにも反対することを表明する」と明記されている。

条約を締結した当日、社会党は声明を発表し、「日中平和友好条約」の最終的な調印を「衷心より歓迎する」ことを表明するとともに、日中国交正常化から六年間一貫して条約の早期締結のために積極的に努力してきたあらゆる人を高く賞賛し、次期臨時国会でできる限り早く批准するとともに、できる限り早く東京で批准書の交換を行うよう期待することを表明し、次のように指摘している。

「日中平和友好条約」がとくに反覇権主義の立場を明確にしていることは、「日中共同声明」の精神と原則に合致し、日中両国人民の利益と一致し、一九四九年の中華人民共和国の成立以来、一貫して両国の恒久平和と善隣友好の確立のために奮闘し、犠牲を払ってきた日本社会党の外交の成果でもある。日本政府はこの条約の立場に基づき、一貫して日米安保条約を基本とするアジア外交を見直し、反省すべきである。

「日中平和友好条約」が締結されるまでの数年間、社会党は田中角栄内閣〔一九七二年七月―一九七四年十一月〕と福田赳夫内閣〔一九七六年十一月―一九七八年十一月〕の中国に対する積極政策を全力を挙げて支持し、日中関係の発展のためにさまざまな政策を提案することに努力した。この二つの内閣の時期、社会党は前後七回中国に大型訪問団を派遣し、両国政府の間を積極的に仲介し、情報を伝達し、両国が相互に理解し、矛盾を解消し、問題を解決し、最終的に条約の締結にこぎつけるために独特かつ重要な貢献をした。

二　侵略の歴史を積極的に反省

一九九三年〔六月〕、三十八年間にわたって政権与党であった自民党は派閥抗争のために分裂し、宮澤喜一内閣は瓦解した。社会党は自民党から分裂した新生党をはじめ、日本新党、公明党、社民連など七党と組み、七月の総選挙で自民党に辛勝し、連立政権を樹立し、細川護熙内閣を誕生させ、自民党が単独政権であった「五五年体制」に終止符を打ち、一九四八年以来初めて政権与党になった。

「平成戦国時代」に突入した日本の政界は、革新政党が政権に参加したため中日関係の問題で積極的な変化が生じた。一九九三年八月十日、細川首相は記者会見で、日本が過去において起こした対外戦争は、侵略戦争で間違った戦争だと認識しているとはっきり表明した。八月二十五日、就任演説でも、「過去の我が国の侵略行為や植民地支配などが多くの人々に耐えがたい苦しみと悲しみをもたらした」ことに対して反省とお詫びの意を表明した。一九九四年〔三月十九―二十一日〕、「冷戦後の新しい日中関係」を構築するために中国を公式訪問した。江沢民国家主席、李鵬国務院総理との会談で、侵略戦争の歴史に対する反省を再び表明した。このような態度はそれまでの歴代の自民党の首相よりも積極的かつ誠実であり、その後の国会の「不戦決議」〔一九九五年六月六日に衆議院で採択した「歴史を教訓に平和への決意を新たにする決議」〕と村山富市首相の「八・一五談話」〔一九九五年八月十五日の「戦後五十周年の終戦記念日にあたっての内閣総理大臣談話」〕のために基礎を築いた。

一九九四年六月三十日、日本社会党、自民党、新党さきがけの三党による連立政権が誕生し、社会党の村山富市委員長が首相に就任し、一九四八年以来初めて社会党の指導者が首相になった。八月三十一日、村山富市首相は談話を発表し、近代日本の侵略の歴史に対し深い反省の意を述べた。

「我が国が過去の一時期に行った行為は、国民に多くの犠牲をもたらしたばかりでなく、アジアの近隣諸国等の人々に、いまなお癒しがたい傷跡を残しています。私は、我が国の侵略行為や植民地支配などが多くの人々に耐えがたい苦しみと悲しみをもたらしたことに対し、深い反省の気持ちに立って、不戦の決意の下、世界平和の創造に向かって力を尽くしていくことが、これからの日本の歩むべき進路であると考えます。

我が国は、アジアの近隣諸国等との関係の歴史を直視しなければなりません。日本国民と近隣諸国民が手を携えてアジア・太平洋の未来をひらくには、お互いの痛みを克服して構築される相互理解と相互信頼という不動の土台が不可欠です。」

村山富市首相はさらに「平和友好交流計画」を提起したが、その内容には「歴史研究支援事業」の展開、知的交流や青少年交流の促進などが含まれている。最後に、従軍慰安婦問題について心からの深い反省とお詫びの気持ちを表明するとともに、「二度と戦争の惨禍を繰り返さないためには、戦争を忘れないことが大切です」、「次の世代に戦争の悲惨さと、そこに幾多の尊い犠牲があったことを語り継ぎ、常に恒久平和に向けて努力していかなければなりません」と指摘している。

同年十月二十八日、村山富市首相は訪日中の中国の栄毅仁国家副主席と会見した。栄毅仁副主席が、日本政府が「中日共同声明」と「中日平和友好条約」の原則を厳守するよう希望することを表明すると、村山首相は、現内閣は日中関係を重要課題としており、日本政府はけっして「二つの中国」をもたらす事柄に参与しないことを表明した。十一月十四日、村山首相はジャカルタで開催されたAPEC〔アジア太平洋経済協力〕非公式首脳会議に出席し、江沢民国家主席と会見した。江沢民主席は、過去の不幸な歴史に鑑み、中日双方は今日の容易ならざる友好関係をいっそう重んじ、「日中共同声明」を基礎に、両国の善隣友好協力を新しい地平にまでたえず発展させるべきであると指摘した。村山首相はそれに対して同意を表明するとともに、日本は引き続き一つの中国の立場を堅持することを表明した。

一九九五年五月二日、村山富市首相は招待に応じて中国を公式訪問し、江沢民国家主席、李鵬国務院総理と、ともに関心を寄せる問題について会談を行った。五月三日、村山首相は北京の中国人民抗日戦争記念館を見学するとともに、「歴史を直視し、日中友好と永遠の平和を祈る」と記した。同日、村山首相は人民英雄記念碑を見学するとともに献花した。五月四日、内外記者との記者会見で、村山首相は再び日本の過去の侵略行為と植民地支配に深い反省の意を表明するとともに、アジアの諸国民との相互理解と相互信頼を築くために努力する決意を表明した。さらに、日本はけっして軍事大国にならないことを説明するとともに、中国をはじめとするアジア諸国と力をあわせてアジアの繁栄と平和のための共同作業を進めていきたいと呼びかけた。

一九九五年六月六日、第二次世界大戦終結五十周年を迎えるにあたり、連立政権の三党は「歴史を教訓に平和への決意を新たにする決議案」を国会に提出した。六月九日、政権与党の社会党と、社会党の指導者である土井たか子衆議院議長の主導のもと、「不戦決議」とか「戦後五十周年決議」と呼ばれる決議案は採択された。決議案の主要な内容は次の通りである。

「本院は、戦後五十年にあたり、全世界の戦没者および戦争等による犠牲者に対し、追悼の誠を捧げる。

また、世界の近代史における数々の植民地支配や侵略行為に想いをいたし、我が国が過去に行ったこうした行為や他国民とくにアジア諸国民に与えた苦痛を認識し、深い反省の念を表明する。我々は、過去の戦争についての歴史観の相違を超え、歴史の教訓を謙虚に学び、平和な国際社会を築いていかなければならない。」

この決議案が採択された後、村山首相は決議について談話を発表し、再び「国内外の犠牲者」に対する厚い哀悼と歴史に対する深い反省の意を表明した。

日本の国会が一九九五年に採択した「不戦決議」は、あまり徹底していないことを指摘すべきである。決議そのものが日本の各党派、各政治勢力が相互に妥協した結果であり、最終的に採択された決議は、社会党が当初提出した、朝鮮半島の植民地支配と中国における侵略行為に「謝罪」する内容から大幅に後退し、もはや「不戦」や「謝罪」を盛り込まず、戦争について慌ただしくやり過ごし、いたるところで融通の利く解釈のために伏線を張っている。自民党内の国会議員の右翼グループの反対のもと、「不戦決議」は「戦後五十周年決議」に改称された。採決するときに、半数の議員が欠席し、しかも決議も左右両陣営から攻撃された。保守派は決議案は譲歩のしすぎ、謝罪のしすぎと批判し、日本共産党を代表とする革新派はもっと率直に謝罪するよう要求したのである。そのため、この決議は左翼的な専門家や研究者から「どっちつかず」と批判された。それにもかかわらず、その積極的意義はやはりきちんと肯定すべきであろう。

一九九五年八月十五日、全世界が第二次世界大戦勝利五十周年を記念する際、村山富市首相は日本近代の対外侵略拡張の歴史について公式談話、つまり有名な「村山談話」を発表した。

「平和で豊かな日本となった今日、私たちはややもすればこの平和の尊さ、有難さを忘れがちになります。私たちは過去のあやまちを二度と繰り返すことのないよう、戦争の悲惨さを若い世代に語り伝えていかなければなりません。とくに近隣諸国の人々と手を携えて、アジア太平洋地域ひいては世界の平和を確かなものとしていくためには、なによりも、これらの諸国との間に深い理解と信頼にもとづいた関係を培っていくことが不可欠と考えます。政府は、この考えに基づき、とくに近現代における日本と近隣アジア諸国との関係にかかわる歴史研究を支援し、各国との交流の飛躍的な拡大をはかるために、この二つを柱とした平和友好交流事業を展開しております。また、現在取り組んでいる戦後処理問題についても、我が国とこれらの国々との信頼関係をいっそう強化するため、私は、引き続き誠実に対応してまいります。

いま、戦後五十周年の節目にあたり、我々が銘記すべきことは、来し方を訪ねて歴史の教訓に学び、未来を望んで、人類社会の平和と繁栄への道を誤らないことであります。

我が国は、遠くない過去の一時期、国策を誤り、戦争への道を歩んで国民を存亡の危機に陥れ、植民地支配と侵略によって、多くの国々、とりわけアジア諸国の人々に対して多大の損害と苦痛を与えました。私は、未来に過ち無からしめんとするが故に、疑うべくもないこの歴史の事実を謙虚に受け止め、ここにあらためて痛切な反省の意を表し、心からのお詫びの気持ちを表明いたします。また、この歴史がもたらした内外すべての犠牲者に深い哀悼の念を捧げます。」

同日、「人民日報」記者のインタビューを受けた際、村山首相は厳粛に、「我が国の植民地支配と侵略が中国人民にもたらした多大な損害と苦痛を痛切に反省し、ここに心からのお詫びを申し上げる」と表明した。これは日本の首相が初めて日本の中国侵略について中国に明確に行った謝罪である。

三　政党間交流を積極的に展開

早くも一九六〇年代、日中両国がまだ国交を樹立していないとき、社会党は何度も代表団を訪中させ、積極的に両国関係の正常化を推進した。「中日平和友好条約」交渉が行われていた一九七四年から一九七八年までの四年間に、社会党は七回にわたって大型代表団を訪中させ、両国政府を仲介し、情報を伝達した。「中日平和友好条約」が成功裡に調印された後、社会党はいっそう頻繁に代表団を訪中させた。

一九八三年一月、中国共産党（中共）が社会党に両党間の公式関係を樹立することを提案すると、社会党は喜んで受け入れ、双方は中国社会科学院と日本社会党社会主義理論センターの間で理論交流を展開することを取り決めた。三月十九日、社会党の曽我祐次副書記長が代表団を率いて中国を訪問し、その訪問中に中国共産党と社会党は正式に政党間関係を樹立した。九月末、石橋政嗣委員長を団長とする日本社会党代表団が訪中し、中共中央の胡耀邦総書記、中共中央政治局常務委員の李先念国家主席と相次いで会談を行った。一九八五年八月二十六日、田辺誠書記長の率いる日本社会党代表団が訪中した。一九八七年十一月十二日、土井たか子委員長の率いる日本社会党代表団が中国を訪問し、中共中央軍事委員会の鄧小平主席と会談を行った。一九九〇年五月二十日、山口鶴男書記長を団長とする日本社会党代表団が訪中し、江沢民総書記と会談した。一九九一年五月三日、田辺誠副委員長の率いる代表団が訪中し、江沢民国家主席が田辺副委員長の一行と会見した。一九九二年一月十一日、田辺誠委員長の率いる日本社会党第五次訪中団が訪中し、江沢民国家主席、李鵬国務院総理がそれぞれ会見した。五月、中共中央対外連絡部の朱良部長が日本社会党図們江開発調査団と会見した。一九九四年五月十七日、江沢民国家主席が久保亘書記長の率いる日本社会党第六次訪中代表団と会見した。

一九九六年一月、社会党は第六十四回党大会を開催し、党名を社会民主党（社民党）に変更することを正式決定した。改称後の社民党は勢力がさらに弱まり、国会における野党第一党としての昔日の威風はもはやなくなったが、中国に対する友好、中日関係に対する重視はますます強まった。一九九七年三月十一日、社民党の土井たか子党首の率いる代表団が訪中し、中共中央総書記でもある江沢民国家主席と会談した。その会談で、江沢民主席は社民党と土井たか子党首が長期にわたって中日友好の維持と発展のために行った努力を高く評価し、土井たか子党首は数度にわたって代表団を率いて訪中したり、日本で中国共産党代表団をもてなしたりしたことを愉快に回想した後、「我々両党の長年にわたる交流によって、理解と友情が深まった」と述べた。双方はさらに朝鮮半島情勢の問題について意見を交換した。

二〇〇一年一月九日、社民党の土井たか子党首は再び招待に応じ代表団を率いて訪中し、中共中央総書記でもある江沢民国家主席と会談を行った。江沢民主席は、社民党は新中国との交流の歴史がもっとも長く、範囲がもっとも広い日本の政党の一つであるとはっきり指摘して、次のように語った。

「長年にわたって、両国関係に関わる重大な原則的問題で、社民党は正しい立場を堅持し、戦後の各段階における中日関係の健全で安定した発展のために重要な貢献をし、土井党首ら社民党の旧い世代の政治家は中日友好のために長期にわたって積極に努力した。」

土井たか子党首は、代表団には若手議員も少なくないが、これは社民党が日中関係の未来を非常に重視していることを示しており、社民党は日中両国の善隣友好協力関係がさらに新しい発展段階に入るよう心から祈ると表明した。さらに、江沢民主席に社民党が提起した「北東アジアの非核兵器地帯構想」について詳しく説明するとともに、社民党が平和外交と現行憲法擁護の立場を主張することを表明した。

二〇〇三年四月二十九日、社民党の土井たか子党首は再び党代表団を率いて訪中し、中央中共総書記でもある胡錦濤国家主席と会談を行った。胡錦濤主席は中国共産党と日本社会党（社民党）の公式関係の樹立二十周年に祝意を表明するとともに、社民党が長期にわたって中日友好のために行ってきた努力と貢献を高く評価した。土井たか子党首は、中国が引き続き地域の平和、安定、発展の面で貢献するよう希望することを表明した。

二〇〇四年五月二十五日、社民党の又市征治幹事長の率いる代表団が訪中し、呉官正中共中央政治局常務委員と会談を行った。呉官正常務委員は、社民党が中日友好の発展のためにしている積極的な貢献と、歴史問題と台湾問題で正しい立場を堅持していることに賞賛の意を表明するとともに、中国共産党が社民党を含む日本の各政党といっそう友好協力関係を発展させ、「友好、協力、互恵、ウィンウィン」の新しい中日関係を共同で構築することを希望していることを表明した。又市征治幹事長は次のように表明した。

「正しい歴史認識は日中関係の発展に不可欠であり、日中双方が歴史を鑑とし、未来に向かって、共同で両国関係の健全で安定した発展のために努力すべきである。台湾問題では、社民党は一貫して『一つの中国』という立場を堅持し、台湾問題は中国の内政であると認識している。社民党は中国共産党と友好交流関係をいっそう強化したいと思っている。」

二〇〇四年九月四日、社民党の福島瑞穂党首の率いる代表団が訪中し、李長春中共中央政治局常務委員と会談を行った。李長春常務委員は、社民党が長期にわたって中日友好の発展のために努力している努力に感謝の意を表明した。福島瑞穂党首は、「日中が各レベルで友好関係を築くことはアジアにとって極めて重要であり、社民党は日中友好関係から出発して、日本の指導者が靖国神社に参拝することに賛成しない。社民党は中国共産党との友好関係を重視し、中共と共同で努力し、アジアの平和と発展を促進することを願っている」と述べた。

二〇〇五年十二月七日、福島瑞穂党首を団長、村山富市元首相を顧問とする社民党代表団が訪中し、中共中央対外連絡部の王家瑞部長と会談を行った。福島瑞穂党首は、社民党は日本はかつて侵略戦争を行った歴史的責任を直視すべきであると認識していることを表明し、村山富市元首相は、日本の若い世代が戦争の歴史とその危害を理解していないので、社民党やメディアは若い世代に対する歴史教育を強化する面でもなすべきことが少なくないと指摘した。同日午後、中共中央政治局常務委員でもある曽慶紅国家副主席も社民党代表団と会談した。曽慶紅副主席は、「中日関係に近年深刻な困難が生じているが、その責任は中国側にはない。日本の指導者がA級戦犯を祀っている靖国神社を参拝することが、中国人民の感情を著しく傷つけ、両国関係の政治的基礎を損なっている」と指摘した。福島瑞穂党首は、「日本の指導者の靖国神社参拝が目下日中関係の健全な発展に影響を及ぼす主要な障害であり、社民党は参拝の停止を断固として要求する。社民党は日本が歴史的責任を直視し、平和的発展の道を歩むことを堅持すべきだと認識している」と述べた。

二〇〇六年八月二十日、衆議院元議長の土井たか子社民党前党首が中国を訪問し、唐家璇国務委員と会談を行った。唐家璇国務委員は、中日の政治関係が膠着状態に陥っている根本的原因は、日本の指導者が第二次世界大戦のA級戦犯を祀っている靖国神社への参拝に頑なに固執していることであると指摘した。土井たか子前党首は、「日中国交正常化以来の経験が表明しているように、両国間の三つの政治文書の原則を厳守することが、日中関係の健全で安定した発展を維持する根本である。正しい歴史認識は、日中関係だけでなく、日本自身の発展のためにも重要であり、社民党はそのために積極的に努力していきたい」と表明した。

これらのことから、日本社会党（社民党）が中国と友好関係を保持してきた基礎は、同党が一貫して堅持してきた、戦争について反省し、侵略の歴史を直視し、首相の靖国神社参拝に反対し、平和憲法を擁護し、平和外交を展開する原則的立場である。一九八二年、二〇〇〇年、二〇〇一年、社会党（社民党）は何度も歴史教科書問題について談話を発表し、歴史的事実を歪曲し、アジアの近隣諸国の人民の感情を損なう日本政府の行為を批判してきた。二〇〇一年から二〇〇六年にかけて、社民党は前後六回にわたって小泉純一郎首相の靖国神社参拝に強く抗議した。このような立場により、社会党（社民党）は中国との友情を保持し、日中関係の発展に重要な貢献をしてきたのである。

4　日本共産党と中日関係

呂丹　李寒梅

日本共産党は一九二二年七月十五日の結党で、今日まで八十六年間にわたって困難で曲折に富む発展の道を歩んできた。結党以来一貫して政権与党の地位を得たことがなく、「万年野党」に組み入れられているけれども、日本の政界で歴史がもっとも長い政党として、長期にわたって日本の政治のなかでかなり重要な役割を発揮している。とくに一九九〇年代中期〔一九九三年八月〕に社会党が自民党と連立政権を樹立した後、日本共産党は自己の原則的立場を堅持し、日本の政界で歴史の流れに耐え抜いた偉大な政党であるとともに筋の通った唯一の革新政党として、保守勢力や右翼勢力と闘争を続け、「総体的保守化」の日本の政界で清新な革新的態度を持している。一九九八年〔六月〕の関係正常化以来、日本共産党と中国共産党は頻繁にハイレベルの相互訪問、理論交流を重ね、各分野でたえず交流と協力を深化、拡大している。

一　関係正常化

中国共産党〔中共　一九二一年七月〕と日本共産党〔日共　一九二二年七月〕は一九二〇年代初頭に相次いで結成され、同じプロレタリア政党として自国の共産主義運動を指導し、同志のような友情を結んだ。しかしながら、一九六〇年代後期、国際環境や「文化大革命」〔一九六六―七六年〕など幾多の要因の影響を受け、両党関係は重大な挫折を被り、完全に交流を断絶するに至った。一九六〇年代、インドシナ人民の反米闘争を支援するために、中日両国の共産党は一致して反帝国際戦線を結成することを主張したが、ソ連との関係の問題で、両党に意見の食い違いが生じた。一九六六年三月、宮本顕治書記長を団長とする日共代表団が中国を訪問し、劉少奇国家主席、周恩来国務院総理ら中共中央の指導者と北京で会談を行い、アメリカ帝国主義に反対する国際統一戦線の結成を主張し、それと同時に名指しせずにソ連の修正主義と大国ショービニズムを批判する共同声明について合意に達した。

しかし、三月二十八、二十九両日に両党が上海で行った会談で、毛沢東が反米反ソ統一戦線の結成を明確に提起するように要求し、日共はその提案を受け入れがたいと見なした。そのため、会談は決裂し、両党関係が悪化し始めた。その後、「文化大革命」中に、中国は日共をソ連、アメリカ、日本の佐藤内閣と同列に扱って中国の「四つの敵」として批判を行い、日共の極左分子に日共に造反するようけしかけたので、両党の関係はさらに悪化した。一九六七年二月末、東京で日共の「武闘部隊」が中国人留学生を襲撃する「善隣学生会館事件」が発生した。八月、北京で日共の北京駐在員と「赤旗」記者に対する暴力襲撃事件が発生した。一九六七年八月、日共は中国駐在代表である砂間一良と中央機関紙「赤旗」の北京駐在記者の紺野純一を召還し、それ以来中国共産党と完全に関係を断絶した。

一九七八年十月十五日、野党の日本共産党は国会で「日中平和友好条約」を審議する際、賛成票を投じ、公式に日本政府と中国政府が八月に調印した同条約を承認した。一九八一年六月、中国共産党第十一期中央委員会第六回全体会議は「建国以来の党の若干の歴史問題に関する決議」を採択し、中国共産党と毛沢東自身が「文化大革命」で犯した誤りを公式に承認するとともに、党が政党間関係の処理で犯した誤りについて反省した。一九八二年六月、中国共産党は政党間関係を処理する四原則、すなわち「独立自主、完全平等、相互尊重、内部実務相互不干渉」を提起した。これらのことが両国共産党の関係を回復するために基礎を築いた。

一九八六年六月、中国共産党はメディアを通じて日本共産党に両党関係の改善を希望する意向を表明したが、当時の日本共産党は中国の実行している改革開放政策に偏見を抱いていたため、中国は資本主義の道を歩んでおり、両党が関係正常化を実現することは依然として大きな困難に直面していると見なした。一九九〇年代以後、世界情勢と国際構造に生じたかなり大きな変化、日本共産党の国会での議席数の減少、日共の指導者の世代交代などの原因によって、同党は不破哲三委員長と志位和夫書記局長の指導のもとで、積極的に変革を図り、良好な成果を収めた。

一九九七年七月九日、「人民日報」は七月六日の東京都議会議員選挙の結果を報道し、日共の躍進の原因を分析した際、日本共産党は、「日本の政界で旧い習慣を打ち破って新機軸を打ち出した唯一の政党である」と称え、日本共産党はこの文章を中国共産党が発した両党関係を改善するシグナルであると見なした。一九九七年九月、日共は第二十一回大会を開催し、新華社記者を招待して取材させるとともに報道させた。同大会で、最高指導者の宮本顕治議長が引退し、新しい指導グループは中国共産党との関係を積極的に改善する目標を提起した。十二月十日、日本共産党は日本駐在中国大使館を通じて中国外交部に改めて「赤旗」支局を北京に開設する申請を提出し、ただちに認可された。一九九八年二月二十五日、三十二年間閉鎖されていた「赤旗」北京支局が再開され、「新聞外交」の展開にともない、両党の責任者が相互関係について談話を発表し始めた。

一九九七年十二月、中共中央対外連絡部の戴秉国部長は「人民日報」記者のインタビューを受けた際に、「独立自主、完全平等、相互尊重、内部実務相互不干渉の原則の基礎のうえに、中日両国共産党の間で関係を回復することは完全に可能である」とはっきり指摘した。戴秉国の談話は日共に非常に重視され、不破哲三委員長は「産経新聞」と「読売新聞」のインタビューに応じた際、日本共産党はすでに、積極的行動をとり、一日も早く中国共産党との正常な関係を回復することを決定していることを明らかにした。

一九九八年一月二十日、中共中央対外連絡部の朱達成秘書長が日本共産党本部を訪れ、不破哲三委員長と中共中央政治局常務委員でもある胡錦濤国家副主席の日本訪問などについて非公式会談を行った。同年四月二十二日、不破委員長は日本の外務省が開催した胡錦濤副主席の訪日歓迎レセプションに出席するとともに、胡錦濤と交流を行った。これは三十一年ぶりにハイレベル指導者の行った接触であり、両党関係が正常化の方向に向かって大きな一歩を踏み出した。四月二十三日、胡錦濤副主席の訪日に随行していた中央対外連絡部の戴秉国部長が日本共産党の国際部部長と約一時間会談を行い、「北京会談」の前奏となった。同日午後、不破哲三委員長は記者会見で、両党は九月の江沢民国家主席の訪日前に関係の正常化を実現する可能性を暗示した。翌日、胡錦濤副主席も「両党関係の正常化を実現することは可能である」と表明したが、これは中共の指導者が初めて両党関係の正常化について公然と意見を述べたものである。五月二十二日、中国共産党は日本共産党に関係正常化を実現するために公式会談を行うよう提案した。

一九九八年六月八日、中共中央委員でもある中央対外連絡部の戴秉国部長は日共中央書記局書記でもある国際部の西口光部長と北京で両党関係正常化を実現する問題について公式会談を行った。双方は会談のなかで両党関係の歴史を振り返り、中日友好の大局から出発し、過去を終結させ、未来を切り拓く精神に基づき、事実に基づいて真理を求める誠実な態度を抱きつつ、両党関係の正常化を実現する問題について意見を交換するとともに、共通の認識に到達した。中国側は両党関係において一九六〇年代に生じた、政党間関係の四原則、とくに内部実務相互不干渉の原則に合致しないやり方について、すでに真剣に総括、是正したことを表明し、日本側は中国側の誠意ある態度を賞賛した。

双方は、今回の会談を通じて、両党間に存在していた歴史問題はすでに基本的に解決されたことを確認し、中国共産党と日本共産党が関係の正常化を実現し、双方が中国側の主張する「独立自主、完全平等、相互尊重、内部実務相互不干渉」と、日本側の主張する「自主独立、対等平等、内部実務相互不干渉」という三原則を踏まえて、両党間の友好交流を展開することで合意し、双方は両党関係の発展が中日両国人民の相互理解と友情を増進し、中日の善隣友好協力関係の長期にわたる安定した健全な発展に積極的な貢献をすることを指摘した。

一九九八年七月二十一日、不破哲三委員長を団長とする日共代表団が中国を訪問し、中共中央政治局の胡錦濤常務委員が日共代表団一行と会見した。双方は両党の交流、発展、友好関係などの問題について友好的かつ率直に話しあい、両党の交流を拡大、深化することに同意した。中央対外連絡部の戴秉国部長もこの会見に参加した。

七月二十二日、江沢民中共中央総書記が日共代表団と会見し、中国共産党を代表して不破哲三委員長の率いる日共代表団の訪中を歓迎するとともに、中日両国共産党がしばらく前に関係正常化を実現したことに祝賀の意を表した。これは三十二年ぶりの両党の最高指導者の会談であった。その会談で、不破哲三委員長は改めて「一つの中国」の立場を堅持することを表明した。話題が両党関係に及んだとき、江沢民総書記は明確に、日本共産党が中日国交正常化の実現と両国人民の友好事業の発展のために積極的な役割を発揮し、両党関係の歴史には挫折があったけれども、重要なことは双方が共同の努力を通じて関係の正常化を実現したことであると指摘した。

二　理論交流

同一の性格を具える政党として、世界構造の急速な変化と経済のグローバル化の背景のもとでともに関心を寄せる理論問題を探求することは非常に重要な課題であり、それゆえ、中国共産党と日本共産党はその分野で頻繁な交流を行った。二〇〇五年十二月六日から九日まで、日本共産党中央委員会議長である不破哲三党中央委員会付属社会科学研究所所長を団長とする日本共産党代表団と、中共中央宣伝部理論局の張西明副局長を団長とする中国共産党理論研究代表団は、東京で第一回理論交流会議を開催した。双方は世界情勢に対する総体的な見方と評価、二十世紀における世界の社会主義運動の経験と教訓、およびソ連と東欧の共産圏の解体の原因、グローバル化の背景のもとでの世界社会主義運動の影響と発展の展望、マルクス主義の歴史と現実の意義、現代資本主義の特徴と自己調整能力、現代世界の主要矛盾、独占資本主義と帝国主義との関係など、社会主義理論と実践に関連する重大問題について、深く立ち入った誠実な考察と交流を行った。

二〇〇六年五月二十二日、前日共中央委員長の不破哲三党中央委員会付属社会科学研究所所長の率いる日本共産党代表団が中国を訪問した。二十三日、日共代表団と中共中央対外連絡部の張志軍副部長をはじめとする中国共産党理論研究代表団は北京で第二回日中理論会議を開催した。この会議で、双方はマルクス主義及び世界のマルクス主義政党の現状などの問題について深く立ち入った交流を行い、さらに中日両党の関係や中日両国の関係などの問題についても意見を交換した。二十四日、日共代表団と中国の理論界、学術界の十五名の専門研究者は理論交流を行い、ソ連解体の根本原因、社会主義と市場経済との関係、二十一世紀における世界の社会主義の展望、欧州共産主義理論の変遷、レーニンの国家理論、マルクスの社会主義論、社会主義社会の定義などの問題について深く立ち入った検討を行った。二十五日、日共代表団と中央対外連絡部の張志軍副部長の率いる中国側代表団は、世界の社会主義運動の新しい動向や日本共産党が提起した「未来社会論」などの問題について理論交流を行った。同日午後、不破哲三所長は中共中央政治局委員、書記処書記で組織部の賀国強部長と会談を行った。賀国強部長は日本側に、中国の「マルクス主義理論研究と建設プロジェクト」の意義と進展状況を詳しく紹介した。同日、不破哲三所長は中国社会科学院で「マルクス主義と二十一世紀の世界」と題する講演を行った。

二〇〇六年十月十日、日共中央委員会の招待に応じて中国社会科学院マルクス主義研究院代表団が東京に到着し、東京で日本共産党と第三回日中理論交流を行った。今回の交流は中国社会科学院マルクス主義研究院が設立されてから初めて代表団を結成して行った海外訪問であり、日本共産党とマルクス主義の基本的な理論問題について研究討論し、各自の国家におけるマルクス主義の研究、発展の状況を理解し、同時に実地に考察することに目的があった。中国側の代表はマルクス主義研究院の侯惠勤副院長、庄前生ら、日本側は中央委員会常任幹部会委員で党中央委員会付属社会科学研究所の不破哲三所長、中央委員会副委員長で国際部の緒方靖夫部長らであった。

理論交流で、日本側は日本共産党のマルクス主義（日共のいう「科学的社会主義」）研究の内容と態度を紹介し、日本共産党の提唱する「資本主義の枠組みのなかで民主主義革命を達成する」路線、民主主義改革の歴史と現状、日本共産党の提唱する野党外交の理論と実践などの問題について詳しく説明した。さらに、中国の特色のある社会主義建設、現段階におけるマルクス主義理論研究と国際社会主義運動の現状などに対する見解をも発表した。中国側代表団は、マルクス主義基本理論に対する中国理論界の認識、中国の特色のある社会主義に対する中国共産党の探求を紹介するとともに、中国の実情と結びつけ、マルクス主義基本理論間の関係について詳しく説明した。双方はさらに、以上の問題が誘発する、関連する理論問題、歴史問題、現実問題についても幅広く意見を交換した。双方は今回の会談に満足の意を表明するとともに、これを基礎に、引き続き交流を発展させるよう希望した。

東京に滞在中、マルクス主義研究院代表団は日本の国会議事堂を視察し、日本共産党の穀田恵二衆議院議員らと短時間の交流を行い、国会における日本共産党の活動状況を理解した。東京での理論会談を終えた後、代表団はさらに京都に赴き、日本共産党の京都府委員会と交流を行った。度重なる相互訪問を経て、中日両国の共産党間の理論交流会議は制度化され、両党関係と中日両国関係の発展を推進するために重要な貢献をした。

三　ハイレベルの相互訪問

関係正常化を実現した「北京会談」が順調に終了した後、胡錦濤国家副主席、江沢民中共中央総書記が相次いで日本共産党代表団の一行と心のこもった会見をした。それ以後、両党はハイレベルの相互訪問、理論会談を頻繁に行うとともに、各分野の交流と協力を積極的に展開した。

二〇〇二年八月二十六日、日本共産党中央委員会議長でもある不破哲三党中央委員会付属社会科学研究所所長が代表団を率いて北京に到着し、中国に対する五日間にわたる公式訪問を開始した。二十六日午後、不破哲三議長は中共中央対外連絡部の戴秉国部長と会談を行い、双方は東北アジア地区の平和、中日関係の現状と発展方向、日本－中国－朝鮮半島の三角関係、アメリカの戦略動向、非同盟国家およびイスラム国家の動向、日本の政治経済情勢などの問題について、深く立ち入って意見を交換した。二十七日午前、不破哲三議長は中国社会科学院で「レーニンと市場経済」と題する学術講演を行い、各分野の百名余りの専門家、研究者が参加するとともに、講演後に不破哲三議長と討論した。二十七日午後、不破哲三議長は中共中央組織部の李景田副部長と会談し、双方がともに関心を寄せる党建設の問題について交流と討論を行った。二十八日正午、不破哲三委員長の一行は唐家璇外交部長の主催する午餐会に出席し、アメリカの国際戦略の発展と変化、国際情勢などの問題について率直に意見を交換した。

二十八日午後、中共中央総書記でもある江沢民国家主席が中南海で日本共産党代表団の一行と会談を行った。会談では、双方は先ず関係正常化から四年間の両党関係の発展と中日友好を推進した努力の重要な意義を承認した。次いで、ともに関心を寄せる国際問題について深く立ち入って意見を交換した。東北アジア地区の平和問題では、双方は中国－日本－朝鮮半島間の平和的関係を安定させるよう希望するとともに、朝鮮半島の南北問題が平和的に解決できるよう希望することを表明した。アメリカが打ち出した先制攻撃戦略、中国を核兵器による先制攻撃の対象国に組み入れていること、イラク戦争を起こす準備を進めていることを、不破哲三議長は強く非難した。さらに、「国連憲章」の関連規定を無視するアメリカの帝国主義的な振る舞いを批判し、日共の反戦的な立場を表明した。江沢民主席は、中国はアメリカがイラクに対して軍事攻撃を行うことに反対し、「国連憲章」を厳守し、核兵器の全面禁止と核兵器の最初の不使用を主張する原則的立場を明確に表明した。双方はさらに両党関係、両国関係、国際共産主義運動の情勢、経済のグローバル化、ソ連解体の影響と教訓、西欧と日本の政治的右傾化、主要資本主義国家の社会主義運動、社会主義の現状と未来などの問題についても意見を交換した。会談後、不破哲三議長の一行は中共中央対外連絡部の張志軍副部長らの案内のもとで有名な中関村を視察した。二十八日夜、不破哲三議長は人民大会堂で中共中央政治局委員でもある李鉄映中国社会科学院院長と会談を行った。双方は経済のグローバル化、南北問題、環境問題、中国の社会主義市場経済、中日関係などの問題について率直な交流を行った。三十日午前、不破哲三委員長は中国国務院新聞弁公室の趙啓正主任と会談を行い、双方は中日関係などの問題について率直に意見を交換した。三十日夜、日本共産党代表団は帰国の途についた。

二〇〇三年四月十六日、兪正声中共中央政治局委員の率いる代表団が日本を訪問し、滞日中に日本党の不破哲三議長と会談を行った。双方は、両党関係、イラク戦争などの問題について深く立ち入って意見を交換した。二〇〇三年八月十一日、中国外交部の李肇星部長が日本共産党本部を訪れ、不破哲三議長らと会談を行った。李肇星部長は覇権主義に反対する日本共産党の断固たる立場を高く評価し、不破哲三議長は中国が朝鮮問題を解決するために積極的な役割を発揮するよう希望した。八月十三日、中共中央対外連絡部の招待を受け、日共国際局の緒方靖夫局長の率いる代表団が中国を訪問した。

二〇〇五年四月十五日、全国人民代表大会常務委員会の路甬祥副委員長が日本共産党本部を訪問し、志位和夫日共中央委員長らと会談を行った。路甬祥副委員長は日本共産党の歴史認識問題における態度に賞賛の意を表するとともに、しばらく前に北京などで発生した反日デモについて少数の者の暴力行為に反対し、理性的な対処を呼びかける立場を表明した。志位和夫委員長は次の三つの見解を表明した。

第一に、日本の過去の侵略戦争と現在中国で行われている経済活動は同じではない。

第二に、歴史の流れに逆らって行動する一握りの政客と日本国民全体は同じではない。

第三に、中国側が冷静な態度を保つよう希望する。

路甬祥副委員長はこの三つの見解に心から理解を表明するとともに、在中日本人、在中日本企業を保護する責任を尽くすことを表明した。二〇〇五年八月二十五日、中国外交部の武大偉副部長が日本共産党本部を訪問し、志位和夫委員長らと会談を行い、双方は北朝鮮の核問題、六ヵ国協議、靖国神社問題などについて率直に意見を交換した。

四　歴史認識の問題

第二次世界大戦中、日本帝国主義の中国侵略戦争は、中国人民に深刻な災難と苦痛の記憶をもたらした。その歴史をどのように認識するか、日本の侵略の犯罪行為をどのように反省するかは、中日両国関係、および中国共産党と日本の各政党との間の関係に影響を及ぼす重要な要素になっている。一九七八年八月に両国が「中日平和友好条約」に調印して以来、歴史認識問題、およびそれに関連する首相の靖国神社参拝問題、教科書問題などは、たえず中日関係の発展の障害になり、ひいては両国関係を一時は氷点にまで冷え込ませさえしており、その重要な意義の一斑をうかがうことができる。日本でもっとも長い歴史を有する革新政党として、日本共産党は終始一貫して戦争に反対し、憲法の改定に反対し、首相の靖国神社参拝に反対し、右翼教科書に反対し、侵略の歴史を反省する原則的立場を堅持しており、そのような立場は日本共産党と中国共産党が友好協力関係を構築、維持する重要な基礎になっている。

二〇〇一年、日本の保守派の研究者が結成した「新しい歴史教科書をつくる会」が、歴史を歪曲した『新しい歴史教科書』を出版した。日本共産党はその他の左翼進歩勢力と共同で、『新しい歴史教科書』に対してボイコットを展開し、同書の採用率をわずか〇・〇三九％に抑え、「新しい歴史教科書をつくる会」も敗北を認めざるをえなかった。四月三日、日共中央の市田忠義書記局長は談話を発表し、次のように指摘した。

「第一に、『新しい歴史教科書』が侵略を『進出』と称し、南京大虐殺という議論の余地のない歴史的事実を『さまざまな見解があり、今日でも論争が続いている』と言いなし、『教育勅語』の全文を収録するなどのやり方が憲法に違反しており、日本の侵略と加害の事実に対する隠蔽と美化である。

第二に、一九八二年に教科書事件が発生した後、日本政府はすでに自己批判し、国内外に侵略戦争の歴史に対する反省を公式に表明した。そのような状況のもとで、『新しい歴史教科書をつくる会』の行為は、日本政府が約束した国際公約に対する公然たる反逆である。

第三に、日本政府は中国、韓国などアジアの近隣諸国の批判を理解せず、『新しい歴史教科書』の検定を通じて、日本とアジア人民の友好関係を大きく損なった。文部科学省のこの行為は東アジアの平和の流れに逆行し、厳しい批判を受けるにちがいない。」

二〇〇四年一月、日本共産党は第二十三回大会を開催した。大会決議は日本政府の「対米追随外交」を厳しく批判し、日米安保体制の侵略的性格を批判し、自衛隊の海外派遣に反対する立場を表明し、国連憲章を遵守することを踏まえて国際秩序を維持するよう主張している。この大会で、日本共産党は党綱領に対してかなり大きな改定を行い、日本の侵略戦争と植民地支配を反省するなど平和外交の方針をはっきり党綱領に盛り込んだ。

二〇〇五年四月、衆参両院憲法調査会が最終改正報告を提出すると、日本共産党は憲法の改定に断固として反対、阻止することを表明するとともに、「戦争放棄を謳う憲法第九条を改定するための突破口としての首相の靖国神社公式参拝は、新しい戦死者の『英霊』を準備する危険な動きである」と指摘した。四月に開催された第二十三期中央委員会第三回総会で志位和夫委員長は、「憲法改悪反対の国民的多数派の結集をめざそう」と題する報告を行い、憲法「改悪」に反対することを「第二十四回大会をめざす党勢拡大の大運動」とした。五月十二日、日本共産党は時局報告会を開催し、十四カ国の外交使節団が出席した。その席上、志位和夫委員長は小泉純一郎首相の靖国神社参拝と教科書問題を糾弾し、三つの提案を行った。

第一に、現任首相の靖国神社参拝を断固止めさせる。

第二に、侵略と植民地支配の歴史を反省する立場を誠実、真摯に歴史教科書に書き込む。

第三に、アジアの近隣諸国と平和関係を構築する。

四月十五日、中国の全国人民代表大会常務委員会の路甬祥副委員長との会談で、志位和夫委員長は、中日両国の関係悪化の根源は、日本の一部の者が侵略戦争と植民地支配という歴史的行為を肯定、美化することにあると指摘し、同時に小泉首相の靖国神社参拝と教科書問題を糾弾し、日本がドイツに学び、侵略戦争の歴史を反省し、中国と共同で未来志向の友好関係を構築すべきことを強調した。

二〇〇六年一月、日本共産党は第二十四回大会を開催した。大会決議文はかなり大きな紙幅を割き厳しい言葉で、日本の右翼が過去の侵略戦争を正当化する傾向、小泉純一郎首相が連続五年間靖国神社を参拝した行為の背後にある「靖国史観」、歴史問題などを批判し、侵略の歴史を反省し、平和外交を推進する日共の立場を重ねて明らかにした。他方、二〇〇一年以来、日本共産党が民主党や社民党と共同で連続六回参議院に「戦時中の性的強制被害者問題解決促進法案」を上程し、日本政府が従軍慰安婦に謝罪するとともにその名誉を回復する措置を採るよう要求していることは、日本共産党の一貫した立場を反映している。

要するに、冷戦体制の終焉以後、イデオロギーがかなり近い中日両国の共産党が正常な関係を回復したことは、いっそう多くの日本国民に中国の改革開放政策を理解させているばかりか、中日関係の順調な発展を促すことに対しても積極的な役割を果たしている。

5　民主党と中日関係

王田　李寒梅

冷戦後の日本の政界は大きな激動を経験した。一九九三年〔八月〕、自民党と日本共産党を除くその他の党派が細川護熙政権を樹立し、自民党と社会党の対立を基本構図とする「五五年体制」が終結した。その後、さまざまな政治勢力がたえず分裂、合同し、一九九六年九月二十九日、民主党が誕生し、参加者は新進党、市民連合、新党さきがけ、社民党など各党派の出身者で、代表〔党首〕には鳩山由紀夫と菅直人の二人が就任した。一九九八年四月、民主党は再び民政党、新党友愛、民主改革連合と合併し、新しい民主党が誕生した。二〇〇三年九月、民主党はまたも小沢一郎の率いる自由党と合併し、名実共に野党第一党になった。外交の分野では、民主党は日米同盟の維持を主張すると同時に、中国を含むアジアとの関係を重視し、日中両国間の政治、経済的紐帯を改善、強化し、未来志向の戦略関係を構築するよう努めている。

一　菅、鳩山時期の中日関係

初期の民主党は二人代表制を実行し、鳩山由紀夫と菅直人がともに党代表に就任した。草創期の民主党が掲げた「友愛」精神と「市民リベラリズム」という基本理念はそれぞれ両者の政治的信条である。〔民政党、新党友愛、民改連と合併した〕一九九八年〔四月〕、民主党は二人代表制をやめ、菅直人が党代表になり、鳩山由紀夫は幹事長代理に転じた〔幹事長は旧民政党党首の羽田孜元首相〕。二〇〇四年まで民主党の党首にはこの二人が交互に就任してきた。二人の政治的経歴はけっして同じでないが、結びつくことができるところがあった。

菅直人は一九七〇年代から市民運動に参加し、環境、税制、年金、医療など市民生活と密接な関連がある問題に関心を寄せ、一九八〇年代に「社民連」の組織と政治活動に積極的に関与し、同党の副党首に就任した。一九九〇年代の政局激動期になると、武村正義氏の「新党さきがけ」に加わり、政調会長に就任し、日本の行政改革を積極的に推進した。一九九六年〔一月〕、連立政権の橋本龍太郎内閣の厚生大臣になり、在任中に薬害エイズ問題のスキャンダルを明るみに出した。菅直人はその長年にわたる政治キャリアで、一貫した「市民リベラリズム」の立場によって、国民とメディア界の間で声望を蓄積してきた。

鳩山由紀夫は名門政治家の家に生まれ、曾祖父の鳩山和夫は衆議院議長、祖父の鳩山一郎は戦前は政友会の主要指導者の一人で、戦後は自民党の初代総裁と首相になり、父親の鳩山威一郎は外務大臣を務めたことがあった。鳩山由紀夫は一九八六年〔七月〕に衆議院議員に初当選し、自民党の田中（角栄）派に加わった。一九九三年〔六月〕、自民党から離党し、「新党さきがけ」の結成に参加した。政治的キャリアは菅直人とまったく同じではないにもかかわらず、ともに戦後に成長した新しい世代の政治家に属し、冷戦後の政界再編のなかでも、ともに日本は政治、経済体制の改革を行うべきであると積極的に主張している。日中関係と日本の外交問題では、鳩山由紀夫は穏健な保守主義者に属し、憲法改正と日本の政治大国化を主張しているが、それと同時に日本が国際的地位をさらに高めるためには、アジア各国と良好な関係を築かねばならないことを踏まえ、単純にアメリカに依存してはならないと認識していた。それゆえ、アジアを重視し、中国を重視するという意味では、鳩山由紀夫、菅直人両氏は一致している。

菅直人氏は長期にわたって中日関係の発展に尽力してきた。早くも一九八四年〔九―十月〕に、日本青年友好代表団の三千名の団員とともに日本を訪問した。一九八七年〔七月〕、社会党の田辺誠書記長とともに訪朝する途中で中国を経過した際、李先念国家主席と会見した。一九九八年、江沢民主席〔十一月〕、胡錦濤副主席〔四月〕が日本を訪問した際も菅直人と会見した。一九九九年〔四―五月〕、民主党の菅直人代表が代表団を率いて訪中し、江沢民主席、唐家璇外交部長と会見した際、日中関係は「少なくとも日米関係に勝るとも劣らない重要な関係である」ことを一再ならず強調し、日、中、米三国の良好な関係こそアジアの平和と安定の保障であると指摘した。「歴史認識」の問題の重要性を再三強調するとともに、民主党を代表して「日米防衛協力のための指針（新ガイドライン）」の関連法案に対する慎重な態度を表明し、とりわけ軽々に台湾問題を「周辺事態」の範囲に組み入れてはならないことを強調した。再び〔二〇〇二年十二月に〕民主党代表に就任するとともに、二〇〇三年四月、同党代表団を率いて中国を訪問し、胡錦濤主席と会見した。

中国政府や政権党との交流のほかに、菅直人代表は民間の交流を重視するとともに積極的に推進した。自分の経験と考え方から出発し、日中交流の人材を育成し、国民の個人間の交流を促進することが非常に重要であると認識していた。二〇〇七年までに、すでに連続二十一年間、母校の東京工業大学で日中学生交流活動を続けていた。また、〔二〇〇六年四月に就任した〕小沢一郎民主党代表が二〇〇六年〔七月〕に訪中する際も、東京工業大学と姉妹関係を結んでいる清華大学を訪問するよう促し、実現させている。

鳩山由紀夫も中日関係を重視し、何度も訪中している。一九九六年〔九月〕の民主党の結成後、最初の訪中代表団は鳩山代表が率い、中国は代表に就任後の最初の訪問国でもあった。その後〔一九九九年九月に〕民主党の単独の代表に就任した後に最初に訪問したのも中国であった〔二〇〇〇年十二月〕。その訪問中、江沢民主席と会見した。鳩山由紀夫も菅直人と同じように、日本は歴史を反省することを踏まえてアジア各国と友好関係を築くべきであることを強調するとともに、日中の協力をさらに強めるよう希望し、アジアの繁栄を促進する願望を表明した。

菅直人、鳩山由紀夫両氏は、民主党を結成する前から中日関係に関心を寄せるとともに、中国とのつながりを保持していた。初期の民主党は両氏の指導のもとで、中国共産党と密接な関係をつくりあげ、中国政府と頻繁な意見交換を行ってきた。二〇〇三年以後、小泉首相の一連の発言と政策によって、中日関係は停滞に陥った。しかし、民主党は小沢一郎氏の自由党と合併し〔二〇〇三年九月〕、党内の指導権も一度は岡田克也〔二〇〇四年五月―二〇〇五年九月〕や前原誠司〔二〇〇五年九月―二〇〇六年四月〕ら新しい世代が掌握したが、菅直人、鳩山由紀夫両氏の役割は依然として大きかった。それは主に次の面に現れていた。

第一に、両氏は民主党のために中国との交流に良好な基礎を築き、後任の党首が中国とのつながりを築くのに貢献した。

第二に、両氏は民主党内で依然としてかなり強力な政治的影響力を有し、その結果、民主党の基本的な対中政策の持続性が保証された。

第三に、前原誠司がタカ派の立場に基づいて「中国軍事脅威論」を提起したとき、まさに菅直人、鳩山由紀夫両氏が率先して日本国内で反対を表明するとともに、前原の発言は民主党の正式見解ではないと説明した。

小沢一郎氏が代表に就任すると〔二〇〇六年四月〕、菅直人が代表代行、鳩山由紀夫が幹事長に就任した。小泉純一郎首相がもたらした日中関係の難局を打開するためにも、また民主党が外交政策で自民党を凌駕するためにも、三氏が一緒に民主党代表団を率いて中国を訪問した〔二〇〇六年七月〕。訪中期間中、三氏は胡錦濤国家主席、王家瑞中央対外連絡部部長、唐家璇国務委員、武大偉外交部副部長らと会見し、アメリカを重視し、アジアと日中関係を無視する小泉首相の外交政策を批判し、民主党と中国共産党の政党間交流の強化などの事項についても共通認識に到達した。

小沢一郎代表の時代にも、菅直人代表代行と鳩山由紀夫幹事長は民主党と日中関係に関して依然として非常に重要である。後述するように、小沢代表も日中友好を主張しているにもかかわらず、有名な新保守主義の政治家であり、一貫して日本が政治大国になるために憲法を改正し、軍事力を増強するよう主張してきた。菅直人代表代行と鳩山由紀夫幹事長が小沢一郎代表の政策をきちんと補足し、ほどよく牽制することは、将来も民主党が引き続き対中友好政策を堅持するのに貢献するであろう。

二　岡田、前原時期の中日関係

二〇〇四年〔五月〕、菅直人代表が国民年金未納問題で辞職したため、新しい世代が民主党を主導する時期が始まった。岡田克也と前原誠司はともに日本の若手政治家の代表である。岡田克也は一九九〇年に政界に入り、自民党の竹下派に加わり、一九九三年に小沢一郎、羽田孜らとともに自民党を離党し、何回かの変転を経て、最終的に民主党に〔一九九八年四月〕参加した。二〇〇二年〔十二月〕に幹事長、二〇〇四年五月に民主党代表に就任し、二〇〇五年〔九月〕の「郵政解散」による総選挙の敗北後に辞任した。岡田代表の辞任後、前原誠司が代表を引き継いだ。前原誠司代表は一九九三年〔七月〕に衆議院議員に初当選した後、〔日本新党から〕「新党さきがけ」に移り、一九九六年〔九月〕に菅直人にしたがって新しい民主党の結成に参加した。民主党代表を引き継いだ後、二〇〇六年三月末に「偽メール事件」のために辞任し、現在は岡田克也元代表とともに民主党の副代表に就任している。

岡田、前原両副代表はともに若い政治家であるが、個性や政策理念には共通点もあれば、相異点もある。ともに構造改革を提唱し、民間の活力を発揮させ、官僚による統制を緩和すべきであると見なしている。しかし、岡田副代表が国民の生活と福利の角度から改革の理念を語ることが多いのに対し、前原副代表は国家主義がより強いように思われ、つねに国際競争力の面から改革の必要性を説き、憲法第九条の改正に賛成で、日本は独自の防衛力を強化すべきであると見なし、それゆえ民主党内の急進的な若手新保守主義者のリーダーと目されている。

対中政策では、岡田、前原両副代表はともに日中関係の重要性を認識している。岡田副代表の認識では、日米同盟は日本外交の基軸であるけれども、中国と良好な関係を維持することができなければ、日本の経済と政治の役割が損なわれる。そして日中米三国の協力は将来のアジアと世界の安全と繁栄の保証であり、日本が国際的にいっそう重要な役割を発揮する条件でもある。岡田副代表が代表在任中の二〇〇四年八月十五日、民主党は終戦記念日の声明を発表し、歴史に対する反省を踏まえ、新しい時代の日本の役割について深く考えるとともに、アジア各国と相互信頼と相互協力の関係を新たに構築しなければならないと提起した。民主党と岡田副代表自身は何回も小泉首相の過度に親米的な政策と靖国神社参拝の行為に反対であることを表明し、岡田副代表は国立記念施設を建立する構想を提起した。

岡田副代表は、毎年少なくとも一回は訪中したいという希望を表明し、民主党代表に就任する前に何回も訪中した。一九九九年、民主党青年議員訪中団の団長として北京や河南などを訪れ、その後も毎年訪中するという目標を実現してきた。二〇〇三年に岡田克也は民主党幹事長として菅直人代表とともに中国を訪問した。二〇〇四年五月、岡田氏は民主党代表に就任し、同年は国内の選挙、めまぐるしく変化する政局、新潟大地震などのために、中国を訪問することができなかったが、代表に就任して間もない六月、日本駐在の武大偉大使と会見し、日中の政治、経済関係の問題について検討するとともに、代表として中国を訪問したいという希望を表明した。同年、王毅駐日大使が着任するや、岡田代表もただちに会見し、再び訪中の希望を提出した。残念ながら、さまざまな準備を進めている最中、二〇〇五年〔九月〕の衆議院議員選挙で敗北したため、代表辞任後にやっと中央対外連絡部の招待に応じて中国を訪問し、全国人民代表大会常務委員会の呉邦国委員長と会見した。

岡田克也氏は何度も中国や日本のメディアのインタビューに応じ、日中関係に関する言説を発表している。中国の「人民日報」と「中国新聞週刊」のインタビューに応じた際、小泉首相のアジア軽視を批判し、「日本の発展はアジアに着目すべきであり」、日本は真剣に「アジアの一員として」の立場を実践すべきであると指摘した。それと同時に、岡田氏の地元である三重県と河南省が友好提携を結んでおり、つねに自ら河南省の教育を援助するために資金を募るとともに、河南省に赴いて建設を支援している学校の建設状況を視察している。

前原誠司も中国との関係を重視しているが、日中関係に対する言説は往々にしてタカ派的色彩を帯びている。二〇〇五年十二月十一日、前原誠司代表〔同年九月に就任〕は中国を訪問し、唐家璇国務委員と会見し、中国共産党に両党の交流を強化し、長期化、制度化された機構を設立する構想を提起した。その中国訪問中にもっとも注目を集めたのは、前原代表の「中国軍事脅威論」に関する発言であった。中国を訪問する前に、前原代表はまずアメリカを訪問し、十二月八日、ワシントンの戦略国際問題研究所で「民主党のめざす国家像と外交ビジョン」と題する講演を行った。その講演で、前原代表は民主党の外交と安全保障政策について説明し、それと同時に中国の軍事費の増加、いわゆる「軍事費の不透明」などの問題を根拠に「中国軍事脅威論」を提起するとともに、中国を孤立させる考え方に触れ、大きな論議を呼ぶにいたった。

その講演の内容は、中国と民主党内部でも反対の声を引き起こした。中国を訪問中に、前原代表は外交学院で「日中関係の再構築がアジア・世界を発展させる」と題する講演を行うとともに、中国の学会、報道界、軍事界の専門家と座談会を行った。中国で自己の以前の言説について説明し、民主党は一貫して日中友好を主張するとともに、小泉首相がアジア外交を軽視し、靖国神社を参拝することに対して批判と反対の態度を持し、日中協力の重要性と洋々たる前途をも十分に認識していると指摘した。日中間に存在する論争、たとえば東海〔東シナ海〕のガス田の問題、中国の軍事費の問題についても、その発言はアメリカにおけるよりも緩和され、協力や協議の方式で問題を解決するよう提議することが多かった。

前原代表が訪中を終えて帰国すると、鳩山由紀夫、菅直人両元代表はともに前原発言を批判し、次のように指摘した。

民主党はけっして中国を現実の脅威と見なしたことはなく、協力と交流によって良好な関係を築くよう提唱している。とりわけ、小泉首相の自民党政府が日中関係を軽視している時期だからこそ、民主党はこの重要な二国間関係を維持、発展させる役割をいっそう発揮すべきである。

中国外交部は前原代表の訪中について論評する際、その正確で積極的な主張を評価したし、婉曲に「いっそう聡明な判断」ができるよう希望することを提起もした。

岡田代表と前原代表の時期の民主党は、アジアを重視し、日中関係を重視する同党の一貫した伝統を継続し、中日関係の健全な発展に貢献し、両国の政治関係が停滞に陥っていた時期に、その努力はとりわけ貴重であった。他方、前原元代表の関連する発言が引き起こした議論によって、我々は、民主党内部に日中関係に対してさまざまな理解があり、前原元代表ら若手政治家のなかの新保守主義者といかにして意思を疎通し、導いていくかが、将来民主党との交流のなかで重要な課題になることにも注意を促された。

三　小沢代表の時期の中日関係

二〇〇六年四月、代表選挙で菅直人元代表を打ち破った小沢一郎氏が党代表に就任し、同年九月に再選され、現在まで在任している。小沢一郎代表は〔急死した〕父親の後を継いで一九六九年〔十二月〕に政界に進出し、田中派に属した。竹下派時代には「七奉行」の一人と目され、日本の政治に強力な影響力を有していた。一九九〇年代以後の政治再編のなかで、小沢氏は相次いで細川護熙内閣〔一九九三年八月〕、羽田孜内閣〔一九九四年四月〕の樹立を主導するとともに、新進党〔一九九四年十二月〕、自由党〔一九九八年一月〕などを結成した。二〇〇三年〔九月〕、小沢党首は自由党を率いて民主党に加わり、民主党内でも重要な地位を有している。

小沢代表は有名な新保守主義の旗手で、冷戦後の日本は経済大国であるだけでなく、政治、軍事大国の目標を追求すべきであるとも認識している。

小沢代表の見るところでは、日本は自立した外交政策をもつ必要があり、むやみにアメリカに追随してはならない。それゆえ、日本はアジア各国との関係を重視する必要があり、とりわけ発展しつつある中国に対しては、真摯に向きあい、良好な戦略的関係を構築すべきである。

早くも民主党に加わる前に、小沢一郎代表は日中関係を推進する活動に参与し、十余年来、倦まずたゆまず「長城計画」という交流活動を展開するとともに、「日中至誠基金」を設立している。その戦略観は中日関係を重視する要因から出発しているだけでなく、恩師と見なしている田中角栄元首相の影響も重要な原因である。

小沢一郎代表は就任後まもなく中国の王毅大使と会見し、日中関係、その他の世界や地域の問題について意見を交換し、それと同時に中国を訪問する希望を表明した。二〇〇六年七月、小沢代表は代表団を率いて北京、天津、瀋陽、大連を訪問した。この代表団の陣容はかつてないほど強大で、小沢一郎代表のほかに、菅直人代表代行、鳩山由紀夫幹事長、山岡賢次副代表らも参加していた。中国の党と政府はこの代表団を非常に重視し、胡錦濤主席、唐家璇国務委員、王家瑞中央対外連絡部部長、武大偉外交部副部長がそれぞれ会見した。当時はなお小泉政権の後期で、中日の政治関係は氷点にまで冷え込んでおり、その状況のもとで、中国も小沢代表の指導する民主党がいっそう積極的な役割を発揮して局面を打破することを期待していたのである。

中国訪問中、小沢一郎代表は一貫して日中関係を重視する民主党の立場を詳しく説明し、それと同時に小泉内閣の対外政策と異なる意見を表明した。たとえば、首相の靖国神社参拝問題で、民主党が政権を握れば、靖国神社の理解を得ることを踏まえ、祀られているA級戦犯の名簿を移すことを提起した。さらに、前原誠司前代表の訪中時に行われた、両党間に「日中交流協議機構」を設立する提案について胡錦濤主席と王家瑞部長の理解を得るとともに、年内に活動を展開することで合意した。

二〇〇六年十月、小沢一郎代表は「長城計画」の友好交流使節団の名誉団長として再び訪中するとともに、全国人民代表大会常務委員会の呉邦国委員長と会談した。二〇〇七年四月、温家宝総理は訪日した際、小沢一郎代表と東京で会談し、『徳』を以て遇すれば、日本は周辺各国と良好な関係を築くことができる」と述べると、小沢代表は「中国の気持ちは理解できる」と表明した。

長期的にみれば、小沢一郎代表の新保守主義の理念は、憲法改正、軍備など、中日間で問題を引き起こす可能性があるが、小沢代表の新保守主義はけっして反中ではなく、日常的な戦略レベルの対話を通じて、なおかつに相互理解と協議を基礎に、日中間の戦略的パートナーシップを構築できる可能性がある。

四　多岐にわたる交流内容

民主党は、結成し、影響力を拡大する過程で、従来の社民党系と民社党系の政治家を数多く吸収し、それと同時に支持基盤を固めるために、重点的に労働組合組織との連携と協力を発展させてきた。そのため、社民党系の政治家は民主党内でかなり大きな影響力を有し、民主党の対中政策の制定にも積極的な役割を果たしている。現在の川端達夫副代表、赤松広隆副代表、松本剛明政調会長はいずれもこのグループに属している。横路孝弘はこのグループの代表で、執行部に加わっていないけれども、民主党の結成に参与するとともに、党内にかなり強い影響力を有する。横路が結成した「新政局懇談会」は、民主党内の旧社民系議員を中心とする集団で、民主党の政策にかなり大きな影響力を発揮している。

民主党内のこれらの政治家の大半は旧社民党改革派で、日本はさらに大きな国際的責任を担い、いっそう多くの貢献をなす必要があり、もっと積極的に国内改革をも進めるべきであると認識しているが、平和憲法の擁護、国民の権利の重視、アジア国家の重視など、戦後の革新勢力の基本的な面をも継承している。横路孝弘を代表とする民主党の政治家の中日関係への影響は主に二つの面に現れている。

まず、民主党内で中国に関する研究会を組織し、民主党の議員、若手議員の中国と日中関係に対する理解を深めている。比較的代表性を有するのは横路孝弘を会長とする「民主党日中二十一世紀の会」である。

次いで、それらの政治家の党内における影響力により、党内の新保守主義の立場の立つ派閥に対して牽制の役割を担っている。小沢代表が就任した当時、横路孝弘は会談を行い、海外派兵、国連の平和維持活動への参加、憲法改正などの問題で小沢代表の政策を緩和するよう促した。

結党以来、民主党は中国共産党と良好な関係を維持している。上述した各種の代表団の訪中時に、その大半は中央対外連絡部や共産主義青年団などの機関と接触、交流をしてきた。民主党は野党であり、中日関係の発展を推進する際、政党間交流の方式が双方にとっていっそう重要である。近年、その種の政党間交流は長期化、制度化の方向へ発展する趨勢を呈している。

二〇〇六年〔七月〕、小沢一郎代表は、訪中した際、両党交流の制度化問題について中国共産党と共通の認識を得るに至った。二〇〇七年、日中外交の局面をさらに打開するために、日中国交回復三十五周年を記念するためにも、民主党と中国共産党の「交流協議機構」が正式に始動した。一月、中央対外連絡部の王家瑞部長が代表団を率いて日本を訪問し、双方で「交流協議機構」の専門会議を開催した。民主党側は、小沢一郎代表、菅直人代表代行、鳩山由紀夫幹事長をはじめ、衆参両院の多数の議員が参加した。会議は全体会議と専門分科会に別れ、経済問題、東北アジアの安全、文化交流など各方面にわたって、中日双方の出席者は率直に意見を発表し、相互の理解を深めた。このような交流は確かに論争が生ずるが、共通認識の形成にとっては必要である。

民主党が結成されてからすでに十余年経ったが、一貫してさまざまな政治勢力を融合して影響力を拡大する過程にあるため、民主党の内部構造、基本理念、政策方針はまだ完全には形成されていない。内部の各種の派閥の意見はすべて同じではないけれども、いずれも中日関係を重視し、とりわけ良好な中日関係こそアジアの平和と繁栄、および日本が国際的な信頼と影響力を勝ち取るための必要条件であると認識している。当然、民主党内部にも前原誠司前代表のようなかなり急進的な新保守主義者が存在するうえ、長期的に見れば、小沢一郎代表の戦略観も日中間に問題を生じさせる可能性があることも見てとらなければならない。

野党第一党として、民主党の目標は自民党より政権を奪取し、日本にも二大政党による政権交代を実現できるようにすることにある。日本の政界において民主党の影響力はたえず拡大する可能性があり、中国の党と政府が民主党との間で長期化、制度化された交流を発展させることは、日本の政策に対する中国の理解と影響力を深め、意思疎通のルートを増やし、政権与党の自民党の政策をいささか制約、牽制するのに有益である。小泉純一郎首相の時代を経た後、中日関係に対する政党外交の重要性をますます認識すべきである。将来、中国と日本の間では、政治であれ経済交流であれ、ますます密接になり、しかもいっそう戦略性も帯びる。民主党の政治家が正確にこの種の戦略的関係を認識すれば、自己を強化、発展させた後、民主党は中日関係の発展にいっそう重要な役割を果たすことができるかもしれない。

第三部　日本の歴代内閣および天皇陛下と中日関係

1　福田赳夫内閣と中日関係

朱暁琦　梁雲祥

中日両国政府はすでに一九七二年〔九月〕に共同声明を発表し、両国の戦争状態を終結させることを宣言し、国交を回復して正常化したけれども、正式の法的根拠としての平和条約は遅々として調印することができなかった。「中日平和友好条約」は最初の提起から正式の締結に至るまで、曲折に富む複雑な道程を歩み、相前後して田中角栄首相〔一九七二年七月就任〕、三木武夫首相〔一九七四年十二月就任〕、福田赳夫首相〔一九七六年十二月就任〕の三代の内閣を経て、福田赳夫首相の在任中にやっと決着がついた。まさにこの条約の締結によって、福田赳夫首相は田中角栄元首相の後を継ぎ、戦後の日中関係史に影響を及ぼした重要な政治家として、歴史家と政治学者の関心を集めたのである。

一　福田内閣とその対中政策

一九七六年十二月二十三日、自民党の衆参両院議員総会で、七十一歳の福田赳夫は自民党総裁に指名され、その後また内閣総理大臣に選出され、戦後十三人目の内閣総理大臣になった。翌日、福田内閣が正式に誕生し、福田赳夫政権時代が始まった。

一九〇五年一月十四日、福田赳夫は群馬県高崎市群馬町〔旧金古町〕の有力者の家に生まれた。青年時代の福田は勤勉で学問を好み、相次いで第一高等学校、東京帝国大学法学部に合格して学んだ。一九二九年四月、大学の卒業前夜、高等文官行政科試験を受験し、優秀な成績で大蔵省に入省し、駐英大使館財務官、大蔵省主計官、主計局調査課長などを歴任した。日中戦争の時期に、中国に赴いて汪精衛偽政権〔汪兆銘〕の財務顧問を担当するよう命じられ、一九四四年に大蔵省秘書課長兼大臣秘書官に転じた。敗戦後、引き続き大蔵省に留まり、大蔵省の官房長、銀行局長、主計局長を歴任した。一九四八年の「昭和電工汚職事件」で、収賄容疑で逮捕されるとともに免職処分を受けたが、後に無罪になり釈放された。一九五二年の総選挙で、無所属として立候補し、衆議院議員に当選した。その後、自民党の幹事長代理、総務会長、幹事長などを歴任するとともに、佐藤栄作内閣〔一九六四年十一月—一九七二年七月〕の大蔵大臣、外務大臣、田中角栄内閣〔一九七二年七月—一九七四年十二月〕の国務大臣、大蔵大臣などを歴任し、三木内閣〔一九七四年十二月—一九七六年十二月〕で副総理兼経済企画庁長官に就任したが、一九七六年十一月に「三木下ろし」に加わるために辞任した。

首相に就任するまで長年にわたって、福田赳夫の日中関係における態度はかなり曖昧であった。長年にわたる官僚の経歴によって、人々は福田赳夫を「慎重派」の一員に帰した。とくに三木武夫内閣の副総理在任中は、反中国政策を堅持した岸信介、佐藤栄作両元首相の直系として、再び頗る消極的な役割を演じた。そのため、福田首相の在任中に日中が条約締結を実現することができるか否かということに対して、中日両国に疑問を抱く人々が非常に多かった。しかしながら、若い頃の専門的な学習、長年にわたる財務経験、数十年にわたる官界における浮沈は、福田赳夫首相の強靱な性格を鍛えただけでなく、穏和、慎重、堅実な風格をもつくりあげ、さらに問題に向きあい、問題を解決する勇気を賦与した。これらの特徴は、いずれも知らず知らずのうちに福田内閣の政策決定過程に影響を及ぼした。すなわち、一方では政策の穏健性を重視し、一方では順を追って徐々に進歩し、困難を解決することができるのである。これらの特徴が中日関係の新たな突破のための条件をもたらした。

さまざまな要因に牽制され、日中が平和友好条約を締結する問題における福田赳夫首相の就任当初の態度はけっして確固たるものではなかった。それにもかかわらず、日増しに頻繁になる中日間の経済、文化の交流と協力には一貫してかなり積極的な態度を示し、双方の経済貿易協力を奨励し、中日が文化交流を強化することを「静観」した。経済、文化の領域における協力は、両国の政治的な関係の突破と発展を実現するために堅実な基礎を固めた。

一九七四年に中日が「貿易協定」〔一月〕、「航空協定」〔四月〕、「海運協定」〔十一月〕を締結した後、両国の貿易取引は日増しに盛んになり、中国は日本にとってアジア最大の貿易パートナーになっただけでなく、アジアでもっとも潜在力のある市場にもなった。経済関係の急速な発展は、両国に長期的な貿易協定の締結を促し、また、長期的な貿易協定の早期締結は両国の経済関係の発展にも役立つであろう。そのため、中日政府は関連する条項の交渉を始めた。一九七八年二月、「中日民間長期貿易取り決め」が北京で調印され、中日両国は経済分野で結びつきをいっそう深め、中日交流のなかに広大な経済ルートを切り拓き、人々がまさに尽力していた「中日平和友好条約」の締結過程を推進する役割を果たした。福田内閣の園田直外務大臣は、この取り決めについて、「善隣友好の立場からこれを高く評価する。これを契起に、日中条約に良い影響が現れるだろう」と評価した。日本の通信社は次のような論評を発表した。

「日中関係はこれまで一貫して経済が政治をリードしており、それゆえ日中条約締結の条件はさらに整った。その意味で、長期貿易取り決めの調印は、政治、経済を含む包括的な日中交流の新時代がすでに到来したことを告げるものである。」

一九七八年以後、中日の経済協力はすでに極めて広範かつ堅固になった。多くの日本の大企業や中小企業が中国と経済協力や貿易取引の関係を築いており、まだそのような関係を築いていない企業も、協力の意向を示したり、行動に移したりしている。このような状況が現れたことは、福田内閣の支持と奨励と不可分であったことは間違いない。

一九七六年から一九七八年にかけての二年間、それまでの歴代の首相と比較すると、福田赳夫首相はけっして中日の文化交流の面でより積極的な政策をとらなかったにもかかわらず、両国の文化交流、人的往来の規模は新たな高まりに到達した。このような勢いに対して、福田内閣は「変化を静観する」態度をとった。映画代表団、囲碁協会代表団、歌舞団、出版印刷代表団、卓球代表団など、民間団体や協会の形式で行われた文化界、スポーツ界の人々の相互訪問であれ、各地方、都道府県、市を単位とする日中の「友好の翼」、「友好の船」などの活動であれ、いずれも効果的に両国の文化交流の規模を拡大し、二国間の文化交流の範囲を開拓、発展させ、両国の民衆相互間の理解と信頼を深めた。それら相互訪問した人々は、もともと中日関係の積極的な推進者であり、まさにこのような活動を通して相互の理解を深めるとともに、さらに「中日平和友好条約」の締結の支持者、両国関係を促進する中核勢力になり、中日間の平和条約締結の雰囲気作りを力強く推進した。

二　緩慢な推進過程

経済、文化の領域の政策と異なり、中日間の政治的関係をどのように処理するかということに対しては、福田赳夫内閣は、当初の曖昧な態度から条約締結の決定に至るまで、明らかな転換過程を経るとともに、最終的に「中日平和友好条約」の締結を促進して成功させた。一九七二年〔九月〕に発表した「中日共同声明」はすでに両国の戦争状態の終結を宣言し、国交の正常化を実現したが、法的な手続きからいえば、なお日本の国会と中国の全国人民代表大会が正式に批准する平和条約を締結する必要があった。そのため、一九七四年に貿易、航空、海運、漁業〔漁業協定は一九七五年八月〕などの協定が相次いで締結され、両国関係の発展がかなり順調であった際、中国の喬冠華外交部副部長は日本の木村俊夫外務大臣にできるだけ早く平和友好条約を締結する提案を正式に行う〔九月〕とともに、十一月に東京で中日双方の第一回準備交渉が開催された。しかしながら、一九七五年二月に双方が各自の条約草案を交換した際、中国が共同声明の第七条の「反覇権条項」を条約草案に盛り込んだことに対し、日本側が異議を唱えた。その後、「反覇権条項」は中日双方の条約締結交渉の問題点になり、「中日平和友好条約」は遅々として締結することができず、ずっと福田内閣の時期まで持ち越されたのである。

福田赳夫首相は就任当初は、条約の締結に対してけっして積極的な態度を見せなかった。一九七七年二月二十三日、福田赳夫首相は国会で、「中国駐在の日本大使館を通じて引き続き中国と平和友好条約の交渉を行う」意向を表明したが、同時にまた、「私はあまりに忙しすぎて、中国との条約について考慮する時間がない」と表明した。福田赳夫首相が中日関係でこのような態度を示したのは、もちろん自身が事を処理するのに沈着で、性格が慎み深いことや、かなり反中的な「岸信介派」の出身という背景と関係があったが、当時の国際社会、日本国内の各種の要因に牽制されたことのほうが大きかった。米ソの覇権争いという国際的構造、日米の「特殊関係」の影響のもとで、「中日平和友好条約」の締結は、中日両国の戦争状態の法的意味での終結を意味するだけでなく、さらに米ソ両国の関連する利益にも関わり、中、日、米、ソ四ヵ国間の二国間関係ないし三ヵ国関係の調整にも影響を及ぼし、とくにソ連の圧力と日本国内の反対勢力のために、福田赳夫首相は日中の条約締結に慎重な態度を取らざるをえなかったのである。

締結を目前にした「中日平和友好条約」について、ソ連は日本政府に極めて大きな圧力を加え、各種のルートを通じて締結を破壊、阻止しようと試み、日本政府の政策決定にかなりの影響を与えた。早くも一九七五年〔一月〕に日中条約の予備交渉が始まってまもなく、ソ連のトロヤノフスキー駐日大使は自民党の椎名悦三郎副総裁と慌しく会談し、「日中平和友好条約」の交渉に憂慮を表明し、「日中平和友好条約がソ連に望ましくない影響を及ぼさないよう希望する」と伝えた。一九七六年一月、ソ連のグロムイコ外務大臣は日本を訪問し、三木首相に、「日本がもし中国の圧力に屈すれば、改めて日ソ関係を考慮しなければならない」と語った。福田赳夫首相は三木武夫前首相の「等距離外交」の方針を引き続き実行しなかったにもかかわらず、三木内閣がかつて受けた圧力について、福田内閣の閣僚は心中で理解していた。ひいては一九七七年三月の日ソ漁業交渉の際、ソ連はその機に乗じて日本に圧力を加えることを忘れなかったので、福田内閣はソ連の態度をいささか顧慮せざるをえなかった。

それと同時に、日本国内の「慎重派」、自民党内の親台勢力、右翼団体も各種の活動を通じて「日中平和友好条約」の交渉をさらに進めるのを妨げた。

まず、ソ連の威嚇と恫喝は慎重な処理を主張する日本国内の「慎重派」に拠りどころを提供した。「慎重派」によると、米ソ両超大国が覇権を争う過程で、アメリカ海軍は優位性がまさに弱まりつつあるために日本における制海権を喪失し、毎年日本の対馬、津軽、宗谷の三つの海峡を通過するソ連の艦船がのべ二百八十三隻にも達している。ひとたび日ソ関係が緊迫すれば、ソ連は日本が依存する海上輸送ラインを妨害、ひいては遮断さえする可能性があり、そうなれば、毎年石油と鉄鉱石の九九%、食料の六〇%、ボーキサイト、ゴム、羊毛、綿花の一〇〇%を輸入に依存している日本にとって、致命的な打撃になることに疑問の余地はないと指摘した。同時に、「慎重派」はさらに、「日中平和友好条約」を締結すればソ連と台湾が結託し、極東地域の力の均衡を破壊することを懸念した。そのため、引き続き中ソ両国に対して「等距離外交」政策を採用し、「日中平和友好条約」の締結に反対すると主張した。

次いで、自民党内の親台勢力も「日中平和友好条約」の交渉を懸命に妨害した。福田赳夫内閣の時期に、自民党の椎名悦三郎前副総裁は依然として「台湾グループ」と密接なつながりを維持していたし、灘尾弘吉前総務会長自身は「日台関係議員懇談会」の会長であった。これらの人々は、自民党内の長老であるばかりでなく、「三木下ろし」と福田赳夫首相の組閣を支持する過程でも積極的な役割を発揮し、福田内閣の政策決定にかなり強い影響力を有していた。早くも福田首相が就任する以前に、灘尾弘吉前総務会長は、「条約に反覇権条項を盛り込むことは、日中は日中、日ソは日ソというこれまでの主張と矛盾する」、「日本は中ソ対立がアジアにもたらす不安定と緊張に巻き込まれる」と公言し、「日中平和友好条約」に反覇権条項を盛り込むことに懸命に反対した。一九七七年十月に「青嵐会」の猛者の玉置和郎衆院議員は日本政府に、条約を締結する前に「中国が中ソ軍事同盟中の日本敵視条項を廃棄するよう書面で要求すべきである」と提起し、「日中平和友好条約」の締結のために大きな障害を設けた。

さらに、福田内閣の対中政策はたえず日本国内の右翼団体の妨害を受けた。右翼団体の青年思想研究会、大日本愛国党、大日本愛国団体連合時局対策協議会などは、抗議ビラの配布、警告文の送付など各種の方法によって社会世論を形成し、「日中平和友好条約」の締結に反対し、日本政府が中国と交渉する態度に対し、マイナスの、阻害する役割を果たした。

しかしながら、一九七八年の国際情勢の大きな変化、日本国内の各派の勢力の消長は、最終的に福田内閣に対中政策をさらに調整し、全力で「日中平和友好条約」の早期締結を推進することを決意するよう促した。一九七八年の国際情勢の最大の特徴は、ソ連の覇権主義が急速に軍備を拡張し、軍事力を大々的に増強したことである。同年のアメリカの国防報告によれば、一九七九年のアメリカの国防予算は千二百億ドルになるが、ソ連は千七百億ドルになり、アメリカよりも四〇％も多くなると見られていた。ソ連覇権主義の拡張を抑制することがすでに当時の世界のもっとも重要な大事になっていた。一九七七年三月、福田赳夫首相は、アメリカのカーター大統領と会談した後に発表した共同声明で、「日本はアジア太平洋地域の安定と発展のためにいっそう貢献する」と明確に表明した。北方からのソ連覇権主義のたえず増大する脅威に直面し、「中ソ等距離」外交政策を修正し、できるだけ早く中国と平和友好条約を締結してソ連覇権主義の勢力拡張を抑制することが、今や日本国家の安全保障の利益に関わる当面の急務になった。

一九七五年〔十二月〕にアメリカのフォード大統領が中国を訪問した後、アメリカの言論界と外交政策のシンクタンクの間では、中国との関係を強化するよう主張する声がたえず高まり、ソ連による全地球的規模の拡張が一九七〇年代の著しい特徴であり、ソ連の拡張を抑止するために、積極的に新たなアジア政策を推進し、日、米、中、ソの勢力の均衡を維持し、反覇権主義を第一の原則とすべきであると指摘した。アメリカの著名な戦略問題専門家のブレジンスキーも、「我々の政治的観点から見れば、強大かつ安全な中国は世界平和に有益である」と明確に指摘した。一九七八年五月三日に福田首相とカーター大統領が会談した際、カーター大統領はアメリカの立場について、「日中平和条約は……もっと積極的に推進するよう希望する」、「アメリカとしては、覇権に反対することに問題はない」と表明するとともに、中日が条約の締結に成功するよう希望した。戦後の日米同盟の関係のなかで、日本の外交政策は往々にしてアメリカの全世界的な戦略の必要性に適応しなければならなかった。当時、中日条約の締結に対するアメリカの積極的な態度が、福田首相に中日条約の締結を推進する決意を固めるよう促すのに極めて大きな役割を果たしたことは間違いない。

日本国内では、「日中民間長期貿易取り決め」締結〔一九七八年二月〕後、日中の条約締結に対する日本の経済界と財界の人々の声が日増しに強くなった。経済界と財界の多くの著名人が相次いで福田首相に書信を送って「条約の早期締結を求め」、「日中共同声明」第七条の反覇権条項を条約本文に盛り込むよう主張し、福田首相に決断するよう希望した。日本経済団体連合会の土光敏夫会長はインタビューを受けた際、次のように語った。

「外交は政府が責任を負っているが、経済界にも自己の見解がある。日中関係は友好的に発展すべきであり、できるだけ早く友好条約を締結すべきだ。」

それと同時に、多くの財界の首脳が相次いで中国を訪問し、日中が条約を締結するための良好な雰囲気を生み出した。

他方、ますます多くの政界や社会の人々が、「日中平和友好条約」の締結に支持を表明した。社会党、公明党、新自由クラブ、社会民主連合など野党は、「日中共同声明」の精神にしたがい、早期にこの懸案を解決するよう明確に主張した。社会党の多賀谷書記長は、「共同声明の第七項を条約の本文に盛り込むのは当然である」とはっきり表明した。一九七八年三月七日、社会党の飛鳥田一雄委員長は福田首相と会談を行った際、「首相は決断すべきである。正文に『反覇権』を明記しなければならない」、「政府が反覇権条項を加えて条約を締結する立場をとるのであれば、国会の内外で協力する」と懇ろに促した。

それと同時に、自民党内の条約締結の支持者も徐々に増えた。自民党の三役のうち、大平正芳幹事長と江崎真澄政調会長は促進派の代表格であり、中曽根康弘総務会長は当初は慎重な態度をとっていたけれども、後に促進派になった。自民党の外交調査会の小坂善太郎会長、外交部会の塩崎潤部会長はともに促進派であった。とくに福田首相が訪米してアメリカの支持を得た後、自民党内と内閣で日中の条約締結に対する反対派と支持派の二つの勢力の消長の過程はいっそう加速した。

多くの日本国民と各界の人士も大衆集会、講演会、報告会、座談会や文章の発表などさまざまな形式を通じて、両国の条約締結を支持する強烈な願いを表明した。多くの地方都市も組織的活動を展開した。統計によれば、一九七七年末までに、三十九の都道府県議会、百十七の市議会が決議やアピールを採択し、「日中平和友好条約」の早期締結を要求した。これらの活動は、日中両国が平和友好条約の交渉を再開するために良好な雰囲気をもたらした。

三　平和友好条約の締結

当時すでに日増しに明晰になってきた中日関係の良好発展の趨勢に直面し、福田赳夫首相は深遠な意義を有する二つの決定を行った。

一つは、当時日中の条約締結を積極的に推進していた園田直衆議院議員を内閣官房長官に任命し（一年足らずで〔一九七七年十一月に〕外務大臣に転任）、条約締結の支持派が影響力を発揮する条件をもたらしたことである。

もう一つは、中国を訪問する公明党の竹入義勝委員長に、「日中条約の交渉が行われるよう希望する」という中国の指導者へのメッセージを託したことである〔一九七七年一月〕。

この二つの決定は、福田内閣が日中の条約締結に熱い期待を寄せ、長期的な手はずを整えたうえ、確実にそのための適切な準備を行ったことを示していた。

一九七八年二月二十日、日本政府は日中条約交渉を再開する問題について明確な態度表明を行い、「機が熟した」と見なすとともに、ソ連に対する北方領土返還要求などの実例を列挙し、福田内閣が反覇権問題ですでにある程度行動していることを表明した。三月二十二日、福田首相は園田外務大臣、安倍晋太郎官房長官、外務省幹部の出席する会議を開き、「日中平和友好条約」締結交渉の再開について協議したが、その場では判断と指示を行わなかった。翌日、福田首相は日中条約交渉を再開する決定を自民党指導部に通知し、同時に党内調整を要求することを表明した。

この一連の行動は、日中交渉における福田内閣の立場がすでに徐々に明晰になりつつあり、自民党内の反対勢力がすでに日中条約締結交渉再開の最後の障害になったことを表している。それと同時に、園田外務大臣は外務省内に専門グループを設けて対中政策を研究し、積極的な行動に出て反対勢力の各種の破壊と妨害を排除し、中国政府との連携をいっそう強化した。

前述のように、一九七八年五月三日の日米首脳会談で、カーター大統領は「日中の条約締結が成功するよう希望する」と明確に表明した。アメリカの賛同と支持が、ついに福田首相に最終的に決意を固めさせたのである。会談が終了するや、福田首相はすぐに関係省庁に「日中平和友好条約」交渉を再開するための準備をするよう指示し、「条約はできるだけ早く締結するのが良い。引き伸ばして、中途半端な状態にしたくない」と表明した。そのため、党内の意見を一致させ、日中の条約締結のために最後の障害を取り除くことに着手し始めた。五月二十四日、首相官邸に岸信介元首相、三木武夫前首相、前尾繁三郎元衆議院議長、椎名悦三郎元自民党副総裁らの長老を招き、中日問題を中心に意見を交換した。その席上で、「交渉を行うことに応じてから、すでに六年経っており、これ以上待てない。すでに限界である」と語った。これに対して、出席者は異議を申し立てなかった。同じ日に開催された「慎重」を主張する自民党アジア問題研究会の総会で、灘尾弘吉は、「首相がすでに決断した以上、交渉の再開に反対するのは適切ではない」と指摘した。自民党の政務調査会もこの日に会合を開き、福田首相が提起した交渉再開の方針に全会一致で同意した。

こうして、国際情勢、国内環境の変化の影響を受けたため、膠着状態に陥っていた日中条約締結交渉に対して、福田内閣は、曖昧な態度から徐々に明晰になり、さらに決断を下すに至るという変遷過程を経た。それだけでなく、交渉再開の決断を下した後、福田赳夫首相は自民党内で積極的に調整を行い、党内の意見一致を達成し、「日中平和友好条約」の締結のために一大障害を取り除いた。

一九七八年七月二十一日、三年間も中断していた「中日平和友好条約」交渉がついに再開された。八月十二日、中国の黄華外交部長と日本の園田直外務大臣がそれぞれ自国の政府を代表して正式に「中日平和友好条約」に調印した。中国の全国人民代表大会常務委員会と日本の衆参両院は、それぞれ八月と十月にこの条約を承認し、「中日平和友好条約」を批准する法律手続きがすべて完了した。

一九七八年十月二十三日、鄧小平副総理は、戦後初めて日本の国土を踏んだ中国政府のハイレベル指導者として、福田赳夫首相と東京の首相官邸で会談を行うとともに、「中日平和友好条約」の批准書の交換式に参加し、条約は正式に効力を生じた。この条約の締結と発効は、まず、法的に両国間の戦争状態を終結させ、中日関係発展史上の一里塚となり、その後の両国関係の発展のために堅固な政治的基礎を築いた。次いで、「中日平和友好条約」の反覇権条項は、「中日両国が自己を拘束する〔だけでなく〕……その他の人が覇権を求めることにも反対する、……それは国際条約における最初の企てであり」、「両国の未来にとってだけでなく、アジアと太平洋地域と世界の平和と安定にとっても、巨大な貢献であり」、戦後の日本外交が行った重大な選択である。

福田赳夫内閣の在任は二年で、その間、中日関係における最大の成果は「中日平和友好条約」を締結したことであり、この条約の交渉と締結の過程では、中日関係も曲折と矛盾を経験したけれども、福田内閣は総体的にみれば歴史の流れに順応し、積極的に中日関係の発展を推進して、両国関係の新たな一章を切り拓くことができた。

2　大平正芳内閣と中日関係

陳向陽　梁雲祥

大平正芳は戦後日本の第十四代首相で、一九七八年十二月七日に第一次組閣を行い、一九七九年十一月九日に再び組閣したが、一九八〇年六月十二日、首相在任中に心筋梗塞によって急逝し、大平内閣はこれにともなって総辞職した。大平首相は中日国交正常化を推進する過程で積極的かつ主要な役割を発揮し、一年半の首相在任中に、両国関係はさらに日増しに緊密になった。

一　大平正芳首相とその政治的生涯

一九一〇年三月十二日、大平正芳は香川県三豊郡和田村〔現在の観音寺市〕の農家に生まれた。家庭が貧しかったため、高等商業学校を卒業後に大阪の製薬会社に就職した。一九三三年、東京商科大学〔現在の一橋大学〕経済学部に合格し、卒業後に大蔵省に入省した。横浜税務署長、仙台税務監督局関税部長などを歴任し、一九三九年五月に中国の張家口に派遣され、興亜院蒙疆連絡部で仕事をした。一九四〇年六月に日本に戻り、東京の興亜院本部の経済部に勤務し、一九四二年七月に大蔵省に復帰し、前後して大蔵省の主計局、外資局、財務局に勤務した。

一九五一年、池田勇人大蔵大臣の意向で初めてアメリカを訪問し、政界入りの準備をした。翌年十月に自由党の公認候補者として香川県で衆議院議員に初当選し、政界に入った。一九五二年から一九五四年にかけて、衆議院で農林、大蔵委員会の委員をつとめ、同時に自由党の幹事長代理兼青年部副部長に就任した。一九五五年、鳩山一郎内閣の際に衆議院大蔵委員会常任委員、経済計画特別委員などを務め、同時に自由党の国会対策委員を担当した。一九五五年十一月に自由民主党が誕生すると、自民党政務調査会の内閣部長、一九五七年に自民党の総務、政調会財政部長、翌年には自民党の政調会副会長を歴任した。一九六〇年七月の池田内閣の誕生後、前後して内閣官房長官、外務大臣、自民党の筆頭副幹事長を歴任、一九六四年〔十一月〕の佐藤栄作内閣の誕生後、自民党の政調会長、通産大臣を歴任した。一九七一年四月、自民党池田派の「宏池会」の第三代会長に就任した。一九七二年七月に田中角栄内閣が誕生すると、相次いで外務大臣、大蔵大臣を歴任し、一九七四年十二月に三木武夫内閣が誕生すると、大蔵大臣に就任し、一九七六年十二月に福田赳夫内閣が誕生すると、自民党の幹事長に就任した。一九七八年十一月、大平は自民党の総裁予備選挙で勝利し、十二月に自民党の第九代総裁に就任し、その後首相に就任した。

大平正芳はその長い政治的生涯のなかで、早い時期から日中友好に力を尽くした。池田内閣で官房長官や外務大臣であった時期、積極的に両国間の半官半民の「LT貿易」〔一九六二年十一月に廖承志（L）と高碕達之助（T）の間で交わした「日中総合貿易に関する覚書」に基づく準政府間長期バーター取引であるが、民間事務所の相互設置、新聞記者の交換、政財界人の連絡など、日中間の窓口としての機能も果たした〕の展開を支持し、中日の双方が合意に達するよう推進した。これについて、台湾当局に対しては、「日本が中共と西欧のレベルに相当する貿易を行わなければ、日本の国民は理解し難い」と熱心に説得した。

佐藤内閣は誕生すると「二つの中国」政策を推進し始め、既存の人的往来、貿易、文化などの交流活動を制限しただけでなく、いっそうアメリカに追随し、あらゆる方法を講じて中国が国連の合法的な議席を回復することを阻止した。大平は佐藤首相の「二つの中国」政策を厳しく非難し、中国の国連における合法的な議席の回復とニクソンの「頭越し外交」に直面すると、「宏池会」の国会議員研修会で「日本の新世紀の開幕——流れを変えよう」と題する講演を行い、「政府が日中友好の精神と原則を踏まえて、なるべくすみやかに、北京との間に政府間の接触を開始することが、内外の世論に忠実なゆえんである」ことを強調した。

田中角栄内閣が誕生すると、外務大臣として大平正芳氏は田中首相の支持のもと、自らの主張を実行し始め、強力な妨害を突破し、最終的に日中関係の正常化を実現した。

中日国交の正常化後、中日関係に影響を及ぼす障害は主に二つあった。一つは日台の航空路の処理問題に関するもの、もう一つは中日両国がまだ締結していない「中日平和友好条約」である。中日の国交回復後、日台の航空路が平常通り維持されるのは、中日国交樹立の共同声明の関連する原則に抵触する。中国側の「中日航空協定」締結という合理的な要求は、日本国内の右翼勢力と「台湾グループ」に激しく妨害された。大平外務大臣は攻撃に直面してもまったく尻込みせず、「命を犠牲にしても『日中航空協定』は締結する」と表明するとともに、一九七四年一月に再び中国を訪問した。同年四月、日本は中国と

「中日航空協定」を締結した。その後、一再ならず停滞して進展しない「中日平和友好条約」交渉に直面すると、福田赳夫内閣時代の自民党幹事長として、やはり積極的に推進する役割を発揮し、最終的に双方は一九七八年八月に北京で「中日平和友好条約」を締結した。同年十二月に大平氏が組閣すると、中日関係は新たな発展の時期を迎えた。

二　大平内閣時代の中日関係

大平内閣の誕生当初から、大平首相は中日関係の発展を非常に重視した。第一次組閣後まもなく、衆参両院で相次いで施政方針演説を発表し、そのなかで明確に、新内閣は「さらに日中間の友好関係を推進する」と提起した。一年半にわたる在任中、大平内閣が政治、経済、文化の各分野で積極的に日中関係を発展させたことは、主に次の三つの面に現れている。

まず、中日両国のハイレベルの指導者の相互訪問を強化し、両国政府間の政治対話のルートを拡大、発展させた。大平内閣の組閣後まもなく、つまり一九七九年二月六日、鄧小平副総理が訪米の帰途に日本に立ち寄り、二日間の訪問を行った。一九七八年十月に「中日平和友好条約」の批准書交換式に出席するために日本を訪問したのに続いて、再び日本の国土に足を踏み入れたのである。大平首相との会談において、「鄧副総理は大平首相に訪米の状況を伝えるとともに、非常に友好的な雰囲気のなかで、双方がともに関心を寄せる国際情勢、アジア太平洋地域、二国間関係などの問題について幅広く意見を交換した」。その夜、首相官邸で開催された歓迎レセプションの席上、大平首相は「中国とアメリカが関係正常化を実現する」ことについて、鄧小平副総理が「アメリカ公式訪問という歴史的な大役を成功裡に終えた（ことに対して）、心から祝賀の意を表し」、さらに、「最近、日中両国の間は政治、経済、文化などの各分野で、とても大きな進展を勝ち取っている」ことを表明した。

一九七九年四月八日から十九日にかけて、全国人民代表大会常務委員会の鄧穎超副委員長が全国人民代表大会代表団を率いて日本を訪問した。これは鄧小平副総理の訪日に続く中国の二人目の国家指導者の日本訪問であり、全国人民代表大会の最初の代表団の訪日でもあった。周恩来総理はかつて「中日平和友好条約」締結後に日本を訪問することを希望したことがあり、鄧穎超副委員長の今回の訪問は周恩来総理の生前の訪日の願いを実現したのである。訪問期間中に、灘尾弘吉、安井謙衆参両院議長が盛大な歓迎レセプションを開催し、天皇陛下、大平首相がそれぞれ鄧穎超副委員長と会見した。今回の訪問を通じて、中国の全国人民代表大会と日本の国会、中日両国人民の間の結びつきを緊密にした。九月一日から十二日にかけて谷牧国務院副総理が日本を訪問し、一九八〇年四月三日から十六日にかけて余秋里国務院副総理が日本を訪問した。

とりわけ言及に値するのは、大平正芳首相の在任中に、中日両国が政府首脳の相互訪問を実現したことである。第二次大平内閣成立〔一九七九年十一月〕後、大平首相の外遊日程でまず手配されたのは中国訪問にほかならない。訪中に先立ち、大平首相は中国メディア代表団と会見し、「中国人民への手紙」を手渡した。手紙のなかで、今回の訪中の目的は、「八〇年代の日中関係のために確固たる道を切り拓くことである」と強調している。一九七九年十二月五日から九日にかけて、大平首相は招待に応じて五日間にわたる中国公式訪問を行った。一九七二年〔九月〕の田中首相に続いて中国を訪問した二人目の日本の首相であり、大平自身の〔戦後〕三回目の訪中でもあった。華国鋒総理、鄧小平副総理が前後して大平首相と会談を行い、国際情勢と中日関係について意見を交換するとともに、共同新聞発表を発表した。十二月七日午前、政治協商会議全国委員会のウランフ副主席の案内のもと、大平首相は政協礼堂で「新世紀をめざす日中関係——深さと広がりを求めて」と題する講演を行い、「我々は、日中両国が両国間の共同声明と平和友好条約という二つの文書に盛られた原則と精神に則り、善き隣邦として将来永きにわたって平和的かつ友好的関係を維持発展させていくことを誓いあいました。我々は、また、一九八〇年代のみならず、二十一世紀へ向けて、両国間の良好にして安定した関係をあらゆる分野において発展させ、更に深さと広がりを求めていかねばならないと話しあいました」と表明した。この訪問中、大平首相は華国鋒総理が日本を訪問するよう招待した。

一九八〇年五月二十七日から六月一日にかけて、華国鋒総理は予定どおり日本を訪問した。これは中国政府首脳の初の日本訪問である。華国鋒総理は大平首相と二回会談を行い、さらに天皇陛下、田中角栄元首相、福田赳夫前首相とも会見した。中日両国が発表した共同新聞発表で、双方は、「中日両国が、体制の相違はあっても、今後益々交流を増進させ、相互理解と相互信頼を深めることにより、両国間の永続的な平和友好関係をゆるぎないものとして発展、深化させていくべきである」と表明した。

大平内閣の時期、中日両国はさらに外交事務当局によるハイレベルの定期協議制度を樹立した。この制度の樹立はまず大平首相が訪中時に提案し、中国側の積極的な賛同を得た。一九七九年十二月六日、大平首相の訪中に随行した大来佐武郎外務大臣と中国外交部の黄華部長は定期協議制度について合意に達した。つまり、中国と日本の閣僚、および両国の外交当局の高官が毎年一度会議を行い、東京と北京で交互に開催し、中日両国が定期的に意見と情報を交換するために新しいチャンネルを樹立したのである。一九八〇年十二月、中日の第一回閣僚会議が北京で開催された。

大平政権はさらに積極的に中国の経済近代化建設を支援し、

中日の経済協力は「民間レベル」から「政府レベル」に発展した。第一次大平正芳内閣が誕生したのは一九七八年十二月七日で、その十一日後に中国共産党は第十一期中央委員会第三回全体会議を開催した。まさにこの極めて歴史的意義を有する会議で、中国の内外政策の調整が行われ、改革開放の方針が打ち出された。会議は明確に、「自力更生の基礎のうえに積極的に世界各国と平等な経済協力を発展させ、世界の先進技術と先進設備の導入に努力する」と提起した。そのうち日本が、中国が近代化建設を行い、改革開放政策を推進して協力を進めるのにまず選ぶべき国であったことに疑問の余地はない。一九七九年五月、鄧小平副総理は自民党の鈴木善幸衆議院議員と会見した際に、中国が日本の近代化の経験を参考にする問題に言及し、「我々は現在四つの近代化を行う決意を固めているが、我々の知識は確かに不足しており、とくに日本のこの方面の経験は我々が学ぶのに値する」と語った。

日本側は早くから中国の国内政策の変化に注目し、中国の近代化建設を支持する積極的な態度をとっていた。一九七九年二月に鄧小平副総理と大平首相が会談した際、同席していた園田外務大臣は、「両国がつねに接触を維持することを希望し、とくに四つの近代化の問題で、日中が協力を強化することを希望する」と表明した。五月に鈴木善幸衆議院議員と会見した際、鄧小平副総理は政府借款を受け入れてもかまわないことを表明した。

九月に谷牧国務院副総理が日本を訪問した際、大平首相や園田外務大臣などと会見し、中国側が日本政府の借款を利用する基本的内容を説明するとともに、大平首相に、「中国の経済建設のために、日本側が全力を挙げて協力するよう希望する」と表明した。大平首相は積極的な態度で、「日中間の経済関係はこれまでは主に民間方式で行われてきたが、今後は日本政府がその隊列に参加し、直接協力を実現する。日本は前向きの態度で中国の経済建設を研究していく」と回答した。

中国を訪問中、鄧小平副総理と会談した際、大平首相は、「我々の近代化は貴国よりいささか早く、一定の成果を収め、経験と教訓もある」、「友人として、我々の経験をあなたがたに伝える」、「中国が近代化を実現するときに同じ轍を踏まないよう希望する」と表明した。

大平首相は政協礼堂における講演でも明確に、「私は、貴国の〔近代化実現のための〕努力に対して、我が国が積極的な協力を惜しむものではないことを、ここに皆様にお約束いたします」と重ねて表明した。

大平首相の中国訪問によって、両国の経済関係は政府と民間が一体化した新たな構造を形成した。日本政府は一九七九年から一九八四年にかけて中国に三千三百億円の政府開発援助を供与することを決定するとともに、一九七九年度の借款額を五百億円、年利を三％、返済期限を三十年、据え置き期間を十年とすることを確定した。この円借款は六つの大型建設プロジェクト、つまり山東省の石臼所港の鉱石専用深水埠頭、秦皇島港〔河北省〕の第二期石炭埠頭設備、山東省の兗州・石臼所間鉄道、北京・秦皇島間鉄道の複線化と電化、衡陽〔湖南省〕・広州間鉄道の複線化、五強溪水力発電所の建設に使われることになっていた。また、これらのプロジェクトに必要な物資と機材の調達には原則的に付帯条件を付けなかった。日本はこれによって世界で初めて中国に政府借款を供与する国になり、イギリスの「ガーディアン」紙は、「大平の今回の訪問によって、日本は中国の近代化計画に重大な貢献をする国になった」と称えた。

日本の政府借款のほかに、中日双方の共同推進のもと、一九七九年五月十五日に日本輸出入銀行は中国銀行と「石油、石炭資源開発の貸付けに関する基本事項の覚書」を締結した。日本側が四千二百億円のバイヤーズ・クレジットを年利六・二五％、償還期限十五年で貸し付け、中国側が石油と石炭の開発に必要な機械設備と器材の購入に充て、このプロジェクトには華北、勝利、埕北、渤海の四つの油田と、鮑店、蔣庄、西曲、銭家営など七つの炭鉱が含まれ、中国の石油部と石炭部が使用することと定められていた。大平首相の中国訪問中に、双方はさらに「中日両国の渤海南部及び西部海域における石油と天然ガスの調査開発に関する協定書」を締結した。

同時に、大平首相はさらに積極的に中日両国の貿易の発展を推進した。一九七九年三月、中日双方は一九七八年から一九八五年までを期限とする「中日長期貿易取り決め」〔一九七八年二月に調印〕を一九九〇年まで延長するとともに、既定の目標金額をさらに二倍から三倍に、つまり双方の輸出総金額を二百億から三百億ドルに拡大することに同意した。日本政府はさらに中国製品に「特恵関税」を適用することを決定した。大平首相は中国を訪問して中国の首脳と会談した際、「中国に対して特恵関税を適用する問題に関して、日本は一方で引き続き特恵制度の基本的内容を堅持し、他方で必要な調整をした後に実施するつもりである」と表明した。

大平首相は中国と技術協力を進めることについても積極的な態度を示し、中国訪問中に、一九七八年から中日両国はまず鉄道の分野で技術協力を行い、医療衛生の分野における協力は協議を続け、農林業、水力の分野では、中国側の要求があれば、日本側も積極的に協力したいと表明した。さらに、人材育成の分野でも協力することを自発的に提起した。科学技術協力協定に関しても、積極的な態度を持した。華国鋒総理の訪日中に〔一九八〇年五—六月〕、双方は最終的に「中日科学技術協力協定」を締結した。同協定は、両国の政府はできる限り両国の各種の団体、機関、個人の間の科学技術協力を支持、促進し、両国政府の代表からなる中日科学技術協力委員会を設置し、交互に中国と日本で開催すると規定した。

また、大平首相はさらに積極的に日中国民間の相互理解の増進、両国間の文化交流の強化を図った。政治協商会議全国委員会における講演で、中日両国の国民間の相互理解を増進し、両国間の文化の交流を強化することに言及した。

「このことを忘れ、一時的なムードや情緒的な親近感、更には、経済上の利害、打算のみの上に日中関係の諸局面を築き上げようとするならば、それは所詮砂上の楼閣に似た、はかなく、脆弱なものに終わるでありましょう。」

だからこそ、大平首相の訪中の間、大来佐武郎外務大臣と黄鎮文化部長はそれぞれ自国政府を代表して「中日文化交流協定」を締結した。中日文化交流の主要プロジェクトの一つとして、大平内閣は「中国に対して日本語教育特別計画を行う」ことを提起した。すなわち、日本政府が十億円の資金を提供し、五年以内に中国の日本語教師に対して研修を行うという計画である。中日双方は留学生の受け入れについても、一九七九年から、日本が二十名の中国人留学生に奨学金を提供することで合意を達成した。この協定は中日両国の数千年にわたる文化交流史上で画期的な意義を有し、両国の文化交流を推進した。協定の調印後、両国の政府と民間の人的往来が頻繁になり、文化交流が活発になった。プロジェクトの多さ、範囲の広さは、中国の対外文化交流のなかでともに首位を占めた。

大平内閣の時代、中日両国はさらに最初の政府間の芸術交流を実現した。一九七九年一月六日、日本の歌舞伎訪中使節団が中国を訪問し、文化部は歓迎レセプションを開き、全国人民代表大会常務委員会の廖承志副委員長が出席するとともに、使節団の幹部や主要な役者と会見した。九日、歌舞伎訪中使節団は北京で公演を行い、十三日に杭州、続いて上海で公演を行い、二十四日に帰国した。同年八月、中国京劇団三団が日本を訪問して公演を行った。

大平正芳首相の在任中、両国の首都は友好都市となった。一九七九年三月十四日、北京の天壇公園と東京の上野公園で、両国の人々が相互に記念植樹を行った。一九七九年五月から六月にかけて、廖承志副委員長を団長とする「中日友好の船」が日本を訪問した。同代表団は六百人からなり、二十七日間にわたって、日本列島を一周し、十余りの港に停泊し、三十三都道府県を訪問し、工業、農業、文化などに関わる千カ所近くを見学して、両国の友好交流の深さと質の高さは中日関係史上で新記録を達成した。中日両国のスポーツ組織の交流もこの時期に日増しに密接になり、一九七九年、中国のスポーツ科学の学術組織が日本のスポーツ科学の大会に出席し、視察グループを日本に学習、交流のために派遣するとともに、日本のスポーツ専門家を講義と交流のために招聘した。

三　大平内閣の対中政策への評価

第一に、大平内閣の対中政策の成功は指導者の正しい中国観に由来する。大平正芳首相は若いときから中華文化の薫陶を受け、中国の古典を渉猟した。大平正芳首相自身と友人の記述や回想によれば、中国の古典が大平首相の本棚の非常に大きな部分を占めていた。大平首相はかつて中国の古典を次のように評価したことがある。

「中国の古典は、本質的に欧米のものと完全に異なるが、やはり人々を心から感動させる力がある。大胆に中国人固有の思想を吐露し、真に迫るように感じさせる魅力を具えている。」

中国文化の薫陶は、大平首相の中国観が形成される基礎をなしている。

また、大平正芳首相は近代以来の中日関係史に対して正しい認識を有し、「日本は加害者の立場から中国を認識する必要がある」と認識していた。一九三九年五月に中国の張家口に派遣され、興亜院蒙疆連絡部に勤務し、日本の中国侵略戦争に対して直観的な認識と理解を有していた。第二次世界大戦の終結後、極めて率直に、「最近の一世紀余りの中国の歴史は、西欧をはじめとし日本などを含む列強にほしいままに略奪された、はてしなく長い苦難の歴史であった」ことを認めていた。日本はこれに対して反省すべきであると見なし、日本国内に反省の度が過ぎると見なす人がいることに狙いを定め、次のように評した。

「加害者は反省しなければならない、それは媚びへつらうこととは完全に別のことだ」、「最近の日本の潮流はそうではなく、加害者の立場と被害者の角度から出発し、我が国が加害者、中国が被害者であるという日中関係を公正に見ていないと思う。」

まさにこの正しい中国観に由来して、大平首相は在任中に積極的な対中政策を採り、日中関係の発展を促進したのである。

第二に、日中関係を発展させ、中国の近代化建設を支持することを戦略問題として対処した。大平内閣の時代、中日の友好関係を推進することは日本外交の「最重要課題の一つ」と見なされていた。

「日中関係は単なる日中両国の問題ではなく、東南アジアに影響を及ぼし、さらに米ソの世界戦略に影響を及ぼし」、さらに「日中友好を深めることは、アジアないし世界の平和と安定に意義がある」。大平首相から見れば、「中国は対外侵略国家ではなく、一貫して国内を統一し、外部からの干渉を排除するために全力を尽くしている国家であり」、「ソ連とは異なり、一貫して中国式の統治理念で国を治めてきた国家である」。

大平首相は次のように認識していた。

中日の友好関係を発展させ、中国の近代化建設を支持することは、中国の安全保障環境を改善することに貢献するだけでなく、アジアと地球的規模の国際政治構造の安定にも関係し、日本の国家利益にかなう。中国が閉鎖的にならず、近代化の過程で日本などの国と相互依存の関係を深めることは、アジアの安全と安定を維持するのに有益である。

事実、大平内閣前後の一時期、日本とソ連は北方四島の問題についてずっと論争が絶えず、中ソ関係も緊張していた。中日が平和友好条約を締結すると、ソ連は日本は中国に降服したと糾弾した。鄧小平副総理がアメリカを訪問して帰国の途中に日本を訪問した翌日、日本の野党四党は共同決議を行い、ソ連に北方領土のあらゆる軍事力と軍事施設を撤去するよう要求した。日中関係をより密接にすることによって、停滞状態に陥っている日ソ関係を刺激するのに役立ち、日本の対ソ連外交に対する地位と立場を改善した。

第三に、日米関係を基軸とし、その基礎のうえに中日関係を強力に発展させた。大平首相は中日関係を発展させることを日本外交の最重要課題の一つにしていたが、中日関係の位置づけは依然として日本の全体的な対外戦略と密接に関連していた。第二次世界大戦が終結してから、アメリカによる単独占領とその後に形成された日米安全保障体制によって、日本は政治、経済、軍事、外交、文化などの分野でアメリカの強力な影響を受けた。大平首相はかつて日米間の関係を次のように評価したことがある。

「日本外交の基軸は、いずれにせよ、やはり対米協調であり、政治、防衛、経済、貿易の分野でそうであるだけでなく、思想と文化の領域でもそうである。二つの国家の関係がこれほど密接でありうるのは、珍しいことであるし、しかもこのような関係が世界に対してこれほど大きな影響力をもつことも稀なことである。」

大平首相は、中国訪問中に鄧小平副総理と会談した際も、中国と協力を行う三原則、すなわち、欧米との協調、アジア、特にＡＳＥＡＮ〔東南アジア諸国連合〕との均衡の維持、軍事協力はしないことを重ねて表明した。

大平正芳首相は日中関係を夫婦関係になぞらえたことがある。すなわち、日中両国には共通の文化的淵源があるが、各自に独特の見方もあり、性格が異なる男女が夫婦として生活をともにする必要があるように、仲よく暮らしたければ、ともに努力しなければならず、さもなければ友好的な関係にはなれない。大平正芳首相とその同時代の中国の指導者の共同の努力のもと、中日関係は全面的な発展を遂げた。大平首相が在任中に急逝したことは、中日の友好事業にとって重大な損失であった。鄧小平副総理と卓琳夫人は逝去を悼む弔電で大平首相を非常に高く評価している。

「大平首相は長年にわたって中日関係を発展させ、アジアと世界の平和を擁護するために重大な貢献をした。中国人民は永遠に忘れないであろう。」

3　鈴木善幸内閣と中日関係

程蘊　梁雲祥

鈴木善幸は日本の第七十代の首相で、前任者の大平正芳首相が病気のため急逝したので「危急存亡に際して自ら命を投げ出し」、自民党総裁と首相に選出され、その政権は一九八〇年七月から一九八二年十一月まで続き、任期中に中日関係の発展を推進したが、「教科書風波」も起こった。

一　鈴木善幸首相の政治経歴

鈴木は岩手県で代々漁業と水産品加工に携わる家庭に生まれたので、日本のメディアに「漁民宰相」と呼ばれた。青少年時代の鈴木家はけっして裕福ではなく、家庭の負担を減らすために、鈴木は私立学校への進学を断念し、学費を払わずにすむ農林省〔現在の農林水産省〕の水産講習所〔現在の東京水産大学〕を選んだ。漁民の苦しい生活を目の当たりにして、破産に瀕した漁村を救えるのは政治しかないことを痛感した。一九四七年、漁業の利益を代表する鈴木はついに社会党員として初めて衆議院議員に当選したが、社会党の内部闘争に嫌気がさし、一転してその他のメンバーと新党を結成するつもりであったが、最終的に地元の後援会の勧めで吉田茂首相の民主自由党に入党した。一九五五年〔十一月〕に保守勢力が合同して自民党が成立すると、鈴木は吉田茂をはじめとする「保守本流」の「丙申会」に加入し、「吉田路線」の最後の継承者になった。鈴木首相は在任中に「日米同盟関係は軍事的意味を含まない」という理念を堅持し、一九八〇年代における「吉田路線」の最後の体現者と見なすことができる。

その後、「丙申会」は「一が分かれて二になり」、池田勇人をはじめとする「宏池会」と佐藤栄作をはじめとする「周山会」に分裂し、鈴木は池田勇人の側に立つことを選択した。一九六〇年〔七月〕に池田勇人首相が就任すると、鈴木は郵政大臣として初めて入閣し、その後また相次いで内閣官房長官、厚生大臣、農林大臣および自民党の総務会長などを歴任した。自民党内では、鈴木は派閥間の矛盾の調整に秀でていることで有名であった。一九七〇年代、鈴木は池田派を継承した大平派に属し、長期にわたって同派のナンバー・ツーとして舞台裏で活動していたので、けっして党内の大半の人にはあまり知られず、大平正芳首相が病気で急逝した後、多数の人が党内の継承者を予想したときに鈴木善幸にはまったく考えが及ばなかった。しかし、候補者を推挙した結果は多くの人をあっと驚かせ、自民党内の大平、田中、福田三大派閥の支持した鈴木善幸が最終的に自民党総裁と首相の座を勝ち取った。派閥闘争によって四分五裂していた自民党はまさに鈴木のような人が全党を団結させ、不和を弥縫することを必要としていたかもしれないし、当時、自民党内の各派閥が受け入れられる総裁、首相も鈴木しかいなかった。

就任早々、鈴木首相は自らの政治理念、つまり「和の政治」を提起し、全党の団結と協力を極力主張したが、鈴木は党内の不和を弥縫するために存在していたので、ひとたび自民党が団結を取り戻せば、その存在意義もなくなってしまう。それゆえ、鈴木内閣は誕生したその日から、顕著な過渡的性格を有していて、行政と財政の改革が失敗に終わると、二年余り続いた鈴木政権も賢明な人に恭しく譲るしかなかった。

二　鈴木内閣時代の中日関係

鈴木内閣の過渡的性格は、内政だけでなく対外関係にも現れていた。もちろん、この種の過渡的性格を決定したのは鈴木首相自身の政治理念と日本の国内情勢だけでなく、一九八〇年代初めの世界情勢と世界構造のほうが大きかった。一九八〇年代初期、米ソ間のデタントは行きつくところまで行き、ソ連がアフガンに侵攻した〔一九七九年十二月〕のにともない、アメリカの「カーター・ドクトリン」が提示されたことは、アメリカの対ソ政策が融和から強硬へ転じたことを示していた。しかし、この時期のアメリカは依然としてソ連よりも劣勢であったので、アメリカは可能な限り世界中の盟友の軍事力を動員してソ連勢力の拡張を抑制しようとした。アジアでは、日本こそアメリカが全力で動員するもっとも重要な盟友にほかならなかった。当時の日本は、経済的には戦後の最盛期といえるまで発展していたが、直面する国際的、国内的な問題も日増しに深刻になっていた。国家の実力の増強と問題の深刻化によって、日本は改めて自己が国際的に発揮すべき役割について考慮するようになった。早くも大平内閣時代に「総合安全保障戦略」を提起し、鈴木善幸首相は「亡くなった大平首相の遺志を継いで」政権に就き、もちろん外交面で国際的に日本の役割を発揮することをいっそう重視したが、その基準は完全に鈴木首相自身の手中に握られていた。このような状況のもとで、中日関係もこの時期にある種の過渡的性格を現していた。具体的にいえば、中日関係は引き続き良い方向へ発展したのと同時に、後に両国の間でトラブルを起こす問題も徐々に浮上していた。それらの問題は当時は適切に解決されるか、あまり大きな影響を及ぼさなかったけれども、その後の情勢の発展にともない、中日関係のいっそうの発展にとってかなり大きな障害になった。

中日関係の主要な面について見れば、鈴木首相の在任中に、協力と相互信頼の強化の方向へ向かっていっそう発展した。国交正常化後の十年間、経済、科学技術、文化などの分野における両国の交流と協力は猛烈な勢いで発展した。とくに経済貿易の分野では、中国の改革開放と四つの近代化政策の全面的推進にともなって日増しに密接になった。中日両国は二国間関係の発展に満足の意を表明すると同時に、両国間の関係には依然として発展すべき大きな潜在力が存在するが、一部の分野ではいっそう発展させ、整備する必要があり、それらの分野は主に経済貿易と中国のインフラ整備に対する支援の面に集中していることも認識していた。

一九八〇年十二月三日、第一回中日閣僚会議が北京の人民大会堂で開催され、日本側は伊東正義外務大臣をはじめとする六名が出席するとともに、会期中に鄧小平副主席ら中国の指導者と会見を行い、十二月五日に共同コミュニケを発表した。それによれば、会議は次の三つの議題について討議した。①国際情勢及び中日関係についての全般的評価。②双方の経済・財政政策。③両国間の協力と交流問題。

国際情勢の面では、両国は主にともに直面しているソ連の脅威、アジア地域の情勢、カンボジア問題について討論した。「中日両国がそれぞれの立場からアジア及び世界の平和と安定の維持・確保のために引き続き努力することを確認した。」

会議の重点は主に両国の経済貿易と協力の面に集中した。中国側は中国の経済情勢と国民経済調整の方針、政策および今後の経済発展の重点などについて説明し、できる限り中国への投資に対する日本の懸念を払拭し、日本の中国に対する投資をいっそう拡大しようとした。双方は相互に投資を促進、保護する協議の交渉を早期に行うべきことでも認識が一致した。エネルギー分野の面では、双方の協力の態度は積極的で、日本はエネルギーが乏しく、また不安定な国際情勢に迫られ、早急に新しいエネルギー供給先を開拓する必要があり、それゆえとくに中国側に長期にわたって安定してエネルギーを供給するよう希望した。そして、中国側も日本側から技術と資金の支援を得ることを希望していたので、積極的に協力することにした。インフラ整備の分野では、中日双方は鉄道、港湾、保健医療、水力発電などの各分野におけるこれまでの技術協力の成果を確認するとともに、この種の協力が今後も引き続き発展することを希望した。日本側は、新たに農業の分野において東北地区三江平原の開発計画に対して技術協力を行うことを表明した。

一九八一年〔十二月〕、中国国務院の谷牧副総理が代表団を率いて東京で開催された第二回中日閣僚会議に参加した。討議した議題は第一回会議と基本的に同じであった。今回の会議は、中日の文化交流を促進し、在日中国人留学生らに対し便宜を供与するため、中日国交正常化十周年を機に「日中会館」の建設の準備を開始することを決定した。さらに、翌年に日中国交正常化十周年を迎えるにあたり、両国首脳が相互訪問を実現することが確定した。

一九八二年五月三十一日から六月五日にかけて、中国の総理〔趙紫陽〕が日本を訪問し、訪問期間中に天皇陛下と会見するとともに、鈴木善幸首相と両国がともに関心を寄せる国際情勢と中日関係をいっそう発展させる問題について会談を行った。今回の訪問のもっとも重要な成果は中日関係を発展させる三原則を確立したことである。

①「日中共同声明」と「日中平和友好条約」に基づき、両国間に現存する平和友好関係を踏まえて、両国の経済関係を積極的に発展させること。

②中日の経済関係は平等互恵の原則にのっとって、それぞれの必要と可能性から出発し、互いに有無相通じ、長所を採り入れて短所を補い、たえず新しい広がりと深さをめざして発展させること。

③このような経済関係を発展させることは、中日両国人民の根本的利益と子々孫々友好的につきあっていくという願いにかなっており、それは長期にわたる安定したものでなければならず、国際的な波風の影響を受けるものであってはならないこと。

この三原則を要約すれば、「平和友好、平等互恵、長期安定」ということになる。

注目すべきは、中日間の経済分野での協力が日増しに発展しているが、両国はけっしてこのような協力を軍事、安全保障の分野に拡大しなかったことである。中国の総理は東京で行った記者会見でこの質問について回答した際、次のように強調した。「私は中国人が中日協力は軍事面の問題まで拡大してかまわないなどと語るのを聞いたことがない。今は亡き大平首相は一九七九年〔十二月〕に中国を訪問した際に日中経済協力の三原則を提起したが、その第一条は軍事を中日協力から排除することにほかならなかった。日本政府のこの立場に、我々には異存はなく、我々は理解、尊重する。」

一九八二年九月二十六日、鈴木善幸首相は中国を公式訪問し、個別に胡耀邦総書記、鄧小平中央顧問委員会主任ら中国の指導者と会談を行うとともに、政協礼堂〔政治協商会議全国委員会の講堂」で「豊かな交流と揺るぎない友好」と題する講演を行った。

鈴木首相の訪中期間中、もっとも注目されたのは日本の教科書問題に関する処理とソ連問題に対する中日両国の考え方であった。教科書問題について、鈴木首相は記者会見で、日本は必要な改訂を行うことを表明するとともに、「教科書問題はすでに一段落した」と指摘した。両国のソ連に対する考え方については、鈴木首相は次のように明確に提起した。

「覇権主義に対しては中国は、依然厳しい姿勢をくずしていない。今後は、ソ連が誠意ある行動を示すかどうかにあると思う。日本についてソ連が北方領土を不法に占拠し、軍事基地を増強しているが、これを容認することはできない。日ソの友好関係の改善を計ることは、重要であるが、ソ連が政経分離の形で求めてきても北方領土問題を解決して平和条約を結ぶというのが、日本の道であると考えている。」

要するに、鈴木善幸内閣時代の中日関係の発展は主に経済面に集中していたことがわかる。国交樹立後の十年近い交流を経て、両国は徐々に経済協力の原則を確立した。まさにこのような互恵的、相互補完的な経済協力によって、中日関係は未曾有のレベルに到達した。しかし、経済協力と比べると、政治上の協力はあまり緊密ではなかった。当時は共通のソ連の脅威に直面していたとしても、このような協力は往々にして相互に意見を交換したり、道義上の支持を与えたりするにすぎなかった。

その原因を究めると、日本側から見れば、鈴木内閣時代の日本は、いっそう大きな国際的責任を担いたいという願望を有していたけれども、鈴木首相自身は依然として「保守本流」路線の基本原則を継承し、依然として経済的役割を発揮することを日本の対外戦略のもっとも重要な地位に置いていた。その点は、鈴木首相が就任してからずっと「日米の同盟関係には軍事的な意味合いはもっていない」という主張を堅持したことがわかる。中国側からみれば、一九八〇年代初めの中国はまさに戦略の転換期にあり、中日の政治協力の目標についてなお調整過程にあった。また、中日間の社会制度の違い、中国と日本の、相手側の外交に占める地位、相手側に対する位置づけも、両国の政治協力のレベルが高くなかった原因である。

三　教科書問題

一九八〇年代は、中日関係の発展と問題が併存していた時期である。この時期に相次いで現れた問題が後に中日関係のさらなる発展のかなり大きな障害になったが、そのなかには教科書問題、靖国神社問題、釣魚島〔尖閣諸島〕問題が含まれている。鈴木善幸首相の在任中、釣魚島に関する問題では、中国政府は、日本側が一方的に釣魚島付近の海域に人員を派遣して漁業資源の調査を行なったので抗議したことがあるが、事態はけっして拡大しなかった。鈴木首相は在任中に私人として靖国神社を参拝したが、当時中国政府は態度を表明しなかったし、外交問題にもならなかった。中日関係に対する影響がもっとも大きかったのは、一九八二年の教科書問題である。

　日本の戦後教育は教科書検定制度を実施し、学校で使う教科書は民間の出版社が編集、出版し、文部省〔現在の文部科学省〕が三年ごとに小中学校・高校で使う教科書に対して全面的に検定を行い、その検定に合格して初めて正式に出版、発行して教育で使うことができる。戦後、日本の右翼保守勢力は一貫して民間の編纂する教科書に不満を抱き、その歴史を直視する態度を「左翼偏向」と見なし、教科書を改訂する目論見をずっと放棄しなかった。

　一九八〇年〔六月〕、衆参両院同時選挙で自民党が圧勝し、安定多数の議席を確保すると、右翼政治家は教育問題で大いに難題を吹っかけられると感じた。同年七月二十二日、奥野誠亮法務大臣が安全保障問題を協議する閣僚会議で教科書は「愛国を培う精神に欠ける」と糾弾し、自民党機関紙の「自由新報」はさらに一九八〇年一月から八月にかけて、教科書を標的にした批判記事「いま教科書は――教育正常化へ提言」を十九回にわたって連載した。この連載を主宰した石井一朝は、「共産党と日教組はいまなお教科書を支配している」と指摘した。かくして、自民党内の文教派の議員が次々に行動を起こし、自民党政務調査会の文教部会と文教制度調査会が合同会議を開き、戦後の教育体制を徹底的に改造することを提起するとともに、超党派の教科書問題委員会を結成することを決定した。

　一九八二年の教科書検定は、このような背景のもとで行われた。文部省は同年検定に提出された高校の歴史教科書に多数の修正を求め、第一次世界大戦と第二次世界大戦の時期における日本の侵略行為を稀薄にするよう要求するとともに、一部の具体的な史実に対して詳細な修正を求めた。たとえば、日本の関東軍が意識的に九一八事変〔満洲事変〕を起こしたことを、日本軍が「南満州鉄道の一部を爆発した」に改めたり、日本軍が七七事変〔盧溝橋事変〕と華北に対する侵略をしかけたことを、華北へ「進入した」と改めたりするとともに、「侵略」に関わるあらゆる言葉をすべて日本語の「進出」に変えたり、日本軍が中国で行った非人道的な「三光政策〔殺し光《つ》くし、焼き光《つ》くし、奪い光《つ》くす〕」を、「抗日運動が展開され、日本軍が治安の維持を迫られた」に改めたりした。

　ひいては、文部省の検定委員は、日本軍が南京で中国軍民三十万人を虐殺したという数字は推測であって、確認しがたいと称したり、南京大虐殺は双方の軍隊の戦闘中に起こり、状況が非常に混乱し、事実の真相がはっきりしないなどを理由に、従来の教科書の「南京占領の際、日本軍は中国軍民を殺害し、さらに強姦、略奪、放火を行った。南京の虐殺は国際的な非難を浴び、中国の犠牲者は二十万人にも達したといわれている」という一段を削除し、「南京占領の際、中国軍の頑強な抵抗にあい、日本軍は相当大きな損失を被った。その結果、日本軍は激怒し、非常に多くの中国軍民を殺害した」と改めたりさえした。

意識的に歴史を歪曲し、日本軍国主義の侵略の犯罪行為を隠蔽する日本の文部省のこのような行為はただちに、中国、韓国を含むアジア諸国の強烈な反対を引き起こした。七月二十六日、中国外交部第一アジア司の蕭向前副司長は日本の渡辺幸治公使を呼び寄せ、日本側に文部省が小中学校の歴史教科書の検定で日本軍国主義の中国侵略の歴史を改竄した誤りを正すよう要求した。七月二十九日、文部省の鈴木勲初等中等教育局長が中国の王暁雲公使を呼び寄せ、日本側による軍国主義の歴史の改竄のために弁解し、その場で王公使に厳しい言葉で反駁された。八月一日、中国政府は日本側に、文部省が中国侵略の史実を改竄した問題が解決されないうちは、小川平二文部大臣の訪中は相応しくないと通知した。

国内外の一連の糾弾と質疑の声のなかで、日本政府は教科書のなかに存在する問題を責任をもって正すことを承諾して、早期に教科書問題を解決しようとした。八月六日、小川平二文部大臣は、第二次世界大戦中の日本の中国に対する戦争は侵略であり、日本は出版社と著者の申請を受け入れ、教科書の正確でない記述を改訂する予定であることを公然と承認した。八月八日、鈴木善幸首相は原則として中学の歴史教科書を書き直すことを決定するとともに、その決定を小川平二文部大臣に伝達し、それと同時に自民党がその決定に同意するよう説得しようとした。しかし、どのときの態度表明でも、いつ正すのか、どのように正すのかを明確に表明することができなかった。八月二十六日、宮澤喜一官房長官の記者会見における態度表明は相変わらず曖昧模糊としており、ただちに中国政府に批判された。

九月六日、日本側はついに中日双方が受け入れられる方針を提出した。その方針の目的は、改定後の教科書検定基準は、すでに検定を終えた教科書に関しては、文部大臣見解の発表によるとともに、「文部公報」に掲載する方式で教育のなかで実際に中国側の要求を満足させることにあった。

一九八二年十一月、小川平二文部大臣は記者会見で大臣見解を発表し、文部省は「日中共同声明」の精神を尊重し、教科書の検定基準に新たに、「近隣のアジア諸国との間に起こった近代および現代の歴史上の事実と現象を処理する際、国際理解と国際協調の観点から出発し、必要な考慮をする」ことを要求する項目を増やすことを決定したことを表明した。この文部大臣見解は、「文部公報」に掲載されるとともに各校に下達され、学校教育のなかで中国などアジアの隣国の要求を実際に満足させ、すでに検定に合格した、誤った教科書のもたらした極めて悪い影響を取り戻そうとした。教科書検定調査審議会も社会科教科書の検定基準のなかに、「近隣のアジア諸国との間の近現代の歴史的事象の扱いに国際理解と国際協調の見地から必要な配慮がされていること」、いわゆる「近隣諸国条項」を新たに増やすことに同意した。ここにいたって、一九八二年の教科書問題はついに解決された。

これらのことから、日本の戦後の国家戦略の改変は必然的に中日関係に衝撃をもたらしたが、その衝撃の突出したものが歴史と領土に関連する中日間の矛盾が突然現れたことにほかならない。鈴木首相時代の日本はまさになんとか「政治大国」になろうとしていた前夜である。この時期、日本が戦略の転換を進める国際的、国内的環境はすでに一応、整っていたけれども、「保守本流」路線の堅持に執着する鈴木首相は依然として日本の行為をできるだけ経済的役割を発揮する面に限定しようとしていたので、中日関係はもと通り良好な上昇の勢いを維持し、出現する問題もすみやかに解決された。当時の日本は政治大国への道を歩んでいたため、鈴木首相以後、中日関係は戦略の転換と力の差の変化にともない、両国関係の発展を阻む歴史や領土などの問題も徐々に激化した。それゆえ、鈴木政権時代の中日関係の発展からみても、両国間に出現した問題からみても、この時期の中日関係には過渡的な性格が満ち溢れていた。すなわち、中日関係は全面的な発展から発展と問題が併存する過渡的な時期にあったのである。

4　中曽根康弘内閣と中日関係

陳銘
梁雲祥

戦後日本では珍しい任期が四年十ヵ月にも及んだ首相として、中曽根康弘氏は日本国内で高い名声を誇っている。在任中に、力強く行政改革と財政再建を推進して政治経済の活力を維持したばかりか、対外関係でも華々しい成果を収め、日本の「政治大国」への歩みを加速した。米国や東南アジアに対しても、中国に対しても、中曽根内閣は積極的に行動し、日本の国際的な地位の向上を図った。対中関係では、中曽根康弘首相は中日友好政策をとることを一貫して表明し、任期中に中日両国は政治関係、経済往来、文化交流でも活気溢れる光景を呈した。しかし、中曽根自身は「タカ」派的色彩が濃厚で、強烈にナショナリズムと「戦後政治の総決算」を鼓吹し、そのうえ、任期中に起きた中日友好を損なう一連の事件により、中日関係に不協和音ももたらした。

一　中曽根内閣の誕生と中日関係

一九八二年末〔十月〕、鈴木善幸前首相は自民党総裁選への出馬を自ら放棄し、党内の二大派閥である田中派と鈴木派の支持を得た中曽根派の指導者の中曽根康弘は、予備選でかなりの大差で非主流派のライバルを打ち負かして本選辞退に追い込み、自民党総裁と内閣総理大臣の座を勝ち取った。しかしながら、新たに就任した中曽根首相はかなり多くの問題に直面した。すなわち、深刻な財政危機、停滞する行政改革、ロッキード・スキャンダルによる党内抗争、内閣に対する田中派の支配、非主流派の恨みと妨害などで、当時の政治家や学者の大半は、中曽根首相が任期中に大きな成果など収められるはずがないと期待を抱かなかった。また国際的には、一九八〇年代初期における日本の日増しに強まる経済力と政治大国を目指す努力が、アメリカの懸念と周辺諸国の警戒心を引き起こし、国内外の複雑な環境も新たに誕生した中曽根内閣に大きな圧力をかけた。中日関係をいかに処理するかはその一つであった。

田中角栄時代〔一九七二年九月〕に中日国交を回復して正常化してから、両国関係は急速に強まった。一九七八年〔八月〕、福田赳夫内閣の時期に「中日平和友好条約」を締結したことは、中日関係の推進に重要な歴史的意義を有した。一九七〇年代末期から八〇年代初期にかけて、中日両国の関係はたえず発展し、大平正芳、鈴木善幸両内閣は中国との関係を極めて重視し、ハイレベルの相互訪問と政府間協力の枠組みを構築するとともに、経済分野における専門的な事務レベル会議を開始した。これにより、中曽根首相誕生後の中日関係はまさに上昇期にあり、政治、経済、文化など分野における両国の関係の密接化は後戻りのできない流れになっていた。このような状況は中曽根内閣の対中政策を決定する重要な要素になった。しかしながら、注意すべきことに、一九八〇年代の初めから、中日関係にはすでに若干の不協和音が生じていた。鈴木善幸内閣時代の第一次歴史教科書問題、自民党長老の岸信介による「満州建国之碑」建立計画事件、釣魚島〔尖閣諸島〕に対する日本の支配強化の行為によって、両国関係に摩擦がもたらされたのである。急速に発展しながらも問題をはらんだ中日関係がどこに向かうのか、これも人々の中曽根康弘内閣に対する疑念の一つになった。

中曽根首相はその国家主義のために「タカ派」と非難され、かつて党内抗争における変わり身の早さから「風見鶏」と嘲笑されたことがあるけれども、首相就任以前の中日関係に関する言動は、中日友好の積極的な推進者であることをはっきり示していた。中日が国交正常化を実現する以前、中日関係に狙いを定めた「中曽根三原則」、すなわち「中国の合法的政府は中華人民共和国政府である、国連安全保障理事会の議席は中華人民共和国に帰すべきである、台湾は中国固有の領土である」ことを提起していた。この三原則は中国側が提起した復交の原則と基本的に一致していたので、やはり日本政府が中国との国交樹立の歩みを加速するよう後押しした。行動面では、一九五四年、ストックホルム世界平和会議出席の帰途に中国を訪問し、かなり早い時期に中国を訪問した日本の国会議員の一人になり、その後、一九七三年と一九八〇年の二度中国を訪問し、就任以前にもっとも多く中国を訪れた日本の首相になった。「中日平和友好条約」の締結問題では、自民党総務会長であった中曽根も当初は慎重な姿勢をとっていたが、早々に積極推進派に転じた。さらに重要なことは、首相就任の数日後、国会で「鈴木前内閣の内外政策を遂行する」とともに、「さらに日中友好協力を発展させ、過去に他国を侵略したようなことは二度と起こさない」と表明し、中日関係の発展を推進する積極的態度を明らかにしたことである。しかし、中曽根首相が就任以前に鼓吹していた憲法改正と自主防衛、政治面における「風見鶏」という呼び名とくるくる変わる行動が、目覚ましく発展しつつある日中関係にその任期中に何か問題をもたらすのではないかという懸念を人々に抱かせた。

二　中曽根政権時代における関係の発展

中曽根康弘首相は、一九八二年十二月に就任してから、一九八七年十一月に退任するまで、じつに四年十ヵ月の長期にわたって政権を担当した。任期中、中日両国の政治往来、経済貿易協力、文化交流、民間関係はいずれも大きく発展し、両国関係は緊密化した。しかし、中曽根首相の保守主義的傾向はまたこの時期の中日関係に一連の新しい問題をもたらし、中日関係は発展するなかで摩擦が絶えなかった。

政治の分野では、中曽根内閣は前任の大平、鈴木両内閣の既定の政策を踏襲し、中国政府と首脳の相互訪問を維持するとともに発展させた。中曽根政権の五年近くの間に、両国首脳は三回相互訪問を行った。

一回目は、一九八三年〔十一月〕に胡耀邦総書記が招待に応じて日本を訪問し、六つの主要都市を巡るとともに、中曽根首相および天皇陛下とそれぞれ会談を行った。この訪問の主な成果は、一九八二年〔五―六月〕に趙紫陽総理が日本を訪問した際に提起した中日関係三原則、すなわち「平和友好、平等互恵、長期安定」を確認するとともに、中曽根首相の提案で「相互信頼」を加えた、新しい中日関係四原則を提起し、「中日友好協力の内容をさらに充実させ、中日国交樹立後の中日関係を新たな段階に引き上げた」ことである。また、胡耀邦総書記はさらに経済協力の問題について日本側と幅広く討議するとともに、中日両国の各界の老年、壮年、青年層の代表が参加する「中日友好二十一世紀委員会」を設立することを決定し、日本の青年三千人を一九八四年の秋に中国訪問に招待した。

中曽根首相は一九八四年三月と一九八六年十一月の二回中国を訪問した。一九八四年の訪中では、双方は中日関係四原則を再確認し、「中日友好二十一世紀委員会」の設立について協議するとともに、日本人戦争孤児〔中国残留孤児〕の里帰り、特許の保護、投資保護協定、科学技術協力などの問題について意見を交換した。中曽根首相はさらに第二次対中円借款を実施する意向を表明した。訪問中、中曽根首相は北京大学で「二十一世紀をめざして」と題する講演を行い、自ら胡耀邦総書記の自宅を訪問した。その二年後、中曽根首相は再び招待に応じて中国を訪問した。北京中日青年交流センターの定礎式に出席するとともに、鄧小平中央顧問委員会主任、胡耀邦総書記ら中国の指導者と会見して、在任中に中国を二回訪問した日本で最初の首相になった。

中日両国の首脳の三回にわたる相互訪問は、「中日両国の指導者の親密な友好関係を余すところなく示し、中日両国の友好関係がかなり成熟した段階に到達していることをはっきり示した」。

首脳の相互訪問のほかに、中曽根首相の在任中に中日両国の議会と政府高官も数多く相互訪問を行った。そのうち、議会の相互訪問には、一九八三年の王首道政協全国委員会副主席の訪日、岡田春夫衆議院副議長の訪中〔八―九月〕、一九八四年の費孝通全人代常務委員会副委員長の訪日、伊東正義元外相の率いる日中友好議員連盟代表団の訪中〔三月〕、一九八五年の趙朴初政協全国委員会副主席の訪日、彭真全人代常務委員会委員長の訪日〔四月〕、木村睦男参議院議長の訪中〔七月〕などが含まれる。政府高官やその他の要人の相互訪問には、一九八三年の二階堂進自民党幹事長〔首相特使〕の訪中〔二月〕、姚依林副総理の訪日〔四月〕、桜内義雄前外相の訪中〔四月〕、一九八四年の張愛萍国防部長の訪日〔七月〕、李鵬副総理の訪日〔八月〕、一九八五年の二階堂進自民党副総裁の訪中〔三月〕、村田敬次郎通産相の訪中〔九月〕、安部晋太郎外相の訪中〔十月〕、一九八六年の福田赳夫元首相の訪中〔四月〕、楊得志中国人民解放軍総参謀長の訪日〔五月〕、一九八七年の竹下登自民党幹事長の訪中〔一月〕、田紀雲副総理の訪日〔一月〕、栗原佑幸防衛庁長官の訪中〔五月〕などが含まれる。

これらの相互訪問のほかに、政府部門間の協力制度もいっそう発展した。そのうち、大平内閣のときに始まった中日外交定期協議は中曽根内閣に継続されるとともに、一九八五年十月にさらに中日外相定期会議を創設した。鈴木内閣のときに始まった中日閣僚会議も、中曽根時代に徐々に毎年一回双方の首都で交互に開催する慣例が形成された。双方の政府はさらに多くの専門的な実務問題についても協議を行った。また、両国首脳の合意のもとで、一九八四年九月十日に「中日友好二十一世紀委員会」第一回会合が東京で開かれ、政治、経済、文化、青年交流などの問題について討議し、その後、毎年一回開催することが制度化されるとともに、両国の政府首脳が設定した「二十一世紀の両国の平和友好関係をたえず発展させ」、「一代、また一代とこの友好関係を伝えていく」目標に向かって努力した。

経済の分野では、一九八〇年代に形成された中日友好協力の堅固な体制によって、中曽根首相の時期に、両国の経済貿易規模の拡大、資金、経済、技術協力の発展を含む、中日両国の経済貿易関係の新たな発展がもたらされた。統計によると、中曽根首相が就任した一九八二年から退任した一九八七年にかけて、中日貿易の中国側〔中国対外貿易経済協力部統計〕の輸出額は四十八億六千万ドルから五十億一千六百万ドルに、輸入額は三十七億四千六百万ドルから七十二億四千三百万ドルに増加し、輸出入総額は八十六億八百万ドルから百三十一億五千九百万ドルに増加した。日本側〔日本の通関統計〕の輸出額は三十五億一千万ドルから八十二億四千八百万ドルに、輸入額は五十三億五千二百万ドルから七十三億九千六百万ドルに増加し、輸出入総額は八十八億六千三百万ドルから百五十六億四千五百万ドルに増えた。中曽根退任後の一九八八年には、日中貿易は日本の対外貿易で第五位を占め、米国、韓国、ドイツ、我が国の台湾地区に次いでいた。

中曽根内閣の時期に中日貿易の規模が急速に拡大したのは、政府と民間の両方面が推進したからである。この間、中日両国政府は一九七八年〔二月〕に締結した中日民間長期貿易取り決めを貫徹するよう努力し、何回も貿易問題について二国間交渉を行った。貿易関係者も積極的に相互訪問、学習を通じて両国の経済貿易活動を推進するとともに、相互に事務所を設置して両国企業間の経済往来を強化した。しかし、この段階における両国の経済貿易の発展には問題が存在していた。すなわち、両国の貿易の輸出入商品の構造的格差が依然として存在し、貿易収支不均衡の問題をますます悪化させていたこと、一九八五年の円高が日本の輸出の落ち込みを招き、両国の正常な貿易に影響を及ぼしたこと、中曽根政権のある種の保守主義的行為も、両国の経済貿易の発展を損ねたことである。

資金協力の面で、もっとも重要なのは日本政府の対中長期円借款であった。一九七九年〔十二月〕に大平正芳首相は訪中した際に中国に政府間借款を供与することを提起するとともに、一九七九年から一九八三年にかけて中国に総額三千億円の借款を供与した。一九八四年〔三月〕に中曽根康弘首相は中国訪問中に、中国に七年間に総額四千七百億円の第二次対中円借款を供与する予定であることを正式に表明するとともに、その後、任期中に数回にわたって総額三千百二十二億円の借款供与に合意し、これらの低利の政府借款は秦皇島丙丁埠頭、青島海湾港区などのプロジェクトの改良や建設を資金面で支援した。

政府借款のほかに、両国の金融業界、民間財団も幅広い協力を行った。政府系銀行の分野では、一九八四年〔十月〕に中国銀行と日本輸出入銀行が第二次石油、石炭資源開発借款に関する基本事項について覚書に調印し、中国は年利約七％で五千八百億円の資金を得た。民間銀行の分野では、日本長期信用銀行、日本信託銀行、日本第一生命保険、日本債券信用銀行、東京銀行なども相次いで中国銀行と業務協力協定を締結した。また、両国は債券、証券業の分野でも協力を拡大した。たとえば、一九八三年に中国銀行が日本の国債を購入し、一九八四年に中国銀行が日本で初めて債券を発行したことなどは、両国の資金協力のルートの開拓、拡大と協力の度合いが深まったことをはっきり示している。

中日の技術協力は貿易協力や資金協力に比べ発展がやや緩慢であった。経済技術協力の面では、両国政府は積極的な態度を示したが、技術輸出の主体となる日本企業は静観の態度を持していた。その理由は、「第一に中国が将来日本のライバルになるのではという懸念、第二に中国の法制度が厳しくなく、官僚主義が深刻で、投資の効果と利益に影響を及ぼすのではないかという懸念」であった。しかし、双方がともに努力した結果、緒に就いたばかりの中日経済技術協力は、一九八三年と一九八七年に締結された海上石油の共同開発に関する契約、一九八四年の三菱重工による原子力発電設備の輸出、一九八六年の東芝によるカラーブラウン管生産技術の輸出、一九八七年の松下電器が中国に投資した北京松下カラーブラウン管プロジェクトなど、一定の成果を収めた。一九八一年〔三月〕に鄧小平副主席が土光敏夫日中経済協会会長と会見した時に提起した「老朽工場改造」、「企業診断」のプロジェクトは、一九八六年までに百九十四の企業に対して実施されたが、その大半は中曽根内閣の時期に行われた。

科学技術と文化の分野からみると、一九七八年〔八月〕に「中日平和友好条約」を締結して以来、中日両国の科学技術と文化の交流のレベルはかなり低い基点から急速に上昇し、その後の数年間で活況を呈するに至った。中曽根内閣の時期には、中日関係はすでに「蜜月」を過ぎて徐々に冷静になりつつあり、中曽根首相本人がまたかなり強烈な新保守主義の色彩を帯びていたので、両国の交流に不利な影響をもたらした。そのため、科学技術と文化の交流は以前ほど幅広く展開されなかったが、依然として持続していた。科学技術の面では、両国の学者の相互訪問（一九八三年二月の日本科学技術博覧会代表団の訪中など）、共同研究と技術協力（一九八三年一月の日中農業・医学用抗生物質共同研究議定書など）、学術シンポジウムの共同開催（一九八三年中日加速器およびその応用座談会、一九八四年の中日医療器械・設備技術交流会、一九八五年の中日細胞工学学術シンポジウム、中日科学技術経済発展シンポジウムなど）などが実施された。文化面では、中曽根内閣の時期の中日文化交流の拡大は、一九七九年〔十二月〕の「中日文化交流協定」から利益を得て引き続き発展した。一九八三年に第二回中日文化交流政府間協議が開かれるとともに、引き続き無償文化協力資金を供与した。中日両国は文学・芸術の分野では、音楽界、美術界、演劇界、映画・テレビ界、スポーツ界、教育界、宗教界がいずれも人的交流を行うとともに、会議や展覧会を共同で開催した。

中曽根内閣の時期における中日関係の発展は、民間交流の体系的発展にも見られた。中日両国の民間交流は戦後から始まるとともに、一九七二年〔九月〕の両国の国交樹立の前には重要な架け橋の役割を果たした。「中日平和友好条約」締結〔一九七八年八月〕後も、中日の民間交流は依然として絶えることなく発展し、両国政府間交流の補完としても存在し、独自に交流ルートを形成して互恵協力体制を完璧なものにした。

中曽根康弘内閣時代のもっとも重要な民間交流は、一九八四年〔九―十月〕に日本の青年三千人が中国を訪問したことである。この計画は胡耀邦総書記が一九八三年〔十一月〕に日本を訪問した際に提起し、日本政府と両国の青年団体に心から大歓迎された。一九八四年九月二十四日、日本の青年は上海から入国し、「十五日間にわたる、規模が広大で、空前の盛況を呈した中日青年友好交流の序幕が切って落とされた」。青年三千人の訪中は政府の発起した民間交流の重要な成果であり、中日両国の友好関係の発展に重要な意義を有していた。このほかにも、両国の民間交流はさらに友好都市活動の発展（一九八三年から一九八九年にかけて両国の友好都市と友好県省は三十組余り増加した）、民間人会議の開催（一九八四年六月と一九八六年四月にそれぞれ第二回、第三回中日民間人会議を開催）、民間の友好団体の設立にも体現されていた。そのうち、一九八三年、一九八四年、一九八七年にあわせて三回開催された中日友好交流会議は、中曽根内閣時代における中日民間交流の独創的な成果といえるであろう。

三　中曽根内閣時代に生じた摩擦

中曽根内閣時代に中日の政府間と民間の交流と協力はかなり大きな成果を収めたが、中曽根康弘首相は就任以来「戦後政治の総決算」を推進し、日本を政治大国の地位に向かって邁進させ、「敗戦国意識の克服」、「積極的自主外交」を提起するとともに、戦後の軍事的な制約を突破し、米国の支配からの脱却を図ると同時に、大国主義の傾向も現し始めた。このような環境のもとで、中曽根内閣は中国人民の感情を損う行動をとり、中日関係に固有の矛盾と摩擦を激化させたので、一九八〇年代中期の中日関係は険しい茨の道を歩んだ。この時期における中日関係の矛盾の原因は主に三つの面、すなわち、侵略の歴史に対する日本の認識、日台関係、中日貿易不均衡のもたらした矛盾に由来する。しかし、中曽根首相が在任していた四年十ヵ月の間に、これらの矛盾は両国間の幾多の「事件」という形で表面化し、そのうちかなり典型的なものには次のようなものがある。

第一に、「首相の靖国参拝」事件。靖国神社は日本人が戦没者の霊を祀っており、一九七八年から右翼勢力が東京裁判で絞首刑の判決を受けた東条英機ら十四名のA級戦犯の位牌も祀っている。戦後、日本の歴代首相（池田勇人を除く）は靖国神社の春と秋の例大祭に「私人の身分」で参拝していた。しかしながら、一九八五年八月十五日、中曽根康弘首相は初めて内閣総理大臣の身分で靖国神社を参拝した。中国人民の感情を公然と傷つけるこのような行為は中国側の厳しい抗議にあい、中曽根首相はその後迫られて、過去の戦争が侵略戦争であることともに、任期中は公人の立場で靖国神社への参拝を中断することを確認した。

第二に、第二次「教科書」事件。歴史教科書の改竄は、一九八〇年代に日本の右翼分子が中国侵略の歴史を抹殺しようとした手段の一つであり、中日関係に摩擦をもたらした事件の一つでもある。早くも鈴木善幸内閣の時代に、第一次「教科書」事件が発生した〔一九八二年六月〕が、最終的に中国側の激しい抗議のためにかなり適切に処理された。しかし、中曽根首相の在任中の一九八六年五月、文部省は再び史実を歪曲し、軍国主義を復権させた『新編日本史』を検定して合格とし、第二次「教科書」事件を引き起こした。この教科書は偽「満洲国」、「盧溝橋事件」、南京大虐殺、太平洋戦争など日本軍の侵略の歴史と犯罪行為を故意に覆い隠し、改竄し、アジア各国と日本国内から全面的に非難された。中国外交部の厳正な抗議のもとで、文部省はこの教科書に対して改訂と再検定を行った。しかし、中曽根内閣の支配のもとで、日本政府が依然として歴史問題に対して曖昧な態度を示していたので、「日本の関係方面は今回の教科書問題では終始一貫して真剣に対応することができなかった」。

第三に、「藤尾失言」事件。一九八六年七月二十五日、中曽根内閣の藤尾正行文部大臣は記者会見で、「東京裁判が客観性を有するのかどうか、勝者に敗者を裁く権利があるのかどうか、世界史が戦争の歴史であるとすれば、すべて裁判にかけるべきであり、しかも同一の基準で裁くべきである」と語るとともに、日本の教科書問題に対する中国など隣国の批判を非難した。藤尾文相の発言はアジア諸国から激しい抗議を浴びたが、藤尾文相は依然として靖国神社参拝、東京裁判、南京大虐殺などの問題について大いに気炎を吐いた。藤尾正行文相の無責任な発言は国内外で厳しい抗議と糾弾を受け、九月八日、中曽根首相は「失言」を理由に更迭せざるをえなかった。

第四に、「光華寮」事件。光華寮は実際にはもともと京都大学が中国人留学生のために借用していた学生宿舎で、一九六七年に所有権を有する台湾当局が「駐日大使」の名義で、京都地裁に光華寮に住む八名の留学生に対する訴訟を起こし、立ち退きを要求した。中日関係の正常化後、京都地裁は光華寮について中華人民共和国に属するという判決を下したが、原告はこれを不服として控訴した。鈴木善幸内閣のとき、大阪高裁は「中華民国」が依然として未承認ながら事実上の政府であることを理由に、原判決を破棄して京都地裁へ差し戻した。一九八六年〔三月〕、中曽根康弘首相の在任中に、京都地裁はこの事案の判決を改め、光華寮は台湾当局の所有であることを認め、一九八七年二月に大阪高裁は京都地裁の判決を支持した。この判決は中華人民共和国の利益を損っていたので、中国側は厳正な抗議を行うとともに、「光華寮」事件の本質を明らかにする文章を何度も発表したが、日本側はけっして適切に処理しなかった。「光華寮」事件の背後に反映されている日本と台湾の特殊な関係は、中日友好関係の発展に非常に大きな影を落とした。

第五に、「蔣介石遺徳顕彰会」事件。これは、日台問題が中日関係に影響を及ぼしたもう一つの事例である。一九八六年九月、岸信介元首相と灘尾弘吉元衆議院議長は「蔣介石遺徳顕彰会」の設立を発起し、その席上で「中華民国の国旗」と日本の国旗を並べて掲げるとともに、蔣介石のために「遺徳顕彰碑」を建立するよう呼びかけた。その後、政界の要人の集まりで台湾との外交関係の回復を要求したり、「日華問題懇談会」の首脳が「台湾関係法」の制定を要求したり、「産経新聞」が「中華民国特集」を掲載して台湾当局を宣伝したりするなど、日本はしばしば台湾問題で摩擦を生み出し、中日関係に非常に大きな損害をもたらした。

第六に、「総理詩碑」事件。これは、一九八七年〔十一月〕の中曽根首相の退任直前に起きた一連の反中国事件の代表的な例である。一九八七年六月、京都嵐山公園にある周恩来総理記念詩碑（「雨中嵐山」）が破壊され、詩碑の大半に赤ペンキがかけられ、「周恩来」の名前を含む多数の文字がハンマーで叩き壊された。事件後、中曽根首相と後藤田正晴官房長官はこの破壊行為を非難した。しかしながら、「総理詩碑」事件は中国の元指導者に対する右翼分子の侮辱行為として、中曽根内閣時代の中日関係に悪い影響をもたらした。

第七に、「東芝機械輸出」事件。これは、実際には日本の東芝機械株式会社とソ連の間の輸出入をめぐる紛争であったが、中国の利益に間接的な影響を及ぼした。東芝機械がソ連に先進的なフライス盤を販売し、通産省の処分を受けたため、同社と中国が締結した二十四億円の契約の履行に影響を及ぼした。同時に日本政府が輸出審査を強化した影響を受け、中日間の九億ドルの契約を履行できず、中日間の貿易関係と技術移転を阻害した。この事件は中日の貿易関係で日増しに厳しさを増している技術移転問題をも反映していた。なぜならば、この事件は日本企業が対中技術移転に消極的であり、厳格な資格審査を実施していたことが招いたものであり、中日の経済関係の縮図でもあったからである。

これらの事件のほかにも、「非核三原則」を破り、防衛費がGNP一％枠を突破したなどの中曽根内閣の行為は、いずれも中日関係に悪影響をもたらすとともに中国側の抗議を受けた。

四　中曽根内閣時代の中日関係に対する評価

中曽根内閣時代の中日関係が曲折に富む発展の状況を呈したのはけっして偶然ではなく、多方面の原因がもたらしたのである。大量の統計データと史実を通して、この時期の中日関係の背後に隠されていた本質的な原因を見てとることができるようである。根本的にいえば、中曽根内閣時代の中日関係の発展を主導したのは、ともに無視できない役割を発揮したにもかかわらず、中曽根首相自身だけではないし、国内外の政治的環境だけでもなかった。中曽根内閣時代の中日関係を明晰かつ理性的に認識するためには、この時期の歴史を真剣かつ総合的に考察する必要がある。

第一に、国交を回復して正常化して以来の中日関係は歴史的な発展過程であり、中曽根内閣時代の中日関係は基本的に前内閣の発展の勢いを引き継いだが、それ自身の特色を具えていた。前述のように、中曽根内閣時代の中日関係は基本的に引き延ばされた発展であった。一九七二年〔九月〕の中日国交回復と一九七八年〔八月〕の「中日平和友好条約」の締結によって、中日関係は二度にわたってブームが巻き起こり、「蜜月期」がもたらされ、急激に関係が深まるとともに、多くの交流の先例が切り拓かれた。たとえば、政府首脳の相互訪問、外交当局間定期協議制度〔一九八〇年三月〕、閣僚会議〔一九八〇年十二月〕を開始し、中日民間長期貿易取り決め〔一九七八年二月〕を締結し、対中円借款〔一九七九年十二月〕を供与した。

中曽根康弘首相の時代、これらの国家間交流の枠組みは踏襲されたものの、新しい交流ルートが切り拓かれることはなかった。一方では、もちろん歴史の発展にともない、中日両国の国益の違いによって、両国関係が狂熱状態から醒めて冷静になり始めたからであり、他方では、中曽根首相自身の右翼的色彩と大国思想が中日両国関係における意見の相違をたえず深めたからでもある。注意すべきは、中曽根内閣時代に中日間に生じた矛盾や摩擦はこの時期に特有のものではなく、歴史的に継承されたものであるということである。たとえば、鈴木善幸内閣時代に、すでに第一次「教科書」事件が起き、日本の釣魚島に対する支配強化も中国の不満を引き起こし、光華寮事件の兆しも現れ始めていて、中曽根内閣時代にこれらの矛盾がたえず深まったのである。中曽根内閣時代の中日関係の特徴は曲折と発展が並存していたことにあり、一方で両国の連携が持続的に拡大し、他方で亀裂がたえず深まり、将来に禍根を残した。とりわけ中曽根内閣が掲げた「戦後政治の総決算」のスローガンと政治、外交、軍事面における大国主義的行為は、中日関係の順調な発展に大きな影響を及ぼした。

第二に、中日両国の内外環境は、中曽根内閣時代の中日関係に影響を与えた重要な要素であった。中国と日本はともに世界の重要国家であり、両国関係も外部要因の影響を受けるのは不可避であり、米国は世界最強の資本主義国家として、また日本と特殊な関係にあるため、その姿勢と行動は相対的に脆弱な中日関係に影響を及ぼすことが少なくなかった。一九八〇年代以来、西側世界で新保守主義が流行し、米国のレーガン大統領の就任は「ソ連攻勢、米国守勢」の時代に終わりを告げ、米国が対ソ強硬姿勢の時代に入ったことを象徴しており、米国の黙認のもとで、中曽根首相を代表とする「自由主義現実派」は大胆に行動し、積極的に日米の同盟関係を強化するとともに大いに

「総合安全保障戦略」を推進し、しかも何回も防衛費のGNP一%枠を突破させたので、中国などの隣国は日本に対する憂慮を抱くとともに、何回も日本を批判し、中日関係の発展にも影響が生じた。

また、中日両国の国内環境も、中曽根内閣時代における中日関係の重要な歴史的背景であった。中国は一九八二年〔九月〕に中国共産党第十二回党大会を開催し、中国にとって長期にわたる平和な国際環境と幅広い国際的な協力と交流が必要であることを確認するとともに、改革開放政策を堅持することを提起した。これは中日関係の発展にとって力強い追い風になった。この政策の先導のもとで、中国側は一九八〇年代中期に積極的に日本との政治、経済、文化交流を拡大し、同時に日本の右翼分子の行為を断固として阻止した。日本の国内環境の影響は主に二点に集約されていた。一方で、「中日平和友好条約」締結後の両国の交流が中日双方にかなり大きな利益をもたらし、日本国内で中国との関係強化を望む声がかなり高まり、中日友好の大きな趨勢は後戻りできなくなった。同時に、日本の政局の激動が「一貫性のない」外交を招いたので、中日関係がわずか数年のうちに大平正芳内閣時代の「蜜月期」から中曽根内閣時代の「曲折に富む発展期」に入ったのも、極めて正常なことであった。

第三に、中曽根康弘首相個人が任期中の中日関係に与えた影響はかなり大きく、卓越した人物の色彩が濃厚であったことが、この時期の中日関係の際立った特徴である。中曽根康弘首相は有名な保守主義政治家で、首相就任以前には党内抗争における柔軟な政治的手腕とその仕事師ぶりで知られ、「頭脳明晰」、「雄弁」、「抜群の行動力」、「機を見るに敏」と称えられていた。国民が政治家に求める資質は「想像力、統率力、決断力、実践力」であると認識し、それは中曽根首相が政治における指導者の役割を重視することに体現されていた。

外交面では、「首脳外交」の方針を打ち出し、首脳個人間の信頼と友情が外交の重要な鍵の一つであると見なすとともに、積極的に中国の首脳との相互訪問を推進し、ひいてはホームパーティーを通じて両国首脳の親密さを深めさえした。積極的に行動する個性に富む指導者として、中曽根首相自身は中日関係に多くの影響を及ぼした。一方で、対中関係においては「松村謙三〔国交回復以前に日中交流の基礎を築いた政治家〕の弟子」であると公言し、就任以前から積極的に中日友好を唱えるとともに、たびたび中国を訪問した。首相に就任すると、「日中関係の強化は日本の基本政策である」と何回も強調するとともに、過去の中国との戦争は侵略戦争であったと何回も認め、「日中不再戦」を宣言した。

行動では、在任中に二回〔一九八四年三月と一九八六年十一月〕中国を訪問し、中日友好二十一世紀委員会など一連の交流ルートの構築を推進し、中日間の摩擦（靖国神社参拝事件、藤尾失言事件など）についてもかなり慎重な処理を行ったので、中日関係の発展に果たした役割は基本的には積極的なものであった。しかし、国内問題では中曽根首相自身は「憲法を見直す必要がある」と鼓吹する新保守主義者で、政治家としての目標は、現存の国際秩序を変更し、日本を政治大国の地位に押し上げることであり、その政策と中日関係の発展を推進したのは、いずれもこの目標を実現するためであった。この目標を実現するために採用したその他の措置は、防衛費の制限の突破と日米同盟の修復も含めて、いずれも中曽根政権の意図に対する中国の疑念を引き起こして、中日両国の正常な友好関係に影響を及ぼした。また、中曽根首相の在任中に、右翼分子の活動が活発化し、中日関係に多くの矛盾と摩擦をもたらしたのは、ある程度、保守主義的傾向をもった中曽根政権が右翼分子を放任した姿勢と関係がある。中曽根首相自身は一方で「中国との戦争は侵略戦争である」と認めながら、他方で中国人民の感情を顧みずに靖国神社への公式参拝を強行するなど、政治的な立場のぶれを体現していた。

第四に、中曽根内閣時代の中日関係では、政府間関係と民間関係がそれぞれ発展し、互いに影響しあった。民間外交が重要な位置を占めていることが、中日関係の際立った特徴である。民間外交は、両国が地理的、民族感情的な親近感と、両国が政治体制と歴史的要因によって戦後長期にわたって交流がなかったこととの矛盾がもたらした産物である。中日関係が徐々に回復する過程で、民間外交が極めて大きな役割を果たしたことは、主に次の面に現れていた。

経済面から見ると、民間の人々が締結した貿易、漁業など各種の長期協定が戦後の中日経済交流の基礎を築き、政治面からみると、中日の国交はまさに重要な民間人と野党が橋渡し役となって成し遂げた。中曽根内閣時代期には、政府の外交のほかに、民間外交も中日関係、とりわけ経済、文化関係において重要な地位を占めていた。たとえば、中日民間人会議の展開と友好団体の設立、ひいては中日友好二十一世紀委員会のような半官半民の交流形式や、日本の三千人の青年の訪中のような大規模な民間交流活動なども行われ、中日関係の発展を大きく推進する役割を果たした。

中曽根内閣の後期になると、政府間関係は右翼分子の行為のために一時的に冷却し、双方の政府関係者の相互訪問も減少したが、公明党や民社党など野党は依然として中国と密接な関係を維持するとともに、毎年訪中団を派遣した。それゆえ、政府間外交と民間外交は中日の外交関係の表裏をなす二本の重要な柱であったと言うことができる。

戦後の中日関係史において、中曽根内閣の時代は両国の関係が冷静化に向かって歩んだ時代だったと学者たちに見なされている。中曽根内閣の四年十カ月の間に、中日両国の交流は引き続き拡大したが、矛盾と衝突も増加するとともに、日増しに激しさを増していった。しかし、このような現象はまさに両国が相互の関係に理性的に対応した結果であり、当時の実情を反映していた。国家間の関係は国益を基礎にしなければならず、国益の違いを認めることを踏まえて共通の利益を求めるのである。中日関係には地理的な近さ、民族的伝統の相似、経済の相互依存度の高さなど双方の接触を促す要因があるけれども、現実の体制の違いや深刻な歴史の記憶のために、両国が関係を改善するのに巨大な困難に直面している。中曽根内閣時代の中日関係において、双方の現実的利益には違いがあるので、双方の矛盾は不可避であった。しかし、他方では、自国の国益のためには、友好協力を強化しなければならないので中日関係は平坦ならぬ道をたどることになるのである。

5　竹下登内閣と中日関係

李卓　梁云祥

竹下登元首相は一九八七年十一月に戦後日本の第十七代首相に選出され、一九八九年四月に「リクルート事件」のために辞職した。その在任中、中日関係はかなり順調に発展した。

一　竹下登首相の政治的経歴

竹下登元首相は一九二四年に島根県飯石郡掛合町〔現在の雲南市〕に生まれ、一九四七年九月に早稲田大学商学部を卒業した後、帰郷して中学校の教師になった。一九五一年に同県の県議会議員に当選し、一九五八年〔五月〕に衆議院議員に当選し、自民党党内と内閣で前後して青年部長、通産政務次官、官房長官、建設大臣、大蔵大臣、幹事長などの要職を歴任した。

竹下登首相は三十年間政治に携わり、時勢を読み状況を判断することに長けていた。一九五八年に佐藤栄作大蔵大臣の推薦で衆議院議員に当選した後、自民党の佐藤派に加わるとともに、佐藤元首相を「厳父」、「恩師」と見なし、佐藤内閣〔一九六四年十一月―一九七二年七月〕の官房副長官、ついで官房長官を務めるなど、佐藤元首相に十四年間もしたがい、高く評価され、重用された。一九七二年〔七月〕、佐藤首相が辞職すると、田中角栄と福田赳夫が自民党総裁の座を争った。竹下登はこの選挙戦で全力を挙げて田中を支持し、田中角栄は総裁と首相に就任するや、竹下登を自民党副幹事長と田中内閣の官房長官に任命した。このとき、竹下登は党内実力者たる「四天王」の一人であるばかりでなく、田中角栄首相の「後継者」とも目された。一九七四年〔十一月〕、田中角栄首相は「ロッキード事件」によって退陣に追い込まれたが、捲土重来を期し、権力にしがみついていたので、竹下登や党内の「少壮派」が不満を募らせた。

一九八四年〔十二月〕、竹下登は娘の義理の父親である金丸信元防衛庁長官〔田中派の長老の一人〕の強力な支持のもとで、派閥内の少壮勢力を結集し、秘密裡に「派内派」の結成準備会を開いた。一九八五年二月、竹下は田中元首相が引き止めるのを顧みずに、「創政会」を結成し、参加した国会議員は当初の四十人から一九八六年初めには五十三人に増えた。これは竹下登がポスト中曽根の自民党総裁選に加わるための準備をするためであったし、田中元首相から指導権を奪取する重要な段取りでもあった。田中角栄元首相は憤慨するあまり、病に倒れて入院した。一九八六年七月、衆参両院の同時選挙で自民党が勝利し、田中派は百二十人から百四十一人に膨れ上がり、自民党派閥史上最高を記録した。その後、できる限り田中派の非「創政会」のメンバーを結集するため、竹下登幹事長は「創政会」を解散した。しかし、田中派の実力者の二階堂進元幹事長が総裁選への出馬を表明し、自民党内部の分裂が日増しに激しくなると、竹下登幹事長は一九八七年七月四日に旧田中派の百十三名の議員を結集結して「経世会」を結成し、正式に竹下派の旗幟を掲げた。同時に、報道陣に竹下派の領袖としてポスト中曽根の自民党総裁選に出馬することを表明したので、十五年間も存在してきた田中軍団は正式に分裂した。

竹下登幹事長のほかに、安倍晋太郎総務会長と宮澤喜一蔵相も出馬するつもりであった。三人は自民党総裁選前に密談を重ね、「協議解決」によって各派閥の「和」を保とうとした。十月十日から十月十九日にかけて、安倍外相、竹下幹事長と宮澤蔵相の三人は五回にわたって秘密会談を行い、その間にさらに六回に及ぶ安倍・竹下会談、三回の安倍・宮澤会談、三回の竹下・宮澤会談、およびその他に仲介役が参加する秘密会談を行った。しかし、投票前日になっても、三人は依然として互いに譲らず、協議は失敗に終わった。最終的に、三人の候補者は深夜十時に、現職の首相、自民党総裁である中曽根康弘に次期首相の指名、裁定を委ねることで合意に達した。裁定の結果にしたがうことを示すために、三候補者はその場で「総裁選辞退書」を提出した。

中曽根首相は数人の首相経験者や党幹部と会談した後、自民党の伊東正義政調会長を通じて候補者三人を総裁室に招き入れるとともに、「裁定文」の入った茶封筒を手渡し、竹下登が最終的に次期自民党総裁に指名された。選出の過程は波乱や起伏に富んでいたように見えるけれども、結果は結局世論と他の派閥の予想した通りであった。竹下派は党内最大の勢力を誇り、百二十名の議員を擁し、中曽根政権を支持する派閥のなかでももっとも多かった。

竹下は長年にわたって党務と財政経済面の実務に携わり、政治面での個性が明確でなく、中曽根首相が今後の政策に影響を及ぼしたいと考えれば、やはり竹下の選択に心が傾いてしまう。同時に、安倍と宮澤には、量がものをいう選挙ゲームのなかで、基本的に竹下に対する勝算がないことがわかっており、中曽根は三人に裁定にしたがうことを表明させてから竹下に裁定を下したので、落選者にも返す言葉がなかった。

自民党総裁に選出されるまでの竹下登の政治的生涯を振り返ると、最終的に順調に首相に選出されるために、二つの要素が非常に大きな役割を果たした。

一つは、人となりが穏やかで、忍耐強いことである。竹下は自然条件の悪い島根県の出身で、苦しい生活が、毅然として忍耐強く、言葉数少なく、精を出して一生懸命仕事に励む性格を鍛え上げた。竹下は早くから総裁、首相を争う抱負をも抱き、一九七二年〔七月〕の佐藤退陣前夜のある宴会で、即興で「十年先は竹下さん」という小唄を口ずさみ、メディアが取り沙汰する政治的話題となった。田中角栄元首相は何回も竹下を押さえつけ、ひいては「十年間雑巾がけをしろ」と面と向かって当てこすりさえし、一九八六年元旦にはまた年始の挨拶にやって来た竹下に門前払いを食らわしたが、そうであっても竹下は安易に田中元首相と決別せず、先輩に対して慎重かつ周到な態度を保ち続けた。

このような性格であるから、竹下は政治的に敵をつくることが頗る少なく、盟友が非常に多かった。今回の総裁選では、安倍は竹下と長く一緒に仕事をし、二人の関係は甚だよく、「安竹同盟」と呼ばれた。竹下は河本敏夫、中曽根ないしは宮澤との関係も悪くなく、かなり安定した「挙党一致」内閣をつくることができることも、竹下が各派閥に受け入れられた理由であった。

もう一つは、竹下が日本財界、実業界の人物を輩出した早稲田大学の出身であったことである。竹下のこのような背景によって、財界から大きな支持を取りつけ、財界における後援会には「京竹会」、「早稲田大学雄弁会」、「竹萌会」、「竹下会」などがあり、それらの選挙資金集めの能力は自民党内で匹敵する者がほとんどいないことも、竹下が派閥の勢力を拡大するために必要な資金的な基盤を提供した。竹下の資金源の特徴は、「新産業経済研究会」、「長期政策総合懇話会」（年収が十億円近い）を通じて小額の政治資金を大量に受け入れるだけでなく、パーティー券の販売を通じて、大企業グループの政治資金（一回のパーティーで二十億円という記録的な収入を得たことがある）をも吸引することであった。

二　竹下登内閣を取り囲む国際環境

一九八七年十一月に竹下首相が就任したとき、米ソ両国はまさに史上初の核兵器廃棄の国際条約である「中距離核戦力全廃条約（INF全廃条約）」について交渉を進めており、日増しに緩和される米ソ関係はアメリカの対ソ連戦略における日本の地位を低下させていた。同時に、日米経済摩擦が逆にますます苛烈になり、アメリカ議会の内外における反日感情が日を追って強まり、日本は極めて大きな圧力を受けていた。他方、日ソ関係は領土問題で膠着状態に陥り、いかなる進展もなかった。中日関係は中曽根前首相の高姿勢のために、人々に日本は経済援助と引き換えに中国の政治的譲歩を引き出そうとしている印象を与え、それに加えて、中曽根前首相の任期中の靖国神社参拝や、光華寮事件、歴史教科書問題における反発が、中日関係に問題を残した。

以上の局面を打開し、その他の国家との友好関係を修復するために、竹下首相は就任するや経済、文化交流を重視する外交方針を打ち出した。一九八八年一月五日、アメリカを訪問し、ワシントンにおける演説のなかで、「竹下外交四原則」を提起した。すなわち、外交政策は連続性を具え、自らの意志と主体性による外交を展開し、日米関係を基軸にし、国際的責任を自覚し、「世界に貢献する日本」をつくることなどを提起するとともに、とくに最後の一点を強調し、経済、軍事費分担問題をめぐる日米間の摩擦を弱めた。もちろん、総体的には依然として外交的に「主体性」を強調する中曽根内閣時代の特徴を受け継いでいた。

一九八八年五月四日、竹下首相はヨーロッパ訪問の途中、より操作性を具えた日本外交の三原則、すなわち、平和のための協力の強化、国際文化交流の促進、政府開発援助〔ＯＤＡ〕の拡大を提起した。

平和のための協力の強化では、主に次の五つの内容を強調した。すなわち、外交を通じて国際平和を強化するよう努力すること、紛争を未然に防ぐ国際活動に協力すること、すでに発生している紛争の平和的解決に積極的に関与すること、難民に対する援助を拡大すること、紛争国家の戦後復興に対する援助を増やすことである。

国際文化交流の促進では、人的交流を拡大し、海外における日本研究および日本語教育に資金援助を提供し、文化協力機構の拡充に資金援助を行うことを通じて、世界各国で「知日派」を育て、日本に対する各国の「理解」を深めるよう希望した。

日本の政府開発援助の拡大は、日本の経済的影響を拡大し、各国の日本に対する不満を和らげるためだけでなく、同時に中曽根内閣の対外公約を果たす意味もあった。

竹下内閣の外交のこれらの施策は中曽根内閣時代の「大国化外交」を力強く継承し、しかも実利的な経済外交、ソフトパワーを強める文化外交によって、「限界を突破する性格」が強すぎて他国の不安を引き起こした中曽根外交の欠点を埋め合わせ、単純な経済大国から国際政治のなかで重要な役割を発揮する「国際国家」に向かって日本に着実な一歩を踏み出させた。

三　竹下首相時代の中日関係

竹下首相は任期がわずか一年半にすぎず、しかも就任して半年後に「リクルート事件」が暴かれたために、日本国内、自民党内からの強力な圧力に直面したので、中日関係で大きな行動に出る余裕がなかった。それにもかかわらず、在任中に中日関係の発展にも貢献し、それは竹下首相の訪中、昭和天皇の逝去後の歴史評価問題で具体的に示された。

竹下首相は一九八七年十一月二十七日の施政方針演説で、「とくに韓国、中国、ASEAN諸国をはじめとする隣国諸国との関係の増進は重要な課題である」と提起した。内閣の交代は、中日両国間に存在する問題を解決し、中曽根内閣の後期に生じたいくつかの問題における矛盾を緩和し、さらに両国関係を発展させるための契機をもたらした。一九八八年四月と五月、第四回日中民間人会議に出席するため北京にやって来た自民党の伊東正義総務会長〔竹下総理の特使〕の一行と、銭其琛外交部長と会談をするために北京にやって来た宇野宗佑外務大臣は、竹下首相の親書を携えてきた。

四月二十八日、伊東正義総務会長は日本側委員を代表して、民間人会議で演説し、双方の人的交流が国交回復以前の四十四倍に増え、貿易額が十三倍に増え、友好省市県が百六組誕生するなど、国交を回復して正常化してから十六年間に収めた成果について、「友好協力関係が画期的な意義をもつ発展を遂げ、社会制度を異にする国家間の共存のモデルというに値する」と高く評価するとともに、日本政府は「過去の侵略戦争の歴史を反省し」、「中華人民共和国政府が中国の唯一の合法政府であり、台湾は中国の不可分の領土の一部であることを尊重している」と表明した。光華寮問題に対する態度について、「裁判所が政府の意見を求めれば」、政府は「日中共同声明」の立場を説明すべきであると指摘した。侵略戦争の性格を否定したために、五月十三日に辞職することになる奥野誠亮国土庁長官の暴言〔四月二十二日〕事件について、「日本政府や大多数の国民の日中国交樹立共同声明に対する認識とまったく関係がない」と表明し、同時に、「日本の平和憲法、専守防衛、非核三原則はすでに国民の心に深く根づいており」、「絶対に二度と過去のような軍事大国、強権国家の泥沼に陥ることを許さない」ことを強調した。

五月三日、宇野宗佑外務大臣は釣魚台国賓館で銭其琛外交部部長との会談で、「日中友好関係を発展させることは日本外交の重要な柱の一つである」ことを強調し、両国関係を発展させる原則を遵守し、引き続き両国の友好協力関係を強化することを表明した。五月四日、中国の指導者との会談で、「日中両国が末永く友好的であることは日中平和友好条約の主旨であり、日本政府の基本的な立場でもある」ことを重ねて強調した。同日、李鵬総理との会談で、日中友好の既定の政策は、「日中平和友好条約を遵守し、日中関係『四原則』〔平和友好、平等互恵、長期安定、相互信頼〕を発展させることを踏まえて、日中の友好関係を末永く推進していかなければならない」と改めて表明するとともに、光華寮問題を重視し、引き続き一つの中国の立場を堅持することを再び表明した。

五月五日、両国政府は、日本が中国東北部の大興安嶺の森林火災地域の復興と、北戴河〔河北省秦皇島市〕の実験ステーションの建設を援助し、一九八八年度に中国国家図書館に文化協力贈与を供給し、中国の外国語教育事業の発展に無償援助を供与するなど、四つのプロジェクトに関する交換公文に北京で調印した。

竹下内閣は誕生してから七ヵ月間に続けざまに中日関係を維持、発展させる原則的立場を改めて表明するとともに、それに見合った行動をとることによって、中曽根政権の後期に日本側の原因によって発生した一連の問題に改善が見られるようになった。このような状況のもとで、ちょうど「中日平和友好条約」締結十周年にあたる一九八八年八月二十五日から三十日にかけて、竹下首相は夫人同伴で中国を訪問した。出発に先立ち、竹下首相は中国の記者に談話を発表し、次のように強調した。

「中国を重視することは我が国の外交の重要な柱である。我が国の考え方は、『日中共同声明』、『日中平和友好条約』、日中関係四原則に基づいて、両国の友好協力関係をいっそう発展させるというものである。」

八月二十五日、李鵬総理と会談した際、「日中友好は日本外交の主要な柱の一つである」と強調し、重ねて次のように表明した。

「日本政府は過去の歴史に対する厳粛な反省を出発点とし、日中共同声明、日中平和友好条約、日中関係四原則を拠りどころに、引き続き日中関係を重視し、発展させていく政策は変わらない」、「光華寮問題については、「一つの中国の原則に基づいて対処する」」、中国の近代化建設に対してはできる限り協力し、「日本政府は一九九〇年から六年間にわたって中国に八千百億円の新たな政府借款を供与する」。

この第三次対中円借款は、主に水力発電所、宝鶏〔陝西省〕・中衛〔寧夏回族自治区〕間鉄道の建設、六ヵ所の港湾拡張工事、雲南化学肥料工場、黄河への導水路の建設など、発電所、鉄道、港湾、農業技術改良に関する四十五のプロジェクトに使い、総額四千七百億円の第二次対中円借款よりも七〇%増え、「世界的にみても前例のない経済援助額」である。

二十六日午前、鄧小平、楊尚昆ら中国の指導者はそれぞれ竹下首相の一行と会見するとともに、懇ろに話しあった。鄧小平はとくに竹下首相に、北戴河から「急いで戻ってきて、わざわざ首相を歓迎している」と述べ、「閣下が首相に就任した後、中日の友好関係は新たな段階に入った」と指摘した。

八月二十七日、対外貿易部の鄭拓彬部長と日本の中島敏次郎中国駐在大使はそれぞれ自国政府を代表して「投資の奨励及び相互保護に関する協定」に調印した。この協定は両国の経済、科学技術協力のさらなる発展に貢献し、日本の商社とメーカーは協定の調印を非常に高く評価して、「日中経済の停滞する局面を打破する」と見なした。日本の経済界は普遍的に今回の調印は「日中の経済関係の巨大な懸案」を解決し、「日本企業が中国への投資と技術移転に対して道を切り拓く」のを促進すると見なした。それゆえ、中国に対する貿易と投資の新たなブームが日本で巻き起こった。

　二十九日、竹下首相は〔甘粛省の〕敦煌の莫高窟を参観した後、〔陝西省の〕西安人民大厦礼堂で「新たなる飛躍をめざして」と題する講演を行い、「平和こそ、日本の進むべき道であり、平和以外に日本の生きて行く道はありません」という自分自身の信念と日本国民の総意を強調し、平和国家としての日本は、「国力に相応しい役割と責任を果たす」べきであると表明したほか、平和協力、政府開発援助、国際文化協力を主張する「国際協力構想」を説明した際、とくに文化交流を新たな飛躍の原動力として強調した。「文化を継承する心は平和希求の原動力であり、平和は文化発展の必須条件であり」、異なる文化との交流を通じ、互いに刺激しあうことによって、各民族の創意工夫が加わり、新たな独自の文化を生み出すと指摘し、そのために、三つの提案を行った。すなわち、人的交流の拡大、心の交流の活発化、文化財と遺跡保存に対する協力である。竹下首相は帰国するや方法を講じて資金を募り、莫高窟の文化財の保護のために貢献した。

　竹下首相の今回の訪中は大きな成功を収め、両国の関係を修復、強化したばかりか、双方は、中日の友好関係を発展させることは各自の外交の重要不可欠な一部であり、同時に経済協力、技術交流の分野で大きな成果を勝ち取ることは、両国の経済発展に大きな利益をもたらすと強調することでも一致した。また、日中文化交流を促進する面ですばらしい成果をあげ、「両国の文化交流は友好協力に有益であるばかりか、日本の青少年に日本の精神文化のルーツ、感謝する気持ちで日本文化に対する中国の古代文化の影響を大事にすべきことを理解させ、日本を物質と精神が協調する国家に築くのに有利でもある」という竹下首相の談話は、日中文化交流を歴史的伝統や日本の発展と結びつけ、各方面から高い評価を受けた。とりわけ注目されたのは、中日首脳会談で、竹下首相が自ら「光華寮」問題に触れるとともに、積極的な態度を表明し、竹下首相の現実的で柔軟な対中外交姿勢を体現していたことである。

　鄧小平中央軍事委員会主席も日本が中国に八千百億円の政府借款を供与することに謝意を表し、次のように語った。

「あなたが今回もたらした贈りものは軽いとは言えず、我々は歓迎、感謝するが、私にはさらにもっと高い要望もある。一つは中国に対する技術移転である。中国の輸出と外貨獲得の能力を高めることは、六十二億ドルよりいっそう重要である。もう一つは中国に対する投資である。共同投資でも単独投資でもいいが、我々は単独投資を歓迎するし、とくに日本の中小企業が中国にやって来ることを歓迎する。」

さらに、技術移転と投資の面については、首相や同席する日本の友人によろしくお願いしたいと述べた。鄧小平主席がこのように誠実に感謝の意を表明したことは、竹下首相を感動させたばかりか、日本の世論からも高い注目を集めた。日本の新聞は今回の会見を伝えた際、いずれも鄧小平主席が借款の供与を歓迎し、それを感謝したことに驚きを隠さず、「尋常ではない」ことであり、「鄧主席が初めて外国の首脳に感謝の意を表明した」と称した。

要するに、竹下登首相の今回の訪中は大きな成果を収め、政府から指導者個人に至るまでの両国のさまざまなレベルの関係を深め、多くの分野における協力の面でも豊富な成果を勝ち取り、両国関係のいっそうの発展のために良好な基礎を固めた。

竹下首相の在任中の特筆すべきもう一つのことは、昭和天皇の逝去前後の歴史問題を処理したことである。一九八九年一月七日、昭和天皇が逝去した。一九八九年二月十四日から十八日にかけて、竹下首相と内閣法制局長官は国会で質問されたときに、昭和天皇の戦争責任を免除し、「この戦争の性質が侵略だったかどうかは、後世の歴史家が評価することだ」、「侵略戦争であるかどうか、学説は多岐にわたっている。私の勉強では侵略行為はありえてもこの戦争全体を侵略戦争だと定義するのは非常に難しいと思う」と回答した。その後また繰り返し、「前回の戦争が侵略戦争であったかどうかは、後世の歴史家が評価すべきことだ」と語った。

この時期、日本では政府から民間に至るまで言葉を濁し、日本の侵略性を拭い去ろうとする下心が非常に明白で、ひいては少数ながらあからさまに侵略戦争を称える人さえ出現した。そのため、竹下首相の発言は、日本国内とアジア各国で再び強烈な反応を引き起こした。中国の歴史学者の劉大年全人代常務委員は常務委員会で発言し、日本が中国に発動した侵略戦争の性格はとっくに確定しており、さらに後世の歴史学者が結論を出すのを待つ必要はないと指摘した。

中国外交部のスポークスマンは、二月十四日と二十二日に二度にわたって次のように指摘した。

「中国人民とアジア各国人民に多大な災難をもたらした侵略戦争とその責任は歴史的事実であり、誰も変えることはできない。その不幸な歴史を歪曲し、否認する人のいることを我々は容認できない。戦争の性格を曖昧にし、戦争の責任を回避しようとするいかなる言動もすべて中日共同声明および中日平和友好条約の原則と精神に反するもので、必ず戦争の被害を受けた中国およびアジアのその他の国の人民の感情を傷つけ、結局は日本にとっても非常に不利になる。この重大な原則問題において、日本当局は歴史の事実を尊重する正しい態度をとるべきである。」

これに対して、日本は釈明を行った。中国駐在の中島敏次郎大使は中国外交部の劉述卿と会見した際、「竹下首相は国会答弁で自分の真意を十分に述べることができなかったことに対して遺憾に感じている。竹下首相は過去の戦争に対して明確な態度表明をしたことがあり、今なおいかなる変化もない」と述べ、竹下首相の認識について次のように説明した。

①日本はかつて戦争によって近隣の各国の国民に重大な損害をもたらした。日本のこのような行為ついては、国際的に侵略と見なされるとともに厳しく批判されている、これは事実であり、日本はその事実を十分に認識する必要がある。

②過去の行為に対する日本政府の認識は一九七二年〔九月〕の「日中共同声明」のなかで表明しており、日本が中国を侵略した事実は否認することができない。

③日本は平和国家として、そのようなことを二度と繰り返さないために、世界の平和と安定のために貢献する。

二月二十四日、宇野宗佑外務大臣も、逝去した昭和天皇の弔問に訪れた銭其琛外交部長と会見した際、日本政府を代表して、竹下首相が過去の戦争問題に関する国会答弁で真意を伝えることができなかったことに対して遺憾の意を表明するとともに、竹下首相はかつて戦争の性質について明確に表明しており、今なおいかなる変化もないと指摘した。中国側は再び次のように強調した。

「竹下首相の発言は中国人民の感情を傷つけた。歴史の事実については、いかなる人も変えることができない。この重大な原則に関わる問題で、日本政府は歴史の事実を直視し、正しく対処すべきである。」

竹下首相もこの問題のために緊急に銭其琛外相と会見し、根気よく今回の発言について釈明した。二月二十七日、竹下首相はさらに議会の発言でも自らの発言を訂正した。

歴史問題をめぐって起きた今回の摩擦はまさに銭其琛外相の出発直前に起こり、しかも突然起こったので、日本の世論は中国側が訪日代表のレベルを落として抗議の意思を表明するのではないかと心配した。しかし、銭其琛外相は予定どおり大喪の礼に参列し、辛抱強く日本側の釈明と謝罪の意見に耳を傾けたことで、国内外の世論から一致して高い評価を受けた。

四　竹下内閣の対中政策の成因と特徴

竹下登首相は米ソの両極構造が悄然と変化するときに就任したが、当時の国際社会における緊張、対抗の局面はすでに明らかに緩和され、各国が直面する安全保障の苦境も緩和された。長期にわたって冷戦の最前線に位置していた日本にとって、安全保障の政治問題の重要性がいささか低下し、経済・文化的な利益の重要性が高まったことが、経済文化交流を偏重する竹下首相の外交路線にかなり追い風になった。また、ソ連の国力の低下にともない、日本の政治大国化の展望は明るく、したがって急進的な「突破」政策をとる必要はなく、対外援助と文化交流を強化しさえすれば、その大国の地位を際立たせることができた。

中日関係では、一九七〇年代における両国の関係正常化以来の全体的な発展の趨勢はかなり良好で、何回も首脳の相互訪問を行っただけでなく、両国の経済・文化交流の規模もますます拡大した。政治大国の中国と経済大国の日本は、自己の国家利益の実現を促進するために、ある程度相手側の支持を必要とした。それゆえ、中日両国の二国間関係は、歴史問題やその他の敏感の問題によって小波が立つことがあったけれども、両国の積極的で効果的な外交活動を通じて、緊張した局面がすみやかに緩和されたので、関連する双方に両国関係の発展に対して期待を抱かせた。

日本国内の社会レベルでは、竹下登首相の時期に日本社会の右傾化はまだ明白でなく、中日関係にかなり積極的な影響を有していた。一般的には、中日関係には三つの積極的要素（中日友好に期待を抱く日本人民、日中関係が安定することを希望する、日中貿易に従事する経済人、中日関係がますますよくなるよう希望する知識人）と、二つの消極的要素（極右勢力、台湾ロビー）があり、短期的な政策の変化はこれらの勢力相互間の消長とかなり密接な関係があると考えられている。竹下首相の在任中には、三つの積極的要素がかなり顕著に現れ、中日関係は依然として一九七〇年代の関係正常化後の蜜月期の影響下にあり、日本国内は中日関係の安定した健全な発展に対してかなり楽観的な期待を抱き、竹下首相が対中政策でかなり積極的、主体的になるよう促した。

日本の国内政治のレベルでは、内閣の立場がかなり困難になれば、首相はより多くの支持を得、新しい不利な問題が出現するのを避けるために、普通は日中関係の問題で主体的に波乱を招くようなことはできない。しかし、内閣が長期にわたって安定し、政策が徐々に保守化すれば、首相は自分はすでに国民の信頼を得ており、対外政策でいささか強硬に出てもかまわないと考える可能性がある。別の角度から見ると、内閣がかなり困難な立場にあることは、首相になる資格のある人が別にいることをも暗示しているが、内閣が長期にわたって安定することは、現職の首相に取って代わりうる人がいないことを暗示している。前者の場合は、首相は国内、党内の実務に追われるが、後者の場合は、首相は勢力を外交の方向へ向け、在任中にすみやかに二国間関係や国際社会における日本国家の地位を高めることができる。竹下登政権はかなり安定性に欠け、発足の半年後に、リクルート事件が明るみに出て、（竹下首相本人を含めて）波及した範囲が広すぎたため、自民党に対する日本の国民の信頼が低下し、竹下内閣もつねに不安定だったこともあって、一定程度竹下政権は強硬な外交政策をとる実力がなかった。

政策決定者の役割のレベルでみると、竹下首相本人は長期にわたって党務と財政経済の実務に携わっていたので、外交の実務を処理する経験が豊富でなく、中曽根前首相の旧ブレーンに依存していたばかりか、党内の他派閥の首領である安倍晋太郎元外相、中曽根派の宇野宗佑外相（ともに竹下内閣の外務大臣を務めたことがある）にもかなり依存していた。また、日本の外務省のキャリア官僚は、日本の外交政策の執行に直接責任を負っていたばかりか、外交政策の決定にも非常に大きな影響を及ぼしていた。これらの要素によって、竹下登首相の外交政策は実際には各方面の意見を総合したものであり、個性的な色彩が際立たず、中曽根前首相のような雄大な政治的抱負と外交構想に欠け、単に外交の実務と細部の執行にかなり関心を寄せるだけであった。

政策決定者個人のレベルでは、竹下首相本人は性格が謙虚で慎み深く、忍耐に秀でていた。一九八九年〔二月〕に起こった歴史問題では、国会答弁で進んで自らの間違いを訂正するとともに、中国駐在大使、外務大臣など多くのルートを通じて情報を伝え、中国の理解を勝ち取ったばかりか、〔昭和天皇の〕弔問に訪れた銭其琛外交部部長と緊急に会見し、中国側が真意を理解できるよう希望した。これらの行動は竹下首相が政治家として慎重である特徴を際立って表しているし、外交政策でも政策がかなり温和で、けっしてイデオロギーを強調せず、双方の意見を疎通させることに秀でている特徴をも表しており、したがって竹下登首相の時期の中日関係の発展はかなり安定していたのである。それゆえ、中日関係の安定した発展は両国の政治家、外交官のたゆまない努力を必要とするばかりか、両国の政治、経済、知識のエリートの相互理解と両国人民の長期にわたる経済文化交流が欠かせないことがわかる。

6　宇野、海部両内閣と中日関係

崔金柱　銭昕怡

宇野宗佑首相の在任期間はかなり短かったが、外務大臣在任中から中日関係の発展を推進し、一九八九年に北京で「六四政治風波」〔六四天安門事件〕が発生した際に中国制裁に反対した。海部俊樹首相も引き続きその対中政策を執行したので、中日関係は特殊な時期にもかかなり順調な発展を遂げた。

一　宇野宗佑首相と中日関係

宇野宗佑首相は一九二二年に滋賀県に生まれ、神戸商業大学〔現在の神戸大学〕に学び、一九六〇年に衆議院議員に初当選し、防衛庁長官、科学技術庁長官、行政管理庁長官、通商産業大臣を歴任し、一九八七年〔十一月〕竹下登内閣の外務大臣に就任した。

一九八八年五月、宇野宗佑外務大臣は中国を訪問し、中国の党と国家の指導者と会談した。李鵬総理と会見した際、日本政府は「光華寮事件」の解決を重視するとともに、引き続き一つの中国の立場を堅持することを表明した。また、中国の指導者〔趙紫陽総書記〕と会談した際、日中両国の永遠の友好は「日中平和友好条約」の主旨であり、日本政府の基本的立場でもあると表明した。

この時期に、国土庁の奥野誠亮長官は二度にわたって公の場で日本の侵略戦争を擁護し、中日の友好関係に悪影響をもたらした。一九八八年四月二十二日、奥野長官は公職の身分で靖国神社を参拝するとともに、参拝後の記者会見で侵略戦争を擁護し、「日本は一貫して侵略国家ではなかった」、「日本は自国の安全を守るために戦争を発動したのだ」と述べた。五月九日には、奥野誠亮長官は衆議院決算委員会で、「日本には当時侵略の意図はなかった。東京裁判は勝者が敗者に加えた懲罰である」と指摘した。さらに、靖国神社が祀るA級戦犯が犯罪人であることを否定し、A級戦犯が犯罪人であれば、国会はその遺族に年金を支給するのを停止すべきだと公言した。

これに対して、宇野宗佑外務大臣は五月十日に野党の質問に対し、日中戦争は「軍国主義が発動した侵略戦争である」と答えた。奥野長官は侵略の歴史を否定した発言によって日本国内と中国、韓国などアジアの隣国の批判を浴び、巨大な圧力のもとで辞職を表明した。宇野首相はこの件について談話を発表した際、日本政府の歴史問題に対する立場を重ねて表明し、日本の歴史認識にいささかの変化もないと語るとともに、外務大臣としての見解を発表し、「一九七二年の『日中共同声明』および一九六五年の『日韓共同コミュニケ』で表明した過去の歴史に対する日本の認識に何ら変化はない」、今後も近隣各国との友好増進のため引き続き努力すると表明した。

一九八九年は日本の政局が大きく揺れた一年であった。竹下登首相は「リクルート事件」から逃れられず、四月末に突然引責辞任することを表明した。六月三日、宇野宗佑は自民党総裁に推挙された後、国会で新しい内閣総理大臣に選出された。このとき、北京で「六四政治風波」が起こり、米国をはじめとする西側諸国は中国に対して制裁措置をとり、対中協力を停止し、中日関係も厳しい試練に直面し、困難な時期を迎えた。

一九八九年六月四日、日本の外務省は北京で「政治風波」が起こったことに対して憂慮と遺憾の意を表明するとともに、日本人の北京への渡航自粛を勧告し、同時に北京に在留する日本人に帰国勧告を発したので、約五千余人の北京在留日本人が一次的に国内に引き揚げることになり、また第三次円借款を事実上凍結することを決定した。

就任したばかりの宇野宗佑首相は国会答弁のなかで、制裁措置をとる問題については、日中関係と日米関係は明らかに異なることを認識する必要があり、中国は日本の重要な隣国であり、情緒で理知に取って代えるべきではないとかなり冷静な態度を表明した。七月十日、宇野首相は再び、日本政府は対中制裁に同意しないことを表明した。

宇野首相はアルシュ・サミットに出席するために、数人の首相経験者と個別に意見を交換するとともに、対中制裁に同意しないという日本政府の主張を伝え、支持された。中曽根元首相は、日本と中国は最近経済面で緊密な関係にあり、日本の特徴に基づいて自己の態度を表明すべきだと述べた。鈴木善幸元首相は宇野首相に、サミットでは、対中制裁の共同行動に対して、日本は拒否すべきであると提言した。竹下登前首相は、日本政府の最近の対中政策を評価するとともに、宇野首相にサミットで中国問題に対して慎重な態度をとることを表明するよう要求した。

日本政府の基本政策は米国に追随し、中国に対しても制裁措置をとったけれども、七月中旬にパリで開催されたアルシュ・

サミットで、宇野首相は中国を国際的に孤立させるべきではないと主張した。この時期に日本の政局は引き続き不安定で、就任して二ヵ月足らずで宇野宗佑首相は女性スキャンダルが発覚し、自民党が七月二十三日に行われた参議院選挙で惨敗したので、引責辞任を表明した。

二　海部首相が中日関係を修復

一九八九年八月八日、海部俊樹元文部大臣が自民党総裁に選出され、八月九日、臨時国会で新首相に選ばれた。海部俊樹首相は一九三一年に名古屋に生まれ、高校卒業後まず中央大学に入学し、後に早稲田大学に転じ、早大「雄弁会」のメンバーであった。一九六〇年、二十九歳で政界入りし、当時最年少の国会議員であった。自民党内では河本派（前身は三木派）に属し、河本派の代表世話人を務め、党内で相次いで国会対策委員長、文教制度調査会長を歴任した。三木武夫内閣で内閣官房副長官に就任し、福田赳夫内閣と第二次中曽根康弘内閣で文部大臣を務めた。首相就任前に数回中国を訪問したことがある。

一九八九年六月、北京で「政治風波」が発生した後、日本は西側諸国の対中制裁の隊列に加わったにもかかわらず、海部内閣は依然として宇野内閣の対中政策を執行し、引き続き中国との接触を維持するとともに両国関係を発展させた。八月十一日、首相官邸で最初の記者会見を行い、海部首相は今後の中日関係に関する「人民日報」記者の質問に対し、次のように表明した。

「日中両国の交流には悠久の歴史があり、両国は『日中共同声明』と『日中平和友好条約』に基づいて長期的な友好関係を発展させるであろう。中国は永遠に重要な隣国である。中国が現在行っている改革開放政策に対して、日本は好意的に協力し、両国関係がいっそう深く発展するよう努力する。」

八月十八日、日本外務省は日本人の北京以外のあらゆる地域への渡航制限を解除すると発表した。一九八九年八月、カンボジア問題パリ国際会議の会期中、劉述卿外交部副部長は新任の中山太郎外務大臣と会談し、中日関係について意見を交換した。中日双方の共同の努力のもとで、九月に入ると、窮地に陥っていた中日関係に改善の兆しが現れた。

九月十七日から十九日まで、中日友好協会の招請に応じて伊東正義日中友好議員連盟会長が訪中団を率いて中国を訪れた。鄧小平中央軍事委員会主席、江沢民中共中央総書記、王震国家副主席、李鵬国務院総理、呉学謙副総理がそれぞれ伊東会長の一行と会見した。鄧小平主席は会見した際、中国側は先に開かれたアルシュ・サミットにおける日本の態度がその他の国家と「異なっていた」ことに注目していると指摘し、次のように強調した。

「中日友好は極めて重要である。中国にとって極めて重要であり、日本にとっても極めて重要である。友好は両国人民にとって有利であり、世界の平和と発展にとっても有利である」、「国際的にいかなる変化が生じようと、日本と中国の国内でいかなる変化が生じようとも、中日友好は変えるわけにいかないし、変わるもしないだろう。中日両国が子々孫々にわたって友好的につきあっていくことは、みなの願いである。」

伊東会長は次のように表明した。

「日中関係に関する鄧主席の見解に全面的に同意する。今日のお話をお聞きし、たいへん大きな励ましを受けた。帰国したら、海部首相とメディアに対して、中国の改革開放政策が不変であることを伝えたい。」

伊東会長の訪中は、海部内閣が中国の実情と政局の安定を理解するのを助け、対中関係の修復を推進する役割を果たした。

九月二十二日、中山太郎外務大臣は閣議後の記者会見で、日本政府が同月の二十五日から日本人の北京渡航自粛勧告を解除することを決定したことを発表するとともに、第三次円借款など経済協力プロジェクトについて、世界の金融機関と中国経済の動向を見極めたうえで慎重に検討することを表明した。十月四日、海部首相は国会で中日関係について議員の質問に答弁したときに、中国が改革開放政策を変えない限り、日本は対中協力を行っていくことを表明した。十二月五日、本来六月に交換することになっていた、日本政府が中国政府に五十億円近い一九八九年度対中無償援助を供与する書簡を北京で正式に交換した。この無償援助は北京テレビ局の機材整備など四つのプロジェクトに使われた。十二月七日、第五回中日文化交流政府間協議が北京で行われ、凍結されていた両国の文化交流事業が再開された。

十二月十六日、「張振海ハイジャック事件」〔乗員乗客二百二十三名を乗せた北京発ニューヨーク行きの中国民航機が北京を離陸直後に、河北省出身の張振海にハイジャックされ、燃料切れのため福岡空港に着陸した〕が発生し、事件の発生後、日本政府の協力によって、中国民航の機体とハイジャック犯を除く乗客乗員が翌日順調に中国に送還された。しかし、すぐさま海外の「民運」〔民主化運動〕分子と日本の右翼勢力が結託して、張振海はいわゆる「民主化闘士」であり、絶対に中国に送還してはならないという世論をでっち上げた。張振海も日本側に対して自分は天安門の反政府活動に参加したと弁解し、日本政府に政治亡命を求めた。しかし、中国政府の厳正な申し入れと法律専門家の努力のもと、一九九〇年四月二十八日、東京高等裁判所の判決を経て、法務大臣が命令を発して張振海を中国側に引き渡した。この事件を処理する過程で、日本政府は中日友好の大局に配慮した。

一九九〇年以後になると、中日両国の政治関係は次第に改善された。日本政府は高官の交流の制限に対しては半ば解禁の方法をとった。すなわち、中国側の訪日は招請するが、現職の大臣以上の高官の訪中はしばらく控えるというものである。

一九九〇年一月十六日、日本政府と日本国際貿易促進協会の招きに応じて、鄒家華国務委員兼国家計画委員会主任が日本を訪問し、日本国際貿易促進協会の設立三十五周年記念行事に参加した。これは、北京で「政治風波」が発生した後、中国政府の部長級以上の高官の初めての訪日であった。海部首相は鄒家華国務委員の一行と会見した際、日中関係はまさに非常に重要な時期にあり、両国関係が相互理解の強化の基礎のうえに良い方向へ発展するよう希望すると表明した。中山外務大臣は、日本には社会制度を異にする中国に自国の価値観を押しつける考えはないし、それに基づいて対中政策を制定するつもりもないと表明した。

日本政府は、双方の共同の努力によって、両国関係を早期に正常化することを希望した。しかしながら、一九九〇年四月まで、対中関係を修復する日本の歩みは依然としてかなり緩慢であった。一九八九年の年末に東欧情勢が激変し、第二次世界大戦後の国際関係の枠組みが根本的に転換し始める兆しが見られたため、日本は国際情勢が自己に有利であると判断し、これまで以上に日本が「西側の一員」であることを強調し、中国に圧力を加え続けた。また、一九九〇年初めの衆議院選挙も海部内閣に非常に多くの精力を費やさせた。

日本の各界の有識者は日本政府の日中関係の修復に対する歩みが緩慢であることに大きな不安を覚え、続々と海部内閣にできるだけ早く日中関係を修復するよう促した。利害関係と対外戦略から考慮して、日本の政界と経済界の多くの人が、次のように主張した。

日本の立場は欧米諸国と異なり、日本と中国は特殊な歴史的関係を有するだけでなく、極めて密接な現実的な関係と経済関係がある。日本は米国など西側諸国に追随すべきではなく、長期的な日中関係を考慮し、独自の政策を採り、対中制裁を早期に解除し、経済協力とその他の交流を再開すべきである。

一九八九年の十一月と十二月に日中経済協会の代表団と日本国際貿易促進協会の代表団がそれぞれ訪中したことも、日本の政治、経済界の人々が、中国が引き続き改革開放路線を推進し、政治と経済の安定を維持し、改革開放政策を実施する決意であることを理解するのに役立った。日中経済協会は、訪中代表団の訪中後、協会内に「対中協力推進委員会」を設置することを決定するとともに、海部俊樹首相ら政府関係者に、「支障なく第三次円借款を実施することに関する要望書」、「早期に日中投資促進機構を設立することに関する要望書」、「対中貿易保険に関する要望書」、「第三次対中資源銀行クレジットに関する要望書」など四つの要望書を提出したことは、海部内閣の対中政策に対して巨大な影響を及ぼす役割を発揮した。

日本の政界で中日友好を主張、堅持する人々も多方面で活動を展開し、政府に大局を重んじ、第三次対中円借款を再開するよう要求した。一九九〇年四月中旬、小沢一郎自民党幹事長は欧米に先んじて対中円借款を再開するよう中山外務大臣に要求し、後藤田正晴元官房長官と永末英一民社党委員長は海部首相と会見し、できるだけ早く第三次対中円借款を再開するよう要求した。四月以降、愛知和男自民党国際局長〔四月〕、加藤紘一元防衛庁長官〔四月〕、宇野宗佑前首相〔五月〕、山口鶴男社会党書記長〔五月〕ら政界の実力者が相次いで中国を訪問した。日中友好議員連盟、日中友好協会など友好団体も、できるだけ早く日中関係の困難な状況を改善するために尽力した。上述の各種の勢力の推進のもとで、海部内閣は日中関係を修復する歩みを加速した。

三　対中援助の再開

一九九〇年四月、日本政府は円借款プロジェクトの実施について調査団を中国に派遣して作業を展開させた。五月、李貴鮮国務委員兼中国人民銀行総裁はニューデリーで橋本龍太郎大蔵大臣兼アジア開発銀行総務と会見し、双方は中日経済協力と国際金融機関の対中借款について意見を交換した。橋本蔵相は、日本は中国の近代化建設と対外開放のために引き続き供与、協力したいと表明し、円借款は中日両国間の問題であり、第三次円借款は凍結の解除を考慮し始めてもかまわないと指摘した。

六月、海部首相はわざわざ米国のブッシュ大統領に書簡を送り、対中貿易の最恵国待遇を延長するよう要求した。六月三十日から七月八日にかけて、日本政府は高官が接触しないという制裁措置を再び打ち破り、李鉄映国務委員兼国家教育委員会主任を招聘した。海部首相は李鉄映国務委員との会見した際、次のように表明した。

「日中友好関係が長期にわたって安定して発展するよう望んでおり、日本側はそのために努力する。まもなく開かれるサミットでは、日本は率直に自己の見解を説明し、中国が西側各国と関係を改善できるようにする、第三次円借款の取り決めは必ず履行する。」

七月九日から十一日まで米国のヒューストン・サミットで、海部首相は中国問題について発言した際、西側は中国を孤立させるべきではなく、「中国の改革を前進させたければ、我々は相応の措置を講ずる必要がある」とはっきり表明し、その他の西側諸国の首脳に、日本はサミット後に徐々に対中円借款の凍結を解除することを説明し、サミットの「経済宣言」は正式に日本政府のこの決定を公表した。

七月十六日、小和田恒外務省審議官は海部俊樹首相の特使として訪中し、第三次円借款の凍結の解除に関する日本政府の方針を正式に伝えた。十一月二日、日本の内閣は第三次対中円借款（一九九〇年—一九九五年、総額八千百億円）の凍結を解除することを正式に決定した。同日、第三次円借款のうち、一九九〇年度第一期の三百六十五億円の供与に関する交換公文の交換式を北京で行い、一九九〇年度第二期、第三期の供与に関する交換公文もそれぞれ十二月二十一日、一九九一年三月十五日に交換した。これらの借款は十七件のプロジェクトに関わり、主として水力発電所、鉄道、空港、道路、通信、化学肥料工場などの建設に充てられた。その後の数年間の円借款事業も滞りなく実施された。

一九九〇年十二月十八日、中日両国は長期貿易取り決めに調印した。新しい取り決めは一九九一年から実施され、期間は五年であった。取り決めの執行期間中、中国側は毎年日本に原油八百八十万ないし九百三十万トン、コークス百四十万ないし百八十九万トン、一般炭二百五十万ないし三百五十万トンを輸出し、日本側は中国に技術、プラント設備、建設用機材を輸出し、総額は八十億ドル前後であった。技術協力と資源開発の面でも、中日両国は積極的に協力を展開した。

一九九一年三月十九日、中日経済貿易第三回定期協議が東京で開かれた。同年四月三十日、日本政府は中国政府に六億九百万円の無償援助を供与し、上海国際和平母子保健病院の緊急に必要とする医療器材と、ハルビン工業大学の教育研究用機材と車両の購入に充てられた。六月五日、中日双方の投資促進機構の第一回合同会議が北京で開催された。七月一日、日本政府が中国政府に供与する五件の無償援助プロジェクトの交換公文の交換式が北京で開かれた。援助総額は百四十七億円で、そのうち百二億円は中日友好環境保護センターの建設の支援に充てられた。

日本が率先して中国に対する政府借款を再開したことは、中日両国の経済関係の全面的回復を象徴していた。西側諸国が「人権」カードを振りかざし、中国に対して引き続き政治、経済、軍事の交流を停止する制裁措置をとりつづけるなか、海部内閣は両国の政治、経済関係の重要性からみて、できるだけ早く対中制裁を解除するために努力を傾けた。借款の再開によって中国の経済と財政を支援するという日本政府の戦略的な政策決定にはこれまでにない独自性が見られ、強力に中日経済協力の発展を推進し、中国のもっとも優先する経済・政治パートナーとしての日本の地位を確保したばかりか、中国が米国をはじめとする先進国の実施している経済制裁を打破することに対して積極的な影響を及ぼした。

しかし、注目に値するのは、一九九一年四月、海部首相が衆議院予算委員会における答弁で、政府開発援助（ODA）の四原則、すなわち、ODAを供与する際、被援助国の軍事支出、武器の開発と製造、武器輸出入、基本的人権と民主化などの状況について考慮すると提起したことである。この四原則は米国の「人権と民主を重視する」世界新秩序構想と呼応しあい、日本のODA政策がすでに「経済外交型」から「政略外交型」へ転換し、ODAが日増しに日本の対中外交の重要な手段になっていることを意味していた。

一九九〇年九月二十二日から十月七日にかけて、中国は成功裡に第十一回アジア競技大会を開催し、中国政局の安定に対する日本政府の確信をいっそう強めた。しかし、日本政府はアジア競技大会の開会式に保利耕輔文部大臣しか派遣せず、西側諸国の牽制に配慮し、余りにも早すぎる関係改善は望まない海部内閣の矛盾した心情を露呈した。十一月十一日、呉学謙副総理は訪日し、中国政府代表として天皇陛下の即位の礼に出席した。桜内義雄衆議院議長、中山太郎外務大臣、海部首相がそれぞれ呉学謙副総理と会談した。呉学謙副総理は海部首相との会見で、海部首相が中日関係の回復と改善のために払った努力に感謝の意を表明するとともに、都合のいい時期に中国を訪問するよう希望した。海部首相は、日本政府は中日友好関係をいっそう発展させたいと考えており、機会があれば中国を訪問したいと述べた。

四　海部首相の訪中

一九九一年の上半期、両国のハイレベルでの政府要人の相互訪問が実現し、中日関係の全面的な回復と正常化のための基礎を築いた。最初は経済貿易部門の要人の相互訪問であった。一月八日から十一日にかけて、橋本龍太郎大蔵大臣が中国を訪問した。これは一九八九年六月以後で最初の日本の閣僚の訪中であり、それゆえ日本は北京の「政治風波」以後に中国とハイレベルの接触を再開した最初の西側の国家にもなった。三月二十一日から二十四日まで、中尾栄一通産大臣が訪中した。五月八日から十二日まで、中国の対外経済貿易部の李嵐清部長が日本を答礼訪問した。

両国の外相も一九九一年の上半期に相互訪問を実現した。四月五日から七日まで、中山太郎外務大臣が訪中したが、これは日本の外務大臣の一九八八年以後における最初の公式中国訪問であった。銭其琛外交部長は中山外務大臣と会談したときに、中山外務大臣の訪中は両国関係がいっそう回復したことを象徴しており、「両国関係にはすでに春が訪れた」と述べた。銭其琛国務委員兼外交部長は六月二十五日から二十八日にかけて日本を訪問し、中山外務大臣と、海部首相の訪中、中日国交正常化二十周年の記念行事、天皇陛下の訪中問題について深く立ち入って意見を交換した。

一連の準備が十分に整えられた後、海部首相は八月十日から十三日にかけて、中国を友好訪問し、両国の正常な交流を回復するプロセスを完成段階に推し進めた。訪中期間中、江沢民総書記、楊尚昆国家主席がそれぞれ会見し、李鵬首相と公式会談を行い、二国間関係と双方がともに関心を寄せる国際問題について幅広く、深く立ち入って意見を交換した。双方は国交正常化二十周年を記念するために、両国のハイレベルの指導者が相互訪問を行うとともに、それぞれ一連の文化記念行事を開催することで合意した。中国側は天皇陛下の中国訪問を希望し、日本側は今後五年間に一千名の中国青年を日本訪問に招く予定であることを表明した。さらに、中日の経済貿易関係をいっそう発展させることについても意見を交換した。中国滞在中に、海部首相は中国が深刻な水害にあったことに対して心から見舞いの言葉を述べ、災害被災者救援のために百五十万ドルの緊急援助を追加供与することを決定した。両国政府は文化無償援助に関する交換公文に調印し、この交換公文に基づいて、日本政府は中国に四千九百万円を上限とする無償援助を供与することになった。

八月十一日、海部首相は北京の中日青年交流センターで「新しい世界と日中関係」と題する講演を行った。その講演で、海部首相が初めて「アジアのなかの日中関係」、「世界のなかの日中関係」という概念を提起したことは、日本政府の対中政策が、それまでの二国間関係に立脚するものから、アジア太平洋ないしは全世界に立脚する新しい段階に入ったことを象徴していた。海部首相は、「世界の平和と繁栄の問題についてより大きな役割を担おうとするにあたり、我が国は、中国との友好協力関係を全地球的視野から改めて眺めてみることが大切となってまいりました」と指摘した。アジア太平洋地域と世界の安定と繁栄を守る角度から、日本は引き続き中国の改革開放政策に対する支援を強化することを表明した。海部首相の講演は、安定した日中関係を発展させることが、日本が世界の実務において政治大国としての役割を発揮するという国家戦略を実現するための重要な柱であることを表明した。

海部首相が訪中期間中初めて公然と中国が人権、民主、軍縮、軍備管理の問題に積極的に取り組むよう要求したことも、日本の対中外交が政治的色彩を強め、もはやこれまでのように戦争に対する反省と経済協力を強調するだけではなくなったことを示している。日本の通信社は総括して、海部首相の今回の訪中と「世界のなかの日中関係」という概念を提起したことは、「日中両国が新たな形式の対話のスタートラインに立った」ことを示していると指摘した。

海部首相の訪中は中日関係がすでに全面的に正常化したことを示しており、中日関係の発展の新たな出発点である。そうであるばかりか、海部首相は、一九八九年六月に西側の国家が中国に対して「制裁」を実行して以来、初めて訪中した西側の国家の指導者であり、中日関係の雪解けは中国の当時の外交環境の改善に対して積極的な役割を果たした。一九九一年十月、海部首相は自民党の総裁選への出馬を辞退し、宮澤喜一新総裁が後任の首相に就任し、海部内閣は幕が下りた。北京の「政治風波」の影響を受けたので、中日関係は一時的に停滞に陥ったようであったが、海部内閣が誕生後に中日関係の回復のために非常に大きな努力をするとともに、主要な西側国家のうち率先して対中関係を改善したことは、高度の戦略的な見識と勇気を示しており、その功績は永遠に歴史に残るであろう。

7　宮澤、細川、羽田三内閣と中日関係

銭昕怡　吉川純恵

宮澤喜一首相の在任中は日本の政治は不安定で、細川護熙政権と羽田孜政権は短命に終わったにもかかわらず、この時期の中日関係はかなり順調な発展を遂げ、とくに宮澤内閣の時期には中日交流史上初の天皇陛下の中国訪問が実現した。

一　宮澤内閣が中日関係をさらに発展させた

一九九一年十一月五日、宮澤喜一元副総理が日本の第七十八代総理大臣に就任した。宮澤首相は一九一九年に東京に生まれ、一九四二年に東京帝国大学法学部を卒業した後、大蔵省に入省し、一九五三年に参議院議員に当選し〔一九六七年に衆議院に鞍替え〕、経済企画庁長官、通産大臣、外務大臣、内閣官房長官、大蔵大臣、参議院の議院運営委員長、自民党総務会長などを歴任した。外交と経済に精通し、「政策通」として知られていた。一九九〇年七月に自民党宏池会〔宮澤派〕代表団を率いて中国を訪問するとともに、さまざまな場で日中両国の友好協力関係を強化するよう主張してきた。

衆参両院で行った所信表明で、宮澤首相は次のように述べた。「国際社会は激動のさなかにあり、数百年に一度という大きな変化が起こりつつあるが、これは新しい世界平和の秩序を構築する時代の始まりである。日米関係は相変わらず日本外交の基軸である。アジア太平洋地域では、日本は経済面だけでなく、政治面でも積極的な役割を果たさなければならない。アジア太平洋協力閣僚会議（ＡＰＥＣ）などを通じ、開かれた協力を推進するとともに、朝鮮半島の平和と安定への協力、中国の政治・経済両面における改革開放政策に対する支援、ＡＳＥＡＮ諸国とのいっそうの関係強化など、多角的かつ積極的な外交を展開する。」

このような認識に基づいて、宮澤喜一首相は就任後、海部俊

樹内閣の「世界の中の中日関係」という方針を継承し、中国の改革開放政策を支持し、中日関係の発展を推進することを表明した。十一月十三日、宮澤首相は人民日報社の高狄社長を団長とする第四回中日経済討論会の中国側代表団と会見し、中日関係の問題について「人民日報」記者の質問に書面で回答し、国交正常化以後の中日関係に触れた際、両国は「現在すでに成熟した近隣友好関係の段階に入っている」と表明し、次のように指摘した。

「一九九〇年代はつねに変化する時代であり、この変化する世界のなかで、日中両国は安定した関係を発展させることがいっそう必要である。それと同時に、アジアの大国である中国と日本はともに非常に大きな責任を負っており、絶え間ない対話と相互協力を通じて、二十一世紀に向けて、地域的であるだけでなく、世界のなかの日中関係を築き上げ、名実ともに強固な関係にしていかなければならない。日中国交正常化二十周年を機に、日中関係の発展をいっそう推進する。」

十月十四日、中国国務院の雛家華副総理兼国家計画委員会主任が日本を訪問した。十一月十三日、銭其琛外交部長がソウルでAPECに出席した際、日本の新任の外務大臣〔渡辺美智雄〕と会談を行った。十一月二十三日、桜内義雄衆議院議長兼日本国際貿易促進協会会長が中国を訪問した。十二月二日から十一日にかけて、国務院の田紀雲副総理が日本を訪問し、宮澤首相と会見した際、中国政府と人民は天皇皇后両陛下が日中国交正常化二十周年の際中国を訪問することを歓迎すると表明し、宮澤首相は中国側の招待に感謝の意を表した。一九九二年一月三日から六日にかけて、渡辺美智雄副首相兼外務大臣が中国を訪れ、訪問期間中に、中国共産党の江沢民総書記、国務院の李鵬総理とそれぞれ会見した。渡辺外務大臣は日本政府を代表して江沢民総書記の訪日を歓迎し、江沢民総書記も天皇、皇后両陛下の訪中を歓迎することを表明した。銭其琛外交部長と渡辺外務大臣は国交正常化二十周年記念行事と二国間関係について意見を交換するとともに幅広い共通認識に到達し、江沢民総書記が一九九二年の上半期に訪日することを決定した。

双方の共同の努力のもと、一九九二年に両国政府は中日国交正常化二十周年を記念する一連の活動を企画するとともに実行し、ハイレベルの政治対話を実現し、中日関係は新たな高まりを迎えた。日本政府の招待に応じて、江沢民総書記が四月六日から十日にかけて五日間にわたって日本を友好訪問した。これは江沢民総書記が就任して以来、西側の経済先進国への最初の訪問であり、〔北京の「政治風波」〔六四天安門事件〕が起こった〕一九八九年六月以後における中国首脳の初めての訪日でもあった。日本政府は江沢民総書記の今回の訪問を非常に重視し、極めて大きな熱意を示した。江沢民総書記は訪問期間中に天皇陛下と会見し、宮澤喜一首相と公式会談を行い、中日の国交正常化のために特別な貢献をした田中角栄元首相らを訪問し、与野党と財界の指導者と会見し、中日関係と双方がともに関心を寄せる国際問題について幅広く、深く立ち入って意見を交換した。東京のNHKホールで行われた日中国交正常化二十周年を祝う集会〔四月七日〕で、江沢民総書記は「国際情勢と中日関係」と題する重要な講演を行い、中国の改革開放政策は動揺することはないと明確に表明した。

首脳会談で、両国の指導者は二十年来の中日関係に対して総括を行い、両国関係の発展をいっそう推進し、二十一世紀に目を向けた新たな中日関係を構築することを確認した。江沢民総書記は次のように指摘した。

「日本と長期にわたる安定した善隣友好協力関係を発展させることは、中国の重要な外交政策の一つである。両国関係の発展は人民に利益があるだけではなく、アジアと世界の平和、安定、発展に対する積極的な貢献でもある。中国側は、両国関係が『中日共同声明』と『中日平和友好条約』を踏まえていっそう強化、発展するよう希望する。両国関係のなかにすでに存在するか、あるいは今後現れるかもしれない問題に対して、双方は大局を重んじ、適切に処理する必要がある。」

さらに、中日間の歴史問題に言及した際、江沢民総書記は次のように指摘した。

「その間の歴史に正しく対処することは、両国関係の健全な発展に対して重要な意義を有する。『前事を忘れることなく、後の戒めとし』、日本が歴史を鑑とし、平和的発展の道を歩むことを堅持するよう希望する」、「中日関係が深まるのにともない、両国の指導者も接触を強化し、理解を深め、両国関係の健全な発展を保証すべきである。」

宮澤首相は、日本は戦後二度と軍事大国にならないことを決意していることを表明した。

「中国が改革開放を実行し、経済が目覚ましい発展を遂げたことを、日本は心から喜んでいる。日中両国の人的交流が増え、経済貿易関係がたえず発展すれば、時として摩擦が起きるのは当然だ。生じた問題は、双方の友好的な協議によって解決し、両国の指導者も接触を強めるべきだというご発言にはこころから賛意を表する。」

四月七日に日中国交正常化二十年慶祝民間組織委員会が開いたパーティーで、宮澤首相は、「日中関係と日米関係は、ともに日本のもっとも重要な二国間関係である。中国の改革開放に対して、日本はできる限りの支援をする」といっそう強調した。

江沢民総書記の今回の訪日の重要な特徴は、両国の首脳が会談でともに、「未来に目を向け」、「小異を残して大同につき」、「誠意を示して私心を挟まず」、「意見の相違を覆い隠さず」、対話を通じて相互理解を深めることを強調したことである。一般世論は普遍的に、これは中日関係が成熟に向かって歩んでいることの表れであると見なした。「読売新聞」は、「新しい情勢によって中日関係には新たな責任、すなわちアジアと世界の平和と安定のために互いに協力しあうという責任が生じた。このような情勢のもとで、多数の緊急の課題が、中日両国が話しあい、手を携えて国際的な新秩序の構築のために貢献することを必要としており、中日関係はすでに誠意を示して私心を挟まない新時代に入っている」と指摘した。

一九九二年四月十七日、渡部恒三通産大臣が李嵐清対外経済貿易部長の招きに応じて訪中し、記者のインタビューを受けた際、日本政府は中国のGATT（関税及び貿易に関する一般協定）加盟国の地位の早期回復を支持するとともに、中国の環境保全対策を支援することを表明した。五月三日と四日、桜内義雄衆議院議長兼日本国際貿易促進協会会長と長田裕二参議院議長が相次いで中国を訪問し、全人代常務委員会の万里委員長と会見した。五月二十五日から六月一日にかけて、万里委員長は日本を公式友好訪問した。訪問期間中に天皇陛下と会見し、その後宮澤首相と会見した際、中日の善隣友好関係をいっそう発展させることについて意見を交換した。宮澤首相は、中国の改革開放を支援するため、日本は借款とエネルギー開発の面で協力することを表明した。改めて、日中関係はすでに二国間関係の範囲を越え、世界の平和と安定に対して重要な意義を有すると指摘した。さらに、中米関係に言及し、「中米が関係を回復する」よう希望し、「日中米三国の関係はますます重要になっており、私は中米両国も友好と信頼関係を強化するよう希望する」と述べた。宮澤首相は米国の議会が人権問題で中国に圧力をかけるやり方に賛成せず、一九九三年四月の訪米期間中にクリントン大統領と会談する際、中国に最恵国待遇を与えることは非常に重要な問題であると表明し、米国が無条件で中国の最恵国待遇を延長するよう要求した。

二　天皇陛下の訪中

中日国交回復二十周年の際、天皇陛下の訪中を実現することは、中日両国政府が長期にわたる検討を経て到達した共通の意向であった。一九九一年に日本政府が中国とのハイレベルの接触を再開すると、天皇陛下の訪中計画が正式に両国の議事日程に上った。一九九二年四月、江沢民総書記が日本を訪問し、天皇陛下と会談をした際、天皇皇后両陛下の中国訪問への期待を表明すると、天皇陛下は心から感謝の意を表明した。しかし、日本の政界の保守派の人々、とくに自民党内の少なからぬ議員の懸念と反対のために、日本政府は天皇陛下の訪中問題では明確な回答を引き延ばしていた。少なからぬ人は中日間に存在する戦争責任と戦時賠償、従軍慰安婦、釣魚島〔尖閣諸島〕などの問題に対する懸念から、天皇陛下の訪中は戦争に対する天皇陛下の謝罪の問題、いかなる文言で過去に対する態度表明を行うかという問題を引き起こすかもしれないことを心配していた。一九九二年八月初めに至っても、自民党内には依然として連名で天皇陛下の訪中の延期を要求する国会議員が三十三名いた。

第二次世界大戦以後、戦争が残した問題を適切に処理しなかったので、日本は対外関係において、とくにアジア外交に対してずっと「贖罪外交」という受動状態に立たされてきた。冷戦の終結後、日本は政治大国になるとともに、アジアの新秩序を構築するなかで主導的な役割を果たすには、まずこのような局面から脱け出し、アジア諸国の信頼と支持を得る必要があり、天皇陛下の訪中はある意味で歴史問題の解決に貢献するであろう。このような戦略的な配慮から、阻止する勢力が強大であったにもかかわらず、宮澤首相はやはり中日国交正常化二十周年という絶好の機会を利用して、皇室外交を展開することを決定したのである。八月十日、宮澤首相は自民党の主要な幹部と会い、すでに天皇陛下の同年十月の訪中を実現することを最終的に決断したことを表明し、自民党が協力するよう希望した。

八月二十五日、日本政府は閣議で、天皇皇后両陛下が中華人民共和国の楊尚昆主席の招待に応じ、一九九二年十月に中国を公式訪問することを正式に決定した。当日、宮澤首相は談話を発表した際、天皇の今回の訪中は「日中両国の国民間の友好親善にとり極めて意義深いものとなる」と確信すると表明し、次のように語った。

「国交正常化二十周年という日中両国間の友好関係を象徴する重要な節目に両陛下の御訪問が実現の運びにいたりますことは、友好親善という御訪問の目的に誠にふさわしいものと存じます。……政府としても、御訪問の実があがるようあらゆる努力を払う決意であります。申すまでもなく日中両国は長きにわたる交流の歴史を積み重ねてきた極めて親密な隣国同士でありますが、両陛下の中国御訪問は今回が歴史上初めてのことであります。この歴史的な御訪問は、中国の国民に対して新憲法下での我が国の皇室のお姿を直接に印象付けるまたとない機会となるでありましょう。これによって、両国民の心の交流がさらに深められ、これまで培われてきた両国民間の友好関係がさらに将来に向かっていっそう強化発展する契機となることを心から期待いたします。」

一九九二年十月二十三日から二十八日にかけて、天皇皇后両陛下は中国を公式訪問した。両陛下が中国に到着すると、中国政府と人民の熱烈な歓迎と真摯で友好的なもてなしを受けた。楊尚昆国家主席、江沢民中国共産党中央総書記、李鵬国務院総理らがそれぞれ天皇陛下と会談を行った。会談のなかで、双方は一致して、二千年余りの友好の歴史を有する中日関係を大切にするとともに、新たな情勢のもとで引き続き前進させ、両国人民は子々孫々まで友好的につきあっていくべきであると表明した。十月二十三日夜、楊尚昆主席が主催した歓迎晩餐会で

〔楊尚昆主席の挨拶に対して〕天皇陛下が答辞を行い、日中両国の交流の歴史を振り返って次のように述べた。

「両国の関係の永きにわたる歴史において、我が国が中国国民に対して多大の苦難を与えた不幸な一時期がありました。これは私の深く悲しみとするところであります。戦争が終わった時、我が国民は、このような戦争を再び繰り返してはならないとの深い反省にたち、平和国家としての道を歩むことを固く決意して、国の再建に取り組みました。爾来、我が国民は、世界の諸国との新たな友好関係を築くことに努力してまいりましたが、貴国との間においては、両国の先人たちをはじめとする多くの人々の情熱と努力によって、将来にわたる末長い平和友好を誓い合う関係が生まれ、広範な分野での交流が深まりつつあります。私はこのような両国民間の関係の進展を心から喜ばしく思うとともに、この良き関係がさらに不動のものとなることを望んでやみません。」

天皇陛下の挨拶に対して、中国側は肯定的な評価を与えた。韓国、タイなど、かつて日本軍国主義の侵略の苦しみを嫌というほど味わったアジア諸国も天皇陛下の挨拶に対してかなり高い評価を与えた。日本の与野党と世論も大半が、天皇陛下の挨拶は率直に天皇陛下の気持ちを表しており、適切な発言であると見なした。「毎日新聞」は「天皇の挨拶を友好発展の起点として」と題する社説を発表し、「天皇陛下の挨拶には三つのポイントがある。すなわち、歴史認識、贖罪の気持ち、不幸な時期の加害者は日本であるということである」と考え、「中国の国民もきっと『御挨拶』の真意を理解するであろう」と指摘している。

中国滞在中、天皇皇后両陛下はさらに故宮と長城を遊覧し、中国科学院を参観するとともに、西安、上海などを訪問した。中日双方の努力のもとで、天皇陛下の最初の中国公式訪問は大成功を収め、相互理解と善隣友好の促進という目的を達成し、冷戦後の両国関係の発展を強力に推進した。宮澤首相の決断によって、二千年にわたる両国交流史上で天皇陛下の初めての中国訪問という象徴的意義と新たな局面を切り拓く意義のある「歴史的大事」を実現したことは、中日関係に対する大きな貢献であった。

日中国交正常化二十周年に際して、両国のハイレベルの相互訪問のほかに、両国の民間も活気ある豊富多彩な交流活動を展開した。それぞれの分野における中日両国の友好関係、とくに経済貿易分野の協力はいずれも史上最高のレベルに到達した。一九九三年一月、「人民日報」は日本貿易振興会が発表したデータに基づいて、一九九二年の中日の貿易総額が二百八十九億ドルになり、前年よりも二六・七％増え、史上最高の記録を更新したことは、中日関係がすでに低迷期から完全に脱出し、より成熟し、安定した時期に入ったことを示していると伝えた。

三　中日関係を重視する細川内閣

宮澤内閣が政治改革の問題にあまり積極的でなく、自民党内で分裂が生じ、国会が内閣不信任案を採択したので、宮澤首相は迫られて衆議院を解散し総選挙を行った。しかし、小沢一郎元幹事長らが自民党を離党して新党〔新生党〕を結成したため、衆議院における自民党の議席数は過半数に達せず、三十八年間にわたって単独で政権を維持してきた自民党政権に終止符が打たれた。一九九三年八月、自民党と日本共産党を除く八つの党派、すなわち日本新党、新生党、新党さきがけ、社会党、公明党、民社党、社会民主連合と民主改革連合が、連名で日本新党の細川護熙代表を新しい首相に指名した。連立与党の間には矛盾が存在していたにもかかわらず、対中政策では、細川内閣は基本的に宮澤内閣の政策を継承し、しかもそれまでの内閣よりもいっそう日中関係を重視した。

細川首相は就任後、中国人記者のインタビューを受けた際、次のように答えている。

「我が国にとって、日中関係は日米関係と同じぐらい重要な二国間関係である。良好で安定した日中関係を維持、発展させることは、両国にとってだけでなく、アジア太平洋地域と世界の平和と安定にとっても非常に重要である。我が国は引き続き日中関係を重視する。この基本方針に変わりはない。」

細川首相は同時に新たな段階の中日関係に対して、三つの展望を提起した。すなわち、中日関係がいっそう成熟した二国間関係に発展し、中日両国が協力を強め、国際社会の直面する軍備管理、軍縮、環境などの問題に対して共同で積極的に貢献することができるよう希望し、日本は中国が政治、経済両面で改革開放政策を推進することを歓迎し、力の及ぶ限り協力すると述べた。

戦後、日米外交は一貫して日本外交の基軸であり、日本の歴代の政府はいずれも日米関係が日本の最優先すべき外交関係であることを強調したが、細川首相ははっきり中日関係が日米関係と同じように重要であると指摘し、同内閣が中日関係を重視する度合いを表明した。中日関係を発展させることに対する細川首相の基本的な考え方は、第一に日本外交における中日関係の地位を高め、第二に二十一世紀の観点から中日両国の関係を発展させることであった。

歴史問題への対処で、細川内閣はそれまでの歴代の内閣よりもいささか前向きであった。毎年八月十五日、日本は「全国戦没者追悼式」を行うが、一九九三年八月十五日、細川首相はその追悼式に出席し、式辞で、「日本は歴史の教訓に学ばなければならず、戦争の惨禍を再演させてはならない。平和的発展の道を歩むことこそ、日本国民の総意である」と述べ、日本は永久に戦争を放棄することを再び表明した。八月二十三日、細川首相は国会で所信表明演説を行った際、日本がその間の歴史に正しく対処し、引き続き平和的発展の道を歩むことは、日本国民の根本的な利益にかない、アジアの平和と安定にも有益であると表明した。中国外交部のスポークスマンは記者の質問に答えた際、細川首相のこの演説を高く評価した。

四　中日指導者の絶え間ない交流

中日関係を重視することを踏まえ、細川内閣時代、中日両国政府の指導者の交流は絶えなかった。一九九三年九月九日、細川護熙首相は中国の徐敦信駐日大使と会見した際、適当な時期に中国を訪問したいと表明した。九月二十八日、銭其琛外交部長はニューヨークの国連総会で羽田孜副総理兼外務大臣と会談した。これは、八党派連立政権成立後における両国外相の最初の会談であった。十月十日、熊谷弘通産大臣の一行が訪中したのは、細川内閣の閣僚の最初の訪中であった。十月二十三日はまさに「中日平和友好条約」締結十五周年にあたっており、李鵬総理と細川首相は相互に祝電を交換した。十一月十九日、江沢民国家主席はアメリカのシアトルで開催されたAPEC非公式首脳会議に参加した際、細川首相と会見した。これは、日本の政権交代後における両国首脳の最初の顔合わせであった。細川首相は、日本が中国がGATT加盟国の地位を回復するのを支持すると表明し、それと同時に、歴史を鑑とし、未来に向けて友好関係を発展させると表明した。

一九九四年一月一日、細川首相は繰り上げて発行された日中友好協会の機関紙「日本と中国」の新年号に新年の挨拶を発表し、新しい年に日中両国が国民同士の相互理解を深めるとともに、いっそう良好な日中協力関係を築くことができるよう希望し、次のように指摘した。

「日中両国の関係が今日のように良好であることは、とても喜ばしいことである。日中関係の問題における基本方針は、日中関係をさらに発展させ、二十一世紀に向けて、世界の平和と安定のために貢献できる日中協力関係を築き上げることにほかならない。」

一月八日から九日にかけて、羽田孜副総理兼外務大臣が中国を訪問し、銭其琛副総理兼外交部長と会談を行った。双方は過去一年の政治、経済、文化、科学技術などにおける友好関係を高く評価し、今後よりいっそう互恵協力の関係を発展させることで意見の一致を見た。羽田外務大臣は、第三次円借款がまもなく期限切れになるが、日本側は引き続き円借款を供与したいと表明し、中国側は第四次円借款に対する日本側の積極的な態度を称賛した。江沢民国家主席、李鵬国務院総理がそれぞれ羽田孜外務大臣の一行と会見した。

一月九日の昼、羽田孜外務大臣は北京で記者会見を行った。「天皇陛下が中国を訪問し、江主席が日本を訪問し、日中国交正常化二十周年を迎え、日中の友好関係は新たな段階に入った。日本側は引き続き日中関係を未来の方向へ発展させていく。それと同時に、中国の改革開放が成功を収めるよう願う。というのは、中国の改革開放が成功すれば、中国自身に利益があるばかりでなく、中国の近隣諸国、アジア太平洋地域ないし全世界にとっても有益であるからである」と指摘し、中国の改革開放が勝ち取った巨大な成果を称賛した。

同年二月二十三日から三月四日にかけて、朱鎔基副総理が中国政府代表団を率いて日本を訪問した。訪日期間中、朱鎔基副総理は天皇陛下を表敬訪問するとともに、細川首相、羽田外務大臣、日本政府の各部門の責任者と会見し、さらに商工業界、金融界の代表とも会見し、中国の改革開放以後の政治、経済情勢を紹介し、次のように強調した。

「中日の経済貿易関係は一九九三年にすばらしい発展を遂げ、日本は中国の最大の貿易パートナーと技術貿易パートナーとなっている。しかし、中日協力にはなお非常に大きな潜在力があり、中日協力が引き続き発展するよう希望する。」

朱鎔基副総理の今回の日本訪問は、日本の各界に改革開放後の中国の経済情勢を紹介し、日本の企業界の中国に対する理解を深め、中日の経済技術協力の発展のために条件を作り出した。

三月十九日から二十一日にかけて、細川護熙首相が中国を訪問した。李鵬総理は細川首相と会談を行うとともに、次のように強調した。

「中国と日本はともにこの地域の重要な国家である。冷戦の終結後、アジアの地位は著しく上昇し、中日関係の影響はすでに二国間関係の範疇を超えている。中国政府は日本との善隣友好と互恵協力を極めて重視し、日本側と一緒に、未来に目を向け、二十一世紀に目を向け、各分野における両国の関係をよりいっそう強化、協調、発展させ、アジアの平和と繁栄のために、二十一世紀を真に平和と発展の世紀にするために、ともに努力していきたい。」

李鵬総理はさらに、細川護熙首相が就任してから引き続き日中関係を重視するとともに、両国の友好協力に尽力していることを高く評価した。細川首相は、双方の努力によって、日中関係はすでに新たな発展段階に入っており、日本政府は日中関係を極めて重視し、引き続き中国の改革開放政策と現代化建設を支援していきたいと表明した。

歴史問題に関して、細川首相は、「我々は、かつて我が国の侵略行為や植民地支配などがアジア各国の国民に耐えがたい苦しみをもたらしたことに対して、深い反省とお詫びを申し上げる。日本は過去の歴史に対する反省を踏まえ、中国とともに未来に目を向けた日中関係を築くためにいっそう努力する」と表明した。

中日の経済貿易協力の問題について、李鵬総理は次のように指摘した。

「両国の経済貿易協力が急速に発展していることは、両国の関係が新たな発展段階に入ったことの重要な目印である。中日両国は経済の相互補完性が強く、中国経済の発展の重点は交通、エネルギー、電気通信などの分野であるが、これらの分野はまさに日本が得意にしており、両国が協力をさらに発展させることは、潜在力が巨大であるばかりか、お互いにとっても利益が大きい。この点について両国の経済界はすでにはっきり認識するとともに、極めて積極的な姿勢を示している。両国の政府はさらに機を逸することなく、この趨勢を推進、促進すべきである。」

細川首相も次のように指摘した。

「日中両国はともに国際社会で責任を負っている国家である。この数年来、中国に対する日本の貿易と投資が拡大し、相互依存の関係が深まりつつあることは、じつに喜ばしい。中国経済の凄まじい発展は世界の注目を浴び、日本経済に対しても積極的な影響を及ぼしている。日中両国が各分野で協力を強化すれば、前途は光明に満ち溢れている。」

話題が中国の「GATT復帰」問題に及んだ際、細川首相は改めて、日本は中国がGATT加盟国の地位を回復することを引き続き支持すると表明した。

中国の国防予算に言及した際、細川首相は中国の軍事費の増加に対して理解を示した。第四次円借款について、細川首相は、すでに日本の関係部門に今後の日中友好協力のために貢献できる金額を提示するよう指示したことを表明した。台湾問題に言及した際、細川首相は改めて、日本は「日中共同声明」の原則を厳守し、台湾の政府筋とはいかなる関係も発展させないことを表明した。両総理はさらに北朝鮮の核問題についても意見を交換し、李鵬総理は、対話と交渉の方式によって適切に解決することを堅持すべきであり、朝鮮半島の安定を維持することは、日本を含む周辺や隣国に有益であり、この地域の平和と安定にも有益であると強調した。細川首相は、日本も交渉による解決がもっとも望ましいと考えていると表明した。

三月二十日午後、江沢民国家主席が細川首相と会見し、次のように指摘した。

「中日両国は一衣帯水の関係にあり、海を隔てて互いに望みあい、友好交流には長い歴史があり、文化的にも似ているところが多い。双方の共同の努力のもとで、中日関係はすでに全面的に発展する新時期に入っている。中日両国は強みが互いに補いあっており、それぞれ長所があり、両国の指導者がそのことをはっきり認識しさえすれば、両国は必ず長期にわたって安定して全人民の互恵協力関係を発展させることができる。両国の友好的共存が、子々孫々まで引き継がれることは、歴史発展の必然的な趨勢である。……冷戦はすでに終わったが、世界はまだけっして平穏ではない。二十世紀はまもなく過ぎ去ろうとしており、いかなるアジアを二十一世紀に携えていくかは、アジア各国の指導者が思考し、回答すべき重大な課題である。」

細川首相は、日本は未来に目を向けた、長期にわたって安定した協力関係を中国と築きたいし、必ず実現できると信じていると述べた。

同日、細川首相は北京で記者会見し、次のように強調した。「過去の歴史に対する反省に基づいて、今後は未来に目を向けた日中関係をいっそう育む」、「私は日中関係を日本外交のもっとも重要な柱の一つとして重視する。日中国交正常化二十周年と『日中平和友好条約』締結十五周年を経て、日中関係は新たな階段に入るとともに、引き続きすばらしい発展を勝ち取っている。日本は中国の改革開放は中国のためだけでなく、アジア太平洋地域の平和と繁栄のために寄与すると考える。それゆえ、日本は中国の払う努力のために最大限の支援をする。」

細川首相の中国訪問期間中に、中日両国政府は「環境保護協力協定」に調印した。

五　対中友好を堅持する羽田内閣

一九九四年四月八日、細川首相が佐川急便からの借入金とNTT株の売買の問題のために国会で自民党など野党に追及され、国会が停止状態に陥り、政局が緊張し、細川首相は辞職を表明した。同月の二十二日、連立与党は基本政策について合意するとともに、正式に羽田孜副総理兼外務大臣を次期首相候補に推挙した。しかし、組閣する過程におけるさまざまな意見の相違によって、社会党、新党さきがけは連立政権からの離脱を表明したため、羽田内閣は国会の少数派政権となってしまった。

羽田孜首相は対中政策では依然として前向きな態度を示した。早くも一九九四年一月に細川内閣の外務大臣として中国を訪問した際、中国の改革の成功と急速な発展はアジア太平洋地域にとって重要な意義を有すると表明し、日中関係が引き続き持続的、安定的に発展するよう希望し、「今後の日中関係については、日本はよりいっそう『未来に目を向け、世界に貢献する』方向へ発展させるよう力を入れ、これまでどおり中国の改革開放政策を支持する」と強調した。

五月三日、永野茂門法務大臣が「南京大虐殺はでっち上げだと思う」と発言するや、羽田孜首相はただちに永野法相の発言は不適切であると表明するとともに、中国駐在の日本大使を通じて李鵬総理に次のように表明した。

「我が国の過去の行為は我が国の国民に多大な犠牲をもたらしたばかりでなく、近隣諸国にも今なお消え去らない大きな痛手をもたらした。日本の閣僚の先日の発言が近隣諸国の国民の義憤を引き起こしたこともこのことを表している。閣僚の発言は撤回されたけれども、事態がここまで発展したことは非常に残念である」、「歴史を深く反省することを踏まえ、平和を作り出し、アジア太平洋地域の輝かしい未来を構築するために尽力することこそ、日本が歩むべき道である。」

七日、永野法相は引責辞任した。六月二日、羽田首相は日本を訪問中の中国対外貿易経済協力部部長〔呉儀〕と会見した際、歴史の教訓を受け入れてこそ、よりいっそう中日の友好協力関係を発展させることができるという中国の指導者の観点に同意することを表明した。

少数派政権として、羽田内閣は新年度政府予算が国会を通過すると総辞職に追い込まれた。細川護熙、羽田孜両内閣は任期が一年にも満たなかったにもかかわらず、対中関係の面では積極的な姿勢と行動を示し、日本政治の転換期における中日関係の継続的発展のためにかなり良い役割を果たした。

8　村山、橋本両内閣と中日関係

陳巍　王新生

社会党出身の首相として、村山富市内閣は中日関係の順調な発展を推進し、歴史問題における言行も隣国の納得を得たが、自民党の「タカ派」である橋本龍太郎前通産大臣が首相に就任すると、日中友好協力の対中政策をとったにもかかわらず、日米同盟の強化、靖国神社参拝の行為が中日関係の発展にマイナスの影響をもたらした。

一　村山内閣と中日関係

一九九四年六月二十九日、自民党、社会党、新党さきがけ三党の共同の推挙のもとで、社会党の村山富市委員長が日本の第八十一代内閣総理大臣に選出された。これは一九四七年〔五月から翌年二月まで〕の片山哲首相に継ぐ二人目の社会党の首相である。村山首相は一九二四年に大分県の貧しい漁師の家に生まれ、働きながら勉強することしかできず、そのような経歴から社会党に接近し入党した。一九四六年に明治大学専門部政治経済学科を卒業した後まもなく政治活動を始め、一九六三年の大分県議会議員に当選、一九七二年に衆議院議員に当選した。性格は穏やかであるが、物事を果断に処理し、しかも調停に長けていた。一九九三年七月、社会党が総選挙で惨敗すると、社会党委員長に選出され、社会党の新しいイメージづくりに努め、積極的に党内の左右両派間の仲介を行い、内部の矛盾を取り除き、社会党の勢力回復を目指して全力で努めた。

一九九三年七月十八日に実施された総選挙では、自民党が分裂したので衆議院の過半数に達せず、自民党は野党になった。政権を取り戻すことを焦った自民党は、自党の勢力だけでは短期間で国会における劣勢を挽回しにくく、他党と連立しなければ政権へ復帰できないことに気づいた。社会党側は、細川護煕を首相とする連立政権に加わったにもかかわらず、国会で政治改革関連四法案が可決した後冷遇された。小沢一郎の新生党を中心にして新たな政治グループが形成され、社会党、新党さきがけは除外されたため、両党は羽田孜内閣のときの連立政権に参加しなかった。自民党の河野洋平総裁は、社会党の村山富市委員長を首相に擁立する社会党と自民党連立を自分から進んで提案した。国会が首相を選出した際、自民党、社会党、新党さきがけが支持する村山富市委員長が、衆議院の第二回投票において二百六十一票対二百二十票でその他の党派が支持する海部俊樹元首相を打ち破った。

村山富市内閣では、自民党が十三人の閣僚を出し、河野洋平総裁は副総理兼外務大臣に就任した。新党さきがけは二人で、武村正義代表が大蔵大臣に就任した。自民党は首相の座を社会党に譲ったけれども、結局政権に復帰し、そのうえ第一党の実力によって内閣で明らかに優位を占め、実際に主導的な役割を果たした。それにもかかわらず、首相が社会党の出身であったので、中日関係の発展は実質的に推進された。

まず、村山政権の成立後、中日両国のハイレベルの交流の回数はそれまでよりも大幅に増えた。中日両国の指導者は二国間や多国間など各種の形式を利用して首脳外交とハイレベルの対話を行い、比較的密接な接触を維持し、相互理解を増進しただけでなく、両国関係の安定と発展を積極的に促進する役割をも果たした。

一九九四年七月二十五日、村山内閣の成立後まもなく、銭其琛副総理兼外交部長がバンコクでASEAN地域フォーラム（ARF）に出席する機会を利用して河野洋平副総理兼外務大臣と会見し、双方は中日関係と地域情勢などの問題について意見を交換した。その後、両国の外相は幾度も国連総会、APEC閣僚級会議などの場を利用して接触した。村山内閣になって一年半だけで、双方の外相は国際的な機構を利用して七回会談した。一九九四年十一月、江沢民国家主席はインドネシアのジャカルタで開催されたAPEC非公式首脳会議に出席中に村山首相と会談した際、次のように語った。

「両国の各分野における交流と協力が全面的に発展したことは、中日関係がすでに新しい段階に入った重要な目印になっている。前事を忘れず、後の戒めとし、過去の不幸な歴史に鑑みて、中日双方は手に入れるのが容易でない今日の友好関係をもっと大切に扱うべきである。中日両国はこの地域の重要な国家として、平和と発展の面で重大な責任を担っており、双方は遠大な理想を抱き、地域と全世界の高みに立ち、二十一世紀に目を向け、両国の広範な分野における協力が着実に進展しうるよう推進し、人類の進歩と繁栄のためにしかるべき貢献をすべきである。」

村山首相は、一九九三年の夏以来、日本の政局は揺れ動いているにもかかわらず、歴代の各政府の対中政策に変化はない、日本は必ず正しく歴史に対処し、過去の誤りを再び犯さず、引き続き平和的な発展を堅持するよう青年を教育すると表明した。

その後、一九九五年十月にニューヨークで開催された国連創設五十周年記念特別総会、十一月に大阪で開催されたＡＰＥＣ非公式首脳会議において、江沢民主席はまたも村山首相と会談を行った。一九九五年三月、李鵬総理もコペンハーゲンで村山首相と会見した。

中国は、日本軍国主義の侵略を受けた年数がもっとも長く、被害がもっともひどかった国である。田中角栄首相の訪中〔一九七二年九月〕以来、歴代の首相は中国を訪問する際いずれも程度の差こそあれ過去の不幸な歴史に対して反省を表明した。それらに比べ、村山首相は訪中の際にさらに特色があった。一九九五年五月二日から六日にかけて、村山首相は李鵬総理の招待を受けて中国を訪問した。それ以前にも何回も中国を訪問し、中国人民に対して友好的な感情を抱き、一貫して日中友好を主張していた。今回は首相として中国を訪問し、各方面からの関心が寄せられた。五月二日午後六時三十分、村山首相は令嬢の中原由利さんの随行のもと、園田博之官房副長官らの随員を率いて中国を訪問した。随員のなかに通産省と大蔵省の高官がいなかったので、今回の訪中の政治性が非常に際立っていた。北京首都国際空港で、村山首相の一行は中国側の熱烈な歓迎を受けた。

五月三日午前、李鵬国務院総理は人民大会堂東門外で村山首相の中国訪問のために歓迎式典を挙行した。双方はその後会談を行った。第二次世界大戦の歴史に言及した際、村山首相は次のように表明した。

「日本の侵略行為と植民地支配は中国とその他のアジア諸国に災難をもたらしたが、このことに対して日本は深い反省の意を表明する。日本は第二次世界大戦の終戦五十周年を新たな起点とし、平和的発展の道を歩み、けっして軍事大国にならず、日中共同声明と日中平和友好条約を基礎に、中国と長期にわたる安定した友好関係を作り上げることを決意している。」

これに対して、李鵬総理は次のように述べた。

「日本国内では侵略戦争の歴史をどのように見るかについて、つねに異なる声があることは、日本国内に確実に軍国主義勢力が存在することを表している。それゆえ、そのような誤った傾向を抑制し、同じ失敗を繰り返すことを回避して、中日両国が子々孫々まで友好的であるように努力すべきである。」

また、村山首相は台湾問題に言及した際、「私は、日本は両国が締結した共同声明に基づいて、日台関係を非政府交流の範囲に限定し、『二つの中国』はしないとはっきり表明することができる」と語った。

二　侵略戦争の歴史を反省する

五月三日午後、村山首相は人民英雄記念碑に花輪を捧げた後、盧溝橋の近くにある中国人民抗日戦争記念館を参観した。これは日本の首相の最初の参観であった。村山首相は満洲事変、盧溝橋事件、南京大虐殺、中国の軍民の英雄的な抗日戦争、反ファシスト戦争のために貢献したことを反映する図版や実物の展示品を一つ一つ参観し、真剣に説明に耳を傾けるとともに、日本の記者に、「戦後五十周年に際し、かつて中国人民に多大な損失をもたらした戦争を象徴する盧溝橋を訪れたことは、また過去を思い出させ、平和への決意をいっそう確固たるものにした」と感想を語った。参観が終了すると、村山首相は記念館のゲストブックに「歴史を直視し、日中友好と永遠の平和を祈る」と記した。

参観が終了すると、村山首相は車で中南海に向かい、江沢民国家主席と会談した。村山首相はひときわ感慨深く、「私は盧溝橋を参観し、歴史を復習してきたばかりだ。日本は中国人民に重大な災難をもたらした過去の歴史を深く反省し、それを踏まえて日中友好を推進し、平和を守るために努力したい」と語り、さらに日中関係を非常に重視していることを表明し、戦後五十周年という歴史的な時期を選んで中国を訪問したのは、二十一世紀の日中関係を確立するためであると説明した。

江沢民主席は、次のように述べた。

「首相自身が先ほど語ったことに注目している。日本が戦後五十年という貴重な機会を利用し、真剣に過去の歴史を振り返って総括し、そのなかから有益な教訓を汲みとるとともに、正しい歴史観で若い世代を教育し、世論を導くよう心から希望する。そうしてこそ中日関係の健全な発展に役立ち、両国人民の子々孫々までの友好に利益があり、日本がアジア諸国との真の和解を実現することにも役立ち、日本自身の長期的かつ根本的な利益にかなう。」

五月四日、村山首相は北京で記者会見を行い、訪中の感想を心おきなく語った。江沢民主席、李鵬総理など中国の指導者との会談はかなり大きな成果を収めたと指摘し、戦争終結五十周年という重要な年に中国を訪問したことの意義を強調し、次のようにはっきり提起した。

「私は昨日、戦後五十周年の節目のこの年に盧溝橋を訪問し、感慨深く、この心構えを新たにした次第であります。この機会に、日本国民は、けっして軍事大国にならないと固く心に誓っていることを、あらためて申し述べたいと思います。

我が国としては、こうして築かれた相互信頼の基盤のうえに立って、中国はじめ他のアジア諸国と力をあわせてアジアの『繁栄と平和のための共同作業』を進めてまいりたいと決意している次第です。」

記者が国会で審議中の「不戦決議」について質問した際、村山首相は再び、「過去の日本の侵略行為と植民地支配によって、中国とアジア各国の人民に言葉では言い表しがたい苦痛と悲しみをもたらしたことを、日本は深く反省するとともに、平和のために積極的に努力しなければならない」と表明した。北京の訪問を終えた後、村山首相はさらに西安、上海なども参観、訪問した。

誰の目にも明らかなように、一九九四年から一九九五年にかけて村山首相が東南アジア諸国と中国を訪問した主要な目的の一つは、第二次世界大戦終結五十周年の機会を借りて歴史問題に終止符を打つことであった。そのため、村山首相はシンガポール、中国を訪問した際、歴代の首相がしたことのない行動をとり、両国の指導者の楽観的、あるいは慎重な歓迎を受けた。実のところ、かつて日本に侵略された国家は、日本もドイツのように過去の歴史と徹底的に訣別し、改めて国際社会の信頼を勝ち取ってともに平和と発展のすばらしい未来を築くことをどうして期待しないであろうか。しかし日本国内には、侵略を認めれば自国に不名誉を残すのではないかと恐れる者がつねにいるため、「不戦決議」の問題で波風が立った。

日本の国会は第二次世界大戦終結五十周年の決議、つまりいわゆる「不戦決議」に関して、一九九一年から下準備を始めた。かつて、社会党と公明党は太平洋戦争終結五十周年を契機に国会で「不戦決議」を採択するよう提唱した。自民党の羽田孜元大蔵大臣らも歴史を反省する決議案を提出する準備を進めたが、党内の意見が一致しなかったために取り止めた。一九九四年〔六月〕に村山政権が成立した際、連立三党が昔の話を持ち出した。村山首相の決定は自党の支持を得た。というのは、社会党にとっては、「反戦と平和」は立党の拠りどころであり、「不戦決議」を採択することは理の当然といえたからである。この点では、社会党の左右両派の立場が一致していた。村山首相は、「この問題は連立政権自身の存在価値に関わる」、「各種の抵抗にあうけれども、実現することができなければ、私が首相を務める意味はない」と明言し、決議のなかに「侵略行為と植民地支配に対して反省と謝罪の意を表明する」と明記するよう積極的に要求した。

しかし、連立政権内の自民党の態度は非常に消極的で、二百名余りの自民党議員からなる「終戦五十周年国会議員連盟」（会長は奥野誠亮元文部大臣）は、国会が「不戦決議」を採択することに反対した。これらの議員の圧力のもとで、最終的に国会で文言がかなり曖昧な「戦後五十周年決議案」が国会で採択されたにすぎなかったが、いずれにしても日本が戦後初めて国会で社会党の政治色の強い決議案を採択したことは、一大突破であったと言わざるをえない。それと同時に、一九九五年八月十五日、村山首相は内閣総理大臣の談話を発表した。その要点は次の通りである。

「我が国日本は、遠くない過去の一時期、国策を誤り、戦争への道を歩んで国民を存亡の危機に陥れ、植民地支配と侵略によって、多くの国々、とりわけアジア諸国の人々に対して多大な損害と苦痛を与えました。私は、未来に過ち無からしめんとするが故に、疑うべくもないこの歴史の事実を謙虚に受け止め、ここにあらためて痛切な反省の意を表し、心からのお詫びの気持ちを表明いたします。」

いま、戦後五十周年の節目にあたり、我々が銘記すべきことは、来し方を訪ねて歴史の教訓に学び、未来を望んで、人類社会の平和と繁栄の道を誤らないことであります。」

「過去のあやまちを二度と繰り返すことのないよう、戦争の悲惨さを若い世代に語り伝えていかなければなりません。とくに近隣諸国の人々と手を携えて、アジア太平洋地域ひいては世界の平和を確かなものとしていくためには、なによりも、これらの諸国との間に深い理解と信頼に基づいた関係を培っていくことが不可欠と考えます。」

「敗戦の日から五十年を迎えた今日、我が国は深い反省に立ち、独善的なナショナリズムを排し、責任ある国際社会の一員として国際協調を促進し、それを通じて、平和の理念と民主主義とを押し広めていかなければなりません。」

この談話は八月十五日に発表されたので、「八・一五談話」や「村山談話」と呼ばれており、戦争問題に対する過去の日本の首相のもっとも明確な態度表明であり、さらに首相が初めて公式声明で日本の侵略を認めるとともに、謝罪を表明したものである。これに対して、日本の世論と海外のメディアは積極的な評価を与えた。「八・一五談話」はその後歴代の日本政府に引用され、ある程度歴史問題に対する日本政府の態度表明の基調になっている。

同日、村山首相は中国の「人民日報」の記者の質問に対して書面で回答し、「内閣総理大臣談話」の精神を重ねて表明し、次のように強調した。

「謙虚に歴史の事実を直視するとともに、そのなかから教訓を汲みとり、二度と過去の過ちを繰り返さないことが、日中両国の関係を発展させる基礎である。私は、両国の政府と国民がこの認識に基づいて、それぞれのレベルの交流を通じて、相互間の信頼と協力を深めることが、今後の日中関係にとってもっとも重要であると考える」。

「五十回目の『八・一五』に際して、村山首相が中国人民に伝えたいことは何か」という記者の質問に対して、村山首相は再び厳粛に、「我が国の植民地支配と侵略が中国人民にもたらした多大な損害と苦痛を痛切に反省し、ここに心からのお詫びの気持ちを申し上げる」と表明した。これは日本の首相が初めて日本の中国侵略について中国に明確に行った謝罪である。

村山内閣の時代、日中の友好交流計画の一環として、日本政府は財団法人日中友好会館に委託して一九九五年十二月六日に「日中歴史研究センター」を設立し、歴史研究を支持し、シンポジウムの開催や関連図書の出版を援助することにした。また、日中友好会館内に、日中戦争と関係のある四千冊の中国書、中国の東北と関係のある五千冊の地方史を収蔵する図書室を設置した。同時に、中国社会科学院に一九九八年四月に「中日歴史研究センター」を設立し、中国側の学者の研究を支援した。村山富市は一九九六年〔一月〕に首相を辞職した後、何度も中国を訪問し、日中両国関係の改善と推進に力を注いでいる。

三　橋本内閣と中日関係

一九九六年一月五日、村山富市首相は辞職を表明した。十一日、橋本龍太郎前通産大臣が臨時国会で第八十二代首相に選出され、ただちに自民党、社会党、新党さきがけ三党の連立政権が誕生した。

橋本龍太郎首相はかなり以前から中国との交流を重視していた。一九七八年十月二十四日、中国の鄧小平副総理は日本訪問中に田中角栄元首相を表敬訪問したが、当時四十一歳の橋本龍太郎もその場に在席し、しかも初入閣していた〔正しくは、同年十二月に誕生した第一次大平内閣に厚生大臣として初入閣した〕。その後、橋本は何度も中国を訪問した。一九七九年七月、戦時中にアメリカ軍に撃沈された「阿波丸」の遺骨などを引き取るために中国を訪問するとともに、中国側と中日医療協力を進めることで合意に達した。中日友好病院は一九七九年度の対中無償援助プロジェクトで、橋本は同病院の定礎式と落成式の時にともに中国を訪問し、定礎と開院のテープカットを行った。一九八二年十月にも、日本の剣道友好訪中団のメンバーとして中国を訪問するとともに、自ら面と胴着を身に着けて出場し、その技を披露した。一九八八年、橋本は登山隊を率いて中国を訪問した。一九九一年初め、大蔵大臣として中国を訪問し、一九八九年〔六月〕の北京の「政治風波」〔六四天安門事件〕の後、最初に中国を訪れた西側国家の現職閣僚になった。その後、幾度もアメリカ人に対して、中国のＷＴＯ（世界貿易機関）への早期加盟を支持すべきであると説得した。だからこそ、橋本龍太郎が首相に当選すると、中国の外交部スポークスマンは即日「心からの祝賀」を表明するとともに、「橋本龍太郎先生は日本の著名な政治家であり、我々と長年にわたって交流してきた古い友人でもあり、長期にわたって中日友好に関心を寄せ、支持し、中日関係の発展を推進するために少なからず積極的な努力を払ってきた」と称賛したのである。

一九九六年三月一日にタイで開催された第一回アジア欧州首脳会議で、橋本首相は会議の休憩時間を利用し、中国の李鵬総理と非常に打ち解けた雰囲気で会談を行った。日本が中国侵略中に大量の化学兵器を遺棄し、今なお中国人民の安全と健康に脅威をもたらしているので、李鵬総理は、「この問題はすでに半世紀余りも存在しており、中国人民は日本側が歴史に対して責任を負う態度で、戦時中に遺棄した化学兵器を処理する義務を真剣に引き受け、できるだけ早くこの問題を解決するよう希望している」と指摘した。これに対し、橋本首相は、「日本政府はこの問題を非常に重視しており、日本側が果たすべき処理の責任を十分に履行し、できるだけ早く調査団を派遣して引き続き調査を行うとともに、それを踏まえてできるだけ早く中国政府と解決方法を協議、研究したい」とはっきり表明した。

一九九六年十一月、日本の政界には再び変動が生じ、社民党と新党さきがけは連立政府から離脱し、自民党は再び単独で政権を握った。橋本首相は再び組閣した後、対中関係に対して積極的な態度をとった。十一月二十四日、マニラで開催されたAPEC非公式首脳会議の際、江沢民国家主席と会談を行うとともに、日中関係は日米関係と同じく、新内閣の外交政策のなかで極めて重要な位置を占めており、日本は全力で対処し、存在する問題を誠心誠意解決し、日中関係を改善し発展させたいと表明した。この会談で、さらに歴史問題、釣魚島〔尖閣諸島〕問題、台湾問題などの面で日中関係の改善に役立つ態度表明を行い、同時に両国が日中国交正常化二十五周年の際に記念活動を行うことについて具体的な提案を行った。

一九九七年は中日国交正常化二十五周年にあたっており、中日両国はともに相互関係を改善する好機と見なすとともに、具体的な措置を講じた。一月二十日、橋本首相は国会で施政方針演説を行った際、次のように表明した。

「我が国は歴史的にも地理的にも、アジア太平洋国家である。アジア太平洋地域が開かれた地域協力を基盤とした政治の安定と経済の発展の好循環を維持することは、我が国の外交にとってきわめて重要である」、「日中の両国民が国交正常化二十五周年を心から祝福できるよう相互信頼に基づく両国関係の発展に努めるとともに、中国のWTO早期加盟の支援などにより、中国と国際社会とのいっそうの協調を促す。」

四月二十七日、橋本首相は、アメリカのあるテレビ番組で、ワシントンは北京との関係を改善すべきである、「我々は最大の努力を尽くして中国を建設的なパートナーにすべきであり、中国を目のかたきにすべきではない」とはっきり提起した。橋本首相の態度表明は、日本政府が新しい年における日中関係の発展に大きな望みを託していることを示すものであった。

三月二十九日から三十日にかけて、池田行彦外務大臣が中国を訪問し、江沢民国家主席、李鵬国務院総理と会見するとともに、銭其琛副総理兼外交部長と会談を行った。池田外務大臣の今回の訪問中に、中日両国は中日国交回復二十五周年に際し、橋本龍太郎首相と李鵬総理が年内に相互訪問を行うこと、「中日平和友好条約」締結二十周年にあたる一九九八年に、江沢民主席が国家主席として初めて日本を公式訪問することで合意した。

八月二十八日、橋本龍太郎首相は訪中前夜に読売国際経済懇話会で、「新たな対中外交を目指して」と題する演説を行い、次のように指摘した。

「第一に、多様性に対する認識に基づいて、相互理解をすべきである。日中は政治、経済、社会の相違を互いに認識しなければならない。日中には歴史的に遣隋使、遣唐使のような幅広い交流や、さらには漢字、芸術など多くの分野での交流があったので、相手の異なる体制と価値観についての中日双方の理解は、西側諸国との場合よりもはるかに進んでいる。日中間の経済などさまざまな分野の交流が今後大幅に拡大することが期待されているなかで、相手の歴史や考え方をきちんと把握することがますます重要になる。

第二に、日中間の対話の機会を拡大し、強化すべきである。人の往来交流の面では、両国の人的往来は一九七二年の九千人から一九九六年の百万人余りに増えた。しかし、今後の日中関係の重要性を考えれば、相互対話の機会、とくに安全保障の分野の対話を拡大しなければならない。安全保障をめぐる対話に関しては、二国間や多国間、政府レベルや民間レベルなど、多元的・重層的な交流・対話が重要である。そのような対話を通じて、日中間に誤解が生ずるのを避けることもできるし、日中両国にアジアの平和と安定を確保する体制を構築させることもできる。

第三に、日中間の協力関係を拡大することである。中国経済が発展すればするほど中国はさらに安定し、アジアと世界の安定に貢献する。日本は今後も中国との経済関係を重視し、引き続き経済協力を行う。もちろん、協力の内容は時代の変化とともに変化する。日本は今後、環境、省エネなどの分野で貢献すべきである。

第四に、共通の秩序の形成へ向けての貢献である。今日、日中は二国間の問題のみならず、世界の問題にも共同で積極的に対応し、一緒にアジアひいては世界共通の秩序を形成するために努力しなければならない。そのような共通の秩序は、政治、安全保障、貿易投資、金融など幅広い分野に関わる。中国のWTOへの加盟を支援して、中国と世界経済、国際秩序の発展を促進し、協力関係を政治、安全保障などのさまざまな分野に拡大するようにすべきである。

両国は互いに尊重しあうべきである。日中は歴史が異なり、現在も体制が異なっており、したがって互いに相手に対する不満もある。しかし、過度の批判は日中が協力して「平和で繁栄した二十一世紀」を築くことに貢献しない。二国間関係はいわば鏡にたとえることができ、笑顔は笑顔を映し、善意は善意の反応を受ける。それゆえ、中国と日本は、第一に互いに足らざるところを補完し、優れたところを協力しあいながらともに前進し、第二にまさに「高きに登りて遠くを望む」との大局観をもって、第三にアジアと世界の安定と繁栄に貢献する、そのような姿が望まれる。」

四　ハイレベルの相互訪問

一九九七年は中日国交正常化二十五周年にあたっていた。九月四日から七日にかけて、李鵬国務院総理の招待に応じて、橋本龍太郎首相が中国を公式友好訪問し、李鵬総理と会談を行い、二国間関係および、ともに関心を寄せるその他の問題について率直に意見を交換した。江沢民主席、喬石全人代常務委員長ら中国の指導者がそれぞれ橋本首相と会見した。訪問期間中、橋本首相は人民英雄記念碑に花輪を捧げるとともに、国家行政学院で「新時代の日中関係――対話と協力の新たな発展」と題する講演を行った。

橋本首相の今回の訪問は、経済面で積極的な成果を収めた。九月四日、両国は中国のWTO加盟問題について共同声明を発表し、この問題の二国間交渉ですでに具体的かつ実質的な進展を見、関連する関税、非関税措置および商品基準と認証制度の交渉を終了し、全面的に商品貿易市場参入の枠組みについて合意したと表明した。橋本首相はさらに中日両国政府間の「航空運輸協定付属文書の改定に関する交換公文」と「日本が中国に一九九七年度円借款を供与することに関する交換公文」の調印式に出席した。

橋本首相はさらに戦後の日本の首相として初めて中国の東北地方を訪問するとともに、瀋陽で九一八事変〔一九三一年九月十八日に日本軍が起こし、満洲事変の発端となった柳条湖事件〕博物館を参観した。橋本首相は日本が中国の東北を侵略した歴史に対して、「深い悔恨と痛惜を感じる」、「我々は歴史を忘却できたとしても、歴史の存在を抹殺することはできない。我々はこの歴史のもたらす重荷に耐えなければならない」と述べた。「平和が重要だ」とゲストブックに記すとともに、「私が瀋陽を訪問したのは、過去を直視するとともに、未来に目を向ける関係を構築したいからであるが、今日『九一八』記念館を見学して、私のこの願いはいっそう強烈なものになった」と語った。

中日首脳の相互訪問計画の一つとして、一九九七年十一月十一日から十六日にかけて、李鵬総理が日本を公式訪問した。これは中国の総理による一九八九年以来初めての日本訪問であった。訪日期間中、李鵬総理は橋本首相と会談を行い、会談後に一緒に「中日漁業協定」と「中日発展資金協力プロジェクト交換公文」の調印式に出席した。また、李鵬総理は天皇陛下を表敬訪問し、元首相の中曽根康弘、竹下登、海部俊樹、細川護煕、羽田孜の各氏、土井たか子社民党党首、小沢一郎新進党党首、菅直人民主党党首、伊藤宗一郎衆議院議長、斎藤十朗参議院議長らと会見するとともに、NEC、本田技研、トヨタ自動車などの大企業を見学し、奈良、名古屋、大阪などの都市を訪問した。

橋本首相の在任中、両国間のハイレベルの相互訪問は頻繁に行われた。中国側で訪日した要人には、胡錦濤国家副主席、国防部長として初めて日本を訪問した遅浩田部長、丁関根中国共産党宣伝部長、中国人民解放軍の熊光楷副総参謀長らがおり、日本側で訪中した要人には、竹下登、海部俊樹、細川護熙、羽田孜ら首相経験者をはじめ、池田行彦外務大臣、久間章生防衛庁長官らがいた。中日両国の外相が各種の機会に行った会談は、一九九七年だけで六回に及んだ。

橋本政権の時期には、中日関係の順調な発展に不利な事件もいくつか出現したが、そのうちもっとも代表的なのは「日米防衛協力のための指針（新ガイドライン）」と首相の靖国神社参拝であった。

一九九六年四月十六日、橋本首相とクリントン大統領は「共同宣言」を発表し、両国が「日本の周辺地域」において不測の事態が発生した際に防衛協力を強化することを強調するとともに、一九七八年に制定した「日米防衛協力のための指針（ガイドライン）」を改定することを発表した。一九九七年九月二十三日、日米両国はワシントンで、とくに日本の周辺地域で緊急事態が発生した際、日本が米軍に対して後方支援を提供することを定めた「日米防衛協力のための指針（新ガイドライン）」を発表した。「周辺事態」の範囲に関して、それ以前に梶山静六官房長官はテレビのインタビュー番組で、日米防衛強力の範囲内のいわゆる「周辺事態の対象」には、「台湾海峡も当然含まれる」と明言している。中国外交部のスポークスマンは記者の質問に答えたとき、この発言を厳しく糾弾したが、橋本首相は依然として言葉を濁し、事態の概念は地理的なものではなく、事態の性質に着目したものだと何度も強調するだけだった。

また、一九九六年七月二十九日、橋本首相は自分の誕生日を口実に内閣総理大臣として靖国神社を参拝した。これは現職の首相としては十一年ぶりの公然たる参拝であり、ただちに日本の内外で大きな波紋を呼び、中国外交部のスポークスマンは強い遺憾の意を表明した。

9　小渕、森両内閣と中日関係

陳巍　張躍斌

小渕恵三首相は自民党内で穏健派に属し、中日関係でもかなり実務的な態度をとっていたが、不幸にも過労のため在任中に病死した。森喜朗首相の任期はかなり短かったにもかかわらず、中日関係の発展を推進した前内閣の対中政策を継承した。そのため、両首相の在任中、中日関係はかなり順調に発展した。

一　小渕内閣と国家主席の訪日

一九九八年七月十二日、日本で第十八回参議院選挙が行われ、自民党は参議院で議席数が過半数に達せず、橋本龍太郎党総裁兼首相は引責辞任し、その後、小渕恵三外務大臣が第十八代総裁、第八十四代首相に選出された。

一九三七年六月二十五日、小渕恵三首相は群馬県の実業家兼政治家の裕福な家に生まれ、父親は衆議院議員であった。高校を卒業した後、早稲田大学の英文科に入学したが、まもなく父親が過労のため世を去ったので、小渕は父親の後を継いで衆議院選挙に出馬することを決意し、早稲田大学の「雄弁会」、「書道部」に加わって自分を鍛え、さらに「県人会」に加入して選挙民と結びつき、支持を取りつけた。英文科を卒業するとさらに大学院に進学して政治を学んだ。一九六三年に衆議院議員に初当選し、そのとき二十六歳で、橋本龍太郎前首相とともに当時の最年少議員であった。その後、十二回にわたって連続当選し、毎回頗る順調で、一度も落選しなかった。

政界に入ると、順調に出世を重ね、前後して自民党内で青年部長、国民運動本部長、広報委員会委員長、国会対策委員会副委員長と委員長、総務会長、副幹事長、幹事長、副総裁など、衆議院で大蔵委員会委員長、予算委員会委員長、安全保障委員会委員長など、行政面で郵政政務次官、総務副長官、建設政務次官、総務長官、内閣官房長官、外務大臣などを歴任した。

橋本内閣の外務大臣を務めていたときに、「外交優先論」を提唱した。すなわち、大国との関係で、実務を重んじて進展を図り、中、米、ロとの人的ネットワークを構築した。首相就任後この利点を十分に生かし、日本外交の連続性を維持し、得点を稼ぎ、政権を強固にした。対中友好政策を推進し、何回も中国を訪問した。一九九〇年代初頭に自民党幹事長を務めた際は、まさに西側が中国に制裁を加えたが、日本政府の指導者たちが西側諸国へ働きかけることを推進するとともに、「日中関係国会議員友好訪中団」を率いて中国を訪問し〔一九九一年八月〕、中日関係の改善と発展のためにリーダーシップを発揮した。

江沢民国家主席はもともと一九九八年九月に日本を訪問することが決まっていたが、八月に中国が稀に見る洪水に見舞われたため、訪日は十一月下旬に延期になった。十一月二十五日から、江沢民主席は日本を六日間にわたって公式訪問した。これは中国の国家元首の史上初の訪日であった。江沢民主席は成田空港で書面による談話を発表し、一九九八年は「中日平和友好条約」締結二十周年にあたり、中日関係はまさに先人の後を受けて引き続き発展させ、将来の路を切り拓く重要な時期を迎えており、真剣に中日関係の歴史的経験を総括することが、未来の両国の友好協力を発展させることに対して重要な意義を有すると指摘した。十一月二十六日、江沢民主席は天皇陛下が迎賓館の前庭広場で挙行した盛大な歓迎式典に出席した。その後、小渕首相と迎賓館で会談を行い、両国関係のなかの重要な問題および双方が関心を寄せる問題について幅広く意見を交換し、江沢民主席は歴史問題や台湾問題に対する中国の立場を詳細に説明した。

歴史問題について、小渕首相は「未来に目を向けた両国の関係を発展させるためには、まず過去の歴史を直視する必要があるが、日中両国の間にはかつて不幸な関係があった。一九九五年〔八月〕に発表された内閣総理大臣〔村山富市〕談話は、日本の過去の植民地支配と侵略に対して痛切な反省の意を表し、心からのお詫びの気持ちを表明している。日本政府は改めてこの反省とお詫びの気持ちを中国に対して表明する。日本は過去に対する誠実な反省に基づいて、第二次世界大戦後は一貫して平和的な発展の道を歩んできたし、今後も軍国大国の道を歩むことはない」と強調した。小渕首相はさらに、「政治家として、自分の負っている責任を認識し、日中両国の長期にわたる友好のために引き続きたゆまぬ努力を続けていきたい」と表明した。台湾問題について、小渕首相は次のように語った。

「日本は、中国にとっての台湾問題の重要性を深く理解している。日中国交正常化以来、台湾問題に関し、日本は一貫して『日中共同声明』ではっきり定められた『一つの中国』の原則を遵守するとともに、その基礎のうえに、全力を傾けて日中関係を発展させていきたい」と表明し、次のように強調した。

「日本は台湾の独立を支持しない。このことはすでにはっきり表明しており、今後も変わることはない。同時に、日本は台湾に対する野心も有していない。日本政府は台湾問題では『日中共同声明』と『日中平和友好条約』ではっきり定めえられた諸原則を厳守し、台湾海峡両岸の交流がいっそう進展するよう希望するとともに、台湾問題が対話を通じて平和的に解決されるよう希望する。」

小渕首相はさらに次のように指摘した。

「二十一世紀がまもなく到来するが、日中国交正常化以後の二十六年間にわたる歴史を振り返ると、両国の関係はじつに大きく進展した。両国は平和と発展に力を尽くす友好協力パートナーシップを構築することを表明するが、そうすれば両国関係の長期的・安定的な発展のための新しい枠組みがはっきり決まるだろう。」

小渕首相と江沢民主席は両国の青少年交流を強化する問題について話しあい、「青少年交流の一層の発展のための枠組みに関する協力計画」に調印することを決定した。また、双方はさらに両国の経済貿易、科学技術、環境保護の分野における協力問題についても話しあい、小渕首相が日本は引き続き積極的に中国のWTOへの早期加盟を支持することを表明した。会談の終了後、中日双方は「中日共同宣言」を発表するとともに、「青少年交流の一層の発展のための枠組みに関する協力計画」、「二十一世紀に向けた環境協力に関する共同発表」、「科学技術と産業技術の分野において交流と協力を展開することに関する協定」に調印した。日本は一九九九年度と二〇〇〇年度に中国に三千九百億円の円借款を供与することに同意した。

十一月二十六日午後七時三十分、天皇陛下は江沢民主席のために盛大な晩餐会を開催した。天皇陛下は挨拶をした際、皇后陛下とともに一九九二年に中国を訪問したときに熱意溢れる歓迎を受けた情景を振り返り、次のように述べた。

「訪問を通じて、日本と深い関係にある中国の風土、歴史、文化に対する理解を深め多くの中国国民が示された友好の気持ちは忘れることができない。この夏、中国は未曾有の洪水に見舞われたが、江沢民主席の指導のもとで、中国国民が一体となって復興に向かって努力していることに深い敬意を表する。中日両国が今後とも手を携えて、直面する問題の解決に力を尽くし、地球環境の改善と人類の福利のため、そして世界の平和のため、貢献できる存在であり続けていくことを切に希望する。」

江沢民主席は天皇陛下に一対の朱鷺を贈った。朱鷺は別名を朱鷺といい、全身が真っ白で、目が覚めるように赤い鳥冠、黒くて長い嘴、細長い二本脚を有し、高貴で垢抜けた感じがする。飛び立つ際に、翼と尾の羽根の下に朱色が現れる。日本では「仙鶴」と称され、長年にわたって日本の皇室の象徴である。天皇陛下が成婚式やその他の式典を行なう際に、朱鷺が現れるのがもっともよく、縁起が良いとされている。稀少鳥類に属し、当時世界でわずか百三十七羽しか残っておらず、そのうち百三十六羽は中国の陝西省に棲息し、日本にはたった一羽しか残っていなかった。一九九二年に天皇陛下は西安を訪れた際、将来陝西省の朱鷺が増えたら、日本に数羽分けて、日本でも繁殖させてほしいと希望した。贈られた朱鷺のオスは日本人民との子々孫々までの友好の意を取って「友友」、メスはこのペアが陝西省洋県からやって来たので「洋洋」と命名された。

二　小渕首相の訪中

一九九九年七月八日から十一月二十一日にかけて、中日文化交流協定締結二十周年と中華人民共和国建国五十周年を記念するために、中日両国は共同で「一九九九中日文化友好年」活動を展開した。七月八日、小渕首相は中国を公式訪問するとともに、朱鎔基総理と会談を行い、両首脳は江沢民主席が日本を訪れた際の共同声言で表明した共通認識を再確認するとともに、両国間のホットラインを開設する作業を正式に開始することを確認した。

朱鎔基総理と小渕首相は経済貿易の協力問題のほかに、双方がともに関心を寄せる軍事問題に関しても話しあった。朱鎔基総理は日本が軍事拡張を行わないよう戒めるとともに、日本が「日米防衛協力のための指針（新ガイドライン）」で提起した「周辺事態」の概念を曖昧にしないよう希望し、台湾地域をはっきり除外すべきであると表明した。小渕首相は、日米安全保障体制は完全に自衛防御的なものであり、いかなる特定の国や地域に向けられたものではなく、永久に軍事国家にならないという日本の政策も変わらないし、日本の自衛隊は対外的に武力を行使したり、武力で威嚇したりすることを許されておらず、日本は中国と友好関係を発展させることが日本の重要な国益であることを十分に認識していると表明し、日本は「一つの中国」という立場を変えないことを改めて表明した。

小渕首相と朱鎔基総理の会談後、両国は共同プレスコミュニケを発表し、日本が中国のWTOへの加盟を支持し、双方はできるだけ早く、必要とされる技術的な検証作業を完了し、正式にWTO事務局に通知して、中国の早期加盟を実現することを公表した。日本は西側諸国のなかで最初に中国と同類の協約に調印した国家である。当時の中国はまさに在ユーゴスラビア大使館を爆撃され、西側諸国との関係が全面的な冷却に陥った不利な国際環境に身を置き、アメリカやEUとのWTO加盟についての交渉も中断を余儀なくされていた。

日本にとっても、これは西側諸国に先んじた極めて稀な重大な外交行動であった。これに関して小渕首相は当時国会で、「友好的で信頼のおける関係を築き上げることは日中両国の共通目標であり、双方の今後の関係がさらに安定するために、世界経済の発展、とりわけアジア太平洋地域の経済が次世紀に飛躍するために、日中間には共通の責任と利益がある」と説明した。また、小渕首相はさらに、中国の民間の植林緑化運動に使う百億円の基金を創設することを提案し、これは「小渕基金」と呼ばれた。

一九九九年、中日両国のハイレベル交流が頻繁に行われ、日本を訪れた中国の党と国家の指導者には、李瑞環全国政治協商会議主席〔十二月〕、趙啓正国務院新聞弁公室主任〔一月〕、孫家正文化部長〔十月〕、賈春旺公安部長〔八月〕、陳至立教育部長〔十月〕らがおり、中国を訪れた日本の高官らには、運輸大臣〔川崎二郎、四月〕、参議院議長〔斎藤十朗、四―五月〕、郵政大臣〔野田聖子、六月〕、国家公安委員長〔野田毅、九月〕らがいた。また、自民党〔一月〕、民主党〔四―五月〕、社民党〔九―十月〕、公明党〔十一月〕などの代表団も相次いで中国を訪れた。

三　中日関係を推進する森内閣

首相に就任する前から、森喜朗自民党幹事長はすでに中日関係の舞台で活躍していた。文部大臣や通産大臣に在任中、両国の文化教育協力と経済交流を推進する面で貢献した。小渕内閣の時期、自民党幹事長として、小渕首相が中国と友好協力関係を発展させるのを積極的に推進、協力した。日中関係の健全で安定した発展を持続的に推進することは、日本が国際的な舞台で自己の役割を発揮するのに役立つと考えていた。それゆえ、首相に就任後、多くの場で日中関係は健全かつ安定して発展すべきことを強調した。

二〇〇〇年四月七日、森喜朗首相は衆議院本会議で所信表明方針演説を行い、「日中共同声明」を踏まえ、中国との関係をいっそう発展させることを強調した。五月二十二日、森首相は衆議院で野党議員の質問に答える際、過去における中国に対する日本の戦争が「侵略戦争」であったことを認めた。この態度表明はしばらく前の誤った発言を訂正したものである。すなわち、同年四月二十四日、衆議院で議員の質問に答えた際、「戦争については、時代背景によって各種各様の見解があると思う。日本が侵略戦争をしたか否かは、みなが歴史のなかで判断すべきである」と述べ、内外の世論の非難を浴びていたのである。

二〇〇〇年五月三十一日、森首相は黄菊中国共産党中央政治局委員兼上海市委員会書記と会見した際、首相として日中関係のために努力し、二十一世紀の日中関係はいっそう強固で、すばらしいものになっていると固く信じていると表明した。六月七日、小渕恵三前首相の葬儀に参列するために来日した銭其琛政府特使と会見した際、小渕内閣の対中政策を引き継ぎ、「日中共同声明」、「日中平和友好条約」、「日中共同宣言」の原則を厳守し、両国関係を推進し、両国国民の子々孫々までの友好を発展させるために努力すると再び強調した。六月二十八日、宋健全国政治協商会議副主席兼中日友好協会会長と会見した際、日中の友好関係は両国にとってともに重要な二国間関係であり、日中の友好関係を新たな発展段階へ推進するために努力する決意を表明するとともに、両国の民間団体が日中友好を促進するために発揮した役割を高く評価した。七月二十七日、呉儀国務委員と会見し、日本は一貫して中国の改革開放とWTOへの加盟を支持していると表明した。

二〇〇〇年十月十二日、森首相は日本駐在の中国記者のインタビューを受けて、朱鎔基総理がまもなく日本を訪問することについて、次のように表明した。

「我が国は朱鎔基総理の訪日を通じて次のような成果を収めることを心から期待している。第一に、一九九八年〔十一月〕に江沢民主席が訪日した際に両国首脳が構築に合意した『平和と発展のための友好協力パートナーシップ』を強化、発展させること。第二に、そのときに双方で取り決めた三十三の協力プロジェクトの成果を確認するとともに、その具体化をいっそう推進すること。第三に、両国が両国間の問題だけでなく、地域ひいては全世界的な範囲の問題でも協調、協力を推進すること」、「我々はすでに新しい世紀の入口に立っている。日中両国は二十一世紀に目を向けた日中間の友好協力パートナーシップの構築を提唱した一九九八年〔十一月〕の日中共同宣言に基づいて、友好協力関係を強めるために、アジアと全世界の平和と発展のためにも手を携えて協力すべきだと思う。」

森首相はそれまでの中日関係をかなり高く評価し、次のように指摘した。

「中日関係は一九七二年〔九月〕の国交正常化以来、体制の違いを超えて発展してきた。江沢民主席が今年五月〔二十日〕に発表した〔日中関係に関する〕重要講話〔日中文化観光交流大会使節団と会見した際行ったもの〕が指摘しているように、両国国民の間では善隣友好が主流である。この問題では、我が国の立場にはいかなる変化もない」、「中国のバランスのとれた経済発展を支援する観点から出発し、最近我が国の対中経済協力は沿海地域との格差が拡大している内陸地域を重視するとともに、協力を展開している。中国の西部大開発に対する協力について、朱鎔基総理の日本訪問中に具体的な進展が得られるよう希望する。」

二〇〇一年一月三十一日に森喜朗首相は国会で施政方針演説を行った際、中日両国の協力関係をいっそう強化、拡大することを強調し、次のように指摘した。

「二十一世紀のアジア太平洋地域の平和と繁栄のため、日本は中国との間で、相互に協力しあう安定的な協調関係を構築していかなければならない。そのため、『平和と発展のための友好協力パートナーシップ』を基礎に、日中両国間の協力関係の深化と拡大に邁進する。」

三月三十日、森喜朗首相は東京で白克明人民日報社社長と会見し、次のように指摘した。

「新しい世紀に日中両国が平和と発展のためのパートナーシップをいっそう強化、拡大することは、日中両国にとってだけでなく、世界の平和と発展にとっても非常に重要である。そのために、両国の国民はよりいっそう相互理解と相互信頼を深めるべきである。この観点から出発し、両国は二〇〇二年に国交正常化三十周年を記念して、『日本年』と『中国年』と銘打って、幅広い分野で交流活動を展開する。とくに新しい世紀に重責を担う両国の青年の世代の相互交流を強化することが非常に重要である。」

森喜朗内閣の時期に、中日関係史上で言及すべきは中日文化観光交流大会が開かれたことである。二〇〇〇年五月二十日に中国の中日友好協会、国家観光局と、日本の運輸省、日本文化観光交流二〇〇〇年実行委員会が共催した中日文化観光交流大会が北京で開催された。江沢民国家主席、胡錦濤副主席、銭其琛国務院副総理が大会に参加し、森喜朗首相が書面で祝辞を述べ、次のように指摘した。

「二十八年前〔一九七二年九月〕に両国は歴史的意義のある共同声明を発表し、国交の正常化を実現し、中日関係に新たな一ページを開いた。二十一世紀に目を向け、よりいっそう関係を強化するために、両国は政治、経済の分野だけでなく、幅広い文化と観光の分野の交流を通じて相互理解を深めるべきである。」

交流大会に参加した日本側代表は政治、経済、文化、教育など各界の著名人、地方自治体の首脳、全国の四十七都道府県の各方面の代表から構成され、その人数は五千名にも上った。日本側の平山郁夫団長は祝辞で、日中両国の二千年来の友好交流の歴史を振り返り、両国の友好交流の状況を高く評価するとともに、五千人余りからなる文化観光交流使節団の訪中は必ずや日本国内で強い反響を巻き起こし、日中の友好関係の発展を積極的に推進するにちがいないと指摘した。交流大会の終了後、日本の友人はそれぞれ中国の二十余りの省を参観訪問するとともに、交流活動を展開した。

森内閣の時期に中日関係は平穏に発展したけれども、雑音もいくつか聞こえた。そのうち、二〇〇一年に発生した、日本政府による李登輝台湾〔中華民国〕前総統に対する訪日許可は、中日関係にある程度損害をもたらした。二〇〇一年四月、李登輝前総統が提出した訪日ビザの申請に対して、森首相は、「李登輝さんは今やすでに一個人の身分であり、心臓病の治療を目的にしているので、ビザの発給を拒否する理由はない」と公言した。その支持のもとで、日本政府は中国政府の厳正なる抗議を顧みず、いわゆる「人道」と「政治活動を行わず、医療目的に限定する」ことを口実に、李登輝前総統に訪日ビザを発給することを決定した。

後に首相を辞任してからも、森喜朗前首相は台湾問題で中日関係に不利な影響をもたらした。たとえば、二〇〇三年十二月二十五日、森喜朗前首相は台湾を訪問した際、台湾の「総統府」に赴いて陳水扁総統と会見したばかりでなく、「総理」級のハイレベルのもてなしをも受け、さらに「台独」〔台湾独立運動〕の後ろ楯である李登輝前総統と酒杯を交わしさえした。二〇〇六年十一月、森喜朗前首相は再び台湾を訪れるとともに、陳水扁総統らと会見し、台湾当局が授与した勲章を受け入れた。これに対して、中国外交部のスポークスマンは強い不満と遺憾の意を示すとともに、日本政府が台湾問題に関する公約を忠実に守り、有効な措置を講じて、適切に日台関係を処理すること、とりわけ「台独」勢力といかなる政治的交流をも行わないよう要求した。

10　小泉内閣と中日関係

張躍斌　王新生

小泉純一郎首相の在任中、中日関係は未曾有の困難にあい、両国関係は一九七二年〔九月〕の国交回復以来最悪の状況に陥った。その原因を究めると、小泉首相が頑なに靖国神社の参拝に固執して、著しく中国人民の感情を傷つけたことにある。しかし、小泉政権時代にも、中日間の経済交流は依然として未曾有のすばらしい勢いを呈し、民間交流が活発で、ある程度中日関係の正常な発展を保ったことも見てとるべきである。

一　頑固に靖国神社に参拝

二〇〇一年四月、小泉純一郎元厚生大臣が自民党総裁、日本の首相に就任した。総裁選の公約に、小泉元厚生大臣は日本遺族会の支持を得るために、八月十五日の終戦記念日に神社に参拝することを盛り込んで、その後の参拝のために伏線を張った。もちろん、公然とアジア近隣諸国に挑戦する振る舞いとして、小泉首相もいささか憚り、就任後苦心して八月十三日に参拝することを選んだ。現職首相の靖国神社参拝としては、一九九六年七月の橋本龍太郎首相以来のことであった。

小泉首相の靖国神社参拝という誤った行動に鑑みて、中国政府は断固たる反対の態度を表明したが、中日関係の大局から出発し、極めて大きな自制と譲歩の態度を示すとともに、小泉首相が問題の重大さを認識し、今後、二度と中国人民の感情を傷つけることをしないよう期待した。そのため、中日のハイレベルの交流はけっして停止しなかった。二〇〇一年十月八日、小泉首相は日帰りで中国を実務訪問し、北京の西南部の盧溝橋とその近くの中国人民抗日戦争記念館を参観した。中国人民抗日戦争記念館を参観した際、抗日軍民が銃を持って粛然と立つ巨大彫刻の前で最敬礼し、献花を行い、黙禱を捧げた。日本政府の首脳の初めての献花であり、在任中の自民党の首相の初めての来館でもあった。それゆえ、ある意味で積極的な意義を有していた。参観を終えると、小泉首相はその場で、「侵略によって犠牲になった中国の人々に対し心からのお詫びと哀悼の意を表する」と発言し、「日本は過去の歴史を直視し、反省し、二度と戦争を起こしてはいけない、歴史の教訓に基づいて平和的発展の道を歩み、国際社会との協調と協力を堅持する」と表明し、「日本の首相として、今後全力で日中関係を発展させる。日中関係は日中両国にとってだけでなく、アジアひいては世界の平和にとっても非常に重要である」と強調した。

その後、中日のハイレベルの交流は継続することができた。二〇〇一年十月二十一日、江沢民主席は上海のAPEC首脳会議に出席した小泉首相と会見し、二〇〇一年十一月五日、中日韓三国の指導者はブルネイでASEAN十3首脳会議期間中に会談を行い、朱鎔基総理と小泉首相がともに出席した。二〇〇二年四月二日から九日にかけて、李鵬全人代常務委員長が日本を公式友好訪問するとともに、小泉首相とともに日中国交正常化三十周年を記念する「中国年」と「日本年」（中国名は「中国文化年」「日本文化年」）の開幕式に出席した。二〇〇二年四月十二日、朱鎔基総理は海南島のボアオ・アジア・フォーラム第一回年次総会に出席した小泉首相と会談するとともに、九月に中国を公式訪問するよう招請した。小泉首相はこの年次総会の基調演説で、「中国の経済発展を『脅威』と見なす人もいるが、自分は中国のダイナミックな経済発展は日本にとっては挑戦であり好機でもあると考えている」と述べた。

しかし、「ボアオ・アジア・フォーラム」の九日後（四月二十一日）、小泉首相は発展する中日関係を顧みず、二回目の靖国神社公式参拝を行うとともに、参拝後に「今こそ国内外に不安や警戒を抱かせない最良の時期だと思う」と公言した。同日、李肇星外交部副部長は阿南惟茂大使を緊急に呼び命を受けて、小泉首相が靖国神社に参拝したことについて厳重に抗議し、次のように強く指摘した。

「靖国神社は戦前の日本軍国主義の対外侵略・拡張の精神的な支柱と道具であり、今日なお中国やその他の国で極悪非道の犯罪行為をした東条英機ら十四名のA級戦犯が祀られている。日本の指導者が靖国神社問題にいかに対応するかは、日本政府の侵略戦争に対する態度を反映しており、日本が今後引き続き平和発展の道を歩むことができるかどうかにかかわる。中国側は平和と正義、および中日関係の大局を守ることから出発して、いかなる形式であろうとも、いかなる時期であろうとも、日本の指導者が靖国神社に参拝することに断固反対する。

中国は日本軍国主義の対外侵略・拡張戦争の最大の被害者である。日本政府は中日共同声明において、過去の戦争を通じて中国人民に重大な損害を与えたことの責任を痛感し、これに対して深刻な反省を表明している。一九九五年（八月十五日）、日本の〔村山富市〕総理は戦後五十周年の際に談話を発表し、過去においてアジア近隣諸国を侵略し植民地統治を行った史実を認め、直視し、深刻な反省とお詫びを表明した。その後、この談話が日本政府の正式な立場であることを日本の歴代内閣は表明してきた。小泉首相も昨年十月に盧溝橋の抗日戦争記念館で、侵略を認め、戦争を反省し、哀悼とお詫びの意を示す談話を発表した。しかし、誠実で信用できるはずの言葉がまだ耳に残っている時、日本側は本日、再び誤った行動をとった。これは情理から言って、東洋の道徳と国際的道義からも、受け入れられるものではない。」

このような背景のもとで、中国側は断固として、中谷元防衛庁長官の訪中と中国海軍の艦隊の訪日を延期することを決定し、中日関係は政治的に急速に冷え込んだ。

その後、小泉首相は靖国神社問題で我意を押し通し、中日関係の改善を求める国内外の声にまったく耳を貸さなかった。二〇〇三年一月十四日、またもや靖国神社に参拝し、アジアの近隣諸国の人民や日本国内の有識者から厳しく糾弾された。小泉首相はまったく反省しなかったばかりか、逆に二十八日のある会議で、毎年靖国神社に参拝するつもりであることを表明した。楊文昌外交部副部長は阿南惟茂大使を緊急召致し、小泉首相の靖国神社参拝について厳重な申し入れを行い、「小泉首相は中国政府の再三の申し入れと強い反対を顧みず、第二次世界大戦中に中国、アジア人民を殺戮したA級戦犯を祀る靖国神社を再び参拝した。中国は小泉首相のこの間違った行動に強い不満と憤りを表明する」と述べた。

小泉首相は二〇〇四年一月一日に四回目の靖国神社参拝を行い、中国、韓国など周辺諸国と日本国内の平和を願う人々から強い抗議を受けた。二〇〇五年八月十五日、小泉首相は第二次世界大戦の終戦六十周年を迎えるにあたり、談話を発表して次のように強調した。

「日本は過去の植民地支配と侵略がアジア諸国にもたらした損害と苦痛に対して『痛切な反省と心からのお詫び』を表明するとともに、理解と信頼の基礎のうえにアジア諸国との協力を強化しなければならない。一衣帯水の関係にある中国、韓国などアジア諸国と手を携え、この地域の平和を維持し、ともに発展を図るよう一緒に努力することが極めて重要である。日本は過去を直視し、歴史を正しく認識し、アジア諸国と日本は相互理解と相互信頼に基づいた未来志向の協力関係を構築しなければならない。」

しかしながら、反省とお詫びの言葉がなお記憶に新しいのに、小泉首相はまたも二〇〇五年十月十七日に五回目の靖国神社参拝を行った。中国外交部の李肇星部長は日本大使を緊急召致し、小泉首相の靖国神社参拝問題に関する中国人民共和国外交部の声明文を厳粛に読み上げ、その誤った行動を厳しく糾弾した。

町村信孝外務大臣は十月二十三日から二十四日にかけて中国を訪問し、APECと東アジアサミットの関連事項について協議することが決まっていたが、小泉首相が靖国神社に参拝したことに鑑みて、中国外交部アジア司の責任者は十月十八日に命を受けて日本公使と会見し、町村外務大臣の訪中は時宜に適さず、中国側が受け入れるのは難いと表明した。

十一月一日、中国外交部の孔泉スポークスマンは、次のように表明した。

「日本の指導者の靖国神社参拝問題は単なる対話の問題ではない。中国側は日本の指導者の靖国神社参拝に断固として反対する。日本の指導者は良識に基づいて広範な被害国の人民の感情を考慮すべきである。参拝問題は日本側が本当に約束を果たし、歴史を真剣に反省し、平和的発展の道を選ぶかどうかに関わる問題であり、非常に厳粛な政治問題である。」

二〇〇六年八月十五日、小泉首相が六回目の靖国神社参拝を行うや、中国外交部は即座に声明を発表し、強く抗議した。

「日本軍国主義による侵略戦争の被害国の人民の感情を著しく傷つけ、中日関係の政治的基礎を破壊するこの行動に対し、中国政府は強く抗議する。靖国神社に祀られている第二次世界大戦のA級戦犯は、日本軍国主義が引き起こし、実施した対外侵略を画策、指揮し、近代史においてアジアと世界に多大な災禍をもたらした元凶である。小泉首相が国際社会、アジア近隣諸国、日本人民の懸念と反対を無視し、それらの戦犯を祀る靖国神社に頑なに参拝することは、国際正義に対する挑発であり、人類の良識を踏みにじるものでもある。」

日本や各国のメディアは相次いで小泉首相の誤った行動を批判、糾弾した。「朝日新聞」は社説を発表し、「小泉首相の六回に及んだ靖国神社参拝は誤りだった。国内の亀裂を生み、偏狭なナショナリズムを刺激し、外交を行き詰まらせた」と指摘した。韓国の「朝鮮日報」、「中央日報」、「ハンナラ」、「韓国経済新聞」なども相次いで社説を発表し、小泉首相のこの振る舞いはアジア諸国の人民の感情を著しく傷つけたと指摘した。韓国の外交通商部も十五日に声明を発表し、小泉首相の靖国神社への参拝に対し「失望と怒り」を表明した。また、オーストラリア、シンガポール、アメリカ、フランス、ロシア、アルジェリアなどの主要紙も、小泉首相が強引に靖国神社に参拝したことを糾弾した。

二　絶えない中日間の問題

小泉内閣の時代に、小泉首相の度重なる靖国神社参拝によって、中日関係は著しく後退し、両国間のハイレベルの交流もほとんど停滞してしまった。また、日本の歴史教科書問題、釣魚島〔尖閣諸島〕問題、領海の境界線問題、旧日本軍の遺棄化学兵器問題などをめぐって、日本側はしばしば中国を挑発し、中日両国の関係をいっそう緊張させた。

第一に、歴史教科書の問題である。早くも二〇〇一年四月三日、日本政府の教科書検定機関は中国、韓国や日本国内の反対を顧みず、「新しい歴史教科書をつくる会」が編纂し、扶桑社が出版する、歴史を著しく歪曲、改竄した歴史教科書を合格とし、アジア近隣諸国の猛烈な反対を引き起こした。小泉政権が誕生すると、日本は中国政府の厳正な抗議を顧みず、扶桑社の教科書にさらなる修正を加えることを拒み、中国人民の感情を著しく傷つけた。

二〇〇五年四月五日、文部科学省は八社の出版社の歴史、公民などの教科書がすべて検定に合格したことを発表したが、そのなかには右翼団体である「新しい歴史教科書をつくる会」が編纂し、扶桑社が出版する、著しく歴史を歪曲した『新しい歴史教科書』が依然として含まれていた。中国の王毅大使は即日、外務省の谷内正太郎事務次官と会見し、これについて緊急の抗議を提出した。中国外交部の秦剛スポークスマンも即日、談話を発表し、中国政府は日本政府が中国側の度重なる厳正な抗議を顧みず、是非を混交し、白黒を顚倒させたこの教科書の出版を許したことに対して憤りを表明した。

『新しい歴史教科書』の検定合格は、日本国内の反対の叫び声をも引き起こした。四月五日、日本の十六団体の代表は東京の日本教育会館で緊急集会を共催し、政府当局が侵略の歴史を否定する教科書を合格させたことに抗議した。二十四日、日本の六十八の民間団体が東京の千代田公会堂で「『つくる会』教科書の採択を阻止しよう！　東京集会」を開催した。五月七日、「教育基本法・憲法の改悪をとめよう！　五・七全国集会」が東京の代々木公園で開催され、日本各地の約三百の民間団体からやって来た六千人近くが参加し、参加者は歴史を歪曲する新しい歴史教科書を厳しく批判するとともに、日本の国会が教育基本法を改定する準備を進めていることに反対した。

二〇〇六年三月二十九日、共同通信社は、文部科学省が同年度の教科書検定作業を修了し、多くの高校用教科書がまもなく改訂されるが、文部科学省は論議のある領土と歴史に関連のある問題では「日本政府の立場を反映する」よう要求したと報じた。同じ日、中山成彬文部科学大臣は、釣魚島〔尖閣諸島〕と日韓が争っている竹島を日本の領土として歴史教科書の「学習指導要領」に取り入れるべきであると述べた。すなわち、その日開かれた参議院文教科学委員会で、中山文部科学大臣は、「現在の『学習指導要領』ではまだ日本の領土として記していない。次回改定するときには明確に書き入れるべきだ」と表明したのである。この動向に真っ向から対決して、三月三十一日、中国外交部アジア司の責任者は命を受けて日本公使と会見し、日本政府が検定合格にした新しい高校用教科書が釣魚島を日本の領土と呼んでいることについて日本側に強く抗議し、次のように強調した。

「釣魚島とその周辺の島々は古くから中国の固有の領土であり、中国側はそのことについて争う余地のない歴史上、法律上の根拠を有している。日本政府のやり方は中国の領土主権を公然と侵犯するものであり、日本が釣魚島問題でとるいかなる一方的な行動もすべて不法かつ無効なものである。」

第二に、釣魚島の問題である。小泉内閣の時期、釣魚島問題をめぐる中日の紛争はいっそう激化した。二〇〇三年一月一日付の「読売新聞」は一面トップで、日本政府が二〇〇二年から釣魚島の所有権を有すると称する日本国民と密かに賃貸借契約を結び、年額約二千二百万円で釣魚島とその付近の南小島、北小島の三島を二〇〇二年四月一日から二〇〇三年三月三十一日まで借り上げており、しかもその賃貸借契約はその後も長期にわたって継続されると報じた。中国外交部の王毅副部長は一月四日日本の阿南惟茂大使を召致し、釣魚島問題について日本側に厳正な抗議を行い、「釣魚島とその周辺の島々は古くから中国領土の不可分の一部であり、日本側がこれらの島々に対してとるいかなる一方的な措置も不法かつ無効であり、中国側は絶対に受け入れることはできない」と指摘した。

二〇〇三年六月二十二日、中国の香港と大陸の保釣人士（釣魚島の領有権を主張する活動家）が釣魚島へ出向いて領有権を表明したが、釣魚島の近海で日本の多数の巡視船に妨害され、釣魚島付近の海域から排除された。中国外交部新聞司の孔泉司長は、「釣魚島および周辺の島々は古くから中国固有の領土である」と表明した。二〇〇三年八月二十五日、日本の右翼団体「日本青年社」のメンバー九名が釣魚島に上陸し、再び中国の主権を侵犯した。

二〇〇四年三月二十四日早朝、七名の中国公民が船で釣魚島の海域へ赴いて上陸したが、その日の午後に日本海上保安庁に拘留された。二十四日午後、外交部の張業遂副部長とアジア司の責任者はこのことについて相次いで日本の臨時代理大使と緊急会見し、中国公民が釣魚島に上陸して日本側に不法に拘留されたことについて厳正な抗議を行った。同日、中国の武大偉大使は外務省の竹内行夫事務次官に厳正な抗議を行った。三月二十六日の夜、日本側は不法に拘留していた七名の中国公民を釈放した。

中国外交部の孔泉スポークスマンは談話を発表し、次のように指摘した。

「釣魚島とその周辺の島々は古くから中国の固有の領土であり、歴史的にも法律的にも、中国はこれらの島々に対して争う余地のない主権を有する。中日間に釣魚島の主権の問題をめぐる議論が存在するのは客観的事実であり、我々は一貫して話しあいによりこの紛争を解決するよう主張している。三月二十四日に七名の中国公民が釣魚島に上陸した後、日本側に不法に拘束され、不法な拘留の間に非人道的な待遇を受けた。これは中国の領土主権と中国公民の人権に対する重大な侵犯である。中国はこれに強く憤慨している。」

二〇〇五年一月十五日、日本の共同通信社は、防衛庁の内部資料によると、防衛庁はすでに中日両国間で領土紛争が起こっている釣魚島と、沖縄本島以西のその他の島嶼に対して一連の「南西諸島有事」を想定して対処方針を制定し、南西諸島を「侵犯」する外国軍に断固として阻止することを表明していると報じた。一月十七日、中国外交部の孔泉スポークスマンはこの報道について、「釣魚島とその周辺の島々は古くから中国の固有の領土であり、中日は関連する紛争を交渉を通じて話しあいで解決すべきであって、一方的な行動をとるべきではない」と強調した。

二月九日、日本政府は日本の右翼団体が釣魚島に設置した灯台を接収、管理し、「国有財産」として国家の管理下に置くことを決定し、当日から海上保安庁は人員を派遣して釣魚島に上陸させ、管理標識を建てた。同日、中国外交部アジア司の係員がこれについて日本側に厳正な抗議を行い、中国外交部の孔泉スポークスマンは記者の質問に答えた際、釣魚島とその周辺の島々は中国の固有の領土であり、日本が釣魚島についてとるいかなる一方的な行動も不法かつ無効であることを強調した。

五月十七日、日本政府は、十八名の日本国民の戸籍が釣魚島にあり、百二十二名の日本人の本籍が「沖ノ鳥島」にあり、「沖ノ鳥島」に本籍を登録している百二十二名はすべて東京都議会議員であると表明した。それと同時に、それらの人の本籍はそれぞれの島に登録されているけれども、それらの島に実際に住んでいる「人はいない」と指摘した。中国外交部の孔泉スポークスマンは十九日にこのことに対して、次のように表明した。

「釣魚島とその周辺の島々は古くから中国の領土であり、中国はそのことについて争う余地のない歴史的、法律的な根拠を有する。日本が釣魚島に対してとるいかなる一方的な行動も、中国の領土主権に対する重大な侵犯で、不法かつ無効であり、中国側はけっして受け入れない。」

第三に、東海〔東シナ海〕の領海の境界線の問題である。二〇〇四年五月二十七日、「東京新聞」の記者と大学教授が飛行機で、中日が論争をしている東海の海域と中国の排他的経済水域内の春暁ガス田付近を視察した。その直後、日本の主要なメディアである「読売新聞」と「朝日新聞」が、中国のガス田開発は「東海海域の中間線を越えている」、「日本の海洋権益を侵害している」と伝えた。その後、日本のメディアの喧伝のもとで、東海海域の境界線についての中日の紛争はたえず激化した。七月七日、日本は自らが一方的に主張するいわゆる「中間線」以東に位置する、中日間の紛争海域で海底資源調査を始めた。

これに対して、中国外交部の王毅副部長は阿南惟茂日本大使を緊急召致し、日本側に厳正な抗議をした。

「東海の境界線はまだ確定しておらず、中日はこの問題で議論を闘わせている。いわゆる『中間線』は日本側が一方的に主張しているにすぎず、中国側は承認したことがないし、承認することもできない。自己の主張を他者に押しつける日本側のやり方を中国側はけっして受け入れないし、日本のこの挑発的行為は非常に危険であり、中国側は断固として反対する。」

この問題をめぐる紛争を解決するために、十月二十五日、外交部アジア局の崔天凱局長を団長とする中国側代表団と、外務省の藪中三十二アジア大洋州局長を団長とする日本側代表団が北京で「東海紛争」について事務レベル協議を行った。双方は東海の境界線問題における各自の立場と懸念を説明し、中日はまだ東海について境界線を確定しておらず、両国間に境界線問題で意見の相違が存在するが、「国連の海洋法条約」に基づいて、交渉を通じて公平に解決すべきことを確認した。その後、中日は東海の紛争をめぐってたえず協議を行っている。

中国が交渉を通じて両国間の紛争を解決するよう希望しているときに、日本は一方的に不当な措置を講じた。すなわち、二〇〇五年七月十四日、日本政府は日本最大の石油グループである帝国石油に東海の「試掘権」を付与したのである。試掘区域は中国がまさに建設中の「春暁ガス田」と「断橋ガス田」の南側海域の三つの鉱区に位置する。それとともに日本政府は、中国が開発中の春暁ガス田を一方的に「白樺」と命名した。中国外交部の劉建超スポークスマンはその日の記者会見で日本の行為に大きな懸念を表明し、「日本が民間企業の採掘を認可すれば、中国の主権を著しく侵害することになる。中国は日本が東海の安定を危うくする行動に出ないよう強く警告する」と指摘した。中国外交部アジア局の崔天凱局長も七月十五日に「強い抗議」を表明するとともに、「中国側はいわゆる『中間線』を承認したことがないし、承認することもありえない」、「日本側が自己の一方的な主張を既成事実として中国側に押しつけるのであれば、中国側は断固として反対し、けっして受け入れることもない」と強調した。

そのほかにも、日本政府は別の紛争も引き起こした。二〇〇五年三月十日付の「産経新聞」は、日本政府が三月九日、東京から千七百四十キロ南方に位置する沖ノ鳥岩礁に灯台を設置し、国際社会に日本が同岩礁の周囲二百海里の排他的経済水域を有することを表明する方針を決定したと報じた。長期にわたって、沖ノ鳥岩礁の主権や、排他的経済水域が存在するか否かなどの問題で、中日両国間には意見の相違が存在する。「国連海洋法条約」の関連規定によれば、島とは自然に形成された陸地であって、水に囲まれ、満潮時においても水面上にあるものをいう。人間の居住又は独自の経済的生活を維持することのできない岩は排他的経済水域又は大陸棚を有しない。中国は、この岩礁は小さすぎ、島と見なすことができず、排他的経済水域を有する条件を具えておらず、その一帯における中国の海洋調査船の海洋調査活動も事前に日本の関係方面に報告する必要はないと考える。しかし、日本は海面に露出しているこの岩礁は島であり、それゆえ日本の排他的経済水域を太平洋までずっと延伸することができると公言している。

第四に、旧日本軍が遺棄した化学兵器による傷害事件である。二〇〇三年八月四日、黒龍江省チチハル市で日本が遺棄した化学兵器の毒物による傷害事件が発生し、三十名以上の被害者が出た。八月十二日、外交部の王毅副部長は阿南惟茂大使と会見し、この事件について厳正な抗議をした。八月二十二日、王毅副部長は阿南惟茂大使と緊急会見し、再び厳正な抗議をした。十月三日、外交部の李肇星部長は阿南惟茂大使を召致し、日本政府がこの問題をできるだけ早く解決し、善後策を講ずるよう要求した。その後、中日双方の外交当局の度重なる折衝を経て、日本政府は、中国側に三億円を支払い、この事件が中国側にもたらした損害の補償にあてることを決定した。二〇〇五年十二月七日、共同通信社の報ずるところによれば、中日両国は中国を侵略した日本軍が遺棄した化学兵器を共同で回収、処理する問題について、日本政府は二〇〇七年四月の処理期限を五年間延長し、二〇一二年四月までとすることを基本的に確定した。

また、中日関係の発展が大幅に後退した政治状況のもとで、小泉政権の時期に、朝鮮人が瀋陽の日本総領事館に駆け込んだ事件、日本人観光客が珠海市で集団買春をした事件、日本の右翼による大阪の中国領事館襲撃事件、台湾の李登輝前総統の訪日事件、日本のメディアの悪意による中国の反日デモの過大報道事件、日本外交官の自殺事件なども起こり、中日関係に悪影響を及ぼした。

二〇〇一年十二月二十二日、日本の海上保安庁の巡視船が国籍不明の不審船を追って中国の排他的経済水域に入り、双方が銃撃しあい、不審船が沈没した。中国側は日本が東海海域で武力を行使したことに不満を表明した。二〇〇二年五月八日、中国に密入国した五名の朝鮮人が瀋陽の日本総領事館に駆け込み、中国の武装警察官が日本側の同意を得て、日本の総領事館に入って二名の不法侵入者を連れ出した。日本側は中国の武装警察が国際法に違反したと公言するとともに強烈に反応し、中国はすかさず事実の真相を公表して反駁した。二〇〇三年九月十六日から十八日までの三日間、数百名の日本人観光客が珠海市の豪華ホテルで公然と買春を行い、中国人民の民族的自尊心を著しく傷つけ、各方面から厳しく糾弾された。二〇〇三年九月二十九日、外交部領事司の責任者は日本大使館の館員と緊急会見し、この事件について日本側に抗議し、次のように指摘した。「この悪質な違法事件は中国人民の感情を傷つけ、日本の国際的イメージも著しく損なわれた。中国側は日本人のこの行為に強い憤りを感じており、訪中する日本人が中国の法律を厳守するよう国民を教育し、モラルを強化し、違法行為や両国人民の感情を害する行為をしないようにしてほしい。」

二〇〇四年四月二十三日早朝、日本の右翼団体「日本皇民党」のメンバーが大型街宣車を大阪の中国総領事館の正門に激突させ、正門と建物を破壊し、「釣魚島問題」への抗議であると公言した。中国大使館の黄星原報道参事官は談話を発表し、「これは両国の国交が正常化して以来、日本の右翼が中国の在日公館を故意に破壊した事件のなかでも最悪のケースである」と指摘した。在日本中国大使館と大阪の総領事館はただちに外務省と警察に厳重な申し入れを行った。中国外交部のスポークスマンは二十三日に談話を発表し、日本側がただちに事件の真相を究明し、事件の犯人を厳しく罰し、損害を賠償し、こうした事件の再発を防ぐよう要求した。同日、福田康夫官房長官は我が国の駐日大使に陳謝を表明した。四月二十五日、大阪府警察本部警備部は放火などの容疑で日本皇民党の本部を含む八カ所の事務所を家宅捜索するとともに、関連文書など資料を押収した。

二〇〇四年十二月十六日、日本は中国の断固たる反対を顧みず、台湾の李登輝前総統の訪日に同意するとともに、十二月二十一日にビザを発給した。同日、中国外交部の劉建超スポークスマンは定例記者会見で記者の質問に答えた際、次のように表明した。

「日本政府は中国政府の厳重なる申し入れと断固たる反対を顧みず、李登輝氏が訪日して分裂活動を行うことを認めることに固執したので、中国政府はこれに対して強い不満の意を表明し、我々は再び日本政府にこの誤りを正すよう要求する。李登輝氏の今回の訪日の政治目的は極めて明白で、国家を分裂させるための活動の後ろ楯を探しあて、外的条件を整えることにほかならず、日本側もこのことを理解すべきである。」

十二月二十二日、外交部の武大偉副部長は命を受けて阿南惟茂日本大使を召致し、李登輝前総統に日本政府がビザを発給したことについて強い不満の意を表明し、強く抗議した。武大偉副部長は李登輝前総統の訪日問題に対する中国側の厳然とした立場を伝えるとともに、次のように指摘した。

「李登輝氏は台湾島内の急進的な『台独』〔台湾独立運動〕勢力の代表的人物であり、国際社会では完全なトラブルメーカーである。日本政府が李登輝氏の訪日活動を認めることは、『台独』勢力に対する容認と支持であり、『台独』勢力に誤ったシグナルを送ったことで、中日関係に深刻な妨げがもたらされた。日本政府はそのことから生ずる一切の悪い結果を引き受けなければならない。」

阿南大使は改めて、日本政府は「一つの中国」の政策を堅持し、「台独」を支持せず、李登輝前総統には日本でいかなる政治活動も許さないと表明した。

二〇〇五年四月の上旬から中旬にかけて、北京、上海、杭州、天津などの都市で相次いで自発的な反日デモが行なわれた。デモ行進の過程で、一部の参加者は冷静さを欠いた過激な行動に走り、日本のメディアに悪意をもって過大に報道された。十四日、中国外交部の秦剛スポークスマンは記者会見で記者の質問に答えた際、それらのデモに的を絞って次のように答えた。

「第一に、デモは自発的なものである。第二に、デモの原因は侵略の歴史の問題に対する日本の最近の誤った態度とやり方が、中国の大衆の強い不満を引き起こしたことにある。第三に、中国政府は一貫して大衆に冷静かつ理性的に、合法的に秩序を守って自己の態度を示すよう要求している。第四に、警察を含む関係部門は多数の措置を講じて、中国在留の日本の機関と国民の安全を確保し、事態をすみやかに収拾した。」

二〇〇五年十二月末から、日本の一部のメディアは、二〇〇四年五月に上海総領事館に勤務する外交官が同館内で自殺した事件を利用して大いに騒ぎ立て、その外交官は「中国の情報工作員の脅迫」を受けたことがあると公言し、まったく事実や根拠もなしに中国の名誉を毀損したが、中国外交部に厳正に反駁された。二〇〇六年二月十九日、日本の麻生太郎外務大臣は東京のある会議で、その外交官は「中国に『恐喝』されたので、中国側に秘密を漏らすのを避けるために自殺を選んだのだ」と公言し、もともと緊張していた中日関係をいっそう悪化させた。二十日、麻生外務大臣は自己のこの発言を撤回し、自分が立てたありうる仮説にすぎないと称した。

三　挫折のなかで前進する中日関係

当然、小泉内閣の五年余りの間、中日関係はけっして悪いニュースだけであったわけではない。まず、両国人民の友好交流は依然として持続して絶えることがなかった。二〇〇二年、中日国交正常化三十周年を祝うために、中国政府と日本政府はそれぞれ相手国で「日本文化年」と「中国文化年」（日本では「日本年」「中国年」）という慶祝活動を開催することを決定した。四月二日、日本を訪問した李鵬全人代常務委員長は東京の赤坂プリンスホテルで行われた「中国文化年」と「日本文化年」の開幕レセプションに出席するとともに、「中国文化年」の開幕を正式に宣言した。「中国文化年」と「日本文化年」の開催期間中、両国は抱負多彩な文化、芸術、経済の交流を行った。「共同創造」、「新世代」、「情報技術」、「文化芸術」の四つをテーマに、両国の新世代の友好交流を促進することを目的とした。中国で行われた日本のイベントは八十余りで、栗原小巻の映画祭、小澤征爾指揮の『蝶々夫人』の公演などがあった。日本で行われた中国のイベントは百を超え、中央民族楽団と少林武術団の訪日、京劇『駱駝祥子』の公演、故宮博物院展などがあった。

二〇〇二年九月二十二日、日中国交正常化三十周年を記念する友好交流大会が北京の人民大会堂で開催され、八十三名の国会議員を含む、日本各界の一万三千名余りが訪中して参加し、空前の盛況であった。大会期間中、江沢民主席が人民大会堂で宴会を催して六千名の交流団員を招待し、日本の五千名の観光客が八達嶺で一万本の植樹を行うとともに、江沢民主席が揮毫した「中日友好万人友誼林」記念碑の除幕式も開催された。

二〇〇三年、突如発生した災禍である新型肺炎ＳＡＲＳ〔重症急性呼吸器症候群〕が中国で蔓延し、日本は中国に援助を提供した。五月九日、外務省は、中国政府に国際緊急援助隊と専門家チームを派遣し、治療と院内感染対策の面で助言や指導を行うことを決定した。五月十六日、日本政府は中国が伝染と拡散を防止するのに合わせ、空気清浄装置、Ｘ線装置、呼吸器、患者モニター装置、点滴装置など関連医療設備の購入のために、中国政府に総額十五億円の緊急無償資金援助を提供することを決定した。二〇〇四年十月、日本が厳しい自然災害に見舞われると、温家宝総理は台風と中越地震についてそれぞれ小泉首相に見舞いの電報を送った。十月二十八日、中国紅十字会は日本赤十字社を通じて中越地震の被災地に十万ドルの義援金を贈った。

小泉首相の在任中の中日関係を振り返ると、世論は一般に「政冷経熱」と概括する。すなわち、政治関係は発展が順調でなく、両国の摩擦が絶えなかったが、経済関係は発展が持続し、経済的な繋がりと協力が日増しに緊密になったということである。二〇〇五年四月二十一日の日本の財務省の貿易統計によれば、二〇〇四年度の日中（香港区域を含む）間貿易総額は二十二兆七千百億円に達し、日米間の二十兆六千三百億円を上回り、中国はすでに日本の最大の貿易パートナーになった。このことは、正常に発展する中日関係こそ、大勢の赴くところ、人心の向かうところにほかならないことを十分に物語っている。

11　安倍内閣と中日関係

張躍斌　王新生

二〇〇六年九月二十日、安倍晋三官房長官が自民党の第二十一代総裁に選出され、次いで九月二十六日に第九十代首相に選出された。戦後の最年少の首相として、安倍首相は就任すると慣例を打ち破り、中国を最初の訪問国とし、中日関係の正常な発展を回復する「氷を砕く旅」を実現させた。

一　「氷を砕く旅」

安倍政権の前の小泉純一郎内閣の時期、中日関係は未曾有の困難な局面に直面した。小泉首相は五年余りの在任中に、A級戦犯の位牌を祀る靖国神社への参拝を頑なに続け、日本と中国の政治関係の深刻な後退を招き、同時に日本のアジア外交をも孤立した苦境に陥らせた。そのため、首相交代の際、日本の国内外で日中関係の改善を要求する声が非常に高まり、新任の首相がいかに日中関係を処理するのかに対しても期待が満ち溢れた。

小泉内閣の時期、中日の経済関係は持続的発展の勢いを保持していたけれども、日本の経済界はとくに政治関係のいっそうの悪化が日中間の経済協力に影響を及ぼすことを懸念し、安倍内閣に対しすみやかに措置を講じて日中関係の不正常な状態を改めるよう要求した。それと同時に、日本の世論も新任の首相に圧力を加えた。日本のタカ派勢力を代表する「産経新聞」が二〇〇六年九月三十日に発表した世論調査の結果によれば、一四・六%の人が「安倍内閣にもっとも期待する政策」は中国、韓国との関係改善で、首相は靖国神社に参拝すべきでないと考える人が五二・二%を占めたが、首相は参拝すべきであると考える人はわずか二九・五%を占めたにすぎなかった。

それと同時に、国際社会も中日関係が改善され、地域情勢と国際情勢の安定に利益をもたらすよう希望した。アメリカのライス国務長官は中日関係が改善されるよう希望すると表明し、ホワイトハウスの副報道官も日本が中、韓両国と建設的な関係を構築することへの期待を表明した。もちろん、中国政府は終始一貫して中日関係の改善のためにたゆまぬ努力をしてきた。胡錦濤国家主席は二〇〇六年四月に中日関係の健全かつ安定した発展を推進するための五つの主張を提起し、二〇〇七年三月にはさらに中日双方が平和共存、子々孫々までの友好、互恵協力、共同発展に努めるべきであると指摘した。温家宝総理は二〇〇七年三月に中日関係の改善について三つの提案を行った。

それゆえ、安倍首相の就任後に、中日関係を改善する一大契機が訪れた。このような情勢のもとで、安倍首相は時勢を理解し状況を判断し、時代の要求と世論の声に順応し、自身の過去の強硬な外交姿勢をすみやかに改め、何回も主導的にアジア外交を改善し、中国、韓国との信頼関係を強化したいと表明した。とくに敏感な靖国神社参拝の問題についても、安倍首相はかなり慎重な態度をとった。

安倍首相の就任後、中日両国の関係部門はまたたくまに安倍首相の中国訪問について意見の一致を見た。中国国務院の温家宝総理の招請に応じて、安倍首相は二〇〇六年十月八日から九日にかけて中国を公式訪問した。中国は安倍首相が就任後に最初に訪問した国であり、日本の指導者の五年ぶりの訪中でもあった。日本の戦後六十余年の歴史上、安倍首相は中国を最初の訪問先に選んだ初めての首相であり、それは中日関係の膠着状態を打破し、訪中を契機に両国関係を改善したいという切実な願いが反映されていた。

十月八日午後、温家宝総理は北京の人民大会堂東門外広場で式典を挙行し、安倍首相の訪中を歓迎した。歓迎式典の終了後、温家宝総理と安倍首相は人民大会堂で会談を行った。温家宝総理は安倍首相が対中関係で示した積極的な姿勢に称賛の意を表するとともに、将来の中日関係の発展について五つの意見を提起した。

第一に、両国の首脳の相互訪問を実現、維持し、各レベルでの意思疎通と交流を密接にし、政治的な相互信頼を深める。

第二に、引き続き戦略的対話を進め、二国間関係の改善と発展に関わる大きな問題を深く立ち入って研究する。

第三に、経済・技術協力の枠組みを整え、各分野の中長期的な協力計画を策定し、経済貿易関係をさらに発展させるよう努める。

第四に、文化、教育の交流に力を入れ、民間交流を拡大し、両国人民の友情を深める。

第五に、地域問題についての協議を強化し、東アジア地域の協力を推進し、アジアの平和と発展のために貢献する。

安倍首相は会談で次のように表明した。

「日中関係は日本のもっとも重要な二国間関係の一つであり、

日本は引き続き日中の三つの政治文書の原則と精神を遵守して両国関係を発展させる。この数年、日中関係は発展を続け、経済・貿易、文化、人的交流がたえず増加しているが、それと同時に遺憾なことも発生した。現在、日中関係はまさに大事な時期にある。日中関係をさらに高いレベルに押し上げ、アジアと世界の平和、安定、繁栄のために建設的な貢献をすることは双方に課せられた時代の使命と責任であり、そのために日中関係を共通の戦略的利益に基づいた互恵関係に構築するよう努力しなければならない。

日本はかつてアジア各国の人々に大きな損害と苦痛を与え、さまざまな傷痕を残しており、このことに深い反省を表明する。その立場は今後も変わることはない。日本は六十数年にわたって平和的発展の道を選択してきたが、今後もこの方向を堅持する。日本は絶対に軍国主義を讃美せず、A級戦犯も美化しない。」

安倍首相は次のように強調した。

「両国関係に影響を及ぼす政治的困難を克服し、日中関係の健全で安定した発展をはかるという共通認識にしたがって歴史問題を適切に処理する。日中両国の経済発展は相互に依存し、双方に重要な利益をもたらしており、これを大切にすべきである。政治と経済という二つの車輪を力強く作動させ、両国関係をより高いレベルに進め、アジアと世界の発展のために貢献しなければならない。」

台湾問題では、安倍首相は、「日本側は引き続き『日中共同声明』の原則にしたがて台湾問題を処理し、この立場に変更はない。日本は「一つの中国」政策を堅持し、『二つの中国』、『一つの中国、一つの台湾』を認めず、『台湾の独立』を支持しない」と表明した。

十月八日午後、胡錦濤国家主席が安倍晋三首相と会見した。胡錦濤主席は中日関係の発展の過程を振り返り、中日国交正常化以来の両国関係の発展における成果を積極的に評価した。それと同時に、「新たな世紀に入って中日関係が新しい深まりと広がりを求めているとき、日本の一部の指導者が第二次世界大戦のA級戦犯を祀る靖国神社の参拝に固執したことにより中日関係が困難な局面に直面したが、このようなことは我々の望むところではなかった」と指摘した。

安倍首相は次のように表明した。

「日中関係を極めて重視しており、首相就任後すぐに中国を訪問した。日中関係を新たな段階に高め、両国の国民と子孫のためにすばらしい未来を切り拓くことは、日中両国にとってもこの地域にとっても非常に重要であり、双方の共通の責任でもある。日本側は胡錦濤主席が日中関係の発展について提起した十六字の方針〔平和共存、世代友好、互恵協力、共同発展のこと〕を極めて重視し、日中間の三つの政治文書の精神と原則に則って、戦略的見地から日中関係の改善と発展のために貢献する。日本は過去においてアジアの人々に多大な損害と苦痛を与えた。過去に対する深い反省を踏まえて、平和的発展の道を歩むことを堅持することは日本の既定の政策であり、変わることはない。」

全人代常務委員会の呉邦国委員長も安倍首相と会見し、次のように強調した。

「中日両国はともに大国であり、重要な隣国であり、共存しなければならない。善隣友好協力関係を発展させることは両国人民の根本的な利益に合致する唯一の選択である。人民の間の友好は、両国関係の持続的な安定した発展の重要な保障であり、民間友好は中日関係の改善と発展のために重要な架け橋の役割を果たしている。」

これに対し、安倍首相は、「日中両国民の理解と信頼を強め、相互の友好的感情を増進することは、両国関係発展の基礎である。日本は日中国交正常化三十五周年などの機会を契機に、日中間の各方面の交流を推進し、国民間の理解を深め、両国関係をいっそう高いレベルに発展させるよう希望する」と表明した。

二　共同プレス発表

十月八日、中日双方は北京で共同プレス発表を行った。その全文は次のとおりである。

①安倍晋三日本国内閣総理大臣は、温家宝中華人民共和国国務院総理の招待に応じ、二〇〇六年十月八日から九日まで中華人民共和国を公式訪問した。安倍総理は、胡錦濤中華人民共和国主席、呉邦国全国人民代表大会常務委員会委員長、温家宝国務院総理とそれぞれ会見、会談を行った。

②中国側及び日本側双方は、国交正常化後三十四年間、中日両国間の各分野における交流と協力が絶え間なく拡大・深化し、相互依存が更に深まり、中日関係が両国にとり最も重要な二国間関係の一つとなったとの認識で一致した。また、双方は、中日関係の健全かつ安定的な発展の持続を推進することが、両国の基本的利益に合致し、アジア及び世界の平和、安定及び発展に対して共に建設的な貢献を行うことが、新たな時代において両国及び両国関係に与えられた厳粛な責任であるとの認識で一致した。

③双方は、中日共同声明、中日平和友好条約及び中日共同宣言の諸原則を引き続き遵守し、歴史を直視し、未来に向かい、両国関係の発展に影響を与える問題を適切に処理し、政治と経済という二つの車輪を力強く作動させ、中日関係を更に高度な次元に高めていくことで意見の一致をみた。双方は、共通の戦略的利益に立脚した互恵関係の構築に努力し、また、中日両国の平和共存、世代友好、互恵協力、

共同発展という崇高な目標を実現することで意見の一致をみた。

④双方は、両国の指導者の間の交流と対話が両国関係の健全な発展に重要な意義を有すると考える。日本側より中国の指導者の日本訪問を招待したのに対し、中国側は感謝の意を表明し、原則的にこれに同意し、双方は、外交ルートを通じて協議することで意見の一致をみた。双方は、両国の指導者が国際会議の場においても頻繁に会談を行うことで意見の一致をみた。

⑤中国側は、中国の発展は平和的発展であり、中国が日本をはじめとする各国と共に発展し、共に繁栄していくことを強調した。日本側は、中国の平和的発展及び改革開放以来の発展が日本を含む国際社会に大きな好機をもたらしていることを積極的に評価した。日本側は、戦後六十年余、一貫して平和国家として歩んできたこと、そして引き続き平和国家として歩み続けていくことを強調した。中国側は、これを積極的に評価した。

⑥双方は、東シナ海を平和・協力・友好の海とするため、双方が対話と協議を堅持し、意見の相違を適切に解決すべきであることを確認した。また、双方は、東シナ海問題に関する協議のプロセスを加速し、共同開発という大きな方向を堅持し、双方が受入れ可能な解決の方法を模索することを確認した。

⑦双方は、政治、経済、安全保障、社会、文化等の分野における各レベルでの交流と協力を促進することで意見の一致をみた。

・エネルギー、環境保護、金融、情報通信技術、知的財産権保護等の分野を重点として、互恵協力を強化する。

・経済分野において、閣僚間の対話、関係当局間の協議や官民の対話を推進する。

・二〇〇七年の日中国交正常化三十五周年を契機として、日中文化・スポーツ交流年を通じ、両国民、特に青少年の交流を飛躍的に展開し、両国民の間の友好的な感情を増進する。

・日中安全保障対話や防衛交流を通じて、安全保障分野における相互信頼を増進する。

・日中有識者による歴史共同研究を年内に立ち上げる。

⑧双方は、国際問題及び地域問題における協調と協力を強化することで意見の一致をみた。

双方は、核実験の問題を含む最近の朝鮮半島情勢に深い憂慮を表明した。この関連で、双方は、関係方面と共に、六者会合の共同声明に従って六者会合プロセスを推進し、対話と協議を通じて、朝鮮半島の非核化の実現、北東アジア地域の平和と安定の維持のため、協力して共に力を尽くすことを確認した。

双方は、東アジア地域協力、中日韓協力における協調を強化し、東アジアの一体化のプロセスを共に推進することを確認した。

双方は、国連について安保理改革を含む必要かつ合理的な改革を行うことに賛成し、これにつき対話を強化する意向を表明した。

⑨日本側は、安倍晋三内閣総理大臣の中国訪問期間中における中国側の心のこもった友好的な接遇に対し、感謝の意を表明した。

中国は安倍首相の訪中を高く評価した。「人民日報」は十月十日、「中日関係改善につながる希望の窓」と題する論評を掲載し、「今回の訪問は、両国関係を改善する希望の窓を開け、中日の行き詰った政治関係を進展させることにつながった。政治、経済、外交、文化など各分野における中日両国の交流と協力にとって良い影響をもたらすだろう」と指摘した。この論評は今回の安倍首相の訪中の三つの成果を総括している。

まず、「今回の中日の指導者による会談の重要な成果の一つは、中日双方が両国関係を改善、強化する重要性について新たな共通認識に到達したことである」。

次いで、「今回の中日の指導者による会談のもう一つの成果は、中日双方が中日間の三つの政治文書の精神を堅持し、中日関係の政治的基礎を維持する重要性を再確認したことである」。

そのほかに、「今回の中日の指導者による会談のもう一つの重要な成果は、中日両国が首脳間の交流と対話を強め、政治、経済、安全保障、社会、文化、国際実務など各分野での友好協力を全面的に発展させることに同意したことである」。

日本国内でも安倍首相の中国訪問は積極的な評価を与えられた。中川昭一自民党政調会長は、安倍首相の中国、韓国訪問は信頼関係を構築する第一歩であると指摘した。公明党の太田昭宏代表と民主党の松本剛明政調会長は、ともに日中首脳会談を積極的に評価した。共同通信社が安倍首相の外遊後に実施した世論調査では、八三・二％の回答者が安倍首相の中国、韓国訪問を積極的に評価した。

また、安倍首相の「氷を砕く旅」には国際社会からも重大な関心が寄せられ、全面的に肯定された。シンガポールのリー・クアンユー内閣顧問は二〇〇七年に安倍首相と会見した際、日中関係の改善はアジア地域全体の経済発展にとって良いことであると表明した。フィリピンのアロヨ大統領は第十三回「アジアの未来」国際交流会議で、「日中関係は地域の安定にとって非常に重要である。アジアの二つの大国の関係がいっそう改善されたニュースを聞いて非常に嬉しい」と語った。マレーシアのアブドゥラ首相も、「日中、日韓関係が大きく改善されたことは、喜ばしいニュースである」と表明した。

三　良好な勢いを呈する中日関係

安倍首相の中国訪問後、中日関係は急速に強まり、良好な発展の勢いを呈した。両国の経済関係は引き続き良好な発展の態勢を維持し、二〇〇六年の中日貿易総額は記録を更新し、二千億ドルの大台を突破した。両国はさらにエネルギー、環境保全、金融などの分野を重点として、互恵協力関係を深めることにも同意した。

中日の文化交流はさらに推進することができた。二〇〇六年十一月から十二月にかけて、中国の文化部と日本駐在の中国大使館が共同で日本で開催した中国文化フェスティバルは、日本国民に中国の最高水準の文化芸術を披露し、双方の文化的要素を融合させ、日本の大衆を積極的に参加させ、両国人民の相互理解と友情を増進し、両国が共同で二〇〇七年の中日国交正常化三十五周年を迎える前奏曲になった。日本の皇室関係者、衆参両院議長、内閣官房長官など閣僚、七十余名の国会議員、各界の有名人が参観した。

安倍首相の中国訪問によって、中日間の政治的な膠着状態は打破され、両国の指導者の会談とハイレベルの往来は継続された。二〇〇六年十一月、ベトナムのハノイで開催されたAPEC非公式首脳会議の際、胡錦濤主席と安倍首相は再び会談を行った。二〇〇七年六月、胡錦濤主席はドイツのハイリゲンダムで再び安倍首相と会談を行い、双方は中日の戦略的互恵関係を発展させることについて意見を交換した。とくに重要なことは、二〇〇七年四月、温家宝総理が日本を成功裡に訪問し、双方の関係をいっそう深めたことである。その訪問は「氷を融かす旅」と呼ばれた。日本の政界の要人の中国訪問も頻繁になり、参議院議長〔扇千景〕、衆議院議長〔河野洋平〕が相次いで中国を訪問し、安倍内閣の重要な閣僚も次々に訪中した。

それと同時に、両国の軍事部門の交流も再び開始された。二〇〇七年八月二十九日、曹剛川国防部長が東京に到着して日本訪問を始め、高村正彦防衛大臣、安倍晋三首相と会見した。中国の国防部長の訪日は九年ぶりであったので、各界の注目を集めた。中日双方は防衛協力を強化することを表明するとともに、中国海軍の艦艇が日本を訪問することについて共通の認識に到達し、同時に双方はさらに両国間の軍事ホットラインの設置を検討することでも一致して同意した。

安倍首相が訪中し、中日両国が共同プレス発表を行った後、中日両国の指導者が合意した協議内容が具体的に実施され始め、中日関係の安定した健全な発展のために堅固な内容が注入された。

まず、中日両国の学者が初めて共同で歴史を研究し、両国人民が歴史問題での共通の認識を達成するために第一歩を踏み出した。二〇〇六年十二月二十六日、中日歴史共同研究委員会の第一回会議が北京で開催され、両国の学者が一堂に会して中日の二千年余りの交流史、近代以後に発生した不幸な歴史、戦後半世紀余りの中日関係の発展史について共同研究を行った。この共同研究は両国の指導者の間で到達した共通認識に基づいていた。すなわち、二〇〇六年十月、安倍首相が訪中期間中に温家宝総理と年内に中日歴史共同研究を開始することについて共通認識に到達し、十一月、胡錦濤主席がベトナムの首都のハノイで開催されたAPEC非公式首脳会議の期間中に安倍首相と会談した際、その共通認識について再確認したのである。

十一月十六日、李肇星外交部長と麻生太郎外務大臣が、「中日歴史共同研究の実施枠組み」について合意し、中日両国の学者が「中日共同声明」、「中日平和友好条約」、「中日共同宣言」の三つの政治文書の原則に基づいて、歴史を直視し、未来に目を向ける精神で、中日の歴史共同研究を行うことを決定した。中日双方はそれぞれ中国社会科学院近代史研究所と日本国際問題研究所に具体的な実施について委託し、それぞれ十名の学者からなる委員会を立ち上げ、「古代・中近世史」と「近現代史」の二つのグループを設け、中日双方が交互に会議を主催し、関連する討論を行うこととした。

次いで、両国は「中日文化・スポーツ交流年」の一連の活動を成功裡に展開した。二〇〇七年三月十二日、中国駐在の日本大使館は北京で「日中文化・スポーツ交流年」の開幕レセプションを開催し、「日中文化・スポーツ交流年」の序幕を切って落とした。二〇〇六年に安倍首相が訪中した際、両国の指導者は二〇〇七年を「中日文化・スポーツ交流年」とし、記念、交流活動を展開することを決定した。日本側はその後、北京で日中スーパーライブ、北京・日本映画祭、日本のオーケストラの巡回演奏、舞台劇の上演などを含む、一連の活動を開催した。中国側が主催する活動の開幕式は四月中旬に東京で開催され、中日両国の各界の二百名余りがレセプションに出席した。

第三に、日本産米の中国への輸出が再開された。二〇〇七年六月二十九日、最初の日本産コメが中国に輸出された。安倍首相は日本産コメの中国向け輸出記念式典に出席した際、次のように表明した。

「二〇〇六年の中国訪問の際、首脳会談で日本産コメの対中輸出の希望を提起したが、その願望が実現され、非常に喜ばしく思い、中国側の多大な協力に深く感謝の意を表する。日本産米が中国の消費者の食生活を豊かにすることに貢献し、これを機に、日中の互恵協力関係がさらに大きく発展するよう希望する。」

王毅大使も挨拶で次のように指摘した。

「日本産コメの中国への輸出は、中日関係の改善と発展という大きな背景を有し、双方の関係部門の共同の努力の結果でもある。中日両国は一衣帯水の関係にあり、生活習慣が似ており、両国の農産品の交流の面には前途洋々たる前途があり、中国への日本産コメの輸出が両国の農産品貿易と農業協力を促進するのに貢献し、両国の大衆にさらに多くの実質的な利益をもたらすよう希望する。」

中国に輸出された最初の二十四トンの日本産コメは、主に北京、上海などで販売された。

四　中日関係の発展は任重く道遠し

安倍晋三首相は就任後まもなく中国を訪問するとともに、中国の指導者と多数の共通認識に到達し、中日の政治関係の正常化のために基礎を打ち固めた。しかし、これはけっしてその後の中日関係が順風満帆で、中日間の問題がすべて解決されたことを意味しない。中日関係には錯綜した複雑な矛盾が存在しており、一朝一夕に解決するのは不可能であり、それゆえ、中日関係の現状に対しては冷静な認識が必要である。この意味で、安倍首相は二つの国家が対話によって紛争を解決するルートを切り拓き、中日両国の正常な交流のなかの主要な障害を取り除いたことに貢献しただけである。

安倍首相が中国を訪問した後、中日両国間の問題は主に二つの面に現れた。一つは両国関係の基礎がまだ不安定であること、もう一つは両国の利益の対立点を埋めなければならないことである。日本がこれらの面で十分な誠意をみせることができるか否かは、なお持続的にたえず注目する必要がある。小泉内閣が中日関係を破壊したのは、小泉首相が頑なに靖国神社に参拝したためにほかならない。靖国神社の問題は単純な信仰の問題ではなく、日本の戦争認識に関わる重大な政治問題である。この問題では、小泉首相の教訓に鑑みて、安倍首相は苦心し、かなり曖昧にする戦術を選択した。すなわち、行くとも明言せず、行かないとも明言しなかったのである。安倍首相のこの戦術は両天秤にかける戦術であった。すなわち、国内の右翼勢力の恨みも買いたくないし、アジアの隣国の恨みも買いたくないというものであった。しかし本質的には、近代日本が発動した侵略戦争に対する安倍首相の認識は人に疑念を抱かせた。それゆえ、中日関係の基礎は安部内閣の時期にはまだ強固ではなく、日本の政治家は国家利益の角度に立つ必要があるだけでなく、普遍的価値という高度な視点から日本の歴史問題を認識する必要がある。

安倍首相の中国訪問について、もっとも根本的な原動力は日本の国家利益でもあった。それゆえ、一方では安倍首相は積極的に中国、韓国との関係を発展させ、他方では、安倍内閣は中国に対する警戒から、積極的に中国の周辺国家を抱き込み、愚かにも中国の台頭を封じ込めようと企んだ。典型的にこの戦術を体現していたのは、安倍内閣が推進した「価値観外交」にほかならない。

いわゆる「価値観外交」とは、いわゆる自由と民主主義の価値観を重視する対外政策のことである。第一次安倍内閣の麻生太郎外務大臣は『自由と繁栄の弧』をつくる」という講演で、「価値観」外交の性質を日本外交の「新基軸」と定めた。この考え方に導かれて、安倍内閣は中国周辺のインド、オーストラリアなどとの関係を発展させることを重視し、表面では自由民主国家は協力を強化すべきであると公言するが、その言外の意味はそれらの国家を抱き込んで中国の影響力を制限することであった。

二〇〇七年八月二十二日、安倍首相はインドの議会で演説し、民主主義国家によって「拡大アジア」パートナーシップを構築するよう呼びかけた。そのなかにはインド、アメリカ、オーストラリアは含まれていたが、中国は排除されていた。国際世論、ひいては日本国内の世論でさえ、安倍内閣のこのような姿勢は、日増しに強まる中国の国際的影響力を封じ込めるためであり、中国に対する一種の対抗戦術であると指摘した。

二〇〇七年九月十二日、安倍首相は不意に健康問題を理由に辞職を発表し、安倍政権はわずか一年の短命内閣に終わった。安倍内閣の一年来の経過を振り返ると、憲法改正に必要な「国民投票法」、愛国主義を提唱する「教育基本法改正案」を国会で可決し、防衛庁を防衛省へ昇格させるなど、戦後体制から脱却する面では突破口を開いたけれども、国家の経済と国民の生活という面では取り立てていうべきことはなく、有権者の強い不満を招き、参議院選挙で惨敗した。安倍内閣のもっとも重大な政治的業績は、中国と韓国という二つのアジアの隣国と外交上の相互作用を実現したことにほかならない。安倍首相は小泉首相時代の外交の硬直した思考を変革し、中国訪問を機に、一挙に中日関係を正常な発展の軌道に回復させた。それによって、中日関係の発展にかなり信頼できる保障が得られたと言えよう。しかし、中日関係の基礎はまだ安定せず、中日関係はなお両国の有識者の絶え間ない努力を必要としていることも見てとらなければならない。

12　福田康夫内閣と中日関係

尚彬　王新生

二〇〇七年九月二十三日、自民党所属の国会議員と各地方支部の代表が選挙を行い、最終的に七十一歳の福田康夫元官房長官が六十七歳の麻生太郎幹事長を破り、第二十二代総裁に当選した。同月二十五日、福田康夫元官房長官は衆議院本会議で新首相に指名され、当日新しい内閣を組閣した。

一　大器晩成の政治家

父親の福田赳夫元首相は一九七六年〔十二月〕から一九七八年〔十一月〕まで首相を務めたにもかかわらず、福田康夫首相が政界に入ったのはかなり遅かった。一九五九年に早稲田大学政治経済学部を卒業した後、一時石油会社に就職した。一九六二年からアメリカに二年間赴任し、一九七六年にその石油会社を退職し、議員秘書になり、一九七七年に首相秘書官になった。一九八六年五月から一九九四年二月までの間、社団法人金融財政事情研究会の理事を務めた。一九九〇年〔二月〕、五十三歳の時に衆議院議員に初めて立候補するとともに当選したので、自民党内における政治キャリアにはそれほど厚みはない。衆議院外務委員会理事、外務政務次官、党外交部会長、副幹事長などに就任したことはあるが、幹事長、政調会長、総務会長、大臣など重要な職に就いたことはなく、唯一の閣僚経験は二〇〇〇年十月に始まった森喜朗内閣と小泉純一郎内閣で連続して就任した官房長官であり、二〇〇四年五月にマスコミに数年にわたって国民年金の保険料を納入していないことを暴露されたため、官房長官を辞職した。その在任期間は一千二百八十九日で、戦後の最長記録であった。

福田首相は政界でのキャリアは長くなかったけれども、政治手腕は卓越していた。父親の福田赳夫元首相の威光に基づいて、自民党最大派閥の「町村派」〔前「森派」〕内で威信が非常に高かった。二〇〇〇年、中川秀直官房長官が右翼団体の頭目との交際や浮気などのスキャンダルのために辞職に追い込まれたので、森喜朗首相は「三顧の礼」を尽くして福田に中川に代わって官房長官に就任するよう要請した。森喜朗首相は在任後半に失言が相次いだが、福田官房長官はその度に全力を尽くして擁護するとともに、加藤紘一元幹事長が森喜朗首相に退陣を迫った「加藤の乱」〔二〇〇〇年十一月〕の鎮静化に努めた。

二〇〇一年〔四月〕、小泉純一郎は政権の座に就くと、与党内の基盤が弱く、しかも政治経験が不足していたために、派閥〔森派〕内で特殊な地位を占めていた福田官房長官を引き続き留任させた。まさに日本のメディアが当時指摘したように、年金保険料未納問題は福田官房長官の辞任〔北朝鮮〕の表面的な理由にすぎず、深層の理由はアジア外交、対朝鮮政策、靖国神社参拝などの問題をめぐって、福田官房長官と小泉首相および内閣の要員らとの間に深刻な意見の不一致が現れたことであり、後者には安倍晋三官房副長官、小泉首相がもっとも信頼する飯島勲秘書官が含まれていた。

一九六〇年代初め〔一九六二年〕、福田赳夫は自民党内で自身の派閥を結成した。佐藤栄作元首相が政権の座に就いてから、福田赳夫は前後して大蔵大臣、外務大臣など要職を歴任し、田中角栄と十数年に及ぶ「角福戦争」を展開したが、一九七二年〔七月〕の総裁選で田中角栄氏に敗れた。四年後〔一九七六年十二月〕に福田赳夫は果たして捲土重来を期し、唯一の候補者として総裁に当選するとともに、日本の首相になったが、それはやはり七十一歳のときであった。「角福戦争」の宿怨はその後継者にさえ引き継がれた。第一次小泉純一郎内閣の成立後、福田康夫官房長官と田中角栄元首相の娘の田中真紀子外務大臣は激しく対立し、最終的に小泉首相は田中真紀子外務大臣を解任して事態を収拾した。

福田赳夫首相は一九七七年に東南アジア各国を訪問した際、日本は軍事大国にならず、各分野で日本と東南アジア各国との協力を強化し、東南アジア地域全体の平和と繁栄を促進するという「福田ドクトリン」を提起した。一九七八年十月、鄧小平副総理が日本を訪問し、福田赳夫首相とともに「中日平和友好条約」の批准書の交換式に出席し、「中日平和友好条約」は正式に発効した。当時、福田康夫は父親の秘書官を務めていて、この中日外交史上における重要な一ページに直接立ち会っている。

それゆえ、福田康夫官房長官は父親のアジア重視の外交理念を継承し、中国、韓国など近隣諸国と長期にわたる良好な関係を発展させることを主張し、一貫して「韓国や中国との争いにはいかなる利益もない」と主張していた。小泉内閣の官房長官に在任中、「有識者懇談会」〔追悼・平和祈念のための記念碑等施設の在り方を考える懇談会〕を設置し、靖国神社に代わる他の追悼施設の設立を検討させ、同懇談会は二〇〇二年に「国立の無宗教の追悼施設を建設する必要がある」という報告書を提出した。福田官房長官は再三にわたって、「靖国神社問題は極端に政治化された問題になったが、これは非常に不幸である。……私は難題は作らない」と表明した。

二〇〇七年九月十五日、福田康夫元官房長官は記者会見で、自民党総裁に当選し日本の新しい首相に就任したら、在職中は靖国神社には参拝しないことを表明し、「あなたは友達が嫌がることをしますか、しないでしょう」、「国と国の関係も同じです。だから、相手が目にしたくないことをする必要はありません」と語った。首相に当選した後に衆議院本会議で所信表明演説を行った際、「日本は中国と共通の戦略的利益に立脚した互恵関係を打ち立て、ともにアジアの平和と安定に貢献する」と強調した。

二　中日関係を積極的に推進する

福田政権は、発足後に中日関係の発展を積極的に推進した。まず二〇〇七年十一月、日本のメディアは、二〇〇八年春に発行予定の新しい『外交青書』には「自由と繁栄の弧」を構築するという文言が盛り込まれないと報じた。「自由と繁栄の弧」を構築するという外交方針は、麻生太郎前外相が発案するとともに、二〇〇七年版の『外交青書』に盛り込まれたものである。いわゆる「自由と繁栄の弧」とは、日本から東南アジア、南アジアを経てヨーロッパまで連なる円弧を形成し、価値観を同じくする国家が互いに支援しあい、共同で円弧内の国家に対抗するというものである。日本政府はさらにこの外交構想を「新たな日本外交の柱」、「日本外交の新機軸」と位置づけていた。

二〇〇七年八月、安倍晋三首相はインドを訪問した際、いわゆる「自由、民主主義、人権といった共通の価値観を有する」ことに則り、インドと共同でアメリカとオーストラリアを含む太平洋ネットワークを形成し、中国を排除した「拡大アジア」ネットワークを構築することを呼びかけたが、中国を封じ込める意図が明白であった。十一月十八日、福田首相はアメリカCNNテレビのインタビューで、中国の軍事力は脅威になっていないと表明した。

十一月二十日、福田首相は温家宝国務院総理とシンガポールで会談し、次のように表明した。

「温家宝総理が今年四月に日本を訪問したことで、日本国民の中国に対する友好的な感情が深まり、日中関係の改善が力強く促された。今後の共通の中心任務は両国の戦略的互恵関係を推進することであり、年内か二〇〇八年初め、できるだけ早く訪中したい。二〇〇八年は『日中平和友好条約』締結三十周年と北京オリンピック開催の年であり、日本はこれを機に、経済・貿易、防衛、環境保護、文化などの分野で交流と協力を拡大し、国際的・地域的な問題で意思疎通と協調を強めることを希望する。日本側は、双方が交渉を通じてできるだけ早期に東シナ海問題の適切な解決案を見つけ出すよう希望する。日本の台湾問題における立場は一貫しており、変わることはない。」

温家宝総理は次のように強調した。

「中国は中日関係を非常に重視しており、今後も中日友好政策を堅持し、日本と長期にわたって安定した善隣友好協力関係を発展させることに努める。中国は日本とともに努力し、引き続き両国関係の改善と発展基調を維持し、各分野における協力を推進してさらに大きく発展させたい。当面の双方の重要任務は、一連のハイレベルの相互訪問の準備を整えること、まもなく北京で開催される第一回中日ハイレベル経済対話を成功させ、両国の経済・貿易協力の全面的計画を策定し、重点的に協力する分野を確定すること、二〇〇八年の「中日平和友好条約」締結三十周年の記念・交流活動の準備をしっかりと進め、相互理解と友情をいっそう増進すること、防衛交流と対話を強化し、安全保障と相互信頼を増進すること、東海〔東シナ海〕問題の交渉の進展を加速し、できるだけ早く実質的一歩を踏み出すことである」。

会談の際、双方はともに関心を寄せるその他の問題についても意見を交換するとともに、二〇〇八年を「中日青少年友好交流年」とすることに合意した。

日本の海上自衛隊の招請に応じて、中国海軍のミサイル駆逐艦「深圳」が十一月二十八日から十二月一日まで日本を友好訪問した。これは中国人民解放軍の海軍艦艇の初めての訪日であり、七年前〔二〇〇〇年四月〕に達成した合意がついに実現した。十二月一日、第一回中日ハイレベル経済対話が北京で開催され、双方はマクロ経済政策の交流の強化、省エネ・環境保護協力の強化、貿易投資協力の強化、多国間と地域の経済協力の強化の四つの分野をめぐって率直に意見を交換し、相互理解を深めた。

二〇〇七年がまもなく終わろうとする十二月二十七日午後、福田首相は北京に到着し、四日間にわたって中国を公式訪問した。二十八日午前、温家宝総理と人民大会堂で二時間半にもわたる公式会談を行うとともに、一緒に両国の協力に関する文書の調印式に出席した。会談の際、福田首相は、日本は「二つの中国」や「一つの中国、一つの台湾」をやらず、「台湾の独立」を支持せず、台湾の国連「加盟」を支持せず、「〔台湾の名義による〕国連加盟についての公民投票」を支持しないと表明した。両国の指導者は同時に東海問題についても意見を交換し、引き続き次官級の協議を行い、適切に問題を解決するなどの四点で共通認識に到達した。

第一に、両国の指導者が二〇〇七年四月に達成した五つの共通認識の精神を引き続き堅持し、東海を平和、協力、友好の海にする。

第二に、双方はすでに協議のレベルを高め、東海問題の具体的解決の方策について真剣かつ実質的な検討を行い、前向きの進展を得ている。

第三に、双方は局長級協議の枠組みを維持すると同時に、必要に応じて引き続き次官級協議を行い、中日関係の大局と国際法から出発し、これまでの進展を踏まえてともに努力し、できるだけ早期に解決策について合意を目指す。

第四に、東海問題を適切に解決することは中日双方の利益に合致するもので、双方は両国関係をさらに発展させるなかでこの問題の早期解決に努めることで同意した。

二十八日午後、福田首相は胡錦濤中国国家主席と会談し、自分の中国訪問の周到な配慮に感謝するとともに、「日本は中国とともに努力し、協力を強め、交流を拡大し、両国民の相互理解と友情を深め、両国の戦略的互恵関係を推進して絶えず大きな成果を収めるよう期待する」と表明した。北京大学における講演〔「共に未来を創ろう」〕で、福田首相は中日両国が戦略的互恵関係を構成する核となる三つの柱——互恵協力、国際貢献、相互理解・相互信頼について説明するとともに次のように強調した。

「〔国際社会に協力してきた誇りは、〕自らの過ちに対する反省と、被害者の気持ちを慮る謙虚さをともなったものでなくてはならないと思います。過去をきちんと見据え、反省すべき点は反省する勇気と英知があって、初めて将来に誤り無きを期すことが可能になると考えます。」

福田首相はこの講演で、両国人民の相互理解と相互信頼の重要性を強調し、両国がさらに新しい「創造的パートナーシップ」を構築し、経済、環境、エネルギーなど多方面で国際的な互恵協力を推進し、東アジアおよび世界の平和と安定のために貢献するよう呼びかけた。

福田首相は天津経済開発区、曲阜〔山東省〕の孔子の故郷を視察した後、中国への「春を迎える旅」を終えたが、中国における一連の活動は中日関係をまた一歩前進させた。

二〇〇八年一月十日以来、中国南方の大半の地区と西北地区の東部は低温、大雨、大雪、凍結など極端な天候に見舞われ、一部の地区では新中国建国以来稀に見る低温、大雨、大雪、凍結の災害が発生した。災害発生後、国際社会は非常に関心を寄せ、日本政府は五千七百万円相当の救援物資を贈呈した。

中央軍事委員会委員、総参謀長の陳炳徳大将の招請に応じ、日本の自衛隊統合幕僚長の斎藤隆海将が二月二十六日から二十九日にかけて中国を訪問し、中日双方は国際的、地域的な安全保障問題、国防と軍隊建設、二国間関係などの問題について意見を交換した。斎藤隆統合幕僚長の一行は中国人民解放軍の陸、海、空軍部隊を視察した。中日双方は今回の訪問を通じて、さらに防衛分野における双方の理解と相互信頼を増進し、両国および両国の防衛部門の関係の発展を促進するよう希望した。

中日関係のいっそうの発展を推進するために、国内の仕事が繁忙であるにもかかわらず、胡錦濤主席は二〇〇八年五月六日に日本を訪問した。訪問期間中に天皇陛下と会見するとともに、福田康夫首相と中日関係と双方がともに関心を寄せる問題について率直に、かつ深く立ち入った意見を交換し、共通認識に達した。双方は、中日が長期にわたって安定した善隣友好関係を発展させることは、両国と両国人民の根本的利益に合致し、アジアと世界の平和、安定、繁栄に重要な意義を有するという認識で一致した。

会談終了後、胡錦濤主席と福田首相は中日両国間の四つ目の政治文書である、『戦略的互恵関係』の包括的推進に関する中日共同声明」に署名した。この声明は、長期にわたる平和友好協力こそ双方の唯一の選択であることを強調し、中日関係の三つの文書の原則を厳守し、中日の戦略的互恵関係の新たな枠組みと新たな局面を切り拓くことを重ねて表明し、相手側の平和的な発展を支持するとともに、共同で世界的な課題に対応するうえで協力することを表明している。共同声明に基づいて、両国は二国間の協力関係を拡大するだけでなく、世界政治の舞台でも両国関係の新たな枠組みを構築する。

また、中日双方はさらに「中日両政府の交流と協力の強化に関する共同プレス発表」を発表した。胡錦濤主席は早稲田大学で重要な講演を行うとともに、日本の各界の人々と幅広く交流し、東京のほかに横浜、川崎、大阪、奈良をも訪問した。大阪では、北京オリンピックの公式スポンサーである松下電器〔現在のパナソニック〕本社を見学するとともに、省エネと環境保護の分野における中日両国の協力がさらに大きく発展するよう希望すると表明した。

二〇〇八年五月十二日、中国の四川省で大地震が発生すると、その日の夜、福田首相は中国駐在の日本大使館を通じて胡錦濤主席と温家宝総理に見舞いの書簡を送り、「日本は中国側にできるだけの支援を行う用意がある」ことをはっきり表明した。

五月十三日、高村正彦外務大臣は、中国がまさに拡大しつつある四川大地震の災害状況に対応するのを援助するために、日本政府は中国に五億円相当の緊急援助物資を提供すると発表した。同時に、高村外務大臣は記者団に対して、「中国側から要請があれば、追加援助と救援チームを派遣することも検討する」と語った。同日の閣議はとくに四川大地震の救援対策について検討したが、その内容にはヘリコプターの派遣、専門医療チームの輸送、緊急援助物資などが含まれていた。

十五日、日本政府は国際緊急援助隊の派遣を決定し、五月十六日午前九時四十五分、第一陣の三十一名の援助チームが成都から四百キロの青川県関荘鎮に到着した。それと同時に、日本の社会各界は積極的に義援金を拠出し被災地を支援した。これに対して多数のネットユーザーは次々と感謝の意を表し、大半のネットユーザーは、日本の今回の援助に対して深い敬意を抱き、日本に対する印象が非常に大きく変わったと表明した。

五月二十日、日本政府は医療チームを四川の被災地に派遣して支援した。その後自衛隊の輸送機を派遣して物資を輸送する計画はまだ実現できなかったが、それにもかかわらず、五月三十日、日本政府は中国の地震被災者への援助を五億元から十億元に倍増し、民間機をチャーターして災害救援物資を中国の四川に輸送することを発表した。

三　対中協力政策の背景

概括すると、福田政権が積極的に日中関係を推進した背景は主として次の通りである。

第一に、福田首相の外交理念とその中国観である。福田康夫首相の父親である福田赳夫元首相は、一九七六年〔十二月〕から一九七八年〔十二月〕までの首相在任中に、日本が軍事大国にならず、東南アジア各国と信頼関係を築き、積極的に経済協力を行う「福田ドクトリン」を提起したばかりでなく、中国とも「日中平和友好条約」を締結した。福田康夫は当時首相の秘書官として、自然にかなり大きな影響を受け、しかも言動が慎重な政治家として、均衡と協調をいっそう重視した。それゆえ、福田康夫首相も日本のアジア外交の構築を重視し、「日米同盟は基礎であり、我々は重視しなければならない。しかし、もしその他の面に不備が生ずれば、訂正しなければならない」と強調するとともに、「日米同盟の強化とアジア外交の推進を共鳴させる」という外交理念を提起した。「安倍首相が中国と韓国を訪問した後、日中関係と日韓関係は改善された。我々はこの趨勢をさらに発展させなければならない」と明確に主張した。福田首相は中国と長期にわたる良好な関係を発展させることに賛成し、小泉元首相の靖国神社参拝に批判的な態度をとるとともに、靖国神社に代わる国立の追悼施設の建設を提唱し、首相に就任する前から在任中は靖国神社に参拝しないと明言していた。

二〇〇八年五月二十二日、福田首相は国際交流会議「アジアの未来」で「太平洋が『内海』になる日へ」と題する講演を行うとともに、この講演の要点を「新福田ドクトリン」と位置づけ、次のように指摘した。

これは日本が今後三十年間見据えたアジア外交政策の基本原則であるべきである。日本とアジアのその他の国家は「将来ビジョンを分かち合い、ともに考え、ともに行動するパートナー」であるべきで、「二十一世紀に生きる我々は、もう太平洋をさらに区切って東西に分けた、二十世紀のせせこましい心の仕切りをもう取り払ってはどうだろうか」、「大切なことは、アジア・太平洋諸国の人々が相互の信頼関係を築いていくことである」。「新福田ドクトリン」の地域の範囲は「福田ドクトリン」をはるかに超えており、東北アジアと東南アジアの国家を含むだけでなく、さらにインド、オーストラリア、ニュージーランド、南北アメリカもそのなかに含まれる。福田首相は十六世紀の地中海貿易がヨーロッパに繁栄をもたらしたが、アジア太平洋国家は今後太平洋を地中海のような、人と物資が頻繁に行き交うことのできる「内海」に変えるべきだと指摘した。

福田首相は講演のなかで、アジアの発展に対する日本のいくつもの約束、すなわちASEANが共同体を実現することへの支持、日米同盟の強化、日本を平和協力国家にすること、日本と各国の青少年の交流などを提起した。さらに、ASEANはアジア太平洋地域における「地域協力の要としての役割」を果たしており、日本は将来ASEAN担当大使とASEAN代表部を設けることを検討しており、今後三十年は「アジアの貧富の格差を解消する三十年」になるべきであると具体的に説明した。また、日米同盟を「アジア太平洋の安定装置」と位置づけ、同時に日本は引き続きアメリカなどのインド洋における「テロとの戦い」を支持することを表明した。中国の四川大地震とミャンマーの大型サイクロン災害に鑑みて、「アジア防災・防疫ネットワーク」を構築し、アジア各国の緊急救援機関を一体化し、共同で地震や津波など大規模な自然災害や鳥インフルエンザなど突発事件に対応するよう提唱した。

「産経新聞」は二十三日に政府内部の情報源を引用して次のように述べた。「福田政権は、今後三十年間は、米ソを中心とする冷戦体制の消失にともない、日米同盟のほかに、日本と中国、ロシア、韓国などアジア太平洋の国家と共同体を構築する機会が到来すると認識している。」

第二に、日本の社会の各界の対中認識が除々に変化したことである。中国経済の持続的な高度成長とその実力の急激な増強は日本にかなり大きな圧力をもたらした。しかし、この数年、中日双方の各分野における交流にともない、日本の各界の人々は除々に、急速に発展したが悪影響を受けた中国のこの復興のプロセスを受け入れ始め、しかも「平和共存、互恵的なウィンウィンの関係」が日本の現実的な利益を維持、拡大する最良の選択であることを認識し始めた。

たとえば、中国共産党第十七回全国代表大会（二〇〇七年十月）は、省エネ、環境保護を持続可能な発展の基本的な国策とした。日本は省エネ、環境保護の先進国であり、中日間がこれらの分野で幅広い交流を行うことができれば、その先進的な省エネ、環境保護の技術によって、日本はこれらの分野で中国との協力の機先を制し、同時に日本は本当に中国経済の急速な発展の急行列車に乗ることができ、「高度成長」の歴史を再演する可能性がある。だからこそ、中日両国の環境保護分野における経済協力はその後の日本各界で議論されるホットな話題となるとともに、両国の各種の会議の重点的な議題のなかに登場しているのである。

このような背景のもとで、小沢一郎民主党代表も福田康夫首相の「共鳴外交」に近い主張を打ち出し、日本の安全保障と国際支援活動は国連の枠組みのなかで行われるべきであると主張し、「アメリカ一辺倒」の一元外交と片務主義に反対した。中国が東北アジア外交でまさにアメリカと「対等」であることに鑑み、小沢党首は日本がアメリカ、中国と「正三角形」の外交路線を形成することを提起し、日本が中米との「等距離外交」のなかでアジアをコントロールする主導権を握ることができるよう希望した。

第三に、中米関係、日米関係に変化が生じたことである。一方で、小泉政権が中日関係を悪化させた時期は、ちょうど中米関係が上昇傾向にあり、しかも実効をともなう協力の時期であり、日本は周縁化される趨勢を呈し、他方で、日米関係は下降の勢いにあった。二〇〇七年初めから、久間章生防衛大臣と麻生太郎外務大臣が相次いでアメリカのイラク政策を批判し、アメリカの不満を招いたので、両国の防衛首脳会議が延期された。アメリカは北朝鮮を「テロ支援国家」のリストから削除しようとし、その結果、拉致事件を強調するとともに北朝鮮に対する制裁を強めたい日本とかなり大きな矛盾が生じ、日米同盟の基礎に悪影響をもたらす懸念を引き起こした。

日本はインド洋における給油活動を停止し、国際的な反テロ活動を展開するアメリカ、イギリス、パキスタンなどへの給油を一時的に行わず、これに対してアメリカ側は非常に失望し、アメリカの駐日大使はイギリス、カナダなど十一カ国の駐日大使や駐日武官と共同で、日本にできるだけ早く「新テロ対策特別措置法案」を可決するよう要求した。アメリカの下院は日本に責任の明確化と謝罪を要求する「慰安婦問題決議案」を採択し、アメリカが歴史問題でも日本バッシングを始めたことを裏づけた。それ以外にも、アメリカ産牛肉の輸入や在日米軍の経費負担問題でも日米間に矛盾と摩擦が存在している。

だからこそ、小沢一郎民主党代表の提起した日、米、中の「正三角形」外交論であれ、福田康夫首相の主張した「日米同盟の強化とアジア外交の推進との共鳴」であれ、ともに中国に接近することを前提に、アジア地域における主導権を日本が握るということを意味した。まさにこのような意識のもとで、日本の与野党双方が国会期間中に訪中を競い合う現象が出現した。

もちろん、未来の中日関係にはなお多数の不確定要素が存在する。二〇〇八年に入ってからも、日本の政府と社会には依然として中日関係の大局に影響を与える不協和音が生じた。

たとえば、メディアが「毒餃子事件」を煽り立てたり、中国のチベットの騒乱勃発事件以後も、日本政府が依然としてダライ・ラマの日本通過を許可したり、中国やインドなど経済が持続的に発展している新興市場国家を「サミット」の新たなメンバーとして受け入れるか否かという問題で、「アジア唯一のG8メンバー」という玉座を失いたくない日本は反対の立場をとったり、ひいては、福田首相は四月二十三日にEU（欧州委員会）のバローゾ委員長、EU議長国であるスロベニアのヤンシャ首相と日本・EU定期首脳協議を行った際、EUの対中武器輸出禁止措置の解除問題を慎重に処理し、東アジア地域の安全保障に悪影響を与えないよう要求した。

また、日本政府が五月二十三日の閣議で、国公立学校が学校行事として児童生徒の靖国訪問を禁じた一九四九年の文部事務次官通達はすでに失効しており、授業の一環として、歴史と文化を学ぶことを目的として、児童生徒が靖国神社を訪問してもよいという答弁書を承認したり、外務省官僚が、日本は台湾がオブザーバーとして世界保健機関（WHO）総会に参加することを支持する、日本のこの立場は変わらないと改めて表明したりした。さらに、「アフリカ開発会議」を利用して中国が主催した「中国アフリカ協力フォーラム」に対抗したほか、日本政府がスーダン南部に陸上自衛隊の施設部隊を派遣し国連の平和維持活動に参加する準備を積極的に進めたが、その目的はこれまで長年にわたって資金と物資に重きを置いていた援助モデルから脱却して、新たにアフリカ外交を展開し、中国のアフリカ外交に対抗することにあった。どのようにして悪性の競争から脱却し、建設的な協力関係を保持するかは、依然として中日両国がすみやかに解決すべき問題なのである。

13　天皇陛下と中日関係

初暁波

「日本国憲法」は、「天皇は、日本国の象徴であり日本国民統合の象徴であって、この地位は、主権の存する日本国民の総意に基づく」と明確に規定している。この「平和憲法」では、天皇は憲法の定める国事行為を行うことができるだけで、国政に関する如何なる権能もない。しかし、天皇は国会の指名に基づいて、内閣総理大臣と最高裁判所の裁判官を任命するほか、対外活動と密接に関わる行為を行う。それは、「憲法改正、法律、政令および条約の公布」、「国務大臣および法律の定めるその他の官吏の任免並びに全権委任状および大使、公使の信任状の認証」、「批准書および法律の定めるその他の外交文書の認証」、「外国の大使および公使の接受」などである。可能性としては、これらのほかに「栄典の授与」と「儀式の挙行」などを含むべきであろう。一八九四年の日清戦争の開戦から一九四五年の第二次世界大戦の終結までの間に、三代の天皇が中国侵略を含む日本の対外拡張の過程で重要な役割を果たした。しかし、一九四五年以後、とくに一九七二年〔九月〕以後は、中日関係が徐々に良好な発展の道を歩み、天皇が中日関係の不断の発展の過程で特別な役割を発揮していることは、重視、研究するに値する。

一　一九七二年以後の天皇陛下と中日関係

昭和天皇は一九〇一年に生まれ、一九二一年十一月二十五日に命を奉じて摂政に就任し、一九八九年一月七日に八十七歳で逝去した。歴代天皇のなかで寿命がもっとも長い一人で、同時に在位が六十二年に及び、やはり皇室の記録を更新した。もっと重要なことは、昭和天皇が第二次世界大戦の戦前と戦後という異なる歴史的時期、すなわち専制主義の色彩を帯びていた立憲君主天皇制から象徴天皇制への根本的な変化を経験したことである。

一九七二年から、昭和天皇と中日関係のもっとも密接な現れは訪日した中国の国家指導者と何回も会見したことで、そのうち鄧小平副総理との会見における態度表明はとりわけ注目に値する。一九七八年十月二十二日、鄧小平副総理は羽田空港に到着し、園田直外務大臣や佐藤正二中国駐在大使ら要人の熱烈な歓迎を受けたが、これは新中国の国家指導者の最初の日本訪問であった。

二十三日午前、「中日平和友好条約」批准書交換式の終了後、鄧小平副総理の一行は皇居で天皇陛下と会見し、天皇陛下が歓迎の意を表した後、鄧小平副総理は、「中日条約は想像以上に深い意味をもっているかもしれません。過ぎ去ったことは過去のこととして、今後は前向きに、各方面において両国の平和友好関係を構築、発展させたいものと思います」と述べると、天皇陛下は外務省と宮内庁が事前に作成した談話の原案を急遽変更し、「両国には長い歴史があり、その間には一時、不幸な出来事もありましたが、それはお話のように過去のものです。両国の間に平和友好条約が結ばれましたことは、たいへん喜ばしく思います」と心をこめて述べた。

その言葉は、同席していた湯川盛夫式部官長や入江相政侍従長らを驚かせた。なぜならば、天皇陛下が原稿を逸脱したり、原案にない言葉を述べたりするのは初めてであったからである。宮内庁の関係者は、「恐らく陛下の頭には、早くからこの問題（日中戦争）があったのだろう。そうでなければ、打ち合わせにないお言葉を突然述べられることはありえない」と論じあった。鄧小平副総理は、それを受けて「まったくおっしゃるとおりです。同感です」と述べた。会見の雰囲気は、このように和やかで親しみ深いものであった。

双方は贈り物を交換するとともに、皇居で催された盛大な午餐会に臨んだ。鄧小平副総理は皇居を辞去する際、「たいへん気持ちよく、みな喜んでいます」と感想を述べた。実のところ、これは鄧小平副総理の訪日全般に対する感想と完全に一致しており、鄧小平副総理自身の言葉で、「嬉しい気持ちで東京を訪問し、また、そういう嬉しい気持ちで北京へ戻ることができると思います」と語った。

その実、鄧小平副総理の訪日前、日本側は中国側が天皇の戦争責任を追及するのではないかと懸念していたので、宮内庁は早くから、天皇が「私の生涯でもっとも大きな悲しみである」と述べ、日本の対外戦争に対する自らの基本的な態度を明らかにしていることを強調し、しかも婉曲に、「鄧小平副総理らは国家の象徴であり政治に参与しない陛下の立場を十分に理解し、公式の場でそのようなお言葉がなくても、歓迎活動全般のなかで、中国のかたがたに陛下の誠意を理解してもらえるような雰囲気をつくりたい」と表明していた。天皇陛下が鄧小平副総理と会見した際、慣例を破ってあのような発言をしたことは、中国人民に対する自らの謝罪の気持ちを間接的に表明したものだと理解する人もいた。

天皇陛下の発言があった日の夜、福田赳夫首相は歓迎晩餐会で、同じように原稿を離れ、両国関係に出現した不幸な歴史に言及した際、「これはまことに遺憾なことです」と付け加えた。

当時、多くの日本の指導者がこの会見と天皇陛下の発言を高く評価した。一九八二年、鈴木善幸首相がドイツの「デア・シュピーゲル」の記者から取材を受けたときも依然として非常に楽観していた。歴史的な会見で鄧小平副総理と天皇陛下の意思疎通によって過去の問題がすべて解決されたのか否かと質問されると、鈴木首相は、「そのとおり。二千年余りの日中関係の歴史において一時の不幸な時期があったが、一九七二年の関係正常化以後、我々両国の関係は政治、経済、文化、その他の面でたえず発展し、友好と協力の新たな紀元を切り拓いた」と指摘した。

中国側は、天皇陛下と皇族の訪中の可能性を非常に重視し、早くも国交正常化以前に中日友好協会の郭沫若名誉会長が皇族の訪中を招請したことがある。また、「中日平和友好条約」締結後、とくに一九八〇年代中期、中国の指導者は何度も訪中を招請した。一九八六年四月、胡耀邦総書記は訪中した公明党代表団に対し、皇族の中国訪問を歓迎すると述べた。同年十月二十四日、鄧小平中央顧問委員会主任は北京の人民大会堂で日中友好代表団と会見した際、皇太子殿下の訪中問題について積極的に歓迎する態度を表明し、さらに天皇陛下の訪中についても、「これは日本政府が決めることだが、いつでも歓迎する」と強調した。

説明する必要があるのは、昭和天皇には在位中に中国を訪問する考えがなかったわけではないことである。一九七五年十月、天皇陛下はアメリカを訪問したときに記者会見で訪中の可能性について尋ねられ、「日中平和友好条約」の締結後に、中国を訪問する機会があれば嬉しく思うと婉曲に答えている。しかし同時に、中国訪問は日本政府が考慮して決定すべきであると付け加えた。日本のメディアはこのことを報道した際、天皇陛下が初めて訪中の意志をもらしたものであると指摘すると同時に、日本の中国侵略の歴史に対しどのようなお言葉を述べるかが重要であると論評した。「中日平和友好条約」締結以後も、天皇陛下は何度も訪中の希望を述べている。たとえば、裕仁天皇の侍従長、入江相政の日記には、一九八四年四月二十日、天皇陛下は当時の中曽根康弘首相に、「中国へはもし行けたら」という考えを提起したと記されている。しかし、日本国内のさまざまな思惑により、天皇陛下のこの願いは在世中に実現できなかった。

一九八九年〔一月七日〕の昭和天皇の逝去の前後、日本社会に対外戦争の歴史の真相を抹殺し、人々の耳目をごまかそうとする誤った言論が数多く出現したが、当時のこのような背景のもとで、中国政府は大局を重んじ、銭其琛外相を国家主席の特使として弔問に派遣し、葬礼に参加する機会を利用して一連の外交活動を展開し、積極的な役割を果たした。歴史が十分に証明しているように、この決定は「適切かつ穏当で、外交上の儀礼を失せず、両国関係の増進をも利し、同時に、戦争の性格をめぐる問題で日本側が踏み込んだ態度を示すよう働きかけ、良い効果を収めた」。

二　一九九二年の今上天皇の訪中

一九八九年〔一月〕、今上天皇が正式に即位し、年号が平成に改まった。同年四月十二日、李鵬総理が日本を訪問した際、日本側に天皇の中国訪問を招請する問題を提起した。当時、今上天皇は服喪中であったため、中国の招請は非公式のものであった。日本側にも天皇陛下をはじめとする皇室外交を推進する意向があり、天皇陛下の中韓両国訪問による局面の打開を望んでいたが、その時期の選択からみると、早くとも天皇の即位の礼の後、つまり一九九〇年秋前後であるべきであった。いうまでもなく、この訪中計画は、〔一九八九年六月〕中国で「政治風波」〔六四天安門事件〕が起きたために延期された。

国際情勢の発展と日本政府の配慮によって、外務省は中国がさまざまな機会に何度も天皇の中国訪問を招請したのに対して非常に慎重な態度をとった。一九九一年六月末に銭其琛外相が日本を訪問したとき、天皇皇后両陛下が国交正常化二十周年の際に訪中するよう希望した。その後八月に海部俊樹首相が訪中した際、楊尚昆国家主席が再び丁重に訪問を招請したが、日本側は終始一貫して「検討中である」ことを強調した。一九九二年初め、渡辺美智雄外務大臣が中国を訪問した際、中日双方は、江沢民総書記と万里全人代常務委員長が日本を訪問し、天皇皇后両陛下が秋に中国を訪問することで大筋合意した。

日本側の決断が遅れたのは、与党の自民党内部を含めて日本国内に「時期尚早」という反対の声が存在していたことと密接に関連していた。日本政府は三月二十八日、天皇が十月二十二日から二十七日にかけて訪中する日程をすでに策定していたが、宮澤喜一首相は依然としてそれを確定しようとせず、天皇陛下の訪中の意義そのものについて、「日中国交正常化二十周年の今年、（天皇陛下の）訪中が実現できれば、中日両国の関係を発展させるのに極めて深遠な意義を有する」と強調しただけであった。同日付の「毎日新聞」は「日中が越えるべきハードル」と題する社説で、中国側が七度にわたって天皇陛下の訪中を招請したが、終始まったく進展しなかったことは、中国側を失望させたかもしれないと指摘した。

日本側の慎重な動きに対して、中国はすでに最大限の努力を尽くした、問題は日本側が政治的決断をしないことにあると考え、この問題を二度と提起しないことにした。五月下旬に万里全人代常務委員長が日本を訪問した際も、一言も触れなかった。こうして、逆に日本側の関心と重視を引き起こし、ひいては客観的に日本に対する圧力を形成しさえした。五月二十一日付の「朝日新聞」は、「天皇陛下は友好の象徴として訪中しなければならない」と題する社説を掲載し、二十五日付の「東京新聞」は万里の日本訪問について、「中日友好の基礎をいっそう堅固にするために天皇の訪中を実現すべきである」という社説を発表し、同日、渡辺美智雄外務大臣は談話を発表し、天皇の訪中を阻もうとする見解を直接非難し、些細な問題のために日中関係を損なうのは愚の骨頂であると指摘した。

六月一日、万里委員長が大阪から帰国の途につく前に、谷野作太郎外務省アジア局長がわざわざ大阪に駆けつけて随行していた徐敦信外交部副部長に、当面の面倒は主に自民党内にも反対勢力が存在することであるが、メディアの論調には積極的な変化が生じ始めていると説明した。とくに、渡辺外務大臣と外務省は各方面の支持の取りつけるために努力しているが、宮澤首相は七月の参議院選挙の終了後でなければ結論を出せないと見込まれると説明した。六月十八日、中日友好協会の孫平化名誉会長が首相官邸に赴いて表敬訪問した際、宮澤首相は単独で会見し、必ず障害を取り除いて天皇陛下の訪中を実現させる決意を表明した。

六月二十四日、日本政府が行った世論調査によると、天皇陛下の訪中に賛成する人は七五％に上り、反対の人はわずか五％にすぎなかった。この頃、少数の右翼が破壊活動を展開し、ひいては、七月二十八日、右翼の一人が首相の私邸付近で割腹して天皇の訪中を阻止しようとさえした。八月十日、宮澤首相は正式に自民党の幹部四人を首相官邸に呼び、天皇皇后両陛下が必ず年内に訪中することを確定し、二十五日に天皇陛下の訪中の具体的日程を発表した。これに対して、野党と経済団体の大半が積極的に支持する態度を表明し、国際世論も天皇の訪中が中日関係の発展とアジア全体の安定に貢献するよう期待したが、言うまでもなく多くの人は象徴的意義しか有さない天皇の一度の訪問によって、中日間に存在する幾多の具体的な問題が根本的に解決されるのは難しいことを認識していた。

楊尚昆国家主席の招請に応じて、一九九二年十月二十三日から二十八日にかけて、天皇陛下は渡辺美智雄副首相兼外務大臣、橋本恕中国駐在日本大使、藤森昭一宮内庁長官らの随行のもと、日本史上初めて中国大陸の地を踏む天皇になった。伝えられるところでは、中国国民に日本をより深く理解してもらうために、日本側はわざわざ天皇制に関する宣伝映画を制作したうえ、天皇皇后両陛下の写真集や『日本国憲法』などのパンフレットを幅広く配布した。宮内庁は天皇陛下のために総額二千三百万円の贈り物を準備した。著名な平山郁夫画伯の作品「法隆寺」をはじめ、皇室の菊の紋章入りのネクタイピンや電卓など、ひいては天皇陛下の乗る車の運転手やホテルの従業員のためにさえ、申し分ない準備をした。

天皇陛下は二十三日に北京に到着すると、楊尚昆主席の熱烈な歓迎を受けた。北京訪問中、天皇陛下は楊尚昆主席、江沢民総書記、李鵬総理ら党と国家の指導者と相次いで会談したほか、万里の長城と故宮を見学した。美智子皇后は、李鵬総理の夫人である朱琳の案内で北海幼稚園を見学した。その後、天皇皇后両陛下は北京を離れ、両国の古代の交流でもっとも重要な都市である、古都西安を訪問した。西安では、大雁塔、碑林博物館、陝西歴史博物館、明代の城壁を見学した。両陛下は、遣隋使と遣唐使の偉大な功績を偲ぶと同時に、西安の歴史文化遺跡の貴重さを繰り返し称賛した。西安市民は親切で客好きの伝統を発揮し、西大門の城壁全体が歓迎の人々で埋め尽くされ、まことに壮観であった。天皇皇后両陛下は非常に感動し、長いことその場を離れようとしなかった。

最後の訪問地は、中国、ひいては東アジアでもっとも重要な経済センターの一つである上海であった。上海滞在は一日余りという短いものであったが、天皇陛下は交通大学を訪問し、黄浦江に新設された南浦大橋と南匯県周浦郷を見学し、上海の夜景も観賞した。そのうえ、宿泊先の西郊賓館で上海の科学技術、文化、都市建設などの著名人十人余りと友好的な会見と交流を行った。自らが海洋生物の専門家であるので、天皇陛下は交通大学で海洋工学国家重点実験室を訪れ、風、波、潮・海流などの海洋環境シミュレーターを興味深く見学し、学生との座談会では三峡プロジェクトについて言及した。皇后陛下もわざわざ著名な児童文学者の陳伯吹らと交流した。

この訪中は警備が厳重であったにもかかわらず、どこに行っても、天皇皇后両陛下は可能な限り機会を見つけては一般の人々と触れあい、すばらしい効果を収めた。とくに最後の訪問地の上海の一般市民が天皇陛下の来訪に示した熱情は、随行した日本の外交官を含めた内外の人々を大いに感動させた。これらはいずれも天皇皇后両陛下に何年経っても忘れ難い強烈な印象を残した。その後、天皇陛下は「西安」と「上海」と題する和歌を詠み、初めての中国訪問の感動を表した。

西安
三秦滄桑地、凭吊憶先賢。
雁塔凝神処、忽忽已千年。

いにしへの我が国人《くにびと》の踏みし地を
千年を越えて我ら訪《おとな》ふ

上海
笑靨話東瀛、迎客殷殷情。
申城華灯里、安車依依行。

笑顔もて迎へられつつ
上海の灯ともる街を車にて行く

二十八日午後、天皇陛下の一行は上海虹橋国際空港から帰国の途についた。天皇陛下は羽田空港における談話で、中国で受けた熱意溢れる歓迎を振り返り、喜びを表明すると同時に、「我が国民が日中両国の長きにわたる歴史を振り返り、これからの両国の友好関係を築いていくことを切に望んでおります」とも提起した。同日、中国外交部の呉建民スポークスマンも記者会見で天皇陛下が成功裡に訪中したことを高く評価し、次のように指摘した。

「両陛下の御訪問は無事に終わり、円満な成功を収めた。これにより相互理解はさらに深まり、善隣友好も促進された。両国関係の発展を推し進めるにあたり、両陛下の御訪中は非常に大きな影響を及ぼすであろう。」

三　中日関係における独特の意義

中日両国間にはは歴史的にみると非常に密接な関係が存在しており、天皇陛下は対中関係をたいへん重視している。中日関係の正常化の過程で、日本の法律の手続きに基づいて、天皇陛下は独特の役割を発揮した。たとえば、一九七二年九月、田中角栄首相は訪中前の二十二日、わざわざ皇居に赴いて天皇陛下に上奏し、自らの訪中の経緯と中日国交正常化の基本方針を説明した。同じように、訪中を成功裡に終えて帰国するや、ただちに皇居に赴いて天皇陛下に訪中結果を上奏し、しかる後やっと臨時閣議を開いて説明を行った。

中日国交正常化の後、中国は一九七三年四月二十九日に天皇陛下に誕生日の祝電を送り、天皇陛下はわざわざ返電を送って感謝の意を表した。同年十月一日の中華人民共和国の国慶節に、天皇陛下は董必武国家主席代理に初めて電報を送り、祝意を表した。一九七六年〔七月六日〕に朱徳元帥〔当時、国家元首に相当する全人代常務委員長〕が逝去すると、花輪を送った。これは言うまでもなく日本国家の象徴として当然の職責であるが、天皇陛下が日中関係を重視していることの一斑が窺える。園田天光光の回想によると、夫の園田直、すなわち一九七八年に中国を訪問して「日中平和友好条約」に調印した外務大臣は、交渉が成功して帰国すると、天皇陛下から労いのお言葉をいただいたそうである。そのことについて、園田夫人は、「日本の歴史上前例のないことである」と指摘している。

天皇陛下も日中関係をたいへん重視していたが、一九九二年の訪中前、国内の保守勢力と右翼勢力は何度もそれを阻止しようと試み、上述の割腹による脅しのほかにも、出発前の十月六日、天皇陛下が国民体育大会の開幕式に出席している最中に、右翼分子が天皇陛下に発炎筒を投げつけるとともに、「天皇訪中反対、天皇は帰れ」と叫んだ。また、天皇訪中前の十八日、石原慎太郎もフジテレビの番組で大いに気炎を上げ、宮澤首相の対中政策を批判し、天皇陛下の訪中は「憲法違反」だと述べた。

万一の事態を回避するために、当時、日本の警察は二万六千人の警察官を動員して皇居、羽田空港、主要道路の警備を行い、ひいてはダイバーまで動員して皇居のお堀をよく調べた。このような脅しや妨害に直面しても、天皇陛下は日程を変更せず、政府の統一的な手配のもとで予定どおり中国を訪問した。ここに対中関係の重視の姿勢と極めて大きな勇気が示されていると言うべきである。

歴史認識の問題では、天皇陛下の姿勢が非常に重要であった。昭和天皇が在位中に行った歴史問題に対する発言は、一部の日本人から見るとすでに反省の意が込められていたが、相対的にいえば、歴史の当事者としては、やはりかなり曖昧であった。平成天皇が即位してからは、この種の発言が徐々に明確になり始めた。

一九八九年四月十三日、李鵬総理が日本を訪問した際、天皇陛下は東京で開かれた午餐会で、「両国は長い歳月において、太古から交流があり、関係も良好ですが、近代において不幸な歴史があったことに対して遺憾の意を表します」と述べた。日本の共同通信社は十四日の論評で、これは政府と宮内庁が事前に協議した結果であろうが、新しい天皇陛下が新しい時代を切り拓くにあたり、不幸な過去と区切りをつけるべきであると評した。「読売新聞」の同日の論評は、これは日中友好が二十一世紀に向かって歩む新しい起点になるであろうと指摘しさえした。一九九二年八月、日本政府が天皇訪中の日程を正式に決定した後、加藤紘一官房長官は記者のインタビューを受けた際、「謝罪のための旅にしてはならない。陛下に新たな御負担をかけるべきではない。従来から陛下がいろいろな場面でおっしゃられたことは、今後のお言葉を述べる際に考えられることではないか」と語った。これは、日本政府が過去二回の談話の範囲内で天皇訪中時の挨拶を検討していたことを意味する。

天皇陛下は、訪中当日の盛大な晩餐会で、次のように挨拶した。

「両国の関係の永きにわたる歴史において、我が国が中国国民に対し多大の苦難を与えた不幸な一時期がありました。これは私の深く悲しみとするところであります。戦争が終わった時、我が国民は、このような戦争を再び繰り返してはならないとの深い反省にたち、平和国家としての道を歩むことを固く決意して、国の再建に取り組みました。」

天皇陛下の挨拶が終わると、隣に座っていた楊尚昆国家主席は天皇陛下に対し、「心温まる御挨拶に感謝します」と述べた。

その翌日、江沢民総書記が天皇陛下と会見した際、「昨晩、陛下は両国の歴史全般について触れられました」とわざわざ述べたことは、天皇の挨拶を肯定的に評価したものと理解されている。実際、天皇陛下は一九七三年の皇太子時代にも中国大使に、「日中両国には悠久の文化交流の歴史があります。一時期、日本は中国にたいへん申し訳ないことをし、これをたいへん遺憾に思っています。今後は両国が末永く睦まじくすることを願っています」と述べたことがある。今回の訪中における挨拶で、「悲しみとする」、「反省」などの言葉を使ったことは、天皇陛下自身の歴史認識の問題に対する一貫した真実の態度であるはずであり、かなりの誠意を表していた。

天皇皇后両陛下の訪中の際、日中文化交流協会の東山魁夷代表理事が文章を発表し、そのなかでとくに次のように指摘した。

「歴史上、日本は中国と友好関係を維持し、中国の古代文明の影響を受けながら自国の文化を発展させてきた。その後、日本は一方的に友好関係を損ない、中国に多大な災難をもたらした。天皇陛下の訪中にあたり、日本国民は歴史を銘記して中日友好のすばらしい未来を展望するという友好の思いを伝えていただきたいと心から願っている。また、今回の天皇陛下の訪中を通じて、両国が今後の歴史の長い流れのなかで手を携えて進む隣国関係を築き、天皇の訪中が新たな歴史の出発点となることを心から願っている。」

天皇陛下の歴史問題に対する発言は、日本の国民の心の声であったと言うべきである。日本国内の主流の天皇の発言に対する総体的な評価もかなり高かった。当時の亜細亜大学学長の衞藤瀋吉教授は、「戦争責任に関する天皇の発言は極めて適切であり、これまでより一歩踏み込んでいるし、天皇の訪中に反対する日本国内の世論にも配慮している」と指摘した。さらに踏み込んで、謝罪するような言葉を使っていたら、国内世論から攻撃を受け、逆に中日関係は悪化したであろう。当然、ごく少数ながら天皇の中国における歴史認識の問題に関する発言を「問題発言」とする右翼分子がけっしていなかったわけではなく、それらの者は宮澤内閣の対中政策を攻撃し、天皇の訪中は「政治的に利用された」「巡礼の旅」であったなどと荒唐無稽な暴言を吐いた。

日本における天皇の地位はたいへん特殊である。天皇自身は実質的な権力をもたず、中日関係の発展過程で発揮できるのは象徴的な役割のほうが多いにもかかわらず、一般の日本人にとって、天皇の訪中と中国に対する態度は非常に重要である。非常に多くの企業家は、天皇陛下が訪中すれば、中国は投資リスクの大きい地域でないと考えてかまわないことを認めていた。

天皇の訪中が終わると「産経新聞」は論評を発表し、「日中間の経済協力関係がいっそう緊密になっているが、天皇陛下の訪中によって日本企業の対中投資の意欲が間違いなく高まるであろう」と指摘した。この点は、一九九二年の天皇訪中以後に急速に増えた対中投資と貿易の伸びによって裏づけられている。中国の対外貿易経済協力部の統計によると、一九九一年の日本の対中投資プロジェクトはわずか五百九十九件、契約ベース投資額は八億千二百万ドル、実行ベース投資額は五億三千三百万ドルにすぎなかったが、一九九二年には一千八百五件、契約ベース二十一億七千三百万ドル、実行ベース七億一千万ドルに増加した。天皇陛下の訪中後の一九九三年には三千四百八十八件になり、契約ベース投資額は三十億ドルに迫り、実行ベース投資額は十三億ドルを超えた。投資件数にしても、投資金額にしてもその伸びは目を見張るものである。

もちろん、我々は、天皇陛下は中日関係で独特な役割を発揮しているけれども、それだけでけっして中日関係のすべての問題を完全に解決できないことをはっきり見てとるべきである。一九九二年の天皇陛下の訪中以後における中日関係の発展に次々に問題が生じたことは、中日両国は一衣帯水の関係にある隣国であるが、彼我の間のいわゆる「家は近いが、心は遠い」という苦境を真に乗り越えるには、長い道のりが必要であることを物語っている。それゆえ、天皇陛下を含む、中日関係の発展に関心を寄せる中日両国のあらゆる人々は信念を固め、引き続き励んで、真の平和、友好、調和、ウィンウィンの中日関係を築くために、たゆまぬ努力をする必要がある。

第四部　政府交流のメカニズム

1　中日議会交流

陳浩　王新生

中国全国人民代表大会〔全人代〕と日本の国会はともに立法機関であり、各自の国家で重要な政治的役割を果たしている。両国議会の間は極めて早くから友好交流を開始し、一九七二年九月〔二十九日〕に両国が国交を樹立する前夜、日本の多くの衆参両院議員が中国を訪問し、田中角栄首相の訪中と日中国交回復のために条件を整えた。その後、とくに一九七八年〔八月〕の「日中平和友好条約」締結後、全人代と日本の国会との交流が頻繁に行われ、国家関係の全般的な発展のために新たな内容を盛り込み、新たな活力を注入した。総体的にいえば、一九七八年以後の中日間の議会交流は同じ時期の中日関係の大勢と密接な関係があるが、時期によって異なる歴史的特徴を有し、おおむね次のようないくつかの時期に分けることができる。

一　急速に発展する中日議会交流

一九七八年から一九八九年にかけて中日関係は急速に発展し、中日両国は政治、経済、文化など各分野での交流がたえず深まり、両国のハイレベル指導者による相互訪問が絶え間なく続いた。このような状況のもとで、両国の議会間交流が頻繁になり、さまざまなレベルでの交流した。

まず、友好的な日本の国会議員がグループを結成して訪中し、全人代や国家の指導者との間に深く厚い友情を築き上げ、両国の議会交流と両国関係の発展を推進するために大きく貢献した。一九七八年六月二日、廖承志全人代常務委員会副委員長兼中日友好協会会長は山口敏夫衆議院議員兼新自由クラブ国会対策委員長を団長とし、甘利正衆議院議員、森重郎参議院議員を副団長とする「日中友好新自由クラブの翼訪中団」の一行百人余りと会見し、親しみのこもった友好的な会談を行った。六月二十五日、ウランフ全人代常務委員会副委員長は始関伊平衆議院内閣委員会委員長を団長とする衆議院議員訪中団と会見し、友好的な会談を行った。七月二十一日、姫鵬飛全人代常務委員会副委員長は藤田正明を団長、野呂田芳成と増岡康治を副団長とする日本国会議員友好訪中団と会見し、友好的な談話を行った。十一月十三日、三宅正一衆議院副議長を団長とする日本衆議院議員友好訪中団が全人代常務委員会の招請に応じて中国を友好訪問し、全人代常務委員会は一行の歓迎宴を催し、全人代常務委員会の廖承志、姫鵬飛副委員長らが出席し、鄧穎超副委員長が十一月十四日に訪中団と会見した。十一月十五日、華国鋒中国共産党中央主席兼国務院総理が訪中団と会見し、次のように語った。

『中日平和友好条約』の締結以後、両国の友好関係は新たな歴史的段階に入った。中日の友好協力は前途洋々であり、中日両国の人民が子々孫々まで友好的につきあうよう希望する。」

中国の全人代の指導者は、とくに日本の友好的な国会議員との関係を発展させることを重視した。一九八〇年二月、日中友好議員連盟は総会を開催し、古井喜実を会長、衆議院議員の小林進、渡部一郎、永末英一、田川誠一、塩谷一夫らを副会長に選出した。三月十四日、ウランフ全人代常務委員会副委員長は長期にわたって日中友好活動に携わってきた関係者とともに訪中した日本の日中友好議員連盟の新しい指導部と人民大会堂で一堂に会し、両国と両国人民の友情を新たな高みに押し上げるようともに努力することを表明し、日中友好議員連盟の藤山愛一郎元会長と浜野清吾前会長が中日の友好関係を発展させるために大きく貢献をしたことを称え、古井喜実新会長をはじめとする新指導部は必ずや中日友好協力関係の新たな発展を推進し、アジアと世界の平和を守るために新たな貢献をすると確信していると述べた。

次いで、両国議会間の公式交流が絶え間なく行われ、ハイレベルの定期会合のシステムが形成された。一九七九年一月十二日、全人代常務委員会は安井謙参議院議長と同議長の率いる参議院代表団を熱烈に歓迎した。全人代常務委員会の鄧穎超副委員長は安井謙議長ら日本の貴賓と会見した際、次のように指摘した。

「過去一年間に起こった、偉大な歴史的意義を有する国際的な重大事件は、『中日平和友好条約』が締結され、発効したこと、鄧小平副総理の日本訪問が申し分のない成功を収めたこと、一九七九年一月一日に中米関係が正常化されたこと、覇権主義に反対する条項が『日中平和友好条約』と『中米両国の国交樹立に関する共同コミュニケ』に盛り込まれ、アジアと世界の平和と安定に深遠な影響を及ぼしたことである。」

安井謙議長は次のように指摘した。

「一九七二年九月に締結された『日中共同声明』は、二千年余りを有する日中両国の交流関係のために新たな一ページを切り拓いた。今回の平和友好条約の締結もまた、日中関係史のためにいっそう輝かしい一ページを書き加えた。双方はこの条約の締結を機に、平等互恵の原則に基づいて、両国間の名実ともに新しい関係のために、強固な土台を築くと固く信ずる。」

一九七九年四月八日、鄧穎超副委員長は全人代代表団を率いて日本を訪問した。灘尾弘吉衆議院議長は鄧穎超副委員長と会見した際、次のように述べた。

「言うまでもなく、日中両国は確かに二千年にわたる豊富多彩な交流の歴史を有する。日中両国の友好は両国民の間に深く根づいており、伝統的な友情を具えているといえる。ここに会している我々が今後も今晩と同じように、和やかな雰囲気のなかで率直に話しあえば、両国の親善関係は必ずやさらに発展すると確信している。」

一九八一年一月、徳永正利参議院議長の率いる参議院代表団が中国を訪問したが、同議長は中国側の開いた宴会で挨拶した際、日本の衆参両院が全人代常務委員会と引き続き友好往来と交流を強化、発展させることは、深遠な意義を有すると指摘した。十二日、鄧小平副主席は徳永正利議長の一行と会見した際、「現在の中国の政治情勢は、六〇年代以来もっとも安定している」とはっきり指摘した。

一九八一年六月、福田一衆議院議長の率いる衆議院友好訪中団が中国を訪問し、鄧穎超全人代常務委員会副委員長は全人代常務委員会の開催した歓迎宴で、次のように述べた。

「全人代常務委員会と日本の衆参両院との間でたえず往来を強化することは、中日の友好協力関係を強化し、両国人民の伝統ある友情を深め、アジア太平洋地域の平和と安定を守ることに対して、極めて重要な意義を有する。」

十一月十日、彭沖全人代常務委員会副委員長の率いる全人代代表団が訪日し、衆参両院議長が衆議院議長公邸で盛大なレセプションを開催し、歓迎した。福田一議長は挨拶のなかで、「中日両国の間の友情は両国の国民のなかに深く根づいている」と述べ、両国の関係者が「和やかな雰囲気のなかで率直に話しあえば、両国の親善関係がいっそう前進する」と信じていると表明した。

一九八五年四月、彭真全人代常務委員会委員長が訪日し、坂田道太衆議院議長と木村睦男参議院議長を表敬訪問し、中日の議会交流の重要性を強調した際、次のように強調した。

「中国の全人代と貴国の国会は、両国の近隣友好関係を維持、発展させる崇高な責任を負っている。私の今回の訪問の目的は、貴国の国会や朝野各界の人々といかにして現存の善隣友好関係をいっそう強化、発展させて、中国と日本という二大民族が子々孫々まで友好的につきあっていくことを保証するかについてともに協議することにほかならない。」

両国の議会が交流関係を樹立してから十年目、すなわち一九八八年〔六月〕に、原健三郎衆議院議長が中国を訪問し、万里全人代常務委員会委員長は歓迎会で、「中国の全人代と日本の国会は、両国の友好協力関係を維持、発展させる崇高な責任を負っている」と指摘した。

さらに、深く立ち入って率直に意見を交換することを通じて、両国の国会は多くの重大な国際問題について見解を一致させるとともに、それによって政治、外交などの問題におけるいっそうの協力を促進し、一九八〇年代の中日関係を新たに発展させた。一九八〇年一月七日、全人代常務委員会の鄧穎超副委員長は秋山長造参議院副議長の率いる参議院代表団の歓迎宴で、ソ連が強引にアフガニスタンに出兵したことを糾弾し、「これはソ連の覇権主義の本質を再び大々的に暴露したものであり、ソ連が侵略と拡張に拍車をかける重大な措置でもある」と指摘した。秋山副議長はソ連のアフガニスタン侵攻に対して遺憾の意を表明し、ソ連政府にアフガニスタンに対する軍事介入をただちに停止するよう要求し。秋山副議長は今回の訪中の成果について触れた際、中日両国は平和的かつ友好的に幅広い交流を行っており、我々は今回の中国訪問中に得た重大な成果を大切にし、日中関係のさらなる発展のために全力を尽くすと述べた。

二　着実に発展する中日議会交流

一九八九年から二〇〇一年にかけて、中日の議会交流は着実に発展した。一九八九年〔六月〕に中国の北京で「政治風波」〔六四天安門事件〕が起こると、外的環境が相対的に悪化し、中国と、日本を含む西側諸国との関係も一時的に沈滞状態に陥った。しかし、中国政府は終始一貫して中日の友好関係を重視、推進し、それを周辺外交、発展途上国との外交を打開するための重要な要素と見なし、日本政府も中国との二国間関係を改善することにとても気を配ったので、両国の関係は短期的な波乱の後、極めて急速に回復、発展した。

一九九一年八月、海部俊樹首相が訪中し、西側先進国のなかで最初に中国を訪問した政府首脳になり、西側諸国の対中制裁の打破に一定の役割を果たした。それ以前にも、中日両国の議会は依然としてかなり緊密な関係を保持し、両国の意思疎通の重要なルートになるとともに、一定程度中日関係の回復と発展を促した。

一九九〇年六月四日、全人代常務委員会の万里委員長は大石正光衆議院議員の率いる自民党議員「中国研究会」代表団と人民大会堂で会見し、次のように指摘した。

「中日両国は二千年にわたる交流の歴史を有し、近隣の国家でもあり、広大な協力の潜在力を有する。それゆえ、我々には友好協力をしない理由はなく、子々孫々まで友好協力をしていくべきである。それは、アジアと世界の平和だけではなく、我々両国の発展と建設にとっても有益である。」

さらに万里委員長は、「中国研究会」が引き続き中日友好のために貢献するよう希望するとともに、大石正光団長に桜内義雄衆議院議長への挨拶を託し、大石正光団長も日中両国の友好協力関係の発展をいっそう促進したいと表明した。

中日両国の議会指導者は議会間交流に満足し、その積極的な意義を十分に認めていた。一九九二年五月、万里委員長は日本を訪問した際、次のように語った。

「『日中平和友好条約』の締結以来、両国の議会は公式の関係を築き、双方の友好交流は日増しに増えている。両国議会の交流はすでに両国交流の重要なルートになり、相互間の理解と信頼を増し、両国の友好関係の絶えることのない発展を促進するために積極的な役割を発揮している。中国の全人代と日本の国会は両国の友好協力関係を発展させる面で重要な責任を担っており、衆議院は日中国交正常化および日中平和友好条約の締結の過程で重要な役割を発揮し、両国の善隣友好協力関係の全面的発展のためにも積極的に貢献している。」

この時期に、中日関係は発展の勢いを維持し、各分野における協力がいっそう強化されたにもかかわらず、中日関係を構成する各部分の不均衡が日増しに際立ち、経済関係の発展は急速であるが、政治関係の発展は安定できず、安全保障関係はすみやかに改善しなければならず、国民意識のなかで反発する意識が激化するなど、一連の新たな特徴を呈した。中日両国の議会指導者と議員は、中日関係を政治的摩擦から脱却させるために、ハイレベルの交流と、各分野における積極的な対話と交流をいっそう強化したので、中日の議会交流は全面的発展の局面を呈している。

一九九三年五月二日、全人代常務委員会の喬石委員長は人民大会堂で桜内義雄衆議院議長の率いる衆議院議員団と会見した際、次のように述べた。

「中日両国は近隣であり、両国の国交樹立以来、関係は発展し、この数年、双方のハイレベルの指導者の相互訪問は両国の友好関係の発展をいっそう促しており、中日がこのような関係を今後も引き続き発展させ、継続し、両国がともに手を携えて二十一世紀に向かって歩むよう希望する。」

桜内義雄議長は両国議会間の友好関係の発展を振り返るとともに、このような関係がいっそう発展するよう希望した。

一九九四年、原文兵衛参議院議長〔四—五月〕と土井たか子衆議院議長〔八月〕が相次いで中国を訪問した。

四月二十九日、喬石委員長は人民大会堂で原文兵衛議長と会見した際、次のように述べた。

「中日両国がたえず友情と協力を強化することは、アジア太平洋地域と世界の平和に大きく貢献するであろう。二十一世紀を展望すると、このような友情と協力のもたらす影響はますます大きくなるであろう。我々は不愉快な歴史が再演されないよう希望する。」

八月二十五日、喬石委員長は人民大会堂で土井たか子議長と会見し、同議長が長年にわたって中日両国と両国人民の友好協力関係の発展のために幾多の努力をしてきたことを称賛するとともに、両国議会間の友好交流は両国間関係に不可欠の要素であり、中国の全人代は日本の衆議院とともに中日関係の発展のために努力すると表明した。

中国の全人代の指導者の日本への友好訪問も引き続き行われ、一九九五年四月に喬石委員長が日本を訪問した。

中日議会交流という場を借りて、中日関係における複雑で厄介な多数の問題について時機を逸せずに意思疎通することができ、両国関係の健全な発展に積極的な役割を果たした。一九九九年〔四—五月〕、斎藤十朗参議院議長が中国を訪問中、全人代常務委員会の李鵬委員長は同議長と会見した際、次のように強調した。

「『中日共同声明』と『中日平和友好条約』の原則に着実にしたがい、遠大な戦略的観点から中日関係を念入りに観察して処理し、日本が中国を侵略した歴史の問題を正しく認識して対処し、両国関係の健全な発展を確保しなければならない。衆議院が『日米防衛協力のため指針〔新ガイドライン〕』関連法案を可決したことに、中国側は極めて注目している。なぜならば、第一に台湾問題に関わりがあり、第二に日本の軍事的役割の拡大の問題に関係しているからである。我々は、日本が約束を忠実に守り、平和的発展の道を歩み続けるよう強く希望する。そうすれば、日本自身にとって有益であるばかりか、アジアと世界の人々からも信頼を得ることができる。」

斎藤十朗議長は、「『日中共同声明』と『日中平和友好条約』の定めた原則を厳守し、平和憲法を堅持し、平和的発展の道を歩み、日本の国会議員は日中の子々孫々までの友好のために引き続き貢献する」と表明した。

三　二〇〇一年から二〇〇六年までの中日議会交流

二〇〇一年四月、小泉純一郎内閣が誕生すると、歴史教科書、歴史認識、首相の靖国神社参拝など一連の問題をめぐって、中日関係に一度的に「政冷経熱」の局面が出現し、両国のハイレベル指導者の相互訪問も基本的に中断した。政府間交流が困難なときに、全人代と日本の国会との交流が独自の役割を発揮した。たとえば、二〇〇一年からかなり長期にわたって、中日政府の指導者は基本的に公式の相互訪問をしなかったが、そのような状況のもとでも、全人代と日本の議会は依然として交流を維持していた。二〇〇二年四月に李鵬委員長、二〇〇三年九月に呉邦国委員長が日本を訪問し、二〇〇四年〔九月〕に河野洋平衆議院議長が訪中し、二〇〇五年〔四月〕には路甬祥全人代常務委員会副委員長の率いる訪問団が日本を訪問した。これらの相互訪問で、双方はかなり敏感な問題について協議し、両国関係の改善と発展にかなり大きく貢献した。

二〇〇二年四月、全人代常務委員会の李鵬委員長は日本を公式友好訪問し、各種の会談で次のように強調した。

「議会交流は両国関係の重要な一部であり、日本の衆参両院は日本政治で重要な役割を発揮しており、中国の全人代は日本の衆参両院との友好交流と協力を十分に重視している。長年にわたって我々双方はすでに交流のメカニズムを確立し、専門委員会と友好グループが不定期の対話を展開している。新しい情勢のもとでは、両国の政治家、とくに若い政治家の間の交流を強化することは、重要な意義を有する。」

これに対して、綿貫民輔衆議院議長は次のように述べた。

「日中友好を促進するためには、政府のほかに、両国の議会、議員の間の交流も非常に重要な機能を具えている。なぜならば、議員はさまざまな党派や地域から選出され、広範な代表性を有しているからである。日本の衆議院は今後、立法やその他の面で中国の全人代との交流を強化する。」

二〇〇三年九月四日、全人代常務委員会の呉邦国委員長は日本を公式友好訪問し、個別に綿貫民輔衆議院議長、倉田寛之参議院議長と会談を行い、双方は中日友好協力関係の強化と双方がともに関心を寄せる問題について意見を交換した。呉邦国委員長は、日本の衆参両院が中日関係の発展のために払った努力を賞賛し、「中日友好協力はその広さと深さから見て国交正常化以来のいかなる時期をも超えており、両国の人民に確かな利益をもたらし、アジアと世界の平和と発展にも貢献している」と指摘した。

綿貫民輔議長は次のように指摘した。

「呉邦国委員長のこのたびの訪問には重大な意義があり、両国間の友好協力をいっそう強化するであろう。近年、日本の国会と中国の全人代との交流はとても盛んである。日中友好議員連盟は四百名あまりのメンバーを擁し、日本の国会の友好組織のなかで最大規模である。政府間の交流はもとより重要であるが、議会交流も取って代わることはできない役割を果たしている。」

二〇〇四年〔九月〕、呉邦国委員長は河野洋平衆議院議長と会談を行った際、再び中日関係の二つの要素を強調した。

「一つは、二十六年前に締結した『中日平和友好条約』である。これにより中日の子々孫々までの友好が条約の形で公式に定められるとともに、『中日共同声明』における歴史問題や台湾問題の処理に関する原則が法律の形で確認された。

もう一つは、中日関係が今日まで発展してきたのは、両国の先見の明のある政治家と各界の人々の長期にわたる努力の結果であり、得難いものなので、ことのほか大切にすべきであるということである。

現在も、将来も、双方はともに中日友好におけるこの大きな方向を堅持し、たえず共通の利益を追求、拡大しなければならない。議会の交流は国家関係の全面的な発展に不可欠な役割を発揮しており、中国の全人代は日本の国会との友好関係を非常に重視しており、双方がさまざまなレベル、ルートによる交流をいっそう促進するよう希望する。」

両国の交流をいっそう強化するために、呉邦国委員長と河野洋平議長は「中日議会交流委員会」を設置し、この定期交流メカニズムを通じて両国の各レベルや各種の形式の交流を強化し、相互理解と協力を増進することについて話しあった。

首相の靖国神社参拝などの問題に妨げられ、中日関係が非常に大きな影響を被ると、両国の議会は時機を逸せずに関連する問題について協議し、中日関係のいっそうの悪化をある程度回避した。二〇〇五年十一月、呉邦国委員長は角田義一参議院副議長と会談した際、次のように指摘した。

「中日の国交正常化以来、両国関係は長足の発展を遂げたが、これは苦労して得られたものなので、大切にしなければならない。近年、中日関係は深刻な困難に直面しているが、その原因は、日本の指導者が歴史問題における約束に背き、第二次世界大戦のA級戦犯を祀る靖国神社へ頑なに参拝を行い、中国人民の感情を著しく害し、中日関係の政治的基礎に破壊したからある。」

角田義一副議長は、中日関係を発展させるには、「日中共同声明」など三つの政治文書の精神に基づいて事を運ぶことを堅持しさえすれば、過ちを回避することができると応じた。

二〇〇六年七月、中国の全人代常務委員会の路甬祥副委員長と日本の衆議院議院運営委員会の佐田玄一郎委員長は、北京で全人代と衆議院による中日議会交流委員会の第二回会議を共催した。呉邦国委員長は人民大会堂で同会議に出席した衆議院代表団と会見し、全人代と衆議院とが構築した定期交流メカニズムと、その進展および成果を積極的に評価した後、議員は人民を代表し、議会は民意を反映するがゆえに、議会の交流は国家関係の重要な一部であると強調し、双方の定期交流メカニズムという重要な場の独自の機能をいっそう発揮し、引き続き対話を強化し、人的交流を促進し、相互理解を増進し、語形協力を推進し、中日関係の改善と発展のために貢献するよう希望した。

四　二〇〇六年以後の中日議会交流

二〇〇一年から二〇〇六年にかけて日本の首相〔小泉純一郎〕が第二次世界大戦のA級戦犯を祀る靖国神社への参拝に固執し、中日関係を政治的膠着状態に陥らせたので、この五年間は国交正常化以来もっとも困難な時期であったといえる。二〇〇六年九月に安倍晋三首相が登場し、訪中時〔十月八―九日〕に中日関係を発展させることについて中国の指導者と一連の重要な共通認識を得ることができ、両国関係の政治的膠着状態を打破し、中日関係を正常な発展の軌道に乗せ、それに呼応して、中日両国の議会交流も新たな発展段階に入った。

まず、両国議会のハイレベル指導者の相互訪問がいっそう頻繁になった。二〇〇六年十月十六日、全人代常務委員会の呉邦国委員長は北京訪問中の扇千景参議院議長と会見した。扇千景議長は、「中日両国は一衣帯水の関係にある隣国であり、対中関係を積極的に発展させることは日本の各政党と日本国民の共通認識である。参議院は引き続き政治、経済、文化など各分野における両国の交流と協力を積極的に促進する」と表明した。

七月十三日、河野洋平衆議院議長は日本訪問中の路甬祥全人代常務委員会副委員長と会見し、次のように表明した。

「日本の各界は温家宝総理の訪日が収めた重要な成果を高く評価している。現在、中日関係の改善と発展はすばらしい勢いにあり、政治、経済、貿易などの分野における交流と協力をいっそう強化する巨大な潜在力を秘めている。両国の議会交流は密接になり、双方が確立した定期交流制度はすでに積極的な成果を収めている。」

路甬祥副委員長は、「全人代は日本の衆参両院との定期交流をさらに深め、両国の戦略的互恵関係の発展を促したい」と表明した。

次いで、両国議会の定期交流メカニズムがいっそう強化された。二〇〇六年に全人代は参議院とも定期交流メカニズムを確立した。二〇〇七年三月二十二日、全人代と参議院の定期交流メカニズム第一回会議のため、路甬祥副委員長が全人代の専門委員会の八名の代表を率いて日本を訪問し、参議院の代表とそれぞれ政治・安全保障、経済貿易関係、エネルギー・環境保護協力などの議題について率直かつ立ち入った討論を行った。扇千景参議院議長は中国側代表団のメンバーと会見するとともに、開会式に出席し、この数年、中日関係は一時的に「政冷経熱」に陥っていたが、このような状況を変えて、両国関係を「政熱経熱」の発展の軌道に乗せることが両国国民の共通の願いであると表明した。

二〇〇七年八月十七日、全人代と衆議院の定期交流メカニズム第三回会議が北京で開かれ、路甬祥副委員長と逢沢一郎議院運営委員長が共同で会議を司会し、出席者は中日関係、議会交流、経済貿易協力、エネルギー、環境保護、双方がともに関心を寄せる国際的、地域的な問題について掘り下げた交流を行った。双方は、議会交流が中日関係の改善と発展を推進する面で発揮している重要な役割を十分に評価し、引き続き交流メカニズムをプラットフォームとし、国民と関わりをもつ議員の優位性を生かし、両国民衆の相互理解と友好感情を促進するよう努力し、中日の戦略的互恵関係のために民意の基礎と社会的な基礎を固めることを一致して表明した。

要するに、一九七八年以後の中日の議会交流は次のような特徴を具えている。

第一に、中国の全人代の代表と日本の国会議員はともに選挙で選ばれ、民情をよく理解しているので、議会の交流を通じて中国の全人代と日本の国会の相互理解を深め、中日関係の社会的基礎を強化し強固にすることができる。

第二に、関連する分野が広く、影響力が強く、交流方式が柔軟で、「政府外交」の果たせない役割を果たすことができる。全人代のなかには中国の国情を理解し、民意を理解する大量の人が集中しており、それらの人々は知識が該博であるうえ、各分野で長期にわたって実務に携わり、実務経験が豊富なリーダーや専門家たちである。一方、日本の国会も、政治経験が豊富で、しかも深く厚い民意の基盤を有する政治家からなっている。双方の議会間で交流が行われると、深く掘り下げた、わかりやすく率直な意見交換になることが多く、融通も利かせやすい。とくに重要なことは、相手国の議員に隠れた影響を与えることで、一国の立法機関ないし外交政策の選択にまで作用を及ぼせるということであり、そうした、「感化された議員」のもつ影響力は一種独特で、他に換えがたいものがある。

第三に、協力の具体的方法まで検討されるのが、中日議会交流での基本である。そのため、両国の議会交流において経済貿易分野の協力に関した話題がとりあげられることが著しく増えた。それは、とりわけサービス経済における具体的な協力案づくりの点で際立っており、両国の経済貿易関係を発展させる推進力となっている。

2　中日閣僚会議

張利軍　王新生

一九七二年九月に中日両国は共同声明を発表し、国交正常化を実現し、その後、数年にわたる紆余曲折を経て、一九七八年八月に両国は「中日平和友好条約」を正式に締結し、中日関係の発展に新たな里程標が出現した。当時の中日両国は、政界であれ、経済界、民間であれ、普遍的に中日友好を要求し、各分野における両国の交流は急速に発展した。一九七九年三月、双方は一九七八年二月に締結した「中日民間長期貿易取り決め」の期間を一九九〇年まで延長することに合意し、一九七九年十二月、「文化交流協定」を締結し、一九八〇年五月、両国はまた「科学技術協力協定」を締結し、自然科学の分野における共同研究と協力を展開した。また、スポーツ、映画、演劇などの分野における交流も日増しに増えた。

中日両国の各分野における交流が活気に溢れ、すさまじい勢いで発展する趨勢のもとで、両国政府は早急に、各分野の交流について協議と交流を行って、協力分野で巨視的な共通認識をもつとともに、統一的な指導方針を制定しやすくするために、各分野の交流について協議と交流を行わなければならなくなった。

このような背景のもとで、一九七九年十二月、大平正芳首相が中国を訪問した際に中国側と発表した「日中両国共同新聞発表」には次のように盛り込まれている。

「両国首脳は、政府レベルにおける間断のない接触が両国間の諸般の重要問題の円満なかつ早期の解決に貢献していることを想起し、今後とも両国政府間の対話を強化することに意見の一致をみた。このための方途として、両国外相間の随時の協議のほか、両国の外交事務当局によるハイレベルの定期協議が、毎年一回それぞれの首都において交互に開催されることとなった。」

翌年五月二十七日、華国鋒総理が訪日し、双方が発表した「共同新聞発表」には次のように盛り込まれている。

「両国首脳は、日中二国間問題を中心に幅広く話し合うため、日本国の閣僚と中国の国務員構成員のレベルの会議を今後必要に応じて両国の首都において交互に開催することが望ましいことについて意見の一致をみた。」

これによって、一九八〇年から、中日両国は閣僚会議を開催し始めた。双方は討議する問題の内容で会議の出席者を決定し、二国間関係と双方がともに関心を寄せる問題について幅広く意見を交換し、協議を行った。このような会議は中日閣僚会議と略称され、一九八七年までにあわせて五回開催された。以下、それぞれについて述べることにする。

一　第一回閣僚会議

一九八〇年十二月三日から五日にかけて、第一回中日閣僚会議が北京で開催された。

中国側の出席者は、谷牧副総理、姚依林副総理、黄華外交部長、李強対外貿易部長、高揚文石炭工業部長、郭維城鉄道部長、王丙乾財政部長、顧明国家計画委員会副主任、馬儀国家経済委員会副主任、杜潤生国家農業委員会副主任、謝北一国家基本建設委員会副主任兼外国投資管理委員会副主任、陶琦交通部副部長、符浩駐日大使ほか部長ないし副部長級であった。

日本側の出席者は、伊東正義外務大臣、渡辺美智雄大蔵大臣、亀岡高夫農林水産大臣、田中六助通商産業大臣、塩川正十郎運輸大臣、河本敏夫経済企画庁長官ほか六名の閣僚であった。

双方は「国際情勢及び中日関係についての全般的評価、双方の経済・財政政策、両国間の協力と交流問題」を議題として各自の意見を交換し、中日両国は社会制度を異にするにもかかわらず、いっそう交流を増進し、たえず相互理解と相互信頼を深め、両国間の揺るぎない持久的な平和友好協力関係を発展、深化すべきことを確認し、ともに貿易、エネルギー、鉄道、港湾、水力発電などの分野で幅広く交流と協力を進めることを希望した。

十二月四日、会議は六つのグループに分かれ、それぞれ両国の経済貿易協力の実質的な問題について真剣な討論を行った。財政面では、双方は財政部と大蔵省との友好関係を引き続き強化する必要性を強調し、両国の租税協定と投資協定の締結交渉をできるだけ早く行うよう希望した。

農林業の面では、中国東北の三江原の龍頭橋地域の開発計画の協力問題について意見を交換し、翌年の六、七月から、両国の専門家が三年間にわたって技術的な実地調査を行い、計画プランを制定するとともに、両国の農業科学技術組織を設置することについて合意をみた。

エネルギーの探査と開発、経済貿易の面では、双方はエネルギーを発展させる面での両国の各自の長所と短所を分析し、石油、石炭、石炭液化、水力発電などの面における協力の可能性を指摘し、両国の経済貿易協力が引き続き拡大するよう希望した。中国は中国が現存企業を改革し、管理水準と製品レベルを向上させる面で日本が援助を与えるよう希望し、日本は喜んで協力することを表明した。

交通運輸の面では、双方は鉄道、港湾建設、定期船の開設などの面で引き続きいっそう協力を強化することを表明した。

経済計画の面では、日本は経済を発展させるには中国と積極的に交流と協力を進める必要があることを強調した。

両国の外務大臣はさらにアフガニスタンとカンボジアの問題についても意見を交換した。

そのほか、双方は日本政府が一九八〇年度に中国に五百六十億円の円借款を供与することに関する交換公文にも調印した。双方は中日間の経済関係と人的交流の順調な発展のためには、租税条約と投資の相互保証及び促進に関する協定の締結が有意義であることを認め、そのための協議を早期に開始すべきことで認識が一致した。双方は日中間の海運の着実な発展に満足の意を表するとともに、今後も引き続き日中間の貨物定期航路の開設のために努力することで合意した。双方は日中間の文化交流が近年幅広い分野で着実に目覚ましく発展しつつあることを高く評価するとともに、この分野の交流と協力をいっそう充実させ、中日両国の各階層の友好と相互理解をいっそう増進すべきであるということでも認識が一致した。

日本側は、中国に今なお滞在する多くの日本孤児の肉親探しと一時帰国の実現のためにこれまで中国側の示した協力に謝意を表明するとともに、今後のいっそうの配慮を要請した。これに対し、中国側は理解を示し、今後も協力することを表明した。

十二月五日、両国の閣僚は「共同新聞発表」を発表した。「人民日報」は十二月六日に発表した評論員の「日中協力関係史上の壮挙」という評論で、今回の会議を高く評価した。

「このような会議を開催したことは中日関係史上の壮挙である。中日両国の友好関係が新たな段階に発展したことを示しており、両国の外交、経済貿易、その他の各分野の協力関係をいっそう強化し、アジアと世界の平和と安全を守ることに、重大な意義を有する」、「中日両国の第一回閣僚会議の開催が、新たな歴史条件のもとで、両国間の友好協力関係を強化、促進するために堅実な一歩を踏み出したことは、中日両国にとって喜ばしいことであり、アジアと世界の平和にとっても喜ばしいことである。」

二　第二回閣僚会議

一九八一年十二月十五日から十六日にかけて、第二回中日閣僚会議が東京で開催された。

中国側からは、谷牧副総理、黄華外交部長、袁宝華国家経済委員会主任、韓光国家基本建設委員会主任、鄭拓彬対外貿易部長、林乎加農業部長、王丙乾財政部部長、段雲国家計画委員会副主任、甘子玉国家輸出入管理委員会副主任、符浩駐日大使ほかが出席した。

日本側からは、桜内義雄外務大臣、渡辺美智雄大蔵大臣、田澤吉郎農林水産大臣、安倍晋太郎通商産業大臣、小坂徳三郎運輸大臣、河本敏夫経済企画庁長官、鹿取泰衛駐中国大使らほかが出席した。

双方はアジア情勢と南北問題を中心として、国際情勢と中日関係についての全般的評価を行った後、双方の経済・財政政策、両国間の協力と交流の問題について討議した。

双方は今後も引き続き中日両国がそれぞれの立場からアジアと世界の平和と安定の維持、発展のために努力することを確認した。

双方は、両国間の貿易がこれまで順調に発展してきたことに満足の意を表明するとともに、今後とも平等と互恵の原則の基礎のうえに引き続き貿易を拡大していき、石油、石炭などのエネルギー分野における長期安定的な貿易とこの分野での開発協力を推進していくことを確認した。

双方は、プラント問題に関する資金協力問題と受け入れ方式を解決し、商品借款に関する書簡の交換を行い、大慶石油化学プロジェクトと宝山鋼鉄工場第一期プロジェクトの資金協力に関する会談要録と政府交換公文に調印した。

双方は、農業振興、鉄道、港湾などのインフラ、保健医療、企業管理、工場近代化、水力発電、非鉄金属資源開発などにわたる各種技術協力が順調に実施されていることを評価し、多くの問題で意見が一致し、相互理解と相互信頼の基礎のうえに両国の永続的な平和友好協力関係を揺るぎないものとして発展させることを確認した。

双方は、日本国内で中日文化交流を促進し、在日中国人留学生などに便宜を供与するため、一九八二年の国交正常化十周年を機に「日中会館」の建設の準備を開始する動きがあることに関心を表明し、この問題について引き続き意見の交換を行うことを確認した。

中国側は経済管理体制の改革、財政状況、中日貿易の前途、農林水産などの状況について詳しく紹介し、日本側は経済情勢、経済管理の基本姿勢、貿易と資源の問題、経済協力と技術協力、農業、運輸の問題について発言し、双方はさらにグループ会議をも行った。

「人民日報」の記者は今回の会議について「中日友好協力を促進する重要会議」と題する記事を発表し、次のように指摘した。

「中日両国は隣邦である。両国間の交流が日増しに頻繁になっているが、それにともない、あれやこれやの問題が起こるのは免れがたい。両国にとってもっとも重要なのは、そのような問題が発展して極めて大きな問題になる前に、双方が協議を行い、解決策を探し求めることである。その意味からいえば、中日閣僚会議は両国政府のハイレベルな協議の場として、ますますその役割を果たしていくであろう。」

一九八二年は中日国交正常化十周年であり、祝賀の意を表明するために、両国政府の首脳が相互訪問を行うとともに、互いに代表団を派遣して相手側の祝賀活動に参加したので、中日閣僚会議は開催されなかった。

三　第三回閣僚会議

一九八三年九月四日から六日にかけて、第三回中日閣僚会議が北京の人民大会堂で開催された。

中国側の出席者と発言者は、首席メンバーの谷牧国務委員、陳慕華国務委員兼対外経済貿易部長、王丙乾国務委員兼財政部長、宋平国務委員兼国家計画委員主任、何康農牧漁業部長、陳璞如鉄道部長、馬儀国家経済委員会副主任ほかであった。

日本側の出席者と発言者は、首席メンバーの安倍晋太郎外務大臣、竹下登大蔵大臣、金子岩三農林水産大臣、宇野宗佑通商産業大臣、長谷川峻運輸大臣、塩崎潤経済企画庁長官ほかであった。

宋之光駐日本中国大使と鹿取泰衛駐中国日本大使も正式メンバーとして出席した。

双方はアジアと国際情勢について討議し、中日関係に対する評価を行い、双方の経済、財政政策と二国間関係について討議した。両国の外務大臣は国際情勢、とくにアジア情勢について意見を交換し、カンボジアとアフガニスタンの問題では、双方の見解は基本的に一致するか、ほとんど差がなかった。両国の友好協力関係を強化するために、日本は胡耀邦総書記が十一月に訪日するよう招請し、中国は中曽根首相の訪中を招請した。

九月五日、出席した両国の経済部門の責任者はグループ討議を行った。双方は両国の経済技術協力の前途に対する自信に満ち溢れるとともに、そのような協力を拡大する具体的な方法について意見を交換した。陳慕華国務委員兼対外経済貿易部長と宇野宗佑通商産業大臣は、両国の貿易のなかに存在する各種の問題や貿易・経済協力の前途について率直かつ十分に意見を交換した。双方は、近年における両国の貿易の激増、経済技術協力の凄まじい勢いの展開、経済貿易関係がより深くより広く発展しつつあることに対して、満足の意を表明した。双方は、中日の経済貿易関係の前途はすばらしいが、なすべきことが非常に多いことで認識が一致するとともに、両国の経済貿易部門が緊密に協力し、両国の貿易額を増やし、両国の経済貿易協力の規模を拡大するためにともに努力することを表明した。

陳慕華国務委員は、「中日国交正常化以来、両国の貿易は激増しており、一九八二年よりも増加すると予想されるが、原油と石炭価格の下落により、中国の日本向け輸出額が減少し、日本からの輸入額が増加する可能性があり、一九八三年に中国側が貿易赤字になることが予測される」と指摘し、日本側が中国からの輸入を増やすとともに、両国政府の共同の努力によって両国の貿易を安定して発展させるよう希望した。

宇野宗佑通商産業大臣は、日中貿易はまさに回復しつつあると表明し、下半期にいっそう大幅に増えることを希望した。

また中日合弁企業の話題に及んだ際、陳慕華国務委員は次のように指摘した。

「中日合弁企業、共同開発、共同生産、補償貿易〔原材料や機械設備を輸入し、その代金をそれらの原材料や機械設備を使用して生産した製品で支払う取引方式〕はすでに順調な滑り出しをしている。しかし、日本側の何社かの企業の投資総額は各国投資総額の一％を占めるにすぎず、中日両国の密接な経済関係と余り釣りあいがとれていない。外国投資に都合がよいように、中国はさらに政策を緩和し、経済関連法規はまさに整備されつつある。中日租税協定はまもなく調印されるが、中日投資保護協議も早く合意に漕ぎ着け、中日合弁経営などの協力のために有利な条件を整えるよう希望する。」

宇野宗佑通商産業大臣は次のように表明した。

「日中両国は経済関係をいっそう強化しつつあり、両国の投資保護協定が締結されれば、投資の面における両国の協力に非常に大きな役割を果たすであろう。双方が協議を進め、この協定を早期に締結するよう希望する。中国の投資環境をいっそうよく理解するために、日本の通産省は投資環境視察団を中国に派遣するが、その代表団には各方面の民間企業人も参加するであろう。」

王丙乾国務委員兼財政部長は竹下登大蔵大臣と会談した際、中国の財政や、国際金融交流などの状況、中国の財政問題を解決するためにとる政策について紹介した。双方は経済、金融の面における両国の協力に満足の意を表するとともに、両国が今回調印を予定している中日両国の租税協定を高く評価し、十月に両国の金融担当者が共同でエネルギー借款の問題について協議することで合意し、竹下大蔵大臣はさらに日本はその他の分野における資金協力の面でも貢献したいと表明した。

経済計画グループ会談では、宋平国務委員兼国家計画委員会主任と塩崎潤経済企画庁長官は、共同生産と中国の企業改革に対する日本側の援助の面で積極的な態度をとることで合意した。

陳璞如鉄道部部長、銭永昌交通部副部長らは長谷川峻運輸大臣と鉄道と港湾の建設の面における両国の協力に問題について会談を行った。中国側は、両国は人的交流を増やし、過去のレベルにおける技術コンサルティング、経営管理などの面の協力を拡大すべきであると表明した。日本側は、中国側の提案を積極的に考慮するとともに、平等互恵の基礎のうえに両国が引き続き交通運輸の面の協力を発展させるよう希望した。

何康農牧漁業部長と金子岩三農林水産大臣は、農業科学技術協力や東北の三江平原野の共同開発などについて話しあった。

会期中に、胡耀邦総書記が会議に参加した日本側の代表と会見した。

四　第四回閣僚会議

一九八五年七月三十日から三十一日にかけて、第四回中日閣僚会議が東京の外務省で開催された。

今回の会議では、呉学謙国務委員兼外交部長が国際情勢と中日関係について中国側の見解を紹介し、王丙乾国務委員兼財政部部長、呂東国家経済委員会主任、宋健国家科学委員会主任、鄭拓彬対外経済貿易部長、何康農牧漁業部長、銭永昌交通部長、徐青国家計画委員会副主任、尚志功鉄道部副部長らも会議で発言した。

日本側は、安倍晋太郎外務大臣、竹下登大蔵大臣、佐藤守良農林水産大臣、村田敬次郎通産大臣、山下徳夫運輸大臣、金子一平経済企画庁長官、竹内黎一科学技術庁長官ら七名の閣僚が発言した。

双方の閣僚が各分野の問題について討議を行い、これまでと同様、二回の全体会議とカウンターパート同士の個別会談の形で行われた。

第一回の全体会議では、「国際情勢および中日関係の全般的評価」、「双方の経済・財政政策」、「二国間問題」の三議題に沿って、日本側は七名の閣僚、中国側は八名の閣僚と二名の次官が各自の担当分野について発言した。

まず、国際情勢については、双方はアジア情勢をはじめ、幅広く意見交換を行い、日本の「創造的外交」と中国の「独立自主」外交の目的はともに世界の平和と繁栄にあるという根本的な点に対して、見解を同じくし、認識が一致した。

中日関係については、双方が中日関係の現状を総括した。日本側は、今後各種の交流を長期にわたって安定して発展させるために、官民両レベルでたえず努力しなければならないなどと発言し、中国側の賛同を得た。

双方の経済・財政政策については、双方の経済関係閣僚から、各担当分野ごとに詳細な説明がなされた。中国側はとくに、現在推進している経済体制改革や一九八六年から始まる第七次五ヵ年計画構想などについて紹介した。日本側は、世界経済と日本の経済情勢に対する見方、財政が抱える問題とその対策について紹介した。

中日両国間の問題については、貿易、資源、投資、合弁事業、経済、技術協力、農林水産、運輸、科学技術関係などの分野における問題について、双方が各自の見解を表明した。

第二回の全体会議では、第一回の全体会議と個別会談の協議を踏まえ、双方の首席代表から総括的な発言がなされた。第二回の全体会議に先立って、安倍晋太郎外務大臣と呉学謙国務委員兼外交部部長は、「原子力の平和利用における協力のための協定」と一九八五年度円借款に関する交換公文に調印した。

中曽根首相は七月三十日午前、第四回日中閣僚会議に出席した中国代表団の団員と会見し、日中関係はまさに歴史上最良の時期にあると表明し、次のように述べた。

「今回の会議が実り豊かな成果を収めるとともに、閣僚同士が友情を深めて、両国関係の発展を推進してほしい。両国間に問題が生ずるのはごく当たり前のことであり、中国は貿易不均衡の問題に大きな関心を寄せているが、双方がともに共通の使命感をもって対処しさえすれば、問題は解決することができ、両国関係は着実に発展していくことができる。」

五　第五回閣僚会議

第五回中日閣僚会議は、一九八七年六月二十六日から二十八日にかけて北京で開催された。今回の会議はちょうど中日国交正常化十五周年にあたっており、中日の友好関係がすでにかなり堅固な基礎を固めると同時に、重視するに値し、解決すべき問題に直面している状況のもとで開催されたので、中日両国の人民と国際世論の注目を集めた。いかにして中日関係の歴史と現状に基づき、率直な意見の交換を通じて、相互理解を増進し、二国間に存在する問題の解決を推進し、両国の友好協力関係をいっそう強化し、発展させるかが、今回の会議の主題になった。日本側の出席者は外務省、大蔵省、通産省、農林水産省、運輸省、経済企画庁、科学技術庁の七名の閣僚、中国側の出席者は谷牧、宋健両国務委員、その他の関連部門の責任者であった。

六月二十七日午前、第一回の全体会議で、双方は中日関係の全般的評価と国際情勢、双方の経済財政政策、二国間の交流と協力の三つの議題について討議した。倉成正外務大臣と呉学謙外交部長がまず会議で発言した。次いで、近藤鉄雄経済企画庁長官、官澤喜一大蔵大臣、柳随年国家計画委員会副主任、遅海浜財政部副部長、田村元通産大臣、加藤六月農林水産大臣、橋本龍太郎運輸大臣、三ッ林弥太郎科学技術庁長官、宋健国務委員兼国家科学委員会主任、鄭拓彬対外経済貿易部長、何康農牧漁業部長、銭永昌交通部長、朱鎔基国家経済委員会副主任、尚志功鉄道部副部長ら双方の正式代表が相次いで発言した。中江要介駐中国日本大使と章曙駐日本中国大使も午前の全体会議に出席した。同日の午後、双方の参加者は七つのグループに分かれて専門的な会談を行った。

二十八日午前、第二回の全体会議を行い、双方は、会議は努力の甲斐あって成功を収め、所期の目的を達成したという点で認識が一致した。双方は、引き続き努力して両国の友好関係を発展させることを願い、中日両国間の関連する声明、条約、原則を厳守すべきことを強調し、貿易不均衡は早急に解決すべき問題であるという認識で一致した。両国間に存在する問題については、双方の見解は必ずしも一致したわけではないが、中国側は引き続き意見を交換し、相互理解を深める必要があると表明し、日本側は中国側とともに努力し、積極的な態度でこれらの問題に対処すべきであると表明した。

二十八日午前、鄧小平中央顧問委員会主任が、第五回中日閣僚会議に出席した日本側の代表と会見し、次のように指摘した。「我々の全体的な方針は、世々代々、日本と友好的にやっていくことであり、この方針は毛主席、周総理の存命中に決定されたものである。当時、両国には政府間の関係はなく、民間の往来が多かった。毛主席、周総理は、世々代々にわたって日本と友好的にやっていく政策を繰り返し明らかにしたが、この政策は中国の指導者の異動によって変わるものではない。中日両国と両国の人民が友好的にやってゆけない理由はない。

両国の関係は発展してはいるが、我々を心から満足させるものではない。日本は、もっと多くのことをやれるだけでなく、それをやるべきである。いくつかの不愉快な問題は適切に処理すべきである。そうすることは、両国と両国の人民にとって利益となるだろう。すべては前向きにやるべきであり、厄介な問題を引き起こさないこともそのなかに入る。厄介な問題は、いろんな面から起こってくるし、いろんな形がある。」

総じていえば、一九八〇年代における中日政府間の交流メカニズムの重要な形式の一つであった中日閣僚会議は、その他の交流メカニズムとは比較することができない。中日両国の各方面の交流と協力が大規模に到来、発展する過程で、このような協力メカニズムは時機を逸せずに相互に状況について意思疎通を図り、意見を交換することができ、両国政府間の相互理解を増進するとともに、両国の経済貿易協力の持続的発展を促進するのに有益であり、両国関係の絶え間ない発展を推進することと両国関係をいっそう堅固で安定した基礎のうえに構築することに対して重要な役割を発揮し、その歴史的使命を実現しており、積極的に評価すべきである。

第五回中日閣僚会議の後、双方は二度と会議を開催しなかった。

その原因は、まず国際情勢の大きな変化である。世界は当時冷戦末期にあり、イデオロギー分野の対立が再び緊張し、二つの陣営の対立が激化した。相異なる陣営に属する日本と中国のこの時期の関係には、教科書問題、靖国神社問題、光華寮問題など、波乱が生じた。

次いで、この時期、中日両国には国内問題が生じ、会議の再開に良好な国内環境がなくなったことである。

最後に、もっとも重要な原因は両国関係に緊張が生じたことである。中国の北京で「政治風波」〔六四天安門事件〕が発生したので、日本が対中制裁の隊列に加わったこと、さらに両国間の協力が徐々にマクロの分野からいっそうミクロの分野に発展したことなどの要因は、政府間のハイレベルの会議ではもはや解決することができず、政府の各部門間の交流が閣僚会議に取って代わったのである。

3　中日戦略対話会議

張利軍　王新生

一九九〇年代後半以来、中国は世界の主要な大国とさまざまな形式の戦略関係や全面的パートナーシップを築き、二国間の戦略対話を徐々に展開し、中日間の戦略対話会議（日本では二〇〇七年の第七回まで「日中総合政策対話」と呼び、二〇〇八年から「日中戦略対話」と改めた）はこのような背景のもとで発足させるとともに推進してきた。

一　第一回戦略対話会議

二〇〇五年四月二十三日、胡錦濤国家主席と小泉純一郎首相はジャカルタでアジア・アフリカ首脳会議に出席中に会見し、胡錦濤主席はいっそうの対話を通じて両国間に存在する問題を解決することを提案し、小泉首相は胡錦濤主席の提案に全面的に賛成であることを表明し、対話を通じて日中間に存在する意見の相違を解決するよう希望した。二十日後、つまり五月十三日、両国は北京で第一回戦略対話会議を開催した。中日戦略対話会議は、そのメカニズムが確立されて以来、両国の矛盾を緩和することに対して無視できない役割を果たし、中日両国が国交正常化を実現して以来、政治関係がもっとも困難な時期に、非常に迅速に動き始めた。

中日戦略対話会議の背景からみると、日本は中国の貿易パートナーのなかですでに第三位に落ちたけれども、双方の貿易総量は依然としてかなり巨額であった。とりわけ日本の対中貿易では技術輸出がかなりの比重を占めており、中国の製造業に対するそれら技術の重要な意義はすでに業界内の共通の認識になっていた。中国が世界の隅々まで売りさばく電子製品の核心をなす技術の多くは、日本から導入したものであった。明らかに、中日間の経済交流は中国の経済発展に対して重要な意義を有し、中国の全般的な戦略的配置のなかで経済発展の重要な意義は明らかであった。中国の安定と発展は、調和のとれた社会を建設する努力を含めて、経済発展から離れては話にならないのである。

中日関係は中国の外交戦略に対しても重要な意義を有する。大国外交の重要な一面として、中日関係は中国の対外関係のその他の面に対しても重要な影響を及ぼし、そのうちもっとも重要なのは中米関係に対する影響である。中国の台頭は不可避的に全世界に対するアメリカの影響力を低下させるので、平和的発展を推進する中国の決意がいかに真摯であろうと、中国の台頭を抑え込もうとするアメリカの戦略は簡単には変わらない。このようなもとで、良好な中日関係はアメリカの対中政策に対して顕著な牽制的役割を果たし、アメリカが中国を抑え込む戦略を実施するのをためらわせることができるし、中国がアメリカと交渉するときに後顧の憂いを少なくすることもできる。実際、中日両国の間で「漁夫の利を得る」ゲームを弄ぶアメリカの戦略的意図を容易に見てとれる。このような状況のもとでは、中米関係に対する中日関係の調整機能をいっそう重視すべきである。

二十一世紀に入り、中国の内政と外交における台湾問題の比重がますます大きくなった。台湾問題は中国の内政であるけれども、種々の原因によって、その解決は不可避的に外部要因に制約され、なかでもアメリカの影響が最大であることに疑問の余地はない。しかし発展の趨勢からみれば、台湾に対する日本の「熱意」も高まる勢いを呈している。なぜならば、台湾問題がひとたび解決されれば、日中間の東海〔東シナ海〕、釣魚島〔尖閣諸島〕の紛争において、中国が現在よりもはるかに有利な立場に立つからである。また、日本はかつて台湾に対して五十年にわたって植民地支配を実行し、日本は台湾社会に対しても独特の影響を有しているので、台湾問題に対する日本が関与する「熱意」はまさに飛躍の勢いを呈している。台湾問題では日本が直接の役割を発揮することを高望みすることはできないけれども、その悪影響を最低限まで低下させることは可能である。中日関係が良好であれば、日本側が台湾に関わる政策を制定する際に中国の反応にも気を配るようにさせられるし、「自暴自棄」の道を歩むのを避けさせることもできる。また、中国が主体的に、じかに台湾に関わる日本の政策に影響を及ぼすのにも都合がいい。

近隣として、地政学的な原因に基づいて、中日両国にはもとより競合関係が存在するが、近隣の間には「いつも一緒に顔を突き合わせている」現実があり、いずれの側も相手と接触せざるをえない。このような状況のもとで、二国間関係の発展が広大な戦略空間を有することに疑問の余地はない。中国側からすれば、中日関係を戦略的なレベルから捉えてこそ、両国の関係を処理するときに阻むことのできない勢いを有し、視野を広くして遠くまで見通すことができ、一事の判断に感情を左右されたり、手足を縛られたりせずにすむのである。

中日戦略対話会議について、日本の宮家邦彦前駐中国公使は日本の対中外交戦略に言及した際、次のように指摘している。「日中関係は歴史を鑑とする戦略的な視点を持たなければならない。果てしなく長い歴史のなかで相異なる三つの「日本」が姿を現している。

第一に、大きな漢民族の周辺の小国として朝貢貿易を展開した日本は、典型的な「対中追随外交」であり、このような不健全な外交と貿易は、東アジアでいかなる現実的意義をも具えていない。

第二に、大陸の覇権を求め、軍事力に依存して交渉した日本は、結局第二次世界大戦で惨敗した。

最後に、大陸と一定の距離を保ち、海上輸送路を確保し、対外貿易を通じて繁栄をもたらした日本である。」

宮家前公使の結論は、現在の日本はまさに最後の段階にあり、繁栄を確保するためには正しい対中政策を制定する必要があるというものであった。

実際に、冷戦の終結後、日本国内にはずっと、日本が将来歩むべき道に関して二つの路線の対立、すなわち、自由派傾向と保守派傾向との争いが存在する。前者は「民生の国家」を国家目標とし、対外的には国際協調主義を主張し、後者は「普通の国家」（すなわち政治大国、軍事大国）を国家目標とし、対外的には世界ではアメリカの戦略的パートナーになり、地域では主導権を勝ち取ることを主張している。日本の保守勢力は、日本は異常に強大な経済力を擁しているからには、国際舞台でも相応の発言権を有すべきであるのに、日本がその抱負を実現することに対して隣国（とくに中国）が極めて大きな障害であると認識し、それゆえ中国が発展すれば脅威になると極力吹聴している。小泉首相の靖国神社参拝が中日関係の悪化を招いたと指摘する中国側の主張に対して、日本国内の賢明な人々は、最終的に共倒れになるしかないが、日本の損失のほうが甚大になる可能性があると認識している。それゆえ、緩和政策を実施するよう主張している。

このことについて、日本国際問題研究所の宮川眞喜雄元主幹は次のように指摘している。

「我々は同じ船に乗っているのだ。しかし、一人が身を乗り出せば、船は転覆してしまう。だから一緒にバランスを保つしかないのだ」。グローバル化時代には、地域的な協力の強化は避けて通れない道である。二つの隣国間の経済関係はとても緊密で、「中国は日本のもっとも重要な貿易パートナーであり、日本は中国への最大の投資国である。これは安定の保証である。」

もちろん、宮川の見解は日本でけっして孤立しているわけではなく、かなり代表的なものである。「経団連」の奥田碩会長は堂々と宮川の見解に賛成し、中国訪問から帰国するや、日本の指導者に、中国との関係を改善し、両国の溝がさらに深まり、最終的に日本の経済的喪失を招くのを回避するよう呼びかけた。

中日戦略対話は、相互依存が強まり、互いに戦略的に必要になり、互いに両国関係が引き続き悪化するのを目にしたくないという上述の背景のもとで、確定するとともに迅速に動き始めたものにほかならない。二〇〇五年五月十三日から十四日にかけて、第一回中日戦略対話会議が北京で開催された。李肇星外交部長は戦略対話会議に参加するために来中した谷内正太郎外務事務次官と会見した。戴秉国外交部副部長は谷内事務次官と対話を行い、二国間関係と双方がともに関心を寄せる地域的、国際的な問題について踏み込んだ意見交換をした。双方はこの対話が意欲的で有益であることを認め、引き続き対話を維持することに同意した。日本のメディアは今回の中日戦略対話を極めて重視し、大々的に報道するとともに、「総合政策対話」と呼び、次のように指摘した。

「今回の対話は、中日両国が歴史認識、台湾問題、教科書問題、東海〔東シナ海〕石油天然ガス開発などの問題で重大な見解の相違を生じ、両国関係が困難な局面に陥った状況のもとで開催された。中日関係には国交正常化以来稀に見る困難な局面が生じているけれども、双方はともに対話を通じて問題と相違を解決する方法を見出す希望を表明した。」日本側の漏らした情報によれば、今回は前後してのべ十五時間にも及ぶ対話を行い、日中間に存在する問題、国連改革の問題、朝鮮半島の核問題に関する六カ国協議などのほか、双方に関連する問題について全般的に詳しい説明と対話を行い、率直に各自の見解を交換した。一回の対話だけでは解決できない問題が多いので、双方はたゆむことなく対話と意思の疎通を堅持することで合意した。

二　第二—四回戦略対話会議

第一回戦略対話会議のわずか四十日後に、第二回中日戦略対話会議が二〇〇五年六月二十三日から二十四日にかけて東京で開催され、中日間の相違を討議、解決することに対する両国の切迫した願望をはっきり示した。戴秉国外交部副部長と谷内正太郎外務事務次官が代表団を率いて参加した。今回の対話は中日関係が低潮期に陥っていたときに開催され、全世界から大きな注目を浴びた。会談の厳粛な雰囲気を和らげるために、谷内次官の提案で、中日双方の出席者はみなネクタイを締めず、平服で出席した。

今回の対話会議で、双方は小泉純一郎首相の靖国神社参拝など歴史問題、日本が中国国内に遺棄した化学兵器の問題、東海石油天然ガス開発の問題などを取り上げた。中国側は再び、小泉首相が靖国神社に参拝するのを停止することが中日関係を改善するのに不可欠な措置であると表明した。双方は、当面の両国関係を改善する対策として、「友好交流基金」の設置を推進し、両国の一般国民の相互理解の増進に努力すべきであると指摘した。日本の外務省は、中国外交部の戴秉国副部長が未来に目を向けた中日関係を発展させるために強い情熱と願いをはっきり示したことを称えた。

中日間の問題のほかに、会議はさらに朝鮮半島の核問題と日本の「国連常任理事国入り」などの問題も取り上げた。日本側は、中国が北朝鮮〔朝鮮民主主義人民共和国〕の説得工作にもっと力を入れ、六ヵ国協議が二〇〇五年七月に再開できるよう推進することを希望した。中国がすでに、「四か国グループ（日本・ドイツ・インド・ブラジル）」の提案した国連安全保障理事会の改革案に反対することをはっきり表明しているにもかかわらず、谷内次官は再び安全保障理事会が改革を行う必要性を強調し、中国側の理解と支持を得ようとした。

今回の対話で、日本側は、北朝鮮には六ヵ国協議に復帰する意思がないと指摘し、それゆえ北朝鮮の参加しない五ヵ国協議を開催するよう提案するとともに、北朝鮮の核問題を国連安全保障理事会に持ち込んで討議に付すよう提案した。しかし中国側はこれに反対を表明し、依然として六ヵ国協議の枠組みを維持すべきであると主張した。北朝鮮の核実験の問題については、中日双方は北朝鮮が近々に核実験を行なうとはけっして考えていなかった。日本のメディアは、日本が安全保障理事会の常任理事国を勝ち取る問題に対して、中国側の態度には変化がなかったと報じた。

谷内次官は対話の終了後に記者会見を行った際、次のように指摘した。「双方は有益な対話を行い、さまざまな問題について相異なる立場から詳しい説明を行い、中国側は日本側の歴史認識の問題に対して詳しく説明した。今回の対話を通じて、「中国が日中両国の未来に対して強烈な情熱を有していることを痛感した。」

第三回中日戦略対話会議は十月十四日から十七日にかけて北京で開催された。半年足らずの間に、中日間が三回にわたって戦略対話を開催し、しかも前二回の対話は二日間、第三回の対話は四日間開催された。小泉純一郎首相は就任以来、四年続けて靖国神社に参拝した。九月の総選挙の前後に、小泉首相は日中関係を改善することを表明したけれども、靖国神社問題では依然として態度を和らげず、「適切に判断する」と表明し、中日関係を氷点まで冷え込ませ、韓国などアジアの国々にも日本に対して大きな不満を抱かせた。しかし、日本の衆議院が郵政民営化関連法案を可決し、小泉首相の悩みはすでに取り除かれ、注意力が対外実務に集中して注がれた。

対中関係では、小泉政権はずっと遊離状態にあった。一方で、日本は中日の二国間関係の発展を推進し、中国市場に日本の低迷している経済を牽引させるとともに、日本の「国連安全保障理事会の常任理事国入り」や北朝鮮問題など外交分野で中国の支持を得ることを希望し、他方で、日本国内は右傾化が激化し、民族主義的な情緒が氾濫した。中国のすさまじい勢いの発展も、日本に不安を感じさせた。保守勢力の代弁者として、小泉首相は敏感な問題では安易な折りあいを望まず、それが日本の対中政策を曖昧にし、行き詰まりをもたらした。

中日間には構造的かつ地政学的な競合性があり、そのうえ錯綜した複雑な要因が加わり、二国間関係の積極的要素が減少しつつあった。このような状況のもとで、前二回の戦略対話の成果がまだ明確に具体化されていないにもかかわらず、両国政府は対話のメカニズムを保持し、話しあいで問題を解決する方法を依然として認めていた。中国外交部のスポークスマンは何回も、戦略対話は中日関係に対して非常に重要であり、双方が真剣かつ厳粛に対処する必要があり、双方が理解を増進し、徐々に共通認識を拡大するのに貢献すると表明している。

また、ＡＰＥＣ首脳会議と東アジアサミットも控えており、中日双方の指導者もともに出席することになっていた。このような背景のもとで、第三回中日戦略対話会議が開催されることは、重要な意義を有する。とくにこのようなハイレベル対話が「システム化」された後は、中日間の問題の解決はいささか容易になるであろう。両国間で密度の高い対話を開催することは、両国関係が焦眉の急の多数の問題に直面していることを物語っていたし、同時に双方がともに問題を解決することを切実に希望していることを表してもいた。

十月十七日午前、小泉首相が就任後五回目の靖国神社参拝を行ったので、雰囲気が悪化し、そのために折衝中の中日戦略対話は中断され、同時に予定されていた中日外相会談を含む、中国と日本のあらゆるハイレベルの訪問と会談も中断された。

第三回中日戦略対話以後の四ヵ月もの間、中日両国政府は公式の接触を行わず、ひいては外相級会談さえ中止され、「中日両国の関係は氷点下にまで冷え切った」とまで言われていた。時間が経って落ち着いた後、第四回中日戦略対話会議が二〇〇六年二月十日から十一日にかけて東京で再開された。中国側は戴秉国中国外交部副部長が王毅駐日中国大使、新任の胡正躍アジア局長、呉江浩中国駐日大使館主席政治担当参事官ほか十数名からなる中国代表団を率い、日本側代表団は谷内正太郎外務事務次官を筆頭に、佐江賢一郎アジア大洋州局長、佐渡島志郎参事官と泉裕泰中国課長ほか十名近くからなっていた。

非公開の第四回中日戦略対話は東京の外務省飯倉公館で二ラウンドの会談を終えた後、場所を新潟県新発田市のホテルに移し、三ラウンド目の会談を行った。のべ十時間近くに及んだ三ラウンドの会談で、中日双方はともに目を未来に向け、友好協力関係を発展させる重要性を確認し、中日双方が毎年それぞれ千名の高校生を派遣して相互訪問を行い、交流を拡大することを確認した。会談では、中日双方が繰り返し、互いに重視しあい、困難を克服し、関係を改善することを表明したが、中日関係を悪化させた日本の首相の靖国神社参拝問題では、双方が依然として自己の意見に固執したので、中日関係の政治的障害を取り除くことでは実質的な進展は得られなかった。

安倍晋三官房長官と劉健超中国外交部スポークスマンは個別に記者会見を行い、「今回の対話は有意義であった」と述べ、ともに必要なときに引き続き対話を行うことを表明したが、会談の詳細については公表しなかった。「亜州週刊」は、「今回、両国間の戦略対話が再開されたのは、まず対立を解消し、対話を強化しようとする中日双方の強い願いを反映していたが、会談の内容は日本や世界のメディアが報じたように広範にわたるものではなく、中日の東海石油ガス田共同開発、日本の国連安全保障理事会の常任理事国入りへの意欲などのような問題はほとんど言及されなかった」と論評した。

日本側は日中首脳会談か外相級会談の再開を希望したが、中国側は時機がまだ熟していないと指摘した。それゆえ、会談の協議で核心をなしたのは、中日の政治的膠着の原因である小泉首相の靖国神社参拝問題をいかに解決するかということであった。また、日本側は関係を改善する環境を整えるために、両国の歴史学者の委員会を設置し、数年かけて古代史と近現代史を共同研究することを提案した。

戴秉国外交部副部長は日本側に繰り返し二つの不変の原則的立場を表明した。すなわち、まず中日関係の改善と発展に対する願いとそのために努力する態度が変わらないこと、次いで政治的障害を克服し、両国の政治的基礎を守る原則が変わらないことである。戴秉国副部長は、首相の靖国神社参拝は、政治の原則に関わる問題であり、「中国は原則問題では譲歩しない」ことを強調した。谷内正太郎外務次官は繰り返し中国側に、小泉首相の参拝は戦争で亡くなった者を追悼し、二度と戦争をしないためのものであることを表明した。

第四回中日戦略対話会議の「場外のドラマ」のほうが「場内のドラマ」よりも精彩に富んでいた。すなわち、戴秉国副部長が日本における対談という絶好の機会を巧みに利用し、与党内の実力者を集中的に訪れ、中日の政治関係の膠着状態の突破を全力で目指す胡錦濤主席の新思考を浸透させようとしたのである。それは中日関係の強度を増し、広さを拡大し、深さを増して、ポスト小泉時代の日本の政党、政界、民間の友好団体と数多く接触し、数多く意思を疎通させ、数多く交流しようとすることであり、なかでも、中国と友好的な政界、経済界の人々と密接な関係を保持し発展させることである。それには、その他の政治勢力の代表的人物と数多く意見を交換し、数多く働きかけることにも秀でていなければならない。

戴秉国副部長は二月九日に東京に到着するや、すぐに外務省に赴き、塩崎恭久副大臣、麻生太郎大臣と相次いで会談を行った。麻生太郎大臣との会談で、戴秉国副部長は双方がともに関心を寄せる靖国神社参拝問題について意見を交換するよう率直に希望し、参拝を受け入れないという中国の原則的立場を表明した。これに対して、参拝問題で一貫して態度が強硬な麻生大臣は反駁せず、中日関係は改善すべきであると表明しただけであった。二月十日午前、戴秉国副部長は衆議院の議長公邸に赴き、河野洋平議長を表敬訪問した。かつて自民党総裁であった河野洋平議長は日本の政界では数少ない知中派で、「日中が積極的に対話を行うことを支持している。河野洋平議長は、日中関係は非常に重要であり、両国は真の相互理解と密接な協力を実現しなければならない。そのために、日本は隣国と良い関係を保ち、アジア外交をきちんと処理し、首相の靖国参拝問題を適切に解決する必要がある」と指摘した。

その後、戴秉国副部長は自民党安全保障調査会会長で、小泉首相の政治的盟友と見なされている山崎拓議員と会見し、中日関係に影響を及ぼす原因について率直に意見を交換した。次いで、戴秉国副部長の一行は招待に応じて二階俊博経済産業大臣が主催するランチミーティングに出席し、その席上で、戴秉国部長はかつて運輸大臣を勤め、中国全土の公民を対象とする日本への団体ツアーの開放の推進に尽力したこの知中派の閣僚と、民間交流と経済協力のいっそうの拡大について合意した。午後、連立与党の公明党の神崎武法代表、額賀福志郎防衛庁長官と順次会見した。神崎武法代表との会談で、中国が首相の靖国神社参拝に反対するのは中日関係の政治的原則に関わるためであることを強調した。これに対して、神崎武法代表は、「公明党は一貫して首相の靖国神社参拝に反対し、しかも国立の追悼施設を建設して靖国神社参拝問題を解決することをも提案してきた」と表明し、さらに今後も引き続き中日関係を改善するために努力すると表明した。

注目をひいたのは、中日戦略対話会議が始まる前に、戴秉国副代表がわざわざ首相官邸に赴き、小泉首相の後任として有力だった安倍晋三官房長官と会見したことである。一時間近い会談のなかで、戴秉国副部長は安倍晋三官房長官に中日関係を発展させる中国政府の二つの不変の基本精神と基本原則を詳述し、胡錦濤国家主席が提起した、中日双方がともに努力して当面の中日関係の政治的障害を克服する必要があるという主張を強調した。

三　第五―七回戦略対話会議

二〇〇六年五月七日、第五回中日戦略対話会議が北京で開幕した。戴秉国外交部副部長と谷内正太郎外務事務次官がそれぞれ代表団を率いて参加し、当面の中日関係および双方がともに関心を寄せる問題について意見を交換した。小泉純一郎首相の靖国神社参拝が中日の政治関係の冷却を招いた後、両国関係を改善する方法を見出すことができるかどうかが今回の「対話」の焦点になった。谷内正太郎事務次官は会談が始まる前に、メディアに「外相会談が非常に重要だ」と述べ、また中国側が月末にカタールでアジア協力対話（ACD）が開かれる際に日中外相会談を行うよう提案したことを漏らした。中国側は小泉首相の靖国神社参拝などを理由に、首脳会談と外相会談を拒絶した。

中日双方は会談のなかで、政治、経済、文化の分野の交流を推進することについて意見を交換し、さらに紛争中の釣魚島〔尖閣諸島〕の主権の問題、東海〔東シナ海〕の石油天然ガス田の開発の問題、中国の軍事力の強化などの問題についても討議した。八日、会議は貴州省貴陽市に移って引き続き開催され、九日に閉幕した。

二〇〇六年九月二十三日から二十六日にかけて、戴秉国中国外交部副部長と谷内正太郎外務事務次官が東京で第六回中日戦略対話会議を開催した。今回の戦略対話会議が開催される三日前、自民党は総裁選挙を行い、安倍晋三官房長官が大勝するとともに、新たに首相の座に就いた。安倍首相は就任するや中国と「戦略的互恵関係」を築くことを提案したが、これは日本の政策決定の最高レベルが対中関係で初めて「戦略」という言葉をはっきり使用したものであり、その対中政策の重大な転換であった。

それゆえ、第六回戦略対話会議では、中日双方がともに両国の関係を改善し発展させる積極的願望を表明するとともに、いかにして政治的な障害を取り除くかについて、率直かつ踏み込んで意見を交換し、なかでも安倍首相と胡錦濤主席との会談を調整することが今回の対話の主要な議題であった。戴秉国副部長は日本滞在中に、河野洋平衆議院議長、麻生太郎外務大臣、中川秀直自民党幹事長ほか、日本の政界の多数の要人とも会見した。

二〇〇七年一月二十五日から二十七日にかけて、第七回中日戦略対話会議が北京で開催された。これは二〇〇六年十月の安倍晋三首相の中国訪問が政治的膠着状態を打開して以来最初の戦略対話であった。戴秉国外交部副部長と谷内正太郎外務事務次官がそれぞれ代表団を率いて参加し、双方は中日関係などともに関心を寄せる問題について意見を交換した。今回の対話で、日本側はメディアに対して慣例を破って「微笑」を見せるとともに、「総合政策対話」という呼び方を「戦略対話」に改めることに同意したので、この対話は名実ともに両国間の「戦略対話」になった。これは、二国間および多国間をめぐる問題についての両国の対話がさらに深化したことを意味するが、その目的は両国が新たな戦略的協力の枠組みの構築を推進することにあり、同時に二国間およびその他のともに関心を寄せる国際問題で中国と全面的対話を進め、戦略的な互恵関係の構築も双方の議事日程に組み込みたいという日本側の願望をも表している。

二十五日午後の対話のなかで、谷内正太郎事務次官は、「今回の戦略対話とこれまでのものとの最大の違いは、これまでの戦略対話のとき、とりわけメディアのレンズに対したとき、私はいつも代表団メンバーに笑顔を慎み、厳粛な面持ちでいるよう注意を促した。しかし、今回はその必要がなく、私は笑顔でこの対話に臨んでいる」と指摘した。戴秉国副部長は、「中日戦略対話は両国の関係が困難に直面していたときにその気運に応じて生まれ、両国の政治的障害を取り除き、両国関係を改善するためにしかるべき役割を発揮した。我々は戦略対話の当事者として、ともに両国関係の積極的な変化のために嬉しく思う」と表明した。

今回の戦略対話はそれまでの慣例を踏襲し、非公開の形式をとり、メディアに開放しなかった。三日間にわたる戦略対話のなかで、中日は中日関係の改善と発展のすばらしい勢いを強化し、戦略互恵関係の構築、ともに関心を寄せる国際的、地域的な問題について、率直に、踏み込んだ意見交換をした。

二十一世紀に入った後、中日関係はすばらしい発展の機会に恵まれたが、同時に重大な挑戦にも直面した。まさに温家宝総理が二〇〇七年一月十四日にフィリピンのセブ島で安倍首相と会見した際に述べたとおり、当面の中日関係はまさに正常に発展する軌道を進む重要な時期にあり、双方はことのほか大切にし、さらに大きな努力をする必要がある。

安倍首相も一月二十六日に衆参両院の本会議で施政方針演説を行った際、両国の国民に利益をもたらすように、日中の戦略的互恵関係の構築に力を注ぐと表明した。

中日の戦略対話は両国関係の発展を具体的に表しており、その目的は両国間の政治的摩擦を取り除き、両国関係の改善を推進することにある。

普通、戦略対話会議には二つの役割がある。

一つは、たとえば中仏間や中ロ間の戦略対話などのように、既存の二国間関係を強化し、戦略的な協力をいっそう推進し、二国間関係がすでにかなり安定した堅固な基礎のうえに、対話を通じて両国関係をより深く、より広くすることである。

もう一つは、双方の理性を推進し、両国関係のなかに存在する問題と困難に客観的に対応し、誤った判断や戦略の衝突を避けることである。

中日戦略対話メカニズムの構築は、双方が徐々に理解を深め、共通認識を拡大し、中日関係の改善と発展を推進するのに貢献した。

また、戦略対話はよりハイレベルの二国間対話のために良好な雰囲気を整える功能をも具えている。既往の大国間のモデルに比べ、中日戦略対話のメカニズムは次のような特徴を有する。

第一に、第三者に対するものでないことである。米欧、日米間の戦略対話と違い、中国とその他の大国との戦略対話は、その議題が二国間の範疇を超える可能性があるけれども、その立脚点は二国間関係の安定と改善であって、その他の国家と真っ向から対決するために同盟関係の構築と強化を求めるものではない。

第二に、議題の幅広さである。具体的な議題について事務レベルの対話と協議を行う一般的なものと違い、戦略対話で討議する議題は、双方が関心を寄せさえすれば、どんなことでもかまわない。

第三に、信頼を増進し疑惑を解き、理解を深め、協力を推進することが主たる目的である。対話を通じて双方の利益の共通点を確定し、相違を明らかにして、双方の政府が徐々に解決するのを待つのであって、対話そのものはけっしてその相違を直接解決する使命を負うわけではない。

4　中日外交当局間定期協議

陳浩　王新生

中日の両国関係が発展する過程で、「対話、協議を堅持する」ことが終始一貫して両国がしたがう重要な原則であった。中日両国の指導者はいずれも、対話を通じ、対等に協議することを堅持し、政治、経済、文化などの分野の幅広い協力を促進しなければならないと強調している。一九七八年〔八月〕に両国が「中日平和友好条約」を締結して以来、中日両国の外交事務当局は徐々に「随時協議」、「定期協議」の交流メカニズムを整え、中日関係の発展を推進する重要な役割を果たした。

一　定期協議メカニズムの構築

中日両国の「定期協議」メカニズムの重要な一部として、中日外交当局間定期協議は一九七九年に発足した。一九七九年十二月五日に大平正芳首相が中国を訪れ、同日から六日にかけて、華国鋒総理と会談を行い、中日両国がともに関心を寄せる問題について、率直かつ建設的に意見を交換した。十二月七日に中日両国が発表した「大平総理訪中に関する日中両国共同新聞発表」は、次のように指摘している。

「両国首脳は、政府レベルにおける間断のない接触が両国間の諸般の重要問題の円満なかつ早期の解決に貢献していることを想起し、今後とも両国政府間の対話を強化することに意見の一致をみた。このための方途として、両国外相間の随時の協議のほか、両国の外交事務当局によるハイレベルの定期協議が、毎年一回それぞれの首都において交互に開催されることとなった。」

中日外交当局間定期協議第一回会議が一九八〇年三月十七日に日本の外務省で開催された。友好的で打ち解けた雰囲気のなかで、双方は朝鮮問題、インドシナ問題、中近東問題について意見を交換した。中国外交部の韓念龍副部長、符浩駐日大使、中国外交部アジア局の肖向前と日本外務省の鹿取泰衛審議官、木内信胤アジア局長、大塚博比古調査部長が出席した。十八日、中日双方はさらに南アジア問題、日米関係、日ソ関係、中米関係、中ソ関係、中日両国の関係などについても意見を交換し、かなり多数の共通認識を得るに至った。

二　定期協議メカニズムの発展

中日外交当局間定期協議制度は両国政府に非常に重視され、協議に参加した中国側の人員は副部長級、日本側の人員は一般に局長級の外務審議官であった。各回の代表団は相互訪問をした際、いずれも相手国の最高指導者と会見することができた。一九八〇年代には、両国の外交当局は主に両国関係のなかの問題、国際情勢などの問題をめぐって意思の疎通と協議を行い、多くの問題で意見の一致を見た。

一九八〇年代の前半は、中日関係の発展がかなり順調で、各分野における両国の協力は順調に展開し、定期協議メカニズムは両国の外交の歩調を協調させたり、経済貿易協力を着実に実行したりする面でかなり大きな推進的役割を果たした。

一九八一年四月十日、中日外交当局間定期協議第二回会議が北京で開催され、韓念龍外交部副部長、鹿取泰衛外務審議官、中日の外交当局の関係者が出席し、国際情勢、とくにアジア情勢や両国関係など双方がともに関心を寄せる問題について幅広い、掘り下げた意見交換を行った。黄華国務院副総理兼外交部長がさらに鹿取泰衛外務審議官の一行と会見した。

一九八二年三月三十日から三十一日にかけて、中日外交当局間定期協議第三回会議が東京で開催され、ともに関心を寄せる国際問題、両国関係、中日国交正常化十周年を記念するための両国総理の相互訪問などの問題について意見を交換した。双方は、今回の定期協議は成果を収め、両国間の相互理解と友好協力の促進に貢献するであろうと指摘した。符浩外交部副部長と柳谷謙介外務審議官が会談に参加した。三十日午後、桜内義雄外務大臣、須之部量三外務事務次官がそれぞれ符浩副部長の一行と会見するとともに、親しみのこもった和やかな会談を行った。

中日外交当局間定期協議第四回会議は一九八三年三月二十二日に北京で開幕し、二十二日から二十三日にかけて行われた協議会では、符浩外交部顧問の率いる中国代表団と中島敏次郎外務審議官を団長とする日本代表団が、中日関係、ともに関心を寄せる国際問題、世界の経済情勢について幅広く意見を交換し、積極的な態度をとって、両国の経済技術協力のいっそうの発展を推進することに合意した。呉学謙外交部長は二十三日午後に中日外交当局間定期協議第四回会議に参加した日本代表団と会見した際、今回の定期協議の過程で、ともに関心を寄せる各種の問題について誠実で忌憚のない討議を行ったことは、中日両国間の良好で親密な関係を反映していると指摘し、さらに今回の協議で得られた肯定的な成果に祝賀の意を表した。中島敏次郎外務審議官も協議が所期の成果を収めたことに満足の意を表明した。

日本のハイレベル指導者は両国の定期協議制度で得られた成果に満足し、一九八五年に行われた定期協議第五回会議に先立ち、安倍晋太郎外務大臣は劉述卿外交部副部長の一行と会見し、中日両国の指導者が積極的に意見を交換することは、中日の友好関係の発展に有益であるばかりか、アジアと世界の平和と安定にも有益であることを強調した。

一九八〇年代後半も、この定期協議メカニズムは引き続き行われた。

一九八六年二月三日から四日、中日外交当局間定期協議第六回会議が北京で開催され、劉述卿外交部副部長と梁井新一外務審議官が二国間関係と双方がともに関心を寄せる国際問題について協議した。呉学謙国務委員兼外交部長と谷牧国務委員が個別に梁井新一外務審議官と会見した。しかし、この時期、中日関係には、歴史教科書問題や光華寮問題など、一連の問題が生じ始め、中日関係の健全な発展に一定の影響を及ぼしたが、定期協議のメカニズムを通じて、両国がこれらの問題について十分な討議と意思疎通を行ったことは、中日関係の大局を維持するのに積極的な役割を果たした。

一九八七年十一月二十七日、中日外交当局間定期協議第七回会議が開催され、劉述卿外交部副部長と梁井新一外務審議官が二国間関係や国際情勢などの問題について幅広く意見交換を行った。劉述卿副部長は、中日双方は伝統的な友好関係の継承と歴史的教訓の総括の基礎のうえに、「中日共同声明」、「中日平和友好条約」とその他の二国間関係の原則に則って協議を行い、中日関係をいっそう健全かつ滞りなく発展させるべきであると指摘した。梁井新一外務審議官は、中国との友好協力関係を発展させることは日本の重要な外交政策であると述べ、中国側の意見に賛意を表明し、さらに、日本はまったく揺るぎなく中国との友好協力関係を発展させるとともに、友好関係の維持という大局から出発し、中日関係で生ずる問題を適切に処理すると述べた。

二十七日午前、倉成正外務大臣が外務省で劉述卿副部長の一行と会見し、中日関係が新たに広がり深まっていることを喜んでいることを表明した。

一九八八年一月二十八日から二十九日にかけて、劉述卿外交部副部長と栗山尚一外務審議官は北京で中日外交当局間定期協議第八回会議を行い、中日関係と双方がともに関心を寄せる国際問題について友好的かつ率直に意見を交換した。双方は、中日国交正常化以来、中日関係の発展は基本的に良好であり、それぞれの分野における交流が著しい成果を収めたことを肯定的に評価することで認識が一致した。両国の政治、経済関係のなかで生じた問題に対して、双方はともに、友好的な話しあいを通じ適切に処理して、中日の友好協力を引き続き健全かつ順調に発展させるべきであると表明した。

光華寮問題に対して、中国側は改めてこれまでの原則的立場を表明し、「中日共同声明」、「中日平和友好条約」、国際法の準則に則って公正で合理的な解決を求めるべきであると強調した。日本側も自己の見解を詳述するとともに、日本側がすでに問題の重大性を認識し、日本政府もこの問題を重視していると表明した。会談のなかで、日本側は改めて「一つの中国」という立場を堅持することを表明し、引き続き日台関係を民間と地域的な範囲内に限定することを表明した。

二十九日午後、呉学謙国務委員兼外交部部長は栗山外務審議官の一行と会見し、中日両国が善隣友好関係を保ち、発展させることは双方にとって大勢の赴くところであり、双方がそのような願望を抱きさえすれば、眼前に存在する問題は適切に解決することができ、中日関係も長期にわたって安定して発展することができると信ずると指摘した。

一九八九年三月六日、中日外交当局間定期協議第九回会議が東京で開催され、劉述卿外交部副部長、栗山尚一外務審議官らが出席し、二回にわたって会談が行われた。劉述卿副部長は、日中間で最近起こった問題について、日本側が「中日共同声明」と「中日平和友好条約」の原則に則って慎重に処理し、再び中国人民の感情を害することが生ずるのを回避するよう希望した。栗山尚一審議官は改めて、日本は過去の歴史に対する深刻な反省を踏まえ、「日中共同声明」と「日中平和友好条約」の原則にしたがって日中関係を発展させる、李鵬総理が日本を訪問するよう心から待ち望んでいると表明した。

三月七日、宇野宗佑外務大臣は国会で劉述卿副部長と会見し、再び日中友好は永遠に持続すべきであると強調した。

三　新しい時代における定期協議メカニズム

一九八九年〔六月〕、中国で「政治風波」〔六四天安門事件〕が発生し、中日関係はそのために一定の影響を受けた。両国の指導者と人民の共同の努力のもとで、中日関係はすばやく低迷から脱出し、新たな発展期に入った。新たな発展期において、定期協議メカニズムはさらに意思疎通と協力を強調し、建設的な役割を発揮した。

まず、定期協議メカニズムは両国関係の回復と発展を促進した。

一九九〇年〔四月〕、銭其琛外交部部長は北京で定期協議〔第十回会議〕に参加するために訪中した小和田恒外務審議官と会見し、友好的な話しあいを行った。双方は、ともに努力し、中日の友好協力関係をできるだけ早く正常な軌道に戻す必要があることを表明した。

一九九一年三月二十日、斉懐遠外交部副部長と小和田恒外務審議官は東京で中日外交当局間定期協議第十一回会議を開催し、友好的かつ率直な雰囲気のなかで二国間関係と双方がともに関心を寄せる問題について意見を交換し、両国関係の一年来の良好な進展に満足の意を表明し、引き続き「中日共同声明」と「中日平和友好条約」の原則にしたがい、両国関係に生ずる各種の問題を処理することを一致して表明した。

一九九二年三月十六日、中日の外交当局は定期協議第十二回会議を開催し、徐敦信外交部副部長と斎藤邦彦審議官が会談し、二国間関係と双方がともに関心を寄せる国際問題について掘り下げた意見交換を行い、双方は中日の友好関係をいっそう発展させるために努力することを表明した。さらに、銭其琛国務委員兼外交部部長は斎藤邦彦審議官と会見するとともに、友好的に話しあいを行い、両国関係のすばらしい発展を称賛し、まもなく予定されている江沢民中国共産党中央総書記の日本訪問は、二国間関係のさらなる発展を促進するばかりか、アジア太平洋地域と世界の平和にも重要な意義を有することを強調した。

また、十分な話しあいを通じて、両国の外交事務当局は国際的、地域的な多数の重要問題で同一、あるいは類似の見解を形成した。

一九九〇年四月十一日から十二日にかけて開催された中日外交当局間定期協議第十回会議では、斉懐遠外交部副部長と小和田恒外務審議官は中日関係と双方がともに関心を寄せる国際問題についての意見交換を行い、二国間関係、国際情勢、地域問題に関して幅広い意見交換を行い、相互理解を深め、有益な成果を収めた。

一九九一年の中日外交当局間定期協議第十一回会議では、双方はアジア太平洋地域の協力、湾岸問題、カンボジア問題及びその関連問題について双方が討議し、国際問題の協議と協調を強め、アジア太平洋地域と世界の平和と安定のために積極的に貢献することを表明した。

さらに、この時期の定期協議はとくに政治と経済における両国の協力を重視し、数多くの細かい問題で共通認識を得た。

一九九五年三月二日に開催された中日外交当局間定期協議第十四回会議で、唐家璇外交部副部長と福田博外務審議官はともに関心を寄せる問題について十分かつ率直に意見を交換し、多くの問題で共通認識を得た。双方は一致して、一九九五年は中日関係にとって先人の後を継いで引き続き発展させる重要な年であり、ともに努力して、生ずる可能性のある問題を適切に処理して、中日関係を発展させる新たな起点にすべきであると指摘した。

銭其琛国務院副総理兼外交部部長は三月二日に釣魚台国賓館で福田博審議官と会見し、次のように指摘した。

「一九九五年は世界反ファシズム戦争勝利五十周年であり、国連創設五十周年でもある。この重要な年に、国際社会は各種の記念活動を展開し、歴史を回顧、総括し、未来を展望し、切り拓くであろう。我々はそれらの活動が順調に行なわれるよう希望する。APEC閣僚会議が一九九五年〔十一月〕には大阪で開催され、そのときに第三回非公式首脳会議も開催される。我々は同様にこの重要な会議も成功を収め、APECの活動が滞りなく発展し、いかなる後退も出現しないよう願っている。」

福田博審議官はこれに対して賛意を表するとともに、次のような希望を表明した。

「日本の基本的立場は過去の歴史に対する深い反省を踏まえ、未来に目を向けて中国との友好関係をいっそう発展することである。それゆえ、日本は中国側との協力を強め、日中両国間の交流を密接にしていきたい。中国側の積極的な支持のもとで、APECの会議を成功させたい。」

四　変動期の定期協議メカニズム

一九九〇年代後期に入ると、中日関係はしばしば変動し、歴史認識問題、教科書問題、台湾問題が中日関係のいっそうの発展を制約する重要な要因になった。両国政府間の意思疎通の重要なルートとして、中日間の定期協議メカニズムはこれらの問題を解決するうえで一定の役割を発揮した。

たとえば台湾問題、釣魚島〔尖閣諸島〕問題、歴史認識問題について、双方は十分な意思疎通を行った。一九九六年十月二十九日、唐家璇外交部副部長と柳井俊二外務審議官は東京で中日外交当局間定期協議第十五回会議を行い、二国間関係を中心に掘り下げた討議を行った。同日、池田行彦外務大臣は唐家璇副部長と会見し、当面の日中関係について率直かつ掘り下げた意見交換を行った。その会見で、唐家璇副部長は両国関係のなかの問題に対する中国側の原則的立場を詳述し、日本側の原因によって中日関係は深刻な妨害を受けていることを強調し、日本政府が「中日共同声明」と「中日平和友好条約」の原則を厳守するよう丁重に要請し、日本の新しい内閣〔十一月に発足する第二次橋本内閣〕が賢明な態度で、より現実的な行動をとり、両国関係に影響を及ぼす問題を適切に処理するよう要望し、そのようにしてこそ、当面は簡単には手に入れにくい中日関係を引き続き健全に発展させることができると指摘した。

池田行彦外務大臣は日中関係が極めて重要であることを強調し、次のように表明した。

「日本側は『日中共同声明』と『日中平和友好条約』の原則に則って、引き続き積極的に日中友好に努めたい。日本の政府と与党は歴史問題で引き続き、侵略を認め、深く反省し、真摯に謝罪することに関する村山内閣時代の立場を遵守する。日中双方は釣魚島の問題で主張が異なり、ごく少数の右翼が釣魚島で取った行動は完全に日本政府の立場に反しており、日本側は眼前に存在する問題をより適切に処理するため努力していきたい。台湾問題は海峡両岸の協議によって解決すべきであり、外国があれこれあげつらうべきではない。」

中日外交当局がともに努力したことによって、両国の外交関係が基本的に良い方向へ発展していたことは、両国の協議過程にかなりはっきりと現れていた。

たとえば、二〇〇一年十一月二十一日に開催された中日外交当局間定期協議第十九回会議で、王毅外交部副部長と高野紀元外務審議官は中日関係と双方がともに関心を寄せる地域的、国際的な問題について意見を交換し、両国の国交正常化三十周年を機に、「歴史を鑑とし、未来に目を向ける」ことを踏まえて、両国関係の改善と発展の勢いを保ち、各分野における両国の交流と協力の着実な進展を推進すべきであるという認識で一致した。

二〇〇二年八月十二日に開催された中日外交当局間定期協議第二十回会議で、双方は中日国交正常化三十年来の両国関係の得た長足の発展を回顧し、真剣に経験を総括し、教訓を汲みとり、「歴史を鑑とし、未来に目を向ける」精神に基づきつつ、両国間に存在する問題を適切に処理し、中日の友好関係を新たな世紀に健全かつ安定的に発展させることで同意した。双方は、国交正常化三十周年の各種の記念活動をきちんと行い、両国の友好の伝統を十分に発揮し、あらゆる分野の友好協力を展開する必要があると表明した。

王毅副部長は靖国神社問題に対する中国側の原則的立場を詳述し、中国人民の感情を害する事態を二度と招かないよう希望した。日本側は歴史を直視し、それを踏まえて日中関係を強化し、発展させると表明し、さらに改めて一つの中国という立場を堅持し、台湾問題における日本側の立場にはいかなる変化もなく、「二つの中国」や「一つの中国、一つの台湾」に賛成せず、「台独」〔台湾独立運動〕を支持しないと表明した。

しかし、他方で、日本の右翼勢力の影響によって、日本の政治家のなかにはつねに歴史認識の問題で誤りを犯す者がいるので、中国の外交当局も定期協議メカニズムの場を利用し、自己の立場を十分に表明し、中日関係が健全で安定した方向へ発展するよう守った。二〇〇三年十二月に開催された中日外交当局間定期協議第二十一回会議で、王毅外交部副部長は次のように強調した。

「中日両国は新しい世紀における双方の共通の利益を模索、拡大し、同時に『歴史を鑑とし、未来に目を向ける』精神に基づいて歴史の問題を適切に処理するよう努力すべきである。日本が中国に遺棄した化学兵器の処理を加速するよう要求する。台湾問題に関しては、日本が『一つの中国』の政策を堅持し、これまで表明してきた政治公約を真剣に遵守するよう希望する。」

　定期協議に参加した田中均外務審議官は、日本は「二つの中国」や「一つの中国、一つの台湾」を作ることに関与せず、「台湾の独立」を支持しないと表明した。

　総じていえば、中日双方には意見の相違はあるけれども、共通の利益もあり、共通の利益のほうが意見の相違よりも大きい。中日双方は大局を重視し、対話と対等の協議を通じて、相互信頼を増進し、矛盾を解消し、相違を縮小し、共通認識を拡大することを堅持してこそ、両国関係の安定した健全な発展を確保して、中日両国の人民は子々孫々まで友好的につきあうことができる。だからこそ、中日外交当局間定期協議メカニズムが相違を解決する方法を積極的に模索し、中日友好の大局が妨害と衝撃を受けるのを回避し、中日関係の発展のために正しい方向を提起したことは、中日間で二国間の問題を解決する重要なルートであったのである。

第五部　防衛交流

1　中日防衛交流

江新鳳

「中日友好条約」締結以来三十年の間、中日両国は防衛交流の分野で一定程度の進展と成果を勝ち取ったが、発展の過程は困難と曲折に富んでいた。防衛交流は往々にして両国の政治交流の「バロメーター」であり、両国の政治関係が良好なときには、防衛交流も順調に進展するが、ひとたび政治関係が冷え込むと、真っ先に災難に遭うのは防衛交流にほかならない。それゆえ、三十年来の中日防衛交流に対して回顧と総括を行うことは、両国の政治関係の変化の道筋を理解するとともに、両国関係の順調な発展を推進するのに有益であろう。

中日防衛交流には三十年近い歴史があるが、各種の要因の影響を受け、ハイレベル防衛交流は断続し、良いときも良くないときもあった。一九八〇年代の中日関係が友好的であった時期に、中日間のハイレベル防衛交流は始まった。しかし一九八九年〔六月〕の北京の「政治風波」〔六四天安門事件〕の後、日本は西側諸国のように中国に全面制裁を行わなかったけれども、中日の防衛交流は五年間中断した。一九九〇年代末から二十一世紀の初頭にかけて、中日防衛交流は高まりを迎えたが、小泉首相が靖国神社に連続して参拝したために、中日関係が悪化し、ハイレベル防衛交流はまたもや中断を迫られた。二〇〇六年になって中日関係が緩和されると、中日のハイレベル防衛交流にも新たな局面が現れた。一九七八年に「中日平和友好条約」が締結されてから現在まで、中日ハイレベル防衛交流はおおよそ次の数段階に分けることができる。

一　一九八四年以前の模索期

一九七二年九月、中日両国政府は「中日共同声明」を発表し、両国関係の正常化を発表した。二年後に双方は相互に武官室を設置したが、当時の防衛交流は一般人員の相互訪問だけに限定され、現役軍人の交流活動は非常に少なかった。一九七八年八月、両国が「中日平和友好条約」を締結した後、中日の防衛首脳の相互訪問が始まった。

同年九月、張才千副総参謀長がメキシコを訪問する途上に日本を非公式訪問するとともに、統合幕僚会議議長および陸上自衛隊幕僚長と会見し、統合幕僚会議議長の非公式訪中を招請するとともに、朝霞駐屯地の自衛隊体育学校を見学した。これが中日防衛関係者の最初のハイレベル交流であった。同年十一月、伍修権中国人民解放軍副総参謀長が訪米の途上に日本に立ち寄った。一九七九年八月、中国国防部副部長が訪日した。一九八一年十月、中国人民解放軍後方支援部衛生計画処処長が防衛医科大学を訪問し、同年十一月、防衛庁衛生課課長が訪中し、解放軍の衛生部門の関係者と交流を行い、十二月、「解放軍報」副編集長が訪日した。一九八二年一月、防衛審議官が中国国防部を訪問し、同年三月、中国国防部顧問が日本防衛研究所などを訪問した。一九八四年二月、中国国防部アジア処処長が陸上自衛隊富士学校を訪問し、六月、新田勇防衛審議官が中国人民解放軍の部隊を訪問した。

要するに、一九七九年から一九八一年にかけては、両国の防衛関係者、主に防衛医学関係者が相互訪問して交流を行った。一九八二年から一九八四年にかけては、日本の防衛審議官と中国国防部の処長レベルが交流を行った。この時期の両国の防衛部門はさまざまなレベルの交流を展開したにもかかわらず、中国人民解放軍の二人の副総参謀長の訪日はともにその他の国に赴く途上での非公式訪問であり、その他のレベルの相互訪問も医療や体育など軍事色がかなり薄い分野に限られていた。それゆえ、この段階の双方の防衛分野における実質的な交流は非常に少なく、いかに両国間の防衛交流を展開するかを模索するほうが多かった。

二　一九八四年—一九九五年の展開期

この時期の主な活動は、張愛萍国防部長の訪日、栗原祐幸防衛庁長官の訪中などである。両国関係がさらに発展するにしたがい、防衛部門のハイレベル相互訪問が徐々に展開された。

一九八四年七月、張愛萍国防部長と張震副総参謀長がフランス、アメリカ、カナダを歴訪した後日本を非公式訪問した。七月九日、張愛萍国防部長は防衛庁で栗原祐幸防衛庁長官と初の中日防衛首脳会談を行い、日本の防衛庁との交流の強化を提案し、栗原防衛庁長官は「相互に事務レベルの連携を築き、可能な交流を継続的に展開することができる」と表明した。

一九八七年五月二十九日、栗原祐幸防衛庁長官が張愛萍中国国防部長の招きに応じて中国を答礼訪問した。これは日本の防衛庁長官の初の公式訪中であり、両国の防衛部門の関係は引き上げられた。栗原長官は張愛萍部長、楊得志総参謀長、万里副総理と会談し、双方は国際的な軍事情勢、防衛費GNP一％枠突破の問題、光華寮問題などについて話しあった。栗原長官は、日本は平和憲法を踏まえて必要最低限の防衛力を発展させるが、けっして軍事大国にはならないと強調するとともに、張愛萍国防部長夫妻の訪日を招請した。張愛萍部長は、基本的に招請を受け入れ、できるだけ日程を調整すると表明した。栗原長官はさらに中国訪問中に成都軍区も訪れ、同軍区司令員の傅全友上将と会見した。

一九八四年七月に張愛萍国防部長が訪日した後、夏目晴雄防衛庁事務次官が一九八五年五月九日に中国を訪問した。これは防衛庁事務次官として初めての訪中であった。張愛萍部長と楊得志総参謀長がそれぞれ会見し、夏目晴雄次官の一行を招宴し、双方は中日両国の防衛交流を促進することで合意した。会談の後、夏目晴雄次官は記者団に、今後両国は教育訓練の面だけでなく、軍事情報の交換の面でも協力を強めていくと語った。

一九八六年五月、楊得志総参謀長はアメリカ訪問の途中に日本を訪問し、加藤紘一防衛庁長官と会見するとともに、自衛隊の統合幕僚会議議長と会談し、防衛当局の交流をいっそう促進することについて共通認識を得た。同年六月、徐信副総参謀長が訪日した。そのほかにも、一九八四年十一月、解放軍軍事訓練部副部長が防衛大学校を訪問した。

これらのことから、一九八〇年代後半が中日防衛首脳の交流の開始期であったことがわかる。中国の国防部長と日本の防衛長官が初めて相互訪問を行い、中国の総参謀長、副総参謀長と日本の防衛庁事務次官が相互訪問を行った。ただし、一九八九年に北京で「政治風波」〔六四天安門事件〕が起こったために、中日のハイレベル防衛交流は一時中断し、そのうち一九九五年〔二月〕に西元徹也統合幕僚会議議長が訪中し、再開された経緯がある。

防衛交流の再開が遅れたのは、日本が非同盟国との防衛交流に極めて慎重なことだった側面もある。栗原防衛庁長官は訪中する前に記者のインタビューを受けた際、アメリカ以外の国家とは防衛分野で緊密な関係を保つことに慎重でなければならないと語り、訪中を自制する姿勢を表明している。しかし同時に、日中関係は歴史的にいっても地理的にいっても密接不可分であり、中国はもっとも重視すべき隣国の一つであるとも表明しており、中国とは防衛分野で緊密な関係を築きたくないが、中国の軍部との対話を重視もする矛盾した心理状態が明らかである。

三　一九九五年—二〇〇一年の高潮期

この時期の主要な交流活動は、西元徹也統合幕僚会議議長の訪中、遅浩田国防部長の訪日、久間章生防衛庁長官の訪中などである。

西元徹也統合幕僚会議議長は、一九九五年二月十九日から二十二日にかけて中国を訪問した。これは自衛隊の最高指導者の初の訪中であった。西元徹也議長は遅浩田国防部長ら中国軍部の指導者と一連の会談を行い、相互間の防衛交流の重要性を確認し、安全保障分野の事務レベルの交流を行うことで同意した。西元議長は、「今回の訪中を通じて、双方のハイレベルの将校の交流はすでに第一歩を踏み出した」と表明した。

両国関係の発展にともない、一九九八年から、中日の防衛交流の高まりを迎え、ハイレベル防衛担当者の往来と協議が著しく増え、とくに一九九八年には両国国防部長の相互訪問が実現した。

二月、遅浩田中国国防部長が日本側の招聘に応じて軍事代表団を率いて日本を公式訪問した。これは中国国防部長の一九八四年以来の二度目の訪日であった。遅浩田部長と久間章生防衛庁長官は会談し、各レベルの防衛交流の展開を通じて両国の理解と信頼を増進し、友好と協力を深めるべきであるということで意見が一致するとともに、六項目の共通理解を得た。すなわち、日本の防衛庁長官が一九九八年上半期に訪中すること、日本の統合幕僚会議議長と中国の人民解放軍総参謀長の相互訪問をできるだけ早く実現すること、日本の陸上自衛隊幕僚長が三月に訪中すること、日本の防衛研修所と中国の国防大学の間の研究交流を促進すること、医療分野の交流を促進し、四月に防衛医科大学が二名の中国人留学生を受け入れること、艦艇の相互訪問の実現について共同で研究することである。さらに、両国関係、日米同盟、世界的、地域的な情勢などの問題についても幅広く意見を交換した。

一九九八年五月一日から五日にかけて、久間章生防衛庁長官が遅浩田国防部長の招請に応じて中国を公式訪問した。これは日本の防衛庁長官の二度目の訪中であった。久間章生長官と遅浩田部長は中日防衛首脳会談を行い、次の五つの件で意見を交換した。すなわち、引き続き大臣クラスの対話を展開すること、傅全有総参謀長が年内に訪日し、夏川和也統合幕僚会議議長ができるだけ早く訪中すること、可能であれば、秋山昌廣事務次官と熊光楷副参謀総長との次官級協議を年内に行うこと、積極的に各分野、各軍種間の交流を促進すること、艦艇の相互訪問を実現するために事務的な調整を進めることである。会談では、「日米防衛協力のための指針（新ガイドライン）」の範囲に台湾海峡が含まれるのか否かという問題に対して、遅浩田部長は再び、「台湾を日米安全保障協力の範囲に含めることは、中国に対する侵犯である」と強調した。

一九九六年八月二十日、日本の村田直昭防衛庁事務次官が訪中し、遅浩田中央軍事委員会副主席兼国防部長と会見し、双方は中日間の防衛交流を積極的に推進することを表明した。これは日本の防衛庁長官および事務次官レベルの首脳の一九八七年以来九年ぶりの訪中であった。

一九九七年は中日国交正常化二十五周年で、九月に橋本龍太郎首相が訪中するとともに、中日首脳会談を行った。会談のなかで、双方は防衛当局間のハイレベル交流を促進することについて原則的な共通認識を得た。当時、日本政府は新しい「日米防衛協力のための指針（新ガイドライン）」を制定しようとしており、日米防衛協力の範囲に台湾海峡が含まれるかについて中国側の疑念を招いていた。これに対して、橋本龍太郎首相は訪中前の七月二日に新華社など中国メディアと会見した際、新ガイドラインに対する中国側の疑念を取り除くために、両国の防衛交流を促進し、自衛隊と中国人民解放軍の相互訪問を実現すべきであると表明した。

一九九七年七月十五日、加藤紘一自民党幹事長の率いる自民党代表団が訪中し、江沢民主席と会見し、遅浩田国防部長、曽慶紅中共中央弁公庁主任、李淑錚中共中央対外連絡部部長と、新ガイドラインの問題、歴史認識の問題、両国の交流を促進する問題などについて一連の会談を行った。同年十一月李鵬総理が訪日し、東京で日中首脳会談を行った際、遅浩田国防部長の訪日が合意された。

一九九八年に中国の国防部長と日本の防衛庁長官が相互訪問した後、両国の防衛部門は一連の交流活動を展開した。

一九九八年三月二十六日、陸上自衛隊の藤縄祐爾幕僚長が中国を訪問し、遅浩田国防部長、傅全有総参謀長、熊光楷副総参謀長とそれぞれ会見した。

一九九九年十一月、江間清二防衛庁事務次官が訪中し、遅浩田国防部長、傅全有総参謀長とそれぞれ会見し、熊光楷副参謀総長と藤縄祐爾上将が公式会談を行った。

二〇〇〇年、中国の人民解放軍総参謀長と日本の統合幕僚会議議長の相互訪問が実現した。

四月一日、中央軍事委員会委員兼人民解放軍総参謀長の傅全有上将が日本を公式友好訪問し、額賀福志郎内閣官房副長官、瓦力防衛庁長官と会見した。六月下旬、藤縄祐爾統合幕僚会議議長の一行が中国を答礼訪問した。十月中旬、航空自衛隊の竹河内捷次幕僚長が訪中した。

十一月二日、人民解放軍副総参謀長の熊光楷上将が訪日し、防衛庁の佐藤謙事務次官と中日二〇〇〇年度次官級防衛協議を開催し、国際情勢、アジア太平洋地区の安全保障情勢、とりわけ東アジア情勢、中日両国とその軍事関係、中国人民解放軍と日本の自衛隊の間の交流を増やす問題などについて、幅広く掘り下げた意見交換をした。熊光楷副総参謀長はさらに虎島和夫防衛庁長官、川島裕外務省事務次官、橋本龍太郎元首相、加藤紘一元防衛庁長官らを表敬訪問した。二〇〇一年二月、中国人民解放軍の劉順堯空軍司令員が初めて日本を訪問した。

五月、佐藤謙防衛庁事務次官が中国を訪問し、熊光楷副参謀長と会談した。

四　二〇〇一年―二〇〇五年の低迷期

二〇〇一年八月、小泉純一郎首相が中国とアジア各国の政府と人民の強烈な反対を顧みず、第二次世界大戦のA級戦犯を祀る靖国神社に頑なに参拝し、中日両国の防衛交流に衝撃をもたらした。二〇〇一年後半から、両国の重要な防衛交流活動は中断した。

二〇〇二年は中日国交正常化三十周年であり、双方の取り決めに基づいて、記念活動の一環として、両国は二つの重要な防衛交流を行うことを計画していた。

一つは、中谷元防衛庁長官が四月下旬に訪中するとともに、遅浩田国防部長と一九九八年以来の大臣級防衛会議を行うことであった。

もう一つは、両国の海軍の艦艇が初めて相互訪問を行うことで、まず中国の艦艇が日本を訪問し、海上自衛隊の艦艇が翌年に中国を答礼訪問することであった。

双方の艦艇の相互訪問は両国関係史上前代未聞のことで、両国の防衛分野の透明性と信頼感を高められるばかりか、両国の防衛部門の友好の象徴でもあった。しかし、二〇〇二年四月、小泉首相が再び靖国神社に参拝した。中国側はただちに、小泉首相の靖国神社参拝は「中国人民の感情と中日関係を損なう。中国は、現在この二つの交流活動を行うのは適当でないと信ずる」と表明した。中国政府は五月に予定されていた中国海軍の艦艇の訪日を取り止めざるをえず、同時に四月に予定されていた中谷元防衛庁長官の中国訪問を取り止めることをも表明した。また、中国は同年十月に日本が海上自衛隊成立五十周年を祝うために開催される国際観艦式への招請を拒絶した。ここに至って、中日ハイレベル防衛交流はまたも中断した。

しかし二〇〇三年は、中日の防衛交流に転機が訪れた。同年九月一日、曹剛川中央軍事委員会副主席、国務委員兼国防部長の招請に応じて、石破茂防衛庁長官の一行が中国を訪問した。これは日本の防衛庁長官の五年ぶりの訪中であった。今回の訪中は双方が関係の全面的な回復を求めるとともに、「中日平和友好条約」締結二十五周年を記念する活動の一部であり、中断していたハイレベル防衛交流を回復する意図があった。中国を訪問中、石破茂防衛庁長官と曹剛川国防部長は会談を行い、双方は両国の防衛交流を積極的に促進する点で共通の認識を得た。

二〇〇四年十月、熊光楷副総参謀長が訪日した。二〇〇五年三月二十四日、守屋武昌防衛事務次官が四日間にわたって中国を訪問し、中国の国防費の増加、軍事の透明性を増す問題について討議を行った。同時に、近年来中国側が東海〔東シナ海〕の海域で一連の調査活動を行っていることに対する日本側の見解、中国が「反国家分裂法」を制定したことに対する日本側の立場を表明した。

二〇〇五年三月七日、大野功統防衛庁長官は東京の外国人記者クラブで講演し、次のように述べた。

「中国は日本の極めて重要な隣国であって、脅威ではない。しかし、その発展には細心の注意を払うべきである。なぜならば、中国は毎年軍事予算を大幅に増加させており、同時にまた『潜水艦が日本の領海やその他の経済海域に侵入するなどの紛糾』を起こしているからである。将来、日中間の『政冷経熱』の『政冷』が『政熱』に変わるよう希望するとともに、日中のハイレベル防衛交流の門を開くよう努力する。」

五　二〇〇六年以降の再開期

この時期の主な交流活動は、石破茂防衛庁長官の訪中、曹剛川国防部長の訪日、斎藤隆統合幕僚長の訪中などであった。中日関係が徐々に緩和、回復するのにしたがい、中日のハイレベル防衛交流も徐々に新たな局面を切り拓いた。

二〇〇六年四月二十五日、防衛庁長官の経験者である山崎拓、中谷元らが中国を訪問した。山崎拓元防衛庁長官は中国戦略学会の熊光楷会長と会見した際、「日中危機管理システムを構築する」構想を提起した。すなわち、政府レベルの協議を続けると同時に、政治家レベルの危機管理システムを構築する必要があるというものである。これに対して、秦剛外交部スポークスマンは記者の質問に答え、中日軍事危機管理システムに対する具体的提案は、中国の関係部門が研究を進めると指摘した。

二〇〇六年九月一日、石破茂防衛庁長官が中国を公式訪問し、中国側と両国の防衛交流と協力の問題について協議したが、そのなかで両国の艦艇の年内相互訪問に触れた。これは日本の防衛庁長官の三年ぶりの中国訪問で、両国の防衛交流と協力の再開と発展に有益であった。

二〇〇六年十月〔八―九日〕、安倍晋三首相が中国を公式訪問した。中日双方の指導者は戦略的互恵関係を構築することで同意し、安全保障の分野を含む交流と協力を促進することを確認した。安倍首相の「氷を砕く旅」の後、中日関係には著しい改善が見られた。

同年十一月二十九日、章沁生人民解放軍総参謀長補佐は守屋武昌防衛事務次官と東京で第七回中日防衛当局間協議を行い、次のような防衛交流について合意した。

曹剛川国防部長が二〇〇七年秋に日本を訪問し、その後に自衛隊の斎藤隆統合幕僚長も中国を訪問すること、中国の艦艇が二〇〇七年秋に日本を訪問し、日本の艦艇が二〇〇八年に答礼訪問すること、中日防衛ホットラインを設置し、海上で不測の事態が発生するのを防止すること。

今回の協議は両国の指導者が成功裡に会談を実現し、中日関係に新たな局面が生まれた状況のもとで開催されたもので、双方が安全保障分野で理解と相互信頼を深め、両国の防衛部門間の関係をいっそう発展させることを積極的に推進する役割を果たした。

二〇〇七年二月十一日、日本の額賀福志郎元防衛庁長官の一行が中国国際戦略学会の招きに応じて中国を訪問し、曹剛川中央軍事委員会副主席、国務委員兼国防部長と会見した。双方は両国の防衛交流を推進する具体的措置について意見を交換したが、そのなかに日本の海上自衛隊と中国の人民解放軍海軍の艦艇の相互訪問などが含まれていた。曹剛川部長は次のように表明した。

「中日両国間の防衛交流は両国関係の重要な一部であり、中国側は両国の防衛部門間の関係を発展させることに一貫して積極的な態度を持している。我々は両国の指導者が達成した共通認識に基づいて、安全保障分野における対話と交流を強化し、相互信頼を増進し、両国の防衛交流の発展をいっそう推進したい。」

これに対して、額賀福志郎元長官は、防衛などの分野における両国の交流と協力を推進し、日中関係の健全で安定した発展を促進するよう努力したいと表明した。額賀福志郎元長官は、二〇〇六年六月三日にシンガポールで開催された安全保障に関する年次フォーラム「アジア安全保障会議」で、防衛部門における日中の交流と協力について、「双方が防衛交流を起点として関係を改善するよう希望する」、「この地域の安全保障には日本と中国の相互協調が不可欠である」と表明していた。

二〇〇七年四月十一日、温家宝総理が日本を公式訪問し、成功裡に「氷を融かす旅」を実現した。同日、中日双方は東京で「戦略的互恵関係の構築」をテーマとする「中日共同プレス発表」を発表したが、そのなかに防衛分野の交流で次のような共通認識に到達したことが盛り込まれていた。

防衛分野における対話と交流を強化し、ともに地域の安定に向け力を尽くすこと、曹剛川国防部長が同年秋に訪日すること、中国海軍の艦艇の訪日、その後の日本の海上自衛隊の艦艇の訪中を早期に実現すること、両国の防衛当局間の連絡メカニズムを整備し、海上における不測の事態の発生を防止すること。

台湾問題では、日本側は「日中共同声明」において表明した立場を堅持することを表明し、東海の問題では、双方は東海問題を適切に処理するため、東海を平和、協力、友好の海とすることを堅持し、海洋法に関する諸問題についての双方の立場を損なわないことを前提として、互恵の原則に基づいて共同開発を行うとともに、協議のプロセスを加速させることを表明した。

安倍首相と温家宝総理の相互訪問と「中日共同プレス発表」は、両国がハイレベル指導者間の交流を復活させたことを表明し、同時に両国の防衛交流をも促進し、両国関係が膠着状態を脱したことを象徴し、二国間、地域、国際など各レベルで互恵協力を行い、戦略的互恵関係を構築したいという両国の願望と欲求を体現していた。

二〇〇七年八月二十九日、中央軍事委員会副主席、国務委員兼国防部長の曹剛川上将が招きに応じて日本を公式訪問した。これは一九九八年二月の遅浩田国防部長の訪日以来、九年半ぶりの中国の国防部長の訪日であり、中日のハイレベル防衛相互訪問が公式に再開したことを象徴し、それと同時に中日関係のいっそうの緩和を意味した。訪日期間中、曹剛川部長は新任の高村正彦防衛大臣と会談を行うとともに、安倍晋三首相を表敬訪問し、町村信孝外務大臣と会談し、加藤紘一ら六名の防衛庁長官経験者が開催した朝食会に出席し、海上自衛隊の横須賀基地と陸上自衛隊の富士学校を見学するとともに、自衛隊を観閲した。

高村防衛大臣との会談で、双方は国際的、地域的な安全保障の情勢、両国関係、防衛交流など双方がともに関心を寄せる問題について幅広く意見を交換したが、そのなかで具体的に中国の軍事の透明性、台湾問題、両国の艦艇の相互訪問の実現、軍事ホットライン設置などの議題について言及した。中国の軍事の透明性の問題に関して、高村防衛大臣は会談のなかで中国政府が防衛支出の透明性を高めるよう要求した。曹剛川国防部長は、「我々はまさに透明性を増すべく努力している」と答えるとともに、中国の軍事費の新たに増えた分の多くは軍人の待遇の向上や軍装の買い増しに用いられていると指摘し、同時に中国も世界の潮流にしたがって軍隊を近代化すると表明した。

曹剛川国防部長と高村防衛大臣の会談のなかで、双方は引き続き両国の防衛交流を強化し、両国の防衛当局の相互信頼を増進することに同意するとともに、中日の防衛交流について次の八点の共通認識に到達した。

第一に、引き続きハイレベル防衛交流を実施する。曹剛川国防部長は高村防衛大臣が二〇〇八年に訪中するよう招請し、双方は自衛隊の統合幕僚長と人民解放軍の総参謀長の相互訪問をできるだけ早い時期に実現することで同意した。

第二に、中日国交正常化三十五周年を記念して、日本側は中国海軍艦艇が二〇〇七年に訪日するよう招請した。中国側は、十一月か十二月に訪日すると表明するとともに、日本の艦艇がその後の適当な時期に中国を訪問するよう招請した。

第三に、引き続き防衛と安全保障に関する中日防衛当局間協議を開催すること。双方はできるだけ早期に北京で次回の協議を行うことに同意した。

第四に、海上で不測の事態を防止し、東海〔東シナ海〕の平和を維持するため、中日防衛当局間の海上連絡システムを設置することを確認した。双方は、このため専門家による共同作業グループを早期に開催し協議を加速することで一致した。

第五に、両国の防衛部門は、軍兵種、軍事医学、軍事学術研究、文化・スポーツ部門における交流を実施する。

第六に、教育訓練協力を強化し、青年幹部を含む人員の交流を拡大する。

第七に、中国側は日本側に二〇〇七年九月に人員を派遣し、「勇士―二〇〇七」(歩兵師団の実弾による進攻戦闘実動実弾演習)を視察するよう招聘した。

第八に、自然災害対処など非伝統的な安全保障分野における交流について漸次検討する。

曹剛川部長が訪日したとき、台湾当局はまさに「国連加盟に関する公民投票」と「中華民国名義での国連復帰」という台湾独立を志向する活動を展開していたので、曹剛川部長は高村防衛大臣との会談のなかで、台湾問題は中国の核心的利益に関わる問題であることを強調し、次のように主張した。

「中国側は最大限の努力を尽くして台湾問題を平和的に解決する。目下、陳水扁を代表とする『台独』(台湾独立運動)分裂勢力はまさに「台独」活動をいっそう強化しており、台湾海峡、アジア太平洋地域、さらには世界の平和と安定を深刻に脅かしている。中国は日本が台湾問題が非常に敏感な問題であることを認識し、引き続き中日間の三つの政治文書〔「中日共同声明」(一九七二年九月)、「中日平和友好条約」(一九七八年八月)、「中日共同宣言」(一九九八年十一月)〕の原則を堅持し、『一つの中国』の公約を厳守し、台湾といかなる政府間交流も行わず、『台独』分裂勢力にいかなる誤ったシグナルも発しないよう希望する。」

高村防衛大臣は、日本側は三つの政治文書で表明した立場を堅持し、「台独」を支持しないと表明した。

安倍首相との会談で、曹剛川国防部長は台湾問題は中日関係に影響を及ぼす重大な原則問題であると指摘し、日本側が引き続き「一つの中国」の原則を堅持し、いかなる形による「台独」にも反対し、中国と共同で地域の平和と安定を維持するよう希望した。

安倍首相は、日本側は「日中共同声明」で表明した台湾問題における立場を堅持し、台湾の現状を一方的に変更しようとするいかなる言動も支持しないと表明した。

町村信孝外務大臣との会談で、曹剛川国防部長が重ねて台湾問題に対する中国の原則的立場を表明すると、町村外務大臣は日本側は台湾問題の重要性を十分に認識しており、「日中共同声明」の立場を堅持し、「台独」を支持しないと表明した。

二〇〇八年二月二十六日、中央軍事委員会委員兼総参謀長の陳炳徳上将の招きに応じ、斎藤隆自衛隊統合幕僚長が四日間にわたって中国を公式訪問した。これは藤縄祐爾統合幕僚会議議長が二〇〇〇年六月に中国を訪問して以来、自衛隊の最高幹部の二度目の訪中であった。日本は二〇〇六年三月に統合幕僚会議を廃し、統合幕僚部を設け、斎藤隆海将を陸海空の自衛隊の作戦指揮権を掌握する初代の統合幕僚長に任命した。陳炳徳総参謀長は歓迎式典を行い、斎藤隆統合幕僚長の初の訪中を歓迎した。その後、曹剛川国防部長と陳炳徳総参謀長がそれぞれ斎藤統合幕僚長の一行と会見した。

曹剛川国防部長は会談で次のように述べた。

「二〇〇七年は中日国交正常化三十五周年であり、各分野における双方の交流と協力は順調に発展している。二〇〇八年は『中日平和友好条約』締結三十年である。双方がこれを契機に、関連する問題を慎重かつ適切に処理し、交流と協力を深め、中日関係の政治的基礎を固めるべく引き続き努力し、双方の戦略的相互信頼を増進し、両国関係の健全で安定した発展を推進するよう希望する。台湾問題は中国の核心的利益に関わるので、日本側が地域の平和と安定、中日関係を維持する大局的な見地から、台湾問題における中国側の立場と主張を尊重し、旗幟鮮明に『台独』に反対するよう希望する。」

これに対して、斎藤隆統合幕僚長は、「日本と中国はともにこの地域の大国であり、日中友好を強化することは地域と世界の平和と安定に重要な意義をもつ。両国の防衛部門がハイレベルの相互訪問、人員の往来をいっそう強化し、理解と信頼をたえず深めていきたい」と表明し、日本側は「日中共同声明」の精神を厳守し、台湾問題における立場に変化はないことを強調した。

また会談のなかで、曹剛川国防部長は、中日は連絡メカニズムを構築して、東海などで発生しうる不測の事態に対応するよう提案した。これに対して、斎藤隆統合幕僚長は、日中は隣国として、彼我の間で互いに顔を突き合わせる交流を増やす必要があり、連絡メカニズムを構築することが極めて重要であると表明した。陳炳徳総参謀長が会談で、日本がミサイル防御システムを配置したことが台湾海峡の情勢に影響を及ぼす可能性に対して懸念を表明すると、斎藤統合幕僚長はミサイル防御と台湾はまったく関係がないと返答した。このことは、中日の防衛首脳の間でミサイル防御システムに対する態度に依然として距離があることを示している。

二十八日午前、斎藤統合幕僚長は北京軍区の砲兵旅団を視察し、熱烈な歓迎を受けた。斎藤隆統合幕僚長の一行は中国の将兵の銃砲の操作や運動能力の訓練を見物するとともに、旅団歴史館を見学し、来訪者名簿に「日中友好」の四文字を記した。二十九日午前、人民解放軍海軍の上海基地司令員の廖世寧少将の案内のもと、斎藤統合幕僚長の一行は中国海軍の先進的なミサイル護衛艦である五二一艦を参観し、同艦の装備の展示を見学した。

斎藤統合幕僚長は訪中の前に、日中の信頼関係を築くことが今回の訪中のもっとも重要な目的であると表明するとともに、今回の訪中は、両軍の交流を促進し、信頼を増進すると指摘していたが、所期の目的は達せられた。

中日のハイレベル防衛交流の三十余年の歴史はけっして順風

満帆ではなく、その間に断続し、起伏があり、曲折に富み、良好なハイレベル相互訪問交流メカニズムを形成しなかったが、主要な原因は中日間のあの不幸な歴史と、それに対する日本側の認識にある。日本の政治家のなかには、歴史問題に対する深刻な反省を欠き、中国人民の感情を著しく傷つけ、中日防衛交流の雰囲気を損ない、さらに中日の戦略的相互信頼と防衛に関する相互信頼の構築に影響を及ぼしている者がいる。しかし、この数年、両国の指導者が相互訪問を実現して、中日関係を著しく改善し、とくに両国の指導者がそろって、安全保障の分野を含む交流と協力を強化し、安全保障分野の相互信頼を強化する必要があると表明し、中日防衛交流が新たな局面を切り拓くために良好な雰囲気をつくりだした。

二〇〇八年五月〔七日〕に胡錦濤主席の訪日中に発表された「日中両政府の交流と協力の強化に関する共同プレス発表」は、次のようにはっきり指摘している。

「両国防衛当局間の相互信頼を増進するため、本年〔二〇〇八年〕中に日本国の防衛大臣が訪中する。

両国防衛当局間の相互理解を深めるため、引き続きハイレベルでの防衛当局間協議を継続する。

本年二月の統合幕僚長の訪中に続き、本年六月に中国人民解放軍空軍司令員が、本年後半に海軍司令員及び副総参謀長がそれぞれ訪日する。」

これは、「中日平和友好条約」締結三十周年である二〇〇八年が、中日防衛交流において、重要な活動が活発に行われる年になることを意味していた。中日両国は防衛当局間のハイレベルの対話と交流を通じて、ハイレベル防衛相互訪問メカニズムを構築し形を整え、戦略・防衛両面において相互信頼を増進し、中日の戦略互恵関係の長期的で安定的な発展を推進した。

2　中日の部隊と人員の交流

江新鳳

中日のハイレベル防衛交流と安全保障協議のほかに、両国間には、艦艇の相互訪問、部隊の視察、防衛要員の留学生の相互派遣、学術交流など、政府や民間のルートによる防衛交流がいくつかある。

一　艦艇の相互訪問

中日の艦艇相互訪問の端緒を開いたのは、朱鎔基国務院総理が二〇〇〇年〔十月〕に訪日した際に中日双方が合意した共通認識であった。両国はもともと二〇〇二年の中日国交正常化三十周年の際の記念活動の一つとして実施する予定であった。二〇〇二年〔三月〕の中日第八回安全保障対話で、双方は艦艇の相互訪問に対して積極的姿勢を表明し、中日国交正常化三十周年を記念するために、艦艇の相互訪問など関連する準備と具体化を真剣にきちんとすべきであると認めた。双方の当初の計画では、二〇〇二年五月にまず中国人民解放軍海軍の艦艇が日本を訪問し、日本の海上自衛隊の艦艇が翌年答礼訪問をすることになっていた。

しかし、小泉純一郎首相が中国などの強い反対を顧みず、二〇〇二年四月に再び頑なに靖国神社に参拝したので、これに対して、中国側は即座に反応し、小泉首相の靖国神社参拝が中国人民の感情と中日関係を損なったため、現在は防衛交流を行うには相応しくないと指摘した。そして、中国政府はもともと五月に予定していた中国海軍の艦艇の日本訪問を取り止めることを発表せざるをえなかった。

その後、安倍晋三首相と温家宝総理が成功裡に中日関係の「氷を砕く」旅〔二〇〇六年十月〕と「氷を融かす」旅〔二〇〇七年四月〕を実現させ、曹剛川国防部長の訪日〔二〇〇七年八―九月〕が中日防衛ハイレベル相互訪問を再開させ、やっと艦艇の相互訪問が実現された。計画に基づいて、中国人民解放軍の艦艇が二〇〇七年十一月に訪日し、自衛隊の艦艇は二〇〇八年六月下旬に中国を訪問した。

二〇〇七年十一月二十八日午前、中国人民解放軍海軍の南海艦隊のミサイル駆逐艦「深圳」号が東京港に入港し、四日間にわたって日本を友好訪問した。これは中日国交正常化三十五周年を記念する重要な活動の一つであり、中国人民解放軍海軍の艦艇の最初の日本訪問でもあって、中日両国の防衛分野における交流が新たな一ページを切り拓いたことを表していた。

晴海埠頭で開催された歓迎式典で、海上自衛隊幕僚長の吉川栄治海将は挨拶のなかで、中国人民解放軍海軍の艦艇が初めて日本を訪問し、両国の防衛分野の交流の新たな一章を切り拓いたことは、中日両国間の相互信頼と善隣友好を強化するのに役立つと述べた。

中国の崔天凱大使は挨拶のなかで、中国の軍隊は平和の軍、文明の軍であり、日本国民が中国将兵との親密な交流を通じて、中国の軍隊と軍人の新しい姿を理解し、たえず発展進歩する中国への理解を深めるよう願っていると述べた。

艦艇を率いて訪日した中国人民解放軍海軍の南海艦隊副司令員の肖新年少将も挨拶のなかで、駆逐艦「深圳」号には三百四十五人の将兵が乗り組み、十三億の中国人民の友好の情誼の気持ちと和睦と平和への強い願いを満載している、幅広い交流と接触を通じて、双方の相互信頼をいっそう深め、中日友好関係の発展を促進し、両国を結ぶ大海を平和と友好と協力の海に変えるため積極的に貢献したいと述べた。

二十八日午前から、「深圳」号は一般公開され、東京都民と日本の海上自衛隊の将兵が陸続と見学した。それと同時に、「深圳」号の将兵も日本の護衛艦「いかづち」を見学し、日本の将兵と相互に交流しあい、理解を深めた。中国海軍の軍楽隊と日本の海上自衛隊の東京軍楽隊が埠頭で合同演奏を行い、「大海讃歌」、「千の風になって」などよく知られている中日の楽曲を演奏し、聴衆から熱烈な拍手を浴びた。「深圳」号の将兵はまた海上自衛隊の横須賀基地、防衛大学、海上自衛隊幹部学校、皇居などを訪問するとともに、海上自衛隊の隊員とサッカーの友好試合、綱引き、交流会などを行った。石破茂防衛大臣は十一月三十日夜に「深圳」号でレセプションを開催し、中国からの客人を歓迎した。

艦艇の相互訪問は中日関係の低落に影響されて当初の計画よりも五年余りも引き延ばされたにもかかわらず、中国の艦艇の訪日が成功した意義は格別であり、両国の艦艇の相互訪問の序幕を切って落とし、中日軍事交流史上の空白を突破したばかりか、さらに重要なことは両国人民に信頼と友好をもたらしたことである。艦艇の相互訪問は一般の人員の相互の訪問と異なり、軍事の透明性と信頼性を増進するのに役立つばかりか、それ以上に両軍の友好、両国の友好の象徴である。「深圳」号の訪日は、必ずや中日防衛交流史上の「氷を砕く」旅として歴史に残るであろう。

二　部隊の視察

これまでのところ、中日はまだ本当の意味の部隊交流を展開していないが、両国関係の緩和にともない、すでに二つの重要な進展が見られる。一つは艦艇の相互訪問、もう一つは日本が初めて中国側の軍事演習の視察に人員を派遣したことである。両者はともに部隊レベルでの交流である。

二〇〇七年九月二十五日、「勇士―二〇〇七」と名づけられた機械化歩兵師団による進攻戦闘の実動実弾演習が瀋陽軍区の洮南訓練基地で行われた。この演習で、中国国防部は初めて日本の自衛隊員を演習の視察に招待した。国防部外事弁公処主任の銭利華少将は、これは国防部長の曹剛川上将が先ごろ日本を訪問した際に得られた成果の一つであると表明した。上海協力機構とASEAN加盟国、およびアメリカ、イギリス、フランス、日本など三十五ヵ国の五十五名の軍事オブザーバーが招きに応じて演習を視察し、陸上自衛隊幕僚部の防衛交流の責任者である沖邑佳彦一等陸佐と在中国日本大使館の武官である椿裕一一等陸佐が演習の視察に参加した。二人は実弾演習の視察のほかに、中国の防衛政策の報告を聴取し、中国の将校と意見を交換するとともに、解放軍陸軍学校を訪問し、解放軍の高級将校を表敬訪問した。沖邑佳彦一等陸佐は、「相互理解が相互信頼の第一歩である」、「今回の中国訪問で、私は多くの肯定的な印象を得た。これは両国の軍隊間の相互信頼を深めることに役立つと信ずる」と語った。

三　防衛留学生の相互派遣

現在、中日の防衛留学生の相互派遣は、主に中国の人民解放軍国防大学と日本の防衛研究所との間で行われている。一九九八年〔十一月〕の江沢民国家主席が訪日した際に日本側と結んだ合意に基づいて、防衛研究所は二〇〇三年から国防大学からの中佐級将校の留学生の受け入れを始め、毎年一名、二〇〇八年までにすでに六名の中国軍側の留学生を受け入れた。これら若手の将校は防衛研究所で十ヵ月に及ぶ研修を行い、毎年九月に学習が始まり、翌年六月に終了する。学習形態は聴講、論文執筆、特別講演の実施、集団討論などである。学習内容は主に防衛研究所の一般課程で、合計千二百時限であり、安全保障、軍事概論、軍事史、日本内外の安全保障環境、日本の防衛政策などである。このほか、陸上自衛隊化学学校、海上自衛隊連合艦隊司令部、航空自衛隊航空総隊司令部、防衛省技術研究本部、在日米軍事令部などの参観、実習もあり、海外研修活動にも参加する。

一般課程で学ぶ四―五十名の学生のうち、多数は自衛隊の幹部、少数は外国の軍事留学生で、大半は佐官級の将校である。二〇〇三年三月までに、防衛研究所はすでに中国、アメリカ、イギリス、フランス、ドイツ、オーストリア、韓国、インド、タイなどから合計九十五名の軍事留学生を受け入れた。調査によれば、日本の防衛大学校も多くの国から軍事留学生を受け入れているが、これまで中国の軍事留学生を受け入れなかった。防衛研究所への最初の留学生であった国防大学の孟凡明によれば、一年近い留学生活によって日本の将校の真の生活にじかに触れ、日本の防衛政策を理解しただけでなく、世界のその他の国家の関連する軍事理論などの情況を幅広く理解することができたという。

日本は一九九九年から自衛隊の幹部を中国の関係機関に派遣して短期学習させている。二〇〇七年までに、日本側は国防大学防衛学部の「国際安全保障問題研究クラス」にあわせて六名の佐官級将校を派遣したが、学習期間は一カ月半であった。二〇〇七年の秋から、日本の防衛省は「留学生」の名目で中国に一名の佐官級幹部を派遣し、国防大学外国訓練学科の「青年幹部研修クラス」で一年間学習させている。このほかにも、毎年、中国の軍事留学生は民間ルートを通じて日本に学習に来ており、主に早稲田大学など一般大学で語学や国際関係の関連知識を学習している。

日本は、中国との防衛留学生の相互派遣の問題で一貫して慎重な態度を示していた。二〇〇七年に日本が中国に防衛留学生を派遣することを決定したのは、主に両国の政治関係と防衛関係が著しく緩和され始め、両国の指導者がいずれも両国間の防衛交流、とくに青年将校の交流を強化する願望を抱いたからである。また、日本の防衛省は二〇〇七年四月に「防衛交流の基本方針」を制定したが、その目的は防衛交流を強化し、各国との相互信頼と相互理解を深めるとともに、安全保障問題上の相互の懸念を取り除くことである。その防衛交流の方法の一つに留学生の派遣と受け入れが含まれている。これが防衛省の中国（同時にパキスタンも）に対する留学生の派遣を促す理由の一つである。さらにもう一つの直接の目的は中国を理解し、「中国通」を育成することにほかならない。日本が派遣する留学生の階級は、陸、海、空の三自衛隊の佐官級幹部と防衛省の課長か課長補佐クラスの官僚である。学習内容は、中国の防衛政策、軍事戦略、地域的、世界的な安全保障情勢、『孫子の兵法』など中国の伝統的軍事思想などである。

四　学術交流

中日の防衛部門あるいは軍事大学の間では、軍事学術、医療、文化スポーツなどの分野を含む幅広い交流を行っている。

第一に軍事学術交流である。採用する形式の一つは、両国の軍事研究者が相手国に赴いて講義をするか、二国間や多国間の国際的学術シンポジウムなどに参加することである。たとえば、中国の防衛大学と日本の防衛研究所が互いに教官を派遣して講義を行ったり、中国軍側の研究者の代表が日本の防衛省、防衛研究所、自衛隊、民間団体などの開催する国際的な学術シンポジウムに参加したり、日本の防衛省、防衛大学校、防衛研究所などの自衛隊の幹部と研究者が中国にやって来て二国間や多国間の国際的な学術シンポジウムに参加したり、中日双方の防衛研究者が中日以外の国に赴いて国際的な学術シンポジウムに参加したりするなどである。

形式のもう一つは、両国の軍事大学や軍事研究機関の人員が相手側を訪問して視察したり、学術座談会を行ったりすることである。たとえば、中国の国防大学、軍事科学院などの代表団が日本に赴いて学術交流をしたり、日本の防衛研究所の研究者の代表団が中国に赴いて中国軍側の研究者と学術座談会を行ったり、日本の退役将官からなる「中国政治経済懇談会」訪中団と中国軍側の研究者が交流したりすることなどである。

第二に医療、文化・スポーツの交流である。日本の防衛医科大学と中国の人民解放軍総医院との間で、かつては何回も学術シンポジウムを行ったことがある。また、中国の「八一チーム」（中国人民解放軍八一体育工作大隊）は日本の同様のチームとスポーツ交流を行っている。たとえば、「八一チーム」の女子バレーチームが一九九九年十一月に日本を訪問し、日本の「アタックチーム」女子バレーチームと友好試合を行った。あるいは中国人民解放軍交響楽団が二〇〇七年十月に東京などを訪問した。

第三に共同で国連の平和維持活動に参加することである。これも中日の防衛交流のために機会を提供している。たとえば、一九九二年九月と十月に、中日はそれぞれ工兵部隊をカンボジアの平和維持活動に部隊を派遣したが、両国の平和維持人員は多方面にわたって交流と協力を行った。

第四に安全保障に関する多国間の対話と協力である。たとえば、中日がともにＡＳＥＡＮ地域フォーラムに参加し、このフォーラムは東アジア地域で安全保障問題に関する唯一の政府間の公式対話ルートであるので、双方はこのルートの助けを借りて、東アジアの安全保障問題について有意義な交流を行った。さらに、毎年シンガポールで開催される「アジア安全保障会議」も中日の軍事ハイレベル交流の場になっている。二〇〇七年六月に開催された「アジア安全保障会議」には、章沁生中国人民解放軍副総参謀長、久間章生防衛大臣が出席するとともに、それぞれ中国の軍事と外交、日本の防衛政策について発言した。章沁生副参謀長は会期中に斎藤統合幕僚長と公式会談も行った。

第五に民間の基金や組織が資金を提供する軍人の交流活動である。たとえば、日本の笹川平和財団が援助を提供する中国人民解放軍と自衛隊佐官級の相互訪問交流や、中国の退役将官の訪日交流、中国の高級将校と防衛研究者からなる訪日代表団の交流活動である。日本の笹川平和財団は民間のルートから中日将校の交流を推進している。二〇〇〇年十月、中日は両国の民間安全保障交流を推進する考えで一致し、一貫して中日友好に尽力している笹川平和財団は十年間に及ぶ「中国人民解放軍と自衛隊佐官級交流事業」を始動させているが、これは中国人民解放軍と自衛隊の若手幹部を選抜して相手側に派遣するものである。この相互訪問活動は二〇〇一年から実施を開始し、毎年一回相互訪問を行い、上半期は日本の自衛隊の佐官級交流訪中団が中国を訪問し、下半期は中国人民解放軍の佐官級幹部が日本を訪問するものである。二〇〇七年末までにすでに七回成功裡に行われ、あわせて百名余りの中国人民解放軍幹部と八十名余りの日本の自衛官が参加した。

筆者は二〇〇三年十一月二十五日から十二月七日にかけて第三次「中国人民解放軍交流訪日団」の訪日活動に参加したが、この代表団は二十名の人民解放軍若手幹部からなり、その多くは初めての日本訪問であった。訪日期間中、研修団は橋本龍太郎元首相、石破茂防衛庁長官、統合幕僚会議議長の石川亨上将らを表敬訪問し、陸上自衛隊の朝霞基地、海上自衛隊の横須賀基地、航空自衛隊の浜松基地を視察し、防衛庁、防衛大学校、防衛研究所、笹川平和財団などと意見交換会と交流を行い、同時にハイテク企業と農業プロジェクトを視察し、さらに一般家庭も訪問し、話しあいを行った。これらの視察と交流を通じて、中国の青年将校は日本の外交政策、防衛政策、自衛隊の現状、日本社会をかなり掘り下げて理解した。

二〇〇六年六月、日本の石破茂元防衛庁長官を顧問とする第六次日本自衛隊佐官級交流訪中団が十日間にわたって中国を訪問し、中共中央党校、国防大学、北京大学など高等教育機関を訪問し、北京軍区の第六装甲師団を視察したほか、さらに広東省湛江市の南海艦隊海軍基地と空軍第九師団も初めて視察した。これも中国が軍事の透明性を高めるための努力の一つであった。訪中した十三名の代表のうちで、九名は初めての中国訪問であった。石破茂元防衛庁長官は、このような交流は日中の若手防衛関係者に理解を深め、相互信頼を構築する良好な機会をもたらす、なぜならば「武器は嘘をつかないが、軍人も嘘をつかない、自分の目で見聞を広めてこそ、懸念を取り除くことができる」からであると指摘した。かつては直接の交流が不足していたので、日本の自衛隊の幹部は中国の軍隊に好奇心を抱いていたし、警戒心をも抱いていたが、この活動への参加が中日両国の防衛関係者の距離を縮めた。第二次訪中団に参加した日本の自衛隊の若い幹部の一人は、「もとは死ぬまで中国とは縁がなく、中国と切っても切れない縁を結ぶとは夢にも思わなかった」と語っており、日中の制服組同士の直接交流が相互理解を深め、信頼を増し疑いを解くのに役立つことを物語っている。

これらの活動が示すように、防衛ハイレベル相互訪問と安全保障対話のほかにも、各種のルートの防衛交流を展開することは、相互理解を深め、相互の信頼度を高めることに役立ち、両国関係の安定した健全な発展を推進する。

中日防衛分野の交流は三十年余りにわたって困難で曲折に富む道を歩んできたが、現在はまさに徐々に展開する段階にある。総体的にいえば、中日間の安全保障対話のメカニズムはすでに基本的に形成されているが、健全かつ効果的な防衛交流メカニズムはまだ構築されていない。それは主に次のようなところに現れている。

第一に、双方の防衛首脳の相互訪問が断続的で、メカニズムが構築されていない。

第二に、一部の将校は交流活動をしているけれども、交流の人数と頻度はかなり少なく、そのレベルがかなり低く、近年は主に佐官級以下に集中し、しかもその多くは民間の力によって推進されている。

第三に、交流の内容が表面的なものに留まり、実質的な内容がかなり少なく、その多くは相互訪問、視察、講義、シンポジウム、学習などで、オブザーバーによる軍事演習の視察と艦艇訪問はすでに実現したにもかかわらず、反テロ合同訓練、演習情報の相互通告のような形式の協力と交流は今なお実現されず、双方の戦略的相互信頼メカニズムはまだ完全には構築されず、依然として相手側に対しかなり強い警戒心を抱いている。

第四に、両国間および自国の外交、防衛部門との間の意思疎通、交流、意見調整はなお強化する余地がある。

二〇〇八年五月十二日、中国の四川省汶川県で大地震が発生した後、日本は中国に国際緊急援助隊の救助チームと医療チームを派遣するとともに、二回に分けて十億円相当の緊急支援を行い、中国の人民を感動させ、無意識のうちに中日両国人民の感情を近づけ、中日関係の発展を促進した。しかし、自衛隊のC—一三〇輸送機による支援物資の搬送が阻止されたことが示すように、歴史的な理由によって、中日両国の国民間の感情は依然として非常に微妙であり、中日両国の防衛部門間、自国の外交部門と防衛部門との間の意思疎通、交流、意見調整をいっそう強化する必要がある。十分な意思疎通と意見調整の基礎のうえに活動を展開すべきであり、むやみに成功を急ぐと、往々にして願望と異なる結果になる。

現在、両国政府は両国の防衛部門間の交流の強化を非常に重視している。胡錦濤主席が二〇〇八年五月に訪日した際、両国政府は防衛交流の強化で八つの共通認識を得た。そのうち、部隊と人員の交流を強化する措置に関しては、双方が軍種間、防衛関係の教育機関・研究機関間の交流の拡大を検討していくこと、国際連合平和維持活動（ＰＫＯ）、災害救援などの分野での協力の可能性を検討していくこと、両国の防衛当局間の相互理解と相手国への理解を深めるために、中国の人民解放軍青年将校と日本の自衛隊若手幹部との相互訪問を強化することで一致し、年度内にそれぞれ十五名程度の尉官級幹部を相手国へ一週間程度相互招聘することで一致した。

これらの交流の具体的な措置は両国の軍人、とくに青年将校の相互理解を増進するのに役立ち、両国の防衛部門が非伝統的な安全保障の分野で交流と協力を促進するのに有利である。

中日防衛交流メカニズムを構築、健全化し、中日の戦略的互恵関係の強化と発展を促進するためには、一連の交流活動を展開するほかにも、中日双方はさらに次の面で努力すべきである。

①中日両国は相互の戦略的位置づけを正確に把握し、相手側の核心をなす国益に挑戦せず、相手側の内政に干渉せず、二国間と多国間の協力メカニズムの中でともに努力し、「ウィンウィン」を実現する必要がある。

②日本は軍国主義の第二次世界大戦期における犯罪行為に正しく対処し、中国人民の感情を傷つけるような事件を二度と引き起こすべきではない。さもなければ、中日防衛交流は再び後退する可能性が大きい。

③両国の防衛部門は戦略的相互信頼と防衛上の相互信頼の構築に向かって努力すべきである。現在、両国の政治関係と防衛関係は著しく改善されているけれども、双方は相手側の防衛力の発展の方向と意図に依然として疑念を抱いているので、両国の防衛部門は各レベルと各種の形式の交流をいっそう強化し、猜疑心を減らし、理解を深め、相互信頼を高める必要がある。そのようにしてこそ、両国関係の健全で安定した発展を確保し、包括的な中日の互恵協力の新たな局面を切り拓くことができる。

3　中日安全保障対話メカニズム

江新鳳

「中日平和友好条約」締結から三十年来、中日間にはすでに防衛部門間の安全保障対話メカニズムが基本的に構築されている。主な安全保障対話メカニズムには、中日の外交当局と安全保障当局が共同参加する安全保障対話と中日防衛当局間の副部長〔次官〕級防衛協議がある。防衛部門が直接参与するわけでないにもかかわらず、安全保障問題に触れるその他の対話メカニズムに、中日戦略対話〔中日総合政策対話〕（第四部三章参照）や東海問題協議〔東シナ海の石油天然ガス開発問題に関する局長級協議〕などもある。

一　安全保障対話

中日両国は一九九四年三月から定期的な安全保障対話を開催し、二〇〇六年七月までにすでに十回にわたって外交部門と防衛部門が共同で参加する安全保障対話を開催しており、そのうち二〇〇二年〔三月〕の第八回対話から副部長〔次官〕級協議に改め、徐々に中日戦略対話メカニズムに組み入れられた。

一九九四年三月一日、第一回中日安全保障対話が北京で開催され、一九九五年一月十三日、第二回中日安全保障対話が東京で開催された。この二回の対話で、中日双方の代表団は地域の安全保障情勢、各自の防衛政策、双方がともに関心を寄せる問題について率直に、掘り下げて意見を交換した。一九九六年一月十五日から十六日にかけて、第三回中日安全保障対話が北京で開催され、双方は軍事力の透明性を高め、二国間の依存関係を促す問題などに関して意見の一致を見た。

一九九七年三月十五日、中日両国の外交当局と防衛当局の第四回安全保障対話が東京で開催され、双方はアジア太平洋地域の安全保障情勢、日米安全保障条約、国防政策、軍事費問題などについて率直に、掘り下げて意見を交換した。中国軍の総参謀部の幹部が初めて中日間の安全保障対話に参加した。一九九七年十二月十八日、中日両国の外交当局と防衛当局の第五回安全保障対話が北京で開催され、双方は当面の地域の安全保障情勢、両国の国防政策、日米の安全保障協力などの問題について率直に、掘り下げて意見を交換した。一九九九年十月七日、中日両国は東京で第六回安全保障対話を開催し、地域の安全保障情勢、各自の国防政策などの問題について意見を交換した。二〇〇〇年六月十九日、中日両国は成功裡に第七回安全保障対話を開催した。

二〇〇二年三月十八日、王毅中国外交部副部長が代表団を率いて日本を訪問し、日本側と第八回安全保障対話を行い、当面の世界と地域の安全保障情勢、両国の国防政策、ともに関心を寄せる問題について掘り下げて意見を交換した。これは中日両国が初めて行った副部長〔次官〕級の安全保障対話であり、中国の国防部と日本の防衛庁の職員が参加しだが、この安全保障対話と軍事交流は中日の軍事関係の発展を推進するうえで重要な措置であった。中国側は、近年日本が安全保障分野でとった一連の新たな措置と日本の軍備拡充状況について、自己の立場と関心を表明した。日本側は、中国が軍事予算の内容をいっそう公開するよう要請するとともに、中国の核兵器とミサイルの計画に対する関心を表明し、同時に日本は引き続き平和憲法を堅持し、軍事大国にならず、専守防衛の安全保障政策を貫徹し、非核三原則を堅持し、攻撃的な武器を持たないことを表明した。中国外交部の章啓月スポークスマンが三月十九日の定例記者会見で述べたところによれば、今回の対話で、双方は、二〇〇二年が中日国交正常化の三十周年にあたり、（艦艇の相互訪問などを含む）関連する準備と具体化を真剣に行って、早期の防衛交流の展開を期すべきことを指摘した。

二〇〇四年二月十日、第九回中日安全保障対話が東京で開催された。中日の代表団の団長はそれぞれ王毅外交部副部長と田中均外務審議官で、双方は当面の世界と地域の安全保障情勢、各自の国防政策などについて率直に、掘り下げた意見を交換した。

二〇〇六年七月二十一日、第十回中日安全保障対話が北京の釣魚台国賓館で開催され、武大偉外交部副部長と西田恒夫外務審議官がそれぞれ代表団を率いて参加した。双方は各自の国防政策を報告し、双方の防衛交流をいっそう強めることに合意するとともに、安全保障、地域情勢などの問題について率直に意見を交換した。朝鮮半島の問題に関して、双方は、引き続き「六カ国協議」を推進し、対話と協議を通じて、平和的、外交的な手段で問題を解決し、東アジア地域の平和と安定を維持すべきことで認識が一致した。また、双方はさらに国連と安全保障理事会の改革の問題についても対話を行った。

二　防衛安全保障協議

一九九六年八月から二〇〇八年五月にかけて、中日両国の防衛当局は八回にわたって防衛安全保障協議〔日中防衛次官級協議〕を行った。一九九六年八月二十日、村田直昭防衛事務次官が中国を訪問し、遅浩田国防部長と会談し、双方は中日間の防衛交流をいっそう推進することについて意見の一致を見た。これは、一九八七年以来初の防衛庁長官、次官級首脳の訪中であり、中日の防衛部門が開催した最初の防衛安全保障協議でもあった。

一九九九年十一月、江間清二防衛事務次官が招待に応じて中国を訪問し、熊光楷人民解放軍副総参謀長と会談するとともに、第二回中日防衛安全保障協議を行った。二〇〇〇年十一月二日、副総参謀長の熊光楷上将が日本を訪問し、佐藤謙防衛庁事務次官と中日二〇〇〇年度防衛協議を行い、双方は当面の国際情勢、アジア太平洋地域の安全保障情勢、とくに東北アジア情勢、中日の両国関係と両軍関係、人民解放軍と自衛隊との間で交流を増やすことなどの問題について、幅広く掘り下げて意見を交換した。これは中日防衛部門の開催した第三回防衛安全保障協議であった。

二〇〇四年一月、中日防衛部門は第四回防衛安全保障協議を開催し、双方は世界と地域の安全保障情勢、国防政策、両国関係、中日防衛交流など双方がともに関心を寄せる問題について掘り下げて意見を交換した。二〇〇四年十月二十六日、人民解放軍副総参謀長の熊光楷上将が守屋武昌防衛事務次官と東京で第五回中日防衛安全保障協議を行った。中日双方はともに、両国関係の枠組みのなかで、いっそう両軍の往来と交流を促す必要があることを表明した。中国側は歴史や台湾など重大な問題における原則的立場を詳述し、「歴史を鑑とし、未来に目を向ける」ことこそ歴史問題を解決する重要な原則であることを強調し、「台独」〔台湾独立運動〕の活動は台湾海峡の平和とアジア太平洋地域の安全保障の最大の脅威であると指摘した。日本側は改めて「一つの中国」の立場を表明した。双方はさらに、世界と地域の安全保障情勢、国防政策、軍隊建設、両軍関係、双方がともに関心を寄せる問題についても掘り下げて意見を交換した。熊光楷上将は日本訪問中に橋本龍太郎元首相、町村信孝外務大臣、大野功統防衛庁長官、先崎一統合幕僚会議議長ら政界の要人を相次いで表敬訪問するとともに、二十七日に日本防衛研究所で講演を行った。

二〇〇五年三月二十四日、守屋武昌防衛事務次官が四日間にわたって中国を訪問し、熊光楷人民解放軍副総参謀長と第六回中日防衛安全保障協議を行った。守屋次官は中国側の代表と中国の国防費の増加、軍事面の透明性を高める問題などについて討議を行い、同時に近年中国側が東海の海域で行っている一連の調査活動と中国が「反国家分裂法」を制定した〔二〇〇五年三月十四日〕ことに対する日本側の見解を表明した。日本側が中国の軍事面の透明性や中国が「反国家分裂法」を制定した問題などに対して厳しく非難したため、今回の協議は成果なしで終わった。

二〇〇六年十一月二十三日、章沁生人民解放軍総参謀長補佐が日本を訪問し、守屋武昌防衛事務次官と東京で第七回中日防衛安全保障協議を行い、一年八ヵ月にわたって中断していた両国の防衛衛部門間の安全保障協議が再開された。双方は世界と地域の安全保障情勢、国防政策、軍隊建設、両国と両軍の関係、双方がともに関心を寄せるその他の問題について掘り下げて意見を交換した。協議の過程で、中日双方はともに、両国の指導者が到達した共通認識に基づいて、安全保障分野の対話と交流を強化し、ハイレベルの相互訪問を含む両国間の防衛交流をいっそう推進する必要があることを表明した。中国側はさらに台湾問題など重大問題における中国の原則的立場を詳述し、日本側が引き続き平和的発展の道を歩むことを堅持するよう希望した。日本側は改めて「一つの中国」の立場を表明するとともに、「専守防衛」政策を堅持することを表明した。

二〇〇八年三月三十一日、第八回中日防衛安全保障協議が北京で開催され、増田好平防衛事務次官と馬暁天人民解放軍副総参謀長がそれぞれ代表団を率いて参加し、台湾問題、防衛交流、海上連絡システムなどの面で多数の共通認識を得た。中日双方は同日午前に二時間半前後に及ぶ非公開協議を行い、台湾問題、双方の防衛政策、将来の防衛交流と防衛協力、地域の平和と安定など多岐にわたる議題について協議し、防衛交流、安全保障面における各自の関心について意見を交換した。

馬暁天副総参謀長は次のように指摘した。

「二〇〇八年は「中日平和友好条約」締結三十周年にあたり、両国関係は新たな歴史的な発展の機会に臨んでいる。両国の防衛部門が中日関係の発展を維持するという大局的な観点に立って、防衛の分野における双方の交流と協力の展開を積極的に推進して、実際の行動によって中日の防衛安全保障における相互信頼を増進し、両国の戦略的互恵関係を強固にするために多くの活動をするよう希望する。」

増田好平次官は次のように表明した。

「これまでに二度中国を訪問し、日中両国の防衛部門間の交流を眼の当たりにしてきた。日本の指導者は、両国の良好な関係を保つことが非常に重要であることを認識している。防衛部門の職員として、両国の防衛部門が実務的な交流を促進するよう努力する。」

台湾問題では、馬暁天副総参謀長は日本側に台湾問題に対する中国側の政策と立場を紹介し、中国側の懸念も表明した。増田好平次官は中国側の懸念に対して一つ一つ釈明を行うとともにに、同時に改めて、日本政府の台湾問題における立場は一貫しており、「日中共同声明」など政治文書のなかで行った公約は変わっていないと表明した。馬暁天副総参謀長ははっきり、双方はともに台湾海峡の平和と安定に関心を表明しており、今後一ヵ月余りの島内情勢にも注目していると述べた。

防衛交流と防衛協力の面では、中日双方はハイレベルの相互訪問、青壮年将校の相互訪問など一連の活動で共通認識に達した。双方は、引き続き両国の防衛部門のハイレベル交流を保持し、たえず防衛交流の分野を拡大し、実務的な交流を強化することで合意した。双方はさらに、四月に中日防衛部門の海上連絡システムの第一ラウンドの専門家の協議を開催することでも合意した。

馬暁天副総参謀長は協議終了後に記者のインタビューを受けた際、次のように表明した。

「今回の協議は中日関係がたえず改善され、発展する背景のもとで行われ、双方の防衛分野の相互信頼を推進し、交流を拡大することに対して現実的な役割を有する。中日の防衛安全保障交流は国家間交流の重要な一部であり、中日の両国関係の発展にともない、防衛交流もさらに深化し多元化されたものに発展すると信ずる。」

増田好平次官は協議終了後に記者のインタビューを受けた際、次のように表明した。

「双方は協議のなかで『率直に』意見を交換した。双方が今後も引き続き実務的な交流を強化し、戦略的な相互信頼を増進することができるよう希望する。」

協議の終了後、梁光烈国務委員兼国防部長は増田次官の一行と会見し、次のように指摘した。

「現在の中日関係はまさに重要な発展期に差しかかっており、得がたい機会に臨んでいる。双方は各分野の交流と協力を強化し、たえず中日の戦略的互恵関係を充実、発展させ、平和共存、子々孫々までの友好、互恵協力、共同発展という大目標を実現すべきである。両国の防衛部門は中日友好の歴史の流れに合わせ、機会をつかみ、積極的に友好交流を展開し、戦略的相互信頼を増進し、たえず基礎を打ち固め、分野を拡大し、実務的な交流と互恵協力を推進し、中日関係の全面的発展を促進すべきである。」

増田次官は次のように表明した。

「日中の防衛関係は日中関係の重要な一部であり、双方の安全保障上の懸念をきちんと処理し、二国間関係の発展をいっそう推進し、双方が今後防衛と安全保障分野の交流と協力をいっそう強化するよう希望する。」

三　東海問題協議

二〇〇四年に東海〔東シナ海〕問題が中日関係における熱い

問題になって以来、これまでにすでに十一回にわたって東海問題協議〔東シナ海の石油天然ガス開発問題に関する日中局長級協議〕を開催している。第三回東海問題協議から、中日双方は「共同開発」の問題で共通認識を得たが、東海海域の境界線画定の問題で双方の主張に非常に大きな相違が存在するので、すでに十一回も非常に困難な交渉を経ているにもかかわらず、今に至っても共同開発の具体的な区域の問題で依然として一致を見ていない。

二〇〇四年十月二十五日、中日両国は北京で第一回東海問題協議を開催し、東海の情勢と双方がともに関心を寄せる問題について意見を交換したが、境界線画定の問題における立場に重大な相違が存在するため、交渉は成果なしに終わった。二〇〇五年五月三十日と三十一日、中日は北京で第二回東海問題協議を開催した。双方は各自の立場と主張を説明し、各自の関心を表明するとともに、東海の境界線の画定交渉を開始し、共同開発を推進するなどの問題について掘り下げて意見を交換した。双方は一致して、中日両国の指導者がジャカルタ会談〔同年四月〕で到達した共通認識に基づいて、対話を通じて、対等に協議することを堅持し、東海の問題を適切に処理、解決すべきであると指摘した。

二〇〇五年九月三十日から十月一日にかけて、中日は東京で第三回東海問題協議を開催し、東海の境界線の画定交渉と資源開発の問題について掘り下げて意見を交換した。双方は各自の原則的立場を説明し、中日関係の大局から出発して、平和、協力、「ウィンウィン」の目標を追求し、東海で共同開発を行う可能性を真剣に研究、討議するとともに、その方向に沿って積極的に努力すべきことを指摘した。

二〇〇六年三月六日と七日に第四回、五月十八日に第五回の東海問題協議を開催した。双方は重点的に共同開発などの問題について掘り下げて意見を交換し、双方の立場には依然としてかなり大きな隔たりあったにもかかわらず、双方は、協議は熱意が溢れ、有意義であったと見なした。

二〇〇六年七月八日から九日にかけて、中日双方は北京で第六回東海問題協議を開催し、東海情勢の安定を維持する重要性を確認し、各自の共同開発案について率直に意見を交換するとともに、東海の不測な事態に備える海上ホットライン連絡システムを構築する目的について原則的に共通認識を得た。

二〇〇七年三月二十九日、第七回中日東海問題協議が東京で開催され、胡正躍外交部アジア司長と佐々江賢一郎外務省アジア大洋州局長がそれぞれ代表団を率いて参加し、共同開発の問題について建設的に意見を交換した。

二〇〇七年五月二十五日、第八回中日東海問題協議が北京で開催され、胡正躍外交部アジア司長と佐々江賢一郎外務省アジア大洋州局長がそれぞれ代表団を率いて参加した。外交部の消息筋によると、中日双方は公式と非公式の形式を通じて東海の共同開発の問題について各自の試案を説明し、掘り下げた討議を行ったという。双方は六月下旬に次回の協議を開催することで合意した。

二〇〇七年六月二十六日、第九回中日東海問題協議が東京で開催され、胡正躍外交部アジア司長と佐々江賢一郎外務省アジア大洋州局長がそれぞれ代表団を率いて参加し、主に共同開発に関連する試案をめぐって引き続き討議を行った。中日双方は具体的な開発区域の問題でかなり大きな差異が存在していたので、この問題について合意に達することができなかった。主要な差異は、日本側がいわゆる「中間線」の両側の海域で共同開発を行うことを主張し、中国側が春暁ガス田周辺の海域を含めるべきでないと主張したことにあった。

二〇〇七年十月十一日、第十回中日東海問題協議が北京で開催され、共同開発の対象海域などの議題について討議した。中国側の代表は胡正躍外交部アジア司長、日本側の代表は佐々江賢一郎外務省アジア大洋州局長と望月晴文資源エネルギー庁長官であった。もともと九月下旬に開催される予定であったが、日程の調整によって延期されていたのである。今回の協議について、姜瑜外交部スポークスマンは次のように表明した。

「中国側は両国の指導者が得た共通認識に基づいて、引き続き積極的、実務的な態度で、協議の形勢を保持する。日本側がともに努力し、向かいあって進むよう希望する。」

温家宝国務院総理は二〇〇七年四月に日本を訪問し、日本側と東海の問題を適切に処理することについて、次のような共通認識に達した。

中日双方は互恵の原則に基づいて、双方が受け容れ可能な比較的広い海域で共同開発を行う。

必要に応じ、従来よりもハイレベルの協議を行う。

協議のプロセスを加速させ、二〇〇七年秋に共同開発の具体的方策について首脳に報告することを目指す。

二〇〇七年十一月十四日、第十一回中日東海問題協議が東京で開催され、胡正躍外交部アジア司長と佐々江賢一郎外務省アジア大洋州局長がそれぞれ代表団を率いて参加し、共同開発などの問題について率直に、掘り下げて意見を交換した。中国側は協議のなかで友好的な話しあいを通じて相違を解決し、共同開発を実現する積極的な態度と誠意を十分に表明した。今回の協議は実質的な進展を得られなかったにもかかわらず、中国外交部は十五日にさらに次のような態度表明を行った。

「中日両国は幅広い協力分野と共通の利益を有する。中国側は両国の指導者の到達した五つの共通認識に関連する原則と精神に基づいて、引き続き協議のプロセスを推進し、東海の安定を維持し、共同開発を実現するために、引き続き建設的な努力をする。」

以上の協議メカニズムからみると、中日間にはすでに基本的に外交当局と防衛当局の二つの事務レベルの協議メカニズムが構築されている。これらの対話、協議メカニズムを通じて、双方は二国間関係に存在する問題と双方がともに関心を寄せる問題について意思疎通と交流を行って、信頼を増し疑念を解き、摩擦を減らし、互いに恩恵を受け協力する目的を達成することができる。両国の国防当局の対話と交流を強化することは、防衛当局間の相互理解と相互信頼を増進するのに有益であり、したがって中日関係の長期にわたる健全で安定した発展を推進するのに有益である。戦略的互恵関係を構築することは両国の指導者が到達した共通認識であり、防衛当局の交流と協力を強化し相互信頼を構築することは、中日の戦略的互恵関係の重要な一部であるべきである。事実が証明しているように、両国関係が長期にわたって健全で安定した発展を維持するために核心をなす問題は、戦略上の相互信頼を増強することである。一般的に二国間関係において戦略上の相互信頼の度合いが防衛関係の発展を左右する決定的な要因であり、中日両国にとってはとりわけそうなのである。

政治編・年表

年	月日	
1978年（昭和53年）	3月10日	矢野絢也書記長を団長とする日本公明党代表団が北京を訪れた。
	3月22日	飛鳥田一雄委員長を団長とする日本社会党代表団が北京を訪問した。26日に鄧小平副総理は代表団と会見し「中日友好と、条約の一日も早い締結は趨勢に沿った事であって、両国の人民の根本的な利益に合ったものである」と述べた。
	8月8日〜13日	園田直外相が中国を訪問し、十二日に中日両国は『中日平和友好条約』に調印した。華国鋒総理、鄧小平副総理、廖志成副委員長が調印式に出席した。黄華中国外交部部長は園田直外務大臣とそれぞれの国を代表して条約に署名を行った。
	9月3日	鄧小平副総理が浜野清吾を団長とする『中日平和友好条約』締結を祝う中日友好議員連盟訪中団と会見した。
	10月22日〜29日	鄧小平副総理が日本を訪問した。十月二十三日に『中日平和友好条約』の批准書交換式が東京で行われ、条約が正式に発効した。
1979年（昭和54年）	1月12日〜17日	安井謙参議院議長が参議院代表団を率いて中国を訪問した。
	2月6日〜8日	鄧小平副総理がアメリカ訪問の帰途立ち寄り、日本に訪れた。
	4月8日〜19日	鄧穎超副委員長が中国人大代表団を率いて日本を訪問した。十六日に鄧穎超は日本の京都嵐山で周恩来総理の詩碑除幕式に参加した。
	5月7日〜6月5日	廖志成を団長、粟裕を最高顧問とする「中日友好の船」一行六〇〇人が日本に到着し、一ヶ月

		に及ぶ友好訪問を行った。
	5月29日	沈平中国外交部アジア司長が伴中国駐在日本大使館臨時代理と会い、釣魚島で日本政府がヘリポートを建設するなどの行為に対して遺憾の意を表明し、この行為に何ら法的価値もないことを主張した。
	6月28日	鄧小平副総理が竹入義勝委員長を団長とする日本公明党訪中団と会見した。
	6月29日	鄧小平副主席をはじめとする国家首脳が相次いで松下電器会社創業者である松下幸之助と会見した。帰国後、松下は中国の電子産業の近代化を助けるため、企業連合による対中援助を国会に提案した。
	7月6日	塚本三郎書記長が率いる民社党訪中団が中国を訪問した。
	9月1～12日	谷牧副総理が日本を訪問した。
	12月5日～9日	大平正芳首相が中国を訪問した。七日に訪中共同発表を行い、日本政府による我が国に対する政府円借款の提供を明らかにした。
1980年（昭和55年）	3月1日	日本駐広州総領事館が開館した。
	3月17～18日	中日外交当局間定期協議が初めて東京で行われた。
	4月2日～16日	余秋里副総理が日本を訪問した。
	5月8日	華国鋒総理が大平首相とベオグラードで会談した。
	5月27日～6月1日	華国鋒総理が日本を訪問した。これは初の中国総理による訪日となった。両国はその年に中日閣僚会議の開催を取り決めた。
	7月8日～10日	華国鋒総理が日本の故大平首相の葬儀参列のため日本へ赴いた。

	9月2日～4日	伊東正義外相が中国を訪問した。
	9月10日	駐札幌中国総領事館が開館した。
	12月3日～5日	第一回中日閣僚会議が北京で行われた。
1981年（昭和56年）	1月9日～18日	徳永正利議長を団長とする日本参議院代表団が中国を訪問した。
	2月10日～12日	日本政府代表大来佐武郎が中国を訪問した。
	4月10日～11日	中日外交当局間第二回定期協議が北京で行われた。
	4月10日～16日	古井喜実を団長とする日中友好議員連盟代表団が中国を訪問した。鄧小平副主席をはじめとする中国側首脳がそれぞれ代表団メンバーと会見した。
	6月17日～27日	福田一議長を団長とする衆議院友好訪中団が中国を訪問した。
	7月22日	中国外交部スポークスマンが声明を発表し、日本側が七月十一日から十九日の間に釣魚島およびその周辺海域に対して調査を行ったことについて遺憾の意を表すと共に、こうしたことが今後起こらないよう要求した。
	9月8日	竹入義勝を団長とする日本公明党訪中団が中国を訪問した。
	9月10日	鄧小平主席をはじめとする国家首脳たちが、それぞれ日本の元内閣官房長官、自民党総務会長二階堂進一行と会見した。
	10月28日	鄧小平主席が茅誠司会長率いる日中協会訪中団と会見した。
	11月10日～20日	彭沖副委員長が中国人大代表団を率いて日本を訪問した。
	12月15日～16日	第二回中日閣僚会議東京で行われた。

1982年（昭和57年）	3月30日〜31日	中日外交事務当局間第三回定期協議が東京で行われた。
	4月1日〜14日	薄一波副総理が日本を訪問した。
	5月31日〜6月5日	中国総理（趙紫陽）が日本を訪問し、鈴木首相との会談の中で、「平和友好、平等互恵、長期安定」、という中日関係三原則を述べた。
	7月26日	文部省が検定した中国に対する侵略の歴史を改ざんした教科書問題について、中国側は日本大使館に交渉を申し出た。
	8月1日	中国教育部が中国駐在の日本大使館に通達を出し、小川平二文部大臣の訪中招待を取り消す旨を伝えた。
	8月26日	宮澤喜一官房長官が政府としての談話を発表し、「日本政府の責任において」、中国をはじめとする諸国から批判を集めた教科書を改正する、と話した。
	9月26日〜10月1日	鈴木善幸首相が中国を訪問し、「日中関係がすでに成熟した時期に入ったと話し、教科書問題について、日本政府は『日中共同声明』の精神に則って、責任を持って早く解決していく、」と表明した。
	9月27日	王震を団長とする中日国交正常化十周年を祝う訪日代表団が日本を訪問した。
	10月24日	鄧小平主任が竹入義勝日本公明党委員長と会見した。
1983年（昭和58年）	2月18日	中曽根康弘首相が予算委員会で、過去における日本が中国に対して行った戦争は侵略戦争であることを認めた。
	2月18日〜21日	中曽根首相の特使である二階堂進自民党幹事長が中国を訪問した。

	3月19日～4月19日	曽我祐次社会党副書記長一行が中国を訪問した。四月十七日に、中国共産党と日本社会党は正式に両党の関係を築くことを決定した。
	3月22日～23日	中日外交当局間第四回定期協議が北京で行われた。
	4月3日～18日	姚依林副総理が日本を訪問した。
	6月14日～15日	第4回中日ハイレベル事務協議が東京で行われた。
	6月24日	日本政府の特使である古井喜実、宇都宮徳馬日中友好協会会長をはじめとする日本各界より六十名あまりが廖志成副委員長葬儀に列席した。
	7月11日	夏衍が中日友好協会会長に就任し、王震が名誉会長となった。王震名誉会長が宇都宮徳馬日中友好協会会長、古井喜実日中友好議員連盟会長、野田毅日中協会理事長と会見した。
	9月4日～6日	第三回中日閣僚会議が北京で行われた。
	9月26日～10月2日	石橋政嗣委員長を団長とする社会党代表団が中国を訪問した。
	11月23日～30日	胡耀邦中国共産党中央総書記が日本を訪問した。中日首脳会談の中で、中曽根首相が中日関係三原則に「相互信頼」の原則を付け加え四原則に拡大することを提案した。さらに、二十四日に両国首脳は「中日友好二十一世紀委員会」の設立に合意した。
1984年（昭和59年）	3月18日	胡耀邦総書記が伊東正義会長率いる日中友好議員連盟訪中団と会見した。十九日に彭真委員長が伊東一行と会見した。
	3月23日～26日	中曽根康弘首相が中国を訪問した。訪問期間中に双方は「中日

年	月日	事項
		友好21世紀委員会」の設立に関して正式に合意した。
	4月9日	日中友好協会など六団体の招待に応え、王震名誉会長が率いる中日友好代表団が日本を訪問した。そして、十一日に中曽根首相が代表団一行と会見した。
	7月7日	張愛萍中国国防部部長が日本を訪問した。
	8月30日	李鵬副総理が日本を訪問した。
	9月10日	「中日友好21世紀委員会」初回会議が東京で行われた。
	10月23日	中日友好医院の北京で開院式を祝う式典が行われた。
	12月26日	両国が総領事館をお互いに設立する旨の口頭メモを交換した。
1985年（昭和60年）	3月27日～31日	二階堂進自民党副総裁が自民党訪中団を率いて中国を訪問した。
	4月21日～29日	彭真全人代常務委員会委員長が日本を訪問した。これは中国全国全人代常務委員会委員長による初の訪日となった。
	5月4日	中国が長崎と福岡両市に総領事館を開いた。
	7月19日～26日	木村睦男参議院議長が訪中した。
	7月30日～31日	第四回中日政府閣僚会議が東京で行われた。
	8月14日	中国外交部スポークスマンが記者会見の場で、中曽根首相をはじめとする日本の閣僚による靖国神社参拝は世界各国人民に損害を与えるものであると指摘した。とくに軍国主義から深い痛手を負った中日両国の人民をはじめとするアジア各国の人民の感情が害されるであろう、と発言した。

	8月15日	中曽根首相及びその閣僚たちは公の身分で正式に靖国神社を参拝した。これは戦後四十年の間初の現職日本総理による公の身分での靖国神社参拝となった。
	8月26日	田辺誠中央執行委員会書記長が率いる日本社会党訪中団が中国を訪問した。
	9月7日	日本民社党訪中団が中国を訪れた。
	9月19日	中国外交部スポークスマンは、日本の閣僚が抗日戦争四十周年記念日に、靖国神社へ正式参拝を行ったことに対して遺憾の念を表明し、この行為によって中国人民の感情が著しく害された、と話した。
	10月10日	第一回中日外相定期会議が北京で行われ、安倍晋太郎外相が会議に出席した。
	10月15日～17日	「中日友好二十一世紀委員会」第二回会議が北京と大連で行われた。
	11月5日	日本政府は政府声明の中で、中曽根首相による靖国神社参拝には戦犯の名誉を回復させる意図はない、と話した。
1986年（昭和61年）	2月3日	中日外交当局間定期協議第6回会議が北京で行われた。
	3月23日～24日	矢野絢也書記長が率いる日本公明党訪中団が中国を訪問した。
	4月11日～14日	第二回中日外相定期会議が東京で行われ、呉学謙外相が会議に出席して日本を訪問した。
	6月7日	中国外交部は、日本文部省教科書審議会が検定した新編高校日本史教科書が、著しく歴史の事実を歪曲したということで、日本側に対して厳正な交渉を申し出た。

	7月7日	日本文部省は修正を経た高校の歴史教科書である『新編日本史』を合格させた。
	7月16日	中国外交部スポークスマンは記者会見の場で、『新編日本史』の最終検定は日本軍国主義が起こした戦争を隠そうとする意図があり、とても満足のいくものではない、と話した。
	8月4日～5日	二階堂進自民党最高顧問が中国を訪問した。
	9月2日～3日	竹入義勝が率いる日本公明党訪中団が中国を訪問した。
	9月22日～24日	「中日友好二十一世紀委員会」第三回会議が東京で行われた。
	10月24日	鄧小平主任が宇都宮徳馬を団長とする日中友好協会代表団と会見した。
	11月1日	国家主席李先念が古井喜実日中友好会館会長と会見した。
	11月8日～9日	中曽根康弘首相が中国を訪問した。訪問期間中に、中日青年交流センターの定礎式が北京で行われた。
	11月27日	第七回中日外交当局間定期協議が日本で行われた。
1987年（昭和62年）	1月11日～15日	竹下登自民党幹事長が代表団を率いて中国を訪問した。
	1月18日～27日	田紀雲副総理が日本を訪問した。
	2月26日	劉述卿外交部副部長が中江中国駐在日本大使と会い、その日の午後日本大阪高等裁判所が、中国の国有財産である光華寮事件に対して下した不当な判決について、厳正な交渉を申し入れた。これとともに、中国外交部の照会を渡した。

	6月1日	矢野絢也委員長が率いる日本公明党代表団が中国を訪問した。
	6月10日	鄧小平主任と日本公明党委員長矢野との談話に対して、日本外務省リーダーが攻撃したとして、中国外交部スポークスマンが記者会見の場でこれに反論を加えた。
	6月15日	柳谷謙介外務省事務次官が記者会見の際、先般中国首脳の鄧小平を攻撃した発言が失礼であることを認め、遺憾の意を表明した。
	6月27日～28日	第五回中日政府閣僚会議が北京で行われた。
	9月9日	塚本三郎委員長が率いる日本民社党訪中団が中国を訪問した。
	9月10日	日本衆議院は「日中友好関係の一層の増進に関する決議案」を通過させた。

	9月18日	日本参議院は「日中友好関係の一層の増進に関する決議案」を通過させた。
	11月12日～19日	土井たか子委員長が率いる日本社会党訪中団が中国を訪問した。
	11月30日～12月2日	「中日友好二十一世紀委員会」第4回会議が北京で行われた。
1988年（昭和63年）	1月28日～29日	第8回中日外交当局間定期協議が北京で行われた。
	4月18日～19日	鄧小平主任ら中国国家首脳が相次いで日本首相特使の自民党総務会長伊東正義と会見した。
	4月22日	奥野国土庁長官が靖国神社を参拝し、過去の日本が起こした侵略戦争を弁解する発言をした。
	5月3日～4日	宇野宗佑外務大臣が中国を訪問し、中日外相定期会議に出席した。

年	月日	事項
	5月9日	奥野国土庁長官が再び日本の侵略戦争を弁護し、十三日、辞職に追い込まれた。
	6月9日〜16日	原健三郎衆議院議長が中国を訪問した。
	8月25日〜30日	竹下登首相が中国を訪問した。
	11月18日〜20日	「中日友好二十一世紀委員会」第五回会議が東京で行われた。
1989年（平成元年）	2月14日	竹下登首相が国会答弁の際に、「先の大戦が侵略戦争かどうかは、後世の史家の判断を待つ」と発言した。
	2月22日	中国外交部スポークスマンが声明を出し、「日本軍国主義が過去において起こした侵略戦争は中国人民とアジア各国の人民に大きな災難をもたらした、と指摘した。さらに、日本当局が歴史の事実を尊重する正しい態度をとるのがしかるべきである、」と話した。 同日、日本の中国駐在大使中島敏次郎が外交部副部長劉述卿と会談し、戦争の性質に関する竹下首相の国会答弁について中国側に説明した。中島大使によると、「竹下首相は先の戦争についてすでに過去において明確な見解を示しており、それが今になっても変わっていない」という。
	2月24日	銭其琛外相が東京で昭和天皇の葬儀に参加する期間中に、竹下首相と会見し、「正しく歴史と向き合ってはじめて中日友好を維持できる」と話した。
	2月27日	竹下登首相が国会答弁において、かつて日本は隣国を侵略した事実を認めた。
	3月6日	中日外交当局間第九回定期協議

		が東京で行われ、中日関係をさらに発展させていくことを双方がともに強調した。
	4月12日～16日	李鵬総理が日本を訪問した。今上天皇は李鵬総理と会見した際、中日間の不幸な歴史について触れたときにはじめて「遺憾の意を表します」と中国側に陳謝した。
	6月7日	日本政府は北京での「政治的な波乱」〔六四天安門事件〕を考慮して、邦人の中国渡航禁止令を出した。
	6月9日	宇野首相が参議院での質疑応答の際、日中戦争は「軍国主義者が発動した侵略戦争」である、と話した。
	7月14日	日本は西側七カ国の対中制裁に加わり、第三次政府借款を凍結し、ハイレベル交流を停止させた。
	8月8日	日本政府は中国南部の水害地域に対して二百万ドル相当の緊急物資援助を取り決めた。
	9月25日	日本政府は北京での「政治的な波乱」による邦人の中国・北京渡航制限を解除した。
	9月18日	江沢民総書記が日中友好議員連盟会長伊東正義一行と会見した。
1990年（平成2年）	1月16日～25日	中国国務委員兼国家計画委員会主任鄒家華が日本を訪問した。これは北京の「政治的な波乱」後初の中国要人による訪日となった。
	4月11日～12日	中日外交当局間協議第十回会議が北京で行われた。
	5月3日～4日	李鵬総理と江沢民総書記が相次いで渡辺美智雄衆議員、元自民党政調会長と会見した。

5月20日	江沢民総書記は山口鶴男書記長を団長とする日本社会党訪中代表団と会見した。
5月31日	江沢民総書記は日本創価学会名誉会長池田大作及び創価学会訪中団の主要メンバーと会見した。
6月26日～29日	「中日友好二十一世紀委員会」第六回会議が北京で行われた。
6月30日～7月8日	国務委員兼国家教委主任李鉄映が日本を訪問した。
7月11日	海部俊樹首相が日米首脳会議で対中政府借款を再開させることを発表した。
7月16日～18日	小和田恒外務省審議官が中国を訪問した。
7月25日、30日	李鵬総理と江沢民総書記が相次いで宮澤喜一元副総理が率いる日本自民党宏池会代表団と会見した。

8月27日	桜内義雄衆議院議長が訪中した。
9月20日～23日	竹下登元首相が中国を訪問し、アジア・オリンピックの開幕式へ出席した。
10月18日	中国外交部スポークスマンが記者会見で記者からの質問に答え、「日本の右翼団体が釣魚島で灯台を設置したことは中国の主権を侵害する行為である」と話した。
10月27日	斉懐遠中国外交部副部長は中国駐在の橋本恕大使と緊急会見を行い、釣魚島問題に関する厳正な交渉を申し出たうえ、日本政府が慎重に事にあたってほしい、とした。
11月11日～14日	呉学謙副総理が東京で今上天皇の即位の礼に出席し、日本を訪問した。

1991年（平成3年）	3月8日	李鵬総理が中国に訪れた渡辺美智雄自民党衆議員一行と会見した。
	4月5日～7日	日本外務大臣中山太郎が中国を訪れた。
	4月19日～21日	「中日友好二十一世紀委員会」第七回会議が東京と福島県で開催された。
	6月3日	李鵬総理、李瑞環常務委員がそれぞれ日本民社党委員長大内啓伍一行と会見した。
	6月18日～19日	宇野宗佑前首相が中国を訪問した。
	6月25日～28日	銭其琛国務委員兼外相が日本を訪問した。
	8月10日	海部俊樹首相が中国を訪問した。これは北京での「政治的な波乱」（六四天安門事件）後初めて中国を訪問した西側諸国の現職政府首脳であった。
	9月26日	朱鎔基副総理が日中友好議員連盟会長伊東正義と会見し、如何に一層中日友好協力関係を発展させていくかについて意見交換を行った。
	10月14日～17日	鄒家華副総理が日本を訪問した。
	11月13日	銭其琛外交部長と渡辺美智雄外相がソウルで会談した。
	12月2日～11日	田紀雲副総理が日本を訪問した。
1992年（平成4年）	1月3日～6日	渡辺美智雄内閣副首相兼外務大臣が中国を訪問した。
	1月11日	江沢民総書記は個別に田辺誠委員長が率いる日本社会党訪中団と会見した。
	4月6日～10日	江沢民総書記が日本を訪問し、日本の今上天皇と皇后を中国に招待した。

	5月3日	桜内義雄衆議院議長、日本国際貿易促進協会会長が中国を訪問した。
	5月4日	長田裕二参議院議長が中国を訪問した。
	5月11日〜14日	海部俊樹前首相が中国を訪問した。
	5月25日〜6月1日	万里中国全人代常務委員会委員長が日本を訪問した。
	8月27日	田中角栄元首相が中国を訪問した。
	9月1日〜2日	「中日友好二十一世紀委員会」第八回会議が北京で行われた。会議で共同文章が通過し、発表された。
	9月28日	中日国交正常化二十周年を祝うレセプションが北京で行われた。李鵬国務院総理と中曽根康弘元総理、二階堂進元官房長官および中日各界の六百名近くがこれに出席した。
	10月23日〜28日	今上天皇と皇后が中国を訪問した。これは史上初の日本天皇の訪中であり、中日関係史における一つの空白が埋まることとなった。
1993年（平成5年）	5月2日〜5日	桜内義雄議長が率いる日本衆議院議員団が中国を訪問した。
	5月4日	江沢民国家主席が小渕恵三自民党幹事長一行と会見した。
	5月29日〜6月1日	銭其琛国務院副総理兼外相が日本を訪問した。
	10月4日	中日友好協会成立三十周年レセプションが北京で行われた。
	10月11日	江沢民が森喜朗自民党幹事長率いる日本青年議員訪中団と会見した。

	11月16日〜18日	「中日友好二十一世紀委員会」第九回会議が東京で行われた。
	11月19日	江沢民主席がシアトルでのAPEC首脳による非正式会議へ出席する期間中に、細川護熙首相と会見した。
1994年（平成6年）	2月23日〜24日	朱鎔基副総理が率いる中国政府代表団が日本を訪問した。
	3月19日〜21日	細川護熙首相が中国を訪問した。
	4月29日	原文兵衛参議院議長が中国を訪問した。
	5月17日	江沢民主席が久保亘書記長率いる日本社会党訪中代表団と会見した。
	8月18日〜22日	林義郎会長が率いる日中友好議員連盟代表団が中国を訪問した。
	8月22日	江沢民主席が竹下登前首相と平山郁夫日中友好協会会長と会見した。
	8月23日	胡錦濤中国共産党中央政治局常務委員、書記処書記が田中秀征衆議院議員、代理党首を団長とする日本新党さきがけ代表団と会見した。その際、新党さきがけが初めて訪中団を送ったことを厚く歓迎し、中国共産党と日本新党さきがけが正式に友好交流関係を築いたことを祝賀した。
	8月27日	土井たか子衆議院議長が中国を訪問し、天津抗日烈士記念館を訪れ、抗戦期に日本で亡くなった中国の労働者を弔った。
	9月12日	日本政府は中国の強い反対と厳正なる交渉をよそに、徐立徳台湾「行政院副院長」が来日し、広島アジア・オリンピックの開幕式への参加を許したことで、中日両国の広島アジア・オリンピックにおける波乱を招いた。

	9月16日、22日	中国外交部副部長田増佩は国廣道彦中国駐在日本大使と会見し、徐立徳がアジア・オリンピックを口実に日本での活動展開を企んでいることについて厳正な交渉を申し入れた。さらに、日本政府が中国側の厳しい立場と度重なる交渉をよそに、徐立徳の来日許可を取り消さないことに関して、深い遺憾の意を表明した。
	9月26日	銭其琛外相は河野洋平外相と国連で会談を行った。
	10月14日	喬石全人代常務委員会委員長が中国を訪れた後藤田正晴副総理と会見した。その中で、銭外相は両国が調印した共同声明と平和友好条約を忠実に守り、両国の関係が末永く友好でいられるようにしなければならない、と語った。
	10月28日～11月14日	中国国家副主席栄毅仁が招待に応えて日本を正式に訪問した。
1995年（平成7年）	2月13日～16日	「中日友好二十一世紀委員会」第十回会議において、二十一世紀に向けての中日関係の発展について、両国政府に対して共同政策提案書の申し渡しが取り決められた。
	4月10日～17日	喬石委員長が日本を正式に友好訪問した。
	5月2日～6日	村山富市首相が中国を訪問した。五月三日に江沢民主席が村山首相と会見した際、両国は未来に着眼して、隣国としての友好関係を長きにわたって安定させ、健全な発展を遂げる必要があると強調した。
	8月13日	江沢民主席が朝日新聞社社長のインタビューに答え、日本各界および先見の目を持った政治家たちが歴史に対して責任ある態

		度をとり、正しく歴史を認識し、扱うことで、中日関係の政治基盤を維持していくことを確信していると語った。
	8月15日	抗戦勝利五十周年記念日にあたり、村山富市首相が訪問に訪れた人民日報記者に対して、我が国の植民地統治と侵略が中国人民に対して、多大の損害と苦痛を与えたことに対して、心からのお詫びを表明する、と真剣に語った。日本の中国侵略に対する」日本の首相による初めての明白な陳謝となった。
	10月22日	江沢民主席がニューヨークで行われた国連成立五十周年祝賀記念活動に参加し、同席した村山首相と会見した。
	11月18日	江沢民主席が大阪で行われたAPEC首脳による非公式首脳会議に出席し、村山首相と会見した。
1996年（平成8年）	2月27日	李鵬総理が平山郁夫率いる日中友好協会代表団と会見した。
	5月7日	江沢民主席が竹下登元首相と会見した。
	7月29日	橋本龍太郎首相が靖国神社へ参拝した。
		七月より 日本右翼団体メンバーが立て続けに四回にわたり釣魚島へ上陸し、波乱を引き起こした。
	9月24日	銭其琛外交部長が池田行彦外務大臣と会見した際に、釣魚島およびその周辺の島々は古くから中国の領土である、と改めて述べた。これより前に、外交部スポークスマンはすでに日本の右翼による釣魚島への非合法的な上陸行為について強く抗議した。
	11月15日	江沢民主席が二階堂進自民党元

		副総裁と会見した。
	11月24日	江沢民主席がマニラで、APEC首脳による非公式な会議へ参加した際に、橋本龍太郎首相と会見した。
	12月2日	日本の右翼が現行の教科書で、「日本の近代史すべてを犯罪の歴史であると定める」ことに対して公に反対を表明した。
1997年（平成9年）	3月21日	江沢民が小渕恵三自民党元副総裁と会見した。
	3月30日	李鵬総理が池田行彦外務大臣と会見した。
	4月29日	外交部スポークスマンは改めて、「釣魚島およびその周辺の島々は中国固有の領土である」と話した。そして、「時期を待って話し合いによって釣魚島の問題を解決する」とした。
	4月30日	江沢民主席が山崎拓自民党代表団団長と会見した。
	5月30日	李鵬総理が後藤田正晴元副総理、日中友好会館会長一行と会見した。
	6月16日	外交部スポークスマンが、「日本の右翼分子による釣魚島再上陸に対して強い憤りを表明し、この行為は中国の主権を著しく侵害する非合法的で軽はずみな行動である」とした。
	6月20日	江沢民主席が野田毅新進党政策審議会会長率いる日本新進党国会議員代表団と会見した。
	7月10日	江沢民主席が羽田孜元首相と会見し、「前事を忘れず、後事の師と成す」を強調したうえで、「過去を正しく認識して初めて、日本は未来を正しく把握し、平和発展の道を歩むことができる」と話した。

年	月日	事項
	8月15日	一部の日本の閣僚と国会議員が再度靖国神社を参拝した。
	8月19日	外交部スポークスマンが、梶山静六官房長官の、「日米安全保障協力の適用範囲は台湾海峡を含む」という発言に対して遺憾の意を表明した。翌日、外交部が再び本件に対する強い関心を示した。
	9月4日〜7日	橋本龍太郎首相が中国を訪問した。これは戦後わが国の東北地域を訪問した初の現職日本首相となった。また、橋本首相は九・一八記念館を参観した。
	9月4日	江沢民主席が橋本首相と会見した際、「歴史を鑑とすれば時代の流れを知り、銅を鏡とすれば自らの衣服を正すことができる」と指摘した。そして、「両国は二十一世紀に向けて末長い友好関係を築いていくべきだ」と話した。
	9月10日	江沢民主席が海部俊樹元首相と会見した。
	9月30日	江沢民主席が竹下登元首相と会見した。
	11月11日〜16日	李鵬総理が日本に対して正式な友好訪問を行った。
1998年（平成10年）	4月21日〜26日	胡錦濤国家副主席が日本への正式友好訪問を行った。そこで、「中日関係は歴史を鑑として、未来を見据えなくてはならない」と強調した。
	5月3日〜6日	朱鎔基総理が林義郎会長を団長とする日中友好議員連盟代表団と会見した。
	5月25日〜26日	村山富市前首相および平山郁夫日中友好協会全国本部会長が代表団を率いて、南京城壁修復三周年記念イベントへ参加し、北

		京を訪れた。
	6月8日～10日	戴秉国中国対外連絡部部長は西口光日本共産党国際部長と両党の関係正常化について会談を行ない、双方は両党関係正常化を実現すべきだという見解を一致して示した。
	10月22日	橋本龍太郎前首相、村山富市元首相一行と桜内義雄日本国際貿易促進協会会長、前衆議院議長ら日中友好七つの団体代表計二十三名が北京を訪れ、『中日平和友好条約』締結二十周年記念イベントへ出席した。
	11月25日	江沢民主席が日本を正式に訪問した。これは中国国家元首による初の日本訪問となった。双方は『中日共同宣言』を発表し、両国が「平和と発展のための友好協力パートナーシップ構築に関する共同宣言」を発表した。

1999年（平成11年）	5月1日～5日	町村信孝日中友好議員連盟幹事長、前文部大臣が日中友好議員連盟代表団を率いて中国を訪問した。
	9月28日～10月3日	中国建国五十周年を祝うため、後藤田正晴元副総理をはじめとする日中友好会館代表団、林義郎日中友好議員連盟会長、水野清前建設大臣、海江田万里衆議院議員らが中国を訪問し、中日友好協会が開催した建国五十周年祝賀レセプションに出席した。
	12月8日	李瑞環中国共産党中央政治局常務委員、全国政治協商会議主席が正式に日本を友好訪問した。
2000年（平成12年）	4月4日	曾慶紅中国中央政治局候補委員、中央書記処書記兼中央組織部長が中国共産党代表団を率いて日本を友好訪問した。
	5月10日	唐家璇外相が正式に日本を訪問した。

年	月日	事項
	5月29日	日本与党三党幹事長が中国を訪問した。
	6月7日	銭其琛副総理が中国政府特使として日本を訪れ、小渕恵三前首相の国葬へ参列した。
	8月28日	河野洋平外務大臣が招待に応え中国を正式に訪問した。
	10月12日	朱鎔基総理が正式に日本を訪問した。
	10月18日～23日	村山富市元首相を顧問、平山郁夫日中友好協会会長を総団長とする日中友好協会代表団が中国を訪問した。
2001年（平成13年）	4月3日	日本文部科学省が「新しい歴史教科書をつくる会」の編集した歴史教科書を通過させることを明らかにした。これに対して中国側は強く抗議し、日本政府が間違いを正すよう要求した。
	4月20日	日本政府は、李登輝の治療を名目とする渡日を許可した。中国側は厳正に交渉を申し出、中日ハイレベル交流、軍艦日本訪問、安全対話の中断などの措置をとった。
	7月9日	日本与党三党幹事長が中国を訪問した。
	8月13日	小泉純一郎首相が靖国神社を参拝した。
	10月8日	小泉純一郎首相が中国を実務訪問し、盧溝橋中国人民抗日戦争記念館を参観し、日本の侵中歴史に対して反省とお詫びを明らかにした。
	10月21日	江沢民主席が上海APEC首脳会議に出席した日本の小泉純一郎首相と会見した。
2002年	4月2日～9日	李鵬前人代常務委員長が正式に

（平成14年）		日本を友好訪問した。
	4月12日	朱鎔基総理がボアオ・アジア・フォーラム第一回年次総会へ出席した小泉純一郎日本首相と会見した。
	4月21日	小泉純一郎首相が再度靖国神社を参拝した。中国側は厳正な交渉を申し出るとともに、中谷防衛庁長官の訪中および中国軍艦の日本寄港を延期した。
	9月8日〜10日	川口順子外相が中国を訪問し、江沢民主席、銭其琛副総理とそれぞれ会見した。
	9月22日	江沢民主席が中日国交正常化三十周年を祝う友好交流大会へ出席し、重要なスピーチを行った。日本八十三名の国会議員及び各界の一万三千人余りが中国を訪れ大会に参加した。
	9月22日	朱鎔基総理がデンマークで第四回ＡＳＥＭ首脳会合へ出席する期間中に小泉純一郎首相と会見した。
	9月28日	中日国交正常化三十周年を祝うため、中国対外友好協会と中日友好協会が人民大会堂で盛大な記念レセプションを行なった。橋本龍太郎元首相、村山富市元首相、後藤田正晴元副総理、日中友好七団体の代表、国交正常化当時の日本側指導者の子息ら、中日友好に長く従事してきた団体、及び友好各界八十六名が招待に応えわざわざ北京を訪れこれに参加した。
	10月27日	江沢民主席がメキシコで第十回ＡＰＥＣ非公式首脳会議へ参加する期間中に小泉純一郎首相と会見した。
2003年（平成15年）	1月4日	日本政府がいわゆる「民間所有者」から釣魚島を借り受けたことを日本のメディアが暴露した。

これに対して中国側は日本政府に対して厳正な交渉を申し出た。

1月14日	小泉純一郎首相が再度靖国神社を参拝した。これに対して中国側は厳正な交渉を申し出た。
4月6日〜8日	川口順子外相が中国を訪問し、温家宝総理、唐家璇国務委員とそれぞれ会見した。
5月18日〜20日	日本の自民、公明、保守新党連立政権幹事長らが中国を訪問し、胡錦濤主席、黄菊副総理、唐家璇国務委員とそれぞれ会見した。
5月30日	胡錦濤主席がロシアのサンクトペテルブルク建都三百年を祝う式典期間中に小泉純一郎首相と会見した。
7月20日〜23日	林義郎会長を団長とする日中友好議員連盟代表団一行十名が中国を訪問した。二十三日に胡錦濤主席、呉国邦委員長がそれぞれ林義郎一行と会見した。
8月11日〜12日	李肇星外交部長が日本を訪問した。
8月25日	日本の右翼団体「日本青年社」メンバーが我が国の領土である釣魚島へ強行上陸。これに対して中国側は即座に日本側に対して厳正な交渉を申し出、強く抗議した。
9月1日〜4日	石破茂防衛庁長官が中国を訪問した。
9月4日〜10日	呉国邦委員長が正式に日本を友好訪問した。
10月8日	温家宝総理がインドネシア・バリ島で行われたASEAN＋3首脳会合への参加期間中に、小泉純一郎首相と会見した。
10月20日	胡錦濤主席がバンコクでAPEC首脳会議へ参加する期間中に、

		小泉純一郎首相と会見した。
	11月24日	温家宝総理が奥田碩経団連会長を最高顧問、渡里杉一郎日中経済協会会長を団長とする日中経済協会、日本経団連代表団一行と会見した。
	12月5日～7日	新中日友好二十一世紀委員会第一回会議が大連で行われた。
2004年（平成16年）	1月1日	小泉首相が靖国神社を参拝した。これに対して中国側は日本側に対して厳正な交渉を申し出た。
	2月2日～6日	村山富市日本元首相、日中友好協会名誉顧問、平山郁夫会長一行八名が中国を訪問した。
	2月11日	胡錦濤主席が神崎武法代表の率いる日本公明党代表団と会見した。
	2月18日～20日	野田毅衆議院議員、日中協会会長が日中協会代表団一行一八名

		を率いて中国を訪問し、曾慶紅国家副主席、唐家璇国務委員とそれぞれ会見した。
	4月3日～4日	川口順子外相が中国を訪問した。温家宝総理と唐家璇国務委員がそれぞれ会見を行い、李肇星外交部長は川口外相と会談した。
	4月30日～5月6日	野田毅日中協会会長、衆議院議員一行十名が中国を訪問した。
	5月8日～9日	高村正彦新任会長を団長とする日中友好議員連盟代表団一行十六名が中国を訪問した。胡錦濤主席が高村正彦一行と会見した。
	7月1日	李肇星外交部長がジャカルタで、ASEAN地域フォーラム閣僚会合期間中に川口順子外相と会見した。
	8月21日～26日	野田毅衆議院議員、日中協会会長が自民党国会議員一行十三名を率いて成都、北京などの地を

		訪問した。
	9月19日	新中日友好二十一世紀委員会第二回会議が東京で行われた。
	9月20日～25日	河野洋平衆議院議長が中国を訪問した。
	10月9日	李肇星外交部長がハノイで行われたアジア欧州会議期間中に町村信孝外相と会見した。
	10月26日～29日	後藤田正晴日中友好会館名誉会長、元副総理一行六名が北京を訪問した。政協主席賈慶林が一行と会見した。
	11月28日	小泉首相が近い将来に対中援助を全面的に停止する、と公表した。
	12月16日	日本が正式に李登輝の入国ビザの発給を許可した。
2005年（平成17年）	3月29日	第1回中日東海〔東シナ海〕の石油・天然ガス開発問題に関する中日局長級協議が東京で行われた。
	4月17日～18日	町村信孝外相が中国を訪問した。
	5月13日～14日	中日第1回戦略対話が北京で行われた。
	5月17日～23日	呉儀副総理が愛知博覧会中国館の活動に出席する機会に、日本を訪問した。
	5月22日	胡錦濤主席が武部勤自民党幹事長と冬柴鉄三公明党幹事長一行と会見した。
	5月30日～31日	第2回中日東海の石油・天然ガス開発問題に関する中日局長級協議が北京で行われた。
	6月23日～24日	第2回中日戦略対話が東京で行われた。
	9月30日～10月1日	第3回中日東海の石油・天然ガ

		ス開発問題に関する中日局長級協議が東京で行われた。
	10月14日〜17日	第3回中日戦略対話が北京で行われた。
	10月17日	小泉純一郎首相が靖国神社を参拝した。これに対して中国側が厳正な交渉を申し出た。
	12月22日	麻生太郎外相は、中国が軍事力を増強させ、「脅威になりつつある」、と話した。日本政府のこうした表現はこれまでになかったものである。
	12月28日	小泉純一郎首相が首相官邸で日本メディアのインタビューに応え、中国、韓国との友好関係を発展させたいと示した。
2006年（平成18年）	2月10日〜11日	第4回中日戦略対話が東京で行われた。
	2月21日〜22日	「中日与党交流体制」第一回会議が北京で行われた。
	3月6日〜7日	第4回中日東海の石油・天然ガス開発問題に関する中日局長級協議が北京で行われた。
	3月31日	胡錦濤主席が日本の日中友好7団体による合同訪中団と会見し、中日関係の発展に関する重要なスピーチを行った。
	5月7日〜9日	第5回中日戦略対話が北京と貴州で行われた。
	5月18日	第5回中日東海の石油・天然ガス開発問題に関する中日局長級協議が東京で行われた。
	5月23日	李肇星外交部長がドーハでのアジア協力対話外相会議へ出席する期間中に麻生太郎外相と会見した。
	7月4日	胡錦濤主席が訪問に訪れた小沢一郎民主党代表と会見した。

	7月8日～9日	第6回中日東海の石油・天然ガス開発問題に関する中日局長級協議が北京で行われた。
	7月27日	李肇星外交部長がマレーシア首都クアラルンプールでのASEAN地域フォーラム外相会議へ出席する期間中に麻生外相と再度会談を行った。
	8月15日	小泉純一郎首相は、国際社会、アジア近隣及び日本人民の関心と反対をよそに、公然と靖国神社へ参拝した。これに対して中国側は厳正な交渉を申し出た。
	10月8日	安倍晋三新首相が中国を訪問した。両国は会談後に共同プレス発表を行い、「政治と経済という二つの車輪を力強く作動させ」、「共通の戦略的利益に立脚した互恵関係の構築に努力」することを提案した。
2007年（平成19年）	4月11日～13日	温家宝総理が日本を訪問した。両国は会談後に共同プレス発表を行い、「双方は、歴史を直視し、未来に向かい、両国関係の美しい未来を共に切り開くことを決意した」とし、「戦略的互恵関係の構築」が提案された。
	8月29日	曹剛川国務委員兼国防部長が日本を正式に友好訪問した。
	11月14日	第11回中日東海の石油・天然ガス開発問題に関する中日局長級協議が東京で行われた。
	12月7日	胡錦濤中国共産党総書記、国家主席が小沢一郎代表を団長とする日本民主党代表団の主要メンバーと会見した。
	12月27日～30日	福田康夫首相が中国を訪問した。両国は、来年春に胡錦濤中国国家主席による日本訪問について合意した。さらに双方は、東シナ海境界線引きなどの問題につ

		いても新たな見解一致をみることができた。
2008年（平成20年）	5月6日～10日	胡錦濤主席が日本に対する「暖かい春の旅」をした。これは中国国家主席による十年ぶりの訪日となった。胡錦濤は福田康夫首相と「戦略的互恵関係の包括的推進に関する中日共同声明」に署名した。
	5月16日	最初の日本救助隊が四川震災地域へ到達した。これは最初に四川へ到着した外国救助隊でもあった。
	6月18日	中国外交部スポークスマンが、「中日双方が平等な協議によって、東シナ海問題に関する原則的な見解の一致に達することができた」と発表した。
	7月9日	招待に応え、胡錦濤が北海道洞爺湖サミットへ出席し、その主会場であるウィンザーホテルで

		福田康夫首相と会見した。
	8月8日	福田康夫首相が北京オリンピック開幕式へ出席した。

政治編・参考文献

劉江永『中日関係二〇講』中国人民大学出版社、二〇〇七年。

陳峰主編『日本社会政治形態変化与中日関係』世界知識出版社、二〇〇七年。

邱震海『中日需要〝亜洲大智慧〟邱震海論中日関係』同済大学出版社、二〇〇七年。

金煕徳主編『二十一世紀的中日関係』重慶出版社、二〇〇七年。

劉林利『日本大衆媒体中的中国形像』中国伝媒大学出版社、二〇〇七年。

中国社会科学研究会編『二十一世紀東亜格局下的中国和日本』社会科学文献出版社、二〇〇七年。

李建民『冷戦後的中日関係史　一九八九―二〇〇六』中国経済出版社、二〇〇七年。

馮昭奎・林昶『中日関係報告』時事出版社、二〇〇七年。

劉江永『中国与日本　変化中的〝政冷経熱〟関係』人民出版社、二〇〇七年。

楊振亜『出使東瀛』上海辞書出版社、二〇〇七年。

張寧『日本媒体上的中国　報道框架与国家形象』吉林人民出版社、二〇〇六年。

鍾之成『為了世界更美好　江沢民出訪紀実』世界知識出版社、二〇〇六年。

陳峰主編『二十一世紀的中国与日本』世界知識出版社、二〇〇六年。

張篷舟主編『中日関係五十年大事記　一九三二―一九八二』文化芸術出版社、二〇〇六年。

天児慧『日本人眼里的中国』社会科学文献出版社、二〇〇六年。

張声振ほか『中日関係史』（三巻）社会科学文献出版社、二〇〇六年。

張歴歴『百年中日関係』世界知識出版社、二〇〇六年。

程永明、石其宝『中日経貿関係六十年　一九四五―二〇〇五』天津社会科学院出版社、二〇〇六年。

陳勤建『民俗視野　中日文化的融合和衝突』華東師範大学出版社、二〇〇六年。

卓南生『卓南生日本時論文集』世界知識出版社、二〇〇六年。

魯義『中日相互理解環有多遠　関于両国民相互認識的比較研究』世界知識出版社、二〇〇六年。

廉徳瑰『美国与中日関係的演変』世界知識出版社、二〇〇六年。

史桂芳『戦後中日関係　一九四五―二〇〇三』当代世界出版社、二〇〇五年。

呉広義『解析日本的歴史認識問題』広東人民出版社、二〇〇五年。

呉学義・卓南生『中日関係出了什么問題　呉学義・卓南生対談録』北京大学出版社、二〇〇五年。

阮次山『透視日本』九州出版社、二〇〇五年。

王堃『日本対中ＯＤＡ的戦略思惟及其対中日関係的影響』中国社会科学出版社、二〇〇五年。

李建民『冷戦後日本的〝普通国家化〟与中日関係的発展』中国社会科学出版社、二〇〇五年。

蔡建国主編『二十一世紀的東亜　機遇、挑戦与創新』上海社会科学院出版社、二〇〇四年。

中日新聞事業促進会編『駐日記者四十年』人民出版社、二〇〇四年。

張耀武『中日関係中的台湾問題』新華出版社、二〇〇四年。

呉寄南・陳鴻斌『中日関係〝瓶頸〟論』時事出版社、二〇〇四年。

竹内実（程麻訳）『日中関係研究』中国文聯出版社、二〇〇四年。

杜浩（陳来勝訳）『冷戦後的中日安全関係』世界知識出版社、二〇〇四年。

劉天純ほか『日本対華政策与中日関係』人民出版社、二〇〇四年。

諸葛蔚東『戦後日本世論、学会与中国』中国社会科学出版社、二〇〇三年。

林暁光『日本政府開発援助与中日関係』世界知識出版社、二〇〇三年。

徐静波・胡令遠編『戦後日本主要社会思潮与中日関係』上海財経大学出版社、二〇〇三年。

馬黎明主編『当代日本与中日関係』天津社会科学院出版社、二〇〇三年。

黄枝連『日本探求　二十一世紀日本内政外交与中日関係探索』上海社会科学院出版社、二〇〇三年。

馮昭奎『二十一世紀的日本　戦略的貧困』中国都市出版社、二〇〇二年。

中日新聞事業促進会編『中国駐日記者的視覚手記』暨南大学出版社、二〇〇二年。

本沢二郎（張碧清等訳）『中国人眼里的日本人』学苑出版社、二〇〇二年。

金熙徳『中日関係　復交三十周年的思考』世界知識出版社、二〇〇二年。

徐之先主編『中日関係三十年　一九七二—二〇〇二』時事出版社、二〇〇二年。

任暁、胡泳浩ほか『中美日三辺関係』浙江人民出版社、二〇〇二年。

田桓主編『戦後中日関係史　一九四五—一九九五』中国社会科学出版社、二〇〇二年。

裴華編著『中日外交風雲中的鄧小平』中央文献出版社、二〇〇二年。

呉学文『風雨陰晴　我所経歴的中日関係』世界知識出版社、二〇〇一年。

金熙徳『日本外交与中日関係　二十世紀九十年代新動向』世界知識出版社、二〇〇一年。

呂乃澄、周衛平主編『大棋局　中日美関係風雲五十年』当代世界出版社、二〇〇一年。

張蘊嶺主編『伙伴環是対手　調整中的中美日俄関係』社会科学文献出版社、二〇〇一年。

林振江・梁雲祥主編『全球化与中国、日本』新華出版社、二〇〇〇年。

関捷・譚汝謙・李家巍主編『中日関係全書』遼海出版社、一九九九年。

馮昭奎『対話　北京与東京』新華出版社、一九九九年。

張香山『中日関係管窺与見証』当代世界出版社、一九九八年。

中日新聞事業促進会編『中国駐日記者回眸東京』中国青年出版社、一九九八年。

卞立強編訳『日中回復邦交秘話　池田大作与日中友好』経済日報出版社、一九九八年。

島田政雄（田家農訳）『戦後日中関係五十年　一九四五―一九九四』江西教育出版社、一九九八年。

田桓主編『戦後中日関係文献集（一九七一―一九九五）』中国社会科学出版社、一九九七年。

蔣立峰主編『中日関係三論』黒竜江教育出版社、一九九六年。

趙全勝『日本政治背後的政治　兼論日本対華政策制定与中日関係』商務（香港）有限会社、一九九六年。

呉学文・林連徳・徐之先『当代中日関係　一九四五―一九九四』事出版社、一九九五年。

田桓主編『戦後中日関係史年表　一九四五―一九九三』中国社会科学出版社、一九九四年。

呉廷璆主編『日本史』南開大学出版社、一九九四年。

古井喜実（田家農、田紅訳）『日中関係十八年　古井喜実回顧録』中国平和出版社、一九九三年。

楊正光主編『当代中日関係四十年　一九四九―一九八九』時事出版社、一九九三年。

林代昭『戦後中日関係史　一九四五―一九九二』北京大学出版社、一九九二年。

島田政雄（田家農、李兆田訳）『為友誼架橋四十年　島田政雄回顧録』新華出版社、一九九二年。

呉学文『日本外交軌跡』時事出版社、一九九〇年。

林連徳『当代中日貿易関係史』中国対外経済貿易出版社、一九九〇年。

凌鳳桐編『中日歴史大事年表』黒龍江教育出版社、一九八八年。

『中日条約集』外文出版社、一九八三年。

『中日友好関係的新階段』人民出版社、一九七八年。

復旦大学歴史学部日本史組編訳『福田赳夫其人』上海人民出版社、一九七五年。

緒方貞子『戦後日中・米中関係』東京大学出版会、一九九二年。

小川平四郎『北京の四年　回想の中国』サイマル出版社、一九七七年。

中華全国婦女連盟会編『鄧穎超革命運動七十年大事記録』中国婦女出版社、一九九〇年。

鄧穎超『鄧穎超文集』人民出版社、一九九四年。

大平正芳（辛華、雅飛訳）『我的履歴書』北京出版社、一九七九年。

大平正芳回想録刊行会編（武大偉等訳）『大平正芳』吉林人民出版社、一九八四年。

大平正芳記念財団（日中友好協会、日中関係史研究会編訳）『大平正芳』中国青年出版社、一九九一年。

許暁光『日本首相大平正芳』四川人民出版社、一九九七年。

大平正芳（趙力群訳）『複合力量的時代　大平正芳・田中洋之助対談』商務印書館、一九八〇年。

王智新、劉琪『掲开日本教科書問題的黑幕』世界知識出版社、二〇〇一年。

温楽群主編『外国首脳与中国（日俄巻）』天津社会科学院出版社、二〇〇一年。

中曽根康弘（金蘇城、張和平訳）『新的保守理論』世界知識出版社、一九八四年。

五百旗頭真主編（呉万虹訳）『新版戦後日本外交史（一九四五―二〇〇五）』世界知識出版社、二〇〇七年。

宋成有ほか『戦後日本外交史（一九四五―一九九四）』世界知識出版社、一九九五年。

田中明彦『日中関係一九四五―一九九〇』東京大学出版会、一九九一年。

金煕徳『日本政府開発援助』社会科学文献出版社、二〇〇〇年。

于闔嫻ほか訳『日本首相宮澤喜一』時事出版社、一九九二年。

銭其琛『外交十記』世界知識出版社、二〇〇三年。

経済編

総論

張季風

二〇〇八年は「中日平和友好条約」締結三十周年である。三十年前に締結した友好条約は中日関係の重要な一里塚である。福田康夫首相が言ったように、一九七二年の両国の国交正常化により両国間に架け橋がかけられ、平和友好条約の締結により両国間に鉄の橋がかけられた。三十年来、中日両国の政治、経済、文化などの分野における交流は大きく発展した。中日関係は度重なる困難に遭遇し、紆余曲折を経てきた。しかし、経済交流は基本的には順調に進み、多少の曲折はあったが、全体的には健全な発展を遂げている。一時的に、中日両国の政治関係は氷河期に陥ったが、経済貿易関係は依然、良好な発展状況にあった。これは、中日経済協力が歴史の試練に耐えられることを示している。

中日二国間の貿易、投資そして政府間の経済協力は、中日経済関係の三つの柱と称されている。三十年来、この三つの柱はいずれも長足の発展を遂げた。二〇〇八年、日本の対中ODAは終了し、中日経済協力はポストODA時代を迎えた。現在、中日両国は互いに第一、第三の貿易パートナーであり、日本は第二の対中投資国である。両国の経済貿易関係にはすでに相互補完、平等互恵、ウィンウィンの良好な協力関係が形成されている。経済協力がこのような健全な発展を遂げた主な原因は、経済の相互補完を基礎として、両国の長期にわたる経済協力がすでに市場化の軌道に乗り、貿易、投資を相互に促進する良好な循環メカニズムが形成されたことにある(1)。中日経済貿易関係は中日関係の重要な一部であり、さらに中日関係の基礎となるものである。経済のグローバル化が進む今日、中日二国間の経済交流はすでに世界経済や地域経済と一体化している。両国間の経済依存度はすでに非常に高く、「互いに切っても切り離せない」状態となっており、実際にはこれもまさに「政冷」の状況下で「経熱」現象が長期間続いている理由なのである。

二〇〇六年十月に安倍晋三首相が成功裡に訪中し、「氷を砕く旅」を実現して以来、中日の政治関係は徐々に暖かさを取り戻してきた。そして二〇〇七年四月の温家宝総理の訪日で「氷を融かす旅」をなしとげ、年末の福田康夫首相の訪中で「春を迎える旅」を実現し、氷を砕いた後の中日友好関係はより安定したものとなった。二〇〇八年五月の胡錦濤主席の「暖かい春の旅」は、中日の戦略的互恵関係を新たな高まりへと押し上げた。現在、中日経済貿易関係にも比較的顕著な問題があり、それは主として、二国間貿易がハイレベルで停滞しているうえ、日本の対中直接投資も激減しているということである。しかし、政治関係に回復期が到来するにともない、上述の問題は解決もしくは緩和され、二国間の経済貿易に新たな発展が予測される。未来を展望するにあたり、中日間の二国間経済協力には巨大な潜在力があること、とくに省エネ、環境、金融およびハイテクなど多くの分野での協力の前途は非常に大きく広がっていることが見てとれる。東アジア地域のFTA（自由貿易協定）が、あるいはその他の形式の地域協力が早期に実現できれば、中日の二国間経済協力、ひいては中日関係全体の健全な発展がさらに促進されるに違いない。

一　一九七八年までの中日経済貿易関係の回顧

戦後六十年あまりの中日経済貿易交流の過程を振り返ると、経済貿易関係の性格の面では、一九七二年の中日国交回復を分岐点とし、民間交流の時代と「政府主導、官民あげて取り組む」時代に分けることができる。中日国交回復以前、両国の経済貿易交流関係は主に民間レベルだったが、政府も民間交流の過程で比較的大きな影響を与えてきた。

新中国成立の初期、両国の経済交流関係は主に商品貿易の形式で、貿易額も比較的少なかった。一九五〇年の中日貿易額は五千八百万米ドルで、日本の貿易総額の二・四％だった。その後、朝鮮戦争の勃発および「対共産圏輸出統制委員会」（COCOM）やその「対中国輸出統制委員会」（CHINCOM）による対中禁輸の影響で、中日貿易額は毎年下降傾向が続いた。一九五二年の中日貿易総額は一千五百万米ドルで、一九五〇年のわずか二五・七％にすぎなかった。

一九五一年の「サンフランシスコ平和条約」の調印および一九五二年の「日華平和条約」の調印により、一九七二年の中日国交回復まで、中日両国の貿易関係は主に民間レベルの貿易往来に限定されていた。この二十年間、中日貿易は四回の貿易協定、友好貿易、覚書貿易といういくつかの段階を経てきた。

一九五二年から一九五八年にかけて、中日間で四回にわたり民間貿易協定が調印された。民間貿易協定の締結により、中日両国の民間貿易は比較的十分な発展を遂げた。一九五二年から一九五六年まで、中日貿易額は年を追って上昇を続け、一九五三年の年間伸び率は一二〇・九%にも達した。一九五六年、中日貿易額は一億五千百万米ドルと、五〇年代の最高額となった。一九五七年、岸信介内閣になって以降、中国敵視の政策がとられたため、中日貿易額は下降傾向に転じた。一九五八年に起きた「長崎国旗事件」で、中日貿易関係を含む中日関係は一時期全面的中断状態となった。中日貿易の中断によって破棄された契約額は、輸出が約四千四百万米ドル、輸入が約五千三百万米ドルで、合計九千七百万米ドルだった。当時の中日関係の全面的断絶は、中日貿易に深刻な影響を与えたばかりでなく、中日両国の経済にもある程度の影響を及ぼし、日本側は、とくに鉄鋼、化学製品など中国への依存度の高い産業で工場の経営難や労働者の失業など不景気に陥り、中国の大豆、塩、石炭、鉄鉱石および農産物の輸出も程度の差はあれ一定の影響を受けた。

一九六〇年代以降国交回復前まで、友好貿易と覚書貿易（LT貿易[2]とMT貿易[3]を含む）の二種類の貿易形式で、中日経済貿易関係は上昇を続ける発展傾向（一九六七年と一九六八年はやや下降）にあった。一九六〇年の中日貿易額は二千三百万米ドルだったが、国交回復が近づくにつれて中日貿易総額も増加し続け、一九七一年には中日貿易総額は九億百万米ドルにまで増加し、一九五〇年の約十五倍、一九六〇年の約三十九倍になった。中日貿易額の急速な伸びによって、両国の経済界は、中日経済関係における政治的な障害を取り除き、両国の経済貿易往来のルートをさらに拡大するため、中日両国政府に対して早期国交回復を強く望むようになった。

一九七二年の中日国交回復後、中日の経済往来は民間貿易の段階から「政府主導、官民あげて取り組む」新しい時代に入った。一九七二年から一九七八年にかけて、中日の政治環境の好転および「中日貿易協定」の調印など有利な要因によって、中日経済交流は大きく発展した。中日貿易額は一九七二年の十一億一千万米ドルから、一九七八年には五十億七千九百万米ドルに急増し、伸び幅は約四六二%にも達した。このことから、日本の対外経済関係における中日貿易の位置づけがますます重要になってきたことも見てとれる。技術貿易の面では、一九七二年から一九七八年にかけて、我が国は日本から三十七件のプラント設備を導入し、うち三十五件のプラント設備は十億二千九百万米ドル、残り二件のプラント設備は七百億円だった。これら先進的設備の導入によって、我が国の当時の「四つの近代化」建設事業は大いに促進された。

一九七八年以前の二十数年間、中日経済交流は単純な貿易往来に限られており、貿易額も極めて少なかった。しかし、当時の歴史的背景を考えると、あれほどの成果が得られたのは容易なことではなかった。とくに両国の国交回復以前の苦難に満ちた時代には、我が国の一世代前の指導者、日本の友好人士、民間の友好経済団体がそのために懸命に努力し汗を流したのである。中日両国の一九五〇年代の四回にわたる民間貿易協定の締結および漁業協定の締結は、いずれも民間の経済団体が主体となって実施したのであり、各協定の締結では基本的にはいずれも民間協定をベースとし、最終的には双方の政府間貿易の実現をめざして努力することが強調された。したがって、この段階での民間と政府の関係は主として「民間が政府を促す」関係だった。六〇年代に入ると、配慮取引、友好貿易および覚書貿易（LT貿易とMT貿易を含む）が展開され、とくに常駐機関の相互設置の実現や日本の民間経済団体と企業界が「政経不分離の原則」を受け入れたことで、両国の貿易関係に民間を主体とし政府がある種のサポートをするという性格が備わることになった。したがって、六〇年代の中日貿易往来関係は「半官半民」ということができ、七〇年代以降の中日貿易関係は「官民あげて取り組む」時代に入ったといえる。制度の枠組みでは、国交回復以前は四回の中日民間貿易協定、二回の漁業協定、鉄鋼長期バーター協定、友好貿易議定書、覚書貿易協定などの締結によって、まだ国交正常化が実現していない状況のなか、中日両国間の貿易関係に拠りどころとなる協定ができ、経済貿易問題解決の手段もできたのである。

中日国交回復後、両国の経済貿易往来は、民間往来の時代から「政府主導、官民あげて取り組む」新しい時代に変わり、政府の役割に主導的位置づけがなされるようになった。この時期、中日両国はともに努力し、その後三十年近く影響を与え続けることになる経済貿易往来のメカニズムを徐々に形成していった。貿易往来のメカニズムが民間主体から「政府主導、官民あげて取り組む」時代へと転換したことで、経済往来の方式も民間レベルの商品貿易から、技術貿易、直接投資、資金協力、エネルギー協力を含む、重層型、多分野の往来の枠組みへと徐々に拡大・発展していった[4]。

二　一九七八年以降の二国間経済貿易関係の発展とその特徴

一九七八年、中日間で「中日平和友好条約」が締結され、中日関係は新しい歴史的段階に入った。同時に、この年は中国の改革開放の最初の年でもあり、同じ年に開かれた中国共産党第十一期三中全会で、改革開放の進軍ラッパが吹き鳴らされたのである。その後、我が国は対外開放政策の実施を開始し、経済は高度成長期に入っていった。新しい歴史的条件のもと、中日経済貿易関係も全面的な発展の時代を迎えることになる。中日政府間で、従来の貿易協定をベースとした、「中日租税協定」、「中日投資保護協定」など一連の協定が相次いで調印された。とくに九〇年代初期、中国社会主義市場経済の展開にともない、中日経済貿易往来のメカニズムも「政府主導、官民あげて取り組む」から徐々に市場主導の軌道に向かった。経済のグローバル化が進むにともない、中日経済貿易協力も徐々にこの流れに融合された。両国の経済協力分野は単一的な貨物貿易を主体とするものから、徐々に技術貿易、直接投資、資金協力、エネルギー協力などの分野へと拡大されていった。三十年来の中日経済貿易関係のなかで、依然いくらかの紆余曲折はあった。たとえば中国のプラント設備建設停止問題、中日貿易の不均衡問題、対中投資の摩擦問題、東芝機械事件、日本による中国の農産物輸入制限および餃子《ギョーザ》の毒物混入事件などである。しかしこれらの問題は双方の友好的な協議を基礎として比較的順調に解決されている。全体的にみれば、二国間の経済貿易関係の発展は健全で順調に進んでいる。三十年来、日本は一貫して中国の重要な貿易パートナーであり、主要な直接投資国である。同時にまた中国の政府間資金協力の主要なパートナーでもある。二〇〇三年まで、日本は連続十一年間我が国最大の貿易パートナーであり、中国は日本の第二の貿易パートナーであった。二〇〇四年以降は、EUとアメリカがそれぞれ中国の第一、第二の貿易パートナーとなり、日本は第三番目に後退した。これとは逆に、二〇〇七年、中国はアメリカに代わって日本最大の貿易パートナーとなったのである。これら順位に変化があっても、双方が依然として互いに重要な経済協力パートナーであることに変わりはない。

1．中日二国間貿易

(1) 拡大し続ける二国間貿易額

中日の二国間貿易発展の歴史を振り返ると、これが中日経済貿易関係のハイライトと称するに値することは確かである。二国間貿易は両国の経済貿易協力のなかで歴史がもっとも長く、もっとも安定しており、その成果ももっとも顕著である。国交回復以前の民間貿易時代に早くも良好な基盤を築いていたからである。一九七八年に「中日平和友好条約」が締結されて以降、中国の改革開放がたえず深まるにともない、中日貿易はまた非常に大きな発展を遂げた。一九七八年の中日貿易額は五十億七千万米ドルで、一九八一年に百億米ドルを超え、一九九一年にはまた二百億米ドルを突破し、二百二十八億九百万米ドルに達した（図1参照）。この貿易額は中日国交回復当初の貿易額（十一億米ドル）の約二十一倍であり、一九七八年の貿易額の四・五倍以上である。

一九九二年以降、中国の市場経済の急成長にともない、中日貿易額は一九九二年の二百八十九億米ドルから二〇〇〇年には八百五十七億米ドルに増加した。わずか九年間で三倍近い伸びを示したのである。九〇年代以降の中日二国間貿易額が前年より減少したのは、一九九〇年と一九九八年の二年のみである。うち、一九九〇年は前年より七・五％減少したが、その原因は一九八九年の「政治的風波」〔六四天安門事件〕後、日本がアメ

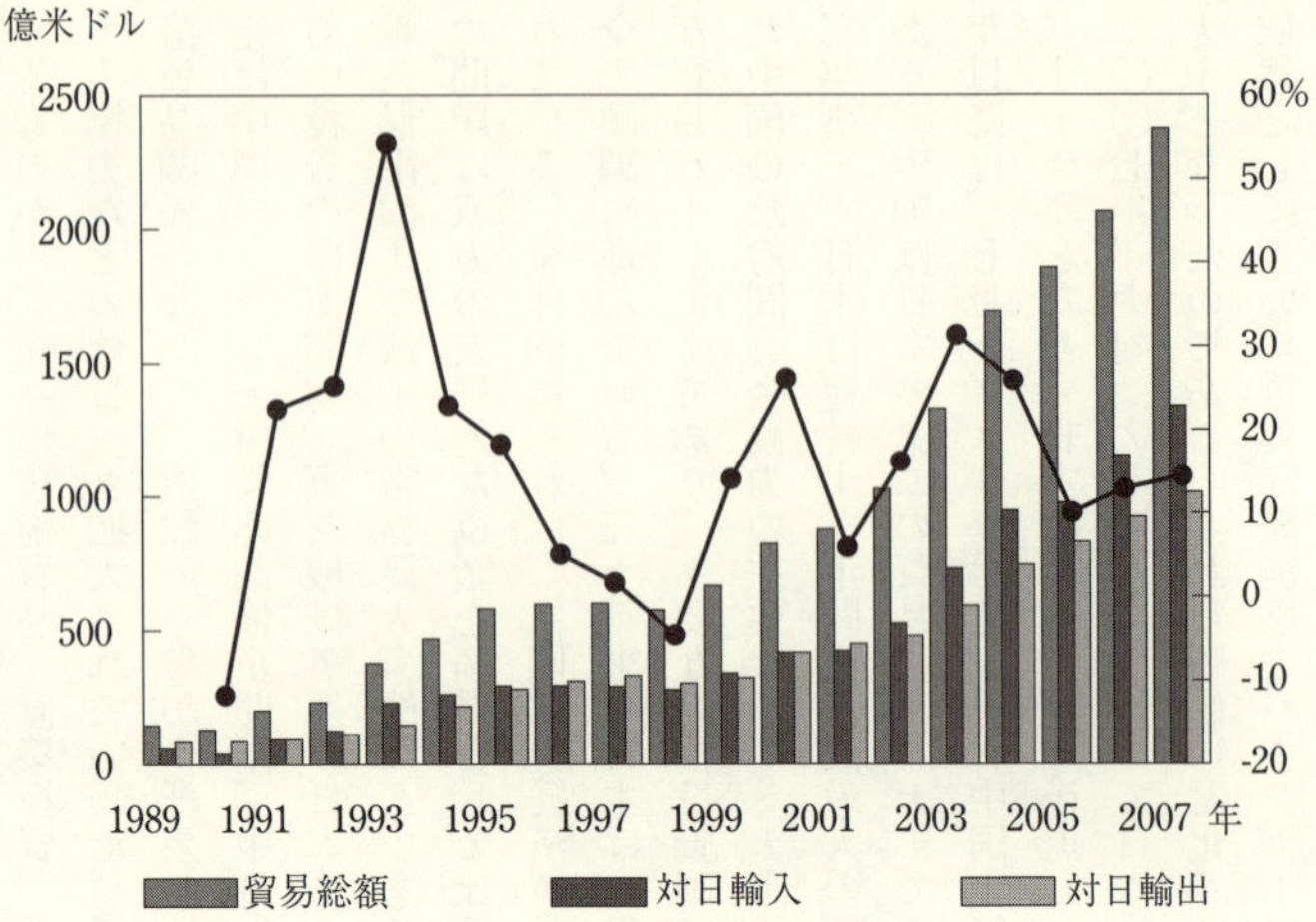

図1　中日貿易総額の変化

出典　『税関統計』と商務部の資料.

リカに追随して中国に対する制裁措置をとったことで中日貿易に挫折が生じたためである。一九九八年に前年比で一〇・九％減少したのは、主にアジア金融危機の影響を受けたためである。この二年の減少の共通点はいずれも外部的な原因によるものであることが見てとれる。この二年を除けば、いずれも年々増加している。とくに一九九一—一九九六年はほぼ毎年ステップアップし、伸び幅は二〇パーセントを超えた。二〇〇〇年、中日貿易は急成長を遂げ、一九九六年以来の長期にわたる足踏み状態から脱却したのである。そして二〇〇〇年には二国間貿易総額が八百五十七億米ドルに達し、前年同期比で二九・五％増加し、中日二国間貿易が日本の貿易総額に占める割合が初めて一〇％に達したのである。

二〇〇一年末の中国のＷＴＯ（世界貿易機関）加盟後、中日貿易の成長速度は顕著に加速された。二〇〇一年の中日貿易額は八百九十一億米ドルで、前年より四％の伸びにとどまった。中国のＷＴＯ加盟後、二〇〇二年の中日貿易額の伸び率は急上昇し一三・八％となり、中日貿易総額も一千億米ドルを突破し、一千十五億五千万米ドルに達した。これにとどまらず、その後の二年の中日貿易総額は三〇・四％と二六・九％という高い伸び率を示して急速に増加し、二〇〇三年には一千三百二十四億三千万米ドル、そして二〇〇四年には一千六百八十億五千万米ドルに達したのである。また二〇〇六年には二千億米ドルの大

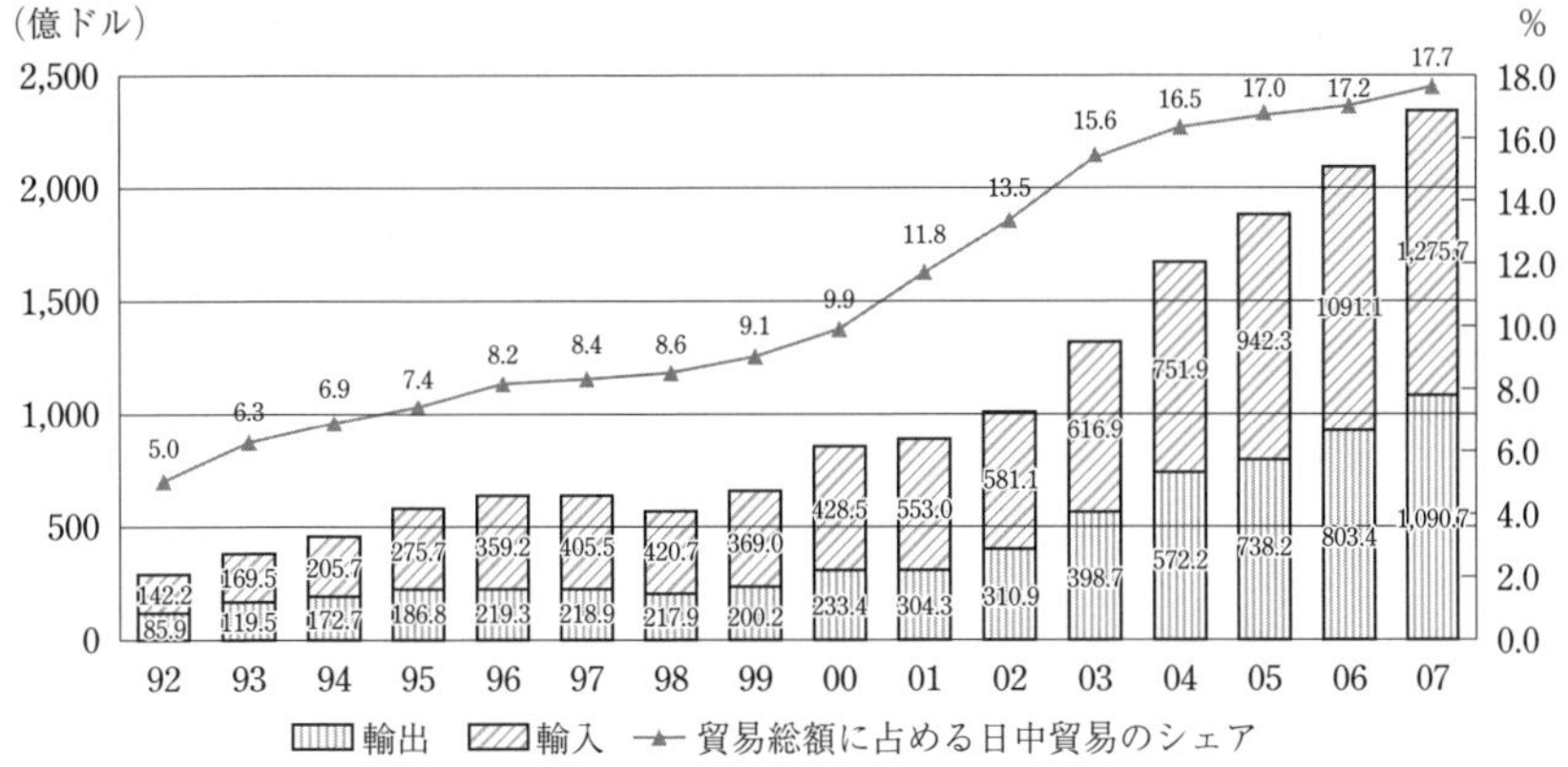

図２　日中貿易総額の変化

出典　日本財務省のデータにもとづきJETROが作成

台を超えて二千百十二億九千万米ドルに達した。二〇〇七年の中日貿易額はまた二千三百六十六億四千万米ドルに達し、前年比で一二％に伸び、うち我が国の対日輸出は百二十七億七千万米ドルで、前年比七・六％の伸び、我が国の対日輸入は一千九十億六千万米ドルで、前年比一七・五％の伸びだった。二〇〇七年、日本は引続きEU、アメリカに次いで中国の第三の貿易パートナーとなった。

　日本の統計によると、一九七八年の中日二国間貿易額はわずか五十一億米ドルだったが、二〇〇七年には二千三百六十六億米ドルと、一九七八年の四十六倍となった。二〇〇七年の日中貿易は前年比で一二％伸び、このうち日本の対中輸出の伸び率は一七・五％にも達し、対中輸入の伸び率は七・七％となった。日中貿易額は一九九九年以来九年間連続で記録を更新し続けたのである。日中貿易が日本の対外貿易に占める割合は一九九二年の五・〇％から二〇〇七年には一七・七％に上昇した（図２参照）。二〇〇七年の日米貿易総額は二千百四十二億米ドルで、中国はすでにアメリカを追い越して日本の最大の貿易パートナーとなった。

（2）二国間貿易の特徴

　第一に、中国の対日輸出の製品構造が最適化され続けた。七〇年代の中日二国間貿易は典型的な垂直分業モデルであり、その基本的特徴は、中国の原油、石炭などのエネルギーおよび農業副産物など一次産品を日本の機械設備や金属製品に換えることである。八〇年代中期には少し好転したが、まだ顕著な変化は生じていなかった。一九八五年、中国の対日輸出製品のうち、鉱物性燃料を主とする一次産品が依然約七四%を占めていた。そして九十年代以降非常に大きな変化が生じた。一九九七年には一九八五年とちょうど逆転する形になる。一次産品は二二・五%に減り、工業製品は七七・五%に上昇し、二〇〇七年には工業製品がさらに上昇して九〇%近くになった。(5) 九〇年代の中国の対日輸出で急速に増加した機械類の製品を詳細に分類すると、かつて日本の対中輸出の主要製品であったテレビ、コンピューターなどの自動データ処理設備などが、二〇〇〇年には中国の対日輸出の主要製品に転じていることが見てとれる。これは、在中国の日系企業による製品の日本への逆輸出が、九〇年代における中国の対日輸出規模の急速な拡大に重要な役割を果たしたことを物語っている。完成品以外に、事務用設備の部品など、部品の対日輸出も成長を続けた。これは、中国国内の産業が簡単な組立てだけでなく、その部品の製造能力も高め、中日双方はすでに部品を相互に供給する関係になり、九〇年代後期からは中日分業体系が徐々に単純な「垂直分業」から「水平分業」の方向へと発展したことを表している。このような趨勢によって、中国の工業化レベルの向上が促進され、また日本の産業構造の調整が促進されたのである。

同時に、中国の対日輸出で工業製品の割合が増加しているとはいえ、紡績、アパレルおよび軽工業などの一次加工製品や弾性値の低い製品が多いこと、また機械電気製品も増大しているが、技術の応用度が高い製品、付加価値の高い製品や弾性値の高い製品が比較的少ないことも見てとるべきだろう。これは中日二国間貿易の構造最適化の潜在力が依然非常に大きいことを物語っている。このほか、中日二国間貿易ではかなりの部分が中間製品で、これは我が国がまだ製造センターとしての地位にあり、アメリカのような日本の最終消費市場とはなっておらず、しかも貿易活動全体のなかで、わずかに加工、生産、あるいは組立て段階などの労働集約型分野で、相対的にいって廉価な工賃を稼いでいるにすぎないことを示している。

第二に、日本の対中技術貿易が中国の技術導入において重要な位置づけをなされていること。三十数年来、日本は一貫して中国の主要な技術の供給国である。二国間の技術貿易協力においては、日本から中国への技術導入が主体で、中国の日本に対する技術輸出は比較的少ない。一九七九年から一九九一年までに、我が国が日本と調印した技術輸入契約は一千十五件あり、これは同時期にわが国が調印した対外技術契約総数の二二・八二%を占めており、累計契約金額は五十七億五千六百万米ドルで、同時期の我が国の対外技術契約金額の約二〇・五〇%となっている。近年来、中国の技術導入は非常に大きな進展があり、契約数は一九九一年の三百五十九件から二〇〇五年には九千九百二件に増え、契約金額は一九九一年の三十四億五千九百万米ドルから二〇〇五年には百九十億五千百万米ドルに増加した。このなかで日本の地位は尋常ではない。二〇〇五年のみで、中国が日本から導入した技術契約数は二千五百七十三件にも上り、契約金額も三十八億六千万米ドルに達している。このうち技術費は三十八億五千五百万米ドルで、八三・七％を占めている。この年、契約件数、契約金額とも、日本は中国の技術導入国のなかで第一位となっている。技術移転の分野をみると、九〇年代中頃までは、家電、石油化学工業および鉄鋼などの業界が比較的多く、九〇年代後半からは自動車、ＩＴなどの分野が拡大していった。中国が日本から導入した大量の技術設備が、我が国の近代化の進行を大きく推進したのである。

第三に、中日間の貿易は、ある意味においては日日貿易や多国間貿易と言える。中国の対外貿易の全体状況からみると、貿易額の六〇％以上は外資系企業がもたらしたものである。中国に進出している日系企業が生産した製品も約四六％は日本へ逆輸出または欧米などの国際市場へ輸出されている。正確な数字は計算できないが、すでに相当な額の利潤が日本へ流れている。中日貿易はウィンウィンではあるが、技術の優位性や資本の優位性をもつ日本がより大きな勝利を勝ち取っている。したがって中日間の貿易摩擦は実質的には日日貿易摩擦である。貿易摩擦が生じると、とくにあの種の「人為的貿易摩擦」の場合は、中日双方のいずれもが損失を被るのであり、日本側の損失の方が大きくなる。とくに日系企業は真っ先に矢面に立たされるのである。

2．中日相互投資

(1) 紆余曲折のなかで発展した日本の対中直接投資

中日間の相互投資の重点は直接投資である。改革開放以来、中国は一貫して主に日本から外資および技術を導入しており、日本の対中直接投資は中日経済関係において非常に重要な位置にある。国外からの直接投資を受け入れる意義は、緊急を要する資金だけでなく、より重要なのは資金の導入と同時に相応する先進的な技術や先進的な経営管理の経験を導入することである。したがって、外資導入によって経済発展を制約する資金問題が解決できるばかりでなく、産業構造の向上や技術進歩促進の効果が得られるのである。

一般的には、直接投資は二種類に分けられ、一種類はコスト削減のための投資、もう一種類は市場を占有するための投資である。日本の対外直接投資を地域別でみると、対アメリカの直接投資は市場占有を目的とし、ＮＩＥｓ（新興工業経済地域）、ＡＳＥＡＮ（東南アジア諸国連合）など東南アジア地域への投資は主として安価な労働力を利用したコスト削減を目的とした投資である。また、中国への直接投資はこの二者をともに兼ねたものとなっている。八〇年代以降、日本はアジアの各地域に大量の生産拠点を築いたが、現地の経済成長にともない給与レベルも上昇し、コストの比較優位が低下したため、日本はこれら地域での直接投資を「雁行形態モデル」に依拠し、新興工業経済群→アセアン→中国→ベトナム→インドの順にシフトさせてきた。しかしながら、九〇年代以降になると、改革開放を深化し続ける中国が、逆にアジア地域で日系資本をもっとも多く吸収する国となり、雁行型の後尾からすさまじい勢いで発展したため、いわゆる「雁行形態モデル」の崩壊を招くことになった。その原因は、他のアジア諸国と比較して、中国のとくに恵まれた魅力にある。①人口が多いため、雇用が増えても賃金上昇の圧力は非常に小さい。②市場規模が大きいため、一部地域の賃金が上昇してもコスト競争力は低下せず、企業も市場獲得への方向転換が可能である。

日本の対中直接投資は一九七九年から始まり、三回のピークを経て、現在は低迷期にある。二〇〇七年末の時点で、日本の対中投資件数は累計で三万九千六百七十二件、実質ベースの投資額は六百十七億九千万米ドルとなっている。統計が示しているように、中国に進出している日系企業の大部分は潤沢な投資リターンを得ており、日本経済の回復や成長を強力に支え、また中国経済の発展にも貢献した。中日両国の製造分野の分業協力も非常に速い進展があり、この種の進展は数量上の変化だけでなく、質の面での変化にも表れている。八〇年代は加工貿易が中心で、九〇年代から電器、電子および機械業界が発展し始め、新世紀に入るとさらに情報通信や自動車産業へと拡大していった。しかしながら、さまざまな原因により、日本の対中直接投資は、二〇〇六年に前年比で二九・六％減少したのに続き、二〇〇七年にはまた二四・六％低下し、実質ベースの投資額は三十五億九千万米ドルとなった（図3参照）。

日本の対中直接投資の一回目のピークは、一九八〇年代初期・中期の経済特区への投資、二回目のピークは一九九二年の鄧小平の南方講話以降で、投資は沿海地域全体におよんだ。三回目のピークは二〇〇〇年以降で、その背景には中国のWTO加盟、オリンピック招致の成功および西部大開発戦略の実施がある。

三回の投資のピークにはそれぞれ異なる特徴がある。一九八〇年代初めの最初のピークは、投資規模が大きくなく、成長速度も比較的ゆるやかであった。表1に示すように、一九七九年から一九八九年までの十年間、契約金額は合計で二十五億米ドル、実質ベースの投資額は合計二十一億米ドルにすぎず、九〇年代中期の一年間の投資にも満たない。

一九九〇年代初めの二回目のピークは投資規模が増大し、速

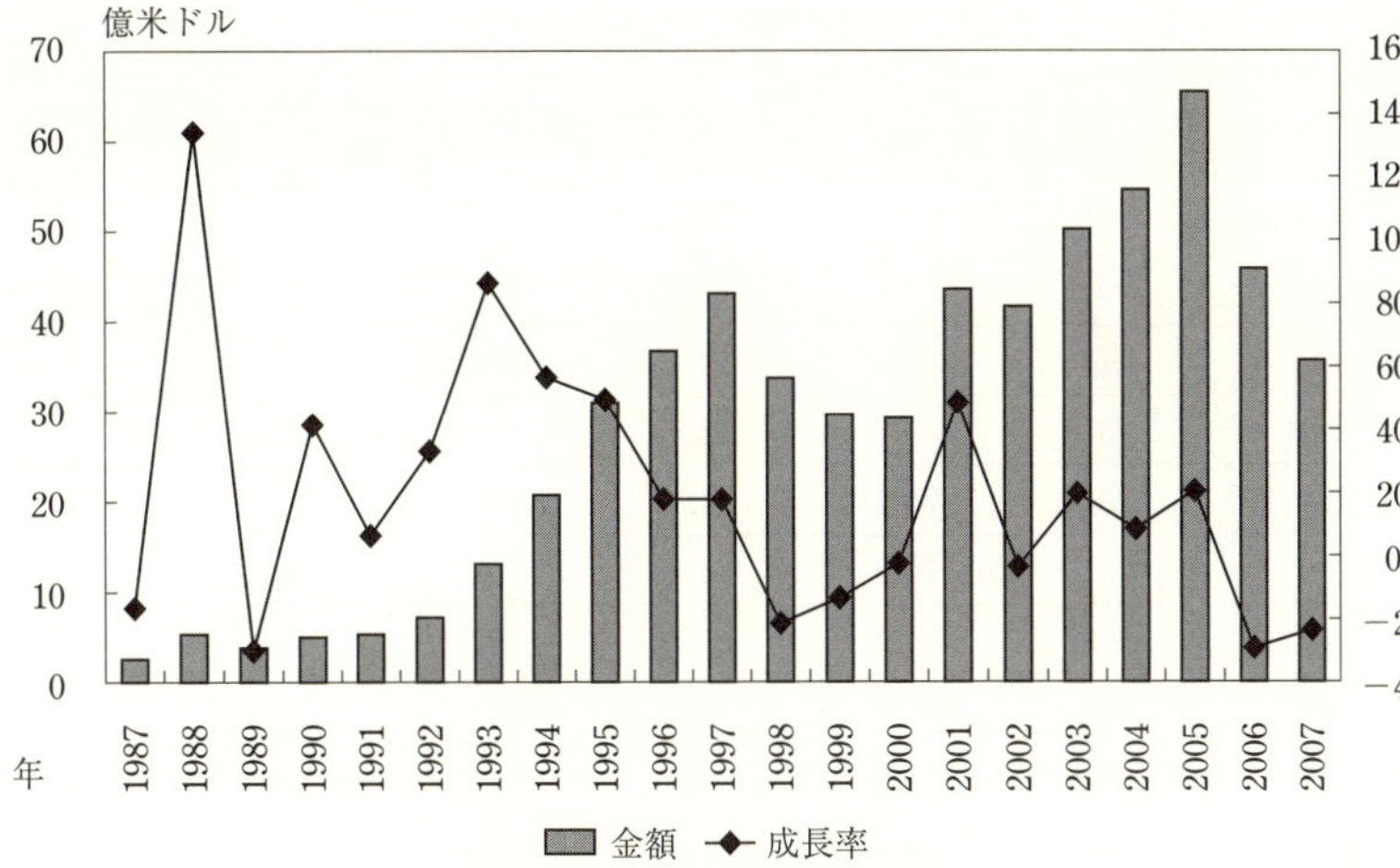

図３　日本の対中直接投資の変化

出典　中国商務部ウェブサイトのデータから作成

度も加速された。一九九〇年の契約ベース金額は四億六千万米ドル、実質ベース金額は五億米ドルで、一九九三年はそれぞれ二十九億六千万米ドル、十三億二千万米ドルにも達し、一九九五年にはさらにそれぞれ七十五億九千万米ドル、三十一億一千万米ドルに達した。一九九二—一九九五年の四年間の契約ベースの金額は年平均八〇％伸び、実質ベースでは年平均五六％もの伸びを示した。このような急速な伸びは非常に稀である。しかしながら一九九六年以降、日本の対中直接投資は急速に減少し、その原因は比較的複雑なものだった。日本側からみると、経済が長期間低迷し、日本国内の親会社の経営状況が悪化したため規模を縮小せざるをえず、もはや海外への投資を新たに増やす力はなくなった。このほか、それまでの中国に対する大量の投資も、消化のプロセスを踏む必要があった。さらに、アジア金融危機の影響を受け、日本企業の中国市場に対する悲観的な将来予測により、資金回収が難しいとの危惧があった。一方、中国側からみると、経済成長速度は遅く、マクロ経済環境は緊縮傾向にあり、法制、税制などが頻繁に変更されたうえ、「広東国際信託投資公司」が倒産するなど、債務不履行事件が生じたことも投資家の積極性に影響をもたらした。しかし一九九九年以降、中国の経済情勢が好転し、日本経済が回復するにともない、日本の対中投資の減少速度は緩和傾向に向かった。全体的にみると、最初と二回目の投資ピーク期間（八〇年代から九

表1　日本の対中直接投資状況

年	件　数	増減率	契約ベース金額	増減率	実質ベース金額	増減率
1979-1985	211		12.3		8.3	
1986	94		2.1		2.0	
1987	113	20.2	3.0	42.9	2.2	10.0
1988	237	109.7	2.8	−6.7	5.2	136.4
1989	294	24.1	4.4	57.1	3.4	−34.6
1990	341	16.0	4.6	4.5	5.0	47.1
1991	599	75.7	8.1	77.7	5.3	6.0
1992	1805	201.3	21.7	167.9	7.1	34.0
1993	3488	93.2	29.6	36.4	13.2	85.9
1994	3018	−13.5	44.4	50.0	20.8	57.6
1995	2946	−2.4	75.9	70.9	31.1	49.5
1996	1742	−40.9	51.3	−32.4	36.8	18.3
1997	1402	−19.5	34.0	−33.7	43.3	17.7
1998	1188	−15.3	27.0	−20.7	31.6	−27.0
1999	1167	−1.8	25.9	−4.1	29.7	−6.0
2000	1614	38.3	36.8	42.1	29.2	−1.7
2001	2019	25.1	54.2	47.3	43.5	49.0
2002	2745	37.0	53.0	−1.8	41.9	−8.9
2003	3254	18.5	79.6	50.2	50.5	20.6
2004	3454	6.1	91.2	15.2	54.5	7.9
2005	3269	−5.4	119.2	30.1	65.3	19.8
2006	2590	−20.8	99.1	− 16.9	46.0	−29.6
2007	1974	−23.8			35.9	−24.6

出典　商務部の資料から作成

〇年代）、その経営方式は、基本的には中日合弁企業を主とする「合弁時代」だった。また投資の分類では、日本企業が中国の安い労働力などの資源を利用して、中国各地に製造企業を主とする輸出加工型基地を建設し始めたのである。

三回目の投資ピークでは、二〇〇〇年に大幅な回復型の成長がみられ、長期間横ばいあるいは減少傾向にあった局面から脱却した。二〇〇一年と二〇〇二年は安定して伸び、二〇〇三年は伸び率が加速され、実質ベースの投資額は五十億米ドルを超え、史上最高を記録した。二〇〇四年はさらに五十四億五千万米ドルに達し、この年の我が国の外資受け入れ総額の九％近くを占めた。三回目の投資ピーク期間、投資額が急増したばかりでなく、より重要なことは経営の方式や投資の類型に重大な変化が生じたことである。経営方式の面では、「合弁時代」から、日本の独資企業設立を中心とする、さらには投資会社（地区の統括会社）の建設を開始するといった「企業集団経営時代」へと転換した。投資の類型では、中国の改革開放がたえず深まるなか、とくに中国のＷＴＯ加盟後、日本の国際企業は中国への投資で、生産以外の研究開発、国内販売、アフターサービスなど全方位型の展開、すなわち「市場獲得型投資」を始めたのである。

（2）日本の対中直接投資の特徴

第一に、日本の対中直接投資は、起伏はあったとはいえ、対中投資の国や地域別では終始重要な地位にあった。ランキングをみると、一九九五年にアメリカを追い越し、一九九六年にはまた中国台湾を上回って、中国の第二の投資パートナーとなった。香港からの投資には、多くの華僑による投資や欧米の迂回投資などの要素が含まれることを考慮すると、日本は国（地域）別では投資額（実行金額）が最大だった。一九九九年、国別ランキングで第一位の座をアメリカに取って代わられ、日本は第二位に転落した。二〇〇六年と二〇〇七年、日本の対中直接投資が大幅に減少したが、ランキングでは依然上位にあり、香港、イギリス領バージン諸島、韓国に次いで第四位で、ＥＵやアメリカを大きく上回っている。全体的には、日本の対中直接投資は起伏が比較的大きく、あまり安定していない。これは、企業や投資家が中国市場になお憂慮し、対中投資に過度に慎重になっていることを物語っている。政策決定上の損得へのこだわりや優柔不断によって、日本企業は中国における多くのチャンスを失った。二〇〇〇年以降、日本は教訓を汲みとり、とくにホンダ、トヨタ、日産などを代表とする大型国際企業が我が国への進出を競い、情勢は大きく好転した。

第二に、近年来、日本の対中直接投資は、日本の海外直接投資の中で重要な地位を占めている。一九九〇年度の日本の対中直接投資は、日本の海外直接投資に占める割合がわずか〇・六

%だったが、その後うなぎのぼりに上昇した。しかし、一九九五年度に一度八・七%のピークに達した後、減少し始め、一九九九年度には一・一%にまで下がり、二〇〇〇年にはまた二%に持ちなおし、二〇〇三年には一三・七%に上昇し、二〇〇五年にはさらに一四・三%にまで上昇し、二〇〇七年は八・九%にまで下がった。しかも、日本の海外直接投資のうち、対中直接投資の順位も急速に上昇し、一九九八年度の第八位から二〇〇〇年度は第六位に、二〇〇一年度は第五位に、二〇〇三―二〇〇五年の三年間は第二位を維持し、二〇〇七年は第三位となった。一九九九―二〇〇四年度の間、日本の対アジア地域への投資に占める対中直接投資の割合は、投資件数、金額とも上昇傾向にあり、うち件数は一五%から五五%に上昇し、金額は一一%から四九%に上昇した。[6] しかし、二〇〇七年は三二・二%に減少した。

第三に、多くの中国進出日系企業の収益が良好であること。中国に進出した日系企業全体でみると、経営状況は良好で、日本の経済産業省の調査によると、一九九九年度、海外に設立した日本の現地法人の販売利益率は、製造業の世界平均が三・二%、アジアが四・〇%、中国は四・六%で、平均レベルを大きく上回っている。[7] 二〇〇四年の国際協力銀行のアンケート調査では、中国へ投資した日系企業の約四分の一は儲かっていると見なし、約五〇%の投資企業は基本的にはまあまあだと判断していることがわかった。赤字だと答えた企業はわずか四分の一程度にとどまった。つまり、中国へ投資した日系企業の約七五%は利益があった、もしくは比較的利益があったということになる。日本開発金融研究所が二〇〇三年に実施した海外直接投資アンケート調査では、日系企業の対中投資の「満足度」はヨーロッパ、北米および南米地域を大きく上回っていることが示されている。

第四に、日本の対中直接投資で、製造業を主とする局面に変化が生じていること。欧米企業の対中投資は金融、サービス業を主とし、香港資本の多くは不動産に向けられているが、日本は製造業が多い。一九九〇年、日本の対中直接投資のうち四六%は製造業への投資で、一九九三年にはこれが八一%に急増し、その後いくらか変動はあったが、終始七二%以上を維持した。二〇〇四年度は八二・八%に達している。具体的な業界でみると、主としてアパレル、機械電気、自動車部品、製鉄、化学工業および食品加工などの業界に集中している。日本の対中直接投資が製造業に偏っている理由は、主に日本のビジネス界が中国の安い労働力と中国国内の大きな市場に魅力を感じているからである。この種の投資構造が、中国の当時の工業近代化および雇用拡大の政策目標と一致し、中国経済発展の良好な循環を促進し、また日本の構造調整をも促進したのである。中国経済の急成長や産業構造の調整にともない、近年来、日本の対中投資は製造業を主とすることを前提に、金融、保険、証券および流通分野への投資を拡大し始めている。日本の対中投資は製造業と非製造業を並行して推進する時代に入りつつある。

第五に、投資の地域分布でみると、やはり沿海地域が中心であること。具体的には、長江デルタ、珠江デルタおよび北京地域が、日本の直接投資の三大拠点である。この三つの地域への直接投資は目的がそれぞれ異なっており、華南地区（広東省）の東莞や深圳を中心とする珠江デルタを輸出基地として選択する場合、その意義は、豊富で安い労働力と香港に近いという条件を利用して、香港経由で製品を輸出するのに有利な点にある。華東地区（上海付近）の蘇州、昆山など長江デルタを中国市場進出の拠点として選択する場合の意義は、産業基盤、技術者の人材および国内最大の消費市場などの条件を利用して、中国市場参入の製品販売拠点を建設することにある。また、北京を選択する目的は、IT地区の中関村やそれを中心とする研究開発拠点の帰国留学生の人材を日系投資企業に就職させるという独特のものである。

一九九〇年代中期以降、日本の中国内陸地域への直接投資も拡大の傾向が見られる。一九九一年、日本の中国内陸地域への投資件数は三十五件で、同じ年の日本の対中投資件数全体のわずか五・八％にすぎなかったが、一九九八年には内陸地域への投資件数は九十七件に増え、割合も一二・二％に上昇した。我国は二〇〇〇年から西部大開発戦略の実施を決定し、外資導入のために一連のさらなる優遇政策を制定した。日本企業は次々と西部を視察に訪れ、内陸地域への投資を拡大した。二〇〇二年には、内陸地域への投資件数は二百五十九件に増加したが、その割合は九・五％に下がった。二〇〇三年、中国が東北経済振興戦略の実施を開始して以降、日本の多くの企業はまた東北に目を向け、各種レベルの視察団を東北へ派遣すると同時に、東北への直接投資も増やしたのである。

第六に、日本の対中直接投資のプロジェクトは、欧米諸国と比べ、平均一件あたりの規模が依然比較的小さかったが、九〇年代後半には投資規模がある程度拡大された。これまで、日本の対中直接投資プロジェクトの規模は比較的小さいというのが一般的な印象だったが、実際の状況はどうなのだろうか。日本の対中直接投資のプロジェクト規模に関する日本の統計と中国の統計では結果が異なっている。日本の統計では、一九八九年から一九九四年までは三千万円規模を、一九九四年以降は一億円以上の案件を、総じて大、中型のプロジェクトと見なしている。日本の大蔵省（現財務省）が公布した日本の対中直接投資件数および金額に基づくと、ほぼ以下のような計算結果が得られる。日本の対中直接投資の大、中型プロジェクトの平均規模は、一九九〇―一九九三年が二百万米ドルで、一九九四年に四百四万米ドルに達し、一九九六年には六百八十八万米ドル、二〇〇〇年はさらに九百七十二万米ドルに上っている。その後の平均規模は少し縮小するが、二〇〇四年の平均規模はまた一千二百五十七万米ドルにも達している。

日本の対中直接投資のうち大、中型規模の投資プロジェクトの規模はたえず拡大しているが、中国の統計で見ると、すなわち日本の対中直接投資全体でみると、案件ごとの平均規模は欧米に比べて小さい。日本の対中直接投資の平均規模は一九九六年以前には起伏、変動、上昇の傾向が見られ、一九九六年にはピークの二百九十四万米ドルに達した後、一貫して下降し続け、一九九七年は二百四十三万米ドルに、一九九九年はまた二百二十二万米ドルに下がり、二〇〇四年はさらに百五十七万米ドルにまで下がった。

日本の対中直接投資の平均投資規模が小さくなっている現象は、日本企業が対中直接投資に対して依然極めて慎重であることを示しているが、一方で日本の中小企業による対中直接投資が増えていることも示している。かつては主に対外投資の経験をもつ大企業が中国へ投資し、現在は対外投資の経験のない中小企業が対中投資を始めている。日本では、中小企業が企業数の九〇%を、企業利潤の六〇%を占めているため、中小企業は国民経済の成長を支える中堅的な力といえる。中小企業も中国への投資を始めたことは、真の意味での日本の対中投資の開始を意味する。投資金額の伸びは緩慢ではあるが、投資の勢いは非常に強いものがある。

第七に、現地化レベルが低いなどの問題が存在する。日系企業の中国での経営管理者の現地化レベルが比較的低いことは従来からの問題である。一九九〇年代末以降、日本の対中直接投資は、独資企業の設立を中心とし、投資会社（地区の統括会社）の設立を開始する企業集団経営時代に入り始めた。これにより日本資本は、熾烈な競争の中で中国市場の変化に迅速に対応できる効率の高い経営管理体制の確立を改めて求められることになる。もっとも重要な問題の一つは企業経営管理者の現地化問題であり、これはすなわち中国籍の企業責任者の才能をいかに最大限に利用し発揮できるかの問題である。現地国の人的資源を十分活用することによってのみ、熾烈な国際競争の環境のなかで終始優位に立つことができるのである。

中国に進出している欧米企業に対し、日系企業は経営管理者の現地化という重要な面での進展が依然として比較的緩慢である。中日両国の学者が二〇〇五年六月に、北京地区（天津と河北省の一部を含む）の中国日本商会三資企業部会のメンバー企業百九十四社をサンプルに調査したところ、中国籍または華人を企業代表とする日本企業の割合は、アメリカ・フランス企業と比較して、相当大きな差のあることが明らかになった。このうち、日本企業で中国籍または華人が企業代表を務める企業は四十三社、企業総数四百七十七社のわずか九・〇一%にすぎず、アメリカとフランスはそれぞれ四百七十八社、四十四社で、企業総数七百十一社、百六十七社に占める割合はそれぞれ六七・二三%、二六・三五%だった。

本社の海外への社員派遣費用（一年一人あたり最低ほぼ二千万円必要）は日本企業の国際化にとって非常に大きな障害であるうえ、日本籍の駐在員には中国の文化に対する理解の欠如、言葉や生活習慣の不適応、および現地の政府や住民とコミュニケーションがとれないなどの問題があるため、日本籍の駐在員を減らし、中国籍の責任者を養成し、経営管理の現地化を加速することは、すでに大多数の日本企業の戦略方針となっている。中国のWTO加盟以降、投資環境は改善されており、国際的に競争力を十分発揮してきた日系企業にとって、中国本土の優秀な人材の優位性をよりよく活用する新たな絶好の機会である。それと同時に、現在国際化戦略を実施している中国企業にとって、日本の国際企業の進んだ技能や経験を学んだ中国本土の人材を吸収し利用することは、自身の競争力を高める効果的な手段でもある。最終的には日本の国際企業が中国で経営管理者を現地化することは、中日両国の産業界に平等互恵、ウィンウィンの関係をもたらす。(8)

(3) 中国企業の対日投資

中国企業の対日投資は、改革開放初期の一九七九年十一月、北京友誼商業服務公司と東京丸一商事株式会社が合弁で東京に「京和股份有限公司」を設立したことに始まる。これは中国企業の対日投資の始まりであるばかりでなく、中国の改革開放後、初めて海外に設立した合弁経営会社でもあり、これ以降、中国企業の対日投資は、中日経済貿易が発展を続けるにともない徐々に増え始めたのである。

日本の財務省が公表した国別の対日直接投資の統計データを見ると、中国企業の対日投資は一九七八年から始まったことになっている。それまでは、中国企業は対日投資の実力を備えておらず、同時に中国には当時まだ企業の海外投資を奨励する戦略がなかった。一九八五年に企業の海外投資に関する審査基準と管理条例が制定され、地方の許認可権限も百万米ドルにまで拡大されたが、中日両国は資源供給や産業構造が特殊であるうえ、円高の進行による日本円の為替レートの上昇で各種支出コストが高騰するなどしたため、この時期、中国企業の対日投資はまだ模索段階、スタート段階にあった。一九八七年の対日投資は百万米ドル足らずで、一九八八年は二百万米ドル、一九九二年までずっと二百万米ドル以下のレベルを推移していた。一九九一年に、地方が許認可できる海外投資の外貨限度額を三千万米ドルにまで拡大するという国の管理条例が制定されて以降、中国企業の対日投資に増加の勢いがみられるようになった。一九九三年の対日投資は八百万米ドルに達したが、その後二〇〇〇年まで、中国国内のマクロ政策や中日関係など総合的な要因の影響を受け、投資額は一貫して百万米ドルから四百万米ドルの間を変動し全体的には緩やかな増加傾向が見られた。(9)

一九九九年以降、我が国は「走出去（海外進出）」戦略を実施し、多くの企業がこの勢いに乗って対日直接投資を拡大し始めた。二〇〇七年末時点での我が国の対日直接投資総額は累計で二億四千万米ドルとなった。中国企業の日本への投資は主として、中国大陸の企業が直接日本へ進出するものと、日本にいる中国人留学生が直接創業するものとがある。そのうち中国大陸の国有または民営の企業による投資が主流となっている。投資形態は、現地事務所、日本法人、合弁会社の設立が中心であり、そのうち、事務所設立の割合が比較的多く、半数を超えている。日本で設立される現地法人企業は、買収や資本参加の形態が主で、「企業の新規設立」は相対的に少ない。中国企業の対日投資は、ソフトウエア、機械、電子などの分野にも及んでいるが、依然サービス業や商業関連が主要な分野となっている。華為、海尓（ハイアール）など実力のある中国企業はすでに日本市場に進出し、日本企業と良好な協力を展開している。

二〇〇〇年以降、中国内地企業の対日投資は主として、技術特許の取得、ブランド効果の追求、国際的な販売網の開拓、進んだ管理技術の学習を目的としており、対日投資方式に極めて大きな変化が生じ、合併などによる対日投資活動の展開が始まった。これまでに、関連する大口の合併・買収事案はすでに数十件あり、これらは主として二〇〇〇年から二〇〇四年の間に集中している。比較的知られている事案は、上海電気集団による日本のアキヤマ印刷機製造、池貝などの買収である。無錫の「尚徳太陽エネルギー電力」（Suntech）は二〇〇六年八月、日本の有名な太陽電池メーカー「ＭＳＫ」の買収契約に調印した。買収は段階的に行われた。第一段階は、新株発行と既存株式の買収で、一億七百万米ドルを投じてＭＳＫの株式の三分の二を取得し、さらに二〇〇七年末までの第二段階に、ＭＳＫの業績に応じて残る株式を取得するというものである。最終的な買収額は最大で三億米ドルになると予測される。二〇〇七年、中国博奇とアジアメディアカンパニーが前後して東京証券取引所での上場に成功し、中国企業の海外融資や国際化経営に新たな道を切り拓いた。中国の対日直接投資はまだスタート段階で、投資額も非常に少なく、日本の対中直接投資とは比較にならず、日本が海外から受け入れている直接投資に占める割合も微々たるものである。しかし、これこそ良好な始まりであり、その意義はこれまでの日本の一方通行の対中投資の局面を変えることにある。

3．政府間の資金協力

中日両国政府間の資金協力、すなわち日本の対中政府開発援助（ＯＤＡ）には、対中円借款、無償援助および技術協力の三つの部分が含まれ、このうち円借款、つまり有償資金援助の占める割合がもっとも大きく、約九一・六％を占め、無償資金援助は約四・二％、技術協力金額は約四・二％を占めている。一九七九年十二月、日本の大平正芳首相が中国を訪問し、日本政府として海外経済協力基金の対中円借款供与を正式に承諾したことにより、日本の対中政府開発援助の幕が切って落とされた。二〇〇七年十二月までに、日本政府は中国政府に対し、総額三兆三千百六十五億円の円借款を供与し、二百五十五のプロジェクト建設に用いることを約束した。我が国は累計一千三百九十八億円の日本の無償援助を受け、百四十一のプロジェクト建設に使用した。全体的にみると、円借款を中心とした日本の対中ＯＤＡは、すでに中日経済貿易関係の重要な構成部分となっている。日本政府が提供したＯＤＡは、一方では中国の改革開放事業や経済建設を支援し、国民の友情を高め、また一方では日本企業の中国市場進出のために多くの機会を提供し、双方の貿易協力を促進した。

(1) 円借款

円借款の資金源は日本の財政予算であり、政府の長期低利融資である。融資の審査は日本の関係政府機関と海外経済協力基金が責任をもって行い、援助基金の管理は日本国際協力銀行が責任を負う。政府財政予算の資金であるため、この融資条件は一般の商業融資より優遇されている。その目的は、主に被援助国または地域の経済基盤建設および環境整備などの分野に用いることにあり、低利で返済期間が長いという特徴がある。対日円借款は、一九七九—二〇〇〇年の多年度融資段階と二〇〇〇—二〇〇八年の単年度融資時期の、二つに大きく分けられる。

1.1. 四回の円借款段階

一九七九年から二〇〇〇年までに、日本は我が国に対し四回にわたって円借款を供与した。

第一次円借款（一九七九—一九八三年）は総額三千三百億円である。我が国は第一次円借款を用いて、一九八四年に年間石炭輸出能力二千万トンの秦皇島二期石炭埠頭を建設し、一九八五年に年間貨物取り扱い能力一千五百万トンの山東石臼所港を建設し、一九八五年に一千二百万トンの輸送能力を増設した兗石鉄道を開通させ、一九八六年に京秦鉄道の輸送能力五千万トンを増設し、一九八五年に粗鋼年産三百万トンの宝山製鉄一期工事も完成させ、一九八六年に大慶石化で三十万トンのエチレンプロジェクトを完成させ、これにより有機化学工業原料などの年産五十六万二千六百トンが実現し、我が国の化学工業原料不足の逼迫した局面が大きく緩和された。

第二次円借款（一九八四—一九八九年）は総額四千七百億円で、

その後の円高により、資金還流措置として七百億円が追加され、実質利用額は五千四百億円となり、利率は二・五％―三・五％で、十六のプロジェクト建設に用いられた。初期計画で以下の七件の建設を行った。秦皇島の丙、丁埠頭、青島前湾港一区、連雲港廟嶺二期埠頭、天生橋水力発電所、衡広線（衡陽―広州間鉄道）の複線化・電化、鄭宝線（鄭州―宝鶏間鉄道）の複線化・電化、（天津、上海、広州）市内電話網の拡充などである。その後の円高により、九百二十一億四千万円の剰余金が発生したため、五強渓水力発電所など九件の鉄道、ダム、地下鉄、情報、水力発電、汚水処理、都市ガス関連のプロジェクトを追加した。

第三次円借款（一九九〇―一九九五年）は総額七千七百億円で、後にまた資金還流措置として四百億円追加され、実質利用額は八千百億円となり、利率は二・五％と二・六％の二種類で、四十二件のプロジェクト建設に用いられた。

第四次円借款（一九九六―二〇〇〇年）は総額九千七百億円で、融資形態はこれまでの「ラウンド方式」（複数年度にわたり供与額を約束する）から「単年度方式」に改められ、最初の三年間の総額は五千八百億円で、四十件のプロジェクト建設に用いられた。農業水利関連では南水北調の中央線、黒龍江省三江平原の商品穀物基地、遼寧省の白石ダム、四川紫坪鋪ダムなどである。鉄道関連では、朔県―黄驊港鉄道、西安―安康鉄道、貴陽―婁底鉄道が含まれ、航空輸送関連では、北京首都空港拡張二期工事、上海浦東国際空港の建設、蘭州中川空港の拡張、ウルムチ空港の拡張が含まれる。港湾関連は、河北黄驊港、珠海港、青島前湾港二期工事で、都市交通関連は、北京地下鉄西南線一期工事、重慶モノレールである。このほか通信、エネルギー、環境整備、大気汚染整備、水質改善などのプロジェクトにも及んでいる。後の二年間の融資総額は三千九百億円で、二十八件のプロジェクト建設に用いられた。利率は一・三％―二・七五％の間だった。

第四次円借款の返済期限は三十年で、このうち十年間の据置期間が含まれる。建設プロジェクトの代表的なものに、北京の地下鉄、首都空港、京秦鉄道、南昆鉄道、上海浦東空港、武漢長江第二大橋、内陸地域の光ケーブル敷設などがある。

1.2. 単年度融資段階

二〇〇一年以降、融資方式が多年度方式から単年度方式に変わり、中日両国政府が毎年供与限度額を協議することになり、さらに日本国民の理解と支持が得られるプロジェクトへの資金援助が強調され、「国益」を考慮するということで、プロジェクト一件ごとに詳細な審査が行われた。プロジェクトの選択については、環境保護や人材養成案件の割合が増え続け、資金の投入先は主に我が国の中西部地域に集中した。二〇〇一年から二〇〇七年までの七年間の、日本の中国に対する円借款の金額はそれぞれ一千六百十三億円、一千二百十二億円、九百六十七億円、八百五十九億円、七百八十四億円、六百二十三億円そして四百六十三億円で、年ごとに減っている。借款の投入先については、この時期は主として環境整備、人材養成などの面に投入された。地域構成では、主に我が国の中西部地域に集中しており、その割合は九〇%にも達している。二〇〇七年十二月一日、両国の外相が北京で、二〇〇七年度の円借款に関する政府間の交換公文に調印した。借款金額は四百六十三億二百万円で、前年比で二六%減少した。六件の環境保護プロジェクトの建設に用いられる。これは日本が供与する最後の対中低利長期融資で、これにより円借款は円満に終了するが、中国側はこれを高く評価している。

2. 無償援助

無償資金援助は、対象が主に収益性の低い、円借款を利用して解決することの難しい人民の生活、環境保護および人材養成などの分野に集中しており、被援助国に返済の義務がない資金贈与形式の援助方法の一種である。無償援助は主に非営利型の社会公益プロジェクトに用いられ、その形態には「一般無償資金協力」、「草の根無償援助」、「文化無償援助」、「緊急無償援助」などがある。対中無償資金援助の重点は、農業、医療保健、環境保全、人材養成および教育などの分野で、同時に内陸の貧困地域に対する援助を非常に重視している。一九九〇年代以降、「草の根無償援助」方式が登場した。代表的なプロジェクトは「中日友好病院」（百六十億円）、「中日青年交流センター」（百一億一千万円）、「中日友好環境保全センター」（百二億五千六百万円）の器材装備計画などである。

草の根無償援助は一種の小規模無償資金援助で、被援助国の住民の福祉レベル向上を目的としている。各協力プロジェクトの最高額は一千万円で、大使館や総領事館が直接の窓口となり、手続きは比較的簡単である。この種の協力は、被援助国の農村や貧困地域の住民のニーズに迅速に対応できるため、現地の関係方面は非常に高く評価している。プロジェクトの実施過程で、日本やプロジェクト所在地のＮＧＯ（非政府組織）など、多くの末端組織の支持や支援も得られる。一九九〇年から今日まで、この援助形態は一貫して農村や貧困地域の基礎教育、医療保健および生活環境などの重点分野で展開されている。一九九〇年に実施して以降二〇〇四年七月までで、我が国では総額約四十億円、五百六十五件のプロジェクトが実施された。

3. 技術協力

技術協力は、日本政府が発展途上国での技術移転や普及によって、これらの国の「人材養成」事業をサポートし、被援助国の社会経済の発展を促進する経済援助形態である。この実施機関は日本国際協力事業団（ＪＩＣＡ）である。実施形態には研修員の受け入れ、専門家の派遣、青年海外協力隊員の派遣、器材の供与、個別の技術協力（研修員の日本での研修受け入れ、専門家の派遣、器材供与の三つの協力手段を組み合わせた総合的なプロジェクト）および開発調査など多くの種類がある。具体的には、日本国際協力事業団はかつて「青年海外協力隊」や特殊技能を有する「シルバー専門家」を我が国へ派遣したほか、「二十一世紀日中友好計画」を実施して、中国青年の学習のための日本訪問を受け入れている。協力対象の範囲は広く、飲用水、医療、コンピューター技術および法律制度など多くの分野にわたっている。これら協力プロジェクトのうち、中日医学教育センター、国家水害防止総指揮部指揮自動化システム、中日農業機械メンテナンス技術トレーニングセンター、中日ソフトウェア技術トレーニングセンターなどが、技術協力援助の代表的なプロジェクトである。

現在、日本政府が我が国で行っている対中技術協力の主要目的は、貧困と地域格差の解消、環境保護、農業開発や市場経済建設への支援であり、またそのために研修員を受け入れ、大量の専門家を我が国へ派遣して技術指導を行っている。これら派遣された専門家は中国政府から高く評価されており、国務院が外国専門家局を通じて授与した「長城友誼賞」など数多くの栄誉賞を得ている。二〇〇三年末の時点で、日本が実施した対中技術協力は累計一千四百四十六億三千五百万円に上った。そのうち、受け入れた研修員は一万五千六百二十七人、派遣した専門家は五千百二人、派遣した青年海外協力隊員は五百四十二人、供与された器材は二百五十七億二千九百万円、個別技術協力プロジェクトは五十六件、開発調査プロジェクトは百五十三件となっている。二〇〇四年度の日本政府の対中技術協力は総額五十九億二千三百万円で、二〇〇五年三月現在の累計では一千五百五億五千八百万円に達している。[10]

（2）日本の対中ＯＤＡの特徴

第一に、双方の戦略は明確で、成果はウィンウィンである。当時、日本政府が対中ＯＤＡ供与を、中国が日本のＯＤＡ受け入れを決めたのは、双方ともに非常に明確な戦略的意図があったというべきだろう。日本側の戦略的意図とは、政治面では、主として安定した中日関係を維持することであり、経済面では、一つはエネルギーの要因、もう一つは中国市場の開拓である。中国が援助を受け入れた目的も非常に明確で、日本資本を利用して経済建設を加速し、中日経済貿易協力を促進して、「四倍増」という壮大な目標を早期に実現することにあった。援助供与側の日本にせよ、援助受け入れ側の中国にせよ、目標は一致していたと言える。長期にわたり、日本の対中ＯＤＡは、実質的には形を変えた戦争賠償だと広く受け止められていた。中日両国政府はこの点を正式に表明してはいないが、この考え方に根拠がないわけではない。多くの日本の学者は、「歴史の負債」が、日本政府の対中政策および対中ODA供与の政策決定過程における重要な要素だったと見なしている。日本外務省の官僚も「対中ODA供与および円借款の優遇レベルが比較的高いことはいずれも、戦争賠償を放棄した度量の大きな中国政府に報いる性格と意義がある」と認めている。要するに、日本の対中ODAは当時の中日友好関係を象徴し、体現するものだった。

日本政府が当時、対中ODA供与を決定した重要な経済的要因は、中国からより多くのエネルギー、とくに石炭の輸入を望んでいたことである。中国からのエネルギー輸入を増やせば、エネルギーの中東地域への依存度の偏りを緩和でき、それは日本のエネルギーの安全にとって戦略的意義があった。日本側は、円借款を用いて中国の石炭の生産能力や輸送能力を向上すれば、中国からの石炭輸入を一九七九年の三百万トンから一九八五年には七百五十万トンに増やすことができ、同じ時期の日本の輸入石炭の約八％を占めることになると予測した。したがって、早い時期の対中円借款は、エネルギー開発やエネルギー輸送に関連するプロジェクトが最大の比率を占めた。一九九三年末、対中円借款の総額は一兆四千億円に達し、うち七四％はエネルギーや輸送のプロジェクトに投入された。ODA資金を使用して建設された秦皇島の石炭埠頭や大秦鉄道の電化プロジェクトによって、日本がエネルギーや資源を輸入するための環境が整備された。

もちろん中国側の状況からみれば、当時、逼迫したエネルギー供給と基礎産業の遅れが、すでに国民経済の発展を制約するボトルネックとなっており、円借款がエネルギー産業に投入されたことは、中国の産業発展のニーズに合致していたのである。ODA以外に、日本は三次にわたってエネルギーやその他インフラ向けの融資、総額一兆七千億円を供与した。これは主に油田や炭鉱の建設に用いられ、我が国のエネルギーと資金が逼迫した局面を大きく改善した。

日本政府は二〇〇三年八月、新たに改訂した「政府開発援助大綱」で次のように指摘している。「我が国ODAの目的は、国際社会の平和と発展に貢献し、これを通じて我が国の安全と繁栄の確保に資することである」、「相互依存関係が深まる中で、国際貿易の恩恵を享受し、資源・エネルギー、食料などを海外に大きく依存する我が国としては、ODAを通じて開発途上国の安定と発展に積極的に貢献する。このことは、我が国の安全と繁栄を確保し、国民の利益を増進することに深く結びついている。特に我が国と密接な関係を有するアジア諸国との経済的な連携、さまざまな交流の活発化を図ることは不可欠である」。日本のODAの目的が、日本経済の健全な発展のために安定した、良好な周辺環境をつくることであることは極めて明白である。日本の対中ODAは、中国の経済発展と社会の安定を促進し、中国を潜在的な市場から現実の市場へと変えた。この点はまさに日本の対中ODAの戦略的初志である。とくに近年来、中国特需はすでに日本経済回復を牽引する重要なパワーとなっている。二〇〇七年、中国はすでに日本最大の貿易パートナー、第二の輸出市場となっている。この点、日本の対中ODAの戦略目標はすでに達成されたと言える。日本の対中ODAは中日双方にとって成功であり、ウィンウィンなのである。

第二に、円借款は、二十年以上にわたり、我が国の経済建設資金の重要な一部となった。円借款には低金利で返済期間が長いなどの利点がある。各プロジェクトによって年利率は異なり、一般的には〇・七五％―二・二％の間で、返済期間は三十年、しかも十年間の据置期間がある。これは民間のどの商業銀行の融資条件とも比べものにならず、また円借款は他の国の政府借款よりもはるかに優れている。(11) 国際的な「開発援助委員会（DAC）」の計算方法によると、円借款の「グラントエレメント（GE）」は約七〇％である。中国の改革開放以来、円借款は主たる対中公的資金協力であり、かつて中国の国民経済五ヵ年計画の外部協力資金として重要な役割を果たし、中国のインフラ建設を強力に促進した。一九九〇年代、円借款は我が国の基本建設投資のなかで、終始非常に重要な地位を占めていた（表2参照）。我が国の国家予算内基本建設投資のうち、円借款の占める割合は、一九九四年が最高で二七％に達し、一九九七年までずっと約四分の一を占めていた。しかし、中国経済の発展にともない、総合国力が不断に増強されると、円借款の、我が国の予算内基本建設投資に占める割合は徐々に低下し、一九九九年以降は一〇％以下にまで下がった。二〇〇一年はわずか五・三五％で、二〇〇三年はさらに三・二九％にまで下がった。二〇〇七年には微々たるものとなった。

第三に、円借款は、中国の産業構造の変化によって、プロジェクトの方向性を調整した。二十年来、円借款のプロジェクトの内容は、中国の経済情勢や発展のニーズによって変化してきた。一九七九年から九十年代中期までは、交通やエネルギーなど社会のインフラや基礎産業が中心だった。ここ十年来、環境保護や内陸地域経済のバランスのとれた発展に対する援助が中心となっている。一九九一年、円借款を用いた環境保護分野と内陸地域のプロジェクト件数は、それぞれ一件と九件、比率は四・五％と二二・五％だったが、一九九九年にはそれぞれ十四件と十三件、比率は七三・七％と六八・四％に上昇した。二〇〇四年以降は大部分が環境保護分野に投じられている。近年、円借款が環境保護分野や内陸地域に傾斜しているばかりでなく、無償資金援助や技術協力も同様の傾向を呈している。改革開放以降、中国経済の急成長により、深刻な環境汚染がもたらされ

表２ 円借款の中国の経済建設に占める割合の変化

年度	円借款（億円）	100円に相当する人民元（元）	円借款の人民元換算（億元）A	基本建設投資（億元）B	国家予算内基本建設投資（億元）C	A／B（パーセント）	A／C（パーセント）
90	1225.00	3.3233	40.71	1703.81	363.59	2.38	11.19
1992	1373.28	4.3608	59.89	3012.65	307.87	1.90	19.45
1993	1387.43	5.2020	72.17	4615.50	431.76	1.56	16.71
1994	1403.42	8.4370	118.41	6436.74	434.57	1.83	27.25
1995	1414.29	8.9225	126.19	7403.62	491.67	1.70	25.67
1996	1705.11	7.6325	130.14	8570.79	521.11	1.51	24.97
1997	2029.06	6.8600	137.98	9917.02	574.51	1.39	24.02
1998	2065.83	6.3500	144.61	11916.42	1021.32	1.21	14.16
1999	1926.37	7.2900	149.00	12455.28	1478.88	1.18	10.01
2000	2152	7.6900	165.5	13427.27	1594.07	1.23	10.38
2001	1614	6.8100	109.98	14820.10	2052.13	0.74	5.35
2002	990	6.6237	65.57	17666.62	2533.60	0.37	2.59
2003	967	7.1466	69.1	22908.6	2103.24	0.30	3.29

＊注　その年の為替レートで計算
出典　1998年以前のデータは日本外務省の『ODA白書』1999年版，『中国統計年鑑』2004年版に基づいて計算した．1999年以後のデータは日本の駐中国大使館の提供による

たため、日本政府の資金援助の環境保護事業への傾斜は、中国の環境問題解決に有益であると同時に、中国の環境汚染による日本への影響を回避することにもなる。援助資金の内陸地域への傾斜は、我が国の地域格差縮小や西部大開発戦略の実施に有利である。

(3) 対中ODAに関する不協和音

一九九〇年代以降、中国経済は急速に発展したが、日本経済は低迷し、財政赤字が膨らみ続けた。このころから対中ODA政策における政治的色彩が深まった。日本の政界、メディアさらに一般民衆に至るまで、公に対中援助を厳しく批判し始めた。政府開発援助を外交手段とする傾向もますます顕著になった。たとえば、一九九五年には中国の核実験を理由に対中無償援助を凍結し、一九九六年にはまた中国が台湾近海で軍事演習を行ったことを理由に、対中円借款の協議を遅らせた。とくに二十一世紀に入って以降、日本の右翼や右翼メディアは対中円借款問題で大騒ぎをした。批判者たちの主な論点を挙げると、

①「中国脅威論」、これは中国の国防支出の増加を懸念し、日本が供与した資金が、間接的に中国の軍事力を増強していると見なすものである。

②「中国強大化論」は、改革開放にともない、経済が急成長し、「中国は経済の面で日本の競争相手になりつつある」うえ、

上海などの都市は繁栄し、オリンピック招致に成功し、神州号の打ち上げにも成功している一方、日本自身の経済は一九九〇年代、バブルの崩壊に始まり、低迷状態が続いており、日本経済の低迷や巨額の財政赤字を顧ずして、経済成長率が二桁に近く、恐るべき競争相手になるであろう中国に援助を与えるべきではないと見なすものである。中国は一方で日本のODAを受け入れながら、同時に他国に対して援助融資をしており、その援助融資の大部分は、被援助国の石油やその他の自然資源を獲得するためであり、経済協力開発機構のメンバー国ではないため、中国が海外に供与している開発援助は往々にしてしかるべきモニタリングを受けていないといった批判もある。

③援助資金を浪費している、恩知らずとして中国を非難する「浪費、恩知らず論」などなど。日本国内では相当長期間にわたって、日本の対中ODAに関して、「日本政府は国民の税金を使って、中国に一方通行の援助をしている」と言われた。日本では毎年ODAの金額を協議する際、政界では大騒ぎになり、ODAはまるで日本の対中カードという「利器」になってしまったかのようである。

政治的には、中日両国間の歴史問題と領土問題の紛争が日々緊張を深めており、日本と「台湾独立」勢力が陰に陽に結託していることに対して、中国は早くから警戒している。これらすべてが、日本の対中ODA停止を促したことは間違いない。日本の右翼勢力や多くのメディアによる悪意の宣伝で、日本の対中ODAという中日両国にウィンウィンをもたらす好ましい事業が傷だらけにされ、跡形もなく壊されてしまうのが、非常に残念でならない。本来、日本の対中ODAは中日双方に利益をもたらす好ましい事柄だったが、一時期、意外にも中日関係の「問題」となってしまったのである。

日本側はかつて、中国のODAに対する肯定的な宣伝が足りないと何度も文句を言った。しかし現実には、日本側のODAに対するウィンウィンの効果、とくに日本に戦略的利益をもたらしていることの宣伝も非常に少なかった。たとえば、円借款は利率が非常に低く、極めて優遇的であるが、これはあくまでも融資である。返済期間が二十年であろうと三十年であろうと、利息を付けて返済するのであり、代価を支払うのである。したがって「無償援助」とはまったく異なるものである。もし日本側メディアがこうしたことを伝えておれば、日本国民が疑惑や誤解を持つには至らなかっただろう。実際にはODAと中国の軍事費問題はまったく関連していない。中国の軍事費はけっして高くはなく、アメリカの五%、日本の約二五%にすぎない。これで日本の二十六倍もある領土を守らなければならないのである。感謝の問題についても、日本側が非難するようなものではない。中華民族には古来より、「一滴の水の恩は、涌く泉にして報いる」という伝統的な美徳があり、被援助国である中国は確かに日本に感謝すべきである。我が国の指導者も、さまざまな場面で日本に謝意を表明している。多くの良識ある日本の学者はこれまでに、「一部の日本人が、中国は日本のODA供与に感謝していないと非難しているが、それでは中国の戦争賠償請求放棄に日本は感謝したのか」と語っている。

中国側のODAに対する姿勢は非常に明確であり、対中円借款の終了にともない、中国が自身の力で経済を正常に発展させることは可能である。確かに、過去、とくに改革開放の初期、日本のODAは我が国の経済建設に積極的な貢献をした。中国が資金援助をもっとも必要としているときに、ODAの限界効用は最大であり、「困っているときに援助の手をさしのべる」であったと言えよう。しかし、中国経済の発展にともない、総合国力が増強され、ODAの限界効用はどんどん小さくなり、「錦上に花を添える」にすぎなくなった。とくに近年、円借款は毎年減少し、円借款の我が国の基本建設予算内投資に占める割合は徐々に低下し、二〇〇三年以降の割合は微々たるものとなった。我が国の現在の外貨準備高はすでに一兆八千億米ドルを超え、住民の個人貯蓄残高はすでに十六兆人民元に達している。日本が今、対中経済援助を終了しても、中国経済への影響はあまり大きくない。ODAはもともと先進国の発展途上国に対する援助義務であり、被援助国の経済発展が一定のレベルに達すれば、援助国が援助を停止するのも、非常に自然なことである。日本の対中ODAは中国の経済発展を推進する巨大な役割を果たし、日本も中国の経済発展から少なからぬ利益を得た。平等互恵がODAの本質と言えよう。良いことである以上、有終の美を飾るべきであり、「中日平和友好条約」締結三十年にあたって、円満なピリオドを打つよう期待する。

三　中日経済貿易協力の相互補完性とウィンウィン性

1．中日経済貿易協力の相互補完性

中日両国の自然条件や生産条件の違いによって、技術、資金、労働力コスト、市場容量など、それぞれの比較優位が決まるのであり、比較優位性が異なることによって、中日両国間の産業構造や貿易構造などに一定の相互補完性が生じ、またこの相互補完性が二国間の経済貿易依存関係の基礎となるのである。

(1) 長期間の経済貿易協力の実践で具体化された製品の相互補完

中日国交正常化以前、両国の経済貿易関係の相互補完性は、主に商品貿易での有無相通ずる、つまりそれぞれの経済社会の緊急を要する物資・原料の交換という形で具体化された。当時、中国の緊急の需要は、工業・農業の生産に必要な工業原材料（たとえば鋼材、繊維製品など）および農業機械や化学肥料などだった。「COCOM」やその「対中国輸出統制委員会」（CHINCOM）が中国に対して禁輸政策を実施し、中国の輸出

入ルートおよび商品の種類が大きく制限されたため、対日貿易を強化して中国の経済建設で緊急を要する商品を導入することが極めて重要だった。日本は食糧などの農産物が比較的不足しており、また資源やエネルギーの不足が日本経済の発展を制約する主な要因だった。当時の中日貿易の商品構成をみると、中国から日本への輸出は主に一次産品の農産物や鉱産物資源で、たとえば食糧、肉類、石炭、鉄鉱石、塩などであり、日本の中国向け輸出は主に機械設備、各種鋼材、化学工業原料、繊維製品などで、具体的には当時我が国の経済発展で緊急を要する化学肥料、農薬、農業機械、鋼材、および通信関連の部品などの商品だった。このような両国間の輸出入商品によって、両国の当時の物資不足という深刻な局面が極めて大きく緩和され、両国経済の順調な発展を物資面でしっかりと支えた。

中日国交回復後、両国の経済交流に政治的障害がなくなったため、中日経済関係の相互補完性がさらに顕著になり、それまでの商品の相互補完という単純な特徴から、徐々に資金、技術、エネルギーおよび市場開発など幅広い分野での協力に拡大されていった。当時の日本は、ちょうど二度の石油危機を経た後で、日本は先進的な生産技術や設備および潤沢な資金を有しているが、資源が少なく、エネルギー不足という問題が相当に深刻だった。そして当時、我が国の資源やエネルギーは相対的に豊富だったが、生産技術や設備は比較的遅れており、資金も不足していた。このような背景のもと、中国は日本の先進的な技術、設備および資金の大規模な導入を始め、日本は我が国の資源や市場の利用が可能となった。このような経済の相互補完性があることから、中日両国は技術貿易、資金協力、エネルギー輸出などの面で緊密に連携したのである。中国の日本向け完成品の輸出は、加工貿易の性格が非常に強いが、もう一つの側面から見ると、中日両国の国際貿易分野における極めて強い相互補完性を反映しているのである。中日両国の輸出商品の相互補完性について、ある学者がかつて、中日両国の対米輸出商品の競争と相互補完関係を分析しており、その結果によると、二〇〇二年まで、中国と日本の対米輸出製品のうちわずか約二〇％の製品が互いに競争関係にあり、残りの約八〇％の製品は互いに補完する状態にあった。

(2) 労働力や市場などでの相互補完

日本経済はすでに成熟段階に入り、潤沢な資金と先進的な技術を有しているが、資源や市場は不足し、労働力コストと生産コストが高い。一方、中国はまさに発展、上昇段階にあり、豊富な労働力と相対的に豊富な資源があり、とくに大きな市場を有しているが、資金と技術が不足している。日本は長期間不況が続いたが、資金、人材、技術などの経済発展を促進する基本的要因の優位性は失っていない。世界第二の経済大国、第一の金融大国、債権大国の地位は変わっていない。個人金融資産は一千五百兆円、外貨準備は八千五百億米ドル以上で世界第二位である。しかも、日本は応用技術からハイエンド技術まで各レベルの先進技術を有しており、製造業技術や管理技術は世界を大きくリードしている。改革開放後の中国は非常に大きく変化したが、全体的に見ると、中国はまだ工業化発展の初級、中級段階にある。鄧小平が打ち出した目標によれば、我が国は二〇五〇年にやっと中レベルに発展した国になることができる。そうなったとしても、中国と日本の間には依然開きはある。双方の比較優位はともに存在し、相互補完関係は長期に存在し続けるだろう。

(3) 産業構造、貿易構造および生産、流通などの相互補完

日本の産業構造は、第三次産業が主導的地位を占める高度な構造を早期に実現している。一方、中国の産業構造は依然遅れており、第一次産業の就労人口はなお半分近くを占めている。各産業における技術応用度も日本よりはるかに低い。貿易構造の面では、日本は早くから原材料など一次産品を輸入し、工業品を輸出、とくに付加価値の高い技術集約型、知識集約型製品を輸出する先進国の貿易構造を形成している。一方、中国の貿易構造は、ここ数年、工業製品の完成品輸出の割合はある程度増えているが、基本的には繊維製品やミドルエンド・ローエンドの金属製品、機械、家電製品などで、付加価値が高く、技術応用度の高いハイエンド製品は稀有であり、加工貿易がまだ相当大きな割合を占めている。輸出量は年々増加しているが、実質的利益は非常に少ない。一方、輸入構造は、技術応用度の高いハイエンド製品という構造に根本的な変化は生じていない。

産業構造や貿易構造のギャップによって、中日間には多くの相互補完性があり、ごく少数の分野で競争が存在するにすぎない。完成品の製造工程で見ると、中国と日本は部品の製造、組立など付加価値の低い分野で一部競争関係にあるが、川上の研究開発および川下の販売、アフターサービスなど付加価値の高い分野では、中国と日本は依然として非常に大きな開きがある。中国企業の研究開発能力はまだ比較的弱く、主要製品のコア技術は知的財産権の面で主として日系企業を含む国際企業に依存している。国際市場での販売については、まだ独自の販売網が形成されておらず、アフターサービスもレベルアップが待たれるところである。日本は総合商社や国際企業を中心として、早くからグローバルな販売網を形成しているが、中国はまだ「船を借りて海に出る」段階である。

2. 中日経済貿易協力に内在する双方向メカニズム

中日経済協力がこのようにすばらしい発展を遂げることができたのは、双方に非常に強力な相互補完性があること以外に、

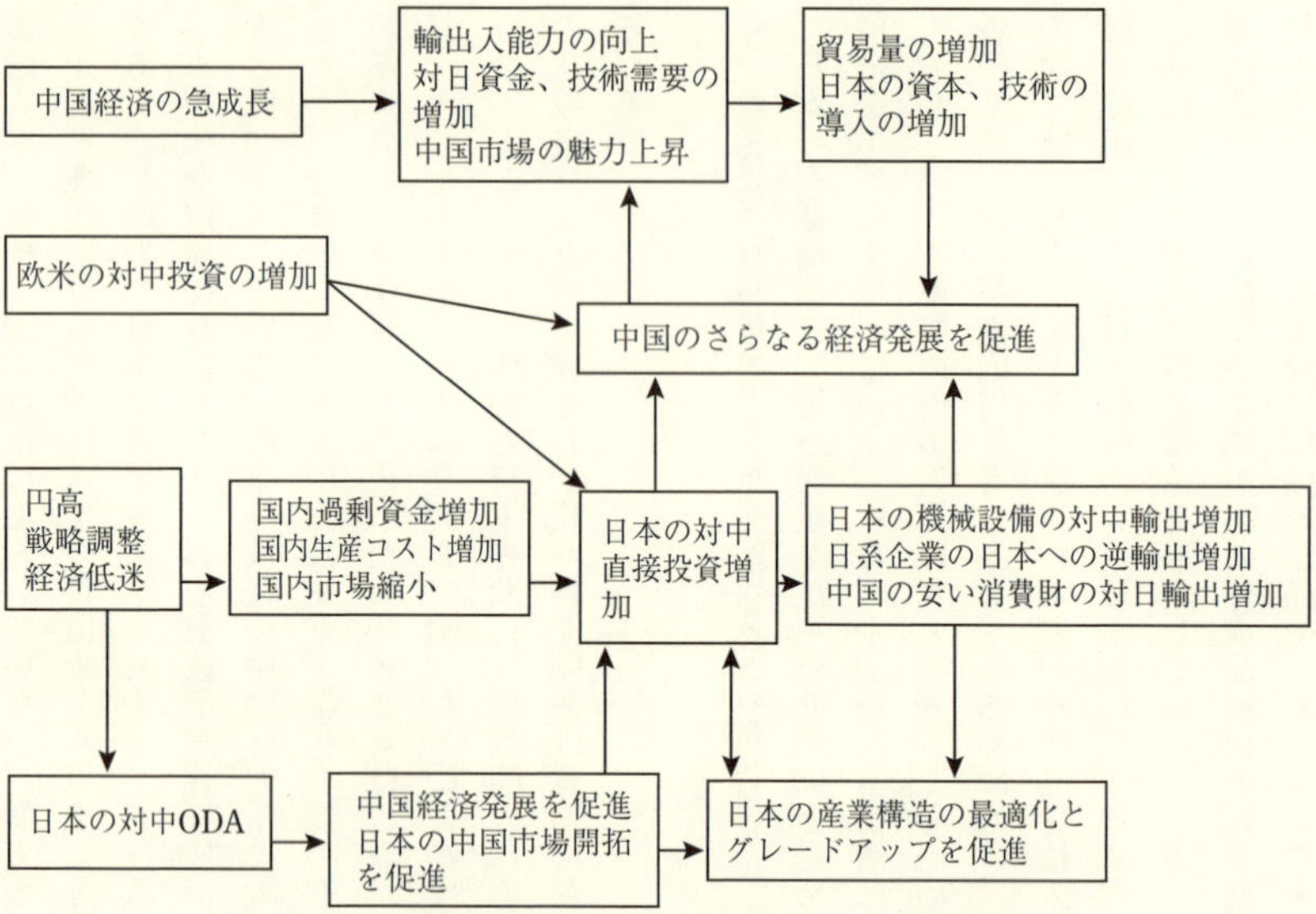

図４　中日経済協力の好ましい循環メカニズムの略図
筆者作成

もう一点非常に重要な要因がある。それは、中日経済協力は、市場化の軌道に乗る過程で、「投資と貿易の相互促進」という内在する良好な循環メカニズムを形成したことである。このメカニズムが、中日経済貿易関係の健全な発展を効果的に促進し、また中日経済の依存度を増強したのである。

図４に示すとおり、中日経済協力には多くの要素が関与している。具体的には、第一の要素は中国経済の急成長の持続である。中国経済の急成長によって中国の総合国力が増強され、自身の輸出や輸入の能力が拡大されて、同時に日本に対する資金、技術、製品の需要量も増加した。

第二の要素は、八〇年代中期以降、円高をきっかけに日本の経済戦略が転換されたことである。円高によって、国内の資金が過剰となり、日本の国内企業の生産コストも増大したため、日本企業の海外シフトが促進され、対外直接投資が拡大した。アメリカやヨーロッパとの経済摩擦を減らすため、企業は対外直接投資の重点を徐々に欧米から東アジア地域へシフトしていった。近年、日本国内の不景気により、日本企業は国内での投資拡大の余地がますます小さくなり、加えて、経済のグローバル化の波が高まり、欧米が中国への投資を拡大し始めたため、日本は遅れをとるのを恐れてやむなく対中直接投資の歩みを加速している。中国は機を逸せずチャンスをとらえ、優遇政策を打ち出して日本投資家の中国への投資・進出を誘致している。

日本企業の対中投資の増加により、日本の機械設備、生産原料および部品の対中輸出が促進された。日系企業の製品の日本への大量逆輸出も、中国の繊維製品、アパレル、家電など完成品の対日輸出を促進し、逆にまた日本の対中直接投資が増える効果をもたらしている。

第三の要素は、両国政府間の資金協力の強化である。改革開放初期、中国国内で資金、技術が非常に不足しているなか、大量の円借款が中国の鉄道、道路など社会インフラの建設に用いられ、中国の投資環境が改善された。日本政府の対中ODAの拡大は、一方で中国経済の発展を促進し、もう一方で日本の中国市場開拓における先導者の役割を果たし、民間企業の対中直接投資や両国間の経済交流を促進した。これらの要素が一つになって、中日経済協力は「直接投資が貿易の増大をもたらし、貿易の増大が直接投資を促す」好ましい循環が形成され、互いに因果をなしあう内在メカニズムが構築された。このほか、このような日本の対中直接投資と中日二国間貿易が相互に促進される内在メカニズムは、データからも証明できる。図5を参照。

中日間にこのような内在的相互作用メカニズムが存在したからこそ、両国は最良の経済協力パートナーとなった。たとえば、日本と欧米との経済協力は質の面では中日間の経済協力を越えているが、このようなメカニズムを完全には備えていない。欧米の先進国は早くから経済発展の成熟段階に入ったため、発展途上国のような急成長を遂げる可能性はあまりなく、既存市場の容量は非常に大きいが、潜在的市場の容量はあまり大きくない。このほか、EU経済圏内部、あるいは北米経済圏内部の協力は、すでにその地域経済発展の需要を基本的には満たすことができるため、日本からの経済協力の客観的需要は大きくない。つまり、日米あるいは日欧間の相互補完性は弱く、競争と摩擦が協力を上回っているのである。一方、日本とASEAN諸国との経済協力は、相互補完性は非常に強いが、この地域の市場容量、とくに潜在的市場容量は中国よりはるかに小さい。中国は政局が安定し、経済が急成長を続けているため、とくに潜在的市場が極めて大きく、自ずと日本の投資家の最良の選択肢となっている。これも中日経済協力の内在的メカニズムを構築する最も根本的な要因である。注目すべきは、中日間の相互作用メカニズムにおいて、九〇年代中期以前は日本要素の役割が大きかったが、その後、中国の総合国力の向上にともない、中国要素の役割が増強され始めたということである。

3．中日経済貿易協力のウィンウィン性

(1) 中日貿易の双方の経済発展への重要な貢献

中日両国の経済貿易協力の健全な発展は、中日双方に巨大な利益をもたらしており、互恵、ウィンウィンである。互恵・ウィンウィンによって中日両国の経済貿易協力は健全な発展が促

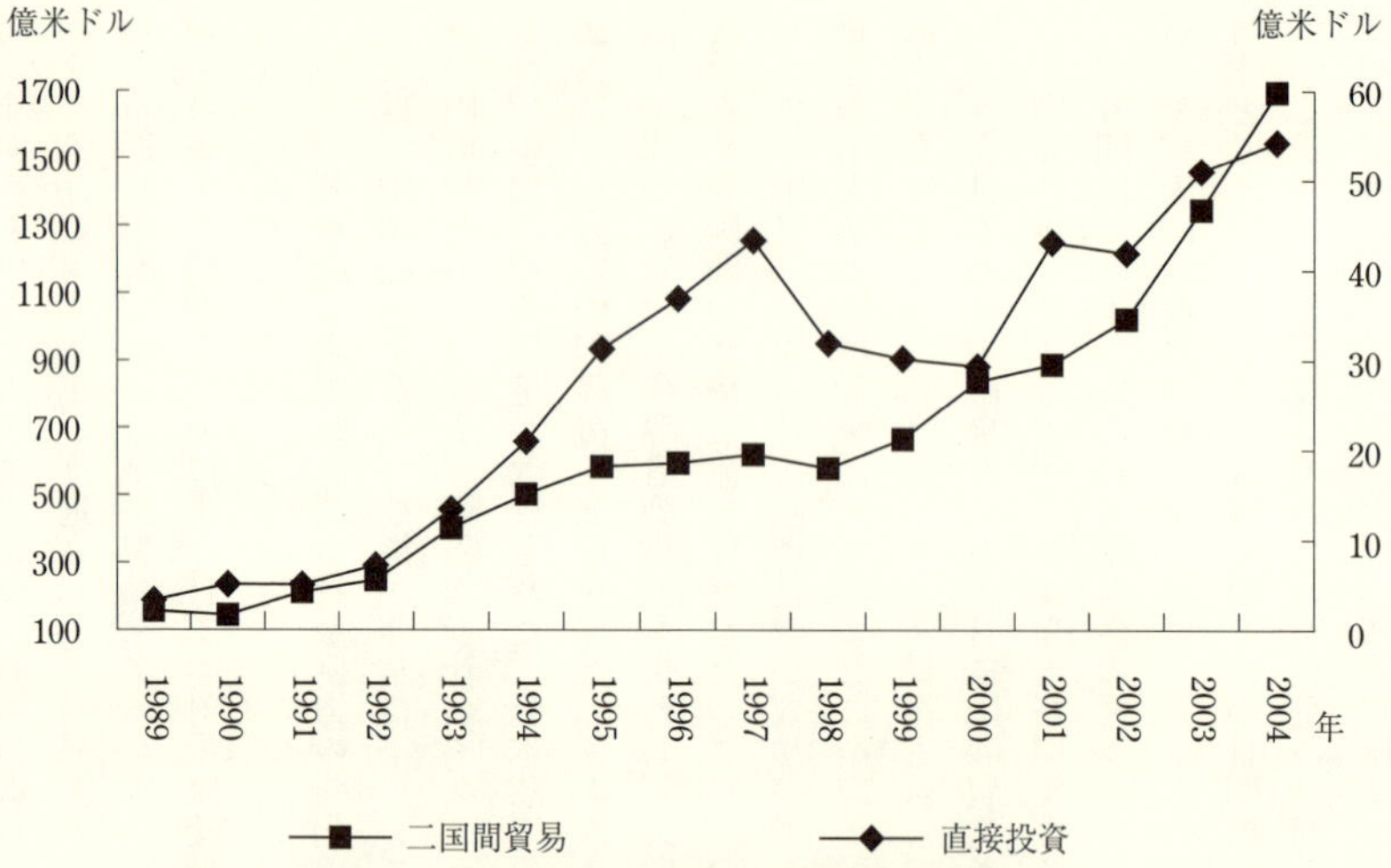

図５　中日貿易と日本の対中直接投資の相関関係

注　日本の直接投資は「契約金額」

出典　『税関統計』各年十二月版，商務部の資料より作成

進され、さらに両国の経済貿易関係の依存度が深まった。長期にわたり、日本は一貫して中国のもっとも重要な輸出市場の一つである。中国の貿易総額に占める中日貿易額の割合は、最高の年（一九九六年）は二〇％以上に達した。その後、この割合はある程度下がったが、二〇〇七年は依然一九・三％を占めた。しかし、対日貿易の絶対量は増え続け、二〇〇〇年以降毎年最高記録を更新している。対日貿易の絶えざる拡大は、中国の改革開放事業や国民経済全体の急成長を非常に大きく促進した。日本経済の回復を牽引する中日貿易の役割もさらに顕著になった。九〇年代以降、日中貿易の成長率は、日米貿易の成長や日本の対外貿易全体の成長をはるかに上回った。日中貿易が日本の対外貿易を牽引し、対中輸出が日本の輸出を促進し、中国特需が日本経済の回復に極めて大きな役割を果したことは疑う余地のない事実だと言えよう。

（２）技術、資金流動の双方向の効果

日本の対中直接投資の拡大は、中国に資金をもたらしたばかりでなく、先進的な技術や現代的な管理の経験をもたらし、我が国の製品の技術応用度や品質を向上させ、国際競争力を高めた。中国は日本の技術設備を大量に導入して、我が国の産業設備の近代化や技術進歩を促進し、日本は中国への技術輸出により、日本の製品技術のライフサイクルを延長して、豊かな利益を得た。日本は中国に大量の投資・進出をすることで、日本国内の過剰資金の良好な行き先を探し当て、手厚いリターンを得たほか、日本の産業構造のグレードアップを促進した。また、中国の雇用を拡大し、住民の所得を向上させた。現在、日系(中日合弁を含む)企業二万社あまりの直接雇用はすでに百万人を超え、これら企業に関連する協力、サービス、流通関連の企業の就労者数は九百二十万人に達している。二〇〇四年、日系企業の納税額は約四百九十億元で、中国の経済成長への貢献度は極めて大きい。

(3) 中日経済協力の拡散効果

経済がグローバル化する今日、中日二国間の経済交流はすでに世界経済や地域経済と一体化している。九〇年代以降、外資系企業の輸出貢献率は一貫して非常に高く、中国の対外輸出の約半分を占めており、二〇〇六年には六四・二%にも達した。中国に進出した日系企業二万社あまりが製造した製品のうち、少なくとも約五割が輸出され、日本への逆輸出だけでなく、欧米地域へも輸出されていると見られる。「日－中－欧米」間の三角貿易構造を形成しているのである。これにより二重の効果が生じている。一つは、日本は中国「迂回」によって対米、対欧州貿易を拡大していることであり、もう一つは、我が国も日本との協力のなかで、対米、対欧州輸出を拡大したことである。すなわち、現在の中日経済関係はすでに両国の範囲をはるかに超えており、二国間さらには多国間の経済協力に波及効果をもたらしていると言えよう。

(4) 中日経済貿易協力が日本社会の矛盾を緩和

中国の良質で安い大衆消費財の日本への大量輸出が、日本経済の不況緩和や社会の安定に重要な役割を果たした。九〇年代以降、日本経済は長期低迷に陥り、とくに一九九八年以降、失業率が上昇し続け、失業人口が三百万人を超えるまでになり、低所得者や無所得者が急増した。中国の安い商品が日本市場へ流入することで、無所得者や低所得者の生活へのプレッシャーが大きく軽減され、彼らが困難を乗りきるうえで大きな役割を果たし、さらには日本経済の回復を間接的に牽引した。

四　課題と展望

1. 存在する主要問題

(1) 二国間貿易の高位停滞

中日貿易が安定した健全な発展を遂げているとはいえ、その成長速度は中国の貿易総額の伸びを大きく下回っている。二〇〇五―二〇〇七年の三年間の平均成長率はわずか約一二%にとどまり、同期の中国の貿易総額の約二三%の伸び、および中米、中欧、中韓の貿易の成長速度と比較すると、その差は極めて大

表3　中日貿易と中国の貿易総額などとの成長率の比較（単位　パーセント）

年	中日貿易	中国の貿易総額	中EU貿易	中米貿易	中韓貿易	中印貿易	中国貿易に占める中日貿易の割合
2001	5.50	7.5	11.0	8.1	4.1	23.4	17.2
2002	16.1	21.8	13.2	20.8	22.8	37.6	16.4
2003	31.1	37.1	44.4	26.2	43.4	53.6	15.7
2004	25.7	35.7	33.5	34.9	42.45	79.2	14.5
2005	9.9	23.2	22.6	24.8	24.3	37.4	12.97
2006	12.5	23.8	25.3	24.2	19.99	32.9	11.8
2007	13.9	23.5	27.0	31	19.1	55.5	10.85

出典　『税関統計』各年版

きい。二〇〇八年上半期の中日貿易成長率は一八・五％で、前の二年と比較すれば、いくらか伸びているが、高位停滞状態にまだ根本的な変化が見られない。中日貿易の成長率が、中国の貿易総額の成長率を長期間下回っているため、中国の貿易総額に占める中日貿易の割合に下降傾向が見られ、一九九六年の二一％から二〇〇五年には一二・九七％に、二〇〇六年には一一・八％に、二〇〇七年にはさらに一〇・八五％にまで低下した（表3参照）。中日貿易に表れたこのような高位停滞現象は、一方で、中日貿易関係の成熟化、安定化を意味すると同時に、中日貿易が疲弊期あるいは停滞期に入ったことを反映している。この高位停滞現象の出現は、単純に効用逓減理論で解釈することは不可能で、深層の構造的な原因が存在すると同時に、より重要な原因は大プロジェクトによる牽引が不足していることである。

（2）中国側の貿易赤字拡大が続く

中国側の統計によると、一九七〇年代から八〇年代後半にかけて、個別の年を除き、中日貿易は一貫して日本の貿易黒字、中国の貿易赤字が続いた。九〇年代の前の五年間は中国が基本的に貿易赤字で、後の五年間は基本的に黒字だった。黒字の主な原因は、日本の対中投資の増大と、製品の日本への逆輸出の増加である。このほか、中国の対日輸出の速度が日本の対中輸出の速度より速かったことも原因の一つである。しかし、二〇〇二年以降、表4に示すように、中国は一貫して貿易赤字状態にあり、二〇〇七年だけでも三百十八億八千万米ドルに上っており、二〇〇二年から二〇〇七年までの六年間の貿易赤字は累計で一千百三十億米ドルに達している。[12] 貿易赤字をもたらした主な原因は、中日間の生産分野において、貿易の占める割合が比較的大きく、中国の日本からのハイエンド部品の輸入需要が比較的大きいことが挙げられる。対米貿易黒字が膨大な時期に同時に対日貿易で多額の貿易赤字が生じており、これは中国が日本の対米貿易黒字の相当部分を肩代わりしているからである。このような状況が長期間続くと、明らかに、中国貿易の健全な発展に不利であり、また中日二国間貿易の健全な発展にも不利である。

表4　1990-2007年の中日貿易収支の変化

（単位　億米ドル）

年	貿易総額	対日輸出額	対日輸入額	貿易差額
2002	1019.1	484.4	534.7	−50.3
2003	1335.7	594.2	741.5	−147.3
2004	1678.9	735.1	943.7	−208.6
2005	1844.4	839.9	1004.5	−164.6
2006	2073.6	916.4	1157.2	−240.8
2007	2360.2	1020.7	1339.5	−318.8
合計				−1130.4

出典　『税関統計』各年版

（3）貿易摩擦の増加

アジアの二つの経済大国として、中日両国は産業の分業と貿易構造のうえで非常に強い相互補完性がある。しかしながら近年来、日本は新しい衛生基準や提案基準を次々と打ち出し、我が国の農産物の対日輸出に大きな障害となっている。これが両国間の貿易不均衡をある程度激化した。貿易総額がたえず増大し、両国間の貿易摩擦も頻繁に出現するようになった。日本が二〇〇六年五月に実施した食品中の農業化学品の残留に関する「ポジティブリスト」は、中国の農産物の対日輸出に比較的大きな影響を与えた。二〇〇六年の中国の農産物対日輸出の大幅減少に続いて、二〇〇七年は野菜類の数量も一三％減少した。日本側は、中国から輸入した食品に対する検査も過度に厳しいため、中国の対日輸出食品に暗い影を落としている。

(4) 日本の対中直接投資の激減

改革開放以来、日本は一貫して重要な対中投資国であり、日本の対中直接投資は中日経済関係のなかで非常に重要な位置を占めてきた。しかしながら、二〇〇六年に日本の対中直接投資が大きく減少し、プロジェクト件数は二千五百九十件、前年比で二〇・八％減少し、金額は四十五億九千八百万米ドル、前年比で二九・六％減少した（日本側統計では約一・三％のマイナス成長）。一般的には、大幅に減少すると、次の年には反動で上昇に転じるのだが、残念ながらそのような結果はまだ見られない。二〇〇七年の日本の対中投資件数は一千九百七十四件で、前年比二三・八％減少した。実質ベースの金額は三十五億九千万米ドルで、中国香港、イギリス領バージン諸島、韓国に次ぐ第四位で、前年比二二・〇％減少した（日本側統計では約七・六％のマイナス成長）。

このような状況が生じた原因は比較的複雑である。主な原因は以下のいくつかである。第一に、それ以前の数年間に自動車などの分野に投資が集中し、しかも急増したことへの調整。第二に、投資サイクルの作用。これまで、日本の対中直接投資はおおざっぱに見て、三度のピークがあった。第一のピークは一九八五年で、十年後の一九九五年に第二のピークがあり、さらに十年後の二〇〇五年に第三のピークがあった。したがって現在も、低迷や停滞が一時期現れる可能性は完全には排除できない。第三に、中国国内の投資環境に変化が生じたこと。たとえば、両税合一（国内資本と外国資本の企業所得税を統一）の実施、外国資本に対する税優遇政策の廃止、新しい労働契約法の施行、沿海地域の地価上昇、労働力不足と賃金の上昇、元高の圧力などである。このような変化によって、外資系企業のコストが上昇し、投資への期待が弱まった。このため、日本の投資が減少したほか、アメリカや中国台湾は連続五年間、韓国は連続三年間、対中投資が減少した。第四に、日系企業は投資リスクの分散を考慮して、対中投資を減らしたこと。過去二年間、日本政府が投資リスクの分散を理由に、中国向けの投資を減らす、または慎重に行うよう、意識的に民間企業を扇動し指導したため、日系企業の対中投資が減少し、インド、ＡＳＥＡＮなどへの投資が増加した。中日貿易では産業内貿易、とくに中間製品が非常に大きな割合を占めているため、もし製造業投資の減少が続けば、二国間貿易額が減少する可能性が非常に大きい。両国政府の関係部門および関連企業はこのことを十分重視すべきである。

(5) その他の問題

上述の貿易、投資分野の問題以外に、まだ解決が待たれる問題がある。たとえば、日本は中国を完全な市場経済国としてまだ認めていないという問題である。中国を市場経済国として認定する意義は、アンチダンピング調査で、原産国が中国である製品に対する不公正な取り扱いがなくなることであり、現在、七十六ヵ国が我が国を市場経済国として認定しているが、日本はいまだ態度を表明していない。このほか、日本の現在のビジネス環境が、我が国の企業の対日投資に不利であるという問題もある。「走出去（海外進出）」は中国の対外開放の重要な内容であり、日本の積極的な外資誘致政策とも完全に一致する。日本側が現実的で効果的な措置をとり、中国企業が日本で投資や貿易などのビジネス協力を行う際に直面する、複雑な査証手続きや頻繁な税務検査などの現実問題を解決し、中国企業が日本へ進出して、ビジネス活動を行うための良好な環境を整えるよう望む。

つまり、二国間貿易の高位停滞、中国の貿易赤字の拡大および貿易摩擦のエスカレート、とくに日本の対中直接投資の激減が続くなどの現象と、現在、比較的ホットな二国間の政治関係を比較すると、極めて大きなコントラストを呈している。「政熱経冷」とは言えないまでも、「政熱経涼」とは言えるだろう。中日双方が高度に重視せざるをえない状況である。

2．今後の協力分野と展望

二〇〇八年は中日経済貿易協力の明暗が交錯する年である。中国が日本最大の貿易パートナーとなったことは、本来良いことだが、木は静まろうとしても風はやまず、新年早々、悩ましい毒餃子事件が起きた。同時に、二〇〇八年は日本の対中ODAが終了し、中日経済貿易関係はポストODAの時代に入り、二国間協力の対等性が増強され、新たな課題に直面するであろう。もちろん、二国間経済貿易協力は、長期間の協力や調整を経てすでに市場の軌道に乗り、市場という「見えざる手」が重要な役割を発揮している。しかしながら、市場はつねにうまく機能するとは限らない。現在の中日経済貿易協力に出現したこれらの問題がこの点を十分証明している。このような状況のなか、「政策という手段」で調整を行う必要がある。両国政府が中日経済貿易協力に存在する問題の解決に貢献し、「中日平和友好条約」締結三十周年の二〇〇八年をまさに「政経双熱」の年にすべきである。

省エネ環境保全協力の強化は中日間の戦略的協力分野である。中国は改革開放以来、世界から注目される成果をあげたが、長期にわたる粗放型の成長によって、自然生態を破壊し、大気や水質などの環境汚染をもたらした。日本は資金が潤沢で、しかも公害防止や環境保全の面で豊富な経験を積んできた。とくに環境保護や省エネ技術の面では世界をリードする立場にある。今後五年間、中国の省エネ分野には少なくとも三千億米ドルの市場があり、中日両国はこの分野で強い相互補完性があるため、協力を強化すれば必ずウィンウィンの成果が得られるだろう。

近年来、中国商務部と日本経済産業省の掛け声のもと、大規模な「中日環境フォーラム」が幾度も開かれた。二〇〇八年には、双方が調印したエネルギー・環境保護分野の協力強化に関する共同声明で確定している具体的な協力プロジェクトを引き続き実施することになろう。中日環境保護協力の実際の進展を推進するため、両国政府などが共同出資した「中日環境基金」にも新たな進展が見られるだろう。

技術貿易、とくにハイテク貿易は、中日経済貿易協力のなかでもっとも潜在力があり、両国のハイテク分野の相互補完性が強いため、協力の可能性が広がっている。日本側が現実的で効果的な措置をとり、日本の輸出規制最終ユーザーリストから中国を削除し、早期に「中日ハイテク貿易ワーキンググループ」を設置し、「中日技術貿易ガイドライン」を作成して、中日ハイテク分野の協力をさらに拡大・深化させるよう望む。東北アジア地域の経済協力が発展を続けるにともない、中日韓三カ国の流通および物流分野の国際協力と交流が拡大を続けており、二〇〇八年も引き続き「中日韓の流通・物流に関する共同報告書」を共同出版することが三カ国の協議ですでに決まっている。両国の経済貿易協力を深化するうえで、中小企業協力の促進が求められており、これを両国の今後の投資協力強化の重要な内容の一つとすべきである。中国商務部と日本経済産業省はすでにこの点で共通の認識に達している。双方は両国の中小企業協力のさらなる促進に、引き続きともに努力することになろう。

総じていえば、健全な発展の継続は、未来の中日経済貿易協力の全体的な趨勢である。二〇〇八年五月の胡錦濤主席の訪日は非常に大きな成功を収め、訪問期間中、福田康夫首相と中日間の第四の政治文書である『「戦略的互恵関係」の包括的推進に関する日中共同声明』を発出し、さらに、「中日両政府の交流と協力の強化に関する共同プレス発表」を発表し、七十の具体的協力プロジェクトを確定した。この二つの文書は、将来の中日関係を明確に方向づけ、同時に中日経済関係の健全な発展に良好な基礎を築いた。二〇〇八年の一―六月、中日貿易は前年同期比で一七％伸びており、おそらく近い将来または中期的には、二国間貿易は最高記録を更新するだろう。しかし、「高位停滞」状況の打開や中国側の赤字の減少を確実に実現するには、なお時間を要し、貿易摩擦の回避も極めて困難である。一方、日本の対中投資は、二〇〇八年の一―六月、すでにいくらか回復しており、今後、金融、証券、保険業およびその他の商業やサービス業への投資はさらに増加すると見られ、この趨勢は逆転不可能である。非製造業への投資の増加は、日本の対中投資が新たな段階に入ったことを示している。すなわち、今後の投資方向は、現在の製造業中心から「製造業と非製造業の並存」の時代に転換するだろう。製造業がすでに対中投資の一つのサイクルをほぼ完了したことに鑑み、今後は既存設備の拡張および販売面での投資が主体になると見られるため、短期間内の大幅な投資増加は期待できない。卸売・小売業および不動産業への投資は増加傾向が見られるが、各案件の金額は少なく、製造業の投資減少をこれで補うことはできない。中国企業の対日投資は引き続き発展すると見られるが、企業の実力、技術および経営管理レベルのギャップに加え、日本市場の投資環境特有の閉鎖性などの原因により、予測可能な将来において、中国企業が大規模な対日投資を展開する可能性は大きくない。しかしながら、両国の政治関係がさらに緩和され、首脳の相互訪問や戦略的互恵関係が定着すれば、政治的決断を要する大プロジェクトも立ち上がる可能性があり、中日経済協力はさらに高いレベルに引き上げられるだろう。

第一部　総合

1　日本の経済団体と中日経済協力

張青松

一九七八年以来、中日の経済関係は単純な貿易の往来から、現在の直接投資、政府資金協力および金融、保険、物流などのサービス業を含む全面的な経済協力の段階にまで発展した。中日間の経済協力の道のりは複雑で長く、日本の友好経済団体が中日経済協力を推進する力は、中日両国の経済協力の過程において一貫して極めて重要な役割を果たしている。苦難に満ちた歳月のなかで、これらの経済団体はさまざまな不利益な要素と障害を克服し、中日経済協力をさらに広い分野で健全かつ迅速に発展させ、中日友好の新局面を創造した。

一　経済貿易協力が中日国交正常化を推進

一九五〇年代、日中貿易促進会、日中貿易連盟、日中貿易協会、日本国際貿易促進協会などの経済団体の努力のもとに、中日間で四回の貿易協議と民間漁業協定などが成立し、中日の民間の正常な貿易ルートが開かれ、中日経済協力の基礎が打ち立てられた。しかし、一九五七年に岸信介内閣が親台湾政策を遂行したことと一九五八年五月に中国国旗を侮辱する「長崎国旗事件」が発生したことにより、最終的に中日関係の断絶を招いた。

一九六〇年代は、日本の友好経済団体の努力のもとに、中日友好貿易と半官半民の経済協力が発展した。中国政府は日本政府が中日関係を妨害、破壊するやり方には反対したが、しかし民間往来を重視する態度は十分に明確であった。日本の各友好経済団体も中国との連絡を維持した。一九六〇年八月二十七日に周恩来総理が中日友好経済団体の一つである日中貿易促進会の鈴木一雄専務理事に「貿易三原則」[13]を打ち出し、日本の経済界において支持され、中日の「友好貿易」が再開したのである。[14]一九六二年十一月九日、高碕達之助と廖承志が「中日長期総合貿易に関する覚書」に署名し、この覚書は半官半民の性質を有するものであった。一九六二年十二月十五日、日本の貿易三団体は共同で中国を訪問し、二十七日には中国国際貿易促進委員会との間で「中国国際貿易促進委員会と日中貿易促進会、日本国際貿易促進協会、日本国際貿易促進協会関西本部の議定書」（略称、中日友好貿易促進に関する議定書）と覚書について合意した。双方の民間貿易団体の友好貿易協議と半官半民の貿易覚書は、相互に補完しあうものであり、中日の経済と貿易の発展を大きく推進し、各種の商品の展覧会が次々と開催され、中日の貿易は友好貿易と「LT貿易」の推進のもとに迅速に増大した。とくに、日中貿易促進会、日本国際貿易促進協会とその関西本部などの三単体が窓口となった「友好貿易」は、政治の影響を受けて減少したLT／MT貿易とは明らかな対比を見せた。まさにこれらの友好貿易団体の存在によって、当時の中国は国内外の情勢が悪化していたにもかかわらず、中国の対日貿易は苦境のなかにも発展を見せた。一九七〇年、中日貿易総額はすでに八億二千万ドルにまで達した。

一九七〇年代初め、日本の友好経済団体は多くの活動を通して中日の国交回復、正常な中日貿易関係のために基礎を打ち立てた。日本国際貿易促進協会関西本部の木村一三理事と関西本部長川勝伝副会長のもとで、関西の財界がまず行動を始めた。一九七一年九月十七日に大阪商工会議所の佐伯勇夫会長を団長とする日本の関西産業会代表団が中国を訪問し、日本の経済界に大きな反響を引き起こした。その年の十一月十三日、日本の専売公社の東海林武雄総裁を団長、東京電力の木川田一隆会長と新日本製鉄の永野重雄会長を顧問とする関東経済界代表団が訪中し、団員には富士銀行の岩佐凱実会長、日本精工の今里広記社長などが含まれていた。木川田、永野、岩佐、今里はそれぞれ日本経済団体連合会、日本商工会議所、日本経営者団体連盟、経済同友会の四大経済組織で要職を務めており、彼らが手を携えて訪中することは日本の主流な経済界の動向を代表するものであった。日本の関西と関東の財界が相次いで訪中したことを契機として、一九七二年には中日経済往来がさらに頻繁になり、中日友好の活動は日本の全国各地の各業種にまで浸透し、それぞれのレベルで友好経済団体が次々と大量に現れて、民が官を促進して国交回復が呼びかけられた。各方面での積極的な推進のもと、一九七二年九月二十九日に中日両国は中日共同声明に署名し、ついに国交正常化が実現したのである。

二　二国間の経済貿易協力を推進し、改革開放事業に積極的に参加

一九七三年一月に日本の中曽根康弘通産大臣が代表団を率いて中国を訪問し、日本経済協会の稲山嘉寛会長など日本の経済界の著名人が代表団に参加して訪中した。これは中日国交正常化後に日本が初めて官民共同で代表団を組織したものであった。

その後、中日両国は相前後して各業務における協定の交渉を始めた。日本の経済団体と企業界は中日両国の国交正常化以後積極的に貿易、海運、航空などの協定に署名し、中日両国の経済貿易協力と二国間の民間往来の発展を促進し、中日経済協力関係は新たな段階に入った。一九七八年までに中日間の貿易額は一九七二年の十億三千八百万ドルから四十八億二千三百万ドルまでに拡大し、この歴史的な飛躍には日本国際貿易協会、日中貿易促進会、日中経済協会、日本経済団体連合会、経済同友会などの経済団体の存在が明らかであった。

一九七八年末の中国共産党第十一期三中全会で改革開放路線が確定すると、この基本的な国策のもとに中国の社会主義経済は新たな段階に入った。これを背景として、日本の各友好経済団体は次々と新たな変化に応じて中国の経済発展の建設に身を投じた。日本の経済団体の形式は固定的ではないが、しかしながら日本の社会は集団的理念を重視するため、各企業あるいは企業家はつねに関連する経済団体の活動に参与し、情報の交換は頻繁であり、それぞれに融通しあって、経済団体は日本社会で重要な影響を与えている。日本政府の経済管理部門は規模が小さく、主にマクロ経済をコントロールする政策の研究と制定、および経済活動の管理監督を主要な任務とし、基本的に経済活動自体には介入しない。このため、日本の経済界の経済組織と各業界の協会が経済発展にとって重要な指導的役割を担っている。とくに大きな経済団体、たとえば経団連、経済同友会、商工会議所などは日本の政界にも大きな影響力を有している。日本の主な経済団体は中国の改革開放政策の新たな情勢に積極的に適応し、それまでの中日経済貿易協力における位置づけを調整し、様ざまに新たな姿勢によって日本の経済界と中国の各種の経済貿易協力を推進した。

これらの経済団体は主に中日の経済貿易に関連する情報を提供してコンサルタント業務を行い、経済と貿易の面で生じた各種の具体的な問題の解決を調整、推進し、個別の企業が中国で貿易、投資、技術協力を行うことに協力した。

たとえば、多くの日本の経済団体は前後して北京と上海などに事務所を設立し、中国の中央政府と地方政府の機関、各経済貿易団体と密接な連絡を行い、市場の調査研究を展開し、中日の企業の信用調査や商品の市場調査を積極的に実施し、調査研究による情報を提供して政策提言を行った。たとえば日本国際貿易促進協会の「国際貿易」は日中経済関係を専門に報道する週刊紙で、日本の経済貿易界と中国の経済界に信頼に得る有益な多くの情報を多方面にわたって提供した。

そのほか、日本の商工業界は各種の交易商談会を組織し、中日両国の貿易と投資の代表団が相互に訪問し、中日経済界のハイレベルフォーラムなどの活動を行い、相互理解を増進し、協力の機会を拡大した。たとえば、日本経済同友会、日中経済協会、日本国際貿易促進協会などの機関は中国の改革開放開始以来、毎年各種の大規模な中国訪日代表団を受け入れ、大規模な日本訪中代表団を派遣し、相互理解を増進させて協力の機会を拡大した。日中経済団体が主催する中日産業シンポジウムは一九九六年に北京で開始して以来毎年両国で交互に主催され、両国の企業家は一堂に会して意見交換を行い、相互理解を深めて両国のさらなる友好関係促進を行っている。

これらの経済団体は、前述の活動を通して日中の正常な二国間貿易と多様な貿易を促進し、中国の原油、金属、石炭、食糧食用油、紡績、畜産、電気製品などの商品の大規模な輸出を推進し、日本の各商品の対中輸出、プラントと技術協力を促進した。また日本企業の対中投資拡大と中国における三資企業設立を全力で推進し、日本企業が中国を生産基地とし、市場と優秀な人材源を供給することを支援し、日本企業が対中投資、技術移転と新製品を開発して輸入することを積極的に推進し、日中の経済協力を規模と構造の面でいずれも大きく変化、発展させたのである。

二十一世紀に入り、中国は引き続き改革を深めて開放規模を拡大し、第十一期五ヵ年計画を貫徹し、WTOの承諾を履行して内需と農業の振興を積極的に推進し、西部大開発、東北振興、中部勃興の戦略を実施した。中国政府は科学的発展観と和諧社会により、省エネルギーによる環境保護と、農業・農村・農民の発展を重視する方針を固め、持続的発展を堅持し、二〇二〇年に全面的な小康社会の国家を建設するよう極力努めている。日本の各経済団体も積極的に中国の新たな情勢に対応し、日本の経済企業界と中国との貿易、投資、技術人材協力を全力で推進し、効果的な各業務を展開し、中日双方により良いサービスを提供して、中日両国の協力が経済と政治の両面で健全に発展することを促進している。中日両国の新たな協力分野はたえず大量に出現しており、強い生命力に溢れている。たとえば日本の主な経済団体は「中日省エネ・環境保護フォーラム」に積極的に参加し、日本の経済産業省が打ち出した省エネ環境計画に歩調を合わせ、日中経済協会のリードのもとに十四の主な産業団体が参加する「日中省エネルギー・環境ビジネス推進協議会（JC・BASE）」をすでに正式に成立させ、日本企業はまさに大挙して中国の省エネ環境保護への協力を展開し、これによって省エネ環境保護の技術と設備の中国への進出を推進した。日本の経済団体は「中日経済ハイレベル対話メカニズム」と積極的に協力し、両国の経済発展戦略とマクロ経済政策の展開について交流を深め、エネルギー環境保護、農業、知的財産権、中小企業、情報通信技術、金融などの重要な分野における経済面での相互協力を強化し、経済面から中日間の戦略的互恵関係を構築した。また当時に、日本の経済団体は中国政府の関連部門および企業団体などとの間において地域の経済協力と国際経済の事務レベルでの協力を強化した。

日本の経済団体の推進のもとに、両国の経済貿易関係は著しい発展を遂げ、経済貿易の依存度はたえず深まり、官民双方による局面がすでに形成された。中国経済の迅速な成長にともない、中日間の貿易の成長速度は明らかに加速した。二〇〇七年の中日貿易額はすでに二千三百六十億米ドルになり、中国はすでにアメリカを超えて日本の最大の貿易パートナーに、日本は中国の第三の貿易パートナーになった。日本の対中投資項目の累計は約四万、実行金額は六百億米ドルを突破した。経済同友会、経団連などの主な経済団体の会員である企業、たとえば三井、住友、丸紅、ソニー、NEC、松下、東芝、日産、トヨタ、ホンダなど世界五百強に入る日本の七十あまりの大企業はいずれも中国で企業を設立し、多くの中小企業も相次いで中国へ投資して、良好な経済効果を獲得している。中国企業の対日投資はスタートが比較的遅かったが、しかしごく数年のうちに喜ばしい歩みを始め、華為技術、ハイアールなどの実力のある中国企業がすでに日本市場に進出し、日本企業と良好な協力を展開している。二〇〇六年末までの中国の対日投資企業は三百二十社を累計し、実際の投資額は一億七千万ドルである。

三　中日友好の大局を保護し、中日の互恵関係を推進

中日経済協力の発展も順風満帆ではなく、日本の指導者が繰り返した「靖国神社問題」と「歴史教科書問題」が中国人民の感情をたえず傷つけていることなどの問題により、中日経済関係の未来の発展に大きなマイナスの影響をもたらした。日本の主な経済団体は一貫して中日関係を改善し発展させることを重視し、双方の共通の利益と中日協力の明るい将来性を強調し、双方が相互利益、互恵、協力、ウィンウィンの新たな関係を築くことを指摘した。

中日関係が比較的緊張していた時期に、日本の主要な経済団体の責任者と経済界の著名人は日本の指導者の靖国神社公式参拝停止と、中国との早期の政治関係改善を次々と呼びかけ、同時に積極的に各種の宣伝を行って日本企業の中日経済協力への自信を強めた。たとえば二〇〇六年五月九日に経済同友会が東京で中日両国政府に対する「今後の中日関係への提言」と題する長文の報告書を発表し、その報告は両国政府が共同で両国関係の改善に努力し、小異を残して大同を求め、未来に向けて新たな中日関係を構築するよう呼びかけ、具体的な提言を行った。二〇〇六年七月二十九日の読売新聞の報道によれば、日本経済団体連合会、経済同友会、および日本商工会議所は相次いで開催した夏のシンポジウムにおいて、各経済団体の責任者と経済界の著名人が次々と小泉純一郎後の日本の首相は靖国神社を参拝しないよう、また、できるだけ早期に中国との政治関係を改善するよう希望した。

日本の経済界などの友好的な力による共同の努力のもとに、中日関係についに転機が訪れた。二〇〇六年末以来、日本の安倍晋三首相、福田康夫首相が相次いで中国を訪問し、温家宝総理、胡錦濤主席など中国の指導者も前後して訪日し日本の指導者と会談を行い、中日関係は迅速に回復した。中日経済ハイレベル対話のメカニズムも始動し、中日の戦略的互恵関係の構築に向けて堅実な一歩をまた歩み出し、中日関係は急速に回復した。二〇〇八年五月に中日両国政府は共同で『戦略的互恵関係』の包括的推進に関する中日共同声明」を発表し、中日の戦略的互恵関係の枠組みを確立した。民間経済団体は両国関係における大きな影響力と呼びかけを利用し、中日が友好協力関係を発展させるために大きな貢献を行ったということができる。

四　日本の主要な友好経済団体

社団法人日本経済団体連合会（経団連）　日本の三大経済団体の一つで、現在の会長は御手洗冨士夫。日本経済団体連合会は二〇〇二年五月に経済団体連合会と日本経営者団体連盟が合併して成立した総合的な経済団体である。一千六百十一の企業または団体が入会し、日本の企業は一千二百九十七社、製造業、サービス業など主な業界の全国規模の団体が百二十九、地方の経済団体が四十七含まれている。経団連のもとには総合政策委員会など七つの大きな政策委員会が設置されており、中国委員会を含む二十一の国家と地域の委員会、また国際協力推進協議会など七つの特別委員が設置されている。

経団連の活動の目的は日本の経済界が直面する国内外の重要課題を研究してその解決方法を求め、それによって日本経済および世界経済の健全な発展を推進させることである。経団連はそれぞれの専門委員会を通じて政府、政党その他の関連機関と交流し、関連する政策決定に意見を提出する。同様に、経団連はまた各国政府や経済団体、国際機関とも協力を行い国際間の関連する問題について交流し、解決方法を討論、提起して、日本と各国の経済界との関係を密接にする。

特別民間法人日本商工会議所　日本三大経済団体の一つで、現在の会頭は東芝の岡村正会長。全国五百十五の商工会議所を団体会員とするため、連合会の性質を有している。各都市の商工会議所は地域の経済発展促進を宗旨とし、中小企業と各業界の協会や同業組合などを基本的な会員としている。大企業と中小企業間の調整を担い、多くの中小企業の発展を扶助することを重要な職責とし、政府の中小企業育成政策に協力して関連する一連の対策を行う。

日本の商工会議所が主に展開するのはコンサルティング、産業振興、技能検定、地域振興、情報交換、人材育成、証明書発行などであり、また国際交流も積極的に展開して、定期または不定期で二国間あるいは多国間の国際会議や国際シンポジウムを開催し、経済貿易代表団の派遣や受け入れ、海外の商業会議所との交流や協力の強化、海外における日本商工会議所の派遣機関設立、中小企業の国際市場進出を推進している。

社団法人経済同友会　日本の三大経済団体の一つで、現在の代表幹事はリコージャパンの桜井正光会長。一九四六年に成立し、会員は日本の各企業の経営者で、企業経営者たちは社会経済活動の主体として日本の経済界に重要な役割を発揮し、日本政府の主管部門と産業界、および各界のそれぞれに広範かつ多大な影響力を有している。日本経済同友会の現在の会員は約一千四百名で、日本各地に地方の同友会が設立され、会員数はすでに一万三千名を超える。日本経済同友会の特徴は企業と業種間の利害関係を超えて、視野を広めて将来的な観点により日本国内外の経済分野における各種の問題を考察することにあり、各政党および行政機関とも積極的に対話を行い、必要時には関係方面に意見を提出し、また同時に世界各国や地域との交流活動も積極的に展開している。日本経済同友会と中国との友好交流は一九七一年十一月に始まり、一九七二年の中日国交正常化以後は交流がさらに活発になった。一九八〇年代以来、日本経済同友会の中国委員会はほぼ毎年大規模な代表団を組織して中国を訪問し、中国の政界、産業界、学界と広範囲な交流を展開している。

日本国際貿易促進協会　この協会は企業を会員とする民間組織であり、各業種の大企業と中小企業を含む日本最大の日中経済貿易促進の友好団体である。現在の会長は衆議院議長の河野洋平。日本国際貿易促進協会は一九五四年九月に設立され、当時の経済界と政界の見識ある指導者たちによって平和で民主的な、自由な日本を建設し、アジアと世界の平和と友好のために協力し、とくに当時日本がまだ国交を回復していなかった新中国とアジア各国との関係を促進し、貿易と経済交流を発展させるために設立された。協会には貿易投資部、編集出版部、事業開発部などの部門が設立され、創立五十年来、日中経済貿易協力の面で多大な貢献を行ってきた。とくに日中経済貿易投資事業の面では、毎年協会が大規模な訪中団と各種の専門的な視察団を派遣すると同時に、中国からの多くの訪日団を受け入れている。各種の展覧会、商談会、投資説明会などの受け入れ、協力、開催を行い、対中投資、技術移転、物流、人材交流などの活動を積極的に促進している。

日中経済貿易センター　元日本国際貿易促進協会関西本部で、一九五四年十一月に大阪で元日本国際貿易促進協会関西総局として設立され、一九八四年六月に現在の名称となった。日本の経済界が中日両国の貿易の発展を促進するために設立した非営利の民間団体であり、日本の主要な対中貿易促進団体の一つである。センターは現在三百三十あまりの企業を会員としており、会員は大阪、東京などの日本の主要な大中企業、中小企業を主体としている。現在の会長は谷井昭雄（パナソニック株式会社特別顧問）、理事長は青木俊一郎（JCC事務局）。五十年来、このセンターは中日両国の経済交流発展のために二国間貿易および経済技術協力を促進し、大量の仕事を行ってきた。とくに、中国の改革開放以来、日中経済貿易センターは金融、技術移転の面で中国に協力し、また幾度も中国の主要都市において展覧会を開催し、日本の最新技術と製品を紹介した。「COCOM」の障害を打ち破り、関税の障壁を取り除き、日本の輸入を拡大し、日本政府に減税を要求するなど多くの仕事を行った。

財団法人日中経済協会　日本の対中経済貿易促進友好団体の一つであり、一九七二年十一月二十二日に成立した。日中経済協会の現在の会長はトヨタ自動車の張富士夫会長。この協会の前身は日中覚書貿易事務所である。一九六二年十一月に廖承志（華僑事務委員会主任）と高碕達之助（元通商産業大臣）が中日長期総合貿易に関する覚書に署名し、双方はそれぞれ半官半民の常設機関を設置した。日中覚書貿易事務所の代表は全日本空輸株式会社の岡崎嘉平太社長で、中日はLT／MT貿易を展開した。中日国交正常化にともなって覚書貿易事務所の準外交ルートの機能は終了し、一九七二年十一月に現在の名称に改めた。一九七五年以来、中国国際貿易促進委員会の招請に応じ、この協会は毎年一度日本の経済界の重要人物が参加する経済訪中団を組織し、中国の指導者と中日経済貿易関係などについての意見交換を強化し、これまで日中経済貿易協力における重大な問題の解決に取り組み、両国関係において大きな影響力を発揮している。この協会は積極的に二国間の貿易、投資などの面における協力を推進し、中日の政府借款の協議に基づく活動、たとえば古い工場の改築、インフラ建設、エネルギー開発などの分野において積極的な貢献を行った。

2　中日経済知識交流

胡欣欣

「中日平和友好条約」が締結された一九七八年、中国政府は改革開放政策の実行を正式に決定した。この後の数十年に、中国の経済社会には天地も覆るような変化が起きた。この時期、中国の経済学界、政策研究界、企業界と日本の経済学界の経済知識交流によって、中国の改革開放のコンセプトが切り拓かれた。戦後の日本の経済成長の経験は、中国経済成長と改革に多くの有益な経験を与えてくれた。以下、代表的な交流を簡単に紹介する。

一　一九七八年――「訪日帰国後の思索」

一九七八年十二月十八日、中国共産党の第十一期中央委員会第三回全体会議が開催され、中国は改革開放実施の決議を行った。あまり知られていないことだが、この歴史的決定は日本と関係がある。

一九七八年夏、鄧小平は、他の中央の責任者と話しあい、一つのコンセンサスを得た。つまり、中国は国を閉じる以前の道を引き続き進む事はできず、すみやかに開放し、国外の経済成長の進んだ経験を学ばねばならないということである。まずは、同じく東方文化圏に属し、戦後に経済が急速に成長した日本が考えられる。鄧小平は、「中日平和友好条約」の批准書交換式の機会を借りて自ら日本を実地視察し、中国の改革開放の参考とするため、戦後の日本が高度経済成長を遂げた経験の教訓を調べることを決定した。

当事者の回想によれば、鄧小平の日本滞在の時間は十月二十二日から二十九日だった。訪問は内容が豊富で、重点がはっきりしていた。「中日平和友好条約」の批准書交換式に出席し、日本の政治家と会見し、古い友人と面会し、日本の経済を視察した。福田赳夫首相と二度にわたる友好的な会談を行った。見学した企業は、新日本製鉄所君津工場、日産自動車座間工場、松下電器門真工場などであった。訪日の期間中、鄧小平は日本が戦後初期の何もかも復興しなければならなかった状態から急速に台頭し、世界第二の経済大国になった奇跡に非常に注目した。十月二十五日に行われた記者会見の席上、鄧小平は日本訪問と中日平和友好条約を高く評価し、「今回日本に来たのは、日本に教えを請うためであり」、「日本の発展したテクノロジーの進んだ経験を持ち帰りたい」と述べた。

北京に戻ってから、鄧小平は党内の主な指導者と話しあい、コンセンサスを作り出し、日本に「取経団」（進んだ経験を学び取る）を派遣することを決定した。代表団の枠は二十人に限られ、日本視察日数は一カ月とされた。団長は袁宝華、鄧力群が顧問となった。代表団には張彦寧、馬洪などの経済専門家が含まれた。出発日は十月三十一日に決定された。現地で学習、現地で消化、ただちに結果が出る、というのが彼らに対する中央の要求だった。ここでいう現地で学習、現地で消化、ただちに結果が出る、とは、代表団が日本で学習しながら総括し、帰国後にはただちに実地に応用できるレポートを帰国前に提出する、ということである。

訪日の期間中、取経団は講義と現場調査を結合する学習、視察の方法をとった。有沢広巳、都留重人、館龍一郎、下村治、小宮隆太郎ら、日本の代表的な経済学者から理論的に日本の戦後の経済成長の筋道の説明を聞き、また宮崎勇経済企画庁次官、下河辺淳国土庁次官ら、官庁の経済学者から戦後の日本経済の運営、産業政策の実際面からの説明を聞いた。取経団の足跡は、日本の代表的大企業をほとんど巡っている。一部の重点的企業については、少なくとも三―五日の見学時間をとり、経営幹部の説明を聞き、生産の流れを見学し、企業の管理経験を交流した。昼間は講義と見学、夜はノートを整理し、得たものをまとめた。

「取経団」の訪日帰国後、上記の訪日レポートを土台に、鄧力群、馬洪、孫尚清、呉家駿らが執筆して『訪日帰国後の思索』という本を書き、一九七九年に中国社会科学出版社から出版された。この本は我が国の企業界、経済学界に広い反響を巻き起こした。

当事者の鄧力群は、次のように回想している。日本から戻って、一九七八年に品質管理協会が設立され、一九七九年三月三日に北京で中国企業管理協会も設立された。袁宝華が会長になり、私は顧問になった。中国企業管理協会の設立後、すぐに企業管理幹部研究班を組織した。毎回一カ月前後だった。最初の二年は、およそのところ、省クラスの経済業務担当の指導幹部を順番で全員研修させた。

一九八〇年四月二日から十六日まで、余秋里副総理が引率する団が日本を訪問し、日本の経済成長の経験について再度全面的な視察を行った。訪日期間中、余秋里一行は日本の政界、財界と意見を交換し、商工業企業十数社を実地視察した。日本側は非常に熱心に対応し、外務省は担当責任者と経済専門家十数名（大来佐武郎外相本人を含む）を組織し、戦後日本の経済成長の状況と経験を全面的に紹介し、一部の職員と専門家はさらに詳しく文書資料を提供してくれた。国家計画委員会外事局は、それをすべて翻訳、整理し、二度に分けて「経済研究参考資料」に発表した。これらの資料には、計画の制定と機能、産業政策、経済の高度成長と資金蓄積、エネルギーの有効利用、テクノロジーの発展、経済の高度成長における日本企業、商社、銀行の役割、日本の商社の金融活動、高度成長と人材育成、職業訓練制度、就業に対する第三次産業の役割などの分野が含まれ、日本経済の諸問題がほとんどカバーされていた。そのなかの、エネルギー、教育の発展と人材育成、技術導入と研究、企業競争等、多くの諸問題は、中国が解決の道を模索していた緊急の問題であり、日本の経験は中国に対して直接的な参考の意味がある。

ある人は、中国社会科学院経済研究所が編集した「経済研究参考資料」を閲覧して、当時の中国の政界、学界の外国の事情と経験の理解についての熱情を理解することができた。つまり、「一九七九年の創刊から一九八〇年年末まで、この刊行物は合計四百回発行されているが、国外が事情記載された回数は百七十九回、そのうち一九七九年度が全記載回数の半数以上の百一回に達している。内容は、各種出国視察団が帰国後に書いた視察レポート、訪中した学者専門家の講演と中国経済に対する提案、国外の各経済学派の理論と主な経済学者の紹介、および各国の各タイプの経済状況の収集整理である。四十近くの国と地域にわたっている。主には二つのタイプの諸国であり、一つが米国、日本、ヨーロッパなどの先進資本主義諸国と韓国、シンガポール、香港、台湾などいわゆる新興工業国と地域。もう一つはソ連、東欧等の社会主義諸国である。前のタイプの国のなかでは、明らかに日本がもっとも重視されている。開放の初期、中国人は日本の経験をとくに重視していた。出国訪問目的国のなかでは、日本がもっとも多かった。日本の専門家、学者を招いて日本の経験を紹介させ、中国に改善意見を提出させた人数も、首位を占めた」ということだ。

二　中日経済知識交流会

一九七九年の春節（旧暦の正月）、当時の国務院副総理の谷牧は、日本経済の飛躍期に経済企画庁総合計画局長を務めた大来佐武郎と向坂正男、およびその助手だった日本興業銀行調査部の小林実部長を、日本経済飛躍期の経験を紹介し、中国の経済成長と改革開放について意見を述べるために訪中するよう招待した。数名の専門家は、その把握している資料に基づいて算定した、我が国の経済成長目標実現に必要な資金投下量とその解決方法を中国側に提供した。彼らは、中国は平和的環境のもとで建設を推し進めるのであり、総合的なバランスのとれた発展を求めるべきであり、資金蓄積のための輸出拡大と、人民の生活の必要を満たすための軽工業の発展が必要であって、重工業の発展は遅らせるべきである、と指摘した。彼らは秋にまた訪中し、①中国の経済発展のモデル選択の問題、②外資の利用と技術導入の問題、③資金の効果的利用の問題などについて重点的にその見方を話すとともに、日本の経験を紹介した。

こういった紹介と提案は、当時の中国の経済学界、政策研究界にとっては極めて新鮮かつ啓発に富んだものだったことは疑いない。この後、中国側は日本の専門家の訪中、日本経済成長の経験と教訓の紹介を再度要請した。大来佐武郎の推薦により、日本経済飛躍期に国土庁事務次官を務めた下河辺淳の訪中と関係面の経験の紹介を招請した。

日本の経験を聴き取った後の一九七九年四月、谷牧副総理の率いる当時の輸出入辦公室、計画委員会、建設委員会、対外貿易部、財政部、物資部などの部、委員会および銀行の幹部の参加した工作グループが広東、福建の二つの省を訪問し、両省への中央の特別政策実施に対する研究と実行、機敏な措置決定についての研究、実現を手伝った。同省での一ヵ月近い時間の討議と検討を経て、以下の改革と政策措置が決定された。①財政と外貨の全面請負、②計画、対外貿易、企業管理などの権限の移譲、③物資、商業システムでの市場経済機能の適宜な運用、④輸出特区の試験的運営。

前記の中日経済学者の交流過程で、日本の経済成長の経験を全面的に中国に紹介するために、経済知識交流の制度を打ち立てるアイディアが形成された。この基礎のうえに、中日双方で「中日経済知識交流会」という定期交流制度が設立され〔日本側事務局は財団法人日本経済協会が担当〕、毎年持ち回りで中国と日本それぞれで会議を行い、互いに関心のある課題について交流、検討することになった。

中日経済知識交流会事務局から提供された正式な紹介文書によれば、我が国の改革解放の初期の一九七九―一九八〇年の期間、大来佐武郎、下河辺淳、向坂正男などの日本の著名人士が当時副総理だった谷牧の客として何度も招きに応えて訪中し、国内関連部門、専門家と交流を行い、経済発展と改革の問題を巡る中日双方の対話の先鞭をつけた。一九八一年六月、鄧小平の提案に基づき、谷牧副総理と大来佐武郎が共同で発起人となって、「中日経済知識交流会」が正式に発足した。その主旨は、「両国経済の長期的、総合的問題のマクロの角度からの討論、知識と経験の相互交流」だった。経済知識交流会は、毎年一回全メンバーによる会議を開催し、かつ両国持ち回りで行うことが中日双方で決定された。二〇〇四年九月までに、年次会はすでに連続二十四回行われている。

第一回から第十九回まで、中日経済知識交流会の中国側の顧問は一貫して谷牧が担当、馬洪が中国側首席代表を務めた（薛暮橋も何度も交流会のホストを務めた）。メンバーには、前後して李灝、廖季立、朱鎔基、劉鴻儒、房維中、高尚全、孫尚清、沈覚人、李泊渓、浦山、林森木、張志剛などがいた。第十九回年次会の終了後、谷牧が提案し、国務院から認可されて、中国側人員の調整が行われた。呉儀、馬洪が顧問になり、国務院発展研究センターの王夢奎が中国側首席代表を務め、李灝、房維中、張志剛、肖捷、周可仁、呉暁霊、彭森、苗耕書、李泊渓、林兆木などが正式メンバーになった。日本側メンバーは、主に政府の元閣僚クラスの高官、トヨタ、コマツ、新日鉄など大手企業の代表、経済の専門家で構成された。日本側の現在の顧問と首席代表は、それぞれ元経済企画庁長官で有名な経済学者である宮崎勇と、元通産省事務次官福川伸次である。

各年次会では、中日双方のメンバーは異なる時期の経済情勢と政策問題について十分に意見を交わし、相互に学びあい、多くの価値ある観点と政策上の提案を提起し、中日経済交流のメインルートの一つとして、両国の友好経済協力関係の発展に重要な貢献を果たした。年次会は我が国の北京、深圳、済南、天津、厦門、ウルムチ、太源、西安、武漢、昆明、蘭州などの都市で開催され、日本の経済界人士と我が国の地方との交流に積極的な役割を果たした。現在、多くの都市ではこの交流会の開催を契機に、日本側と各種の型式の定期的対話と交流のシステムができている。

中日経済知識交流会は、中日経済学界では継続時間が最長、クラスが最高で、影響力がもっとも大きい定期的交流活動であり、我が国の改革開放に多くの参考情報をもたらした。これまでに、二〇〇七年五月二十一日から二十三日まで愛媛県松山市で行われた中日経済知識交流会第二十七回年次会が最後の年次会である。この会議では、中日双方の代表が世界の政治と経済の情勢、中国と日本の経済情勢、地域経済協力と中日経済技術協力の四つのテーマおよび内需拡大、消費刺激策の特別テーマについて、広く、深く、率直な交流と検討を行った。交流会顧問である呉儀国務院副総理も祝賀の書簡を送った。

三　二人の学界指導者の著しい貢献

中国の改革開放後の中日両国経済学者の交流のなかで、もっとも強調すべきは、人格高潔で徳望の高い二人の日本の経済学界の指導者、有沢広巳教授と隅谷三喜男教授の著しい貢献である。

有沢広巳教授は一八九六年に生まれ、東京帝国大学（現在の東京大学）経済学部が法学部から独立した後の最初の卒業生である。早くにドイツに留学し、一九四五年から東京大学の経済学部教授に就任し、統計学とエネルギー経済学分野の専門家だった。戦後初期、有名な「傾斜生産方式」を提起し、崩壊の瀬戸際にあった日本経済をすみやかに復興へと向かわせ、「戦後日本経済復興の父」と称えられた。

一九八〇年に中国社会科学院代表団が日本を訪問した際、当時、日中人文社会科学交流学会会長だった有沢広巳教授は中国社会科学院が日本について専門的に研究する日本研究所を設立するという情報を知り、それからずっと日本研究所の設立とその研究業務に積極的な関心と支持を寄せ、日本研究所の何方初代所長と深い友情を結んだ。一九八一年に日本研究所が正式に設立されてから、派遣されて日本を初めて訪問、または短期訪問する学者は、ほとんど有沢広巳教授の暖かいもてなしを受けている。有沢広巳教授ご自身も、高齢にもかかわらず、中国を二回訪問した。

中日学術交流に対する有沢広巳教授の著しい貢献に対し、一九八五年五月、中国政府の認可により、中国社会科学院より名誉博士号が有沢広巳教授に授与された。これは社会科学院創立以来、英国のジョセフ・ニーダム博士についで外国の学者に授与された二番目の名誉博士号である。

有沢広巳教授は、生前に自分の蔵書二万冊余りを中国社会科学院日本研究所に無償で贈呈する、と決めていた。そのなかには、『資本論』第一巻ドイツ語版初版本（一八六七年）と第二版（一八七二年）、『資本論』第二巻（一八八五年）、第三巻（一八九四年）および『剰余価値学説史』（一九〇五年）のドイツ語版初版本など、多くの稀少本が含まれていた。有沢教授は、自身の統計と経済理論の著作と多年にわたり収集された経済白書、厚生白書、国民所得白書など、日本政府が歴年出版した白書をすべて日本研究所に寄贈されたのみならず、参加された戦後の各種の政策決定審議会の多くの未公開資料も日本研究所に寄贈され、戦後日本の経済成長の経験と教訓に対する中国の学術機関の研究に得がたい貴重な文献を提供してくださった。日本研究所は一九八七年五月にこれらの貴重な図書資料保存のため、「有沢広巳文庫」を設立した。

一九八八年三月、有沢広巳教授は不幸にして逝去され、東京大学経済学部に留学中の中国社会科学院日本研究所の人員は東大経済学部が開催した記念集会と葬儀に参加した。

有沢広巳教授の影響と導きのもとで、多くの日本の学者も自身の蔵書を中国の科学研究・教育機関に寄贈した。有名な経済学者である京都大学経済学部の馬場正雄教授は一九八六年十月に逝去されたが、馬場教授の家族と京都大学経済研究所も、馬場教授の蔵書千冊余りを中国社会科学院日本研究所に贈呈し、日本研究所は「馬場正雄文庫」を設置した。現在、これらの図書資料は社会全体に開放され、中国の学者の日本経済研究に貴重な資料を提供している。

一九一六年に出生した隅谷三喜男は日本の現代労働経済学の創始者である。一九四一年に東京大学経済学部を卒業後、「社会の最底辺の人たちの友人になれるよう」、中国の「満州昭和製鉄所」（現在の鞍山鋼鉄公司）で勤務した。この時期、調査研究により、東北の労働者の出身、身分、受けている抑圧と搾取の特徴と程度、自身の経済的特性と行動方式を分析した『東北労働問題序説』という一文を起草した。日本の敗戦後、隅谷教授は東京大学経済学部に戻って教職に就き、労働経済学、社会政策学などの主要な研究方向を段々に確立し、労働経済学研究の各分野で優れた成果を収めた。

隅谷三喜男教授は、日本の学術会で高い名声を博したのみならず、著名な平和主義の社会活動家として、日本の広範な民衆からも尊敬と推戴を受けた。社会の各階層にも人望が篤く、依頼されて日本労働協会会長、雇用審議会委員、社会保障制度審議会会長など、数十の政府および民間の社会的職務を歴任した。

隅谷教授は、「満州昭和製鉄所」勤務の時期に、日本軍国主義が発動した侵略戦争は道理を失ったものであり、ついには失敗する、と信じていた。中国の改革開放後、隅谷教授は何度も鞍山市を訪問され、鞍山市の発展に一貫して関心をもち、鞍山の発展に自身の力を捧げた。このため鞍山市は名誉市民の称号を贈っている。

日本の経済学界の指導者の一人として、隅谷教授は早くから中国科学院と密接な学術交流関係を保ってきた。彼は中国社会科学院日本研究基金の設立に寄付を行い、中国社会科学界の日本研究をサポートし、中国の経済と社会の発展に多くの有益な見解を提示された。隅谷教授は中国社会科学院大学院で経済学の講座をもち、青年学者の育成に貢献した。中国の学者が日本に行って学術交流を行う際には、すべて全身の情熱で多くの援助を与えた。一九九三年秋、隅谷教授は自身の蔵書一万冊余りを北京大学図書館に寄贈した。東京女子大学学長を勤めた時期には、通常の留学生奨学金以外に、中国留学生専門の奨学金を設立した。中国の留学生により多くの奨学金を支給するため、東方学術交流会を提唱、設立し、日本社会が中国留学生の学習と生活に留意するよう呼びかけた。中国の留学生に無償で自宅を提供したことさえある。休暇時期には中国の留学生を家に招いて暖かくもてなし、生活上の援助を与えられた。

隅谷教授の中日友好交流に対する著しい貢献により、中国の北京大学、遼寧大学、東北市販大学などから名誉教授の称号を相次いで贈られ、中国社会科学院から名誉高級研究員の称号を贈られた。

四　中国と日本の経済学者、研究機関の間の交流

左記「産、官、学」の参画した経済知識交流プロジェクト以外に、中国の改革開放以来、中日両国の経済学者、経済学研究

機関の間の学術交流も非常に活発だった。

一九七〇年代末期、日本の北海学園大学経済学部の西川博史教授が北京外貿学院（現在の対外経済貿易大学）招聘の外国専門家として北京に来て、同校で日本語の人材を養成すると同時に、中国社会科学院世界経済研究所（現在の世界経済と政治研究所）の関連部門の要請で中国社会科学院大学院世界経済学部日本経済専攻修士過程の大学院生に日本経済、日本経済史の二つの授業を講義し、中国文化大革命後の最初の日本経済専攻研究生の養成に貢献した。

八〇年代初めとその前期、東京大学の馬場宏二教授が中国に来て中国社会科学院世界経済研究所の研究者と学術交流を行う過程で、現代の日本の経済学界のマルクス経済学研究の動向、とくに日本国内のマルクス経済学分野独特の「宇野派」の研究方法と主要観点を紹介し、中国の学者の視野を広げた。

八〇年代初め、慶応大学経済学部の平野絢子教授が中国社会科学院経済研究所に来て、中国社会科学院が接待する最初の長期訪問学者の一人になった。中国滞在期間中、平野教授は経済研究所で日本経済に関わる報告を行い、日本のマルクス経済学の一大学派である講座派の研究方法を経済科学研究所の人員に紹介した。

中国の改革開放の初期の「石を探りながら河を渡る」段階では、日本の経済学者は日本の経済成長と経済学研究の面の成果と経験を中国の経済学界に大量に紹介した。中国の経済学界で現在広く用いられている専門用語と概念の多くは、日本の学者から導入したものである。例としては、日本の「流通革命」の学術界における開拓者の一人である林周二東京大学教授が一九七九年十月に日本物流訪中団を率いて訪中した際、続けて十一回の講演と座談を行い、中国に現代の「物流」の概念を持ち込んだこと、東京大学経済学部の原朗教授が中国の経済学界との交流のなかで、日本の戦後初期の統制経済から市場経済に転換した過程と経験、教訓を系統的に紹介し、中国ではこのときから「統制経済」という専門用語が使われるようになったことなどである。

一九八〇年六月十九日、中国社会科学院と日本学術振興会は北京で学術交流の覚書に調印した。この後、日本学術振興会は、中国と日本の経済学者の間の人員往来に多くの援助をもたらした。

一九八〇年代初期から、中国社会科学院はほとんど毎年、視察団と学者を派遣し、日本の経済研究機関に長期または短期の学術訪問を行った。上記の人員交流の他、中国と日本の経済学研究機関の間でも、一連のレベルの高い定期的交流プロジェクトが展開された。

中日経済学術討論会

中国の改革開放が始まった後、中国科学院工業経済研究所は、日本の関連研究機関と学術交流を展開した。一九八二年、馬洪と下河辺淳の主催のもと、中国社会科学院工業経済研究所と日本総合研究所が共同編集し、かつ中国語と日本語で『現代中国経済辞典』と『現代日本経済辞典』をそれぞれ出版した。学術交流の成果をさらにうち固め、発展させるため、双方は、一九八三年より合同の中日経済学術討論会を定期的に開催し、会議は中国と日本で順番に開催することを協定した。中国側は、社会科学研究院のメンバー以外に、当時の国家計画委員会の関係者も参加した。このシリーズの学術討論会は、一九八〇年代の初期から二十一世紀の初めまでずっと堅持された。およそ二―三年毎に中国または日本で一度開催された。開始段階では、会議に参加した中国側の学者は、馬洪、房維中、桂世鏞、呉敬璉、汪海波など、日本側は館龍一郎、石川滋、下河辺淳、小宮隆太郎、今井賢一、正村公宏、香西泰、堀内昭義、植草益、菅家茂などで、後には範囲がさらに拡大され、関連研究機関の学者が参加するようになった。討議の内容は、当時の中国の改革開放の必要に基づいて定められ、経済理論と経済政策、経済改革と発展全体のコンセプト、企業制度改革、社会保障制度および財政、金融など、多方面の内容が含まれていた。双方の学者が毎回の会議で交流した会議の論文は、ほとんどすべて整理され、書籍として出版された。これら一連の学術討論会は、中国の経済学界に小さからぬ影響をもたらした（とくに、一九八五年に東京大学の小宮隆太郎教授が第二回中日経済学術討論会の席上で提起した「中国には企業はない」という観点は、中国で大きな反響を呼んだ）。

中国社会科学研究院経済研究所と東京大学経済学部との定期交流プロジェクト

一九八〇年代、中国が改革開放の新しい段階に入ってから、国際的な経済学界との交流の強化を緊急に必要とした。戦前に東京大学経済学部で学んだ中国社会科学院経済研究所の朱紹文教授は、当時の東京大学総長の招きを受けて母校に戻った際、同校の経済学部と定期的な学術交流のシステムを構築する希望を出した。朱紹文教授の仲立ちと関係者の努力のもと、一九八六年九月、当時の東京大学経済学部長、関口尚志教授の率いる経済学部の教授数名が初めて中国社会科学院を訪れ、経済研究所と第一回の学術交流会を行った。関口教授、東大国際交流課長の坂東久美子のほかに、小宮隆太郎、竹内啓、貝塚啓明、斎藤静樹、中西洋など、当時の日本の経済学界の代表的な教授がこの学術交流会に参加した。中国社会科学院と東京大学のこの定期的学術交流プロジェクトは、この後十年の長きにわたって堅持された。一九九四年まで、ほぼ毎年、北京または東京で年に一回開催された。毎回の交流会に参加した中国側の学者には、朱紹文、董輔礽、趙人偉、何建章、張卓元、張曙光、王振中、黄谷、樊綱、左大培、朱玲、張平などがいる。日本側の学者は、小宮隆太郎、竹内啓、貝塚啓明、中西洋、兵藤釗、石川経夫、斎藤静樹、原朗、植草益、山口重克、林健久、岡本康雄、中兼和津次、田島俊雄、高橋彰、三輪芳朗、植田和男、西村清彦、岩井克人、岡崎哲二などである。一九八六年から一九九一年までの五回にわたる会議で提出された論文の一部は、関口尚志、朱紹文、植草益が整理し、『中国の経済体制改革　その成果と課題』という書名で一九九二年に東京大学出版会から出版された。内容には、「経済体制改革の歴史と展望」、「マクロ経済」、「産業、企業、労働」、「農業、農村経済」、「国際経済」など、いくつかの大分野があり、財政金融、人口、国有企業改革、価格改革、会計制度、郷鎮企業、対外貿易、経済特区などの問題がカバーされていた。資金などの面の原因で、この交流は一九九五年頃に一度中断したが、一九九六年には参加者の範囲をさらに拡大して東京大学と中国社会科学院の間の経済学交流に昇格し、一九九六年と一九九七年、それぞれ北京と東京で二回開催された。この二回の会議で提出された論文は、中兼和津次と三輪芳朗が編集し、『市場の経済学』という書名で、一九九九年に有斐閣から出版された。市場と市場化の経験と思想、企業と所有制、情報処理と制度化の模索、経済学と環境、市場経済化の過程での旧来からの経済、農村の貧困と収入配分などに関する討論が主な内容である。

五　「世銀第二期中国大学発展プロジェクト借款」に対する日本の経済学者の貢献

一九八〇年、中国政府と世界銀行は、かなり長い期間にわたる数段階に分けた高等教育整備プロジェクトについて合意した。「第一期大学発展プロジェクト（CUDPⅠ）」は一九八二年二月四日に発行し、世銀の借款二億ドルによって一九八五年六月に完成した。このプロジェクトが基本的に完成した後、第二期大学発展プロジェクト（CUDPⅡ）がスタートした。そのプロジェクトは一九八五年から一九九四年までの十年計画の第一段階として設定された。三十九カ所の高等教育機関に集中して実施された。一九八五年七月十二日に発効し、計画は一九九〇年十二月三十一日に終了、その後に一九九一年十二月三十一日まで延長された。第二期発展プロジェクトに対し世銀は一億四千五百万ドルを貸し出した。世界銀行借款を利用する中国政府の第二回大学発展プロジェクトの目標は、中国の中央部門所属の一部の工学科と財政、経済、政治、法律系の高等教育機関の関連学科設立であり、中国の教育事業の発展をして経済建設にさらに奉仕させることだった。第二期大学発展プロジェクトも、中国と世界銀行の協力の最初の「部門借款」プロジェクトだった。

一九八五年三月、中国政府と世界銀行との「教育関係借款第二期大学発展プロジェクト与信協定」が締結された後、当該プロジェクトの中国側専門家審議委員会と外国の専門家による国際諮問委員会とが東京で第一回合同会議を行った。この後、二年余りの検討、模索の結果、一九八七年八月に復旦大学で「財政経済専攻教育計画国際シンポジウム」が開催され、参加した中国と外国の専門家は人材育成の基本基準保証の必要性から出発し、異なる専攻過程システムから財政経済各専攻過程の共同必修科目若干を選択した。この後、論証と審査により、一九八九年には財政経済専攻の中核的科目十一科目を決定し、全国に広めた。まさに「第二期大学発展プロジェクト」に実施によって中国の財政経済教育は以前のソ連経済学教育モデルの影響を抜け出し、新たに生まれ変わったのだ。

指摘しておかなければならないのは、日本の経済学者石川滋教授が「第二期中国大学発展プロジェクト」の外国側専門家グループの責任者として、このプロジェクトの実施に大きな貢献を果たしたことである。石川滋教授は、一九四一年に東京商科大学（現在の一橋大学）卒業後、中国にあった日本企業に勤務し、その後一橋大学経済学部教授となり、開発経済学と中国経済の研究に従事した。中国が改革開放を始めてから、石川滋教授は国際的な開発経済学界で名望ある中国経済の専門家として、当時の一部国際機関と日本政府の対中援助プロジェクトに重要な役割を果たした。

世界銀行の第二期中国大学発展プロジェクトの期間中、石川滋教授は中国各地を訪問し、中国の経済学者と交流し、実際的かつ実行可能な教学改革プランを探るため、各地の大学の財政経済教育の実状を把握した。石川教授は中国の財政経済教育の改革に自身の多くの精力をつぎ込んだのみならず、当時の東京大学経済学部の小宮隆太郎教授をこの活動に参加させた。

小宮隆太郎教授は日本の経済学界のハイレベルを代表する経済学者の一人であり、国際経済、日本経済および産業経済学などの分野でいずれも大きな功績をあげた。中国の大学の状況と財政経済教育の理解のための初期情報把握のため、小宮教授は一九八六年九月から十月にかけて、四十日間にわたり四川省成都の西南財経大学で国際経済学の講義を行った。小宮教授は、西南財経大学での講義の経験と体験に基づき、同大学の教育状況と改革プランなどの問題のレポートを提出した。

一九八七年八月、石川滋教授、小宮隆太郎教授は、復旦大学で開催された前記の「財政経済専攻教育計画国際シンポジウム」に参加し、他の国の「外国専門家グループ」メンバー、中国の専門家とともに、中国の経済学教育の状況と改革について一週間にわたって交流、討議を行い、これを基礎に当時の国家教育委員会にレポートを提出した。

世界銀行第二期中国大学発展プロジェクトで提起された「全

国高等教育機関財政経済専攻中核科目」の開発経済学の重要参考書として、石川滋教授の著書『開発経済学の基本問題』の中国語版が一九九二年に経済科学出版社から出版された。小宮隆太郎教授の西南財経大学での講義、および前記の中日経済学学術討論会での数回にわたる会議で提出された論文は、後に『現代中国経済　日中の比較考察』という書籍に整理され、一九八九年に東京大学出版会から出版され、中国語版が一九九三年に商務印書館から出版された。石川教授と小宮教授のこの二冊の著作は、今日でも中国の経済学界に深い影響を与えている。

3　中日長期貿易取り決め

呂丹　程永明　石其宝

「中日長期貿易取り決め」と「日中平和友好条約」は同じ年に締結された。前者の調印日は後者の調印日のわずか数ヵ月前だった。「中日長期貿易取り決め」の締結は、その後の中日貿易関係の健全な発展に積極的な影響を与えた。国交回復後、中日貿易は民間主導から「政府主導、官民一体」という新たな発展の時期に向かった。この後、両国政府は一連の政府間経済交流協定を締結した。なかでも「日中漁業協定」の締結（一九七五年）は、「日中共同声明」で取り上げられた各種の経済協定が、すべて締結されたことを意味している。中日経済貿易交流は、こうした協定を主体とする規範的枠組みのなかで急速に拡大した。なかでももっとも大きな成果は、日中長期貿易取り決めが締結され、実施されたことである。

一　「中日長期貿易取り決め」締結の背景

一九七四年、中日両国政府は「日中貿易協定」を締結した。これは中日貿易の具体的な問題に関する規範をつくったものであったが、政府間の一般的な貿易協定にすぎなかった。当時、どのようにして中日貿易額を拡大し、比較的安定した貿易交流関係を構築するかということが、両国経済界がともに関心を寄せる問題になっていた。実際、一九五八年の鉄鋼貿易協定は当時の中日貿易を推し進める役割を果たした。しかし、当時、両国の政治関係はまだ正常化しておらず、こうした貿易協定もその効果を完全に発揮することはなかった。一九六二年十月、高碕達之助が訪中した際、中国と五年にわたる「日中長期総合貿易に関する覚書」に調印した。五年間の期間満了後、両国は覚書を延長した。また覚書終了後も、この覚書のための連絡事務所は一九七三年まで続いた。この覚書は中日貿易に大きな役割を果たしたのである。

こうした有利な条件のもと、とくに両国の国交回復後の良好な政治的環境のなかで、いかにしてより効果的な貿易形態をもって、両国の貿易関係を発展させるかという問題に、両国経済界は強い関心をもっていた。両国の経済需要の点でいえば、当時、日本はまさに石油危機にあり、国内エネルギーの供給不足が深刻で、単一的なエネルギー供給の枠組みでは、容易に受身の状況に陥りやすかったため、日本政府や経済界はより多くのエネルギー供給源をなんとしても見つけたいという状況にあった。一方中国は、石油と石炭の埋蔵量が豊富で、国内需要はカバーできており、まだ一部を輸出できる状況だった。また、当時中国は、経済建設の真っ只中におり、大量の機械設備を急ぎ輸入する必要があったが外貨不足も深刻だった。中国もこうした問題の解決を模索していたのである。

一九七二年八月二十三日から三十一日にかけて、稲山嘉寛が日本経済界代表団を率いて中国を訪問した。出発前には大平外相と会談し、中国から原油を輸入し、中国と長期にわたる貿易を行うという構想を示していた。中国滞在期間中、稲山は周恩来総理、李先念副総理とこの問題について話をした。一九七二年十一月、稲山は新たに成立した日中経済協会の会長に就任すると、長期貿易協定の締結は両国貿易を安定的に発展させるカギとなる、と主張した。一九七五年十一月、稲山は「中日経済関係の将来」という座談会で、自らの「稲山構想」のポイントを語った。すなわち、「中国が原油と石炭を輸出して日本の機械設備を獲得する。延払い方式を採用できる中国に輸出する設備技術は、資源開発型のものであるから、延払いの利子については特別な配慮を行う。資源貿易は両国にとってプラスとなるものであるから、日本政府もこれを支持するべきである」というものであった。この問題をめぐり、日本の経団連トップも一九七三年九月、一九七四年五月および一九七七年三月と三度中国を訪れた。一九七七年十月十四日、日本政府は「日中長期貿易取り決め促進委員会」を設立し、その下に総合事務局（日中経済協会本部内）、石油部、原料炭部、一般炭部、金融決済部などを設置した。その役割は、経済界の「日中長期貿易取り決め」締結に向けた協議と協力を促進し、政府に提案書を提示する、というものであった。一九七八年一月三十一日、両国の長期貿易協定の締結準備が整うと、「日中長期貿易取り決め推進委員会」は「日中長期貿易協議委員会」に改編され、日中長期貿易取り決めに関する問題への対応を担当するようになった。一九七八年二月十六日、両国の努力により「日中長期貿易取り決め」がついに締結された(15)。

二　「中日長期貿易取り決め」の主な内容

「中日長期貿易取り決め」は全体で十二条からなり、その序文で双方は、「中国中日長期貿易協議委員会、日本日中長期貿易協議委員会は、中日両国政府の共同声明及び貿易協定の精神に基づき、平等互恵、有無相通及び輸出入均衡の基礎の上に、両国の経済・貿易関係を長期的かつ安定的に発展させるため、友好的に協議を行い、それぞれの政府の支持を受けて、中国から日本に原油と石炭を輸出し、日本から中国に技術及びプラント並びに建設用資材・機材を輸出する長期貿易の取り決めを中日両国間の貿易の一部として締結する」としている。この序文は以下のような見解を示している。

第一に、両国長期貿易は、中日両国政府の共同声明および貿易協定の精神に基づき、平等互恵、有無相通および輸出入均衡の基礎のうえに行う。

第二に、両国長期貿易はそれぞれの政府の支持を受ける。すなわち、政府と民間の努力によって行うもので、一般の民間貿易の契約とは異なるものである。

第三に、輸出する商品は、中国側が原油と石炭、日本側が技術、プラント設備ならびに建設機材である。

取り決めのなかで双方は、この取り決めの有効期間を八年とし、一九七八年から一九八五年までとした。この有効期間の双方それぞれの輸出総金額はそれぞれ百億米ドル前後とした。この取り決めの第一年度（一九七八年）から第五年度（一九八二年）の中国側から日本側に輸出する商品および数量は表1のとおりである。

この締結の第六年度（一九八三年）から第八年度（一九八五年）までの中国側から日本側への輸出する品目および数量は、一九八一年以内に話しあいにより決めることとなった。この三年間については、中国側から日本側への原油、石炭の輸出量は、本取り決め五年度より増加するものとする。一方、本取り決め第一年度（一九七八年）から第五年度（一九八二年）までの日本側から中国側に輸出する技術およびプラントは約七十億米ドルないし八十億米ドル、建設用資材・機材は約二十億米ドルないし三十億米ドルとする。双方はこの間、毎年締結する契約金額をもって確定金額とすることで同意した。

支払いについては、双方は、延払い方式で日本側から中国側に技術およびプラントならびに建設用資材・機材を輸出することに同意した。具体的な取引は、中国側関係輸出入総公司と日本側当事者が、合理的な国際価格と国際貿易の慣例に基づいて個別契約を締結する。

この取り決めを実行するため、中日双方はそれぞれ事務局を設置し、関係事務の処理および連絡を行うこととなった。中国側は、中国中日長期貿易協議委員会弁事処を北京に設け、日本側は、日本日中長期貿易協議委員会事務局を東京に設ける。この取り決めの実行にあたり遭遇する問題を協議するため、双方の代表が毎年交互に北京と東京で会談を行う。また、この取り決めを実行し、中日両国の経済交流を拡大するため、必要な科学技術分野において技術協力を行うことにした。

この取り決めの有効性については、双方は次のことを決めた。双方の同意なしに破棄することができない。この取り決めに基づき締結した契約は、双方の契約当事者の同意なしに破棄することができない。本取り決めの有効期間は、調印した日から一九八五年十二月三十一日までとする。本取り決めは、双方協議し、同意のうえ、これを修正することができる。

三　「中日長期貿易取り決め」の拡大と調整

表1　中日長期貿易取決め（1978年-1982年）

（単位　万トン）

年度	原油	原料炭	一般炭
1978	700	15—30	15—20
1979	760	50	15—20
1980	800	100	50—60
1981	950	150	100—120
1982	1500	200	150—170

資料出典　編集主幹／田桓『戦後中日関係文献集1971—1995』，220-221ページ．

一九七八年以降、中国に経済建設ブームが訪れると、日本から調達する鉄鋼、石油化学などの設備の数も急速に増えた。こうした状況から、日本の貿易界は、五年もかからずに長期貿易取り決めが定めた目標を大きく上回るに違いないと感じていた。「中日平和友好条約」締結後、日本の経済界はさらに自信を深め、長期貿易取り決めの有効期間を延長し、目標金額も増やしたいと考えた。そして、一九七八年九月、河本敏夫通産大臣が訪中し、中国側に対して提案を出した。それは、「長期貿易取り決め」の有効期間を一九八五年から五年間延長して一九九〇年までとしたい、金額も六百億ドル[16]に拡大する、というものであった。一九七九年三月、長期貿易協議委員会の双方の責任者が定期会合を開いた。調印された会議録では以下の点が合意された。「取り決めの期間を一九九〇年まで延長する。目標金額は二倍ないし三倍にする。すなわち双方の輸出輸入額を二百億ドルないし三百億ドルにする[17]。中国機械進出口総公司が日本から輸入する契約項目を取り決めに列記する」という点である。しかしその後一九八〇年、中国経済は調整期に入り、石油産出量の伸びも減速した。もともと原油の輸出目標は、一九八一年は九百五十万トン、一九八二年は一千五百万トンと定められていたが、これを調整せざるをえない状況となった[18]。一九八一年七月二十四日、中日長期貿易協議委員会の劉希文主任と日中長期貿易協議委員会の土光敏夫委員長は友好的な話しあいの結果、一九七八年二月十六日に北京で締結した日中長期貿易取り決めの実行状況と今後の計画について、「中国と日本の長期貿易協議委員会の一九七八年日中長期貿易取り決めの実行と計画に関する議事録」を発表した。

会議録の第一条は、「長期貿易取り決めの締結からの三年間を振り返ると、双方の努力によって大きな成果があがった。長期的な観点からみても、中日経済協力の可能性は非常に大きい。発展の過程で直面する問題も、双方の友好的な話しあいと協力によって、適切に解決することができると考える。双方は、長期貿易協定の精神に基づき、両国経済協力の発展に努め、とくに資源エネルギー分野での協力強化に努めることで一致した」とある。「中日長期貿易取り決め」の第二条が規定している一九八一年から一九八二年の中国側から日本側への原油の輸出量については、中国側は一九八〇年九月の第二回定期交渉で、中国の原油生産予測に変化があるので、実情に即するという観点から、修正を希望するという申し出があった。日本側もこれに対して理解を示した。そして双方は、もともと決められていた中国側が日本側に輸出する原油量、一九八一年九百五十万トン、一九八二年一千五百万トンをそれぞれ八百三十万トンにすることで同意した。さらに双方は、一九八三年から一九八五年の数量は、できる限り早い適当な時期に話しあいで決めることで合意した。また、一九八三年から一九八五年に中国側が日本側に輸出する石炭総量は、中国が制定中の第六次五ヵ年計画に鑑み、双方が両国トップの中日政府間協議を十分に尊重するという精神に基づいて、一九八二年のできる限り早い時期に話しあいで決めることとなった。

「議事録」のなかで日本側は、今後の日中間の石炭取引を拡大するために、価格設定は長期貿易の精神に基づいてこれを安定させる方法をとる必要があり、また原油については、同等の品質の原油価格を参考にする、という提案をした。中国側はこれに対して理解を示した。また、「中日長期貿易取り決め」の第四条が定める原則に基づき、契約当事者が具体的に話しあって決める、という提案をした。また、双方は会議録の法的効力について、会議録が調印されたその日から発効し、一九七八年二月十六日に締結された「中日長期貿易取り決め」と同等の効果を有するとした。

一九八二年九月、中日双方は、一九八三年から一九八六年の長期貿易取り決めにおける原油と石炭の数量について、東京で会議録に調印した。双方は三年間の取引数量について次の点で合意した。原油は毎年八百万トンないし八百六十万トン、石炭は一九八三年から順次、四百五十万トン、六百万トン、七百万トンないし八百万トンとし、一九八六年以降は一千万トンに増やすことを努力目標とする。中国側はできる限り日本側から技術設備を輸入するよう努力し、それら設備、技術ならびに単体機械を取り決めに列記するというものであった。

一九八六年一月、中日双方は東京で、一九八六年から一九九〇年の長期貿易取り決めにおける原油と石炭の数量について合意した。双方は五年間の取引数量について次のように合意した。原油は毎年八百八十万トンないし九百三十万トン、石炭は三百七十万トンないし四百十万トン（内訳は原料炭が百四十万トンないし百六十万トン、一般炭が二百三十万ないし二百五十万トン）である。こうした計画は「中日長期貿易取り決め」の実行を担保したのである。(19)

四　中日長期貿易取り決めの延長

一九九〇年十二月十六日、中日長期貿易協議委員会は東京で一九九一年から一九九五年の「中国中日長期貿易取り決め」を締結した。取り決めの序文で、双方は「中国中日長期貿易協議委員会と日本日中長期貿易協議委員会は、中日両国政府の共同声明、中日平和友好条約、中日関係四原則及び中日貿易協定の精神に基づき、両国の経済・貿易関係を更に長期的かつ安定的に発展させるため、一九七八年双方が調印した中日長期貿易取り決めの成果の基礎の上に、友好的に協議を行い、それぞれの政府の支持を受けて、中国から日本に原油と石炭を輸出し、日本から中国に技術・プラント設備及び建設用資機材を輸出する長期貿易の取り決めを、中日両国間の貿易一部として」締結する、としている。

「取り決め」によると、一九九一年から一九九五年までの五年間、双方の輸出総金額はそれぞれ八十億米ドル前後とし、そのうち、中国側から日本側に毎年、八百八十万トンないし九百三十万トン、原料炭を百四十万ないし百八十万トン、一般炭を二百五十万トンないし三百五十万トン輸出する。

日本側が中国側に輸出する技術・プラント設備および建設用資材・機材の商品としては、

（1）エネルギー関連では、①発電設備および同関連設備。②省エネルギー・公害防止設備技術。③油田開発、炭鉱開発設備技術機械（輸送設備を含む）。④都市ガス関係設備技術。

（2）農業開発関係では、①農業基盤整備関連機械技術。②農業機械技術。

（3）輸送通信関係では、①交通輸送システム関係設備機械。②通信設備技術機械。③輸送車両等製造設備技術。

（4）重要原材料等生産設備では、①石油化学工場設備②製鉄所設備③セメント工場設備④化学肥料工場設備。

（5）電子関係では、①機械電子設備②大容量集積回路③ファインケミカル。

（6）技術改造関係では、①輸出企業技術改造②重点企業技術改造。

（7）その他、特定建設に必要な建設用資材・機材。

双方は協議により以下のことを決めた。前述した原油、原料炭および一般炭の取引については、中国側な国内関係企業が契約に基づいて納品し、品質を保証するよう促す。前述した技術、プラント設備および建設用資材・機材の取引については、日本側は政府が輸出認可手続き、貿易保険などの面で便宜を図るよう促す、といった点である。

この後、「中日長期貿易取り決め」は一九九五年、二〇〇〇年にそれぞれ延長され、二〇〇五年まで続いた。そして、二〇〇五年五月、中国中日長期貿易協議委員会主任の陳健商務部次官補と千速晃日本日中長期貿易協議委員長が東京で、「第六次中日長期貿易取り決め（二〇〇六―二〇一〇）」に調印した。今回の長期貿易取り決めの中心的な内容は、中日両国が省エネ技術・設備および環境保護技術・設備分野の協力を一段と強化し、中国が日本に石炭を輸出する問題や中国が日本から省エネと環境保護関連の設備と技術を輸入する問題について合意したことである。

前述したように、中日国交回復後の数年間で、中国と日本の間で貿易、航空、海運、漁業など一連の協定が締結された。しかし、そのなかでもとくに重要な意義があるのはやはり、「中日長期貿易取り決め」の締結であろう。この取り決めの期間、範囲、金額については、両国の具体的な状況と特殊な条件に基づいて、平等互恵、有無相通、相互補完、長所を取り入れ短所を補うという考えのもとに取り決められた。この締結と実状に基づいてこれを修正しつつ実行してきたことは、中日両国の長期的かつ安定した経済関係を発展させ、両国の経済技術交流を拡大し、両国経済を絶え間なく前進させるうえで、重要な意義を持っている。中日経済協力と交流に新しい局面をもたらしたのである。「中日長期貿易取り決め」と中国と日本の長期貿易協議委員会は両国の貿易と交流を安定させ、早いテンポで発展させるのに、非常に重要な役割を果たした。また、「日中長期貿易取り決め」の締結は、双方の経済・貿易分野での継続的な協力強化、そして、「日中平和友好条約」の締結促進の点でも積極的かつ促進的な役割を果たした。

4「中日商標保護協定」

湯祺　葉琳

一九七〇年代は中日関係にとってたいへん重要な十年間として、人々の記憶に深く刻まれている。多くの学者が中日関係の「蜜月期」と呼ぶこの時代は、中日関係の新たな一ページを開いた。両国にとってたいへん重要な意義をもつ時期である。両国の国交が回復し、政治関係が「蜜月期」に入ると、両国間の経済も大きく伸び、多くの貿易協定が結ばれた。「日中商標保護協定」は、こうした背景の中で締結された。この協定の締結は、中日両国間の経済の発展と協力を促進する役割を果たした。また、両国友好協力のシンボルのひとつとして、両国関係のより一層の発展にも積極的な役割を果たし続けた。とくに後の知的財産権保護での両国の協力のために基盤を作ったのである。

一　協定調印の背景

中国と日本の国交回復後、とくに、一連の貿易協定が締結された後、両国間の貿易協力は急速に発展し、二国間の商品取引や協力も飛躍的に増えた。おのずと多方面で商標に関する問題が取り上げられるようになった。商標はブランドのシンボルである。もしこれがきちんと保護されなければ、企業の法的な権益も損なわれるであろうし、苦労して生み出したブランドが壊滅的な影響を受ける可能性もある。

世界では一九六〇年代から商標保護の動きが見られ始めた。日本の商標保護は高いレベルにあるが、中国の商標保護はまだ立ち遅れている。商標という概念は中国でもかなり早くから存在したが、それはかなり限られたもので、世界からは明らかに遅れていた。こうした状況は、門戸を開いて国際交流を行っている中国経済にとって非常にマイナスである。また、外国企業が中国と経済協力を行ううえで、考慮しなければならないひとつの障害的要素にもなっている。

建国以来、中国は商標に関する二つの条例を出した。一九六三年、国務院が「商標管理条例」を改定して中国の商標管理制度を法令化し、商標に登録制を実施した。しかし、その後の実践が証明しているように、この条例にはいくつかの問題があり、すでに新しい時代にそぐわないものになっていた。とくに、外国の商標登録申請に関する規定は、当時の情勢にあわなかった。実際、中国の関係当局は一九七八年から、実状に基づいて適切な調整を行ったが、それは法的に担保させるものではなかった。そのうえ、「文化大革命」の時期、中国の商標法制は著しく崩れ、商標は全国で統一管理されず、その使用は混乱をきたしたのである。商標の保護が保障されない体制は、中日両国間の商品取引や経済協力にも損失を招くし、両国の経済貿易協力にとってもマイナスとなる。

二　協定調印までの道のり

こうした問題を解決し、中日経済協力を健全に発展させるために、両国政府および関連部門は長く大変な商談をスタートさせた。このとき、中国はすでに二十三の国と商標保護に関する協定を結んでいたが、中日間の商標保護協定調印までにはさまざまな紆余曲折があった。

中国と商標保護に関する協定を締結するため、日本は一九六二年十二月、日本の特許局の総務部長を中国に派遣し、中国の関係者と会談させた。双方は、商標の保護について、さらに知的財産権の保護について、意見を交わした。日本側は、知的財産権の保護は、貿易および技術交流のスムーズな実施のためにたいへん重要な役割を果たす問題で、また、このことは通商協定としての貿易協定に盛り込まれるのが慣例であるから、知的財産権保護に関する内容も日中貿易協定で規定したいと考えていた。一九七三年八月、協定締結に関する会談が東京で行われた際、日本側はこの提案を示した。しかし、中国側は、まだ特許制度ができていないなどの国内状況を理由にこの提案を受け入れなかった。そして、両国政府間の商標保護協定を締結したい、外交ルートを通じてこの協定締結のための交渉を促してほしい、という考えを示したのである。これに対し日本側は、中日貿易協定のなかに、商標保護に関する条項を入れるという提案をしたが、中国側は、独立した商標保護協定を締結するという考えを主張した。日本側は中国の国内体制に鑑み、中日貿易協定に知的財産権保護の条項を入れるという提案を最終的にあきらめ、別の協定を締結して双方の商標を相互に保護するという点で、中国と交渉を進めることにした。

日本が主張を変えたことから、「日中貿易協定」調印後の一九七四年一月、中国側は商標保護を内容とする行政協定の締結を正式に提案した。双方の関係者は法制度上の疑問やポイントなどについて意見を交換し、中国商標制度の内容と実際の運用状況について、日本側の理解を深めた。双方が両国の制度上の違いをはっきり認識するのに役立ったが、合意には至らなかった。その後、日本側は、中国の商標制度の内容をより理解するために、すでに中国と商標保護協定を締結している国で視察を行った。一九七六年、再び専門家を中国に派遣し、中国の商標制度についてより深い調査研究を行い、商標保護協定の締結に向けた話しあいを持った。

一九七七年二月、日本は中国に日本が草案を提示した。同じ年の三月、中国も日本側の草案に修正案を出した。これらをもとに、両国の関係者が東京で専門家会議を開いた。その後、北京でも二度にわたる公式の交渉を行い、両国は協定の内容で合意した。両国の努力によって、国交正常化五周年の九月二十九日、協定の調印式が行われた。中国対外貿易部の李強部長と在中国の佐藤正二大使が、それぞれ自国政府を代表し、厳かに協定書に署名した。「日中商標保護協定」がついに調印されたのである。

「日中商標保護協定」締結のために、長期にわたる交渉と話しあいがなされた。両国の商標保護に関する国内制度に違いがあったためである。両国が相手側の関連制度を理解し、そのうえでもっとも適した協定案を作成するために、慎重な話しあいを持つのは当然のことであったし、また、その必要もあった。一九七七年十一月十二日、日本の国会は日中商標保護協定を可決した。この間に中国側も関連手続きを終えていた。一九七八年一月三十一日、両国は東京で「日本国と中華人民共和国との間の商標の保護に関する協定」の批准書交換式を行った。そして、一九七八年三月一日、日中商標保護協定は正式に発効したのである。

三　協定の主な内容

「中日商標保護協定」の第一条は、「いずれか一方の締約国の法人（対外貿易機関を含む）および自然人は、いずれか一方の締約国の領土で、商標権およびその他商標登録に関する権利を取得する場合、いかなる第三国の法人（対外貿易機関を含む）および自然人より不利でない待遇を享受する」と規定している。つまり、中日両国は、相手国の国民（対外貿易機関を含む）が商標権およびその他商標登録に関する権利を取得する場合、必ず相手側に最恵国待遇を供与しなければならない、と規定しているのである。日本側は、内国民待遇を含む第三国国民に付与する最高の待遇と「パリ条約」に期待されている関連利益を付与するのであるが、中国は当時まだ「パリ条約」に調印していなかったため、日本が中国国民（外国貿易機関を含む）に対して付与する待遇は、内国民待遇に限られていた。

条約にある「対外貿易機関」とは対外貿易に携わる中国の対外貿易公司を指す。具体的には、中国糧油食品進出口総公司、

中国土産畜産進出口総公司、中国紡織品進出口総公司、中国軽工業進出口総公司、中国機械進出口総公司、中国五金鉱産進出口総公司、中国化工業品進出口総公司、中国技術進出口総公司、中国成套設備進出口総公司などである。

ここでいう「その他商標登録に関する権利」は、日本の商標法第七十七条第三項で述べられている内容と一致する。そのなかには、商標登録を申請する際に発生する権利、特許使用権、通常使用権、商標権を目的とする質権および商標権更新登録申請の権利などである。当時の中国には、不当な競争を防ぐ直接的な国内法がまだなかった。商標に関しても、商標登録について定める「商標管理条例」および「商標管理条例施行細則」があるにすぎなかった。日本国民にとっては、最恵国待遇が付与されるということはつまり、日本国民もこの条例と細則を適用するということであった。さらにここで指摘する必要があるのは、この条例の第二条第二項、第五条第二項、第十条および第十一条第一項第三項の規定は、日本国民に適用しないという点である。また、日本と違うのは、図形のみで一定の名称がない商標は、中国でも登録申請できるという点である。また、「商標管理条理試行細則」の第二条、第三条、第四条および第十三条の規定は日本国民には適用しない。

協定の第二条は、協定の発効についての規定である。協定の発効は、「各国がそれぞれ発効に必要な法的手続きを行ない、かつ、確認通達を交換した日から換算して三十日目より発効する」。さらに、ここでいう確認通達とは、前述した、園田外務大臣と中国の符浩在日本大使が、一九七八年一月三十一日に東京で交換した通告文書である。したがって、この協定は三月一日に正式に発効した。規定された協定の有効期限は三年で、その後は双方が終了を宣言するまで有効である。また、両国のいずれか一方が、三ヵ月前に書面で、いずれか一方の締約国に本協定の終了をあらかじめ通達した場合、最初の三年の有効期間中であれ、三年間の有効期間満了後であれ、いつでもこの協定を終了できる。

「日中商標保護協定」の締結は、中国と日本の貿易の歴史で、忘れてはならない大きな出来事である。協定の締結は、両国間の貿易のよりいっそうの発展を促した。同時に、両国の知的財産権保護の点でも重要な意義を発揮した。

四　協定締結の意義と影響

中国と日本の間で締結された商標保護協定は、両国商品の商標の安全を守るうえで重要な役割を果たしただけでなく、両国間の貿易協力、投資協力なども促した。今日、日本はすでに中国の重要な貿易相手国となっているし、日本企業の中国での投資およびその製品も、中国市場で大きなシェアを獲得している。これは両国が協力を行い、また、登録商標専用使用権の保護を重視してきた結果である。

このほかに、商標保護協定の締結は、両国の知的財産権保護に関する協力の道を切り拓いた。当時の中国では、知的財産権保護の体制がまだ整っていなかった。しかし、商標保護は知的財産権に関わる重要なファクターなので、両国が意志の疎通を図って協定を締結し、両国製品の商標権益をともに守ったことは、知的財産権分野での協力の先例となった。この後、両国は知的財産権についてさまざまなレベル、形式、分野での協力を行った。たとえば、商標の保護強化についてシンポジウムを開催し、両国企業の知的財産権保護に関する協力と交流を拡大、促進した。また、中国の商工業関係の法執行者らの商標鑑別能力および識別能力を高め、中国の商標保護の取り組みなどを後押しした。もちろん、これだけに限らない。両国は未来を見据えて、より深い次元、より広い範囲で商標に関する協力を行った。内容としては、商標登録機関同士の交流や協力の強化、トップ会談の開催、地理的表示（GI）国際シンポジウムの開催、商標登録申請の注目点についてのシンポジウム開催、外国商標登録機関との連絡強化、海外における商標保護の取り組み強化、商標審査および商標管理担当者の学習や交流を目的とした海外派遣などである。

「中日商標保護協定」の締結は、中国の商標保護体制の構築も進め、中国の商標保護を一歩前進させた。中国は「中日商標保護協定」締結前の真剣な調査研究を通して、中国の商標保護の現状と世界の動きをはっきりと認識した。そして、世界に追いつこうとすぐにアクションを起したのである。中国は一九七九年十一月、全国範囲での商標の一元登録を再スタートした。一九八二年六月三十日の時点で、登録済み商標は約七万三千件、そのうち国内商標は約六万三千件、外国商標は約九千九百件だった。これまでの条例では、商標専用使用権の保護、商標全面登録の方法、商品品質のチェック、商標登録手続き、外国商標の登録などに不備があるという見地から、また、国内に立脚しつつ国際慣例も考慮するという精神に基づき、中国は「中華人民共和国商標法」を可決した。中国は、一九八〇年に「世界知的所有権（商標登録、商標照会、商標）組織設立条約」に加盟、また一九八五年三月十九日には「工業所有権の保護に関するパリ条約」の加盟国となっていたが、さらに、一九八八年十一月一日には「標章登録のための商品及びサービスの国際分類に関するニース協定」と「標章の図形要素の細分化ウィーン分類表」を正式に採用し、一九八九年には「標章の国際登録に関するマドリード協定」に正式加盟した。中国は多国間で商標を保護する大きな枠組みの一員になったのである。このことは、中国の商標法制がさらに改善したことを示している。

「中日商標保護協定」の締結はまた、日本企業の「特許文化」を効果的に保護した。商標権は知的財産権の一部であるから、商標を保護することは知的財産権を保護することでもある。技術の創出と進歩が経済発展に大きな意義をもたらしたことから、日本企業も知的財産権の開発、利用および保護をたいへん重視するようになった。日本企業はすでに特許文化を基盤として、技術発展戦略、情報戦略、マネジメント戦略、知的資産経営戦略、国際化戦略、訴訟とリスクの管理戦略が一体化した、総合的な知的財産権の戦略的管理システムを構築している。日本の企業界、とくに大企業では、特許活動をコアとする戦略的発展モデルが広く採用されている。これを日本企業の「特許文化」と呼んでもいい。とくに二〇〇二年に日本がスタートした開始した「知的財産立国」戦略は、日本企業の「特許文化」をさらに創造性と総合性を備えた「知的財産権文化」に育てた。「中日商標保護協定」の締結は、商標を含む知的財産権を日本が保護できるよう担保し、日本企業の「特許文化」は海外でさらに広まったのである。強烈なブランド保護意識によって、日本企業は国際市場でいつも優勢を維持し、企業の成長発展のなかで生じる「弱み」をカバーしている。

5　「中日租税協定」と「中日投資保護協定」

呂丹　張青松

改革開放の政策を打ち出して以来、中国政府は中国へ投資する外国人投資家の法的権利を保護しようと試みてきた。関連する法律・条例を制定するとともに、かねてから平等互恵の原則に則って、関係国との協商を通じて租税協定および二国間投資協定を結んできた。一九七八年の「日中長期貿易取り決め」とその他一連の経済協定が締結された後、日本と中国は投資に関する多くの協定にまだ規範が定まらないことに着目し、両国は「中日租税協定」と「中日投資保護協定」の締結について話しあい始めた。「中日租税協定」は一九八三年に締結されたが、両国の国民待遇に関する理解の違いにより、中日投資保護協定が正式に締結されたのは一九八八年である。「中日租税協定」と「中日投資保護協定」の締結にともなって、日系企業の中国での利益は有効に保障され、投資の拡大につながった。

一　「中日租税協定」の締結

改革開放までの間、長く計画経済体制下にあった中国の経済発展は遅れており、「貯蓄高不足」、「外貨不足」、「技術不足」でもあった。しかし、一九七八年の中国共産党第十一期三中全会で改革開放の政策が打ち出され、外国企業による直接投資を誘致すること、貿易を拡大させること、そして国外からの借款を使って外国の技術を導入することなどが、我が国の改革開放政策の重要な政策となった。これによって、計画経済は外資を導入した経済となった。近代化の必要な資金の不足を補い、新しい技術を手に入れるため、中国はさまざまな方法を積極的に駆使して外資直接投資を導入した。一九七九年七月に第五期全国人民代表大会は「中華人民共和国中外合弁経営企業法」（通称『合資法』）を成立させた。この法律は建国以降初めての外資導入に関する法律となった。このほかに、中国は一連の税制優遇政策をも打ち出している。一九八〇年五月から十月までの間、中国は沿岸部の深沈、珠海、汕頭、厦門で相次いで四つの経済特区を設けた。一九八三年十月に海南省は五つ目の経済特区となった。この段階における日本の対中投資はまだ様子見の段階であり、日系企業はかなり慎重な態度を示していた。投資のプロジェクト数は少なかったばかりではなく、技術のレベルも低く、対中投資は全般的に低い水準にとどまっていた。中国の対外経済貿易部の統計によると一九七九年から一九八三年までの間、日本の対中直接投資はわずか五十二項目にすぎず、中国が受け入れた外資総数の三・七四％を占め、年平均投資金額の一億九千百万ドルは同時期のアメリカ、香港の対中投資レベルを下回っている。

日本が対中投資をためらっていた理由はさまざまであるが、なかでも重要な一つは二重徴収などの問題が残る税制面での問題がある。これに関して中日両国は話しあいを重ね、合意に達した。一九八三年九月六日に両国の政府を代表して呉学謙と安倍晋太郎は北京で「所得に対する租税に関する二重課税の回避及び脱税の防止のための中華人民共和国政府と日本国政府との間の協定」に正式に調印した。協定はのべ三十条項からなっており、当該協定の適用対象、適用種目、免除条件、効力が発生するプロセスなどについての規範が設けられた。この協定は中国において個人所得税、合弁企業所得税、外国企業所得税、地方所得税などに適用された。一方日本では所得税、法人税、住民税などに適用されることとなった。協定によると、中国国民が「日本から得た所得」に対して日本国内で課した税金は、当該国民の中国で納めた税金によって相殺されるとした。しかし、相殺額は中華人民共和国税法と規定によって定められた相当分の中国税収額を超えてはならないことになっていた。さらに、いわゆる「日本から得た所得」とは、日本国内の会社が中国の会社に支払う配当のことであり、かつ当該中国の会社は配当を配分する当会社の株を一〇％以上保有することが条件として掲げられている。相殺に関する本項は配当を配分する会社に対して当該品目によって得た所得分の日本国税収のことを考慮に入れなければならない。同様に、日本国民が中国から得た所得も相殺規定が適用されるが、日本の会社は配当を分配する会社の選挙権を有するか、その会社の株の二五％以上を保有することが、中国へ収めた税金の相殺条件となる。また、協定の第三十条によると、本協定は無期限に効力を有するものとなっていたが、締結国のいずれか一方が協定の発効する五年後の各年六月三十日以前に外交書面にて相手に本協定の打ち切りを通告ができるとした。

一九八四年五月二十八日に両国は東京で外交文書を交わし、双方において租税協定にとって必要とされる法的プロセスを踏んできたことを確認した。中日租税協定の第二十九条第一項の規定によると、「この協定は、その効力発生のために国内法上必要とされる手続がそれぞれの国において完了したことを通知する外交上の公文が交換された日から三十日目に効力を生ずる。」中日両国政府の租税協定、議定書、交換文書は一九八四年六月二十六日から発効した。本協定の第二九条第二項によると、本協定は一九八五年一月一日以降の課税年度に発生した所得に効力をもち、一九八五年一月一日より施行されることとなった。「中日租税協定」の締結によって、長い間にわたって存在した日系企業の対中投資する際の二重課税問題がようやく解決され、一九八四年についに日本の対中直接投資の第一次ブームの到来を見ることができた。

二「中日投資保護協定」

「中日租税協定」の締結後、中国の改革開放はさらに進み、外資を導入しようと大幅な政策調整が行われた。こうした背景に加え、日本は、一九八五年の「プラザ合意」以降に円高になった。人件費も高くなり、産業構造の変革に直面した日本は、労働集約型の分野をはじめとする競争優位性に欠ける産業を人件費の安い国へ移転した。これにともない日本の対中投資も急激に伸びてきた。日本の繊維製品、おもちゃ、電気製品のパーツ部門は大連、深圳などの中国沿岸部にある経済開発区、経済特区に移転した。しかし、他の国家や地域と比べて日本の対中投資の規模は依然として小さく、主に製造業以外の投資に集中しており、大手企業による対中直接投資は多くなかった。日本企業は対中投資に関して「慎重すぎた」のだ。中国は現行の政策を維持し、一貫性のある法律を保つことができるかどうかを疑問視する日系企業も多く、日系企業は様子見の態度をとっていた。その原因はハードとソフトの両方にあった。両国政府の間に明確な投資保護協定がなかったことも無論直接的な原因の一つであった。

こうした背景のもと、一九八八年八月二十五日から三十日にかけて、竹下登首相は首相就任後、初めての外遊先を中国にした。鄧小平をはじめとする中国側指導者たちとの会談に臨んだ。二十七日に両国は「投資の奨励及び相互保護に関する中華人民共和国と日本国との間の協定」を締結した。中国の法律に則って、投資保護協定は国際条項の範疇に属し、その効力は国内の法律よりも高い。「中日投資保護協定」は投資の促進、保護、争議解決などの原則を定め、投資家のあらゆる投資活動をマクロで保証する体系である。

協定は十五カ条からなっており、その前文のなかで中日は両国間の経済協力を強め、投資および投資に関係するさまざまな活動と投資財産に対して良好な待遇と保護を提供することで、双方の国家と企業が相手の国内における投資環境を良くしていきたいとしている。協定の第一条で投資財産、収益、国民、会社に関する定義づけを行った。第二条から第六条にかけて、締結国は相手国の国民と企業の本国内における投資の許可、待遇、法的保護、行政提訴、国有化徴収に対する補償、敵対行為や緊急時における措置などで本国の会社、国民および第三国の国民と会社が享受する待遇と同等でなければならない、と定めている。さらに、締結国の国民と会社が協定を結んだ両国間および締結国の一方と第三国間における支払い、送金および投資財産の清算価格を含む貨幣や資金の自由な移動をも規定している。協定の適用に関して、第九条で一九七二年九月二十九日以降に締結国のいずれか一方の国民と会社が相手国内でその関連法令にしたがって得た投資財産と収益にも適用するとしている。

投資にまつわる紛争解決方法について、「可能な限り、紛争の当事者間の友好的な協議により解決される」と第十一条で定めている。紛争が六カ月以内に解決されない場合は、当該国民または会社の要請に基づき、一九六五年三月十八日にワシントンで作成された「国家と他の国家の国民との間の投資紛争の解決に関する条約」（ワシントン条約）を参考として設けられる調停委員会または仲裁委員会に付託される。しかし、締結国のもう一方の国民または会社がその国内の行政ないし司法による解決を求めた際、紛争を仲裁に付託することはできない。

第十四条は、両締結国の政府の代表から成る合同委員会の設立について定めている。その任務はこの協定の実施状況および二国間の投資に関連する問題について検討し、外資受け入れに関する一方または双方の国家の法制度や政策の進展に関連して、必要とされる協議と適当な勧告を行うことである。合同委員会は締結国いずれか一方の要請により、北京と東京で交互に行われる。

一九八八年十月に日本政府は中国へ「中国投資環境調査団」を派遣した。そのときの提言により、一九九〇年に両国政府の支援のもと、中国と日本はそれぞれ「中日投資促進委員会」と「日中投資促進機構」を設立し、一九九一年より両国は毎年一度の定期連合会議を開催し、対中投資を行う日系企業が直面する困難と問題についての意見を交わし、日本の対中投資をさらに促進させる方法について話しあっている。

三　「中日投資保護協定」の役割と意義

「中日投資保護協定」は投資環境の一部として、法的安定性と透明性の向上に貢献した。投資保護協定はすなわち資金受け入れ側の投資者に対する約束であり、投資者の母国に対する条約上の義務でもあった。投資保護協定の締結によって、投資先における投資者の保護義務と彼らに対して行った約束事を国際法のレベルにまで上げることができた。これによって、国内法の不備によって、海外投資への保護が至らなかったり、損害が発生したりする可能性をある程度押さえ、投資家が投資先における見通しをさらによくしたといえる。

資金の流れについて見てみると、中国はほとんど日本に対する投資はなく、主に日本の中国に対する投資である。したがって、この協定の締結は日本の投資家の利益を守るうえで重要な役割を果たしている。投資に関する待遇の水準は「中日投資保護協定」のもっとも重要な内容であった。公平で公正な待遇は中国が二国間における「投資保護協定」を結ぶうえでの基本的な原則であり、それには国民待遇と最恵国待遇が含まれていた。外国と結んだ中国の二国間投資保護協定に関して見てみると、中国が外国投資に国民待遇を与えるのは稀である。中国には全民、集団、個人の三種類の所有経済が存在し、三者の経済的な権利と義務も異なるため、その拠りどころとする法律と政策も同じではない。このことによって、国外の投資家に対して「国民待遇」を実施するのは極めて複雑なことである。よって、中国は二国間の投資保護協定のなかでは普通、国民待遇制度をとることはない。しかし、中国の経済体制における改革が進むにつれて、国際社会に通用する国民待遇制度をとる可能性も大きくなりつつあった。この試みとしていくつかの個別協定が現れた。たとえば、一九八六年に中国と英国の間に結ばれた「投資の促進および相互保護に関する協定」は、二国間投資保護協定において中国が初めて国外に対して国民待遇を提供した試みであった。中英協定は、締結国はできる限りその法律と条例にしたがって、相手の国民と会社の投資に対して、本国国民と会社と同じ待遇を与えることを定めた。こうした規定は一般的なものにとどまり、締結国に対して実際の義務を課していたわけではなかった。

一方、日中協定は国民待遇の問題で比較的大きな進展を見ることができた。この規定によると、投資受け入れ側はその域内における相手国の国民と企業の投資財産、利益および投資に関わる活動に対する待遇は、その本国の国民および企業に劣るものであってはならない。これは典型的な国民待遇条項であるが、その協議の議定書に重要な例外が一つあった。すなわち、締結国のいずれも実際の必要に応じて、国家の安全、公共利益および国民経済の正常な発展のために法律に則って相手国の国民に対して違う待遇をとることができることである。国民待遇に関する規定をしても、比較的慎重な態度をとっていることがわかる。また、協定に調印した際、両国が合意した議事録の第二項は国民待遇の適用範囲について述べ、それによると、原材料調達、電力やエネルギー、各種生産手段、国内外における商品、借款、技術の輸入、および国内外において支局の設置が含まれる。こうした規定は徐々に国際社会で通用するやり方に近づきつつあり、日本の投資家たちの中国に投資する自信につながり、投資環境の改善と経済の発展に貢献した。

さらに、中国の企業の実力が増進するにつれ、中国企業が日本市場へ進出することも可能となった。「中日投資保護協定」の締結によって、将来中国企業が日本に投資する際、彼らが「投資保護協定」にある待遇など一連の条項を利用して、法的権益の保護に良い保障になったといえる。

もっと重要なことは、「中日投資保護協定」の締結は中国のいっそう早い市場経済体制の構築に貢献したことである。たとえば、「中日投資保護協定」の締結を通して、中国は初めて日本の投資企業に限定的な国民待遇を与えた。市場経済体制の確立と対外的な開放、そして経済グローバル化がたえず進むにつれて、限定的な国民待遇ではもはやニーズに応えることができず、国外投資企業に対して全面的な国民待遇を提供するよう求める声が日々高まってきている。これを機に、中国が他の国家と締結した投資保護協定のなかで国民待遇に関する内容も豊かになってきた。市場経済は必然的に各市場におけるアクターが平等な待遇を受け、公平に競争することを前提としている。内資と外資企業の待遇に著しい差が存在することは、市場経済の基本的な精神すなわち平等な競争と相容れないものである。したがって、「中日投資保護協定」は外資企業に対して国民待遇を提供することで、客観的に中国の市場経済の発展を促した。さらに、中国がGATTへの復帰を積極的に申請する過程で、その経済大国である日本と投資保護協定を結ぶことによって、その後の中国GATT復帰に関する話しあいおよびWTO加盟に向けての協議にとって大きなプラス要因となった。

「中日投資保護協定」の締結以降、両国の投資分野における経済貿易協力は飛躍的な発展を遂げてきたといえる。しかし、投資保護協定の締結によって、投資領域において両国間の摩擦と問題がなくなることにはならない。日本の対中直接投資の規模が拡大するにつれて、中国にある日系企業の問題は主に以下の点に集中するようになった。①我が国は知的財産の保護に関わる法律を設けたが、具体的な実施は十分ではなく、偽商品に対する有効な対策はまだ見つかっていない。二〇〇二年の日本日中投資促進機構が日系企業に行った第七回質問調査の統計によると、知的財産の侵害を受けたと話す企業は四五%を占め、そのうち経営に著しい影響をきたしているとした企業は二二%あった。日本の経済産業省は二〇〇七年四月十五日に二〇〇七年版の「不正貿易報告書」を発行し、その中で十一項目の優先的に改善すべき問題をとりあげ、うち四項目が中国に対するものであった。なかには中国政府が偽商品と海賊版に対する取り締りを強めるよう求める要求も含まれている。②日系企業がその商品を販売する際に、よく掛売りの資金回収難に遭遇するケースである。これは商慣行と関連法制度の不健全さと関連する問題である。さらに、法的裁判が実行に移されないこともあり、販売に関して八三%の日系企業が過度の競争が存在していると感じていた。次に、債権回収に対する不安を抱える企業は調査対象全体の五二％を占めている。③直接投資に関する法制度と行政手続で、まだ適用上の透明性、突然の条例の変更および行政手続の煩雑さなどの問題が存在している。六八％の企業は関連法制度の実施に対して疑問を抱いている。④主にインフラ（水、電器、ガスなど）の稼働、および突発性の事件によるリスクの問題も日系企業の関心を寄せるところである。

日本の対中直接投資における問題に対し、中国は一貫して積極的な態度をもってこれに対処し、有効的な解決方法を模索してきた。国際的な慣例となっている規則を前提としてインフラ建設を積極的に推進し、行政の透明化と効率化を高め、関連する法律制度の確立と整備を早め、その実効性を高め、日本の投資企業の合法的な利益を保護し、それらが中国の経済発展においてさらに大きな役割を発揮できるようにしたのである。たとえば、現行の外資利用政策の全面的な連続性と安定性にさらに統一的な規範を加え、WTOの関連する規則に基づいて対外投資の調整措置を修正し、対外投資企業の生産経営における各種の制限を撤廃し、市場の秩序を規範化し、外国企業に対して良好な市場競争の環境を提供するなどの措置である。日本の投資家が比較的多く主張する知的所有権の問題については、中国政府は非常に重視しており、知的所有権の保護をすでに国家戦略と定め、比較的整った知的財産権保護のシステムを形成し、知的所有権の保護を強化し、引き続き五十都市において総合的な知的所有権苦情センターを建設した。二〇〇六年、中国はWTOの知的財産権保護条約のなかの二つの国際条項である「著作権に関する世界知的所有権機関条約」と「実演及びレコードに関する世界知的所有権条約」に加盟した。これは中国が知的財産権の国際協力を進める最新の動向である。

6 日本の対中経済制裁の率先解除

葉琳

一九八九年に中国国内で「政治風波」〔六四天安門事件〕が起こり、アメリカをはじめとする西側諸国は中国に対して制裁を加えた。日本も一度はアメリカに追随して中国への制裁実施を宣言したが、すぐに経済制裁を解き、中日関係の急速な発展を実現させた。この動きによって日本が大きな経済利益と中国人民の友情を勝ち取ったばかりではなく、中国も逆境を乗り越え国際社会に再び戻ることができた。これはまさにウィンウィンの出来事であったといえる。

一　日本が西側諸国に追随して対中制裁を実施

ソ連が解体し、東欧で激変が起きたまさにそのとき、「国際社会の大気候と中国独自の小気候」の影響のもと、一九八九年の六月に中国で「政治風波」が起こった。一瞬にして、中国は国際世論の注目を集めた。「政治風波」が中国政府によって鎮静化された後、国内が徐々に安定に向かっていくなか、アメリカをはじめとする西側諸国は頑なに中国への制裁を下した。一九八九年六月五日から七月十五日までのわずか一カ月あまりの期間において、アメリカに引き続き西欧と日本も相次いで中国に対して制裁措置をとり、一時は「暗雲城にのしかかり、城いよいよ崩れんとす」の勢いを呈した。この間、アメリカをはじめとする西側諸国が中国に対してとった一連の制裁措置は主にハイレベル交流の停止、武器の輸送禁止、経済的な対中制約などであった。

一九八九年六月五日に、アメリカのブッシュ大統領は中国に対して制裁の実施を発表し、あらゆる中国向けの武器輸出を中止し、米中両国の軍のハイレベル相互訪問を中断した。六月二十日にブッシュはアメリカ政府に指示を出し、中華人民共和国政府とのハイレベル交流をすべて中止させた。六月二十九日と七月十四日にアメリカの下院と上院で相次いで中国制裁に関する修正案が通過され、中国に対する貿易最恵国待遇の取り消しなど、ブッシュ大統領がよりいっそう厳しい措置をとるよう要求した。六月二十七日にEU委員会は中国を批難する声明を出し、中欧関係に損害を与えるような決定を一方的に下してしまった。一九八九年七月十四日から十六日にかけて、フランス、アメリカ、イギリス、ドイツ、日本、イタリアとカナダの七カ国首脳およびEU委員会首脳はフランスのパリでアルシュ・サミットを行い、中国との指導者層の相互訪問を停止させ、中国向けの武器の販売および商用武器の輸出を止め、世界銀行など国際金融機関が中国へ提供する新たな借款を延期させるなどの制裁措置を打ち出した。それにとどまらず、アメリカはさらに国連を通して中国への制裁を発動させ、中国に対する世界的な制裁を企てた。

アメリカの忠実な盟友として日本はかねてからアメリカの外交戦略に頼り続けていた。本心とは裏腹ながら、西側諸国の中国に対する経済制裁に同調するため、日本も一連の制裁措置をとることとなった。なかには一九九〇年四月に提供が予定されていた八百十億円の第三次政府借款の凍結、政府間のハイレベル交流の中断、すでに企画を終えていた経済と文化交流に関する（対中投資促進組織の立ち上げ会議一つと日中間ハイテク移転に関する会議一つが含まれる）いくつかの会議の中止、およびその他の制裁として、日本が一方的に中国との軍事交流を中断させたことが挙げられる。

二　日本が率先して対中経済制裁を解除

西側諸国に追随して日本が対中制裁を下したものの、他の国家と比べやはり異なる点が多くあった。報道によると当時の日本の三塚博外相はかつて次のように述べたという。中国へ共同制裁を下した各国のなかで、日本はずっと本心に反して振舞ってきた。これは西側諸国の一致した立場を維持するためであり、日本はやむなくアルシュ・サミットで下された対中制裁に同意してしまった。しかし、会議の場で日本は中国のために弁明し、先進諸国の対中制裁がエスカレートしないよう進言した。日本の対中制裁における態度と程度はともに余地を残しているばかりではなく、率先して対中経済制裁を解いている。日本がこうした政策と措置をとったのは、多くの要因が同時に働いた結果によるものである。

1．日本の国内要因

経済的な基礎がその上層の構造を決定づけ、そして上層の構造は経済の基礎のために役割を果たさなければならない。初期において日本がアメリカに追随して中国に対して制裁を行ったが、自らの利益を考慮して余地を残さざるをえなかった。中国と日本はともにアジア地域に属しており、新中国が成立後、とくに中日国交正常化以降における両国の経済と文化の交流は日増しに盛んになっていた。また、中国は一九七〇年代から改革開放政策を始め、経済の近代化を進めた。十数年の発展を経て、中国経済は大きな変化が現れ、中日間の経済交流もさらに広く、深くなり、双方の間に補いあい、共通利益の追求といった経済的な利害関係が形成されていた。日本は中国との経済関係を発展させなければならない。それは国内の経済発展のニーズに即していると同時に、東アジア地域における持続した経済発展におけるリーダーシップを発揮するためでもあった。このことから日本は先進諸国のなかで最初に対中関係の改善に乗り出したのである。

対中制裁措置をとり、対中借款を延期したものの、ジオ・ポリティクスの要因を考慮して、日本政府はつとめて中国がさらに孤立してしまうことを避けようと慎重になっていた。制裁で中国国内の強硬派が力をつけ、中国の民族主義が強まる可能性が大いにある、と見る日本政府関係者も存在した。彼らは、大陸の政治的な動揺と経済的な停滞によって、アジア太平洋地域の平和と繁栄が直接被害を被ると考えていた。日本の外務省はとくに次のように強調している。「歴史的な要因を考慮に入れれば、中日関係は米中関係と異なることがわかる（すなわち二次世界大戦中、日本が中国で行った軍事侵略行為のことである）。北京は日本の加えた経済制裁に対して強く批判する可能性があることを想定し、日本は慎重に行動をとらなければならない」。この見方は商工業界の多くの賛同を得ていた。むろん、こうした二重の態度によって外交上の手詰まりが必然と生じ、対中政策に混乱をきたしてしまった。日本がさまざまな選択肢のなかでバランスをとることを強いられ、先進諸国と中国に対して次のことを表明しようとした。①日本は引き続き西側諸国との協調を保っていく。②日本は中国がいっそう孤立していくことを防止する。つまり、日本は対中政策に関して中国方面と西側方面という二つの異なる路線を同時に歩む必要があった。したがって、日本はできる限り日中間の友好ムードを保ち、あらゆる機会を利用して中国に友好的な態度をアピールしてきた。たとえば、新たな借款のリリースを拒否したものの、日本は一九八九年八月に進行中のプロジェクトへの援助凍結を解除した。一九八九年十月、三千万ドルの地震救済借款（一九八九年十月）と六千万ドルの農業計画クレジット借款（一九九〇年二月）を含み、世界銀行は中国向けの人道的支援借款を再開した。世界銀行にリードされた形で、北京テレビ放送局と上海にある病院の設備改善のため、日本政府は一九八九年十二月に初めて三千五百万ドルのドネーション援助を新たに提供した。

日本がこうした政策と措置をとったのは、その政治指導者の戦略および決定と密接に関係している。自民党の衆議院議員である海部俊樹は内閣官房副長官と文部大臣を歴任し、二期連続で内閣総理大臣の座に就いた。かねてから中国に対して友好的な態度をとり、一九八九年に初めて日本の首相に選ばれると彼は厳しい中日関係の局面に立たされていた。中国は日本にとって重要な隣国であると彼は考え、安定した中日関係を維持し発展させていくことは両国にとってばかりではなく、アジアと世界の平和と安定に対しても重要な意義をもつ。こうした認識に基づき、海部は一貫して中日関係の回復に尽力してきた。その任期中に、彼は凍結された日本の対中援助を新たに発動させ、一九八九年の北京政治風波後初めて中国を訪問した西側陣営の国家首脳となった。さらに、もう一人の政治家、伊藤正義も日本が率先して対中制裁を解くことに良い影響を与えていた。伊藤正義はかつて日本の内閣官房長官、外務大臣、代理首相などの要職を歴任している。彼のような日本の政界における重要な政治家が、一九八九年の波乱が起きた三ヵ月後すぐさま中国を訪問したことは、西側諸国のなかでも初めてであった。訪中に先立ち、彼は次のように話している。「私は幾度となく中国を訪問してきたが、今回ほど気持ちが重く感じるときはない。自民党の内外で多くの人々が私の訪中に反対している。しかし、中日の友好は口先だけにとどまってはならない、と私が説き聞かせ、困難があるからこそ私は中国を訪問しなければならないのだ。」伊藤正義は北京で鄧小平などの中国側指導者たちと密接な会談を行った。帰国後、彼は中国の改革開放の政策と対日友好政策はけっして変わることはないという鄧小平の話を広め、日本の対中友好政策も変わるべきではないと主張した。

日本の友好的な個人や団体も積極的に中日関係の回復に努めた。政治風波の一週間後の六月十一日に日本国際貿易促進協会理事長の中田慶雄が北京を訪問して、実地調査研究を行った。日本に戻ると、彼はすぐに貿易促進協会の全体理事会を開き、休まず十数の都市で講演を行った。講演のなかで彼は日本国民に次のように告げている。「波乱はすでに過ぎ去っています。今の中国はすでに安定を取り戻し、みなさんは投資と貿易を再開していきましょう。貿易促進協会は引き続きみなさんのために道を切り拓いていきたいと思います。」まさに中田慶雄の説得と努力によって、多くの日本のビジネスマンは対中貿易を再開したのである。当時、中田は恐喝の手紙や電話を含む日本右翼からの恫喝を受けていた。極端な者はナイフを持ってオフィスに侵入するケースさえあった。しかし、中日友好を促進していこうという彼の信念はけっして揺らぐことはなく、中日友好の重要な節目に身を挺して進言し、両国の友好を保とうとした。さらに他の資料によると、日本が対中制裁を決定した後、日本の各友好団体は相次いで政府の対中制裁解除に向けて働きかけ、中日友好回復のためにたゆまぬ努力をしてきた。

2．国際要因

一九八〇年代の冷戦末期に、アメリカは世界で真の覇権を握り、全世界の発展はすべてアメリカと密接に関連しているかのようであった。日本が率先して対中制裁を解除したのはアメリカによる要因もあった。

一つには、一九八〇年代末、日本経済と国家としての総合的な国力の迅速な発展にともなって、アメリカがまず打ち出したのは「中国脅威論」ではなく「日本脅威論」であった。東アジアでアメリカ安全保障の面で中国に目を光らせ、経済面では日本と駆け引きをしていたといえよう。対中制裁に関して日本の措置はもっとも軽く、さらに最初にそれを解除している。これにはアメリカの要因も客観的な役割を一部果たしている。当時経済面でアメリカからのバッシングを受けていた日本は、中日関係の改善を通してアメリカからの圧力を部分的に解消していこうと試みていた。そこには明らかに大国同士のパワーバランスを利用しようとする試みがあった。

一方、対中制裁をリードしていたアメリカではあったが、それとなく中国とのコンタクトを取り続けていた。一九八九年七月に、制裁を率先して行っていたアメリカ政府は当時の国家安全保障問題担当補佐官であるスコウクロフト補佐官を大統領特使として派遣し、「秘密裡に訪中」をした。彼はブッシュ大統領を取り巻く難しい環境および米中関係を可能な限り維持し、回復させ、そしてさらに強めていきたいという大統領の立場を説明し、中国に対して制裁を行うアメリカを弁明し、中国政府指導者からの理解を取りつけることで、米中関係を保とうとした。さらに、一九九一年十月にブッシュ大統領は政治的な条件を抜きにしてベーカー国務長官を正式に訪中させた。アメリカの動揺を目の当たりにして、日本と西ヨーロッパはいわゆる「制裁」はきっと長続きしないと理解した。そのうえ、先進諸国による対中国政府「制裁」は彼ら本国の利益に合致したものではなかった。改革開放を推し進める中国はすでに西側諸国をはじめとする世界に確かな経済利益をもたらしていた。これらの国々の商工業界ないし一般消費者も「制裁」を通して中国を瓦解させたり、中国の発展速度を制限したりしようと心から望んでいたわけではなかった。したがって、西側諸国の政治指導者達でさえ、はたして「制裁」は効力をもつかどうかに関して自信をもっていなかった。その結果、早くもEUの「三頭立馬車」であるイタリア、アイルランドとルクセンブルクの外相がEU内で決定を出し、徐々に中国とのハイレベル・コンタクトを回復させていった。そして、三年足らずの間に西側諸国の「制裁」戦略は攻められずして崩れ落ちた。

三　制裁の中止宣言と双方の指導者による相互訪問

一九八九年の北京の政治風波の後、日本は西側諸国に同調して、中国を制裁し、第三次円借款の関連作業を中断し、対中技術設備の輸出を厳しく制限すると同時に、政府関係者による相互訪問が途絶え、民間の友好交流も影響を受けてしまった。ここに中日関係が再び停滞した。

中国政府の積極的な行動、日本財界の推進、および日本国内の友好的な人々の大きな努力の甲斐あって、一九八九年八月に政権に就いた海部俊樹内閣は西側諸国のなかで率先して対中制裁の解除に乗り出した。一九八九年十一月に日本政府は対中無償援助を回復させた。また、一九九〇年十一月に日本は第三次円借款を正式に復帰させ、中国向けのハイテク輸出を軌道に乗せはじめた。さらに海部俊樹首相は一九九〇年と一九九一年のサミットで「中国を孤立させない」よう呼びかけ、中国に対する全面的な制裁に反対して、中国の孤立はアジアと世界の平和と安定にとって何の利益もないと強調した。こればかりではなく、日本政府はまた多方面に働きかけ、人的交流の制限を取り払い、中国との友好交流を積極的に展開しはじめた。一九九一年一月に橋本龍太郎大蔵大臣は「政治風波」後初の閣僚として中国への訪問を果たした。日中外相による相互訪問の後、同年の八月十日に海部俊樹首相が中国を訪問した。海部が対中制裁の解除と円借款の復帰を宣言したことは、日本がすでに名実ともにその対中制裁を解き、両国関係の修復作業を終えたことを意味していた。海部俊樹首相の訪問期間中に、中国は原則として「核不拡散条約」への加入を宣言した。そして、第三次円借款として、日本政府は一九九一年度に二十二項目からなる一千二百九十六億円の借款を一括で中国に提供することを海部俊樹首相が中国側に正式に伝えた。この訪問によって両国の政治関係が全面的な回復を見ることができ、経済協力もすべて回復していっそう強固なものになった。世論はこの中日関係を「新たな蜜月期を迎えた」と称した。一九九二年四月六日から十日にかけて、江沢民総書記が日本を訪問して各界と広く交流し、中日友好と天皇訪中が両国関係の発展にとっての重要な意義をもっと訴え、日本側の懸念をいっそう払拭することに成功した。そして十月二十二日から二十七日にかけて天皇皇后両陛下が中国を正式訪問した。中日関係の修復と突破にともなって、中国制裁を行っていたもう一つの西側グループであるEUもその立場を緩くしはじめた。

ジオ・ポリティクスと経済利益を考慮して、日本はアメリカなどの西側陣営の反対を押し切って率先して対中制裁を解除し、対中援助を回復させ、中国との友好交流を積極的に展開した。これによって、西側の他の国々が徐々に中国制裁を緩める良いきっかけができた。中日関係の雪解けは、中国が当時直面していた外交環境の改善にとって大きな役割を果たした。日本は「中国を孤立させる」ことを主張せず、西側諸国のなかで率先して対中経済制裁の解除を宣言し、これによって、中国経済が発展に向けて再び活力を与えられ、中国の改革開放の国際環境も日増しに良い傾向をたどり、日中経済関係も急速な発展を遂げることができた。

7　中国の世界貿易機関（WTO）加盟に対する日本の積極的な支持

張青松

二〇〇一年十一月十日に中国は世界貿易機関（WTO）への加盟を果たし、WTOの百四十三番目の加盟国となった。中国の加盟の道は紆余曲折したものであった。そもそも中国はWTOの前身である関税および貿易に関する一般協定（GATT）の創始国家の一つであったが、複雑に絡みあう国内外の政治、経済環境の制約を受けて、新中国が成立後その合法的な地位は長く回復されずにいた。一九八六年七月十日に中国は正式にGATTへの復帰申請を行い、その長い道のりがここに始まった。しかし、法外な価格要求を突きつける締結国がいくつか存在していたことなどで、復帰に向けての話しあいは一九九五年にWTOが成立するまで主要締結国との間で一致した見解を見ることはなかった。中国はGATTの加盟国としてWTO入りを果たすことはできなかった。GATT復帰の業務も、困難と複雑さを極めたWTO加盟申請に切り替わったのである。

一　中国はWTO加盟に日本の一貫した支持を得た

近隣として、日本は中国のGATT復帰およびWTO加盟に関する話しあいのなかで一貫して前向きな態度をとり続けてきた。中国が一九八六年七月十日にGATT復帰の申請を申し入れたとき、日本はそれに対して支持を示した。日本をはじめとする二十六の国と地域が一九八六年七月十五日のGATT理事会に参加した。そこで中国政府を代表して銭嘉東大使が発言し、復帰に関する中国の三原則を述べた。理事会に出席した加盟国は順次意見を述べ、日本代表は次のように述べている。「（中国のGATT復帰に関して日本は）政治的に支持し、法的に解決できると考え、経済的によく話しあわなければならない。」その後、一九八六年七月に中国がGATT復帰申請を申し入れて一九八九年六月に至るまでの間、中国は日本、アメリカなど主要加盟国と二国間協議を重ね、復帰に関する核心的な問題について一応の理解を得ることができた。これによって、中国の対外貿易に対する質疑応答および総合的な評価作業がおおむね収束した。協議は多国間と二国間でほとんどまとまっており、一九八九年末に「GATT復帰」に関する話しあいを終えることが予定されていた。しかし、一九八九年六月に「政治風波」〔六四天安門事件〕が起きるとアメリカをはじめとする西側諸国は対中経済制裁を行い、復帰の一時見送りを制裁の重要な内容の一つとした。加えて、中国の国内経済は調整の段階にあって、「GATT復帰」に関する話しあいと直結する二国間協議およびジュネーブ・ワーキング・グループ形式で進行していた多国間協議も事実上、みな機能を失ってしまった。これらのことは「GATT復帰」に関する話しあいで中国が第一段階で得た成果をも失おうとしていた。

こうした状況のなか、日本は西側先進国のなかで率先して中国との経済協力を再開した。一九九〇年七月十一日に、海部俊樹首相はヒューストン・サミットで、中国に対する政府借款を再開すると公言した。続いて一九九〇年八月二十七日に、桜内義雄衆議院議長は中国を訪問した。さらに一九九一年八月十日に、北京で「政治風波」が起きた後、海部俊樹首相は西側諸国の現職首脳として初めて中国を訪れた。そのなかで、海部首相は「新しい世界と日中関係」と題された演説を行い、日中関係は両国にとってばかりではなく、この地域と世界の平和と安定にとっても重要な役割を果たすと強調した。このように、日本政府の一連の動きによって、中国と西側諸国との関係修復が始まり、同時に中国が再び協議に乗り出すために重要な貢献をもたらした。

一九九五年一月一日から世界貿易機関（WTO）は正式に成立し、機能しはじめた。その年の一月に北京を訪問した武村正義大蔵大臣は、中国が早く協議を再開させるよう日本をはじめとする西側諸国が待ち望んでいる旨を伝えた。一九九五年五月九日に中国はアメリカ、日本EUなど二十の締結国と非公式的ないわゆる予備協議を始めた。協議そのものはなんら実施的な進展を見ることはなかったものの、これを通じて中国と締結諸国との関係がある程度緩和されることとなった。一九九五年十一月に中国のGATT復帰協議はWTO加盟協議へと切り替わったが、欧米先進諸国の現実にそぐわぬ要求で、話しあいが難航した。にもかかわらず、中国はたゆまぬ努力で一九九七年八月にニュージーランドと中国WTO加盟に関して世界で初めて二国間同士での合意を見ることができた。また、中国WTO加盟に関する日中間の話しあいも比較的速い進展を遂げることができた。一九九七年九月四日に両国は消費財市場入りの枠組み協議に関して全面的な合意を得ることができた。一九九七年十一月十一日から十六日にかけて、李鵬総理に同伴して日本を訪問した外国経済貿易部首席協議代表の龍永図副部長は日本の外務省の原口幸一外務審議官と中国の「WTO加盟」に関して共同声明を発表した。声明のなかで、両国はすでにサービス市場参入に関する協議で大きな進展を得たことが改めて強調され、よって、中国の「WTO加盟」に関する二国間の協議はおおむね収束したことを世間に示した。一九九九年七月八日から小渕恵三首相は三日間にわたって中国を正式訪問し、朱鎔基総理との首脳会談を行った。両国の努力で、小渕首相の訪中の際、すでに双方の関連部門によって中国のWTO加盟に関する二国間協議がすでに実質的に終了した。そして、両首脳はこのような中国のWTO入りに関する日中間の協議を嬉しく思っていた。一九九九年七月八日、小渕首相と一緒に中国に訪れた高村正彦外務大臣と野田聖子郵政大臣は、中国の石広生対外経済貿易協力部部長と中国のWTO入りに関する日中間協議についての話しあいを行った。また、七月九日に両国政府の代表団は北京で「中国のWTO加盟に関する中日二国間協議についての共同プレス・コミュニケ」を発表した。

ここに至って、日本は先進諸国のなかで中国との協議をいち早く終わらせることができた。中日間に実質上の合意が得られたことで、WTO早期加盟に関して中国の他の国と地域との二国間協議にとって有意義であった。その後、中国はアメリカ、EUなどと相次いでそのWTO加盟について合意し、すべてのメンバー諸国と市場参入についての二国間同士の話しあいを終えた。中国はもはや二〇〇一年十一月十日にドーハで開かれるWTO第四回部長級会議で、加盟に関する審議決議を待つのみとなった。

しかし、まさに中国がWTO入りを直前に控えた肝心なときに中日間に貿易摩擦が生じ、世界から注目を集めた。二〇〇一年四月二十三日に日本政府は主に中国からの農産品であるネギ、シイタケ、畳表に対してセーフガードを暫定措置として適応し、高額な関税を課した。協議が結果を見ないまま、六月二十二日に中国は日本からの自動車、携帯電話、車載無線電話機および空調機器に対して百％の追加関税を課すことを決定した。平沼赳夫経済産業大臣はこれに対して強硬な態度を示したものの、中国のWTO加盟支持を重要な原則としているため、今回の貿易摩擦のことで日本は立場を変えることはないとした。

二　中国のWTO加盟後の日本の反応およびその中日経済協力に対する影響

二〇〇一年十一月十日に中国はWTOへの加盟を果たした。共同通信社、時事通信社はこの歴史的な出来事をすばやく報道し、朝日新聞や毎日新聞などのメディアも中国の加盟をシリーズで取り上げた。主要メディアの大多数は中国のWTO加盟を支持し積極的に評価していた。たとえば朝日新聞は次のように述べている。「WTOは十三億人を有する最大の発展途上国を受け入れた。これによって、世界自由貿易体制をより強めると同時に、国際経済協力と競争をさらに加速させることにもなる。中国の加盟は世界の経済発展をさらに促進させる要因となる。日系企業は中国に大きな期待をもっており、その加盟によって日本をはじめとする国々に対して新たなビジネス・チャンスがもたらされると考えている。」さらに毎日新聞は、WTO加盟後中国の商品輸入関税は徐々に下がり、投資に対する制限も緩くなるだろうと報道し、海外企業のさらなる対中投資が誘致されることで、中国の経済基盤がさらに固められ、世界の貿易構造に対しても大きな影響があるだろうとした。また、中国の市場開放にともない、中国向けの外国商品も増加するであろう。同紙はさらに五年後の中国関税の下げ幅についてもカテゴリー別に紹介した。また、読売新聞によると、国際社会のビジネス・ルールが中国で適用されるにつれて、中国の市場、資源と生産力は低迷する世界経済を刺激するうえで大きな役割を果たすかもしれない。しかし、日本経済新聞によると、今後両国のネギ、シイタケのような貿易紛争はWTOの訴訟を通して解決することができ、それによって中日の貿易協議にも影響が出てくることが予想される。また、東京新聞は中国のWTO加盟は大競争時代の開始で、日本にとっての両刃の剣であると称し、日本政府は付加価値の高い新型産業と一日も早く育て上げ、中国に対抗しなければならないとした。一方、産経新聞は日本に対して「脅威」となる「経済怪物」としての中国のイメージを広め、人民元を切り上げることで中国製品の輸出競争力を抑える「対策」を講じた。

日本政府も中国の加盟成功を熱烈に祝い、中国の加盟は低迷する世界経済にとっての「カンフル剤」となると話した。田中真紀子外相は二〇〇一年十一月十二日に演説を発表し、日本政府は中国の加盟を心から歓迎し、日本は今まで一貫して中国の早期加盟を支持してきた。加盟によって中国の改革開放がさらに勢いづき、世界の繁栄と安定に貢献してほしいと、祝賀の意を述べた。大島経済産業省副大臣も次のように語った。「中国の加入によってWTOはさらに多元的な組織へと変わっていった。このことは多角的な貿易体制の増強は中日両国の貿易経済協力関係にとって遠大な影響をもたらすであろう。」さらに、今後双方が争議を解決するメカニズムを共有することが、両国にとってもっとも間近にある利益であると強調した。

中国のWTO加盟はむろん日本に対してプラスの影響を及ぼしている。両国経済協力の補完性とウィンウィン効果が高く、双方の共通利益にマッチしている。日本が中国のWTO加盟で最大の利益を享受することになるかもしれない、と世界銀行が中国のWTO加盟のときに指摘している。海部俊樹元首相が語るように、中国がWTOへ加盟し、世界経済と足並みをそろえることで、中国にとってばかりではなく、アジアと世界の経済にとっても重大な意義を持っている。

中国のWTO加盟後、開かれた中国市場から日本は大きな利益を得ることができた。日本の中国での製造業に対する投資の割合が日増しに高くなり、中国が「WTO加盟」の際に開放を承諾した新分野にもジャパン・マネーが流れ込んだ。投資の領域は製造業から金融保険などのサービス業にまで拡大し、比較的優位性のある大手企業のなかには対中投資を増大する企業もあった。中国の開かれた自動車、通信、金融とハイテク産業に日系企業が群がった。例えば、ホンダ自動車は二〇〇二年から広州で合弁の形をとり、小型乗用車の生産を始めた。日本の松下通信工業も中国のキャリアと次世代携帯電話機の共同開発のための合弁企業を立ち上げた。二〇〇二年三月、中国の国有金融会社三社、香港上場の閩信グループ有限会社、アジア開発銀行、日本の新生銀行とアメリカの金融グループによって中国初の中外合資銀行であるアモイ国際銀行が誕生し、国内個人向けの外貨業務経営権を初めて獲得した。また、東京三菱銀行の天津支店は人民元の取り扱い業務が認可され、みずほ銀行、三井住友銀行、UFJ銀行のそれぞれ三支店も中国での経営を認められた。二〇〇三年十二月上海の上海広電集団（SVA）と日本生命はそれぞれ五〇％出資して「広電日生人寿保険」を設立し、当社は初の日中合資による生命保険会社となった。商業の面では、二〇〇二年七月に日本の丸紅株式会社は上海一百集団と二億元を投資して合弁で百貨店を設立し、国内商品と自らが輸入する商品の国内卸売りをベースに、初の中外合資による卸売り会社となった。日本のソニーは二〇〇二年初め頃から中国でノート型パソコンの生産を開始し、さらに上海に設立したカメラ製造の子会社は、ハイエンド・デジタルカメラを生産し、ハイテク分野を占めている。中国の日本コニカ現地法人はデジタルカメラを年間三十万台規模で製造して、世界各国に向けて輸出している。

中国が金融、サービス市場を開放することで、もっとも直接的に恩恵を預かるのが日本である。近年、日本の中国金融市場向けの投資が急増している。日本の三菱東京UFJ銀行は二〇〇六年六月に中国銀行に対して一億八千万ドル投資した。大和証券SMBCも二〇〇六年六月に二十六億二千万円で上海広電集団およびNECとの合弁会社の株の一部を買いとることを発表した。その他の業界に対する投資も大幅に増加している。日本の財務省が発表した統計によると、金融や融資などのサービス業を含み、二〇〇六年に日本が中国に対して行なった総額六十一億六千四百万ドルの投資において、金融、保険と融資などの分野における投資額は十五億六千六百万ドルに達していた。非製造業による投資の増加は日本の対中投資が新たな段階に入ったことを示唆している。

8　東アジアの地域協力における中日の駆け引き

葉琳

地域経済の統合と経済のグローバル化は、ともに二十一世紀の世界経済発展において大きな潮流となっている。現在、世界経済の三つの地域、すなわち北米、西欧および東アジアにおいて、西欧ではすでにEUが成立している。北米にはアメリカ、カナダ、メキシコで結ばれたNAFTA（北米自由貿易協定）があり、それは南アメリカにまで拡大してアメリカ大陸すべてのFTA締結へと模索されている。東アジア地域においては、統一的、制度的に準備された経済組織の構築はいまだになされていない。東アジア地域の経済貿易協力制度構築の遅延は、地域内経済貿易の相互依存度がますます高まる現状と著しく落差がある。このような背景において、アジア各国、とりわけ中日両国は、地域内の経済協力をさらに強化しようとしている。

一　中日両国の努力が欠かせない東アジア地域協力

中国と日本は東アジアの二大大国であり、東アジア地域の経済や政治、安全保障に関して大きな影響力を有し、東アジア自由貿易地域と東アジア共同体の構築の過程において重要な役割を果たしている。そのため、東アジア自由貿易地域と東アジア共同体の構築が歴史的潮流となっている現在、中日両国は協力して地域協力を促進させ、そのなかで両国間の矛盾を解決し、共同で東アジア自由貿易地域と東アジア共同体の構築を推進するべきである。つまり、中日両国の自由貿易がなければ東アジアでの自由貿易もなく、東アジア共同体もありえないといえる。東アジアの安定を実現させるためには、日中間の友好関係を進展させて両国の安定を実現させなければならない。それこそが東アジアの持続的な平和と繁栄の確保と東アジアの調和を実現させるカギであり、新時代に与えられた両国の歴史的な義務であり責任である。

資源で中日両国は比較的高い相互補完性をもつ。中国には安価で資質の高い労働力がある一方、日本には高い技術力と国際競争力がある。経済貿易協力は両者ともに有益なものとなっている。現在、中日両国は経済協力の重要なパートナーである。緊密化する中日両国の貿易関係は、東アジアを中心とするアジア経済の発展を推し進めている。しかも中日両国は、アジア各国との貿易関係も十分に密接であり依存度も高い。アジア経済の盛衰は日中経済の発展に直接結びついており、アジア経済の健康的な成長に直接的な影響を与えている。中国の輸出額の五〇%以上は対東アジアであり、東アジア地域における対中投資はその総額の七〇%以上に上る。中国と東アジアの経済貿易関係は非常に密接であり、中国経済の発展はアジア抜きに語ることはできない。東アジア諸国との緊密な協力が中国の経済貿易発展の基礎となっているのである。日本の経済発展の過程においても、東アジアはつねに重要な市場であり続けた。東アジアへの輸出は全体の四〇%以上を占めており、また、増加傾向にある。日本の東アジア地域に対する投資も非常に高い割合を占めている。つまり東アジア各国の経済発展の相互依存度は非常に高く、そのなかでも中日両国はその中心となっている。そのため、両国間がお互い協調してアジア地域における協力についての戦略を策定し、将来の共同発展モデルを打ち立てることが、両国と東アジア地域経済をともに繁栄させ発展させるための優先的なプランとなる。

東アジア地域の協力には、主導権の問題が存在している。地域アイデンティティという側面から見た場合、中国は東南アジア諸国から「アジアの中国」と見られる必要がある。同様に日本も「アジアの日本」として受け入れられたい希望がある。両国ともに東南アジア諸国と社会から疎遠にされることを希望していない。このような背景のもとで、ASEAN（東南アジア諸国連合）が地域協力組織として、組織運営上有効なレベルで対象地域を拡げたにも関わらず、中国と日本はともに、アメリカのような「パワーバランス」という理念に基づいた地域協定のようなメカニズムを作ろうとはしなかった。中日両国関係に横たわる構造的な課題があるなかでは、日中が共同で新たに（ASEAN主導から脱して）地域協力のメカニズムを作るに際し、政治的基礎がかなり欠けていたのである。そのため現在の東アジア協力は、ASEANが主導的な役割を果たしているように思われる。しかし、総合的な経済力から考えれば、ASEANは東北アジアに位置する日中韓にははるかに及ばず、しかも金融危機以降は脆弱化しており、ASEANが指導的な役割を発揮するのは難しいと思われる。現在、ASEANがある種の主導的立場をもつに至った大きな要因の一つは、大国のもつ政治的な問題が功を奏したことにある。中国は諸外国が抱く「中国脅威論」や疑念を考慮している。日本も中国が主導権を握った後に自国の立場が失墜することを憂慮している。そして大国同士の争いは東南アジア諸国とＡＳＥＡＮの発展につながり、結果的にＡＳＥＡＮを主導的地位に押し上げた。しかし我々は、いくつかの提言や主体的行動がＡＳＥＡＮ経由でなく日中から提議されていることにも注目すべきだろう。東アジア地域協力に関し、日中等の地域大国が強い影響を与えるべきなのである。たとえば「中国－ＡＳＥＡＮ自由貿易地域」の提言は中国が行った主体的行動である。二〇〇三年十二月の「日本－ＡＳＥＡＮ特別首脳会議」は日本の提言により東京で開催された。大国のなかでも中国は、率先して「東南アジア友好協力条約」に加入し、韓国と日本がすぐにそれに続いた。日中協力こそが東アジア協力を推進するカギであることがわかる。

このところ、東アジアは世界経済においてもっとも発展し、活力のある地域である。国家と地域間の経済貿易上の相互依存はますます高まっている。投資が貿易を推進し、その貿易が投資をさらに促進させる構造ができあがりつつある。しかし残念なことに、中国と日本、韓国およびＡＳＥＡＮが一つの地域に存在するにもかかわらず、統一的な経済共同体を形成できずにいる。これまでの、ＡＳＥＡＮ＋３は依然として連絡システムにすぎず、実質的な地域経済協力組織を発展させることができていない。このような状況は東アジア諸国の経済貿易関係と経済発展を立ち遅らせている。これは東アジア地域諸国がグローバルな競争のなかで劣勢に立たされるのを意味するのみならず、ブロック化する世界経済においてリスクとなり、不利な地位に追い込まれることを意味する。しかも、東アジア地域協力は比較的初期段階にとどまっており、さまざまな困難と障害に直面している。歴史的要因による中日関係、中韓関係の冷え込みや、それによる東アジア地域協力の停滞は、世界経済一体化の潮流を踏まえれば東アジア地域にとって不利な状況である。東アジア地域協力を真に成就させるためには、現状から脱し、日中が手と手を結ぶ協力関係を構築する必要がある。

二　東アジア協力の現状における中日の駆け引き

東アジア協力は一九九七年に正式に開始され、すでに良好な基礎を築いている。一年に一度行われるＡＳＥＡＮ10＋３会議は制度化されてきており、ＡＳＥＡＮ＋３、三つの10＋１と中日韓との首脳会談、東アジアサミットの体制を作り上げ、首脳会談、局長級会議、ハイレベル協議などを相互に連携させることで、多角的な対話と協力システムを構築している。同時に各種学術フォーラムも必要に応じて開催され、東アジア協力のための知的レベルでの支援を提供するようになってきている。中日両国は一貫してこの体制のなかで良好な協力を行っている。

1. 中日韓三国の首脳会談

一九九九年十一月二十八日、中国の朱鎔基総理がマニラで韓国の金大中大統領、日本の小渕恵三首相とともに日中韓首脳非公式朝食会談に出席した。三国の首脳は自国経済状況と地域経済の状況について友好的な対話を行った。中日韓首脳会談はこのように幕開けした。東アジア協力が最終的に成功するかどうかは中日韓の協力次第である。しかし実際は東アジア協力のなかでもっとも動きの遅い三つの大きな車輪である。

東アジア協力は、ASEANが中心にあるが、カギとなるのは中日韓の三国である。将来の東アジア共同体の構築において最も困難な問題は、中日韓三国が共通認識を得て真に「心を一つにする」ことである。なかでも中日両国が手を取りあうような協力関係をつくることである。日本と中国は世界的な経済大国であり、東アジア最大の二大経済体である。両国のGDPを合わせれば東アジア全体の八二%を占めることになり、東アジア経済の中心部分となる。しかし歴史面、政治面、地政面等の複雑な要素があるために、両国が協力しあうことは容易ではなく、真にすべての東アジア地域の協力を団結させて推進するのはさらに困難となる。中日、韓日関係は脆弱であり、歴史的な影がしばしば行く手を阻み、三国および東アジア協力の障害となっている。安倍晋三首相の就任を機に中日、韓日の関係は改善、発展の兆しがみられ、三国の合作が積極的に発展する方向に向かった。中国側の提案により、三国間で「日中韓三国間協力に関する行動戦略」が承認され、さまざまな分野での具体的な協力協定が盛り込まれた。二〇〇六年の第七回中日韓首脳会議は、二〇〇四年以来の三国会談である。三国の首脳は政治的な相互信頼と相互利益協力を高めることについて意見交換を行い、実利的な観点から次の五項の共通認識に至った。三国の首脳交流を強化し、不定期会談を三国で順番に行う。三国の外交部門によるハイレベル定期協議の制度を設ける。貿易や投資、エネルギー面の協力を促進させる。経済貿易と情報産業、環境保全、人的資源開発、文化協力を促進させ、財政金融や科学技術、衛生、旅行、物流、青少年交流などを新たな協力分野としていく。文化交流を促進させるなどである。この会議は、中日韓三国関係の新たなスタート地点となっただけでなく、東アジア協力構築の新たな機会の場ともなった。このような機会は稀であり、三国はこれを大きく評価すべきである。

2．ASEANによる中日韓それぞれの二国間首脳会談「ASEAN＋1」

中国とASEANは一九九一年に対話を開始して関係を強化し、双方は疑念の解消や対話による友好関係づくりを経て関係を発展させてきた。一九九七年十二月十六日には初めてASEAN－中国の非公式首脳会談をマレーシアのクアラルンプールで行い、江沢民主席が出席した。会議では「中華人民共和国ASEAN首脳会談共同声明」を発表し、中国とASEANは二十一世紀の信頼に基づいた友好関係を確立した。二十年近い相互努力を経て、双方で政治的信頼関係を強化し、経済貿易協力での効果を高め、その他の分野での協力も不断に開拓・深化してきた。とくに国際的・地域的な部分においては、中国とASEANの協調と協力はさらに強化された。中国は一貫してASEANによる東アジア協力の主導的影響の発揮を支持してきており、双方ともにASEANの中韓日協力や、東アジアサミット、ASEAN地域フォーラム、アジア協力対話、アジア太平洋経済協力、アジア欧州会合、東アジア・ラテンアメリカ協力フォーラムといった当該地域や他地域での協力体制の健全な発展を推進してきた。

中国－ASEANの関係はすでにASEANとの対話相手のなかでももっとも活力と豊富な成果をもつ関係となっている。中国とASEANの友好関係が大きく発展するなか、日本の外交戦略も多国間主義から選択的な二国間主義になり、二〇〇二年一月には「日本・シンガポール新時代経済連携協定」を正式に調印した。これは日本が「選択的な二国間主義」をとり始めたことを意味する。中国－ASEANの自由貿易地域の影響が拡大するにつれて日本は圧力を感じ、東アジアでのFTA交渉の推進を加速させた。中日両国はASEAN国家の二国間交流を積極的に推進しており、具体的な分野においては「10＋1」がこれまで以上に東アジア協力の推進力になっていくだろう。

3．ASEANと中日韓三国首脳会談「ASEAN＋3」

東アジア金融危機の影響が残る一九九七年十二月、ASEANと日中韓の三国はクアラルンプールで第一回首脳会議を開催し、今後の戦略や地域協力方針について協議がなされた。その後、毎年一回東アジア首脳会議が行われることになり、非公式から正式になり、徐々に制度され、「ASEAN＋3」という協力のための枠組みができあがった。現在では首脳会議のほかにも局長級会議やハイレベル官僚の会議も制度に組み込まれている。「ASEAN＋3」の枠組みにおいて、すでに十七項目の協力分野が設けられ、四十八項目の協力体制が構築された。そのうち局長レベルのものが十四項目である。各種協力項目は百項目を超えている。「ASEAN＋3」のメンバーは金融や農業、情報、交通、エネルギーなどの分野で協力し、すでに大きな成果をあげている。「ASEAN＋3」における協力の目標は、東アジア自由貿易区を成立させ、ひいては東アジア共同体を構築することである。十一回開催されたこれまでの会議のなかで、ASEANと日中韓各国は東アジア協力に関してさまざまな提案と構想を提案してきた。東アジア地域の協力と発展において、「ASEAN＋3」は東アジア経済一体化の主要なチャンネルとなっており、日中間の協力においても制度的な枠組みを提供している。

4.「東アジア共同体」と東アジアサミット

二〇〇一年十一月、「東アジア・ヴィジョン・グループ」が第五回「ASEAN＋3」首脳会議に研究報告を提出し、「ASEAN＋3」の枠組みを東アジアの過渡的な制度とし、「東アジア共同体の構築」を東アジア協力の長期目標とすることを提案するとともに、東アジア・サミットの開催を提案した。このとき初めて「東アジア共同体」という目標が東アジア各国首脳会議で提出された。その後の第六回「ASEAN＋3」首脳会議でも再度強調された。二〇〇三年十二月、日本とASEAN国家は東京で特別首脳会談を開催し、ここでも東アジア共同体の目標が提案された。しかし小泉首相の計画は、「ASEAN＋3」のほかにオーストラリアとニュージーランドも含めた東アジア共同体の構築だった。二〇〇七年一月十四日から十五日にかけて、フィリピンのセブ島で第十回「ASEAN＋3」首脳会議が開催され、東アジア共同体の構築にさらに具体的な進展がみられた。本会議では戦略的な計画の強化や、経済貿易や財政・金融面での協力の強化、安定的な協力の推進、社会文化面での協力の開拓、公共衛生面での協力などが具体的に討議され、これは疑いなく東アジア共同体の構築のための新たな発展局面となった。

現在のところ、「東アジア共同体」は概念にすぎず、予測できる限りでは、今後も拘束性のない開放的な地域主義であり続けるだろう。地理的に近接した東アジア各国は、長期的な相互協力と一体化の過程を経ることで密接的、包括的な構想を形成するのを希望している。「東アジア共同体」は共通の利益と地域アイデンティティを基礎とした、排他性のない集団で、ある地域や国家に特定されないものである。そして地域経済の一体化を基本に、自由貿易区や経済共同体、通貨統合などの方式を用いて、他者のなかに自己を、自己のなかに他者を取り込むような相互利益と相互理解に基づく一体的な関係を低レベルからハイレベルまで形成する。それが安全共同体と社会共同体をつくるきっかけとなるのである。

東アジア地域の経済協力はASEANの協力によって開始することができた。しかも最初の長い期間はASEANの努力によって推進された。そのため東アジア共同体の推進のために主導的な役割を担うのはASEAN国家となる。しかし、当然ながら、共同体の構築の成否やどのような共同体にしていくのかを決断する際、決定的な役割をするのはこの地域での大国となる。中国と日本はともに東アジアの大国であり、中日の協力が成功するかどうかが東アジア地域協力の成功、成否のカギとなる。東アジア共同体の協力モデルをめぐり、中日で駆け引きが繰り広げられている。中日両国の対立の焦点は、未来の協力組織、つまり「東アジア共同体」の母体は何なのか――「ASE

AN＋3」なのか、インドやオーストラリア、ニュージーランドも東アジア首脳会議に参加するのか——にある。中国は参加国を増やしすぎることで求心力を失うことを懸念しており、「ASEAN＋3」会議が「東アジア共同体」の唯一の枠組みとなる組織と見ている。日本は中国の単独行動防止を目的に、「ASEAN＋3」会議以外にインドなどの国を取り込んだ東アジア首脳会議を東アジア共同体の中心にすることに固執し続けている。二〇〇五年の東アジアサミットは「ASEAN＋6」という大型協力モデルが同意されたが、依然として「ASEAN＋3」は東アジア協力の主チャンネルとなり続けている。

現在、ASEAN主導のもとに「ASEAN＋1」を基本とし、「ASEAN＋3」を主要チャンネルとし、東アジアサミットを重要な補完として、経済技術協力と貿易投資の自由化・簡素化を両輪としながら、地域経済の協力システムを逐次実現しようという道筋がすでに東アジア各国に示されている。円滑に動くかどうかは日中という東アジアの両大国の協力にかかっている。中日両国が、政治面での相互信頼や共存、経済面での互恵関係、安全保障面での互助関係、文化面での相互理解という基本のもとに、相互理解と交流、協力を強化していくことで、グローバル化により経済の一体化や地域経済の一体化が進むなかで、両国の共存共生を実現することが可能になるのである。中日両国はアジアと世界において影響を与えている国家であり、平和の維持と発展に大きな責任を負っている。国際政治や国際経済、およびグローバルな諸問題に対して両国は協調や協力を強化し、世界平和や人類の進歩のために積極的な貢献を果たし、ウィンウィンの関係を実現しなければならない。

9　第一回中日ハイレベル経済対話

呂丹

第一回中日ハイレベル経済対話が行われたことは、中日経済関係史における重大事件である。この対話は、中日の共通利益である戦略的な互恵関係の一環として行われた重要なものだった。その四、五年前の中日の政治関係は冷却しきっていた。長い冬を経てようやく春の時期を迎えようとしていた時期に開催されたこのハイレベルでの二国間経済対話は、中日経済関係の健全な発展にとって重要な意義をもつことになった。

一　第一回中日ハイレベル経済対話が開催された背景

よく知られていることだが、二〇〇一年後半より中日の首脳相互訪問は中断されていた。二〇〇六年十月、日本の安倍晋三首相が訪中して「氷を砕く旅」を実現させた。それ以降、両国はさらなる経済協力の強化を切望した。米中戦略対話制度の影響によって、中日間においてもハイレベルでの新たなシステムを構築し、両国経済関係の健全な発展と戦略的協力を推進することが求められた。二〇〇七年一月、温家宝総理と安倍晋三首相がフィリピンのセブ島で会談した際、中日ハイレベル経済対話のシステム創設について原則合意がなされた。四月に温家宝総理が訪日した際、東京で安倍首相とこの対話の開催が同意された。

第一回中日ハイレベル経済対話は二〇〇七年十二月一日に北京で開催された。曽培炎副総理と高村正彦外相が議長を務めた。中国代表団の主要メンバーは楊潔篪外交部長、馬凱国家発展改革委員会主任、謝旭人財政部長、孫政才農業部長、陳徳銘商務部副部長、李長江国家質量監督検験検疫総局長、周生賢国家環境保護総局長らである。日本代表団の主要メンバーは額賀福志郎財務大臣、甘利明経済産業大臣、若林正俊農林水産大臣、鴨下一郎環境大臣、大田弘子内閣府経済財政政策担当大臣、宮本雄二在中国日本大使らである。中日両国で約二百六十名が出席した。

曽培炎副総理と高村正彦外相はそれぞれ趣旨を発言した。両国はマクロ経済政策、省エネと環境保護、貿易投資、地域および国際的な経済問題の四分野の議題について深く意見交換を行い、エネルギー、環境保護、技術、貿易、中小企業、東アジア地域協力など広範な分野で共通認識に達し、二〇〇八年末に東京で第二回対話を行うことで同意した。対話後には両国でプレス・コミュニケの発表を行った。十二月二日、温家宝総理は対話に参加した日本の大臣と会見した。十二月三日、胡錦濤主席は日本代表団団長の高村正彦外相と会見した。

温家宝総理は第一回対話を高く評価し、この対話が友好的かつ率直、先見の明があり、大成功に終わったと述べ、中日関係が新たな発展段階に入ったことで両国の貿易分野での相互協力がまた一歩促進されると述べた。高村外相は、中日の戦略的互恵関係に関する積極的な情報としてこの対話が世界に伝達されたと語った。両国のマスメディア以外にも、AP通信、ロイター通信、AFP通信、「ブルームバーグ」、「ヘラルド・トリビューン」、「プラウダ」など海外マスメディアもこぞって報道し、積極的な評価がなされた。対話の開催は両国関係の明確な改善を示しており、両国の経済貿易協力を深め、中日の「政冷経熱」な関係が「政熱経熱」に向かうものであるとした。第一回対話の成功は、中日の経済貿易協力をさらに高いレベルに昇格させたとともに、両国国交正常化三十五周年といった一連の活動にも好影響を与え、両国の政治関係の基礎を形づくることになった。

二　第一回中日ハイレベル経済対話の概要

このハイレベル対話で議論された、マクロ経済政策交流の強化、環境保護協力、貿易投資協力、および多国間地域経済協力の四つの分野での議題は現実的な意義をもつ。

両国のマクロ経済政策交流は、少なくとも二つの含意がある。第一には情報の相互共有であり、両国マクロ経済政策の透明度を高めることが、両国の相互信頼の向上に有利になり、両国の経済協力にとっても有利となる。さらには両国の国際経済運営において協調的な行動をとる際にも有利である。第二には、マクロ経済政策分野における学びあいである。歴史や文化、地理的な位置といった要因により、中日は似通った側面をもつ。中国にとって日本の経験は欧米以上に学ぶべきものがある。たとえば、一九七〇年代初頭から半ばにかけて日本は、石油危機を克服し、インフレを沈静化させて経済を立ち直らせた。中国にとってこの経験は学ぶべきことである。一九八〇年代のバブル崩壊も教訓として価値がある。一方、中国の改革開放後における一連の中国の経済政策も日本にとって学ぶに値するものである。たとえば、日本は二〇〇一年以降、さまざまな地区にさまざまなタイプの特区を設けたが、これは中国の経験に学んだことである。

環境保護協力は、中日間における戦略的な協力分野であり、この対話における最大のポイントである。国連の「気候変動枠組条約」（ＵＮＦＣＣＣ）の枠組みのなか、両国は積極的に気候変動に対応し、二〇一二年以降の枠組み構築に参与するという認識に至った。これはすべての主要経済国家が責任をもって参与することによって大きな成果が得られる枠組みである。日本側は気候変動枠組条約第十三回締約国会議（ＣＯＰ13）・京都議定書第三回締約国会合（ＣＯＰ３）で設けられた新しい交渉場所の重要性について説明した。中国側は日本の考えを検討することを示した。両国は循環経済実験模範区の拡大や長江流域などの重点水域の水質改善、大気汚染防止対策、廃棄物の違法越境移動防止などの分野におけるこれまでの努力を高く評価し、さらに協力を強化したいとした。両国はまた、両国の高等教育機関における持続可能な開発のための教育・環境教育を推進していくことで一致した。中国側は、中日友好環境保全センターをいっそう積極的に活用していく意向を表明し、日本側はできる限り協力すると表明した。両国はともに、森林や林業に関する政府間協力と日中民間緑化協力委員会の着実な活動を評価するとともに、持続可能な森林経営の実施に取り組むことで一致した。またバイオマスをさらに利用するために、情報交換と技術交流を強めるとした。中国側は省エネを推進していくと表明した。日本側は引き続き養成研修活動を実施することを表明した。日本側は、多国間の枠組みのもとで合意された省エネ目標と行動計画を実現化させるために有効な養成研修活動の実施を提案し、中国側は積極的な参加を表明した。双方は省エネ事業の推進が環境・気候変動問題の解決にも資することで一致した。省エネの具体的なプロジェクトに関しては、協力の強化によって「日中省エネルギー・環境ビジネス推進モデルプロジェクト」を推進させることにより、さらなる成果を出すとし、石炭のクリーンな利用技術と生産・保安技術での協力も継続して強化していくことで合意した。

多国間地域協力もまたこの対話における重要な議題であった。中日両国は東アジア地区の大国であり、地域協力で重要な役割を果たしており、両国の地域協力における協調は非常に重要である。現状のところ、中日両国は「ＡＳＥＡＮ＋３」といった各種のシステムにおいて、東アジア地域経済の一体化や外交、安全の分野で協力を推進しており、積極的な努力をすることによって数多くの成果をあげている。しかしさまざまな不安定要素も抱えているもの事実である。たとえば日本は二国間と多国間のＥＰＡ／ＦＴＡ分野において、一貫して中国を排除しており、とくに麻生太郎外相が提唱したいわゆる「自由と繁栄の弧」といわゆる「価値観外交」は、中日両国の地域協力分野において払拭しがたい影を落とした。日中貿易協力はすでに相当な規模になっており、二国間の経済の依存度は高まっている。かなり前より相互依存の状態が形成されており、両国が進めるＦＴＡあるいはＥＰＡ交渉の経済的の基礎はすでに整っているといえる。中日間や中日韓のＦＴＡやＥＰＡの締結は両国や他国間で巨大な利益をもたらすばかりではなく、地域経済協力と世界経済の成長に対し高影響をもたらすと、中日両国の学会や経済界がすでに何度も論証と予測を行っている。今回のハイレベル対話では上述した問題に関して議論され、現実的かつ戦略的な意義をもつものとなった。両国は、東アジアサミットでの確認を経て、ＷＴＯのドーハ開発ラウンド交渉の協議を共同で早急に解決させることを認識した。また両国は、東アジア地域経済の一体化を、東アジア自由貿易協定（ＥＡＦＴＡ）や東アジア包括的経済連携協定（ＣＥＰＥＡ）、東アジア・アセアン経済研究センター（ＥＲＩＡ）等と協力して推進することで同意した。両国は「チェンマイ・イニシアチブ」の多国化を強化すること、アジア債券市場の育成という提議など、地域の財政金融協力に対する意向も表明した。

今回のハイレベル対話では二国間貿易と投資活動において存在する問題についても率直な協議が行われた。中日経済貿易協力を深め、技術協力と製品貿易の分野をさらに発展させるため、両国で「中日技術貿易ガイドライン」を制定する研究を行うこと決め、「中日技術貿易円滑化ワーキンググループ」を設立した。両国はそれぞれが関わる輸出管理制度やエンドユーザーリスト、および法律の整備と執行などの問題についての交流と協力を強化する。両国は「中日経済貿易協力に係る中長期ビジョン」を公表することに加えて、「物流・流通報告書」を継続して共同で編纂することで同意した。また両国は、共同で行った第四回中国国際中小企業博覧会を高く評価し、両国の中小企業の協力を促進することで同意した。農協や農業技術普及といった農業分野での日中協力も評価され、さらに協力を行っていくことで認識が一致した。今回のハイレベル対話は実際的な対話であり、相互信頼に基づく未来志向の対話であった。現在の日中経済貿易に存在する問題を解決し、両国の戦略的な協力と地域経済協力を推進するにあたって重要な意義をもつ。第一回日中ハイレベル対話は両国メディアの注目を集めたのみならず、国際社会でも大きな関心を集めた。

三　第一回中日ハイレベル経済対話の意義

1．中日経済協力のレベルアップ

これまでの日中経済協力は、政府事務レベルでは基本的に局長級にとどまっていた。中国は外交部や財政部、発展改革委員会といったさまざまな局が参加していたが、基本的には商務部が行ってきた。日本では主に経済産業省が対中経済貿易事務を行ってきた。今回の日中ハイレベル経済対話は政府事務レベルが副総理級に昇格しており、中国側では曽培炎副総理が代表団団長として直接参加した。日本側では高村正彦外務大臣が団長を務めたとはいえ、メンバーには額賀福志郎財務大臣、甘利明経済産業大臣、若林正俊農林水産大臣、鴨下一郎環境大臣、大田弘子内閣府経済財政政策担当大臣も含まれており、職位は中国側と同等である。

2. 中日経済協力の体制整備

これまでの中日経済協力では、関係する主幹部門の数が増加してはいたが、大部分が単独で行われており、単発的なものだった。部門間の意思疎通や協調に欠けていたことは、関連する部門間の交流や融合がなされていた中日経済関係の現実の需要と、明らかに齟齬をきたすようになっていた。これは中日経済関係の協調的な発展に不利な影響をもたらしていた。しかし第一回日中ハイレベル経済対話が両国の関連政府主幹部門を集中させたことにより、参与部門間の計画的な案配や協調と交流が一定程度実現した。

3. 中日経済交流の意義の深化

中日経済の相互依存関係の拡大にともない、両国経済の傾向とマクロ政策間の相互影響も次第に強烈なものになった。第一回中日ハイレベル経済対話の重要な特徴の一つは、もはや単に中日の二国間経済貿易関係の重要な事項に関して協調を行うのではなく、中日各国の国内経済発展戦略とマクロ経済政策に対して直接的な対話と協調を行ったことである。この対話で曽培炎副総理は、中国マクロ経済の状況に対する考えと経済発展に関する持論を述べた。中国側が発表した「プレス・コミュニケ」では、「双方は中日経済の相互依存関係が深化し続け、互いになくてはならない存在となっている現状を認識し、以下のとおり、双方のマクロ経済政策に係る議論を行った。①双方は、両国が世界経済に及ぼす影響の大きさに鑑み、世界経済に対して責任ある経済政策運営を行うことを確認した。②中国側は、過剰流動性によってもたらされた日本のバブル経済の経験および教訓が参考に値すると認識した。日本側は人民元の為替レートに柔軟性が増していることに歓迎する。③中国側は国内消費・投資・輸出の三者のバランスのとれた発展を促進する必要があることを強調し、そのための関連措置を紹介した。中国側はこの分野における日本の経験が有益であると認識し、両国は引き続き交流を強化していくべきとの点で一致した」と述べられた。

4．中日経済協力の分野の拡がり

第一回日中ハイレベル経済対話の大きな成果の一つは、二国間貿易や日本の対中直接投資、対中政府開発援助という三大分野に集中していたかつての中日経済関係の状況が明らかに変化したことである。両国の協調協力分野がそれぞれの国内経済情勢とマクロ経済政策に拡大したこと以外にも、気候変動や環境保護、エネルギー問題といった分野で多くの共通認識に達し、貿易投資分野でも知的財産権保護やハイテク技術、中小企業といった分野での実際的な協力の計画がなされた。

第一回日中ハイレベル経済対話でとられた多くの協力の成果が確実なものになるにしたがい、日中経済関係に存在する貿易の長期的な停滞や日本の対中投資の急減といった問題が改善されるものと思われる。二〇〇七年の日中貿易の増加率は一三・九％であり、二〇〇五年の九・九％に比べて四ポイント上昇している。これは中日二国間貿易の増加にブレーキがかかっていた状況に変化が生じたことを表している。今後の日中ハイレベル経済対話の推進により、貿易の長期的な低迷局面が改善され、二国間の相互投資も良好に変化することを信じる。

第二部　貿易関係

1　中日貿易混合委員会

葉琳

中日国交正常化以来、両国各界の努力により、中日間の経済貿易協力は未曾有の発展を遂げた。現在、中日間の経済貿易は、さまざまなレベル、分野、形式による相互に利益のある協力の枠組みを呈している。中日経済協力の道程を振り返るにあたり、我々は中国と日本の友好関係者と友好団体が民間貿易になした重要な貢献について述べないわけにはいかない。またそのなかで政府間貿易が果たしてきた役割も見逃すことはできない。とくに中日国交正常化後、中日政府間で一連の貿易協定が結ばれ、一連の諸機関が設立されたことにより、中日経済貿易関係の友好的かつ健全な発展が促進された。中日貿易混合委員会はその一つである。一九七五年に設置されたが、その後三十年にわたり、中日経済貿易関係の健全な発展に大きな役割を果たしている。

一　中日貿易混合委員会の設置

一九七〇年代初頭、世界情勢は大きな変化を遂げた。日本は、田中角栄内閣発足後ただちに中国と接触し、一九七二年九月二十九日、共同声明を発表し、中日国交正常化が実現された。国交正常化以降、両国政府は共同声明に基づき、両国政府間の一連の協定交渉に入った。多くの交渉を経て、一九七四年一月五日、中国政府の姫鵬飛外交部長と日本政府の大平正芳外務大臣は、北京において「中華人民共和国と日本国との間の貿易に関する協定」に正式に署名した。この貿易協定は中日初の「政府間」貿易協定であり、これにより周恩来総理が一九六〇年に提案した三原則のうちの「政府間協定」がついに実現し、両国貿易関係は正常な軌道に乗ることとなった。双方の法的承認手続きを経て、本協定は六月二十二日に正式に発効した。協定は前文と十ヵ条からなり、第九条は以下のように定めている。

「両締約国は、この協定の実施状況及び両国間の貿易に関連する問題の検討（両国間の貿易関係の見通しについての意見交換を含む）を行うこと及び、必要な場合には、両締約国の政府に対し適当な勧告を行うことを目的として、両締約国の政府の代表から成る混合委員会を設置する。混合委員会は、少なくとも毎年一回、東京又は北京で交互に会合する。」

実際には、混合委員会の設置について、中日関係者間で激しい議論が繰り広げられた。たとえば、混合委員会の任務に関し、双方は九回もの会談を行った。しかし双方の努力により、最終的には合意に至った。

二　中日貿易混合委員会のこれまでの会議

「中日貿易協定」に基づき、中日双方の政府は両国の貿易関係を促進する機関として「貿易混合委員会」を設置した。このときから中日間の貿易は、それまでの民間貿易および半官半民から、政府と民間がそれぞれに貿易を行うという新たな段階に入った。中日貿易混合委員会は一九七五年からたびたび会議を行ったが、この定期会合は、双方の経済貿易に関する情報交換、関連問題の研究、改善策の検討などに極めて有益であった。

一九七五年四月十八日から二十一日、北京において第一回中日貿易混合委員会が開催された。中国側代表団は、対外貿易経済合作部、外交部、人民銀行総行の十一名よりなり、団長は奚業勝対外貿易経済合作部第四局長、日本側代表団は外務省、通産省、大蔵省、農林省の十六名で、団長は高島益郎外務省アジア局長が務めた。中国側は、当時の平和友好条約交渉に呼応するため、積極的かつ友好的な協議の精神で、国務院の承認したた会談プランに基づき日本側と会談を行い、両国の貿易が中日国交正常化以来、急速に発展していることを評価し、また中日貿易のかかえる問題の解決方法について日本側と話しあった。

一九七五年以降、中日貿易混合委員会は相次いで会議を行った。一九七六年に開催される予定だった第二回会議は唐山大地震などの特殊な事情により延期となった。延期された第二回会議は、一九七七年三月二日から四日まで東京で開催された。第三回会議は一九七八年十一月二十八日から二十九日、北京で開催された。この第二回、第三回会議における中国側代表団団長も、奚業勝対外貿易経済合作部第四局長が務めた。日本側代表団団長は、第二回会議では中江要介外務省アジア局長が、第三回会議では手島外務省経済局長が務めた。

一九八〇年より、中日双方の政府関係者は、ハイレベルの部長級会議を開催し、二ヵ国関係のあらゆる問題を話しあうようになったが、なかでも貿易は重要課題であった。この会談形式がいったんは貿易混合委員会に取って代わるようになった。一九八七年になると、双方の貿易関係に輸出入均衡など、具体的な問題が出てきたため、局長クラスによる具体的な折衝がなお必要となり、中日間では年一回、相手国の首都で持ち回りによる貿易混合委員会会議が復活することとなった。一九八九年三月九日、北京において第五回中日貿易混合委員会が開催された。

このほか、地方政府間の協力も積極的に行われ、たとえば福建省と長崎県は一九八二年の友好都市関係締結以来、毎年、両地において持ち回りで福建‐長崎経済混合委員会を開催し、双方の経済発展に関する討論、関連問題の解決策の検討により、経済貿易、科学教育、農林、水産、軽工業、交通などの分野における双方の幅広い交流と協力を促進し、著しい成果をあげている。

三　中日貿易混合委員会の主な協議内容

中日貿易混合委員会会議において討議される範囲は広く、政策的な問題も実務的な案件もある。おおまかにまとめると主に以下の分野が含まれる。

1. 貿易不均衡の問題

中日国交正常化後、両国間の貿易の規模は年々拡大した。しかし一九七〇年代全体を通して、一九七六年の特殊な状況によるもの以外は、毎年の両国間の貿易は中国側の輸入超過となっており、十年間の貿易赤字は累計四十六億米ドルに達する。これに対し、中国側は、貿易混合委員会第一回会議において、食肉が検疫の関係で長期輸入禁止されていること、絹が日本の養蚕農家保護のために規制を受けていること、一部の農産物が割当による制限を受けたり中国の一部の製品の関税率が高すぎることなどにつき、日本側に中国製品への制限撤廃を求めた。この要求に対し、日本側は同意した。

2. 工業所有権の問題

中日国交正常化後、日本側は中国側に、技術貿易の発展のため「工業所有権の保護に関するパリ条約」に加盟することを提案した。中国側はこれを前向きに検討することに同意すると同時に、双方の商標保護に関する協定調印を提案した。このため中国貿易促進委員会と日本の特許庁は協議を行い、交換公文の草案を提出した。一九七七年九月二十九日、北京において「中日商標保護協定」が合意に達し、李強中国対外貿易経済合作部長と佐藤正二在中国日本国大使が本国政府を代表して協定書に署名し、協定は一九七八年三月に発効した。協定は、両国が相互に商標登録の最恵国待遇を与えると定めている。第三回会議において、日本側は日本の特許権保護制度を紹介し、中国科学技術委員会の代表団の訪日視察を歓迎すると表明した。このほか、日本側は、中国が早期に「工業所有権の保護に関するパリ条約」に加盟するよう求めた。中国側は、特許権保護について前向きに検討中であり、まもなく結論が出るであろうと述べた。一九八五年三月十九日、中国は、特許権保護に関する立法および機関設置などの制度を整備した後、「工業所有権の保護に関するパリ条約」の加盟国となった。

3．貿易差別の問題

長年にわたり日本は中国を「口蹄疫地区」と見なし、中国からの食肉輸入を禁止していた。貿易混合委員会第一回会議では、中国側は日本側に、この貿易差別措置を即時撤廃するよう求めた。日本側はこれを「技術的な問題」であるとの理由で、帰国後担当部門に伝えるとした。第二回会議で中国側は再びこの問題を提起し、協議の結果、日本側は食肉検疫問題について連携を強めることに同意した。この他、中日貿易の具体的な取引のなかで、「禁輸」がしばしば問題になった。貿易混合委員会第一回、第二回会議において、中国側は日本政府がＣＯＣＯＭ（対共産圏輸出統制委員会）禁輸項目の実施を継続していることについて交渉し、日本側に禁輸措置の撤廃を求めた。一九七八年十月、ＣＯＣＯＭの禁輸項目修正開始を機に、日本は五十三項目の輸出規制緩和要求物資を提案し、承認を得て、中日間では日立のコンピューター、カラーテレビ用ＩＣなどの貿易が続々と実現していった。

4．貿易会社常駐代表の相互派遣の問題

一九六〇年代初頭から、日本の商社は相次いで北京に長期駐在スタッフを派遣し、随時、貿易業務連絡をとるようになった。中国側はこれに対し滞在ビザ期限の臨時延長措置をとったが、延長回数の多い者、滞在期間の長い者については、その手続きを行わない場合があった。そのため、日本企業は関係団体を通じて、彼等の常駐を許可するよう求めていた。中日国交正常化後、日本側は貿易混合委員会第一回会議において、日本のビジネスマンの中国滞在ビザ期限を三十日から六カ月に変更するよう求めた。これに対し中国側は、日本のビジネスマンのビザ期限は双方の業務の必要に応じ定めることができるが、現段階では、外国企業の中国常駐代表の設置手続きは行わない、とした。第二回会議で、日本側は再びこの問題を提起したが、中国側は同意しなかった。一九七八年九月、日本の河本敏夫通産大臣が訪中し、李強中国対外貿易経済合作部長と会談した際に、常駐代表設置について再度提起し、ここで中国側は初めて貿易会社の長期駐在スタッフの相互派遣に原則的に同意した。第三回会議において、双方はこの問題について具体的に協議した。中国側は、「我が国の各総公司の駐日代表が、来春より相次いで派遣される。これは民間の性格のものであり、日本当局の御配慮をお願いしたい。申請手続きについては、日本企業は我が国の関連する総公司に申請することができ、我が国の公司は、日本

側の貿易団体を通じて申請する。日本企業が多いという実際のニーズに適宜配慮し、双方の常駐代表の人数は完全に対等とは限らない。ビザ期限は一年間とすることができる。その他、法的地位、生活待遇など具体的な事項については、双方が別途検討する」と表明した。一九七九年九月、日本政府は中国外交部と対外貿易経済合作部に対し、中国企業が日本の国内法の範囲で常駐事務所を設立すること、外交特権を享受しないこと、一年の滞在ビザ取得可能、延長手続き可、人数制限なし、中国人スタッフの入国申請と納税義務については同種の日本駐在外国企業の事務所ならびにスタッフと同様に扱うことに同意する、との口頭の覚書を伝えた。その後、中国側は外国企業の常駐機関とスタッフの増加に鑑み、一九八〇年十月三十日に「外国企業常駐代表機構の管理に関する暫定規定」を公布し、商工行政管理部門が登録手続き、証明書発給などを行うことを定めた。

5．特恵関税の問題

特恵関税は、西側先進国から発展途上国・地域に一方的に実施される優遇関税である。一九六四年三月、国連貿易開発会議第一回会議では、この議題について検討し、一九七〇年の国連総会で一般特恵関税実施に関する決議が採択された。日本は一九七一年八月一日より一般特恵税を実施した。中日政府は貿易協定交渉に際し、日本が台湾に一般特恵を実施することについては処理したが、「左」傾思想の影響を受け、中国側は日本に一般特恵を求めなかった。中国は「文化大革命」終結後、世界における一般特恵の実施状況を深く検討し、貿易混合委員会第三回会議で、一般特恵待遇を正式に希望した。日本側は、中日間の貿易額は大きく、中国に特恵関税を実施するにあたっては、日本国内の産業や中小企業にもたらす影響や他の受益国との関係を十分に考慮しなくてはならず、また政令を公布する必要があるため、時間をかけて真剣に検討する必要があるとした。日本の大平正芳首相は一九七九年十二月に訪中した際、「日本政府は一九八〇年四月一日から中国に一般特恵関税を実施することを決定した」と宣言し、大蔵省関税局長を中国に派遣し、状況説明を行った。

6．「二つの中国」商標の是正

中日国交正常化後、日台間は民間の往来を続けており、台湾の対日輸出商品には依然として「中華民国製」の文字が記されていた。しかも、日本の通産省刊行の一部の白書では、統計表の「国別」リストに中国と台湾がしばしば並列され、二色で区別する地図もあった。これに対し中国側は貿易混合委員会の会議においてたびたび、「日本の文書で台湾を「中華民国」と称するべきではなく、台湾を中華人民共和国と併記してはならないし、国別リストに入れてもいけない。日本の輸入する台湾製品の「中華民国製」という文字を消す措置をとらなくてはならない。日本で行われる展示会などにおいて「中華民国」の名称使用や青天白日旗の掲揚を許可してはいけない」と指摘した。日本側は「中日共同声明」の原則の精神を誠実に遵守するため、日本の政府刊行物においては「中華民国」の名称使用を停止すると表明したが、同時に、日本政府は民間のやり方を管理することは難しいとも述べた。この問題は、最終的に完全には解決されていないと言える。

7. 貿易契約条項の問題

中日国交正常化後に使用されていた取引契約フォームは一九六〇年代に中国側が中日貿易三原則に基づき作成した取引契約フォームに修正を加えたものであり、輸出と輸入に関する具体的条項がすべて同じというわけではなかった。これについて、貿易混合委員会第二回会議で日本側は、現行の中日貿易契約条項には「不平等」の問題があると指摘し、とくに商品検査の条項については、一部の契約では依然として中国の商品検査が「最終的根拠」と定められており、しかも日本の輸出貨物には納期遅れの罰金規定があるが、中国の輸出貨物にはその規定がないと指摘し、中国側に改善を求めた。中国側は、「貿易契約は売買双方の当事者が平等互恵を基礎とし締結するものであり、双方は契約を重んじ、信用を守り、支払うべき罰金は支払い、請求すべきクレームは請求するべきである。もし契約双方がこの条項の締結を望まず、紛争が起きた際には友好的な話しあいをもって解決することを望むなら、双方政府は干渉しないでよい」と述べた。その後、中国側は日本側の提案を受け入れ、検討と協議の結果、商品検査、仲裁、不可抗力などに関する標準フォームなどの共通性のある貿易契約基本条項を策定し、それぞれ自国の貿易会社に採用を推奨した。

8. 支払い問題

「文革」終結後、中国政府は日本のエネルギー借款により中国の石油、石炭資源を開発することを決定した。双方の銀行はこれにつき具体的な協議を行ったが、支払い通貨について意見が分かれた。日本側は円での支払いを、中国側はドルでの支払いを求めたが、これは技術設備の延払いにおいて、日本側の実際の利子が、円高のため他国より高くなり、中国に余計な負担がかかるからであった。貿易混合委員会第三回会議において、中国側は、「貿易は、お互いを困らせてはいけない。中国が石油や石炭等の大口商品を輸出する際はつねにドル払いなのだから、設備輸入に際してもドル払いを希望する。また長期的に見て、円は国際決済通貨であり、円高による外貨リスクについては言うまでもない。両国の貿易には公平かつ合理的な処理方法があって然るべきだ。現在、国際競争が激しいため、中国側は、日本政府が競争力のある支払い条件を考慮するよう提案する」と述べた。

四　中日貿易混合委員会の変遷とその影響

改革開放により、中国経済は急速な発展を遂げ、生産力が高まり、製品市場も拡大し、中国と日本の経済関係は大きく変化した。なかでも二〇〇一年、中国がＷＴＯに加入すると、中日間の経済関係はより大きな変化を遂げた。中日経済関係が密接になるにつれ、双方はより多くの共通の利益を獲得すると同時に、ネギなどに代表される貿易障壁などの問題も増し、中日間に貿易摩擦が起きる可能性がさらに高まった。中日双方の持続可能な貿易を保証するため、両国政府も民間も必要な措置をとり、中日間の安定的かつ秩序ある経済貿易協力のための良好な環境を作り出すべきである。

日本の新聞の報道によれば、日本政府は、中日両国間には「中日貿易混合委員会」「中日投資連合委員会」という貿易、投資を主題とする局長レベルの協議機関があるが、一九九七年以降、いかなる協議も行われておらず、しかるべき役割を果たしていないと認識しており、日本政府はまた中国と経済関係の協議を行う必要性を強く意識するようになっており、経済面での全方位的対話を通じて、中国との関係を強化することを望んでいた。また日本政府は、両国間の経済問題について中国と包括的協議を行い、外務省、経済産業省、財務省、農林水産省が参加する次官（副部長）レベルの専門機関設立が必要であると考えていた。これに鑑み、中日双方は中日間に以前からあった中日貿易混合委員会（局長レベル）、中日投資合同委員会（局長レベル）等の会合のメカニズムをさらにレベルアップし、「中日経済パートナーシップ協議」を総合的に実施することを決定した。中日双方は毎年一回、副部長レベルの会議を開き、日本側代表団団長は外務審議官（経済関係担当）、中国側団長は商務部副部長で、双方の関連部門の高官は誰でも参加できる。また協議を成功させるために、毎年一―二回の事務レベル会合（副局長レベルの事務会議）を行っている。二〇〇二年十月に北京で第一回会議を行って以来、二〇〇七年までに六回の会議が行われ、両国の貿易、投資協力の問題点について意見交換を行った。とくに第六回協議において双方は、年内に北京で「ハイレベル経済対話」を開催し、関連する問題についてさらに協議することで合意に達した。二〇〇七年十二月一日、第一回「中日ハイレベル経済対話」は成功裡に開催され、双方は両国のマクロ経済、貿易投資、気候変動・環境保護・エネルギーなど問題、地域および国際的な経済問題などについて率直な意見交換を行い、相互理解を深めた。

今日に至るまで、中日貿易混合委員会は、永遠に歴史にその名を刻まれ、中日経済貿易協力のために果たした役割は消えることがない。中日国交正常化以降、両国間の貿易関係を強固なものとするため、中日政府は「中日貿易協定」の関連規定に基づき貿易混合委員会を設置し、一九七五年からたびたび会議を開催してきた。貿易混合委員会を交流のプラットフォームとし、中日双方は接触、協議を通じて、双方の貿易のプロセスに現われた貿易均衡問題、知的財産権の問題、関税問題などの摩擦を良好に解決し、中日の二国間貿易の健全かつ秩序ある発展に良好な環境を作り出してきた。一方、貿易混合委員会は定期協議を通じて、両国関係発展の過程で生じた問題を適時に解決し、両国貿易の持続可能な発展を促し、両国の貿易往来を推進し、中日貿易に新たな一ページを記し続けている。

2　中日ハイテク貿易協力

葉琳

一九九〇年代、世界は知識経済の時代に突入し、国際市場のニーズは大きく変化した。資源集約型の一次産品の市場が萎縮し、労働集約型の軽工業・繊維製品類は安定した成長を見せたが競争が激しく、技術集約型の機械電機、とくに高技術、高付加価値のハイテク製品が、輸出の伸びがもっとも早く、発展のパワーがもっともある製品となった。長期にわたり、ハイテク分野の交流と協力はすでに中日貿易に欠かすことのできない重要な構成要素となり、両国の経済社会発展と協力の新たな原動力となっている。

一　中日技術貿易の基本状況

一九九三年は国際貿易の重大な転換年と言える。この年、世界の主要工業国のハイテク製品の輸出成長率は、輸出総額の成長率を上回った。これは従来の製品の市場におけるニーズが限界に達し、ハイテク製品の輸出が国際貿易の新たな成長ポイントとなったことを示しており、ハイテク製品の輸出競争力は、貿易大国を測る主要な基準となった。新たな国際貿易環境のなかで有利な地位を占めるため、世界各国は、自国のハイテク産業の発展と技術製品の輸出推進に力を尽くしている。中国と日本もその例外ではなく、双方の技術貿易領域における協力は飛躍的な発展を遂げた。

一九九〇年代以来、中日貿易構造は、日本が中間製品を生産し中国が組立てるという「垂直分業」から「水平分業」へ徐々に転換してきた。産業内貿易の増大により、中日双方の技術貿易は急速な成長を見せた。中国商務部の統計によれば一九九一年から二〇〇五年、中国の日本からの技術導入契約数は一万二千四百五十二件で、同期の中国の技術導入契約総数の一九・六二%を占め、契約金額は三百一億七千六百万ドルで中国の技術導入契約総額の一七・七五%を占めている。二〇〇三年、日本は中国最大の技術輸入相手国となり、契約金額は三十五億一千五百万ドルとなった。二〇〇六年、中日技術貿易の成長率は三六・一%、五十二億四千万ドルとなり、中国の技術導入総額の二三・八%を占めるようになった。中国とヨーロッパの技術貿易に比べればまだ差があったが、単一の国としては、日本は中国の技術導入における第一の大国であり、その成長率もEUや米国よりはるかに高い。この他、日系企業の設立時に導入した技術や、技術による資本参加など、統計データに含まれない技術導入プロジェクトと金額を含めれば、中国と日本の技術貿易はこれよりはるかに多い。

中国が日本から技術導入した産業の分野は幅広く、従来の産業からハイテク産業まで、重工業・軽工業から農業まで、あらゆる分野に及んだ。各産業が日本から大量の先進的かつ適用可能な技術を導入し、そのうえで消化吸収、技術改造、再イノベーションを行った結果、中国の農業生産、鉄鋼業、自動車産業などの従来の産業や、ハイテク産業、エネルギー・環境産業は急速な発展を遂げ、産業の技術レベルは向上し、競争力も急速に増して、中国の経済成長に大きく貢献した。

中日間の技術貿易にこのように力強い発展が見られたのは、中日両国が経済、技術発展において強い補完性を有していたことと密接な関係がある。日本は優れた技術力を有し、産業力も強く、しかも資金力の強みもある。技術関係の人材資源が豊富である。一方、中国は基礎科学研究力が高く、技術関係の人材資源が豊富である。近年、双方の経済情勢の変化にともない、中国と日本は技術貿易分野における協力の余地がいっそう広がり、技術貿易は双方の経済貿易の発展に新たな貢献をなしている。

二　中日技術貿易の特長

中日間の技術交流により両国の企業間の交流と協力が促進され、両国の技術貿易の発展が推進され、より緊密な中日経済貿易関係と双方の戦略的互恵関係を構築するために、いっそう大きなチャンスがもたらされた。一九九九年に中国側が「科学立国」戦略を打ち出した後、中日間の技術貿易は飛躍的な発展を遂げた。その特長は以下のとおりである。

1．契約数と契約金額

外部の影響により、時に変動が生じるが、中国の日本からの技術導入契約数と契約金額は、依然として小幅に変動しながら上昇を続けている。契約件数は一九九一年の六十三件から二〇〇四年には二千二百十九件に増加し、年平均成長率は三一・五二%、契約金額は一九九一年の二億六千九百万ドルから二〇〇四年の二十九億三千八百万ドルに上昇し、年平均成長率は二〇・一九%で、いずれも同期の我が国の技術導入契約数、契約金額の成長率を上回る。とくに二〇〇四年、中国の日本からの技術導入契約数は初めて二千件の大台に乗り、同期比三五・五六%の伸びとなった。一方、中国の日本に対するハイテク製品の輸出も年々増加し、二〇〇三年の百二十億ドルから二〇〇六年には百八十七億ドルに増加したが、成長率は下降傾向に転じ、同期比成長率は五三・二%から九・五%に下がった。

2．技術導入契約数と契約金額の占める比率

一九九一年から二〇〇五年、中国の日本からの技術導入契約件数は一万二千四百五十二件、同期の中国の技術導入契約総数の一九・六二%を占め、契約金額は三百一億七千六百万ドルで、中国の技術導入契約総額の一七・七五%を占めている。中国の日本からの技術導入契約件数と契約金額の占める割合は毎年異なるとはいえ、およそ二〇%前後であり、他国と比べて、相当の優位を占めている。逆に中国の日本に対するハイテク製品輸出の比率は下降しており、二〇〇三年の一〇・九九%が二〇〇六年には六・七%になり、中国香港、米国、EU、ASEANに次ぐ第五位となっている。

3．中国の技術導入相手国のなかでの地位

長年にわたり、中国の技術導入相手国としての日本の地位は突出しており、契約件数においても契約金額においても、日本はトップに名を連ねてきた。『中国科技統計年鑑』および商務部の統計データによれば、一九九〇年代以来、日本は契約数ではつねに中国の技術導入相手国のベスト三に入っており、うち八年間は一位である。契約金額では、一九九一年と一九九九年以外はすべてベスト三に入っている。十五年間（一九九一〜二〇〇四年）の契約総数と契約総額でみると、日本は米国に次ぐ第二位である。しかも二〇〇三年と二〇〇四年、日本は二年連続で契約数と契約金額の二項目において第一位を占めている。

4．技術貿易のレベル

技術貿易は、一般機械電機製品からハイテク製品に軸足を移し、ハイテク製品と機械電機製品の輸出はすでに重要な推進力となっている。日本側の統計によれば、二〇〇五年、中国が日本から輸入する製品にハイテク製品が占める割合は二〇%、日本が中国から輸入する製品に占める割合は八%に達している。中国側の統計によれば、二〇〇六年中国の対日ハイテク製品輸出は、中国の対日輸出総額の二〇・五%占め、中国の日本からのハイテク製品の輸入額は輸入総額の三〇・五%である。これにより、近年、「ハイテク化」が中日貿易の新たな主流となっていることがわかる。

中日間の技術貿易、とくにハイテク貿易がかくも急速な発展を遂げられたことには、主に以下のような理由がある。第一に、

知識経済と経済のグローバル化により、ハイテク産業と貿易の発展が推進されてきたことである。ハイテク産業は急速に発展してきた新興産業であり、経済成長の牽引力がある。過去二十年、世界のハイテク製品の成長は、その他の製造業の製品よりも速く、二〇〇〇年には全世界のハイテク産業の規模は二兆ドルに達し、製造業の製品生産額の約一五％を占めた。そのうち情報産業の総生産高はほぼ半分を占め、最大規模のハイテク産業となった。国別にみると、米国のハイテク産業の規模は世界一位で、日本が二位につけている。二十年来、貿易の発展のもっとも重要な特徴は、技術貿易の加速化であり、ハイテク産業は国際貿易の急速な発展を導く中心的な力となってきた。主要工業国の対外貿易は、早くも一九七〇年代には技術貿易の振興を開始していた。一九八五―一九九五年の十年間、米、英、独、仏、日五カ国の技術輸出額の伸びは平均三五三％で、一九七五―一九八五年の技術輸出額の成長率の五倍となっている。一九九〇年代以来、世界のハイテク産業の輸出成長率は年間十％以上で、うち米国、日本等の先進国は依然として主導的な地位を占め、米国だけでも世界ハイテク産業貿易の三分の一以上を占め、日本は世界二位である。

第二に、中日両国が一貫してハイテクの発展を極めて重視し、産業政策の調整により国内ハイテク産業の急速な発展を促し、両国貿易の構造転換も推進してきたことである。一九九〇年代中期以降、経済のグローバル化の波が押し寄せ、科学技術競争は国際競争の中心となった。産業構造調整が世界規模で広く行われるようになるにつれ、世界経済におけるハイテク産業の比重もたえず増大し、国際市場のハイテクに対する需要も増加傾向をたどった。そのため世界各国、とりわけ先進国は続々とハイテク発展戦略を打ち出し、ハイテク産業の発展、ハイテク製品輸出の国際競争力増強などにより、国際市場のコントロール権と支配権を獲得しようとしてきた。日本経済の成功の秘訣の一つは、科学技術立国である。戦後、日本は米国から大量の技術導入、消化吸収、イノベーションを行い、世界の主要な技術輸出国の一つとなった。近年、日本は海外から技術を導入消化し応用技術を開発する模倣型「技術立国」の段階から、基礎研究に重点を置き、ハイテク技術を開発し、創造性のある科学技術により経済発展を推進する段階に軸足を移し始めている。日本はすでに米国に次ぐハイテク産業、ハイテク貿易大国となった。中国もこれに遅れまいと「科学技術教育立国」「科学技術教育による貿易振興」戦略を打ち出し、海外の先進技術、設備、専門の人材を積極的に導入し、ハイテクの運用により従来の輸出産業改造に力を入れ、ハイテク産業の発展とハイテク製品輸出を促進し、顕著な進展を遂げている。ハイテク製品は中国の輸出拡大の新たな成長ポイントとなっている。

第三に、中日両国が関連政策を調整し、障壁を取り除き、ハイテク技術貿易の発展を推進していることである。一九九六年、成長を続けてきた中国の輸出が初めて減少に転じたことは、中国の輸出貿易発展のパワー不足を深刻に反映しており、中国は輸出製品の構造調整と輸出貿易の新たな成長ポイントの模索が急務となっている。そのため、中国はハイテク製品輸出の長期計画と関連政策措置の制定に着手し、資金支援、輸出金融、輸出信用保険、通関手続きの簡略化、検査検疫などの面で、我が国の科学技術による貿易振興政策体系のおおまかな枠組みを作り上げ、これによりハイテク製品輸出の組織と支援を強化し、その発展を推し進めるべく努力した。まさにこれらの政策措置の実施により、中国のハイテク貿易は急速な発展を遂げ、今や対外貿易の主役となりつつある。これと同時に、日本も対中技術貿易政策を調整し、規制を相対的に緩和し、中日技術貿易の発展を推進してきた。先進国と発展途上国の間には、つねにハイテク輸出規制措置がとられている。しかも総じて、ハイテク輸出管理の厳しさは往々にしてハイテク輸出量と比例の関係にある。米国、日本、EUなどの先進国・地域は、厳しいハイテク輸出管理措置をとっている。その具体例として、日本は「COCOM（対共産圏輸出統制委員会）」「ワッセナー・アレンジメント」（「通常兵器及び関連汎用品・技術の輸出管理に関するワッセナー・アレンジメント」）など、ハイテク製品の輸出に関する国際管理メカニズムに参加してきたのみならず、国内では「輸出入取引法」「輸出貿易管理令」「輸出貿易管理規則」などの法令法規が定められ、特定の国や地域（日本が強力な競争相手あるいは脅威と考えている国や地域）への特定商品（とくにハイテク関連）の輸出を規制している。しかし近年、日本は国内経済発展の原動力不足を背景に、一部のハイテク輸出に対する規制を徐々に緩和している。なかでもハイテク輸出規制について最大の調整が行われたのは二〇〇〇年六月で、日本の通産省は日本企業による暗号技術（インターネットで利用される音楽転送ソフトを含む）の輸出規制に関する規定を修正すると発表した。

日本のハイテク製品輸出規制の緩和が進むにつれ、中日間のハイテク製品の貿易にはより深く全面的な発展が見られ、中日両国の経済社会の発展にも大きな影響がもたらされた。中国側では、中日間のハイテク貿易の発展により、両国の知的技術と人的資本等の投入が促進され、中国の貿易構造が高度化した。またハイテク産業が産業の高度化と国際競争力向上の重要な形態となり、多国籍企業内貿易の主な形態、経済グローバル化の主要な推進力となった。技術力が高く、中国の技術レベル向上に有利である。国際市場が開拓され、中国製品の国際競争力と影響が増大した。一方、日本側は、ハイテク製品の貿易により比較優位の収益を得、新たな技術刷新を展開するより潤沢な資金を獲得し、ハイテク技術分野における優位性を維持し続けている。また国際市場を占領し、製品の逆輸入を行い、国内産業構造の高度化を実現した。総じていえば、中日間のハイテク貿易により、中日両国の健全かつ安定した発展に新鮮な血液が送り込まれ、双方が利益を得て、ウィンウィンの関係が実現している。

三　中日技術貿易の課題とビジョン

中国と日本のハイテク貿易は急速な発展傾向にあるが、いくつかの課題もある。日本はこれまで、中国に対する技術移転、技術譲渡について保守的かつ慎重であった。日本が最初に対中輸出規制を行ったのはCOCOMの時期だった。一九五〇年代、いわゆる「対共産圏輸出統制委員会」は中国に対して完全封鎖政策をとったが、東欧の激変、ソ連の解体、冷戦終結にともない、一九九四年にその使命を終えた。一九九六年、「ワッセナー・アレンジメント」が成立し、新たな多国間輸出管理メカニズムが構築された。「ワッセナー・アレンジメント」の参加国として、日本は原子力供給国グループ、ミサイル技術管理レジームを含むあらゆる国際輸出管理体系に参加し、「外国為替管理法」「輸出入取引法」「輸出貿易管理令」を主体として、輸出規制、技術提供規制、輸出の事前審査許可、事後審査等の制度を定め、中国に対する技術輸出を厳しく取り締まった。その背景には当然アメリカの誘因も数多くあったが、さらに重大な原因は恐らく「ブーメラン効果」であろう。冷戦の終結にともない、国家利益における経済の安全保障の重要性は年々増しており、中国の数年来の急激な発展と産業の競争力向上により、日本は、もしハイテク技術を中国に移転すれば、中国の技術は日本に近づき、場合によっては日本を追い越すかもしれず、それは日本にとって極めて不利だと考えるようになった。そのため日本側には、対中技術移転は約十五年、間隔を置かなくてはならないという不文律がある。近年、日本はハイテク貿易に対する一部の規制を緩和したとはいえ、全体的にみて、対中技術貿易にはなお多くの障壁が存在し、「ヤマハ」事件（ヤマハ発動機による軍事転用可能な無人ヘリコプター不正輸出未遂事件）もそのなかの一つであり、中日経済貿易協力の健全な発展に深刻な影響をもたらした。

中国商務部と日本の経済産業省が共同で展開している「中日間の経済貿易協力に関する中長期ビジョン共同研究報告書」では次のように指摘されている。「技術貿易、とくにハイテク技術貿易は、中日経済貿易において最大の潜在力を有する部分である。現在、日本の輸出管理制度、外国エンドユーザーリストなどの問題は、両国のハイテク技術協力を混乱させる障害の一つとなっている。中国側は日本が着実な措置により『リスト』から中国の組織を削除し、両国間の経済貿易協力の関係改善を図るよう希望する。中国側は、通関、財政、金融を含む措置をさらに推進し、両国企業の技術協力を奨励する。」。二〇〇七年十二月に開催された第一回「中日ハイレベル経済対話」においても、両国のハイテク分野における協力の積極的な推進が希望された。中国と日本のハイテク貿易協力を着実に推し進めるため、中国側は、技術貿易に関する重大な問題について専門的に研究する双方合同の「中日技術貿易円滑化ワーキンググループ」設立を構想しており、また、双方の技術協力、技術製品貿易リストの制定と拡大について共同で研究し、中国国内市場が急遽必要とする技術と設備の情報を日本企業に伝え、日本企業がさらにターゲットをしぼった対中協力を展開できるようにする。中日両国の双方に利益のある強力な推進と経済社会の各レベルにおける協力のもとで、中日間の技術貿易、とくにハイテク技術貿易が新たなステップに踏み出す日は実現間近であると確信している。

3　中日の労務輸出と請負工事の分野における協力

張青松

一九七二年の中日国交正常化以来、とりわけ「中日平和友好条約」締結以降、両国政府と国民の努力により、政治、経済、文化、科学技術、教育など、多くの分野における双方の協力と交流は大きな進展を遂げた。中日両国の労務輸出と請負工事分野における経済協力も長足の発展を遂げた。

一　中国と日本の労務分野における協力

労働力流動の「プッシュ・プル理論」（人口移動論）によれば、労務協力は互いに需給の旺盛な国家間に発生しやすく、中日両国はこのような労働力相互補完の条件を備えている。日本は東アジアにおける労務輸入の歴史がもっとも長い国である。一九七二年、第二次人口増加がピークに達した後、日本の人口自然増加率は下降を続け、一二・八％から二〇〇四年には〇・五％に減少し、少子高齢化が進み、労働力不足が顕在化した。同時に経済構造の調整も、労働力の需給の矛盾を拡大し、とくに労働環境や待遇の劣る農業、建設業、冶金、機械などの製造業と、飲食業などのサービス業の労働力が不足した。日本は一九八八年から労働力供給不足の時代となり、多くの企業で人手不足が起き、とくに中小企業は深刻な労働力不足に陥った。一九九〇年一月、「東京商工」に発表されたデータによれば、一九八九年、労働力不足により倒産した企業は二百四十二社で、日本の倒産企業数の三・三四％を占めた。日本の関連機関のデータによれば、二〇〇四年の日本の総人口は一億二千七百六十八万人で、人口総数はその後は減少を始め、二〇〇六年三月三十一日時点の人口総数は一億二千七百五万人で、二〇一〇年には、日本の労働力不足は九百十万人に達するという予測である。「少子高齢化」による労働力不足が日ごとに表面化し、重要な生産要素である労働力が経済発展のニーズを満たせなくなれば、外国に労働力を求めることは避け難くなる。

反対に、中国は労務の輸出においては大きな優位性があり、中国の若い労働力の供給は十分で、とくに南方の地域では昔から国外への出稼ぎの伝統があるため、中国は労務輸出の経験が豊富で、同時にさまざまな制度措置、運営メカニズムもたえず整備され、中国が日本に労務を輸出するうえで有利な条件を備えている。

日本の法律は、企業あるいは団体が特殊技術を必要としない単純労働者を受け入れることを禁止している。つまり、日本の労働市場はまだ開放されていないのである。しかし労働力不足は、ある程度、日本経済の持続的かつ急速な成長の妨げとなっており、日本政府は外国人「研修生」受け入れという便法により、自国の労働力供給不足問題を緩和せざるをえなくなった。一九九〇年六月、日本は「出入国管理及び難民認定法」（入管法）を改正し、「外国人研修制度」を設置した。日本の法規によれば、日本の外国人研修生受け入れの目的は、発展途上国の人材養成を助け、国際経済協力を強化することである。研修生は日本での研修を通じて、日本企業の技術、技能、知識、管理を学習、習得し、帰国後、自国の経済発展に貢献する。

日本の外国人研修生受け入れには主に二つの方法がある。一つは、合弁企業または貿易相手を通じて受け入れるもの、いま一つは商工会議所等の団体を通じて受け入れるものである。大企業は一般に前者の方法をとるが、少ない。国外に取引関係のない多くの中小企業は通常、後者の方法をとる。その研修方法には次の二種類がある。①単純研修型。中小企業が労働力不足の解決を主な目的として行う研修生受け入れ方法。②技能招聘型。一年間の研修が終了した後、基準に達した研修生を技能実習生とし、当該企業で引き続き一—二年間技能実習を行う。技能実習制度は研修制度を補うため、一九九三年から実施された。一九九一年、日本は法務省、外務省、通産省、労働省、建設省の五省共管による財団法人日本国際研修協力機構（JITCO）を設立した。民間を主体とする外国人研修生受け入れ業務の健全化、拡大、発展を職務とし、現在、同機構受け入れの外国人研修生は、日本の研修生受け入れ総数の約半分に達している。

中国の対日労務輸出も、研修生協力を主としている。中日研修生協力は一九七九年に開始した。中日研修生協力を強化するため、対外貿易経済合作部は一九九二年に中国中日研修生協力機構を設立し、双方は協力協定に調印し、安定した協力関係を構築し、中日研修生協力の主なルートとなっている。現在、中国中日研修生協力機構の会員企業は、中国海洋工程公司、山東省労務合作公司など、百三十社以上に上り、日本への研修生送り出し業務の大部分を占め、日本各界から広く認められている。これを契機に、中国の訪日研修生数は一九九五年以来、毎年三〇%の高度成長を遂げ、一九九二年から一九九九年、日本企業の中国人研修生受け入れ総数は十四万一千五百二十四名に達した。日本の法務省の二〇〇三年の統計によれば、同年、中国からの研修生受入れは四万二百八人で、他国に比べ最多であった。二〇〇五年末、中国の在日研修生総数は十一万人余りで、うち就労許可を得ている技能実習生は約半数、農業、牧畜業、建設業、食品加工、縫製、金属加工等六十二職種百十三作業に従事している。研修生と技能実習生以外にも、二〇〇三年より、一部の日本の人材派遣会社から国内の仲介機関や在中日系企業を通じて日本に派遣されたソフトエンジニア、機械設計、電子エンジニア等の技術スタッフが、技術関連の業務に従事している。中国からの訪日スタッフは、一年目は「研修生」、二年目は「実習生」と呼ばれ、研修生の標準的な月給は、軽工業は一般に約七万円／月、重工業は約八万円／月で、二年目の実習生になると通常約十三万円／月となる。また、日本側が研修生、実習生に宿舎、医療保険、通勤手当などを無償で提供する。

中国から日本に派遣される研修生は、中日交流の賜物である。現在、日本の各産業で活躍する中国の研修生は、中日友好の架け橋となっている。中国が「研修生」の名で送り出している労働力は、日本の中小企業の労働力不足を解決したのみならず、中国企業の生産技能向上にも役立っており、中国人研修生個人にも得るところがある。このような研修生名義の労務の導入は、単純な労務受け入れに比べ、多くのメリットがある。日本側では、研修生の受け入れ企業は、国外の企業が派遣してきた研修生を通じて海外の同種の企業の状況を理解し、今後の動向を把握することができる。とくに、日本の中小企業は中国からの研修生受け入れにより、中国政府、研修生派遣企業と関係を構築し、中小企業の中国市場開拓に役立ち、同時に、中国での投資や中国人スタッフとのつきあい方に関する経験を蓄積できる。また日本の中小企業の研修生受け入れは人手不足を解決でき、研修生の賃金は日本の同種の労働力よりはるかに安いため、日本企業のコストが大幅に削減され、客観的にみて、日本企業の競争力を増強している。中国にとって、大規模の労務輸出は、自国の雇用圧力の軽減につながり、失業者にある程度雇用機会を与えている。労務の輸出によって獲得された外貨収入は、不均衡な貿易構造をある程度改善し、中国の外貨収入を増加し、国内の関連産業と地方経済の発展を促進している。労務の輸出は、中国が先進的技術や管理方法を習得するのにも役立っている。たとえば、中国の研修生は日本での学習と実践を通じて日本の技術を学び、視野を広げられるのみならず、日本語のレベルを向上させ、帰国後の就職や起業の能力は明らかに向上している。

現在、中国が日本に派遣している研修生は、我が国と日本が実施している経済技術協力と交流のなかの重要な業務の一つであり、現在、日本は中国企業による「海外進出」の対外人員送り出しがもっとも多い、第一位の国でもある。研修生の労務協力のなかで、日本の受け入れ側による賃金支払い遅延、中国公民の人権侵害、一部の研修生の不法滞在などもあるが、中日両国の研修生労務協力は総じてみれば良好であり、個別のケースのために中日関係に影響がもたらされるようなことがあってはいけない。研修生の問題について、中日両国はたえず経験を総括し、真剣に協力を強化すべきである。具体的には、中国側は派遣スタッフの質を高め、日本側は研修生の権利が侵害されないようにし、研修生制度を中日両国友好の真の架け橋としなくてはならない。このほか、労務輸出のルートが狭いこと、方法が単一であること、対外労働協力に関する情報が不足していることなどが、中国の対日労務輸出の発展に影響をもたらしており、中国の労務輸出関連部門は全方位で、対日労務輸出ルートの開拓、対日労務輸出の規模拡大、労務スタッフの質の向上、労務輸出構造の改善、中日両国の強みを生かした相互補完、国際競争力の向上に取り組んでいる。

この研修事業の円滑な実施のため、日本政府と国際研修協力機構は相次いで「出入国管理基本計画」「研修生及び技能実習生の入国・在留管理に関する指針」、「技能実習制度推進事業運営基本方針」、「外国人研修・技能実習事業における研修手当、賃金及び管理費等に関するガイドライン」、「研修生・技能実習生向け　研修技能実習ガイドブック」を制定、修正した。最近、日本の入国管理局は外国人の研修、技能実習における違反行為に対し、不正行為の認定基準など一連の政策法規を修正しているが、その目的は、この研修事業を規範化、制度化、法制化し、研修事業を秩序正しく健全に発展させることにある。

このため我々は、中日両国の関連部門の努力のもと、研修生、技能実習生というこの通常とは異なる国際労務事業が、今後必ず、より大きな発展を遂げると信じるに十分な理由がある。

二　中日の請負工事分野における協力

中国の労務輸出のもう一つのルートである対外工事請負は、貨物貿易、サービス貿易、技術の貿易、資本輸出、労務輸出などを一体化した総合的輸出であり、我が国の国際経済技術協力の重要な構成要素となっている。資金流動、人員流動、技術流動を集約した対外工事請負の発展に力を入れることは、我が国が全方位で「海外進出」戦略を実施するうえで、何ものにも取って代わることのできない役割を果たしている。対外工事請負は「海外進出」戦略実施の重要な手段、ルートである。

対外工事請負分野において、中国の強みは、豊富な労働力資源と安価な管理コストだが、現段階では、中国の対日経済協力のなかで、対日労務輸出の全体的レベルは低くないものの、工事請負協力が占める割合はあまりにも小さい。これは主に、日本における請負市場は自己閉鎖、自己保護の色合いが濃く、しかも建設業に関する法体系が整っており、参入の手続きが煩雑で、条件が厳しく、外部と外国企業の介入が難しいからである。加えて中国の工事請負会社は、施工能力、工事の品質、資金調達力等の面で、日本の建設会社に比べ、確かに一定の差があり、設計、監理等の面でも多くの不足がある。

　これとは逆に、中国の建設市場は対外的に開放されており、日本の建設会社は大挙して中国市場に参入している。たとえば、一九九四年、建設部は「中国国内で請負工事を行う外国企業の資質管理に関する暫定方法」および実施細則を公布し、外国企業が直接中国市場に参入し工事を請負うことを許可した。しかし、請負工事の地域と範囲（四種類のプロジェクト）は制限されており、事業を展開するには建設主管部門の発給する「外国企業請負工事資質証書」を取得しなくてはならない。一九九五年、建設部と対外貿易経済合作部は合同で「外商投資建築業企業の設立に関する若干の規定」および実施意見を公布し、外国企業による百%出資企業の設立を許さず、合弁企業と合資企業の登録資本金が国内企業より多いことを許さず、外資プロジェクト請負に関する義務を有する、と明確に規定した。建設業の対外開放政策のもと、日本の請負会社は中国の建設市場に参入を開始した。

　二〇〇〇年現在、中国国内で工事を請負っている海外の建設会社（建設部と地方建設行政主管部門の発給する特定プロジェクト資質証書を含む）は十五ヵ国・地域の計百三十六社で、うち香港企業が最多で全体の五〇・七四%を超え、次いで日本が十八社、一三・二%である。中国国内における外国企業の請負工事数では、日本企業は第二位で、請負った工事プロジェクトは、基本的には日本が投資しているものが主となっている。大林組や清水建設など、世界的に有名な日本のゼネコンは、すでにすべて中国に進出している。ゼネコンの数は多くなく、請負うプロジェクト数も少ないが、請負金額はとても大きく、しかも多くはプロジェクト管理および一括請負方式をとっている。

　二〇〇一年、中国はＷＴＯの百四十三番目の加盟国となり、中国の建設業の対外開放は新たな発展期を迎えた。建設と関連工程サービスについて、中国と外国の合弁、合作による建設企業の設立の許可、外資の過半数出資の許可を約束した。また、ＷＴＯ加盟後三年以内に、外国企業による単独出資の建設企業設立を許可した。外国企業による単独出資の建設会社には以下の四種類のプロジェクトしか許されない。全額外国企業の投資、資金拠出による建設プロジェクト、国際金融機関が資金援助し、かつ借款協議の条項に基づき国際入札で落札されたプロジェクト、外国企業側の投資が五〇%以上の中外合弁建設プロジェクトおよび外国企業の投資は五〇%未満だが技術的に中国の建設会社が単独で実施できない中外合弁建設プロジェクト、中国側が投資するが中国の建設企業が単独では実施できない建設プロジェクトで、省レベルの政府の承認を得て中国と外国の建設企業が連合で請負うもの。また、中国はWTO加盟後三年以内に外国の建設企業と国内企業の登録資本に関する条件差を撤廃し、合弁、合作建設会社の外資プロジェクト請負義務規定も撤廃すると約束した。

これを契機に、日本の工事請負会社は中国での発展の階段をさらに一段上がった。二〇〇六年十月現在、世界の三十数ヵ国・地域から来た建築設計会社、施工会社は一千四百社以上に達し、WTO加入前の企業数を大幅に超えた。うち日本の工事会社は約百社に上り、日本の主な国際請負企業は基本的にすべて中国で業務を展開しており、企業の中国国内における分布も広がり、経済発展の早い上海、江蘇、北京は日本の建設企業のもっとも集中する地域となっている。

中日両国の工事請負会社は、省エネルギー・環境保護分野における協力も展開し、地球温暖化防止や持続可能な発展のために努力している。二〇〇四年二月十日、首鋼設計院と新日本製鉄株式会社は共同で北京中日聯節能環保工程技術有限公司を設立し、環境保護と余熱利用による蒸気発電が可能なコークス乾式消火環境保護技術を普及させた。二〇〇四年六月、首鋼設計院、新日本製鉄株式会社、北京中日聯節能環保工程技術有限公司は、武鋼焦化公司一号、二号コークス炉コークス乾式消火一括請負プロジェクトを連合で落札し、二〇〇五年五月には済南鋼鉄とコークス化処理能力毎時百五十トンのコークス乾式消火プロジェクトの契約をした。その後、相次いで遷焦、包鋼、寧波、京唐、新余等のコークス乾式消火工程の設計と一括請負を行った。二〇〇七年六月に請負った首鋼京唐公司の毎時二百六十トンのコークス乾式消火プロジェクトは、現在、世界最大のコークス乾式消火プロジェクトである。上記十三件のコークス乾式消火装置がすべて完成し操業開始すると、毎年六百二十万トンの蒸気を生産でき、もしその蒸気をすべて発電に用いると、毎時十七億キロワットの発電が毎年可能となり、毎年百三十六万トンの二酸化炭素の排出削減が可能（CDMによる計算）で、我が国の環境保護事業に突出した貢献をなすのみならず、同時に中日請負工事分野の協力のモデルとなる。

中日両国の工事請負分野における協力の余地は多く、とくに中国の工事請負企業は、技術と商務に通じ経験豊富な複合型プロジェクトの人材管理、なかでも設計管理、調達管理、施工管理を熟知し、国際工事請負における適用法規や現代的プロジェクトの管理技術を把握しているさまざまな人材の養成に努め、プロジェクト管理の応用範囲と推進力を拡大し、日本の建設業界の各層との交流を推進し、国際大型工事プロジェクトの下請けプロジェクトから着手し、徐々に経験を積み、企業自体の実力と信用を高め、日本の請負市場をさらに開拓するための確固たる基礎を築くべきである。それと同時に我が国の建設工事分野の開放に力を入れ、日本の請負企業を含む建築請負企業を制度面の整備により支援し、工程設計、品質基準等の面で、国際レベルの管理体系を構築し、中日両国の請負工事協力の発展に力を入れるべきである。

4　中日両国の旅行分野における協力

呂丹

世界観光機関（UNWTO, World Tourism Organization）の統計によると、一九六〇年の海外旅行到着者数は六千九百万人だったが、二〇〇〇年には六億九千七百万人に達し、この四十年で十倍になった。長期予測によれば、二〇二〇年の海外旅行者数は十五億六千万人に達し、このような地球規模の人の移動は今後いっそう増加するという。将来、東アジア、オセアニアの海外旅行者数の急増がもっとも注目を集めるであろう。いま海外旅行者の移動がもっとも多いのは、複数の国境がつながっているヨーロッパであり、全世界の約四九・二％を占めている。この割合は、短期的にはなお上昇傾向が続くが、二〇一〇年からは減少に転じ、二〇二〇年には四五・九％程度に落ち着くであろう。これと比べ、中国、日本を含む東アジア、オセアニアの海外旅行者数の割合は現在わずか一七・二％で米国より少ないが、二〇一〇年には米国を超え、二〇二〇年には二五・四％に達する見込みである。とくにこの地域の人口の三割以上を占める中国はより急速な成長が見られるであろう。

このような人の移動が拡大し続ける旅行は、国際交流、友好増進につながるだけでなく、経済効果として、各国・地域の収入、雇用、税収、外貨の増加にもつながる。中日間の旅行分野における協力は歴史が長く、近年、中国と日本の歴史、経済、文化交流の拡大により、両国の旅行分野における協力も飛躍的な発展を遂げている。未来に目を転じると、両国の経済貿易関係の拡大、とりわけ新たな世界的旅行ブームのなかで、中日間の旅行協力は無限の潜在力を秘めており、将来必ずや両国の経済協力と国民の理解、友好を推進する重要な原動力となるであろう。

一　中日旅行協力の発展の軌跡と現状

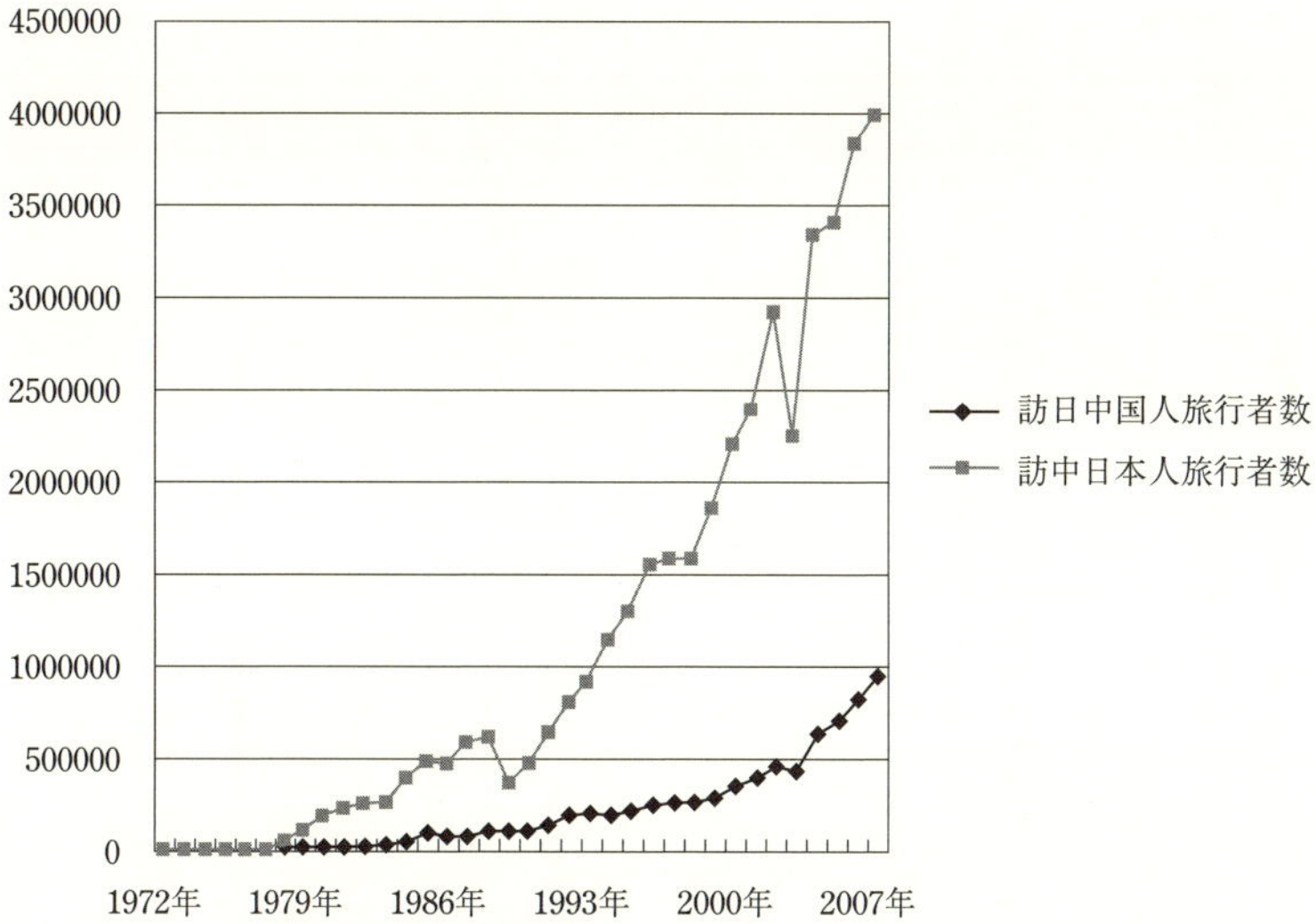

図１　訪日，訪中旅行者数の変化

資料　日本「観光白書」，中国国家旅局資料

中国と日本の交流は、西暦六〇七年の遣隋使の時代から数えれば、一千四百年余りの歴史を有している。両国の古代の人の往来にも旅行の要素があったとはいえ、当然、これを現代社会の旅行と同列に論ずることはできない。新中国成立から一九七〇年代前までは、中日両国間には正式な外交関係がなかったため、中国は貿易業務を主とする少数の日本側の旅行者を受け入れるだけだった。日本人旅行者が大挙して中国を訪れるようになったのは、中日国交正常化以降のことである。しかし二〇〇〇年までは、中国と日本の旅行はまだ一方通行に限られていた。つまり日本から中国への観光旅行は自由だが、中国の公民が日本を旅行するのは、留学、学術交流、公式訪問、出張等の身分で入国したついでに旅行する以外は極めて不自由で、二〇〇〇年九月になってから、特定の数地域からの訪日団体旅行に限り、日本の関連部門から許可されるようになった。当時、訪日団体観光ビザ取得が認可されたのは、北京、上海、広東の戸籍を持つ中国の公民で、その後、徐々に範囲が拡大されてきた。中日国交正常化（一九七二年）以来、日本を訪れた中国人旅行者数と、中国を訪れた日本人旅行者数の変化は図１の示すとおりで、一九七二年、中国から日本への旅行者はわずか六百四十三人、日本から中国への旅行者も八百九十一人だけだった。その後、二〇〇二年には中国の日本への旅行者は四十五万人、日本の中国への旅行者は二百九十三万人に増加した。二〇〇六年、中国

人訪日者は八十一万人に増加し、同期比二四％の伸びを見せ、二〇〇七年は九十四万人で、同期比一六％の伸び、二〇〇七年の日本人訪中者は三百九十七万七千人に増加し、四百万の大台に近づいている。[20]現在、毎日一万人が中国と日本の間を往来している。かつて一時期、中国を訪れる日本からの旅行者が急速に増加したため、中国人訪日者数と日本人訪中者数の差は急速に拡大した。しかしここ数年、明らかな変化が起き、中国から日本への旅行者が急速に増え、中国人訪日者数と日本人訪中者数の差は大幅に縮小した。両者の比率は、二〇〇二年の一対七から一対四へ縮小し、中国人訪日者数が、日本人訪中者数に追いつき追い越すのは、どうやら時間の問題のようである。

二　中日旅行協力のウィンウィン

旅行は「目に見えない貿易（invisible trade）」と呼ばれる。本国人が外国に移動することにより本国の外貨が流出し（貨物の輸入にあたる）、逆に、外国から旅行者が本国に来れば外貨が流入する（貨物の輸出にあたる）。前者は国際旅行支出、後者は国際旅行収入と呼ばれる。もし国際旅行収支が黒字であれば、それは外貨の蓄積を意味するため、多くの国が積極的に旅行業の振興に取り組み、これを外貨獲得手段としている。

中日両国の観光旅行分野における協力はウィンウィンの効果をあげている。双方は、旅行市場において互いに重要な地位を占めている。まず中国市場（中国人訪日者数）の日本の旅行業における地位を見ると、二〇〇二年には上位五位の国・地域（中国、台湾、香港、韓国、米国）からの旅行者数は総数の七〇％を占めていた。この割合は五年間大きく変化しなかったが、構成比からみると、米国、中国台湾、中国香港からの比重が低下し、韓国、中国からの旅行者が上昇している。中国人旅行者の占める割合は二〇〇二年の八％から二〇〇六年には一一・一％に上昇し、韓国、台湾、米国に次ぐ第四位だった。二〇〇七年には米国を追い越し、第三位となった。韓国と中国からの旅行者の増加数は、ちょうどその他三ヵ国・地域の減少分と相殺する。主要西側国家・地域の旅行者の訪日旅行を促進すると同時に、いままさに経済の高度成長期にあり、大きな潜在力を秘めた中国人旅行者の訪日を促進することは、極めて重要である。

次に、日本人旅行者の海外訪問状況を見ると、二〇〇二年、中国、台湾、香港、韓国、米国の主要五ヵ国・地域への訪問者は日本の総出国者数の六八％を占めていた。しかし米国への訪問者の占める割合は減少し続け、アジアへの訪問者の割合は年々上昇している。とくに中国への訪問者の割合は明らかに増大しており、一九九八年の九・九％から二〇〇二年には一七・七％に上昇し、二〇〇六年にはさらに二一％に達しており、中国が、もっとも多くの日本の公民が旅行先として選ぶ国になったことがわかる。

最後に、中国旅行をする日本の旅行者の増加が中国経済に与える影響を見てみると、中国に渡航する外国旅行者総数のうち、二〇〇二年、日本、韓国、米国からの旅行者はそれぞれ二一％、一五％、八・三％で、三ヵ国合計で約四五％を占めていた。当時、日本からの旅行者はもっとも多く、過去五年の平均は約二二％だった。日本に次ぐのは韓国だったが、二〇〇七年、日本人旅行者の一位の地位は韓国に取って代わられた。二〇〇七年、中国を訪れた日本人旅行者は三百九十七万七千人で、全体に占める割合は一五・二％に下降した。一方、韓国人旅行者は、四百七十八万人、一八・三％に増加し、日本を追い越して中国旅行市場最大の顧客供給国となった。とはいえ、中国にとって日本は依然として安定した顧客供給国である。中国に投資する日本企業は多く、ビジネスで訪中する人が増加していることも、日本の訪中者増加の大きな理由となっている。人口構造から考えれば、かねてより訪中を強く希望してきた中高年層市場の拡大があり、これに加え日本発着の航空路線と便数の増加などにより、日本人の中国旅行は今後も増加し続けることであろう。

一般には、各国は外貨獲得のために旅行を振興するが、日本は一九八〇年代中期、「外貨収入削減」のために旅行振興の措置をとった。一九八六年、日本からの海外旅行者数は五百五十二万人に達し、逆に外国人の日本への旅行者は約二百六万人であった。日本は国際旅行収支において五十七億七千万米ドルの赤字であったことが数字に表れている。これに対し、日本の貿易黒字は八百二十七億四千万米ドルで、しかも大部分が対米貿易黒字だったため、米国との間で貿易摩擦が起きた。その後、日本人の海外旅行者数が激増し、反対に外国人の訪日旅行者数の伸びはペースダウンしたため、黒字の相殺率は高い水準が続き、一九九六年には三九・五％のピークに達し、一九九三年から二〇〇二年の十年間の平均は約二五・五％で、海外旅行の赤字が貿易黒字の約四分の一を相殺し、貿易摩擦抑制に効果的な役割を果たした。

中国と日本の観光収支をみると、長期にわたり中国の旅行収支は黒字で、日本の旅行収支は赤字であった。二〇〇一年、中国の旅行収入は世界五位で、日本は三十四位であった。これに対応し、国際観光支出は、中国は七位、日本は四位であった。両国の旅行協力により、中国は外貨収入を増大し、日本は中国旅行の拡大により外貨収入が減り、貿易摩擦がある程度抑制され、中日両国にウィンウィンの効果がもたらされた。

少子高齢化社会に突入し、生産人口が減少し、貯蓄率が低下している日本にとって、貿易収支の黒字によってのみ外貨を獲得するのでは明らかに不十分である。日本は世界第二位の外貨保有国だが、長期的にみて、外貨獲得の選択枝の一つとして、旅行業を振興しなければならないと思われる。そのために二〇〇三年一月、日本政府は、外国人旅行者の訪日を促進し、二〇一〇年までに海外からの旅行者を一千万人に増加するという政策を打ち出した。二〇〇三年七月には「観光立国行動計画」も提起された。また二〇〇六年、日本は「観光立国推進基本法」を公布し、同年、日本が受け入れた外国人旅行者は七百三十三万人であった。二〇〇六年七月初め、北海道で開催された第一回中日韓観光大臣会合において、邵琪偉中国国家旅游局長は、中国は今後、日本、韓国とともに旅行交流協力の分野で、域内のメカニズム的な協議を強化し、域内交流を密接にし、域外市場との協力を拡大し、実際の措置により、今回の会議で合意に達した「北海道宣言」を実行し、ともに東アジア地域の旅行市場を拡大していくと述べた。この会議では、三国間の旅行交流の規模を二〇〇五年ののべ一二〇〇万人から二〇一〇年にはのべ一七〇〇万人に拡大することを目標とする「中日韓旅行交流」計画も採択された。その後、中日両国は「観光交流年」、「青少年友好交流年」、「スポーツ・文化交流年」など、さまざまな層のさまざまな形態による活動を実施し、双方の旅行の規模を拡大している。

三　中国人は、日本の旅行とショッピングの主力となりつつある

二〇〇五年以降、中国の訪日者数は急速に増加し、しかも中国から来る旅行者は、買い物の意欲が強く、旅行団体はしばしば買い物集団と化すことがある。訪日中国人旅行者が年々増加するにつれ、彼らは日本市場が期待を寄せる新たな経済の推進役となってきた。彼らの到来は、日本経済の成長に新たな希望をもたらし、中国人旅行者が買い物をする際の金離れの良さに、日本の業界は期待の視線を寄せている。かつて、春節は日本在住の華人だけのお祭りだったが、今では日本の商業、旅行業、娯楽業界注目の時期となった。いま、観光立国の推進に力を入れている日本政府もうかうかとはしていられず、日本と中国その他の周辺地域の旅行者の往来を推進するため、二〇〇五年から旧暦の春節期間に「YOKOSO! JAPAN WEEKS 二〇〇五」を展開し、より多くの外国人、とくに華人圏の人々が春節休みを利用して訪日し、日本の文化風習に触れ、日本人とさまざまな交流を展開することを望んでいる。二〇〇八年鼠年の春節期間、海外の華人旅行者はあたかも日本の「特別」ゲストのようであった。日本社会は春節の機会に乗じ、日本全国で「ショッピング三昧」「日本を体験する旅」の二大テーマを中心とする歓迎キャンペーンを展開した。多くの商店では、訪日した華人旅行者を対象に特別割引やプレゼントなどの販売促進が行われた。日本の大型百貨店八社、幕張、御殿場、千歳などのアウトレット・モール六店舗、台場、原宿、秋葉原などの大型ショッピングセンターで買い物をした華人旅行者は、二〇—八〇%の値引きを受けることができた。中国人旅行者の財布の紐をさらにゆるめさせるため、日本の一部の百貨店と大

型家電チェーン店では、規制により多額の外貨を持ち出せない中国大陸からの旅行者のために、銀聯カードの端末を導入した。三越は銀聯カード読取機を、高島屋は銀聯カード対応の端末を十箇所導入した。現在、日本で中国の銀聯カードを利用できる店舗は約八千四百軒あるという。高級ブランド品を購入する際に銀聯カードを使う中国人旅行者は急増しており、二〇〇八年の「YOKOSO！　JAPAN　WEEKS」では、期間中二千八百人が日本の百貨店で銀聯カードを使って買い物をし、これは二〇〇七年同期比八倍増であり、同カードによる消費は一億四千万円で二〇〇七年同期比一三・八五倍に達した。三越は二〇〇六年一月二十日から銀聯カード対応の端末を設置したが、これは三越グループ初の導入となった。現在、銀座店には銀聯カード対応端末が十台あり、設置以来、販売促進の効果は極めて良好で、大勢の買い物客がこのカードを使って一度に多くの高額商品を購入している。三越によれば、現在、中国人買い物客の同店での銀聯カードによる購入金額は毎月約六百万円で、化粧品とブランド品の人気が高く、日本限定販売の化粧品がもっとも人気だという。日本百貨店協会の西田光宏企画開発部長は、外国人旅行者が日本で多額の消費をした結果が直接、日本の百貨店の販売額の上昇につながり、なかでも中国の旅行者の功労は欠かせないと語る。中国人旅行者はいまや日本の百貨店の主力となっている。

二〇〇一年、日本が中国の公民に対して自費ツアーの訪日を開放して数年、中国人の日本旅行市場は拡大、成熟を続けているが、市場が規範化されておらず、物価、構造、制度等が不合理であることから、一部のツアー商品は安価で質が劣り、現地での受け入れに不満な旅行者もいる。以前は、多くの人が文句を言うか、帰国後投書するだけだったが、今では、より快適で気持ち良く過ごすために、自ら追加費用を払い、ホテルや車両のランクを上げる人もいる。また旅程がもの足りないと思えば、スケジュール外の日程や観光先の追加を自費でリクエストする人もいる。日本料理が淡白すぎると感じ、自己負担で日本の神戸牛、フグなどを食す人もいる。これらは、中国からの旅行者が日本の物価の高さに驚き、簡単には財布の紐をゆるめようとしなかった開放初期と比べ、天と地ほどの差がある。中国人旅行者の消費力と消費感覚は変化し、いまや日本の旅行市場と小売業者がますます期待をよせる「福の神」となりつつある。

ショッピングだけでなく、日本の特色あるツアーも中国人旅行者に人気がある。たとえば、日本の東海地方は「ハートランド街道——日本の匠と世界の産業技術」をテーマとした新たな旅行企画、すなわち「産業観光」を展開し、多くの中国人旅行者をひきつけている。この「産業観光」は、産業遺産（歴史的、文化的意義のある工場跡地、機械設備など）を観光資源とし、見学と実際の体験を通じてモノづくりの楽しみを体験し、人と人の交流を促進するツアーである。愛知県を中心とする東海地方は日本経済の高度成長を支える自動車、オートバイ等輸送機械と工作機械等の主な製造地域である。歴史的、文化的意義のある産業遺産、生産現場、産業博物館等を数多く有し、これらが産業旅行資源として活用されている。二〇〇四年の浜名湖花博や、二〇〇五年の愛知万博でも、多くの中国人旅行者の姿が見られた。二〇〇五年、中部国際空港が開港し、東海地区はこの機会に、自然景観と地域の特色ある産業遺産等を観光資源として、人と人の交流を促進し、地域経済に活力をもたらしている。

中国では二〇〇八年に北京オリンピックが開催され、二〇一〇年には上海万博が開催される。これら大型国際スポーツ大会と大型博覧会では、必ずや中日間の旅行協力がいっそう促進され、より多くの日本人旅行者が中国を訪れると信じる。中日両国は、短期的な経済効果を求めるだけでなく、長期的に人と人の交流を促進することが、より重要である。すなわち、旅行分野における協力を強化し、人々により多くの機会を提供して、人と人の密接な往来により両国国民を互いに尊重させ、国民感情を増進し、中国と日本の新たな戦略的互恵関係を構築するのである。

5　中日の知的財産権分野における協力と紛争

葉　琳

二十一世紀は知識経済の時代であり、企業間の競争から国家の総合力の競争に至るまですべてが知的財産権の競争に集約されている。いまや現代は知的財産権制度をさらに整備し、知的財産権の創出と応用を奨励し、知的財産権を尊重、保護し、知的財産権侵害行為に対する取り締まりを強化することにより経済成長を継続的に力強く推進することが、世界各国政府の求める目標となっている。中日両国は国交正常化以来、知的財産権分野においてさまざまな層、分野、形態による協力を行っており、現在、日本は中国での特許出願がもっとも多い国となっている。しかし、中日経済協力の深化にともない、知的財産権における両国の紛争はますます顕著になっている。これらの問題を適切に解決し、中国と日本の知的財産権の交流と協力を積極的に展開することは、極めて重要な意義を有している。

一　中国と日本の知的財産権分野における紛争と解決

知識経済の深い進展にともない、知的財産権に関わる商業生産と経営管理は経済社会生活のさまざまな面に浸透し、中国の経済建設と科学技術イノベーションにおける知的財産権の役割もますます明確になっている。とりわけここ数年来、中国政府は国家の各事業における知的財産権の地位と役割を深く認識し、知的財産権事業を極めて重視し、有力な対策をとっており、中国の知的財産保護事業は大きな進展を遂げてきた。知的財産権制度の構築を強化し、知的財産権保護のための体制とメカニズムの健全化をはかり、知的財産権保護事業を展開し、権利者の利益を保護し、教育を強化し、知的財産権保護のための良好なムードづくりをしてきた。しかし、中国の知的財産保護はスタートが遅く、知的財産権の保護に対する意識と能力はまだ低い。

一方、日本は早くから知的財産権立国の戦略を実行しており、その発展は高い水準に達している。中国と日本は経済関係が密接だが、知的財産権の発展レベルが大きく異なるため、紛争が目立つ。しかし、中日双方の努力と調整により、これらの紛争はほとんどが円満に解決されている。

中日間の知的財産権の摩擦は非常に多く、とくに自動車、オートバイ、家電等の製造業に集中している。中国と日本のオートバイ分野における知的財産権の紛争は歴史が長いが、双方の関連部門の交流と協力を通じて、オートバイ産業の知的財産権協力は一定の成果をあげている。

中国のオートバイ工業の成長過程で、日本は極めて重要な役割を果たしてきた。日本の本田技研工業株式会社、スズキ株式会社、ヤマハ発動機株式会社、川崎重工株式会社などのブランド企業は、続々と中国のオートバイメーカーと協力し、中国のオートバイ市場で一角を占めた。このような協力発展の方法により、中国のオートバイ産業は飛躍的な発展を遂げたが、それと同時に、企業に技術開発能力がなく、産業全体の製品イノベーションと技術イノベーションが緩慢で、模倣が非常に多いなど、一連の問題も起きたため、中国と日本のオートバイメーカーの知的財産権をめぐる紛争はたえず表面化してきた。二〇〇三年、ホンダが重慶力帆実業（力帆）の権利侵害を訴えたケースは、喧しい議論を呼んだ。また、ここ数年、日本の四大オートバイメーカーであるホンダ、ヤマハ、スズキ、川崎重工は中国で相次いで大規模な偽物撲滅活動を展開しており、中国のオートバイ産業は知的財産権に対する意識が呼び起こされた。中国のオートバイメーカーは競って自社の研究開発センターを設立し、自主開発能力を徐々に形成し、特色ある新モデル、新製品を続々と開発するようになった。同時に、中国自動車工業協会（CAAM）と日本自動車工業会（JAMA）も協力し、財産権関連の紛争調停機関の設置を目的とした「中日二輪車産業界知的財産権プロジェクト」の計画した活動を二年間で終了し、二〇〇四年三月十九日、北京で中日オートバイ産業界知的財産権プロジェクト完成式典及び知的財産権紛争調停組織の「調停委託協議書」の調印式を行い、中国国際商会調停センターの調停により紛争双方が協議する方法で、知的財産権紛争を低コストで解決することとなった。また、双方が設置した定期協議会制度は、知的財産権紛争を解決するうえで積極的な役割を果たしており、これは中日間におけるオートバイの知的財産権問題に理性的な解決のプラットフォームができたことを示している。

中日間の知的財産権紛争は、工業製品分野にとどまらず、農産物にも広がっている。二〇〇三年十一月、熊本県は、ある種のイグサとそのイグサで作られた畳が知的財産権を侵害しているとして、中国からの輸入禁止を求めた。日本の税関は、中国から輸入されたイグサ製品をただちに厳しく検査し、日本の知的財産権が侵害されているかどうかを確認した。これは二〇〇三年に日本の「種苗法改正法」が正式に実施されてから、本国の農産物の知的財産権に対してとられた初の保護措置となった。この新たな形の貿易保護措置により、中国の対日農産物輸出が一部制限されることとなった。その後、中国の軽工業工芸品輸出入商会は中国政府と共同で日本と交渉し、日本の民間のイグサ関連団体、輸入業者、栽培農家等と広く接触、交流し、業界組織の架け橋としての役割を十分に発揮して、最終的には調整交流機関を設置することで貿易紛争の過熱を効果的に回避し、輸出秩序を改めて規範化した。この他、双方は交流会などにより、中日イグサ貿易の情報交換と協議の良好なメカニズムを構築し、双方はこれにより市場のニーズ、管理方法、知的財産権、貿易の正常な進展の促進等の面で、交流と協力を強化してきた。近年、中国のイグサの対日輸出は安定した増加傾向にあり、かつて中日農産物貿易紛争の主役の一つだったイグサとイグサ製品は、中国の貿易摩擦が増加するなかで、貿易障壁を乗り越え、平穏な輸出と産業の継続を実現した。

二　中国と日本の知的財産権保護分野における協力

中日間では、長期にわたり極めて密接な知的財産権協力を実施してきた。中国商務部と日本の関係機関は、中国の知的財産権保護の現状と両国の同領域における協力強化などについてたびたび意見交換、交流を行ってきた。中国国家保護知識産権工作グループは、国内の関連部門とともに、日本企業を含む海外の投資企業と定期的な協議、調整メカニズムを構築し、各国の知的財産権者が十分に意見を表明できるルートを提供している。両国の関連部門、民間組織、企業等の各層も、知的財産権、人材養成等の面において良好な協力を展開している。

1．中日両国の政府レベルの知的財産権協力

中日両国の政府は中日両国の知的財産権分野における協力を重視し、政府レベルのさまざまな協力のメカニズムが合意に達した。中国国家知識産権局（SIPO）と日本の特許庁（JPO）の協力は三十年前から始まり、良好な協力関係と交流関係が維持されている。双方の局長の交流メカニズムはすでに十五年間続いている。二〇〇七年十一月、北京で第十四回局長会議を開催し、人員養成の強化、中日両局の研修部門の協力と交流、中日両局の協力三十周年および中日両局の会談メカニズム十五周年記念活動等の事項について合意に達し、覚書に署名した。中日双方の局長の交流メカニズム以外に、中日韓三カ国の局長交流のメカニズムも構築されている。このメカニズムは二〇〇一年に開始し、年に一度、三カ国持ち回りで行われ、三カ国の関連政府部門間の協力と政策対話の実現を目的とする。二〇〇六年十二月、第六回中日韓三カ国知的財産権局長による政策対

話会議が北京で開催された。会議では、三局の協力が域内知的財産権協力に資すること、今後地域の知的財産権の全体的な発展を推進していくことを重ねて表明し、共通の関心事である国際知的財産権分野の諸問題について意見交換を行った。続いて、三者は「第六回中日韓三ヵ国特許庁長官会合会談覚書」に署名し、知的財産権の支援、三局協力の青写真の中期目標について合意に達した。

対話メカニズム以外にも中日両国の関係部門は知的財産権保護に関する人材養成にも積極的に取り組み、中国国家知識産権局と日本の財団法人海外技術者研修協会（AOTS）は、良好な関係を維持してきた。双方は一九九六年に人材育成の協力を開始し、二〇〇六年、中国国家知識産権局は知的財産権分野の関係者百五十七名を推薦し、日本のAOTS研修に参加させ、彼らの業務レベル向上に大いに役立った。

知的財産権協力の実務面においても、中日両国は交流を行い、知的財産権保護が着実に実施されている。二〇〇七年四月、第一回中日韓三ヵ国の税関局長・長官会議が東京で開催された。会議の席で牟新生中国税関総署長は、中国政府と中国税関の知的財産権保護に対する真剣な取り組みを紹介し、とくに、国務院により呉儀副総理がグループ長を務める知的財産権保護指導グループが設立されたことは、中国政府が知的財産権保護を重視していることの表れであると述べた。三ヵ国は税関の知的財産権保護分野における役割と関連措置についても深く討議した。

2. 中日両国の民間レベルの知的財産権協力

中国と日本は民間レベルでも積極的に行動しており、両国の知的財産権分野の交流と協力を推進、強化している。

中日双方の企業の知的財産権問題をめぐって、二〇〇五年四月、日本知的財産協会（JIPA）と中国専利権保護協会（PPAC）の共催、上海市知識産権研究会の協力により、「第一回中日企業連携・知財フォーラム」が上海で開催され、邢勝才中国知識産権局副局長、隅丸優次・上海領事館総領事をはじめ、中日双方の各企業の代表約三百人が参加した。フォーラムのメインテーマには「中日企業連携と知的財産」「企業の成長における知的財産戦略、国際間技術提携のあり方」などが含まれ、中日双方の企業界、学術界代表が今後の中日両国の技術協力、知的財産権管理、関連人材の育成等について、深い討論と幅広い交流を行った。二〇〇八年三月、双方は北京で「インセンティブメカニズム」「技術管理（技術移転）」をテーマとした第二回会議を開催した。

二〇〇四年九月一日から二〇〇五年一月三十一日、中日知的財産翻訳者育成事業が北京で実施された。これは中国と日本の民間団体である中華全国専利代理人協会と日本知的財産翻訳協会が共催した、中国の弁理士業務に関する初の日本語翻訳養成コースであり、全国各地から集まった百六十名の研修生が、中日双方の専門家による日本の特許法や電気、化学、機械等の分野における特許出願書の翻訳テクニックに関する講義を真剣に聴講した。中華全国専利代理人協会、中日両国の弁理士の協力と、中国国家知識産権局、日本弁理士会、中日両国関係者の大きな支援のもと、この養成コースは円満な成功を収めた。

3. 中日両国学術界の知的財産権協力

中日両国の学術界も、知的財産権に関する協力に注目しており、積極的に参与し、重要な役割を果たしている。なかでも中華全国専利代理人協会と日本国際貿易促進会中国特許協力会の合同主催による知的財産権セミナーは、一九九一年の北京での第一回開催以来、毎年一回実施され、中日知的財産権分野で交流と学習のプラットフォームとなっていることは、特筆に値する。しかも二〇〇三年以来、同セミナーの討論テーマと内容は、それまでの日本の知的財産権法や特許の伝授を主としたものから、中日の専門家間の相互交流へと大きく変化した。日本側は多国籍企業の知的財産権部門の担当者、弁護士、司法官、日本の知的財産戦略会議のメンバーが講演し、中国側も大手企業の知的財産権のハイレベル担当者、司法官、知的財産権専門家などが日本の代表と同じ演台で講演した。このセミナーにより、中日双方の知的財産権分野における交流と協力が大幅に促進されたのみならず、日本側が中国各地の知的財産権投資環境を全面的に理解し、一部地域の知的財産権の現状に対する日本企業の誤解を是正し、外資をひきつけるうえで大きな役割を果たした。

双方の知的財産権協力をより良好に実現するため、中日両国は各々対応する機関を設立し、知的財産権保護について研究を行い、その順調な実施のための指導を実施している。たとえば、一九八六年八月、日本国際貿易促進会は中国特許協力会を設置し、二〇〇一年、中国政府は対外経済貿易大学内に「知識産権研究センター」、「中日知識産権研究センター」などの機関を設立し、中国の知的財産権監督部門と密接に協力して、架け橋としての役割を十分に果たし、中日間の相互理解と紛争解決に積極的に貢献している。

4. 中日両国の産業界における知的財産権協力

中日間の知的財産権協力は、企業レベルでも急速な進展を遂げている。近年、中国と外国の自動車企業において知的財産権をめぐる紛争が激化しており、中国と紛争を起こす欧米企業がとる措置は一般に強硬で、直接法的手段をとるか、政府を通じて圧力をかけてくる。しかし、日本企業の権利維持方法は欧米国家とはまったく異なる。トヨタを例にとると、トヨタは中国でも数多くの知的財産権問題に直面しているが、訴訟を起こすことは極めて少なく、業界との意思疎通に積極的に参与し、交流によりコンセンサスを得たうえで問題を解決しようとしている。二〇〇七年、自動車工業知的財産セミナーにおいて、中国の自動車工業協会の責任者は「知的財産権紛争の解決に法的手続きを用いることは、もちろん構わない。しかし最良の道は、協議、仲裁などにより解決することである」と述べた。現在、中国企業が起こす知的財産権侵害行為は、往々にして、知的財産権に対する無理解が原因で、何が権利侵害にあたるかを知らない場合すらある。そのため、民間で問題を解決するには、第一に、企業が知的財産権意識をもたなくてはならず、第二に、適切な組織形態を有さなくてはならず、第三に知的財産権問題を解決する方法をもち、双方の協議により、規範化された形式で、交流を通じて理解したうえで知的財産権を解決するようにしなくてはならない。現在、中国と日本の自動車産業は、法律に基づき、民間でコンセンサスを得て、問題解決のためのメカニズムを構築、発展させると同時に、知的財産権を尊重し、双方の競争から競合への移行を実現するために努力している。

さらに、日本縫製機械工業会は中国国際縫製設備展覧会などの展示会の機会に、知的財産権座談会を開催し、意見交換と交流を度々実施して双方の理解を深め、コンセンサスを得ている。二〇〇七年十二月、中国と日本の縫製機械業界の知的財産権をめぐる意見交換と交流を強化するため、中国縫製機械協会知識産権作業チームと日本縫製機械工業会知的財産権保護対策委員会の代表は、上海で知的財産権作業座談会を開催した。この座談会で、双方の代表は、意匠権と商標権について検討し、互いの認識と理解を深め、意見の相違を解決し、関連する問題について合意に達した。

まさに、さまざまな層におけるプラットフォームの構築、さまざまな領域への参与、さまざまな方法手段の利用により、中日両国の知的財産権保護は深く幅広い協力を実施し、相当の成果をあげ、中日経済協力の健全な発展のために良好なビジネス環境を作り出した。

知的財産権分野において、両国には摩擦や紛争もあるが、交流と協力も行っており、これはチャンスと挑戦が共存する舞台である。双方は相互理解、相互協調、共存、ウィンウィンを旨とし、両国の知的財産権の発展を強力に推進し、すでに一定の成果をあげているが、まだ多少の距離がある。双方の関連部門はこの点を深く認識しており、現在、いっそう効果的な措置により飛躍的発展を遂げようとしている。二〇〇七年十二月、北京で第一回中日ハイレベル経済対話が開催され、会議後のプレス・コミュニケでは「双方は知的財産保護官民合同訪中団の継続的派遣及びこれに基づく協力を深化し、中国の主要な知的財産権関連法令を改正する過程で日中の協力を促進することで一致した。双方は、知財執行協力を強化するため、知財侵害関連情報の提供、中央行政機関の指導下における地方の知財交流と協力を推進する方策につき、引き続き協議を継続することで一致した。双方は、植物品種保護制度の強化と調和のため、東アジア植物品種保護フォーラムへ積極的に関与していくことを確認した」と発表された。また二〇〇八年五月、胡錦濤主席の訪日期間に双方が署名した「中日両政府の交流と協力強化に関する共同プレス発表」には、次のように明記されている。「双方は知的財産権分野における協力を引き続き強化し、両国の知的財産権交流の既存のワーキング・メカニズムを利用して、知的財産権の立法、執行及び行政審査実務に関する情報交換を行う。双方の企業間で知的財産権の保護及び利用の経験交流を強化する。知的財産人材育成を共同して行い、知的財産権制度の影響力を拡大する。」

6　中日のＩＴ産業における協力

葉琳

日本は二十一世紀初頭、ＩＴ産業が米国に遅れをとり、急遽追い上げにかかるため、相次いでｅ‐ＪＡＰＡＮ戦略、ｅ‐ＪＡＰＡＮ戦略Ⅱ、ｕ‐ＪＡＰＡＮ戦略を打ち出して段階的な戦略体系を形成し、ＩＴ革命による経済・社会全体の振興を計画し、ＩＴは日本の経済成長の主力となった。一方、中国は経済のグローバル化、ＩＴ化の中で経済の大発展を遂げ、工業化を実現すると同時に、情報化に成功し、経済発展に関する五ヵ年計画のなかでＩＴ産業をもっとも重要な発展戦略として位置づけ、「情報化による工業化推進と技術躍進実現」に力を入れている。中日両国政府は、自国のＩＴ産業の発展を極めて重視している。またＩＴ産業自体はグローバル産業であり、その発展には各国間の協力が必要となるため、中日両国もこの分野における双方の協力にとくに注目している。一九八〇年代、双方は情報通信技術産業分野の協力を開始した。現在、その協力はすでに相当大きな規模となり、一定の枠組みを形成して、新世紀における両国の経済社会の持続可能な発展の基礎を築いている。

一　中日の電気通信分野における協力

中日両国の電気通信部門の交流は一九七〇年代に開始した。当時、中国の通信業務のレベルはかなり立ち遅れており、国内の電話普及率は一％に満たず、電気通信の伝送、交換はアナログ技術が主で、電気通信網資源も深刻に不足しており、社会のニーズを満たすにはほど遠く、国民経済の発展の大きな制約となっていた。しかし、今日、中国の電気通信産業は大きな飛躍を遂げたが、その原因をつきつめると、政府の重視、社会の支持、企業自の努力以外に、友好国、友好企業の支援も重要な要素となっており、そのなかには、日本政府の借款による支援も含まれている。三十年近くにわたり、中日両国の電気通信事業者は国際光海底ケーブルの共同設置、電気通信網の拡大や電気通信業務の連携、技術コンサルタント、人員の交流・研修等の面で良好な協力関係を構築してきた。

一九七三年五月、中国と日本は「中日海底ケーブル取り決め」に調印し、上海南匯から日本の熊本まで、全長八百七十三キロメートル、四百八十回線が開通可能な海底ケーブルを、日本側の技術・設備提供により共同設置することを決定した。このプロジェクトは、富士通が敷設を担当し、一九七四年着工、一九七六年十月竣工、実際には三百八回線が運用された。中日間の海底ケーブルのメンテナンスは、今日に至るまで富士通が行っている。

改革開放後、中国の国際往来は日増しに増大し、貿易の往来も拡大し続け、通信の需要が急速に高まった。とくに、インターネットとその事業が勃興したため、大容量で高速の光海底ケーブルが十分に活用できるようになった。一九九〇年頃、中国と日本は光海底ケーブル設置の検討に入った。両国の協力のもと、一九九三年に中日光海底ケーブルは竣工、開通した。上海南匯から日本の宮崎まで全長一二五二キロメートル、九台の海底中継器が設置され、伝送速度は五六〇Mb／s、二対の光ケーブルからなり、七千五百六十本の電話回線が提供され、同時に通話またはその他の非音声業務を行うことができるものであった。これは中国最初の国際間の光海底ケーブルシステムであり、この開通は、中国の国際通信伝送がケーブルによるアナログ技術から高速デジタル技術の段階に入ったことを表している。

日本の電気通信企業は中国の電気通信網建設においても重要かつ積極的な役割を果たしてきた。たとえばNTTは、日本電信電話公社（電電公社）の時代から中国と交流や技術協力を実施してきた。一九八〇年、中国郵電部と電電公社は「中日電気通信技術協力に関する覚書」に調印し、人材交流、技術協力などの面で、さまざまな層、テーマによる幅広い交流を行った。同社は第二次円借款の通信プロジェクトおよび第三次円借款の事前準備にも積極的に参加した。上海、天津、広東地区が日本政府の借款によりデジタル電話交換機を導入した際、NTTは技術コンサルタントを行なったほか、山西省にも技術者を派遣して技術指導を行った。

二　中日のソフトウェア産業の協力

ソフトウェア産業はIT産業の柱である。過去十数年、中国のソフトウェア産業は急速な発展を遂げてきた。それにともない、中日双方のソフトウェア産業における協力関係も深まり、「試行と模索」、「発注提携」の段階から「戦略的協力」に移行しつつあり、両国企業間の融合は深まり、人材養成、学術討論などの面でも、全面的な交流、協力を積極的に展開している。

中国のソフトウェア産業の規模は着実に拡大し、総合力は増強し続け、ソフトウェア技術革新は飛躍的に向上している。新製品が続々と登場し、製品の市場競争力と企業競争力は明らかに向上し、ソフトウェア産業の国際化が加速し、ソフトウェアの輸出とサービスのアウトソーシングも急速な成長を続けている。資料によれば、ここ数年、ソフトウェアの対日輸出は中国のソフトウェア輸出総額の五〇%以上を占めており、対日アウトソーシング協力の強化は、中国ソフトウェア産業発展のための重要な課題となっている。二〇〇六年、中国のソフトウェアのオフショア・アウトソーシング市場の総規模は十三億八千万ドル、同期比四八・四%の伸びとなっており、日本市場は依然として中国の主な市場であり、五六%を占め、日本のソフトウェアのアウトソーシング発注の年間総額は十二億八千万ドル（一千四百六十九億円）で、中国への発注は七億七千万ドル（八百八十億円）に達しており、半数を占めた。

また、日本の企業は続々と中国へ「転戦」し、日本のコンピュータソフトウェア協会は、ソフトウェア企業の中国での提携相手探しを積極的に推進した。「二〇〇二年　中日ＩＴフォーラムｉｎ天津」に、日本側は過去最大のソフトウェア企業代表団を派遣し、プロジェクトを携えて天津で提携相手を探し、日本側七十数社の代表百二十人余りがソフトウェア提携フォーラムに参加した。フォーラムでは、まず双方が、ソフトウェア産業発展政策、政府のＩＴ推進戦略、ソフトウェア・パークの機能と発展、ＩＴの発展環境の高度化、政府と企業の架け橋、ソフトウェア産業における協会の役割など、関心を集める最新の問題について講演を行った。同時に、中日双方のソフトウェア企業十四社が中日ソフトウェア協力、ソフトウェアの新技術、ソフトウェアに対する日本側の要望など、多岐にわたり意見交換と交流を行った。双方は、中国と日本のＩＴ業界と情報サービス産業がすでに切っても切れない一体化を遂げており、今後、中日ＩＴ業界は、より深い問題を共同で解決する必要があると認識した。ソフトウェア・アウトソーシング提携について、フォーラムでは、中国のソフトウェア開発会社に対しては、自身の開発力の積極的な向上、利益率の上昇、エンジニアのレベル向上、ミドルエンド・ハイエンドの開発能力構築、ソフトウェア開発の継続的なレベル向上が求められ、日本のソフトウェア発注側に対しては、オンサイトの拡大、エンドユーザー向けサービスにかかるコストの削減、中間の段階とコストの圧縮、最終発注価格の引上げ、オフショアの規模拡大、スケールメリットの創出、中国における日本のＩＴシフトアウトソーシングを対象とした研修の実施が求められた。

ソフトウェア産業の主な担い手は人材である。中日双方のソフトウェア提携は、深刻な人材不足に直面している。たとえば、中国側では、日本向け開発スタッフは雇用難で、スタッフがなかなか定着せず、日本国内では、大量の外国人技術者による補充が必要という現状の根本的解決が難しく、日本の大手企業ではプロジェクトのアウトソーシングにより、末端の開発スタッフが流失し、会社全体の数千人がすべてソフトウェア・エンジニアという異常事態が起きている。また、中国側の開発スタッフは、主に製造段階の開発を担当しており、業務上の知識や高度な設計経験を蓄積できない。これらの問題について、中日双方のソフトウェア産業関係者は解決策を講じ、一部は効果をあげている。たとえば、日本から中国側への一方通行的な発注という現状を変え、中日間のソフトウェア開発の提携関係は、ノウハウの相互交流や市場の共有を含む、協力もすれば競争もする、というさらに高度な関係に軸足を移そうとしている。一方、現在のソフトウェア開発方法も変化しつつあり、従来の、要件定義から基本設計製造までという保守的な開発モデルは、中国と日本が程度の差こそあれ、プロジェクトの全プロセスに参与するという新たな開発モデルに転換していくであろう。この他、日本政府は政策面から、すでに外国移民の技術ビザの規制緩和、短期商用ビザ審査手続きの簡略化に着手しており、これらの技術移民提携方法により、中国の労働力過剰と日本の人手不足の問題を同時に解決しようとしている。これについて、北京市と札幌市はすでに検討と協力を開始している。

日本の個人情報保護法の全面的実施にともない、情報安全リスクに対する認識は強化されており、ビジネスをとりまく環境にも大きな変化が起き、中日両国間の提携方法にも必然的に質の変化が求められるようになってきた。関係者は、中日両国のソフトウェア・情報サービス産業にとり、今後数年が協力発展の要の時期になると指摘している。

三　中日の近年さまざまな層における全方位的協力

1. 二カ国間および多国間における政府レベルの協力

中国と日本の情報産業分野における技術協力は急速に発展しており、なかでも政府レベルの参入と関与は非常に多い。二〇〇三年九月、中国情報産業部、日本の経済産業省、総務省、韓国の情報通信省は「情報通信7分野の協力に関する取決め」に署名し、三カ国間の情報産業の各分野における実質的な協力のための基礎を築いた。二〇〇四年四月、中国情報産業部、日本の経済産業省と総務省、韓国の情報通信省の共催による「第一回中日韓三カ国IT局長会議」が北京で開催された。オープンソース・ソフトウェア（OSS）は、未来のソフトウェアの主流であり、オープンソース・ソフトウェアを利用するオペレーション・システムは、情報交換、情報の共有、ソフトウェアの開発応用に有利である。会議期間中に三カ国は「オープンソース・ソフトウェアに関する覚書」に署名し、Ｌｉｎｕｘなどのオープンソース・ソフトウェアの開発を基礎として、基準の設定、ソフトウェア開発、応用の普及、認証サービス、人材育成、知的財産権等の面で、交流と協力を行うことを決定した。二〇〇四年七月、中国情報産業部、日本の総務省、韓国の情報通信省は、日本の札幌で中日韓第三回情報通信大臣会合を開催し、三カ国は情報通信分野の協力をいっそう強化することに合意した。三カ国は既存の七つの協力分野に修正を加え、「電子タグ／センサーネットワーク」を新たな協力項目として追加し、電子タグとセンサーネットワークに関する共同研究開発や実験、普及を通じて、「ユビキタス社会」を実現していくこととなった。

2．民間組織の協力

中日両国のIT産業分野における協力は政府間だけではなく、一部の民間組織も積極的に参与している。中日情報サービス産業懇談会は、日本情報サービス産業協会（JISA）と中国ソフトウェア産業協会（CSIA）の共催による、中日両国のソフトウェア・情報サービス産業のもっともハイレベルな、最大規模な交流会であり、創設以来、各地のソフトウェア産業協会とソフトウェア企業の大きな支持と注目を集めている。これまで成功裡に十回開催されており、初期の相互理解、相互交流から、企業間の協力の模索へと徐々に変化してきている。第十一回中日情報サービス産業懇談会は、二〇〇七年九月十九日に東京で開催され、主に企業の社会的責任（CSR理念）の共有、情報保護対策の協力、中日ソフトウェア協力体制という新たな課題と中日IT人材の発展の趨勢などについて討議した。双方はまた、幅広い交流のプラットフォームを構築し、懇談会開催の十一年間にわたる中日間の協力の成果は評価に値する。中日間の協力は年々深まっており、双方はソフトウェアの価値に関する認識とPRをいっそう重視、強化し、知的財産権保護分野の協力をいっそう強化すべきであると指摘した。

3．基準の設定と人材資源開発

中国の情報技術人材の育成と選抜の標準化をいっそう強化し、国際間の情報技術人材の流動を促進するため、情報産業部電子教育センターと日本情報処理技術者試験センターは中国情報産業部、人事部、日本の経済産業省の委託を受け、中国の「コンピューター・ソフトウェア専門技術水準試験」と、日本の「情報処理技術者試験」（以下、中日情報技術試験と略す）の試験基準について二〇〇五年三月三日に「中日情報技術試験基準相互認定に関する協定」に再度署名し、二〇〇二年に署名した相互認定協議を基礎として、ネットワーク・エンジニアとデータベース・システム・エンジニアの相互認定を追加した。その目的は、フレキシブルで多様な方法により中日情報技術試験の基準相互認定のPR強化、試験の規模拡大、より多くの情報技術者の養成、選抜を実施し、日々増大する社会のニーズに対応することである。この方法は、国内外の情報技術の急速な発展に対応して、試験基準の研究と更新の強化、試験の質の向上、試験の知名度向上を継続し、関連企業、研究機関、教育機関を奨励して中日情報技術試験基準の相互認定というこの新たな情勢を活用し、情報技術分野における国際交流協力のルートを広げ、さまざまな形式の国際交流と協力活動を展開し、対日ソフトウェア輸出を発展させ、これらにより中日相互認定の試験基準を参考として情報技術分野の職業教育を導き、教育改革を継続し、これを新たな情勢下における職場の実務に対応させるものである。

中国政府と日本政府は、移動通信技術の標準化分野における長期協力も計画している。中国科学技術部と日本の総務省は、「第四世代移動通信システムの研究開発や標準化等において長期的な協力体制を構築するための覚書」に署名したという。双方の合意に基づき、第四世代（4G）と第三・五世代（スーパー3G）の技術分野において協力する。中国科学技術部と総務省は共同声明のなかで「スーパー三Gシステムは二〇一〇年前後に応用が開始され、世界のブロードバンドシステムのなかで、極めて重要な役割を果たすであろう。早期にスーパー三Gを実現し、スーパー三G技術の開発を促進するためには、国際協力が非常に重要な鍵となる。」と述べている。中国と日本の政府間協力には、毎年最低一回開催されるハイレベル会合も含まれており、会合の主な議題は、標準化の合同研究開発と具体的方法である。

四　中日両国のIT産業における協力の新たな動向

経済情勢の変化にともない、中日両国のIT産業における協力にも新たな変化が生じている。第一に、日本の主要企業が海外資源の利用を徐々に拡大していることである。日本企業が国際化成長戦略を追求する内在的原因と、国内ソフトウェア人材の供給不足という外在的要因により、日本のソフトウェア・情報サービス産業は、海外の資源を効果的に利用する構想を打ち立てている。今後数年、日本の主要ソフトウェア企業は、海外での拡張に力を入れるであろう。たとえば、NEC、富士通などは二〇一〇年の海外企業の総人員数を一万人前後に増大し、主に中国、インド、ベトナムなどを投資先として選択する。また、日本企業は発注に際し、金融、流通、製造などの分野を特定企業に集中的に委託し始めており、これにより中国の各請負企業は特定分野に関する知識を蓄積し、専門性を強化することができる。

第二に、中国は依然として日本最大のオフショア開発（システムインテグレータが、システム開発・運用管理などを海外の事業者や海外子会社に委託すること）受託国である。情報サービス産業協会とコンピュータソフトウェア協会の調査によれば、日本の中国への外注の割合は、二〇〇二年の四九％から二〇〇四年には六三％に上昇している。発注地の構成からみれば、日本は依然として中国のソフトウェア・アウトソーシング業務の主要な市場であり、中国全体のソフトウェア・アウトソーシング収入の六〇％を占めているが、成長率は年々下降している。日本の対中発注業務のうち、オンサイト（企業のスタッフが顧客企業に出向して業務を行う）の占める割合は徐々に増加しており、ソフトウェア・情報サービス分野でビザを取得している中国人スタッフ数は、二〇〇五年の二千六百九十二人から二〇〇六年には四千八百五十三人に増加し、増加率は八〇・三％に達している。

第三は、中国と日本の協力が戦略化の過渡期にあることである。一般に、中日企業間の協力は、実験段階、試行錯誤段階、拡大成長段階、集中化段階、戦略協力段階の五段階に分けられる。現在、中日双方のＩＴ産業の協力関係は、試行を経て成熟に向かっており、「実験」と「試行錯誤」の段階から、「集中化」、「戦略的協力」の段階へ移りつつある。今後、数年が協力発展に重要な時期となろう。今後五年から十年の間、中日両国の企業は、緊密な戦略的協力パートナーシップを構築し、一体となって中国と世界の市場を開拓していくであろう。

7　ポジティブリスト制度

張青松

ポジティブリスト制度とは、日本で基準が設定されていない農薬等が一定量以上含まれる食品の流通を原則禁止する制度である。この制度は、食品中の農薬等の含有量が残留基準を超えてはいけないとするもので、残留基準が定められていない農薬等の食品中の含有量については「一律基準」、すなわち〇・〇一ppmを超えてはいけないとされている。この制度は二〇〇六年五月二十九日より実施されており、中国の農産物の対日輸出に大きな影響をもたらしている。

一　ポジティブリスト制度の内容

日本の食品の大部分（六〇％前後）は輸入に頼っている。現在、世界で一般に使用されている農薬等は七百種余りあるが、日本で残留基準が定められていたのはわずか三百種余り（主に、日本で登録されている農薬等）で、残りの四百種余りに対しては制限基準がなかった。輸入食品中に含まれている可能性のあるこれらの農薬等については、日本では明確な管理監督措置がなく、これが日本の食の安全を深刻に脅かしていた。一方、日本では近年、輸入農産物中の農薬等の残留量の基準超過がしばしば問題となり、国内でも未登録農薬の違法使用が発生したため、日本の消費者は食の安全に極度の不信感を抱くようになってきた。このような状況を是正するため、日本は二〇〇二年から内閣直属の食品安全委員会を設置し、関連機関の食品安全に対する管理を強化、調整してきた。同時に農林水産省は農薬取締法を改正し、未登録農薬の取り締まりと処罰を強化した。厚生労働省は二〇〇三年に食品衛生法を改正すると同時にこの改正法をもとに、農薬等の残留管理にポジティブリスト制度を導入した。

日本がポジティブリスト制度を実施した法的根拠は「食品衛

生法」（二〇〇三年改正）第十一条第三項であり、いかなる食品であっても「農薬取締法」に規定される農薬または「飼料の安全性の確保及び品質の改善に関する法律」に規定される飼料、または「薬事法」に規定される動物用医薬品を含み、かつその含有量が、厚生労働大臣が薬事・食品衛生審議会の意見を定める量を超えて残留する食品は、これを販売の用に供するために製造し、輸入し、加工し、使用し、調理し、保存し、又は販売してはならない。ただし、当該物質の当該食品に残留する量の限度について第一項の食品の成分に係る規格が定められている場合については、この限りでない。というものである。

この条項は、簡単にいえば、残留基準が定められている化学物質については、食品中の含有量は残留基準を超えてはならず、残留基準が定められていない農薬等については、その含有量は厚生労働省の決定した一律基準を超えてはならないが、厚生労働省により対象外物質とされているものはこの制限を受けない、というものである。

ポジティブリスト制度は食品中の農薬等の残留に対する管理の総原則である。日本の厚生労働省は、この原則に基づき、以下の三項目の具体的な実施措置をとっている。①「対象外物質」、通常の条件下で、その食品中における残留が人体の健康にマイナス影響をもたらさない農薬等を特定。これらの物質については、残留基準の規定は一切ない。②具体的な農薬等、食品について「残留基準」を設定。③対象外リスト以外で残留基準のない農薬等については、「一律基準」を設定。

旧基準に比べ、新基準では食品中の農薬等の残留基準の規定が、より厳密になった。日本の旧基準は一万項目に満たず、農薬等二百五十五種と食品百八十六種のみが対象とされ、農薬等の含有量が残留基準を超える食品の販売を禁止するのみであり、残留基準が定められていない農薬等の残留については明確な規定がなかった。しかし日本の新しい残留基準では、すべての農薬等と食品が含まれるようになり、「残留基準」が定められているものは「最大残留基準」を守り、「残留基準」が定められていないものは〇・〇一ppmの「一律基準」を守ることとなった。日本の新たな残留基準が、それまでの基準より対象がはるかに広がり、要求もはるかに厳しくなったことがわかる。

二　中国の農産物輸出への影響

ポジティブリスト制度は三百二種の食品、七百九十九種の農薬等を対象とし、検査項目も五万四千七百八十二項目に増加した。それまでの日本の輸入食品の全検査項目の三―五倍にあたる。一方、中国国内の制限基準では、わずか二百種余りの農薬等しか対象となっておらず、制限の指標は三千項目にも満たない。ポジティブリスト制度の実施にともない、日本側の関連項目の検査は増加し、日本の厚生労働省の発表した統計データによれば、二〇〇六年六―十二月、中国から日本に輸出された食品のうち、規定違反は三百三十四件、そのうち食品衛生法第一一条第三項に違反するとされたものは六十九件で、違反総数の二一％を占めた。十六種類の対日輸出商品が、日本側により「命令検査」を実施され、うち「一律基準」が適用されたものは十一項目で、四十三種類の商品が「モニタリング検査」を受け、そのうち日本のポジティブリスト制度のモニタリング検査項目に違反するとされたものは農産物十二種、農薬残留基準十五種であった。

ポジティブリスト制度により、ロイヤルゼリーの技術指標も高まったため、二〇〇六年六月から中国の輸出蜂製品は、返品が始まり、同制度の影響を最初に受けた中国製品となった。統計データによれば、二〇〇六年五月二十九日、日本側の「ポジティブリスト制度」実施後、中国の農産物の対日輸出は明らかに下降し、六月は一八％の減少、七月は一・七％の減少となった。二〇〇六年十一月中旬、中国のシイタケの対日輸出は二七％の減少、エンドウ豆は三四％の減少となった。中国の対日輸出農産物の占める割合も大幅に下降し、日本は二〇〇六年には依然として中国最大の輸出市場ではあったが、全体に占める割合は二〇〇一年の三五・七八％から二〇〇六年の二六・四七％に低下し、二〇〇五年に比べ二・七％下降した。中国の対日輸出価格も低迷し、絶対価格は上昇しているにもかかわらず、二〇〇六年の対日農産物輸出価格は同期比二・三％しか上昇せず、農産物輸出総格の伸び幅を二・六ポイント下回った。商務部対外貿易司と中国食品土畜輸出入商会が二〇〇七年三月に合同で発表した「日本の『ポジティブリスト制度』実施半年来の対日農産物輸出に関する分析報告」によれば、「ポジティブリスト制度」実施以来半年で、中国の対日農産物の輸出の伸びは低速化し、輸出企業の利益は下降し、輸出量も減少した。輸出商品構造にも変化があり、対日輸出量の多い商品七十二種類のうち四十四種類の輸出量が減少し、三十七種類の輸出金額が下降したという。同報告はまた、二〇〇七年、野菜、キノコ、茶葉、ウナギなど、主要な対日輸出農産物市場の前途は楽観できず、関連企業は管理を強化し、経営リスクを防備すべきだと指摘している。

日本政府が食品に対するポジティブリスト制度を実施した原因は、消費者から食の安全強化に対する要求があったこと以外に、農産物の安全に関する技術的な障壁を高めるためでもあった。現在、日本は中国の農産物の最大の輸出市場であり、また中国は日本第二の農産物輸入相手国でもある。商務部の統計によれば、二〇〇五年、中国の対日輸出食品は、農産物が七十九億三千万ドルで中国の食品、農産物輸出量の二九・二％を占め、そのうち果物と野菜およびその加工品の対日輸出額は約二十億ドルで、中国の食品、農産物の対日輸出総額の約四分の一を占める。日本のポジティブリスト制度は、中国をターゲットとして実施されたわけではないが、この制度の実施は、現在の野菜と果物の輸出における、もっとも深刻な障壁となっている。中国の対日輸出農産物は製品の品種が多く、企業数も多く、他国と比べ影響がもっとも大きい。中国が日本向けに輸出しているすべての野菜、果物およびその加工品は、それぞれ五百—一千項目余りの農薬等残留基準の試練に直面している。農薬等の制限指標数は大幅に増加し、指標はいっそう厳しくなり、検査項目の急激な増加、通関速度の大幅な低速化、輸出コストの倍増をもたらしている。しかもポジティブリスト制度は、中国が対日輸出しているほとんどすべての農産物を対象としており、野菜、肉製品、水産製品など、中国が強みとしている輸出農産物に深刻な打撃を与えている。また、輸出農産物は多くの農家の利益に関わるもので、この制度の実施は、農民の所得に必ずや大きな影響をもたらすであろう。

　ポジティブリスト制度の本格的実施により、対日輸出企業のコストは大幅に上昇する。輸出企業がポジティブリスト制度に対応するため、対日輸出農産物は自主検査、輸出検査、インポーター指定の第三者による検査、日本側の輸入検査など、何重もの検査を受けねばならず、検査項目が多く、費用が高く、時間がかかり、検査検疫費用は五〇%以上上昇する。これにより、二〇〇六年の農産物輸出にかかる年間総コストも約六%—一五%上がり、中国製品の競争力は低下した。新たな検査設備を増設しなくてはならない企業もあり、しかも国内と輸入地の検査費用も増すため、薄利の中小企業にとっては、致命的な打撃である。この制度の実施により、川上産業と川下産業にも影響がもたらされる。たとえば、鶏肉輸出の受ける影響は、加工工場の従業員、養鶏農家の雇用だけでなく、間接的に飼料加工工場、さらには大豆やトウモロコシの栽培農家の雇用と所得にも影響がもたらされる。

　このため、ポジティブリスト制度は単なる技術的な基準ではなく、貿易の公平性に関わる問題であるという指摘もある。中国は、消費者の健康と安全を守るという日本政府の立場を尊重するが、同時に、この制度が中国の農産物企業と農家の利益にもたらす影響に大きく注目している。なかには、ポジティブリスト制度を日本の中国産農産物に対する第三次包囲網（第一次は二〇〇一年の三品目に対するセーフガード、第二次は二〇〇二年から二〇〇三年で、日本は中国の輸出する鶏肉、冷凍野菜（ホウレンソウ）、ウナギに対して化学品残留物質検査を行い、中国産鶏肉の輸入全面禁止、輸入停止、命令検査等、さまざまな厳しい措置がとられた。日本国内のメディアには、中国から輸入した食肉や野菜を「毒肉」「毒野菜」と呼ぶものさえあった）と称する者もいる。実際に、「Ｙａｈｏｏ！　ニュース」は日本の週刊誌の報道を引用し、「中国が日本に輸出する食品の有害物質の基準超過率は〇・五八％で、米国の一・三一％をはるかに下回り、オランダ、イタリア、オーストラリアなど先進国の基準超過率も中国大陸を超える」、「現在、社会の多くの人々が中国大陸の食品を敬遠しているが、実際には中国大陸の食品全体はけっして劣るものではなく、米国など先進国が日本に輸出する食品にも問題があり、しかも中国大陸よりも多い」と報じ、「中国大陸の食品さえ食べなければ安全が保証されるという考え方は極めて愚かである」と評論している。

実際には、ポジティブリスト制度にも理にかなった部分がある。なぜならそれは、社会の経済成長にともない、住民の食の安全を求める声が高まるという客観的な現実を反映しているからである。農産物に関する貿易摩擦の状況をみると、農産物の基準化のレベルの高低には、それぞれの国の農産物貿易に対する保護のレベルも反映されている。角度を変えてみれば、日本がポジティブリスト制度を実施したのは、食の安全を確保するためであり、けっしてWTOの原則に違反しておらず、しかもポジティブリスト制度はWTOの原則に基づいて規定されたものであり、中国をターゲットとしたものではなく、他国の農産物が日本市場に進出しようとすれば、中国と同じようにポジティブリスト制度に適合しなくてはならないのである。日本のポジティブリスト制度の実施は、健康、安全、環境保護を目的としたものであり、「合法的な目的」を実現するためにとられた理にかなった行為ととらえるべきである。

三　中国側の対応措置

日本が「ポジティブリスト制度」実施のタイムスケジュールを打ち出してから、中国の各レベルの政府および関連部門は多方面にわたる対応措置をとった。薄熙来商務部長は、ポジティブリストの問題について日本の川崎二郎厚生労働大臣と会談し、日本のポジティブリスト制度実施に高い関心を示した。薄部長は、長年にわたり対日輸出に従事してきた中国の農産物関連企業に、貿易上の便宜を図り、検査項目の減少、手続きの簡略化、通関効率の向上、検査費用の圧縮などにより、両国の農産物貿易の正常な進展を保障するよう日本側に希望した。また、日本がWTOの規定に基づき、中国の関連企業と農家に対し技術面での支援を実施するよう求めた。川崎厚生労働大臣は、「日本の輸入農産物の一三％は中国からのものであり、日中農産物貿易は極めて重要である。日本側は中国側の意見を重視し、専門の職員を指定して中国側との折衝にあたらせ、中国の優良な農産物輸出企業に対する区別待遇、検査にかかる時間・費用の削減についても検討する。日本側は、関連の技術研修も実施したいと考えている」と述べた。

二〇〇六年五月二十三日、中国商務部対外貿易司と中国食品土畜輸出入商会は、合同で「対日輸出農産物のリスク評価レポート」を発表し、五月二十九日以降、製品の対日輸出が直面する高いリスクについて関連企業に警告した。これは我が国が輸出製品について実施した初の全面的リスク評価である。

このほか、二〇〇五年末から二〇〇七年三月まで、商務部と国家品質監督検験検疫総局は、日本のポジティブリスト制度に関する大規模な企業研修を共催し、企業が適時に生産調整を行い、適切に農薬を使用するよう指導した。北京、山東、福建、浙江、遼寧、江蘇、安徽など主な生産地で八期に分けて研修を行ない、三分の一近くの対日輸出企業がこれに参加し、のべ四千人余りが研修を受け、良好な効果をあげた。このほかにも商務部は、研修用ディスクや教材の製作と配布、商務部ホームページの「日本ポジティブリスト制度コラム」の開設、日本のポジティブリスト制度に関する解説と分析、指導レポートの提供、日本が制定、実施する関連規則の最新動向についての適時収集と発表など、さまざまな方法で広範な農家に公共情報サービスを提供している。

各省・市の検査検疫部門も、農薬、動物用医薬品の残留検査技術の開発、輸出検査監督管理制度の改善、食品生産企業の検査検疫の電子監督管理など、さまざまな対応措置を実施している。このほか、検験検疫局は公安、農業、品質監督、商工等の部門と合同で、専門の監督検査を実施し、農薬等の生産と販売の規範化を図っている。

中国の輸出、加工、生産など、各段階の企業は、厳しい課題に直面すると同時に、現在、自身のさまざまな弊害を積極的に分析し、解決と発展の方法を模索している。一部の農産物輸出企業は検査設備への資金投入を増加し、また一部の企業は、既存の方法を変更して農産物拠点の管理を強化しようとしている。これは、これまでの「会社＋農家＋拠点」の管理モデルを「会社＋拠点」の管理モデルに転換し、農家が土地を自主管理する方法から会社が農家に対して直接、土地栽培管理を行う方法に変更することにより、管理情報実施の正確度と適時性を確保すると同時に、拠点面積を拡大し、加工の需要に最大限対応するというものである。

四　中国にとっての日本のポジティブリスト制度の参考意義

日本のポジティブリスト制度の実施により、中国の食品、農産物等の監督管理領域の欠点が浮き彫りにされた。「ポジティブリスト制度」が対象とする農薬等の管理範囲の広さ、基準の厳しさは、未曾有のものと言える。我が国の定める多くの基準は、日本の基準に対応不能で、また、たとえ対応できるとしても、日本の基準の二五％は、我が国の基準より厳しい。日本は立法を通じて、体系的にこの制度を確立しており、政府、民間を通じて交渉できる余地は少ない。しかも日本は、ＷＴＯの「衛生植物検疫措置の適用に関する協定」（ＳＰＳ協定）に基づいてこの新たな検査基準を打ち出しており、中国政府がWTOにこれを貿易紛争として提訴し解決を求めることは難しい。

長年にわたり、中国の食品、農産物の基準は先進国に比べて数も少なく、基準がゆるく、対象範囲が狭く、運用性が弱く、一部の基準は統一されておらず、国内外の基準が一致しておらず、関連する基準と法規は不十分である。先進国がたえず高める貿易の技術的要求に対応するため、まずは、製品基準、生産基準、検査基準、環境基準、管理基準および関連する法規体系など、中国の農業に関する基準と法規体系を整備しなければならない。これらの基準は、自国で構築してもよいし、食品規格委員会（CAC）および世界の先進国の現行の基準を導入、適用してもよい。そのため、中国はまずは自身の監督管理を強化することから着手し、品質保証体系を健全化し、管理レベルを向上し、自ら検査し自らコントロールする能力を高めるしかない。もし中国がこれに対応して「食品品質安全法」を制定し、国内基準を世界基準とリンクさせることができれば、近年、続出している食品安全の問題を解決するためのチャンスと見なすこともできる。もしある国が、高い農産物基準を採用すれば、その国は自国の消費者の健康も農業も保護することができる。そのため、先進国の農産物関連基準の大部分は国際基準より厳しく設定されている。逆に、もしある国が低い農産物基準を採用するなら、それはその国が低基準の農産物のダンピング市場となってしまう可能性を意味している。現在、我が国にとっては、より高い食品安全の各基準を積極的に制定、実施することが急務である。ポジティブリスト制度への対応は一つの側面にすぎず、我が国の消費者の健康を守ってこそ、より長期的な意義がある。

比較するに、現在、中国の農産物と食品生産は、確かに安全でない要素が多すぎ、多くの地方の関連部門でも、厳格さに欠けるケースが見られる。これらの原因によって、農産物と食品が輸出検査検疫に不合格となるケースが至るところで見られる。日本は、食の安全に対する要求が世界一高い国であり、もし日本の基準に適応できるなら、それは、国内のすべての農産物の国際競争力を増強する、すばらしいことだといえよう。

8　中日FTA／EPAとその前途

徐梅

一九九〇年代末以降、WTO（世界貿易機関）の多国間貿易交渉は進展が困難になり、欧米の地域経済の一体化が加速化し、各国・地域は自身が属する地域における経済協力を積極的に推進している。このような情勢のもと、柔軟性に富み、対象が広く、難度の比較的低いFTA（自由貿易協定）の締結が世界の潮流となり、各国・地域の地域化対策の重要な要素とルートになっている。

自国の地域における影響力と国際影響力を拡大し、国内の構造改革と経済発展を促進し、FTA外に排除されることにより生じる貿易移転というマイナス影響を防止するため、日本と中国は対外経済政策の調整を開始し、FTA／EPA（経済連携協定）戦略を制定、実施し、積極的に地域経済協力に参加し、二ヵ国間FTA／EPAを締結し始めた。二十一世紀に入り、中国と日本は相次いで、一部の国・地域とのFTA／EPAを締結、または関連交渉を開始した。東アジア地域内の二ヵ国間FTA／EPAの進展にともない、いずれも地域の大国たる中日間のFTA問題は、ますます注目を集めるようになっており、今後、東アジア地域の一体化のカギとなるであろう。

一　東アジアの地域経済一体化の各種メカニズム下における中日協力

これまで、東アジアの各経済体において、地域の一体化と東アジア共同体構築のモデルや具体的な計画については、まだ明確かつ統一された認識が形成されていないが、東アジア一体化の枠組みは、おおまかに三種類の構想にまとめることができる。

1.「ASEAN＋3」（アセアン＋中日韓）

一九九七年のアジア金融危機勃発を機に、東アジア地域では「ASEAN＋3」協力メカニズムが構築された。二〇〇〇年五月の「チェンマイ・イニシアチブ」の調印は、「ASEAN＋3」の枠組みのもと、東アジア地区の経済協力が重要な一歩を踏み出したことを示している。同年十一月、ASEAN首脳会議と「ASEAN＋3」非公式首脳会議において、各国・地域は、東アジア自由貿易地域の構築に合意し、その組織づくりに関する具体的な協議を作業部会に委託した。二〇〇五年四月、「ASEAN＋3」のメンバーは、東アジアFTAの締結について共同で検討を開始した。

「ASEAN＋3」は、現在のところ東アジアの地域経済協力の主要なルートと言えるが、協力面に重点が置かれており、実質的な経済措置や計画はない。「ASEAN＋3」の枠組みのなかでは、「10＋1」が実際の協力の主体となっており、アセアンは協力のなかで主導的な役割を果たしている。

2.「ASEAN＋6」

二〇〇四年十一月、第八回「ASEAN＋3」首脳会議は、東アジア共同体の構築を東アジア地域協力の長期目標とし、二〇〇五年から東アジアサミットを定期的に開催し、オーストラリア、ニュージーランド、インドの三カ国の参加も受け入れることを決定した。二〇〇六年五月、日本の経済産業省は「東アジアEPA構想」を提起し、東アジア共同体の中心メンバーにオーストラリア、ニュージーランド、インドを含むべきである、と提案した。

二〇〇七年一月、東アジアサミットで、日本は「東アジアEPA」の締結および「東アジア・ASEAN経済研究センター」設立を提案し、同年六月、関係国・地域は「東アジアEPA」の締結をめぐり、民間での検討を開始した。

3. APEC（アジア太平洋経済協力）

二〇〇〇年、APEC非公式首脳会議は、初めて二カ国間FTAを評価した。「ASEAN＋3」の枠組み下における東アジア地域協力とFTAの増加にともない、米国は、自らが排除される東アジア地域貿易グループの出現の可能性を憂慮し、二〇〇六年十一月、APECのメンバーにより構成されるアジア太平洋自由貿易地域の構築に関する研究を提案した。この提案は、一部の国・地域の反対を受けた。その理由は、APECはメンバーが多く、各国・地域の状況の差が大きく、互いの利益の調整が難しく、指導者会議の声明と宣言に拘束力がないことなどから、運用性に欠けるというものであった。

東アジア地域の一体化に関する上記枠組みは、いずれもなお検討段階にあり、どの構想がより現実的で合理的であるかはさておき、中心メンバーについては、「ASEAN＋3」、「ASEAN＋6」、APECのいずれになるにせよ、東アジア地域統合の鍵は「ASEAN＋3」の統合にある。近年の東アジア地域経済一体化の実際の進展状況からみて、中日韓はそれぞれアセアンとFTA／EPAにすでに調印、または間もなく調印の運びとなっており、三つの「10＋1」FTA／EPAはすでに基本的に形成されている。また、日本とシンガポール、タイ、マレーシア、フィリピン、ブルネイ、インドネシアは、それぞれ二カ国間EPAを締結しており、韓国とシンガポールもFTAを締結した。中日韓三カ国は二〇〇三年十月に「中日韓三国間協力の促進に関する共同宣言」を発表し、三カ国が自由貿易地域を構築することにつき、共同研究を展開しているが、まだ実質的な進展は見られない。東アジア地域では、この他にも二カ国間のFTA／EPAがすでに交渉開始、または合同検討段階にある。たとえば、日韓は二〇〇三年十二月にFTA締結について正式に交渉を開始したが、いくつかの問題において合意が困難であったため、二〇〇四年十一月に交渉は中止となった。二〇〇七年三月、中韓両国はFTAをめぐる問題について共同研究を開始した。残念なことに、中日間のFTAはまだ日程に上がっていない。

二　中国と日本がFTA／EPAを締結することの必要性と意義

中日間のFTA／EPA締結には、主に以下の面で、必要性と重要な意義がある。

1．中日両国の経済貿易関係と自国経済の更なる発展に有利

理論と実践からみて、自由貿易地域の構築は、通常、締約国・地域に貿易拡大、市場拡張、競争促進などの経済効果をもたらす。なぜなら、FTAが発効すれば、締約国・地域では、関税の減免、非関税障壁の削減、差別待遇の撤廃、公平かつ合理的で便利な貿易環境の構築により、貿易コストと流通費用の削減、締約国・地域の企業の貿易発展、海外市場の拡大、生産経営効率の向上につながり、これにより自国の経済発展に活力がもたらされるからである。また同時に、社会福祉も向上し、締約国・地域の消費者は自由貿易と経済協力の実質的な恩恵に浴することができる。

多くの研究成果により、中国と日本がもし自由貿易地域を構築すれば、双方に経済成長、貿易拡大などの利益がもたらされることが指摘されている。たとえば、三菱総合研究所は、中国と日本がもし自由貿易地域を構築すれば、中国のGDPは一・二七％増大し、日本のGDPは〇・二％増大すると予測する。日本の内閣府経済社会総合研究所の二〇〇四年の研究報告によれば、中国と日本がもし自由貿易地域を構築すれば、日本のGDPは〇・五％増大するという。また、中国のある学者は、東アジア地域のさまざまなFTAの組み合わせのシナリオを比較し（中日韓－ASEAN間のFTAは含まない）、「GDPと貿易の変動状況からみて、中日FTAは中国にとって、中日韓FT

Ａに次ぐ選択であり、中国のＧＤＰを三％、貿易を七〇％以上増大させる。日本にとって中日ＦＴＡは、中日韓、日本‐ＡＳＥＡＮのＦＴＡに次ぐもので、日本のＧＤＰを〇・二八％、貿易を二〇％増大させることができる」と結論づけている。もちろん、それぞれの予測結果には差があり、一つの参考にしかならない。しかし、もし相手の参加がなければ、中国にせよ日本にせよ、ＡＳＥＡＮのその他の国とのＦＴＡ締結は、相手方にある程度マイナス影響を与えるであろう。

2. 中日両国の政治関係の改善と安定に有利

冷戦終結後、政治関係の経済化と経済関係の政治化は、世界の発展の中で大きな傾向となっている。ＦＴＡは各国の政治、経済、外交の重要な構成要素ならびに手段であり、締約国・地域の経済上の同盟であるのみならず、締約国・地域が政治の相互信頼を強化するチャンスでもある。すなわち、政治関係が良好であることが、ＦＴＡ締結の重要な前提であり、ＦＴＡ締結は、その後の締約国・地域間の政治関係の安定にも資する。もし中日両国がＦＴＡを締結し、制度的な協力メカニズムを形成することができれば、必ずや良好な政治外交環境の創出に役立ち、双方の政治関係の安定的発展が促進されるであろう。

3. 地域経済一体化の促進と東アジア共同体の構築に有利

中日ＦＴＡは、東アジア地域経済の一体化と東アジア共同体の構築のカギである。東アジアの地域経済協力と域内のＦＴＡ締結の実際の進捗状況からみて、東アジアは現在まさに二ヵ国間ＦＴＡという形で、地域経済一体化に向け発展している。このプロセスにおいて、もし域内最大の先進国である日本と最大の発展途上国である中国の相互協力がなければ、東アジア地域の一体化は語るべくもない。よって、中国と日本の自由貿易メカニズム構築は、東アジアＦＴＡと東アジア共同体の進展にも影響をもたらし、地域全体の反映と発展にも関わるのである。

三　中日ＦＴＡ／ＥＰＡ締結が抱える主な課題

近年、中国も日本もＦＴＡ締結に著しい進展がみられるが、これまで中日間のＦＴＡが日程に上がっていない主な原因は、その締結に、いくつかの課題が残されているからである。

1. 日本側が抱く疑念

中日間のＦＴＡについて、日本は一貫して、消極的かつ回避的な態度をとっている。日本のＦＴＡ戦略は、東アジアを中心とし、とくにＡＳＥＡＮを基礎とするものであり、韓国とＡＳＥＡＮの主要メンバーを優先するものである。中国は、日本の重要な貿易投資対象国であるが、もっとも後回しに考えられている。また、日本は地域協力の開放性を極力強調しており、開放された東アジア経済圏の構築、拡大する東アジア自由貿易地域の構築を提唱し、オーストラリア、ニュージーランドなどの地域と国家を引き入れようとしている。二〇〇一年十一月、中国は率先してASEANとのFTA枠組協定の締結に合意し、今後十年内に、中国―ASEAN自由貿易地域を構築すると宣言した。日本はこれに遅れまいと、東アジア地域協力の歩を明らかに早め、ASEANとのEPA締結を積極的に提案し、タイ、マレーシア、フィリピン、韓国およびアセアン全体との交渉を加速した。日本のこれらのやり方は明らかに、経済的利益のためだけというわけではなく、地域における第一の経済大国という自らの強みを利用して多角的協力を展開することにより、米国の憂慮を解消し、中国を牽制し、地域におけるリーダーとしての地位を回復することも、日本が積極的にFTA政策を推進する動機となっている。日本が現段階で中日FTAを回避しているのには、もちろん、ほかの思惑もある。たとえば、日本は、知的財産権や投資などに関する中国の既存の制度や政策が未整備であると考えており、WTOとリンクした競争政策、知的財産権保護、コーポレートガバナンスなどの規則や措置が制定、実施される必要があると考えている。

2. 中国と日本の政治関係の改善が必要

通常、良好な政治関係は、両国が自由貿易地域を構築するための前提条件である。一九九〇年代以降、中国経済は成長を続け、中国と日本の経済貿易関係は急速に発展したが、政治関係は停滞するどころか後退さえし、両国間の国民感情には悪化も見られ、「政冷経熱」という情勢が現れた。二〇〇六年十月、安倍晋三首相の訪中を機に、中日関係は改善に向かったが、中日間に長年にわたり存在する歴史認識、領土紛争、東海ガス油田、台湾問題などはけっして解決されたわけではなく、中日関係改善の表象のもとに隠されたのであり、これらの敏感な問題は極めて触発されやすく、中日関係の健全かつ安定的な発展に不利であり、今後、中国と日本が自由貿易地域を構築するうえで、障害の一つとなるであろう。

3. 双方の経済利益の相違の存在

さまざまな調査結果によれば、もし中日間でFTA／EPAを締結した場合、中国の期待効果は、市場経済における地位が確認され、繊維製品、農産物等の市場アクセスが改善され、食品検査等の非関税障壁が撤廃され、人員流動の条件が改善され、技術と環境保護分野の協力が強化されることである。一方、日本の期待効果は、主に工業品、とくに自動車と鉄鋼製品の関税引き下げ、投資環境の改善、知的財産権保護の強化、現地生産の部品・原料等のコスト削減である。中国の期待する農産物、労働力市場の開放は、まさに日本が外国とＦＴＡ／ＥＰＡを交渉する際の難関である。日本は、自国の弱点である農産物に関わるＦＴＡ／ＥＰＡについては一貫してとくに慎重な態度をとっており、政府は外国の農産物が大量に流れ込み、自国の農業に打撃をもたらすことを憂慮しているため、一部の交渉は成果が得られないでいる。そのため、いかに「センシティブ品目」の市場を開放し、ウィンウィンの関係を実現するかが、中日両国が直面する重要な課題となるであろう。

４．米国の東アジアに対する影響が多大

第二次世界大戦以降、経済においても政治の安全保障においても、米国は東アジア地域で重要な役割を果たし続けている。経済面では、米国は日本、中国、韓国、マレーシア、タイ、フィリピンなどの東アジアの国・地域の主要な輸出市場であるだけでなく、東アジアの一部の国・地域の重要な外資供給源であり、東アジアの多くの国・地域は、米国に対する依存度が高い。政治の安全保障面では、米国と日本、韓国などは安全保障条約を締結しており、東アジア各国・地域も政治軍事上、程度の差こそあれ米国の制約を受けている。米国も、東アジアの地域協力と中日ＦＴＡの進展、動向に大きな注目を寄せている。米国はこの地域の一体化から排除されることを望んでおらず、日本が中国と競争することを望んでおり、中日の矛盾を利用して東アジアを分裂させ、潜在的な競争相手と見なす中国を押さえ込みたいと考えている。

四　中日ＦＴＡ／ＥＰＡ締結の前途

現在、中日間のＦＴＡ／ＥＰＡ締結にはいくつかの課題が残されており、双方が自由貿易地域に向かう道のりは、なお長く困難である。しかし我々は現在、中日間にいくつかのプラス要素が生じており、それが今後、両国の自由貿易地域構築に向けての進展に有利であることも認識すべきである。

第一に、中日両国は、ＦＴＡ／ＥＰＡ締結に関して実質的な進展を遂げている。それぞれの政府の推進のもと、中日両国は積極的にＦＴＡ／ＥＰＡ戦略を制定し、ＦＴＡ／ＥＰＡの進展を推し進めている。日本はシンガポール、メキシコ、フィリピン、マレーシア、チリなどと二カ国間ＥＰＡを締結しており（表1参照）、中国はＡＳＥＡＮ、チリ、パキスタンなどとそれぞれＦＴＡに調印している。このような趨勢を受け、中日ＦＴＡ／ＥＰＡも早晩、日程に上がるであろう。まして日本は、中日ＦＴＡ／ＥＰＡが両国の貿易と投資関係のさらなる発展に資することも、東アジア経済一体化のプロセスで中国の果たす重要な役割も認めており、中国の参加は日本の提唱する東アジア経済共同体構築の前提条件である。（表1参照）

表１　日本と東アジア各国とのEPA調印と検討状況

対象国・地域	状　　況
シンガポール	2002年11月発効
マレーシア	2006年7月発効
タ　イ	2007年11月発効
フィリピン	2006年9月調印
ブルネイ	2008年7月調印
アセアン	2008年4月調印
インドネシア	2008年7月発効
韓　国	2003年12月～政府間協議中
ベトナム	2007年1月～政府間協議中
イ ン ド	2007年1月～政府間協議中
オーストラリア	2007年4月～政府間協議中

資料　外務省経済局『日本のEPA交渉――現状と課題』2008年9月

第二に、中日の政治関係が改善されつつある。二〇〇六年十月、日本の安倍首相が訪中し、途絶えていた中日両国首脳の相互訪問が再開された。これに続き、温家宝総理が訪日し、「氷を融かす旅」を実現し、福田康夫首相の訪中により「春を迎える旅」が実現された。二〇〇八年五月、胡錦濤主席の訪日期間に中日双方が調印した『「戦略的互恵関係」の包括的促進に関する中日共同声明』では、中日双方は「アジア太平洋地域の発展にともに努力し」、「開放性、透明性、包含性の三つの原則に基づき東アジアの地域協力を推進し、アジアの平和、繁栄、安定、開放の実現を共に推進する」と謳われている。中日政治関係が現在、中日ＦＴＡ協議を促進するために、環境を整え、機を熟させていることがわかる。

第三に、日本政府の要人が中日ＦＴＡについて積極的に発言し始めている。二〇〇五年以来、日本政府の要人はさまざまな場面で、中日ＦＴＡ調印の可能性を表明してきた。二〇〇五年四月、川口順子外務大臣はボアオ・アジアフォーラムにおいて、中国とのＦＴＡ締結は可能だと述べた。二〇〇六年二月、中川昭一自民党政調会長は上海を訪問した際、中日ＦＴＡの締結に賛意を示した。同年十月、安倍晋三首相は訪中し「氷を砕く旅」を実現した後、十一月に開催されたＡＰＥＣ非公式会議で、中日双方が早期に経済大臣レベルの会議を開始し、経済貿易協力について協議することを提案、また、米国メディアの取材を受けた際にも、中国と日本の包括的経済協力関係の構築を戦略的議事日程に組み入れたいと語った。中国側はこれに積極的に応え、政府間で共同研究を進めたいと表明した。

この他、東アジアの地域経済協力はたえず進展しており、中国は日々ビジネス環境を整備し、知的財産権保護に力を入れており、日本は他国とのＦＴＡ／ＥＰＡ交渉のなかで農産物市場を選択的に徐々に開放している。また、中日双方には協力強化のニーズがあり、企業界は中日ＦＴＡの締結に期待を寄せており、日本貿易振興機構が二〇〇四年に行った調査によれば、もっとも期待を寄せるＦＴＡは中日ＦＴＡであると答えた日本企業は半数近くに上り、最多であった。これらの要素は、中日両国が自由貿易地域構築に向けて発展を促進するうえで利益がある。

第三部　投資関係

1　宝鋼の建設と中日の鉄鋼分野における協力

張青松

改革開放後、中国の鉄鋼業は大きな発展を遂げた。粗鋼生産量は一九七八年には三千百七十八万トンだったが二〇〇七年には四億八千九百六十六万トンにまで増え、中国は世界最大の鉄鋼生産国かつ鉄鋼消費国となった。中国鉄鋼業の発展の過程には、日本の鉄鋼企業がつねに存在していた。中国と日本の鉄鋼分野での協力は、中国の経済発展に重要な役割を果たしてきたのである。

国内の鉄鋼業をリードしてきた上海宝鋼集団（宝鋼）は日本と中国の経済技術協力の象徴として、新設の会社からスタートし、二〇〇三年には世界第六位の生産力を誇る鉄鋼メーカーに成長した。また、世界企業上位五百社ランキングで三百七十二位となり、これまでにない数々の記録を作った。上海宝鋼は一九七八年に締結された「中日平和友好条約」とともに歩み、中国鉄鋼業の発展の歴史を見つめ、そして、中国経済の発展のために新たな未来を築いているのである。

一　中日の鉄鋼分野での協力の架け橋——宝鋼と新日鉄

「文化大革命」終了後まもなく、中国の政治状勢がほぼ安定し、経済も好転を見せ始めた頃、中央政府や地方政府は生産の飛躍的な発展を目指す計画を打ち出した。疲弊している国民経済をなんとか復興し、「四つの近代化」（工業、農業、国防、科学技術）を実現したいという強い願いをもっていたのである。

一九七七年九月、冶金部の葉志強副部長が団を率い、日本の鉄鋼業の視察に訪れた。両国鉄鋼業の発展の格差が拡大し続けていることを憂慮し、また、日本が外国の技術を取り入れ、それを自分のものとし、鉄鋼業やその他の重化学工業を発展させてきたことを高く賞賛した。十一月下旬、国家計画委員会、冶金部、対外貿易部が合同で「技術と装備を導入して鉄鋼業を発展させることに関する報告」を作成して国務院に提出、「上海に急ぎ製鉄所を作る」ことを提案したのである。一九七七年十一月二十九日、李先念副主席は訪中した新日鉄の稲山嘉寛会長と、中国沿海部での大規模な製鉄所建設に稲山会長が協力する構想について話しあった。一九七八年初め、国家計画委員会、国家建設委員会、国家経済委員会、冶金部および上海市が合同で「上海における製鉄所建設の立地と建設規模および問題点に関する報告」を作成し、中国共産党中央と国務院に提出した。三月十一日、国務院はこれに同意し、日本からプラント設備を導入し、総額二百十四億元を投じて製鉄年産六百五十万トン、製鋼年産六百七十万トンの大型製鉄所を上海宝山に建設することが決まった。

新日鉄は日本最大の鉄鋼メーカーであり、世界的にも大規模な鉄鋼メーカーの一つである。その前身の日本製鉄は一九三四年一月、官営八幡製鉄所と輪西製鉄、釜石鉱山、富士製鋼、三菱製鉄、九州製鋼の民間五社で成立し、同年三月に東洋製鉄、一九三六年に大阪製鉄が加わった。一九五〇年、「過度経済力集中排除法」に基づき八幡製鉄と富士製鉄の二つの鉄鋼メーカーおよび日鉄汽船、播磨耐火煉瓦に分かれた後、一九七〇年三月、八幡、富士の二社が合併し、新日本製鉄（新日鉄）が誕生したのである。中国と日本が協力する宝鋼プロジェクトに新日鉄が参入できたのは、稲山嘉寛の貢献によるところが大きい。新日鉄と稲山嘉寛の中国とのかかわりは非常に長きに渡っている。一九五八年二月、当時、八幡製鉄の常務だった稲山嘉寛は、日本政府やアメリカ政府の反対にもかかわらず、日本鉄鋼代表団を率いて中国を訪問し、日中鉄鋼貿易協定を締結した。中日国交正常化間近の一九七二年八月、稲山嘉寛を団長とする日本経済界訪中代表団が中国を訪問し、周恩来総理と日本の経済界の人々が両国の長期的な貿易と今後の経済協力について話し合った。一九七四年一月には「中日貿易協定」が調印された。この年、武漢製鉄所が近代化を目指す改造プロジェクトに着手し、低迷する中国鉄鋼業のテコ入れを図った。日本とドイツから先進的な圧延機の設計図や技術を導入し始め、旧ソ連の技術をもとに従来の技術の活用を試みたのである。新日鉄はこのプロジェクトで、熱間圧延技術の部分を担当した。

一九七八年十月、鄧小平は日本を訪問した際、新日鉄君津製鉄所を見学した。鄧小平は見学に同行した新日鉄の稲山嘉寛会長と斉藤英四郎社長に、このような工場を作るのに力を貸してほしいと語った。十二月二十二日、中国技術輸出入総公司と新日鉄は、上海で宝鋼プラント設備調達に関する基本協定に調印した。中国の改革開放の幕が切って落とされたことを象徴する第十一期三中全会の声明が出された日、つまり一九七八年十二月二十三日に、宝鋼は着工したのである。こうして中国改革開放の「第一プロジェクト」と称される宝鋼建設プロジェクトが全面的にスタートした。中国技術輸出入総公司と新日鉄が調印した宝鋼建設協定書で、新日鉄を工程責任者と設備調達者という二つのポストに据えているのは特筆すべきことである。通常では、リスクを避けるためにも一つの会社がこの二つの役割を担うことは考えられない。このことからも、中国側が新日鉄をいかに信頼し、誠意を寄せていたかがわかる。宝鋼の一期工事のプラント設備は、当時の世界最先端の冶金設備が導入された。これにより中国の鉄鋼業と世界の鉄鋼業の差が一気に二十年縮まったのである。

しかし、宝鋼建設の過程もすべてにおいて順調だったわけではない。上海宝山製鉄所は中国建国以来、最大の規模で投資金額も最高となるプロジェクトであった。付随するプロジェクトを含む宝鋼全体の建設にかかる投資総額は二百十四億元に上った。当時の総人口をもとに計算すると、宝鋼建設のために一人あたり二十元を負担したことになる。これほど大規模で巨額の投資を行うことは、復興の過程にあった中国にとって、大きな負担でもあった。そのため建設が始まった当初、全国でさまざまな論争が起きた。また、日本が中国に不良品を輸出したと批難された、いわゆる「ディーゼルハンマー」事件なども起きた。一九八一年一月、マクロ経済の引き締めが強まるなか、中国側は日本の会社からプラント設備を調達する四件の契約を中止し、国際慣例にしたがって相応の経済的責任を負うことを決めた。

中日双方はその後の話しあいで、円借款を利用することで合意し、つまり日本側が三千億円を提供し、宝鋼の第一期工事と大慶石油化学プロジェクトの継続に協力することになったのである。ここで特筆すべきことは、鄧小平や陳雲など中央政府の指導者達の支えにより、宝鋼建設が途中で中止されることなく進んだということである。

さまざまな問題や困難にさらされた宝鋼プロジェクトは生産開始後、モデル事業としての効果を徐々に発揮するようになった。宝鋼の建設は長年に渡り上海の工業発展のネックとなってきた鉄不足解決に役立っただけでなく、輸入品に替わる質の良い鋼材を国内に提供することにも寄与した。さらに、我が国の鉄鋼業の生産レベルを押し上げるという、重要な施策を成し遂げたのである。宝鋼は「四つの近代化実現に向けての初の大プロジェクト」として、その後の中国の大型プロジェクトの導入と建設においても模範を示した。宝鋼は中国が外国の先進技術を学ぶ架け橋、プラットフォームであったと言える。宝鋼という模範があったからこそ、中国の鉄鋼業は外国の先進技術と管理方法をすばやく吸収してそれを参考にし、飛躍的な発展の時代を迎えることができたのだ、ということをその後の事実が示している。わずか二十年足らずの間に、宝鋼は中国の鉄鋼生産量を一九七八年の五位から一九九六年には一位に押し上げたのである。鋼材製品の品質、エネルギー消費などの技術的指標も大幅に改善し、最終的には中国の工業全体の発展をも加速させた。現在、宝鋼の年製鋼量は二千万トン近くに達しており、一千七百億元の総資産を有する超大型の近代的な鉄鋼総合メーカーに成長している。二〇〇三年末時点で、所有する一〇〇パーセント子会社は二十二社（うち海外企業は九社）、持株会社は十四社（うち海外企業は二社）、資本参加子会社は二十四社である。二〇〇三年度には世界企業上位五百社ランキングの三百七十二位となり、競争が激しい業種と製造業において、中国企業として初めて世界企業上位五百社にランクインした。

二十一世紀に入り、宝鋼と新日鉄の協力は新たな時代に入った。かつての「先生と生徒の協力」関係は、平等に対話を行う「強い者同士の協力」関係へと徐々に変化していった。二〇〇三年十二月、上海宝鋼集団は世界最大の鉄鋼メーカーであるアルセロール、および世界第二の鉄鋼メーカーの新日鉄と一八〇〇ミリ冷延ラインの合弁契約を正式に結んだ。投資総額は約六十五億元（持株比率はそれぞれ五〇％、一二％、三八％）で、ともに協力して世界最高級の自動車鋼板を生産することになった。ヨーロッパとアジアの二つの鉄鋼トップメーカーとの提携により、自社の技術レベルを高め、国際市場の開拓に乗り出したのである。

二　中国と日本の鉄鋼分野で絶え間なく進む協力

中国鉄鋼業の急速な発展は、日本の鉄鋼業界を厳しい競争にさらした。しかし、中国と日本の鉄鋼業は互いに補完しあう関係にあるため、両国の鉄鋼業における協力には大きな可能性もある。たとえば、両国の鉄鋼製品ラインナップをみても、相互に補完しあっていることは明らかだ。現在、中国の鋼材製品は建築鋼材と普通鋼板がメインだが、日本は加工済みのハイテク鋼材、付加価値の高い鋼材、たとえば、高級自動車用鋼板や造船用鋼板、油井管などが多い。こうした状況によって貿易摩擦が和らげられているのである。日本国内では鉄鋼製品の六〇％以上が製造業用の鋼板や自動車用鋼板などの高級鋼材である。こうした製品は通常、現地では製造できないか、製造できても不足している。今後長い間、中日両国の鉄鋼業界は協力と競争が並存する時代が続くだろう。

鉄鋼の貿易では、日本の鋼材の対中輸出は二〇〇一年の五百十四万トンから二〇〇三年には七百二十五万二千百トンまで増えた。これは中国の総輸入量の約二〇％である。一方、日本が中国から輸入した鋼材は二十二万七千二百トンで、総輸入量の約四％だった。その後、両国の貿易は安定した発展をみせ、二〇〇七年の対中輸出は六百二十七万三千トンで二・〇％増、輸入は百八十八万七千トンで二五・四％の減少となった。二〇〇八年の北京オリンピックや二〇一〇年の上海万博の開催による建設ブームによって両国の鉄鋼貿易は大きく発展しており、今後も継続する見込みがある。

投資分野では、中国の廉価な労働力と市場の拡大といった強みに魅せられた日本のメーカーが、先を競って中国に工場を設立した。大手鉄鋼メーカーが中国に進出したほか、中規模の鉄鋼加工メーカーも相次いで中国に進出した。二〇〇〇年六月には、住友商事、住友金属、中国石油天然ガス集団の合弁企業「宝鶏住金石油鋼管有限公司」が設立された。石油天然ガス用の中径溶接鋼管の年産が十二万トンの会社である。二〇〇二年十二月二日、三井物産と宝鋼集団が提携を結び、上海宝井鋼材加工配送公司を正式に設立した。この合弁会社は五年間で、加工能力十万トン以上の鋼材加工配送センターを二十社から三十社買収または新設し、中国最大の鋼材物流合弁会社を作り、宝鋼の顧客のために、それぞれの顧客向けにカスタマイズされたサービスを提供している。神戸製鋼とメタル・ワンなどは中国広東省仏山市に自動車用特殊鋼線材の加工拠点などを建設することを決めた。二〇〇三年十月、JFEスチールと広州鋼鉄企業集団は合弁企業の設立に関する提携を正式に結び、「広州JFE鋼板有限公司」を設立した。投資総額は二百億元、JFEスチールが株式の五一％を所有し、中国側の持株比率は四九％である。設計上の年産は、溶融亜鉛めっき鋼板四十万トンで、主に厚さ〇・三ミリから二・三ミリ、幅八〇〇ミリから一七〇〇ミリの高付加価値鋼板を生産している。二〇〇五年六月、日本のイノック製造株式会社と岩谷産業株式会社が共同出資して設立した「イノック（常州）ステンレス製品有限公司」が、常州高新区で正式に生産を開始した。この会社の第一期投資総額は一千二百五十万ドルで、登録資本は五百万ドル、ステンレス管継手を生産、販売している。イノック（常州）は中国国内市場での販売を行うと同時に、日本や欧米地域への輸出も計画している。二〇〇五年、日立金属は広東の企業と合弁で「日立金属東莞特殊鋼公司」を設立した。生産した工具鋼を顧客の要望に応じて切断し、熱処理してから納品し、現地の日系企業に金型やバイト用の工具鋼を提供している。日本鉄鋼業界のトップメーカーであるJFEスチールは二〇〇八年をメドに広州鋼鉄企業集団と合弁で高炉を建設する予定である。この大型高炉は広州で行われる一千億円を超える製鉄所建設プロジェクトの一部で、建設費用は一千億円を超える見込みだ。新しく建設される製鉄所は最終的に日本と中国の合弁自動車工場に鋼材を提供する。

三　省エネ・環境保護分野での協力の可能性

日本は管理分野での豊富な経験と成熟した技術をもっている。ゴミや汚水の処理、資源のリサイクル利用などの分野で世界をリードしている。日本の鉄鋼業は世界一流の技術を獲得するために、より詳細な研究と技術開発をたえず行ってきた。各製造プロセスでの生産性アップと省エネに着目した技術開発やエコタイプで付加価値の高い新製品の研究開発などを行ってきたのである。たとえば、日本の鉄鋼業はすでに社会問題となっている地球温暖化問題について、一九九六年に自主的な行動プランを打ち出した。現在、この行動プランは多方面から二酸化炭素の排出量を削減し、省エネと資源のリサイクル利用を実施するための全体的な対策などになっている。新日鉄が開発した「コークス炉塩素含有廃棄プラスチック再資源化技術」や日本鉄鋼連盟が開発した「石炭高度転換コークス製造技術」などは世界先端レベルのものである。中国と日本の鉄鋼業が行っている省エネ技術の移転といった一連の協力は、省エネ・環境保護分野で一定の成功を収めた。たとえば、首都製鉄所と日本の新日鉄は共同で合弁会社を設立し、コークス炉乾式消火設備の分野で緊密な協力を行った。邯鄲製鉄所は新日鉄から高炉熱風炉排熱回収の設備と技術を導入している。二〇〇二年九月一日から二〇〇七年八月三十一日まで、日本鉄鋼連盟と中国鋼鉄研究総院が協力して行った「冶金燃焼における環境保護と省エネ技術プロジェクト」では、日本が重化学工業による大気汚染を改善した際の経験や技術を利用し、鋼鉄研究総院に技術移転を行った。鋼鉄研究総院を通して間接的な政策対話を行い、先進技術を広く普及させ、大気汚染問題の解決に向けた中国のよりいっそうの努力を促したのである。二〇〇五年、新日鉄の省エネ環境保護の専門家、野宮好尭が中国政府から「友誼賞」を贈られ、一九九三年以来、中国の鉄鋼工業の省エネと環境保護および高級鋼材の生産に一貫して尽力してきたことが表彰された。二〇〇五年以来、日本の鉄鋼業界と中国の鉄鋼業界は多くの交流を行い、すばらしい協力体制を保っている。「鉄鋼工業における環境保護と省エネ技術に関する交流会」や「中日鉄鋼メーカー民間交流会」などを行っており、こうした取り組みは両国の鉄鋼業界の利益向上に寄与するものでもある。

四　中国と日本の鉄鋼業は対話を強化し、戦略的な協力を展開

中日両国はともに世界の鉄鋼大国であり、それぞれの強みをもっている。日本の鉄鋼業は長年に渡り発展を遂げ、すでに成熟期に入り、企業は潤沢な資金と先進的な技術を有している。一方、中国の鉄鋼工業は、スタートは遅かったものの、豊富な労働力と大きな市場、そして後発であったからこその強みをもっている。中国と日本の鉄鋼業は戦略的な対話と協力を行い、両国の鉄鋼業界の経済貿易協力をさらに高いレベルへと発展させ、アジア、ひいては世界において安定的かつ活発な、そして繁栄した鉄鋼市場を打ち立てるために、世界経済の繁栄と社会の進歩を促進して大きな貢献をするであろう。中国と日本の鉄鋼分野での官と民の対話は、中日両国の鉄鋼界が鉄鋼分野の貿易を促進し、鉄鋼市場の秩序を維持し、両国のウィンウィンを

実現するために作られた効果的な交流のメカニズムである。二〇〇一年四月に初会合を行って以来、すでに数回の対話を行っている。中日両国の鉄鋼業界を統括する政府当局と鉄鋼企業の人々が両国の鉄鋼生産や鉄鋼市場の状況、鉄鋼貿易の動向および双方が関心を寄せる経済貿易問題について、広範囲にわたって友好的で率直な討論を行い、多くの重要なマーケット情報を提供しあい、協力と発展のための優れた提案を行い、両国の鉄鋼業界の発展や経済貿易関係の発展を促進させてきたのである。たとえば、世界の鉄鉱石原料の八〇％近くは少数の鉱業会社の手に独占されている。これは双方に共通する問題であり、両国の鉄鋼メーカーはこうした共通の試練に直面しているのである。世界の主な鉄鉱石資源の需要国として、中日両国の企業は、公正で合理的な鉄鉱石の価格決定メカニズムの構築と秩序だった市場の維持といった点で、経済的利益を共有しており、大きな協力の可能性を有しているのである。

二〇〇五年五月三十一日、呉儀副総理は名古屋で経済貿易における新しい時代の中日協力について講演を行い、中日鉄鋼産業連盟構築のビジョンを打ち出した。この構想が実現すれば、中国と日本の鉄鋼業が石炭や鉄鉱石などの主要原料を共同調達し、中間製品ビレットを相互提供し、研究開発基金へ共同出資し、余剰生産力を買収し、鋼材生産量と価格の事前警報システムを構築する、といった点で大きな意味を有し、さらには東アジア鉄鋼連盟の設立にも寄与する。東アジアは今後、世界の鉄鋼業の中心となる。東アジアの鉄鋼メーカーは、鉄鋼産業の川上産業および川下産業での統合が進んだ後、まさにそれらの産業に挟み撃ちにされているのである。川上産業である石炭や鉄の供給元もいくつかの独占グループを形成しており、川下産業である鉄鋼消費業界でも統合が進んでいる。そのため、鉄鋼メーカーも競争にさらされながら協力の可能性を模索し、川上産業である原料供給元や川下産業であるユーザーとの価格交渉力を高めていかなければならない。二〇〇六年十一月の日本経済新聞の報道によると、中国宝鋼集団の謝企華董事長は日本のマスコミの取材を受けた際に、「新日鉄の宝鋼への出資を希望する。新日鉄とすでに資本提携を結んでいる韓国最大の鉄鋼メーカー、ポスコ製鉄の三社で株式を持ちあう件を前向きに検討するよう提案する」と明らかにした。新日鉄とポスコ製鉄および宝鋼集団の粗鋼生産量はそれぞれ、世界二位、三位、五位である。もし、この提携構想が実現すれば、アジア最大の鉄鋼アライアンスが誕生することになる。

改革開放後の三十年間、中国の鉄鋼産業は急速な発展を遂げ、国民経済の持続的、健全、かつ安定した発展を原材料の側面から強力に支え、世界の鉄鋼市場の繁栄と安定にも大きく貢献した。中国の鉄鋼産業がこのように輝かしい発展を成しえたのは、中国鉄鋼メーカーの努力の賜物であると同時に、日本の鉄鋼業の支援と協力も切り離して考えることはできない。これは疑う余地のない事実である。現在、中国の鉄鋼産業には依然として、製品構成の不合理さやエネルギー消費の多さ、付加価値や競争力の低さといった問題がある。また、人民元の切り上げ要求や世界経済の不安定さなどの影響を受けるなか、中国鉄鋼業は今後の発展の過程で、日本の成功例に学び、鉄鋼産業を発展させるための政策や産業技術のレベルアップおよび産業構造、製品構成の調整と転換、国際化戦略の面で引き続き広範囲の協力を行い、中国を「鉄鋼大国」から「鉄鋼強国」へと向かわせる必要がある。

2　中日の家電産業における協力と競争

胡欣欣　張青松

カラーテレビ、冷蔵庫、洗濯機、エアコンなどの家電製品は生活と密接に結びついている。現在、中国の家電製品の生産力は国内の需要を満たしているだけはなく、輸出し、多くの家電製品が国際市場で重要な位置を占めている。中日両国の家電分野における協力、とくに早い時期における日本からの設備や技術の導入は、中国の家電産業のスタートとその後の発展に大きな役割を果たした。

一　中日の家電産業における協力の全体状況

中国の家電産業のスタートは日本よりかなり遅かった。日本の近代家電産業が本格的にスタートしたのは一九五〇年代以降のことであったが、一方、中国では七〇年代の末期になってやっと本格的なスタートを切った。改革開放の初期段階では、まず技術と生産ラインを外国から導入し、なかでも日本から導入したものがもっとも多かった。

一九八〇年、北京電視機廠（牡丹電子集団公司の前身）、天津無線電廠（天演通信広播放送公司の前身）および上海電視機廠は、日本の松下電器や日本ビクターからカラーテレビの生産プラントや計器および技術を導入し、カラーテレビの生産拠点を設立した。カラーテレビから日本の技術導入が始まった。一九八〇年十月、天津無線電廠が中国でカラーテレビを生産した最初の企業となった。十二月、福建省と日立製作所は合弁で、電子工業分野における我が国初の外資との合弁会社、福建日立電視機有限公司を設立した。こうした導入プロジェクトは我が国の家電産業の発展において画期的な意味を有する。

一九八四年、青島電視機廠（現在のハイセンス集団）は松下電器のカラーテレビの技術と設備を導入し、カラーテレビを生産した。一九八五年、淄博電視機廠（後にハイセンス集団に合併される）はNECの生産ラインと製品生産技術を導入し、主に「双喜」ブランドの白黒テレビやカラーテレビを生産した。長虹機器廠（現在の長虹電器股份有限公司）など、主に軍用品を生産する電気機械メーカーも民用製品の生産にシフトし始め、一九八〇年には松下電器からカラーテレビの生産ラインを導入し、同時に白黒テレビの独自設計と開発を行った。一九八三年、中国は陝西省の咸陽に陝西彩色顕象管総廠を設立して、日立と旭硝子から設備を導入し、設計上、一四インチと二二インチのカラーブラウン管年産九百三十六万本の生産力を備え、全国のカラーテレビメーカーに供給した。日本の中国に対する技術協力と製造機能の移転および基本デバイスの輸出は、中国の電気機械産業の発展に大きな役割を果たし、中国がその後に行った輸出品から国産品への急速なシフトや量産体制確立のために基盤を作ったと言うべきである。

八〇年代中期、生産ラインが急速に増えたため、基本デバイスの生産がなかなか追いつかず、中国はブラウン管など比較的多くの投資を必要とする基本デバイスについて、外資系企業と合弁で生産し、それを輸入品の替わりとする、という方法を模索するようになった。この時期に設立した合弁企業には、北京松下彩色顕像管有限公司（一九八七年設立、一九八九年生産開始）などがあり、これらは国産化を目指す国家戦略に基づいて作られた合弁企業である。

九〇年代に入ると、とくに鄧小平が南方講話を発表してからは、中国の市場経済戦略が確立され、経済発展は新たな発展の段階に入り、人々の生活レベルも格段に向上した。一般家電のほか、大型カラーテレビ、エアコン、ビデオ、デジタルカメラなど高級家電製品のニーズも高まりを見せ始めた。こうしたなか、日本の著名な多国籍家電メーカーも対中戦略の見直しを行い、中国での経営活動の重点を貿易から製造メーカーの設立へと移した。円高が進んでいたこともあり、日本の家電産業は多くの生産拠点を中国に設立し始めた。たとえば、松下（済南）、日本ビクター（武漢、福州）、三洋電機（東莞）、ソニー（上海）、東芝（大連）、シャープ（南京）などがある。

二十一世紀に入ると、日本の家電メーカーは現地企業との戦略的提携を強化し、中国に研究開発（R&D）センターを設立し、製品に高い付加価値をもたせることに成功した。こうした取り組みによって、日本の家電産業の対中投資構成はより最適化した。一例としては、二〇〇一年、松下電器が北京にR&Dセンターを設立し、上海にプラズマテレビを生産する合弁企業を設立したことが挙げられる。また、二〇〇二年には三洋電機とハイアール、松下電器とTCL集団が戦略的提携を結んだ。日立製作所も付加価値が低く低価格のテレビ生産から脱却し、二〇〇一年に福州市にプロジェクションテレビを生産する合弁企業とプロジェクションテレビ用ブラウン管を生産する合弁企業を設立した。

日本の家電産業からの投資で巨額の資本が中国に投下され、中国家電産業の発展に不足していた資金が補われた。たとえば、松下電器（中国）の資本金は六億五千万ドルに上っている。資本金が一億ドルを超える日系家電メーカーとしては、ソニー、日立、東芝、三菱電機、キャノン、三洋電機、シャープ、松下電工などが挙げられる。日本企業の対中投資は、中国に不足していた先進技術や生産技能および生産設備などをもたらした。技術を例にみると、松下電器と中国華録が合弁生産するビデオのキーデバイス、上海松下電子機器有限公司が生産する電子レンジ用のCWマグネトロン、北京松下彩色顕像管の二一インチ、二五インチ、二九インチカラーテレビ用ブラウン管、これらはすべて中国にとって初の生産となるものであった。

日本の家電メーカーの対中投資によって、中国は管理技術をも導入した。日本企業は中国に投資し企業経営を行う過程で、発展戦略の制定と実施を非常に重視していた。たとえば、投資プロジェクトや合弁対象および投資場所の選択などである。松下電器が打ち出した「販売－技術移転－直接投資」戦略、三洋電機が深圳、合肥、大連で実施した生産拠点戦略、および南から北へ、東から西への拡大を目指す「区域拡大戦略」などがある。中国企業との提携と競争を通じて、中国企業に優れた模範を示したのである。

二　日本の家電メーカーの中国における投資および事業展開

日本の製造業の海外シフトが進むにつれ、日本の多くの家電メーカーと家電部品メーカーが積極的に中国に工場を建設するようになった。前述した早期に建設された日本企業の他、深圳の華強実業、上海電気（元上菱電器）、夏華電子、厦新電子などである。日本の家電メーカーの中国における投資や事業展開は次の点に集中している。一つは生産輸出基地としての製造メーカー。もう一つは、中国国内市場向けの市場のメーカー（中国企業と競合）である。これまでに、日本最大手の総合電器メーカーである松下電器、東芝、三洋電機、そして、AV機器専門メーカーのソニーなどが中国にいくつもの合弁または独資会社を設立している。

1．松下電器グループ

松下電器（現パナソニック）は、一九七八年から各種製品や部品の中国への輸出を開始した。また、カラーテレビなどのAV家電や冷蔵庫などの家電製品の生産設備と生産技術を中国に提供し、これら製品の国産化を推し進めた。一九八七年九月、松下電器は中国（北京）に初めて合弁会社を設立した。その後、家庭用エアコン、洗濯機などの家電製品から通信設備、映像、音響、半導体などの生産機材まで、広範囲にわたって独資会社や合弁会社を相次いで設立した。二〇〇二年十二月十七日、松下電器（中国）有限公司は正式に独資会社となり、事業支援型企業から地域統合型企業へと変貌を遂げた。会社の登録資本も一億三千六百九十二万ドルに増え、二〇〇四年初めの従業員数は約八百人に達した。

2．東芝グループ

東芝は三十六年にわたり中国で事業を展開してきた。デジタル製品、電子設備および部品、社会インフラ、家電などの事業分野は、すべて中国で業務を展開している。二〇〇七年前後の時点で、東芝の中国での事業規模は、六十九社を有し従業員三万一千人を抱えるまでに拡大した。二〇〇六年の事業規模は六百六十四億元、二〇〇七年度には八百億元に達した。

3．三洋電機

一九七九年、三洋は三洋電機貿易株式会社北京事務所を設立し、中国市場への参入を開始した。この時期、三洋電機は中国企業と技術提携も行っていた。

二〇〇八年初めまでに、三洋電機は四十社近い企業を設立し、産業機械設備から民生用家電などに至る広い分野をカバーし、中国と日本の電気機械分野でのまったく新しい協力方法を生み出した。二〇〇二年、三洋電機とハイアール集団は広範囲にわたる全面的な戦略協定を結び、生産拠点や販売網などの経営資源を共用しあい、中日両国の市場で優位なポジションを獲得し、さらにアジア市場以外の地域でのブランド競争力も高めようとした。

4．ソニー

ソニーは一九七八年に中国での業務をスタートした。北京（一九八〇年）、上海（一九八五年）、広州（一九九四年）、成都（一九九五年）などに代表事務所を設立した。

一九八二年に北京と上海で磁器テープビデオレコーダーを生産する権限を得た後、一九八〇年代中期に厦門と江西省のOEM工場でテレビ生産をスタートした。その後、一九九三年九月、上海広電股份有限公司と合弁で上海索広電子有限公司（ソニーの出資比率は七〇％）を設立し、一九九四年二月に営業を開始した。主にビデオカメラ、光学ピックアップ、八ミリビデオカメラの部品などを生産、販売している。その後も中国での事業を拡大し続けた。

一九九六年十月に北京に設立されたソニー（中国）有限公司は、中国国内での業務活動を統一して管理し、調整を行う百％子会社である。二〇〇六年度、ソニーの中国での生産額は五十一億ドルに達した。現在の従業員数は約三万四千五百人、投資総額は約十億ドルである（二〇〇七年三月時点）。

三　中日家電メーカーの近年のさまざまな協力と競争

中国の家電メーカーの成長にともない、中日両国の家電メーカー同士の提携も中国が一方的に日本から技術を導入し、日本企業の投資を受け入れるというものだけではなく、さまざまな形の提携を行うようになった。中国がＷＴＯに加盟した二〇〇二年だけでも、中国のマスコミは以下のように中日両国の家電メーカーの提携を報道している。

一月十八日、ハイアール集団と日本の三洋は、「ハイアールの販売網を利用して中国で三洋製品を販売する。ハイアールと三洋は日本にハイアール製品の販売会社を合弁で設立する」という協定に調印した。

四月九日、松下電器はＴＣＬ集団と家電分野における提携の一括交渉を行い、ＴＣＬの販売網を駆使して中国で松下製品を販売し、松下側もＴＣＬへの主要パーツの供給と技術協力を拡大する、と発表した。

七月三十日、ハイセンス集団と日本の住友商事株式会社は、家電市場の共同開拓に関する協定に調印した。双方が出資金を折半して日本にサミット・ハイセンス株式会社を設立し、主にハイセンズブランドの家電製品を日本で販売する。

十一月十九日、青島ハイセンスと日本の日立は、双方が出資金を折半して海信日立商用空調系統有限公司を設立し、商業用エアコンの開発と共同生産する協定を正式に結んだ。

十二月二十六日、リトルスワンと日本の東芝は提携を結び、戦略的アライアンスの構築を発表した。無錫に合弁会社を設立し、東芝の先進技術とリトルスワンの生産力を使い、高・中所得者層向けの洗濯機と付加価値の高い家電製品を生産し、海外市場を開拓する。

総じていえば、中国と日本の産業協力は、早い段階では、基本的に中国側が日本から技術を導入し、日本の産業移転を受け入れるというものであった。しかし、中国産業の発展につれ、「パートナーシップ」という関係へと変化し始めた。表１に示した各ブランドのシェアを見ると、カラーテレビや冷蔵庫などでは国内ブランドが多くのシェアを獲得しているが、洗濯機やＡＶ機器では日本のブランドが優勢を占めている。

家電産業の激しい競争のなか、一部の日本企業は家電産業から撤退し、強みを持つ分野へと鞍替えした。たとえば、一九八三年に設立された中日合弁企業である上海上菱電器公司は、一九八五年に三菱から冷蔵庫の生産技術を導入し国有企業の改造を行ったものである。一時は高品質の冷蔵庫やエアコン、そして電子レンジが中国の家電市場で優勢を占め、一九九四年には上海証券取引所での上場も果たした。しかし、一九九〇年代以降、中国の家電分野での激しい競争の結果、収益が減り、ついに技術的強みをもつエレベーターの生産に方向転換し、その家

表 1　中国家電市場における国産ブランドと海外ブランドの競争

	1999（占有率%）			2001（占有率%）		
	第 1 位	第 2 位	第 3 位	第 1 位	第 2 位	第 3 位
パソコン	レノボ (34.2)	ハイアール (8.8)	ワンター (6.7)	レノボ (33.5)	ハイアール (9.8)	ハイセンス (9.1)
カラーテレビ	ハイセンス (18.2)	長虹 (17.4)	TCL (14.6)	TCL (18.8)	長虹 (16.3)	ハイセンス (14.9)
冷蔵庫	ハイアール (28.1)	容声 (17.3)	新飛 (12.7)	ハイアール (27.7)	容声 (14.0)	新飛 (10.2)
自動洗濯機	リトルスワン (28.7)	ハイアール (26.4)	栄事達三洋 (17.1)	ハイアール (27.4)	リトルスワン (23.6)	三洋 (10.4)
電子レンジ	ギャランツ (30.0)	LG (17.7)	松下 (8.6)	ギャランツ (35.9)	LG (20.7)	ミディア (14.6)
音響	ソニー	松下	AIWA	—	—	—

資料　『中国国内貿易年鑑』（二〇〇〇年版，二〇〇二年版）

電生産部門を他社に譲渡したのである。二〇〇一年にはエレベーター生産が売上全体に占める割合は八二%にまで上昇した。そして、二〇〇三年六月の株式総会で社名を「上海電器有限公司」に改める決定がなされたのである。

総じてみれば、中国の消費者の収入がアップするにつれ、中国と日本のマーケットにおける家電製品のニーズも重なりあうようになってきた。価格競争の面からみると、中国企業の生産コストは比較的安いので、日本企業は今後よりいっそう、中国企業との競争を強いられるだろう。しかし、その一方で、日本企業は国内外市場でもたいへんな競争にさらされており、国際的な分業が進むなか、生産の一部を中国に移転したり中国企業と提携しているので、生産コストの削減を見込むことも可能であり、そうなればブランド自体の価格競争力を高めることにもつながる。価格以外の競争という点からみると、研究開発の積み重ねがまだ足りない中国企業が、日本企業にとって本当の意味での脅威となることは、今後も長期にわたってないであろう。中国の家電メーカーと松下のような日本一流の大企業との間にはまだ比較的大きな格差がある。中国と日本の家電産業が本当の意味での競争を行ってこそ、中国企業はこの格差を肌身で感じることができるのである。この格差と競争が企業にたえず新しい刺激をもたらすであろう。こうした観点からいえば、多くの点で日本企業は依然として中国企業の「先生」なのである。

強力な活力をもった中国の優秀な企業がいかにして現地の市場に適応するか、そしてさらなる発展のためにどのような取り組みを行うか、これらは日本企業にとっても参考となるだろう。中国企業の日本企業への挑戦も、日本企業にある種の「刺激」をもたらすはずである。競争するなかで、互いに刺激しあい、学びあうことは中国と日本の産業界の「新たな競争と協力関係」の一つの重要な局面である。現在のところ、このような「協力と競争」の関係には、依然として相互に補完しあい、ともに利益を得るという性質がある。

3　松下電器と中国の協力

刁榴　張青松

松下電器産業株式会社（現パナソニック株式会社）は一九一八年に創立し、創業者は「経営の神様」と言われる松下幸之助である。松下電器は創立当初、電灯プラグを作る三人の小さな工場だったが、八十年にわたる絶え間ない努力の結果、現在のような世界的に有名なグローバル企業である総合エレクトロニクスメーカーに成長した。世界企業上位五百社ランキングにも入っており、二〇〇五年には二十五位となり、電子機器部門ではベスト四に入った。松下電器は世界四十五の国と地域に六百二十八の会社を有しており、全世界での従業員数は約三十三万人である。松下電器が今日のような発展を遂げられたのは、松下幸之助が確立した、「産業人たるの本分に徹し、社会生活の改善と向上を図り、世界文化の進展に寄与せんことを期す」という経営理念によるものである。

松下は発展の過程において、一貫して中国と密接な関係を保ってきた。中国は松下が初めて海外投資を行った国である。第二次世界大戦中は軍の命令を受け軍事製品の生産も行い、一九三八年には、日本軍の要請で上海に電池工場を作り、戦争に必要な電池を生産した。松下幸之助は井植薫[21]を派遣し経営にあたらせた。戦後、中国政府に接収された際、この工場には約三千名の中国人従業員と百五十名の日本人従業員がいた。新中国成立後、この工場は上海電池廠となり、「白象」や「天鵝」ブランドなどの電池を生産した。

中国の改革開放政策の実施にともない、一九七八年に松下電器は再び中国における事業に参入した。技術協力からスタートし、合弁企業や独資企業の設立、さらには研究開発拠点の設立まで行っている。松下電器の中国での事業は二十年にわたり拡大を続け、発展してきた。現在、中国に約六十の合弁または独資企業を有しており、投資総額は四十億ドルに達し、中国での従業員数は約七万人である。事業分野は家電、通信設備、電子部品、生産機械に及び、その他いくつかの分野でも研究開発を行っている。中国に設置している生産企業の二〇〇五年度の売上総額は四百七十億元に達し、輸出総額は三十七億ドル、納税額は約二十三億元だった。

一　松下電器と中国の協力〈第一段階〉（一九七九年―一九九二年）

松下電器が再び中国に参入できたのは、中国の指導者達の親切な配慮と松下幸之助ら松下トップの英断があったからこそである。

一九七八年八月、「中日平和友好条約」が正式に調印された。その年の十月には鄧小平副総理が日本を訪問し、条約批准書交換式典に出席した。訪日期間中、鄧小平は松下電器のテレビ工場を視察した際、松下幸之助に対し、松下電器に中国の近代化建設に貢献してほしいと要請した。松下幸之助は即座に、「松下電器は一企業だが、中国の近代化のためにできる限り努力したい」と答えた。一九七九年六月、中日友好協会の廖承志会長の招聘を受け、八十歳だった松下幸之助は初めて中国を訪れた。鄧小平副総理が松下幸之助と会見し、中国の近代化問題について話をした。松下電器に中国の電子工業の近代化を支持してほしいとの要請に対し、松下幸之助は、中日両国の電子工業分野の協力に関する「松下構想」と呼ばれるビジョンを提案したのである。このビジョンは特定の企業と中国の協力に限ったものではなく、日本の電子工業界のいくつかの著名な電器メーカーが合同に行うもので、中国の電子工業界が発展計画を作成するのを支援し、中国に投資を行い、企業を設立し、中国の電子工業の飛躍的かつ全面的な発展を促そうとするものであった。このビジョンは鄧小平ら中国指導部の大きな支持を得た。

両国の歴史やさまざまな理由から、このビジョンは実現に至らなかった。一九八〇年、松下幸之助は再び北京を訪れ、鄧小平と会談した。その際松下は、日本の電器産業界は依然として中国と全面的な協力を行えずにいるが、松下は単独でも中国に合弁企業を設立したい、と述べた。その後、松下幸之助の先導と後押しにより、松下電器は北京電視機廠との技術提携を積極的に進めた。技術移転を行い、プラント設備を提供したのである。代表的なケースとしては、長虹機器廠（現在の長虹電器股份有限公司）が一九八〇年に民間用製品の生産をスタートした際、松下電器からカラーテレビの生産ラインを導入し、同時に白黒テレビの独自設計と開発を始めた。現在ではすでに家電分野の有名企業に成長している。

八〇年代後半から、中国では家電製品の需要が日増しに高まった。そのため、生産ラインが急激に増え、基本デバイスの生産が追いつかなくなった。そこで中国は、ブラウン管など多くの投資が必要な基本デバイスについては、外資系企業と合弁生産を行い輸入品の替わりとする、という方法を模索するようになった。このような状況を背景に、「北京・松下彩色顕象管」という会社が生まれたのである。

鄧小平ら中国の指導者達と松下の創業者である松下幸之助の指導のもと、一九八七年九月、松下は北京東方電子（集団）股份有限公司および北京顕像管総廠などの国有企業四社と初の合弁企業である北京松下彩色顕像管有限公司（ＢＭＣＣ）を正式に設立した。登録資本は二百億元で、中日双方が五〇％ずつ出資した。取締役会は、会長に中国側、副会長に日本側が就任し、社長は日本側、副社長は中国側がそれぞれ就任した。この会社は中日両国の合弁企業のなかで投資金額のもっとも多いものであり、当時、中国で行われたカラーブラウン管の四つのプロジェクトのなかでも最大規模で、中国五カ年計画の重大建設プロジェクトとして、両国政府と企業の注目と支持を得た。

一九八九年六月三日、第一生産ラインが生産を開始し、初めて製品を市場に送り出した。さまざまな困難を乗り越え、生産を開始した年に黒字を実現した。九〇年代に入り、第二期工事と第三期工事を行い、生産力を急速に拡大した。一九八七年の設立から一九九七年の十年間、ＢＭＣＣは拡大発展の方針を採用してカラーブラウン管の生産ライン四本を設置し、カラーブラウン管の年生産量は一九九〇年の百三十三万三千本から一九九六年には四百十一万一千本に増加し、年増加率は平均で二九・七％に達し、売上高は一九九〇年の六億五千万元から一九九六年には二十九億四千万元に拡大して年増加率は平均で五〇・三％、利益は一九九〇年の一億八千万元から一九九六年には五億八百万元に増加し、年成長率は平均で二四・三％に達した。また、ＢＭＣＣは、省エネタイプの蛍光灯の生産ライン三本を新設して年産二千三百五十八万本とし、ＩＳＯ９０００品質マネジメントシステムと中国、アメリカ、日本、ドイツ、カナダなどが参加する国際安全標準認証（ＩＳＯ１４０００国際環境マネジメントシステム）を取得した。

二〇〇五年末時点で、ＢＭＣＣの従業員数は約五千二百人。六本のカラーブラウン管生産ラインとプロジェクションテレビ用ブラウン管の生産ライン一本を備え、年生産量は一千百万本、年生産額は約四十億元、うち輸出額は一億三千万ドルであった。世界でもっとも製品ラインナップが充実した、生産性の高い、高収益をあげているカラーブラウン管メーカーである。累計四十億元近い税金を納めており、北京の高額納税企業でもある。中国政府からも「製造業最優秀企業」、「中日友好協力モデル企業」と評された。

ＢＭＣＣは松下の第一期対中投資プロジェクトとして、優れた模範効果を示している。松下の投資によって、中国に不足していた先進技術や生産技能および設備がもたらされた。ＢＭＣＣの二十一インチ、二十五インチおよび二十九インチカラーテレビ用ブラウン管は、中国初の生産となった。提携によって導入した技術と生産プロセスが、カラーテレビ関連の製品品質を押し上げ、国際的なレベルに急速に近づくことを可能にしたのである。BMCCは電子電機産業の管理スタッフや技術者を多く育てた。数千人が松下グループで技術や経営管理の研修に参加している。会社設立同時は、工場建設と従業員のトレーニングを同時に行う戦略をとった。こうした従業員の研修によって、BMCCは一九八九年六月初めに予定より二ヵ月早く生産を開始し、短期間で安定した生産を実現した。当時はまだ、中国市場に強力なライバルもおらず、BMCCは生産を開始した年に黒字を達成した。

外国企業の対中投資の増加にともない、合弁を行った双方の企業目標に対する認識、経営理念、管理方針、品質に対する考え方や意識の持ち方などの違いによって、双方が衝突するケースも起こるようになった。松下は企業文化の構築という点で、多くの成功した経験を有しているが、別の地域での成功例をそのまま押しつけようとはせず、中国の実状や文化的背景に即して、松下の企業文化と中国文化をうまく融合させ、それをさらに発展させようと試みた。合弁企業の価値観の根底にあるのは双方に共通する利益であり、それが中日双方を「同じ船に乗り川を渡る者同士」とすることができるのだ、ということをBMCCの実践が証明している。この「運命共同体」という企業価値観のもと、BMCCは設立当時、「産業人たるの本分に徹し、社会生活の改善と向上を図り、世界文化の進展に寄与せんことを期す」という松下の経営理念を会社の綱領とした。この綱領の価値を実現するべく、BMCCは自らの目標を打ち出した。それは、BMCCは心を合わせて、カラーブラウン管と照明事業の国際的な競争に立ち向かっていく、というものであった。これを基に、全従業員の行動姿勢を示す企業精神を打ち立てた。それは「産業報国の精神、実事求是の精神、改革発展の精神、友好協力の精神、公明正大の精神、一致団結の精神、発奮向上の精神、礼節謙譲の精神、自覚守紀の精神、サービスと奉仕の精神」である。松下の価値観、管理モデルおよび企業精神は、知らず知らずのうちに中国の従業員にも浸透し、業務のなかで徹底的に実施された。こうした価値観や行動規範はBMCCの発展の過程で、極めて大きな役割を果たした。BMCCの成功は、松下グループの中国合弁企業の成功にとどまらず、他社が投資した会社の企業文化構築の模範となった。BMCCの中国での成功は、文化が融合しあうなかでの成功であった。BMCCは悠久の中華文化の土壌に根を下ろしたのだ。BMCCの成功は、中国の企業にとっても良い啓発となった。

日本の対中投資の窓口であるモデル企業として、BMCCは科学的発展観に基づき、循環型経済の実現と省エネ社会の構築を目指して、「人正しくて製品が本物になる」という考えを中心とした企業文化を謳い上げた。経済と社会的利益の調和の取れた発展を模索し、社会的な責任も果たす大企業というイメージを形成すべく努力した。二十年に及ぶ経営活動のなかで、電気や水の節約、廃棄物削減、廃水や排気の排出を基準に抑える取組みなどに力を入れてきた。その結果、ＢＭＣＣのカラーブラウン管一本あたりの電気と水の使用量は年々削減されている。たとえば、カラーブラウン管一本あたりの生産にかかる水の平均消費量は、一九九〇年には〇・八三立方メートルだったが、二〇〇四年には〇・二九四立方メートルに減少し、業界の水の平均消費量を三〇％下回っている。二〇〇五年十二月、一千七百万元を投じて導入した「廃水回収純水生成システム」は、ＢＭＣＣの環境への配慮、資源節約、そして社会的な責任を担おうとする企業精神がよく反映されている。北京市の節水にも大きく貢献し、循環型経済の構築の点でも模範を示した。水不足に悩む北京経済に価値ある発展の道を模索したのである。ＢＭＣＣの取り組みは社会からも広く賞賛され、「優れた合弁企業十社」や「環境保護において先進的な取り組みを行っている企業」などの称号を得ている。一九八七年の設立以来、ＢＭＣＣは社会に貢献することは企業の責任であることを認識し、毎年、純利益の一％を「地方貢献基金」に出資し、二〇〇五年までに「地方貢献基金」として一千七百万元が地方のために使われた。

松下幸之助が設立を提案したＢＭＣＣは、中国で著しい発展を遂げ、さまざまな面で両国企業の手本となり、中日友好のために確固たる基盤を築いた。そして、松下幸之助と鄧小平の間で交わされた「中国の電子工業の発展に協力する」という約束を実現させたのである。一九八九年、松下幸之助は亡くなった。ＢＭＣＣの輝かし業績をその目で見ることはなかったが、松下幸之助氏が提唱した「中国の近代化に貢献する」という理念は、後継者の努力によって、松下の中国事業戦略のもとに、中国の大地で大きな実りをもたらしている。

二　松下電器と中国の協力〈第二段階〉（一九九二年—二〇〇一年）

一九九二年、松下と中国の協力は全面的に花開く第二段階の時期に入った。一九九二年五月、北京松下通信設備公司を設立、同年十二月には松下万宝（広州）アイロン有限公司を設立、一九九三年には順徳松下精工有限公司など七社の合弁会社を設立した。一九九四年には中国華録松下ＡＶＣ有限公司など八社の合弁会社を設立した。対中投資の規模が急速に拡大するなか、中国における投資規模や事業の発展をいかに促進してサポートしていくか、先進技術の導入と経営管理の経験をどのように導入するか、松下の中国における会社の強みをいかに発揮するかといったことが、当時の松下電器の中国事業における重要な課題になった。一九九三年、松下電器の社長に就任した森下洋一を始めとする経営陣は松下電器（中国）有限公司の設立に積極的な動きをみせるようになった。森下社長は一九九三年と一九九四年、朱鎔基副総理を表敬し、対外経済貿易部や国家計画委員会、電子工業部などを訪問した。松下側の努力により、中国政府指導者達と当局責任者の理解を得て、二年にわたる交渉の末、一九九四年九月二日、松下電器（中国）有限公司が正式に成立した。

当時、松下電器（中国）有限公司は合弁持株会社であった。かつては本社が行っていた多くの職責を果たし、「科学・工業・貿易」の三つを兼ね備えた会社である。事業分野は販売・サービス、投資促進、研究開発および人材育成などにわたる。中国の外資導入の新しいモデルとしての試みでもあった。松下は中国側の関係者の提案を受け入れ、松下と北京華瀛盛電器開発公司と出資比率六対四で合弁会社を設立した。著名な多国籍企業にはあまりないケースで、松下の中国事業の考えが十分に示されていた。こうした事業展開は、松下電器（中国）有限公司のその後の発展のための強固な地盤を作った。また同時に、松下幸之助の当初の計画が徐々に実現したのである。松下電器（中国）有限公司の設立は、松下が中国への系統的な投資を行う新たな段階へと入ったことを象徴していた。

松下電器の大規模な対中投資は、一九九五年にピークを迎えた。一九九五年には大連松下通信工業有限公司など十三社を設立する、という記録を作った。一九九六年に中国政府が外資導入政策の大きな見直しを行ったことや、一九九七年から一九九八年の東南アジアの経済危機の影響を受け、松下の対中投資も急速に減少し、九〇年代後半は長期間低迷していた。この時期、三大経済区で合弁会社がもっとも多かったのは環渤海経済区の十六社で、次いで長江デルタ経済区の十三社、珠江デルタ経済区の九社だった。環渤海経済区は、豊富な天然資源と充実した工業インフラ、発達した社会インフラ、および高い科学技術を備えており、市場的にもコスト的にも強みを持つ地域である。さらに、日本の投資家と中国東北地区との歴史的なかかわりや特別な心理的要因によって、環渤海経済区が松下の一番の投資拠点となったのである。さらに、この三大経済区のなかでも、北京と上海および広東に投資が集中していた。これらの都市と省はそれぞれの経済区で中心的な役割を果たしており、ここに集まるさまざまな要素がもたらす経済効果を存分に発揮することができたのである。

二〇〇一年十二月、中国がＷＴＯに正式に加盟してから、松下の対中投資は再びピークを迎え、安定した伸びを見せた。中国国内市場の急速な発展により、中国はすでに世界最大の生産基地かつ消費市場となり、中国国内企業と外資系企業の競争もますます激しくなっていった。こうした状況のなか、松下電器は中国で生産規模の拡大を続け、現地化した販売体制と研究開発体制を築き、それによって製品の競争力を高めていったのである。二〇〇一年に蘇州松下半導体有限公司を設立したのを皮切りに、製造会社を続々と設立した。二〇〇四年十月十八日、松下電器は十九億元を投じ、杭州に世界最大の家電基地を設立した。また、二〇〇一年一月、六百万ドルを投じて松下電器研究開発（中国）有限公司を設立した。さらに二〇〇二年四月には松下電器研究開発（蘇州）有限公司を設立した。生産や研究開発を現地化することによって、製品の市場競争力を高めようとしたのである。

松下グループは事業展開を加速させ、国際競争力を高めるために、二〇〇二年一月、事業構成の見直しを行い、十四の事業分野をメインとする新しい事業体制を作り上げた。二〇〇三年一月から、松下電器（中国）有限公司は事業支援型企業から地域統括型企業へと変貌し、松下電器グループの独資会社となった[22]。二〇〇三年四月、松下中国は正式に地域統括型企業としての機能を果たすようになり、投資権と直販権を獲得した。独資会社となった後、全国に設立していた会社の統合を行い、廉価な労働力だけを求めて投資を増やし工場を建設する従来のやり方を改め、市場戦略の推進に必要な取り組みを始めた。二〇〇二年四月九日、松下電器はTCL集団と家電分野での一括交渉をスタートしたと発表した。TCLの販売網を駆使し、中国で松下の製品を販売し、松下も主要パーツのTCLへの供給と技術協力を拡大するというもので、両国家電メーカーの強者同士の補完的提携という新しいモデルを生み出した。

三　松下電器と中国の協力〈第三段階〉（二〇〇一年―現在）

二〇〇一年から、松下と中国の協力は第三段階に入った。この時期、プロジェクトの総数は第二段階より減ったものの、長江デルタ経済区が環渤海経済区より高く位置づけされるようになった。経済が急速に発展するにつれ、長江デルタ地区の労働コストと土地コストも跳ね上がったが、この地区の大きな消費マーケットと成熟した資本物資市場は松下の市場発展戦略にマッチしていたのである。事業構成をみると、松下電器が展開していた事業分野と製品は、第一段階および第二段階で力を入れていたAV機器や家電設備から、第三段階では情報通信設備、工業製品設備への転換がみられる。同様に投資にも合弁から独資への転換がみられた。

松下電器のPDP、CCVE、液晶プロジェクター、ファックス、社内電話および放送設備やデジタル化設備などの製品は中国市場でも高いシェアを獲得している。中国市場での松下の年間売上は平均一三五%増となっている。松下電器の海外市場における中国市場の比率も二〇〇三年度の一五%から二〇〇五年度には三〇%に増加し、売上高も七百億元に達している。松下電器（中国）有限公司が創立十周年を迎えた際、同社の伊勢富一会長は次のように述べた。

「現在、松下電器グループは二〇一〇年までに優秀な企業になるという目標を掲げ、今年から全社を挙げて取り組む『躍進二一』という計画を打ち立てた。この『躍進二一』は松下電器グループの重要な中期計画である。松下電器（中国）有限公司も中国で働く六万人の従業員の積極性を引き出し、二〇〇五年の生産額七百億元、二〇〇六年の中国での売上額七百億元という目標に向かって、松下電器の新たな飛躍のために確固たる基盤を築いていく。こうした目標を実現するために、松下電器（中国）有限公司を中心とする中国松下電器集団は、よりいっそう『現地化』、『集約化』、『協同化』、『IT化』を進め、中期目標の実現に向けて、そして松下電器のさらなる飛躍のために、中国事業部門も大切な役割を果たしていくだろう。

松下が中国事業を展開してきた二十年間、松下は「企業は社会の公器である」という経営理念を貫いている。生産と販売を通して、社会生活の改善と向上を図り、また同時に、「地球環境との共存」、「社会福祉支援」、「人材育成と教育への支援」、「スポーツと文化への支援」なども行い、社会の恒久的な信頼を得ることを希望している。たとえば、環境保護と地球環境との共存は松下電器の重点事業の一つである。一九九一年、松下はすでに環境管理基本方針を打ち出し、「環境宣言」を発表した。二〇〇一年には、七つの分野での環境改善を目指す「環境への取り組み目標」と今後十年の行動目標「グリーンプラン二〇一〇」を打ち出している。障害者支援にも取り組み、障害者の雇用を促進し、障害者に平等な雇用機会を与えている。現在、中国松下集団で働く障害者は百八十六人に達している。また、「松下育英基金」も設立した。一九九五年の開設当初から二〇〇六年末までに、二十の省と市の二十七の大学、約四千九百十三名の学生に、総額四百八十六万元の奨学金を贈った。さらに、二〇〇二年八月、松下電器産業株式会社（MEI）は、国際オリンピック委員会（IOC）とIOCワールドワイドパートナー契約（TOPⅥプログラム）を北京で締結し、国際TOPパートナーとして、二〇〇八年の北京オリンピックをサポートした。二〇〇七年三月二十七日、松下電器と会員企業六十六社は「企業の社会責任（CSR）北京宣言」に調印し、中国における社会的責任の促進や調和のとれた社会の建設などをともに推し進めていくことを確認した。

現在、松下電器は日本の工業分野の企業のなかで、対中投資プロジェクト数および投資額がもっとも多い会社である。松下電器は中国における大規模な投資を通し、松下幸之助の、中国近代化建設を支持するという長年にわたる想いを実現したといえるだろう。中国にある松下の数十社の会社は、中国東部の発展したほとんどの都市に存在している。BMCCの製品がカラーテレビの品質の良し悪しを示す指標になっているように、松下は中国において大きな経済的意義をもつばかりでなく、また、鄧小平に始まって、中国の指導者が二代にわたって大阪の松下本社を訪れたように、中日友好という政治的意義をも有している。松下電器と中国がともに育んできた中日友好の木は、しっかりと根を下ろし大きく成長している。

4　嘉陵とホンダが二輪産業の中日協力を協同で推進

葉琳

中国で二輪車といえば、人々が思い浮かべるのはホンダと嘉陵である。中国最大の二輪メーカーである嘉陵集団有限公司（嘉陵）は、一九八〇年代初頭から日本の本田技研工業株式会社（ホンダ）との交流と提携をスタートした。両社の提携は二十七年にわたり、「誠意ある提携を行い、ともに発展を目指す」という目標を実現した。また、トップメーカーである両社の提携によって、中日両国のこの分野での協力は目覚しく発展した。両国の協力によって、中国の二輪メーカーの技術レベルと国際競争力が強化され、また、日本の二輪産業も産業構造の改善を進めるなかで、中国市場の開拓を行った。両国のこの分野における提携が両社のウィンウィンを実現したのである。

一　ホンダと嘉陵の提携と発展

中国嘉陵集団は主に、二輪車とそのエンジン、特殊装備、光学・光電、自動車と二輪車の汎用機械部品などを手がける国家級の大型企業集団である。総資産は約五十億元、現在の従業員数は一万人余りである。その前身は嘉陵機器廠で、一八七五年には清朝政府上海江南機械製造総局龍華分局で、中国でもっとも古い兵器製造企業の一つである。抗日戦争勃発後の一九三八年、重慶沙坪壩双碑の嘉陵江沿岸に移転した。本田技研工業株式会社は一九四八年九月の創立で、世界的に著名な自動車と二輪車の製造メーカーである。ホンダが開発するバイクは非常に多岐にわたっており、流行の大型バイクもあれば、ファミリー用のバイクもある。ホンダの二輪車は世界から人気を集めている。

一九八一年十二月、嘉陵は中国で発展するチャンスを模索していたホンダと「二輪車に関する技術提携」を結び、世界レベルの二輪車の生産をスタートした。この二十年あまり、嘉陵とホンダの友好的な提携は三つの段階を経てきた。一九八一年から一九八七年は技術提携がスタートした段階、一九八八年から一九九六年は技術提携と資本提携の段階、一九九七年から今日までは協力を深化させている段階である。協力の形式としては、先進技術の導入と共同開発、そしてソフトとハードの導入を結びつけて行うといった三つの方法がある。

1．技術提携

一九八一年、中国の改革開放と「軍用から民用への転用」といった方針のもと、嘉陵は中国の民用二輪車を発展させるという道を歩み始めた。世界のトップレベルとの距離を縮め、高品質で多種にわたる二輪車を量産するために、嘉陵は「国内での連携、海外からの技術導入」といった発展方針を打ち出した。つまり中国企業との横の連携をとると同時に、積極的に海外に出て、技術提携の可能性を模索したのである。当時、中国の二輪メーカーとして新たな代表格となった嘉陵は、世界的な先進技術の導入を渇望していた。これによって二輪車の製造技術を高めようとしていたのである。一方、ホンダは世界的に有名な二輪メーカーとして、やはり、中国の改革開放の勢いと潜在的な巨大市場をすでに認識していた。こうした状況を契機として、両社は互いに利益を得るという共通のニーズに基づき、嘉陵はホンダを、ホンダは嘉陵を選択し、長期的かつ友好的な提携を開始した。

一九八一年十二月十三日、両社は初の「技術提携契約」である「ＪＨ８１０１技術提携契約」を結んだ。これは二輪車ＣＪ五〇のエンジン、ディスクローター、電装、操作系統など一四六項目で技術改良を行ったもので、同型車を世界レベルに引き上げた。その後も嘉陵はホンダと次々に技術提携を結び、新型車生産技術の共同開発や導入を大々的に行った。一九八三年の「ＪＨ８３０２技術提携契約」では、ホンダ七〇型四サイクルの技術を導入、一九八九年の「ＪＨ８９０３技術提携契約」では、一二五ccデュアルパーパスの技術を導入、さらに一九九八年の「ＪＨ９８０４技術提携契約」では、ＴＡＣＴ５０２サイクルスクーターとＣＨ１２５水冷四サイクルスクーターの技術を導入した。新型車の導入のほか、嘉陵はホンダと設備導入契約を複数結び、ホンダから二輪車用エンジンの生産ラインなど主要な生産設備を多く導入し、技術装備をレベルアップしていった。これにより、嘉陵の生産力は著しく向上したのである。一九八四年にホンダから導入した七〇cc—一二五ccの二輪車用エンジン生産ラインには七十七台の主要設備が含まれており、契約金額は三十億円に上った。一九九五年導入の二輪車用エンジン生産ラインは六十六台の主要生産設備が含まれており、契約金額は四十一億円だった。

ホンダから先進技術を導入し、吸収することによって、嘉陵集団は稀にみる成長を遂げ、「小さな企業から大きな企業へ、大きな企業から強い企業へ」と変貌し、活気みなぎる企業へと成長した。両者の協力が進むにつれ、嘉陵の二輪生産技術も向上し、ＣＪ５０は世界レベルに達し、ＪＨ７０は世界レベルに達すると同時に世界市場にも参入した。ＪＨ１２５Ｌデュアルパーパスは、これまで中国では生産されていなかったオフロードバイクの生産を実現した。嘉陵の二輪生産技術はモーターサイクル、空冷技術からスクーター、水冷技術のレベルアップといった四つの大きな飛躍を遂げたのである。

2. 資本提携

これまでの技術提携を基に、一九九二年、嘉陵とホンダは「嘉陵－本田発動機有限公司の合弁設立に関する契約」を結んだ。これによって両社の協力は技術提携から資本提携の段階に入った。

一九九三年一月、嘉陵―本田発動機有限公司が設立された。投下資金は三千五百七十万ドルで、出資金は本田技研工業株式会社と中国嘉陵工業股份有限公司が折半した。会長には中国側が、社長には日本側が就任した。従業員は約一千五十人で、一九九四年十月に正式に生産を開始した。主要品目は汎用エンジン、芝刈機、ポンプなどで、年間の生産能力は約三十万台であった。具体的には高級二輪車二十万台、二輪車用エンジン二十万台、汎用ガソリンエンジン三十万台の年産能力を有していた。一九九五年末から、ＣＢ１２５、ＣＭ１２５、ＣＧ１２５といった二輪車を生産し、品質面でホンダから認められ、ホンダの商標使用を認められた中国初の企業となった。

3. 戦略提携

二十一世紀に入り中国がＷＴＯに加盟すると、中国は世界経済への参入を加速した。グローバル経済の一体化が進むなかで、競争はますます激しくなっている。どの国の企業であれ、より大きく、より強くなるためには、連携を進め、アライアンスを作り、提携を行っていかなければならない。嘉陵とホンダは共通の利益と認識に基づき、これまでの協力を踏まえて、よりいっそう提携を強化、拡大した。ここ数年は、両社のトップが発展戦略や新製品の開発、汎用機械での協力などについて数回に及ぶ会談を行い、実質的な進展をみた。

二〇〇一年は折しも嘉陵とホンダの提携二十周年にあたり、嘉陵集団は「中国嘉陵と日本のホンダの提携二十周年祝賀イベント」を盛大に開催した。開催期間中、両社は新たに「提携関係の強化に関する協議書」に調印した。さらに「嘉陵－本田発動機有限公司の汎用ガソリンエンジン技術提携」に調印し、ＧＸ１６０汎用ガソリンエンジン試作開始の式典を行った。このプロジェクトの設計上の年産能力は約三十万台で、嘉陵とホンダの合弁会社である嘉陵－本田発動機有限公司が主に生産を担当し、嘉陵集団本社が主要部品の生産と汎用機械の川下製品の発展にあたった。この提携プロジェクトの投資額および双方の出資比率は調印式で公表されなかったが、双方の代表は、このプロジェクトはレベルの高い、高い技術を駆使する提携になり、両社の協力が二輪車から汎用機械の生産に進んだことを象徴するものだと述べている。

両社の提携の拡大は、嘉陵がよりいっそう発展し、第十次五カ年計画および発展戦略目標を実現するための強固な技術的基盤を築いた。この提携によって、嘉陵は競争力を高め、グローバル経済の産業チェーンにすばやく参入し、短期間のうちに二輪産業の強力企業となって、汎用ガソリンエンジンなどの多方面にわたる分野で補完性をもち、各地域で各業種を扱い、さまざまな経営制度を取り入れ、グローバル経営を行う大型企業グループにしようとしたのである。ホンダもこうした提携により中国事業を拡大し、世界市場でのシェアを高め、中国の汎用機械製造にもっと早く参入した外国企業の一つとなった。

二〇〇二年十二月、嘉陵は六〇〇cc大排気量バイクの開発プロジェクトに着手した。こうした動きは、嘉陵とホンダの提携が導入開発、共同開発、そして自主開発へと移ってきたことを象徴している。そして、二〇〇五年四月七日、知的財産権をもつ中国初の大排気量高級バイク－嘉陵ＪＨ６００が誕生した。嘉陵は中国の二輪業界で、大排気量バイクの生産技術開発に成功した中国初の企業となったのである。

4．嘉陵ホンダの提携の影響と展望

この二十年来、嘉陵はホンダとの提携を通じて、ホンダの先進技術や生産設備および資本を導入しただけではなく、さらに重要なのは、ホンダの先進的な技術、管理に対する考え方、管理経験などを学び、消化し、吸収して多くの人材を育成し、技術装備と開発能力を高め、高品質な二輪車の多品目かつ大量生産を実現するという飛躍を遂げ、稀にみる発展を収めて中国二輪産業のリーディングカンパニーになったことである。嘉陵はすでに二輪車一千二百万台以上を出荷している。製品の技術レベル、研究開発力および品質が大幅に向上し、製品ラインナップも充実してきた。「嘉陵」の商標は中国の著名ブランドに認定され、中国二輪産業の第一ブランドとなっている。中国が短期間のうちに世界の二輪車大国になったのは、嘉陵の貢献なしには考えられず、嘉陵とホンダの提携とも切り離して考えることはできないのである。

二輪業界は数年にわたり厳しい洗礼にさらされ、嘉陵の事業構成も次第に成熟し、嘉陵の二輪年産は二百万台に達している。国内市場向けだけでなく、すでに五十以上の国と地域に輸出している。嘉陵が大きく成長すると同時に、ホンダも嘉陵との提携で多くのものを得て、「名誉と利益」の両方を獲得したのである。嘉陵の一千二百万台の二輪車が市場に出回ったことから、「技術のホンダ、名車のホンダ」と言われ、ホンダの名前も中国で広く知れ渡った。ホンダの二輪車は、外国ブランドの二輪車として象徴的な存在となったのである。同時に、ホンダは嘉陵との提携を通じて、中国二輪産業に触角を伸ばすようになっただけでなく、中国二輪産業に嘉陵－本田、玉蘭－本田、新大洲－本田といった合弁会社を展開し、中国二輪業界での確固たる地位を確立した。中国市場参入という価値ある経験をし、対中輸出を拡大したのである。二十年以上にわたり、ホンダは嘉陵と検査設備、エンジンおよびキャブレーターの貿易で七十七億円、技術移転で約六十六億円の利益を得たが、総体的な経済効果はさらに大きい。

二輪車と汎用エンジンでの新たな競争が行われるなか、嘉陵と本田技研は両社の事業発展の共同のニーズに基づき、研究討論や協議を通じて二〇〇五年にいくつかの合意に至った。その一つは、嘉陵と本田技研は両社の合弁企業である嘉陵本田発動機有限公司（嘉陵ホンダ）の事業方針を見直し、汎用エンジン事業に特化させ、世界レベルの汎用エンジン製造メーカーにする、というものであった。現在、嘉陵ホンダの汎用エンジンは、中国国内だけではなく、ヨーロッパや日本およびオーストラリア地区などで販売されている。二つ目は、一九八一年十二月に二輪分野での技術提携をスタートして以来、嘉陵と本田技研は、技術提携から始めて合弁提携も進めてきたが、今後も二輪事業での提携関係をよりいっそう強化する、というものであった。具体的には、両社経営陣の対話の強化、知的財産権と環境保護分野での相互協力の推進、生産技術、品質管理技術および人材育成の面における協力強化、本田技研は嘉陵での生産機種を追加投入する、といった内容が含まれた。嘉陵と本田技研は、提携を成功させてきた約二十年の経験を基に、ウィンウィンと提携の促進という理念によりさらにいっそう信頼と理解を深め、こうした取り組みは、両社の今後の事業発展にも資するものである。

二　中国と日本の二輪事業での協力

二輪業界の技術や製造プロセスは日々進歩し、市場の最新情報もめまぐるしく変わる。このような市場状況のもと、嘉陵とホンダの提携を皮切りに、中国と日本の提携による二輪メーカーが数多く誕生した。日本のスズキ、ヤマハそして川崎重工業などが中国の二輪市場で一定の地位を獲得するため、中国二輪メーカーと提携を行ったのである。たとえば、日本の四大二輪メーカーの一つであるスズキは、中国企業との提携で、長安鈴木、済南軽騎鈴木、北京金城鈴木などの二輪車ブランドを作り出した。これらの企業は業界の政策にも迅速に対応し、今後の市場を正確にとらえ、効率のよい協調的な管理メカニズムである鈴木モデルや時代に即した運営体制によって、ブランド、製品、技術そしてサービスなど、コアとなる競争力の確立に力を入れた。たえず新たな事業領域を切り拓き、一切の効果的な経営資源を集めて、大きな飛躍を実現するための効率的な管理体制を作ったのである。これらの企業は徐々に人から信頼される優良企業となり、今日では、業界内でもっとも将来性と競争力を持つ二輪メーカーに成長した。「金城」ブランドは、中国の二輪車のなかでは、世界でもっとも知名度があるブランドの一つである。一九八五年にスズキの二輪製造技術を導入してから、金城集団は急速な発展を遂げ、二輪車の研究開発と生産およびアフターサービスを専門に行う二輪車拠点も設立した。一九九三年に始まった金城によるパキスタンへの二輪技術輸出は、中国二輪業界の技術輸出の先駆けとなった。金城が独自の知的財産権をもつJC250-6とJC150T-A（二輪車）は、二〇〇五年にフランスや日本など先進国に向けた大量輸出が始まった。金城集団の二輪車の輸出量および輸出額は、長年にわたって中国二輪業界のトップを占めている。

グローバル経済の一体化が加速するにつれ、とくに中国がWTOに加盟した後、中国の二輪産業も新たな試練を迎えた。歴史の流れに順応し、中国と日本の二輪産業を飛躍的に発展させるために、企業同士の技術、資金、ブランドおよび生産での提携のほか、両国の二輪業界の協力と交流も絶え間なく続けられた。中日二輪車標準認証交流会、CAAM（中国自動車工業協会）とJAMA（日本自動車協会）の類似意匠研究会、中日二輪車騒音技術交流会など、官と民のさまざまなレベルでの交流と協力が行われたのである。そのなかでも特筆すべきは、「中日二輪車産業知的財産権共同プロジェクト」である。

二〇〇四年三月十九日、CAAMとJAMAは二年に及ぶ「中日二輪車産業知的財産権共同プロジェクト」の予定していた活動をすべて成功裡に終え、北京で中日二輪車産業知的財産権共同プロジェクトの終了式と知的財産権紛争の調停メカニズムである「委託協議書」の調印式を行った。このプロジェクトは実習方式で行われ、「類似意匠研究会」を三回、知的財産権保護の重要性を訴える「知的財産権シンポジウム」を二回開催した。さらに、日本における知的財産権の管理や関連機関を知るための「中国知的財産権担当者訪日交流会」も二回行った。両国の当局もこうした取り組みに注目し、支援した。二年にわたる共同プロジェクトのなかで、双方は中国と日本の知的財産権の現状、政府による管理、企業の取り組みなどについて幅広い交流を行い、政府当局者や専門家を招聘して幾度も講演を行った。中国の企業も日本を二度訪れて交流と学習を行い、中国二輪車産業知的財産権保護に関する第一回総会を開催し、国内の他の産業に先立って、知的財産権保護に関する行動規約を作成した。これらの活動には両国二輪業界からのべ八百人が参加し、知的財産権保護の重要性に対する認識を深めた。このプロジェクトのもう一つの重要な内容は、JAMA、CAAMおよび中国貿易促進委員会・中国国際商会調停センターの三者が、二輪車の知的財産権をめぐる紛争の解決を目的とする「委託協議書」に調印したことである。その後、中国国際商会調停センターは調停を通じ、紛争当事者の双方に話しあいによって、低コストで知的財産権にまつわるトラブルを解決させることができるようになった。

時が経つのは早いもので、嘉陵とホンダの提携もすでに二十七年にわたり拡大を続けてきた。双方は、製品技術の導入から技術装備の導入、製品技術の改造から技術の研究開発、製造および監視技術、完成車から部品、小・中排気量から中・大排気量、低・中級車から高級車、二サイクルから四サイクル、空冷技術から水冷技術、技術提携から資本提携、二輪車から汎用エンジン機械製品、そして製品、技術、資本提携から戦略提携といった全過程を経験してきた。二十七年前は嘉陵とホンダが誠意ある友好的な提携を開始した年であり、中国の民用二輪車産業が世界へと歩み出した年でもあった。二十七年後の今日、両社の誠意ある提携によってもたらされた成果は豊富に実った。今後も嘉陵とホンダを含む両国の二輪車産業がさらに輝かしい業績を挙げるものと信じる。

5　中日の機電分野での協力

張青松

中国と日本の国交が正常化した一九七二年、日本の日本電気株式会社（NEC）が中国に衛星地上局システムを納入し、両国の機電産業の交流がスタートした[23]。一九七八年に締結した「中日平和友好条約」は、両国の機電分野での緊密な協力を支える重要な拠りどころとなった。一九七八年の初めに調印された「中日長期貿易取り決め」と中国の「一九七八年の新技術およびプラント設備の導入計画」によって、中国は日本から大量に機電プラント設備とその技術を導入し始めたのである。

一　中日の機電分野における協力状況

七十年代末、日立を初めとする日本の著名な機電メーカーが、中国に事務所を設立し始めた。中国は七〇年代末から改革開放政策を実施したが、インフラ施設や法律制度の不備および国内のマーケットや産業分野への参入制限の問題により、八〇年代初頭の日本企業の投資はそれほど活発ではなかった。この時期、日本の機電産業の対中投資はわずか六億五千万円で、日本の各家電メーカーの対中投資は規模の小さなものだった。七〇年代から八〇年代初頭、両国のこの分野での協力は、日本から中国へのプラント設備や製品輸出がメインであった。

八〇年代になると、一九八五年の「プラザ合意」で円高が急激に進んだのを契機に、日本の機電産業は競争力を高めるために海外へのシフトを加速した。さらに、中国が人件費面での強みをもち、その投資環境も次第に改善されたことから、日本は一般家電の生産の一部を中国へ徐々にシフトするようになった。八〇年代後半から、日本の機電産業の対中投資は急速に拡大し、改革開放の初期段階と比較すると、投資件数と投資金額がともに飛躍的に増えている。一九八五年から一九九〇年にかけて、日本の機電産業およびエレクトロニクス産業の対中投資は、累計で六十一件、累計金額は二百五十四億ドルに達した。

九〇年代に入ると、とくに一九九二年の鄧小平の南方講話以後、中国は外国資本による直接投資の第二次ブームを迎えた。日本は機電産業分野での対中投資を強化し、経営の重点を貿易から生産企業の設立に移した。投資金額は一九九一年には百六十七億円だったが、一九九五年には九百四億円に急速に増えた。日本の機電産業の対中投資が増えた原因の一つは、九〇年代の初めに日本が海外投資を積極的に進め、さらにこの時期、投資の中心が北米から東アジアへと移ったことである。もう一つは、中国が社会主義市場経済体制の構築を決めたことで、日本の投資者が自信を強めたという点である。

一九九六年、日本から中国機電産業への投資は大幅にダウンし、この減少傾向は二〇〇〇年まで続いた。一九九六年に始まったこの減少傾向は、東南アジアの経済危機や日本経済の低迷の影響によるものであり、また、中国機電製品市場の競争が激化したことも重要な要因の一つであった。たとえば、外資系企業の進出と中国国内企業の発展により、家電市場での価格競争が激化し、投資によって設立された企業もすぐに厳しい競争に巻き込まれていった。二十一世紀に入ると、中国のWTO加盟の影響や中国市場のニーズ拡大で、日本の対中投資がまた増え始め、二〇〇二年には再びピークが訪れて六百五十億円に達した。このとき、日本の機電メーカーは、中国企業との戦略的提携を強化して、中国にR&D拠点を設立したり、商品の付加価値を高めた。こうした動きが日本の機電産業の対中投資構成を最適化していったのである。

日本の機電メーカーの対中投資経営戦略は静かに変化した。激しい競争に対応するため、日本の機電メーカーは「海外での企業設立（グリーンフィールド投資）」という投資方法を改め、技術、規模、資金などの強みを使ってM&Aによる対中投資を行った。日本企業は中国に投資管理会社と支社を設立し、日本の中国における投資管理の構造を変換し、「親会社－投資管理会社－現地生産」という整った管理体制を構築したのである。企業の長期発展戦略とグローバル化戦略は本社が責任を負ったが、対中戦略の具体的な実施は、中国における投資管理会社が行った。中国に投資によって設立した会社を後方支援するなど、調整と管理を行ったのである。現在、日本が中国に設立した投資管理会社は、「投資戦略決定の中心的存在」へと徐々に成長している。また、一部の日本企業は投資した企業の管理を実施する過程で、グループ会社設立という方法を採用し、これが日本の有機的な投資管理体制を形成していったのである。

総体的にみると、日本の機電産業の中国での発展は、次のような特徴をみせている。八〇年代初期は、エレクトロニクス製品や電気器具の生産設備、基礎部品、基礎技術および製品輸出の時期で、八〇年代の半ばから終わりにかけては、パーツ製造メーカーを作り、九〇年代にはたくさんの機電メーカーが中国に進出して海外生産を開始した。そして、二十一世紀には新しい投資戦略および高い付加価値のついた製品の生産が特徴になっている。

二　中日機電産業の相互補完状況

日本の機電産業の投資によって巨額の資本が投下され、中国の機電産業の資金不足が補われた。二〇〇二年末の時点で、日本の中国機電産業への累計投資額は六千八百億円強だった。日本企業の対中投資は、中国になかった先進技術や生産技能および生産設備などをもたらした。技術を例にみると、NECと首都鋼鉄公司が合弁で設立した首鋼NEC電子有限公司がICを生産し、天津日電電子通信工業有限公司が大容量のデジタル交換機などを生産した。これまで生産されていなかった分野の製品を生産したのである。

日本の機電メーカーによる対中投資ではソフト面の技術も導入され、中国企業の経営陣らは戦略的な管理方法を学んだ。日本企業は対中投資や企業経営の過程で、企業の発展戦略の制定や実施をたいへん重視した。たとえば、投資プロジェクト、合弁相手および投資先の選択などである。日本企業が中国で新たな投資戦略を模索する一方で、日中両国の機電産業は多様化した分業体制を作り、中国機電産業の競争力アップを後押しした。

近年、中国の機電メーカーの生産力と生産レベルは飛躍的に発展し、競争力も日増しに高まっている。多くの機電メーカーは、日本と対等に話をするだけの実力をすでに備えている。しかし、両国の機電産業全体には依然として相互に補完しあう状況がある。中国は発展途上国で、経済発展は立ち遅れ、産業構造もまだ低い水準にある。一方、日本は先進国で、一九七〇年代頃にはアメリカに次ぐ世界の経済大国となった。こうした背景があるため、両国の産業の発展状況は異なっているのである。中国の強みは労働集約型産業で、世界の分業体制では付加価値の低い産業を行っている。日本の強みは知識や技術の集約型産業で、世界の分業体制では付加価値の高い産業を行っているのである。

両国の輸出入品の内訳をみると、機電製品は日本の主な対中輸出品であると同時に、日本が中国から輸入する主な製品でもある。表面的には、中国と日本は機電製品の分野でライバルであるようだが、実際は、産業内の双方向取引を行っているにすぎない。産業内貿易の視点でみると、両国の企業はそれぞれ異なる加工工程を担当しており、中国が比較的簡単で付加価値の低い加工や組み立てを行い、日本がキーパーツなど付加価値の高いものの生産工程や研究開発を行っている。中国の日本向け輸出製品には、日系企業が中国で生産して日本へ再輸出するものが多く含まれている。こうした相互補完の状況も、両国の機電分野における協力が依然として大きな可能性を有していることを決定づけている。

三　日本の主要機電メーカーの対中投資

1. 日本電気株式会社（NEC）

NECはもっとも早く中国市場に進出した企業の一つである。一九七二年にはすでに中国に衛星地上局システムを納入した。八〇年代、NECは中国で積極的に事業を展開した。開始当初は簡単なもので、日本から設備を導入して中国で販売する、といったものであった。その後、中国政府の呼びかけに応えて積極的に対中投資を行い、多くの合弁会社を設立した。そのなかには中国の国家重点建設プロジェクトとされたものも多くあり、天津日電通信技術有限公司や首鋼NECなどが挙げられる。

一九九一年に「首鋼NEC」を設立したのを皮切りに、NECは交換機、コンピュータ、移動通信システムおよびソフトの開発などの広い分野で、合弁会社または独資会社を設立した。一九九六年、開設からすでに十六年が経過していたNEC中国代表所をベースに、NEC（中国）有限公司を設立し、中国での投資事業を管理した。

また、九〇年代、NECは上海で中国国家プロジェクトである「九〇九プロジェクト」の建設に参加した。上海虹微電子有限公司と合弁で上海華虹NEC電子有限公司を設立し、これは当時、NECの中国での提携において、もっとも重要なプロジェクトであり、また、当時の中国では最大の半導体生産プロジェクトであった。このプロジェクトへの参画は政府や関係当局からも非常に重視され、強力なサポートを得た。この合弁会社の当初の投資総額は十二億ドルで、半導体分野で最先端であった〇・三五μm精密加工技術などを導入した。「九〇九」プロジェクトの建設に協力するため、一九九八年六月、NECはさらに北京華虹集成電路設計有限責任公司と合弁で、北京に北京華虹NEC集成電路設計有限公司を設立し、半導体の設計研究を行った。事業が発展し、環境もたえず変化するなか、この合弁会社は二〇〇三年にNECの一〇〇パーセント子会社となり、二〇〇三年十二月十八日には、社名を北京NEC集成電路設計有限公司に改めた。

NECは中国での研究開発強化を重視しており、二〇〇二年六月三日、NECと松下通信工業株式会社および華為技術有限公司は、上海に合弁で上海宇夢通信科技公司を設立した。この会社は主に、次世代携帯電話（3G）コア技術の開発サポートと技術移転を行うものであった。二〇〇二年十月、NECと華為技術有限公司は上海に開放型実験施設を共同で設立した。主に、モバイルインターネットサービスやアプリケーションプログラムの開発や評価テストを行うものであった。二〇〇三年三月、NECは北京に移動通信端末中国研究開発センターを設立した。中国に拠点を置いて、最先端の携帯電話の企画と開発を行うことを目的としていた。二〇〇三年九月八日、NECは北京にNEC中国研究院を設立した。日本以外に置かれているNEC三大研究所の一つで、主に次世代インターネットの移動通信技術を研究するものである。二〇〇三年十二月、NECと上海広電集団は、合弁で上海広電NEC液晶顕示器有限公司を設立した。投資総額は百四十六億円に上り、世界最先端の第五世代TFT－LCD技術を導入した。

ソフト開発では、一九九四年、一九九六年、二〇〇五年にそれぞれ恩益禧－中科院軟件研究所有限公司、NEC信息系統有限公司、NEC軟件（北京）有限公司、NEC軟件（済南）有限公司を設立し、中国でのソフト事業に力を入れた。現在、NECとソフトの共同開発を行っている中国企業はすでに八十社にある。

二〇〇四年、NECは中国に設立した会社に対して全面的な統合を行い、NECの中国における通信事業を主管するNEC通訊有限公司を各社の統合により設立した。また、NECの中国における情報技術サービスを主管するNEC信息系統（中国）有限会社を設立した。二〇〇五年には、NECの中国における半導体および電子デバイス業務を主管するNEC電子（中国）有限公司を各社の統合によって設立した。現在までに、NECの中国における三大事業（通信、情報、半導体）は、それぞれ統合を終え、管理体制を整えた。NECの中国における事業のさらなる発展のために、基盤を築いたのである。

二〇〇六年三月末時点で、NECグループが中国に設立した一〇〇パーセント子会社または合弁会社は四十九社に上り、累計投資総額は三十一億ドルで、従業員総数は一万七千人に達している。二〇〇四年、NECの中国における業務総額は五十三億ドルで、中国からの調達額は三十三億ドル、中国から購入したソフトサービス（すなわちソフトアウトソーシング）は十三億元に達した。

2．日立製作所

一九七九年二月、日立は北京に事務所を設立し、北京に事務所を設立した初の日本製造メーカーとなった。その後、日立は中国に多くのプラント設備や技術を移転し、そのなかには、火力発電設備、圧延プラント設備、気象測定用コンピュータ、港湾貨物積卸設備およびカラーテレビの組立プラント設備などが含まれ、当時の中国のインフラ建設プロジェクトに大きく貢献した。

八〇年代に入ると、中国経済の発展によって、カラーテレビなどの消費ブームが訪れた。こうしたなか、日立は、当時提唱されていた技術や国産化での協力について、「中国の政策を守り、中国の近代化建設に参加する」の主旨のもと、中国が当時重点的に育てていた機電産業に率先して参入したのである。変圧器、モーターおよびテレビや洗濯機などの家電製品での協力を通して、中国での事業を大きく発展させた。一九八一年、テレビを生産して販売する福建日立電視機有限公司を設立し、これは日本の著名な多国籍企業が中国で初めて設立した合弁会社であった。

九十年代初頭、日立は中国政府の外資誘致政策や外資奨励政策に応え、積極的に対中投資プロジェクトを進めた。深圳賽格日立彩色顕示器件有限公司、上海日立電器有限公司、日立数字映像（中国）有限公司、日立電梯（広州）有限公司、日立自動扶梯（広州）有限公司、日立（中国）有限公司、日立信息系統（上海）有限公司などの著名企業を相次いで誕生させた。二〇〇五年、日立（中国）有限公司は、香港と中国の二社の業務統合を行い、商務部が認可する地域本部の資格を得て、中国の日立グループを統括する会社となった。このことは、日立の中国事業がよりいっそう強化されてレベルアップしたことを示しており、また、アメリカ地区やヨーロッパ地区の日立グループ本社と同様に、日立（中国）有限公司も会社のグローバル化を促進し、中国市場での業務強化の過程で、積極的な役割を発揮するものである。

数十年の努力を経て、日立は中国と深く強固な協力関係を築き上げ、今後の新事業の開拓にとってもすばらしい基盤を打ち立てた。日立は中国との友情を大切にしており、また同時にグローバル経済の一体化が進み、中国市場がよりいっそう開放される中で、日立は中国市場により多くのブランド製品とサービスを提供したいと考えている。現在、日立は中国国内に百三十のグループ企業を有し、日立のメンバーは電力機電、エレクトロニクス設備、家電製品および情報通信などの分野で活躍しており、建築機械、電力関連設備、産業機械、車両交通設備およびこれらの設備運営をサポートする管理システム、さらには、金融機関などで使う情報通信システムなどを含むさまざまな社会インフラの設備やシステムにより、中国の社会に高品質な製品とサービスを提供しているのである。

3．富士通

富士通は七〇年代に中国に進出し、一九七四年には日中海底ケーブル建設に参加して、一九八〇年五月には北京駐在員事務所を設立した。この間、富士通は中国に多くのプラント設備を輸出している。たとえば、一九七九年、天津市のコンピュータセンターにＦ１６０汎用機設備、一九八〇年には福州市にＳＰＣ交換機ＦＥＴＥＸ‐１５０、一九八四年には国家教育委員会、農業部系列の二十四の大学にＭ三四〇／Ｍ‐３６０Ｒなど、二十四のシステムを納めている。八〇年代後期に入ると、富士通は、富士香港通有限公司、福建富士通通信ソフトウェア有限公司などの企業を相次いで設立し、中国事業の初期発展期がスタートした。

九〇年代に入ると、富士通の中国事業は全面的に発展した。中国にプラントシステムを引き続き納入したほか、中国の電子工業部および江蘇省などの機関と協力のメカニズムを作り、その対中直接投資は飛躍的な拡大を遂げた。北京富士通系統工程有限公司、南京富士通計算機設備有限公司、江蘇富士通通信技術有限公司、華北富士通通信設備有限公司など数十社が相次いで設立され、さらに、西安、南京、杭州、福州、広州、ハルビンなどの都市にも事務所を設立した。一九九八年二月、中国に富士通研究開発センターを設立し、新製品およびハイテク技術の開発を行っている。

とくに一九九五年五月、北京に設立された富士通（中国）有限公司は、中国における富士通の統一業務窓口として、富士通の中国における情報通信分野のすべての投資プロジェクトをカバーし、管轄する子会社が生産や運営において必要な一連の業務を助け、製品販売を行い、アフターサービスを提供しており、富士通の中国事業の統合を進めて戦略制定を強化した。

中国がWTOに加盟すると、富士通は二十一世紀における新たな発展期を迎えた。中国は重要な生産拠点、消費市場であるだけでなく、さらに重要な新製品、新技術の研究開発拠点の一つとなったのである。富士通は、富士通天研究開発（天津）有限公司、富士通（西安）系統工程有限公司、富士通網絡（上海）貿易有限公司、富士通（中国）信息系統有限公司、富士光科技（蘇州）有限公司、富士通天電子（無錫）有限公司、南京金寧三環富士電気有限公司などのハイテク企業を設立した。

現時点で、富士通の中国における投資総額は十九億元を超え、四十六の企業を有し、二万三千人あまりの従業員がいる。ビジネスとしての投資経営のほか、中日両国の社会、文化交流事業にも積極的に参加しており、環境保護の分野においても貢献している。

4．オムロン

オムロンは世界的に著名な自動制御および電子設備の製造メーカーである。中国とのかかわりは三十年前にさかのぼることができ、創始者の立石一真が日本経済界の代表として、中国各界との交流と交流を開始した。

一九七八年、オムロンは中国公安部と交通制御システムの技術交流を行った。一九八〇年から、オムロンの中国における委託加工貿易は発展を続け、たとえば、一九八〇年、上海華一電器廠とリレーの委託加工提携を進め、一九八八年には大連録音機廠に体温計や血圧計の生産を委託した。一九八七年、オムロンは北京に事務所を開設し、一九九一年には、健康医療設備を生産する初の工場、オムロン（大連）有限公司を大連に設立した。一九九四年には、日本のエレクトロニクスメーカーとして初めて、中国の国家当局から批准を受けた投資会社であるオムロン（中国）有限公司を設立した。その後、オムロンの中国における投資と事業は急速に拡大した。一九九六年、オムロンは上海浦東に三つの制御装置生産工場を設立し、市場を開拓してそれを確固たるものにしようとする段階に入った。

中国の市場経済が発展を続けるのにともない、オムロンも中国市場の開拓を加速するために、二〇〇二年、中国に「中国本部」を設立した。これは日本の本社に次いで、中国に二つ目のオムロンを作ろうというものである。さらに、二〇〇四年には「ギアチェンジ」戦略を打ち出した。二〇〇五年度から二〇〇七年度の三年間で、中国に三百億円を投資し、中国における研究開発、生産および販売などの機能を強化し、オムロン（上海）有限公司、オムロン（広州）汽車電子有限公司のほか、上海に制御機器のグローバル拠点およびＲＦＩＤ事業部門などを相次いで中国に設立した。

現時点で、オムロンは中国（香港特別行政区と台湾地区を含む）において合計十八の一〇〇パーセント子会社または合弁工場、合弁会社を設立し、その従業員数は一万二千百八十二人に上る。二〇〇七年三月末時点の年度売上高は七億二千六百万ドルである。事業の絶え間ない拡大と同時に、責任ある企業としての社会活動も行い、「オムロン中国教育基金」を設立して中国の社会福祉事業にも積極的に貢献している。

6　中日の繊維・アパレル産業での協力

張青松

中国が改革開放を実施して二十年あまり、中日二国間の貿易投資額は拡大を続け、人々の注目を集める成果をあげた。とくに両国の繊維製品およびアパレル分野での経済貿易協力は、早くから中日二国間の経済貿易協力の重要なファクターとなってきた。一九七〇年代初頭、日本の産業構造が資本集約型の鉄鋼重化学工業へシフトするようになると、かつて非常に好調だった繊維産業とアパレル産業も衰退し始め、コストの安さや地理的条件の強みをもった東アジア地区、とくに中国へ移転し始めた。二十一世紀に入ると、両国の提携が成功したために、伝統産業としての繊維・アパレル産業は中国で依然として活気を保っている。

一　中日の繊維・アパレル産業における投資と貿易の急速な拡大

中国が改革開放政策を実施して以来、日本の繊維・アパレル産業は、コストの面で強みをもつ中国に注目し始めた。日本の繊維産業が大規模な対中投資を始めたのは八〇年代のことである。当初、投資先は広東などの華南地区に集中していたが、その後、華東地区や華北地区などの沿海地区に広がっていった。日本の中国繊維産業への投資形態は主に「三来一補（三種類の委託加工と補償貿易）」〔委託加工①素材を提供して加工を委託②部品を委託して組み立てを委託③サンプルのみを提供して加工を委託〕を主とし、投資は繊維・アパレル産業の川下産業に集中しており、川下産業の完成品の大部分は、日本へ再輸出されていたのである。日本の財務省の統計によると、一九八四年から一九九〇年、日本の繊維・アパレル産業の投資は累計で百八件、五千五百十万ドルで、同じ時期の日本の対中直接投資の二％を占めていた。

一九八五年のプラザ合意以降続いた円高によって、日本では国内企業の生産要素の価格が大幅に上昇した。とくに、生産にかかる人件費が上昇し、繊維産業などの労働集約度の高い業種及び生産工程の劣勢がより顕著になった。こうした変化を背景に、日本は従来からの生産ファクターによって形成された強みに着眼して、国内の劣勢産業や生産技術を人権費の安い東南アジアと中国に移転したのである。

九〇年代に入ると、日本の繊維産業の対中直接投資が急速に増加し、投資分野は川中産業（染色、生地の仕上加工など）と川上産業（綿糸紡績、羊毛紡績、化繊など）に拡大した。一九九一年には九十五億円だった投資額は一九九五年には四百五十五億円に急増し、八〇年代の対中投資の累計を上回ってピークを迎えた。労働集約型の繊維産業は日本ではすでに限界産業となっていたが、中国への産業移転により、中国の廉価な労働力という強みでこの劣勢産業の寿命を延ばし、さらには産業設備の中国向け輸出も間接的に伸ばし、日本のアパレルおよび繊維製品の需要は主に輸入によるものである。また、繊維機械の対中輸出も激増した。一九九〇年の一億二千六百万ドルから一九九五年には約七億ドルとなり、増加率は四五九％に達した。一九九〇年から一九九五年の間、日本の繊維製品の中国からの輸入額も三倍近く増えた。その後、日本の繊維産業の対中直接投資は大幅に減少し、二〇〇〇年には二十億円まで減少して繊維産業の投資は落ち込んだ。日本の対中直接投資に占める割合も一九九〇年の二八・九％から二〇〇〇年には一七・七％まで激減した。

一九九八年から二〇〇〇年にかけてしばらく状況が定まらなかったものの、中国のWTO加盟を契機に、中国繊維産業に対する日本の投資が回復し始めた。日本の繊維アパレルメーカーの対中投資は、これまで加工拠点がメインだったが、中国に加工工場および販売網や販売拠点、ひいては研究開発センターを設立するようになり、中国の巨大な消費市場に注目した。二〇〇三年、中国の繊維分野への日本からの投資額は一億百万ドルで、二〇〇二年に比べて三六・五％増加し、中国の製造業全体への投資額の四・一％を占めていた。中国の繊維・アパレル産業は、人件費がヨーロッパ、アメリカおよび日本などの先進国の同じ産業と比べてはるかに低く、また、産業基盤も比較的しっかりしていたため、ますます多くの日本の繊維アパレルメーカーが、競争力を高めて生き残りを図るために、生産拠点を中国に移すようになった。たとえば、岐阜県では、ほとんどの著名なアパレル工場が国内の生産の一部またはすべてを中国の上海、江蘇省の南通、蘇州などに移転した。中・低級生地は中国で調達し、高級生地と補助材料については、素材を提供して加工を委託したうえでさらに再輸出するという方法を採用し、現地社員数は二万に達した。多くの大手アパレルメーカーは海外生産ラインの拡充と生産から小売までの一貫経営の実現を計画し、日本国内の複雑な流通プロセスを避け、新製品の開発とデザインを独自で行おうとしているのである。二〇〇五年九月、日本の東レ株式会社が上海の閔行紫竹科学団地に東麗繊維研究所（中国）有限公司の上海分公司を設立した。同時に、この会社の南通本社の研究設備を拡充し、東レはこの上海と南通における研究設備建設に一億二千万元を投じた。現在、この研究所は外資系繊維メーカーが中国に設立したもっとも大きな研究所となっている。また、東洋紡、クラレ、日新紡、クラボウ、富士紡、伊藤忠商事などの日本の著名企業は、一様に中国繊維産業への投資を増加しており、たとえばポリエステル長繊維、アクリル短繊維、木綿糸、綿繊維製品などの繊維産業における川上産業を中国に移転している。

中日両国の繊維製品およびアパレルの貿易は急速に拡大した。日本は中国にとって、繊維製品の最大の輸出相手であり、中国はすでに日本のアパレルと各種繊維製品の主な輸入元となっている。製品の構成をみると、中国が日本に輸出する製品は「素材がメイン」から「製品がメイン」へと徐々に変化し、日本が輸入するアパレル製品における中国からの製品が占める割合は、一九九三年の六二・一％から二〇〇四年の九五％にまで増え、十年で約三〇％増加したのである。税関の統計によると、二〇〇五年、中国が日本に輸出した紡織アパレル品の総額は百七十五億二千百万ドルで、昨年の同時期と比較して五・六％増加した。また、財務省の貿易統計によれば、二〇〇五年、日本が世界各地から輸入したアパレル製品は合計三十五億六千万着で、そのうち中国製が九一・七％を占めていた。中国のアパレル製品は「品質は悪いが低価格」というものから「品質も良く値段も安い」というものへと徐々に変わってきたのである。

中日両国の繊維製品およびアパレルの貿易は急速に拡大した。とくに、中国から日本へ向けた繊維製品およびアパレルの輸出が急速に伸びた。その理由として、日本の繊維・アパレルメーカーが人件費の比較的安い中国に続々と進出し、独資または合弁で生産拠点を設立、あるいは、中国の企業と「素材を提供して加工を委託する」方法で、加工貿易のパートナーシップを結び、生産拠点を日本から移転し、製品を日本へ逆輸入したことが挙げられる。つまり、中日貿易の大部分は実際には「日本と日本の貿易」だったのである。もう一つの理由は、中国の繊維産業がまさに発展期にあったことである。改革開放以来、日本などから先進的な繊維機械を多く輸入したため、繊維産業全体の技術レベルが大きく向上し、品質も世界レベルに近づき、日本の消費者からも受け入れられるようになった。

二　中日の繊維アパレル産業にみられる相互補完関係

中国と日本の繊維アパレル分野の経済貿易には相互補完の関係がある。中国の製品は品質が良く価格も安いため、日本の市場におけるシェアを徐々に高めている。一方、日本企業は国内生産コストが非常に高いために、続々と中国に工場を設立している。つまり、「相手のなかに自らが存在し、自らのなかに相手が存在する」といった状況なのである。

日本の繊維産業の強みは、川上から川下に至るすべての企業が、優れた技術開発力と商品開発力をもっているということである。とくに、高性能繊維や次世代繊維の開発、環境保護や省エネなどに配慮した技術レベルは非常に高く、こうした技術は世界のトップレベルである。日本の繊維産業の強さは、新素材の研究開発とその応用に現れている。日本は技術の応用の点でも世界一流である。新素材が開発されるとすぐに画期的な新製品に応用され、これは日本の強さである。繊維でも同じであり、新しい繊維の開発でも、繊維を生地にしてアパレルまたはその他の製品に使う点でも日本は世界で他の追随を許さない。

中国の繊維産業は成長期にある。繊維産業の加工レベルと加工能力が大きく向上し、製品の品質も急速に国際レベルに近づいた。そのうえ、中国は生産コストで強みをもっており、また、巨大な消費マーケットも抱えている。しかし、中国の繊維産業には弱い点もある。企業が規模が平均して小さく、新製品の開発力が乏しく、国際的に有名なブランドが少なく、製品のレベルが低く、アパレル製造に必要な中級・高級素材は多くを輸入しなければならず、繊維製品の流通や輸出入体制がグローバル化のなかでの競争に耐えるものではないことなどである。

日本の技術および商品開発力と中国独自の強みが、互いに自らの強みをもってカバーしあい、両国の国際競争力を効果的に高めた。両国の繊維アパレル業界の多くの企業は、日本の先進設備、技術および管理の経験と中国の豊富な労働力を結びつけることによって、製品コストを大幅に下げ、中国での販売のほかに、かなり多くの部分を日本へ再輸出しているのである。

三　協力の過程における摩擦

中日両国の繊維アパレル分野の経済関係が深まるにつれて、この数年は貿易摩擦も生じるようになった。一九九五年初め、日本側は中国に対し、タオル、セーター、メリヤス上着の日本向け輸出を制限するよう求めた。このことから、一九九五年から一九九六年にかけて、両国の繊維製品とアパレル製品の貿易摩擦が多発し、そのピークを迎えた。一九九五年四月、日本の通産省は中国から輸入している綿糸と綿布について制限を設けるか否かを判断するための調査を行った。一九九六年八月、今度は純綿布についても同様の調査を行った。しかし、両国の努力により、これらの商品にセーフガードが発動されることはなかった。一九九九年以降、両国の貿易摩擦は再び高まった。日本綿スフ織物工業連合会と日本紡績協会などの業界団体からの要望もあり、通産省繊維産業審議会総合部会基本政策小委員会は輸入制限を強く求めるようになり、自民党は繊維対策特別委員会を設置してWTO体制下でセーフガードの発動か可能か否かを検討した。政府は六種類の野菜と繊維製品に対して、セーフガードを発動する準備をしていた。二〇〇一年二月二十六日、タオル工業組合連合会は日本政府に対し、中国から輸入しているタオルにセーフガード発動を求める要望を書面で提出した。同年四月、日本政府はタオルの輸入が激増していることを理由に、中国製タオルにセーフガードを発動するか否かを判断する調査を行った。中国紡織品進出口商会も数回にわたり人を派遣し、日本のタオル工業組合連合会と交渉を重ねた。そして、中国で「日本におけるタオルへの制限措置に関する意見交換会」を行うよう、日本側に要請した。二〇〇一年十月、二〇〇二年四月、十月および二〇〇三年四月十四日、日本の経済産業省は中国製タオルにセーフガードを発動するか否かの調査を四回にわたって延長した。二〇〇四年十二月、日本政府は「対中国繊維特別措置」を制定した。割当額の取り消し後に、中国の繊維製品が大量に日本に輸入されることによる日本の繊維産業へのマイナス影響を防ぐためのものであった。「対中国繊維特別措置」は、中国の繊維製品は最近一年の対日輸出量をベースに、対日輸出の増加率は七・五%を超えてはならない、毛製品は六%を超えてはならないと規定している。

　中国は一九九九年下半期から、国際的にも認められているアンチダンピングの手段で中日間の貿易摩擦に対応するようになった。一九九七年三月に「中華人民共和国アンチダンピング及び反補助金条例」を公布して以来、中国はすでに五件のケースについて、アンチダンピンク調査を行った。そのうち三件については、アンチダンピング税を賦課する最終的な裁定を下し、その他二件については、暫定的なアンチダンピング措置をとった。この二件は日本に関連するケースであった。

　この数年、中国の繊維製品やアパレル製品の日本向け輸出は増加しており、これは中国が競争力をつけた結果であり、日本国内でこれらの製品のニーズが高まったことと日本の産業が中国へ移転した結果でもある。中日両国は繊維アパレル分野で相互に補完しあっているために、前述した分野での摩擦は、両国の経済貿易協力全体に影響を及ぼすまでには至らず、両者の友好的な話しあいによって解決されてきたのである。

四　ユニクロ——中日アパレル産業での協力の見本

　一九九〇年代、名もないアパレルブランドが突然登場し、五年間で、日本でのチェーン店を四百八十店舗までに増やし、売上高は四倍、利益は十三倍増という奇跡を果たした。これがユニクロである。[24] ユニクロは、商品企画、中国に設立した加工工場での生産、販売の三位一体方式を採用し、低価格で品質の良いベーシックな洋服を大量に供給して、低迷する市場で驚くべき成長を遂げた。現在、ユニクロは日本に六百近い店舗を有し、年間売上高約四千億円を二〇一〇年までに一兆円にする目標を設定している。

ユニクロの成功には二つの要因がある。一つは、国際協力の流れに乗り、アパレルデザイン、素材開発、生産加工、流通および販売までの一貫体制をグローバルに展開していることである。このため、デザインから生産、販売までの全工程をコントロールできるようになった。デザインから生産、販売までのサイクルを短縮しただけでなく、たえず変化するマーケットの流れをつかみ、コストを大幅に削減したのである。

もう一つの成功要因は中国である。ユニクロが消費者から支持されるもっとも大きな理由は、その価格である。ユニクロの製品の値段は、他の総合スーパーが提供している同様の商品の三分の二にすぎない。このように安い値段で販売できるのは、ユニクロが中国に強力な生産拠点をもっているからである。ユニクロの柳井正会長は「我々は、中国で十年間の生産経営の経験があり、約百四十の工場のなかから、生産力と技術力が優れた四十あまりの工場を選び、技術レベルは今も向上し続けている」と語っている。年間数億着の衣服を販売しているが、その九〇%以上は中国で生産したものだ。中国にある九十近い生産拠点でコート、ジャケット、セーター、ウール上着、ダウンジャケット、ジーンズなどのカジュアル用品を大量に生産し、日本の約六百の店舗で販売しているのである。中国のアパレル製造とユニクロの独特なマーケティング理念および経営モデルが結びつき、すばらしいカジュアル服メーカーが誕生したのである。

ユニクロは日本に生産メーカーをもっておらず、一九九〇年代以降、ユニクロは生産の足場を中国に置いた。日本との距離も近く、文化的にも近いこの国の強みを使って、「中国事業」の展開を模索し始め、一九九六年には、中国と合弁で山東宏利針綿織有限公司を設立した。

二つの九〇%という数字がユニクロの特徴をうまく表現している。現在、ユニクロの九〇%の商品は中国で生産されており、売り上げの九〇%近くは日本国内である。上海で生産部を統括する杉田篤は、「日本では同じ素材のコストが一五%から三〇%高く、同じような労働力のコストも一一%程度高いだろう」と述べている。この言葉からも中国の廉価なマンパワーを使って経営コストを下げたいという狙いがわかる。ユニクロの会長兼社長の柳井正は、ユニクロがわずか数年で大きく成長できたのは、長年にわたる中国パートナーとの誠意ある協力と「中国製」によるものであり、中国の強い生産力と日本の比較的強い購買力が結びついて優れた市場効果をもたらしたということを認めている。現在、ユニクロは中国に合弁・合作のアパレルメーカーを七十社、生地メーカーを約三百社有している。ユニクロの大部分の工場は、繊維・アパレル産業が発達している長江デルタ地域に置かれている。長年にわたり日本から専門スタッフを派遣し、技術指導や品質チェックを行ってきた。二〇〇一年度、中国から輸出されたユニクロブランドの衣料品やアクセサリーは、十五億ドルに達した。こららの製品はすべて日本および欧米などの市場に再輸出されている。人件費が安いため、再輸入されたこれらの製品の価格は、現地百貨店で販売している同様の製品の三分の一にすぎず、売れ行きも好調である。日本での注文数が千四百万着に及んだカジュアルウェアもあり、日本人十人のうち一人がこの製品を購入したことになる。

ユニクロの日本での成功は、中国製は「安いが質は悪い」というイメージを大きく変え、「中国製」のイメージを変えた先駆者だと言ってもよい。ユニクロは「最低価格で最高品質を提供する」というスローガンを掲げ、すでに日本のあらゆる地域で事業を展開している。高級アパレル製品の販売で有名な東京の銀座に出店したことで、銀座を二千円（約百三十人民元）で一着のセーターが変える場所に変えた。中国製のユニクロ製品は、日本人の収入が上がらず、ひいては収入が減っているような時代にあって、人々にに高品質で低価格な商品を提供しているのである。

中国経済が発展するにつれ、ユニクロも巨大な潜在力をもつ中国の服飾市場に注目し始めた。二〇〇一年七月、ユニクロは上海浦東陸家嘴の中銀ビルに、前段階でのマーケットリサーチや広報を担当する事務所を開設した。ユニクロは三つのステップを踏んでカジュアルウェアチェーン店の「中国ナンバーワン」になろうとしている。この数年、ユニクロは上海の南京路、四川路および淮海路で中国初のユニクロ専門店をオープンし、中国市場進出の第一歩を果たした。次のステップでは、上海におけるカジュアルウェアのチェーン展開企業のナンバーワンになり、最終的にはチェーン展開するカジュアル服を中国でもっとも良い業績、もっとも有名なブランドにする、という目標を掲げている。二〇〇三年、ユニクロは、繊維アパレルブランド中国国内売り上げ上位十社に選ばれた。そして、二〇〇四年には上海の消費者にもっとも愛されるアパレルブランドなどの栄誉を獲得した。今後数年で、ユニクロの中国における専門店は五十店舗にまで増え、その店舗数は最終的に日本と同じかあるいは日本以上の数になり、ユニクロブランドの売上額とチェーン店は、いずれも中国における業界のトップになるであろう。柳井正は「今後十年で、中国は世界最大の消費マーケットになる」、「誰もがこのマーケットに関心を寄せずにはいられない」と述べている。

一九八〇年代以降、日本国内の人件費が上昇し続けるなか、日本のアパレルメーカーにも翳りが見え、続々と中国に工場を設立した。日本はすでに、繊維アパレル製品の純輸出国から純輸入国へと変貌したのである。この数年、多くの日本のアパレルメーカーが、日本の技術的な強みや管理面での強みを発揮し、中国での生産に過度に依存している状況と中国の人件費上昇といったマイナスの影響を抑えるために、中国での生産リスクを分散させる道を探り始め、日本回帰が見られるようになった。ラピスやジェットレーベルといった大手アパレルメーカーが、続々と日本に「回帰」し、工場を設立し始めた。日本最大手のアパレルメーカーであるユニクロも、二〇〇九年からは中国での生産比率を現在の九〇%から六〇%に減らすことにしている。こうした「日本回帰」は中国のアパレルメーカーにある程度の影響を与えるに違いないが、中国の繊維製品の生産プロセスも急速に向上し、依然としてコスト面での強みも持っており、とくに巨大な中国マーケットは十分に魅力的である。日本の繊維アパレルメーカーが、中国に生産を依頼している状況を短期間のうちに変更することはありえず、両国の繊維アパレル産業における協力の可能性は依然として大きいのである。

7　大連日本工業団地の誕生と建設

劉穎、葉琳

大連日本工業団地は、中日両国政府の強力な支援のもと、両国の国交正常化二十周年を記念し、両国経済の協力と交流を促進するために、両国政府と日本の民間企業が共同出資して、中国で初めて行われた大規模な土地開発プロジェクトである。このプロジェクトの敷地面積は二・一七平方キロメートルで、譲渡可能な面積は一・五八平方キロメートル、土地使用権は五十年間、投資総額六千二百五十万ドルのプロジェクトであった。

一九九二年十月四日、中国と日本の合弁による「大連工業団地」プロジェクトの調印式が、北京の人民大会堂で行われた。十月十七日、「日中合弁大連工業団地開発管理有限公司合弁契約」により、中日双方が平等互恵の原則に基づいて、一千二百五十万ドルを共同出資して、大連工業団地開発管理有限公司を設立し、その合弁契約期間は十五年であった。数年にわたる建設を経て、大連工業団地は中国で日系企業の投資がもっとも集中する場所となり、また、生み出す利益がもっとも多い場所にまで発展した。両国の合弁の手本を創出し、中国の改革開放の「モデル団地」[25]となったのである。大連工業団地は中日友好の一里塚として、両国の平和と友好の記録に永遠に刻まれるであろう。

一　大連開発区の主力である日系企業

大連経済技術開発区は、一九八四年九月に国務院の批准を得て、十月十五日に着工した。十四の沿海開放都市のなかでもっとも早く国の批准を得た開発区で、中国初の国家級経済技術開発区であった。大連金州区に位置し、計画面積は二百二十平方キロメートルである。日本企業の大連開発区への投資を振り返ると、一九八〇年代初頭までさかのぼることができる。一九八四年、日本の対中投資は第一次ピークを迎えたが、当時、大連に投資する日系企業はさほど多くなかった。一九八七年、大連開発区初の日系独資企業、万宝至馬達大連有限公司（マブチモーター）が誕生して、日本の大連への投資がスタートした。

建設スタートから一九九一年にかけては、開発区の第一期建設工事が行われた。長年にわたる開発を経て、開発区管理部門は十平方キロメートルに及ぶ第一期開発区に、八億元を投下してインフラ施設や公共サービス施設を建設した。そして、開発区内の道路網、水道、排水、電気、通信、LPガス、熱供給など、インフラ設備の付属機能も徐々に整った。開発区の優れたインフラ施設と国の三資企業〔合弁・合作・独資の総称〕に対する優遇政策が、開発区の外資誘致にとって好条件となった。外国の投資者、とくに日本企業は開発区への投資に強い興味を持ち始めた。一九八八年下半期、万宝至馬達大連有限公司が先陣を切って開発区に工場を建設したのに続き、大連原田工業有限公司（原田工業）や大連奥巴克有限公司（オーパック）などの日本の独資会社が続々と設立された。日本の一部の大手財団や銀行および日本で影響力のある大企業はみな、開発区に投資する意向を示した。一九九一年までに開発区が導入した外資系企業はすでに約三百社であった。開発区に進出した外資系の独資企業は五十六社で、日本の独資企業はそのうちの三十七社、六六・一％を占めていた。合弁企業と合作企業の合計は百三十四社、そのうち、中日の合弁企業は三十二社、合作企業は三社で、二五・九％を占めていた。

二〇〇一年末の時点で、開発区の面積は三十平方キロメートルに達し、総人口は二十二万人となった。投資を行った国または地域は三十七に上り、四百六十の企業が生産を始めた。この年、六年連続で急速な発展を続けた開発区の経済はさらに拡大した。国内総生産、財政税収、輸出による外貨獲得、外資実質利用額、工業総生産、社会消費品小売売上高などが大幅に伸び、持続的で急速かつ健全な発展の傾向が維持されたのである。関連資料によると、二〇〇一年末の時点で、日本の実質対中投資は二百七十八億六千万ドルで、うち、大連での実質投資額は四十二億ドルに達している。換言すれば、日本の対中投資百ドルのうち、約十五ドルは大連に投下されたことになる。また、日系企業が大連に置いた投資企業は二千五十四社あり、大連市外資系投資企業の四分の一を占める。実質利用外貨は四十二億一千万ドル、市全体の実質利用外貨の三九・五％を占め、トップであった。これらの事実は、日系企業がすでに大連最大の投資者になったことを知らせているのである。

別の資料によると、二〇〇一年は、中国の外資系投資企業上位五百社のなかに大連開発区内の日系企業が六社含まれ、全体の一％強を占めた。輸出による獲得外貨が多い全国上位二百社には、開発区内の日系企業が二社含まれていた。二〇〇一年度、大連市の納税額上位五十社のうち、開発区の日系企業は十社で全体の五分の一、開発区の工業企業の売上高上位二十社には、日系企業が十五社含まれていた。日系企業は大連開発区の外資誘致の過程で、模範的かつ率先した役割を果たしたのである。大連開発区の功労者、周海裴の言葉を借りると、「日系企業は大連でもっとも活発な、経済力のもっとも優れた企業群である。日系企業は大連開発区の経済発展と規模拡大を支える重要なパワーになっている」のである。

二　工業団地合意書調印までの過程

一九八八年、大連開発区は最初の転換期を迎えた。この年、中日両国の政府は「投資保護協定」を締結し、日本の対中投資プロジェクトは二百三十七件で、そのうち大連開発区でのものは七分の一強を占めていた。翌年の春、日中東北協議会代表団が大連を視察に訪れ、中国で工業団地を作りたいという意向を示した。これに対し、中国政府と大連開発区は積極的な反応を見せた。また、日本の政界と経済界の九十三名からなる投資環境調査団が、北京、上海、天津そして大連の四都市を視察後、「大連の投資環境がもっとも良い」という最終的な結論を出した。そこで、日本企業も大連での工業団地設立の可能性を積極的かつ真剣に検討し始めたのである。

一九八九年の初め、まず、日本の伊藤忠商事が大連開発区に工業団地を設立する提案を出した。三月、伊藤忠商事は視察団を派遣して大連開発区を詳細に視察し、大連経済技術開発区管理委員会と意向書に調印したのである。

一九八九年九月、伊藤忠商事、三菱商事および日本興業銀行の三社が、土地開発大連工業団地ＭＩＢＩＣプロジェクト委員会を合同で設立し、日本の通産省、日中経済協会の支持を得た。[26]

一九九〇年二月、ＭＩＢＩＣが組織した十七名からなる視察団が再度開発区を訪れ、現地調査と意見交換を行い、通産省と日中経済協会もこの視察に人を派遣した。四月、ＭＩＢＩＣプロジェクト委員会は、十四名からなる視察団を再び開発区に派遣し、フィージビリティースタディーを行った。八月、ＭＩＢＩＣプロジェクト委員会は、財団法人日本立地センターに委託して「大連工業団地建設計画調査報告書」作成し、多方面から建設の可能性について初歩的な論証を行った。同時に、日中経済協会に委託して、「飛翔する大連」と題して、一万社の日本企業に対する調査を行った。同年十月、日本の東京銀行、丸紅株式会社が大連開発区における土地開発についてそれぞれ積極的な調査研究を行った。十二月、東京銀行は視察団を開発区に派遣し、一週間にわたる詳細な調査を行った。この調査には日本の清水建設株式会社および日本海外投資管理センターの専門家も招かれた。翌年三月、東京銀行は完成した調査報告書を携えて大連側と意見交換を行い、また、日本における企業誘致もスタートさせた。

丸紅は大連工業団地の実現に向けて積極的な動きを見せた。一九九〇年三月、丸紅大連駐在事務所の所長をリーダーとする四人のワーキングチームを設立し、さらに海外で工業団地の開発にあたっている専門家を大連に派遣してこの仕事に参加させた。六月には丸紅中国室の主任を大連に派遣し、フィージビリティースタディーの最終調査を行って調査報告を出した。

日本の通産省は大連工業団地プロジェクトを推進させたいという積極的な態度を示し、このプロジェクトを日本が海外で行う初の官民合同投資プロジェクトとしたいという意向を表明した。通産省は、一九九〇年十二月四日、MIBICプロジェクト委員会をベースに、伊藤忠商事、丸紅、三菱商事、東京銀行および日本興業銀行の五社を中心とする「大連工業団地プロジェクト委員会」の発足を提案した。通産省、日中経済協会、日中東北開発協会が顧問としてこの委員会に参加し、委員長には諸口昭一が就任した[27]。

日本が大連開発区における工業団地建設プロジェクトを提案した後、中国側も積極的に協力した。一九八九年四月、大連開発区管理委員会が日本へ視察団を派遣し、日本企業に対して開発区をアピールした。また、日本企業が大連開発区に工業団地を建設する意向などについて、伊藤忠商事、興業銀行、日中東北開発協会と話しあいをもった。五月、中日双方は大連開発区で、土地開発工業団地シンポジウムを開催した。そして、このプロジェクトを進めるために、開発区管理委員会は「大連経済技術開発区土地開発工業団地プロジェクトリーダーチーム」を設立した。

一九九〇年七月、大連開発区土地開発リーダーチームは人を派遣して日本と合同で視察団を結成し、日本、タイ、韓国の工業団地を視察して、それぞれの経験を学んだ。また、天津、広州、深圳などにおける土地開発と土地の有償譲渡の方法を参考にして、開発区内で土地使用権の有償譲渡が実験的に行われた。使用権の譲渡期間は五十年で、譲渡価格は一平方メートルあたり五百二十五元だった。こうして、工業団地建設のために経験を積んだのである。

大連工業団地プロジェクトは中国政府、国家計画委員会、国務院特区弁公室、国家土地局、国家工商行政管理統局、国家税務局など関係当局の支持を得た。このプロジェクトが中国と外国の合弁による不動産開発プロジェクトであり、中国にとって新たな試みであることから、特別な優遇政策がとられたのである。

中日双方の努力によって、一九九二年、登録資本金一千二百五十万ドルの「大連工業団地開発管理有限公司」の出航の準備が整った。中国側の代表は大連開発区管理委員会、日本側の代表は伊藤忠商事、三菱商事、東京銀行など二十二の株主であり、そのなかには、海外経済協力基金から投資した日本政府も含まれていた。一九九二年十月四日、中国と日本が合弁で開発する大連工業団地の調印式が北京で行われた。当時の国務院副総理田紀雲、対外経済貿易部部長李嵐清が調印式に出席し、日本の通産省の政務次官もともに出席した。中国初の工業団地であるこのプロジェクトは、折りしも中日国交正常化二十周年を記念する「贈り物となるプロジェクト」として中日双方の大きな注目を集めた。

三　工業団地合意書の主な内容

一九八九年初め、日本側が開発区の第二期開発予定区に工業団地を建てるという提案をしてから、中日双方は大連経済技術開発区工業団地の開発をめぐり、多くの研究を行ってきた。三年近い努力を重ね、双方は工業団地の開発方法、規模、出資形式、土地譲渡、譲渡価格などについて合意に至り、一九九一年十二月二十九日に合意書に調印した。一九九二年十月四日、中国と日本が合弁で開発する大連工業団地の調印式が北京で行われ、中日双方の指導者らが調印式に出席した。双方を代表して調印したのは、中国側が大連経済技術開発区経済技術発展公司の周海裴総経理、日本側が大連日本工業団地投資株式会社の諸口昭一会長だった。工業団地建設における経営範囲、規模、資金、責任、土地使用権、取締役会、経営管理組織、利益配分などの問題が、合計二十二章、七十二項にわたって詳細に決められていた。

中日双方が合同経営する企業の名称は、大連工業団地開発管理有限公司で、投資総額は三千七百五十万ドル（もっとも多く資金を使用した年の金額をベースに算出）である。登録資本は一千二百五十万ドルで、うち、日本側が一千万ドルを貨幣出資し、登録資本の八〇％を占めた。中国側は、「団地」を貫く二本の幹線道路の基本建設費用として二百五十万ドルを投資し、これは登録コストの二〇％に相当した。[28] 合弁会社の経営期間は十五年で、主な任務は団地内のインフラ建設、土地譲渡および団地に進出した企業に対するコンサルティングサービス、職員の研修などであった。合弁会社は双方の出資比率に応じて利益を分配し、リスクを負った。開発区は合弁会社に二・一六九五平方キロメートルについて五十年間の土地使用権を譲渡し、譲渡金額の合計は五千百三十万ドルであった。合弁会社が購入した土地の開発を行い、合弁会社の日本側が主に土地の譲渡を行い、譲渡面積は一・八四四四平方キロメートルであった。合弁会社は税率一五％の企業所得税を納めるが、同時に「二免三減」（開発区内に投資した外資系の製造企業（製造業）で、その経営期間が十年以上である場合、利益が発生した年度から、一年目と二年目は企業所得税を免除され、三年目から五年目は一五％の半分を免除する、つまり七・五％の税率で納税するという政策）と呼ばれる政策を享受した。土地使用権譲渡による収入については、五％の税率で工商統一税を納め、その他のものは国の経済技術開発に関する政策に基づいて実施した。

契約書は、共同経営企業と参加企業の販売契約について、参加企業は軍事目的の生産や売買を行ってはならない、中国の環境に関する法令を厳守しなければならない、ということを必ず明記するよう求めている。このほか、共同経営企業の従業員の雇用、解雇、退職、年金、労働保険および賞罰などは「中華人民共和国中外合資経営企業労働管理規定」をベースに、取締役会で規定を策定するよう求めている。共同経営企業の経営期間は、経営許可書を取得した日から計算して十五年である。

四　工業団地建設の進展

大連工業団地に設立された投資企業は製造業が中心である。電気や水の使用が多い企業は排除され、中日双方の意向も十分に考慮しながら、労働集約型、技術集約型、輸出主導型、資源主導型といった業種別および第一期開発区での日本企業の投資状況に基づいて採点を行い、工業団地に工場を建設する六十二業種、七十四の企業を最終決定した。

工業団地に進出して投資した企業は主に電子機械、食品、精密機械、一般機械、その他製造、アパレルおよび化学などの業種がメインである。七十四社の用地面積は一・八五二平方キロメートル（プロジェクト提案書より若干増加）、総建築面積は六十九万平米、一日あたりの水使用量は二万三千トン、負荷消費電力は二万四千四百キロワット、従業員数は二万三百人、工業生産額は五十四億六千万元となる見通しであった。

工業団地は北区、中区、南区に分かれており、北区と中区は比較的平坦な土地で、南区は二十メートルの高低さがある丘陵地帯である。土盛りや石積みといった工事を減らすために、多くの土地が必要な企業は北区に置き、比較的使用面積の小さな企業を中区に置いた。そして、わずかな面積しか必要でない企業を南区に置いた。土地利用の具体的な配分としては、企業用地が八五・三％、道路が一二・五％、その他が二・二％となっていた。

中日双方が調印した「中日合弁大連工業団地開発管理有限公司合弁契約」の規定により、二〇〇七年十月十八日、大連工業団地開発管理有限公司の契約期間は満期となり、工業団地に対する管理業務を終えた。この十五年、この会社は開発、建設、譲渡、管理、サービスなどのさまざまな仕事を行い、歴史的な使命を果たしたのである。

一九九二年九月、開発区嫩江路の臨時弁公室で、インフラ施設建設の基礎工事、地ならし、土地の譲渡など、工業団地管理公司の業務が粛々とスタートした。一九九三年六月時点で、工業団地はすでに五つの企業と土地譲渡契約を結んだ。同年年末時点で、土地譲渡率は一四・五％だった。一九九三年から一九九八年の初めにかけては、中国の対外経済開放政策が変革と発展を迎えた時期であり、また、外貨政策も見直しが行われた。こうした状況は工業団地の企業誘致にマイナスの影響を与え、とくに一九九七年から、外国企業の対中投資件数と金額が減少し始め、工業団地に投資を行う外資系企業も明らかに減った。この時期、工業団地管理公司はさまざまな困難を克服して、工業団地のソフトおよびハード環境の改善を進めた。とくに、ソフト環境の整備を進め、工業団地に進出する企業に付随サービスを提供した。同時に、部品メーカーの誘致に力を入れ、標準に達している工場家屋および生産、販売以外のアウトソーシングサービスを特徴とする新たな企業誘致の方法で、金型、電気メッキ類の関連企業を呼び込み、誘致活動を順調に進めた。二〇〇〇年は一つの転換期となった。日本企業が大連に再び注目したことを有利な契機として、工業団地の売り上げは好転し始めた。二〇〇二年十二月、トステムがさらに土地を購入したため、大連工業団地の一・八四七平方キロメートルの土地はすべて譲渡が終了し、十年をかけた建設が成功裡に終わったのである。中日双方のスタッフの共同の努力により工業団地は完成し、今後の発展のためにも、新たな契機をもたらしたのである。

十五年来、大連工業団地は幾多の困難に直面しながらも、輝かしい業績を収めた。現在、工業団地内には七十七社が進出しており、投資総額は十三億ドルに達している。中国の工業団地のなかで、投資密度はトップクラスである。また、大連工業団地の年間企業売上高は八十億元近く、輸出額も六十億元に近い。年間納税額は約七億元である。二〇〇六年、大連開発区上位企業百社のうち工業団地の企業は二十七社、輸出額上位百社のうち工業団地の企業は二十四社、納税額上位百社のうち工業団地の企業は二十社であった。また、工業団地に投資した企業は三万二千人の雇用機会を提供した。大連工業団地の十五年にわたる建設は、大連開発区の経済発展および企業の管理レベルの向上と工業技術の進歩を促したのである。

五　工業団地建設の意義

十五年前、中日両国政府が協力して開発した大連工業団地は、開発区で着工された。十五年が過ぎ、二・一七平方キロメートルの土地には、一面に近代的な工業施設が建てられている。ここは大連の開発区であるだけではなく、中国国内で投資密度がもっとも高く、最高の経済効果を生み出す工業団地の一つとなり、中日両国にとっても経済貿易における協力の一里塚となったのである。

世界規模の新たな技術革命のうねりのなか、各国は経済構造の見直しと変更をするようになった。環太平洋地域はまさに今、世界においても経済がもっとも活発な地域になりつつある。先進国は労働集約型および資金集約型の産業を労務コストが比較的低い国と地域に移転させており、これが現在の世界経済の発展の趨勢となっている。工業団地の建設では、タイ、韓国、マレーシア、インドネシア、シンガポール、台湾などの国と地域が、すでに成功した経験をもっている。このような流れに乗っていくためにも、大連開発区は東北地区の窓口として、地理的な優位さ、スタート当初からのレベルの高さ、インフラ設備の強みを十分に活かし、大量かつ集中的に投資を呼び込み、生産加工からハイテク技術までカバーし、その産業レベルは徐々にアップした。先進的な管理理念と効果的で着実という特徴をもって、中国屈指の工業団地に成長し、経験を重ねたのである。大連工業団地プロジェクトは、中日両国の経済貿易における協力の手本である。このプロジェクトは、推進の過程でさまざまな困難に直面したが、双方がともに自信を失わず、相互理解という協力の理念をもって、プロジェクトの継続のために貢献した。工業団地の十五年の発展の歴史は、一つのプロジェクトの成功には相互理解と共同の努力が必要であり、共通する目標に向かっていけば、必ず困難を乗り越えることができるということを証明している。また、双方が協力するなかで得た経験と教訓は、両国の経済貿易協力がより良い方向に発展するよう導いている。

①工業団地の建設は、「平等互恵」の原則に基づいて進められた。大連工業団地は開発からプロジェクトの導入まで、日本側が一貫して先頭に立ち責任を負ったが、これは開発に携わった人々の積極性を引き出し、より多くの外資プロジェクトを誘致するのに役立った。相対的に独立した状況にある工業団地なので、開発に携わった人たちは必要に応じて関連企業を誘致し、工業団地での内部協力を実施し、企業コストを削減して経済効果を高めることができた。同時に、世界でも先進的な管理方式や社会的なサービスも実施しやすく、大連開発区におけるサービスのレベルと質をアップすることができたのである。

②土地使用権の有償譲渡と集中的な土地開発、相対的に独立した工業団地の設立、集中的な国際資本と先進技術および経験の導入、これらは中国が世界各国との間で行った経済技術協力の新たな試みであった。大連工業団地は外資を利用してインフラ建設を行ったが、これは、開発区の発展を加速させ、より多くの外資プロジェクトを誘致するのに促進的な役割を果たした。

③工業団地の建設により、中国側は土地譲渡にかかる収入を得て、インフラ建設に必要な資金源を増加し、合弁企業の配当収入も得られるようになった。さらに、工業団地に外資系企業が進出することによって、税収や雇用の面でも利益がもたらされた。団地内の企業は中国の経済発展と技術的な進歩にも有益な条件を創出した。

④中国政府は外資を呼び込むのと同時に、非常に優遇策の強い投資政策を制定した。税収面では、企業所得税を二年間免税

とした後、三年間減税し、地方所得税は七年間免税、輸出関税と工商統一税は免税といった一連の優遇政策を提供したのである。外資系企業が投資した製品輸出型企業と先進技術型企業に対しては、土地代（リース代）を五年間免除し、出入国手続きの簡素化、優先的なローンや人民元ローンの提供、経営自主権の許可など、外資系企業が中国で発展していくために、ゆとりある投資環境を提供したのである。同時に、中国国内に工業団地を建設することによって、大連の廉価な労働力を獲得し、巨大な中国市場と向きあうことを可能にし、日本企業の投資拡大に大きな将来性を与えたのである。

大連工業団地の建設は、中日国交正常化二十周年に際して行われた。両国の友好を記念する「贈り物となるプロジェクト」でもあり、両国の相互認識、相互理解のための新たなプラットフォームが立ち上がったのである。工業団地は外国企業の対中投資をより進めるために、先進的でかつ実用的な技術および科学的な管理方法を採用した。国際市場での競争力をもっていたので、中日両国およびその他の国の優れた企業を誘致することができ、提携を行った企業がそれぞれ満足のいく経済効果と利益を得ることができた。このため、工業団地は「ウィンウィン」の建設プロジェクトであったといえる。中日双方は、協力の過程においてそれぞれが必要とするものを得て、長所を発揮し短所による影響を抑え、自らがもつリソースを最大限かつ最適な場所で活かし、そのなかで多くの経験を積み、大きな成功を収めた。このすばらしい協力は、大連工業団地が毎年あげている巨大な経済効果に現れているだけではない。さらに大切なのは、大連工業団地が、日本の先進的な技術や品質管理および企業文化を導入する大連の窓口になったことである。そして、大連の産業構造の見直しや産業のさらなる発展および開放において、欠かすことのできない重要な役割を果たした。今日、工業団地の契約期限はすでに満了となったが、中日両国間の協力は終わるものではなく、工業団地は今後の双方の協力の新たなスタートとなるだろう。とくに、中国共産党第十七回代表大会が東北地区の振興と東部地区の発展について新たな要求を掲げたことで、大連と日本の協力強化にさらに大きな可能性が生まれたのは間違いなく、中日双方は今後も努力を重ね、中日合弁大連工業団地プロジェクトで得た成果を基にして、よりいっそう、協力と交流を強化させていくべきである。

8　総合商社と中日経済協力

刁榴　張青松

日本の総合商社は貿易会社を主体とする特殊な形態の多国籍企業である。総合商社は百五十年前の明治初期に誕生し、日本が近代国家へと変貌を遂げる時期に、欧米の先進国から資源や技術を導入するうえで、また、海外へ製品を輸出するうえで、架け橋としての役割を果たした。現在、総合商社は貿易を主体として多角的経営を行い、貿易、金融、情報、倉庫、運輸および活動の組織と調整といった総合的な機能をあわせもつ多国籍企業の形態をした組織へと成長した。二〇〇〇年末の時点で、日本政府が正式に認定している総合商社は十八社で、この十八の総合商社は国内外に二千の拠点を構え、その従業員数は約八万人、世界での売上高は百兆円に達し、二〇〇〇年の日本の輸出総額の三〇％および輸入総額の五〇％は、総合商社によるものであった。

日本の商社は、商社同士の同類部門での提携や大規模な再編を続け、相互に補完しあい、強い者同士の戦略的提携を実現させた。再編を経て、従来からあった九つの総合商社のうち、大規模グループの中心的存在である五つの総合商社が残った。三菱商事、三井物産、住友商事、伊藤忠商事、丸紅である。この五社の二〇〇五年度の純利益合計は九千三百億円で、日本の四大鉄鋼メーカーの純利益の総額九千二百三十億円と肩を並べている。

一　総合商社と中日経済貿易協力

総合商社は貿易立国という国策を積極的に推進した。戦後数十年の経済成長のなかで、日本経済を強力に支えてきた。日本企業を海外へ、そして中国へと導いてきたのである。日本の総合商社と中国の経済貿易交流は、一九四九年の中華人民共和国成立初期までさかのぼることができる。日本の総合商社は、さまざまなルートと方法で、新中国との貿易を展開してきた。一九五〇年三月二十四日、日中貿易促進会に参加している日本の商社が、中国と東北の大豆一万五千トンの輸入について契約を交わした。イギリスの商社が仲介に入り、イギリスの商船によって香港から輸送された。新中国と日本の初めての直接貿易が行われたのは一九五〇年四月のことである。日本の総合商社、共栄商事が中国と食塩九万トンの貿易契約を結んだ。この年の八月、共栄商事は香港で船をリースし、契約で取り決められた天津の食塩を北九州に運んだのである。そして、一九五五年、九大商社の一つであった住友商事が、系列子会社の大華貿易株式会社を通して、日中貿易をスタートさせた。

一九七二年九月二十九日の中日国交正常化以前から、日本の商社は中国と頻繁に接触をもった。国交正常化の半年前、一九七二年の春、住友商事がいち早く友好商社の認定を受け、日本の大手総合商社のトップを切って中国との直接貿易をスタートし、北京に駐在員を派遣した。一九七二年三月、伊藤忠商事も中国と正式な貿易関係を樹立した。また、一九七二年六月には丸紅も中国との貿易を開始した。

両国の国交正常化当初、日本の総合商社は両国企業の間で、架け橋としての役割を果たした。中国から原材料を輸入し、日本から大型のプラント設備を輸入した。日本側のスタッフは、一九七〇年代後半ごろまで、長期出張者として中国に駐在していた。その後、各総合商社は、連絡やマーケットリサーチおよびコンサルティング業務などを行う事務所を中国に設立するようになった。そして、一九九二年に発表された鄧小平の南方講話が、総合商社の中国における発展を投資の時代へと推し進めたのである。日本の総合商社は、「事務所」から「中国における投資会社」へと変貌し、中国との貿易や投資を行った。その方法は主に、「国内製造メーカーから少数の株式を購入し、株式参加して貿易優先権を獲得する」、「日本に本社を置く企業とパートナーシップを結び、国内のプロジェクトに投資する」、「よりいっそうの貿易サービスを提供して（たとえば、中国にある日系企業またはその他の会社に貿易サービスを提供）、国内流通権を獲得する」などである。各大手商社は関連する法律に基づき続々と傘型会社を設立し、この傘型会社が中国に設立した企業に対して一元的な管理を行ってサービスを提供し、対中投資を拡大していった。たとえば、住友商事は一九九五年、三千万ドルを投じて北京に傘型会社、「住友商事（中国）有限公司」を設立した。伊藤忠商事や丸紅などの大手総合商社も中国への進出を果たし、保税区に会社を設立した。中国の廉価な労働力を使い、素材を提供して加工を委託するなどの生産を行っている。当初、生産された製品は日本または海外に逆輸出されていた。しかし、中国の巨大市場の将来性を認識してからは、保税区に設立した貿易会社が流通市場を通して、中国国内でも販売するようになった。

日本の対中直接投資で顕著なのは、総合商社が非常に深く関わっている点である。総合商社の対中投資には先見の明があり、また、他の投資を促す効果もある。彼らの投資は非常に効果が大きいのである。通常、総合商社が中国で投資を行う場合の持株比率はさほど高くなく、総合商社一社の対中投資の総額は二億から三億程度であろう。工業系企業の対中投資の規模とは開きがあるが、総合商社の投資の特徴はその促進作用にある。総合商社の対中投資は、その九倍から十倍の投資を呼び込み、商社が一億の資金を投下すれば、十億近い投資を呼び込むことができる、ということである。現在、丸紅、日商岩井、伊藤忠商事、住友商事など、日本の主要な総合商社はすでに、独資かまたは他社との共同で中国に進出している。たとえば、日商岩井は三洋電機、富士通、スズキ、松下電器、日新製鋼などの企業と共同で中国に投資している。三井物産は東芝と上海新芝電子有限公司、常州東芝変圧器有限公司を設立した。また、住友商事はNECと天津日電公司などを合同で設立している。

企業が商社との共同投資を希望する主な理由としては、次の点が挙げられる。日本企業は対中投資に意欲的だが、社会主義体制をひく中国の投資環境および中国市場に懸念を感じている。一方、商社は数十年の歴史をもち、世界各地にマーケティング網と情報網を有しており、そのうえ、中国市場にも詳しく、融資機能と巨大な販売網も備えており、投資企業を強力にバックアップできる。たとえばその企業に日本やその他の国から機械設備や生産財を調達できるし、中国で現地生産した製品を海外へ輸出することもでき、投資企業は生産や経営にさらに力を注ぐことができる。また、融資を受けるのも可能になり、投資リスクを分担することもできるのである。商社がもっているこうした強みは、日本の大手メーカーにとって魅力的であり、中小企業にとってはさらに魅力的な存在なのである。当然のことながら、中国が対外開放を進め、市場を拡大していくなかで、日本の商社が中国での貿易業務を拡大してその市場シェアを確保し、海外における日本の投資企業（輸出主導型企業）に自分たちの輸出シェアを取られないようにするためにも、企業と共同で直接投資を行うことを希望しているのだ。

九〇年代の中期から後期にかけて、国際的な分業体制が進み、ITが日増しに発展するにつれ、ますます多くの企業が海外で成長していくための実力をつけ、商社に頼っていた状況から抜け出し、企業をグループ化する道を歩き出した。総合商社が経済活動のなかで発揮してきた仲介的な役割は徐々に減り、流通、金融、ベンチャー投資などの機能が強化されていった。

二〇〇一年、中国のWTO加盟は、日本の総合商社の中国における発展にも多くの契機をもたらした。二〇〇二年八月、外資系の中国における傘型会社を多国籍企業の中国地域本部に変更することが許可され、日本の総合商社は、企業所得税、営業税、個人所得税などで、優遇政策や支援策を享受し、中国でさらなる発展を遂げ、両国の経済貿易協力における役割もますます大きくなった。たとえば、二〇〇二年十二月初め、三井物産と上海宝鋼集団が三千万ドルを共同出資して、鉄鋼流通メーカー、上海宝井鋼材加工配送有限公司を設立した。その後、三井物産と日新製鋼および宝鋼集団が寧波に寧波宝新不銹鋼有限公司（中国最大のステンレス工場）を共同で設立した。また、住友商事の傘下企業と宝鋼集団が提携し、溶接、加工および鋼材配送などの各種業務で提携関係を結んだ。さらに住友商事も中国の新希望集団と、都市の天然ガス事業プロジェクトに参入した。また、伊藤忠商事だけをみても、中国で資本参加している企業は二百社近くあり、それら約二百社の被投資企業は、繊維、機械、化工品、鋳造、非鉄金属、軽工業、食品、スポーツおよびホテルなどの各業種に及んでいる。対中輸出入額は、九〇年代中期以来、一貫して六十億ドルの水準を保っている。

もちろん、日本の商社と中国の経済貿易協力にも競争と摩擦がついてまわった。たとえば、二〇〇四年年末、中国経済界を震撼させる事件が起きた。いわゆる「中航油事件」（中国航空油料集団公司の小会社（中国航油（シンガポール））有限公司が石油デリバティブへの投機を行って総額五億五千万ドルの損失を出し、シンガポール当局の捜査を受けた事件）。三井グループメンバーの三井物産は、この事件でもっとも多く利益をあげた。そのほかに、中国と日本のサハリン石油ガス開発（日本政府、伊藤忠、丸紅の共同出資）がロシア・サハリンにおける天然ガス開発で、また、中国海油（中国海洋石油総公司）と三井物産三菱商事、住友商事、新日本石油など日本企業八社がインドネシア・タングーLNGプロジェクトで、それぞれ激しい衝突をしたが、その陰には日本の総合商社の姿があったのである。

二　日本の主な商社と日中経済協力

1．伊藤忠商事と中国

伊藤忠商事は一九四九年十二月一日に設立された。長年にわたる発展を続け、現在では繊維、機械、情報、通信関連業務、金属、石油などのエネルギー関連業務、生活資材、化工品、食糧、食品など各種商品の輸出入および国外貿易、また、損害保険代理業務、金融業務、建設業務、不動産売買、倉庫業務およびこれらに関連する付帯業務と付帯事業に投資を行う企業に成長した。資本金は二千二十二億円、国内事業会社は十五社、海外事業会社は百三十八社、従業員数は四千三百十人、世界約八十の国と地域に展開している。「フォーチュン」誌の二〇〇六年世界企業上位五百社の三百二十八位になり、年間貿易額は百九十六億ドルに達した。

伊藤忠商事は長年にわたり、中国との貿易で日本の大手総合商社をリードしてきた。中日国交正常化六ヵ月前の一九七二年三月、伊藤忠商事は中国より友好商社に指定され、友好関係を樹立した。伊藤忠商事のこうした先駆的な活動は中国政府から高く評価され、その後も多くのプロジェクトに調印した。一九七九年九月、大手総合商社として初めて、北京に事務所を設立した。同年には上海事務所も設立した。一九八〇年には広州と大連、一九八二年には天津、南京および青島、一九八四年には深圳にそれぞれ事務所を設立した。

伊藤忠商事は、対中貿易では一貫して強いポジションを維持している。日中貿易を開始して以来、中国を最重要市場と位置づけ、中国の改革開放政策のもと、積極的に業務を拡大し、基盤を固めてきた。伊藤忠商事の対中戦略は、日本の総合商社をリードしている。一九九二年五月、総合商社として初めて、現地法人・上海伊藤忠商事有限公司を中国に設立した。一九九三年年九月には、資本金一億ドルの伊藤忠（中国）集団有限公司を設立し、これは投資活動を加速し一元管理化するためのものであった。一九九四年、天津、大連、青島および深圳にも現地法人を設立した。二〇〇一年には中国地域で部門制（繊維、機械、食糧、生活資材・化学品）を採用し、寧波、張家港事業所を設立した。また、二〇〇四年三月、中国に投資した日系総合商社として初めて、環境マネジメントシステムのＩＳＯ１４００１認証を取得し、この年、華北、華東、華南で一元管理化を実施したほか、瀋陽、ハルビンおよび長春にも事務所を設立した。

二〇〇五年九月、伊藤忠（中国）集団有限公司は外資系の大型総合商社として初めて、中国商務部から「地域本部」の認定を受け、特殊許認可を要する一部の商品を除いた全商品の国内販売・輸出入・コミッション代理等の許認可を取得し、中国における日本の総合商社第一号となった。こうして伊藤忠（中国）集団有限公司は、投資、貿易、中国国内営業を展開する会社となったのである。「地域本部」として物流配送業務も行えるようになり、また、投資によって中国に設立したグループ企業へのファイナンスサービスを行う財務公司および中国国内外への投資、ファイナンス、リースを行う会社の設立も可能になった。二〇〇五年、伊藤忠商事は兗礦集団有限公司、ブラジルのリオドセ社（ＣＶＲＤ）と二十二億八千四百万元を共同出資して、二百万トンのコークスプラントＪＶを建設した。この年の十二月、伊藤忠商事は日本の総合商社として唯一の「中国における外資系投資企業上位五百社」にランクインした。

二〇〇六年四月時点で、伊藤忠（中国）集団の従業員総数は約五百三十人、主な投資企業を含めると、従業員数は約二千四百人である。伊藤忠（中国）集団は、華北（北京）、華東（上海）、華南（香港）の三地区に置く機関、管轄する九つの現地法人および四つの駐在員事務所で構成され、その規模は伊藤忠北米本部や伊藤忠アジア本部に匹敵する。

中国経済は徐々にグローバル化を実現し、世界経済における位置づけも飛躍的に向上したなかで、伊藤忠は中国を重点市場として、日中両国および第三国を含む貿易を拡大している。事業会社や中国各地の現地法人および各投資会社を通じて、収益や事業の効率性を高め、商社としての機能を強化しているのである。イトーヨーカドー、アサヒビール、日清食品などの中国国内での販売に積極的に参画し、また、二〇〇八年のオリンピックに向けた各種インフラや放送事業のプロジェクトでも積極的に活動している。

2．三菱商事と中国

三菱商事株式会社は日本最大手の総合貿易商社であり、一九五〇年四月一日に設立した。資本金は千二百六十六億円（二〇〇二年三月三十一日現在）、総資産は五億一千四百万円、売上総額は十三億二千三百万円、従業員数は六千六百二十八人、子会社または系列会社は五百九十社、事務所は百五十五カ所である。主に貿易取引を行っており、その事業分野はエネルギー、金属、機械、化学品、食料、情報提供、金融、資材などあらゆる産業である。「フォーチュン」誌の二〇〇六年世界企業上位五百社では、百二十七位となった。

一九七二年八月、三菱グループ三首脳（三菱商事、三菱重工、三菱銀行）が周恩来総理と会見し、両国の経済交流を再開させて、中国の社会主義経済発展に積極的に参加するようになった。同年九月、中国機械進出口総公司と掘削装置（三菱重工）の納入契約が結ばれた。一九七三年二月、上海石油化工総廠にエチレン設備を納入し、一九七六年二月には、吉林化学工業公司が三菱商事にスチレンブタジエンゴム（SBR）のプラント設備を発注した。一九七七年十一月、三菱グループの三首脳は再び訪中し、李先念副総理を表敬訪問し、一九七八年十一月にスタートした中国改革開放後初のプロジェクト、上海宝山鋼鉄総廠建設プロジェクトに火力発電設備を納入した。一九八〇年にも上海宝山鋼鉄総廠に関連プラント設備を納入している。エネルギー分野では、一九八三年九月、中国埕北石油開発プロジェクトのために海上石油採掘設備を納入し、一九八五年二月には、華能国際電力開発公司が三菱商事から大連・福州の発電所設備を購入した。

一九七九年十月、三菱商事は北京事務所を設立した。その後、一九八一年に上海、広州に事務所を設立し、一九八四年には天津事務所と深圳事務所、一九八六年に南京事務所と瀋陽事務所、一九八八年に青島事務所、一九九〇年十一月に厦門事務所をそれぞれ設立した。

三菱商事は各地に連絡拠点を増やし、さらに中国で合弁会社を設立した。一九八五年、渤海菱重平台工程有限公司、一九八八年には深圳宝菱同利有限公司と大連日清制油有限公司、一九九二年には菱商上海貿易有限公司（後に三菱商事（上海）有限公司と改名）をそれぞれ設立した。

三菱商事（中国）有限公司は、三菱商事の中国現地法人として、一九九五年に、商菱（中国）投資有限公司の社名で設立認可を得た。一九九七年、社名を三菱商事（中国）投資有限公司に変更し、さらに二〇〇四年、再び社名を変更して三菱商事（中国）有限公司となった。この会社は、三菱商事が全額出資した中国法人で、三菱商事の中国におけるコア企業としてさまざまな業務を展開している。三菱商事（中国）有限公司の本部は上海にあり、二〇〇四年二月には北京支社も設立したほか、大連、天津、青島、上海、広州に五つの保税区〔外国貨物等の関税を一時保留する地域〕に会社を設立し、その他約二十社にも投資を行っている。

一九七九年に北京事務所を開設して以来、三菱商事は中日両国の経済貿易の発展に多くの貢献をしてきた。二〇〇二年末の時点で、各地事務所、保税区に登記している会社で働く中国従業員は約四百人、日本からは約七十人が派遣されている。出資企業は百三十一社、管理職は約五十人である。投資しているプロジェクトの業種は、機械製造、冶金、自動車、石油、化工品、物流、建築資材、外食、スーパー、ホテル、アパレル、皮革、食品、油脂、玩具、家電、通信器材、生物化学、工業団地、不動産、ファイナンス、コンサルティングなど二十あまりの部門に及んでいる。努力を重ねた結果、二〇〇〇年には対中貿易額が五千九百六十六億五千万円に達した。二〇〇二年度の対中貿易額は約四千億円（約二百七十万人民元）だった。二〇〇七年、三菱商事は世界最大の石炭生産会社の中国神華集団有限責任公司と資本提携を行った。三菱商事が約百五十億元で神華集団有限責任公司傘下の中核子会社である神華能源の株式三千万株を購入し、その比率は発行済み株式の〇・二％にあたる。両社は、石炭販売、鉱山採掘、環境保護事業および鉱山用発電設備の導入を共同で行う。

3．丸紅株式会社と中国

丸紅は日本の五大総合商社の一つで、一九四九年十二月一日に設立された。資本金は二千三百十八億円で、海外七十九の国と地域に百十四の拠点、日本国内には十一の拠点を有し、従業員数は三千八百五十六人（ほかに海外店、海外現地法人の現地社員千五百九十五人）である。世界の国や地域と長期間、良好で安定した貿易関係を保っており、日本の総合商社でも対外貿易比率がもっとも高い商社である。「フォーチュン」誌の二〇〇六年世界企業上位五百社で二百十五位となり、貿易総額は二百七十七億ドルに達した。

丸紅は一九七二年六月、中国との貿易をスタートした。一九七九年から今日まで、北京、上海、広州、天津、大連、南京、青島、寧波、福州、厦門、瀋陽、長春、ハルビン、重慶、南通などに続々と事務所を設立した。また、丸紅香港華南有限公司が、深圳、海口、昆明に事務所を設立した。さらに、一九九五年には丸紅が全額出資したホールディングカンパニー、丸紅（中国）有限公司を設立した。その後、大連、青島、天津、厦門、広州の保税区に独立した法人の資格をもつ独資の貿易会社を設立した。上海にも独資の丸紅（上海）有限公司を設立した。現在、中国で働く日本人従業員は約百人で、中国人従業員を含むと三百五十人になる。丸紅は対中貿易を急速に発展させた。丸紅と中国の貿易額は一九九七年にはすでに三十億ドルに達していたが、中国のWTO加盟を契機に、その貿易額は五十億ドルまで急速に増えた。丸紅は対中貿易を積極的に行ったのと同時に、中国での投資事業も積極的に展開した。丸紅が中国での投資を通じて行った貿易は、LPG、卸売、建設、水供給、原材料および日用品の分野に及んでいる。たとえば二〇〇一年七月、上海一百集団と丸紅が共同出資して設立した上海百紅商業貿易有限公司は、中国と外国企業の合弁による、中国初の卸売企業であった。

現在までに、丸紅は中国に百五十の三資企業（香港を含む）を設立した。上海旭電子玻璃有限公司、希門凱電子（無錫）有限公司、丸紅信息技術（上海）有限公司、常州新東化工発展有限公司、南通麗陽化学有限公司、丸紅化工（上海）有限公司などである。大部分の会社の経営は順調で、中日双方に比較的多くの収益をもたらしている。

4. 住友商事と中国

住友商事は一九一九年十二月二十四日に設立した。二〇〇五年三月時点で、住友商事の資本金は二千百九十三億円、六十五の国と地域に百二十拠点、国内に二十六拠点を有する。従業員数は四千五百十四人で、関連企業の従業員を含めると七万七百五十五人に上る。「フォーチュン」誌の二〇〇六年世界企業上位五百社のなかで二百七十四位となり、年間貿易総額は二百二十八億ドルに達した。住友商事の事業は、貿易、流通、金融、企画および運営、事業投資、生産設備の移転に関するコンサルタントなどに及んでおり、住友グループのコア企業の一つである。

住友商事と中国には非常に長い歴史がある。一説によると、四百年前、住友が誕生した当初、「白水」という名の中国人が日本を訪れ、住友の人に銅の精錬技術を教えた。住友はこれをきっかけに、機械製造、化学製品、鉄鋼などを発展させ、今日のような近代的な大型多国籍企業グループを形成してきたのである。現在、住友グループ主要企業の社長の定期的な集まりである「白水会」は、創業時に住友を助けてくれた白水を記念するためにこの名がつけられた。

一九四九年、中華人民共和国が成立すると、住友グループ所属の各企業は、住友の伝統を引き継ぎ、積極的に中日貿易に参加した。一九九五年、住友商事は子会社である大華貿易株式会社を通じて、日中貿易をスタートした。一九七〇年、周恩来総理が「周四原則」（日中貿易に関する四つの条件）を提示した[29]。当時、大手総合商社のなかで、この条件を受け入れたのは住友商事だけであった。住友商事は、日中国交正常化以前から日本の他の総合商社に先駆けて北京に駐在員を派遣しており、そうした業績が認められ、一九七二年春にどこよりも早く友好商社に認定された。日本の大手総合商社のなかで、もっとも早く中国との直接貿易を開始したのである。その後、住友商事は対中貿易を行う最大手の商社の一社として、日中間の貿易と投資に積極的に力を尽くしてきた。中国の改革開放の進展にともない、住友の中国での事業も少しずつ多様化した。北京に長期駐在員を派遣するようになってから、徐々に事業ネットワークを拡大し、現在では、北京、大連、天津、青島、上海、広州、深圳などに十数カ所の常駐事務所を持っている。一九九五年には三千万ドルを出資し、北京に現地法人である「住友商事（中国）有限公司」を設立した。住友商事が中国で手がける製品も鉄鋼、電機設備、非鉄金属、化工品、燃料、農水産物、繊維、物資などの各分野に及んでいる。その取引形態も通常の輸出入取引きから、補償貿易、委託加工、合弁、合作などさまざまな形態をとっている。二〇〇一年年度末の時点で、住友商事が中国に設立した会社は十五社、また、中国での投資プロジェクトは約百二十件で、鉄鋼、化工品、機械、繊維、物資、物流、ITなどの業種に及んでいる。

中国のWTO加盟にともない、住友商事は中国を戦略的拠点に定めて、事業の拡大に力を入れた。住商医薬（上海）有限公司、森田化工（張家港）有限公司、浙江鵬友化工有限公司、上海住商信息電子材料有限公司、台州聯大科技有限公司などを設立した。二〇〇八年三月末現在、住友商事は中国に九つの法人と四つの事務所を有し、中国で投資した企業は百七十社を超え、投資総額は四十五億ドルに達している。住友商事は貿易と投資の両方を拡大し続け、二〇一〇年には中国での事業規模を現在の二倍にする計画である。

5　三井物産と中国

三井物産は一九四七年七月二十五日に設立された。三井物産は新たな経営方式を取り入れ、大規模な合併をして、規模を拡大し続けた。二〇〇五年三月三十一日時点で、従業員総数は三万八千二百十人（本社は五千九百五十七人）、国内拠点は二十社、海外拠点は百五十七社、計百七十七拠点を有している。「フォーチュン」誌の二〇〇六年世界企業上位五百社の百五十五位になり、年間貿易額は三百六十三億ドルに達した。三井グループのコア企業である。

一九七九年、三井物産は北京に初の事務所を開設した。改革開放初期、中国の鉄鋼生産技術は立ち遅れており、多くの高級鉄鋼製品を輸入していたが、そのような状況が三井物産の中国鉄鋼業への参入を促したのである。たとえば、宝鋼集団のほとんどすべての生産設備と技術は、新日鉄から導入したものであり、武漢鋼鉄の珪素鋼生産設備と技術および山東莱鋼の圧延設備もすべて新日鉄が納入したものである。三井物産はグループの中心的な企業として、中国鉄鋼業の発展に関わった。一九八五年、三井物産と宝鋼集団は戦略的提携契約に調印した。一九九五年十二月、三井物産と武漢鋼鉄（集団）公司が、武漢興井鋼材加工有限公司を合弁で設立し、また、広州万宝井汽車部件有限公司、長春一汽鞍井鋼材加工配送有限公司などを設立した。三井物産は中国の西部地域に強い関心をもち、一九八八年には重慶、成都に事務所を設立している。ここ数年、三井物産は四川省の希望集団、長虹集団などと業務提携を行っている。

一九九五年十月、三井物産が全額出資した現地法人、三井物産（中国）有限公司が北京に設立された。二〇〇四年四月の時点で、三井（中国）が出資した企業は三十三社、投資先は、非鉄金属、鉄鋼加工、食品、自動車製品などの分野にわたっている。こうした動きは、石川島播磨重工、楽天、森永乳業、三井銅箔など、日本の企業の対中投資を促した。

現在、三井物産の中国での売上高は約九十億ドルに達し、中国での事業は全世界での事業の約二〇％を占めている。二〇〇五年三月末時点で、三井物産の中国での投資総額は三十二億ドル、投資した企業は、尼崎卡高分子科技（中国）有限公司、東曹（広州）化工有限公司、長春山梨醇合資公司、三井塑料貿易（上海）有限公司、三井電子薄膜（蘇州）有限公司など百四十六社であった。二〇〇五年三月末時点で、三井物産の中国十八都市の直接子会社と事務所の中日両国の従業員は四百九十八人で、日本以外で従業員数がもっとも多い国となっている。主な事業は、鉄鋼、冶金、非鉄金属、化工品、建築資材、エネルギー、糧油、情報産業などである。

三井物産が今後、重点的戦略として発展させていく分野は、物流、新エネルギーの開発、環境ビジネス、新公共交通システムなどの事業である。二〇〇二年十二月、三井物産と宝鋼集団が提携を結び、上海宝井鋼材加工配送公司を合弁で設立した。投資総額は二千二百二十五万ドルで、持株比率は中国側が六五％、日本側が三五％であった。また、三井国際物流貿易（蘇州）有限公司と上海新天天大衆低温物流有限公司なども設立した。中国の西部大開発戦略とあいまって、三井物産は西部進出を加速している。現在、成都の都市ゴミ焼却発電プロジェクトと四川の広安発電所などのプロジェクトに積極的に参入している。

以上のように、日本の総合商社は中国で多くの経済活動を行っている。グループに所属する製造メーカーと共同で中国に投資しているだけではなく、中国の経済成長のため貴重な資金と技術をもたらしているのである。また、広範にわたる経済貿易活動を通して、中国の輸出入貿易と物流の近代化を促進した。日本の総合商社が情報や販売網の強みを発揮し、製造メーカーが技術や生産管理の強みを発揮するというように、両社が有機的に結びつくことによって、中国企業にも先進的な経営管理方式をもたらし、また、実践や経験を重んじる総合力をもった人材を育て、中国の経済建設のために新たな活力を吹き込んだのである。

9　中日両国の自動車分野における協力

張季風

中日両国の自動車分野における協力には戦略的な意義が含まれている。それは、自動車産業が弾力性があり、すでに両国の基幹産業になっているからである。中国の自動車産業は国民経済全体に大きな影響を与えてはいるが、依然として遅れをとっている。一方、日本は一貫して自動車産業をリードしてきた。中日両国はこの分野で高い相互補完性を持っているが、これまでの両国の協力はそれほど進んでこなかったため、今後の提携の可能性は非常に大きいのである。

一　中日両国の自動車分野での提携状況

日本の自動車産業が非常に発達していることはよく知られている。とくにここ数年、日本は省エネや環境に着眼した自動車の研究や製造でも世界をリードしている。一九七〇年代に入ってから、自動車産業はずっと日本の主要産業であった。八〇年代末から九〇年代初めにかけて、日本車の生産台数は一千三百万台に達し、現在も一千万台程度を維持している。大規模な生産能力と先進技術をもったため、日本の国内市場は飽和状態となっている。現在（二〇〇一年）、日本の自動車保有台数は七千百六十四万台で、そのうち個人が所有する乗用車は五千五百四十三万台、一世帯あたり一・六台の車を保有していることになる。現在、個人が車を購入する場合、ほとんどが買換えである。このことからも、自動車を輸出し、海外に生産拠点を作ることは日本にとってたいへん必要なことであり、同時に、将来、自動車の消費大国、生産大国になるであろう中国との提携のポテンシャルは非常に大きいといえるのである。

実際、中日両国の自動車産業における交流は一九七二年にはスタートしていた。一九七二年、中国自動車代表団が日本を訪れ、約四十日にわたる交流を行ったのである。八〇年代に入ると、両国は二輪車分野での技術提携や合弁経営に乗り出し、トヨタの先進的な管理モデルが長春第一汽車で広く採用された。一九九三年からは大規模な「中日自動車産業発展交流会」が三度開催された。しかし、残念なことに、両国の自動車産業における実質的な提携は非常に緩慢であった。欧米諸国が日本に先行し、中国に進出して、成功していたのである。

こうした状況を招いた原因は多岐にわたっている。主な原因としては、第一に、日本が技術移転に対して、あまりに慎重かつ保守的で、自らの損得にこだわり、目先の利益を重視しすぎた、という点が挙げられる。日本の対中直接投資（東アジアへの直接投資も同様）は、国内の劣勢産業の移転が主で、依然として優勢を占める自動車産業の移転にはなかなか踏み切ろうとしなかった。第二に、「雁行形態論」（発展途上国の経済発展を示す理論の一つ）という古い説を頑なに持ち続けていた点である。日本が中国との差をつねに保とうとした姿勢である。第三に、中国の経済成長をきちんと予測しておらず、とくに、中国の消費市場を正確に読み解いていなかったという点である。第四に、中国に車を輸出することばかり考えて、中国での合弁や自動車生産の提携をほとんど考えていないという状況が、中国側が政策上もっていた期待とかけ離れていた、という点である。

九〇年代に入ると、中国経済は高度成長を続け、国力は徐々に高まった。とくに九〇年代末以降、これまで潜在的な市場にすぎなかった市場が現実のものとなった。多国籍企業も中国市場に将来性を見出し、次々と中国に進出した。この時期には日本も「雁行形態」の時代が終わったことに気づき、日本の大手自動車メーカーも戦略の見直しを行い、積極的に中国市場に参入するようになった。しかし二〇〇二年以前には、ホンダが広州汽車と提携を行った以外は、両国の自動車産業の提携は小さな会社同士の提携にとどまっていた。

二〇〇二年以降、両国の自動車産業は提携を加速し始めた。二〇〇二年七月、トヨタは天津汽車との提携を進めた。第一汽車が天津汽車の株式の五〇％以上を保有していたため、実際には、第一汽車とトヨタとの全面的な協力の枠組みができたことになった。二〇〇三年四月、第一汽車とトヨタは「カローラ」の共同生産に関する具体的な協定に調印した。二〇〇二年、東風と広州汽車がホンダと提携し、ホンダ自動車の輸出拠点を広州に設立し、ホンダが経営に参画した。二〇〇二年九月、東風と日産が新たな合弁会社を設立し、それぞれが五〇％の株を所有した。日産の投資額は八十五億五千万元で、東風は資本による参加を行い、二〇〇三年から乗用車を合同生産することになった。二〇〇二年十月、一汽乗用車もマツダと技術提携を行い、マツダの乗用車を生産した。二〇〇三年、トヨタ、日産も広州ホンダとの協力を開始した。二〇〇三年末、東風と日産が合同で東風汽車有限公司を設立し、資本金は百六十七億元で、中国の自動車製造分野でもっとも大きな合弁会社となった。ホンダ、トヨタ、日産など日本の自動車メーカートップ3の市場参入により、中国の自動車業界にも、中国トップ3と多くの多国籍企業が提携しあう状況が見られるようになった。

日本の自動車が中国に参入した当初は、商用車がメインで、乗用車は主に軽乗用車が生産されていた。スズキは吉林省と重慶で「アルト」を生産し、ダイハツは天津で「シャレード」、富士重工は技術提携の形で「レックス」を生産している。しかし、現在、軽乗用車の時代は終わりつつある。中国での自動車消費は個人消費がメインだが、人々の収入が上昇するにつれて、千六百cc以上のセダン車や小型ワゴン車が流行し始めた。しかし、環境問題やガソリン価格の高騰で、省エネ・エコタイプの小型車も人気を集め始めている。中国市場のこうした変化を背景に、日本の自動車メーカートップ3であるトヨタ、ホンダ、日産、さらにマツダ、三菱など中堅自動車メーカーも続々と中国市場戦略の見直しを始め、中国での生産販売事業を強化し始めたのである。大手自動車メーカーの中国主要地区における重要生産拠点の分布は異なっている。たとえば、ホンダは広州に集中しており、トヨタは東北、華北および華南に集中している。日産は湖北、三菱は華東、そしてマツダは吉林と海南、といった具合である。

注目すべきは、日本の自動車産業は中国へ進出した後、単なる生産拠点から研究開発、パーツ生産、流通機能をあわせもつ総合的な経営管理モデルへと転換してきたということである。たとえば、トヨタ、日産、ホンダ、いすゞの四社は北京において、マツダは上海において中国地区を統括する現地法人を設立している。中国への参入が比較的遅かった三菱自動車も、二〇〇六年に東南汽車と合同出資して統括会社を設立し、この統括会社のもとで販売網を拡大した。トヨタ、マツダ、三菱およびいすゞも販売会社を設立し、トヨタ、マツダ、三菱の三社は中国に独自の研究開発（R&D）センターを開設している。トヨタは広州、上海、天津に研究教育センターも設置している。日産とホンダも研究開発センターを社内に設置している。日産以外の各社はエンジン、前後車軸などの基礎部品の生産を切り離して新たな会社を設立したが、それにはパーツ生産事業を拡大する狙いがある。以上のように、日本企業の主な会社は、中国国内にパーツ生産、設計、完成車生産および販売を網羅する生産販売体制を作り上げている。

中日両国の自動車業界は、日本側が付加価値の高い製品や技術を提供し、中国側が労働集約型の製品を提供し、それぞれが各自の強みを発揮しあい、相互補完的で互いに利益を得ることができる提携モデルを構築した。このようなモデルは、今後も両国の自動車分野におけるウィンウィンの関係を支え、中国と自動車主要生産国との提携の手本となるであろう。

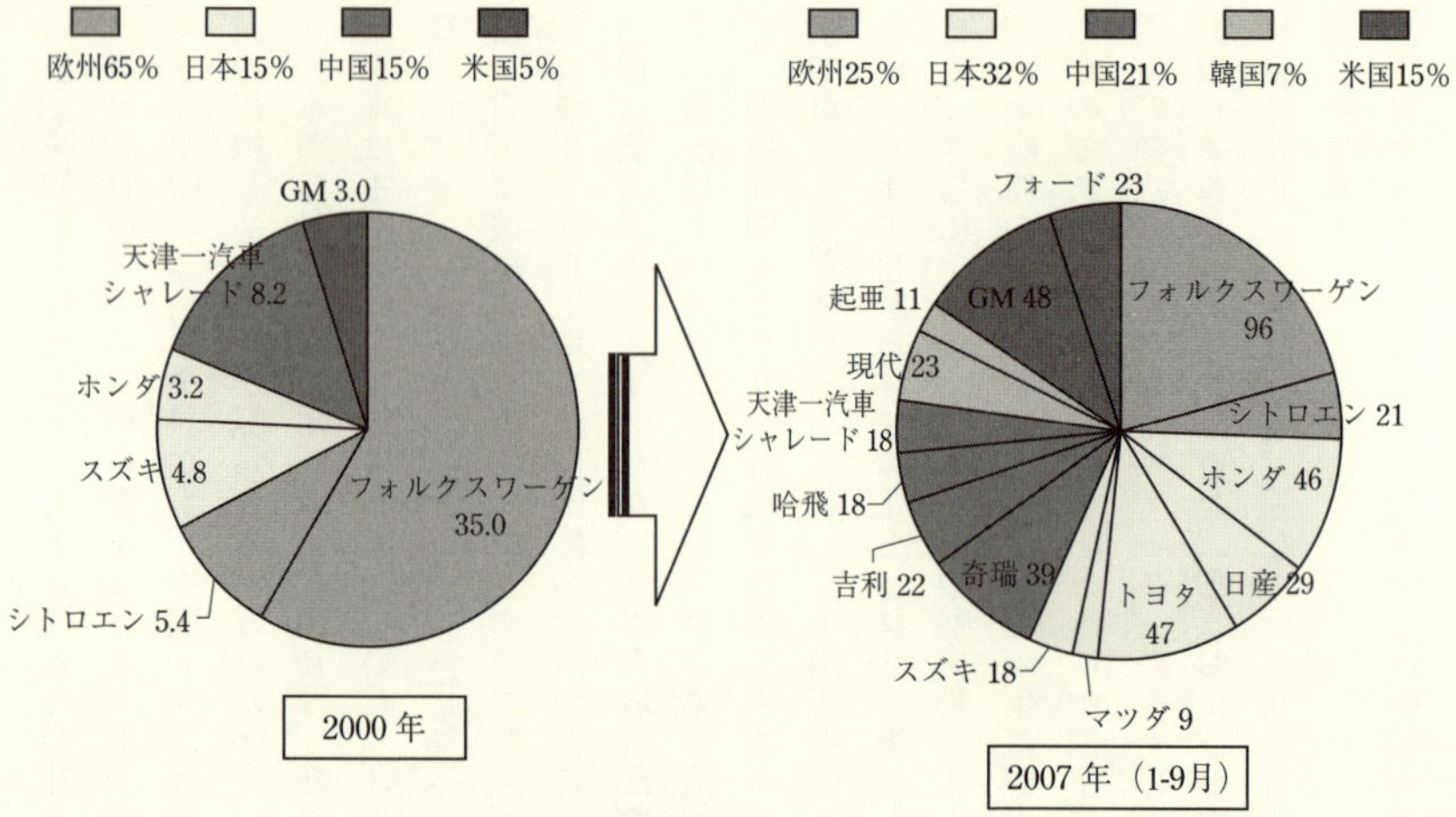

図１　中国乗用車市場におけるブランド別シェア

日本車の中国進出は欧米に遅れをとったが、日本車はその品質の高さと省エネ、環境保護および行き届いたサービスによって、すでに欧米を追い抜いている。二〇〇四年以降、日系企業が生産する自動車の中国シェアは二〇%を超え、一貫してトップを守っている。乗用車のブランド別シェアを見てみると、二〇〇〇年当時は、競合相手がいなかったフォルクスワーゲンなどヨーロッパ系のメーカーが六五%を占めており、日系メーカーのシェアは一五%に過ぎなかった。しかし二〇〇七年には、日系メーカーのシェアが三二%まで伸び、中国市場でのトップを維持している（図１参照）。中国自動車市場における車種も多様化の時代を迎えており、サンタナ、ジェッタなど少数のヨーロッパ系の車種が市場を独占する状況が再び現れることはない。

二　中日両国の自動車分野における協力の新たな課題

自動車産業の特殊性により、中国は今後も基幹産業として重点的に発展させていくだろう。同時に、自動車産業を発展させることは地域経済振興の重要な手段にもなる。通常、一人あたりのＧＤＰが三千ドル前になると、自動車の需要がもっとも多い時期に入る。現在、我が国の沿海地域および都市部における一人あたりのＧＤＰは、基本的に三千ドルを超えており、予測より早く自動車の時代が訪れている。そのうえ、政府は自動車産業に対する支援策や自動車購入を奨励する政策を積極的に進めており、高速道路建設も急ピッチで行っている。二〇〇七年年末の時点で、開通済みの高速道路は四万キロを越えている(日本の高速道路の全長の五倍強)。大手自動車メーカー各社もアフターサービスとメンテナンス体制の構築を急いでいる。こうした状況を背景に、中国国内の自動車生産量も次第に拡大している。そのほか、WTO加盟後は中国の自動車関税引き下げや規制緩和によって、輸入車も増えていくだろう。現在、個人所有の乗用車は主に北京、上海、広州、深圳などの大規模都市に集中している。北京では毎週、七千台から八千台が個人の小型車として登録されている。可処分所得の増加にともない、多くの人が自動車を購入するようになった。自動車の普及が日本と同じ程度まで進めば、つまり、一家庭あたり平均一・六台を所有するようになれば、中国全体の自動車保有数は五億台から六億台になる。中国の自動車産業は必然的に大きく発展することになり、それは市場の法則からいっても当然のことで、誰もこの流れを押しとどめることはできない。しかし、自動車の数が増えれば、新たな問題も出てくる。一つはエネルギー問題で、もう一つは環境汚染問題である。

中国におけるエネルギーの需給状況は早くから懸念されており、石油不足はとくに深刻である。環境汚染はさらに楽観視できない状況で、自動車の排気ガスはかねてから都市の主な汚染源になっている。十三億の人口を抱える中国が、自動車社会を実現した後(自動車保有数五億台)も従来型のガソリン車を使い続けることを想定した場合、エネルギー消費や大気汚染、環境汚染がどの程度まで進むのかは想像しがたい。中国の環境の悪化は中国経済の発展にマイナスの影響をもたらす「外部不経済」となり、中国経済の持続可能な発展に直接影響をもたらすであろう。同時に、日本は中国の隣国であり、両国の経済面での依存度も大変高いため、中国の環境の悪化は日本の環境と経済発展にも間接的な影響を与えるであろう。

中国の自動車産業の発展がもたらしたエネルギー問題と環境問題をいかに解決するかという課題に、両国政府、自動車メーカーおよび中国の自動車購入者らは直面しているのである。このような新たな情勢が両国の自動車分野での提携にも新たな任務と試練を与えている。日本の自動車は省エネと環境保護で有名だ。現在、排気量が小さく、ガソリン一リットルで二十五キロの走行が可能な低燃費車が日本の至るところで見られる。電動自動車、ハイブリッド車、燃料電池自動車は技術面ですでに大きな成果をあげている。日本のハイブリッド駆動システムの技術はすでに成熟しており、他に先駆けて商業生産に入っている。ホンダやトヨタなど大企業は、いずれも新型ハイブリッド車を売り出しており、世界でも大きくリードしている。両国は省エネ・エコタイプの自動車分野で協力を強化し、前述した問題を解決することもできる。

具体的には、中国の政策部門が国内における省エネ・エコ自動車の研究製造への支援を強化し、従来型ガソリン車の生産ラインの設置を制限し、省エネ・エコ自動車へとシフトさせるべきである。日本の関連自動車メーカー大手も高いレベルにある省エネ・エコ自動車を中国市場に参入させ、大量生産を行うべきである。このような決断を下すのは、両国にとって簡単なことではなく、目先の利益だけを考えるなら、ほとんど実現不可能なことである。両国が長期的な戦略をもって初めて実現可能となるのである。

中国側からみると、こうした政策を打ち出した場合、少なからぬ問題が発生すると思われる。たとえば、自動車生産コストがアップして価格が上がれば、消費者はしり込みしてしまうだろうし、結果的に大きく成長したばかりの自動車産業を挫折させてしまい、自動車消費の足を引っ張ることにもなる。こうした状況を招かないために、段階的な政策を実施して、初期の段階では普通ガソリン車と省エネ・エコ自動車をともに発展させる政策を取り、徐々にエコ自動車へとシフトさせていくのもよいだろう。こうした方法が中国にメリットをもたらすのはいうまでもなく、エネルギー不足も緩和でき、環境負荷も軽減でき、また同時に、自動車産業と自動車消費マーケットの行きすぎた発展を適度に抑えることも可能となる。

日本側から見ると、自らの最新技術の成果を外国に移転したり生産を行うことは、目先の利益を考えれば、なかなかできることではない。あえて実施するには戦略家としての気概と勇気が必要である。

実際には、日本がこうした決断を下せば、得るところも多いのである。一つは、欧米との競合のなかで有利な地位を保持することができるという点である。日本の自動車メーカーの中国市場参入は比較的遅く、欧米の自動車メーカー各社が中国市場においてすでにある程度のシェアを築いているなかで、日本が依然として古いタイプの普通の自動車技術をもって中国に直接投資を行っても、確実にシェアを確保することは難しい。しかし、最新の省エネ・エコ自動車の技術で中国側と提携するのであれば、先行した欧米メーカーを追い抜くこともできるし、中国市場で優勢を築くことも可能だ。こうしたやり方は、中国が自動車社会を築くなかでもたらされるエネルギー消費や環境汚染問題を効果的に防ぐことが可能なだけではなく、日本経済の発展にとってもプラスの影響をもたらす「外部経済」の要因となるのである。

二つ目は、日本の省エネ・エコ自動車の技術的成果を迅速に生産力に転化することができる、という点である。省エネ・エコ自動車の技術はすでに成熟しているが、依然として「コンセプトカー」の段階にあり、日本ではまだ大量生産が行われていない。その原因として以下の点が挙げられる。①生産コストが高すぎ、利幅が小さい。②従来型の自動車製造業に打撃を与える。③「充電ステーション」や「水素ステーション」といった付随施設が不足している。④日本の自動車市場はすでに飽和状態で、新規の需要が望めない。⑤日本は早くに自動車社会を築いたため、エネルギー消費や汚染などに対応した社会をつくりあげた。そのため、エコ自動車に完全にシフトする差し迫った必要性がそれほどない。このような理由から、近い将来、日本で省エネ・エコ自動車の大量生産を始めるのは難しいと判断できる。しかし、コンセプトカーのレベルにおしとどめておくことは、最先端技術を投げ捨てておくに等しく、科学技術が発展し、他国も新しいタイプの省エネ・エコ自動車を登場させれば、日本の技術は自然と価値を下げ、目に見えない形で、価値が「磨耗」されるという損失を被るのである。中国は日本と違い、自動車産業の発展はまだ初期段階にある。新しい省エネ・エコ自動車の生産ラインを投じても、従来型の自動車産業への影響はさほどない。中国では付随施設が立ち遅れているので、新たな土台に付随設備を建設してもよい。さらに重要なのは、中国が新興の自動車市場で、発展の余地が大いにあるということである。しかも、中国の自動車産業は発展の過程において、ある程度の人材とハード面での基礎を蓄えており、省エネ・エコ自動車を生産するだけの条件と環境は整っている。

幸いなことに、トヨタと一汽集団との合併会社（四川一汽トヨタ自動車）で、二〇〇五年にはすでにハイブリッドカー「プリウス」を生産し、二〇〇六年の売上は三千台を見込んでいた。しかし、残念なことに販売は不調だった。その原因は、価格が二十八万元から三十二万元と、高すぎたためである。価格の引き下げがカギとなるようだ。たとえば、企業によるいっそうのコスト削減や企業の社会的責任（CSR）という高度な視点から、消費者に少し利益を譲るということはできないだろうか。中国政府も省エネや環境保護の点から適度にガソリン価格を引き上げ、省エネ・エコ自動車の購入者に対し、各種税金の減免措置などの優遇政策を実施したり、あるいは、製造メーカーにある種の優遇政策を実施することはできないだろうか。日本政府は基金を開設して、省エネ・エコ自動車を生産するメーカーに資金援助や補助金を提供することはできないだろうか。消費者もベンツやBMWなどの高級車にばかり注目せずに、省エネや環境保護のために省エネ・エコ自動車に視点を移してみるべきだろう。このように、企業、両国政府および消費者がともに努力すれば、価格の引き下げも可能となろう。省エネ・エコ自動車が中国で普及すれば、中日双方にウィンウィンの成果がもたらされるし、その経済効果と社会的効果は無限なものになる。

この数年、中日両国は自動車分野ですばらしい協力を行ってきた。車が大量に増えれば、石油エネルギーを大量に消費し、環境汚染も深刻になる。そうなれば、エネルギー資源をめぐる両国の競争も激しくなり、環境汚染は自然と日本へも波及する。両国が省エネ・エコ自動車の分野で協力を行えば、前述した問題の発生を防ぐことが可能である。また、自動車産業の急速な発展からみても、両国のこの分野における協力は自動車生産に限られたものではなく、全方位的な協力を行うべきである。具体的には、自動車金融、自動車販売、流通、車両認証、中古車市場、廃棄自動車の解体および再利用、高度道路交通システム（ITS）、駐車場、ガソリンスタンドや充電ステーションなど付随施設の建設などにおいても協力していくことが可能である。中国の自動車関連の法律も、今後、国連の自動車基準調和世界フォーラム（UNECE／WP29）の枠組みのなかでいっそう改善され、整備されるだろう。「環境保護、省エネ、安全」というテーマのもとで、中国と日本の自動車産業は必ずや新しい提携の時代を迎えるであろう。

10　中国企業の対日投資への道——上海電気集団によるアキヤマ印刷機製造株式会社の買収を例に

張青松

「中日平和友好条約」の締結以来三十年、両国の経済関係は二つの発展段階を経た。第一段階は一九七〇年代末から八〇年代にかけてで、この段階は日本主導の時期といわれている。日本が中国に対して、大量の資金、技術、経営管理等でハイテク製品を輸出し、また、日本から中国への政府援助も提供された。これらはすべて中国の近代化建設に欠かすことのできない重要な促進力となった。一九九〇年代以降は、両国経済関係の二つ目の発展段階であり、相互依存の段階といわれる。この時期、日本経済の不景気が続く一方で、中国経済は成長を加速し、両国の経済関係が互いの経済発展にとってどれほど重要なのか、その重要性に大きな変化が見られるようになった。一つは、中国経済にとっての日本経済の相対的な重要度が低くなり、その一方で、日本経済にとっての中国経済の総体的な重要度が少しずつ高まってきたことである。両国経済における相互依存性が顕著になってきたのだ。こうした変化は両国のさまざまな分野における経済交流に見られるようになり、両国経済の今後の発展の行方にも大きな影響をもたらしている。

一　対日投資の初期段階

こうした背景をもとに、伝統的な両国の経済貿易における協力は、「三頭立て馬車」（中日貿易、日本の対中投資および対中経済支援）が牽引するこれまでの状況から徐々に変化した。中国の企業が実力をつけるにつれて、中国の対日投資も新たな進展を見せている。第一段階では、両国の直接投資は一方的なものであり、日本側のみが中国に投資を行い、中国側は基本的に日本への投資を行っていなかった。しかし、第二段階では、中国企業が競争力をつけるにつれ、海外市場の開拓に力を入れ始めたのである。競争力のある日本のブランド製品や世界をカバーする販売網を利用するため、そしてコア技術を獲得し、日本のハイエンド市場を席巻するために、中国企業が続々と日本へ進出した。こうして両国間の投資は、徐々に一方通行から双方向へと変化してきたのである。とくに、二十一世紀に入ってからは、日本の対中投資が増えただけではなく、中国の対日投資もゼロではなくなり、飛躍的に増加して、これまでの「中国人が誘致に訪れ、日本人が投資に行く」という経済交流モデルを転換したのである。二〇〇五年末の時点で、中国（香港を含む）の対日投資の累計は二十六億八千七百万ドルで、十年前と比べて十一倍伸びた。中国企業が海外に設立した会社は合計七千二百四十七社で、うち百社あまりが日本へ参入した。対日投資はソフト、機械、エレクトロニクスなどの分野に及んでおり、卸売やコンサルティングを行う企業もあり、アパレルなどが主な分野だった。

中国の対日投資の特徴は、他の国の対日投資の特徴と比較的似ている。製造業の各分野、機械、化学工業の分野はもっとも外資が多い業種である。非製造業の分野では通信、金融および保険などの業種に外資が集中していた。投資額では、非製造業が製造業よりはるかに多く、日本の非製造業に傾斜していることが明らかだ。その原因として二つの点が挙げられる。一つは、日本の製造業の力は世界屈指で、一貫して「世界の工場」と称されており、技術で日本に及ばない外資系企業は、しり込みしていたのである。二つ目は、日本の投資環境の悪さが、製造業にとって投資の足かせになっている点である。日本企業自身が続々と海外進出して発展しており、外資系企業をひきつける魅力は限られている。

中国企業の日本への進出はゼロからのスタートであり、小規模から大規模なものへと徐々にその規模を拡大する過程をたどってきた。とくに、WTO加盟後、世界的な経済貿易環境は中国企業が日本へ投資するのにますます有利になってきた。中国の対日投資のモデルは、海外での企業設立というグリーンフィールド投資の方法以外に、海外でのM&Aも中国企業の海外進出の重要な手段となった。中国の対外投資発展の歴史において、会社設立から海外でのM&Aへといった変化を象徴する出来事は、いずれも日本に関係するものであった。

一九七九年八月、国務院は十五の経済改革政策を発表した。そのうち十三の政策は、「海外における企業設立」を明確に認めるもので、中国企業の対外直接投資を政策面から支えた。建国以来初めて、対外直接投資の拡大を国家政策とし、中国企業が大々的に多国籍経営に乗り出すための道を切り拓いたのである。一九七九年十一月、北京市友誼商業服務総公司と日本の丸一商事株式会社は、合弁で東京に「京和株式会社」を設立し、これは改革開放後、初めて海外投資を行った中国企業であり、対外直接投資で中国企業が多国籍経営を開始したことを示した。

これを皮切りに、中国の対日投資も改革開放の進展とともに加速していった。とくに九〇年以降、日本経済が低迷し中国経済が急速に発展するなかで、中国企業は競争力を大きく伸ばし、日本の大きな市場を席巻し、日本のコア技術を獲得するために、続々と日本へ進出した。日本企業は海外進出を果たした当初、合弁会社や現地法人設立を主に行ったが、中国の多国籍企業も日本での投資を開始した当初は、基本的に合弁経営の方法を採用した。たとえば、東京渋谷の繁華街にある内モンゴルの「火鍋専門店小肥羊」も中国と日本の合弁で、日本側は潤沢な資産を持つIT企業の株式会社ウェブクルーである。数年前、ウェブクルーの青山浩社長は、上海での仕事中に偶然「小肥羊」を食べ、その味のすばらしさに、それから週二日は「小肥羊」で食事をするようになり、「小肥羊」を日本でオープンしようと考え始めたのである。商談の結果、両社はすぐに商談成立となり、三百平米の東京支店が開設された。

また、日本各地において、中国の技術コンサルティング会社、建設エンジニアリング会社、船舶代理店、海運サービス会社などがサービス関連の企業を設立した。また、宝鋼集団、中国銀行、五鉱集団、中遠集団、中化集団、中国機械対外経済技術合作総公司、中国煤炭工業輸出入総公司、交通銀行、中国海運集団、中国国際航空、吉林国際経済技術合作公司などの日本支社が相次いで設立された。

今世紀に入る以前、中国の対日直接投資の件数と金額は、まだそれほど大きくなかったが、ここ数年、中国の大手国有製造企業が日本へ進出し、対日直接投資が本格的にスタートした。二〇〇一年、上海電気集団が日本のアキヤマ印刷機製造株式会社を買収し、中国製造業の外国優良企業買収の手本となった。同時にM&Aを通して先進技術を獲得する対外投資をスタートさせた。上海電気によるアキヤマ印刷機製造株式会社の買収は、海外企業に対する中国企業初のM&Aではない。一九八八年には、首鋼集団がアメリカのMASTAエンジニアリングの株式七〇％を買収し、それを始まりとして、九〇年代に入ると、数社の中国企業が海外の鉱山や製鉄所などを続々と買収した。しかし、中国は「資金飽和型」の投資国ではなく、技術立国でもないため、対外直接投資がスタートした当初は企業も海外の状況に熟知せず、必要となる対外投資の経験も不足していたほか、国際経営を行う人材や統合力も不足していたために、これらのM&Aも期待されるだけの効果をなかなかあげられなかったのである。

二　上海電気集団のアキヤマ印刷機製造買収

上海電気集団のアキヤマ印刷機製造買収は、中国資本が日本の主流産業である製造業への進出を果たした成功例で、中国資本による日本企業買収のうねりのなかでの代表的なケースといわれている。中国資本が日本企業を完全買収した最初の案件として、日本でもセンセーションを巻き起こし、マスコミも大々的に報道した。

アキヤマ印刷機製造は日本の三大印刷機メーカーの一つで、五十五年の歴史を有している。全盛期の職員数は三百八十名、売上高は百五十億円に達していた。アキヤマ印刷機製造の元社長である小島泰隆は、印刷機械業界で傑出した技術をもつ天才であり、一九九二年、同社は同時両面印刷技術の開発に成功した。しかし、最先端の製造技術をもつアキヤマ印刷機製造は、日本経済が長期にわたり落ち込み、また、アキヤマ印刷機製造自身が中・長期間にわたり企業経営の重大な失策を重ねたため、二〇〇〇年にはすでに経営が難しくなっていた。二〇〇一年、アキヤマ印刷機製造は約七十六億円の負債を抱えて経営が難しくなり、この年、民事再生法の適用を申請した。アキヤマ印刷機製造は日本の国内企業やヨーロッパの企業数社と話しあいを行い、援助の手を差し伸べてくれる相手を見つけようとした。しかし、各企業は、アキヤマ印刷の技術力だけがあればよい、工場と人員は引き継がないという状況であった。アキヤマ印刷機製造は、茨城県水海道市に機械組立工場を作ってから二十年近くの間に、三千台もの印刷機と一万二千あまりのインキローラーを世界各国に販売してきた。もし、生産拠点を失えば、世界の顧客にアフターサービスを提供できなくなる。こうした状況を背景に、日本産業再生機構（二〇〇七年三月解散）の元COOである富山和彦が社長を務める株式会社経営共創基盤の仲介により、印刷機械製造分野の実力者、上海電気集団（SEC）が、アキヤマ印刷機製造の技術的な強みを十分認識した。そして、アキヤマ印刷機製造の買収は自らの印刷機製品の技術力および海外市場への影響力アップにつながると考えるようになったのである。上海電気集団は、多国籍投資会社である香港晨興集団とともに四十億円で、アキヤマ印刷機製造の技術、特許、ブランド、マーケット、土地、建物、設備などの有形および無形資産を含む会社経営権を買収した。二〇〇一年五月、上海電気とアキヤマ印刷機製造は交渉を開始し、両社は同年七月九日、正式に買収交渉をスタートさせ、十一月十七日、買収意向書に調印した。二〇〇二年一月二十四日、アキヤマ印刷機製造は経営権を移譲し、一月二十八日、上海電気は五十三名の職員、土地、工場建物、販売網を含む会社全体を引き受け、社名をアキヤマインターナショナル株式会社と改めた。

アキヤマインターナショナルの設立は、中国企業による海外著名企業の買収の幕開けとなった。さらに重要なのは、買収後の急速な成長を世界が注目した点である。

アキヤマインターナショナルは設立後、積極的に現地化を進めた。中国籍の胡雄卿社長を日本に派遣し、アキヤマインターナショナルの経営に参加させたほかは、残った職員を引き続き雇用し、また、優秀な技術者や管理部門の人材および解雇または離職した技術者を次々と呼び戻した。生産ラインは引き続き日本に置き、日本のメーカーが作り上げてきた技能と最先端の機械設備を効果的に結びつけたのである。そして、新しい管理制度を導入し、国内の厳格な管理姿勢をアキヤマインターナショナルに吹き込み、従来からもっていた管理面での強みと融合させ、能力主義を積極的に導入し、主力となる若手を重要なポストに抜擢した。市場開拓の点では、世界を舞台に、印刷機械の開発・製造・販売を通して、すべての顧客の持続的成功と経営に関わるすべての社員の持続的成長を経営理念に掲げた。生産や管理の点では、徹底したコスト削減戦略を進め、アキヤマの製品を買ってくださるお客様はすべて、アキヤマにとって永遠の神様であるという理念を掲げ、積極的にユーザーの意見を聞き、サービスや製品設計を改善した。供給と販売の点では、材料調達ルートを変更し、製品供給の方法も改善した。供給元には高い品質を求め、コスト削減にも努めた。

　中日双方がともに努力した結果、アキヤマインターナショナルは、文化や考え方の違いによる衝突や、管理モデル、販売網、コスト削減と収益拡大、技術開発などの一連の問題をうまく解決した。そして、日本のマーケットを奪回し、「アキヤマインターナショナル」の世界各地の販売網も徐々に取り戻した。さらには、サウジアラビアやトルコなどの中東地区でも新しい販売拠点を設立したのである。

　買収が行われた年、アキヤマインターナショナルは黒字化した。税引前利益は一億六千万元、利益は百五十万ドルだった。二〇〇三年、アキヤマインターナショナルの売上高は五〇％増の六十五億元（五千八百万ドル）、一人あたりの売上高は四十万ドルに達した。二〇〇四年には八十億ドルまで伸び、再び五〇％増を実現した。税引き前利益も相当な金額になっている。二〇〇五年、アキヤマインターナショナルの売上高は九十五億円（八千五百万ドル）を超えた。そして、二〇〇五年の第六回・北京国際印刷技術展覧会で、新しい主力製品となるＪＰ４Ｐ４４０（菊全判４／４色印刷機）を発表した。最高印刷速度は一時間一万五千枚で、同じタイプの両面刷枚葉オフセット印刷機の印刷速度と比べても世界トップレベルのものであった。

　わずか数年で、アキヤマインターナショナル株式会社の業績は急速に拡大し、国際市場でも技術面でリードし続けた。輝かしい業績をおさめていたアキヤマインターナショナルは新たな発展の段階に入ったのである。アキヤマ印刷機製造の買収は、初めの段階ではマスコミに曲解されたものの、その後は賞賛され、日本の多くのマスコミが追跡報道を行い、「日本国内における外資経営でもっとも成功したケースの一つ」と伝えた。

　現在、アキヤマインターナショナルは、上海電気のオフセット印刷機の世界的な研究開発センター、新製品のパイロットテスト拠点となり、そして、国内では生産条件が整っていない高級製品の製造拠点および世界的な販売拠点となっている。そして、上海電気もアキヤマインターナショナルの成熟した技術を効果的に使って大量生産を行い、かつ、国内外に高級フルセット印刷機を販売する主要拠点となりつつある。

上海電気によるアキヤマ印刷機製造の買収は、日本の進んだ研究開発技術および製造メーカーと中国側の非常にフレキシブルな市場経済理念および体制が結びついたことを意味している。両国の企業文化が融合し、経営管理や販売における中国の強みと研究開発や製造における日本の強みが相互に補完しあって、結合による強力な効果が生まれた。買収した側、買収された側、その双方がシナジー効果を発揮し、技術およびネットワークの点で互いに促進しあい、ともに発展を遂げたのである。たとえば二〇〇三年、上海の印刷機械企業における、アキヤマインターナショナルと上海電気の売上シェアは、それぞれ五二％増、三〇％増となった。上海電気のアキヤマ印刷機製造の買収によって、会社が高度成長の軌道に乗っただけではなく、元社員らの雇用問題も解決できた。また、上海電気傘下の光華印刷とアキヤマインターナショナルが連携したことで、中国企業さらには印刷業界全体の発展が進み、業界の製品技術レベルと競争力が大幅に向上した。上海光華印刷機械有限公司が成熟して先進的な生産技術を導入したことは、国内他社に先駆けて中級・高級フルセット印刷機の生産力をもち、枚葉フルセット印刷機のリーディングカンパニーになったことを意味している。それらを別のシリーズ製品にも運用できれば、我が国の印刷機業界のレベルと世界レベルとの差を短時間で五年にまで縮めることができ、歴史的な飛躍を真に実現するであろう。

三　対日投資を行う力を蓄えて時を待つ、潜在力は無限大

上海電気によるアキヤマ印刷機製造の買収はすばらしい業績をあげ、国内の製造業の企業が日本に進出するモデルとなり、国内企業にとって強力な模範的効果を提供するものとなった。

その後、中国企業はさまざまな形で日本への進出を始めた。二〇〇二年には海爾集団（ハイアール）と三洋、海信集団（ハイセンス）と住友商事、格蘭仕（ギャランツ）と加賀電子、TCL集団と松下電器産業などが、生産と販売の提携を打ち立て、互いの市場を享受しあうようになった。二〇〇三年には中国の著名な製薬メーカーである三九企業集団と日本のCFSコーポレーションが、日本の中堅薬品メーカーである東亜製薬（富山県）を買収した。日本側がもつ生産ライセンスを使用して、三九ブランドの医薬健康品を製造し、日本と中国に向けて販売することとなった。また、二〇〇四年十二月には、上海電気集団と小型NC旋盤の研究製造を行う日本の会社、株式会社池貝が合意に達し、一千五百万ドルを出資して、この一流技術をもち

ながらも老朽化が進む工場を買収することで合意した。中国企業は日本への投資により、国際市場でも強い競争力をもつ「メイドインジャパン」（日本製）のブランドを獲得し、日本市場での製品販売を実現させ、世界に広がる日本企業の販売網を利用し、日本からの技術移転などを実現させたのである。

中国の対外投資の累計をみると、日本は中国の十五番目の投資相手国である。日本はいまだに中国企業が投資先として最初に選択する地域には入っておらず、香港やアメリカといった伝統的な人気の投資先を下回っているだけはなく、アルジェリアやモンゴルといった国をも下回っている。

中国の対日投資の規模は依然として小さく、その主な原因は、日本市場が世界でもっとも進出が難しい市場の一つだと考えられていることである。欧米など先進国の著名な多国籍企業でさえも非常に慎重なのだから、発展途上国である中国の企業がそこへ踏み出すのは、さらに困難である。日本は長期にわたり、外資導入に対して慎重な姿勢を見せてきた。行政手続きの複雑さ、優遇政策の不足、外国資本に制限のある政策の多さにもその姿勢がうかがえる。この数年来、外資のもつ意義が認識され始めたとはいえ、政策上では一部の規制を緩和するにとどまっており、優遇の程度も周辺の国や地域とはまだ格差があり、魅力に欠ける。また、日本は規制も多いが、それは時代の発展にもそぐわない。日本では、運輸、医療、郵政、人材派遣、電力、ガス、熱供給事業、水道水などの業界は「聖域」と呼ばれ、それらの市場への進出には多くの規制があり、外国資本の日本への直接投資を阻む主な原因になっている。規制が多すぎれば投資コストも高くなる。日本貿易振興会の一九九九年の調査結果によると、日本の税収、労働力および土地価格などの投資コストはアメリカの七・二倍、イギリスの四・二倍、ドイツの五倍、フランスの十一・一倍である。そして、運営コストが高すぎることも中国の対日投資が進まない主な原因である。また、日本の特殊な商習慣や外資系企業の社員の来日資格に厳しい制限がかけられていることなども、中国企業の対日投資に一定の影響を与えているのである。

現在、日本政府は積極的に外資導入政策を進めている。外国の対日直接投資を促進しようとしている。たとえば、日本貿易振興会などは対日投資に関する情報をタイムリーに提供し、世界各国で数十回に及ぶ対日直接投資フォーラムや会議を開催している。日本が外国の直接投資を歓迎している点や日本の外資政策を国内外にアピールしている。企業の経営環境をよりいっそう整えるために、日本も税制改革の準備を進め、税収や市場参入に関する規制を減らし、工業用地、空港および港湾の利用コスト、さらに、電力、人事、運輸などのコストを減らし、行政手続きを簡素化して政策の透明度を高めている。日本の投資環境が大幅に改善されるにつれ、そして中国の貿易黒字や外貨準備高が増えるにつれて、今後ますます多くの実力を備えた企業が日本への投資を行うであろう。今後五年から十年の間で、アパレル、商業、ソフト、機械、エレクトロニクスなどの産業が中国の対日投資の重点分野になる見込みである。

11　中日企業の戦略的提携――ハイアールと三洋の市場提携を例に

張青松

中日国交正常化後、両国の経済関係は、中国が一方的に日本に依頼する旧来の形と両国が互いに依存しあう形という二段階を経てきた。相互依存の段階では、多くの中国企業が日本へ進出し始め、その投資方法は、早くから行われてきた事務所の開設からグリーンフィールド投資、M&A、海外市場での上場など、さまざまなパターンに発展してきた。

戦略的提携の構築は、我が国の企業が日本市場への進出を実現した方法の一つである。戦略としての提携は、グリーンフィールド投資やM&Aと比べて、より独特な強みをもっている。提携各社は、相手側がもつ販売網、資本、技術および品質管理での強みなど、相手側の優れた経営資源を活用することができるのである。海爾集団（ハイアール）などの家電メーカーが先陣を切って、この戦略的提携を実現した。

二〇〇二年は中日国交正常化三十年で、かつ、中国のWTO加盟の一年目でもあった。この年の新年、中国の著名な家電メーカー、海爾集団（ハイアール）と三洋電機株式会社が、東京で合同記者会見を開き、ハイアールと三洋が合弁会社「三洋ハイアール株式会社」を設立すると発表した。この会社は両国のマーケットを基盤とし、互いにマーケットリソースを提供しあい、ネットワーク競争時代にあって、新しいタイプの競合関係を築き、市場をさらに開拓しようとするものであった。ハイアールの歴史的な日本進出は、ハイアールの国際化戦略がさらに国際競争力をもつ段階に入ったことを象徴していた。三洋とハイアールの提携は以下の点からスタートした。第一に、両社が合弁で設立した「三洋ハイアール株式会社」（大阪府守口市、登録資本五億円、出資比率はハイアールが四〇%、三洋が六〇%）は、先に設立されていたハイアール日本株式会社と密に連携し、ハイアールブランド家電製品の日本における販売と普及を担当し、日本の消費者に良質な家電製品を提供するために努力する。第二に、中国におけるハイアールの強力なブランド力と広範にわたる販売網を使い、中国で三洋ブランドの商品を販売する。第三に、基幹部品の生産と供給で協力する。第四に、技術交流と人的交流で協力する、などである。

一　ハイアール――三洋の提携締結の背景

三洋電機株式会社は一九五〇年四月の設立である。三洋は一九七九年から一貫して中国と緊密な友好関係を維持してきた。相次いで合弁会社を設立し、これまでに三洋電機が中国で投資した企業は合計四十五社に上る。うち製造業の企業は二十八社で、販売企業などが十七社ある（香港を含む）。投資した企業は、パーツ、完成品から業務用機器およびシステムなど広い範囲をカバーしており、三洋電機の主要事業はほとんど中国に進出している、といってもよい。九〇年代以降、中国が高度経済成長を続けるなかで、中国の巨大市場としての潜在力が次第に具象化し始め、三洋電機も中国を重要な消費市場として発展戦略に盛り込むようになった。生産拠点の位置づけも、輸出加工基地から消費地生産モデルといったものに徐々に変化し、製品も増え、先進的な技術や製品が中国に移転された。たとえば、一九九二年設立の大連三洋制冷有限公司は大型吸収冷凍機を生産し、三洋電機の海外への先進技術移転は、このケースが初めてであった。三洋電機は中国市場での競争力を強化するために、中国市場での販売を強化する戦略をとったが、そのなかでもっとも大きな課題となったのは、全国を網羅する販売網をいかに構築するかという点であった。

長年にわたる投資で、三洋の中国における生産体制はすでにある程度整備されていたが、中国がＷＴＯに加盟する以前は、企業による国内販売に一定の規制がかけられており、三洋の多くの製品をカバーする販売網を日本と同様に作ることはできなかった。ＷＴＯへの加盟によって、こうした規制はある程度緩和されたが、中国の広い地域をカバーする販売網を作るには多くの資金と時間が必要であり、大きなリスクもあった。とくに、沿海地域以外の広大な農村地区での販売、アフターサービスの体制をどうやって構築するか、また、沿海地域でも頻繁に発生する代金不払いなどの問題にどのように対処するかなどの問題である。効率の点でも問題の複雑さの点からいっても、三洋電機が単独で短期間に大きな成果をあげることは難しかったのである。

ハイアールにとって、日本の三洋と戦略的提携を行うことは、国際化戦略を実施するうえでの必然的な選択でもあった。ハイアールは設立当初から、明確な目標をもっていた。ハイアールは一九八四年から一九九一年にかけてブランド戦略を実施した。消費者に抜群の品質を誇る国産ブランドというイメージを与え、国内企業のリーディングカンパニーになりつつあった。一九九一年、ハイアールは青島空調器廠と電冷柜総廠を吸収合併したが、これはハイアールが多角化戦略をスタートさせたことを示している。ブランド戦略の段階は一九九八年まで続いた。ハイアールは品質担保や生産プロセスの管理の点で、多くの国際スタンダードを採用し、自らを白物家電、黒物家電、生成家電（PCなど）、小型家電および製薬、バイオエンジニアリング、金融サービスなど、多くの部門をもつ企業集団に成長させ、八十六種類一万三千仕様の製品群を生産するようになった。中国の大都市や中規模都市の多くの家庭は、ハイアール製品の忠実なユーザーである。九〇年代後期、ハイアールは国際化戦略を実施し始め、国際化総合戦略目標を打ち出した。それは、国内販売、輸出および海外生産の三つを行う「三つの三分の一」といわれるものであった。これを実現するため、ハイアールは積極的に資本や技術を海外へ出し、製造拠点や販売拠点を海外に設立した。現在まで、ハイアールは海外に十の工場を設立している。関税障壁を迂回するために、基本的に世界の自由貿易区や経済連合に工場を置いているのである。ハイアールはまた、アメリカや日本など技術先進国にも研究開発および設計センターを開設している。

製品を日本市場で売り出すことは、ハイアールが強く願ってきた理想でもあった。しかし、日本は世界の家電王国で、ソニー、松下、三洋といった優秀な家電ブランドが数多くあり、世界の家電業界から「家電市場の硬骨漢」と称されている。消費者も家電製品に非常に厳しい。国内ブランドが林立する国である日本市場を、ハイアールはいかにして開拓していくべきなのか。エージェント制を採用するか、それとも自らルートを作り上げていくか、多国籍企業と提携するか、ハイアールはこうした難しい選択に迫られたが、最終的に多国籍企業と提携する道を選んだ。資本提携を行うことは国際化の新たな実践でもあり、こうした方法をとる最大のメリットは、最小のコストで提携相手である多国籍企業がもつルートやカバー範囲を享受し、短期間で自らの産業ポテンシャルを拡大することができるという点である。

エアコン製品の技術協力とパーツ購入におけるハイアールと三洋の提携は長きにわたっている。互いの企業文化や経営理念を賞賛しあったことが、二社の距離をいっそう縮めた。とくにハイアールが競争の激しい家電市場で、ユーザーに忠誠を尽くし、高品質の製品をたえず作り出して、全力でユーザーのニーズを満たそうとする精神に、三洋は好感を持った。二〇〇一年九月二十五日、三洋の井植敏会長が初めてハイアールを訪れ、両社は提携について話しあった。話しあいは大変順調に進み、両社はわずか三カ月で提携の意向に合意した。二〇〇一年十二月十九日、井植敏会長がハイアールを二度目に訪れた際、両社は合弁提携協議書に正式に調印した。井植敏会長は調印式で、非常に感激した様子で次のように語った。「三洋とハイアールの提携がこれほど早く順調に進んだという記憶はほかにない。たいへんすばらしいことだ。世界でもこれほど早い提携はあまり多くないと思う。ハイアールは世界企業上位五百社に入るという目標をもっているが、三洋はハイアールがこの目標を実現するための良きパートナーになるよう希望する」。三洋はハイアールとの提携を非常に重視しており、ハイアールとの話しあいがまとまった後、年明け初の出社日となる二〇〇二年一月八日に記者会見をセッティングし、各界に発表した。三洋とハイアールの提携を通し、両社は双方の生産拠点や販売網などの経営リソースを享受しあい、中国と日本の市場で優位なポジションを確保し、アジア市場以外の地域でもブランド競争力を高めようとしたのである。

二　ハイアールと三洋の戦略的提携の意義

ハイアールと三洋の戦略的提携は多方面にわたる積極的意義を有しており、主に以下の点が挙げられる。

1．中日企業による初めての強者同士の連携、平等な提携

ハイアールと三洋の提携は日本と中国の企業間において強者同士が連携するという協力をスタートさせた。朝日新聞は二〇〇二年一月九日の一面トップで、ハイアールと三洋の提携をとりあげ、「このような対等な提携は日本にとって初めてだ」と伝えている。実際のところ、ハイアールと三洋の提携の意義は、中国企業が初めて平等な立場で多国籍企業の提携パートナーになり、対等な形でのブランドの相互享受を実現したことにあった。国際化戦略の重要なステップとして、ここ数年、ハイアールは先進国の市場開拓に力を注いでおり、そのため、家電強国である日本市場に参入できたことに重要な意義があったことは間違いない。三洋との提携を通じ、ハイアールは短期間で日本市場に進出し、かつ、市場における特有な魅力を獲得した。中国では三洋の知名度は高くなかったが、あらゆる外国ブランドに先立って、中国家電業界の最大の販売網を使えるようになったことで、自らのネットワークが網羅する範囲を拡大しただけではなく、リテール販売を加速させ、ブランド知名度を高めた。ハイアールと三洋の提携は、もっとも伸ばしたい市場で発展を遂げるために必要なリソースを、もっとも早いスピードで手に入れるものであった。三洋とハイアールの提携はすでに実を結んでいる。現在、ハイアールの冷蔵庫はすでに日本のスーパーに置かれているし、三洋の充電式電池もハイアールがもつルートの売り場で見られるようになった。二〇〇三年八月、ハイアールが生産した新型ドラム式洗濯乾燥機が日本市場への参入を実現した。このように簡単に日本へ進出できたのは、日本

における三洋の整った販売網があったからである。二〇〇四年、ハイアール集団と三洋電機は、韓国のサムスン電子と通信技術を利用して家電を制御するネット家電[30]を共同開発することになった。

2．中国企業による競争と協力という新しいモデルを創出

中国経済の急速な発展にともない、中国も世界最大の潜在的な市場の一つとなり、世界の視線も徐々に中国に集まり始めた。多国籍企業が中国で巨額な投資を行うようになって、投資を行った多国籍企業同士、または、多国籍企業と中国国内企業の間で、激しい競争が繰り広げられるようになった。厳しい競争のなかでいかにして生き残るかということが、中国企業が直面する重要課題となったのである。ハイアールと三洋の戦略的提携は、経済のグローバル化の時代にあって、ライバル同士の関係もどちらかが生き残るというだけのものではなくなり、競争のなかで提携も行うという「競争と協力」の関係、最終的にはウィンウィン、ないしは提携した数社がいずれも勝つというものになったことを示している。

企業と企業の間には必ず一定の競争関係が存在する。とくに同業者同士で、かつ、製品の属性が同じであれば、大きなライバルとなるであろう。三洋とハイアールがこうした戦略的提携関係を構築したことで、実際には自社ブランドの国内市場での新たなライバルを増やすことにもなった。このような「競争と協力」は自社製品の国内シェアに影響をもたらすのだろうか。その答えは事実が教えてくれる。三洋の洗濯機を例に見ると、この製品は当時日本で、一五%のシェアをもっていた。三洋とハイアールが戦略提携を行った目的は、まさにその他八五%のシェアも自分たちのものにするためであった。もちろん、市場争奪の過程で、三洋洗濯機のシェアはある程度影響を受けるだろうが、それは微々たるものである。三洋がハイアールの日本市場進出を手伝う過程で、ハイアールブランドの販売元として、ハイアールの売り上げのなかから相当な利益を得られるはずである。さらに重要なのは、三洋がハイアールの中国国内での強力な販売網とブランド力を認め、ハイアールのネットワークとブランド力をもって中国市場を開拓したという点である。これは三洋の賢い選択であった。競争と協力を通して、三洋は国内市場での足場を固め、また、「近道」を通って中国市場へ進出したことを意味している。

ハイアールと三洋のこうした戦略的提携は、グローバル化が進むなかで国際競争を続ける中国企業に新しいモデルを提示した。もちろん、こうした形式の提携は、企業の発展戦略を前提に作られるものであり、しかも、その企業自身が外国企業と提携するだけの実力をもっていなければならない。多くの中国企業はまだこのレベルに達しておらず、中国企業の国際化への道

は依然として、任重くして道遠しといったところである。

3．従来の合弁提携の枠組みを超えた、相互補完型の提携

ハイアールと三洋が戦略的提携に調印したのを皮切りに、二〇〇二年四月九日、松下電器も家電分野でTCL集団との包括的交渉をスタートすると発表した。TCLの販売網を駆使して中国で松下製品を販売する一方で、松下もTCLへの基幹部品の供給を増やし、技術協力を行う、という内容であった。これは中国と外国の家電メーカーの提携が、従来の合弁提携の枠組みを超えたことを示しており、三洋－ハイアール、松下－TCL、という二つの相互補完型の提携方式が生まれたのである。この二つの相互補完型の提携はいずれも、相手側の販売網を駆使し、生産拠点における両社の相互協力を推し進め、主要パーツの供給と技術協力を拡大する点を強調している。ハイアールとTCLは異なる戦略をもっているため、この二つの企業と多国籍企業との提携にもそれぞれ特徴がある。ハイアールは国際市場を開拓して成長することを望み、TCLは最先端技術を獲得して、商品の付加価値を高めようとした。TCLの国際市場は南アジアが中心であるが、TCLは独自でこの地域の販売網を作った。松下がもっているルートはTCLが欲するものではなく、どちらかというとTCLは技術を渇望していたのである。逆に松下は中国企業の販売網が必要であり、TCLの巨大な販売網は松下が欲していたものだった。ハイアールと三洋の提携は、主に自らが発展したいマーケットで、発展に必要なリソースをもっとも短期間で獲得する、というものであった。

ハイアールと三洋およびTCLと松下が戦略的提携を結んだ後、同じ年の七月、海信集団（ハイセンス）と住友商事株式会社が協定を結び、家電市場の共同開拓を決定した。両社は折半で出資し、日本にサミット・ハイセンス株式会社を設立し、日本でハイセンス家電製品を販売した。十二月、無錫リトルスワンも東芝と調印し、戦略的提携の締結を発表して無錫に合弁会社を設立した。東芝の先進技術と無錫リトルスワンの生産力を利用して、中・高所得者層向けの洗濯機や付加価値の高い家電製品を生産し、国内外市場の開拓を目指した。中国の家電業界では、国内外企業の戦略的提携締結が新しい流れとなっているのである。

4．中国の製造業の日本進出によって、中日関係の発展を促進

九〇年代以降、中国企業の競争力が高まるにつれ、これまで長い間、外資や先端技術および管理方法の導入のみを行ってきた中国企業も、資金力をつけ、国際化経営の経験を積むようになった。国際的な事業展開を通して規模を拡大し、力をつけ始めたのである。日本の先進技術を獲得し、日本に進出し、中日両国間の場を席巻するために、中国企業は日本に進出し、日本のハイエンド市

投資は、日本の資本や技術が中国へ「直流」する従来のパターンから、徐々に両国企業の双方向の「交流」へと変化した。

しかしながら、中国側が投資する企業はサービス業や商業に限られており、製造業への投資は空白と言ってもよかった。このような差が出たのは、政府の政策によるものであった。日本の政府と経済界は、第二次世界大戦後、外国資本の参入を拒み、自国企業の海外への進出を奨励した。二〇〇〇年頃になって初めて、外国企業の日本への直接投資（すなわち、日本が海外進出した後、外国の参入を受け入れる）を奨励するようになった。国連貿易開発会議の資料によると、一九九七年から二〇〇一年の五年間、日本の対外直接投資総額は一千四百二十九億八千万ドルであったが、外国からの直接投資は三百三十一億九千万ドルで、同じ時期の対外直接投資のわずか二三・二％にすぎなかった。一方、中国は改革開放実施後一貫して、外国企業の中国への直接投資を積極的に奨励しており、二〇〇〇年頃になってやっと海外への進出を奨励し始めたのである。一九九九年、中国政府は「走出去（海外進出）」戦略を打ち出し、実力のある国内企業、とくに製造業の海外投資を奨励したのである。二〇〇一年、中国がＷＴＯに加盟した後、外国の企業がほぼすべての産業に参入できるようになると、中国企業は国内市場で多国籍企業と競合して実力を高め、積極的に海外での業務拡大を行うようになった。投資額、投資規模がともに拡大を続け、海外投資の新たなブームが訪れたのである。

二〇〇二年、海爾集団（ハイアール）と三洋が戦略的提携を結んだのを皮切りに、ＴＣＬ集団と松下電器など、そして海爾集団（ハイセンス）と住友商事、格蘭仕（ギャランツ）と加賀電子などが前後して生産・販売提携を構築し、マーケットの相互享受を実現した。また、二〇〇一年、上海電気集団が日本のアキヤマ印刷機器を買収し、Ｍ＆Ａによる基幹部品の獲得という日本への投資モデルが生まれた。二〇〇三年、三九企業集団と日本のＣＦＳコーポレーションが合同で、日本の中堅医薬品メーカー、東亜製薬（富山県）を買収した。日本側がもつ生産ライセンスを使用し、三九ブランドの医薬品や健康品を生産し、日本と中国の市場で販売した。

中日両国の企業の双方向の交流により、中国の製造メーカーはさまざまな方法で日本に参入し、４Ｃ（資本、企業、消費者および情報）の国境を越えた移動、雇用機会の増加、日本国民の福祉向上などをもたらし、日本経済の発展を促進した。こうした提携は「中国脅威論」を消し去るのにプラスであり、ますます多くの日本人に、中国経済の高度成長は日本経済の回復を支えるものであり、客観的にも、中日両国の調和のとれた発展のための土台を築くものでもあるということを認識させた。二〇〇二年中期以降、「中国経済脅威論」は日本で徐々に下火となり、「中国市場論」や「中国特需論」が取って代わったのである。

ハイアールと三洋は、その技術力と資本および独特の販売ルートといった強みをもって戦略的提携を実施し、互いの市場に進出し、中日両国企業に発展の良き手本を示したのである。グローバル化が進むなかで、両国の企業はリソース上の強みや後発としての強みなどを十分に発揮しながら、ともに協力して世界で自らのブランドイメージを築き、国際舞台で競争を行うと同時に、新たな発展と拡大を遂げていくべきである。

12　中国における日本の投資企業の撤退例

刁榴
張青松

改革開放以降、日本企業は中国に対して大規模な直接投資を行ってきた。しかし、さまざまな理由から、一部の企業はすでに中国から撤退している。実際のところ、海外直接投資の撤退は、国際経済協力における普通の事象である。海外直接投資の撤退とは、普通、親会社が海外子会社の経営を放棄することを指し、「企業の撤退」には、現地法人の権益譲渡、清算、国有化、合併、営業休止などが含まれる。外資系企業の撤退は、自主的な撤退と強制的な撤退の二種類がある。さらに、自主的な撤退には防衛のための撤退と攻撃のための撤退がある。防衛のための撤退は普通、資産売却、資産清算によって行われ、攻撃のための撤退は、資産引き上げ、株式分離、株式譲渡などがある。また、強制的な撤退は主に国有化、没収などの理由で行われる。現在、中国から撤退した企業のほとんどは自主的な撤退によるものである。

一　中国における日本企業の撤退状況

日本の東洋経済新報社の『海外投資企業総覧二〇〇三』によると、二〇〇二年末時点で、中国（香港とマカオを含む）から撤退した企業は累計で一千五十八社、日本の投資企業の撤退率は（撤退企業数／企業総数）二〇・四二%で、アジア諸国平均二三・三一%を若干下回っていた。国務院発展研究センターが二〇〇五年の中国発展ハイレベルフォーラムの年次総会で発表した「世界経済の枠組みにおける中国」というレポートによると、二〇〇三年末の時点で、設立認可を受けた外資系投資企業の累計は約四十六万社で、そのうち、すでに経営を終了した企業または経営を停止している企業は二十三万社を超えており、外資系投資企業の五〇%を占めていた。このことから、中国に進出した外資系企業の撤退率と比べると、日本の投資企業の撤退率はかなり低く、経営が比較的うまくいっていることがわかる。

中国から撤退した日本の投資企業は主に製造業で、撤退した企業全体の五五・四%を占めている。製造業の業種別にみると、撤退した企業が多いのは、繊維、食品、機電、一般機械および化学などの業種であり、撤退率が比較的高いのは、石油石炭(四〇%)、食品(二五・六%)、運輸機械(二五%)、繊維(一六・二%)、鉄鋼(一五・四%)、撤退する企業数が多い機電、一般機械、化学の撤退率はそれぞれ、七・四%、七・五%、五・六%と比較的低い。繊維や食品では、撤退した企業数と撤退率がともに高い。

こうした原因としては、日本企業がもっとも早く中国への進出を果たした業種が繊維と食品であるということ、いかなる企業であっても生存可能なサイクルというものがあり、時代が進むとともに、比較的早い時期に中国に進出した企業は、徐々に衰退期に入っているということがある。また、前述した業種は、技術集約度と資本集約度が比較的低い業種で、中国進出のハードルもさほど高くない。また、もともとこの分野で競争力をもっていた中国企業は中国市場のルールを熟知しており、急速に発展して国内市場を席巻した。同時に、海外市場(日本市場も含む)でも日本企業と熾烈な競争を行うようになったため、その結果、日本企業は経営困難に陥り、中国市場からの撤退を余儀なくされるケースもあるのである。

一方、機電や一般機械の分野は、一九九〇年代以降、日本の対中投資の重点分野であった。技術力をもった企業の進出は、技術移転や直接投資によってモデル的な役割を果たし、また競争も刺激したため、中国企業の発展を促す結果となった。中国企業は日本を模倣するレベルから、日本と競争するレベルへと成長した。また、日本の機械、エレクトロニクス、化学など資本集約型、技術集約型の産業は市場主導型のものであるため、日本の中国における投資企業も熾烈な競争に巻き込まれていった。しかし、中国の技術レベルと日本のレベルにはまだ開きがあり、両国企業のこの分野での競争は、繊維など労働集約型産業の競争ほど厳しくなく、日本企業の経営状況も良く、撤退する企業が比較的少ないのである。さらに、日本企業もこの分野での投資を加速させていたので、撤退率も比較的低いのである。

理論的にいえば、直接投資をする企業が他国の企業と競争するだけの強みを失ってしまうか、または、競争するだけの強みはあっても、外国企業に売却したり貸与したりした方が内部化を行うよりメリットがある場合、または、本国以外の地域で、内部化により得た強みをもってしても利益を拡大できない場合、企業は撤退の道を選ぶかもしれない。中国における日本の投資企業が撤退した主な原因として、マーケット予測と現実に大きな開きがあったこと、一部付加価値が低い産業では中国の民間企業が台頭し、外資系企業の強力なライバルとなったため、日本の投資企業の収益が下がり撤退したこと、中国の法律や投資政策が変化したため撤退したといった理由が挙げられる。たとえば、中国の産業政策は、奨励、許可、規制、禁止の四つに分けられるが、規制がかけられている業種の合弁企業については、その外資株式に厳格な規定が設けられている。合弁企業を作った中国側と外国側の双方が、経営理念や発展戦略で違う考えをもち、外国側企業が適応できずに撤退するケースもある。また、中国の市場メカニズムが整わないために、期待していた発展が望めないとして、撤退するケースもある。

二〇〇三年に出された経済産業省の「第三十一回海外事業活動調査」によると、二〇〇〇年度に日本の投資企業が中国から撤退した主な理由は、「製品需要の判断ミスによる販売不振・業績悪化」が二三・七%、「市場の熾烈な競争」が一一・六%（このうち、「中国企業との熾烈な競争」が六・八%、「日系企業との熾烈な競争」が一・四%、「第三国の企業との熾烈な競争」が三・四%）、「現地パートナーとの対立」が三・四%となっている。

二〇〇二年度に日本の投資企業が中国から撤退した主な理由は、「市場の熾烈な競争」が一四・一%（このうち、「中国企業との熾烈な競争」が一二・七%、「第三国の企業との熾烈な競争」が一・四%）、続いて、「域内の関税自由化などに対応するための拠点の統合・廃止」が五・六%、「生産需要の判断ミスによる販売不振・業績悪化」と「現地パートナーとの対立」がともに四・二%で三番目だった。こうした数字から、日本が現地化販売戦略を進めたことによって、急激に成長した中国企業との間で熾烈な競争が起こったことがわかる。そして、「現地パートナーとの対立」で撤退した企業の割合も多いことから、中国における日本の投資企業は、今後独資化に向かう可能性があることが明らかになった。

二　家電分野の戦略的撤退——日立製作所の福建日立からの撤退

日立製作所（以下日立）は一九六〇年代、中国に進出し、もっとも早い時期から中国市場に進出した数少ない外資系企業の一つである。一九七〇年代、日立は先陣を切って北京に事務所を設立し、初めて北京に進出した日本の製造メーカーとなった。八〇年代に入ると、日立は、当時中国の重点育成産業であった電機産業に進出することを決めた。一九八一年、福建省電子信息有限公司（五〇%）および日本の東栄商行（二%）とカラーテレビの設計、生産、販売を手がける福建日立電視機有限公司を合弁で設立した。著名な多国籍企業がもっとも早い時期に中国で設立した合弁企業である。

改革開放政策の実施後、まだあまり時間がたっていなかったため、インフラや各種法律制度もあまり整備されていなかった。そのうえ、中国国内での販売が規制されていたため、日立製作所は対中直接投資に非常に慎重で、投資比率は四八%に抑えられ、一九八一年の投資額は百七十二万元にすぎなかった。その後、六回の増資を行い、二〇〇一年までの累計投資金額は、四千万元に達した。日本の日立の技術サポートのもと、福建日立電視機有限公司のカラーテレビは一九八〇年代に急速に成長し、全国的な著名ブランドにまでなった。日立ブランドのテレビは中国で人気を集め始め、コマーシャルに使われた「日立ブランドはＨＩＴＡＣＨＩ」という有名なフレーズは、今でも多くの人達の記憶に刻まれている。二〇〇〇年、福建日立電視機有限公司の売上高は九十億円、従業員数は一千二百五十人に達していた。

日立は一九九九年には、福建日立電視機有限公司のカラーテレビから撤退することを考えていた。なぜならこの年から、福建日立電視機有限公司のカラーテレビが毎年巨額の赤字を出すようになったからである。ある資料によると、一九九九年、福建日立電視機有限公司の赤字額は約一億円、少なくとも数千万円あったようだ。福建日立電視機有限公司のカラーテレビは一九九九年から大きな赤字が続いたが、それには外的要因と会社内部の要因があった。

外的要因としては、中国の一般カラーテレビの業界で熾烈な競争が起こり、国内市場でも数年にわたり過酷な値引き合戦が繰り広げられたことである。中国初の中外合弁会社である福建日立電視機有限公司のカラーテレビは、一九八〇年代に急速に成長し、全国的な著名ブランドになった。しかし九〇年代になると、中国の家電産業も大きな発展を遂げ、国産ブランドの地位を確立した。産業内での競争力も高まり、生産量と市場シェアも徐々に拡大した。市場にブランドが林立して、日本企業のシェアも次第に圧迫されるようになったのである。一九九九年には、カラーテレビ、冷蔵庫など四種類の主要家電が市場の重要なポジションを占めていた。また、九〇年代半ばから、中国市場の需給バランスも供給過剰に転じ、製品の価格が下落した。数年にわたる過酷な値引き合戦のなか、福建日立電視機有限公司も業界でのランキングを第二位、第三位と下げた。年産わずか百万台の福建日立電視機有限公司と年産一千万台の長虹集団やコンカグループを比べることはできない。二〇〇〇年末、福建日立電視機有限公司から完全撤退した上場企業、福建福日電子股份有限公司ＩＴ事業部門の周伝建総経理（社長）は、「福建日立電視機有限公司は市場の無秩序な攻撃を受け、シェアを大幅に失った。生きるか死ぬかのカラーテレビ市場で、生き残り、発展していく可能性はほとんどなくなったことを認めるべきだ」と指摘している。

内部の要因としては、新製品の発売、生産規模およびマーケティング体制で福建日立電視機有限公司にも足りないところがあったという点である。福日カラーテレビの生産と販売は、二十一インチから二十五インチの一般カラーテレビ（アナログ）

がメインで、年産は三十万台前後であった。九〇年代半ばまでは、こうした技術や製品も中国市場のニーズを満たしていた。しかし、九〇年代末期になると、デジタルや大画面のカラーテレビへのニーズがマーケットの主流となった。二十一世紀初頭、日立も家電産業に今後訪れるデジタル化の波を察知し、市場は液晶テレビやプラズマテレビの流れになっていくことを認識していた。事業をフラットテレビやデジタル製品に集約させるべきだと考えていたが、中国側はブラウン管事業を高く評価しており、この事業は残すべきだという考えだった。合弁を行った中日双方は、今後の製品構成のビジョンで意見を対立させるようになった。しかし、株式構成からすると、日立は持株比率が足かせとなり、日立の考えに沿ってすべての問題を処理するということができなかった。これが、日立がその後、日立（福建）数字媒体有限公司を設立する際に、多額の出資をした理由の一つである。

以上のような会社内外の要因があり、日立グループは事業の再編を目指した撤退を決めた。

二〇〇二年、日立製作所は福建日立電視機有限公司から所有していた四八％の出資金すべてを引き上げ、中国側企業に売却した。そして資本の転換と再編によって、合弁新会社、日立（福建）数字媒体有限公司に投入したのである。福建日立電視機有限公司は事業をブラウン管カラーテレビの受託生産に特化した。日立（福建）数字媒体有限公司（後に日立数字映像（中国）有限公司に社名変更）の出資比率は、日立グループが五一％、福建省電子信息（集団）有限公司が四七％、日本の東栄商行が二％である。総経理（社長）は日立グループから就任し、福建日立電視機有限公司のカラーテレビの設計、販売、サービス部門がこの新会社に移った。二〇〇五年二月、日立が六千万元を増資して投資総額は三億二千万元に達し、会社の権益七八％を保有するようになり、登録資本は一億六千万元となった。現在の事業範囲は、プロジェクションテレビ、カラーテレビ、プラズマテレビ、液晶プロジェクター、その他AV機器、情報機器および通信機器の開発、製造、アフターサービスの提供であり、国のハイテク企業でもある。

日本の戦略的撤退が正しかったことは、事実が証明している。当時、ハイエンドテレビの売り上げはまだ少なかったが、利益率は従来のテレビの数倍に上っていた。加えて、液晶テレビやプラズマテレビが市場の流れになっていくのは明らかで、この市場により力を注げば、値引き合戦の悪循環から逃れることができるし、今後の発展のための基盤を築くこともできたのである。二〇〇三年以降、中国のフラットテレビ市場は高度成長の時期に入った。市場では、プラズマや液晶をメインとするフラットテレビのニーズがどんどん高まった。従来のブラウン管テレビの販売量は二千六百万台で、まだ主流を占めていたが、売上高でみると四百五十万台しか販売されていないフラットテレビの販売額が、従来のブラウン管テレビをすでに上回っていたのである。日立は個人用家電のローエンド分野、ブラウン管テレビの製造から撤退し、巨額の資金を投じて新会社、日立数字映像（中国）有限公司を設立した。この会社はフラットテレビなど付加価値の高い製品の研究開発と生産を行う会社で、二十六インチから五十五インチまで、小型から大型までのフラットテレビの生産ラインナップを作り上げるという明確な方針を固めた。三十七インチ以下では、寝室や小さな部屋で使うのに便利な液晶テレビを提供し、四十二インチ以上の大画面フラットテレビでは、百万画素のプラズマテレビを主力とし、日立特許のALISパネル採用のプラズマテレビを提供するというものであった。二〇〇五年七月中旬、日立は連続して十一タイプのフラットテレビを発売した。国内のハイビジョンプラズマテレビ市場で、日立の製品はすでにトップとなっていた。現在、中国ではハイビジョンテレビが大幅に普及し、二〇〇八年のオリンピック開催ではハイビジョン規格で中継が行われた。日立はハイビジョン製品を売り出すと同時に、ハイビジョンテレビ放送の普及にも積極的に参加している。二〇〇五年十一月、CCTVとの協力を開始してCCTVのハイビジョンパートナーとなり、中国のハイビジョンテレビ事業推進のために、全面的に協力し、ともに努力をしている。戦略の見直後、日立のテレビ事業部門は新たな発展の段階に入ったようである。

日立グループは福建日立電視機有限公司から戦略的に資本を引き上げ、従来のカラーテレビ市場から撤退し、プロジェクションカラーテレビ、プラズマカラーテレビ、液晶カラーテレビなど付加価値の高い製品にシフトした。こうした動きは、日立の中国における経営戦略とブランド戦略に重大な変更があったことを示している。また、日系企業の中国におけるブランド戦略の変更も示している。競争が激しい中国市場で、日本企業はもっとも得意とする製品をもってしなければ、再びマーケットを獲得することはできないのである。

また、日立が低価格テレビの生産と販売を停止したのに続いて、日本の著名な電機メーカーであるJVC（ビクター）も、中国での投資経営戦略を戦略的な視点から見直し始めた。二〇〇七年には、上海JVC電器とJVC武漢電器有限公司を閉鎖した。薄型大画面テレビなど付加価値の高い製品にシフトし、JVCグループは、デジタルビデオカメラと液晶テレビなどハイエンド製品の生産をメインとする北京JVC工場センターを中心として、ハードディスクビデオカメラ、薄型大画面プラズマテレビおよびハイビジョンデジタルテレビを重点的に開発し生産している。

三　親会社主導の撤退——ダイエーの天津からの撤退

一九五七年、ダイエーは家族経営の雑貨店からスタートし、二十年間かけて急速な成長を遂げ、日本で最大の売り上げをあげるスーパーマーケットチェーンとなった。一九八〇年代、経済が成長し、人々の郊外への転居が進むにつれ、大手スーパーも大きく発展するチャンスを得た。当時はまだ、大手スーパーの細分化といった競争の枠組みはできておらず、消費者は一度に買い物ができるスーパーを十分に評価していた。この時期、ダイエーの中内会長は店舗を日本の各地に開設し、ライバルを合併し、各地で勢力を広げ、売り場を開設した。九〇年代に入り、経済の低迷が十年続いた後、こうした黄金時代も過ぎ去った。ダイエーはバブル経済の縮図であり、日本の大手総合メーカーの盛衰を示す典型的なケースである。消費の細分化が勝敗を分けたのである。

一九九五年、ダイエーは中国に進出した。天津対外貿易総公司と合弁で、天津大栄国際貿易有限公司を設立した。出資比率は日本側が九五％、中国側が五％で、投資総額は五千万ドルだった。現在、天津市に十二店舗を有し、主にスーパーマーケットチェーンを展開して天津でチェーン展開する企業のトップになったこともある。

しかし、バブル経済崩壊後、中間所得者層が消費者の主体となっている日本市場では、消費は個別化や特殊化を求めるようになった。ダイエーのような大手総合スーパーは、経済の衰退後、変化した経済環境に対応できず、消費細分化の流れに乗ることもできずに、徐々に苦境に陥っていたのである。百七十億ドルの負債を抱えたダイエーは、二〇〇二年、大きな債権をもつ三つの銀行に債務再編計画を出した。債務危機によってダイエーは世界での経営を縮小する必要に迫られ、天津ダイエーもそのなかに含まれていたのである。二〇〇四年八月、ダイエーは天津の十二店舗から撤退した。ダイエー本社が撤退の意向を示した際、天津ダイエーの中国側株主である天津市対外貿易総公司は、数社の大手商業機関がダイエーと交渉を行ってこの拠点を引き継いでくれるように積極的に調整を行った。そして、天津ですでに六十店舗のスーパーと二つのショッピングプラザを経営していた華潤万家スーパーが、ダイエーの十二店舗を引継いだ。

四　現地化の失敗による撤退——東芝、三菱などの携帯電話の敗退

二〇〇二年六月六日、南京普天通信股有限公司、香港の王氏工業有限集団有限公司そして東芝の三社が、南京に共同投資して、南京普天王芝通信有限公司を設立した。南京普天、東芝、香港の王氏工業の出資比率はそれぞれ三三％、三四％、三三％で、東芝がCDMA式携帯電話の技術サポートを提供し、信息産業部が初めて批准したCDMA式携帯電話生産の許認可を取得した。成立から撤退までの五年間、この合弁企業は一貫して

赤字だった。チャイナユニコムはCDMAサービスをスタートさせた当初、主にハイエンド市場にポジションをとり、CDMA式携帯電話に対する要求も高く、もともと技術的な強みを持っている日系企業にとっては有利な状況であった。二〇〇二年、動画カメラの機能がついた東芝普天の携帯電話が中国全土をに広まったのである。

しかし、ユーザーの伸びが鈍かったため、チャイナユニコムはメーカーに多額の補助金を出して、できる限り少ないコストでミドルエンド・ローエンドの製品を開発するよう求めた。こうしたなか、東芝の動きは鈍く、製品ラインナップの見直しを即座に行えなかったのである。二〇〇三年、東芝の合弁による携帯電話が巨額な赤字を出し、新製品の研究開発も急激にペースダウンした。普天王芝は中国市場で118X、218X、618Xの三機種しか売り出していない。普天王芝の歴代のトップは東芝から就任していた。原材料の調達はほぼ日本製品を使い、現地の部品を使用しなかったため、携帯電話のコストがかかりすぎた。これが赤字を生んだ原因の一つである。二〇〇四年、信息産業部が出したデータによると、普天王芝の携帯電話の売り上げはわずか七百台にすぎず、この時期、すでに中国製携帯電話の下請けを行い、わずかな加工費用を得るまでに落ち込んでいたのである。

黒字転換が難しくなったため、東芝は二〇〇三年には中国携帯電話市場からの撤退について話しあいを始め、二〇〇四年末には完全撤退を決め、二〇〇四年十一月、東芝は合弁会社に資本撤退を申請し、所有する株式を南京普天に譲渡する旨を伝えた。二〇〇五年三月以前に、東芝はすでに南京普天と東芝の携帯電話合弁会社から資本を引き上げた。関連生産設備は合弁会社の中国側に割引価格で売却し、普天王芝の権益も譲渡した。南京普天の持株比率は六七％まで増えた。合弁会社は従来の主要事業であったCDMA式携帯電話の生産と販売を完全に停止した。しかし、普天王芝はアフターサービスを継続すると発表し、普天王芝の中国側出資者である南京普天は、会社が新たに進む道を探り始めた。

二〇〇六年三月初め、設立から六年になる日系携帯電話メーカーの三菱電機が、中国事業の失敗を発表した。三菱数源移動通信設備有限公司は日本の三菱と西湖電子集団などの企業が、共同出資して設立した、日本側が株式の過半数をもつ企業である。この会社はすでにGSM式携帯電話の中国での開発、販売を終了し、北京、上海、広州にある関連部門も閉鎖した。しかし、杭州にある生産工場はまだ若干生産を行っており、日本向け携帯電話の加工や生産を行う小規模工場として残されている。

家電や自動車分野の日系ブランドはこれまで一貫して順調に市場を開拓してきた。しかし、七千万台規模の中国携帯市場にあって、日系ブランドは市場撤退の危機に追い込まれたのである。その外的要因の一つは、中国市場の熾烈な競争であった。たとえば、二〇〇三年、日系ブランド携帯電話の販売数はわずか四百三十万台で、シェアは八%に満たなかった。そのうち、売り上げがもっとも好調だったのは松下で二百万台、武漢NECが約百万台、京セラ振華が約九十万台であった。三菱数源は約三十万台で、三洋と東芝の販売数はほんのわずかだった。モトローラ、ノキア、サムスンなど、欧米や韓国の携帯電話メーカーがシェアを固めるなか、日本の携帯電話メーカーのライバルとなった中国の携帯電話も急速に成長し、そのシェアは六〇%を超えた。バード、TCL、コンカがトップ三となり、販売数はそれぞれ一千百万台、九百八十二万台、四百九十八万台を記録した。

企業内部の原因は、欧米の携帯電話メーカーのように、中国での現地化がうまく進められず、マーケットに対する反応も鈍く、発売した製品も中国マーケットのニーズにあっていなかったという点である。日系の携帯電話メーカーは中国で多くの現地法人プロジェクトや合弁プロジェクトを行ったため、企業のリソースが分散し、事業も重複してしまい、日系企業の発展戦略は、終始、欧米や韓国の企業のようにはっきりせず、管理体制も融通の利かないものであった。とくに、現地化が進まなかったという点が大きく、また、経営陣の多くは日本側が就任しており、中国市場への理解も足りなかった。市場戦略の決定もスピーディーに行われず、マーケットへのフレキシブルな対応の足かせとなった。たとえば、中国と日本の通信市場は異なっており、日本の携帯電話メーカーは、プロバイダーと協力すれば足場を固めることができたために、ネットワークや販売を気にかける必要はさほどなかった。しかし、中国の状況はもっと複雑であるにもかかわらず、ネットワークやマーケティングを重視しなかったのである。

二つ目は、日本製の携帯電話は本国マーケットの特徴にあわせて、機能性を追及したものであったが、中国の消費者は携帯電話のデザイン性を機能性より重視している点をまったく考慮しなかったという点である。中国市場に寄り添わなかった研究開発部門が開発した携帯電話は、中国の消費者のニーズとはかけ離れており、売れ行きにも影響した。また、日本の携帯電話はミドルエンド・ハイエンド志向であったが、これも中国の消費レベルはまだそれほど高くないという実情ともかみあわなかった。消費者にはローエンド製品が受けていたのであり、これが日系携帯電話メーカーの足りなかった点である。たとえば、東芝は一貫してハイエンド製品をメインにしていたが、チャイナユニコムのCDMA式携帯電話はミドルエンドやローエンドにシフトしており、多くの携帯メーカーも戦略を見直した。しかし、東芝は適時、自社製品のポジションを見直すことはせず、市場で生き残るチャンスを失ってしまったのである。中国進出の背景が東芝と似ている京セラは、中国マーケットに対応して、終始貫いてきたハイエンド路線をすぐに改め、初心者ユーザー向けの低下価格携帯を売り出した。そして、チャイナユニコムグループから五十万台のローエンドCDMA式携帯電話を受注して、熾烈な市場競争のなかで生き残ってきたのである。

五　合弁双方の利益対立による撤退

日本の三洋電機と科龍集団は、一九九六年に合弁で三洋科龍冷櫃有限公司を設立し、同社は四本の自動組立ラインを有し、各種冷蔵庫の年産は八十万台だった。一部の冷蔵庫は三洋ブランドの名で日本に販売され、一部は科龍ブランドの名で中国国内で販売され、合弁会社の株式は、科龍が八〇％を所有した。二〇〇二年、三洋電機は科龍から撤退したが、報道によれば双方は利益分配について不満を持っており、最終的に協力関係が破綻したようである。

二〇〇五年にオープンしたイエローハット（北京）カー用品店は、中日の共同投資によるもので、完全に日本の経営モデルにのっとった、北京初のカー用品サービス企業である。この合弁企業は、二〇〇八年までにフランチャイズ店を含む二十店舗の開業を目指していた。しかし、二〇〇六年になってやっと北京に直営二号店が正式オープンした。双方は、利益問題で大きく対立し、また、経営理念上にも大きな溝があり、最終的に合作が続けられなくなったのである。二〇〇七年、日本第二のカー用品チェーン展開企業であるイエローハットは中国市場から撤退した。店舗は中国側が全資本を引き継ぎ、直営店はフランチャイズ店に変更された。

六　コア技術保護のために日本へ引き上げたケースの撤退

日本は資源の少ない島国であり、技術は日本にとってもっとも重要な資源である。日本企業は対中投資を行う際、コア技術も流出してしまうのではないかと懸念し、このため、日本の投資企業は独資化を行ったり、合弁企業の「独資化」を行うと同時に一部のコア技術製品や生産ラインを中国から引き上げて自身の強みを守ろうとしている。たとえば、二〇〇二年初め、ソニーは上海索広電子が生産していたアメリカ向け八ミリデジタルビデオカメラなどの生産を日本国内に引き上げた。二〇〇四年には、キャノンも一部のデジタルカメラとプリンタの生産ラインを上海から日本に戻した。同時に、大分県に巨額の資金を投じて、新工場を設立したが、こうした動きには、コア技術が中国側にわたるのを防ぐ目的もかなりあった。

七　合弁期限の満了――日本たばこ産業の華美巻煙公司からの撤退

一九八六年九月、日本たばこ産業（JT）、厦門聯合発展（集団）有限公司および厦門巻煙廠が合弁で華美巻煙有限公司を設立した。これは中国たばこ業界初の外国企業との合弁会社であった。経営状況は良好で、中国での十八年にわたる経営で、累計生産額は五十三億六千二百万元、納税額は二十五億五千五百万元、獲得外貨は一億五千五百万ドル、利益は九億五千七百万元に達した。

当初調印した合弁契約と会社規定によると、華美巻煙有限公司の合弁経営期間は十八年で、二〇〇四年九月三日に合弁期間満了となった。合弁期間満了となった後、廈門巻煙廠は一億五千万元で廈門聯合発展（集団）有限公司と日煙国際（中国）有限公司が持つ華美の権益を買い上げ、華美巻煙有限公司の唯一の株主となった。華美巻煙有限公司は廈門巻煙廠だけに所属する「金橋」の生産拠点となり、華美巻煙有限公司が十八年かけて作り上げた「金橋」巻きタバコのブランドはすべて廈門巻煙廠のものとなって、華美巻煙有限公司の元社員も廈門巻煙廠に引き継がれた。

13　日本が二〇〇六年以降に対中投資を急減させた原因の分析

張季風　呂丹

改革開放以降、中国にとって日本は一貫して重要な外資供給源であった。中日の経済関係において、対中直接投資は極めて重要な位置づけにある。日本の対中直接投資額の累計は、二〇〇七年十二月時点で六百十七億米ドルに達しており、中国が導入した外資の約八％を占めている。一時期、中国と日本の政治関係が冷えきり、二国間貿易も相対的に減速したが、その時期でさえも日本の対中直接投資は旺盛であり続けた。とくに二〇〇五年、中国の外資導入額が六百三億米ドル（実質ベース、以下同様）にとどまり、前年比〇・五％減となったときですら、日本の対中直接投資は同一九・八％増の六十五億三千万ドルに達した。ある意味、日本の対中直接投資の拡大が、氷河期に陥った両国経済協力の健全な発展を支えたと言える。しかし、両国関係が氷河期を抜け出した二〇〇六年、日本の対中直接投資は明らかな減少を始めた。案件数は前年比二〇・八％減の二千五百九十件、金額は同二九・六％減の四十五億九千八百万米ドルにとどまった（日本側の統計では一・三％前後の減少）。通常、前年に大きく減少すると、翌年にはゆり戻しによる増加があるものだが、残念なことにこうした状況は見られなかった。二〇〇七年の日本の対中投資案件は、前年比二三・八％減の一千九百七十四件だった。実質ベースの金額は三十五億九千万米ドルで、香港、イギリス領バージン諸島そして韓国に続いて第四位。前年より二二％も減少した（日本側の統計では七・六％前後の減少）。ここで注目すべきは、二〇〇六年と二〇〇七年の二年間、日本における海外直接投資はそれぞれ一五・九％、二七・一％の伸びを見せ、また、中国の外資導入も四・五％、一三・六％とそれぞれ増加しているにかかわらず、日本の対中直接投資は激減したという点である。つまり、日本の中国以外の国および地域への直接投資は大幅に増加したのに中国への投資は大幅に減少し、中国の外国からの外資導入は増えているのに日本からの外資導入は大幅に減少したということである。中日貿易における産業内貿易、とくに中間製品が占める比率は非常に高い。そのため製造業の投資が減少し続ければ、両国の二国間貿易額も縮小しかねない。両国政府の関係当局と関連企業はこの点を十分重視する必要がある。

このような状況が生じた原因を探るのは容易ではない。結論からいえば、その原因は偶発的なものが大部分であり、両国の経済関係に及ぼす影響は少ない。中日両国の政治関係が親密さを取り戻しつつある現況からみても、日本の対中直接投資も徐々に回復すると思われる。

一　三年連続での高成長後の一時的、周期的な低迷

二〇〇一年以降、日本の対中直接投資は急速に拡大を続けてきた。二〇〇三年から二〇〇五年までの三年間の平均増加率は一六・一％に達している。二〇〇五年単独では二〇％にまで達した。長期にわたる急速な拡大にはある程度の調整が当然必要となる。こうした状況は、以前にも見られた。二〇〇一年には増加率が四九・一％にまで達したが、その翌年には三・六％の減少となったのである。

また、日本の対中投資の今回のような激減は投資の周期的な要素とも関係がある。これまで、日本の対中直接投資は三つのブームを迎えている。第一の投資ブームは、一九八〇年代の経済特区への投資である。第二のブームは、一九九二年に鄧小平氏の南方講話が発表された後におとずれ、投資は沿岸地区一帯に及んだ。第三のブームは、二〇〇一年以降のことである。その背景には、中国のＷＴＯ加盟、オリンピック招致の成功ならびに西部大開発戦略の実施がある。額の大きさから見れば、日本の対中直接投資にはすでに二つのピークを迎えた。第一のピークは一九八五年のことで、第二のピークはその十年後の一九九五年のことである。さらに十年が経過した二〇〇五年に第三のピークが訪れたため、今後も一時的な低迷あるいは比較的長期にわたる停滞が起こる可能性を完全に否定することはできない。

二　アンバランスな投資構成と、一部業種への集中的な大規模投資

日本の対中直接投資は主に電器設備や輸送機器などの業種に集中している。この二業種が占める割合は五〇％以上である。とくにここ数年、中国の輸送機器産業への投資が急速に伸びている。二〇〇二年の二百億円強から二〇〇四年には千八百億円に激増した。自動車産業の大規模投資プロジェクトは二〇〇五年だけでも次のいくつかが挙げられる。トヨタ自動車と広州汽車集団が合弁で設立した広汽豊田発動機有限公司が第二生産ラインの建て替えに十九億元を投じた。ホンダは九千八百万米ド

ルを投じて、広東に自動車部品会社を設立した。また、日産は三百億円（約二億五千万米ドル）を投じて、広州花都工場に新たな乗用車の生産ラインを増設した。同時に、自動車部品および関連業界への投資も拡大している。日本自動車部品工業会の調査によると、日本の自動車部品関連の対中直接投資は、二〇〇五年までの五年間、国別ランキングで毎年一位となっていた。自動車用鋼材を扱う業界の投資も大幅に増加した。二〇〇五年では、日本の運輸機械およびその関連産業の対中投資が日本の対中直接投資全体に占める割合は三〇％以上だったが、二〇〇六年にはこの業種の新規投資が明らかに減少したため、日本の対中直接投資全体が大幅に縮小したのである。日本側が公表した二〇〇七年一―九月の業界別統計によると、製造業への投資は前年同期比で二八・五％減の三千二百九十六億円まで減少した。そのうち、主力である電気機械向けのものが七百五十億円で前年同期比四〇・三％減、自動車など運輸機械器具向けのものが六百三十三億円で前年同期比四二・八％減といずれも大幅に減少している。実際、運輸機械に関する投資は、大規模な投資が行われた後には、それを消化する期間を設けて調整する必要があった。

また、商業分野の企業も集中的な投資を行うようになった。二〇〇四年十二月以降、外資系企業による卸売りや小売りの独資企業設立を中国が認可するようになったからである。これを契機に、日本の多くの総合商社が二〇〇五年、中国に多くの商業分野の独資企業を集中的に設立した。しかし、それと比べ二〇〇六年に設立された企業は少なくなった。これも二〇〇六年と二〇〇七年に投資が急減した原因の一つである。

三　中国国内の投資環境に大きな変化

改革開放が進み、経済力が増してくると、中国の外貨不足問題も解決した。経済成長モデルの転換が進むなか、外資の利用も〝量的拡大〟から〝品質の向上〟へと移った。国は企業に対し、外資がもつ先進的な技術、管理経験および高いレベルの人材を利用することで、産業構造を向上させ、企業の国際競争力を高めるよう奨励した。国務院が二〇〇五年十二月に公布し、施行された「産業構造調整の促進に関する暫定規定」は、各業種を奨励対象、制限対象および淘汰対象に分け、それぞれを次のように規定した。奨励対象の業種には優遇政策を実施する、淘汰対象の業種（外資系を含む）への投資は厳しく禁止する、かつ、これは期限付きの淘汰対象とする。要するに、外資導入も選別されるようになったのである。

また、中国の投資環境にも外資導入の拡大に影響を及ぼす要因が見られるようになった。主なものとして次の点が挙げられる。

①インフラ環境――沿海地区の電力と用水が不足。外資が集

中する地区の土地価格が高騰

②労働力不足および人件費の高騰

③新たな「労働契約法」の施行

二〇〇八年一月一日に実施が始まった「労働契約法」は次のように規定している。「すでに二回連続で期限つき契約を結んでいて、かつ、引き続き労務契約を結ぶ場合、決まった期間を設けない労務契約（実質上の終身雇用）を結ばなければならない。同時に、労働者の勤務年数に応じた経済補償金を支払わなければならない。」もし臨時雇用を減らし、あるいはなくして、各種社会保障を享受できる長期職員の雇用を増やすならば、企業のコストは必然的に上がってしまう。新しい労働契約法の実施は、外資系企業の人件費がより拡大することを意味しているのである。

④〝両税合一〟（内外企業所得税一本化）制度の実施

これまで中国は一貫して、外資系企業に対してさまざまな優遇政策を実施してきた。二〇〇八年一月一日から施行された「企業所得税法」は次のように規定している。国内企業と外資系企業の企業所得税率を一本化する。〝二免三減制度〟（生産系の外国投資企業のうち、登記の段階で経営期限を十年以上に設定している企業に対して、利益が発生した年度から二年以内は企業所得税を免除し、その後の三年間は企業所得税額の半額が減税される）を廃止する。〝内外企業所得税一本化〟が実施されたことで、一つには外資系製造企業のコストが増加した（サービス系企業の企業税率は引き下げられた）。もう一つには、外資系企業が国内企業以上に享受していたメリットがなくなった。これにより外資系企業と中国国内企業の競争が激化することになるだろう。

⑤人民元切り上げ圧力

人民元が高くなると、国内企業の輸出が困難になるだけではなく、中国にある外資系企業の輸出も難しくなる。さらに、アメリカのサブプライム危機の影響で、経済成長は明らかに後退してドル安が進んだ。こうしたなか、人民元引き上げへの要請がさらに高まったのである。外資系企業は中国経済のもつ潜在的な不確定要素が増したことに不安をつのらせている。

また、二〇〇六年十一月、上海嘉定工業区は都市総合開発を進めるために、日本企業を含む多くの外資系企業に対し、契約満了以前の開発区からの退去を求めた。日本企業はこれに対して強い反応を示した。

上述したような環境の変化が、外資系企業のコストを増やし、投資への期待を弱めてしまった。こうした状況のなか、中国の外資導入は全体的に様子を見合わせる段階に入り、高いレベルだが横ばいで推移した。二〇〇五年には〇・五％の減少となり、二〇〇六年も四・五％の増加にとどまった。日本の投資が減少しただけでなく、アメリカや中国台湾も連続五年、韓国は連続三年、それぞれの対中投資を減少させている。日本の対中直接投資の激減はこうした環境の変化と無関係ではない。

四　リスク分散

日本企業はリスク分散を考慮し、インドやＡＳＥＡＮ地域への投資を拡大させている。二〇〇三年春に中国で新型肺炎ＳＡＲＳ〔重症急性呼吸器症候群〕が発生し、また、二〇〇五年四月には「反日デモ」や「日本製品ボイコット」といった事態が発生した。こうした状況は当然ながら、日本の対中投資にもある程度マイナスの影響をもたらした。さらに日本政府は、政治上の強硬策と絡め、リスクを分散させるという名目で民間企業を意識的に扇動、誘導し、中国への投資を減少させたり、慎重にさせたりした。とくに、日本政府のいわゆる〝自由と繁栄の弧〟や価値観外交という政策のもと、日本企業はインドやＡＳＥＡＮなどの国や地域への投資を加速させた。日本側の統計によると、日本企業の対外直接投資は、二〇〇六年には五兆八千億円に達し、前年同期より一三・九％増えた。なかでも、ヨーロッパへの投資増加幅が大きく、約二倍となった。アジア地区への投資は二兆円で、前年比で一〇％増えた。マレーシアへの投資も五・九倍増えた。インドへの投資は二倍に増え、ベトナムへの投資は一・四倍に増えた。しかし、中国への直接投資は一・三％の減少となったのである。二〇〇六年だけではなく、ここ数年、日本企業は上述した地区への投資を加速させており、日本のアジア地区への直接投資に占める対中直接投資の割合は減少し続けている。二〇〇四年は五五・六％、二〇〇五年は四〇・四％、二〇〇六年は三五・八％だった。同じ時期、日本の対外直接投資に占める対中直接投資の割合は、二〇〇四年の一八・九％から、二〇〇五年には一四・四％、二〇〇六年には一二・二％へとそれぞれ減少した。

二〇〇七年、日本の海外直接投資の増加率は前年比二七％に達した。東アジア地域と中国を除く新興経済国への投資、とくにインドへの投資が大幅に伸びた。その額は二〇〇二年の四百億円から二〇〇七年には千六百億ドルに増えており、驚くべき速さで増加している。対中国の規模に追いつくのは時間の問題だろう。

五　日本の対中直接投資についての展望

投資は貿易と比べて起伏が生じやすい。大型プロジェクトが少しでも増えたり減ったりすれば、額は大きく変動するだろう。二〇〇六年と二〇〇七年、日本の対中直接投資は大幅に減少した。しかし、中国の外資導入元の国別ランキングでの日本の順位に大きな変化はなかった。二〇〇六年、日本は香港、バージン諸島に続いて三位で、二〇〇七年は四位だった。これは異常な変動ではない。そのうえ、前述したように、投資の激減を招いた直接の原因は、近年、とくに二〇〇五年に急激に増加した後に一時的な調整に入ったこと、そして二〇〇六年から二〇〇七年にかけて、日本の輸送機器などの主要業界の新規対中直接投資が減少したことである。中国の国内投資環境の変化や日本企業のリスク分散といった行動などは、今回、日本の対中直接投資が激減した主要原因ではない。今後徐々に回復すると考えられる。

注目すべきは、二〇〇六年から二〇〇七年にかけて日本の対中投資が全体的に減少するなか、明るい兆しが見られることである。製造業の投資は大幅に減少したものの、金融、証券ならびに保険業の投資が大幅に増加した。たとえば、二〇〇六年六月、三菱東京UFJ銀行は中国銀行に一億八千万米ドルを出資し、また大和証券SMBCは二十六億二千万円を投じ、上海広電集団（SVA）とNECの合弁会社が増資を行った際の一部株式を引き受けた。その他の商業およびサービス業の投資も大幅に増加した。非製造業の投資が増えたことは日本の対中投資が新たな段階に入ったことを示している。今後の投資の中心は製造業から第三次産業へとシフトしていくだろう。

現在、日本企業の対中投資には、以前から行われていた製造業中心の投資をベースに、非製造業分野への投資も拡大しているという特徴が見られる。こうしたことは、中国が「世界の工場」としての役割を発揮しているだけでなく、巨大な「世界市場」になる潜在力を持っていることを示している。さらに、WTO加盟後、中国市場が開放されるにつれ、日本企業も小売・卸売業、金融分野およびその他のサービス分野に進出し始めた。つまり、対中投資はこれまでの「製造業メインの投資」から「製造業と非製造業、両方への投資」へとシフトしているのである。

経済のグローバル化が進むなか、日本企業の対外投資が多様化するのは当然の流れである。今後、日本は中国への投資を継続すると同時に、リスク分散のために、インド、ベトナムおよびその他地域への投資も増やし続けていくだろう。しかし、中国への投資を中心とする流れは短・中期的、ひいては中・長期的にも大きく変化しないだろう。その理由として、日系企業がすでに中国にかなり巨額な資本を投じており、中日双方が生産面ですでに緊密な相互補完の関係を築いているという点が挙げられる。長期的にみても、日本が中国市場を手放す可能性は低い。現在、中国はすでに日本にとって非常に影響力のある輸出先になっている。輸出拡大は日本経済の盛衰に関わることでもある。日系企業の対中投資は長きにわたって行われており、また、この分野での経験も積んでいる。日本貿易振興機構（ジェトロ）が二〇〇六年三月に行ったアンケート調査によると、「対中ビジネスを拡大する」と答えた企業は全体の七六・八％に達しており、「反日デモ」後まもなく行った緊急調査時の五三・五％からかなり回復している。また、日本の国際協力銀行の調査によると、中国にある日系企業のうち八〇%前後の企業が黒字となっており、このことが中国でのビジネスを拡大しようという日系企業の意欲を支えている。ジェトロが二〇〇七年二月に発表した「二〇〇六年度日本企業の海外事業発展に関するアンケート調査」の結果によると、対中ビジネスを行っている企業のうち、今後（三年程度）のビジネスの発展（貿易、業務委託、技術協力、直接投資）について、「既存ビジネスの拡大および新規ビジネスの内容について検討している」と答えた企業は七六・八%に達している。その一方、インドやベトナムなどの国に対する投資活動はまだ初期段階にあり、多くの問題点はまだ明らかになっていない。そのうえ、市場の規模や厚みでも中国とは比べものにならない。短期間に中国の地位を奪うことはないだろう。

中日両国の政治関係が緩和し、かつ、緊密度が増すなか、二〇〇七年四月の温家宝総理の訪日に続き、福田首相も二〇〇七年の暮れに中国を訪問した。そして、二〇〇八年五月、中国の胡錦濤国家主席の訪日も成功した。両国首脳の頻繁な相互訪問は、両国の関係が「政冷」から「政熱」へと変化していることを示している。こうした流れは経済関係の健全な発展を促すに違いない。実際、この「政熱」ムードのなか、多くの日本企業は、二〇〇七年と二〇〇八年に大型対中投資プロジェクトが大幅に増加することを見込んでいる。たとえば、三洋電機、キリンビール、ALSI、三菱化学、ダイキン工業、住友商事、SBIホールディングス、佐川急便、伊藤忠商事などの大企業は二〇〇八年の大型対中投資プロジェクトを決めた。二〇〇八年上半期、日本の対中直接投資の案件数は減っているが、実質ベースの金額は前年同期比で一〇%以上増加しており、これは確かに良い兆しである。

中日両国首脳はすでに、エネルギー、環境、金融などの分野での協力強化について合意に達した。短・中期的にも上述した部門で具体的な提携プロジェクトが誕生するであろう。両国の政治関係が良好となり、戦略的互恵関係が築かれるなか、両国はウインウィン、相互利益をもたらす大プロジェクトを積極的に選び、中日経済協力関係を健全に発展させ、日本の対中投資が周期的な長期低迷に陥らないようにしなければならない。

第四部　日本の中国に対する政府開発援助

1　大平内閣の決断と円借款

李梅

一九七九年十二月、日本の大平正芳首相は中国を訪問し、鄧小平に対中援助を正式に申し出、翌年四月、日本の対中円借款の協議書に双方が署名した。しかし大平内閣のこの決断は、けっしてたやすいものではなかった。彼は日本の直面する国内外の環境を十分に考慮し、国内の省庁やその他利益団体との関係を全面的に調整する必要があったのである。指導者としての勇気と中日友好の信念により、この中日友好と両国の発展に利する歴史的決断がなされた。

一　日本の対中円借款が直面した国際環境と国際協調

戦後、中日関係の発展に最大の影響をもたらした国際環境は、疑いなく米ソという二つの超大国の冷戦により形成された、両極が対峙する体制である。戦後、米国の長期占領により、日本の国際関係は長い間アメリカに追随するものとなり、中日関係もその例外ではなかった。第二次世界大戦から一九七〇年代初頭まで、イデオロギー、社会制度、国際的志向が異なることから、米国は、中国と日本が正常な政治経済関係を構築することを阻み続けてきた。七〇年代初頭、米国は冷戦の重圧に耐えられなくなり、中ソ抑えこみ政策から、中国と組むことでソ連を抑えこむ政策に転じ、中米は歴史的な和解を実現することになった。中米の和解を転機として、中国と西側諸国の政治経済関係は正常な軌道に乗り、中日関係の発展も未曾有の好機を迎えた。

とはいえ、日本が率先して優遇的な政府借款を中国に行うためには、なお欧米など、その他の援助国との関係、ASEANなど日本のODA（政府開発援助）の被援助国との関係、対ソ関係を調整しなくてはならかった。

一九七九年九月三日、大平は中国側に、

①欧米諸国との協調を図る。
②アジアとりわけＡＳＥＡＮ諸国とのバランスに配慮する。
③軍事協力はしない。

という対中援助三原則を提案した。この方針に基づき、日本は関係各国に対し、

①「中国の現代化はアジアの平和と安定に資する」ことを強調して、西側諸国の賛同を得る。
②「対中経済援助は他国の援助金額に影響しない」ことを強調し、主な被援助国であるＡＳＥＡＮ諸国の理解を得る。
③「中日関係は第三国に対してのものではない」ことを強調してソ連をなだめる。

という調整を行った。これらの調整により、対中円借款の国際関係における障害は取り除かれた。

二　日本と中国の相互作用および中国の外資政策調整

中日間の政治、安全保障、経済という三大領域の相互作用も、日本の対中円借款を推し進める直接の要因となった。第一に、一九七二年の中日国交正常化により、国家間の正式な関係構築というもっとも喫緊の問題が解決された。中日関係は、政治的に大きな転換を果たした。第二に、一九七八年の中日平和友好条約により、両国の平和共存という原則的な基礎が打ち固められ、中日関係は安全保障の面で大きな転換を果たした。第三に、中日間の経済関係は、国交正常化によって正常な発展の軌道に乗り、一九七〇年代の醸成期間を経て、七〇年代末に経済面で大きな変化を遂げることになった。

七〇年代後期、中日相互で経済的需要が急速に増大したことが、日本の対中ＯＤＡ政策形成の重要な要素となった。一九七八年以来、中国と日本の経済関係は急速に拡大し、中日貿易額は五十億ドル近くに達し、前年比四十％の伸びとなった。一九七九年前半、中国の日本からの輸入は八一％もの急増を遂げ、対日輸出も六一％増加した。一九七九年、中国と日本の間では、工業生産と資源開発を含む各種の産業協力が急速に発展した。たとえば石炭開発では、三井石炭鉱業といった日本の六社が山東省の袞州炭鉱と山西省の古交炭鉱を共同開発し、一九八五年採炭開始の計画で、当面の必要資金は千五百億円であった。急速に進展する中国と日本の経済関係に呼応し、日本政府は一九七九年度の財政予算において、日本輸出入銀行の二千億円により対中輸出延払い信用供与を行うことを決定した。

また、日本は七〇年代の日米経済摩擦の過熱にともない、アジア市場に目を向けるようになり、二度にわたる石油ショックを経て、エネルギー供給源の多元化により中東の石油に対する過度な依存を緩和させる方法を模索し始めた。日本にとって、この時期に対外開放を始めた中国は、大きな潜在性を秘めた輸出市場でありかつエネルギー供給源であった。

中国にとって、日本との経済関係をとくに重視する基本的な理由は、日本の経済力および有利な地理的条件であった。対日エネルギー輸出の決定には、対ソ戦略も考慮されていた。中国が解決を要したのは、ODAに関する政策調整であった。これらの政策調整は主に以下の二点で表される。一つ目は、一九七八年末に「階級闘争を要とする」路線から経済建設中心の近代化路線に転換したこと。二つ目は、一九七九年に、外資と外国からの援助を受けないという政策から、積極的にこれを利用する政策に調整したことである。

一九七八年九月、稲山嘉寛日中経済協会会長（新日本製鉄社長）は訪中時、中国に対し、日本の海外経済協力基金（OECF）の資金（すなわち円借款）は中国に向けて大きく門戸が開かれていると述べた。これに対し中国側は強い興味を表した。これが、日本人がこの時期に中国側に提案した、初の日本政府の直接借款（円借款）である。中日双方は初めて日本政府の直接借款を議事日程に組み込み、中国側も初めて政府の借款を拒否しなかったが、これを受け入れるとも表明しなかった。この時期、日本政府は、もし中国側が正式に円借款を申請すれば、中国側にOECFの長期低利子政府円借款を提供するという方針を決定し、同時に中国側のどのようなプロジェクトを円借款の対象にするかを検討し始めた。

日本のODAの「申請主義」という原則により、被援助国がまず借款申請書を提出することが円借款協議の前提となっている。しかし、中国を含む多くの発展途上国は、実際には円借款の実施手続きを事前にわかっていなかったため、往々にして日本側が相手国にその手続きを説明する必要があった。一九七八年以前の一時期、中国は援助の色合いのあるこれら政府資金の受け入れに否定的な態度を示していた。当時、我が国の経済分野には、社会主義と資本主義は相容れず、社会主義は資本主義の資金を利用しない、という考えがあり、また社会主義国ソ連との間には、六〇年代、ソ連からの厳しい借款返済要求という苦い体験があったことから、我が国は対外債務も国外債務もゼロという経済政策をとっており、外国からの資金を売国的と見なしていた。わずかな国外預金を吸収して延払いする以外の外資の導入方法は、ほとんどタブーとなっていた。また日本のODAに対する理解も十分ではなかったうえに、円借款も償還が必要な「借款」であったことから、中国がこれを理解するには時間を要した。稲山嘉寛ら、日本の経済関係者が中国に対して日本のODAに関する基礎知識を説明し、建設的な提案を行い、中日政府間の資金協力の架け橋となった。

一九七八年十月二十三日、鄧小平副総理が訪日し、二十五日の記者会見で円借款について、「日本政府の我々に対する借款提供方法について、我々はまだ考えていないが、今後検討することになる」と答えた。鄧小平のこの回答は、中国の指導者が初めて日本政府の借款に対して肯定的な姿勢を示したものである。その後、中国の関連部門は、在中国日本大使館、外務省、OECFを通じて、日本からの円建てによる借款の可能性を模索し始めた。日本側も中国側に積極的にOECFの資金源、借款手続き、プロジェクトの選択、借款条件、調達方針、支払い手続きなどを説明した。十二月四日、河本通産大臣は記者会見で、日本政府が対中借款について検討中であることを初めて正式に認めた。

一九七八年十一月二十六日、鄧小平は、佐々木民社党委員長と会見し、「土光敏夫経団連会長が私に『高額の借款は政府間で行うべきだ、民間でできないことは政府間で解決すべきだ。』と言った」と語った。佐々木委員長が「中日両国は政治体制が異なるが、中国は政府の借款を受け入れることができるか？」と尋ねると、鄧小平は「できる」と即答した。この答えにより、中国がこの時期すでに外国政府の借款を受け入れる方針を確立していたことがわかる。一九七八年十二月十八日、李強部長は香港で記者のインタービューを受けた際、「条件さえ整えば、我々は政府間借款の受け入れを考慮できる」と明確に述べた。

三　対中円借款の政府決定までの経緯

国家間の関係を調整し、ODAに対する中国の合意を得た後、日本はさらに政府内の各部門間の関係を調整し、各政党および利益団体の支持を得る必要があった。中国はまだDAC[31]の被援助国リストに登録されていなかったため、対中円借款を供与してもODAの実績に記載することはできず、また、中国側の提出した借款申請額が比較的高額であったため、非常に高度な政治的判断が必要となった。そのため、日本は中国側のプロジェクトを縮小し、中国をDAC被援助国リストに登録し、相応の財源を拠出することで解決を図った。

円借款については、日本の政府部門では通産省、外務省、大蔵省、経済企画庁の調整と協議が必要だった。この四つの担当省庁のうち、通産省、外務省、大蔵省が対中借款の決定に大きな影響力を持ち、経済企画庁の役割はあまり明確ではなかった。

通産省の態度がもっとも積極的だった。円借款によって対中貿易が促されることは、通産省の政策課題にもっとも近いものだったからである。一九七三年のオイルショック以来、通産省は「経済の安全保障」という角度から、政府資金の投入により「重質油分解装置を有する大型石油化学会社」の設立に力を入れるなど、中国の原油と石炭の輸入を積極的に進めていた。当時、河本通産大臣から矢野通産政策局局長に至るまで、政府の立場から中国に資金協力を行うことを積極的に主張し、これがエネルギー輸入とプラント設備輸出の増加に資すると考えた。

しかし具体的な条件として、通産省は「タイド援助」（ひも付き援助）という調達条件を加え、本国産業の利益を確保することを主張した。

外務省も対中経済関係の発展を極めて重視していた。日本の外交の大きな特徴に「経済外交」がある。外務省にとって、対中経済関係の推進は、経済的な意義だけでなく、対中関係を発展させるという政治的意義も有していた。しかしながら、外交担当省庁として、外務省の視野は経済分野にとどまらず、日本の対外関係を総合的に考慮することを自らの任務と考えていた。欧米、ＡＳＥＡＮ、ソ連の反応を考慮し、外務省は当初、対中円借款の実施について態度を留保していた。しかし経済関係を重視する大来佐武郎の外相就任以降、外務省の態度は積極的に転じた。一九七九年十一月九日、大来外相は記者会見において、「日本の経済発展とエネルギー対策からみて、中国の経済発展は輸出能力の向上に資するし、アジア経済の発展にもつながる。よって対中円借款は実施すべきである」と述べた。実施条件については、欧米諸国と国際世論をなだめるため、大来外相は調達条件を「アンタイド援助」として実施することを主張し、通産省の主張する「タイド援助」の条件に異議を唱えた。

大蔵省は主に予算担当部門という角度から対中円借款をみており、ただちに異議を唱えた。「日本は一九七八年七月の西側諸国首脳会議においてＯＤＡを三年間で倍増する計画を発表した。もし対中円借款がＯＤＡとして統計に組み込まれないなら、日本のＯＤＡ予算にそれなりの圧力がかかるだろう」というのがその理由であった。

対中円借款の政策決定の過程では、担当省庁だけでなく各政党も、一定の影響を及ぼした。与党の自民党指導者は総じて肯定的な態度をとった。大平首相、河本自民党政調会長らは対中借款政策を積極的に実現するべきであると明確に表明した。当然、自民党内にも、対外協調重視を理由に、「慎重」にすべきであると主張する者もいた。しかし日本と中国の政治、経済関係は良好な状態にあり、加えて大平正芳をはじめとする指導者層が積極的に働きかけた結果、そのような論調は大勢を形成するには至らなかった。主な野党は、大きな役割を果たしこそしなかったものの、大多数が対中政府借款を実施することを支持し、なかでも社会党の態度はとくに積極的だった。

経済界は、日中経済協会と経団連を中心として、強い熱意を示した。経済界のトップたちは日本政府の政治的決断を積極的に働きかけた。一九七九年三月十四日、稲山嘉寛は記者会見で「対中資金協力は、重要な政治問題であり、ある意味では首相が判断すべき問題である」と述べた。一方、彼らは中国側にさまざまの有益な提案をし、対中政府借款の実現を積極的に促した。

日本社会の各界も程度の差こそあれ、その政策決定に影響を及ぼしたが、最終的な決定は大平内閣の政治決断によるものであった。福田内閣時代から醸成されてきたこのプランは、一九七八年十二月八日に誕生した大平内閣の手で実現されたのである。

以上の各調整の過程で、中日双方は円借款の具体的事項について繰り返し協議を行った。大平内閣は対中ＯＤＡに積極的であった。一九七九年一月十九日、大平は記者に「日中両国の貿易はこれまで現金使用、先行決算の方法をとってきた。今後、もし政策を調整せず、貿易信用供与を拡大しなければ、大型プロジェクトの進展を図ることは難しい。このため、政府は輸出入銀行と海外経済協力基金を後ろ盾とし、大規模な対中経済協力政策を推進する予定である」と語った[32]。一九七九年一月二十三日、大平首相は「日本政府はＥＸＩＭとＯＥＤＦを後ろ盾とし、大規模な日中経済協力を推進する」と公表した[33]。実際に関連政策方針の立案を担当する外務省、通産省、大蔵省、科学技術庁の四省庁は、実施細則などについてのみ見解が異なったものの、これについて強い反対意見はなく、内部調整を経て最終的に合意に達した。一九七九年九月三日、大平首相は「年内に円借款に関する結論を携えて訪中する」との意向を示した。同年十月一日から九日まで、日本政府は梁井新一外務省経済協力局長を団長とする外務、大蔵、通産、科学技術四省庁の事務レベル調査団を中国に派遣し、中国側が申請した八件の建設援助プロジェクトの実地調査を行った。その過程で、日本側は「中国側が提案している五十五億ドル相当の円借款に応えることは難しい」と表明した。一九七九年十一月二十一日、中国側は「八つのプロジェクトのうち、水力発電所の二案件を削除してもかまわない」と申し出た。建設援助プロジェクトについては、最終的には石炭開発と輸送を中心とした六プロジェクトの採用が確定した。

対中円借款の金額について、通産省の案は「中日双方の優先プロジェクトとＡＳＥＡＮ関係のバランスに配慮し、六年間で三千五百億円（十五億ドル相当）を供与する。戦争賠償の請求を放棄した中国に対して、積極的に経済協力を行うべきであり、援助金額はインドネシアに対する円借款と同レベルにするべきである」というものだった。大蔵省は財政逼迫を理由に「金額は二千億円以内に抑えるべき」と主張した。外務省は、単年度主義の原則と他国とのバランスを理由に、中国へ借款総額を一括払いすることに反対した。四省庁は一九七九年十一月二十八日深夜に至るも合意に達することができず、十一月二十九日に訪中する予定だった梁井局長は、訪中を十二月初めに延期することにした。

十一月二十七―二十九日の間、自民党で「慎重論」が再び持ち上がってきた。しかし大平首相は一九七九年十一月三十日に最終決定を下した。日本政府の最終結論は、一年目の対中円借款を五百億円とし、調達条件は「アンタイド援助」、対象は六つの建設援助プロジェクト、金利は三％、償還期間は三十年、うち十年の据置期間を含むというものだった。借款の総額については大平がまず訪中する際に、中国側に「日本は今後数年にわたり、この六プロジェクトに対する円借款を継続し、その規模は現行レートで十五億ドル。病院建設援助プロジェクトは無償援助の対象とし、中日双方が別途協議する」と表明することが決定された。十二月四日午前の衆議院予算委員会の答弁で、大平首相と大来外相はこのプランを披露した。

一九七九年十二月五日、大平首相は中国を訪れ、その日のうちに中国側に決定を伝えた。鄧小平との会談のなかで、大平はODA借款三原則を重ねて表明し、鄧小平に日本政府の考えへの理解を求めた。一九八〇年四月、中日両国政府は日本の対中円借款供与実施に関する協議書に調印した。これは日本政府が中国に対し円借款を中心とするODA実施を正式に開始することの表れであり、中日関係は政府間の経済協力を中心とし、政治、経済、文化を全面的に発展させる新たな段階に入ったのである。

2　日本の対中ＯＤＡの貧困対策分野における協力

張青松

日本のＯＤＡ大綱の関連規定によれば、環境保護、農業、インフラ、医療保健、人材育成が対中援助のなかでもっとも基本的な重点分野となっている。中国の貧困地域はまさにこれらの面がもっとも手薄で、農業技術は立ち遅れ、生態環境は悪化し、インフラ不足は深刻である。一九八三年、日本は早くも対中食糧増産援助プロジェクトを開始し、日本と中国のＯＤＡによる貧困対策分野における協力が幕を切って落とされた。とくに二十一世紀に入って以来、日本の対中ＯＤＡの方針は、かつての沿海地区のインフラ整備重視から、汚染や破壊の深刻な環境と生態系の保護、内陸地帯の貧困人口削減などに明らかに移行してきた。日本は対中ＯＤＡの貧困対策分野を通じて、無償資金による貧困対策、借款による貧困対策、草の根・人間の安全保障無償資金協力による貧困対策ならびに技術協力など、全方位の協力を展開している。

一　無償資金協力の食糧増産援助プロジェクト

中国の食糧増産を援助し、食糧不足を解決するため、また、増産によって農村地帯の貧困問題を解決するため、日本は一九八三年から食糧増産援助プロジェクトを開始し、肥料、農薬、農業機械の購入資金を供与してきた。二十余年にわたる食糧増産援助プロジェクトのなかで、日本は中国に対し、以下に示すように二期十四次三十四件、合計九十九億一千万円の食糧増産援助プロジェクトを実施した。

第一期――吉林省（一九八三年、五億円）。遼寧省、寧夏回族自治区（一九八四年五月、五億円）。黒龍江省、新疆ウイグル自治区（一九八五年、七億円）。内蒙古自治区、青海省（一九八六年、五億円）。甘粛省、河北省（一九八八年、五億円）。貴州省、四川省（一九八九年、五億円）。湖南省、湖北省（一九九〇年、五億円）。福建省、河南省、北京市大興県（一九九一年、六億円）。雲南省、江西省（一九九二年、六億円）。山西省、陝西省（一九九三年、六億円）。山東省、安徽省（一九九四年、七億円）。広西チワン族自治区、海南省（一九九七年、十一億七千万円）

第二期――江西省、貴州省、雲南省、陝西省、甘粛省、黒龍江省（一九九八年、十三億一千万円）。湖南省、湖北省、河北省、安徽省（一九九九年、十二億三千万円）

まさに谷野作太郎在中国日本大使が「内陸部貧困地域への支援は中国政府の重要方針であるため、我々も貧困地域援助を極めて重視しており、援助を通じてこれらの省の貧困県の食糧増産、貧困対策に役立ちたいと考えている」と述べたように、これらのプロジェクトの実施は、中国の立ち遅れた農村地帯の食糧増産、農業生産力の向上、貧困脱却、生活レベルの向上に大きな役割を果たした。

たとえば、江西省の第一期食糧増産プロジェクトは一九九三年に遂川、瑞金の両県で実施され、一九九五年十二月に竣工、検収された。プロジェクトの総投資額は二千三百万元、うち日本政府の無償援助資金は二億七千万円（人民元換算一千百五十万元。化学肥料、農薬など農業物資援助）、中国側国内調達一千百五十万元で、プロジェクト対象地域に農業水利灌漑施設の建設、農地化モデル栽培の実現、良種普及、病虫害総合対策、肥料配合など、農業の先進技術を実施し、著しい経済効果と社会効果をあげた。プロジェクト実施後、プロジェクト対象地域の年間食糧増産量は十六万八千三百トンに達し、一九九六年の農民一人あたり平均所得は非プロジェクト対象地域より二百十元多く、直接裨益者は六十万人に達した。プロジェクトの波及効果は大きく、周辺の非プロジェクト対象地域の農民もプロジェクト対象地域の生産モデルに倣い、中低生産性の農地を改造し、改造地を十万ヘクタールに拡大し、増産食糧三十万トン、間接裨益人口は二百万人となった。プロジェクトの成功は中央の関連部門、委員会の指導者、専門家、マスコミからも高い評価を得た。中央テレビは遂川県のプロジェクト対象地域を題材にニュース番組を制作して「新聞聯播」で放送し、「南方低丘陵地帯の水稲化改造のモデル」と紹介した。

一九九九年三月一日、龍永図対外貿易経済合作副部長と谷野作太郎在中国日本国大使は双方の政府を代表して交換公文に署名し、日本政府の対中協力食糧増産江西プロジェクト第二期の案件成立が承認された。プロジェクトの総投資額は千六百万元、そのうち、日本政府は一億九千八百万円相当の農業物資を無償協力により供与した。プロジェクト対象地域は江西省遂川、修水、興国、寧都の四つの国家級貧困県で、プロジェクトの主旨は農民の食糧問題解決を支援し、現地経済を発展させることであった。援助物資は二〇〇〇年三月に港に到着し、すべてプロジェクト対象地域に輸送された。二〇〇一年末、一千三百二万元のプロジェクト投資が完了し、これにより、農業生産インフラの改善、旱魃水害時にも収穫が確保できる面積の拡大、郷鎮農業技術チームの育成、優良イネ栽培、水稲用肥料配合、病虫害総合対策などの新技術の広域普及、食糧増産、農民所得の着実な向上が図られた。また、研修により、農民の科学的耕作レベルと文化レベルが高まった。おおまかな統計によれば、二〇〇一年末現在、四県のプロジェクト対象地域の増産額は千五百万元以上に達している。

湖南省沅陵県は二〇〇一年から日本政府の対中食糧増産援助プロジェクトに組み入れられ、四年連続で実施された。日本の協力資金により長界郷茅坪村に茶葉モデル工場が建設され、プロジェクト対象地域の茶畑の生産性改善、品種改良、規模拡大、先進設備導入、加工プロセス改善により、プロジェクト対象地域の農民に利益がもたらされたのみならず、このモデルにより全県の茶葉産業の発展が促進された。プロジェクト対象地域の農民は毎年、モデル工場での労働により所得を得た。ある統計によれば、茅坪村の農民千百名の三年間の累計収入は三十九万元、一人あたり平均所得三百五十四元の増収となり、基本的に貧困を脱却した。また農民の所得増加にともない、農民の食糧も増加し、農民の食糧不足が完全に解決された。茶葉モデル工場の建設以降、農民の意識も高まり、生態系保護の意識も高まり、生態系が効果的に保護、改善されるようになり、農村経済の持続的、健全な発展が促された。

二　円借款による貧困対策とマイクロ・クレジットによる貧困対策

円借款は中国のエネルギー開発、交通輸送、通信などのインフラ建設や環境保護に積極的に貢献したのみならず、中国の立ち遅れた地域の貧困脱却、生活条件改善など、民生分野においても新たな協力の道を拓いた。二〇〇三年四月、湖南省武陵山区の貧困対策プロジェクトは七十八億八千二百万円（人民元換算で約五億二千五百万元）のODA借款を受け、そのうち給水プロジェクトは償還期間三十年（十年間の据置期間を含む）、非給水プロジェクトは償還期間三十年（十年間の据置期間を含む）で、借款の実施機関は日本国際協力銀行だった。この借款は武陵山区の人々の貧困脱却の歩みを早め、少数民族地区の経済を発展させるうえで大きな意義をもつ。プロジェクトによる直接裨益人口は九十一万五千人、直接恩恵の及ぶ貧困人口は四十七万人に達する見込みである。

二〇〇七年二月、貴州省で、世界銀行の中国西南地区貧困対策事業に続き、外資を利用する最大の貧困対策事業「日本政府借款貴州環境・社会発展プロジェクト」が始まった。プロジェクトの総投資額は八億九千八百六十五万元、うち日本の国際協力銀行の融資六億七千四百四十九万元、中国側国内調達二億二千四百十六万元で、貴州省銅仁地区と黔東南ミャオ族トン族自治州の十二県二百郷鎮三千三百九十九村、農家八十九万世帯三百六十七万人が対象となっており、十九万六千人の貧困層の貧困問題が直接解決される。貴州省は、中国で貧困度がもっとも高く、貧困地域がもっとも広い省の一つで、二〇〇六年末現在、全省の農村部には絶対貧困人口がなお二百五十五万人おり、全国の一二％以上を占める。この貧困対策プロジェクトは教育、衛生、社会発展、小規模都市給水、都市部ゴミ処理、プロジェクト管理およびコンサルタント・サービスの六項目からなり、この省の貧困地域の環境と社会の持続的発展問題の解決を支援している。

マイクロ・クレジット信用貸付は、生産能力はあるが社会的信用と資産がないために金融機関から融資を受けられない貧困層に、起業に必要な資金を無担保で提供する信用貸付方式で、多くの開発協力機関や発展途上国政府は、これを効果的な貧困対策と見なしている。中国において、マイクロ・クレジットは往々にして貧困対策の一つと考えられ、信用貸付とは見なされていない。

二〇〇二年二月七日、在中国日本大使館の無償協力プロジェクト「内蒙古自治区赤峰市敖漢旗婦女発展マイクロ・クレジット計画」の署名式が北京で執り行われた。これが日本のODAによる初のマイクロ・クレジット・プロジェクトである。敖漢旗〔「旗」は集落の単位〕は、貧困人口三万八千人、一九九九年農民・牧畜民一人あたり平均所得千五百元の国家級貧困旗である。赤峰市の主導する産業は農・牧畜業のため自然環境の影響を受けやすく、一九九八年の洪水、一九九九年の旱魃、二〇〇〇年の旱魃と暴風により財政が逼迫したことから、最低層の人々のための貧困対策資金がなかった。今回日本から供与された十五万七千二百八十九ドルにより、瑪尼罕郷の女性に発展のチャンスが直接与えられ、千百戸の貧困農・牧畜業世帯が基本的に貧困から脱却した（これまでの経験によれば、マイクロ・クレジットは一般に、一人あたり約三百元の増収効果をもたらす）。女性の地位が向上し、地域経済が改善されたこのプロジェクトは、新たな貧困脱却モデルを作るうえで意義ある試みとなった。プロジェクト終了の二〇〇四年一月末現在、一千三百四十七人の女性を対象に累計二百三十八万六千五百元の融資が行われ、裨益人口は五千三百七十人、償還率は一〇〇％に達した。九〇％以上の融資対象世帯の所得が明らかに増加し、最高純所得額は五千元あまり、一世帯あたり平均増収額は二千四百元となった。二〇〇三年、全郷の一人あたり平均所得は二〇〇一年と比較して四百三十元向上した。

日本政府の「草の根・人間の安全保障無償資金協力」による中国初のマイクロ・クレジット・プロジェクト、敖漢旗プロジェクトは社会に大きな反響をもたらした。また、多くのメディアが続々とこれを詳細に報じたことにより、プロジェクトの社会的影響と知名度は極めて高いものとなった。

三　参加型貧困対策

中国の貧困対策の主な方法には、救助式貧困対策（主に、各世帯や各対象者に助成金を支給する、すなわち「輸血」）と、開発式貧困対策（プロジェクトを通じて、現地の資源を自助努力により開発する、すなわち「造血」。国家貧困扶助開発弁公室が主導し、一九八六年に始まった）がある。この二つの方法は、いずれも高度な指揮性を有するトップダウン方式である。これに対し「参加型貧困対策」はボトムアップ式の貧困対策であり、対象となる層（一般には貧困層と女性）自身が貧困対策プロジェクトの立案、実施、モニタリング、評価に全面的に参与する。技術的には、参加型貧困診断・評価、参加型貧困対策プロジェクト立案・プロジェクト設計、参加型貧困支援プロジェクトモニタリング・評価などがある。住民本位で、とくに現地のニーズを根本とし、部外者の役割は主に協力だということが強調されている。

中国農村部で溢れた貧困層が西部の省・自治区へ集中化する現状に鑑み、二〇〇三年、日本国際協力機構（JICA）と中国農業大学は協力して、中国の六省・自治区で参加式貧困対策を実施した。貴州省、雲南省、広西チワン族自治区、江西省、寧夏回族自治区、甘粛の六省（自治区）、十一県の貧困状況を調査し、各省から二県を選び、参加式貧困対策モデルプロジェクトを実施した。プロジェクトの目的は中国の比較的貧しい農村部で、全住民参加型の家庭保健、生活改善、エコ農業からなる総合貧困対策モデルプロジェクトを構築し、総合的な貧困対策事業を開発することである。なかでも、貴州省三都県の全住民参加型総合貧困対策モデルプロジェクトの効果は顕著であった。プロジェクトは二郷と四つの重点村を対象とし、直接裨益人口は三万八千人、そのうち、スイ族など少数民族が九八％を占めた。プロジェクトの実施により、プロジェクト対象地域の幹部、住民の参加能力が向上し、プロジェクトの自主管理化、エコ村の構築、農民の所得増加と衛生的生活習慣の改善において、効果があがった。

二〇〇五年七月七―八日、日本国際協力機構（JICA）、国家人口・計画生育委員会、貴州省人口・計画生育委員会の三者の代表が、貴陽市において「貴州省道真県・雷山県住民参加型総合貧困対策モデルプロジェクト」の技術協力に関する覚書に署名した。このプロジェクトは、三年間成功裡に実施された貴州省三都県の「住民参加による総合貧困対策モデルプロジェクト」の継続と拡大であり、プロジェクト実施期間は二〇〇五年十一月一日―二〇〇九年四月三十日、家庭保健、リプロダクティブヘルスなどを含む複数の分野で総合的措置をとり、住民の健康と周辺生活環境改善の重要性に対する意識を高めるものである。プロジェクト実施のプロセスで、総合貧困対策プロジェクトの立案と設計構想など、多くの参考とすべき経験があった。通常の貧困対策開発事業においては、農民の所得向上、衣食問題の解決を支援することを目標とするが、三都モデルプロジェクトおよび道真、雷山プロジェクトでは農村に広く存在する寄生虫感染問題から着手し、中日両国の技術協力により人々の健康に対する意識が高まり、健康教育を通じて人々の悪い生活習慣が改善され、人々の環境改善や貧困脱却に対する意欲がかきたてられ、かつての受身的な貧困対策から自主的な貧困対策に転換し、「人が私を貧困から脱却させてくれる」から「私は健康になりたい、私は貧困から脱却しなくてはならない」という意識に変わった。

四　日本による対中ODAの典型的な貧困対策プロジェクト

1．集中貧困対策モデルケース――丹鳳県の事実

二十一世紀に入り、中国の大手メディアは中日貧困対策モデル県である丹鳳県の、中日集中協力貧困対策の先進的事例をこぞって報道した。陝西省秦嶺山脈に位置し、総人口三十万弱をかかえる丹鳳県は、典型的な山間農業経済構造であり、一九九九年現在、六万三千四百人が衣食の問題を抱える貧困県であった。一九八七年、革命根拠地である陝西省商洛地区は、国務院貧困扶助開発指導グループにより、中国社会科学院の貧困対策対象地点として承認された。五年を経て、中国社会科学院は、商洛地区の七県（市）の貧困脱却を真に図ろうとすることは、同院の能力をはるかに超えていることを認識し、貧困対策の対象を丹鳳県一県に集中し、多方面から資金を調達し、教育、衛生、農業科学技術、インフラ等に投資することを決定した。

中国社会科学院などの努力のもと、一九九七年日本の「草の根・人間の安全保障無償資金協力」が丹鳳県に九万九千二十四ドルの資金援助を行い、大峪郷に万畝栗生産基地を建設した。中日双方の努力の結果、日本大使館は一九九九年にさらに白陽関郷に八万二千二百五十六ドルを拠出し、学校、衛生所、給水施設の建設にこれを用いた。このとき、日本大使館は一九九〇年に実施した「草の根・人間の安全保障無償資金協力」について新たな構想を立ち上げた。すなわち、このような協力方式を基礎としながら、関連制度措置と結びつけて総合的に貧困対策を講じる貧困対策協力方法を構築し、現地の経済発展を促そうとするものである。この構想と中国社会科学院の構想が一致し、一九九九年七月、中国社会科学院と在中国日本国大使館は共同で丹鳳県を支援する「貧困脱却モデルケースプロジェクト」を発表し、中日共同貧困対策の〝典型的なモデルケース〟の新プランが提示された。在中国日本国大使館の働きかけにより、北京日本人会などの社会団体も丹鳳貧困対策事業に参加した。一九九九年、日本人会は、二十万元の寄付により同県庚峰鎮に小

学校を建設し、同年、北京日本人会は文房具、衣服等の寄付も行った。北京日本人学校も、同県西河小学校との間で生徒による作品交流を始めた。日本の有賀士郎は一九九八年、湧泉郷に「春雷希望小学校」を建設、寄贈した。一九九九年、日本の内田昭松は留仙坪郷と湧峪郷に昭松第一希望小学校と昭松第二希望小学校を建設、寄贈した。

このような協力事業をさらに拡大するため、中国社会科学院の全面的な協力のもと、日本大使館とJICAは二〇〇〇年七月に調査団を派遣した。調査後、二つの新たな「草の根・人間の安全保障無償資金協力」事業の実施を決定し、二〇〇〇年十一月七日、「丹鳳県土門鎮八十河流域総合治水貧困対策計画」（七万二千五百七十五ドル）と「丹鳳県涌峪郷、双槽郷総合貧困支援計画対策プロジェクト」（九九一千八百六十五ドル）の贈呈合同調印式が行なわれた。二〇〇一年、八十河流域友好碑、丹鳳県界嶺希望小学校、青蜂希望小学校、小峰希望小学校、衛生所、飲料水施設、橋梁など、日本の協力プロジェクトはいずれも「草の根・人間の安全保障無償資金協力」の取り決めどおりに建設され、中日友好の成果を世に示した。

丹鳳県の貧困状況は、劣悪な自然環境のみによるものではなく、教育、とりわけ職業教育と技術訓練の立ち遅れも、経済発展の障害となっていた。二〇〇一年丹鳳県は「草の根・人間の安全保障無償資金協力」の九万三千四百二ドルと自己調達資金により、丹鳳県職業高校を基礎として、重点的に職業技術の中堅層を育成する「陝西省丹鳳県中日友好技術訓練センター」を建設した。二〇〇二年十一月二十四日、同センターの校舎建設計画の落成式典において、中日双方は二〇〇二年度「草の根・人間の安全保障無償資金協力」として「丹鳳県桃坪郷双坪河流域総合治水開発計画」（八万一千五百六十一ドル）の資金供与署名式も行なった。これにより、在中国日本国大使館の陝西省丹鳳県における「草の根・人間の安全保障無償資金協力」は六件となり、総額は六十二万ドル余り（約五百二十万元）に達し、中国社会科学院が丹鳳に導入した無償援助資金総額の十分の一を占めた。日本の「草の根・人間の安全保障無償資金協力」により丹鳳県で実施されたモデルケース・プロジェクトのすべての実施効果に、中日双方は非常に満足した。

雷雨丹鳳県県長は公式の場で、「近年来、日本大使館は積極的に中国社会科学院と共同で丹鳳県の貧困脱却モデル県計画を支援し、希望小学校、郷衛生院、村衛生所、飲料水施設、流域治水などの建設援助により、五郷鎮二十四村の三万人あまりの人々に裨益効果をもたらした。大使館はまたたびたび、在中の日本の専門家、教授、各界関係者を我が県に派遣し、貧困対策活動を展開し、日本政府と日本国民の友情を商洛と丹鳳にもたらした」と語った。「中日貧困対策モデル県」のケースは、中国の十紙以上の全国紙および陝西省、商洛市の多くのメディアの注目を集め、日本大使館の丹鳳における貧困対策に対する貢献が、さまざまな角度からたびたび報道された。これにより、中日双方が心血を注ぎ経験を生かして構築したモデルケースは、全国に大きな反響をもたらした。

日本の対中協力「集中貧困対策モデルケース」は丹鳳県の実例により次のことが証明された。日本大使館が全面的に考察したうえで、適切なプロジェクト対象地域を選択する。そして適切な協力者と力を合わせ、限りある「草の根・人間の安全保障無償資金協力」の資金を十分に活用する。それらをもって貧困県の経済建設に全面的に参与すれば、突出した経済社会効果を生み出し、無償援助の初期の目的を達成できる。これは注目すべき貧困対策の有効なモデルである。

2. 中国最大級の日本無償資金援助貧困支援プロジェクト――広西天湖貧困区貧困救済計画

二〇〇二年六月二十四日、龍永図対外貿易経済合作部副部長と阿南惟茂在中国日本国大使は両国政府を代表し、中日無償資金協力「広西チワン族自治区天湖貧困区貧困救済計画」に関する政府交換公文に署名した。公文には、日本政府は六億七千万円相当の給水設備、電力供給設備を供与し、広西天湖貧困地域の生産・生活条件改善に資する、と記されていた。

天湖貧困区は、広西チワン族自治区桂林市全州県の高冷山間地帯に位置し、東山ヤオ族郷などの四郷鎮、四十一村・委員会を有している。総人口は十三万五千人。プロジェクト対象地域の六〇％以上の村が水不足、電力不足で、道路もなく、生産・生活条件が劣り、貧困人口は総人口の七一％を占め、広西チワン族自治区で貧困問題がもっとも深刻な地域の一つであった。

日本の広西天湖プロジェクトは一九八七年に申請されたが、当初は広西天湖発電所発電ユニットプロジェクトとして申請され、その後、日本の対外無償援助分野の変更により、一九九七年に広西天湖貧困区貧困救済計画に調整され、二〇〇〇年に日本政府により正式に対中協力のスケジュールに組み込まれた。中日双方の十回あまりの友好的協議により、二〇〇二年年初にプロジェクトの範囲、内容、規模が確定し、二〇〇二年四月に日本の内閣で承認を得、同年六月二十四日、中日両国政府による交換公文署名に至った。二〇〇三年六月、日本の協力による広西天湖貧困区貧困救済計画は、全面的な実施段階に入った。同計画の投入総額は十二億八千万円、うち日本側の無償協力は六億七千万円（主に給水、電気供給設備、施工機械、器材の購入に使用）、中国側の投入金額は六億一千万円（主にその他の通常施設建設、施工据付などの費用）だった。

天湖貧困区貧困救済計画は二〇〇四年八月九日に竣工した。同計画は全州県の東山ヤオ族郷、白宝郷、両河郷、全州鎮の四郷（鎮）、三百五の自然集落を対象とし、直接裨益人口は一三万五千人に達した。プロジェクトの主な内容は、三十五キロボルト変電所二ヵ所の建設による八十三の無電村の電力供給問題解決、百五十三本の深井戸掘削、洞窟からの取水六十三ヵ所、パイプ設置一千九十一キロメートルによる三百五の自然集落の住民および家畜の飲料水不足の解決である。現地住民の命を支える生産・生活条件を効果的に改善し、さらには現地の農業、生態系、文化、教育、衛生など、各事業の発展を促進し、現地住民の衣食問題を早期に解決し、ややゆとりのある状態に向かわせることとなり、中国貧困人口の衣食問題および貧困対策開発事業を着実に実施するための手本となった。四郷鎮は二十年前倒しで貧困脱却を実現し、広範な社会効果と経済効果を生み出した。

　天湖貧困区貧困救済計画は実施にあたり、中日両国政府ならびに国家発展改革委員会、財政、水利、外資貧困対策管理部門などの多大な支援を得た。資金はスケジュールどおりに供与され、流用されることもなくプロジェクトの目的に沿って利用された。会計検査を経て、政府職員は本計画を高く評価した。渥美千尋在中国日本大使館公使は「中国は急速な経済発展を遂げながら、同時に貧困問題解決の歩を早めている。中国は国土が広く資源が豊富であり、必ずや貧困対策が成功すると信じる。私は日本政府が天湖地区の貧困救済を支援したことに喜びと安堵を感じる。毎年、多くの日本の観光客が桂林に来るが、このプロジェクトの実施により、さらに多くの日本人が中国に対する理解を深めることを希望する」と述べた。

3　文化無償協力

刁榴

中日両国は、ともに長い文化の歴史をもつ。中日両国民による二〇〇〇年にわたる友好的な往来の歴史のなかで力をあわせてきた姿は、まるで一幅の文化交流の絵巻のようである。文化交流のもっとも活発な国として、中日両国の文化を通じた関係と文化交流はたえず深化し、文化領域における相互関係は中日関係の発展の重要な要素となっている。近年、両国関係が困難な局面を迎えた時期にさえ、中日間の文化交流は途絶えることなく中日両国国民の心をつなぎ、国民の友情を結ぶ確固たる架け橋となっていた。

一九七八年八月、中日平和友好条約の調印により、中日関係に新たな扉が開かれた。条約調印の翌年である一九七九年十二月六日、日本の大平正芳首相が中国を公式友好訪問し、中日両国によって北京で「中日文化交流協定」が調印された。この協定により、中日間の文化交流と学術交流に確固たる基礎が築かれた。日本政府側は、日中文化交流を強化するため、ＯＤＡの枠組みのもとで中国の文化事業に対して無償協力を開始した。日本は文化財分野を重点としながら、中国の文化財保護機関による文化財の保護と利用、人材育成などの面で支援を行なっている。

文化無償資金協力(34)は、各国の文化と教育振興を支援し、日本とそれらの国々との文化交流を促進することを目的とする、償還義務のない贈与形式の協力である。日本は主に伝統文化、文化遺産の保護と芸術教育分野において、発展途上国に援助を行なっている。文化無償資金協力は「一般文化無償協力」、「草の根文化無償協力」、「文化遺産無償協力」の三種類からなる。この日本の文化無償協力は、すでに日本の国際文化協力の重要な担い手となっている。

これら三種類の協力方法のうち、「一般文化無償協力」は政府機関に対して供与されるものであり、一般に供与限度額はプロジェクト一件あたり三億円以下。「草の根文化無償協力」は他の草の根・人間の安全保障資金協力と同じく原則は一千万円以内で、NPOや地方公共団体に供与され、支援により文化、高等教育の向上のための器材、施設、設備などを購入し、発展途上国の文化、教育レベルの向上、日本と被援助国との文化交流の促進、相互理解の増進を目指すことで、友好関係を構築している。「文化遺産無償協力」は主に文化遺産の修復に協力している。(35)

一　一般文化無償協力

教育科学研究分野は、一般文化無償協力の重点分野である。一九八〇年以来、日本は中国の大学に日本語学習器材を、教育テレビ局に番組と放送器材を、図書館、博物館、美術館などに器材を供与するなどの協力事業を行ってきた。日本政府は対中文化無償協力を通じて、中国の人々の日本に対する理解が深まり、中国国内の日本語教育が普及、向上することを望んでいる。二〇〇四年度までに、日本の一般文化無償協力による対中文化協力供与額は二十二億五千六百万円に達し、プロジェクトの範囲は中国のほとんどの省に及んでいる。

中日両国の各方面における往来が盛んになるにつれ、両国国民間の相互理解は日増しに重要性を増している。そのため、日本政府は日本のテレビ番組を中国で放送することにより、中国の一般人の日本に対する理解を深めることを望んでいる。二〇〇六年四月十二日に訪中した日本の金田勝年外務副大臣は呉啓迪中国教育部副部長と会談を行い、中国側に番組リストを手渡した。二〇〇六年十一月七日、中国政府と日本政府は北京において、中国教育テレビ局が申請した日本対中文化無償協力に関する政府の公文を交換した。章新勝中国教育部副部長と宮本雄二日本国在中国特命全権大使が、両国政府を代表して署名した。このプロジェクトの供与限度額は三千五百四十万円、中国教育テレビ局への日本の科学教育テレビ番組供与に利用される。中国教育テレビ局は中国の国家級教育テレビ局で、文化教育分野において重要な役割を担っている。今回の協力を通じて、日本政府から中国教育電視台に「プロジェクトX」、「日本の最新技術」、「美しき日本　百の風景」、「日本の環境汚染防止技術」など、日本の風土、文化、科学技術を紹介するソフト三百六十本が供与される。プロジェクト実施後、全供与ソフトは中国側によって翻訳され、CETV－1チャンネルが放映する。

二〇〇七年四月三十日、中国政府と日本政府は北京で西安外国語大学、湖南大学が申請した日本の対中文化無償協力に関する政府交換公文の署名式を行い、章新勝中国教育部副部長、宮本雄二日本国特命全権大使が両国政府を代表して署名した。プロジェクト供与額は西安外国語大学四千六百七十万円、湖南大学二千四百六十万円、中日双方の教育交流と協力の促進を目的として両校に日本語学習教材を供与するものである。

二　文化財保護、文化財分野の無償協力

文化財保護の保護と利用を支援することは、ＯＤＡ文化無償協力の重点分野の一つである。これまでに日本政府が中国で実施してきた文化遺産保護協力には、クムトラ千仏洞、龍門石窟、大明宮含元殿、交河故城の保護プロジェクトなどがある。日本政府はこれらの協力プロジェクトが中国の文化遺産保護に貢献できるだけでなく、中日両国の友好交流の歴史を再検証し、次世代がこれを受け継ぎ発展させていくうえで深い意義を有すると考えている。

日本はこのプロジェクトにより、中国各地に博物館の文化財保護設備を供与している。一九九三年、中国文化財保護研修センターと上海博物館に各三百七十万元相当の設備を供与した。二〇〇〇年五月十八日、日本政府は百三十万件の文化財を所蔵する河南省博物館に、文化財の保護と利用を目的として、スキャナー、顕微鏡、Ｘ線放射器材など三百八十万元相当の設備を供与した。これは日本政府が中国で実施した四十件目の文化無償協力プロジェクトである。同プロジェクトも含め、協力金額は合計一億三千五百万元に達した。二〇〇一年二月二十六日、日本大使館は新疆ウイグル自治区博物館に三千二百十万円（約二百四十万元）を資金供与し、博物館の文化財保護器材購入を支援したが、これは日本政府が中国で実施した四十一番目の文化無償協力プロジェクトとなった。二〇〇二年二月五日、中国国家民族事務委員会の橋渡しにより、日本政府による中国雲南民族博物館文化無償協力プロジェクト（四千四百九十万円、人民元三百万元相当）の調印式が北京で執り行われた。この文化無償協力プロジェクトは、雲南民族博物館の少数民族文化財保護器材の新規購入と更新に使われる。李徳洙国家民族事務委員会主任が中国政府を代表し、阿南惟茂在中国日本国大使が日本政府を代表し、交換公文に署名した。

日本政府は、文化遺産保護においても中国に積極的に協力している。二〇〇二年十一月二十一日、中国対外貿易経済合作部において、阿南惟茂在中国日本国大使と龍永図副部長との間で「大明宮含元殿遺跡保存環境整備計画」に関する文化遺産無償協力の署名式が行われた。これは日本が中国で実施する初の文化遺産無償協力プロジェクトで、供与限度額は二億八千万円。この二億八千万円の無償協力は、主に含元殿の唐代の煉瓦の窯跡の保護展示室、小型資料館、含元殿遺跡以北の環境整備、関連器材の整備、購入に用いられ、中国側は唐代窯跡の保護、含元殿遺跡前広場と道路、緑化を担当し、その必要経費は国家文物局と西安市政府が拠出した。

大明宮含元殿は、唐代長安最大の宮殿である。六六二年に着

一般文化無償資金協力（文化遺産を含む）のプロジェクト（2004 年現在）

No.	対象機関	協力内容	実施年度	供与限度額（万円）
北京				
1	北京図書館	マイクロフィルム	1980	5,000
2	北京体育大学 中国柔道協会	体育教育研究器材 柔道用畳	1981	5,000
3	中央テレビ局	日本語学習フィルム	1982	5,000
4	中国国家図書館	コンピューター器材	1982	5,000
5	教育部所属の大学 22 校	日本研究振興のための教育図書	1983	5,000
6	対外貿易学院（北京，上海）	外国語実習教育のための視聴覚器材	1983	4,700
7	中央楽団（文化部直属）	管弦楽器	1983	3,350
8	林業部	パンダ観察，保護器材	1984	5,000
9	文化財保護科学技術研究所	文化財保護，研究器材	1985	4,800
10	中国社会科学院考古研究所	顕微鏡，視聴覚器材	1985	2,700
11	中日友好囲碁会館	囲碁関連器材	1985	4,200
12	北京外国語学院	視聴覚器材	1987	3,900
13	中国国家図書館	視聴覚器材	1987	4,500
14	中央放送テレビ大学	日本語教育番組ソフト	1988	4,900
15	科学技術情報研究所	科学技術映画ソフト	1988	1,400
16	宋慶齢基金会	公園のための器材	1989	4,900
17	外交学院	視聴覚器材，マイクロフィルム器材	1989	2,900
18	課程器材研究所	日本語教材研究，制作のための器材	1989	4,400
19	中央放送テレビ大学	基礎日本語講座テレビ番組ソフト	1990	5,000
20	北京師範大学	外国語教育のための視聴覚器材	1991	4,900
21	中国美術館	展示器材	1991	4,900
22	中国児童芸術劇院	舞台器材	1992	4,900
23	中国中央テレビ局	番組ソフト	1993	4,800
24	北京市少年宮	楽器	1993	2,900
25	中国文化財保護研修センター	分析機器	1993	4,800
26	中央民族学院	教材制作器材	1994	4,700
29	日本学研究センター	日本研究のための器材	2002	4,820

天津				
1	天津テレビ局	番組制作器材	1997	5,000
内蒙古				
1	内蒙古外語教師研修センター	外国語教育のための視聴覚器材	1990	4,600
遼寧				
1	大連外国語学院	外国語教学視聴覚器材	1988	4,300
2	瀋陽音楽学院	音楽器材	1992	4,800
吉林				
1	東北師範大学赴日留学生予備学校	外国語のための視聴覚器材	1992	4,700
2	東北師範大学赴日留学生予備学校	日本語学習器材	2004	4,300
上海				
1	上海対外経済貿易学院	外国語実習教育のための視聴覚器材	1983	4,700
2	上海文化局	視聴覚器材	1986	3,700
3	上海交響楽団	楽器	1988	3,700
4	上海テレビ第2チャンネル	番組制作器材	1991	4,700
5	上海博物館	分析器材	1993	4,800
山東				
1	山東大学日語教育センター	視聴覚器材	1992	3,700
河南				
1	河南省博物院	文化財分析装置	1998	5,000
広東				
1	広東芸術発展センター	視聴覚器材	1986	4,200
雲南				
1	雲南民族博物館	視聴覚器材	2001	4,490
陝西				
1	陝西省文化財保護技術センター	録画制作器材	1994	4,600
2	大明宮含元殿遺跡保存環境整備計画		2002	28,000
青海				
1	青海大学	日本語学習器材	2003	4,740
新疆				
1	新疆ウイグル自治区博物館	文化財保護器材	2000	3,210

注　実施年度は日本の会計年度で，毎年4月1日―翌年3月31日

工し、竣工後はここで唐代の国家の大きな儀式が行われ、さまざまな式典を開催したり外国からの使節団を迎えたりした。そのなかには日本の使節団もいた。中国大陸の文化にあこがれ、遣唐使として中国にやってきた日本人留学生の名の多くが、含元殿を舞台に活躍した歴史をもっている。玄宗皇帝に仕えた阿倍仲麻呂も、玄宗皇帝自ら出席した正月の朝賀の式典で日本の地位を主張した遣唐使藤原清河と副使大伴古麻呂たちも、日本と唐の交流史上に輝かしい名を残している人物である。含元殿は八八六年の戦火で消失した。その後、長期にわたり自然の侵食と人為的な破壊により、遺跡はさらに著しく損傷した。

日本政府は、中日交流史上重要な位置を占める大明宮含元殿の基壇修復、資料館建設、遺跡修復のため、一九九五年にはすでに「ユネスコ日本信託基金」を通じて二百三十六万九千百ドルを拠出している。二〇〇二年、日本は「文化無償資金協力」を供与し、大明宮含元殿の修復保護を行った。JICAは検収調査と建設段階の監督管理を担当した。二〇〇四年、唐代大明宮含元殿の保護修復作業は無事に終了し、一般公開された。今回の大明宮含元殿の保護修復は、中日両国の専門家が手を携えて行ったものであり、両国間の文化交流にとって意義深いのみならず、今後、アジア地域における文化遺産共同保護の主要なモデルとなるであろう。

三　草の根文化無償資金協力

草の根文化無償資金協力は二〇〇〇年度に開始され、日本の在外大使館、領事館を通じて各国で実施されている。二〇〇五年度までに五十八ヵ国に百四十九件、約九億四千万円が供与された。中国では二〇〇一年度から実施され、これまでに八十九万八千二百九十六ドルが供与されている。草の根文化無償資金協力は文化交流による国際協力の一環で、発展途上国政府の文化、教育、文化遺産・遺跡の保護などの活動のために無償資金協力を行い、器材購入や関連の小規模施設整備を行うものである。

一九五〇年創立の中央戯劇学院は日本の劇団との交流が盛んである。一九九九年、日中文化友好年の記念行事として、中央戯劇学院と日本の劇団四季は、北京で『美女と野獣』などを合同公演し、中日間の演劇交流、文化交流の発展に大きく貢献した。中国演劇界のさらなる発展と日中演劇交流、文化交流を促進するために、劇団四季は中央戯劇学院にグランドピアノ三台を寄贈した。日本政府は草の根文化無償資金協力により、中央戯劇学院へのピアノ輸送費三千九百七十九ドルを供与することを決定し、二〇〇二年一月二十四日、劇団四季の代表者である浅利慶太、在中国日本国大使館公使の宮家邦彦、中央戯劇学院院長の王永徳らが署名式に出席した。これが中国での日本の草

草の根文化無償資金協力プロジェクト一覧

No	年度	対象機関	供与内容	供与金額（ドル）
1	2001	中央戯劇学院	ピアノ輸送費	3,979
2	2001	日語進修学校	図書	21,153
3	2002	上海音楽学院中日音楽研究センター	楽譜，図書	81,145
4	2003	南開大学外国語学院	日本語教学器材	80,354
5	2004	大連テレビ局	放送器材	84,503
6	2004	重慶市涪陵師範学院	日本語教学器材	81,167
7	2005	北京第二外国語学院	日本語教学器材	82,985
8	2005	海南師範大学	日本語教学器材	78,572
9	2005	中国社会科学院日本研究所	視聴覚器材	5,483
10	2006	青島大学	日本語教学器材	72,662
11	2006	内蒙古大学	日本語教学器材	83,426
12	2006	青島市体育局	中日友好柔道館	88,767
13	2006	厦門大学日本研究所	視聴覚器材	6,973
14	2006	南京大学	日本語教学器材	37,270
15	2006	青海民族学院	日本語教学器材	89,857

注　実施年度は日本の会計年度で，毎年４月１日―翌年３月31日

の根文化無償資金協力による最初のプロジェクトとなった。

これを皮切りに、草の根文化無償資金協力により中国国内の多くの大学に教学器材、図書、視聴覚器材が供与され、日本語教学の環境が大きく改善された。二〇〇六年三月十四日、日本政府は海南師範大学に日本語教学器材を寄贈した。海南師範大学は海南省で日本語教学の歴史がもっとも長い大学で、海南省に多くの日本語ができる人材を輩出している。現在、同校には日本語専攻の学生が九十一人（三学年）、英日二カ国語専攻の学生が七百六十人（二学年）おり、学校側は日本語教育を非常に重視しているが、全国重点大学には入っていないため、現地政府からの財政拠出も極めて限りがあり、とくに視聴覚教学器材の不足が日本語教育の大きな障害となっていた。今回の事業により、同校の日本語教学環境は改善され、日本語教育レベルも向上し、学生達の日本語レベルもいっそう高まった。

近年、草の根文化無償資金協力プロジェクトは、新たな協力モデルを模索している。たとえば二〇〇六年三月十四日、在中国日本国大使館と中国社会科学院日本研究所は協議書に調印し、中国社会科学院日本研究所にＮＨＫテレビ国際衛生放送受信装置が贈呈されることとなった。中国社会科学院日本研究所は現在、中国国内でハイレベルの日本研究機関である。本事業により、研究所のスタッフが日本の最新情報を得、ひいては日本に対する理解を深め、それを研究や情報発信などの具体的な活動

に反映できるようになる。このＮＨＫテレビ国際衛生放送受信装置と周辺器材供与は、日本政府による対中文化無償協力の斬新な試みである。

日本の対中文化無償協力は文化交流による国際協力の一環であり、発展途上国、教育、文化遺産・遺跡保護などの事業に積極的に寄与している。日本国民の中国国民に対する友好の証でもある。中日双方は、密接な交流と協力を通じて、日本国民と中国国民の友好の誼をさらに増進している。

4　草の根・人間の安全保障無償資金協力

張青松

草の根・人間の安全保障無償資金協力は日本のODAの主な制度の一つで、円借款や大規模無償資金協力と異なり、協力資金が小額で、一プロジェクトあたりの供与金額は原則一千万円以下となっている。そのため、中日政府が長期にわたって複雑な協議を行う必要がなく、また煩雑な申請手続きも必要ない。金額は小額だが、このような小規模の協力により、広く一般の人々が直接裨益することができ、「目に見える協力」と呼ばれている。

一九九〇年から今まで、在中国日本国公館（在中国日本国大使館、在瀋陽総領事館、在上海総領事館、在広州総領事館、在重慶総領事館）は農村の貧困地域の初等教育、保健医療、生活環境などの重点分野において幅広い援助を行ってきた。対象分野としては、初等教育を中心とする教育・研究分野への資金協力が最多で、保健医療分野、民生・環境分野がこれに続く。供与金額は一九九一年度の三百万円から、二〇〇四年度には四億一千五百万円に急増している。二〇〇四年度末までに六百九十九件、約五十一億円（三億七千万元相当）の援助が実施された(36)。

一　災害援助プロジェクト

一九九八年六月以来、中国では広範な地域で洪水が発生し、二十九の省、自治区、直轄市が被害を受け、被災者は二億二千三百万人に達した。日本政府は中国に弔電を送り、総額五億円規模の政府援助実施を決定した。七月三日、日本は七十万ドルと二千九百五十二万円の緊急援助物資を送り、八月七日にも五十万ドルと四千九百四十万円の救援物資を送った。日本の地方自治体と民間からの援助も続々と中国に届いた。一九九八年十月六日、日本は中国への二億五千万円の緊急援助を発表し、被災地の再建と感染症対策に協力した。十月二十日までに在中の日系企業、団体、個人から寄付された現金と物資は、三億六千八百万円に達した。

一九九九年三月―四月、日本の会計年度の変わり目の時期に、再び中国の洪水災害に対して無償資金協力が行われ、長江堤防補強整備計画（十四億五千七百万円、荊江大堤地域の補強工事に鋼板と基礎設備を供与）、食糧増産協力計画（十三億二千万円、広西、黒龍江などの六つの省、自治区に肥料、農薬、農機を供与し、食糧増産を促進）、予防接種拡大計画（八億七千九百万円、黒龍江、湖北など七つの省、自治区にワクチンを供与）の三プロジェクトが実施された。

これら一連の協力プロジェクトと並行し、対応が迅速で柔軟な草の根・人間の安全保障無償資金協力は、同年の計画に洪水災害関連を重点的に取り入れた。たとえば一九九八年中に、被災状況が深刻な湖南、湖北、広西、内蒙古などの省、自治区の小中高校と職業訓練学校、計十二校に四千三百万円（三十六万ドル）の資金を供与した。また、黒龍江省依安県農業用水路復旧計画など、省や市による洪水対策事業に協力し、同年度の草の根・人間の安全保障無償資金協力なか、洪水関連は三〇％以上を占めた。このほか、草の根・人間の安全保障無償資金協力は、その後の実施過程において、災害が残した問題の解決を重点的に支援した。たとえば二〇〇一年十一月十六日、内蒙古自治区扎賚特旗巴彦烏蘭中学（一九九八年洪水災害で損壊）の再建を支援した。また二〇〇〇年四月十日には、一九九九年の地震で損傷した陽高県友宰郷西団堡村小学校と大同県許堡郷肖家窯頭村小学校の校舎補強を支援、二〇〇〇年には四川省甘孜州地震被災地区緊急援助計画、二〇〇〇年には内蒙古雪害救援プロジェクト二件などを実施した。二〇〇二年八月二十三日には日本大使館が草の根・人間の安全保障無償資金プロジェクトによる「陝西省佛坪県、重慶市酉陽土家族ミャオ族自治県水害緊急援助計画」を実施し、中華慈善総会を通じて贈与式が行われた。

二　貧困脱却モデル建設プロジェクト

近年、中国自体が貧困対策を重要な国策としており、そのことも対中草の根・人間の安全保障無償資金の急速な発展を促す主な要素となっている。中国外交部は日本大使館に雲南省金平県と麻栗坡県のプロジェクトを、中国社会科学院は陝西省丹鳳県プロジェクトを、中国共産党中央対外連絡部は山西省山陽県と鎮安県のプロジェクトを、それぞれ推薦した。これらのプロジェクトにおいて、日本のさまざまな中国駐在経済機関は推薦や仲介の役割を果たし、中国の省、地方、県の政府は申請を整理、提出する役割を果たした。

中日両国は総合貧困対策モデルプロジェクトを共同で実施し、たとえば丹鳳県総合貧困対策プロジェクトは草の根・人間の安全保障無償資金協力によりインフラの最適化、生産技術の条件改善、流通の振興を通じて、丹鳳県の貧困脱却を徐々に支援していった。一九九九年に丹鳳県土門鎮八十河流域総合治水貧困対策、二〇〇〇年には丹鳳県湧峪郷、双槽郷総合貧困支援、二〇〇一年には丹鳳県中日友好技術訓練センター校舎建設、二〇〇二年には丹鳳県桃坪郷双坪河流域総合治水開発などの計画を次々に実施し、丹鳳県貧困地区の人々が真にややゆとりのある生活に向かうために大きく寄与した。これらは丹鳳県に構築された貧困脱却モデル県を中日国民友好の象徴となった（詳細は「日本の対中ＯＤＡの貧困対策分野における協力」参照）。

三　民生インフラ建設

草の根・人間の安全保障無償資金協力は、基層社会における現地住民の福祉向上を目的とする協力方式であるため、十年あまりの実施のなかで、民生インフラ支援も一貫して重点的な分野とされてきた。

在中国日本国大使館は一九九五年と一九九八年に雲南省金平ミャオ族ヤオ族タイ族自治県に二回の草の根・人間の安全保障無償資金を供与し、民生水利施設の建設を行い、貧困地区の人と家畜の飲料水問題を解決した。金平県は中越国境山間地帯に位置し、複数の少数民族が居住する「特別貧困県」である。同地区は、ほとんどがカルスト地帯のため、昔から「山大きく石多く、飲料水は油のように貴重」という言葉がある。人と家畜の飲料水は穴ぐらを作って雨水を溜めるしかなく、飲料水と田畑の灌漑が、生活と貧困脱却の問題を解決する最低限の前提であった。日本大使館は一九九五年十二月六日、金平県に八万四千三百四十四ドルを供与した。金平県プロジェクトは、銅廠郷山に主送水管四千二百六メートル、分岐管一万八千三百十七メートル、大小貯水池二十一ヵ所、十六―二十平方メートルの貯水坑二百四十一本を建設した。百三十四万七元のプロジェクト投資総額のうち日本の草の根・人間の安全保障無償資金は八万四千三百四十四ドル（約六十九万九千六百元）で、地方政府による拠出が四十七万四千三百八十二元、同郷の農民による調達金が五万三千三百四十一元、自己調達資材が十一万二千六百八十四元だった。同プロジェクトの竣工により四十の自然村の九百九十一世帯五千九百八人の飲料水問題が解決された。同時に家畜六百二十八頭の飲み水も解決された。これにより水汲みの負担が大きく軽減されるようになった。一九九八年一月二十三日、日本大使館は金平県に再度、草の根・人間の安全保障無償資金三万六千ドルを供与し、農家に雨水貯水抗を設置した。金平県銅廠郷の飲料水施設の総投資額四十九万三千五百元のうち日本の草の根・人間の安全保障無償資金は三十万千三百元で、現地側自己調達が十九万二千二百元（同郷の農民の労務と原材料費を含む）だった。同プロジェクトにより、十六の自然村に百五十の大小さまざまな貯水池が作られ、百八十四世帯千九十七人と家畜二百六十三頭の飲料水問題が解決され、毎年、水汲み労働日約三万三千百二十一日が節約されるようになった。このプロジェクトの完成により、貧困地区の生活が極めて大きな変貌を遂げ、人々の生活レベルも大幅に向上した。

その他、民生インフラ協力プロジェクトには次のようなものがある。二〇〇〇年七月十一日、草の根・人間の安全保障無償資金から陝西省彬県に七万四千七百五十元を供与し、給水困難と無電力に苦しむ四つの山村に送水管と電線を敷設することで、現地の人々の生活条件を改善した。陝西省山陽県銀花河橋建設計画を支援し、山間地帯の十三の郷と村の交通を結んだ（七万九千八百三十ドル）。鎮安県城新城区大橋路道路建設計画により、重点貧困県である鎮安県の県政府所在地の住民と鉄道職員の日常生活および生産における交通難などの問題を解決した（七万一千三十七ドル）。二〇〇一年十月三十日、草の根・人間の安全保障無償資金七十七万元により、陝西省横山県県政府所在地の水道水供給施設改造プロジェクトを実施し、県政府所在地の四万人以上の生活用水問題を解決した。

四　教育事業への協力、希望小学校の建設

日本は教育立国であり、教育事業は日本では極めて重視されているため、日本政府は中国の教育事業に対する無償援助も、とくに重視している。さまざまな問題を抱える発展途上国として、中国の内陸地帯と沿海地帯の発展状況は極めてアンバランスである。自然条件や歴史的原因などにより、内陸地帯は経済社会発展が立ち遅れており、貧困地区が多い。貧困地区では多くの子供たちが、家が貧しいために中途退学し、学校に通うお金がないばかりか、通う学校がない場合もあり、識字率が低い。立ち遅れた多くの貧困地区が「貧しさゆえに教育の機会を失い、教育の機会を失ったがゆえに貧しくなる」という悪循環に陥っている。貧困問題を効果的に解決し、立ち遅れた地域を振興するには、モノの力だけでなく、ヒトの力も極めて重要な役割を果たす。国民の質の向上を核心とする教育事業の発展は、中国政府の百年の事業の基礎であり、多くの資金投入が必要となる。中国政府は希望プロジェクトなどを通じて、広く各界からの支援を得、立ち遅れた地域の教育状況改善を行っている。

中国政府の発展計画に呼応し、日本のODAの協力の重点は徐々に内陸へ移行しており、中国の教育事業に対して多大な支援を行っている。各種の大規模無償協力プロジェクト（各大学への器材贈呈、北京日本学研究センター拡充、日中人材育成奨学計画など）以外にも、小規模無償資金援助プロジェクトである草の根・人間の安全保障無償資金協力により、中国の貧困地区の教育発展、教学条件の改善において、重要な役割を果たしている。二〇〇五年十二月現在、草の根・人間の安全保障無償資金により中国で実施されたプロジェクトは六百九十九件、約五十

一億円に上る。そのうち、教育分野のプロジェクトは二百九十四件で、対中草の根・人間の安全保障無償資金協力案件の四〇％以上を占めており、日本のＯＤＡが農村の基礎教育をいかに重視しているかを物語っている。これら小規模プロジェクトの実施は、多くの貧困地区の学校にとって福音なのはもちろんのこと、貧困地区の子供たちにとっては、運命が変わるほどのありがたい援助である。次々と校舎が建ち、教学器材が続々と各学校に届けられ、何万もの生徒が、日本国民が学業成就のためにもたらしてくれた恩恵に直接浴している。これらの生徒は大人になったときに、必ずや新世紀における中日友好関係を継承し発展させる大きなパワーとなってくれることだろう。

たとえば一九九七年十二月十九日、日本大使館は湖北省蘄春県に八万七千七百九十三ドルの草の根・人間の安全保障無償資金を供与し、楓柏柳村中心小学校の校舎を建設した。このプロジェクトにより、同小学校の校舎老朽化と過密化が解消され、全村四百十七世帯および近隣六村の高学年の生徒の就学問題が解決された。一九九八年十一月二十七日、日本大使館は、一九九八年に大規模洪水に見舞われた湖北省の三県にそれぞれ三万二百四十五ドルの草の根・人間の安全保障無償資金を供与した。これらの資金と省・県政府の救済金をあわせて以下の三校の校舎を再建した。

黄岡市堵城鎮小学校校舎建設プロジェクトにより、洪水被害にあった約千名の小学生が学校生活に戻ることができた。また、鄂州市第七中学校舎建設プロジェクトにより、洪水被害にあった千六百名の生徒が正常な学業に戻ることができた。陽新県葦源口鎮中心小学校校舎建設プロジェクトにより、洪水被害にあった七百二十名の小学生が学校生活に戻ることができた。

二〇〇一年、日本大使館は草の根・人間の安全保障無償資金九万三千四百二ドルと丹鳳県政府の調達資金により、丹鳳県職業高校を基礎として、職業技術の中堅層を重点的に育成する「陝西省丹鳳県中日友好技術訓練センター」を建設した。

二〇〇二年二月二十五日、中国駐在日本国大使館は国家級貧困県である河北省懐安県に九万三千百七十五ドルの無償供与を行い、柴溝堡鎮の双軌制完全小学校建設を支援した。この学校は建築面積二千二百六十五平方メートルで、十二の教室と第二類学校の標準規定による付属施設と器材設備が配備され、五百二十八名の学生が自宅から近い学校に通えるようになった。

五　生態系保護などのプロジェクト

地理的関係や政治経済などのさまざまな原因により、日本は中国のエコロジーに大きく注目している。両国のエコロジー分野における協力の歴史は一九七〇年代にさかのぼることができ、二十余年の発展を経て、中日両国は生態保護分野においてすでに比較的整った協力体制を構築している。一九九四年五月二十八日、中日両国政府は「環境保護協力協定」に署名し、一九九六年、中国と日本は「中日省エネルギー・環境総合協力フォーラム」を設立、一九九七年九月には「二十一世紀に向けた中日環境協力」が合意に至った。一九九〇年代中期から、日本の対中援助の重点は生態系保護分野に移った。日本の草の根・人間の安全保障無償資金協力もこの方面のプロジェクトを重点的に支援するようになった。

一九九五年の成都市パンダ繁殖センター施設拡充計画、一九九七年の「ＡＰＥＣ持続可能な都市化環境と経済政策セミナー支援計画」、「中国科学技術館環境科学技術普及展示会支援」、一九九九年の内蒙古自治区日中青年砂漠緑化プロジェクト、二〇〇〇年の黄河上流青海省貴徳県生態保護計画などが代表的なプロジェクトである。

特記すべきは、陝西省トキ保護観察ステーションの拡充および宣伝教育館の建設である。一九九八年十一月、江沢民主席が日本を公式訪問した際に発表された三十三件の協力プロジェクトの一つである「日中トキ保護協力」の一環として、日本の草の根・人間の安全保障無償資金は陝西省トキ保護観察ステーションの拡充と宣伝教育館の建設のために約九百万円（七万四千ドル）の資金提供を行った。現在、「日中トキ保護協力」は中日両国友好の歴史の証人となっている。

草の根・人間の安全保障無償資金協力プロジェクトは、中国のすべての省、自治区、直轄市で実施されており、中国の教育事業の発展、農村開発、環境保護、保健医療レベル向上などに大きく寄与している。中国の経済社会の発展と国民生活レベルの向上に大きな貢献を果たしていることから中国各界から高い評価を得ており、同時に中日友好事業と国民感情の良好な発展を積極的に促進している。

5　ODAの中日技術協力

張青松

一九六〇年代初頭から始まった中国と日本の科学技術協力は当初、民間による科学技術交流が主たるものだったが、中日国交正常化以降は、両国政府間で科学技術協力関係が構築され、一九八〇年五月に「中日科学技術協力協定」が署名された。その後、両国の科学技術交流と協力は急速な発展を遂げ、たえず規模が拡大し、さまざまな形態やルートが形成されて官民それぞれが取り組むようになり、中日友好関係の主要な内容の一つとなった。とりわけ応用技術協力における実績は目覚しく、我が国の社会経済発展、科学技術の進歩に積極的な役割を果たしてきた。なかでも日本の対中ODAルートによる技術協力は、中日政府間の科学技術協力を効果的にサポートしており、両国科学研究者の交流と共同研究の促進、中国の科学技術力の向上などに優れた役割を果たし、良好な社会経済効果と喜ばしい成果をあげている。

一　JICAルートの技術協力概要

ODA技術協力は主に日本国際協力機構[37]（元日本国際協力事業団、略称JICA）を通じて行われ、JICAルート技術協力とも呼ばれる。主に人材面で中国側と技術分野の協力を実施しており、重要な基礎分野ではソフト面とハード面を結合させた援助型協力を行い、中国側が抱える困難な問題の解決を効果的に支援している。特筆すべきは協力活動で結ばれた中日双方の「人」が協力を通じて交流するため、より深い意義が協力活動のなかに育まれていることである。

そのため、JICAルートの技術協力は適用性が高く、多形態、ソフト・ハード面の結合、規模とルートの安定性、裨益対象の広範性という特長があり、中日経済技術協力と科学技術協力において独特の役割を果たし、無償資金協力、有償資金協力

（円借款）と並んで日本政府による二ヵ国間経済援助の主な方法となっている。JICAルートの技術協力はまた、中日科学技術協力合同委員会の枠組下にある政府間科学研究協力計画や民間のさまざまな科学技術交流活動とともに、中日科学技術協力の三本柱となっている。

中日政府間におけるJICAルートの技術協力は一九七九年に開始し、我が国の改革開放政策開始後の政府間技術協力ルートとしては比較的初期のものである。国務院は科学技術部（国家科学技術委員会）にこのルートの管理を一任し、二〇〇一年九月、科学技術部国際合作司が政府機関の機能をさらに対応させるため、中日政府間のJICA技術協力の日常的な事務管理機能を中国科学技術交流センターに移し、交流センター内にJICAプロジェクト弁公室を設立した。以来三十余年、中日双方の努力により、中国と日本のJICAルート技術協力は大きな発展を遂げ、すばらしい成果をあげ、多形態かつ幅広い分野の協力と交流の枠組みを形成してきた。

中国と日本のJICAルート技術協力は、研修生の訪日受け入れ、日本人専門家派遣、青年海外協力隊派遣、器材供与、プロジェクト方式技術協力、開発調査などのスキームに分かれる。二〇〇四年度末現在、累計供与金額は一千五百五億円、研修生受け入れ一万六千八百三十九人、専門家派遣五千三百七十六人、青年海外協力隊五百七十七人（シニア協力専門家を含む）、機材供与二百五十七億二千九百万円、プロジェクト方式技術協力六十五件、開発調査二百十一件となっている。このほか、一万人以上の青少年に奨学金を給付してきた。

1.　研修生受け入れ

中国の国家建設に従事する技術者や政府職員などの中堅層を研修生として受け入れ、日本側政府の実験・研究機関、大学、民間企業などで研修を行っている。研修生は帰国後、当該研修分野における技術移転の促進に重要な役割を果たす。この他、JICAの各協力事業を有機的に結びつけるため、各分野の専門家派遣、プロジェクト方式技術協力、開発調査、無償資金協力、青年海外協力隊などの実施に際し、中国側が配置したカウンターパートの専門家も受け入れている。研修方法は、発展途上国の開発に関する共通の課題を研修テーマとし、各国から関係者を募集し研修を実施するもので、研修期間はテーマにより一週間から数ヵ月までとさまざまである。長期研修は主に、日本の大学等で修士号や博士号を取得する。二〇〇四年度末現在、中国から派遣された研修生は一万六千八百三十九人に上っている。

2.　専門家派遣

中国政府の要請により、日本の専門家を中国の政府機関、学校、実験・研究機関に派遣し、中国側技術者と共同で調査、研究、技術指導、普及活動、セミナーなどを行う。日本はこれまで中国に五千三百七十六人の専門家を派遣してきた。現在、中国向けの専門家派遣枠は毎年平均七十人だが、中国側の専門ニーズと日本側が派遣可能な専門家の分野にずれがあることなどから、実際には毎年約三十人が派遣されている。

3．器材供与

日本の専門家、青年海外協力隊および日本で研修を終了し帰国した中国側技術者の業務を支援するため、さまざまな器材が供与されている。これら供与器材は、無償協力的な性質のものであり、これまでの累計供与額は二百五十七億二千九百万円である。

4．プロジェクト方式技術協力

人材育成、技術普及などを目的として、中国側機関と共同で技術協力プロジェクトを実施するもの。プロジェクト方式技術協力は主に社会開発、環境保護、保健医療・家族計画、農林水産、鉱工業、エネルギー、産業開発などの分野で行われている。この事業の特徴は機関を設置することであり、中日野菜研究センター、新疆ウイグル自治区草炭利用による荒漠地緑化協力研究プロジェクトなどがその例で、協力期間は通常五年である。これまでに六十五件のプロジェクト方式技術協力が実施されている。

5．開発調査

日本側が資金と技術を提供し、ソフト面の課題研究を行い、中国政府の公益性開発計画制定に協力するもので、コンサルタントを中心とする調査団派遣や開発の青写真作りを通じて開発調査の結果を報告書にとりまとめ、中国政府にこれを提出し、政策決定の基礎資料とする。その他、調査の結果によっては、開発調査は中国と日本または国際機関などの資金協力プロジェクトにつながる可能性があるため、総合技術協力と資金協力の重要な協力方法の一つとなっている。開発調査には主にマスタープラン調査、フィージビリティー調査、基礎データ作成調査、実施設計調査、セクタープログラム開発調査などが含まれる。通常、供与金額は一億—五億円で、一—三年を期限とする。比較的よく知られているものとして、貴州省猫跳河流域環境総合対策計画調査や貴陽市大気汚染対策計画調査などがある。これまでに日本側は調査員一万人あまりを派遣し、二百十一件の開発調査プロジェクトを実施した。

6．ボランティア事業（実用技術）

青年海外協力隊はＪＩＣＡの実施するＯＤＡ事業の一つであ

る。日本青年海外協力隊（青年ボランティア）は一九六五年に発足し、日本政府の開発援助計画を実施するJICAの重要な事業となっており、発展途上国の地域社会経済や文化の発展を促すことを目的として、技術や技能を有する青年ボランティアを無償で派遣している。一九八五年十月、在中国日本国大使館と中国国家科学技術委員会（現中国科学技術部）は、それぞれ本国を代表して「中華人民共和国日本青年海外協力隊派遣協定」に署名した。一九八六年十二月中国国家科学技術委員会の要請を受け、中国に向けた第一陣の青年海外協力隊員四名が北京に到着し、青年海外協力隊の対中派遣が幕を開けた。以来三十余年、彼等の足跡は中国二十八の省・自治区・直轄市に及び、各自の技術と才能を発揮して対象地域の社会と経済の発展に寄与し、両国国民の真心をつなぐ友好の架け橋となっている。二〇〇三年四月、日本は中国にシニア海外ボランティア（四十—六十九歳。青年海外協力隊は二十—三十九歳）の派遣を開始し、その技術や経験を生かして人材養成、技術移転を行い、発展途上国の国家建設に協力している。二〇〇四年度末までに日本の派遣した青年海外協力隊員は五百七十七人（シニア海外ボランティアを含む）に達している。

7．草の根技術協力事業

草の根技術協力事業は日本国内のNGO、地方自治体、大学等が長期にわたり蓄積してきた経験と技術を活用してプロジェクトを提案し、発展途上国の国民の生活レベル向上を目的として、JICAが実施を支援する国際協力事業である。草の根技術協力事業は二〇〇〇年に開始され、草の根協力支援型、草の根パートナー型、地域提案型の三種類がある。地域提案型は、両国の地方政府、地方自治体間で実施されるもので、草の根協力支援型は主に国際協力の経験が少ない団体、草の根パートナー型は国際協力の経験が豊かな団体が実施し、プロジェクトの事業費上限は一千万—五千万円である。施設建設に重点を置く草の根・人間の安全保障無償資金協力と異なり、草の根技術協力事業では人的交流と人材育成に重点を置いている。そのため専門家派遣や人材研修がプロジェクト予算のかなりの部分を占める。日本側は二〇〇三年度に対中草の根技術協力を開始した。

中国では急速な社会発展にともない、日本の豊富な経験を活用して、環境保護、省エネ、感染症対策、都市部と農村部の格差縮小、貧困対策、国際化に対応した制度の構築と整備等を強化することが必要となっている。そのため日本と中国は中小企業振興や企業改革を模索して、瀋陽と杭州を「モデル都市」とし、中小企業振興、住宅金融制度改革の支援、大型ダム水路建設計画環境アセスメントなど、建設政策決定に影響をもたらす調査計画を展開した。日本はこのほかにも中国と協力して酸性雨、生態系など、地球環境に関わるテーマ研究を行い、結核、エイズなど感染症対策に関する研究も行った。環境管理強化においては、無償資金協力を通じて、重慶市、貴陽市、大連市およびその他百都市の環境情報ネットワークシステム構築を支援した。水資源管理では、日本は水利人材養成プロジェクト、大型灌漑区節水灌漑モデル計画を実施した。大気汚染対策としては、遼寧省、山東省、貴州省などで石油化学工業排ガス処理技術、石炭工業環境保護保安研修センター、貴陽市大気汚染対策開発調査を実施し、水質汚染対策としては江蘇省で太湖水環境修復モデルプロジェクトを実施した。

この他、日本は中国の貧困地区における貧困脱却事業でも果たすべき役割を果たしている。日本が実施した貧困層教育、貧困地区保健医療、社会福祉施設建設などの事業は、貧困地区の貧困脱却に積極的な役割を果たしている。二〇〇六年十二月に実施された中日技術協力「雁門関生態環境回復および貧困緩和プロジェクト」もその一例である。安徽省ではプライマリー・ヘルスケア技術訓練センターを整備、北京では予防接種強化事業、陝西省、甘粛省、雲南省、四川省、河北省、チベット自治区、寧夏回族自治区などでは百億元近い教育環境改善協力計画を実施し、また、全国の大部分の食糧の主要生産省において、食糧増産計画や農業技術普及システム強化計画などを実施した。

二　ＪＩＣＡルートの技術協力の成果

ＪＩＣＡルートによる日本の技術支援は、中日友好協力関係を強化するうえで一定の役割を果たしているとして、中国の政府、専門家、関連機関から十分に認められている。過去二十余年、中日両国政府および関連機関、関係者の努力のもと、ＪＩＣＡルートの技術協力は農業、水利、環境、エネルギー、交通、保健衛生、技術管理等の分野において、多大な成果をあげてきた。

1．中国リハビリテーション専門職養成プロジェクト

医療、健康分野では、周知の中日友好医院プロジェクト（初期のＪＩＣＡルート技術協力プロジェクトの一つ。病院の建設から運営、研修生の日本派遣など、全方位の支援を実施）以外に、中国リハビリテーション研究センターも中国に大きな影響をもたらした技術協力プロジェクトである。同センターは、中国障害者連合会直属の部門であり、日本政府の無償資金協力[38]により一九八八年十月二十八日に完成した国内最大の近代的な障害者リハビリ施設である。障害者の全面的リハビリ、リハビリ科学技術研究、リハビリスタッフ育成、情報・社会サービスを行う総合リハビリテーション機関であり、技術資源センターでもある。一九八六―一九九三年、中国リハビリテーション研究センターの建設から運営、人材育成に至るまで、中日両国はＪＩＣＡを通じて全面的な協力を展開した。中国には六千万人以上の障害

者がいるが、理学療法・作業療法の専門スタッフが不足している。これに対し二〇〇一年―二〇〇六年、JICAはリハビリテーション専門職養成、理学療法・作業療法の教育制度および資格制度を目的として、詳細カリキュラムの設定、技術面の指導と養成、医療専用器材の供与など、多方面にわたる協力を行い、我が国初のリハビリテーション専門の四年制大学本科（理学療法専攻と作業療法専攻）を設置し、我が国のリハビリテーション医学教育が国際レベルに対応するための基礎が築かれた。

2．中日協力中国水利人材養成プロジェクト

中日協力中国水利人材養成プロジェクト（二〇〇〇―二〇〇七年）は、水利部と日本国際協力機構（JICA）が共同で実施した政府間プロジェクト方式技術協力で、過去に水利部が実施した対外協力人材養成プロジェクトのうち、規模、対象専門分野ともに最大であり、水土保持に関する人材養成はそのなかの協力分野の一つ。二〇〇〇年以来、中日双方は水土保持関連の法律法規、行政管理、プロジェクト管理、対策、モニタリング評価などについて意見交換し、これらについて、水資源管理、水土保持、人材育成管理、建設管理などの研修コースを実施した。研修対象者は水利部の七大流域における機構、専門機関、水利大学、省・直轄市・自治区の水利庁（局）の関連分野などの技術幹部と管理幹部で、中日協力中国水利人材養成訓練プロジェクト実施以来、水利部の事業に関連した人材育成、中国側のカウンターパート専門家の訪日研修、水利人材資源のキャパシティビルディングなどにおいて著しい効果をあげた。二〇〇四年十二月現在、養成対象者はのべ二千三百七十一人、間接養成対象者はのべ一万五千人に達し、水利管理スタッフおよび技術スタッフの知識レベル向上、水資源の持続可能な発展に貢献した。二〇〇五年一月、日本国際協力機構は、専門家評価団の過去四年半の実施状況について合同評価を行い、二年半の延長を決定した。

3．新疆天然草地生態保護と牧畜民定住プロジェクト

二〇〇五年六月、中日政府間の技術協力プロジェクト「新疆天然草地生態保護と牧畜民定住プロジェクト」が開始し、新疆草地生態保護利用工程センターも同時に活動を開始した。プロジェクト実施機関は五年で、総費用は二千百七十万元。うち日本国際協力機構の無償資金協力が二千万元で、自治区側調達が百七十万元だった。同プロジェクトは、天然草地の保護と利用、人工牧草基地の建設と利用、新疆牧畜民定住の生産・生活方式に重点を置いた技術モデルを展開し、牧畜民の定住を中心に貧困対策開発と生態系保護の新たな道を探るものである。プロジェクト実施期間に、昌吉州昌吉市とアルタイ地区富蘊県にそれぞれ天然草地生態保護と牧畜民定住モデル地区を構築し、新疆

の草地管理、牧草生産栽培の専門スタッフを養成した。また、プロジェクト実施の質を保証するために、プロジェクト実施機関「新疆草地生態保護利用工程センター」を設立した。センターは新疆牧畜科学院と新疆農業大学に委託し、専門家アドバイザーグループおよび技術開発部門を設置、専任・兼任の研究者計三十七人を配備した。

これは新疆と日本国際協力事業団による五件目の科学技術協力プロジェクトである。それまでに双方は「ウルムチ地下水開発計画」「新疆アルタイ地域資源開発調査」「新疆トルファン盆地における持続的地下水資源利用調査」「草炭利用による荒漠地緑化技術協力」を合同で実施しており、日本側の累計投入資金は十六億円に達している。

4．四川省森林造成モデルプロジェクト

中日技術協力四川省森林造成モデルプロジェクトは中日両国政府が署名した日本側の協力プロジェクトで、二〇〇〇年七月一日、四川省涼山州西昌市、喜徳県、昭覚県において開始した。プロジェクトは五年間実施され、育苗、森林造成に関する人員養成、地域の小規模開発プロジェクトなどの事業が順調に進み、各年度の目標と任務は滞りなく達成された。プロジェクトは実践を通じて、高海抜、乾燥炎熱気候の河谷地域の自然環境と社会条件に適した育苗技術および水土保持を目的とする複数種樹木混合造林技術の開発に成功した。とくに、プロジェクトにより普及された底なし栄養ポット育苗が、それまでの底あり栄養ポット育苗にとって代わったことで、苗木の質が著しく向上し、苗木の根づまりが解決され、活着率が向上した。またプロジェクトを通じて多くの研修や宣伝が行われ、プロジェクト管理スタッフと技術スタッフが多数養成された。とくにプロジェクトの工夫を凝らした地域レベル別研修方法により、プロジェクト対象地域の住民の植樹造林と森林保護に対する参加意識が高まった。前期協力の協議は二〇〇五年六月三十日に終了した。新たな協議により、プロジェクトは二〇〇七年十月三十一日まで延長され、プロジェクト延長期間中、中日双方の専門家はそれまでに得た成果の普及と貧困対策プロジェクトの開発に尽力することとなった。

5．中国鉄鋼業環境保護技術向上プロジェクト

近年来、中国経済の急速な発展にともない、大気汚染の問題が日々深刻化している。大気汚染のもっとも主要な原因はエネルギーの利用方法と燃焼方式が極めて旧式なことであり、中国のエネルギー利用率はかなり低く、先進国と比べてエネルギー消費量は明らかに高すぎる。中国の鉄鋼業は目下、エネルギー消費技術改善と環境保護技術面の経験が著しく不足しているため、日本の重化学工業における大気汚染対策の経験と技術を学

ぶことを強く願っている。二〇〇二年九月一日、鋼鉄研究総院とＪＩＣＡは冶金燃焼環境保護・省エネプロジェクトを合同で実施し、中国への日本側専門家の派遣、設備器材の提供（燃焼実験と測定分析用設備器材、工場測定用設備器材）、日本側による中国側研修生の受け入れなどを実施し、鋼鉄研究総院内に設置された冶金燃焼環境保護・省エネルギー技術センターを通じて、燃焼技術改善能力の向上、排気処理技術の習得、工場燃焼・環境診断技術の習得、冶金燃焼環境保護・省エネ技術の普及などを実施した。双方の五年間の協力により、省エネ・環境保護技術普及のための制度が確立し、これら先進技術が普及され、中国側の大気汚染対策へのさらなる取り組みが推進された。

6．中日友好大連人材育成センター

中日友好大連人材育成センターは日本政府による対中無償資金協力の中日両国政府間の協力プロジェクトで、二〇〇六年四月十五日に成立した。その目的は大連市を中心として、大連に進出している日本の一〇〇パーセント出資企業、または日系企業と取引のある中国企業の中国人スタッフや、日系企業への就職希望者を対象に研修を行い、同センターを通じ、大連市ならびに周辺地域の経済発展に寄与し、中日関係の経済的連携をさらに強化することにある。同センターは大連市科学技術局所属の独立法人で、大連交通大学（前身は大連鉄道学院）など、大連市の大学四校の協力を得ている。ＪＩＣＡは経営管理、生産管理、ソフト開発とプロジェクト管理、実用日本語など四つの主要分野の専門家を派遣し、センターの運営に技術協力を行っている。協力期間は三年である。

新たな情勢とニーズに基づき、中国は「国家中長期科学技術発展計画綱要」を制定した。今後十五年の我が国の科学技術事業の指導方針として、「独自のイノベーション・重点的飛躍・発展支援・未来志向」を打ち出している。国家のイノベーション体系構築を加速化するためには、国外の先進技術を導入すると同時にそれらを消化・吸収してそれに基づくイノベーションに注力し、国際協力を国内発展のニーズと密接に結びつけなければならない。このためＪＩＣＡルートの技術協力は、この原則と方針に基づき展開しなくてはならず、その中国の経済発展に対する役割は依然として重要な意義を有しており、今後相当長い期間、我々が利用できる重要な国際協力資源であり続けるだろう。

6　黒字還流借款

張青松

一九七九年に中国が対外開放政策を実施して以来、中国と日本の経済貿易交流と金融業務活動は日増しに盛んになり、とくに日本政府からの借款は大きく増加した。中国の利用する日本政府借款には、日本海外協力基金の借款、すなわち、いわゆる日本のＯＤＡによる有償資金協力以外に、日本の「黒字還流」借款も含まれる。「黒字還流」借款は日本のＯＤＡ有償資金協力の有機的な構成要素である。

日本政府の「黒字還流」借款は、特定の国際背景のもとで生まれた特別借款である。その名の示すとおり「黒字」とは貿易黒字であり、日本政府が貿易黒字の一部を拠出し発展途上国に還元するＯＤＡ優遇借款のことである。一九八〇年代以来、日本の対外貿易黒字は年々大幅に増大し、日本が貢献すべきだという国際圧力も高まっていった。一九八七年のベネチア・サミットにおいて日本の中曽根康弘首相は、三年間で貿易黒字から二百億ドルを拠出し発展途上国に優遇借款として供与する「黒字還流計画」を発表した。発展途上国の輸出産業の発展を促し、国際貿易収支のバランスをとることを目的とし、借款対象は、主に中国、インドなどの発展途上国と地域であった。

日本政府は一九八八年と一九九四年に中国政府に合計千四百億円の「黒字還流」借款を実施したが、日本政府による対中有償資金協力全体に占める黒字還流借款の割合は極めて小さく、しかも二回の実施で終わってしまった。しかし、日本の他の有償資金協力が主に交通運輸、港湾、水利、通信といった経済インフラや環境対策などの大型プロジェクトであったのに対し、黒字還流借款は輸出型企業の輸出による外貨獲得能力の増強にターゲットがしぼられており、中国がそれまで貫いてきた輸出志向戦略と合致し、多くの輸出型企業がこの融資を利用することができたため、中国の貿易企業の発展と拡大に積極的な役割を果たし、実質的に改革開放の歩みを速めた。そのため「黒字還流」円借款は中日経済協力のなかでも特殊な意義を有していた。

　改革開放初期、長期にわたり計画経済体制下にあった中国の経済発展は立ち遅れており、「預金不足」「外貨不足」だけでなく、「技術不足」といった問題を背景に、外国企業の直接投資導入、貿易拡大、国外融資利用、外国技術導入などは我が国の対外開放政策の重要ポイントとなっていた。しかし当時、外資導入のルートはけっして多くなく、国際融資の道はさらに限られていたなか、日本は早い時期から対応し、中国に借款を供与した。黒字還流借款を含む日本の資金はある程度、建設資金不足を補塡し、投資拡大を促進した。

　日本は中国に黒字還流借款を実施することにより、巨額の貿易黒字に対する国際圧力を緩和できただけでなく、そこには当然、経済協力によっていくつかの外交目的の達成を試みるという大きな戦略的背景もあった。一九八〇年代、日本の外交における中国の地位は大きく高まり、中日関係は「日本の外交の重要な柱」の一つとなった。世界経済における日本の地位の高まりにともない、日本は積極的に政治的発言権を拡大しようとした。そのため日本は一方では「日米同盟」によってソ連を政治的にも軍事的にも抑えこみながら、同時に「中日友好」によって対米関係における地位も高めていった。さらに、中日関係は日本のアジア外交の基礎の一つで、良好な中日関係はアジアの平和に資するものであり、また対中経済協力を強化することにより、日本企業が中国市場にいち早く乗り込むための環境作りもできたのである。

　中日両国政府の借款協議は、この融資を主に軽工業、繊維、原材料、農業の四つの産業の輸出外貨獲得企業の技術改革と輸出拡大などに用いる、と定めている。一九八八年、日本政府は中国に黒字還流借款一千億円（七億ドルあまりに相当）を供与し、うち日本海外経済協力基金からの借款は七百億円[39]で、対外経済貿易信託投資公司から対象企業に転貸された。日本輸出入銀行からの融資は三百億円で、中国銀行から対象企業に転貸された。一九九四年、日本政府は我が国に第二次黒字還流借款、四百億円[40]を供与した。これらの借款は、輸出能力のある既存企業の技術改革、製品の品種増加、質の向上、外貨獲得能力の拡大を中心として、すべて中国の輸出製品拠点の整備に用いられた。日本の「黒字還流」借款は条件つきであったが、調達条件は比較的緩やかで、自己調達が可能であり、調達方法も比較的多様だった。

　中国企業がより有効にこの借款を運用できるよう、中国政府は黒字還流借款プロジェクトに税制上の優遇政策をとり、「黒字還流」借款が中国の輸出外貨獲得に果たす役割をさらに促進した。一九八八年六月三十日、国家税関総署は「日本の『黒字還流」借款を利用して輸入される機械設備に対して、国務院は企業技術革新プロジェクト内輸入機械設備として優遇税制措置をとることを承認した」と発表した。これは、沿海開放都市と沿海経済開放地区のプロジェクトが輸入する機械設備の輸入関税と増値税を免除し、その他の地区のプロジェクトで輸入される機械設備は法定税率を半減して課税するというものである。融資対象企業は購入契約の締結後、対外経済貿易部（貸款局）の署名で発給する「黒字還流」融資証明書と輸入契約書により、税関部門で税の減免申請ができた。

一九九五年、青島東洋自動車ラジエーター有限公司（以下、「東洋公司」と略称）による日本のチューブラ式アルミ製ラジエーター導入プロジェクトは、日本政府の「黒字還流」借款および国際商業借款など、七億六千万円を借り受けた。このプロジェクトは一九九六年着工、一九九八年一月に竣工、生産開始となり、同年に生産目標を達成し、良好な経済効果と社会効果をあげた。日本の「黒字還流」借款および第一勧業銀行の円借款の利子は平均三・九％で、当時の中国国内銀行の中長期融資の利息より八・五ポイント低かったため、償還期間内に、利子による支出を約七億円（人民元換算で五千万元あまり）削減することができた。この他、このプロジェクトは日本の「黒字還流」借款を利用しているため、この種の融資により設備導入する際の中国の輸入関連税の減免制度も適用され、輸入設備総額の二六％の輸入関連税、約一億円（人民元換算七百五十万元）が減免されたが、これはプロジェクト投資額の七・五％削減に相当した。東洋公司は外債借入れ優遇条件を十分に把握し利用したため、プロジェクト投資コストを効果的に削減し、プロジェクト投資利益を効果的に増大させた。借入れた円借款は二〇〇〇年一月から償還を開始し、二〇〇五年七月には期日通りに全額償還した。

日本の黒字還流プロジェクトにより、中国企業の資金不足が効果的に補填され、中国企業の総合力が実質的に増強され、中国の経済建設が促された。その一例として、安徽省は一九八八年から日本の「黒字還流」借款九百九十八万ドルを借り入れ、六つのプロジェクトを実施し、一九八八年、一九八九年に対外経済貿易信託投資公司と転貸手続きをとり、建設資金不足を緩和しただけでなく、基礎産業とインフラ建設を加速化し、大量の先進技術と設備を導入し、プロジェクト対象地区と関連機関の教育、管理改善、国際市場への進出、安徽省の経済開放度拡大を実現し、著しい経済、社会効果をあげた。一九八八年、浙江省の普陀海洋漁業集団公司は中国対外経済貿易信託投資公司を通じて、日本の「黒字還流」借款十五億円を融資期限十年、年利三・五％で借入れ、これは人民元換算で七千三百四十二万一千四百元に相当した。普陀海洋漁業集団公司はこの融資以外に、国内の銀行からもプロジェクト向け財政融資三千三百九十五万六千八百元を借り入れ、鋼鉄製漁労汽船十九隻、オイルタンク一基、埠頭一カ所を建造した。

黒字還流プロジェクトは、インフラ整備、環境と経済の調和のとれた発展を推進した。新疆巴音郭楞蒙古自治州は一九八九年に日本の「黒字還流」借款二億四百万円で荒漠地帯を農地化して綿花を栽培し、国内綿花生産拠点の一つとなり、現地経済環境ならびに社会環境の改善を促進した。中国の著名な家電メーカー澳柯瑪（オークス）は一九九〇年代から無フロン化代替プロジェクトに取り組み、一九九七年には十一億八千万円の黒字還流割引融資を受け、自己調達資金をあわせて、既存技術に国外技術を導入し、設備改造とフロン化代替材料の運用に取り組んだ。中国政府の定めた最終期限より五年早い二〇〇〇年、澳柯瑪の無フロン化改良はすべて終了した。国家環境保護総局主催の中国第一回「オゾン層保護貢献賞」を受賞し、澳柯瑪の製品は今や北米、ヨーロッパ、日本などの先進国を含む百以上の国と地域に輸出されている。

黒字還流借款により、構造調整、技術進歩、産業の高度化が促進され、中国の経済建設の速度が早まり、国際競争力を有する企業が大きな利益を得たのみならず、世界の舞台における中国の影響力も拡大した。たとえば中国のニット製品のトップメーカー、即発集団は一九八〇年代に世界のアパレル消費が純綿ニットに転換している潮流を敏感につかみとり、純綿ニット製品生産に乗り出したが、この重大な転換期に、四十五万ドルの「黒字還流」借款と国家の軽工業製品・繊維製品輸出に対する六百五十万元の資金援助を受けた。同社は引き続き日本の伊藤忠、双日、トーメンなど、著名企業の投資協力を導入した。資金、技術、管理が同時に投入されたため、即発集団はすみやかにハイレベルの生産ラインを構築することができた。いま、即発集団は日本の双日、東レ、トーメン、豊田通商、伊藤忠、丸紅など六社を含む世界のトップ企業五百社と合弁を行い、紡績、織布、染色・仕上げ、刺繍・プリント、縫製、梱包副資材など、一貫生産によるニット産業チェーンを徐々に形成して、年産一億五千万着、二〇〇六年の販売収入は三十一億八千万元に達した。このようななかにあって、即発集団は世界の多くの著名企業から支持を得て、単純な貿易協力関係から、資産と市場を架け橋とする戦略パートナーシップへと転換しつつある。国際市場開拓においては、同業他社に先駆け、品質マネジメント国際規格ＩＳＯ９００１、環境国際規格ＩＳＯ１４００１の認証を取得し、その一方で海外に貿易会社と事務所を開設し、世界の卸売業者、スーパーマーケットチェーン、エージェントの協力により、世界市場を拡大している。

黒字還流借款により、中国の対外交流、とりわけ日本との交流が増進され、管理レベルが向上し、市場経済につながる人材が育成された。中国は黒字還流借款の導入プロセスのなかで、さまざまなレベルのプロジェクト管理機関を設立し、さまざまな段階、内容の研修、講座、学習、経験交流を通じて、業務に精通し、国際プロジェクトの経験豊富な管理スタッフを育成した。プロジェクトの評価、視察、導入、研修等において、多くのプロジェクト機関の中国側関係者が日本その他の国々へ視察に訪れ、視野を広げ、世界を知った。国外のビジネスマン、技術者を数多く招き、技術を導入したプロジェクトも多い。国際交流の増加により、ある面では中国経済建設の発展、中国の対外開放、市場化の進展が促進されたのである。

日本にとっては、日本政府のその他の対中借款と同じく、黒字還流借款の借款プロジェクトの実施により日本の対中交流が促進され、多くの日本人がこの政府借款を通じて中国と交流を開始し、中国に対する理解を深めた。同時に国際社会における日本のイメージを打ち立て、その国際的地位を確かなものとした。さらに重要なことは、プロジェクトの実施を通じて、日本はプロジェクト評価団による評価、コンサルタント業務、中国側の提供する情報資料により、中国の政治、経済、社会等に関する重要な情報を合法的に入手し、日本企業の中国市場への参入、対中投資・対中輸出の拡大、中国市場の占領、生存空間作りの条件を整え、重要かつ実行可能な選択のチャンスを得たということである。

黒字還流借款などの形態による経済協力は、日本の日々深刻化する国際収支不均衡を緩和し、貿易摩擦を解消し、調和のとれた外部空間を生み出した。国際貸借による国際収支調節は、世界各国が普遍的にとる方法である。一九八〇年代以来、日本は巨額の国際収支黒字を抱え、「資金還流計画」の実施により発展途上国に低利優遇借款を供与し、国際貿易の収支均衡を実現した。これらの措置は、日本が国際圧力を緩和し良好な国際発展環境を作り出すうえで、優れた役割を果たした。ここで言及すべきは、日本政府が黒字還流プロジェクトによって新たな貿易のチャンスを生み出したことである。たとえば一九八八年山東省高唐県のニット工場は日本の「黒字還流」借款により技術革新を行い、日本製漂白染色設備、西ドイツ製シングル丸編機、高速ゴム編機など百七十六台（セット）を導入した。一九九四年二月、中国銀行濾州分行は長江起重機工場に日本政府の「黒字還流」借款五億四千四百万円を転貸し、同工場はこの融資によりイタリア、米国、日本、フランスなどからNC加工設備、放電加工設備、鋼材前処理生産ラインなどを購入した。

中国の大部分の黒字還流借款プロジェクト運営状況は順調で、比較的良好な経済効果と社会効果をあげた。たとえば、中国対外経済貿易信託投資公司は、対外貿易経済合作部（現商務部）の委託を受け、一九八八年九月から、合計六百八十億円の「黒字還流」借款を転貸した。この借款によるプロジェクト事業者は二百八十社、主に繊維、原材料、軽工業、農業等の産業に用いられ、プロジェクトは中国の三十六省・市・自治区・計画単列市に及んだ。プロジェクトの進展は順調で、元利金返済も一貫して正常に行われ、中国対外経済貿易信託投資公司は毎年二回、日本側に利子を支払い、その累計金額は三十億円あまりに達した。また日本海外経済協力基金に対し、規定の各種報告書を提出した。現在、ほとんどのプロジェクト機関は元本の償還を始めており、十二社が償還を終了した。

しかし中国の黒字還流借款利用において、いくつかの問題も生じた。たとえば、一部の地方ではプロジェクトを獲得することのみに目を奪われ、対応力、プロジェクト自体の償還能力、プロジェクト実施プロセスにおける管理監督を軽視したために、実施期間にプロジェクト関連資金と融資資金が投入されず、プロジェクトの実施と企業の生産が困難に陥った。たとえば山西省の薬用ガラス瓶工場は、日本の「黒字還流」借款によるプロジェクトを実施したが、器材の輸入代理店が適時に借款協定を履行しなかったために工期が遅れ、しかも国内調達資金も全額は投入されなかったため正常な生産活動が不可能となり、一九九七年に生産停止した後、器材は放置されたままとなった。一部の企業は外貨やレートのリスクに対する検討が足りず、プロジェクトのリスク評価が不十分であったため、一度市場に変化が起き、初期の利益があがらなくなるや、たちまち償還が困難になった。たとえば周口ケーブル工場のプロジェクトでは、生産開始後、各地で同じようなプロジェクトが続々と始まり、市場競争が激化し、供給過剰となり、しかも原料を主に国外から輸入していたためにコストが高くつき、所期の目的を達成できず償還困難に陥った。現在、このプロジェクトに供与された日本の「黒字還流」借款七百万ドルあまりは返済が滞っている。北京市でも十一件の「黒字還流」借款によるプロジェクトの返済が滞っている。

黒字還流借款は、中国での運用に多少の問題があるものの、総じていえば成功を収めている。この黒字還流借款は、中日政府間の資金協力のなかで、何ものにも代えがたい重要な役割を果たしている。中国は黒字還流借款によって多くの重点プロジェクトを実施し、建設資金不足をある程度緩和できた。「黒字還流」借款は、中国の経済発展、改革開放の加速化、投資環境改善、国民の生活レベル向上に重要な役割を果たし、両国の経済貿易協力拡大、両国国民の友好などにおいても特殊な役割を果たしている。

7　対中ODA停止により日本が失うもの

邢雪艶

日本の対中ODAは、特殊な政治歴史の背景のもとで日本が中国に実施した経済開発援助であり、同時に、日本自身が発展するために必要なものでもあった。二十数年来、ODAは中国の社会経済発展を推し進める重要な役割を果たしてきたが、日本の政治経済などもこれにより多くの利益を得た。しかし冷戦後、ODAの政治化傾向は日増しに顕著になり、日本政府はODA四原則(42)を公表し、政治、安全保障、経済以外の要素を原則方針あるいは重要指標として経済開発型ODAに導入し、ODAを日本の政治、安全保障戦略のニーズとイデオロギーの価値基準にしたがわせた。この影響を受け、中国と日本の間にはたびたび「円借款摩擦」が起きた。二十一世紀に入り、新たな対中借款協定の金額は著しく減少した。このような背景のもと、日本政府は二〇〇四年から、対中ODA停止に言及するようになった。二〇〇五年四月、両国外相は北京で会談し、二〇〇八年北京オリンピックまでに借款を停止する計画について、口頭で合意に達した。円借款はODAの主要な部分で、ODA総額の九一％を占めるため、円借款の終了は、基本的に日本の対中ODAの終結を意味する。これにより、日本の対中ODA停止がついに歴史のタイムスケジュールに組み込まれることとなった。

日本が一方的に対中ODAを打ち切ることは、信用状況の良好な債務国を一つ失うことになるだけでなく、両国間の貿易、エネルギーなどの分野において、日本経済にもある程度損失がもたらされる。同時に、日本の国際的名声も損なわれ、日本の政治大国化の実現にマイナス影響がもたらされる。

一　日本の対中ODA停止が日本経済にもたらす影響

戦後、先進国が経済協力を通じて発展途上国に供与してきた

ODAが、発展途上国の社会経済発展に役立ってきたことはもちろんだが、それは同時に先進国自体の発展にも必要なことであり、けっして先進国が発展途上国に一方的に恩恵をもたらしていたわけではない。日本が対中ODAを開始したのは、主に中国市場の開拓という経済的ニーズ、対中関係の安定という地政的ニーズ、戦争賠償を放棄した中国に対する補償的心理の三つの動機に基づくものである。二十余年来、ODAは中国のインフラ建設の加速化と経済発展の促進に積極的な役割を果たしてきたが、けっして中国側だけにメリットがあったわけではなく、ウインウインという特長を備えていた。対中円借款は日本にも少なからざる経済利益をもたらした。その主なものとして、①日本の対外協力はタイド援助条件が付帯されていることが多く、日本企業の製品を調達しなくてはならない。これによりODAは、日本企業の輸出市場拡大を直接促進する役割を果たした。②円借款で行うインフラ整備が、日本企業の中国市場進出の足場の役割を果たした。③日本経済のバブル崩壊後十余年、破綻の危機に瀕していた多くの日本企業が日中資金協力により起死回生を果たし、中国市場の発展と対中輸出が日本経済の助けとなった。だからこそ、日本の対中ODA停止は日本経済の発展に支障をもたらすと思われるのである。

日本は対中ODAの停止により、まず、信用状態の良好な債務国を一つ失った。円長期借款を受けている国のなかで、中国の償還の信用はどの国より良好である。日本が他の発展途上国に供与した借款の多くは、政治的混乱や経済難のために償還不能に陥っている。しかも、日本の銀行はほとんどゼロ金利であり、資金を日本で眠らせておいても利益はなく、中国に貸すことは、名誉も利益も手に入る選択肢なのである。実際、対中経済援助の九〇％以上が有償援助であり、総額三兆三千億円の経済援助のうち三兆円は有償であり、けっして一方的な無償援助ではない。当初、ヨーロッパのある人が「日本の対中経済援助は、援助とは呼べないものだ」と語った。円借款の使用に関して、中国は「優等生」である。日本の関連省庁は中国の円借款使用について「利用状況は信頼でき、問題ない」と評価しており、規定どおりに借款の利子を支払い、掛け値なしで元本を償還し、レート変動による損失も負担している中国は、もっとも優秀な「借入者」「金融取引相手」である。一九九〇年代から、中国の円借款は償還期に入った。統計によれば、中国はこれまでに元利累計一兆五千億円を償還している。[43]近年、日本は対中経済援助を大幅に削減し続けているが、中国の償還した金額は、日本が中国に新たに貸し出した金額に近づき、追い越しつつある。二〇〇三年の対中支払い総額は一千百四十九億円で、償還額は一千五十二億円（元本六百五十二億円と利子四百億円）[44]であった。日本が二〇〇八年以降このように優秀な債務国を一つ失うことは、損失と言わずにはいられない。

両国間の貿易を見ると、日本の中国に対する依存は高まる一方であり、日本の輸出総額に占める対中輸出額の割合は一九九九年の五・六％から二〇〇七年には一五％に上昇している。日本の輸入総額に占める中国からの輸入額の割合も、一九九九年の一三・八％から二〇〇七年の二一％へ上昇している。中日貿易総額は日本の貿易総額の九・一％から一七・七％に伸びており、中国はすでに日本の第一の貿易パートナーとなっている。他方、中国の対日貿易依存度は、年々低下している。日本は一九九三年から二〇〇三年の連続十一年間、中国の第一の貿易パートナーだったが、二〇〇四年には第三位に下がった。一九九〇年代初めより、日本の経済は長期低迷し、ここ数年ようやく回復の道を辿り始めたばかりであり、中国経済の日本経済に対する牽引作用は誰もが知るところである。日本経済の回復はまだ脆弱で、「中国特需」が日本経済にもたらす持続的回復が極めて重要となっている。このような背景により、すべての日本のODA政治化の動きは、日本経済に不利な影響をもたらすだけといえる。日本は国土が狭く、資源と市場は著しく国外に依存している。中国は領土が広大で、東南沿海の発展地域は中国のごく一部に過ぎない。中国は近年、西部大開発という戦略方針を打ち出した。西部は地価と労働賃金において絶対的な優位性があり、しかも西部の水エネルギー資源、鉱産資源、石炭埋蔵量、石油埋蔵量、天然ガス埋蔵量などはいずれも全国の資源埋蔵量のなかで明らかに優位を占めている。西部地区の市場は潜在力が大きく、まだ十分には開拓されていない。西部地区の人口は四億で、総人口の二九％を占めるが、社会消費財の小売総額は全国の一六％にしか達しておらず、消費市場の発展の余地が大きい。資源であれ、市場であれ、貿易立国日本にとってはこのうえなく貴重なものである。しかも、西部開発を促進するため、中国政府は企業に対し税制上の優遇措置を数多く実施しており、多くの国際的大企業が富を求めて西部地区に押しよせている。たとえば新疆鉱産資源開発調査などの分野では多くの外国企業を引きつけている。フランスのイメリス・グループ、南アフリカのアングロゴールド・アシャンティなど、著名企業が新疆に続々と進出し、鉱産資源開発調査、石炭化学工業、アルカリ化学工業、金属・非金属加工等の分野に投資している。もし中日両国がいま良好な協力関係を維持し、ODAによる資金保証を後ろ盾にできれば、日本はおのずと西部開発からより多くのメリットを獲得することができるのだ。中国は地域格差が大きく、西部地区は極めて立ち遅れており、客観的にみて、資金援助が極めて必要とされている。それだけでなく、中国は西部大開発のプロセスにおいて、おのずと大量の先進的な技術と設備を必要としており、もし日本が対中ODA資金協力を続ければ、対中輸出はおのずと拡大し、日本経済の回復に新たな原動力がもたらされる。

最後に指摘すべきは、中国は現在、持続可能な発展に向かって邁進しているということである。中国が持続可能な経済成長を維持するための最大の課題は、エネルギーの安定供給の確保と環境の悪化防止である。そして、いま対中円借款の資金の大部分は、植樹と大気汚染対策などに用いられている。中国の環境悪化は日本にも影響をもたらすため、中国の公害、環境対策は、中日双方にとって有利である。誇れることではないが、中国の濁った空気は中国の上空だけに留まっているわけではなく、シベリアからの北風がつねにこの歓迎されざる「贈り物」を一衣帯水の日本に送り込んでいる。北京の黄砂の嵐は三、四日で日本まで飛んでくる。よって、対中ODA停止によって損害を受けるのは、日本の空と日本の国民でもあるのだ。

二　日本の対中ODA停止が日本の国際政治面にもたらす影響

日本のODAは、日本政府が発展途上国の社会経済発展を支援するための援助プロジェクトであると同時に、国家間の政治外交行為でもある。とりわけ、侵略の歴史があり、戦後の国際往来のなかで多くの制約を受けてきた日本にとって、ODAはより重要な外交手段である。それゆえ日本の対中ODA停止は、日本の国際政治にも計り知れない影響をもたらすであろう。

第一に、日本の国際的名声が損なわれる。日本が円借款停止に二〇〇八年を選んだ理由は明らかに北京オリンピックであり、日本からみればそれは一つの国のODA借款卒業の象徴であり、日本が一九六四年にオリンピックを開催した際は確かにそうだった。しかし中国と日本には大きな違いがある。中国の経済はいま高い成長率を維持し、外貨準備高は一兆五千億ドルを越え、宇宙開発などハイテク分野でも目覚しい成果をあげている。しかし中国は依然として一人あたりGDPが二千ドルに過ぎない低所得国家であり、増大を続ける資金需要に比べ、資金の投入力も不足している。急速な経済成長のなかで、中国は経済格差の拡大、生態系の破壊といった一連の新しい問題に直面しており、大量の資金投入によりこれを解決することが急務である。中国の地域格差と経済格差からみればODA卒業の基準にはほど遠く、日本政府がダブルスタンダードをとって対中ODAを停止した背景には明らかに政治的な意図がある。

また日本は一九七九年末に、ODA問題に政治的要件をつけないと約束したが、一九九〇年代以降は何かにつけODAの「削減」や「停止」を制裁手段としてもてあそび、そして最後には政治的理由により対中ODA計画を停止することとなった。その影響は、やっとのことで築き上げられた中日関係だけではなく、日本のODA援助を受けているアジアのその他の国にも影響が及ぶだろう。中日国交回復正常化にあたり、中国国民は人道主義の立場から日本に対する賠償請求を放棄した。その後、円借款が果たしてきたのが「準賠償」という役割であることを、中日両国、ひいては世界中の人々は内心知っている。日本のODA援助対象国は主にアジアに集中しており、大部分のODAの目的は、侵略の歴史を希薄化し、日本を国際社会に復帰させることにある。ここ数年、日本の政治は極めて右傾化しており侵略戦争を否定する言論がアジアの人々の不満と警戒を呼んでおり、いまもし政治的な理由から対中ODAを停止するなら、日本の「誠意」は疑われ、他国がODAを受ける際、多くの憂慮を生むであろう。これによりODAの効果が大きく損なわれるだけでなく、周辺国家の日本に対する理解と支持も低下し、日本の東アジアにおける発言権、国連常任理事国入り、政治大国化といった戦略目標もある程度マイナス影響を受けるであろう。

第二に、中国に対する影響力が大々的に低下する。日本の対中ODAの主な目的の一つに、中国の政治経済の発展方向へ影響をもたらすということがあり、日本はある程度、その目的を達成した。重要な外交カード、経済カード、政治カードである対中ODAは日本にメリットがあり、少なくとも両国関係のムードを変えた。これは重要な戦略的メリットである。日本にとってODAは中国に対する重要な外交ルートであり、このルートを遮断することは、とても賢明でなく、近視眼的な行為である。

数年前、中日関係は「政冷経熱」という状況にあった。これを背景として、「政冷」の影響を受け、中国と日本の安全保障対話や軍事交流など、安全保障領域における協力も低迷状態が続いた。中国と日本の安全保障に関する相互信頼度は低下し、互いに警戒しあう「安全保障のジレンマ」は解かれることなく、安全保障対話に大きな進展はなかった。一九七〇年代、日本が積極的かつ主体的に中日関係を回復し、対中ODAによる経済援助を開始したのは、冷戦構造の産物という面が大きく、中国と連合してソ連を抑えこみ、日本の周辺環境を安定させようとするものであった。冷戦終結後、ソ連の崩壊により、日本に対する北東アジア最大の脅威は解除されたものの、北東アジアはけっして完全に平和な地域となったわけではない。その他の安全保障面で、中国と協力し、交流を強化しなければならない新たな問題がまだ数多くあった。朝鮮問題は現在、日本にとって安全保障上最大の懸念となっており、これまでに何度も開催された六者協議で中国が調停役として重大な力を発揮したことは、衆目の認めるところである。中国との関係をさらに改善し、中国との意思疎通と理解を強化し、中国とコンセンサスを得ることは北東アジアの安定、ひいては日本の国家安全保障にも重要な意義を有する。

第三に、日本の米国依存の早期脱却、政治大国化という戦略目標にとって、極めて不利である。日本は第二次世界大戦後、日米関係を機軸とする対外路線を実施した。その結果、安全保障、外交、経済、ひいては心理面においても、深刻な対米依存構造が形成された。安全保障領域では、日本は安全保障政策、防衛体制、軍備、情報などいずれも米国への依存度が高い。経済領域では、日本の海運ルートは米国の保護を受けており、日本の海外における経済利益は、主に米国市場と日米国際協調の上になりたっている。日米関係の外交機軸と米国に寄せる全幅の信頼により、日本に巨大な実利がもたらされているとはいえ、日本は米国追随によって、国内外の問題を独立自主的に処理する権利を数多く失わざるを得なかった。

日本経済の急速な発展にともない、一九八〇年代末から九〇年代初めにかけて、日本の社会には、対米依存から脱却しようという声があがった。石原慎太郎をはじめとする日本新民族主義論者は、「日本はこれ以上アメリカに対して黙って耐えている必要はない、日本はアメリカにノーと言える」と公言した。日本の新民族主義者は、この観点に続々と賛同の意を示した。日本政府は、国際舞台における独立自主の外交イメージを打ち立て、経済大国から政治大国への転換という戦略目的を実現したいと望んでいるが、経済、安全保障などの領域で米国に依存しており、しかも米国から脱却する能力と意思を持ちあわせていないために、ふらふらと揺れ続けている。このような時期に対中関係を強化し、中日米の三角形の枠組みのなかで中日間の交流と協力を拡大することは、疑いなく対米依存度の低下と独立自主の国際イメージ確立に重要な作用を及ぼす。ODAは中日友好協力の重要な象徴であり、ODAの終結によって、米国は日本に制約を加える手段をいともたやすく手に入れた。

ODAの停止は日本の早期米国依存の脱却と独立自主実現に不利なだけでなく、国連常任理事国入りという政治大国の目標にも極めて不利である。ODAの多寡は先進国の国際貢献を測る重要な指標の一つである。ドイツは常任理事国入りを果たすために、二〇一五年までに「政府開発援助（ODA）をドイツの国民総生産（GDP）の〇・七%に引き上げる」と約束している。日本のODAはいま国民総生産の〇・一九%にすぎない[45]。この数年来、日本は国連常任理事国入りを目指している。この要の時期に、ODAの投入を増大し、自身の国際的名声を高め、さまざまな矛盾の解消に努め、周辺国家の理解と支持を得ることこそが、知者の選択である。政治的原因により対中ODAを停止することは、中日関係の不協和音の要素となるのみならず、日本の国際的イメージを破壊し、日本の常任理事国入りという政治大国目標にとってもメリットは少ない。

中国がいずれODAを卒業しなくてはならないことは、当然の理である。しかし、いつ、どのような時機に卒業するかによって中日関係への影響も大きく変わってくる。対中ODAはすでに中日関係の重要な構成要素、中日友好の重要な象徴となっており、ODA計画の停止も、適切な時期を選ぶべきであり、中日双方の友好的な協議を基礎としたソフトランディングの努力がなされなければ、有終の美を飾ることはできないのである。

第五部　金融・流通分野での協力

1　中日両国の金融協力

劉瑞

一九七〇年代より、中日両国は金融分野ですばらしい協力を続けている。このことは、金融当局間の駐在機関の相互開設、トップの相互訪問の仕組みの構築、定期会合の仕組みの構築といったマクロ的な制度に結実しただけではなく、金融機関同士の緊密な業務提携や業務交流にも現れている。同時に、中日両国は地域金融協力にともに積極的に参加し、主にＡＳＥＡＮ十カ国と中国、日本、韓国（10＋3）の協力の枠組みおよび東アジア・オセアニア中央銀行役員会議（ＥＭＥＡＰ）[46]などの協力フォーラムの枠組みのもと、さまざまな協力を行い、金融リスクを回避して金融体制の安定を維持するために、ともに重要な役割を果たしている。中日経済関係が強化されるにつれ、両国の金融分野での協力はますます深まっていくだろう。

一　金融当局間の協力

1．駐在機関の相互開設

日本の中央銀行である日本銀行と中国人民銀行との協力は中日国交正常化の年である一九七二年までさかのぼることができる。当時、日本銀行は、北京のＬＴ貿易事務所に職員を派遣した。そして、一九七三年に在中国日本国大使館ができると、今度は日本大使館に職員を派遣するようになった。一九九三年、中国人民銀行は東京に代表処を開設した。この代表処は主に、日本経済と金融問題の研究、日本銀行およびその他関連部門との連絡や調整にあたった。二〇〇三年十二月、日本銀行の北京事務所が作られた。その主な目的は、中国の金融、経済情勢を分析し、中国人民銀行との交流を強化し、中国の関連部門に日本の金融、経済情勢およびこれまでの経験を伝えるとともに、日本政府や関連企業に中国の経済状況を紹介する、というものであった。

2．トップ相互訪問の仕組みの構築

一九七四年、日本銀行調査局長を団長とする代表団が中国訪問をスタートした。そして、一九七六年には日本銀行の森永総裁、一九七八年には前川総裁が中国を訪問した。同時に、一九七八年には中国人民銀行の陳希愈副行長が日本を訪問し、両国中央銀行トップの相互訪問が活発化した。一九八一年、三重野理事（後の日銀総裁）が率いる代表団が中国を訪問し、中日の実務レベルでの訪問がスタートした。この後、毎年、理事クラスの相互訪問が行われ、これまでにその回数は二十七回に及んでいる。この会合では主に、両国経済、金融政策および金融業務について意見を交換している。また、一九九一年、日本銀行の提唱により、地域的な国際中央銀行組織である東アジア・オセアニア中央銀行役員会議（EMEAP）が設立された。その目的は、メンバー国の中央銀行（通貨当局）間の交流と協力を促進し、この地域における中央銀行間の情報交換を強化し、メンバー国の金融政策を調整し、世界およびこの地域の経済や金融問題をともに話しあう、というものであった。一九九六年以来、EMEAPは中国、日本、韓国による中央銀行総裁会議を定期的に開催する仕組みを構築してきた。

3．金融監督管理部門の定期協議制度

中国と日本の金融監督管理当局は二十一世紀初頭、定期会合を行う仕組みを構築した。二〇〇八年一月、第一回中日両国の銀行業監督管理官庁による第一回協議が北京で開かれた。中国銀行業監督管理委員会、中国証券監督管理委員会、中国保険監督管理委員会および中国人民銀行と日本の金融監督管理部門が、中日双方間の定期会合の仕組みを正式に樹立した。これは、両国の金融監督管理当局が国境を越えた監督管理による協力を強化し、両国の金融業務の安定的で健全な発展を図るとともに、地域の金融が安定するように積極的な役割を果たすためのものである。

4．金融業務の協力

協力制度の構築以外にも、両国の金融当局は金融業務についてさまざまなレベル、さまざまな視点から意見交換や具体的な協力を行ってきた。たとえば、一九九一年、中国人民銀行が世界銀行の支援を受けて構築した中国の金融近代化のための電子化支払いシステム（CNAPS、China National Automatic Payment System）は、日本、アメリカ、ドイツ、イギリス、スイスおよび中国の中央銀行の専門家からなる専門家チームが、その設計や開発で中国人民銀行に協力し、各銀行および通貨市場が共用する決済プラットフォームを実現させたもので、人民銀行の金融サービスを根本から支える役割を果たしている。また、中国

人民銀行は統計制度の整備でも、日本の国際収支統計、アンケート調査などの統計方法を参考にした。窓口指導でも、マネーロンダリングの防止および外資系銀行に対する監督管理などの分野で、日本銀行の技術的支援を受けた。二〇〇八年二月、中国銀行業監督管理委員会と日本の金融庁は、適格国内機関投資家（QDII）制度の監督管理に関する協力の枠組み協定に締結した。日本の金融市場の競争力を強化し、多くの中国企業が日本市場を利用するよう奨励するものである。金融政策の実施、監督管理、市場操作など具体的な業務の協力を通して、中日両国は交流と理解を深めた。また、中国の金融業務に先進的な管理経験も吹き込んだ。そして、日本市場をより活性化するための後ろ盾を築いたのである。

二　民間金融機関の協力

中日両国は金融管理部門において安定した交流が保たれただけではなく、民間金融機関の協力によって、双方の金融分野での業務交流がより広がり、金融面での協力が実質的に推進されることになり、良好な相互交流が続くことになった。

1．銀行間の協力

中日両国は銀行分野で一貫して良好な交流と協力関係を維持している、一九五八年、東京銀行と中国銀行がコルレス契約（為替取引契約）に調印し、一九七二年には、中日元円決済協定を結んだ。一九七九年、日本輸出入銀行が外資系銀行として初めて、北京に駐在員事務所を設立した。ここに中国金融市場の対外開放が始まったのである。我が国はWTOに加盟する際、二〇〇六年末までに銀行業務を全面開放すると公約をした。改正された「外資銀行管理条例」によると、外資系銀行が中国で全面的な人民元業務を行おうとする場合、独立した法人機構として登記し、独立した支店の形式をとらなければならない。みずほコーポレート銀行、三菱東京UFJ銀行は、中国国内の支店を外資法人銀行の外資銀行に転換することを初めて認可された銀行である。すでに現地法人銀行への転換を終えている。本部を上海に置き、正式に営業をスタートすることになる。また、中国系の銀行も積極的に日本へ進出している。中国銀行、中国建設銀行、中国工商銀行、交通銀行など多くの中国系大手銀行が、日本に支店や代表処を開設し、日本円、米ドルなどの預貯金、貸付、両替、海外決済、資金決済、外貨取引などの業務を行い、個人や法人客に対して高品質で効率のよい金融サービスを提供している。

日系の銀行は、日系企業向けのサービスを強化するほか、中国での業務も拡大し始めた。二〇〇六年六月、三菱東京UFJ銀行は、香港に上場している中国銀行のH株（香港市場に上場する中国本土企業の株式）を購入し、中国銀行に一億八千万ドルを出資した。日系の銀行による中国金融機関への出資のさきがけとなった。中国の日本での金融業務も急速に拡大している。銀聯カードを例にみると、現在、日本で銀聯カードが使える店はすでに一万件を超えており、使用可能なＡＴＭは四万六千台を突破している。

2. 資本市場の相互作用

日本と中国の証券分野での協力は比較的早くから始まった。一九八〇年、野村證券と中信集団が提携協定に調印し、一九八二年、北京に駐在員事務所を設立した。一九八六年、日本勧業角丸証券と大和証券がそれぞれ、北京、上海に駐在員事務所を設立した。中国の資本市場が徐々に開放されるなか、中国証券監督管理委員会は二〇〇二年十二月、「適格国外機関投資家の国内証券投資管理に関する暫定辦法」を公布、実施し、適格国外投資家（ＱＦＩＩ　Qualified foreign institutional investor）制度を実施した。適格と見なされた海外の機関投資家が中国国内の証券市場に進出し、株式、債券およびファンドなどに対して、人民元建ての金融ツールを使い投資を行うことを許可したのである。二〇〇三年五月、野村證券は、中国金融市場初のＱＦＩＩ取得機関となった。限度額は五千万ドルであった。その後、日興資産管理有限公司、大和証券、日本第一生命保険もこれを取得し、中国資本市場の機関投資家となった。ＱＦＩＩ制度の導入によって、国内資本市場の資金供給源が増えた。また、資本市場の投資理念も変化した。先進的な投資リスク管理技術の応用にも役立ち、国内資本市場の健全な発展も促した。

同時に、ＱＦＩＩ制度は国内の資金投資ルートを拡大した。構内の投資家は世界で資産を合理的に配置でき、投資リスクを分散できる。二〇〇六年、国内初のＱＦＩＩファンドが正式に成立した。ＱＤＩＩ業務も急速に発展する段階に入った。今後、ＱＦＩＩは両国金融協力の重要なプラットフォームになるであろう。

二〇〇八年二月、東京証券取引所は北京に駐在員事務所を設立し、中日両国の資本市場に新たな活力を吹き込んだ。現在、三つの中国企業が東証に上場している。アジア・メディア、新華ファイナンス、チャイナ・ボーチーである。二〇〇八年四月、中国Ａ株上海深圳三〇〇ＥＴＦ（Exchange Traded Fund、取引所で取引されているファンド、株価指数連動型上場投資信託）が東京証券取引所に上場した。東証に初めて上場した、中国の指数に連動するＥＴＦである。

3. 対中借款

日本政府が出資して設立した政策系銀行である国際協力銀行の北京駐在員事務所が、対中円借款を担当した。中国経済が飛躍する過程で、日本の対中借款は中国のインフラ建設、エネルギー開発などに大きく貢献した。一九七九年には、中国銀行と日本輸出入銀行が、「石油、石炭資源開発の基本事項に関する覚書」に署名した。日本は中国に対して、四千二百億円の借款を供与した。この資金は、中国の石油部門や石炭部門が、四つの油田と七つの炭鉱の開発に必要な機械設備や器材を調達する際に使われた。日本はまた、民間銀行による中国向け融資や債権発行などによって、中国経済建設における資金の一部需要をカバーし、中国経済の発展を強力にサポートした。

三　中日両国が参加する地域金融協力

中日両国の金融分野での協力は、両国の地域金融への積極的な関与と相互協力の中に見てとれる。両国は地域金融の安定と金融危機防止のためにともに努力している。

1．「チェンマイ・イニシアチブ」の概況

一九九七年、アジア金融危機勃発後、東アジアの国々は、国際通貨基金（ＩＭＦ）をはじめとする世界的な融資機関の金融危機への対応には、足りない点があると感じた。そして、金融リスクを回避する能力を強化し、より効率的な、地域の支援の仕組みを構築することが、アジア諸国の共通認識となった。一九九九年十一月、〝10＋3〟東南アジア諸国連合（ＡＳＥＡＮ）・中日韓首脳会議で、東アジアの金融における自助・支援体制を強化する必要性について採り上げられた。二〇〇〇年五月、タイのチェンマイで行われた〝10＋3〟蔵相会議で、二国間通貨スワップ取極（ＢＳＡ）のネットワーク構築に関するチェンマイ・イニシアチブを全会一致で採択した。このイニシアチブに基づき、アセアンの従来からの通貨スワップ・ネットワークの資金規模を拡大し、ＡＳＥＡＮ諸国および中国、日本、韓国がすすんで二国間通貨スワップ取極を結ぶよう奨励したのである。これによって、一国で外貨流動性不足や国際収支問題が発生した場合、他の締約国に資金援助を求められるようにするもので、金融危機を予防し、地域金融の安定と協力を促進する。「チェンマイ・イニシアチブ」は、東アジアにおける金融協力が実質的な進展を遂げたことを意味している。この地域の金融の安定のために、積極的な役割を果たした。

「チェンマイ・イニシアチブ」の枠組みのもと、〝10＋3〟の各国は多くの二国間通貨スワップ取極に調印した。二〇〇九年四月末時点で、中国と日本を含む八カ国の間で二国間通貨スワップ取極のネットワークが構築されている。各国間では一六本の二国間通貨スワップ取極が締結され、その規模は名目で約九百億ドルに達している。

2．中国と日本の通貨スワップ取極

「チェンマイ・イニシアチブ」の枠組みのもと、中日両国の

中央銀行は、二〇〇二年三月、東京で二国間通貨スワップ取極を締結した。この取極によると、双方の上限額度額は三十億ドル相当の人民元あるいは日本円である。中国の国際収支が急激に悪化し、緊急に外貨が必要になった場合、日本が中国に日本円を供与する。逆に、日本に支払い危機が生じた際、中国が日本市場に人民元を投入して、日本円を回収する。「チェンマイ・イニシアチブ」の枠組みにおける中国と日本の二国間通貨スワップ取極は、両国の金融協力をよりいっそう強化した。そして、短期流動性の相互供給と地域金融市場の安定のために、重要な役割を果たした。二〇〇七年九月、中国人民銀行の周小川総裁は、日本銀行の福井俊彦総裁（当時）と中日二国間通貨スワップ取極の延長協定に調印した。中国人民銀行は公告のなかで、今回の延長は、双方が相互信頼をよりいっそう深めていること、そして、この地域の金融リスクおよび金融危機防止能力アップの面で協力を強化していることを示している。

3. アジアの共同外貨準備基金の創設

東アジア地区の短期流動性をよりいっそう支援するために、そして、金融リスク対応力を強化するために、二〇〇六年五月、〝10＋3〟蔵相会議は、「チェンマイ・イニシアチブ」の枠組みにおける通貨スワップの体制のマルチ化について、検討がなされた。二〇〇七年五月、京都で行われた〝10＋3〟蔵相会議で、各国は次の点で原則合意した。一部の外貨準備を拠出して、複数の国で外貨準備のプール化を行う。①地域内の短期流動性低下に対応する際にこれを使う。②現行の協力の枠組みを改善する。といった点である。二〇〇八年五月、〝10＋3〟の各国蔵相は、スペインのマドリードで声明を発表し、八百億ドルを拠出して、共同外貨準備基金を創設し、この地域の通貨の安定に役立てるとことを発表した。声明によると、共同外貨準備基金はASEANと中国、日本および韓国の十三ヵ国の外貨準備金があてられる。うち、基金の八〇％は中国、日本および韓国の拠出によるもので、残り二〇％はASEAN各国が分担する。共同外貨準備基金は独自運営されるが、締約国の協定に基づく法的拘束を受ける。この協定を前提に、各国は、基金における自らの名義の外貨準備金を管理する権利を有する。

現在、〝10＋3〟の各国の外貨準備高合計は約三兆四千億ドルに達しているが、そのうち、中国と日本は世界最大の外貨準備高を有する国として、〝10＋3〟の外貨準備高の八〇％を保有している。金融リスクの防止と言っても、中日両国にとっては、八百億ドルのアジア共同外貨準備基金が生み出す効果には限りがある。しかし、「チェンマイ・イニシアチブ」を強化することになるこの実質的な取り組みは、すでに締結されている各国の二国間通貨スワップ取極をマルチ化するもので、金融危機の際、このファンドは資金を投入することでこの地域の通貨の安定を維持し、地域内諸国のＩＭＦへの依存度を下げることができる。このため、共同外貨準備基金はアジア版ＩＭＦとして広く注目されている。

4．アジア債券市場イニシアチブ（ＡＢＭＩ）

アジア各国は長期にわたり、輸出主導型の発展戦略を積極的に推進してきた。国民の貯蓄率が大変高く、また融資は銀行をはじめとする間接金融に頼っている。短期的な貯蓄が長期的融資を支えるという期間のミスマッチという問題に加えて、外貨債券が現地通貨の融資を支えるという通貨のミスマッチという問題が起こりやすく、金融危機を招きやすい。貯蓄の利用効果を高め、アジア経済の発展に必要な長中期的な資金を担保するために、二〇〇三年八月、〝10＋3〟蔵相会議で、直接金融のスキーム構築とアジア債券市場を発展させるというイニシアチブが採り上げられた。債券供給量を増やすために必要な基本的条件の整備に重点が置かれた。債券発行主体を増やし、現地通貨建て債券の発行を拡大する同時に、クロスオーバー発行、域内信用保証および投資、域内信用格付け、域内決済システム、アジア・ボンド・スタンダードなど市場環境を整え、最終的に、アジア域内通貨建て決済債券を誕生させ、アジアの貯蓄を民間投資機関が長期的に資本運用と投資を行うアジア債券市場に効果的に転化しようというのである。ＡＢＭＩは主に次の二点に集約される。その一つは、広範囲にわたるさまざまな投資家によって市場参入が便利になる、という点である。もう一つは、市場構成をより良くすることによってアジア債券市場を育てる、という点である。

ＡＢＭＩの枠組みのもと、アジア債券市場はその規模、発行体の多様性という点で著しい成長を遂げた。資産の証券化による新たな債券、信用保証および投資の仕組み、アジア・ボンド・スタンダードおよび国内信用格付け会社の信頼性の向上などで、大きな進展を遂げた。二〇〇八年五月、〝10＋3〟蔵相会議は、アジア債券市場を発展させるために、〝新ロードマップ〟を承認した。現地通貨建て債券の発行を推進し、現地通貨建て債券のニーズを拡大し、監督管理の枠組みを改良し、債券市場に関連するインフラ施設を改善するものである。

中国はアジア債券市場の発展を促進するなかで、一連の積極的な策をとった。たとえば二〇〇四年末、財政部は世界銀行グループに属する国際金融公社、アジア開発銀行および日本国際協力銀行による人民元建て債券の発行を認可した。二〇〇五年九月、国際金融公社とアジア開発銀行は第一号〝パンダ債〟の発行認可を受けた。中国が初めて、海外の金融機関による中国国内での人民元建て債券発行を認可したのである。二〇〇七年六月には、国家開発銀行が香港で約五十億元の人民元建て債券を発行した。中国金融機関の海外での元建て債券発行の先陣を切ることになった。

四　結び

二〇〇七年四月、温家宝総理は日本訪問中、日本の安倍首相と話しあい、中日ハイレベル経済対話の仕組みを立ち上げることで合意した。この仕組みの主な任務は、まず、両国の経済発展戦略とマクロ経済政策について交流を行い、相互理解を深めることである。二つ目は、多部門にまたがる経済協力について調整を行い、協力において互いに関心を寄せている重大問題を話しあうこと。三つ目は、重要な地区の経済および国際経済に関する政策についての交流を強化し、両国のより広範囲にわたる協力を促進することである。二〇〇七年十二月、第一回中日ハイレベル経済対話が北京で行われた。双方は両国のマクロ経済および貿易投資問題、気候変動など環境問題とエネルギー問題、地域経済および国際経済の問題などについて、率直に意見を交換した。また中日両国間の金融調整および地域金融協力における両国の役割などについても話しあわれた。たとえば、流動性過剰により起きたバブル経済から日本が抜け出した経験や教訓、人民元レート問題、チェンマイ・イニシアチブのマルチ化の促進、アジア債券市場育成のイニシアチブといった地域金融協力に関する問題である。このことから、日中経済の相互依存が日増しに高まり、両国経済のアジア経済および世界経済における重要性もますます大きくなるなか、中日両国の金融分野における協力は、今後ますます拡大し、緊密なものになっていくだろう。

2　三菱東京ＵＦＪ銀行の中国での発展

劉瑞

三菱東京ＵＦＪ銀行は三菱ＵＦＪフィナンシャル・グループが全額出資した一〇〇パーセント子会社である。三菱ＵＦＪフィナンシャル・グループは二〇〇五年十月一日、三菱東京フィナンシャル・グループとＵＦＪホールディングスが統合して発足した。三菱東京ＵＦＪ銀行、三菱ＵＦＪ信託銀行、三菱ＵＦＪ証券、三菱ＵＦＪニコス、三菱ＵＦＪリースといった五つの金融機関をもつ。東京、大阪、名古屋、ニューヨークおよびロンドンの証券取引所に上場している。リテール業務、法人業務および受託財産業務を三大事業とした総合金融グループである。二〇〇七年九月末時点で、三菱ＵＦＪフィナンシャル・グループの総資産は百八十九兆八千億円、貸出残高八十六兆七千億円、預貯金残高百十七兆六千億円で、世界最大の資産を持つ金融グループである。

二〇〇六年一月、東京三菱銀行とＵＦＪ銀行が合併して、三菱東京ＵＦＪ銀行が誕生した。決済会計報告によると、二〇〇七年九月末時点で、三菱東京ＵＦＪ銀行の日本国内拠点は七百九十四ヵ所で、うち、本店と支店はあわせて六百六十六店舗、支社は百十八社、海外拠点は七十五ヵ所、うち、支店は三十四店舗、出張所は二十四社、代表処は十七ヵ所ある。従業員数は三万三千五百二十八人で、子会社および関連会社を含むと、その数は六万人を超える。前身の一つである東京銀行の時代から数えると、三菱東京ＵＦＪ銀行と中国はすでに、半世紀にわたる協力を行っている。両国の金融における協力の歴史のなかで、多くの〝初〟を実現し、この分野における民間機関の協力の手本となっているのである。

一　三菱東京ＵＦＪ銀行の中国事業の発展

半世紀以来、三菱東京ＵＦＪ銀行は対中業務や中日経済貿易

表 1　三菱東京 UFJ 銀行の中国における主要業務の状況

年	中国での業務	備考
1958	中国銀行と日中間コルレス契約を締結（東京銀行）	日中間で初
1972	円元決済協定を締結	日中間で初
1975	日中間円人民元先物外為決済取り決めを結び，先物外為決済業務を開始	日中間で初
1977	日中間円人民元の先物外為売買に関する協定を締結	日中間で初
1980	中国国際信託投資公司と業務協力協定を締結	
1982	中国初の外国向け債券発行（100 億円）	副幹事銀行，エージェント
1984	大連市と協力協定を締結	代行機関
1985	中国初の円建て公募債発行（200 億円） 20 億ドルの中国銀行サムライ債発行	主受託銀行 主幹事，エージェント
1986	上海愛建金融信託投資公司と業務提携を締結	
1987	中国対外経済貿易信託投資公司と業務提携を締結 中国建設銀行と日中間コルレス契約を締結 中国投資銀行と日中間コルレス契約を締結	建設銀行初のコルレス契約
1988	四川省長江国際信託投資公司と業提提携を締結	
1989	南京リースに 50% 出資（125 万ドル）	資本金総額 500 万ドル
1993	対中大型サムライ債発行（総額 3 億ドル）	主幹事，エージェント
1994	北京の三大学に奨学金制度設立 アジア開発銀行が対中協調融資協定に調印（総額 4 億 5580 万ドル） 三菱東京 UFJ 銀行は主幹事（民間 7800 万ドル）	
1997	上海支店が外資系銀行として初の人民元業務試行支店となる	外資系商業銀行初
2004	金融デリバディブ商品取扱い認可取得	外資系商業銀行初
2005	人民元先物外為決済業務認可取得	外資系商業銀行初
2006	人民元外為市場マーケットメーカーの認可取得 中国系商業銀行に株式参加（中国銀行） 日本の商業銀行初	日本の商業銀行初
2007	外為市場間外為流動性供給の認可取得	唯一の日本の商業銀行

資料出典　三菱東京 UFJ 銀行（中国），《長江悠悠》，東京リサーチインターナショナル，2001 年，361 ページから 363 ページ

関係の発展の面で、人々の注目を集めるような成果をあげてきた。一九五八年四月、日中貿易がスムーズに決済できるように、東京銀行（三菱東京ＵＦＪ銀行の前身の一つ）は中国銀行と両国間初となるコルレス契約を結び、コルレス関係を築いた。また、両国間で初の円人民元決済協定、先物外為決済取り決めを締結し、中国初の外国向け債券発行などを実現させた。しかし、歴史的な状況もあり、双方の協力の規模と範囲はたいへん小さなものだった。三菱東京ＵＦＪ銀行が大々的に中国と協力を行うようになったのは、改革開放後、とくに二〇〇一年の中国ＷＴＯ加盟後のことである。ここ数年では、金融デリバティブ商品取扱い認可を初めて受けた銀行となり、また、中国で初めて人民元先物外為決済業務認可、人民元外為市場マーケットメーカーの認可および外為市場間外為流動性供給の認可を取得し、中国金融市場との密接な関係を終始維持し、発展させてきた。（表1を参照）

注目すべき点は、中国銀行業の改革のうねりのなか、欧米の銀行が海外の戦略的投資家として、中国系銀行に大規模な資金投資を行ったのと違い、日系の銀行は中国系銀行への株式参加に非常に慎重だった。三菱東京ＵＦＪ銀行は、中国の金融当局と話しあいを重ね、二〇〇六年六月、中国銀行が香港証券取引所に正式に上場した際、法人投資家として、中国銀行の香港に上場したＨ株を購入する形で、中国銀行股份有限公司に一億八千万ドル（二百億円相当）を出資した。八月には中国銀行と業務提携を結んだ。双方は資金、国際決済、清算といった従来業務での協力を続けるほか、投資銀行、ネットバンキング、リスク管理、顧客紹介、行員研修などでの協力も強化する。

中国銀行は一九一二年の設立で、総資産規模は中国の商業銀行で第二位、中国全土に約一万一千の営業拠点を持っている。三菱東京ＵＦＪ銀行は中国銀行の〇・二％の株式しか保有しておらず、八番目の株主にすぎない。戦略投資家になることもできない。しかし、今回の中国銀行への出資は、日系銀行と中国系銀行の初の資本提携であった。三菱東京ＵＦＪ銀行は、資金提携や業務提携を通して、中国で企業融資、銀行リテール業務およびクレジットカード業務を展開したいと考えている。長期的にみれば、三菱東京ＵＦＪ銀行が中国銀行への投資によって、中国銀行業改革の成果を享受する機会を得ただけではなく、中日双方が業務拡大のチャンスを得たのである。双方は新たな金融商品の開発や運用を進め、ともにより良質なサービスを提供できるようになった。こうしたことは両国の経済貿易の発展にも資することである。

二　三菱東京ＵＦＪ銀行の中国拠点の運営

もっとも早く中国に進出した日本の商業銀行として、三菱東京ＵＦＪ銀行は急速な発展を遂げた。現在、中国の上海、北京、

表2　三菱東京UFJ銀行の中国拠点設立の経過

年	拠点の拡大状況	備考
1980	北京代表処開設	外資系商業銀行で初
1982	上海代表処開設	日本の商業銀行で初
1984	広州代表処開設 大連代表処開設 外資系商業銀行で初	外資系商業銀行で初
1986	深圳支店開設	日本の商業銀行で初
1987	天津代表処開設	日本の商業銀行で初
1991	上海代表処が支店に昇格	外資系商業銀行で初
1992	大連代表処が支店に昇格	外資系商業銀行で初
1995	成都代表処開設 北京代表処が支店に昇格 天津代表処が支店に昇格	日本の商業銀行で初 外資系商業銀行で初 日本の商業銀行で初
1996	無錫代表処開設	日本の商業銀行で初
2005	瀋陽代表処開設	
2006	無錫代表処が支店に昇格	
2007	天津濱海出張所開設 大連経済技術開発区出張所開設 外資系商業銀行で初	日本の商業銀行で初
2008	広州代表処が支店に昇格	

（2008年3月31日時点）資料出典　三菱東京UFJ銀行（中国）

天津、大連、深圳、無錫、広州の七支店と、大連経済技術開発区および天津濱海の二ヵ所に出張所を持っている。日本の商業銀行のなかで、中国における最大の経営ネットワークを築いている（表2参照）。

二〇〇六年十二月十一日、中国はWTO加盟に関する公約を実現し、銀行業を全面開放した。そして、「外資系銀行管理条例」およびその「実施細則」を改正し、外資系銀行の全額出資による現地法人銀行の設立を奨励する指導的政策を打ち出した。三菱東京UFJ銀行は〝金融サービスをより豊富なものにする、サービス範囲を拡大する、顧客との信頼関係を強化する〟といった戦略的観点から、中国国内の支店を外資法人銀行に体制転換する申請を出した。二〇〇七年七月二日、三菱東京UFJ銀行（中国）有限公司が正式に開業した。日本の三菱東京UFJ銀行が一〇〇パーセント出資したもので、本店は上海にあり、登録資本金は六十五億元である。もともと中国にあった拠点は体制転換によって、三菱東京UFJ銀行（中国）有限公司の拠点になった。従業員数は約千三百人である（図1参照）。

体制転換後の三菱東京UFJ銀行（中国）有限公司の主要業務は、預貯金業務、貸出業務、人民元業務、外国為替業務、輸出入および貿易融資業務、外為、資金および有価証券業務、各種金融デリバティブ商品の取り扱い、信用調査、コンサルティング業務および中国銀行業監督管理委員会が認可したその他の

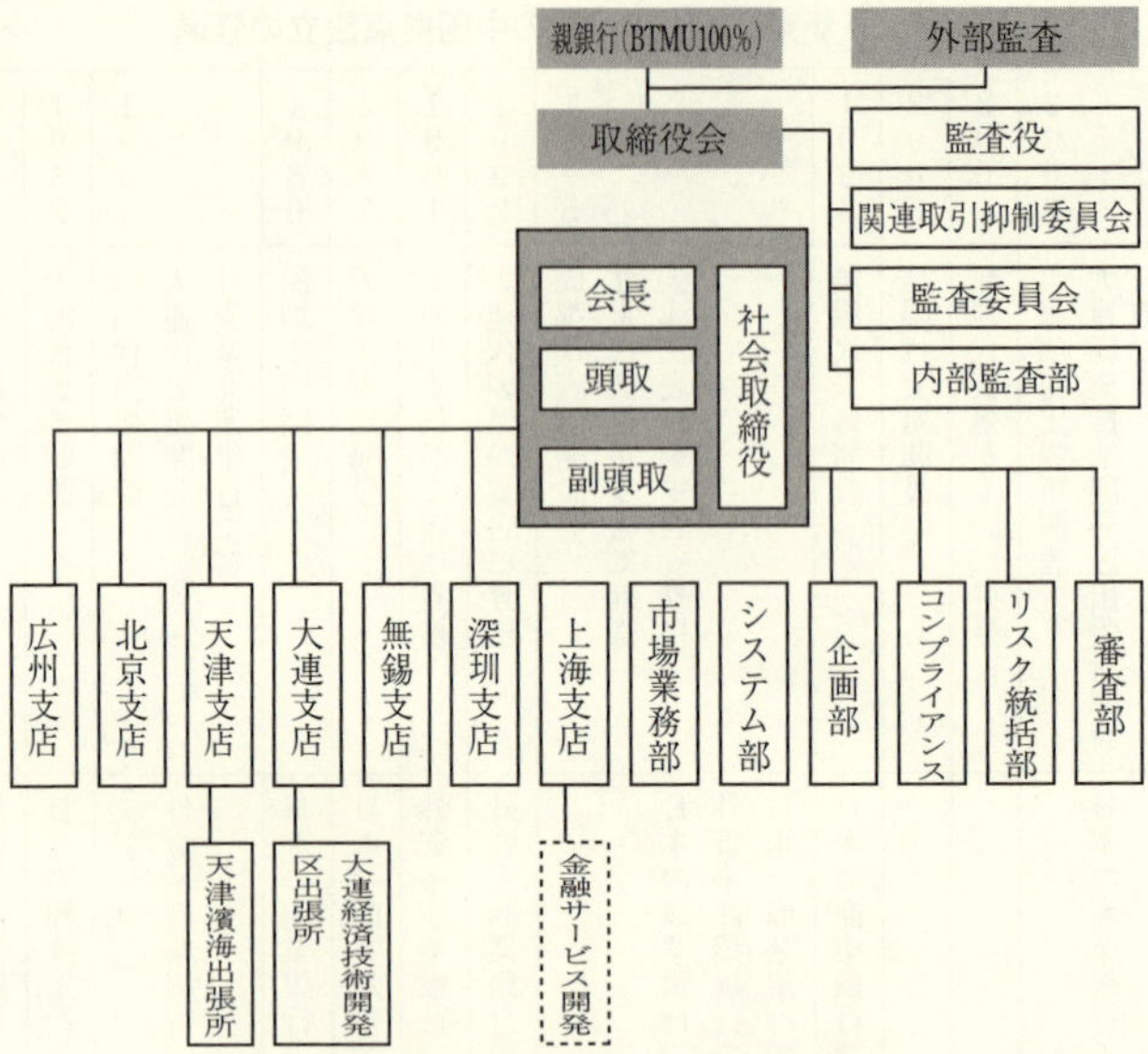

図１　三菱東京 UFJ 銀行（中国）組織図

資料出典　三菱東京 UFJ（中国）

業務である。三菱東京ＵＦＪ銀行（中国）有限公司の貸出業務および貿易融資業務の規模、従業員数、営業ネットワークは、中国の外資系銀行のなかで最大である。また、日本の親会社にとっても、最大でかつもっとも重要な海外拠点の一つである。

１．多層的な中国業務サポート体制の構築に注力

ここ数年、中国をはじめとするアジア地区の経済が急速に成長している。三菱東京ＵＦＪ銀行もアジア市場をたいへん重視している。アジアの民間金融機関への出資比率引き上げ、補完性のある業務分野での提携を強化するなどアジアへの投資を加速しており、アジアのリーディングバンクになるという経営目標を掲げている。なかでも、三菱東京ＵＦＪ銀行は多層的なサポート体制を構築し、日本国内店、中国拠点および中国業務支援室を一体化させた制度により、顧客ニーズに応えた中国国内金融業務、金融サービスおよび中国に関する情報コンサルティングなど専門的なサービスを提供している。具体的には、日本国内店に「中国業務指導部」を置いて、顧客の中国ビジネスをサポートしている。また、日本の本店には中国業務支援室を置き、中国金融実務で豊富な経験をもつ行員を配置して、顧客のために、法律コンサルティングやそれらの運用について実行可能な提案を行っている。顧客の中国ビジネス拡大のために最大限のサポートを提供しているのである。国内店、本店および中

国拠点はフィードバックしあう良好な相互関係を築いており、日本企業および個人客の対中ビジネスを強力にサポートしている。

2．中国市場での業務開拓、トップを目指す

二〇〇六年年末、中国銀行が人民元業務の地域制限と顧客制限を撤廃して以来、どのように人民元業務を行うか、また、どのように在中国企業や個人客に対して資金やサービスを提供するかという問題が日系銀行にとってますます重要な課題となった。人民元の市場化プロセスのなかで、三菱東京ＵＦＪ銀行は銀行間市場業務を強化し、新しい市場の創出と育成のために努力を重ねた。そして、外資系銀行として初めて、金融デリバティブ商品取り扱い、先物外為決済業務、人民元と外貨との通貨スワップ業務取り扱いなど、中国金融市場業務に関連する認可を取得した。中国での業務基盤を強化し、市場における強みを効果的に使い、中国市場での業務を開拓するために、積極的な試みを行っている。

3．金融商品の開発、金融フルラインサービスの提供

顧客のニーズが多様化し、高度化するなかで、三菱東京ＵＦＪ銀行（中国）有限公司上海支店は、新商品の開発部門、金融サービス開発室を設置した。新型金融商品の開発、ネットサービスの提供、資金の有効活用および債券流動化など、顧客ニーズにあった金融サービスプランを提供する。また、三菱東京ＵＦＪ銀行は、顧客との関係を強化し、また、市場のニーズを摑むために、国内外でさまざまなビジネス座談会や貿易説明会を開催するなどして、タイムリーに金融情報を公表し、市場の動向を摑んでいる。

4．中国金融機関および地方政府との強力を強化

中国で経営を展開している外資系銀行として、三菱東京ＵＦＪ銀行は中国の金融機関および地方政府との緊密な協力を一貫して維持している。同業者では、中国国家開発銀行、中国銀行、招商銀行などの金融機関と業務提携を行い、相互の強みで補完しあうという特徴をもって、双方の銀行の国内業務および国際銀行業務などの協力分野を拡大している。地方政府の経済建設をサポートするといった点では、二〇〇七年七月時点で、日本側はすでに大連、青島など二十七の都市と業務提携を結び、対中投資企業に投資環境について紹介したり、金融サービスを提供したりしている。

5．社会責任と社会貢献

三菱東京ＵＦＪ銀行は、企業の社会的責任を踏まえた経営戦略を一貫して重視している。すばらしいＣＳＲ推進体制を作り、

企業価値の向上、地域経済の発展、環境に配慮した企業への投資などを後押ししてきた。二〇〇六年度、三菱東京ＵＦＪ銀行、三菱ＵＦＪ信託銀行、三菱ＵＦＪ証券が社会貢献の取り組みに合計十億千三百万円を投じた。そのうち、教育文化分野に五億一千万円、社会福祉および環境保護分野に一億八千八百万元、地域貢献および国際交流に三億千五百万円を投じている。三菱東京ＵＦＪ銀行は、中国でも積極的に社会貢献活動を行っている。清華大学、北京大学、復旦大学などの教育機関に奨学金を開設し、また、南開大学には「三菱東京ＵＦＪ銀行文庫」を開いて、将来の発展にふさわしい優秀な人材の育成に協力している。

3　中国における日本の小売企業

胡欣欣

一　中国小売市場進出の「先駆け」

一九八〇年代末から九〇年代初め、北京の東四北大街（通り）の目立たない場所に、小さな店がオープンした。オープン当初から、その珍しい店構えや手の込んだ商品陳列に、計画経済の時代を終えたばかりの中国消費者は、たいへんな興味と憧れを抱いた。この小さな店は、日本の下着メーカー、ワコールが北京に合弁で設立した販売店で、改革開放という新しい時代に、日本企業が我が国の首都に初めてオープンした一般消費者向けの小売店舗であった。

ワコールは一九四六年、日本の京都で婦人服および婦人用品の卸売企業としてスタートし、一九五〇年代初めから、女性用下着の生産を開始した。一九七〇年、ワコールは、韓国、タイそして我が国台湾省に合弁企業を設立した。ワコールは、改革開放政策実施後まもなく、一九七九年には上海雅楽婦女用品廠と技術提携を行っている。一九八六年一月、ワコールは北京紅都服装廠と合弁企業「北京ワコール有限公司」を設立した。「北京ワコール有限公司」は、北京市で六番目に認可を受けた中日合弁企業であった（当時の出資比率は中国側が五一％、日本側が四九％だった。二〇〇〇年、合弁契約期限が満了となり、ワコールが単独経営する独資会社に変わった）。

ワコールが東四に開設した小売店舗は、改革開放後、中国の首都にほぼ初めて登場した、「西洋風」小売店で、当時の国内小売企業に大きな衝撃と革新的効果をもたらした。東四周辺では、たくさんの小さな服飾店があっという間に誕生したが、こうした店の店内照明、内装の雰囲気、商品陳列方法などは、すべてワコールを真似たものであった。こうして、東四地区に時代を一世風靡した「ファッション通り」が作られていったのである。女性用の下着と洋服を販売するワコールが、「生産販売拠点」という方式で北京に開いたこの小売店は、すでに東四から姿を消したが、この店が北京の小売業にもたらした衝撃と革新的なモデル効果の痕跡は、今でもこのあたりの服飾店に見られる。

一九九二年十二月、日本のヤオハンと中国新技術創業公司（当時）が共同経営する北京賽特ショッピングセンターが北京で正式オープンした。これは、外国の百貨店方式で運営する中国初の百貨店で、外国の小売企業による本格的な中国小売市場進出の先駆けとなった。一九九三年の六月と十二月、日本の伊勢丹百貨店が上海と天津で合弁百貨店を相次いでオープンした。これら高級百貨店は、快適なショッピング環境と華やかな売場のイメージで、当時我が国の小売業界に強烈なモデル効果をもたらした。その意義は、彼らが改革開放後の中国の小売業に、初めて「百貨店」という小売業態を持ち込んだことにある。

百貨店という小売業態は、二十世紀はじめに上海で「先施百貨店」が設立された当時から、中国にすでに存在していた。しかし、五〇年代、社会主義計画経済の時代に入ると、「百貨店」の名称（例えば上海第一百貨店など）は残ったが、本当の意味での百貨店はすでに存在しなくなっていた。九〇年代前半、中国の大都市に日系または日本式の百貨店が続々と登場した。そして、ショッピング環境、売場配置、商品陳列および販売方式、そして、取り扱う製品の種類およびグレード、消費者に提供するサービス、こうしたものすべてが中国の従来の「デパート」とは違っていた。このため、我が国小売企業の経営意識の刷新および中国の従来の大型デパートの改造と近代化に大きな啓発効果と促進作用をもたらした。北京にある小売企業やサービス企業の現在のトップの多くが、かつて賽特で日本の研修やトレーニングを受けた経験を持つ。

二　初期段階における日系小売企業の進出方式

一九九二年以前に我が国が原則的に認めていたのは、製造業の合弁企業が自らの製品を販売するために開設する小売店、または合弁ホテルや外国人用マンションに開設する小売店だけだった。一九九二年以降も、六つの都市と五つの経済特区で、それぞれ一社から二社の試行的な合弁小売企業の設立しか認めていなかった。しかし、地方政府は中国小売業の対外開放で、国より積極的な態度を示した。彼らは、さまざまな手段を用いて、一部の中外合弁小売企業を独自認可したのである。地方で認可された合弁小売企業は、往々にして国による認可手続きを迂回し、さまざまな名目で「合法」的な設立理由を手にしたのである。彼らがとった、非常に融通の利いたやり方には以下に挙げるようにいくつかのタイプがある。

1．ワコール方式

前述したワコールのケースのほかにも、当時「メーカー販売拠点」という名目で小売店を開設するケースがあった。しかし、一部の小売店が販売している品物はすでに「自社製品」の範囲を超えていた。

2．伊勢丹方式

観光事業を発展させるために、中国は一九八〇年代初頭から、外国関連ホテルの建設や経営でも対外開放を進めた。宿泊施設を充実させるために、こうしたホテル、マンションおよびその他関連施設に、外国企業が小規模な小売店を開設することを許可したのである。たとえば、北京、上海の一部高級なショッピングセンターや名店街などがこれにあたる。「上海華亭伊勢丹」という百貨店はこのパターンの典型的なケースである。「ホテル付属施設」という名目でオープンしたが、実際、その場所はホテルから遠く離れており、いわゆる「付属施設」というのは一つの口実に過ぎなかった。

3．西友方式

店の「建物」に投資し、「招聘」または「請負い」といった形式で、外部機関を招聘し、店の経営に参加してもらうケースである。一九九六年六月、北京の東の郊外にある通県（現在の通州区）にオープンした、通県西友華聯商厦はこのタイプに入る。「華聯」は中国貿易部直轄の大型小売デパートで、全国の多くの都市に店舗がある（ただし、大部分はチェーン店ではない）。貿易部直轄の「中商集団」はもともと、通県に「華聯」デパートを開設する予定だった。しかし、建設の途中で資金問題が発生したため、当時、積極的に中国市場への進出を目指していた西友グループと話しあい、「共同出資」という形で、西友に投資をしてもらい、その後、西友を企業経営に参加させたのである。開店当初、西友側から派遣された経営陣が実際の運営にあたった（西友はその後撤退した）。

4．カルフール（北京）方式

外国企業と中国国内企業が中国国内法人資格をもつ子会社を合弁で設立し、この子会社が小売店を開設する方法である。フランスの大手スーパー企業、カルフールが北京にオープンした一号店は、その代表的なケースである。「カルフール」はまず、中国の国有企業「中国新技術創業公司」と共同出資の形で、国内法人資格をもつ合弁のビジネスマネジメント子会社を設立した。この子会社が北京に「創益佳商場」という名のカルフール北京一号店を開設したのである。日系の小売店では、北京の宣武門にある百貨店、そごう（日系企業のもとＳＯＧＯ）がこのケースにあたる。

5. 賽特・ヤオハン方式

北京で、共同経営の形でもっとも早くオープンし、もっとも有名なケースは、前述した「北京賽特ショッピングセンター」で、日本のヤオハンが経営する高級百貨店であった（後にさまざまな理由から、ヤオハンは撤退した）。

6. 伊勢丹上海二号店方式

外国の小売店はテナントとして中国国内の大型デパートやショッピングセンターに出店し、「店の中の店」あるいは売場（販売コーナー）を開設した。当時、こうしたやり方は許されると見られていた。一部の大手外資系小売店は、こうした名目で我が国の大型ショッピングセンターに小売店舗を出店したのである。しかし、一部の店舗はすでに「店の中の店」あるいは「売場（販売コーナー）」という規模を超えていた。こうしたケースとしては、日本の伊勢丹百貨店が南京路梅龍鎮にオープンした二号店と広州天河ショッピングプラザ内のジャスコの店舗（広東では「吉之島」（ジャスコ））などがある。

7. 地方政府が独自認可したその他の中外合弁小売企業

一九九八年十月、国務院は外国企業が投資した商業小売企業（香港、マカオ、台湾系の企業を含む）二十社を認可した。しかし、『中国統計年鑑』が公表した数字によると、一九九五年、全国には三百五十四店舗の外資系小売店があり、香港・マカオ・台湾との合弁による小売店は五百十八店舗で、従業員数はそれぞれ一万七千四百十一人、三万三百九十七人であった。一方、かつての「国内貿易局」の資料によると、一九九七年、地方政府認可の中外合弁小売企業に対する整理調査を行ったところ、中央当局に認可申請を出して認可を待っている企業は二百七十七社あった（一部の合弁小売企業はまだ申請されていないため、「試行」対象外の合弁小売企業の実数は、もっと多いと思われる）。一九九七年に始まった、地方政府認可の小売合弁企業を整理する過程で、前述したタイプに入る企業はすべて「整理」の対象となった。中央当局の追加認定が必要となったのである。

三　中国小売市場での日本企業の浮き沈み

日本の小売企業は改革開放の当初から、中国市場進出に強い興味をもっていた。一九七九年、日本の百貨店である三越が、北京王府井百貨大楼との全面的な業務提携を発表、一九八〇年には西武百貨店が北京市に合弁企業の設立を試みた。大丸も一九八一年に上海一百公司との提携を発表している。こうした提携の試みは、さまざまな理由から続かなかったが、日本の小売企業が中国進出に積極的であったことを示している。そして、後の本格的な中国市場進出のために経験を積んだのである。同時に、日本の小売企業はまた、別の方法で中国との提携を試みた。一九八一年、ダイエーは天津市対外貿易総公司と合弁企業を設立し、中国での開発と商品輸入を行った。一九八四年、ニコニコ堂が桂林にホテルを作り、一九八五年には西武百貨店が北京に家具生産メーカーなどを設立した。こうしたプロジェクトは日本企業の現地での影響力を拡大し、取引関係を築くためのものだった。これが小売業務を展開するための基盤となった。

日本の小売企業が中国市場進出に積極的であったため、二十世紀末までには、日本の小売企業売上上位十社のうち、少なくとも六社が中国に小売店をオープンしていた。そのなかでも、上位五位までのダイエー、イトーヨーカドー、ジャスコ、マイカルおよび西友はすべて、中国に店を開き小売販売を行っていた。一九九九年以前に国務院が正式に認可した外資系企業の投資による小売企業二十社のうち、日本企業が投資しているのは、上海第一百貨商店と国際流通グループヤオハンの合弁による上海第一ヤオハン有限公司、大連商場とニチイ（後の「マイカル」）の合弁による大連国際商貿大厦有限公司、上海越華公司および申花公司とジャスコが共同で設立した上海ジャスコ有限公司、青島供銷合作社とジャスコの合弁による青島ジャスコ有限公司、中国糖業酒類集団公司とイトーヨーカドーの合弁による華糖ヨーカ堂有限公司（チェーンストア経営の試行拠点）の五社である。この他に、地方政府の認可により中国に進出した日本の著名な小売企業は、伊勢丹百貨店、ダイエー、西友、そごうなどである。しかし、多くの日系企業はさまざまな理由で、中国小売市場から相次いで撤退した。前述した「国務院の正式認可」を得た、日経企業の投資による小売企業（試行拠点）五社のうち、一九九五年に設立した上海第一ヤオハン有限公司の株式は、一九九七年、中国側企業に譲渡された。また、一九九六年九月に上海で設立されたもう一つの「外資系企業投資試行拠点」である上海ジャスコも二〇〇〇年七月、上海から撤退した。一九九八年にニチイと大連商場が合弁で設立したマイカル商場も、二〇〇四年に大連商場に全面的に引き継がれた。現在も業績をあげているのは、青島ジャスコと北京華糖ヨーカ堂（店舗名は「華堂商場」）だけである。前述したようなさまざまな融通を利かせた方法で、「地方政府認可の外資系投資企業」の名目で中国小売市場に進出した日系小売企業のなかで、ヤオハンが上海に開いた数十軒のスーパーは、オランダのアホールドの「頂頂（トップス）」に一気に買収された（アホールド自体も一九九九年十月、上海から撤退）。西友は一九九五年から一九九九年にかけて、上海友誼商業集団と四軒の食料品スーパーを合弁で設立したが、一九九九年七月、さまざまな理由で上海市場からの撤退を余儀なくされた。セゾングループ（中国では「西武流通集団」の名前で知られている）傘下の西友スーパーと西友百貨店が北京と深圳に開いた大型店舗も中国側に譲渡された。

二〇〇四年、ダイエーが天津に開いた十三の小売店舗はすべて、北京物美（ウーマート）に引き継がれた。中国の小売市場で比較的成功を収めたとされる伊勢丹百貨店であっても赤字店舗を閉鎖した（二〇〇五年オープンの済南伊勢丹百貨店は「営業状況が当初の目標に達しない」、また、短期間で経営状況を改善することはできないとして二〇〇七年九月、営業を停止した）。

日本の小売企業は一貫して、サービスの良さ、取扱商品の品質の良さ、そして行き届いた管理で有名である。とくに、生鮮食料品の供給は特徴的で、ある程度の強みももっている。こうした特長と強みは、中日合弁企業にもみてとれる。欧米の大手小売企業が投資して作った「大型店」と比べると、商品価格は若干高いが、消費者に便利さと多様な選択の幅を提供しているのは間違いない。日本式の小売経営は中国の消費者にやはり人気があると言うべきだろう。しかしながら、日本の小売企業は比較的早い時期に中国に進出したものの、その発展の勢いは総体的にいって欧米の著名企業に負けている。たとえば、二〇〇七年末の時点で、アメリカのウォールマートはすでに中国大陸に百店舗展開している。また、フランスのカルフールも中国各地に百九店舗もっている。一方、日系小売企業のなかで、ここ数年もっとも積極的に展開しているイオン（もと「ジャスコ」。中国の広東では〝吉之島〟と呼ばれている）でも、中国大陸には十七店舗しかもっていない。イオンの次は、日本の小売企業で売り上げ第二位（利益は第一位）のセブン&アイ・グループ（セブン&アイ、国際的には〝イトーヨーカドー・セブン-イレブングループ〟で知られている）だが、北京に九つ、成都に三つの大型店舗をもっている（北京と広東省では、三店舗あまりのセブン-イレブン〔コンビニエンスストア〕を展開している）。

日本の小売企業が、最初に中国に進出していながら、その後、成長の勢いを失っていったのには、二つの主観的要因がある。

一九八〇年代から、日本の小売企業はアジア各国、とくにシンガポール、タイ、マレーシアおよび我が国の台湾省と香港に大々的に進出した。しかし、こうした国や地域は人口も少なく、気候も暑いため、市場規模の拡大はある程度制約された。一方、中国が改革開放を実施し始めたのは、まさに日本のバブル経済の時期で、多くの日本企業が、海外進出の道を積極的に探っていた。日本の小売企業は、中国という巨大市場には大きな発展の可能性があるとみて、さまざまな方法で中国への進出を試みたのである。バブル崩壊後、日本全体は不景気に見舞われた。景気低迷が長期化し、より深刻になってくると、バブル期に行った大規模拡張が、多くの企業の重荷となってしまった。こうして、財務状況が悪化し（そごう、ダイエー、セゾングループはその典型的なケースである）、業務範囲を縮小せざるをえなくなったのである。債務返還のために、傘下の優秀な企業を売却するまでになってしまった。こうした状況では、中国事業を拡大するだけの余力は当然残っていない。これが、早くから中国市場に進出した日本の小売企業の発展の勢いがここ数年、欧米企業に劣っている客観的な要因である。

これまでのところ、イトーヨーカドー、イオン、伊勢丹、平和堂などの少数の企業または一部の店舗以外で、期待した収益をあげている日本の小売企業の中国チェーン店はほんのわずかである。企業の拡大戦略と経営マネジメントの方法にも問題があったのだろう。小売経営は往々にして、現地のさまざまな条件、消費者の生活習慣、収入の程度、文化・伝統、物流施設などの要素に大きく制約される。カルフールなどの国際化が進んだヨーロッパの企業は、フレキシブルな拡大戦略の策定や採用の面で比較的経験をもっている。これに比べ、日本の小売企業は臨機応変さが足りない。たとえば、日本のある小売企業は、中国で店をオープンした際、日本メーカーの設備を導入することにこだわり続け、すべて自分たちの関連企業に納品させた。また、人材登用の面でも、日本国内から派遣される職員を信じ、現地の有能でかつ経験を持った人材を登用したがらなかった。自分達の「日本方式」に固執しすぎて、無意味に営業コストを増やし、収益性を悪化させたのである。これが、日本企業の中国での業務拡大を制約している重要な主観的要因である。

4　中国におけるセブン&アイ・グループの事業

胡欣欣

中国の改革開放以来、日本の多くの小売企業が中国進出を試みた。二〇世紀末、売り上げ上位五位の小売企業、ダイエー、イトーヨーカドー、ジャスコ、マイカルそして西友はみな、中国に小売店舗をオープンした。しかし、二十一世紀に入った頃から、多くの企業はさまざまな理由で中国市場から相次いで撤退した。現在では、イオン（ジャスコ）、イトーヨーカドー、伊勢丹など少数の企業だけが中国の小売市場で積極的に事業を展開している。

イオンとセブン&アイ・グループ、この日本最大の流通企業グループを見てみると、イオン傘下の香港ジャスコが一九九六年、広州に大型総合スーパーの一号店をオープンしている。二〇〇八年四月時点で、イオングループが広東省や山東省青島市などにオープンした大型店舗は、イオン（香港）百貨公司が広東省各地に開いた店舗を含むと約十六店舗ある。その大部分は総合スーパーである。また、上海、北京、天津などの店舗あるいはショッピングセンターは現在も準備中である。さらに、二〇〇八年には、二〇一〇年までに中国に百店を出店する計画を発表した。イオンの次は、日本の小売企業で売り上げ第二位のセブン&アイ・グループで、傘下のセブン‐イレブン（コンビニエンスストアチェーン）を除くと、北京と成都などに開設した十二の大型店舗をもっている。その大部分は総合スーパーで、今も発展のペースを加速している。次にセブン&アイ・グループの中国での事業活動を重点的に紹介する。

一　セブン&アイ・グループの背景

セブン&アイ・グループといっても、中国で知っている人はそれほどいないだろう。しかし、セブン‐イレブンあるいはイトーヨーカドーといえば、知らない人は稀である。実際、セブ

表1　コンビニエンスストアの世界におけるチェーン展開

日　本	11883	マレーシア	877	トルコ	74
アメリカ	6217	メキシコ	810	スウェーデン	76
中国台湾	4705	カナダ	466	デンマーク	69
タ　イ	4279	オーストラリア	364	プエルトルコ	11
韓　国	1750	シンガポール	415		
中　国	1358				
（うち，北京は60）		フィリピン	311		
		ノルウェー	97		
				合　計	33762

資料　セブン-イレブンホームページ
http://www.sej.co.jp/corp/company/tenpo02.html

ン&アイ・グループはまさに、セブン-イレブンとイトーヨーカドーが主体となって、二〇〇五年九月に設立したホールディング・カンパニーなのである（社名はセブン&アイ・ホールディングス）。傘下のコア企業は、イトーヨーカドー（GMS＝大型総合スーパー）、ヨークベニマル（スーパー）、セブン-イレブン（コンビニエンスストア）、セブン&アイ・フードシステムズ（レストラン）などである。また、二〇〇六年九月以降、そごうと西武百貨店が統合して発足した「ミレニアムリテイリング」を買収し、一〇〇パーセント子会社とした。

イトーヨーカドーグループは、日本最大の小売企業グループの一つである。二〇〇六年度の売上収入は、五兆三千三百七十八億円で、純利益は一千三百三十四億円だった。グループ企業は三十四社で、大型総合スーパー、百貨店、食品スーパー、コンビニエンスストア、専門店などさまざまなリテール形態を組んでおり、小売、卸売、レストラン、製造加工、出版、不動産開発、金融・保険およびサービスなどの分野に及んでいる。そのうち、もっとも有名なコンビニエンスストア、セブン-イレブンは世界に約三万店舗ある。うち、日本国内店舗が約一万二千店舗（二〇〇七年末時点で一万一千八百八十三店舗）、アメリカが約六千店舗、中国台湾が約四千七百店舗、中国大陸と香港が約千三百店舗である。

イトーヨーカドーは一九二〇年、東京浅草の洋品店からスタートした。一九五八年に株式会社となった。当時の社名は「株式会社ヨーカ堂」である。一九六一年、伊藤雅敏（現名誉会長）が、欧米流通業の視察に行った後、日本国内でチェーンストア展開することを決めた。一九六五年一月には、社名を「イトーヨーカ堂」に改称した。一九七二年九月、東京証券取引所第二部へ上場、一九七三年には、東証第一部へ上場した。発展の過程では、経営権の買収や子会社設立などの方法で、スーパーやレストランなどの分野に事業を拡大している。とくに、一九七三年十一月には、米国のサウスランド社とライセンス契約を締結し、セブン‐イレブンのコンビニエンスチェーンを日本で展開するようになった。また、このために子会社・ヨークセブンを設立した。この会社は一九七八年に、社名をセブン‐イレブン・ジャパンに改称している。一九八一年八月、セブン‐イレブン・ジャパンは東京証券取引所に上場した。日本でコンビニエンスストアチェーンを展開するなかで努力を重ね、日本の国情にあったさまざまな経営マネジメント手法を作り出した。とくに、POSシステムを中心とする単品管理体制は、この会社を日本で経営効率がもっとも良い小売企業の一つに一気に押し上げた。一九八五年には、全国のイトーヨーカドーでPOSシステムを導入した。一九九一年、米国のサウスランド社の経営が苦しくなった。セブン‐イレブン・ジャパンは経営がすこぶる好調であったため、サウスランド社からの要請を受け、セブン‐イレブン・ジャパンがサウスランド社発行株式の六九・九八％を取得し、筆頭株主となった。一九九一年、サウスランド社は正式に社名を7-Eleven, Inc. と改称した。

二　イトーヨーカドーの中国での経営

セブン‐イレブン・ジャパンが7-Eleven,Inc. を引き継いだということは、セブン‐イレブンが世界各地にもつすべての店舗（ほとんどはフランチャイズ・チェーン）を引き継いだということである。しかし、その親会社であるイトーヨーカドー自身は、なかなか海外に進出しなかった。一九九六年十二月になって初めて、中国の成都に海外店舗一号店をオープンしたのである。そして、一九九七年十月七日、中国国務院から中外合弁でのチェーンストア展開を初めて許可された企業として、イトーヨーカドーと中国糖業酒類集団公司、伊藤忠商事と伊藤忠（中国）集団有限公司が共同出資し、華糖ヨーカ堂有限公司を設立した。

成都イトーヨーカ堂有限公司は、一九九六年十二月十九日、成都市人民政府の認可を取得し、正式に設立された。この会社は先に国務院の正式認可を得て設立した企業であるため、性質上「中外合弁会社」である。一号店は一九九七年の年末にオープンした。この会社は、日本のイトーヨーカドー、中国糖業酒類集団公司、伊藤忠商事株式会社、永利都（成都）不動産開発有限公司および伊藤忠（中国）集団有限公司が合弁で設立したものである。北京でチェーンストア展開を認可された店舗がすべて北京郊外、環状四号線の外側にあるのと違い、成都一号店は市中心部の繁華街、春熙路にある。主な出資者も、日本のイトーヨーカドー、中国糖業酒類集団公司および伊藤忠商事株式会社などで、北京の華糖ヨーカ堂有限公司の場合とほとんど同じであるが、独立した一つの企業である。それまで、イトーヨーカドー自身に国際的な経営展開の経験がなかったため、成都イトーヨーカ堂は北京に正式に店をオープンする前の実験的店舗であったと考えることができる。

一九九八年四月二十八日、華糖ヨーカ堂有限公司が北京の十里堡に華堂商場一号店をオープンした。この店は日本の大型総合スーパー（すなわちGMS）の業態をとっており、基本的には大型総合デパートに地下の食品スーパーを加えたようなものである。売り場面積は一万四千七百平方メートルで、取扱商品は約十万種類に上る。

イトーヨーカドーの経営理念は他のチェーンストア企業とは違う。「単店舗レベルで利益をあげることがチェーンストア展開の基本」という原則を信じ、これを守っているのである。このため、一号店が経営の軌道に乗り、黒字となる見込みが出て初めて、新たな店舗を次々と開設した。国務院はもともと、華糖ヨーカ堂有限公司がストアチェーンを築き、モデル的な役割を果たすことを期待して、第一期分として北京で三店舗のチェーンストア設立を許可していた。それにもかかわらず、一号店が営業をスタートして三年後の二〇〇一年十二月十二日になってやっと、二号店となる華堂商場アジアオリンピック選手村店（売り場面積二万一千平方メートル）を北京の北四環にオープンしたのである。その後の四年間に、さらに二店舗の華堂商場が開設された。二〇〇三年十二月にオープンした豊台北路店と一月にオープンした大興店である。二〇〇五年以降、華堂商場は出店ペースを速めた。二〇〇五年四月と二〇〇六年四月に、北京西直門の五号店と北京望京の六号店をそれぞれオープンした。北京の華糖ヨーカ堂の売上収入は毎年増えており、二〇〇六年

表２　イトーヨーカドー中国拠点の業績推移（単位：百万元）

	売上高		
	北京	成都	合計
1997		18	18
1998	171	214	385
1999	382	371	753
2000	482	513	995
2001	536	566	1102
2002	907	531	1438
2003	1037	579	1616
2004	1287	973	2260
2005	1517	1150	2667
2006	1814	1346	3260

資料　邊見 敏江「イトーヨーカ堂の中国事業開拓」（東京大学COEものづくり経営研究センター，MMRCDIscussion Paper No. 199）

には十八億元に達し、二〇〇三年には黒字転換を実現し、それが続いている。二〇〇六年の税引き前利益は約一千八百万元だった。成都イトーヨーカ堂は、一九九七年十一月に売り場面積一万五千平方メートルの一号店を春熙路にオープンした後、二〇〇三年九月末に二号店となる双楠店をオープンした。二環路西一段の外双楠オフィス住宅エリアに位置する双楠店は、売場面積二万四千平方メートル、四フロアの店舗である。二〇〇七年十二月二十二日、二環路東五段新成仁路口万達プラザに成都イトーヨーカ堂の三号店がオープンした。これは、ショッピングモールへの初めての出店で、売場面積は三万平方メートル、五フロアの店舗である。

二〇〇六年度末時点で、イトーヨーカドーは北京と成都に合計九つの大型小売店舗を開設した。売上額は三十二億六千万元に上り、総体的にみて、二〇〇三年からは黒字経営を維持している。二〇〇六年度の税引き前利益は、一億一千万元だった。中国で投資し、外資系小売企業を経営している企業のうち、もっとも収益をあげている企業の一つである。

三　セブン-イレブンとヨークベニマルの中国進出

二〇〇四年の初め、商務部はセブン-イレブンが北京などでチェーンストア展開することを許可した。二〇〇四年一月二日、日本セブン-イレブン（株式会社セブン-イレブン・ジャパン）、中国糖業酒類集団公司と北京首聯商業集団が合弁で設立した、セブン-イレブン（北京）有限公司（SEVEN ELEVEN（BEIJING）CO.LTD. 以下、〝セブン-イレブン北京〟）が正式に登記され成立した。投資総額は七千万元、登録資本は三千五百万ドルだった。その後、二〇〇五年十一月、北京王府井百貨集団公司が北京首聯商業集団有限公司（以下、北京首聯）と株式譲渡契約書に調印し、北京首聯が所有する、セブン-イレブン北京の株式の二五％を有償で取得したため、セブン-イレブン北京は二〇〇六年六月十七日、中華人民共和国外資系投資企業許可書の変更手続きを行った。

二〇〇四年四月、セブン-イレブン北京は、東直門（東直門橋西北角）に一号店をオープンし、同年五月には前門に二号店をオープンした。しかし、これらが中国の小売市場初のセブン-イレブン・コンビニエンスストアだったわけではない。一九九〇年代の初めには、広州など中国南部の一部都市に、すでにセブン-イレブンの店舗が登場していた。しかし、これらの店舗はセブン-イレブン・ジャパンや7-Eleven,Inc. の直属ではなく、香港地区で経営権を持っているデイリーファームが、サウスランド社の株式を取得し、開設したものであった。

二十一世紀初め、中国のWTO加盟が迫ると、世界の小売企業の中国小売市場における競争が激化した。広東でセブン-イレブンの経営権を持つデイリーファーム、タイでの経営権を持つCPグループおよび台湾での経営権を持つ統一集団が、中国大陸（北方地区）のセブン-イレブン経営権をめぐり、熾烈な競争を展開していたのである。この時期、海外投資には一貫して慎重だったイトーヨーカドーもついに、7-Eleven, Inc. に対する意思決定権を発動し、セブン-イレブン・ジャパンに北京（つまり中国大陸）におけるセブン-イレブンの経営権を握らせた。したがって、セブン-イレブン北京の一号店は、セブン-イレブン・ジャパンが中国に開設した一号店であると言えるのである。

二〇〇八年下半期までに、セブン-イレブン北京は朝陽区を中心に六十店舗のコンビニエンスストアを開設している。コンビニエンスストアの浸透が比較的遅かった北京周辺地区に大きな影響を与えた。

二〇〇四年十月、ヨーカドー・セブン-イレブングループの傘下企業であり、食品スーパーを展開するヨークベニマルとイトーヨーカドーが、「王府井百貨集団」と合弁で「王府井ヨーカ堂」を設立した。このグループによるスーパーの形態が初めて中国に進出した。

王府井ヨーカ堂の投資総額は二千四百万ドル、登録資金は一千二百万ドルだった。二〇〇五年四月、北京勁松地区の王府井海文商場の元店舗に手を入れ、一号店をオープンした。二〇〇五年七月、北京朝陽区朝陽公園南路に粽櫚泉マンションの物件を借り、二号店をオープンした。しかし、二〇〇六年、リース契約などさまざまな問題で、二号店は閉鎖された。二〇〇七年十一月になってやっと、地下鉄五号線の蒲黄楡駅近くに新たな二号店、蒲黄楡店をオープンした。報道によると、王府井ヨーカ堂の経営目標は「中国一流の生鮮食料品スーパーを作る」というものである。生鮮食品をメインに、地域に向けて営業を展開している。蒲黄楡店のオープン後、北三環、北四環のアジアオリンピック商業地に用地選定を移した。来年にも新たに二店舗がオープンする。十年以内に、北京で五十七店舗を展開する見込みだ。

四　セブン&アイ・グループの投資と経営の特徴

二〇〇四年の王府井ヨーカ堂設立により、セブン&アイ・グループは三つの小売業態を中国の小売市場に進出させることになった。業態は違っても、セブン&アイ・グループの発展戦略と経営拡大の方法には共通する特徴がある。

1. ドミナント出店

これは日本のイトーヨーカドーが創業以来、終始貫いてきた方針である。財力、物資力、マンパワーをある特定の地域に集中的に投下し、比較的短い時間で多数の店舗をオープンさせ、その地域での絶対的な影響力を確立しようとするものである。

業務エリアの違いでいえば、大型総合スーパーとしてのイトーヨーカドーは現在、北京と成都にのみ店舗を出している。セブン-イレブンはコンビニエンスストアを北京の朝陽区にほぼ集中させている。また、王府井ヨーカ堂は出店エリアを北京の第二環状線より外の住宅地域に設定している。

2．きめ細やかなマネジメント

日本の小売企業は細やかなマネジメントで有名である。セブン＆アイ・グループ傘下の企業もこの点でたいへんすばらしい。北京の華堂商場、セブン-イレブンおよび王府井ヨーカ堂の業態はみな異なるが、細やかな管理のもつ強みやこれまでの経営ノウハウを極力発揮しようとしていることが、現在の経営状況からもわかる。とくに、生鮮食品の温度管理と衛生管理の面では国内小売業にこれまでにない前進をもたらした。

華堂商場の地下スーパーでは、生鮮食品の鮮度を保つために、食品ごとに保存温度を決め、担当者を派遣して毎日定期チェックを行っている。出来合いのものでも多くが厳選されており、味は確かだ。

3．プライベート・ブランドの開発

日本のセブン＆アイ・グループは一貫してプライベート・ブランド（P・B）の開発に力を入れている。店舗数が少なく、また、優れたパートナー企業がまだ育っていないといった状況が、中国のこうした分野の事業拡大を制約しているが、努力を重ね、いくつかの独自ブランドを開発している。この点でとくに優れているのがセブン-イレブンで、毎週、プライベート・ブランドによる新製品を二つ以上売り出している。

4．POSシステムを中心とする緻密な単品管理

イトーヨーカドー（とくにグループ傘下のセブン-イレブン）の日本における最大の強みは、先進的な情報システムによる単品管理体制にある。これは、できる限り緻密な情報収集と管理を行うもので、高度な情報管理、在庫管理および受発注管理を行っている。全面的にPOSシステムを導入し、自社製品に一〇〇％の単品管理を行っている。日本のイトーヨーカドーやセブン-イレブンなどヨーカドー系列の小売企業と同様、北京の華堂商場、セブン-イレブン、そして王府井ヨーカ堂も、POSシステムを使って出来る限りすべての商品に「単品管理」を行い、厳格で緻密な情報管理と在庫管理および受発注管理を行っている。POSシステムを使い、毎日一時間ごとに、すべての商品の売り上げ情報を収集し、蓄積された大量のデータをもとに、傾向性のある事象を見つけ出し、商品の仕入れと在庫（あるいは商品の発注取り消し）を随時調整しているのである。

中国では、経営陣が気温変化と需給の関係に注目しており、詳

細な研究と論証を行い、経験をたえず総括している。

5. 絶え間ない改善

イトーヨーカドーは日系企業として、中国で事業を開始した当初から、かなりの部分で「日本方式」を守ってきた。たとえば、日本国内のやり方と同じく、買い取り販売のみを行って卸売や物流などは全面的に伊藤忠商事に委託し、電子システムはNECに委託していた。また、日本式のサービスを導入し、毎日マナー用語の朗読練習なども行っている。しかし、国情に合わせるために、大きな調整も行ってきた。たとえば、中国の小売経営の特徴に照らし、すべての商品を買い取り販売するという方法を改め、一部商品についてメーカーの派遣社員を入れた。商品ラインナップにも大幅に手を加えた。専業化という観点では、入荷を主に伊藤忠商事に委託していたやり方をやめたのである。

現地の状況に適応する努力をするなかで現地化が進んだが、一方でヨーカドーはその基本的な経営理念を守るために、会社の強みを現地化の必要性と結びつけることで、現地化にともなうさまざまな弊害を乗り越えようとしている。たとえば、テナントの問題である。リスクを下げるために店舗使用面積を増やし、売り上げを伸ばすためにテナント方式を取り入れたわけだが、テナント方式の導入と同時に、そこにはらむ問題にも果敢に取り組んだ。たとえば、テナントの販売スタッフの教育を強化し、短期スタッフの教育やトレーニングについても、積極的な検討を行っている。さらに大切なのは、テナントの生産メーカーに合理的な価格設定をさせるために、独自経営の部分の調達や販売を強化し、価格設定や特徴ある商品設定などで指導的役割を果たそうとしている点である。

現在、中国と日本の小売業は、その発展の段階と発展の程度にまだ大きな開きがある。セブン&アイ・グループは、中国で事業を展開するなかで、中国の国情にあった経営マネジメント方式の研究に力を入れると同時に、自らの経営スタイルも守った。立ち遅れた側に同化してしまわないように力を尽くしたのである。企業がこうした絶え間ない努力を重ねるには、多くの代償を払わなければならない。聞くところによると、日本側の経営陣は、毎日、十数時間働き、店の営業状況に基づいて、問題があればすぐに解決しているそうである。こうした長い間にわたる努力によって、イトーヨーカドー、セブン-イレブンのマネジメントの強みが中国で十分に発揮されるようになった。現在、セブン-イレブンの粗利益率は三〇%に近く、華堂商場の粗利益率も二〇%以上に達している。中国の小売企業で、このような粗利益率をあげている企業はほとんどない。セブン&アイ・グループの中国への全面的な進出は、中国に海外の先進的なマネジメント技術と知識をもたらした。中国小売業の発展と近代化のために大きな貢献を果たしたのである。

5　日本の小売業者の中国での公益友好活動

胡欣欣

一　「儒家の思想を持ったビジネスマン」神林章夫とカスミ

カスミは一九六一年に設立されたスーパーマーケット事業を行う日本の企業である。一部上場の会社ではあるが、事業規模は北関東をカバーしているにすぎない。店舗数は約百二十、年間売上高は二千億円である。規模からみればイトーヨーカドーや西友などの大手小売企業とは比べものにならなかった。

中国の消費者にとって日本の小売企業は、ウォールマートやカルフールなど欧米の大手小売企業のように圧倒されるような存在ではない。しかし、ジャスコ、イトーヨーカドー、伊勢丹および以前のヤオハン、ダイエー、そごうなどはとても有名だという感覚は皆が持っている。「カスミ」という会社の名前を挙げても、知っている人はそれほど多くないだろう。しかし、このあまり目立たない日本の小売企業は、かつて中国の小売業、とくに北京における小売業の近代化に少なからぬ貢献をしてきたのである。

カスミといえば、神林章夫について触れなければならない。神林の今の肩書きは、「神林留学生奨学金理事長」である。以前はもっと「輝かしい」肩書きもあった。それは株式会社カスミの社長という肩書きであるが、もっとも「輝かしい」肩書きは、カスミの社長兼会長であろう。それより以前、神林氏にはもっとユニークな肩書きもあった。「神林教授」という肩書きである。東京大学経済学部卒業の神林は、一九八一年から一九八九年にかけて信州大学経済学部で八年間、教授職を務めた。また、この大学の経済学部長に就いたこともある。

神林は中国に特別な想いを持っていた。二〇〇〇年、「人民日報」海外版は、神林の「私は何度も中国を訪れた」という文章を掲載したが、そのなかでは次のように語っている。「私が初めて中国を訪れたのは一九七八年である。十五日間滞在した。……五年後、客員研究員として中国に一年滞在した。とても光栄に感じていたのは、私が、中国の対外開放後、中国人民大学のキャンパスにいる初めての外国人学者で、しかも、日本政府のルートで中国を訪れた初めての学者だということだった。その頃、外国人の中国での生活や交流には多くの制限がかけられていた。中国の人々の暮らしを体験しやすくするために、私は学校にIDカードと教師がつける校章を申請した。この二つを身につけて、私は外国人が行かないところへも足を運んだ。」

一九八九年、神林は信州大学を「退官」（当時の国立大学の教授は「教官」と呼ばれていた）してカスミに入り、まず副社長となった。その後、創始者である十八歳年上の長兄、神林照雄の後を継いで、社長に就任した。当時、彼は「学問の世界で生きてきた人間にスーパーをやらせるなんて、あんまりだ」と言っていたそうである。しかし、一年以上にわたる兄の粘り強い説得に負け、最後は「人生を二度生きるのも悪くない。これまでは学問の世界で生きてきた。第二の人生は実業界で生きてみよう」と自分自身を納得させるしかなかった。

神林は学者としてのスタイルを企業に吹き込んだ。カスミの社長に就任してから、まず、著名な学園都市である筑波市に本社を移した。そして、世界的に有名な建築家に本社をユニークなデザインのビルに設計してもった。また、ビル内のコミニュティーエリアでの活動にかかる費用を無料とした。本社ビルには芸術的な香りも漂い、さしずめポストモダンの芸術館だそうだ。オフィス、会議室、面談室、そこかしこで神林が世界各地で購入した絵画が見られる。そのほとんどが抽象画である。作家の陳祖芬はカスミ訪問後、『あなたのために考える——日本のスーパーの時代の気風』という本を書いた。そのなかで、神林を次のように表現している。「神林は会社や店舗のことにはまったく触れなかった。彼は普通の経営者のように、お決まりのデータを使って話をするような人ではない。静かで、おしゃれで、すこしうっかり屋で、雲のようでもあり、超然とした芸術家のようでもある。」

神林は小売事業について、「アメリカのチェーンストアのようなやり方を真似する必要はない。その土地にあった方法を見つけて、自分達の特色を打ち出さなければならない」としている。彼は、チェーンストアは「優れた農家」を育てるべきだと考えていた。流通業は積極的に農業と関係をもつべきだとも語っていた。

神林は「もし人材育成の面で中国のために何かできれば、それは中国に直接投資するより意義のあることだ」と述べている。こうした想いから、一九九四年、カスミは北京市商業委員会と五年間の提携を結んだ。北京市の商業分野の幹部に研修を行い、中国流通業の近代化をサポートし、チェーンストア業の展開を後押しする、というものであった。それからの五年間、カスミの経営者は六十回以上中国を訪問し、業務に関する講座や現地指導を行った。また、北京や広州、天津などから五百人あまりを日本に招き、研修を行った。中国のチェーンストア業のために、その中核となる人材を多く育てたのである。現在、北京物美（ウーマート）、超市発および小白羊などのスーパーマーケット企業で活躍する多くの経営陣は、以前カスミで受けた研修が役立っている。報道によると、当時カスミは、約百店舗のチェーンストアの総務や事務を本社の社員六人で担当していたが、海外研修の仕事には八人を当てていた。この仕事のために、八億円近くを支出したのである。また、中国から来た研修生たちが生活しやすいように、会社のトレーニングセンターの宿舎を改装した。神林はこうした投資に対し、「リターンを期待するような気持ちはまったくない」と語っている。また、「中国経済の発展にとって、人材育成は資源や資金より重要である。中国経済が安定した発展を遂げられれば、日本経済や日本企業も利益を享受することができる」とも語っている。

　中国小売業の発展のためにすばらしい貢献をしてきた神林章夫は、一九九九年に中国政府から「外国専門家友誼賞」を贈られ、北京市政府からは「長城友誼賞」を贈られた。

二　「ボランタリー・チェーンの父」林信太郎

　高度成長期における日本の産業政策の旗手の一人として、林信太郎は戦後日本経済史に残る伝説的な人物である。林は一九二一年大阪で生まれた。一九四七年、京都大学を卒業後、当時の商工省に入省した。その後、通産省で三十年間仕事をし、商業、貿易、機械、自動車、資源などの産業分野のトップを歴任した。通産省では学者肌の官僚だった。林は関西の機械工業について実地調査と指導を行い、これを日本でもっとも重要な輸出産業に育て上げた。この実践をもとに『日本機械輸出論』を書き、京都大学から経済博士号を得た。

　一九六一年から一九六四年、林は日本貿易振興会（ジェトロ）の代表としてドイツに駐在した。ジェトロのドイツにある「軽機械センター」の所長となり、ヨーロッパが日本から輸入したミシンに高い関税を課そうとした計画を阻止した。この間、林はフランスとドイツがヨーロッパの経済統合のプロセスを促進しているのを目の当たりにした。また、ドイツ滞在中、「ボランタリー・チェーン」という小規模・中規模事業のビジネスモデルを見つけ、それを日本に導入した。林は中小店舗のボランタリー・チェーンプランを提案し、具体的な指導も行った。そのため、「ボランタリー・チェーンの父」と呼ばれている。一九七〇年代半ば、通産省を退官した後、林は著名なスーパーマーケット企業、ジャスコの副社長に就任した。一九八四年にジャスコの副会長を辞任し、一九九〇年、林自らが設立したボランタリー・チェーン協会の会長となり、二〇〇三年までその職を務めた。

林は若い頃、中国東北地方の大学に通っていた。そのため、中国には多くのクラスメートや古くからの友人がいる。一部のクラスメートは、抗日戦争に参加した後、国家統計局や外交部など国の機関で要職に就いていた。林は長い間にわたり、こうした古い友人と連絡をとっていた。また、ヨーロッパの経済統合のプロセスを見てきた経験から、中国と日本の友好関係は、アジア連合とアジアの平和的な発展のカギとなると認識していた。こうした信念のもと、若い頃に日本の産業政策に寝食を忘れて取り組み、心血を注いだときと同様、中国の改革開放と日中間の友好交流に大きな情熱と力を注いだ。

中国の改革開放がスタートした当初の一九七九年十一月、林はジャスコの副社長として、中国商業部の招聘を受け、中国を訪問した。機械工業や食品工業の工場を視察した際には、早い時期から日本の工場を多く視察した経験を踏まえ、気づいた問題について多くの改善案を政府に出した。一九八〇年、林が中日経済知識交流会に参加した際、再び中国の機械工業の状況を視察し、改善案を出した。一九八一年、林は再度訪中した。国家経済委員会と国有企業に対し、日本が戦後、いかに機械工業を発展させ、輸出を振興してきたかを紹介した。そして、中国社会科学院院長兼工業経済研究所の馬洪に、すでに定年した日本の技術者を中国に派遣するという提案をし、馬洪所長から高く評価された。馬洪所長は、中日人材交流機構を設立して、若い中国人技術者に日本の工場での実習や専門的な技術を学ぶ機会を提供してほしい、との提案を出した。

一九八三年五月、馬洪院長が日本を訪問した際、両国の人材交流と定年した日本人技術者の派遣について話しあった。一九八五年四月、林はこの件を実現するために、再び中国を訪問した。この年の五月、中日人材交流委員会が中国で成立し、国家経済委員会の張彦寧副主任が、この委員会の主任に就任した。また、元駐日外交官の陳抗が副主任となり、馬洪や袁宝華らが顧問となった。六月十五日、日中人材交流協会が日本で発足した。橋本龍太郎が会長に就き、林は理事長となった。その後、この協会は両国の人材交流分野の第一線で活動し続け、中国の工業企業と流通企業のために多くの技術スタッフや管理スタッフをトレーニングしてきた。中国からの日本視察団を数多く受け入れると同時に、中国にも日本の多くの専門家を派遣した。

一九八〇年代から九〇年代にかけて、林はほぼ毎年、中国を訪れて流通業の発展状況を視察している。そして、中国の流通分野の学者、企業家および大学院生に日本の流通ビジネスの理論と実践について講義を行った。中国の商業の発展のために、的を射た提案を行ったのである。中国が小売業の対外開放を実験的に進めた当初から、林は先見の目をもって、中国政府にさまざまな提案を行った。すなわち、外国企業の資金利用と不動産開発だけを主な目的とするのであれば、中国小売業に先進的なマネジメントや技術をもたらさないだろう。中国小売業の開放は、世界最先端の小売経営マネジメント技術の導入を主要目的にするべきである、というものである。林は、当時自らが率いていたボランタリー・チェーン協会が出資して行った、日本の小売企業の経営状況に関する調査分析資料を、余すところなく中国の流通当局や研究者に提供した。そして、分析結果に基づいて、中国に次のような提案を行った。「売上データを小売企業の経営効率を測る基準にすることはできない。一平米あたりの利益と従業員一人あたりの利益といった効率指標に基づいて、優秀な外国小売企業を選び、対外開放を通して、外国の先進的な管理経験と管理技術が中国の小売業にもたらされるようにするべきである。」林のこうした強い勧めにより、一九九七年、中国の小売業主管当局は、日本の優秀な小売企業イトーヨーカドーを、中外合弁方式でチェーンストア展開を行う、国務院認可小売企業の第一号とすることに決めた。イトーヨーカドーにとっても初めての海外進出だった。

林は中国の改革開放と中日交流関係のために大きな貢献をした。これをうけて、一九九一年、林は国務院から「外国専門家友誼賞」を贈られた。九月に人民大会堂で行われた表彰式には、当時の李鵬総理や朱鎔基副総理が自ら出席した。

林信太郎は二〇〇八年八月に不幸にも病のため亡くなった。

三　「非主流の企業家」堤清二

二〇〇七年四月十二日、「二〇〇七年日中文化・スポーツ交流年日本実行委員会」と中日友好各団体が温家宝総理の「氷を融かす旅」を迎えるために開催した盛大な歓迎レセプションの席上、日中文化交流協会の辻井喬会長が主催者側を代表して挨拶を述べた。そのなかで、温家宝総理が日本経済五団体の前で披露した漢俳に対し、返詩を贈った。その内容は以下のとおりである。

温総理

和風化細雨　　和風細雨と化し
桜花吐艶迎朋友　　桜花艶を吐き朋友を迎ふ
冬去春来早　　冬去り春来ること早し

辻井喬

陽光満街路　　陽光が街路に満ち
　　にこやかな、いつも変わらない態度を
和平偉友来春風　　示される偉い友が春風とともに来る

誰阻情信愛　　誰か信愛の情を阻まんや

中国人民への友好の想いや温総理を歓迎する気持ちがよく表現されている。

辻井喬は二〇〇六年、團伊玖磨前会長が中国の蘇州で病気のため亡くなった後、日中文化交流協会会長の任を引き継いだ。作家であり詩人でもある辻井の作品は、何度も文学賞を受賞しており、作品は各国語に翻訳され（中国語、英語、フランス語、ロシア語を含む）、出版されている。

二〇〇八年一月、日本の著名なブランド「無印良品」の中国二号店が上海の浦東正大広場にオープンした。その二年ほど前、「無印良品」が南京西路に一号店をオープンしてから、このブランドのシンプルで飾り気のないナチュラルさが消費者、とくにおしゃれな人たちの人気を集めた。マスコミも、この著名な日本ブランドができた二十年前の背景やその創業者であるセゾングループの元トップ、堤清二に注目し始めた。

中国では、この「著名な作家、詩人」であり「日中文化交流協会会長」である「辻井喬」と、かつて西武百貨店、総合スーパーの西友、ファミリーマート、無印商品など数十社を率いたセゾングループ（中国では一般的に「西武流通集団」と呼ばれている）の前代表で「著名な企業家・堤清二」という、この二つの名前の間にイコールの記号をつけられる人は、ほんのわずかである。二〇〇七年六月、辻井喬は日中文化交流協会訪中団を率いて、中国最高の日本問題研究学術機関、中国社会科学院日本研究所を訪問した。その際も大部分の学者は、この団長が中国でも大変よく知られている企業家であるとは気づかなかったのである。

堤清二は、中国で三つ目の顔を持っている。それは日本の著名な経済学者という顔である。その著書『消費社会批判』は、親しい友人の朱紹文教授によって中国語に翻訳・出版され、多くの学者から注目され、引用された。

一九五〇年、東京大学経済学部を卒業した堤は、学生時代、学生運動に熱中した。一九五四年、父親が率いる西武鉄道の役員となり、一九五五年には、西武百貨店の取締役店長となった。しかし、一九六四年、当選十四回の国会議員で衆議院議長も務めた父、堤康次郎が突然この世を去った。財産の相続人に指名されたのは、異母兄弟の弟、一九九〇年代に「世界一の富豪」になったことがある堤義明だった。一方、堤清二は、西武グループで経営状況がごく普通であった流通部門だけを引き継いだ。数年後にはこれを西武グループから切り離し、日本で一、二を争う国際流通集団となるセゾングループに育て上げた。

日本国内で、堤は文化芸術事業の積極的な提唱者、スポンサーとして知られている。堤はかつて、世界初の「百貨店のなかの美術館」を自らの百貨店に開き、海外の優れた作品を日本に紹介した。また、一貫して日本の作曲家の創作活動を積極的に支援した。日本の文化芸術の創作活動と国際文化交流を助成するために、一九八七年、私財を投じて「セゾン文化財団」（この場合、日本の漢字の「財団」とは「基金会」のことを意味する）を設立した。作曲家とその他の文芸創作活動に対して作品を発表する機会を提供し、また、外国の優れた芸術作品を日本人に紹介するために、東京の繁華街である銀座にセゾン劇場を建設した。近代作品を扱う音楽会“Music Today”を定期的に開催している。

若い頃、左翼学生運動に参加していたからかもしれないが、堤はずっと中国に友好の想いを抱いてきた。一九七三年には中国を訪問している。改革開放以来、堤が率いるセゾングループは、具体的な行動をもって、積極的に中国の改革開放事業をサポートしてきた。西武百貨店は一九九三年、深圳に百貨店を開設し、北京に事務所を設立した。改革開放が始まった当初、セゾングループは、中国でもっとも多くの投資をし、もっとも広い分野に参画した日本の流通企業グループの一つであった。多くの著名な国内ブランド、たとえば華日家具、北京梅地亜中心、北京珀麗酒店（もと新万寿賓館）、ファーストフードの吉野屋などは、セゾングループが、早い時期に投資して設立したものである。

堤は、「チェーンストアビジネスこそ、社会主義市場経済にもっともあった小売形態だ」と考えており、グループ傘下のコア企業、総合スーパーの西友は中国への投資に意欲的だった。そして、一九九六年、北京中商集団および上海友誼商業集団とそれぞれ合弁会社を設立し、この二地区に五つの大型スーパーを開設した。

堤の中国に対する友好的な活動は、企業投資に限られたわけではない。日本で積極的に文化公益活動に参加していたのと同じように、中国の文化事業、科学研究事業を支えるために、自らの資金をさらに注ぎ込んだ。セゾングループ傘下の文化財団は、中国の文化芸術創作団体を何度も日本公演に招いている。また、堤と学生時代からの友人、生野重夫（当時のセゾングループの重鎮）は、何度も中国の大学や経済団体に招かれ、講義を行っている。また、多くの教育機関（中国社会科学院と北京大学など）から名誉教授の称号を贈られている。生野が書いた教材は中国語に翻訳され出版されている。一九九〇年代、堤とセゾン文化財団は資金を出して、日本のハイレベルな経済学者を中国に招き、学術交流や学術シンポジウムを何度も行った。また、中国の学者を日本に招いた。両国経済界の交流を促進するために、資金を提供し、力を尽くした。また、中国の経済研究機関の学術活動に資金援助を行った。

バブル期における日本の過度な投資によって、二〇〇〇年、セゾングループ傘下の西洋環境開発が債務超過に陥り、東京地裁に特別清算を申請した。堤は自らが所有する西武百貨店、総合スーパー西友など黒字企業の株式を売却し、百億円の私財を投じて企業の損失を補塡した。その後、企業活動の第一線から退き、セゾングループも崩壊した。その後、グループの主な流通企業は伊藤忠などが買収した。しかし、堤が早くに創設したセゾン文化財団は、「セゾン」という名を残した。この文化財団の基金規模は七十億円を超えている。中国と日本の文化芸術交流の促進に重要な役割を果たした。

その後、堤（辻井喬）は、作家活動と中日友好活動に打ち込んだ。二〇〇三年には、新中国成立後の普通の中国人の暮らしを描いた、八本の短編小説からなる『桃幻記』を発表した。その中国語版は二〇〇五年、中国の人民文学出版社から発行され、中国の文学界でも注目を集めた。

第六部　エネルギーと環境分野での協力

1　エネルギーと省エネ分野での中日の協力

張季風　呂丹

エネルギーは戦略資源であり、その重要な意義については誰にも異議はないだろう。今日までの大規模な戦争は、多くがエネルギーの争奪によって起きている。逆に、ＥＵの最初の雛形がヨーロッパ石炭鉄鋼共同体だった例など、多くの地域の経済一体化の形成がエネルギーの協力に端を発している。エネルギーは国民経済発展の命脈であるが、とくに国民経済の「血液」である石油は、一九六〇年代に世界第一のエネルギーになってから、その重要な戦略的価値が長く衰えていない。二〇〇二年の我が国の原油消費量はすでに日本を超え、世界第二位となった。二〇〇七年の輸入依存度は五〇％近く、しかも今後のエネルギー需要量はさらに増加するだろう。そして、日本は原油のほとんど一〇〇％を輸入に頼っている。また、両国の原油輸入地区も中東地区に集中している。中日両国はエネルギー分野で、いわば「狭い道で敵同士がめぐりあった」ような、抜き差しならぬ状態であり、競争は避けがたい。しかし、この分野での両国の協力の前途も極めて広く、その意義はさらに大きい。

一　エネルギーと省エネ分野での中日協力の意義

中国と日本はいずれも世界のエネルギー消費大国であり、エネルギー分野で多くの共同の利益をもち、強い相互補完性がある。省エネ環境保護の分野では、中国と日本は資源、市場、技術、管理などの多くの面の相互補完性があり、協力の潜在力はかなり大きい。全エネルギー消費量についていうと、中国と日本は同じくアジアのエネルギー消費大国である。一人あたりの一次エネルギー平均消費量からみると、二〇〇五年の中国の一人当たり平均消費量は基準炭一・七トン、日本は五・九トンで、日本は中国の三・五倍である。ＧＤＰ単位あたりのエネルギー消費からみると、二〇〇三年では中国のＧＤＰ百万ドルあたりのエネルギー消費は原油八百八十六トン、日本は百六トンで、中国の一二%にすぎない。二〇〇三年の中国の一人あたりのGDP（二〇〇〇年）は千六十七ドル、日本は三万八千二百二十二ドルで、日本は中国の三十六倍である。上記のエネルギー消費とGDP創出の関係から見ると、日本社会のエネルギー効率は中国よりはるかに高い。したがって、中国と日本の間のエネルギー協力は、中国のエネルギー構造改善に有益であり、中国のエネルギー供給の多元化を強め、中国のエネルギー効率を向上させ、全方位的に社会のエネルギー消費を低下させ、中国を省エネ型経済成長に導くだろう。

中国と日本の間のエネルギー協力は、日本にも重要な意義がある。つまり、日本のエネルギー技術のアジア移転の推進、アジアのエネルギー技術の開発と普及、利用の促進、日本のエネルギー技術、省エネ製品の市場の拡大になるからである。石炭は中国と日本で利用されている重要なエネルギー資源の一つであるが、日本は世界最大の石炭輸入国であり、その輸入量は世界の石炭取引量の約四分の一を占め、中国こそ日本のもっとも重要な石炭供給国の一つである。日本の石炭クリーン化利用技術を中国に積極的な移転することは、中国と日本が属するアジア諸国地域全体をクリーンにするうえでも有益なことである。

長期にわたり、中日両国は省エネ環境保護の分野で成果に富む協力を展開してきた。日本政府は、無償援助、円借款などの方法によって中国の一連の省エネ環境保護プロジェクトをサポートしてきた。すでに一九五二年、中国と日本の民間貿易が回復された当初に、中国は日本への石炭大量輸出を開始し、国交正常化前夜まで石炭は一貫して中国の対日輸出の主要製品だった。七〇年代末から八〇年代にかけて、中国は日本に大量の石油を輸出した。中国の石炭と石油などの日本への大量輸出は、日本の焦眉の急を解決したのみならず、中日間の貿易不均衡緩和の効果をも収めた。改革開放の初期、北京十三陵揚水発電所、湖北省鄂州火力発電所、湖南五強渓水力発電所などの電力プロジェクト、エネルギー分野の秦皇島石炭輸送専用埠頭、大同―秦皇島間の石炭輸送用鉄道などの重要なプロジェクトには、いずれも日本の円借款が利用された。これらのプロジェクトは、当時の我が国のエネルギー不足状況の緩和に対して大きな役割を果たした。

中日双方は、中国の鉄鋼業のエネルギー消費技術、環境保護技術の改善の面でもすばらしい協力を行った。二〇〇二年九月、鋼鉄研究総院とJICA（国際協力機構）は冶金の燃焼環境保護と省エネ技術のプロジェクトを共同で実施した。日本側は中国に専門家を派遣、設備資材を提供し、中国側の研修者受け入れなどの措置で全面的な協力を行った。鋼鉄研究総院に設置された冶金燃焼環境保護省エネ技術センターを拠りどころに、燃焼技術改善能力の向上、排出ガス処理技術の把握、工場の燃焼と環境診断技術の把握、および冶金燃焼環境保護および省エネ技術の普及活動が展開された。五年にわたる協力で豊かな成果が得られ、中国の鉄鋼業の省エネ環境保護技術レベルが向上した。

二〇〇六年五月に東京で行われた第一回中日省エネ・環境保護総合フォーラムにおいて、中国国家発展改革委員会と日本の経済産業省が省エネ政策の対話メカニズムの構築、省エネの人材育成を重点とした省エネ分野での交流、協力の強化に合意して、「中日両国の省エネ分野での協力意向書」を締結した。二〇〇五年十二月、中国、日本など五ヵ国のエネルギー担当閣僚会議の際、国家発展改革委員会と日本の経済通産省はさらに中日省エネ環境保護ビジネスモデルプロジェクト協力の展開に合意した。

第一回中日省エネ・環境保護総合フォーラム以来、双方は政策交流、人材育成、ビジネスモデル協力の面で、さらに積極的な進展を得た。中日両国の関係部門は、火力発電所の改造、紡織企業の余熱利用・省エネ改造、都市ごみと穀類作物の茎の資源化総合利用などの省エネ環境保護領域で十件の協力プロジェクトに調印した。これらのプロジェクトは、中国政府が実施している十大重点省エネ工程と循環型経済モデルに緊密に関わっており、双方の積極的かつ実際的な協力を現している。

二〇〇七年四月、温家宝総理訪日の際、中日双方は「環境保護協力の一層の強化に関する共同声明」に調印し、気候変動の問題に対する双方の立場を明確にするとともに、対話の強化と協力の願望を示した。二〇〇七年九月、双方は北京で第二回中日省エネ・環境保護総合フォーラムを行い、中日両国政府、企業、科学研究所、協会など、千人近い代表がフォーラムに参加した。

二〇〇七年十二月に福田康夫首相訪中の際に決定した「中日省エネ環境相談窓口」は、二〇〇八年四月に正式にスタートした。

二〇〇八年五月、胡錦濤主席の訪日の際、中日双方は「省エネ環境保護分野における協力の継続強化に関する覚書」を締結した。このなかで、双方は、石炭分野での技術協力の面における中国側の石炭火力発電所の設備診断、設備改造、人材育成の推進を表明した。双方は、石炭火力発電所で発生する二酸化炭素の捕集と封入（CCS）による石油採掘率の向上（EOR）についての実証的研究を引き続き展開していく。そして、鉄鋼、セメント分野での省エネ、環境診断活動を引き続き展開する。双方は、日本側の人材育成によって中国の省エネ法や省エネ政策の面で得られた進展と成果を高く評価した。双方は、今後の政策研修を展開すると同時に、日本側が省エネモニタリング分野の専門家を中国に派遣するとともに、中国側の省エネ体制建設と企業のエネルギー管理のさらなる強化に対し、サポートを提供することとした。

二　将来の中日両国のエネルギー協力の具体的分野

1．省エネ技術とエネルギー効率向上の面での協力

中国と日本は、エネルギー効率向上の面で非常に広い協力の余地がある。中国のエネルギー利用効率は日本に比べてかなり低く、日本は世界の省エネのモデルであって、そのエネルギー単位消費あたりで精算されるGDPは、米国の二・七六倍、英国の一・九五倍、フランスの一・五八倍、ドイツの一・三八倍に相当する（すべて二〇〇〇年の数字）。中国が自身の努力と同時に、日本の先進的な省エネ技術を導入し、エネルギー利用効率を大幅に向上させれば、その効果は大規模油田数箇所の開発を上回り、日増しに厳しくなる国際エネルギー市場での競争を緩和させるのみならず、環境保護にも有益である。

第一次オイルショック以来、日本はエネルギー多元化を目指すほかに、国内の省エネ、エネルギー効率向上運動展開のための措置を積極的に講じ、各種の省エネ措置を推進し、良好な効果をあげてきた。これと同時に、省エネの法規の整備に力を入れ、「エネルギーの使用の効率化に関する法律」などの法規法令を公布、修正し、各産業の省エネメカニズムと産業のエネルギー効率の規準を定めた。日本政府は、このほかにも、税収、財政、金融などの手段で省エネをサポートしている。日本は省エネ製品の開発と生産の要における省エネなどの面で十分工夫を凝らしている。多くの分野で省エネ製品が開発され、日本社会に低エネルギー消費の効果をもたらしているのみならず、日本の貿易での競争力を高めた。

日本には多くの省エネ技術があり、中国の省エネ型社会の建設にも大きな援助となる。中国は、日本の産業構造調整の経験と産業省エネ技術を学び、両国の民間用省エネ製品の面での交流と協力を強化すべきである。省エネには、節電、燃料節約、節水が含まれるのみならず、節約できる資源と資材すべての節約も含まれる。省エネ自体には技術的要素が高く、かつ多くの資金が必要であるが、この二点はまさに日本の強みであり、この面における中日両国の協力のスペースは、非常に大きい。事実上、現在中国と日本の間で省エネ分野の多くの協力プロジェクトが進行中である。JICAが大連で進めている省エネおよび環境保護面の高級管理要員養成プロジェクト、鋼鉄研究院への資金援助で進められている冶金燃焼環境保護技術改善プロジェクトなどがその例である。また、日本の対中直接投資にも多くの省エネプロジェクトが含まれている。今後、省エネ分野における双方の協力の強化も、必ずや石油、天然ガス採掘などの面での競争を大きく低下、緩和させるだろう。

2. 新エネルギーと再生可能エネルギーの開発、利用

新エネルギーと再生可能エネルギーの開発、利用の面では、中国と日本はすでに多く面での協力を展開している。日本は、再生可能エネルギー技術の面では世界の先端を進んでいるが、逆に利用するスペースが少ない。日本の先進的技術と中国の広い利用スペースを結びつければ、必ず世界の再生可能エネルギーの成長を力強く推進するだろう。太陽光発電技術の面では、中国と日本は中国の新疆などで多年にわたって協力している。二〇〇二年には、日本の太陽光発電の量は世界の半分を占め、まず産業部門から利用されている。しかし、日本で太陽光発電を利用できる場所の規模は非常に限られており、陽光豊かな中国の広い地区に普及させれば、日本の先進的な太陽光発電技術は大きな「腕の振るいどころ」を得るだろう。また太陽光発電の大規模な実施は、逆に日本の太陽光発電技術の進歩に力強い促進作用をもたらす。

中国ではほかの再生可能エネルギー資源も極めて豊富であり、日本のもつ先進的技術は、見るべき経済的効果と社会的効果を得ることができる。二〇〇七年一月、日本の丸紅、サッポロビールなどが設立した共同ベンチャー企業「バイオエタノール・ジャパン・関西株式会社」は、米国から特許を取得し、大阪で建築廃材を原料としてバイオエタノールを製造している。日本の三井物産は、二〇〇七年三月にブラジル石油公社との間に八十億ドルを投資してブラジルのエタノール工場建設に関与する協定を結び、二〇一一年より、毎年エタノール三十五億リットルの日本への供給を確保した。中国の豊富な再生可能エネルギー資源の開発と日本の技術、資金を再度結合すれば、必ずもっと多くのエタノールを生産でき、それによって輸入石油への依存度を減らし、同時に環境改善への助けにもなる。現在、中国の再生可能エネルギーの成長速度はエネルギー消費全体の伸びを上回っている。中国では、二〇一〇年までに全発電量に占める再生可能エネルギーによる発電比率を一〇%まで向上させる計画だが、これは倍増よりさらに多い。これから、中国と日本の協力による再生可能エネルギーまたは新エネルギーの開発利用の加速化は、中国のエネルギーの成長に極めて重要な意義をもつことがわかる。

3. 石炭資源の利用技術

石炭は中日協力の紐帯の一つである。日本は世界最大の石炭輸入国であり、中国は依然として日本のもっとも重要な石炭供給国の一つであって、日本の石炭クリーン化技術の中国への積極的な移転には広い空白の余地がある。周知のとおり、石炭液化燃料を利用すれば、通常のガソリンより環境保護に有益であり、現在、石炭の液化（直接液化技術）技術は、日本、ドイツ、米国で画期的な進展を見せている。日本は、石炭クリーン化の

面に大きな努力を傾け、高いレベルに達しており、中国が吸収、参考とすべきところが非常に多い。そのほかの技術には、選炭、固形化、異種炭の配合、加水液状化などの石炭加工技術、循環硫化床、増圧硫化床の複合循環発電、石炭全体液化複合循環、石炭ガス化マルチエネルギーシステム、超臨界および超超臨界発電技術などの先進的石炭のエネルギー転換技術、先進的高効率工業用ボイラーとキルン、民間用かまどなどの技術設備がある。これらのクリーン高効率石炭利用技術の応用を発展、普及させ、各業界でのこれらの技術設備の比重を高め、石炭使用のエネルギー効率と経済的効率を向上させ、石炭エネルギーの電力への転換の比重と効率を高め、石炭の末端段階での直接消費量を減らし、末端のエネルギー消費構造を改善すれば、同時に関連設備の汚染物質と温室効果ガスの排出を減らすことができる。

専門家の見積もりによれば、中国の石炭層ガスの資源は非常に豊富で、採掘可能資源量は十兆立方メートルにのぼる。二〇〇〇年末の段階で、中国の石炭層ガス抽出量は八億五千八百万立方メートルだったが、二〇〇四年には十六億立方メートルに急増、利用量は発電、化学工業（カーボンブラック、化学肥料）、民間用燃料など八億二千万立方メートルに達した。業界の専門家の予測では、中国の石炭層ガス産出量は二〇一〇年には百億立方メートル、二〇二〇年および二〇三〇年にはそれぞれ二百二十億立方メートルと三百五十億立方メートルに達する。二〇三〇年の段階と二〇〇四年とを比較すると、石炭層ガス産出量の増加は、クリーンエネルギー三五Ｍｔｏｅ（基準原油一万トン相当の当量）の増加に匹敵する。この分野での中日双方の技術協力の強化により、これらの資源がさらに効果的に利用されるようになる。

また、日本国内は基本的に採掘可能な炭鉱がないが、日本の過去のすばらしい採炭技術が失われてはならない。日本は先進的な石炭採掘技術をアジア諸国に普及すべきである。採掘技術の交流と協力、石炭のクリーンな技術の交流と協力、石炭燃焼効率向上のための技術協力、高効率の炭鉱設備の技術協力、石炭エンジニアの交流と協力、石炭科学技術の研究開発などなどである。

4　原子力発電所建設の面での協力

日本は原子力発電の面で先進的技術と豊富な経験をもっており、中国で稼働中の原子力発電所にも日本で製造された原子力発電設備と技術が導入されている。今後、原子力発電技術（原子力発電開発、原子力発電の安全性、核燃料処理など）の面でも、中国と日本には大きな協力の余地がある。日本は一九六六年から原子力発電を発展させた。一九七〇年、原子力エネルギーが一次エネルギーに占める割合はわずか〇・三%だったが、八〇年代末には八・九％、九〇年代末にはさらに一三・七％に上昇した。電力エネルギー中で原子力発電が占める割合は、一九七〇年にはわずか一・三％だったが、一九八〇年には一四・三％、一九九〇年には二三・六％、二〇〇〇年にはさらに二九・五％にまで上昇し、二〇〇二年にはやや低下したが、それでも二六・九％のレベルを保っている。二〇〇二年十二月末の段階で、日本には原子炉が五十三基あり、設備容量は四千五百九十一万kWであり、米国（百三基、一億二百万kW）、フランス（五十九基、六千五百九十五万kW）に次いで世界第三位である。原子力エネルギーはリサイクル可能なエネルギーであり、原子力エネルギーの利用はエネルギーが極度に乏しい日本に大きな利益をもたらし、過度に石油に依存してきた以前のエネルギー構造をある程度改善し、エネルギーリスクを低下させ、エネルギーの自給率を高めた。

中国は核技術大国であるが、原子力発電所の発展の面では非常に立ち遅れている。現在、中国には商業稼動している原子力発電所が四ヵ所、原子炉が九基ある。そのうち、秦山が五基（国産三基、カナダからの導入が二基）、大亜湾二基（すべてフランスから導入）、嶺澳二基（すべてフランスから導入）で、設備容量は全部で六百七十二万四千kW、それぞれ日本の六分の一、七分の一でしかない。建設中の原子炉は、江蘇省田湾に二基（全部ロシアから導入）ある。これらの原子炉は加圧水型原子炉（PWR）が主で、建設中の二基以外はすべて容量百kW未満であり、かつ原子力発電所は沿海地区に集中している。現在、中国の一次エネルギー構造の中で原子力発電はわずか〇・三％を占めるにすぎず、電力供給のなかでも一・四％を占めるだけである。このことは、中国の将来の原子力発電事業の潜在的余地が非常に大きいことを物語っている。以前、中国は原子力発電所に対してかなり慎重な方針をとってきた。ただし、二〇〇四年からは中国の原子力発電所発展の政策が変わり、以前の「適度の開発」から「積極的開発」に転換された。原子力発電事業の積極的発展という中国の政策転換は賢明なことであり、エネルギー逼迫の問題の解決、とくに石炭を主とする融通の利かぬエネルギー構造の改善について戦略的な意義をもつ。原子力発電事業の発展は、中国の石油、天然ガスの輸入を減らすことができ、CO2および汚染物質排出の低下、大気環境改善に有益である。

中国の原子力発電事業の発展の基本方針は、「自主設計、自主製造、自主建設、自主運営」である。原子力発電事業の発展は国内の自主開発をメインとするが、やはり国外から技術を導入し、やはり国外の協力を求める。二〇〇四年初め、国家発展改革委員会は「原子力発電長期計画」を発表し、二〇二〇年までに原子炉をさらに三十基建設し、中国の原子力発電の設備容量を三千六百万kWに拡大、電力エネルギー全体に原子力発電の占める割合を現在の一・四％から四％前後まで高めることを提起した。これは原子力発電所の技術が進んでいる日本にとって、大きなビジネスチャンスである。中国の原子力発電所の技術レベルはまだまだ低く、日本の原発管理の経験は中国にとっては非常に重要である。中国の原子力発電発展の政策は国産化が中心ではあるが、関連部品の製造能力、開発能力、技術レベルはまだ限りがあり、原子力発電の技術、管理「ノウハウ」、原発プラントおよび部品、核燃料処理などでの中日双方の協力の余地は非常に大きい。これまで、原発に関する我が国と日本との協力は間接的協力が主だったが、日本の東芝が米国のウェスティングハウス社を買収してから、中国と日本は事実上の直接的協力を形造ってきた。二〇〇八年五月の胡錦濤主席の訪日の際に調印された「中日両政府の交流と協力の強化に関する共同プレス発表」では、「双方は、原子力発電のエネルギー安全保障と地球温暖化防止に対する重要性に照らし、この分野における協力を強化することに同意する」と明確に提起している。中国と日本の政治関係がたえず回復上昇している環境のもとで、中国と日本の原発分野での協力は、飛躍的進展を得られるだろう。

5. 東アジアの地域協力の枠組みにおける中国と日本のエネルギー協力

アジアの金融危機の後、東アジア地域は地域内協力の歩調を速めた。東アジアFTAと東アジア経済共同体の建設は、ほとんど必然的趨勢になってきている。地域協力がたえず深化する過程で、地域内のエネルギー協力も重要な一環となっている。近年来、東アジア経済の急成長にともない、エネルギー需要量も急上昇している。このため、アジア地域全体で安定した石油供給の獲得、地域全体のエネルギーの安全保障がまさに注目を浴びる新たな課題となっている。東アジアの地域協力の枠組みにおける中日両国のエネルギー協力は、大きな意義がある。

二〇〇三年十月、中日韓三国の首脳がバリ島で新たな世紀に三者の協力をさらに促進、強化する共同宣言、「日中韓三国間協力の促進に関する共同宣言」を発表し、三国がエネルギー分野での相互利益的協力を拡大し、地域と世界のエネルギーの安全保障を強化するために共同で努力する旨を、明確に提起した。韓国の関連組織は、中日韓三国のエネルギーバンクの設立、共同買付、備蓄、流通を何度も呼びかけている。こうすれば、費用が低減できるのみならず、エネルギー危機への対応能力を向上させることもできる。中日韓の多くの学者も、東アジアFTAおよび東アジア経済共同体の建設のために経験を蓄積し、条件を創出するため、中日韓を中核とした「東アジア石油共同体」あるいは「東アジアエネルギー共同体」の構築を積極的に提案している。ヨーロッパが欧州連合を設立できたのは、第二次世界大戦後に石炭鉄鋼共同体を設立したからである。東アジア自由貿易圏の構想を実現するには、東アジア地域にエネルギー共同体を構築すべきである。中日双方は、いずれも積極的に条件を創出し、東アジアエネルギー共同体の建設を促進すべきである。

以上をまとめると、中日両国のエネルギー供給状況はいずれも逼迫しており、エネルギー情勢はきわめて厳しい。エネルギーは両国の切実な利益に直接関係し、同時に両国の石油供給地も情勢が不安定な中東地域に集中している。この点から見ると、エネルギー分野での両国の競争は避けられない。しかし、双方の長期的利益、持続可能な成長という長期的な視点で冷静に考えるならば、我々は競争という丸木橋以外のところでより多くの共通利益を得ることができる。中日双方が省エネ、原子力発電事業、石油備蓄、石油共同買付、流通および「東アジア共同体」構築などで協力を強化すれば、当面の困難を克服し競争を緩和するとともに、ウィンウィンあるいはマルチウィンの効果をあげることができる。そして同時に、循環型経済社会の形成と東アジア地域の経済的一体化の進展にも、良い効果をあげることができる。

2　石油、天然ガス分野における中日協力と競争

張青松

石油、天然ガスの分野における中日両国の協力は、すでに久しいものがある。石油の取引、石油、天然ガスの共同開発は、一九七〇年代から八〇年代まで中日二国間貿易の花形だった。しかし、一九九三年に中国が石油の純輸入国になったからは、日本向けの石油、天然ガスの輸出は徐々に減少し、とくに中国の石油の輸入依存度の増加にともない、石油、天然ガスの分野における中日両国の競争も日増しに激しくなっている。「協力のなかで競争、競争のなかで協力」が二十一世紀の中国と日本の石油、天然ガスの協力の基本的特徴である。中日両国は、ともに世界の石油、天然ガスの消費大国であり、両国の経済成長には、いずれも安定的かつ信頼できるエネルギー源の保障が必要である。両国が石油、天然ガス開発、利用および省エネ環境保護などの分野での協力を強化すれば、両国にとって有益であるのみならず、世界のエネルギーの安全保障、合理的な価格、経済の協調した成長と共同の繁栄に大きく貢献することができる。

一　中国と日本の石油取引の協力

一九七〇年代初期には、早くも中国と日本の石油取引が始まった。一九七二年には中国は日本への最初の原油百万トンの輸出を実現した。一九七三年九月十七日に、大慶油田の原油を満載したオイルタンカーが初めて日本に到着した。一九七八年二月に調印された「中日長期貿易取り決め」では、政府間協定の方法によって中日両国のエネルギー分野での取引が規定された。その原文は、「平等互恵、有無相通及び輸出入均衡の基礎の上に、両国の経済・貿易関係を長期的かつ安定的に発展させるため、友好的に協議を行い、それぞれの政府の支持を受けて、日本から中国に技術及びプラント並びに建設用資材・機材を輸出

し、中国から日本に原油と石炭を輸出する」とうたっている。当時、中国の原油は供給過多であり、毎年の石油輸出は全産出量の四分の一を占めていた。取り決め書の規定によれば、一九七八年から一九八二年までの五年間に中国が日本に輸出する原油の量は、それぞれ七百万トン、七百六十万トン、八百万トン、九百五十万トン、一千五百万トンだった。取り決め書では、さらに将来の第六年度（一九八三年）から第八年度（一九八五年）には「中国側から日本側に輸出する原油及び石炭の数量は、本取り決めの第五年度の数量を基礎にして、逐年増加するものとする」とも規定された。一九八一年七月二十四日、中国と日本は東京で「一九七八年の中日長期貿易取り決め書の履行と手配に関する中国および日本双方の長期貿易協定委員会の覚書」という協定に再度調印した。覚書では、一九八一年には中国が協定に規定された原油輸出量を達成していなかったことが示されている。「中国の自国の原油生産の予測に変化があり、実際に即すため、修正を望む」。日本側の了解により、双方は最終的に一九八一年と一九八二年の中国の原油輸出量をいずれも八百三十万トンと定めた。このほか、石炭と原油の価格決定方法について、「今後日中間の石炭取引量を拡大するため、価格決定の際には長期貿易の精神にしたがって安定的な方法をとらなければならない。原油は同等の品質の原油価格を参考にする」ことを協議し決定した。この協定の有効期間八年間（一九七八年―一九八五年）には、原油およそ五千万トンが中国から日本に輸出され、その取引総額は二百億ドル前後だった。

双方が調印したのが長期貿易協定だったため、この後、中日双方は数年毎に一度、原油の輸出量と価格などについて交渉を行った。一九八五年、中国が日本に輸出した原油は、日本の全輸入量の約六％を占めた。しかし、中国自身の原油需要の増加にともない、一九九三年には中国の石油製品の純輸入量が一千四百六十万トンに達し、石油製品の純輸入国になった。一九九六年には原油の純輸入量が二百二十二万トンとなって、原油の純輸入国となった。一九九三年に中国が石油輸出国から純輸入国となってから、中国の日本への原油輸出量は徐々に減少し、石油輸出に関した中日長期貿易の延長に関する話あいは日増しに困難となり、二〇〇三年まで、中国の毎年の対日原油輸出が三百万―四百万トンだった。一九九九年二月には、中国は日本への原油輸出を一度停止している。

二〇〇〇年十二月、困難な交渉の結果、中国と日本は長期貿易協定の継続に合意した。協定によれば、二〇〇一年から二〇〇三年まで、中国は大慶油田の原油を毎年三百万トンから四百万トン、日本に輸出する。この間、中国の石油輸入量は日増しに増加していたが、中国は協定にしだがい、できる限り日本の需要を満たすよう努めた。二〇〇三年一月から九月に、中国は原油五百八十万トンを輸出したが、そのうち二百六十万トンは日本向けだった。二〇〇四年には、中国の石油需要がますます増え、さらに原油輸出の税還付が取り消されたため、対日石油輸出を担当した中国石油公司にはなんの利益もないことになり、双方は、輸出量、価格とも協定を履行できなかった。最終的に、中日原油長期取引の項目は終了した。その後、中日双方は二〇〇四年—二〇〇五年の原油輸出量と価格について合意することができず、対日原油輸出は二〇〇四年一月に正式に停止された。

二　石油、天然ガスの開発、利用についての協力

中国と日本の石油資源、天然ガス開発、エネルギー開発資金協力などの面での協力は、一九七〇年代末に始まった。一九七九年九月、中国の康世恩副総理は、日本の共同通信社記者訪中団と会見した際、石油などの資源開発と対外借款などの事項について中国政府の公式見解を伝えた。一九七九年五月、中国と日本の輸出入銀行は、中国の石油、石炭資源開発、中国から日本への石油、石炭輸出促進のため、資源開発借款四千二百億円を中国に提供することを決定し、東京で対中借款基本事項覚書を締結した。

一九八〇年五月二十九日、渤海湾南部、西部の石油の中日共同開発に関する協定が東京で調印され、具体的な開発企業が中国海洋石油公司と日本石油開発株式会社に決められた。これは中国の石油の中日共同開発の最初の長期契約であり、渤海西南部の二万五千五百万平方キロの海底油田と西部の埕北油田の発見済の石油含有鉱床を共同開発するものだった。一九八〇年十二月十五日、中日共同開発による埕北油田の最初の油井が開削された。一九八五年、国際基準に基づいた掘削やぐらが建造され、一九八七年六月から油田が全面稼動し始めた。埕北油田は渤海西部海域、天津唐沽から八十八キロの地点にあり、油田のある海底は平均水深十六メートルである。一九八二年五月、中国と日本はオルドス盆地北部の石油と天然ガスの共同調査の協定を締結した。一九八三年九月、日本石油と出光石油が中国と南海の石油の共同探査、開発の契約を締結した。

ここ数年来、広い土地、豊かな産物という中国の伝統的な観念は厳しいエネルギー需給情勢によって打ち砕かれ、同時に中国経済成長がもたらす環境問題もますます顕著になって、クリーンエネルギーである天然ガスの大規模な利用が焦眉の急となってきた。この分野では、中国と日本はさらに実質的意義の高い協力がある。二〇〇二年八月、中国はオーストラリアと総額二百五十億オーストラリアドルの液化天然ガス（ＬＮＧ）の輸出契約を締結し、日本の三井物産と三菱商事との合弁会社Japan-Australia ＬＮＧ（ＭＩＭＩ）および国際的石油資本ロイヤル・ダッチ・シェル社など六社が共同開発したオーストラリア大陸の西北側大陸棚のガス田の大口顧客になった。契約の関わる量は、世界最大のＬＮＧ輸入国である日本の輸入量のおよ

そ五%に相当する。この契約は期限二十五年で、二〇〇五年に発効した。二〇〇四年五月二十七日、日本の住友商事と四川新希望集団、香港中華ガスが合弁企業を設立し、湖北、安徽、四川、江蘇および甘粛省の一部都市の政府と期間三十年の天然ガス独占供給契約を締結した。

中国石油化工、中国石油、中国海洋石油などのエネルギー大手各社が海外に進出し、石油、天然ガスの資源を取得する過程でも、海外への投資経験が少ないため、日本企業からも膨大な協力を受けた。二〇〇一年十二月に中国石油が海外の油田ガス田の購入に乗り出した際、日本の三菱商事が東京本社のエネルギー事業担当の専門家と中国代表所のコーディネーターを、中国石油の調査団とともにインドネシアに行かせたことなどはその例である。この時、中国石油は三菱商事の紹介でインドネシアのエネルギー工業の責任者に面会し、インドネシアの石油ガス田の基本的状況を把握することができた。三菱商事は、さらにビジネス上の秘密情報である原油品質のキーポイントであるデータを中国石油に快く提供したのである。二〇〇二年五月、中国石油は三菱商事の協力のもとに、米国Devon Energy社のインドネシアにおける石油ガス資産を二億一千六百万ドルの価格で買収した。

三　石油、天然ガス分野での中国と日本の激しい競争

中国と日本はそれぞれ世界第二および第三の石油輸入国である。予測によれば、中日両国は、将来の相当長期間、いずれも大量の石油を輸入し、両国はいずれもエネルギーの分散化戦略をとる。そして、この事態は両国の利益の直接の摩擦と衝突を容易に発生させる。中国と日本のエネルギー競争は、すでに全世界的に展開され、政府レベルであれ、企業レベルであれ、いずれも直接的な競争が発生している。

1. ロシア太平洋石油パイプラインをめぐる争い

一九九六年四月、中ロ政府は「エネルギー分野における協力の共同展開に関する協定」を締結し、中ロ原油パイプラインプロジェクトを公式に確認した。一九九九年二月、中国石油集団がロシア側と「中ロ原油パイプライン工事のフィージビリティースタディー（費用対効果調査、費用便益調査）展開に関する協定」を締結し、双方がこの協定に基づいて一九九九年十二月にフィージビリティースタディーを完了した。二〇〇一年七月十七日、江沢民主席のロシア訪問の際、中ロ双方は交渉を行い、パイプラインのルート、ロシア側より中国側への原油供給、原油売買の約定方法および原油価格の計算式などの実際的な問題についてコンセンサスに達し、「ロシアから中国への原油パイプライン敷設プロジェクトフィージビリティースタディーの展開の主要原則に関する協定」を締結し、そのなかで当該パイプ

ラインがロシア・イルクーツク州アンガルスクから中国の満州里で国境を越え、終点は大慶である。このパイプラインは、二〇〇五年から供給をはじめ、毎年の原油輸送量は二千万トン、二〇一〇年には毎年三千万トンになり、二十五年間連続して安定供給する。二〇〇一年八月、中国政府は中国側のプロジェクト提案書を認可した。ロシア政府の中ロ原油パイプラインプロジェクト認可を待って、直接設計の段階に入ることになっていた。

しかし、まさに工事を始めようという重点の段階で、日本の突然の介入によりこのパイプラインの着工は数年間も遅延した。二〇〇二年より、日本は極東の石油天然ガス資源を奪いとろうと、ロシアの極東石油パイプラインの建設に積極的に関与した。二〇〇二年一月の小泉首相のロシア訪問を発端として、ロシア側のパイプラインのルートを変更し、日本に近いロシアの港町、ナホトカを終点とするパイプラインの建設を望んで、日本の政府高官が相次いでロシア側に強力な働きかけを行うとともに、ロシアの西シベリアの石油パイプライン建設への資金援助九十億ドルの拠出などの有利な条件を提示した。その後、二〇〇二年十一月、日本はロシアから初めてのウラル原油二百万バレルを購入して自国に運び、一九七八年から日本石油がロシア石油の購入を中止して以来二十数年にわたって中断したエネルギー協力が復活された。

二〇〇三年三月、ロシアは中国側提案の「アンガルスク—大慶」（略称「アン大線」）パイプラインと日本側が提案した「アンガルスク—ナホトカ」（略称「アンナ線」）パイプラインを足した原油輸出パイプラインの折衷案を提示した。主幹線はアンガルスクから中国国境を経由せず、直接ナホトカにつながり、外バイカルから中国大慶に向かう支線を別に建設しようというものである。

二〇〇四年十二月三十一日、ロシア政府はタイシェトからナホトカまでの石油パイプライン（略称「タイナ線」）ルートの案を公式に認可した。二〇〇五年九月、ロシアのプーチン大統領は、「ロシアは石油採掘量を引き続き拡大する。東シベリアパイプラインは、まず中国への支線を敷設し、その後太平洋沿岸に通じさせる」と対外的に表明した。続いて十一月に、プーチン大統領はフラドコフ首相に「タイナ線」の建設の加速化に協力するよう求めた。ここに至ってロシアの石油パイプライン敷設に関する競争は一段落を告げた。

一部の専門家は、日本が「アンナ線」を争った戦略的意図は明白である、とする。一つは石油供給地区分散化戦略の推進、中東石油に対する依存度の軽減、多くのルートからの輸入を通じたリスクの分散による日本のエネルギー輸入の安全保障の確保に有利であること、二つにはロシアの石油パイプライン開発の主導権の把握が、日本がアジア地区への石油供給の中継基地となって石油を積み出すのに有利であること、三つには、北東アジアにおける日本の従来からの経済的地位を確保するために極東地区におけるロシアの中国経済への依存度を弱めること、四つには「中国の平和的台頭」への牽制である。

2．東海の石油ガス資源をめぐる争い

東海〔東シナ海〕の石油ガス資源をめぐる争いは、両国の海上エネルギー資源戦略の実行における初めての正面衝突というべきであろう。中国が東海で行った春暁ガス田の開発が日本側の道理のない指弾と干渉にあった。日本はもともと東海の石油ガス資源を開発する目論見はなかったのだが、中国の開発地点が、日本が勝手に区分した中間線に近いため、中国のこの海域での資源開発が「スポイト理論」によって日本の利益に影響することを恐れたのである。

事実上、中国政府は日本側が一方的に引いたいわゆる「中間線」を一度も承認したことはない。しかし、日本政府は共同開発を拒絶するとともに、地下構造のデータを出すよう中国側に道理もなしに要求し、同時に中国側がただちにガス油田の開発を停止するよう要求し、かつノルウェーの海洋調査船を雇用して資源調査を行い、中国の東海ガス油田の開発を阻止しようと企んだ。これは、エネルギー問題を利用して中国の台頭を牽制しようという日本の戦略的意図の再度の表れである。二〇〇五年九月、第三回中日東海ガス油田局長級協議の席上、日本側は初めていわゆる「共同開発案」を提出したが、日本側の提出した共同開発範囲には、いわゆる「東海中間線」以西で中国側が採掘中である春暁、断橋、天外天、龍井の四ヵ所のガス油田が含まれていたため、中国側から拒絶された。中国と日本は、東海ガス油田の開発をめぐって二年の長きにわたって交渉を行い、局長級会談七回と多数の関連対話を行ってきたが、共同開発を行う海域をどのように画定するかについて、双方の開きは依然として大きい。日本側は交渉のなかでいわゆる「中間線」をまたぐ広い海域を対象とした共同開発を要求しているが、中国側は双方に異論のある海域のみでの共同開発への限定を堅持している。

二〇〇七年四月十一日に温家宝総理が訪日し、東京で「中日共同プレス発表」を行った。東海の問題について、同「発表」によれば、双方は互恵の原則に基づき東海を共同開発することとされた。その後、両国は東海の問題について数回協議を重ね、二〇〇七年十二月二十八日には、中日両国首脳はこの問題について新しい合意に到った。そして、二〇〇八年六月十八日、中日両国政府は、双方が東海の問題について以下の内容で合意に到ったことを発表した。一つ目は、東海を平和、協力、友好の海とすること、二つ目は、双方の法的立場を損なうことなく区域のなかから双方が一致して同意する地点を選択し、共同開発

を行うこと、三つ目は、日本企業は中国の法律、すなわち「中華人民共和国対外合作開発採取海洋石油資源条件」にしたがって、春暁天然ガス田での協力的開発に参加すること、である。合意に達したことは双方の冷静で現実的な知恵を表しているとともに、東海を平和、協力の海にしたいという双方の切なる願いがうかがわれる。まさに高村正彦外務大臣の以下の評価に、それが表現されている。「東シナ海で協力することで双方が政治的共通認識に到った。この共通認識は双方に利益のある互恵的相互認識であるとともに、東シナ海を平和、協力、友好の海にしようという、両国リーダーの共通認識の第一歩でもある。また、双方がどのような困難な問題でさえ対話を通じて解決できるのだという良い例であり、両国の戦略的互恵関係の重大な成果であって、両国の発展にとってよろこばしい出来事である。今後、双方は協議を続け、この共通認識を一日も早く実施に移したい。」

中日両国が海洋資源開発で直面する摩擦と競争は東海のみに限らず、中国南海〔南シナ海〕の石油天然ガスの紛争もある。すでに一九七八年七月に、日本はベトナムと中国南海の海底の石油、ガスの開発について協力する協定を結び、関連諸国と石油、天然ガス探査と開発の契約を締結した。二〇〇四年十月、帝国石油はベトナムと合弁でガス油田を開発し、三菱グループ傘下の三菱石油とマレーシアの石油ガスの探査開発に関与した。中国海洋石油がインドネシアのタングー液化天然ガスプロジェクトで優先持株権を行使したのも、その対象は日本の有名な石油会社、新日本石油だった。

3．周辺諸国をめぐって繰り広げられる中国と日本の競争

日本企業は、その強力な資金力と古くからの協力関係を通じて中国周辺の諸国と一連のエネルギー開発協定を締結し、我が国のエネルギー輸入に対して極めて大きな試練を形成している。

日本の大手石油会社と商社は、全方位的な石油、天然ガスの自主開発戦略の推進に力を入れている。三菱商事、新日本石油などが二千億元を投じてインドネシアの天然ガス田を開発しているし、新日本石油は、さらにサハリン（カラフト）向けを含むオーストラリアなどの諸国の開発に一千億円の投資を準備している。日本企業の投資額は、二〇〇五年度から二〇〇七年度までで二兆円を超え、二〇〇二年度から二〇〇四年度までの倍近い増加である。日本企業と各国政府とが調印した主な開発プロジェクトの協定は、①二〇〇八年に起工される投資額二千億円、取得開発権益約四六％のインドネシア天然ガス田プロジェクト。②二〇〇七年起工のベトナム南部海底油田。③二〇〇五年に石油の開発、二〇〇八年に天然ガス開発が始まるサハリン一号計画。④二〇〇七年に天然ガスの輸出が始まるサハリン二号計画。⑤二〇〇八年に起工されるカザフスタン・カシャガン

油田である。

中日両国のエネルギー関連の争奪戦は日増しに拡大し、サハリンの天然ガスはすでに中国と日本のエネルギー争奪戦の戦場となっている。日本のサハリン石油天然ガス開発公社（日本政府と伊藤忠商事と丸紅が三大株主）がロシア、米国などの企業と共同で開発した「サハリン一号」プロジェクトがサハリンで採掘する天然ガスは、当初計画した日本にではなく、全量が中国に送られることになった。

4．中東、北アフリカ地域での中日エネルギー競争

イランのアザデガン油田は発見済で未採掘の油田としては世界最大であり、油田の採掘権をめぐって中国石油化工総公司、英国ロイヤルダッチシェル社、フランス・トタル社が日本企業との競争に参入した。最終的には、日本が二〇〇〇年に獲得した開発優先権はイラン側に取り消された（イラン側の説明によれば、日本が開発権を失った原因は、過度に米国に追随してイランの原子力計画破棄を要求したため双方の協力関係の分裂をもたらした）。

中国の石油戦略では、北アフリカは第三位に位置づけられている。アフリカの石油埋蔵量は中東地区の六分の一足らずであるが、石油の硫黄分含有量が低く、自動車燃料への加工に適している。中国の石油戦略を実行するため、中国石油公司の高級幹部がスーダンのエネルギー鉱産物省、財政国民経済省とそれぞれフーラ―ハルツーム・パイプラインプロジェクト、ハルツーム石油精製工場拡張プロジェクト、中ス物資探査合弁企業など公式協定三件を調印した。

しかし、日本も中国との北アフリカ争奪を開始した。日本の帝国石油と日本国内のほかの石油会社四社の企業連合が世界的な石油メジャーであるエクソン・モービルを打ち負かしてリビアの油田地帯の探査、採掘権の取得に成功した。今回の日本の石油会社「大軍団」の北アフリカでの勝利は、背後にある日本政府の外交サポートと大きく関連する。目標の市場を打開するため、日本政府は国際的責任の角度から出発したアフリカ政策の改善を明確に表明し、アフリカへの援助をたえず拡大しているのみならず、アフリカの経済発展と政治改革への貢献の必要性を極力宣伝してもいる。二〇〇三年九月、小泉純一郎首相は、今後五年間にアフリカに総額十億ドルの援助を提供すると述べた。日本は同時に、アフリカなどの多重債務国への債権三十億ドルの放棄を保障した。つまり、日本はアフリカの一部産油国へ発展援助を故意に提供することによって日本のエネルギー供給を確保した、ということである。

四　石油、天然ガス分野での中国と日本の協力の新たな動向

中国と日本の政治関係の改善にともない、石油、天然ガスの

分野における中国と日本との刀や弓矢を構えて対峙するような好ましからぬ競争もここ数年緩和されてきた。中日両国が東海ガス油田資源の開発で適切な交渉を始め、双方の開きがいったんは解消され、当該水域資源の日中共同開発がすばらしい前途を迎えているのを見るのは、非常にうれしいことである。

二〇〇七年四月、中国と日本のエネルギー問題担当閣僚とエネルギー企業のハイレベルシンポジウムが東京で開催され、馬凱国家発展改革委員会主任と日本の甘利明経済産業大臣とがエネルギー部門の協力強化に関する覚書に共同で調印した。覚書によれば、中日両国は今後省エネ、環境保護、技術およびエネルギーの安全保障、エネルギー効率などの面での多方面の協力の展開に力を入れる。このほか、日本の経済産業省は、今後三年間に中国政府の関係者を三百名、研修生として受け入れ、省エネ技術、政策面での研修養成を行い、エネルギー政策での共同研究を準備し、それを基礎として関連の対策を提出する。原子力エネルギーとリサイクルエネルギー面での協力をめぐって、双方は原子力設備の建設と安全な使用などの面で協力を継続するとともに地域的な多国間の枠組みのもとで協力を強化する、と覚書は指摘している。同時に、日本が第二回五ヵ国エネルギー問題担当閣僚級会議を開催する件について協力する。覚書の重要な内容として、日本の経済産業省は中国国家発展改革委員会と国際エネルギー機関（ＩＥＡ）との原油備蓄面での協力を積極的に支持する。

中国と日本の石油メジャー数社がエネルギー共同開発についての協定を締結した。二〇〇七年四月十二日、中国石油天然ガス集団と新日本石油が海外での石油および天然ガス資源開発採掘、ならびにその他分野での協力についての長期的了解覚書を締結した。双方は、さらに石油、石油製品、液化石油ガスなどの面の取引拡大とエネルギー、安全保障および環境保護などの面での連絡の強化を含むエネルギー関連分野で協力を行うこととした。同日、中国海洋石油総公司と日本の三井グループの三井化学株式会社とが液化天然ガス取引の協定に合意した。この協定は、液化天然ガス（ＬＮＧ）の現物取引についての協定であり、この協定によって、両社は将来ＬＮＧ需要が急激に上昇した場合、簡単にＬＮＧ現物を手に入れることができる。協定は、このほか、中国の天然ガス保存のための球形ガスホルダー不足の問題を解決するため中国の天然ガス産業が日本側の施設を借用するための一助にもなる。

このほか、二〇〇七年三月に、中国石油集団と日本最大の石油精製企業の日本石油とが生産力過剰部分の製品の相互交換供給の協定を日本で締結した。これも単純な石油輸出から両国間の生産力過剰部分の製品の交換への転化という中国と日本のエネルギー協力の新たな趨勢であり、地球的規模での石油業界の資源配置の最適化のある種の表現でもある。日本は、上流原油資源こそ欠落しているが、工業大国であり、技術水準が高い。日本最大の石油精製企業である日本石油は、一部の上流石油化学製品の精製製造で独立した知的財産権を保有しており、中国石油が十分に生産できない製品を生産することができる。中国石油は、原油によって不足している上流化工製品を得ることができる。これは中国と日本の最大の石油会社二社にとって、いずれもウィンウィンの結果である。単純な原油取引に比べ、この種の相互交換協定は各国石油企業間の連携の深化に有益である。

注意しなければならない点は、石油の備蓄が各国のエネルギー安全保障政策の主要な柱であることである。いかに石油備蓄体制を整備し、国際エネルギー機関加盟諸国、アジア諸国との強調と協力を強化し、石油備蓄管理の効果を向上させるかは、中国の直面する重要課題の一つである。そして、日本はこの面では豊富な経験がある。すでに一九七〇年代初期に、輸入原油に対する高い依存度により、日本政府は起こりえる危機を防ぐために戦略的石油備蓄制度の設立を決定した。現在、日本政府と民間の石油備蓄は百八十日間の消費をまかなえるほどになっている。中国は、日本が数十年来蓄積してきた石油備蓄の経験から我が国に適用できる技術とノウハウを吸収し、中国の戦略的石油備蓄基地を早期に建設すべきである。こうすれば、中国のエネルギーリスクへの抵抗力の強化に有益であり、アジア地区の石油備蓄システムの推進にも有益である。中日双方のこの面での協力の余地も非常に広い。

3　環境分野での中国と日本の協力

刁榴、張青松

中日両国の環境分野での協力は、一九七〇年代にまでさかのぼることができる。一九七七年、日本の環境代表団が初めて訪中し、それから各種のルートを通じた両国間の環境交流と協力が徐々に増え、中国と日本経済協力の重点的内容になった。今日までに、中日両国は、大気と水質汚染の処理、生態保護、農林業および水資源などに関わる技術開発、協力研究、人員養成、宣伝教育などの分野で、かなりの規模の環境技術協力プロジェクトを数十件展開してきた。環境関連の政府関係者の[47]相互訪問以外に、両国の研究機関、大学およびそのほか民間組織もシンポジウムの共同開催、一連の科学技術協力プロジェクトなど、多くの環境技術、管理担当者の交流、養成と視察を展開した。三十数年来、双方の共同の努力により、すばらしい環境協力メカニズムを建設した後に、中日両国政府は多くのルートを利用し、全方位的、多層的に環境分野での交流と協力を進めている。

一　政府間環境協力メカニズムの設置

まずハイレベルで中国と日本の環境保護合同委員会のメカニズムが設置された。一九九四年五月二十八日、中日両国政府が政府間の「環境保護協力協定」に調印した。中国と日本の環境協力協定の実施、企画協力プロジェクトの審査、両国の環境問題と環境政策の交流のため、中日両国の環境保護部門は一九九四年に北京で第一回日中環境保護協力合同委員会の会議を開催した。二〇〇七年末現在で、中日環境保護合同委員会の会議はすでに七回開催され、中国と日本の間の環境協力の推進、協力の優先分野の画定、協力ルートの開拓などのために重要な役割を果たした。

次は、中国と日本の環境分野での交流と協力のステージとしての「中日環境協力総合フォーラム」の設置である。中日両国の環境分野での交流と対話を強化するため、中国国務院の認可により、一九九六年に両国間の「中日環境協力総合フォーラム」が設立された。フォーラムには、主に両国の中央および地方自治体、発展援助実施機関、科学研究機関、民間団体およびその他非政府系組織の代表が参加した。双方の代表は両国の環境関連協力の進展状況について多層的、多角的な対話を行い、かつ今後の協力について全面的な政策的討議を行った。このフォーラムは、二〇〇五年年末までに、すでに四回開催されている。

第三に、中国と日本の環境協力の窓口として、中日友好環境保全センターが設立された。中日友好環境保全センターは、日本政府の無償援助（ＯＤＡ）資金百五億円と中国政府の資金六千六百三十万元を利用して共同建設された国家重点環境保護プロジェクトであり、一九九六年五月五日に竣工、正式運営が始まった。センターには各種の研究、実験設備が三千台以上備わり、一流の環境分析器測定装置、環境情報の採集処理を行うコンピューターシステム、大気汚染、水質汚染、廃棄物汚染防止のシミュレーション実験装置、広報教育のためのＡＶ製作、養成施設がある。現在、同センターは汚染防止、環境モニタリング、環境情報、環境戦略と政策の研究、環境宣伝教育と人員の養成、環境分析測定技術等の面で重要な役割を果たしており、中日両国の環境協力の窓口、基地になっている。

二〇〇六年の安倍晋三首相の訪中によって中日関係が温もりを取り戻し、二〇〇七年四月には温家宝総理が招きにより日本を公式訪問した。訪問期間中、温総理は、中日両国は環境保護の協力を継続し、エネルギー分野での協力を深化すべきである、と何度も強調した。発表された「中日合同プレス発表」で、双方は「環境保護協力の一層の強化に関する共同声明」の発表について歓迎の意を表明した。双方は、地球規模の環境問題に対する真摯な取り組みを確認すると同時に、渤海、黄海区域および長江流域など重要な水域での水質汚染防止、循環型経済の建設、気候変動対策、酸性雨および黄砂対策などの協力を重点的に展開していくことで一致した。双方は、日中民間緑化協力委員会の活動を支持し、日本の民間団体などによる中国での植林協力事業をいっそう促進すること、また持続可能な森林経営にも協力を展開することを確認した。二〇〇七年十二月末に日本の福田康夫首相が中国を公式訪問し、温家宝総理と会談を行った。双方は環境とエネルギー分野の協力推進の問題についてさらなるコンセンサスを得て、「環境・エネルギー分野における協力推進に関する共同コミュニケ」を発表した。中日両国首脳が環境分野で協力を図るという共通認識に達し、双方の環境問題の協力に堅固な基礎が築かれたことを受け、今後中国と日本は、気候温暖化や温室効果への対応から防砂植林、排出ガス削減まで、廃棄物処理から水質汚染の根源的処理まで、省エネ技術からエネルギー再利用まで、環境保護協力を全面的に展開することになった。これにより長期的見通しと目標ができ、しかも付帯する具体的処置の手順、措置まで十分備わった。あとは、一万人以上に及ぶ中国の環境保護作業者を訪日させ研修によって養成する計画を、中日両国が協力して実施すれば、我が国の環境保護産業にとって助けとなることは疑いがない。

二　日本の対中ODAによる環境協力

1．JICAルートのODAによる環境協力

まとめると、JICAが中国と展開する環境協力プロジェクトには以下の側面が含まれる。

①産業汚染、生活環境面での環境保護対策――中日友好環境保全センターの建設（技術協力）、公害防止管理者制度（国別特設研修）、都市環境情報ネットワーク建設計画（無償協力）、環境情報ネットワーク技術訓練（現地国内研修）、中国二酸化硫黄および酸性雨対策技術訓練（現地国内研修）、東アジア酸性雨ネットワーク訓練（地域特別研修）、太湖水環境修復テストポイント計画（技術協力）、鉄鋼業環境保護技術向上プロジェクト（技術協力）、環境モデル都市構想推進の指導（個別専門家指導）、貴陽市大気汚染対策計画調査（開発調査）、上海市大気汚染対策調査（開発調査指導）、西安市生活廃棄物処理計画（開発調査）、産業排水処理再利用開発普及計画（開発調査）など。

②エネルギー面の環境保護対策――省エネおよび環境保護面のハイレベル管理者研修（現地国内研修）、チベット羊八井地熱資源開発計画調査（開発調査）、工場省エネ開発計画（開発調査）、寧夏石炭資源開発利用計画調査（開発調査）、中国石炭直接液化事業の経済性フィージビリティースタディー（開発調査）。

③生態システムの保護と回復――黒龍江省木材総合利用研究計画（技術協力）、福建省林業技術開発計画（技術協力）、寧夏回族自治区森林保護研究計画（技術協力）、人工林木材研究計画（技術協力）、四川省森林造林モデル計画（技術協力）、密雲ダム流域水源林造林計画調査（基礎調査）、四川省安寧河流域造林計画調査（開発調査）、黄河中流域保全造林計画（一―二期）（無償協力）、地域生態モニタリング訓練（地域特設研修）、漢江上流水土保持、造林設備資材整備計画（無償資金協力）、新疆地区草原オアシス砂漠化防止（専門家派遣）。

④水資源の持続可能な利用――水利人材養成プロジェクト（技術協力）、大規模灌漑区の節水灌漑モデル計画（技術協力）、長春中日友好浄水場自動化制御建設計画（一―三期）（無償協力）、漢江中下流域洪水警報器材整備計画（無償協力）、貴州省飲用水供給改善計画（無償資金協力）、遼寧省大凌河白石ダム建設計画環境アセスメント支援調査（在外開発調査）。

⑤その他の型式の協力――草原砂漠化防止および農民生活環

境条件の改善（草の根技術協力、地域提案）、江蘇省太湖水質分析（草の根技術協力、地域提案）、大連市水道技術要員育成作業（草の根技術協力、地域提案）、貧困対策、持続可能な農業技術緩急開発計画（技術協力）、山西省アルカリ土壌改良（現地調査）等。

2．国際協力銀行によって実施されるODA円借款の環境協力

改革開放の初期、インフラ建設資金の不足の問題を解決するため、円借款は主に鉄道、港湾、電力などのインフラ建設の面に使われた。しかし、中国経済の急速成長持続にともなって環境問題が日増しに激化し、円借款の重点も徐々に環境保護などの面に移っていった。第二次円借款（一九八四年度―一九八九年度）と第三次円借款（一九九〇年度～一九九五年度）では、環境保護プロジェクトはそれぞれ三件と四件実施されたのみだったが、第四回円借款（一九九六―二〇〇〇年）からは環境保護プロジェクトに大規模に利用されるようになった。このため、国家環境保護総局はプロジェクトの予備選考と実施を担当する中日協力プロジェクト弁公室を設立した。一九九六―二〇〇〇年には、円借款の環境保護プロジェクト契約金額は三千六百億円に達し、全国十九の省、市、自治区のパッケージプロジェクト三十件に使われた。そのうち、国家環境保護総局と総局プロジェクト辧公室が直接関与、調整管理する第四次円借款環境保護プロジェクトはパッケージプロジェクト十二件（環境モデル都市プロジェクト三カ所を含む）、サブパッケージプロジェクト百二十八件にのぼり、借款金額は一千三百五十億円になった。現在、サブパッケージプロジェクトの七〇％がすでに完成、運営を開始し、現地の環境レベルの改善に大きな役割を果たしている。二〇〇一年の円借款プロジェクトには、総合環境改善プロジェクト五件、緑のプロジェクト一件、水資源の持続可能な利用プロジェクト一件がある。二〇〇二年度には水環境プロジェクト二件、大気環境改善プロジェクト二件、総合環境改善プロジェクト一件、緑のプロジェクト二件が実施された。二〇〇三年度のプロジェクトには、水環境プロジェクト一件、緑のプロジェクト二件、公衆衛生（SARS対策）プロジェクト十件が含まれる。

3．日本中国駐在大使館、領事館が実施するODA環境協力

二〇〇三年までに日本大使館が実施した環境保護プロジェクトは、水環境（水利建設、井戸掘削、浄水場建設など）三十六件、緑のプロジェクト（草木植付、動植物保護、緑化、砂漠化対策）十四件、環境教育プロジェクト八件、その他三件の計六十一件である。広州領事館では二〇〇三年末までの合計百八十三件のうち、給水施設建設が十件ある。瀋陽領事館では二〇〇三年までの全百二十一件のうち、水環境プロジェクトが八件、防砂林

育成プロジェクトが一件である。

三　環境保護部門、地方自治体および民間が展開する協力

中日両国政府の環境保護部門およびその他の関連政府部門も、多くの型式による協力を展開した。例としては、両国の環境保護部門が一九八五年に合同で展開したトキ生存環境保護協力がある。二〇〇三年十月に中日両国は新たなトキ保護計画を共同で制定した。日本政府は地球環境研究総合推進費を設立し、一九九四年から中国の研究機関と合同で行う地球規模の温暖化、酸性雨、海洋汚染、砂漠化などの共同研究への資金援助を行い、一九九五年には国際交流研究制度を設立、一九九七年から中国の研究者を招聘して来日共同研究させている。日本の国立水俣病総合研究センターと貴州省環境保護科学研究所は共同して、貴陽市郊外の酢酸、アセトアルデヒド製造工場の排水がもたらす猫跳河と百花湖の水銀汚染の研究を行った。このほか、日本の経済産業省が主催する緑の援助計画(48)（GAP）は、すでに中国で人材育成、調査協力、研究協力、モデルプロジェクトなどの方法により、数十件が実施されている。日本貿易振興機構（ジェトロ）、ニューエネルギー産業技術総合開発機構（NEDO）なども共同で参加している。

中日両国の友好都市、友好区県の間でも多種多様な環境問題の協力が行われている。例としては、一九八六年に黒龍江省と北海道が友好都市提携を結び、双方で緑の国際交流プロジェクトを展開し、相互に植樹活動、人員交流を行った。一九八三年に友好省府関係を結んだ陝西省と京都府は、二〇〇三年より植樹協力事業および林業技術研修生育成の共同プロジェクトを展開している。日本の三重県四日市市と天津は環境教育普及と研修プロジェクトを展開し、天津市環境保護局の関連職員に訓練を行った。東京都目黒区と北京市崇文区も環境行政研修生の養成プロジェクトを展開した。

中日両国には、昔から民間交流の伝統がある。中国と日本の環境協力でも、民間の環境協力は非常に頻繁である。なかでも、基金会の方式による民間の環境協力は中日両国の環境保護事業に大きな貢献を果たした。現在、環境協力を主な目的とする基金には、日中緑化交流基金（小渕基金）、緑の募金、地球環境基金、経団連自然保護基金、イオングループ環境財団公募基金、トヨタ財団などがある。

一九九九年七月の小渕首相の中国訪問の際、百億円規模の緑化基金会の構想が提出された。その後、この構想のもとに日中民間緑化協力委員会とその事務局として「日中緑化交流基金」（小渕基金）が設立された。これと、竹下登元首相が設立した「日中友好環境保全センター」、橋本龍太郎元首相が提唱した「二十一世紀に向けた日中環境協力構想」は、日中環境保護協力の「三部作」となっている。二〇〇〇年以来、四分類、計五

十一件のプロジェクトに資金援助が行われ、その資金総額は十二億四千万円、案件は中国の約二十の省、市、自治区に分布している。

「緑の募金」は一九九八年以来、計三十四件の草木植付プロジェクトを実施した。これは十五の省、市、自治区に分布するが、主に黄河と北方の砂漠地域に集中（二十四件）しており、そのほかは長江流域と南方の水土流出地区（九件）、東方地区（一件）、援助総額は一億五千万円に達する。

日本の多くのNGO組織も中国で多種多様な協力活動を展開している。彼らの活動分野は砂漠化防止、緑化が主であり、中国の環境保護事業にも多くの貢献を果たしている。万里の長城の森林再生プロジェクトでは、一九九八年から二〇〇〇年の間に万里の長城八達嶺の麓で植樹造林が行われた。このプロジェクトは面積三十ヘクタール、苗木三十九万本を植えた。三年間で日本のボランティア四千二百人が参加した。日中科学技術文化センターは一九九八年に環境保護に関する日中委員会を設立し、中国環境保護総局、中国環境科学研究院、国家電力公司などの関連組織と交流を行い、人員の交流および中国の環境保護の現状と日中環境協力に関する講座および交流会などを実施している。

民間の企業のレベルからみると、環境プラントを製造している荏原製作所、タクマ、西原グループ、三菱電機、三菱重工、JFEグループ、東レなどの企業、環境モニタリング設備を製造する島津製作所、日本電子などがすでに中国に資本投下して工場を設立している。中国の多くの日本企業も、植樹造林などの社会公益活動を展開している。王子製紙、広州ホンダ、みちのく銀行、三菱商事、東芝などもいずれも中国で植樹造林および環境教育活動を展開している。このほか、中国教育部と日本学術振興会が行った環境研究拠点大学交流プロジェクトもあり、これには中日両国の大学十数校が参加した。北海道大学、東京都立大学、岡山大学、横浜国立大学などもいずれも中国の高等教育機関校と環境保護分野の研究の協力協定を締結した。

日本の広範な有識者たちは、中国と日本の環境協力にも無私の貢献を行っている。日本の有名な農学者、遠山正瑛は、二〇〇四年に九十七歳の高齢で逝去されたが、その生涯の最後の二十年間を無私で中国の砂漠の緑化に捧げられた。遠山によって送り出された日本のボランティア七千名あまりが組織した緑の協力隊は、多くの砂漠の緑化と環境保護に傑出した貢献を行った。日本の政治家にも、我が国の西部を第二の故郷として、この地区の植樹造林、基礎教育に貴重な支持を与えてくれた人がいる。無数の日本の友人は、中国の環境保護に知恵を絞り、財力で貢献し、中国人民から尊敬を得た。

四　多国間および地域的環境協力における中国と日本の協力

二国間の環境協力以外に、中日両国は、中、日、韓三国環境問題担当閣僚会議、東アジア酸性雨モニタリングネットワークなど、一連の地域的環境協力メカニズムと協力プロジェクトを通じ、環境分野における両国の協力関係を深化させている。

一九九九年一月、中、日、韓三国の環境問題担当閣僚による最初の環境問題担当閣僚会議が韓国のソウルで開催された。現在までにすでに五回会議が行われ、共通して関心を寄せる環境問題、地域的問題について、一連の協力プロジェクトをスタートさせた。三国の環境問題担当閣僚会議の開催は、中、日、韓三国の環境分野の高官に三方がともに関心を寄せる環境問題についての対話メカニズムをもたらし、重要な環境問題と地域的環境問題の解決に極めて重要な役割を果たした。

東アジア酸性雨モニタリングネットワークは、一九九三年に日本が提起したもので、一九九八年十二月に中国国務院が認可、同意し、国家環境保護総局が窓口となり、ネットワークの準備作業に参加した。現在、ネットワークには日本、中国、韓国、マレーシア、タイ、インドネシア、フィリピン、モンゴル、ベトナム、ロシアの十カ国が参加している。ネットワークの暫定事務局と暫定センターは日本に設置されている。中国がネットワークに参加してから、中国環境モニタリング総合ステーションがネットワークの中国支部センターとなり、重慶、西安、厦門、珠海の四都市を具体的な活動に参加する都市に指定した。東アジア酸性雨モニタリングネットワークの規定に基づき、各都市に観測点三カ所が設置され、二〇〇〇年一月には最初のモニタリングデータが提出された。このプロジェクトの実施過程で、中日両国の政府関連部門と専門家、学者が多くのルートを通じて接触し、相互に協力しながら、プロジェクトの順調な実施のために共同した。

二〇〇五年五月二十七日、オーストラリア、韓国と協力相互承認協定が締結された後、「中日環境ラベル協力協定」の公文交換式典が北京で行われた。これは、中国の環境ラベルと国際的な環境ラベル組織との協力の重要な進展である。中日両国の環境ラベルの密接な協力は、相互間の環境技術、情報の交流、両国の民間経済往来の発展促進のいずれにも重要な意義がある。中国と日本の協定締結も、中国の環境ラベルの模索と環境ラベルの二国間または多国間協力と相互承認、環境ラベルの地球規模での発展を促進する重要な措置であり、これらの成果は、緑の貿易に対する障壁を乗り越え、全地球環境の保護により大きな貢献を果たすであろう。

中日両国は、アジアと世界に重要な影響をもつ国家であり、両国の友好と協力はアジアと世界の安全保障、安定と成長の有益であり、さらに両国人民に直接的な恩恵をもたらす。中国と日本の環境面での協力は、中日友好協力の重点分野であり、将来への見通しをもった両国の政治家、実業家、科学者、文化人、社会各層から一貫して非常に重視されてきた。現在、中国と日本の環境面での協力は、両国の協力と交流のなかでもっとも活発で、もっとも成果が見え、もっとも潜在力をもつ分野の一つになっている。中国と日本の環境協力の強化は、中日友好の大局的必要性であるのみならず、同時に中日両国政府と人民の友好往来の増進に有益なことである。さらに、アジア太平洋地域および全地球規模の環境について中日両国が役割を発揮するためにも有益である。

4　中日友好環境保全センターの設立と発展

一九八〇年代の後期、中国経済の高度成長にともない、大気汚染、水質汚染などの公害問題がますます顕著になった。一九八八年、中日友好平和条約締結十周年に際し、日本の竹下登首相と中国の李鵬総理が「中日友好環境保全センター」（以下、「中日センター」と略す）建設の協定に合意した。国の重点的環境保護プロジェクトとして、中日センターは日本政府の無償援助資金百五億円と中国政府の資金六千六百三十万元を利用して、一九九二年五月八日にセンターの定礎式が行われ、中国の呉学謙元国務院副総理と日本の竹下登元首相が定礎式に参加し、挨拶した。一九九六年五月五日、中日センターは竣工し、使用が開始された。

一　中日センターの現状と三つの発展段階

現在、中日センターは国家環境保護総局直属の総合研究、管理執行機関であり、国際環境技術協力と国際交流を行う窓口である。センターには環境戦略政策研究部、環境情報部、オープン実験室、環境モニタリング技術部、公害防止技術部、国際協力処などが設置され、さらに国家環境保護総局情報センター、広報教育センター、環境経済政策研究センター、環境認証センターなどもある。センターの本部は、敷地面積二・九ヘクタールで、科学研究実験棟、国際会議ホール、専門家宿泊所、研究者宿舎、食堂、エネルギー棟などがあり、建築面積三万一千平方メートルである。公害防止技術部は中国環境科学研究院に設けられており、敷地面積一・四ヘクタールで、シミュレーション実験棟や精密設備棟があり、建築面積計三千平方メートルである。センターには、一流の環境分析測定設備、環境情報収集処理用コンピューターシステム、大気・水質・廃棄物汚染防止のシミュレーション実験装置など各種の研究・実験用機材が三千台あまり配備され、広報教育用として視聴機材や研修施設がある。

中日センターに委託された技術協力プロジェクトは、三つの段階（フェーズ）に分かれる。第一段階、第二段階の重点は人材育成と能力建設であり、第三段階の重点は中国の環境保護事業の重大問題の解決という機能発揮である。

一九九二年から一九九五年は技術協力プロジェクトの第一段階（フェーズI）である。この段階の主要目的は、建設中の中日センターのための人材育成と技術的準備である。日本の専門家三名からなる専門家グループが中日センターに長期駐在して技術協力を行い、また短期で専門家十一名が中日センターに来て技術交流を行った。双方は、環境モニタリング技術、公害防止技術、環境情報、環境戦略政策の研究と環境技術交流、公共教育の五つの分野で人材育成を主とする十二件の協力事業を共同で行い、技術者二十四名を訪日研修に派遣し、さらに七千五百万円相当の援助器材が中日センターに納められた。この間、中日双方は「建設しながら、科学研究を進め、人材を育成する」というコンセプトに基づき、砂嵐についての前期研究作業などの多くの研究と訓練を共同で行った。技術協力のフェーズIは所期の効果を達成し、プロジェクトの実施によって中日センターに人材が備わり、無償資金援助の不足部分も補填され、センター建設後の運営に堅実な基礎が築かれた。中国政府は、日本の専門家の貢献を顕彰するため、一九九四年に専門家グループのリーダー、八島継男に「国家友誼賞」を授与した。

一九九六年から二〇〇二年は技術協力の第二段階（フェーズII）であり、この段階の協力は「中国の環境分野の研究、研修、モニタリング、啓発などの面でセンターが指導的役割を果たすようになること」を目的に、人材育成、センターと地方環境保護局の連携強化を進め、日本と中国との幅広い協力の窓口としての機能を果たすように努め、専門家派遣、訪日研修、機材供与の三つの協力方式を効果的に連携させながら活用した。

この期間には、日本側から長期専門家二十名、短期専門家のべ五十二人が派遣され、価額一億二千五百万円の機材が供与された。中日センターから研修生三十名が訪日研修に派遣され、協力して実施されたプロジェクトは七十四件に達した。フェーズIIの技術協力の特徴は、中日センターの各分野の能力が充実し、機能が発揮されたことである。各部門は、国の環境保護の重点的内容と結合して技術協力案件を実施すると同時に、自身の能力をも向上させた。センターが単独で行った研究などの活動は百七十五件に達したが、これは中日技術協力とは不可分の関係があり、センターのプロジェクトも中国と日本の環境技術協力のモデルになった。中日両国政府はこの技術協力に高い評価を与えた。一九九九年の建国五十周年の際、中国政府は国際協力事業団（JICA　現・国際協力機構）中日友好環境保全センター駐在専門家グループリーダーの今井千郎に「国家友誼賞」を授与するとともに、国慶節の式典観閲に招待した。中国政府は、二〇〇〇年に小柳秀明リーダーにも「国家友誼賞」を授与した。フェーズⅡの五年間で日本の専門家が二名、この特別な栄誉を得たことは、ほかのプロジェクトでは極めて稀なことであって、これこそ中国と日本の協力の成功を物語るものであり、第二段階の協力を十分に評価したものである。

また、この段階で中日センターは中国と日本の環境協力の窓口として、政府間協力、民間協力事業のなかでもますます活発に活動するようになった。中日センターは中日環境フォーラムの活動にも積極的に参加し、中国と日本の環境協力に関する会議、学術交流と養成を実施して、中国と日本の技術協力の基地となった。また日本政府、地方自治体、研究機関、大学、民間組織、非政府系組織と協力関係を打ち立て、多くの協力を行った。とくに、日本の橋本龍太郎元首相と我が国の李鵬総理が合意した「二十一世紀に向けた環境協力構想」で決定された「環境情報ネットワーク整備計画（無償資金）」と「中日環境開発モデル都市（円借款）」の二つのプロジェクトの実施について、中日センターはいずれも重要な役割を果たした。

技術協力プロジェクトの第三段階（フェーズⅢ）（二〇〇二―二〇〇六年）とその延長段階（二〇〇六―二〇〇八年）においては、中日センターは中国の環境保護上の重要課題の解決に指導的な役割を果たした。さらに、その成果を中国国内で展開することにより中国各地の環境問題を改善することを大きな目標として、技術協力プロジェクトのフェーズⅢが実施された。ＪＩＣＡは、フェーズⅢの技術協力に長期専門家計十二名、短期専門家のべ四十九人を派遣し、一億二千八百万円相当の器材を提供した。中日センター経由で派遣された訪日研修生は四十九名に達する。政策制度支援と技術移転支援は双方の重点的協力分野である。プロジェクト・フェーズⅢは中国の重要な環境上の課題にすみやかに対処するものであり、多くの成果を上げた。

二　中日センターの主な協力活動と成果

1．政策制度構築の分野での協力の展開

最近、中国は循環型経済社会の建設を積極的に推進し、「第十一次五ヵ年計画」に組み入れている。「資源節約型で環境に優しい社会の建設」は中国が優先的に取り組む重要任務として、「科学的発展観の実行と環境保護強化に関する国務院の決定」に明記されている。中日センターはこの政策的課題をめぐり、中国の国情に適した循環型社会の経済政策、制度の研究を進め、日本、ドイツなどの循環型経済成長の経験を吸収し、中国の鉄鋼、化学工業などの産業の追跡調査を行い、循環型経済の発展を妨げる主な原因を分析し、循環型経済成長モデルについて提案を行った。同時にエネルギーの開発利用、クリーンナープロ

ダクション（低公害型生産技術）、不用品資源と廃棄物の総合的利用など、循環型経済に関連する法規、政策について改善提案を行うとともに、研究レポートを作成し、中国の環境保護政策、制度に提言した。このほか、環境保護行政部門および関連研究者に対し、中国国内での研修、訪日研修などの活動を行い、循環型経済の関連知識を増やした。

中国企業の環境保護監督員制度の構築の推進——企業による自身の環境管理の自主的推進、汚染物質排出削減措置の積極的取り入れは、中国の環境改善に重要な意義がある。一九九八年以来、中日センターは日本の公害防止管理者制度を参考にして、中国の国情にあった企業環境管理制度を積極的に研究してきた。国家環境保護総局が二〇〇三年に「企業環境監督員制度の試行に関する通知」を公布した後、センターは長春、通化、鎮江、貴陽、重慶などの五都市の企業二十八社を対象とする企業環境監督員制度のモデル活動などに積極的に協力、実施してきた。このほか、センターは中国国内での研修、訪日研修などの活動を通じて、企業内部の環境管理業務における中央政府、地方自治体、企業、住民の四者の緊密な連絡の重要性についての研修生の認識を深めさせた。国家環境保護総局関連部門の大きな支持のもとで、二〇〇五年十二月には「科学的発展観の実行と環境保護の強化に関する国務院の決定」のなかで企業環境監督員制度の構築が明記されるよう推進した。

環境保護法に関連する研究の推進——二〇〇四年、中日センターは「環境保護法の改定枠組み研究」課題グループを設置し、この件についての調査研究を始めた。安徽省、青海省、新疆ウイグル自治区、黒龍江省などで現地調査を展開し、全国各地方自治体へのアンケート調査、ワークショップの実施、他国の環境基本法の研究などの作業を行った。また、「環境保護法の改定の必要性」、「環境保護法の施行状況の評価」、「環境保護法の改定枠組みについての提言」などの報告書を取りまとめ、国家環境保護総局に提出した。

このほか、中日センターは中国の関連部門による環境アセスメント法実施細則（住民参加の細則）の作成、中西部地域生態環境保護政策の起草に協力し、環境モデル都市構想の推進を支援した。

2．技術移転協力の実施

中日センターは、ダイオキシン、残留性有機汚染物質（ＰＯＰｓ）分析技術の移転を行った。環境に対するダイオキシンなどの有毒な化学物質の影響の研究は、「第十次五カ年計画」の環境科学技術分野の重要課題の一つである。センターは、ダイオキシン分析実験室、ダイオキシンのモニタリングと分析方法の確定について、日本の専門家による技術指導、中国側カウンターパート人員の訪日研修、中国側関連要員の訓練などを実施し、大きな成果を収めた。具体的には、ダイオキシン測定技術の向上、ダイオキシン精度管理技術の向上、煙のなかのダイオキシンモニタリング分析方法、およびゴミ焼却工場のダイオキシン排出量、汚染状況の調査方法などの把握などで、中日センターは技術研究レベルの向上を果たせたのみならず、全国のダイオキシン汚染の調査研究分野での主導的地位を確立した。

ＰＯＰｓについては、地方自治体のＰＯＰｓ測定を担当する機関を対象に分析精度管理を行い、二〇〇四年にその結果をまとめた「ガスクロストグラフィ分析法水中ＰＯＰｓ分析精度管理実施レポート」を作成した。このほか、二〇〇四年と二〇〇五年には四省一市（江蘇省、湖北省、湖南省、安徽省、北京市）で、土壌、地表水、大気などに含まれる農薬を主体にＰＯＰｓの分析を行い、結果をまとめた。日本の専門家の指導と実際のオペレーションにより、中国側カウンターパートの人員の分析能力も著しく向上した。しかし、ダイオキシンを含むすべてのＰＯＰｓ分析技術の能力はいまだ十分なレベルには達していないため、中日センターの開放実験室が国家環境保護総局からダイオキシン／ＰＯＰｓ分析の重点実験室に指定されるレベルに達することを目標に、二〇〇六年四月以降も引き続き協力を行う。

このほか、中日センターは黄砂を含む都市の大気中の顆粒物質の発生源の解析研究および固形廃棄物の資源化リサイクルの研究を積極的に進めている。

3．環境管理・技術トレーニングの推進

中日センターは、環境行政公務員を対象とした各種の研修を通じて、中国などの諸国の環境関係者の要請に大きく貢献したのみならず、育成を担当する中日センター環境技術交流及び公共教育部の組織的な訓練養成実施能力の向上でも、大きな成果をあげた。第一に、地方自治体の環境保護局などの環境関連の要員の国の環境保護法規、制度に対する理解、把握を深めたこと、第二に、地方自治体環境保護局、環境研究機関などの人員の環境汚染防止、環境の技術的分析などの能力を高めたこと、第三に、中国の地方自治体の関係者およびアジア諸国の行政官へのＪＩＣＡ技術協力の成果を広めるとともに、相互交流の場を構築したこと、などがその例である。

4．環境保護情報の提供

中日センターは、プロジェクトのホームページで中国の環境関連の法規法令、環境基準、中国環境年鑑、中国環境統計年報、中国環境状況公報などの情報を日本向けに詳しく紹介している。ほかにも、日本の循環型経済関連の法規、計画および環境レポート、「エコアクション21」などの情報を中国向けに詳しく紹介し、また中国のマテリアルフローの分析研究者の交流の場と

して、専用の「循環型経済マテリアルフロー研究ホームページ」を作成した。

中日センターは、中国と日本の環境協力によって総合力をたえず強化してきた。そして、全国の環境保護広報教育の指導センター、環境視聴覚資料と訓練の中心となり、また環境情報のネットワークセンター、データセンター、アプリケーションセンター、技術センターとなり、環境経済政策、国際環境問題研究および有毒有害有機物分析研究の重要な研究施設となりつつある。

このほか、日中センターはたえず中国と日本の協力を強化するとともに、他の諸国、地域および国際組織と広い連絡関係を築き、中国のアジア大洋州経済協力組織環境保護センターの重要な構成部分として、すでに多くの型式の交流と協力を展開している。たとえば、「都市環境管理」などをテーマに第三国研修を展開し、アジアの他の発展途上国の環境管理者に訓練を行い、地域の環境協力に積極的な役割を果たしている。

三　中日友好環境保全センターの意義と将来

中日センターの設立は、中日両国政府の環境協力にとって重大な決定であった。そのことは、その後の事実が証明している。「環境と発展」が「平和と発展」と同じレベルのものとして捉えられるようになり、世界の二大テーマとなってから、あの決定が世界の発展の歴史的タイミングをとらえ、国際的潮流に合致したものであったことが証明された。環境問題が地域と地球規模の共通の課題となって、あの決定が中日両国人民の共通の利益に合致するものだということが証明された。日本が環境汚染問題の解決に成功しているので、あの決定が「先行した経験」と「後発の需要」のすばらしい結合であることを証明した。中日センターの成功は、中日両国政府、とくに日本の環境省と中国の国家環境保護総局の重視と正確な指導の結果であり、両国の環境協力の不断の拡張と深化の結果であり、両国の環境保護分野の公務員、専門家、友人などの有志の人々が誠心誠意協力した結晶である。

中日センターは、環境協力の典型的な成果であり、中国の環境保護能力の強化に非常に重要な役割を果たした。十年の発展を経て、中日センターは国家環境保護総局の重要な支柱になっており、環境保護戦略と政策への提案、環境保護の方針、政策、法規草案の作成、国際的環境交渉への参加または交渉上の技術サポートなどを提供している。今日、我が国の環境保護事業は新たな段階に入っている。中国の「第十一次五カ年計画」における経済社会発展計画では、二〇一〇年までに国民経済の安定した急速成長を維持すると同時に、重点地区と都市の環境レベルの改善、生態環境悪化の趨勢の基本的な抑制、国内総生産単位あたりのエネルギー消費量の「第十次五カ年計画」からの二

○％前後引下げ、主要汚染物質全排出量の一〇％低減、森林カバー率の一八・二％から二〇％への向上が、今後五年間の環境保護の主要目標として明確に提出されている。

環境保護は、人々の生産と生活環境を改善する偉大な事業であるのみならず、経済成長方式の転換、経済成長レベルの最適化の重要な手段でもある。したがって、中国は今後も環境保全能力の構築を大いに強化しなければならない。中国と日本の環境協力を引き続き強化することは、我が国の環境保護能力の向上、我が国の環境保護の歴史的転換、「第十一次五カ年計画」の環境保護目標の実現に対して非常に積極的な意義がある。中日環境協力を通じて、日本を含むより多くの世界の先進的な環境保護理念、政策、技術と管理の経験を、我が国の環境保護事業の参考として取り入れ、我々の環境管理レベルを向上させることができるであろう。同時に、中国と日本の環境協力の強化は、中日友好の大局的観点からも必要なことであり、中日両国政府と人民の友好往来の増進、アジア太平洋および全地球規模での環境問題での両国の役割の共同の発揮に有益である。このような大潮流、大趨勢のもと、今後も中日センターはより大きな役割を発揮するであろう。

5　中日環境開発モデル都市プロジェクト――貴陽、大連、重慶の環境管理

張青松

中日環境開発モデル都市プロジェクト、つまり中国と日本の協力による大連、貴陽、重慶の環境開発プロジェクトは、世紀の替わり目に際して中日両国の総理が提唱し、決定した協力プロジェクトであり、「二十一世紀に向けた中日環境協力構想」の支柱となるプロジェクトであり、中国の環境保護の基本国策と持続可能な成長戦略を具体的に貫徹するための重大な措置でもある。中日環境開発モデル都市プロジェクトは、中国の環境管理能力の向上、一部の都市の持続可能な成長と環境レベルの改善の促進に積極的な役割を果たす。

一　「二十一世紀に向けた中日環境協力構想」

「二十一世紀に向けた中日環境協力構想」は、一九九七年九月、李鵬総理と来訪中の橋本龍太郎首相との中日首脳会談で提出されたものである。その後、この構想を具体化するため、中日双方でそれぞれ専門家委員会が設立された。一九九八年十一月、江沢民主席が日本を訪問した際、両国政府は再度この構想を確認し、合意に達した。

この協力構想には以下の二つのプロジェクトが含まれている。

1．都市の環境情報ネットワーク建設プロジェクト

日本政府が政府無償援助資金二十七億円を提供し、中国の都市百カ所に環境情報ネットワークを構築するもの（無償援助＋技術協力）。中国の『第九次五カ年計画』環境保護計画」で決定された環境情報システム構築計画と目標に基づき、中日友好環境保全センターをハブとする中国の百都市の環境保全情報システムの構築について、三年ないし四年間の無償援助による支援、必要な技術援助の提供、人員育成を行うことに日本政府が同意する。このプロジェクトは二〇〇〇年中に三十九都市で正

式に実施され、プロジェクトの重要な内容である技術研修も二〇〇〇年二月二十八日に北京で開幕され、百都市から来た環境情報システム管理要員が研修に参加した。

2. 環境開発モデル都市プロジェクト

一九九九年と二〇〇〇年の二年間に、日本政府は重慶、貴陽、大連の三つの環境開発モデル都市の環境保護プロジェクトに円借款合計四百五億円を提供した。この借款は、三都市の都市インフラ改造、エネルギー構造調整と重点汚染源処理などに使われ、主要汚染源対策、モニタリングシステム構築、循環型社会システム構築の助けとなった。同時に、人材育成、制度整備などソフト面もサポートされ、最終的にはモデル都市としての経験が他の都市にも広められる。

「二十一世紀に向けた日中環境協力構想」は、中日関係が成熟段階に入り、とくに中国の環境問題が日増しに厳しくなる状況で、両国政府首脳によって確立された戦略的二国間協力プロジェクトである。この構想と、小渕恵三首相が提唱、設立した「日中緑化交流基金」および竹下首相が設立した「日中友好環境保全センター」は、日中環境協力の「三部作」になっている。

二　環境開発モデル都市プロジェクトの選択と実施

一九九七年九月、中日両国は、二都市を選んで環境協力を行う計画について意見交換し、合意に達した。国家環境保護局の調査により、大連市と貴陽市が中日環境協力のモデル都市に推薦された。その後、双方の同意によってさらに重慶市が追加された。このプロジェクトは、持続可能な成長の実現を目標に、環境汚染防止効果、計画の制定、大気汚染防止、エネルギー効率向上、省エネおよび廃棄物リサイクルプロジェクトの実施などを内容として展開される両国間の協力である。そこで得られた成果は、中国の都市環境汚染防止および環境レベルの改善を推進するため、他の都市に普及される。大連の汚染源は工場から排出される粉塵と自動車の排ガス、重慶は石炭を燃料とする工場からの排出ガス、貴陽では発電所から排出される煤煙粉塵がそれぞれ主なものである。大連、貴陽、重慶の三都市が中日環境協力のモデル都市として選択されたことは、我が国の南北の都市、東部と西部の異なる汚染タイプの都市の持続可能な成長の実施のうえで、いずれもモデルとして良い役割を果たしている。

ハードウェアの援助プロジェクトの実施に応相するため、中日双方は人材育成を主とする環境情報システムネットワーク構築の現地研修プロジェクトを実施した。環境モデル都市プロジェクトの実施において、日本側は専門家を長期派遣し、環境モデル都市プロジェクトの技術的問題および中国と日本の関連部門、三都市間の調整などで積極的な役割を果たした。政府間の環境協力は、民間環境協力の活気ある発展をもたらし、両国の友好都市、大学、科学研究機関、非政府系組織が行う環境協力もたえず規模が増大している。

1．中日環境開発モデル都市プロジェクト――貴陽

貴陽市は中日環境開発モデル都市の一つとして、一九九八年に具体的な実施段階に入った。プロジェクト実施のため、省政府は「貴州省中日協力環境モデル都市（貴陽）プロジェクト指導グループ」と「プロジェクト弁公室」を設置して具体的な作業を進めた。

貴陽市は、プロジェクトの実施意図に基づき、一九九八年から二〇〇五年まで、中日環境開発モデル都市の建設を通じて、大気汚染の処理と都市環境の総合的整備の展開に力を入れ、都市インフラ整備と環境整備を強化し、環境モデル都市としての全体目標を定めた。それは、貴陽市を経済が繁栄し、合理的な鉱業の配置と構造をもち、良性循環型の都市生態、完備したインフラ、美しい環境をもち、成長が持続可能な国家環境保護模範都市にする、というものである。

プロジェクトの実施は段階ごとに進められる。貴陽プロジェクトは、日本政府の対中援助の第四期円借款の最後の二年間、つまり一九九九年から二〇〇〇年の使用枠からプロジェクト計画資金として一億ドルを工業大気汚染処理プロジェクトに振り向けるものである。実際に実現された日本政府の環境保護借款は一四四億三千五百万円（約一億二千万ドル）である。プロジェクトは、貴陽石炭ガス配管拡張事業、貴陽製鉄工場の大気汚染対策、貴陽発電所排煙脱硫対策、貴州セメント工場粉塵処理対策など、大・中規模の国営企業の技術改造と汚染処理プロジェクト七件である（表1）。プロジェクトの実施後、二酸化硫黄の年間排出量が全排出量の八〇・九三％にあたる十六万四千三百トン、煤煙粉塵と粉塵の排出量が同じく七三・一二％にあたる六万二千九百トン、それぞれ減少する。このほか、二酸化炭素の年間排出量が百六万七千四百トン、廃水排出量が二百二十八万二千トン減少できる。都市部の大気汚染物質は、国の基準を達成またはこれに近づき、酸性雨汚染も大幅に緩和され、環境改善効果は非常に明らかである。

貴陽の中日環境協力モデルプロジェクトの第一期案件が六年間実施された後、日本側は貴州セメント工場、貴陽製鉄工場など、企業四社に技術改造を行うための借款八十五億八千七百万円を提供した。貴州セメント工場は新しい生産ラインと汚染物処理施設を建設し、粉塵自動モニタリングシステムを設置した。プロジェクト竣工後、工場全体の年間の粉塵と二酸化硫黄排出量は、それぞれ九五・九二パーセントと八五・七四％削減され、貴陽の大気環境レベルが明らかに好転した。円借款の第二弾である、百二十一億四千万円の貴陽市水質汚染処理も、関連手続

表１　中日環境開発モデル都市（貴陽）プロジェクトの資金状況表

プロジェクト名	日本からの借款（億円）	国内資金（百万元）	資金投入総額（百万元）
1999年度契約プロジェクト			
貴陽石炭ガス配管拡張事業	9.60	64.00	128.00
貴陽製鉄工場大気汚染対策	6.90	48.21	94.20
貴州セメント工場粉塵処理対策	4.85	32.32	64.67
貴州水晶有機化学工場の水銀汚染対策	41.31	275.41	550.80
1999年度合計	62.66	419.94	837.67
2000年度契約プロジェクト			
大気汚染モニタリングシステム・発生源オンラインモニタリングシステム	1.61	10.61	23.00
林東石炭クリーン化対策	6.60	44.15	94.92
貴陽発電所排煙脱硫対策	73.48	553.32	1,118.54
2000年合計	81.69	608.08	1,236.46
総計	144.35	1,028.02	2,074.13

きの処理中である。

このプロジェクトの枠組みのもとで、貴陽市はＪＩＣＡ（国際協力事業団（現・国際協力機構））のルートを利用し、日本側とともに人材育成、制度整備などソフト面の整備を展開している。二〇〇三年二月から二〇〇四年十月まで貴陽市大気汚染対策の計画調査を共同で実施し、貴陽市の大気汚染防止対策のマスタープラン成功に協力した。ＪＩＣＡは環境モデル都市構想推進を指導する専門家を派遣し、環境モデル都市事業の総合的実施に対して指導と提案を行った。このほか、企業の自主的な環境管理対策の推進が支援され、貴州省政府、企業が五年間に研修員を八名、日本に派遣し、日本の公害防止管理者制度などの企業環境管理を学習した。二〇〇三年五月には、国家環境保護総局が「企業環境保護監督員制度の試行に関する通知」を公布し、貴陽市は五つの実験都市の一つとなり、企業三社（貴州セメント工場、貴陽発電所、貴陽タバコ工場）で制度の試行が行われた。

このほか、中国と日本は循環型社会システム構築の面でも協力し、二〇〇二年五月、貴陽が国家環境保護総局から全国初の「循環経済型生活形態建設モデル都市」に選定された後、中国と日本は合同で人員養成を行い、実地調査などの指導活動を行うとともに貴陽市循環経済型都市建設総合計画を打ち出し、「貴陽市循環経済生態都市建設条例」を制定した。

2．中日環境開発モデル都市プロジェクト――大連

中日環境開発モデル都市建設の必要に基づき、大連市政府は大気粉塵汚染処理対策を制定、実施し、八年間に中国と日本の環境協力を進め、環境モデル都市を建設し、大連市の汚染物質の数値をそれぞれ半分以上削減した。その環境レベルデータは、先進諸国の中程度の都市規準を達成、あるいは近づいている。最終的な目標は、大連を合理的な都市配置と産業構造、整備されたインフラ、合理的なエネルギー構造と資源利用、良性循環型の都市生態、清潔かつ美しい環境をもち、発展が持続可能な国際的現代都市にして、中国および発展途上国の経済と環境の持続可能な成長の模範たらしめるというものである。二〇〇〇年、三年をかけた中国と日本の技術協力である「大連環境モデル区」開発調査作業が円満に終了した。大連春海火力発電所第二期工事、塩島化学工業区火力発電所の拡張工事、大連製薬工場環境保護第一期処理工事という大連環境モデル都市プロジェクト三件、借款額五十三億一千五百万円が日本側と正式に調印された。この後、双方は大連鋼鉄グループ製鋼電炉汚染処理対策、大連セメントグループ大気粉塵処理、瓦房店市汚水処理場、旅順都市部汚染処理、庄河都市部給水対策、瓦房店市水源対策などの六プロジェクトを次々と実施した。利用された円借款は累計一億ドルである。人材育成の面では、ＪＩＣＡ草の根技術協力、「大連市クリーナープロダクション導入のための人材育成」も実施が開始された。

中日環境開発モデル都市（大連）プロジェクトは、都市間協力＋ＯＤＡモデルという中日環境協力の新しいモデルをつくりだした。大連市と日本の北九州市は友好都市であり、大連市が一九八七年に建設した「北大橋」と北九州市が一九八三年に建設した「大北亭」こそ、両市の友好の象徴である。両市の環境協力は一九八一年に始まった。当時、双方は公害管理講座、技術交流会などの活動を行った。一九九三年、中国国務院の宋健国務委員が北九州を訪問した際、北九州市の末吉興一市長が大連モデル都市計画を提案した。このときから、北九州市の末吉市長の提唱のもとに、双方は広範な協力活動を進めた。一九九三年には、専門家の派遣と留学生受け入れを始め、一九九五年からは小型ボイラー燃焼改善事業、環境教育教材や有害物検査ハンドブックの編集などの協力が行われた。北九州市は、環境保護の面で得た経験を活用し、大連の「環境モデル区」の設置を援助した。北九州市は専門家を派遣して大連市のクリーナープロダクションの状況を調査し、ＪＩＣＡを通して大連に三千六百万元あまりのモニタリング設備を提供した。双方は大連市の全体環境計画作成の面でも積極的に協力し、中日両国政府部門との積極的な打ち合わせを進めたことにより、大連全体環境計画は最終的に日中環境開発モデル都市プロジェクトに選出さ

れ、日本のＯＤＡ援助を得ることができた。中日環境開発モデル都市（大連）プロジェクトも都市間協力を基礎に、ＪＩＣＡ開発調査、ＪＢＩＣ（国際協力銀行）円借款、ＪＩＣＡ草の根技術協力などの方法を組み合わせて実施した典型的な例だといえる。

多年にわたる汚染処理、環境改造の結果、大連の都市環境には衆目の認める変化が起きた。二〇〇五年、国連環境計画が大連市の環境保護と処理管理面の成果を表彰するため、「グローバル五〇〇」の称号を授与した。これは中国側の多年にわたる努力が実を結んだ成果であり、また友好都市である北九州市の援助と努力、ならびに日本のＯＤＡとも不可分である。

3．中日環境開発モデル都市プロジェクト――重慶

重慶は周囲を山に囲まれた盆地であり、大気の流動性が悪く、さらに石炭の使用、工業排出ガスなどの影響によって、大気汚染問題が非常に重大である。一九九九年、重慶市都市部の中小型ボイラー、調理用かまどのガス化対策、重慶発電所（西発電所）排煙脱硫対策、重慶市重点汚染源自動モニタリング制御システム整備が最初に実施される借款プロジェクトに選定され、合計で借款五十億円が充てられた。その後の数年間で、重慶製鉄工場練炭脱硫対策、硫酸カリウムプロジェクト、公共車両の天然ガスへの改造、天然ガスホルダー施設などの後続プロジェクトが次々と実施された。計六件のプロジェクト完了後には、重慶市では毎年二酸化硫黄が全排出量の四四％にあたる十二万二千トン、チッソ酸化物が同じく一二％にあたる七千トン、煤煙排出量が一万五千トン減少した。このほか、環境管理プロジェクトでも、円借款九十億円を利用し、唐家沱と鶏冠石の二カ所で汚水処理場を建設し、重慶の環境改善に大きな役割を果たした。

重慶の環境保護の整備過程で、その友好都市である日本の広島県も一定の役割を果たした。双方の環境協力は、一九八九年に実施された環境視察団の相互派遣、研修生受け入れなどの人材交流に始まる。一九九三年に、広島県、広島市、四川省、重慶市は酸性雨研究交流センターを共同で設立し、日本側が専門家派遣、測定設備の提供などを担当して、大気汚染の研究と対策、人材育成拠点の構築に貢献した。双方は、また「簡易測定法による大気汚染の共同調査」を進め、中日環境協力総合フォーラム、中日環境協力都市会議などに参加した。大連‐北九州の例と同様、重慶と広島は友好都市の交流を舞台として、政府環境保護機関の間の協力を進めた。ただし、酸性雨の共同研究活動は、一九九八年に終了し、その後は、双方は視察団と研修生の受け入れ、技術研修などのプロジェクトのみ進めている。

6　「中日環境基金」

張季風

二〇〇八年は中日両国の交流関係史上において重要な年になるだろう。二〇〇八年は「中日平和友好条約」調印三十周年であるのみならず、一九七九年に始まった日本のODA円借款が終止符を打つ。中国へのODA終了に際して、日本が自身の利益にも関連する中国への環境保護の援助の終了を考えるはずはない。中国の環境事業へのサポートを継続するため、ODA円借款に替わる中国と日本の政府の共同出資による共同基金の創設を提案しようとしている。ある報道によれば、二〇〇七年末の福田康夫首相の訪中時に、総額十八億ドルの共同環境保護基金を設立し、日本側がこの基金に九億ドルを提供するという具体的な提案を行ったという。

実際のところ、日本の対中ODA終了後も、中国と日本の経済協力を規範化、深化させる新たな枠組みは必要である。ODA転換の問題は、実質的に、「氷を融かす旅」の後に中国と日本がいかに経済協力を深め、新たな経済協力モデルを模索するか、ということである。中日環境基金はおそらく最善の選択であろう。事実、この種の基金設立構想が提出されるには各種各様の政治的背景が存在し、各種の政治勢力の角逐が起きた可能性もある。しかし、基金の設立自体は中日両国、両国人民の共通の利益にかなったことであり、中日両国の社会各層いずれもが積極的に推進すれば、その前途はかなり楽観できるはずである。

一　「中日環境基金」設立の意義

温家宝総理は、第十一期全国人民代表大会第一回会議で行った政府活動報告のなかで、我が国の経済成長はまだ粗放であり、このことは高いエネルギー消費や重大な環境汚染に際立って示されている、と率直に述べている。現在から「第十一次五カ年計画」期間末までのわずか二年のあいだに「GDP単位あたりのエネルギー消費の二〇%前後低下、二酸化硫黄とCOD（化学的酸素要求量）の全排出量の一〇%減少」という二つの目標を実現するのは、非常に難度が高い。資源節約、環境保護は我々の基本的な国策であり、科学的発展観と経済の持続可能な成長の堅持は我が国の長期的発展戦略である。現在の環境事情とエネルギー消費レベルからみると、上記の戦略目標の実現を希求するには、やはり厳しい試練に直面している。「中日環境基金」の設立は、我が国の省エネ、環境保護事業の発展を促し、調和のとれた社会建設の歩みの加速に有益であろう。

また、最近二年間、中日両国の政治関係が温もりを取り戻すにともない、両国首脳の相互訪問が頻繁になり、とくに温家宝総理の訪日中に中国と日本の戦略的互恵関係がさらに明らかにされた。しかし、戦略的互恵関係に実際の内容がなければ、単に飾り物と同じであり、長続きしない。中日環境基金の設立は、戦略的互恵関係の内容を充実させることができ、二国間経済ハイレベル対話の重要なテーマになしえるものである。

さらにいうと、省エネ・環境保護事業は公益性が高く、効果の現れるサイクルが長いので、政府によるリードが必要である。中国と日本の民間の省エネ・環境保護分野での具体的な協力プロジェクトも、政府のカラーをもつ基金、機関の給付制度による資金援助とサポートが必要であり、さもなければ成立は困難で、成立したとしてもその持続性は保証できない。中国と日本の省エネ・環境保護分野での協力は長く宣伝されてきたが、実際の進展はごくわずかである。停滞して進まない主な原因は、省エネ技術を握っているのが日本の民間企業であり、日本企業は自身の利益から出発し、技術開発コスト、技術要素、自社に競争がもたらされる恐れなど、多方面の要素を考慮し、往々にして高い価格を請求し、高額な費用が中国の企業または事業部門の支払い能力をはるかに超えてしまうことにある。このため、多くのすばらしい省エネ、環境保護プロジェクトが実現困難となる。もし資金援助または補助を提供する基金があれば、実現の可能性は大いに高まる。一部のプロジェクトが協定までこぎつけても、後の資金がないなどの原因によって中途で終わってしまう。もし「中日環境基金」のサポートがあれば、持続できるだろう。環境保護と省エネの分野は、企業の投資のみに頼るのでは立ち上げることができず、必ず政府の資金投入サポートに頼らなければならないといえる。

中国と日本双方の省エネ分野での協力は、両国のエネルギー競争を緩和させられる。中日両国はいずれもエネルギー消費大国であり、ここ数年、両国のエネルギー分野、とくに石油分野での競争は日増しに激しくなっている。双方が省エネ分野で協力を強めれば、必然的に我が国のエネルギー消費は減り、客観的に見て両国のエネルギー分野での競争も緩和されるだろう。

二　「中日環境基金」設立のフィージビリティー

中日両国政府の共同出資の「中日省エネ・環境保護基金」の設立は、我が国の国家利益と長期的発展戦略に合致し、日本の国家利益にも合致する。一方的な援助である日本の対中ＯＤＡ借款との違いは、対等の原則が具体的に表現されることである。この基金の趣旨は、中国および日本を含む東北アジア地域全体の環境の改善にあり、日本が中国を援助するのではなくて両国が互いに協力し、共同で資金を出し、共同で中国の環境改善に取り組み、双方または多方が恩恵を得る、ということである。気候変動、生態系破壊などの環境問題は、すでに国境を越えた地域的、あるいは地球規模の問題になっている。先進国であれ発展途上国であれ、すべて環境保護の事業に参加する義務があり、中日両国はいずれも他に責任を押しつけることはできない。

日本には重厚な経済力があり、かつ世界をリードする省エネ、環境保護技術をもち、工業、交通、建築、民間などの分野で一連の効果的な省エネ・環境保護政策と管理の経験がある。中日両国はこの面でも強い相互補完性があり、双方の協力には巨大なポテンシャルがある。中国の省エネ、環境保護事業を支援する日本国内のパワーも大きい。その主な原因は以下のとおりである。

第一に、日本は公害の苦しみを味わったことがあり、国民の環境意識が強く、環境保護が社会各分野のコンセンサスになっている。一九五〇年代中期から七〇年代初期までの高度成長の時期、日本は「経済成長第一」の政策を推進し、その結果として重大な生態環境の破壊と公害がもたらされ、「四大公害訴訟」のような世界を震撼させる公害事件が発生した。国民、企業、政府のたゆまぬ努力のもと、八〇年代初期には日本の公害と汚染の問題は基本的に解決され、環境事情が好転して国際社会から認められた。生活レベルと環境意識の向上にともない、国民は環境問題をさらに重視している。日本の環境と密接に関連する「中日環境基金」の設立が国民の理解と支持を得るのは容易である。

第二に、日本の省エネ・環境保護技術は世界をリードするポジションにあり、国際協力に参加する積極性がある。乏しい資源と二度にわたるオイルショックによって日本は経済成長方式を積極的に転換し、産業構造を調整し、新たなエネルギーと省エネ技術を開発して省エネ技術大国になった。一般的にいって、自身が優位にある分野では十分な効果と利益を上げられるので、他国との協力についての積極性も高い。とくに、国際的に原油価格が高騰を続けている今日の状況では、一流の省エネ、環境保護技術をもつ日本の企業はさらに国際協力を行う機会を求めるだろう。なおかつ、中国の省エネ、環境保護分野の市場自体に巨大なポテンシャルがある。中国の関連研究機関の予測によれば、今後五年の中国の省エネ・環境保護分野での市場は三千億ドルになるといわれる。また、みずほ総合研究所が発表した中国の環境経済展望報告の予測によれば、二〇二〇年までの水処理、ゴミなどの廃棄物処理を中心とする環境関連市場の規模は十兆円に達する。日本企業がこのビジネスチャンスを見逃すことはありえない。日本企業は中国の環境保護および省エネ市場には、一貫して非常に前向きであり、「アジアをカバーする環境保護モデル」の構築というスローガンさえ出されている。中国市場は、疑いもなく日本企業が環境保護規準の制定権を争う戦略的市場である。したがって、「中日環境基金」の設立は日本企業にとって中国の環境保護市場開拓の好機である。予測しうる将来、省エネ、環境保護分野は日本の対中投資の新たな成長ポイントとなり、経済の持続的回復をサポートする新たな起爆点になる可能性もある。

第三に、日本が軍事大国、政治大国になるには多くの障害があるため、環境保護のカードを切ることによって自身の国際的地位と国際的イメージを高めようとしている。一九八〇年代中期以降、経済力の増大にともない、日本は一貫して地域の政治大国、軍事大国となることを追求してきた。しかし、日米軍事同盟の存在およびその他の条件の制約により、目的を達成しておらず、当然、今後も達成は困難である。現在、自身の存在感を示すため、国際的地位を向上させるべく大いに環境外交を始めようとしている。九〇年代から、日本は従来の政治の安全保障分野を超えた環境保護などの分野で国際協力を強化し始めた。一九九一年、日本は「地球環境保全東京宣言 行動計画」を発表、一九九二年六月には、環境と開発に関する国連会議で「二十一世紀に向けた環境開発支援」という政策構想を提出し、五年間での九―十兆円の環境保護支援の提供を約束した。一九九七年十二月には「京都議定書」の調印の促進に努めた。「京都議定書」は米国の抵抗のために順調に進展していない。このため日本は気候変動の国際協力の面で同盟国を探している。とくにポスト「京都議定書」において、最大の発展途上国である中国の支持を得られれば、それはまさに求めても得られぬ貴重なものである。言い換えれば、環境保護の面での中国との協力は、日本の国家利益と長期的戦略に合致する。

第四に、中国と日本は隣国であり、中国の環境問題は日本の切実な利益と密接に関連する。中日両国は海を隔てて相望む一衣帯水の位置にある。中国で発生した酸性雨は自然に日本へと漂っていく。中国で発生する黄砂は情け容赦もなく日本に降ってくる。中国の河川で悪性汚染が発生しても、太平洋と日本海を通って日本に向かうだろう。ある意味、中国の環境の保護は日本の環境を保護するに等しく、この点で双方は共通の利益を得るのである。

また、中国はすでに日本の最大の貿易パートナー、主要投資パートナーになっている。中国の経済成長が環境の制約によって不況に陥った場合、中国にある日系企業二万社あまりは直接の衝撃を受ける。中国の環境が悪化すれば、日本に「外部不経済（企業が私的生産活動を行う際、第三者または一般大衆に与える直接・間接の損害）」をもたらし、必ず対中輸出、中国からの輸入が減少し、ひいては日本経済の再度の不況をもたらすだろう。中国経済は世界経済の牽引車であり、中国経済の衰退がもたらす世界経済の不況による日本経済への間接的影響も計りしれない。

二〇〇八年にODAが中止されることは決定済みである。日本政府の対中ODAのなかで大気汚染、水質汚染処理などの環境保護分野に使われる借款は大きな比率を占めており（累計総額の約三〇%）、最近数年はほとんどすべて中国の環境プロジェクトに使われている。円借款停止後、中国の環境保護に一定の影響が現れるであろうし、中国の環境悪化は日本へも影響がある。そのため、日本では対中ODA終了後も中国に対する環境保護分野の援助継続の意見は少なくなかった。太田昭宏公明党代表、自民党の中川秀直元幹事長、若林正俊元環境相は、「日中環境基金」の確固たる支持者である。これらの人々の頑張りにより、中国の環境改善によって日本も恩恵を得る「日中環境基金」が徐々に日程に上がってきたのである。しかし、これに反対の意見も日本国内ではかなり強く、基金設立の作業が棚上げ状態に陥っている。

三　「中日環境基金」のモデル、進捗、展望

現在、中日両国は環境（水資源、エネルギー、省エネなどを含む）のテーマにおいてすでに良好な協力の基礎を築き、多大な成果を収めた。平等協力に基づく「環境基金」は、ポストODA時代の中日資金協力に良好な基礎を築くであろう。ODA円借款で日本が付帯させた各種の規定、条件、付け加えた政治的条件などの問題を効果的に避けられれば、中国と日本の政治関係の安定的発展にさらに有利である。「中日環境基金」の設立は、中国と日本のウィンウィンと二十一世紀の中日友好協力の象徴になるであろう。

「中日環境基金」のハイレベルの管理者は中国と日本双方が共同で構成し、政府の監督と管理のもと、会社として運営するというモデルをとるべきである。混合の管理委員会を双方で構成し、会社の運営規則に基づき、公的基金の性格を踏まえながら、市場化された運営を行うことが考えられる。政府の監督と管理によって、基金の公益性を保証できる。市場化された運営によって基金の持続性を保証できる。さらに、基金は、長期低利貸付、無利息貸付、無償援助などの多様な方法によって、優れた省エネプロジェクトや環境保護プロジェクト、人材育成および関連プロジェクトに対して資金援助を行うことができる。

具体的に資金援助を行う省エネ・環境保護プロジェクトについていうと、資金援助の検討対象となるプロジェクトの経済的効果と社会的効果について総合的評価を行い、プロジェクトの経営計画、資金投入案の厳格な審査を行い、実施を監督する中日双方の政府代表、民間組織と社会団体の代表、関連分野の学者、専門家で構成されたプロジェクト評価審査グループを設立しなければならない。基金は、プロジェクト評価審査グループの審査の結果およびプロジェクトの実施、検収、貸付金償還などについて全過程の監督を行う独立した監督機関を設置する。

しかし、「中日環境基金」を推進する過程がけっして順調にはいかないことも考慮しなければならない。二〇〇七年一月、日本の政権与党の一つ、公明党代表の太田昭宏は衆議院の代表質問において、中日両国政府が提出した戦略的互恵関係の構築とは、その具体的内容はまず「日中の環境協力パートナーシップ」を構築すべきことであり、資金面では、日中政府が共同で資金を出す基金を設立すべきである、と指摘した。二〇〇七年三月の中旬から下旬にかけて、中川秀直の率いる日本与党代表団が中国を訪問した。この訪中期間中に、中川は、日本は約束どおり二〇〇八年にODAを終了させた後、一種の「中日環境基金」の方法による協力の継続を考えていると表明した。これは中国のメディアが初めて報道した日中環境保護基金の創設に関する日本の与党幹部の談話である。日本のメディアは、日本の与党幹部の談話を引用して、中国が資金の一部を負担するモデルを構築すれば環境基金の発展をさらに促進できると指摘した。

二〇〇七年四月十一日、温家宝総理が日本を訪問し、日本の安倍晋三首相と中日首脳会談を行い、中日友好の推進、中日両国の戦略的互恵関係構築の必要性をともに認識し、環境協力を戦略的互恵関係構築の主要内容とする「環境保護協力の一層の強化に関する共同声明」に双方が署名した。日本政府は四月十八日に、中国の環境保護事業を推進するため、中国の環境対策に財政的援助を行う「日中環境基金」設置の方針を決定した。日本の若林正俊環境相は、「日中環境基金」の設立を積極的に推進し、環境問題は特別な位置づけで処理すべきで、対中ODA終了後も、環境保護処理の面で中国に資金協力を続けなければならないと指摘した。

二〇〇八年一月二十三日午前、福田首相は国会の施政方針演説への代表質問で、中国の環境保護事業支援の重要な意義を再度強調し、「日中環境基金構想」を引き続き検討する意向を示した。しかしこの後、同年九月に福田首相が辞職し、日本の政局が不安定化した。麻生首相によって組閣が行われたが、日本の政局の不安定な状態は短期間で収まることは難しい状況である。それは、政府の決断を必要とする「中日環境基金」の設立が、近い将来には実現しがたいことを意味している。

第七部　経済摩擦

1　「プラント建設の減速」と「東芝機械事件」

呉丹　程永明　石其宝

一九七二年、中国と日本は国交正常化を実現した。一九七八年、「中日平和友好条約」が調印され、中日関係には安全保障と法的根拠において確固たる保証が得られた。中国の対外開放政策の実行開始と経済建設の最優先化にともない、中国と日本の経済関係は日増しに緊密になる発展の状況を呈し、二国間貿易が急速に発展したのみならず、日本の民間企業も続々と中国への直接投資を始めた。このほか、政府の資金協力も始まり、福田、大平両内閣の討議と中日両国間の積極的な協議の後、日本政府は対中円借款を一九七九年十二月に決定、まもなく中国への無償援助の提供も決定した。この後、中国と日本の経済関係はそれまでの単純な貿易関係から貿易、投資、政府間資金協力が結合した全面的発展の段階に向かった。しかし、一九七〇年代から八〇年代中期の中国と日本の経済関係の蜜月の時期に、影響力の大きい二つの事件が発生した。プラントの建設停止、減速と「東芝機械事件」である。この二つの事件は性質が異なるが、中国と日本の経済貿易関係に大きな影響をもたらした。

一　プラント建設の減速の問題

一九七〇年代末、中国経済活動の展開を指導する指導部が早く大きな成果をあげようと急ぐあまり、各部門、各地方の積極性が刺激され、どの部門、どの地方でもプラント導入による発展を競うようになり、中国で国外の先進的技術と設備の大規模な輸入が始まった。一九七七年七月十七日、国家計画委員会が国務院に提出した以後八年間の国外先進技術、設備の導入計画では、外貨六十五億ドルを使わなければならず、国内の対応する資金も四百億元が必要だった。一九七九年上半期に、中国が外国と締結した技術設備導入契約と商業ローン協定の累積は百七十億ドルあまりに達した。しかし、一九七八年、一九七九年の外貨準備高はわずかに三十七億ドル前後だった。一九七二年から一九七八年までの中日貿易の中国の出超額が累積で五十億五千四百万ドルに達していたことを考えると、当時の外貨収支状況はすでに技術、設備導入契約の履行が困難だったといえる。この背景のもと、一九七九年四月、中国共産党中央は工作会議を行い、「調整、改革、整頓、向上」の方針を打ち出した。この方針に導かれ、中国の各レベルの部門は一部の建設プロジェクト、あるいは技術導入プロジェクトの建設を減速または停止するという基本建設、対外経済関係の面の調整を行った。

中国と日本の技術設備契約の取引状況からみると、中日国交回復から一九八一年まで、中国技術進出口総公司と日本が契約した技術設備契約額は七十一億六千万ドルに達しているが、そのうち四十億四千万ドルは一九七八年、一九七九年に集中して成約している。プロジェクトには、冶金、エチレン、化学肥料、化学繊維、カラーテレビ、セメント、発電などの設備があり、最大のプロジェクトは上海宝山製鉄所である。一九七九年二月、中国技術進出口総公司は契約発効条項の規定（それぞれは自国政府の認可を取得、あるいは契約調印後六十日以内に認可取得に努める）に基づき、一九七八年十二月以降に締結された宝山製鉄関連プロジェクト計十一億ドル、石油化学などのプロジェクト計十五億ドルなど二十九の契約の発効を遅らせる、と日本のメーカーに通知した。(49) 理由は政府が認可できず、資金手当が困難ということだった。一九七九年二月二十三―二十六日、唐克中国冶金部長が訪日した際、宝山製鉄プラントの輸入契約、金額四千二百億円、当時のレート換算で約三十七億ドルの輸入契約を暫時停止する、と新日鉄などの日本企業に通知した。(50)

宝山製鉄はこのころ導入されたプロジェクト二十二件のなかではトップであり、中国の一九七〇年代末の大規模導入の象徴的なプロジェクトだった。宝山製鉄の第一期、第二期工事は、外貨資金四十七億八千万ドルを含む三百一億七千万元を資金投入する計画だった。宝山製鉄というこの大規模製鉄所の建設は、外来技術の導入吸収と消化による中国鉄鋼工業の成長によってたえず拡大する中国と日本の鉄鋼工業の格差の縮小を可能とするものであり、石油危機によってフル操業できず技術設備の対外輸出を急ぐ日本の鉄鋼産業の強い願望を満たすものでもあって、双方に利益のあるプロジェクトだった。しかも、このプロジェクトはすでに始まっており、大量のプラント設備が建設現場に運び込まれ、保管のための倉庫、専用鉄道線路が建設されたものさえあって、もしこの段階で契約を終了すれば、外国企業にペナルティーを支払わねばならないのみならず、以後プロジェクトを再開する際には多くの部品が錆び、あるいは紛失して新たに購入しなければならない恐れがあった。これも少なからぬ損失をもたらすだろう。

こうした状況を鑑み、中国政府指導部、中央の現場駐在作業グループ、上海市党委員会、専門家学者などの部門と人員が宝山製鉄プロジェクトについて深く理論的、実証的研究を行い、宝山製鉄プロジェクトが「中止」されないために全力を尽くすよう、各種の案を提出した。最終的には「減速のなかで活を求める」、つまり宝山製鉄発電所、コークス炉などは停止せず、製品を上海市に渡して収益は宝山製鉄が受け取り、「自分で自分を養い」、建設を継続し、その他はまず建設を遅らせ、とくにコンピュータなどの精密設備、電器計測器などの現場保管に力を入れ、必ず注意深く保管する、という積極的な案が認可された。一九八一年八月七日、冶金部が宝山製鉄一期工事を建設継続プロジェクトに変更するという国家計画委員会、建設委員会の文書を伝達した。この案が成功し資金も節約でき、宝山製鉄の建設が減速期間中も停止されず、全体の施工の進捗に大きな影響が出なかったことは、事実が証明している。宝山製鉄以外のその他のプロジェクトも、実際の状況に基づき、多かれ少なかれ調整が行われた。

中国のこの調整は、日本側に大きなショックを与えた。たとえば、宝山製鉄の建設で問題が起き調整を迫られたことは、新日鉄にも波及した。新日鉄内部では幹部会議が開かれたが、中日友好に重要な貢献を果たし宝山製鉄プロジェクトを積極的に推進した新日鉄の稲山社長も巻き添えにした。しかし、彼は、中国は信用を守り、宝山製鉄の調整も円満に解決される、との認識を堅持した。彼も適切な解決方式を探り出そうと積極的な仲介を始めた。他の日本の関連メーカーも次々と交渉を始め、双方の貿易当局も解決方法についての話しあいを始めた。一九八一年二月、中国の指導者が日本政府代表、大来佐武郎元外務大臣と会見した際、「今後のより良い発展のため、中国は日本およびその他の諸国から導入するプラントの建設プロジェクトを停止または減速しなければならないが、これは必然的に一部の外国メーカーに経済的に損失をもたらす。中国は、停止したプロジェクトを継続するため、政府借款、合弁経営などの方式といったより良い方法を共同で模索したいと望んでいる。もし良い方法が見つからなかった場合、我々も合理的な経済上の責任をとる」と表明した。最終的に、中国の資金不足問題解決のため、日本輸出入銀行と民間銀行が中国向け長期および短期の借款を決定した。(51)

プラント建設停止、減速の問題の発生は、中国文化大革命が終了したばかりで、経済建設の思想に左翼冒険主義が存在し、具体的な国情を省みず、客観的法則を無視して「洋化躍進」に突っ走った結果であり、国内経済政策の誤りによって対外経済関係も影響を受けた。この深刻な経験は十分汲みとるべきである。慰められるのは、この事件のなかで中日双方が非常に積極的な態度をとり、事態を円満に解決させたことである。

二　東芝機械事件

プラント建設停止の主要原因が中国の行った経済調整にあるというなら、一九八七年に発生した東芝機械事件の責任は主に日本側にある。

「対共産圏輸出統制委員会」（COCOM）は西側諸国が社会主義諸国に対し経済技術封鎖、禁輸を行う組織である。この組織はその構成メンバー国の社会主義諸国との貿易に絶対的な決定権をもっており、どの貨物を社会主義諸国に対して輸出禁止にするかの決定権をもっている。一九五〇年一月一日の成立以来、COCOMが定めた禁輸リストは、一貫して社会主義諸国への戦略的物資と技術の輸出を制限してきた。冷戦下に「COCOM」は中国への輸出規制を緩めはしたが、大幅なものではなく、外国企業が中国に技術、設備の輸出または投資を行う際、多くの制限を受けざるを得ず、中国の先進的な技術設備の入手にも重大な影響をもたらした。中国と日本は「中日貿易協定」の締結時に「COCOM」問題について話しあったが、効果も小さく、このために「東芝機械事件」のような中日貿易に不利な事情が発生した。

東芝機械事件の原因は、一九八一年四月二十四日に東芝グループの東芝機械株式会社が代理店である伊藤忠商事、和光交易を通じて全ソ連技術機械輸入公団（テクマシー・インポート）と締結した一件の契約にある。この契約は金額三十五億円、MBP―110型九軸大型船舶プロペラ用フライス盤四台の輸出を約定するもので、そのNCシステムはノルウェーのコングスベルク社から提供される。このフライス盤は重量百三十トン、直径十一メートルの船舶用プロペラが加工できる。輸出時、東芝機械株式会社はノルウェーに対する普通のフライス盤輸出として申告した。四年後の一九八五年十二月、和光交易モスクワ事務所が「COCOM」に密告した。一九八六年、米国政府がこの事情を入手し、日本政府に調査を要求した。日本は自国の利益から、意図的に過去をごまかし、「禁止違反の事実はない」と回答した。一九八七年三月二十日、「ワシントンタイムズ」紙がこの事件を報道した後、米国側は日本から輸出されたフライス盤によってソ連の潜水艦の騒音が明らかに低下し、米軍の探知が困難になって西側の安全が脅かされていると糾弾した。米国の圧力のもと、警視庁が一九八七年四月三十日に東芝機械株式会社を捜査した。五月十五日、通産省は東芝機械株式会社と伊藤忠商事を処分し、この二社の旧ソ連、東欧諸国および中国など十四カ国への輸出を禁止した[51]。この処罰の決定により、中国と東芝機械が締結した金額二十四億円の民用機械設備の契約が履行不可能となった。東芝事件発生後、日本政府は設備、技術の輸出の審査と禁輸制限を強化し、中国が日本のその他の企業が締結した技術設備契約に重大な影響をもたらした。影響を受けた金額は九億ドルに達する。

五ヵ月後の一九八七年十月十九日になって、日本政府はやっと通産省貿易局の畠山襄局長、外務省の赤尾信敏経済審議官一行四人を訪中させ、中国経済貿易部の関連責任者と会談させた。会談において、日本側は「東芝機械事件」の制裁は中国を対象としたものではないが、そのために中国に損失をもたらし、日本側としては深く遺憾に思うと表明した。また、東芝機械が中国と契約した契約二十五件のうち、通産省が履行認可を準備中だった一件以外は、履行延期、損害賠償および他メーカー製品による代替という方法で解決し、東芝機械以外の契約九億ドルについては、中国側が重点案件として提出したものについては日本側が行政例外案件として近いうちに認可して輸出許可証を発行、その他の案件は特別審査グループを設置済みで、年内または翌年初めに審査認可を完了する、と表明した。

このような先送りの処理に対して中国側は明確に不満を表明し、以下のように要求した。

①中国側が東芝機械と契約した二十四億円分の契約について、日本側はすべて履行すべきであり、履行期限の来ている契約は年内に履行すべきである。中国側は履行延期または他メーカー製品による代替という方法には同意しない。

②「東芝事件」の影響を受けた九億ドル分の契約について、日本側はすみやかに認可、契約発効させ、輸出許可を発給すべきであり、日本政府の審査遅延によって履行が遅延した契約については中国企業に経済的損失を賠償すべきである。

③「東芝事件」発生後、日本は法律を変更し、禁輸制限を強化しようとしているが、中国はこれに非常に注意しており、日本側はこれに対し制限を緩和する適切な処置をとるべきである。

中国側の交渉と督促の下で日本側は一定の措置をとったが、東芝機械が締結した二十五件の未履行契約は遅々として認可、履行されなかった。一九八七年十二月八日、日本の外務省事務次官と中国駐在大使がそれぞれ東京および北京で中国の日本駐在大使と経済貿易部に対し、東芝機械株式会社が中国と締結した契約二十五件の処理案を正式に提出した。その内容は、大部分がメーカー代替、荷渡し延期、契約取り消しと損失賠償によって処理するもので、他の契約については日本政府が特別行政例外として輸出認可する、というものだった。この処理案について、経済貿易部二局の陳之孝局長が十二月三十一日に日本大使館の商務関係責任者と会見した際、以下のように表明した。

「東芝機械事件」は中国とは何の関係もなく、日本側が国際ビジネスの信用を守らず、一方的な契約破棄によって我が国に間接的あるいは直接的にかなり大きな経済的損失をもたらした。我々は、日本政府が締結済の契約を認可し、すべて履行するよう要求した。しかし日本側は遅々として適切に処理せず、七ヵ月後になって案を出してきて、しかもそれを当日、一方的に公表した。このようなやり方には、我々は理解に苦しむ。我々はこの案に不満である。中日友好の大局から出発し、長期的観点から考慮して、中国側は日本側との話しあいでこの件を処理することができる。また、日本側に次のように要求する。

①審査中の契約は積極的にすべて認可し、日本側に同意した代替および荷渡し延期契約については、すみやかに荷渡し予定の時間表を提出すること。

②代替荷渡しに同意した製品は、技術上、性能上、旧契約の規定以上であることを保証すること。

③契約撤回、延期、荷渡し遅れの契約については、日本政府は日本側関連企業に対し我が方の企業の直接または間接的経済損失を賠償するよう指導すること。

④東芝機械以外の契約で認可、発効されていない、および輸出許可証未発効の契約は、できるだけすみやかに認可を完了するよう努力し、そのほか滞っている対中輸出契約もすみやかに認可すること。

⑤何度も承諾した「禁輸」面での中国向け制限緩和措置を的確に実施し、とくにこのような中日貿易関係の正常な発展に影響する事件の再発を防止すること。

「東芝機械事件」の影響は、これで消えたわけではなく、一九八八年四月五日、警視庁は中国と取引のある「極東商会」と「新生交易株式会社」を家宅捜査した。その理由は、この二社が以前一九八五年と一九八六年に「ＣＯＣＯＭ」禁輸規定に違反し、中国に測定用の電子機器九台、金額にして五千万円相当を輸出した、というものである。その後、日本政府は中国経済貿易部と日本駐在中国大使館にこの状況を通報した。四月十二日、経済貿易部の陳之孝局長は駐中国日本大使の島中篤と面会した際、次のように表明した。日本側は「通報」のなかでこの件が純粋に日本政府が国内法に基づき自国の「違法」な輸出商社を取り調べたものであり、けっして中国に向けたものではなく、中日の経済貿易関係を損なう意図もない、と再三述べているが、実際には今後の中日貿易に影響を及ぼさぬはずがない。「東芝機械事件」の影響が完全に消えてはいないのにまたこの案件が発生したことは、まったく理解に苦しむ。我々は日本政府が慎重にこの件を処理し、中日貿易問題に障害をもたらし双方の経済貿易関係の順調な推進を損なわぬよう希望する。[52] この後、日本側関連部門も積極的に対応し、事件は最終的に解決された。

中日国交正常化以来、両国の各分野での着実な協力はいずれも積極的な成果を収め、両国間の経済貿易協力も健康的な発展の趨勢を見せている。しかし、いろいろな原因の総合的作用により、中国と日本の間の貿易協力はけっして順調ではなく、往々にして波乱が続いた。「プラント設備建設の減速」と「東芝機械事件」はその典型的な事例であり、この二件の事例は疑いもなく中日経済協力に大きく影響した。しかし、中日双方は平等互恵、友好協力、対話の原則に基づき、最終的には円満な解決をみた。これも以後の中日両国の二国間経済貿易の摩擦解消の良い経験、参考になる。

2　GITIC事件

劉瑞

一九九八年十月六日、中国第二の大手国際信託投資会社であった広東国際信託投資公司（以下、ＧＩＴＩＣ）が閉鎖され、一九九九年一月十一日に破産を申請した。これは全国初のノンバンクの破産であるのみならず、中国の歴史上もっとも規模の大きい破産であった。ＧＩＴＩＣの債務の八〇％以上は、日本、米国、ドイツ、スイス、香港などの国と地域の金融機関百三十社あまりからの借り入れであり、この破産事件は全世界の金融市場で巨大な波乱を起こし、疑いもなく中国と日本の経済関係にも大きな影響をもたらした。

一　ＧＩＴＩＣ事件の経緯

一九七九年十月、主に外資の導入と利用によって国内の経済建設に奉仕する中国国際投資信託公司（以下、ＣＩＴＩＣ）が正式に設立され、中国の対外開放の窓口の一つとなり、栄毅仁が初代董事長兼総支配人に就任した。ＧＩＴＩＣは、全国の信託投資会社二百四十四社の中でＣＩＴＩＣに次ぐ規模で、一九八〇年七月に設立された。一九八三年には中国人民銀行によってノンバンクとして認可され、同時に外貨取扱権も取得した。一九八九年には国の管轄部門から全国の対外借款「窓口」企業に指定されたが、これは金融機関が政府の信用を後ろ盾として外債市場に参入できることを意味している。八〇年代の末、ＧＩＴＩＣは信託業務のみを取り扱う企業から、金融と実業投資を主とする企業集団に発展した。主に国際的な債券発行、貸付、信用保証、出資、ファイナンスリースなどの方法によって投資と取引を行い、広東省の経済発展にある程度貢献した。

ＣＩＴＩＣとＧＩＴＩＣは成立当初から日本の金融、債券業界との協力を始めた。一九八二年一月、ＣＩＴＩＣは東京証券取引所で十二年物の日本円建て私募債を発行した。これは中国国内の機関が初めて国外で発行した外貨建て債券である。GITICも一九八六年九月に東京でサムライ債二百億円を発行した。一九九〇年代に入ってからは、広東省の「窓口」企業としてGITICは相次いで米国二大格付け会社、ムーディーズとスタンダード・アンド・プアーズからBaa1、トリプルBのレベルの格付けを取得し、国際的な主権債券と同等の評価を受け、香港、米国、ヨーロッパで債券をしばしば発行した。外国の債権者から見れば、「窓口」企業は政府の信用を基礎に設立された企業であり、その性質は安全な国債であって、確実な償還の保証がある。一九九七年末には、GITICは海外金融市場から計五十億ドル以上を調達し、総資産三百二十七億元の規模をもつ大型の融資機関に成長した。

GITICの乱脈投資の拡大によって、企業は多くのハイリスクの投資案件を取り扱い、同時に証券、投資、貿易、ホテル開発、旅行業、交通、エネルギー、通信、紡織、電子、医療など数十の分野に参入、また不動産開発に巨額の資金を投じて、広東省最大の不動産業者になった。同時に、経営管理が極端に混乱し、高金利の預金、帳簿外業務、勝手な短期資金借り入れ、ハイリスク投資など、規則違反の経営となった。九〇年代の中期より、GITICは徐々に債務償還のピーク期に入った。アジア金融危機のショックのもと、GITICが香港で投資した不動産、株などの資産価値が著しく縮小し、さらに会社自体の経営不振も加わって、巨額の内外債務が支払えなくなり、重大な債務超過問題が表面化した。金融リスクの拡散を防ぐため、中国人民銀行は一九九八年十月六日、GITICが満期債務支払不能になっていることに鑑み、債権者の合法的権益を守るため、GITICの今後三カ月の行政的閉鎖清算を布告する、と公告した。清算公告では、GITICの外貨管理部門に登録された国外の合法的債務と国内の自然人の合法的預金の元利を優先的に償還する、と明確に説明している。

清算閉鎖の初期、会社の経営陣は、GITICの帳簿上の資産総額は三百五十八億七千八百万元、負債額三百十四億二千万元、純資産十七億五千八百万元で、社の債務償還率は一〇五％に達する、と公布した。しかし、三カ月間の徹底調査の後、GITICの全資産は二百十四億七千百万元、負債額三百六十一億六千五百万元、債務超過額百四十六億九千四百万元、債券回収率五九％だった。当初の中国人民銀行の公告によれば、GITICで登録された外債は全額償還されるはずだった。しかし、重大な赤字の暴露にともない、一九九九年一月十日にはGITICとその傘下の全額出資企業三社、広東国際租賃公司、広信企業発展公司、GITIC深圳公司が裁判所に破産を申請した。GITICの債務償還は、国際的慣例によれば、小額の預金者を除き、内外の債務の償還は同等に扱われ、外債に優先権はない。

ＧＩＴＩＣの破産は、大量の外債に関わる我が国最初の破産である。ＧＩＴＩＣとその子会社が破産手続きに入った際、国内国外の債権者合計四百九十四社が債券を申告、総金額は四百六十七億元、国外債券が八〇％以上を占めた。主に日本、米国、ドイツ、スイス、中国香港などの国と地域の金融機関からの借り入れである。そのなか、ＧＩＴＩＣの国外債権者は百三十社以上、金額は百六十億元近くで、日本と香港の金融機関の債権が百十億元に達する。

ＧＩＴＩＣの破産は全世界の金融界の注目を浴び、広東省の司法機関はこの件を非常に重視し、国際的慣例にしたがって債権者主席委員会を設置、ＫＰＭＧ会計士事務所、君信弁護士事務所、ＪＳＭマスター弁護士事務所という国際的に有名な仲介機関三者を招請して破産清算業務を支援させた。その結果によると、ＧＩＴＩＣの債務超過の状況は非常に重大なものだった。一九九九年四月二十二日、ＧＩＴＩＣが第一回債権者会議を開いた後、総資産六十五億元、負債三百八十八億元、超過債務は三百二十三億元に達する、と通知した。十月二十二日の第二回債権者会議の後、広東省高等法院は、ＧＩＴＩＣの見積負債二百四十三億三千六百万元、見積赤字額百六十六億四千七百万元、債権回収率わずか三二％と発表した。

広東省高等法院は、法規法令に照らし、国際的慣例と公開、透明の司法の理念に基づいて、債権者の合法的利益の最大限の保護から出発し、債権償還率の引き上げに努めた。二〇〇〇年十月三十一日、ＧＩＴＩＣ破産の第三回債権者会議が開催され、最初の資産配分が行われて六億九千万元が配分、債券償還率三・三八％だった。二〇〇二年六月二十八日、第四回債権者会議で第二回の破産資産配分が行われ、配分金額八億一千万元、債券償還率四％だった。二〇〇三年二月二十八日、第五回債権者会議での第三回破産資産配分の後、広東省高等法院はＧＩＴＩＣ破産案件の基本的終了を宣告した。競売によって現金化されたＧＩＴＩＣの破産資産は総額二十五億三千六百万元、三回にわたる破産資産配分は債権者に平等に配分され、債券償還率は三回の配分で合計一二・五二％、当時の国内の破産償還率平均八％を上回った。当時、一部破産資産の処理と対外債権の追加徴収作業が完了していなかったため、広東省高等法院は、破産資産追加徴収、追加配分などの業務を行う清算グループを残した。二〇〇八年にはＧＩＴＩＣ破産案件は新たな進展をみせ、二月には国内国外の債権者二百社あまりに終了宣告後の第一回追加配分を行い、総額約六億元が配分され、債券償還率は一五・五二％に達した。現在、清算グループは法院の指導と監督のもとで、債権者の利益を最大限保護して後始末の清算作業を進めている。アメリカンビジネスニュース社は、そのネット評論で、「こうして新中国成立以来、国内では最大かつもっとも複雑な企業破産案件は、破産債権償還率最高の古典的案件例と

なった」と述べている。(54)

二　GITIC事件の評価と影響

GITICの閉鎖後、清算公告では、国外の合法的債務を優先的に償還する、と明確に説明された。GITICが破産手続きに入った後は、すべての内外債務の償還はすべて同等に扱われ、外債に優先権はない、と宣告された。GITICの債券はほとんどが国外債権であるため、その破産宣告は国際的金融市場に強烈な反応を呼び起こしたが、見方は大体二派に分かれている。(55)

ある面では、欧米の金融界は基本的に中央政府のGITIC閉鎖を肯定的に評価した。中国の国情は特殊であり、情報開示制度はいまだ健全ではない。ビジネスとしての借款貸付について、外国金融機関は借方のリスクを全面的に評価せず、中国資本企業の背後にある政府の支持と保証に全面的に頼っている。中国が政府企業分離の原則をさらに貫徹するにともない、今後貸借双方はいずれも商業としての貸借の規則をはっきり認識しなければならない。GITICを破産させたことは、問題のある金融機関を厳しく処理するという中央政府の決意を示しており、長期的観点からすれば国内金融リスクの防止に役立つ。米国の「ウォールストリート・ジャーナル」は、GITICの破産宣告は、中国の法治が新たな段階に入ったことを示している、と論評した。しかし、別の面では、日本資本の金融機関は国内でなお未解決の巨額の不良債権問題に直面しており、さらにアジア金融危機による損失も巨大で、かつGITICの主要資金提供者であって、GITICの破産はもともと脆弱な日本の金融システムに対する厳しい一撃となった。日本資本の銀行は、中国側のGITIC事件の処理には二つの大きな問題がある、と見ている。まず、中国はGITICの閉鎖とその破産明細の際で外債償還についての態度が一致せず、「優先的償還」から「同等に扱う」となり、外国の債権者はその朝令暮改の政策に極めて失望している。次は、政府と中国人民銀行の監督責任の問題の取り扱いにおいて、日本資本の銀行はGITICへの借款が広東省への融資と同等、つまり国家主権の債務と同等ととらえる傾向が強く、さらに破産処理の際にGITICの混乱した経営状況が明らかになった。このため、GITICの株主としての広東省政府と金融機関監督部門としての中国人民銀行はいずれも責任を免れえない、と強調している。

GITICの破産後、外国の債権者、投資者の中国の投資環境に対する信頼は急激に低下し、中国主権債務の評価、国内企業の国際的信用もすべて一定の影響を受けた。主要なものとしては、以下のものがある。

第一に、外国資本の銀行が中国資本企業への貸付を縮小し、対中投資が激減した。国際決済銀行（ＢＩＳ）の統計によれば、一九九八年十二月末段階で会員の対中信用貸出残高はＧＩＴＩＣ閉鎖以前の一九九八年六月に比べ一・八％減少の五百八十二億ドルだった。そのうちＧＩＴＩＣ事件による損失がもっと大きかった日本は、一九九八年に日本資本の銀行二十七社が香港から撤退し、四〇％減少した。一九九八年年末には、日本資本の銀行の中国向け貸出残高は一九九八年六月末比一三・六％減の百五十一億ドルで、中国資本企業への融資が急速に縮小した。ＧＩＴＩＣの破産宣告後、日本の銀行界は中国政府、人民銀行、日系企業向けに新たな貸出を行う以外は基本的に停止の趨勢にある。(56) 一九九八年、日本の対中直接投資は大幅に低下し、投資件数は前年同期比一五・三％減、合意金額は二〇・六％減、払い込み金額は二七％減少した。(57) 日本の金融機関は現在でもまだＧＩＴＩＣ事件のマイナスの影響を完全には脱却しておらず、銀行経営の過程ではいまだに中国にある日系企業を主な貸付の対象にしており、欧米の銀行と比較して中国系企業と個人への貸出についての態度があまり積極的ではない。

第二に、国際的な権威ある格付け機関が中国資本企業の信用等級を低下させた。一九九八年十月にＧＩＴＩＣが清算閉鎖を宣言した後、国際的な格付け会社であるムーディーズとスタンダード・アンド・プアーズの二社は、福建、上海、天津、深圳、山東の国際信託投資公司五社の格付けをいずれも格下げした。一九九九年にＧＩＴＩＣが破産を宣告してから、スタンダード・アンド・プアーズは中国銀行、中国建設銀行、中国工商銀行などの金融機関の評価を下げ、交通銀行と中国国際信託投資公司の格付けレベルを投機のレベルまで低下させた。これによって国際金融市場における我が国金融機関の資金調達能力は急激に低下し、調達コストが上がり、国外資金調達がさらに困難になった。資金がタイトになった状況で、広州、大連などの国際信託投資公司は債務支払い不能を宣言し、経営が苦境に陥った。

第三に、一部国有企業の海外での上場が挫折した。一九九三年六月に青島ビール株式有限公司が香港証券取引所に上場し、中国企業の海外上場の幕を上げてから、「中国関連」レッドチップの国営企業は国による所有、政府の支持によって資本市場で投資者からもてはやされた。ＧＩＴＩＣ事件が一部レッドチップ国有企業の混乱した管理、低下した効率などの問題点を暴露したため、投資者は国営企業の上場に冷淡にしか反応しなくなり、中国企業の香港での上場が続けて失敗するという局面が発生した。一九九九年の珠江鋼管、北大荒農業、山東国際電源開発の三社は市場の株式引受が思わしくなく、上場計画を延期し、中国聯通と中国海洋石油という大型国有優良企業も予定どおりの上場ができなくなった。ＧＩＴＩＣの破産処理により、国有企業の海外での上場、資金調達能力は大きく弱まった。

三　ＧＩＴＩＣ事件の意義と示唆

　一九九五年に窓口企業の海外での資金調達のための国と地方政府の保障提供を国が明らかに規定したが、それ以前に広東省政府はＧＩＴＩＣに何度も借款担保を提供し、かつまたＧＩＴＩＣ事件の前にも中国農村発展信託投資公司、中国新技術創業投資公司が閉鎖された先例で外債がすべて優先償還されたため、外国の投資者には、ＧＩＴＩＣの対外起債はもっとも安全な主権債務に相当し、会社の経営が危なくなっても地方政府はやはり支持、保護するものと考えられていた。この概念に基づき、海外の債権者はなんのリスクを負うこともなしにＧＩＴＩＣやレッドチップ企業に貸し付けたのである。ここから、ＧＩＴＩＣの対外起債には重大な道徳的リスクのあったことがわかる。

　ＧＩＴＩＣの破産宣告は、実際には、国際信託投資公司、香港レッドチップ企業の国際的な債務について国または地方政府は直接の責任を負わない旨、中国政府が初めて公布したことを意味している。ＧＩＴＩＣの破産は、対外的には国際的慣例に合致し、国内的には企業が独立採算で、政府は企業の経営に責任を負わないという中国国有企業の改革の方向に合致している[58]。

　まず、国際的な貸借規則は市場化の原則に合致しなくてはならない。過去二十年間、海外の債権者は国際投資信託公司とレッドチップの海外債務は国の範疇に属しているため、借款企業とプロジェクトに厳しい調査と追跡監督を行う必要はなく、長期的貸付に必要な経費コストの支出も不要で、何もせずにリスク、収益、見返りを待っていればよい、と考えてきた。しかし、ＧＩＴＩＣ事件により、国際的な貸借の過程では商業的借款に属する国有企業の海外債務について中国の各レベル政府には無条件に負担する義務はないことが証明された。企業は法人である限り欧米諸国と同様、破産を選択することが可能で、政府は国有企業のために全責任を負うことはありえない。海外の債権者は、市場化の原則のもとで細かい調査研究とリスク評価を行い、利益の最大化を追求すると同時に必要なリスクを自己負担しなければならない。

　次に、政府と企業の分離を行い、国有企業は自主経営、独立採算の原則を堅持すべきである。長期にわたり、各省政府は広く金融企業の経営管理に関与し、企業も政府の支持のもとで好きなようにやってきた。ＧＩＴＩＣは、窓口企業としてほしいままに政府の信用を借り、乱脈投資の拡大、勝手な借り入れを行ったが、その経営リスクは完全に地方政府が規則違反した場合に設定した保証、約束、保障書簡に頼っており、ひどい場合にはこれらの約束を主権の信用と混合してさえいた。ＧＩＴＩＣの破産は、窓口の信用の破滅を示している。国有企業の改革の方向として、政府と企業を分離し、債務超過の企業は再編し、再編しても効果のない企業は破産させることこそ、真に市場経済の法則にかなった行為である。現代企業として、リスク意識の強化、経営管理レベルの向上、自主経営、独立採算してこそ、本当の前途があるのだ。GITIC事件は中国の市場化改革の過程での論議に満ちた里程標である。今回の事件は今後の中国金融機関の発展に極めて深い影響をもたらした。GITIC事件は日本を含む外国金融機関の中国に対する信用を損ない、中国は国際的信用を再構築し、自身のメカニズムを整備するなかでその代価を支払った。一九九九年三月、朱鎔基総理はGITIC事件に関する日本の記者の質問に答え、（GITIC事件は）「一部の日本の銀行の債務に影響したことは遺憾に思う。みんながともに努力すれば、このような事態はたぶん再発しないだろう」と指摘した。

3　東芝ノートパソコンとパジェロ事件

呂丹

世紀の変わり目に、長らく最高の品質を看板にしてきた日本製品が中国市場で次々と事故を起こした。とくに東芝ノートパソコンと三菱パジェロ事件の発生によって大騒ぎが起こり、世論が騒然となった。この二つの事件は単純な商業上の紛糾だったが、中国と日本の経済関係、ひいては中日関係全体にさえ一定の影響をもたらした。とくに事件が反映している日本の企業管理と日本社会の変化、根の深い問題はさらに我々の熟慮に値する。

一　事件の経緯

1. 東芝ノートパソコン事件

一九九九年三月、東芝ノートパソコンのアメリカのユーザー二人がアメリカの地方裁判所に対し、東芝ノートパソコン内蔵のＦＤＣ半導体のマイクロコードに欠陥があり、ディスクへの記憶ミスとデータの破壊をもたらす恐れがあるとの提訴を行った。東芝側は、フロッピーディスクコントローラーの作動制限がデータの消失または破壊をもたらすとは認識していないと述べてこの告発を否認しつつ、一方で、原告と話しあいを行い和解案を提示した。この和解案によれば、一九八五年一月一日またはそれ以後に生産され、東芝アメリカインフォメーションシステムズ社が販売または代理販売した、フロッピーディスクとフロッピーディスクドライバーコントローラーを備えた東芝のデスクトップタイプまたはノートパソコンを保有またはリースしている米国のユーザー（一般人、ビジネスマン、政府またはその他の法人）は、いずれも東芝の提供する賠償を得られる。二〇〇〇年三月、東芝は原告と法廷外和解に合意し、これによって十億五千万ドルを支払った。

日本の東芝ノートパソコンの米国での賠償訴訟が終息してか

らほぼ半年後、中国のユーザーがやっと東芝製品の潜在的な品質の欠陥を知り、東芝の故意の製品欠陥秘匿に怒りを感じ、一部のユーザーは東芝に賠償を要求した。しかし、同じ製品を使用する中国のユーザーは同じ待遇を得ることができなかった。日本側の説明は、中国の法律と米国の法律では消費者に対する保護の程度が同じではない、というものだった。米国の法律によれば、消費者に不条理なリスクをもたらす恐れがある場合、製造メーカーは責任を負う可能性があるが、中国の法律ではこの種の状況について明確な条文がない。東芝の代表の言い方は、中国の消費者の同意を得ることができなかったのみならず、さらに大きな範囲の抗議を引き起こした。これは明らかに日本のビジネスマンの中国ユーザー差別だ、と見る人もいた。SINAネットではこの件に関する各種の評論がただちに沸き起こり、この事件を中国と日本の歴史上の恩讐と絡めるものさえあり、「日貨排斥」の声が絶えなかった。自国の消費者と外国メーカーの品質紛争について注視したメディアも続々と「参戦」し、ほとんどが「米国人にだけ賠償、中国人には賠償せず」というような扇動的な文字の見出しだった。東芝ノートパソコンの事件以来、東芝の中国での販売量は大きな影響を受け、この危機の際の失策のため、重い代償を支払った。二〇〇六年十二月十四日、東芝ノートパソコンの二つのモデルが、品質問題のため浙江省工商局から販売停止、商品回収の命令を受けたが、東芝は商品回収を拒否し、世論の広範な譴責を引き起こした。

2．三菱パジェロの品質事件

二〇〇〇年九月十五日、寧夏回族自治区地質鉱産庁の運転士黄国慶が、三菱の四輪駆動車パジェロV31には通常の走行中に突然ブレーキが効かなくなる安全品質問題があることを発見した。二〇〇〇年九月二十九日、三菱は中国国家検験検疫局の通知を受け、その製品の品質検査に着手した。同年十一月、三菱自動車はその中国の特約修理サービスステーションに対し、パジェロV31、V33を検査し、ブレーキパイプが磨耗している場合は交換し、磨耗していない場合はブレーキパイプと反応バルブの位置を調整するよう通知した。二〇〇一年二月八日、中国国家検験検疫局は三菱パジェロV31、V33の輸入停止を通知した。二〇〇一年二月九日、各大手新聞各紙と有名なウェブサイトが三菱自動車の輸入禁止のニュースを報道し始め、相次いで特集記事を載せた。二月十日、ユーザーが特約修理ステーションで検査を始めた。二月十一日、一部の車輛がブレーキパイプを交換した。二月十三日、成都、上海などの消費者協会が三菱の車に対する消費者の提訴を受けつけ始めた。二〇〇一年二月十七日の「パジェロの被害者陸慧事件」（二〇〇〇年十二月二十五日の夜、ある湖南省の運転手が運転していた際、ブレーキが効かず、通行人の陸慧の腰に衝突し、頭蓋骨骨折と重大な脳挫傷を負わせ、長期的に昏睡状態にさせた事故）が世論の焦点になった。二〇〇一年二月二十三日、三菱は「中国側の協力が消極的」であることを理由に、わずかに「被害者陸慧に『道義上の支持』として十二万元（被害者の医療費二カ月分）を提供する賠償案」を公表し、またも騒然たる世論を引き起こした。三月六日、中国国家検験検疫局など四部門が三菱パジェロのモデル二種類の輸入停止を公示した。三月九日、西安の消費者劉文紅など四名が損害賠償を理由に、北京市第二中級人民法院に日本の三菱自動車株式会社を告発する訴状を提出した。企業、消費者、関連部門の共同の努力により、三菱パジェロ事件は二〇〇一年末にやっと終息した。

二　商業上の紛争が反映する日本の「品質神話」の危機

1. 日本製品の品質低下をもたらした二つの原因

品質問題と商業上の紛糾にどう対処するかについて、もっとも重要なのは平常心だ、ということである。単純な商業上の紛糾を無限大に拡大してはならない。八〇年代、多くの人が「ソニー」、「日立」、「東芝」製のカラーテレビまたはその他の家電製品を所有することに誇りを感じていた。それは、人々に「日本製品は品質が高い」という潜在意識があったためである。しかし、最近中国で日本製品に一連の問題が発生したため、日本の「品質神話」が破綻したと思い、日本製品を一文の価値もないと貶めている。実際にはこの二種類の意識はいずれも適切ではない。

製品が高品質かそうでないかは相対的な概念であり、日本製品に一連の品質問題が起きたからといって日本製品を何のとりえもないとすることはできない。日本製品の品質は高い。

しかし、最近日本製品の品質問題がしばしば発生し、とくに我が国で多く発生していることは無視するわけにはいかない。人々は日本製品の品質が過去に比べて低下していると認めざるを得ない。それならば、日本製品の品質低下をもたらした原因はどこにあるのか。

まず第一点として、日本の終身雇用制の崩壊が挙げられる。長い間日本の大企業は一貫して「終身雇用」の人事管理制度を実行してきた。終身雇用制と年功序列賃金制度、企業労働組合制度は、日本型経営の「三種の神器」になっていた。いわゆる終身雇用制とは、ある人間が学校を卒業して会社に入れば、定年退職までその会社で働き、会社は正当（犯罪、規律違反など）ではない理由によって従業員を解雇できなかった。企業側からみれば、一般的にいって、日本の大企業は従業員の育成を非常に重視し、従業員の技術教育に大きな投資を行った。このため、会社は教育投資が回収されるまでは従業員の退職を望まなかった。企業は人材に力を入れ、経営管理の面でも人を基本としてきた。従業員からいえば、終身雇用制の保障があるためにこそ、会社への「忠誠心」が自然に起きたのである。さらに、年功序列制賃金制度の作用によって、多くの従業員が「一生を捧げ」、転職する従業員は良い従業員ではない、ということが一種の基本的概念になっていた。従業員は他社への転職を考えないからこそ、会社の仕事に全身全霊を打ち込んだのである。自身の一生が会社と栄誉も恥辱もともにしてこそ、職場を愛し、業務を誇りに思う精神が生まれるのである。従業員がいずれもこのような意識をもち、仕事で互いを認めあわなければ、相互協力もできず、「集団精神」も作り出されない。従業員の帰属意識、忠誠心、責任感こそ日本の製品が高い品質を得られた基本的前提であると言える。

しかし、一九九〇年代の初め、経済のグローバル化の大波の到来により、日本の高度成長時代に形成されてきた終身雇用制を含む経済制度は未曾有の衝撃を受けた。日本の「バブル経済」崩壊後、日本経済は長期不況に陥り、企業経営は拡大が難しくなり、雇用への圧力が高まり、多くの企業が終身雇用制の改革を行い、大量に人員を削減し、失業者が激増し、失業率が継続的に上昇した。至るところで終身雇用制の廃止が叫ばれ、人員削減計画を発表する企業は絶えず、人心が不安になった。考えてもみよう。ある従業員がたえず解雇される可能性があるとしたら、それでも会社に「忠誠心」をもてるだろうか。従業員が明日、または一ヵ月以内に解雇されるとして、彼が品質管理員だったとしたら、この会社の製品の品質管理をそれほど集中できるだろうか。彼（彼女）が加工労働者、組み立て工だったら、それほど真剣に加工や組み立てをできるだろうか。現在、日本は以前の雇用体制を改革中であり、米国のような個人主義を基礎とする新しい体制はまだ構築されておらず、陣痛が起き、一連の問題がもたらされるのは避けられない。従業員が短い時間でこれほど大きな心理的プレッシャーを受け止めるのは難しく、生産と製品の品質に影響が出ないことはありえない。

第二点に、八〇年代中期以来、日本は外国への直接投資を拡大し、多くの海外に生産拠点を造った。多くの製品や部品が、海外の生産拠点で生産されたり、組み立てられている。もちろん、東南アジア諸国や中国などの従業員が日本の従業員より劣るといっているのではない。しかし、労働力全体のレベルから見ると、やはり差があることは認めるべきである。これ以外に、日本製品の海外生産には、部品の長距離輸送、管理職と現場労働者の言語、文化などの違いがあり、日本国内での生産と単純に比較することはできないが、製品の品質管理の難しさは間違いなく増えた。これもおそらく日本製品の品質低下をもたらした原因であろう。

いうまでもなく、日本製品の品質低下に影響した原因には多くの側面があり、マクロ経済情勢の変化による原因も多い。

2．日本製品のクラス別管理という方法はもう古い

日本は商品のクラス別管理を行っており、かなり以前から中国市場に投入される商品はけっして日本の一流製品ではなかった。原因は非常に複雑である。主な原因は二つあり、一つは日本側が我が国の購買力は低いと見ていることであり、もう一つは我々に対する技術封鎖である。

一点目の、購買力レベルの問題については、改革開放の初期には我が国の購買力レベルが確かに低かったことは認めなければならない。一流の高級製品は、生産コストが高く、販売価格も当然高い。購買力レベルの低い地区では高価な製品は売れず、メーカーと販売会社が盲目的に投入することはありえず、具体的な状況に基づき、その地区に適した低級品、または相対的に遅れた製品を投入するしかない。しかし、上昇している中国、変わっている中国、とくに急速に向上する都市の消費レベルを知らないはずはない。しかし、日本はやはり二十年前、または十年前の見方で中国を見ており、依然として中国が世界の農村であるとしている。中国は多元的社会であり、都市と農村の間、地区間の発展は非常に不均衡である。事実、今日の中国の農村の購買力は依然として低いが、都市の購買力にはすでに大きな変化が起きている。我が国の都市人口だけでも四億あまりだが、この数字は日本の人口の四倍近くである。最近数年、我が国の都市住民の購買力と消費レベルは急速に向上しており、なかでも北京、上海、広州などの都市の相当な部分の人口の消費レベルはすでに日本の平均消費レベル以下ではない。日本の多くの大企業と商社は中国に支社、支店または事務所を設置しているが、中国市場の巨大な変化に対して、全面的かつ客観的な理解が欠けている。

二点目の、我々に対する日本の技術封鎖の問題については、実際には理解できるところがある。いかなる国、ひいては企業であっても、自身の最先端技術を他社に告げようとは誰も思わないからである。ある地区または国に自身の最新製品を投入するのは、実際にはある程度まで、自分の新技術を相手に暴露するからである。しかし、日本の中国への技術封鎖はこれにとどまらず、日本に対する中国の先行する、つまり日本が永遠に中国の十年または二十年先を行くことを望んでいる。このため、日本はいわゆるアジアの「雁行型構造」発展モデルを提出した。具体的にいうと、日本が先頭の雁で、高度、精密、先端的開発研究と高級な加工を行い、次がアジアの「四匹の小竜」で次のレベルの開発研究と高級な加工、商業貿易などを行い、さらに一部ＡＳＥＡＮ諸国で高級な生産加工を行い、最後が中国とベトナムで、一般的な生産加工と基礎レベルの加工しか行えない、ということである。中国が技術面では日本より十年または二十年遅れているというのは、ある一定の時期にはありえた。いわゆる「雁行型構造」も国際的分業の理論からいうと、一定の時

期には合理性もあり、存在もできた。しかしそれを固定化してはならない。中国が技術面で永遠に日本より十年または二十年遅れるということがどうして可能なのか。中国は急速に発展しており、中国と日本の間の距離は日一日と縮んでいくしかない。「雁行型構造」は一九九〇年前後まで存在しただけであり、中国はすでに最後部の雁ではない。中国は前進しており、現在すでに一部ASEAN諸国と同等の発展レベルにあり、一部の分野では「四匹の小竜」のレベルに近づいてさえいる。中国は発展しており、中国は変化しており、ますます変化するだろう。これは誰にも変えることのできない現実であり、日本もこの現実を正視し、受け入れるべきである。そうしなければ中国と日本の経済協力も健全に発展させられない。

日本の商品のクラス別管理制度を実行し、自分の斜陽産業と遅れた製品を海外に出すやり方がアジア諸国と地区の反感と不満を引き起こし、この地区の多くの発展のチャンスを失わせ、自身の経済発展にもマイナス影響をもたらしたことを、我々は見ないわけにはいかない。国内の産業構造の調整に重大な影響をもたらし、古い産業は移転できず、新しい産業は発展できなかった。すみやかに産業構造の更新を行わなければ、新たな成長ポイントも生み出せない。この点は日米の間に明瞭な対比となっている。米国はまさにチャンスをとらえ、すみやかに産業構造の調整を行い、ネットワーク経済の発展に力を入れ、そうやって九〇年代の繁栄を勝ちえた。そして日本は産業構造の調整に立ち遅れ、結果として十年の不況をもたらした。

日本製品が中国で一連の品質問題を起こしたことは良くないことであるが、良くないことも良いことに変えることはできる。これは企業にとっても製品の管理は一時たりともおろそかにしてはならないと警鐘を鳴らすものである。過去の製品の高い品質は、過去しか代表できない。

お客様は神様である。中国のお客様も神様である。君が誰であれ、神様を大切に扱わなかったら、神様は君のものは買ってくれない。日本の関連企業は東芝ノートパソコンとパジェロの事件の深刻な教訓を汲みとり、さらに中国市場の変化を正確に認識、把握すべきである。そうすれば、今後の中国と日本の経済関係の健全な発展に有利である。同時にこの事件は中国企業にも警鐘を鳴らした。今日、中国の消費者の消費レベルは向上しており、自己保護意識も向上し、平均的な技術レベル、品質管理レベルが我々よりはるかに高いメーカーにも「ノー」と言っている。中国企業はさらに危機感をもつべきである。品質は企業の命であり、生存するには必ず品質に頼らねばならないことを考えるべきである。お客様は神様であり、神様を神様として扱ってこそ神様から認められ、企業が発展できるのである。

4　二〇〇一年中日農産物貿易摩擦

徐梅

二〇〇一年四月二十三日、中国が日本向けに輸出している長ネギ、生シイタケ、畳表の農産物三種類が日本市場に打撃を与えていることを理由に、日本は一方的に「緊急輸入制限措置」〔以下、「セーフガード」〕を発動した。中国政府と日本側は何度も協議を重ねたが、合意に達することはできなかった。六月二十二日、中国は日本製の自動車、携帯・車載電話、空調機に一〇〇%の特別関税を課すると宣告し、中国と日本の貿易摩擦が起き、たちまちエスカレートする様相を呈した。これは中国と日本の間で貿易が展開されてきた数十年間でも未曾有の現象だった。この中国と日本の貿易摩擦は半年あまりも続き、最終的には双方の話しあいによって解決することができた。

一　日本の対中「セーフガード」実施の背景

いわゆる「セーフガード」の根拠は、一九九四年の関税と貿易に関する一般協定（GATT）の第十九条、輸入激増保護条項である。この条項では、ある国の輸入量が急激に増加し、自国の企業に重大な影響をもたらす恐れがある場合、当該国が適宜な輸入制限を行うことを認めている。その具体的な進め方は、ある国が自国の輸入が激増した製品についての調査を宣言した日より起算して六カ月以内に、当該製品輸入対象国に対し輸入制限措置を発動するか否かを決定する。実施期間は三年を超えられず、量の制限にも明確な規定があって、一年目の輸入量は前年を越えてはならず、二年目以降の輸入増加率も六%以下でなければならない。「セーフガード」実施の過程で、当事国双方は交渉で解決することができるが、対抗措置をとることは許されない。実際には、ある国がある商品について「セーフガード」を発動した場合、その国の輸入対象国も往々にして何らかの報復的な対策をとることが多い。

中日両国は一九七二年の国交樹立以来、両国間の経済貿易関係を非常に重視し、二国間の貿易の発展は全体的にみてかなり順調だった。この間には波乱もあったが、最終的にはすべて話しあいで解決することができた。たとえば、一九九五年に日本が世界貿易機関（WTO）「農業協定」の第五条保障条項に基づき、中国から輸入されるニンニクとショウガを問題にしたが、中日双方は協議を行い、最終的には中国は輸出割当管理を行い、日本は輸入業者の申告管理を行うこととなった。

この時の日本の一方的な対中「セーフガード」実施が中国と日本の貿易摩擦を引き起こしたのには、一定の背景と原因がある。中日両国の貿易関係が日増しに密接になるにつれ、貿易摩擦が発生するのは避けられない。

1. 中日両国の貿易関係が密接化し、貿易摩擦の発生が不可避に

一九九〇年代以来、中国と日本の貿易は大発展の時期に入った。二〇〇〇年には、中国と日本の貿易額は八百五十七億八千万ドルに達し、日本の対外貿易全体額に占める割合は一〇%を超えた。その中、日本の対中輸出は前年比三〇%増の三百四億四千万ドル、中国からの輸入は同二九%増の五百五十三億四千万ドルで、いずれも史上最高だった。日本についていうと、中国は米国に次ぐ第二の貿易パートナーであり、中国についていえば、日本は一九九三年以降一貫して最大の貿易パートナーだった。とくに、日本の衣類、野菜類の輸入商品では中国からの輸入がかなり大きな比重を占めており、両国の経済貿易関係はすでに密接不可分なものとなっていた。この状態では、中国と日本の間に貿易摩擦が起きるのは時間の問題だった。

2. 絶えず最適化する中国の貿易構造、強まる輸出商品競争力

中日両国の労働力と生産コストなどの格差、著しく向上する中国製品の品質、経済不況の時期に日本企業が価格を重視したことなどにより、中国の高品質で廉価な農産物と繊維製品が大量に日本市場に流入した。たとえば、中国から輸入される野菜は日本国内の同等品より少なくとも二〇%安く、明らかな価格の有利さにより中国産の野菜は日本市場で四〇%のシェアを占めた。これが日本国内の関連産業との競争になった。このため日本の農協などの団体は中国の野菜などの農産物の輸入規制措置をとるよう政府に要求した。

3. 日本の長期経済不況、貿易保護主義の台頭

一九九〇年代、日本経済は「失われた十年」と呼ばれ、企業収益が減少し、失業率は戦後最高を更新し続け、国内消費が低迷し、デフレも起きた。これと同時に中国経済は日本国内の不況と対照的に急速に成長した。この状況で、日本に「中国脅威論」が現れた。この提唱者の認識では、中国経済の引き続きの

発展は日本の利益を脅かし、日本企業の対中直接投資は日本に「産業空洞化」をもたらす恐れがあり、中国の安い商品の大量流入は日本の関連産業に打撃を与え、日本にデフレを起こさせることになる。なかには、日本経済の長期不況を中国のせいにする人さえいる。この影響で、日本の貿易保護主義が台頭した。

4. 政治的利益への配慮から、日本政府にある農業保護の伝統

中日貿易に占める農産物の割合は小さいにもかかわらず、日本が農産物を輸入制限の対象としたのは、一定の政治的意図がある。一九五五年以来、日本の自民党が長期政権を続けられた理由は、かなりの程度、広範な農民の支持に頼ってきたことである。このため、自民党は「農民党」とも呼ばれている。自分達の「票田」を守るため、政府は農家の利益保護に力を入れ、日本の農業協同組合などの関連利益団体も、たえず圧力と影響をかけてきた。二〇〇一年七月、日本はまさに参議院選挙の直前であり、この前に政府が「セーフガード」を発動したことは農村票獲得、最大の「票田」確保に有利だった。たとえば、対中「セーフガード」実施を断固として主張した農林水産省の松岡副大臣の選挙区は、シイタケと畳表の産地、熊本県である。

二　中国と日本の貿易摩擦の爆発とその結果

二〇〇一年四月二十三日、中国の対日輸出農産物が日本市場に打撃を与えていることを理由に、日本政府は中国から輸入される長ネギ、生シイタケ、畳表について「セーフガード」を実施した。これのみならず、日本は中国から輸入する繊維製品、生鮮食品などを制限した。日本動植物検疫局は、一日あたりの中国の生物の検査の限度枠を設け、このために一部の中国製生鮮品がすみやかに検査されず、通関できなくなり、腐敗変質してしまったのがその例である。日本の一部の業界は勢いに乗って中国製の自転車、タオル、箸などの製品にも「セーフガード」を発動するよう提案した。

優位に立つ中国の製品を制限する日本のやり方は、実際には正常な貿易の発展を制限し、貿易上の差別を構成するものであって、中国の関連する輸出製品とその産業に損害をもたらすものである。このため、中国側は何度も日本側に交渉し、話しあいによる解決を望んだが、いずれも合意できなかった。この状態で中国側が相応に対策をとらなかったら、連鎖反応がおき、日本側はもっと多くの中国製の商品に制限的措置をとった可能性が高い。そのため、中国政府は二〇〇一年六月二十二日に日本製の自動車、携帯・車載電話、空調機に一〇〇%の特別関税を課し、中国と日本の貿易摩擦がエスカレートする勢いが強まった。

貿易上の対決を緩和するため、中日双方は協議を繰り返した。二〇〇一年十一月七日には双方は東京で二日間にわたる会議を

行ったが、実質的な進展はなかった。十一月十二日、ドーハでの会議で中国の石広生対外経済貿易部長と日本の平沼赳夫経済産業大臣、武部勤農林水産大臣が二時間会談したが、やはり結果が出ず、中国と日本の貿易摩擦は半年あまりも続いた。

二〇〇一年十二月十一日、中国が正式にWTOメンバーとなったが、このことは中日双方がWTOの紛争解決システムを通じて貿易紛争を解決できることを示しており、双方の政府筋もWTO提訴の可能性を排除せず、中国と日本の経済貿易関係は弓に矢がつがえられた一触即発のムードにあった。中国の農産物三種類に対する日本の措置の期限が終わろうとする時、二〇〇一年十二月二十一日、何回もの話しあいの後に中日両国は最終的に農産物貿易の紛争の問題は合意に達した。双方が合意した覚書によれば、日本側は中国産の長ネギ、生シイタケ、畳表の三種類の農産物に対する輸入制限措置を解除し、中国側は日本製の自動車、携帯・車載電話、空調機に対する特別関税措置を解除する。これは、中日両国が双方の経済貿易関係と政治の大局から出発し、相互に一定の妥協と譲歩を行った結果といえる。

それでは、中国と日本の貿易摩擦は何がゆえに肝心な時期にやはり話しあいで解決できたのか。その原因を分析すると、以下のような要素がある。

1．両者痛みわけとなった中日貿易紛争

日本がまず「セーフガード」を発動した後、中国が特別関税課税の対策をとったが、これらの措置は双方いずれにも実際的損失をもたらした。ある統計によれば、二〇〇一年十一月末まで中国側と日本側の損失はそれぞれ一億ドル、八億ドルである。日本の中国向け自動車生産が中止され、中国産の長ネギ価格が大幅に下がってネギ栽培農家の損失は非常に悲惨なものになった。もし貿易摩擦が引き続き拡大すれば、両国の貿易関係、さらには政治関係にもより多くのマイナス面の影響がもたらされただろう。

2．中日両国の政治指導者はこの貿易摩擦を重視

依然として日本経済は不況、内需は不振で、日本政府は輸出拡大による経済成長の回復に希望を持っていた。同時に、中国経済は高度成長を持続し、年末にはWTOにも加盟しようとしていた。日本にとっては、中国は一面で農産物、繊維製品の輸出の競争相手となり、別の面では巨大なポテンシャルをもつ市場と新たな成長のチャンスをもたらす。ゆえに、中日両国の指導者は中国と日本の経済貿易関係の発展を再三強調した。二〇〇一年に上海で開催されたAPEC会議で、中国の朱鎔基総理と日本の小泉純一郎首相は双方の貿易紛争について話しあいによる解決を望むことで意見が一致した。

3. 中国産農産物への輸入制限措置実施後の日本の政治的要素

参議院選挙の後、日本の国内政治は安定し、自民党の地盤はかなり強固になった。同時に、数カ月間の調整後、日本は四百億円の野菜供給安定基金をスタートさせ、中国製農産物の輸入で打撃を受ける一部の農家に補助を行い、一部の農家は転作した。自民党内部でも、依然として態度の強硬な一部議員以外は、長ネギ生産地出身議員の態度も軟化し、さらに二〇〇一年には日本の長ネギの収穫が思わしくなくて輸入が必要であり、これらの要素がいずれも中国と日本の話しあいによる貿易紛争解決の条件と契機をもたらした。

4. 日本の多くの関連企業が対中輸入制限措置に反対

中国の対日輸出農産物を日本が制限したことで、まず打撃を受けたのは日本の関連企業だった。日本の富士総合研究所が「輸入商品激増の日本企業に対する影響」と題して行った調査によれば、調査された日本企業一千二百社の約半数が政府の対中「セーフガード」実施に反対し、とくに小売業の六〇%あまりが否定的な態度を示した。日本チェーン店協会も、中国の繊維製品と農産物に配する「セーフガード」発動に反対する書簡を経済産業省に送った。

三　中日貿易摩擦のマイナス面の影響と今後両国が直面する課題

中日両国間の貿易摩擦の発生は、二国間経済貿易関係の安定的発展に不利であり、双方に一連のマイナスの影響をもたらす。これは、事実によって証明されている。

中国側からみると、この中国と日本の貿易摩擦でもっとも大きな損失を被ったのは関連の輸出企業と農家であり、とくに長ネギ、生シイタケ、畳表の主要産地である福建、浙江、江蘇省などが大きな影響を受けた。野菜などの農産物には短い品質保証期間、生産量のタイムリーなコントロールが困難などの特徴があり、日本向け農産物輸出が阻まれたことで関連製品の価格が暴落し、関連輸出企業と野菜農家は重大な損害を受けた。さらに重大なことは、日本の一部の人間の悪意の宣伝とメディアの報道によって、日本の消費者が惑わされ、中国製品のイメージが損なわれ、中国の農産物の対日輸出に対して長期的な不利な影響をもたらしたことである。

日本側からみれば、この中日貿易摩擦で最大の損害を受けたのは消費者である。長い間、中国からの高品質廉価の農産物と衣類などの製品によって日本の消費者は国際化の恩恵を受けてきた。これらの製品の輸入制限によって消費者の商品の選択肢が減り、価格が相対的に高い商品を買わざる得なくなり、これによって広範な消費者の利益が損なわれた。

次に、日本の関連企業の利益が損なわれた。中国が日本向けに製品三種類の特別関税を課した後では、日本製の自動車の価格が大幅に上昇し、市場競争力が低下、二〇〇一年七月には日本の大手自動車会社数社は一部の発注を取り消され、一定の経済的損失をもたらした。こればかりでなく、実際のところ中国が日本に輸出している大量の農産物と繊維製品の大きな部分は日本企業が中国で生産してから日本国内に逆輸出している製品、つまりいわゆる「開発輸入」であり、日本のトヨタ自動車の奥田碩会長が指摘したとおり、日本の輸入が激増した根本的な原因は、日本企業が廉価な輸入商品を得るため生産や技術を中国に移したことによってもたらされた「開発輸入」の増加である。これらの企業や商社は「開発輸入」から少なからぬ利益をあげたと言え、この点については日本の産業界が日本政府に対し中国向けの「セーフガード」を取り消すよう要求を出した点から証明される。つまり、日本の関連業界が打撃を受けた責任は中国が負うべきものではない。また、日本経済の不況のなかでの中国と日本の貿易摩擦の発生という背景のもとでは、日本の中国産の廉価の商品の輸入制限は国内消費低迷の状況の打破に不利であり、日本経済の復活に不利である。

このほか、中国と日本の間の貿易摩擦の発生は、両国の政治関係の正常な発展に一定程度消極的な影響をもたらし、とくに両国国民の感情にマイナス影響をもたらす。

貿易の発展史からみると、二国間の経済貿易協力が密接になるほど、往々にして摩擦が多くなる。米国と日本の貿易関係の発展の過程がそれを証明する例である。一九七〇年代、日本の経済力が大きく強まり、日米間の貿易摩擦が頻発し、エスカレートした。この状況で、日本は圧力のもとにやむなく繊維、鉄鋼、テレビ、自動車、電子製品などの市場を開放した。今日、中日両国の間には密接不可分の経済貿易関係が樹立されている。二〇〇一年の二国間貿易額は八百九十二億ドルに達し、日本の全対外貿易額に占める割合は一〇％を超え、中国のそれでは一七・五％を占める。日本はすでに九年連続して中国最大の貿易パートナーになっており、中国は日本第二の貿易パートナーになっている。地域経済一体化の発展、中国のWTO加盟後の市場化プロセスの進展にともない、中日貿易の規模はさらに拡大し、これにともなっていずれかの分野で競争あるいは摩擦も起こりうるが、これは正常な経済現象である。しかし、双方は共同で努力し、できる限り摩擦を減らし、かつ避け、協力のなかで共同の発展を実現すべきである。

したがって、中日両国は、中国と日本の経済貿易関係の健全かつ安定した発展を保証するため、経済貿易関係に潜む問題点について調査研究を行い、対話と交流を強め、事前協議のメカニズムを構築するとともに、潜在的な相互補完性を十分に発掘する必要がある。現実面からみれば、中日両国の経済には、やなり強い相互補完性がある。中国には労働力の有利さがあり、繊維製品、農産物などの労働集約型製品の対日輸出に強みがある。日本は電子、機械業界の対中輸出で明らかに優位に立っており、双方いずれもそれぞれの相対的に長所がある。二〇〇二年の日本の「経済白書」でも、中国と日本の産業の垂直分業の情勢には変化はなく、この相互補完性は今後かなり長期にわたって維持、強化されるだろうと指摘されている。このことは、現在の中国の競争力はまだ日本と同列に語ることができず、日本は中国が脅威となることを過度に心配する必要はなく、中国は特定の分野でのみ日本に対して競争できるということを示している。日本についていえば、輸入の制限は問題解決の方法ではなくて、弱い産業の命運を救うことはできず、一時的な保護機能を果たしうるにすぎない。長期的にみれば、政府が保護すればするほど、保護される側は受け止める能力と開拓精神を失う可能性があり、失うものは得るものよりはるかに大きい。日本の賢明なやり方は、構造改革を確実に推進し、さらに市場を開放し、国内生産コストを引き下げ、国際競争力を高め、同時に中国を含む諸国間の経済貿易協力を強化し、たえず成長する中国経済から利益をあげることであり、こうしなければ日本経済を真に振興し、激しい国際競争のなかで敗れずにいることはできない。

5　日本での「中国脅威論」の論調

張季風　程永明　石其宝

一九九〇年代中以降、中日両国の経済の運営状況に大きな相違が現れた。日本は、バブル経済崩壊以来、企業の収益の悪化、国内消費の重大な低迷、金融機関の大量の破綻と再編、大量の不良債権の処理、人口の老齢化、少子化がもたらす社会保障の問題など、問題山積といえる。このような経済の背景のもとで、日本社会に多くの悲観的、消極的な論調がはびこってきた。これと同時に、中国は市場経済建設の進行を開始し、外国貿易、投資管理体制に一連の効果的な改革を進め、対外貿易額と外国企業投資額が急速に成長し、国民経済の急速な成長をもたらした。一九九〇年代以降、中国と日本の経済関係の外部環境にも、大きな変化が起きた。冷戦終結後、日本と米国は中国を競争相手、はなはだしきは押さえ込む対象と見なしてきた。この背景のもとで、我が国の経済発展情勢に対する日本の予測にも劇的な変化が起き、「中国崩壊論」、「中国脅威論」、「中国が日本の産業空洞化をもたらした元凶」および「中国のデフレ輸出論」などなど、中国を悪意で攻撃、中傷するもろもろの言論が登場した。これらのいろいろな論調が出てきた根本的原因は、日本国民の自信不足と隣国中国の台頭に対するパニックである。しかし、時間の推移と中国経済の発展継続にともない、これらの奇論珍説はおのずと崩壊した。

一　「中国脅威論」の登場とその影響

実際、「中国脅威論」登場の前にもっとも早く出てきたのは、「中国崩壊論」だった。たとえば、一九九〇年代、西側マスコミの『だれが中国を養うのか？――迫りくる食糧危機の時代』（ダイヤモンド社・一九九五年）を代表とするような食料不足論などである。中国がすぐに崩壊する、との言論が現れた。日本国内の一部右翼勢力もこの論調の大宣伝を開始した。この種の論調では、中国の高コスト、低生産が特徴の経済モデルと、廉価な労働力と巨大なエネルギー消費を基礎として構築された発展モデルは、徐々に袋小路に入っていく、とされている。同時に、中国には国営企業改革の困難さ、環境汚染、金融システムの硬直化など多くの経済成長を阻害する構造的要素があり、二十年近く保ってきた高度成長は継続困難になり、苦境に陥る、とされている。このような論調には、中国の分裂と最終的な全面的崩壊を望むものさえあった。しかし、中国経済の健全で安定的な発展の事実がこの論調を市場から消失させた。

中国崩壊論の消失後、日本国内の一部学者は、急速に台頭する中国が日本にとっては大きな脅威であると思い、そこで「産業空洞化」と関連して「中国脅威論」がまたもまがまがしく登場してきた。この密接に結びついた二つの論調では、日本企業が大量に国外投資したために日本国内の就業機会が大きく減り、また、企業の移転が日本の主要産業の中国など東南アジア諸国への移転を招き、この種の移転の結果が日本国内の主要産業の「空洞化」を招いた、とされている。そして、日本の産業空洞化をもたらした多くの要素では「中国ファクター」が主なものだと、日本国内の一部の人々は誤った認識をもっていた。そのため、中国に対する投資が日本経済不況の根源となり、中国は日本経済の巨大な「脅威」になる。その基本的コンセプトは、「中国経済の急成長持続は、日本の対中直接投資と産業移転を激しく吸収し、ますます多くの日本企業が主要な生産と経営拠点を中国内陸部に移転し、このため一面で日本国内の投資と就業を減少させて重大な失業とその他の問題をもたらし、別の面では元来からの日本の製造企業の対中輸出の減少と中国にある日系企業からの対日逆輸出を増加させ、対中貿易赤字の拡大をもたらし、日本の産業空洞化を日増しに厳しくさせている主なファクターである[59]」というものだ。かまびすしい中国脅威論のなかで、日本国民に非常に消極的な影響が現れ、もともと悪化していた日本国民の対中感情をさらに悪化させた。

注意しなければならないのは、「中国脅威論」は単なる世論の段階に止まらず、両国の経済貿易関係に直接影響していることである。ある意味で、日本の対中農産物輸入制限などはこの脅威論の派生物である。一九九〇年代の初めから、日本は中国の大量の繊維製品、農産物の輸出が自らの関連業界の脅威になっていると考え、日本政府に制限を求めた。一九九五年、日本国内から我が国に日本向けタオル、セーター、ニットコートの輸出制限の要求が出された。一九九五年四月、日本の通産省は我が国から輸入する綿紡糸、綿布のセーフガード調査を行い、一九九六年八月には我が国から輸入される純綿布に対してセーフガード調査を行った。しかし、中日双方の共同の努力により、二度の調査とも日本は我が国製品についてセーフガード措置をとるに到らなかった。一九九五年八月、日本はＷＴＯ「農業協定」の特殊保障条項に基づいて、我が国が輸出するニンニク、ショウガの輸入を制限したが、最終的には中国が輸出割当管理を、日本が輸入業者申告管理をそれぞれ実施する方式で解決を見た。

しかし、二〇〇〇年以降、中日両国の繊維製品、農産物などの分野で各種の貿易摩擦が発生した。二〇〇一年四月一日、日本の各港湾の検疫機関が検疫通関時に処理を遅らせ、中国などの諸国が輸出した野菜、果物の通関量が大きく減少した。四月十七日、日本政府は中国政府の強い反対を顧みず、二〇〇一年四月二十三日より中国から日本に輸出される長ネギ、生シイタケ、畳表の三種類の農産について期間二百日の臨時セーフガード措置をとる、と決定した。二〇〇一年六月八日、日本側はまたも中国の家禽の輸入停止を突然布告し、関連貿易額は八億八千万ドルに達した。このほか、日本はウナギ、自転車、箸など二十数種類の製品の制限をも検討した。二〇〇一年十二月二十一日、つまり、日本のセーフガード調査から一年が過ぎようとする時期になって、中日双方は関連の貿易紛争問題の和解に合意した。

かまびすしかった中国脅威論は、中国と日本の経済関係に直接影響したのみならず、日本国民にもマイナスの影響を与えた。一般大衆は中国の本当の状況を十分理解せず、誤った世論を軽々しく信じ、中国に対する恐れと嫌悪感が増し、もともと悪くなっていた日本国民の対中感情がさらに悪化した。

二　「中国脅威論」と「産業空洞化」についての分析

実際、いわゆる「中国脅威論」は事実上の根拠がなく、理論的にも根拠がない。九〇年代を通じて、日本の対中直接投資は平均で日本の対外投資総額のわずか四％前後を占めるに過ぎなかった。日本の財務省の統計によれば、「中国脅威論」が日本でもっとも盛んだった一九九六年から二〇〇二年の六年間では、日本の対中直接投資がその対外投資総額に占める割合は平均でわずか二・五九％、とくに一九九五年以降、その割合は一貫して低下傾向にある。一九九五年、日本の対中投資額が対外投資総額に占める割合は八・七％、その後この割合は低下また低下を続け、一九九九年にはとうとう一・一％にまで低下した。二〇〇〇年度の日本の対外直接投資は総額五兆四千億円（申告データの統計に基づく）であり、そのうち対中国直接投資はわずかに一千百十二億円で日本の対外直接投資の二％をわずかに占め、ＧＤＰの〇・〇二％に相当するのみ、対米投資の一兆三千億円にははるかに及ばない。二〇〇二年度の状況を見ると、日本の対中直接投資は二千百五十二億円、対外直接投資総額の四・九％で、日本のＧＤＰのわずか〇・〇四％にすぎない。中国の対日輸出総額も日本のＧＤＰの一％足らずであり、このような、取るに足らぬ量では日本国内の「産業空洞化」をもたらすのは明らかに不可能である。いうまでもなく、日本の対中直接投資の大量の増加と中国での生産規模の拡大がこの現象の進展を加速させ、ある程度のいわゆる「ブーメラン効果」を起こす可能性はある。しかし、空洞化のなかでの中国の要素を勝手に拡大してはならない。いわゆる空洞化のなかの中国ファクターを中国脅威論に拡大、あるいは中国台頭論に関連づけるのは、根拠がない。

中国と日本の貿易の状況からみると、二〇〇一―二〇〇二年の期間、および香港の中継貿易の要素を考慮した場合で、それぞれ中国の黒字一億四千万ドル、黒字二十一億六千万ドル、赤字五十億三千万ドルであり、三年間では日本側の貿易黒字が二十七億三千万ドルに達し、日本側が考えているような対中貿易赤字の拡大継続ではない。中国と日本の輸出商品構造の問題について関志雄（経済産業研究所元研究員）が中国と日本の対米輸出商品の競争と相互補完の関係を分析した結果では、二〇〇二年まで中国と日本の対米輸出製品では、二〇%前後が相互競争状態にあり、他の八〇%前後の製品は相互補完状態にある。ここから彼が得た結論は、当面の状況では、両国の輸出構造の分布にはかなり大きな隔たりがあり、日本が高付加価値製品を輸出し、中国は中・低付加価値の製品を輸出するという分業が非常に明確だ、というものだった。ハイテク分野では、中日両国の競争は起きがたく、日本がかなり進んだ位置におり、ここ数年中国の輸出商品の技術的要素も大きく向上しているが、この伝統的なモデルには根本的な変化は起きていない。これらの状況は、対中投資がけっして日本のいわゆる産業空洞化を形成させた主要原因ではないことを、十分に物語っている。

理論的にいうと、対外直接投資の拡大と国内産業の空洞化に必然的な関連があるか否かは、確かに深く研究するに値する問題ではある。否定できないことだが、全生産量が固定されているとしたら、対外直接投資によって増加した海外の製造力は、ある程度は本国の生産を減少させ、本国の製造業の就業吸収能力を弱めるので、対外直接投資が産業空洞化を招く可能性も完全に排除することはできない。しかし、対外直接投資は必ずしも必然的に国内産業の空洞化をもたらすわけではない。世界の経済発展史からみると、英国と米国の製造業の対外直接投資の規模は日本よりだいぶ大きいが、日本に類似した国内産業空洞化の圧力はまだ発生していない。

それでは、何ゆえに日本にはこれほど大きな圧力が生じたのか。かなり強い日本民族の危機意識、産業空洞化へのアレルギー反応などの経済的要素以外では、その経済的原因は以下の点にある。第一に、日本では適時に産業構造の調整が行われず、主導的産業（あるいは主導的産業群）に空白が生じたことである。一般的にいって、産業構造の移り変わりは実際には新陳代謝の過程であり、古い産業、斜陽産業が移転した後の生産スペースは他の産業によって補塡されるはずであり、こうしなければ新たな産業のスタートでより大きな経済的活力を発揮することはできない。とくに日本のように経済が発達した国では、産業構造のバージョンアップはとくに重要である。対外直接投資の拡大は、本来ならば日本が知識集約型およびサービス産業の構造を確立し、産業構造のヴァージョンアップを促進する絶好のチャンスだった。しかし、日本はこのチャンスを捉えなかった。「日本の現在の製造業の空洞化の問題が著しく顕著である原因は、産業構造のヴァージョンアップの阻害、産業体系に労働力を吸収できる新興の主導的産業の欠落と密接に関連している。米国など、他の先進諸国の発展の経験からみると、加工型製造業を主とする産業構造から知識集約型およびサービス産業を主とする産業構造に転換される際、いずれもいろいろな程度で製造業の空洞化の問題が発生する。しかし産業構造のヴァージョンアップの実現にともない、空洞化した産業から流出する労働力は新興の成長産業に移転し、空洞化に対する懸念は自然に消滅する。[60]」

第二に、日本の対外直接投資の拡大がもたらした国内産業空洞化のもう一つの原因は、対外直接投資と国外直接投資導入の極度のアンバランスである。一般的にいって、発展途上国（中国など）は工業化の初期段階にあるため、経済力と企業の資金、技術力が極めて限られており、導入する外資の金額は対外直接投資よりはるかに大きい。しかし先進国では、自身に経済力があり、大規模な企業、とくに多国籍企業が集中しており、対外直接投資と外資の導入が基本的に均衡状態にある。対外直接投資がもたらした就業機会の損失は、国外の直接投資の導入によって補塡することができる。しかし日本の状況は反対であり、国外から導入した直接投資は対外直接投資の二五％強である。[61]外資導入で作り出された就業機会は、対外直接投資でもたらされた就業機会の損失を相殺することはまったくできない。しかし、注目に値するのは、二〇〇四年度、日本が吸収した外国直接投資（四兆円）が初めて対外直接投資（三兆八千億円）を超えたことである。[62]これは日本国内の就業機会の拡大といわゆる国内産業の空洞化の緩和に積極的な意義がある。

その背景には、対資本利益の最大化の追求と経済のグローバル化という現実がある。そのために日本の製造業は、対外直接投資の趨勢をなおも持続させている。しかし、対外直接投資の拡大によって国内にもたらされたマイナスの影響は、新型の代替産業のすみやかな育成によってのみ軽減可能である。問題解決の方法は他国の発展に怒りを向けることではなく、米国のようにＩＴ産業を急速に成長させ、高付加価値製品の研究開発を拡大し、金融、保険、社会サービス業などの第三次産業をすみやかに発展させ、同時に外資導入をできる限りすみやかに拡大して、移転した産業の「ブランク」を補塡することこそ、日本がいわゆる国内の「産業空洞化」を解決する最善の路である。

実際には、日本経済の長期不況の根本原因は、その経済体制自体にある。バブル経済崩壊以来の十年を、日本では「失われた十年」と呼んでいる。日本に起きたこのような長期的経済不況の根本原因は、その既存の経済体制がすみやかに調整されなかったことにあり、その直接の原因は、一九八〇年代中後期、円高になった後に、日本政府がとった金融政策、産業政策などのミスと遅れにある。一九八〇年代に産業構造の調整とバージョンアップを行うのに、円高は好機であった。しかし日本は、その有利なタイミングを捉えず、大量の過剰資本を不動産市場と株式市場に振り向け、重大な投資過剰を引き起こした。そして最終的には、バブル経済の発生と崩壊をもたらした。バブル経済の破滅後、日本の従来からの産業の飽和状態と情報技術産業への投入の遅れにより、日本は一九九〇年から二〇〇一年までの十二年間に、一九九〇年、一九九一年、一九九六年、一九九七年の四年以外の年の固定資本投資がいずれもマイナス成長状態となり、国民総生産額の上昇に対する固定資本投資の貢献度は一九七〇年代の四・三一%、八〇年代の〇・八一%から九〇年代には〇・一二%に低下した。[63]

以上から、我々は日本の世論に出てきた「中国脅威論」は、中国との経済貿易往来の実状からは説明できないことがわかる。日本自身の経済体制の弊害と構造調整の遅れが日本経済低迷の根本原因である。日本政府の一部右翼勢力は、自身の過失を隠すため、まったく根拠のない「中国脅威論」を持ち出した。これは、国民の注意力をそらし、問題の本質を隠し、その責任を逃れようと考えてのことである。しかし、その悪しき結果は、日本が改革のエネルギーをまたも失い、日本経済の回復を難しくさせたことであった。

三　「中国脅威論」などの雑音の減少

中日貿易摩擦の騒ぎが収まった後も、日本国内の世論は静まらず、「中国のデフレ輸出論」、「人民元切り上げ論」をひねり出し、この手段で中国の成長の勢いを抑えようとした。二〇〇二年から、日本国内の人民元切り上げ要求の声が出始めた。二〇〇二年の暮れ、日本の塩川正十郎財務大臣は、中国は人為的に人民元を弱い水準に抑えて輸出競争力を強め、世界の他の諸国にデフレを輸出しており、まず日本がその被害を受け、また米国の経常収支の巨額の赤字をもたらした主原因の一つである、と公然と唱えた。二〇〇三年の七ヵ国蔵相会議で、塩川財務大臣は再び中国の人民元政策に不合理に抗議し、中国の日本への安価な製品輸出の拡大が日本のデフレの重大な原因だとして、人民元は切り上げすべきだと述べた。日本の蔵相が西側「七ヵ国蔵相・中央銀行総裁会議」で「中国のデフレ輸出論」を押しつけてから時をおかずに、日本の主流新聞である日本経済新聞がまたも中国はアジア諸国に次々と「デフレ」を輸出しているとの論説を発表し、中国の輸出製品価格と労働力コストの低さがアジア市域の賃金収入と不動産価格の下落を招き、デフレの拡散をもたらしている、と述べた。

日本経済の復活が見られた時期には、日本国内の世論はいささか理知的になり、日本経済の回復はある程度まで中国向け輸出と投資に依存しており、中国経済の発展は実際に日本の経済に有益であるとする「中国特需論」が登場した。数年来、日本の経済は成長しているが、成長の主な活力は日本の輸出である。そのうち、日本の対中輸出が全輸出額に占める割合は、一九九〇年にはわずか二・一%だったが、二〇〇〇年には六・三%まで向上、二〇〇三年には一二・二%に達した。また、中国と日本の貿易でも、中国側の統計によれば二〇〇二年の中国側の貿易赤字は五十億三千万ドル、二〇〇三年には百四十七億三千万ドル、二〇〇四年には二百八億ドルに達し、これらの巨額の対中貿易黒字がますます日本の貿易黒字の主な出所となった。二〇〇三年、日本の輸出増加の六八%は対中輸出の増加から得られた。一九九三年から二〇〇三年の十年間、日本の輸出増加額の四四%は中国からのものであり、これに香港の分を加えると五六%になる。日本の関連部門の見積によれば、日本の対中直接投資によって日本の潜在的経済成長率は〇・八%向上した。対中輸出の急速な成長は、日本全体の輸出増加の促進、日本経済回復の重要な推進力になった。同時期、日本の中国よりの輸入依存度も日増しに強まった。中国からの輸入が日本の全輸入額に占める割合は、一九九五年では一〇・七%だったが、二〇〇〇年には一四・五%に達し、二〇〇三年には一九・七%に上昇、そして、二〇〇二年から中国内陸部が日本最大の輸入供給地になった。この種の「中国ファクター」の存在によって日本の商工業業界が直接の利益を受け、対中貿易の黒字によって、対中貿易黒字が円高の条件下でも大幅に増加したのである。日本の世論も一度は人民元の切り上げを求めたが、二〇〇四年からは日本の大手企業の経営者、とくに中国の日系企業は逆に人民元の安定維持を求めた。中日貿易拡大の過程で、日本の鉄鋼、機械、海運などの業界が新たな生存のチャンスを得たことは、多くの事実が証明している。現在、「中国特需」という言葉は日本国内で広く使われている。まさに小泉首相が何度も述べたように、中国の発展は日本にとっては「チャレンジ」と「チャンス」であり、中国と日本の経済関係はウィンウィンの関係である。中国経済の成長持続と日本経済の復活にともない、「中国脅威論」などの雑音は衰えていき、このような転換は今後の中日関係の健康的な発展に一定の押し上げ作用を果たすだろう。

しかし、「中国脅威論」には、長期的な歴史的原因、イデオロギー、冷戦思考および中日両国の地理的位置など、多くの深い次元に由来があり、なか国を敵視する右翼勢力のなか、あるいは中国に偏見をもつグループに根を張っている。それのみならず、日本の普通の人々のなかや、政界、学界にも広く存在している。そのことは指摘しておかなければならない。つまり、「中国脅威論」は、しばらくは姿を隠しているが、日本の人々の心のなかからこの種の影響を徹底的に取り除くにはなお時間が必要ということである。

6　いわゆる「毒入り餃子」事件

胡欣欣

日本が中国食品の輸入に対して過酷な制限をとるようになって、すでに久しい。二〇〇一年四月、日本は中国の輸出する長ネギ、生シイタケ、畳表についてセーフガードを発動、二〇〇一年六月には、香港で発生した鳥インフルエンザの中国内陸部への波及の可能性を理由として中国からのニワトリ、アヒルなどの家禽肉と卵の輸入の一時的停止を決定した。二〇〇二年二月より、日本政府の関連部門は中国から輸入するウナギ製品についての検査を強め、中国の対日ウナギ輸出を激減させた。「ポジティブリスト制度」などの要素の影響で、中国の対日野菜輸出は低迷を続けている。二〇〇七年、生鮮野菜、冷凍野菜を含む野菜の対日輸出額は前年同期比で二〇・三%低下、輸出量は二五・五%低下した。二〇〇八年一月三十日、中国人民が伝統的な祝日である旧正月を楽しく迎えようとしているとき、日本の消費者が中国の冷凍水餃子を食べて食中毒を起こしたとのニュースが日本から伝わってきた。この事件は中国の日本向け食品輸出に非常に重大な影響を生み出した。

一　事件の発生とその後の進展

二〇〇八年一月三十日午後、日本の厚生労働省は、日本で消費者の食中毒事件が発生し、農薬メタミドホスで汚染された中国から輸出された冷凍餃子の食用が疑われる、と中国の関連部門に通報した。通報によれば、問題の餃子のメーカーは河北食品輸出入集団天洋食品加工場、輸入業者は日本たばこ産業の子会社であるJTフーズだった。

当日午後四時ごろから、日本の各主要メディアのウェブサイトに続々とこの農薬中毒事件の報道が出始めた。報道によれば、千葉県市川市で二十二日夜、中国産の冷凍餃子を食べた一家五人に食中毒が発生し、五歳の女の子一人が一時的に危篤状態になった。千葉県警は被害者の胃のなかの残留物と餃子のパッケージの化学検査を行い、劇毒性の農薬メタミドホスの成分を検出した。警察は「業務上過失傷害罪」の容疑で捜査を始め、産経新聞などのメディアは「殺人未遂罪」などのセンセーショナルな言葉を使い、また、メタミドホスは日本国内では使用禁止の農薬である、ととくに指摘した。

一月三十日午後、JTフーズは記者会見を行い、「餃子中毒事件」について説明を行った。NHKは、夜七時のニュースで、二〇〇七年十二月二十八日より中国産冷凍餃子を食べた後に嘔吐、下痢を起こす中毒事件が千葉県、兵庫県で三件発生し、三家族、計十人が被害にあった、と報道した。

一月三十日夜から三十一日の一日中、この件についての日本の各大新聞、ラジオ、テレビ局の報道は「世論爆撃」になっていた。多くのテレビ局ニュースのスーパーには、「毒入り餃子」という恐ろしい字がつきまとった。農林水産省は天洋食品からの輸入商品リストを公表し、これらの食品を食べないよう勧告した。JTは天洋食品からの輸入食品をすべて回収するとともに、回収された食品の検査を承諾した。日本政府は一月三十一日午前、緊急内閣会議を開き、類似事件の再発を防ぐことがもっとも重要として、事態の原因については明確な判断を下さず、できるだけ速く原因を究明し、国民に公開する、とのみ表明した。

日本のメディアは、「中国の食品加工工場の包装過程で劇毒性農薬が混入」と異口同音に唱えた。日本のメディアは、日本の警察が問題の検査した後で「中国で製造する段階で混入したと推定するのが自然である」と考えている、と報じた。日本の農林水産省は、餃子は冷凍の前に加熱処理されており、メタミドホスは加熱すると分解されるので、農薬は中身の野菜に残留していた可能性はきわめて低く、工場の加工の過程で混入した可能性が高い、と述べた。産経新聞などのメディアはさらに直接的に、「毒入り餃子」事件と我が国のオリンピック開催の事情を結びつけ、オリンピックボイコットの可能性を読者に暗示した。

二月三日、検査の結果、関西で流通している冷凍餃子六パックの外側に殺虫剤メタミドホスが付着しているのが発見された、と兵庫県警が公表した。その中の一パックの包装の表面には、一ミリほどの破損があった。このことは、農薬は食品加工が終了した段階で混入したことを示している。

問題は次から次へと続き、二月五日、福島県生協が、当該生協の商店で販売した餃子からDDVPが検出された、と発表した。餃子の皮に付着したDDVPは濃度一一〇ppm、餡に付着したDDVPの濃度は〇・四二ppmだった。これらの餃子は二〇〇七年六月三日に河北天洋食品で製造され、六月五日に船で日本に運ばれたものである。

二月八日午前、福田康夫首相は、衆院予算委員会で冷凍餃子中毒事件について談話を発表し、「政府の対応のミス、事件発生後の対応に時間を使いすぎ、すみやかに事態をコントロールできなかった点を認め、全国民に謝罪する」と述べた。

この間、日本のメディアは各地の新たな農薬入り餃子「発見」の事件を次々と報じた。前記の千葉県と兵庫県の中毒事件を含め、時間順に以下の六件が発生している。

①二〇〇七年十月と十一月、福島県と宮城県の生活協同組合で発見された、DDVP成分が付着した問題の餃子。製造日は二〇〇七年六月三日、名称は「手作り餃子」。

②二〇〇七年十二月二十七日に大阪府枚方市のある小売店で、餃子の包装の外側に粘り気のある液体が付着し、異臭のする餃子が発見され、返品処理された。兵庫県警が回収した冷凍餃子のうち、六パックの外包装に有機リン系殺虫剤が付着し、そのなかの一袋は包装の内側と餃子の皮からも殺虫剤成分が検出された。表面には一・五ミリの破損があり、包装表面から内部に伝わった可能性が疑われる。これらの餃子は天洋食品加工廠が二〇〇七年十月一日に製造したもので、名称は「中華一口餃子」。

③千葉市の食中毒患者が十二月二十八日に食べた餃子。メタミドホスが検出された。製造日は二〇〇七年十月二十日。ブランドは「手作り餃子」。

④二〇〇八年一月五日、兵庫県高砂市の食中毒患者が食べた餃子からメタミドホスが検出された。包装には破損箇所があった。製造日は二〇〇七年十月一日。大阪の返品された餃子と同じロットのもの。名称も「中華一口餃子」。

⑤一月二十二日、千葉県市川市の食中毒患者が食べた餃子からメタミドホスが検出された。製造日は二〇〇七年十月二十日、名称は「手作り餃子」。

⑥三月七日付の日本のメディアの報道によれば、この事件の発生後JTが回収した冷凍餃子を検査し、餃子計三十九パックの包装の外側にメタミドホスの付着が発見され、そのなかの一パックは内部からもメタミドホスが検出された。しかし、この包装のパッケージにはわずかな破損が見つけられた。

日本のメディアは、異口同音に以下のように「分析」した。数箇所で有毒物質付着が発見された餃子はいずれも中国のメーカーで包装され、ダンボールケースに入れられ、当該メーカーの冷凍倉庫で数日保管されてからコンテナで日本に運ばれた。コンテナから取り出されたダンボールケースは密封状態で各企業の倉庫に直接運ばれ、さらに各小売店に送られる。したがって、数ヵ所の「毒入り餃子」の「接点」は中国国内にしかない。農薬が製造過程で混入されたものではありえず、餃子は包装後すぐにコンテナに収められるため、包装の過程（餃子をビニール袋に入れるか、あるいはビニール袋をダンボールケースに入れる際）に入れられた毒物である可能性が高い。

毒入り餃子事件の進展の途中で、奇妙な事件が発生した。二月九日、日本の徳島県は、中国産の冷凍餃子の外包装から微量のDDVPが検出された、と公言した。しかし、この結果を公言したすぐ後、二月十四日に徳島県の役人がいわゆる微量のDDVPは日本の冷凍餃子小売店が店内で使用した殺虫剤だった、と認めた。理解しがたいのは、この種の殺虫剤は、以前から食品を保存する場所での使用を日本政府によってはっきりと禁止されていたことだ。

「毒入り餃子」事件に「啓発」され、日本のメディアは山東省から輸入された冷凍サバと青島のニラ入り肉マンからもDDVPとメタミドホスの成分が検出された、と報じた。しかし、この二件の事件を「発見」した検査組織はいずれも日本の民間の検査機関であり、そのなかでもサバを検査した機関ではこのニュースが公表されるまでは製品の再検査も行っていなかったことが後から証明された。

二　中国側の対応

二〇〇八年一月三十日午後、日本の厚労省が中国駐日大使館を通じて国家品質検験総局に冷凍餃子を食べたことによる食中毒事件を通報した。日本側の通報を受けて、中国側は迅速に対応した。品質検験総局はただちに日本の厚労省などの関連部門に連絡をとり、具体的な状況を調べるとともに、日本の消費者の早期の健康回復を希望してその健康への関心を表明した。品質検験総局はその日のうちに専門家グループを河北省に派遣して調査を展開、天洋食品工場の原料入荷、製造加工、包装、貯蔵保管、輸送、輸出などの各ポイントについて綿密な検査を行い、当該工場のモニター画像資料を精査し、同社の関連製造記録を調べた。

一月三十日、事件発生の午後より、河北省出入境検験検疫局は日本側から通報された二ロットの製品（二〇〇七年十月一日製造の十三グラム規格と十月二十日製造の十四グラム規格の豚肉白菜水餃子）のメーカー保存サンプルのサンプリングを行い、徹夜で検査を行った。その後サンプリング検査の範囲を広げ、一月三十一日、二月一日に中毒事件を起こした二ロットの前後の製造日の製品、計十一日分の保存サンプルと返品製品についても検査と拡大サンプリングを行った。サンプル検査の結果では、いずれもメタミドホスは検出されなかった。消費者の安全について責任を負う考えに基づき、品質検験総局は天洋食品工場の製造と販売を中止させ、日本に到着済みおよび輸送途中の製品を積み戻させた。品質検験総局は、中国側が専門家を日本に派遣し、日本側と共同し協力して問題をはっきり調べるとも述べ、また日本側が関連する製品の製造番号、製造日、品質保証期間、検査結果などの関連情報を提出するよう希望した。

天洋食品は二月二日午後五時に河北省石家荘市で最初の記者会見を行った。メーカーは、「中国国内には薬物汚染の原因が存在しない」と強調した。同日午後四時、河北省出入境検験検疫局も記者会見を行い、調査の内容を説明した。検疫局は、餃子製造ラインのオペレーター三十名に質問、調査を行った後、「安全上、問題は存在しない」と表明した。

二月三日、国家品質検験総局と商務部で構成される中国側調査グループが成田空港に到着した。同日午後、中日双方が事務レベルの交渉を行った。中国側の調査の進展を通知し、日本側に協力して調査を行った。

二月五日、日本側の政府関係者四名で構成された日本政府調査団が北京に到着し、中国品質検験総局の関係者と会見した。国家品質検験総局、河北省政府は、日本政府派遣の調査団を接待するとともに、天洋食品工場の訪問調査を積極的に準備した。日本側調査団の中国での作業のために、提供可能な資料はすべて提供し、日本側が調査を必要とする場所と施設をできる限り手配した。

検査結果の正確性、客観性を保証するため、河北検験検疫部門が行った検査以外に、国家品質検験総局は中国の権威ある検査研究機関の一つである中国検験検疫科学研究院で再度餃子サンプルの検査を行った。検査サンプルには、国家品質検験総局が天洋食品工場から直接サンプリングした二〇〇七年十月一日、十月二十日製造、および近い時期に製造されたサンプル二三点、日本から採取した二〇〇七年六月三日、十月十九日、十月二十日、十一月一日の四ロットのサンプル十件があった。これらのサンプルは、すべて日本の厚労省の検査方法と中国の国家規準の検査方法で検査されたが、結果はすべて「検出されず」だった。

二月八日、公安部は専門会議を開催して調査作業を検討し、公安機関がただちに調査を行い、事実の真相を究明し、責任ある調査の結論を提出するよう要求した。二月九日、公安部は余新民刑事捜査局副局長、烏国慶首席刑事捜査官など、捜査、毒物化学、痕跡調査の専門家で構成される作業グループを石家荘に派遣し、河北省の公安機関は一般警察官百名近くを迅速に動員し、全面的かつ詳細な調査を行った。

二月十二日、国家品質検験総局の魏傳忠副局長と関係者らは、再度河北に行き、天洋食品の各ポイント箇所で調査を行った。得られた結論は、この企業は管理が規準どおりであり、関連資料もそろっていて、どの場所にも異常はない、というものだった。二月十三日、魏傳忠は、中日双方で行った調査の結果から、日本の餃子中毒事件は残留農薬によって引き起こされた食品安全問題ではなく、事件であると表明した。中国側は、中日双方が合同調査グループをすみやかに設置して、可能性のあるポイントをそれぞれ徹底的に調査し、すみやかに事実の真相を究明するよう提案した。

二月十五日、国務院新聞弁公室と品質検験総局は、中国と外国の記者七十名あまりを天洋食品工場の見学取材に招待した。

事実と真相を究明するため、公安部は二月二十日、余新民刑事捜査局副局長を団長とし公安部首席刑事捜査官など十名で構成される作業グループを日本に派遣し、日本の警察と協議、交流させた。

二月二十一日、唐家璇国務委員は東京で、中国政府は餃子中毒事件に非常に関心をもち、極めて重視していると表明した。彼は事件の被害者に誠意ある慰問の意を示し、中日双方の密接な協力によって、できるだけすみやかに真相が究明されるよう希望した。唐委員は、中国政府は人間本位を堅持しており、食品の安全の面で十三億の中国人民に責任を負うのみならず、中国の食品を食べる各国人民にも積極的な態度をとるというのが中国政府の確固不動の方針であると述べた。

三　日本国内の連鎖反応

「毒入り餃子」事件の影響で、日本の人々に一種の「中国食品恐怖症」が発生した。事件発生後間もなく、日本のメディアが報じたところでは、各地の保健所には心配する消費者の電話が引きもきらず、輸入業者には大量の抗議電話が殺到した。多くの地方で中国製の食品の大規模検査が行われ、スーパーマーケットでは関連商品の撤収と回収に忙しく、学校の食堂は関連商品を取り除き、「中国食品に対する不信感が日本列島全体を覆った」。日本のメディアは各地の消費者に次々と「中毒」症状が出たことを報じた。なかでも産経新聞は「数千人が苦情」と驚くべきデータを報道した。しかし、厚労省の統計によれば、各地の保健所または病院で「中毒」を訴えたのは合計一千七百二人、そのうち四〇%は「無関係」だった。つまり、その「症状」がメタミドホス中毒の症状とは異なっていたり、あるいはこの種の中国から輸入された食品をもともと食べていなかった(食べたのは日本国内製の餃子)。最初に報道された十名の患者以外、中国製餃子による中毒被害者はまだ出ていない。

食品進出口公司が小売店まで配送済だった中国の冷凍食品をすべて回収したほか、各販売店も中国製冷凍食品の取扱中止を次々と宣言した。大手レストランとチェーン店も中国製冷凍食品を使わない旨を言明した。学校もすべて学校給食への中国製冷凍食品の禁止を表明した。メーカー、取扱業者も中国製食品をはっきりと区別すると次々と表明した。非公式な統計によれば、「毒入り餃子」事件発生後、天洋食品が製造した食品を「自主回収」した日本の食品輸入業者は、問題の餃子を発見したJTフーズと生協以外に、味の素、加ト吉、双日食品など十数社、回収された冷凍食品の種類は、冷凍水餃子以外に、冷凍肉マン、冷凍牛タン、どんぶり物、ロールキャベツ、焼肉、牛すじになど数十種類があり、関わった小売店は数えきれない。

日本国内では、「餃子」のなかの農薬がどうやって餃子のパックの外側またはパッケージの内側に混入したのかについて、種々の憶測が出された（日本の国内世論の主流だった「製造過程での混入説」以外に、株式市場操作説、「日本国内の競争相手の陰謀説」、「外国スパイの破壊工作説」など各種の噂が流れた）。二月二十一日、日本の吉村博人警察庁長官が記者会見で、毒物の混入が日本国内で発生した可能性は非常に低く、あるいは極めてわずかである、とメディアに表明した。その根拠は、包装は完全なビニール袋で、破損、開けた痕跡もなく、餃子のパック内にメタミドホスがあったが実験の結果ではメタミドホスは外側から餃子パックの内側に浸透しえず、同時に、日本国内にはメタミドホス農薬はなく日本で得られるサンプルは日本の実験室用の高純度のメタミドホスであって異物がないが中毒を起こした餃子と問題の包装パッケージで検出されたメタミドホスには異物があり、しかも、三件の中毒事件は二件が千葉県、一件が兵庫県で発生し、この二つの地方は約七百キロ離れていてこの二ロットの貨物は輸送過程において日本本土ではクロスしていない、ということである。日本の大メディアは警察側のこの「結論」について、ただちに爆撃のような報道を行った。

「毒入り餃子」事件発生後、中日両国の志ある人々は、今回の事件が日本の世論の新たな中国攻撃を引き起こすことがないよう望んでいた。しかし、日本のメディアの「毒入り餃子」事件に対する大きな誇張は日本国内の右翼分子の中日友好破壊に口実を与え、日本国民の中国に対する誤解を深め、中日両国国民相互の間の不信感をも大きくした。「毒入り餃子事件」がもたらした悪い影響は、中国からの食品輸入に打撃を与えたのみならず、日本各地の中華街の飲食店、日本国内の餃子店およびその他の冷凍食品など、本来は輸入食品と無関係な場所にまで及んだ。

農林水産省が発表した速報によれば、「毒入り餃子事件」の影響によって中国産野菜の輸入が急激に減少し、二月三日から二十三日までの輸入量は前年度同期比で四〇％低下し、とくに二月十七日から二十三日の時期には減少幅が六〇・八％に達した。三月の輸入量も前年度同期比四四・五％低下した。

四　中国側が公表した調査結果

二〇〇八年二月二十八日午前十時、中国国務院新聞弁公室は記者会見を開き、日本の餃子中毒事件の調査に参加した国家品質検験総局と公安部の関連責任者を招待し、中国側の最新の調査の進展状況を紹介した。これには日本の主要メディアのほとんどが参加した。

記者会見では、魏傳忠国家品質検験総局副局長が調査結果を紹介した。内容は、「まず品質検験総局の作業グループが日本側から持ち帰ったサンプルを含む当該企業の関連製品からはメタミドホスは検出されず、第二に当該企業は標準化された管理を行っており、各製造加工のポイントには何らの異常も発見されなかった。したがって、今回の『餃子中毒事件』は人為的に引き起こされた事件と見なすべきである」というものだった。

続いて余新民公安部刑事捜査局副局長が以下のとおり警察側の調査の経過と結果を紹介した。

①原材料についての調査。当該工場の製造で使用された野菜、小麦粉、肉類、食用油、水、調味料、外包装材料などの原材料の製造、輸送、保管、使用などの各ポイントで汚染または毒物混入の可能性について調査し、今回の毒入りの水餃子二ロットの主な原料は山東省、内モンゴル自治区など異なる産地六カ所のものであることがわかった。これらの原料は、その他のロットの餃子、ミートパイ、牛丼、ロールキャベツなどの製品にも使用されている。毒物混入、あるいはメタミドホス混入の状況は発見されなかった。

②製造過程についての調査。水餃子の製造過程には、原材料処理、加工成型、蒸し、冷凍、検査包装、箱詰めなどがある。製造過程全体が集団作業であり、相互の監督、および厳格な隔離制度がある。製造区域にはすべてモニタービデオがあってリアルタイムで監視しており、製造時には品質検査担当者が現場を巡回している。毒物混入またはメタミドホス汚染の状況は発見されなかった。

③輸送過程についての調査。二回にわたる毒入り餃子はすべて工場内で直接コンテナに収められ、陸上輸送担当の天津市立志貨運有限公司の運転手、天洋食品工場の倉庫保管担当者、工場の国際貿易部品質検査担当者が共同で鉛封印し、発送した。コンテナは横浜、大阪で検査後開封され、異常は発見されなかった。

④重点的人員についての調査。質問、上司・同僚との座談、周辺調査など多くの方法により、包装、倉庫貯蔵および包装資材の保管の三つの重要なポイントに関わる五十五人について、工場サイドとの矛盾の有無、異常な表現の有無、メタミドホスに接触する条件の有無など、十の面について綿密な調査を行ったが、毒物混入の疑いのある人員は発見されなかった。

⑤物的証拠についての検査と実験。餃子のビニール袋について浸透実験を行い、メタミドホスの性状について分析した。浸透性の実験では、マイナス一八℃（餃子が保管、輸送、販売される冷蔵温度）で、濃度一％、一〇％、三〇％、六〇％のメタミドホス農薬溶液はすべて十時間内に餃子パッケージの外側から内側に浸透した。

⑥日本の警察との交流。二月二十日、公安部が派遣した作業グループ十名が日本を訪問し、日本の警察と交流した。しかし、

日本側は現場と関連物証、検査鑑定結果の視察という中国側の要求を実現せず、物的証拠の採取、検査の全体的状況も説明しなかった。

余新民は最後に、中国の警察は、これは残留農薬によって引き起こされた食品安全の事件ではなく、人為的な事件であり、メタミドホスが中国国内で混入した可能性は極めて小さい、と述べた。

五　事件の背景

狭い国土、高価な労働力などが原因で、戦後の日本の食糧自給率は一貫して低かったが、さらにここ数年の経済のグローバル化の進展により、一段と低下した。農林水産省が公表したデータによれば、総合カロリーで計算した日本の食糧自給率は、一九八〇年が五三%、一九九〇年には四八%に低下し、二〇〇〇年は四〇%、二〇〇六年には三九%とさらに低下した。二〇〇六年の日本の野菜、果物、肉類の自給率はそれぞれ七九%、三九%、五五%であり大豆の自給率はわずか五%である。

この状況のもとで、中国は日本の近隣かつ労働力大国として、おのずから日本のもっとも重要な食料供給基地となった。日本の農林水産省の統計によれば、二〇〇七年に中国からの輸入が日本の農林水産物全輸入額全体に占める比重は一四・一%である。中国から輸入される各種の野菜（生鮮野菜、冷凍野菜、乾燥野菜を含む）は、日本の野菜全輸入額の中で五六・四%を占めている。とくにタマネギ、キャベツ、ニンジン、大根などの種類は、輸入量で見れば中国の比重が九〇%前後、長ネギとキノコの輸入は一〇〇%中国からである。報道によれば、現在日本の消費者が消費するニンニク、落花生、キノコなどの食品の九〇%は中国から来ている。中国からみれば、日本は中国の食品輸出の主要相手先であり、報道によれば中国の輸出食品の四分の一は日本市場に輸出されている。

中国の食品が日本市場で確立した優位性は、コストと販売価格が日本国内製品より大幅に低いためのみならず、相対的に優れた食品の品質にもよる。国家品質検験総局の紹介によれば、二〇〇七年に日本が輸入した中国製食品は百二万ロット、金額は七十三億ドルに上る。日本の厚労省が二〇〇七年七月二十日に公表したデータによれば、中国からの輸入食品の二〇〇六年の合格率は九九・四二%に達し、日本の輸入食品合格率がもっとも高い国の一つである。これは中国の農民と食品加工企業従業員の勤勉な労働結果であり、かつまた多くの日本の食品輸入企業が現場での生産指導を堅持し、中国の輸出食品の日本の厳しい検査基準通過のために払ってきた巨大な努力と不可分である。報道によれば、中国が日本に輸出する食品のおよそ四七%は、日本が投資した中国の企業が製造、輸出したものである。

中毒事件が発生した天洋食品工場も日本の食品輸入企業の指

導のもとに成長してきた。すでに一九九四年八月には中国輸出食品製造加工企業衛生登録資格を取得し、もっぱら日本向けの餃子、ミートパイなどの加熱加工食品を製造してきた。一九九五年八月には、日本の関連部門が認可する偶蹄類熱加工製品の対日輸出資格を取得した。同工場は一九九五年より農水省に登録され、二〇〇一年三月と二〇〇五年六月の二回、農水省の現場再検査に合格した。同工場は十数年来日本に安定した品質の製品を輸出、日本の関連部門の定期的な登録現場への立ち入り検査でも、毎年合格してきた。

しかし、農産物、食品貿易の分野で中日両国間にこれほど緊密な関係があるにもかかわらず、日本は一貫して中国の食品に対する不信感を払拭してこなかった。このような状態で、両国間の信頼強化、食品品質検査の協力体制強化の必要性は非常に切迫したものとなった。二〇〇八年二月二十八日、国務院新聞弁公室が行った記者会見で、魏傳忠国家品質検験総局副局長は、食品の安全は世界各国が直面する共同の問題であり、中日双方が食品の安全に関わる長期的、効果的な協力メカニズムをすみやかに設立することを望む、と表明した。現在、国家品質検験総局は、「中国国家品質検験総局と日本国厚生省との食品の安全に関する協力協定」本文の草案を公式に日本の中国駐在公使に手交している。また、両国の警察も毒物混入の真相究明のため、詳細かつ深い調査を引き続き展開している。

二〇〇八年五月、胡錦濤中国国家主席はその訪日期間中に、中国の公安部門が日本側に協力し、すみやかに事実の真相を究明する旨を表明し、事件の円満な解決を望むと述べた。中日双方の協力と努力によって、この事件はきっと解決されるであろう。

経済編・原註

(1) 中日経済貿易関係の詳細な論述については、張季風「一九九〇年代の中日経済貿易関係の発展と特徴」(『日本学刊』二〇〇一年第三期等に掲載)を参照。

(2) LT貿易　一九六二年十一月、廖承志と高碕達之助が「日中総合貿易に関する覚書」に調印した。この「覚書」にもとづき行われた貿易で、廖承志(LIAO CHENGZHI)と高碕達之助(TAKASAKI)両氏の姓のローマ字の頭文字をとって「LT」と呼ばれた。よって覚書貿易も「LT」または「廖高貿易」と称された。民間貿易の名目となっているが、実際には準政府間貿易であり、一九六三年から一九六七年まで続けられた。

(3) MT貿易　覚書貿易(MTは覚書と貿易の英訳頭文字)。佐藤内閣が中国敵視政策を推進したため、一九六七年後半、中日経済貿易関係には絶えずひびが入った。LT貿易の生命と称された延べ払い方式は、事実上日本輸出入銀行を通じて実現できなくなったため、中国が緊急を要する大型プラント設備も日本から導入できなくなった。加えて、中国では「文化大革命」で廖承志が自由を失った。一九六八年、中日双方はまた新たな覚書貿易計画に調印した。MT貿易は一九六八年から国交正常化の一九七二年まで続いた。

(4) 程永明・石其宝『中日経済関係六十年』天津社会科学院出版社、二〇〇六年。

(5) 中国税関総署『税関統計』毎年第一二期。

(6) 日本『開発金融研究所報』二〇〇一年第七号、二〇〇二年第七号、二〇〇三年第九号。

(7) 日本経済産業省『わが国企業の海外事業活動調査』(一九九九年度)。

(8) 薛軍、西村豪太「中国での日系企業における経営の現地化問題について」『日本学刊』二〇〇五年第六期。

(9) 笪志剛「中国企業の対日投資の現状と利害に関する分析と思考」『日本経済藍皮書二〇〇八』社会科学文献出版社、二〇〇八年。

(10) 程永明・石其宝『中日経済関係六十年』天津社会科学院出版社、二〇〇六年。

(11) 金熙徳『日本政府の開発援助』社会科学文献出版社、二〇〇〇年、二一八頁。

(12) 香港要因が存在するため、中日双方の統計にある程度違いがある。日本の統計では、日本がほとんどの年で貿易赤字である。

(13) 中日貿易三原則　中日両国の貿易、漁業、郵政、海運などのいかなる協定についても、双方の政府によって締結されるべきであるが、両国政府が協定を締結できないときにも、両国は貿易をすることができる。日本企業と中国のある企業が民間の契約を結び、一定期間取引をすることができ、短期契約を比較的長期の契約に変えることもできる。貿易が中断され、中国の原料への依存により重大な困難が生じた日本の中小企業に対しては、中国は個別に配慮をすることができる。

(14) 当時中日貿易の展開方法は、日本の企業が日中貿易促進会、日本国際貿易促進協会、あるいは中日友好協会に申請し、これら三つの友好団体が中国国際貿易促進委員会に推薦し、中国国際貿易促進委員会がこれらの企業を「友好企業」と認定し、さらにこれらの友好企業が直接中国の各貿易会社と連絡を取り、商談を行って民間貿易の契約に署名した。一九六一年末までに、日本はすでに一八一の企業が中国と契約を結んでいた。

(15) 李恩民『転換期の中国・日本と台湾　一九七〇年代中日民間経済外交の経緯』御茶ノ水書房、二〇〇一年、一四四―一四九頁。

(16) 田桓主編『戦後中日関係文献集　一九七一～一九九五』中国社会科学出版社、一九九六年、五九〇頁。

(17) 馬洪、孫尚清主編『現代中国経済大事典　第三巻』中国財政経済出版社、一九九三年、二二六七頁。

(18) 林連徳『当代中日貿易関係史』中国対外経済貿易出版社、一九九〇年、一三九―一四二頁。

(19) 前掲、林連徳『当代中日貿易関係史』、一四一―一四二頁。

(20) 旅行者数には、双方の団体旅行者、文化学術活動、親戚訪問を目的とした旅行者数が含まれる。

(21) 三洋電機の創業者の一人。兄の井植歳男と一九四七年に三洋電機を創業する以前は、姉の夫である松下幸之助の松下電器に勤めていた。

(22) 松下電器（中国）有限公司は一九九四年の設立。設立当初、中日双方の持株比率は四：六であった。合弁企業が増資を行った際に、中国側が十分な出資をできなかったために、中国側の資本比率は一三％に減少し、その後中国側の株主が撤退したために、中国側の資本比率は六・七％に減少し、二〇〇二年末、中国側資本は完全に撤退した。二〇〇二年十二月十七日、松下電器（中国）有限公司は正式に独資の会社となった。

(23) 従来、家電は電機産業に含まれるべきだが、中国と日本の家電産業における協力については項を設けて紹介しているので、ここでは家電以外の機電産業における両国の協力を重点的に紹介する。

(24) 「ユニーク・クロージング・ウェアハウス」が始まり。「唯一無二の衣料品倉庫」という意味で、独特な経営理念と経営形態を反映している。過度な装飾を避けた倉庫型の店舗で、スーパーのように自由に買い物できる形式を採用している。「剛理的で信頼できる価格で、大量供給を維持」し、顧客が求める商品を提供している。

(25) 『大連経済技術開発区志（一九八四―二〇〇四）』遼寧人民出版社、二〇〇六年、第一四〇頁。

(26) 『中日合資大連工業団地建設項目可行性研究報告』一九九二年四月、第一頁。

(27) 『中日合資大連工業団地建設項目可行性研究報告』一九九二年四月、第二頁。

(28)『中日合資大連工業団地契約書』(日本語版)。以下、引用する契約書の内容に関しては、それぞれ注釈はしない。
(29)「周恩来四条件」とは、一九七〇年四月十九日に周恩来総理が松村謙三、藤山愛一郎などの日本の友人と会見した際に、中国は以下の日本企業とは貿易を行わないという原則を示したものである。(1)南朝鮮、台湾を助けようとしているものとは貿易できない(2)台湾、南朝鮮の企業に投資しているものとは貿易をしない(3)ベトナム、ラオス、カンボジアへの米国の侵略戦争のために武器を送っているものとも貿易しない(4)日本における米系合弁企業とも貿易をやる意思はない。
(30)いわゆるネット家電とは、携帯電話やインターネット、あるいはその他の通信手段により、家庭のネットワークに接続したエアコン、電気炊飯器、電子レンジ、冷蔵庫、テレビ、ステレオ、照明設備などの家庭用電化製品をリモートコントロールするものである。
(31)DAC(Development Assistance Committee):開発援助委員会。OECDの委員会の一つ。一九六一年九月設立。
(32)EXIM(The Export-Import Bank of Japan):日本輸出入銀行。一九九九年に合併して国際協力銀行となる。
(33)OEDF(Overseas Development Fund Japan):日本海外経済協力基金。
(34)日本の文化無償協力は、文化振興、高等教育器材等への資金協力を目的として一九七五年に開始した。二〇〇〇年、小規模かつきめこまかさを重視する草の根文化無償協力および文化遺産保護関連の大規模活動をサポートできる「文化遺産無償資金協力」が導入された。二〇〇五年には一般文化無償協力と文化遺産無償資金協力が合併した。
(35)日本側統計では通常、文化遺産無償協力は一般文化無償協力プロジェクトとして統計される。
(36)在中国日本国大使館編『日本政府対華開発援助分省実績資料集』、二〇〇五年十二月。
(37)日本国際協力事業団(Japan International Cooperation Agency, JICA)は一九七四年八月一日に設立され、主に日本のODAの技術協力と無償資金協力の促進を担当する。元の政府間技術協力実施機関—海外技術協力事業団(一九六二年設立)と海外移住事業団(一九六三年設立)が統合し発足した。二〇〇三年十月、独立行政法人日本国際協力機構として再編。
(38)一九八六年三月に一三億六〇〇〇万円、八月に二〇億二〇〇〇万円と供与。
(39)一九八八年の「黒字還流借款」は、中曽根(康弘)内閣が一九八四年三月に同意した第二次円借款(一九八四~八九年の六年間)四七〇〇億円の中に含まれる。
(40)一九九四年「黒字還流借款」には竹下登内閣が一九八八年八月に同意した第三次円借款(一九九〇~一九九五年度の六年間)八一〇〇億円の中に含まれる。
(41)①環境と開発の両立、②軍事的用途、国際紛争助長への使用回避、③軍事支出、大量破壊兵器・ミサイルの開発・製造、武器の輸出入の動向への十分な注意、④民主化促進、市場経済導入、基本的人権、自由の保障への注意、の四点を挙げている。

(42) http://japan.people.com.cn/GB/35469/41775/42199/index.html, 二〇〇七年八月十七日検索。

(43) (ドイツ)「日本の対中ODA借款計画の終結」、「現代国家関係」二〇〇六年第九号。

(44) http://japan.people.com.cn/GB/35469/35478/3334545.html, 二〇〇七年八月検索。

(45) EMEAP (エミアップ) 現在、中国人民銀行、日本銀行、香港金融管理局、インドネシア中央銀行、韓国銀行、マレーシア中央銀行、オーストリラリア準備銀行、ニュージーランド準備銀行、フィリピン中央銀行、シンガポール通貨庁、タイ中央銀行の一一行で構成されている。

(46) 環境協力の組織で区分すると、中国と日本の環境協力は以下の数種類がある。第一 政府開発援助 (ODA)、環境部系統およびその他の系統を含む中央政府間の協力、第二 姉妹都市間の協力およびその他のタイプの地方自治体間協力、第三 基金会方式の民間の環境協力支援、第四 公益法人間、NGO、業界組織、民間企業および学術団体など民間組織の環境協力。

(47) 緑の援助計画 (GAP) は協力計画であり、日本の公害対策の経験を参考に、エネルギー、環境技術の移転と普及をサポートし、発展途上国の主体的なエネルギー化尿問題解決をサポートするものである。具体的には、水質汚染防止、大気汚染防止、廃棄物処理およびリサイクル、省エネ、新たなエネルギー開発などの分野が含まれる。

(48) 林連徳『当代中日貿易関係史』、一四三頁。

(49) 朝日新聞、一九七九年二月二十八日。

(50) 呉学文等「中日関係一九四五～一九九四」二八〇頁。

(51) 林連徳『現代中日貿易関係史』、一七四頁。

(52) 田桓主編『戦後中日関係文献集一九七一～一九九五』、六七五～六八五頁。

(53) 張娜「GITIC破産案件：創造的司法活動のモデル」。二〇〇八年二月十五日「人民法院報」

(54) 李利明「一九九九：広信の破産」、二〇〇七年十月十四日「経済観察報」

(55)「日本経済新聞」一九九九年二月八日

(56) JETRO公的なウェブサイト。

(57) 王小強「広東の金融危機解消の十年の回顧」『経済観察報』二〇〇八年三月三十一日。

(58) 江瑞平「日本の産業空洞化の実態、問題点と『中国ファクター』」『日本学刊』二〇〇三年第三期。

(59) 薛敬孝、白雪潔など『現代日本の産業構造の研究』天津人民出版社、二〇〇二年、一九二頁。

(60) 二〇〇三年の日本の対外直接投資と外国の直接投資の累計額の計算による。

(61) http://222.mof.go.jp/fdi/h15b_2.him, http://222.mof.go.jp/fdi/h16b_6.him

(62) 薛敬孝など「日本経済のエポック的変化に影響した要素とその機能のメカニズム」『現代日本経済』二〇〇三年第五期。

経済編・年表

年	月日	
1978年(昭和53年)	1月31日	日本の日中長期貿易協議委員会成立。同日、「中日商標保護協定」を東京で調印。
	2月16日	中日両国が北京で「中日長期貿易取り決め」調印式を挙行。
	5月23日	上海宝山製鉄所建設の議定書及び技術援助契約書、北京で調印。この二つの文書は中日長期貿易の最初の協定として中国技術進出口総公司と新日鉄により調印され、発効した。
	11月28日	中日貿易混合委員会会議が北京で開催。
1979年(昭和54年)	1月16日	中日両国政府が中日漁業協定の改定について合意。
	2月16日	中日両国政府が鉄道技術協力の件について会談覚書を発表。
	3月29日	中日長期貿易取り決め改定交渉で、貿易期限延長、貿易額拡大の協定に合意。双方が東京でメモランダムを締結。
	5月14日	中国の銀行代表団と日本の民間銀行団が中国に対する借款提供の協定を締結。
	9月10日	中日両国政府、中日航空輸送協定付属書の内容改定に関して公文交換。
	11月20日	最初の中日合資企業である京和公司創立。一九八〇年一月開業。
1980年(昭和55年)	2月8日	中国石油公司天然ガス探査開発公司と日本石油公団の渤海湾西部海域での油田共同開発の協定書が正式調印。
	4月1日	日本が中国に特恵関税待遇を与える。

	4月25日	日本政府の中国政府への借款供与の公文交換式が北京で行われる。
	4月30日	中国外資管理委員会と日本海外経済協力基金が一九七九年度の日本から中国への円借款五百億円供与の協定を締結。
	5月28日	中国政府と日本政府の科学技術協力協定、東京で調印。
	5月29日	渤海湾南部及び西部海域での石油の中日共同開発に関する長期協定、東京で調印。
	12月25日	中日両国政府、日本より中国への円借款五六〇億円（一九八〇年度）の供与に関する公文交換式を北京で挙行。
1981年（昭和56年）	1月26日	中日両国の租税条約交渉第一回会議が北京で行われる。同日、中日友好病院建設に関わる無償資金供与の公文交換式、北京で挙行。
	6月10日	中日経済知識交流会第一回会議、箱根で開催。
	7月24日	中日長期貿易第三回定期協議交渉、東京で行われる。
	10月29日	中日興行銀行北京事務所が正式開業。
	11月30日	第一回中日エネルギー協議会、北京で開催。
	12月16日	中日閣僚会議第2回会議の共同新聞公表。双方は平等互恵の原則の土台の上に引き続き貿易を拡大し、プラント資金協力の問題等を解決する旨、決定した。
1982年（昭和57年）	1月22日	中国国際信託投資公司の日本での社債発行に関する協定書が東京で調印。
	6月14日	中日友好病院の建設について、

		日本側の一九八二年度無償援助六四・八億円供与の交換公文が北京で調印される。
	9月21日	土光敏夫日中経済協会会長を団長とする日中経済協会代表団が訪中、北京で開かれる第四回中日長期貿易定期協商会議に参加。
	9月27日	中国と日本の一九八二年度対中借款協定が北京で公文交換され、調印式が行われた。借款総額は六五〇億円。
1983年（昭和58年）	7月19日	日本政府より中国政府への円借款六九〇億円の供与及び関連協定書、北京で正式に公文を交換。
	9月3日	中国海洋石油総公司と日本石油公団、出光石油開発が中国南部沿海大陸棚の探査開発権の問題について合意達成。
	12月10日	日本政府、中国への第二次円借款（一九八四～一九八八年度）
		の年ごとの枠を六百億円、合計三千億円と規定。
1984年（昭和59年）	2月6日	一九八三～一九八四年度の中日食糧増産無償協力協定が北京で調印。
	3月1日	中日両国政府、日本より中国への原子力発電機輸出の件で合意。
	3月23日	中曽根康弘首相訪中の際、第二次対中円借款供与を決定。
	9月27日	中日両国政府、日本より中国への無償援助四十九億円供与に関する協定に、北京で正式調印。
	10月25日	中日両国政府、一九八四年度分の日本の対中借款を七一五億円とする件で合意し、北京で公文を交換。
	12月17日	中日原子力エネルギー協定第五次政府間協定を締結。

年	月日	事項
1985年（昭和60年）	1月16日	中日政府の食糧増産援助プロジェクトに関する交換公文が北京で調印。規定によれば、日本は中国に無償援助五億円を供与する。
	5月20日〜23日	中日経済討論会が北京と上海で開催。
	7月31日	「原子力協定」と本年度円借款の交換公文に調印。
1986年（昭和61年）	1月14日	日本輸出入銀行より中国銀行への融資総額三五七・六五億円供与の協定、北京で調印。
	1月22日	中日長期貿易協議委員会会合、東京で開催。
	3月19日	中国と日本、北京で日本の対中援助プロジェクトに関する文書を交換。
	5月28日	中国と日本の一九八六年度借款に関する政府交換公文、北京で調印。
	10月6日〜8日	第一回中日経済協力会議、東京で開催。
	10月15日	中日海運民間協定締結。
	11月12日	中日経済討論会第2回会議、東京で開催。
1987年（昭和62年）	6月24日	中日両国政府、一九八七年度の日本より中国への円借款協問題に関する文書を交換。
	7月6日	中日両国政府、第二次円借款の一九八七年度プロジェクト借款協定、東京で調印。
	9月18日	中国対外経済貿易部スポークスマン、「東芝機械事件」について談話発表。
	12月3日	中国海上石油総公司と日本の石油資源開発の渤海湾石油共同開発の協定、北京で正式調印。

1988年（昭和63年）	1月8日	対外経済貿易部、「東芝機械事件」解決の妥当な解決のため、日本政府に五項目の要求提出。
	2月28日	中日間の第二次円借款の余剰部分九百億円と黒字還流部分一〇〇〇億円について合意達成。
	3月1日	三菱商事など日本企業と北京光大実業公司、光大金融公司の共同経営による「光大国際信託有限公司」が北京で成立。
	6月15日	第九回中日長期貿易定期協議が東京で行われ、中国は日本側の「ココム」対中輸出規制撤廃を要求。
	7月26日	中日双方が北京で、第二回円借款一九八八年度分提供協議書を交換。
	8月12日	通産省、十五日よりの電子計算機対中輸出規制緩和を公表。
	8月25日	李鵬総理と竹下登首相、会談を行う。竹下は日本政府が一九九〇年からの六年間で第三次円借款八一〇〇億円の供与を表明。
	8月27日	「中日投資保護協定」北京で調印。
	11月3日～4日	第三回中日経済討論会、北京で開幕。
	12月27日	通産省、三十一日より対中輸出規制の更なる緩和を公表。
1989年（平成元年）	3月3日	中国と日本の第二次資源開発銀行借款の支払協定が東京で調印。当該協定によれば、日本輸出入銀行より、中国遼河油田等陸上油田採掘のための借款、総額七二五・九八億円を中国銀行に供与。
	3月9日	第五次中日貿易混合委員会が北京で開催。

年	月日	事項
	4月14日	中日両国政府の「投資保護協定」、東京で公文が交換され、発効。
	5月16日	日本の中国への一九八九年度借款、総額九七一億円の協定が北京で公文を交換。
1990年（平成2年）	6月7日	中日投資促進委員会、北京で設立。
	11月2日	日本より中国への借款三六五億円供与に関する中日両国政府の協定の公文交換。
	12月18日	中日長期貿易協議委員会の会合、東京で閉幕。双方は一九九一年から一九九五年までの中日両国の新たな長期貿易協定に合意、調印式を行う。
	12月21日	日本が二度に分けて中国に供与する第三次借款一九九〇年度分協定の公文が北京で交換。
1991年（平成3年）	1月17日	中日投資契約委員会作業部会の第一回会議開催。
	3月15日	日本政府が中国政府に供与する第三次円借款の政府交換公文が北京で調印。借款額は四三三・八億円。
	4月30日	中日両国政府、日本政府から中国政府への無償援助六・〇九億円供与に関する両国政府交換公文に調印。
	6月5日	中日双方の投資促進機構の第一回合同会議が北京で挙行。
	9月27日	中日両国政府、北京で一九九一年度円借款の交換公文に調印。
	11月12日～13日	第4回中日経済討論会、東京で開催。
1992年（平成4年）	5月15日	国務院、浦東での中日合弁小売企業設立に関する問題を認可し、

		浦東新区での中日合弁小売企業の設立に同意。
	6月26日	第三次対中エネルギー借款覚書調印式、東京で挙行。借款総額は七、〇〇〇億円。
	9月15日	第三次円借款の一九九二年度協定書締結。合計二一プロジェクト、総金額一、三七三億円。
	10月7日	日本の第三次対中円借款、北京で公文を交換。
1993年（平成5年）	2月18日	中国銀行と東京銀行、三菱銀行など日本の銀行三十八行で構成される銀行団、東京で総額三億ドルの銀行団借款協定に調印。
	5月18日	中日エネルギー交流会が北京で成立。
	6月8日	中日合弁で設立の長安鈴木自動車有限公司、重慶で定礎式を行う。

	7月30日	一九九三年度の日本政府の中国政府への無償援助4プロジェクトに関する交換公文、北京で正式に調印。
	8月24日	日本政府より中国政府への円借款供与一、三八七・四三億円、政府交換公文に調印。
	10月20日～21日	第五回中日経済討論会、大連で開催。
1994年（平成6年）	1月8日	中日双方、日本より中国への寄贈に関する文書三点に調印。
	3月20日	中日環境保護協力協定に調印。
	7月6日	中国が日本の債券市場で初の三六〇〇億円のサムライ債を発行。
	9月16日	中日両国政府、日本政府より中国への食糧増産援助六・五億円提供に関する公文交換式を挙行。

年	月日	事項
	10月7日	日本政府外務省、ＯＤＡ大綱に抵触するとして、中国の核実験に抗議。
	12月10日	第1回中日環境保護合同委員会会合、北京で開催。
	12月22日	日本の対中第四次円借款の前三年の供与額五、八〇〇億円について、中日間で合意成立。
1995年（平成7年）	1月28日	中国政府、日本の阪神・淡路震災被害区域に緊急援助物資を提供。
	8月29日	中国の核実験実行に抗議するため、日本は対中無償援助を凍結。
	9月17日	中日双方は一九九五年に期限満了となる中日長期貿易協定の二〇〇〇年までの延長を決定。同日、河合良一を団長とする日中経済協会訪中団、訪中。
	10月31日	日本の第三次対中援助の最終年

年	月日	事項
		（一九九五年度）の借款協定に調印
	11月22日〜28日	第6回中日経済討論会、東京で開催。
1996年（平成8年）	2月7日	日本政府、中国雲南省地震災害に30万ドルを緊急援助。
	5月5日	中日友好環境保護センター落成。
	5月22日	天津トヨタ自動車エンジン有限公司、設立。
	7月24日	日本政府、中国安徽省等の地区の洪水災害への緊急援助30万ドルを決定。
	12月10日	池田外相、中国のＷＴＯ加盟支持を表明する談話発表。
	12月26日	第四次円借款の１９９６年度借款協定書、調印。合計22プロジェクト、総額１７０５億円。

1997年（平成9年）	2月14日	池田外相、対中無償資金援助凍結の開示に関して談話発表。
	9月2日	中国のWTO加盟問題の関税調整と輸入数量規制の取り消しなどについて、中日両国は北京で合意達成。同日、第四次円借款の一九九七年度借款協定が調印、計一四プロジェクト、総額二〇二九億円。
	11月11日	中日両国政府、新しい「中日漁業協定」を締結。一九七五年八月十五日に締結された「中日漁業協定」は本協定発効日より失効する旨、公表。
	11月25日	第七回中日経済討論会、アモイで開催。
1998年（平成10年）	8月10日	中国人民銀行、さくら銀行、住友銀行の上海支店の人民元業務を正式に確認。
	12月25日	日本政府の対中円借款２０５６・８億円供与に関し、中国と日本の間で公文交換。
1999年（平成11年）	3月1日	日本の対中無償資金援助、「長江大堤防防護計画」と「食糧援助」の両プロジェクト、正式に調印。
	7月9日	中日間で中国のWTO加盟問題についてコンセンサスに達し、共同声明発表。
2000年（平成12年）	2月1日	日本の対中無償資金援助、「食糧増産プロジェクト」、正式に調印。
	2月27日	中日両国政府漁業代表団、北京で東シナ海北部水域での漁業の配分等の主な意見の相違点について合意、中国の農業部部長と日本の農林水産大臣が会談議事録に調印。また一九九七年に締結した「中日漁業協定」の六月一日発効を約定した。

	3月27日	楊文昌外交部副部長と谷野作太郎中国駐在大使が一九九九年度円借款の公文交換式を行う。
	10月6日	日本政府、総額一七二億円の対中特別円借款供与を決定。
	12月8日	「中日長期貿易協定」（二〇〇一～二〇〇五）締結。
	12月18日	中華人民共和国税関、日本と韓国製の輸入ステンレス冷延鋼板に反ダンピング税徴収を公表。
	12月22日	日本、長ネギ、生シイタケ、畳表の中国からの輸入商品三種類に関するセーフガード調査を正式宣告。
2001年（平成13年）	2月11日	中国政府、三菱「パジェロ」の品質安全許可証を取り消し、輸入禁止通知を布告。
	4月23日	この日より日本政府は主に中国から輸入される長ネギ、シイタケ、畳表の三種類の商品に対し「セーフガード」を実施し、発効した。輸入制限期間は二百日、十一月八日まで。
	6月21日	中国国務院関税税制委員会辦公室、六月二十二日より、日本原産の自動車、手持ち及び車載式無線電話機、エアコンディショナーに税率百パーセントの特別関税を課す、との公告を発表。
	10月22日	外務省、対中経済援助計画を発表、対中円借款削減を決定。
	12月21日	日本が中国の農産物三種類に対して当面「セーフガード」を発動せず、中国が日本製の商品三種類に百パーセントの特別関税を課税しないことで、中日間の合意成立。
2002年（平成14年）	1月9日	三洋電機とハイアールグループ、協力協議で合意。

	3月29日	中日双方の政府代表、北京で二〇〇一年度円借款の公文交換式を行う。
	4月9日	松下電器とTCLグループ、提携の協定に合意。
	6月14日	日本政府、中国から輸入される冷凍ほうれん草の残留農薬が基準を超えているとして輸入検査を強化。
	7月12日	厚生労働省、健康に害のある中国原産のダイエット食品のリストを公表。
	10月15日	第一回中日経済パートナーシップ協議が北京で開催された。
2003年（平成15年）	1月10日	中日双方は中国の対日輸出家禽肉の衛生条件に関する協定に調印。日本側は中国家禽肉の輸入禁止を解除。
	2月19日	中日漁業共同委員会、漁獲高配分枠で合意達成。
	3月28日	阿南中国駐在大使と王毅外国部副部長、北京で二〇〇二年度円借款の公文交換式を行う。
	4月15日	日本経済産業省、第二次「キャッチオール規制」リストを発表。リストに記載される中国企業は七社から十六社（削除一社、追加十社）に増えた。増加率一四二・八%。
2004年（平成16年）	1月27日	日本、中国での発症率の高いトリインフルエンザの発生を理由に、中国からの家禽類製品の一時的停止を宣告。
	3月30日	経済産業省、第三回「キャッチオール規制」リストを発表、いかなる確かな証拠もない状況で、中国企業十四社を輸出規制リストに加える。
	3月31日	阿南中国駐在大使と王毅外交部

年	月日	事項
		副部長、北京で日本の二〇〇三年度対中円借款政府交換公文に調印。
	4月7日	中国の加熱加工トリ肉製品の禁止を解除。中国の加熱加工トリ肉製品の条件つき対日輸出に同意（日本が承認したトリ肉加工工場三五社で加熱加工されたトリ肉に限る）。
	4月22日	中国政府日本のノリ輸入管理措置に対し貿易障壁の調査を開始。
	6月21日	「アジア協力対話外相会議」に出席した李肇星外交部長が東シナ海の石油天然ガス採掘問題について、川口順子外相に「紛争棚上げ、共同開発」の提案を行うが、日本側に拒絶される。
	6月29日	日本の経済産業省、七月初めより東シナ海の紛争のある海域での石油天然ガス資源調査と探査準備作業実施を決定。
	12月16日	中日漁業聯合委員会第六回年度会合、東京で開催。両国は二〇〇五年に執行する「中日漁業協定」に関する問題について合意し、会議議事録に署名。
2005年（平成17年）	3月29日	武大偉外交部副部長と阿南惟茂中国駐在大使、二〇〇四年度円借款の政府交換公文に調印。
	4月22日	「人民日報」報道　薄熙来中国商務部部長、中日経済貿易関係について、記者の質問に、「中国政府は中日経済貿易協力が健全に発展することを重視している」と回答。
	12月1日	2日間にわたる第4回中日経済貿易パートナーシップ協議が東京で開催、中日双方は中国の市場経済の地位、知的財産権の保護等、多くの経済分野の問題について意見を交換するとともに、一部についてコンセンサスを得

		た。
	12月5日	中国商務部部長助理、陳健中日長期貿易委員会主任と千速晃日中長期貿易協議委員会委員長、第六次中日長期貿易取り決め（二〇〇六〜二〇一〇年）に東京で調印。
2006年（平成18年）	1月6日	日本の第一生命保険会社が中国のA株市場に一億米ドルの資金投入を公表。
	2月5日	日本政府は経済連携協定調印に向けた中期目標を制定した。その主な内容は、アジア各国との自由貿易協定を調印しようというもので、二〇一〇年までに少なくとも中国やインドを含む一五カ国・地域と自由貿易協定を調印するとしている。
	2月21日	日本貿易振興機構は、二〇〇五年の日中貿易総額が一八九三・八七三六億米ドルになり、これは前年度比一二・七パーセントの増加であり、七年連続の記録更新であると公表。
	3月25日	北京で、第一回中日財務大臣対話。
	6月8日	日本政府は中国に対する八・二一億円の無償資金援助を「人材育成奨学金事業」と「黄河中流（山西）防護林第二期建設事業」に用いることで覚書に署名。
	6月23日	二〇〇五年度の日本の対中国ODA円借款覚書に北京で署名。新たに七四七・九八億円の借款を提供することとした。これは前年度比一三パーセント減少、借款の年利〇・七五〜一・五パーセント、償還期限三十〜四十年とした。
	8月23日	日本とアセアン諸国はクアラルンプールで経済閣僚会議を開催。二十四日経済産業大臣二階堂俊

年	月日	事項
		博は会議の席上、ASEAN10カ国と日中韓6カ国の経済連携協定に署名し、16カ国からなる自由貿易区を作り出す案を提出。
	9月3日	日本の経団連会長御手洗冨士夫が訪中し、五日、中国国務院総理温家宝と会談。
	10月8日	安倍晋三首相が八日から九日にかけて訪中し、滞在期間中に発表した「中日政府共同声明」のなかで、中日両国は「エネルギー、環境保全、金融、情報通信技術、著作権保護などの領域を重点とし、互恵協力を深化させなければならない」と述べた。
	12月9日	フィリピン、セブ島で中日韓の三カ国経済閣僚会議。
	12月18日	日本の外務省は、中国に対して、酸性雨及び黄砂モニタリング・ネットワーク整備計画に用いるための七億九、三〇〇万円の無償資金援助をおこなうことを表明。
2007年（平成19年）	1月15日	第二回東アジア首脳会議がセブで開催。アセアン10カ国、日本、韓国、インド、オーストラリア、ニュージーランドが出席し、「東アジアのエネルギー安全保障に関するセブ宣言」に署名。
	1月16日	中国商務部が、二〇〇六年の中日貿易額が初めて二千億ドルを突破したと公表。同貿易額は二、〇七三・六億ドル。日本は中国にとって三番目の貿易パートナーに。
	3月30日	二〇〇六年度分の日本の対中国円借款供与の書簡の交換式典が北京で挙行。金額は六二三・三〇億円。
	4月11日	温家宝総理が十一日から十三日まで訪日。安倍晋三首相、財界トップらと中日戦略互恵関係、

経済協力、エネルギー環境保護分野での協力などの重要な問題について会談し交流した。また、この訪日中に中日両国政府は「環境保護協力の一層の強化に関する共同声明」などに署名。

7月26日
日本産の米が中国市場で販売開始。一キロあたり市場価格はおよそ七十人民元。これは四年ぶりの中国への米輸出の再開。

9月20日
中日両国の中央銀行が二国間通貨互換協定に再調印。これは、二〇〇二年三月二十八日に両国中央銀行間で「チェンマイ・イニシアティブ」に基づき調印されたもの。

9月27日
第二回中日省エネルギー・環境総合フォーラムが北京で開催された。

12月1日
第一回中日経済ハイレベル対話が北京で開催。楊外交部長と高

村外相が二〇〇七年度の日本政府の対中国円借款の交換書簡に署名。金額は四六三億円。これは日本から中国に対する最後の低金利長期借款。

12月27日
福田首相が二十八日から三十日の予定で訪中。滞在中には、胡錦濤主席、温家宝総理など中国国家リーダーと会談をおこなった。また、中日両国政府は「環境・エネルギー分野における協力推進に関する共同コミュニケ」などに署名。

2008年（平成20年）

1月14日
日本の金融庁関係者が北京を訪問し、中国の金融監督当局と第一回定期協議を開始。サブプライムローン危機の影響、中国金融機構監督などについて意見交換。

1月24日
日本の財務省が貿易統計を発表。二〇〇七年の日本と中国の貿易額（香港を除く）は二七・八七

		兆円。日中貿易額が初めて日米貿易額を超え、中国は日本によって一番の貿易パートナーに。
	1月30日	中国の天洋食品が生産した冷凍餃子を食べた日本の消費者の間で、食物中毒が発生。二月三日、餃子事件を調査するグループが日本に到着。真相を日本側と共同調査。
	3月3日	日本政府は、中国人旅行者へのビザ発行条件を緩和すると発表。
	3月23日	第二回中日財務対話、東京で開催。
	5月4日	第十一回ASEAN＋3（中日韓）財務大臣会議と第八回中日韓財務大臣会議が、スペイン・マドリードで開催。アセアンと中日韓三カ国は共同で八百億ドルを集め、通貨危機に備えることで合意。
	5月6日	胡錦濤主席が六日から十日の予定で訪日。期間中、「戦略的互恵関係の包括的推進に関する中日共同声明」「中日両政府の交流と協力の強化に関する共同プレス発表」「日中両国の気候変動に関する共同声明」などの文書に署名。
	6月18日	中日両国政府は、中日双方の対等な協議を通じて、東海〔東シナ海〕問題について合意に達したと発表。
	8月21日	日本の財務省は、七月の日本の中国への貿易輸出額は一・二八六四兆円で、戦後初めて対米輸出額を超えたと発表。
	8月28日	第十一回ASEAN＋3経済閣僚会議がシンガポールで開催。中国商務部副部長陳健、部長陳徳銘らが出席。
	9月8日	中日双方投資促進機構第十五回

		会議がアモイで開催。商務部部長、中日投資促進委員会会長陳徳銘、日中投資促進機構会長豊田章一郎などが会議に出席。
	9月21日	胡錦濤主席が北京で日中経済協会会長張富士夫を団長とする日中経済協会代表団一行と会見。
	9月25日	長春で、第二回中日経済セミナー開催。

経済編・参考文献

馮昭奎編著『日本経済（第二版）』高等教育出版社、一九九八年。

安志達『日本　啓示与警示日本問題及中日関係研究文集』中信出版社、二〇〇〇年。

梁雲祥・応霄燕『后冷戦時代的日本政治経済与外交』（二十一世紀国際政治叢書）北京大学出版社、二〇〇〇年。

黄沢民『日本金融制度論』華東師範大学出版社、二〇〇一年。

橋本寿朗ほか（戴暁芙訳）『現代日本経済』（日本研究叢書）上海財経大学出版社、二〇〇一年。

趙瑾『全球化与経済摩擦』商務印書館、二〇〇二年。

王振・孫林・虞震編著『中小企業　日本経済活力的源泉』上海財経大学出版社、二〇〇三年。

楊棟梁ほか『近年以来日本経済体制変革研究』人民出版社、二〇〇三年。

田中景『日本経済　過去、現状、未来』中国経済出版社、二〇〇四年。

王洛林・余永定主編『二〇〇三〜二〇〇四年　世界経済情勢分析与予測』（世界経済経済黄皮書）社会科学文献出版社、二〇〇四年。

富永健一（李国慶、劉暢訳）『日本的現代化与社会変遷』（日本社会学名著訳叢）商務印書館、二〇〇四年。

王吉法ほか『中日企業競争力比較研究』山東大学出版社、二〇〇四年。

孫叔林、韓鉄英主編『日本』（列国志）社会科学文献出版社、二〇〇五年。

魏全平ほか『日本的循環経済』上海人民出版社、二〇〇六年。

張季風『挣脱萧条　一九九〇—二〇〇六年的日本経済』社会科学文献出版社、二〇〇六年。

大野健一（臧馨・臧新遠訳）『从江戸到平成　解密日本経済発展之路』中信出版社、二〇〇六年。

金熙徳主編『日本　二〇〇六』世界知識出版社、二〇〇六年。

呉遵傑『日本金融体系大変革』社会科学文献出版社、二〇〇六年。

黄範章主編『東亜経済藍皮書（二〇〇〇〜二〇〇五年）』経済科学出版社、二〇〇六年。

張舒英『新時代的日本経済』昆侖出版社、二〇〇六年。

楊武『当代東盟経済与政治』世界知識出版社、二〇〇六年。

金熙徳『二十一世紀初的日本政治与外交』世界知識出版社、二〇〇六年。

喬林生『日本対外政策与東盟』人民出版社、二〇〇六年。

橋本道夫（馮叶訳）『日本環保行政親歴記』中信出版社、二〇〇七年。

王洛林・李向陽主編『二〇〇六〜二〇〇七　世界経済形勢分析与測測』社会科学文献出版社、二〇〇七年。

劉江永『中国与日本　変化中的〝政冷経熱〟関係』人民出版社、二〇〇七年。

馮紹奎・林昶『中日関係報告』時事出版社、二〇〇七年。
劉昌黎『東亜双辺自由貿易研究』東北財経大学出版社、二〇〇七年。
陳共・宋興義『日本財政政策』中国財経出版社、二〇〇七年。
梁峰主編『東北亜区域経済発展与合作』中国財経出版社、二〇〇七年。
劉江永『中日関係二十講』人民大学出版社、二〇〇七年。
金熙徳主編『二十一世紀的中日関係』重慶出版社、二〇〇七年。
宮占奎主編『二〇〇七亜太経済発展報告』南開大学出版社、二〇〇七年。
趙立祥編『日本的循環型経済与社会』科学出版社、二〇〇七年。
王志楽主編『日本企業在中国　可持続発展与互利共贏』中国経済出版社、二〇〇七年。
李小北・李天徳・羅言雲主編『中日経済合作理論与実践』経済管理出版社、二〇〇七年。
蔡林海・翟鋒『前車之鑑日本的経済泡沫与失去的十年』経済科学出版社、二〇〇七年。
王洛林・李向陽主編『二〇〇八年世界経済形勢分析与預測』社会科学文献出版社、二〇〇八年。
王長勝主編『中国与世界経済発展報告（二〇〇八）』社会科学文献出版社、二〇〇八年。
鄧仕超『従敵対国到全面合作的夥伴　戦後東盟—日本関係発展的軌跡』世界知識出版社、二〇〇八年。
程士国・後藤基編著『経済走勢分析（中国、日本与東盟聯合）』中国経済出版社、二〇〇八年。
松下幸之助（李菁菁訳）『自来水哲学——松下幸之助自伝』南海出版社、二〇〇八年。
衛霊主編『当代世界経済与政治』人民大学出版社、二〇〇八年。
呉啓富・劉黎明主編『二〇〇七年中日経済統計学国際会議論文』首都経済貿易大学出版社、二〇〇八年。
加藤弘之・丁紅衛『日本経済新論　日中比較的視点』中国市場出版社、二〇〇八年。
張婉茹・王海瀾・姜毅然編著『日本循環経済法規与実践』人民出版社、二〇〇八年。
梅平・楊沢瑞主編『中国与亜太経済合作—現状与前景』世界知識出版社、二〇〇八年。
王洛林主編『日本経済与中日経済貿易関係発展報告（二〇〇八）』社会科学文献出版社、二〇〇八年。
清華大学国際問題研究所・清華大学経済外交研究中心編『中国経済外交二〇〇七』当代中国出版社、二〇〇八年。
戴暁芙『日本的銀行兼併与経営』復旦大学出版社、二〇〇八年。
白益民『三井帝国在行動　掲開日本財団的中国布局』中国経済出版社、二〇〇八年。

文化編

第一部　文化教育

1　文化教育　総論

黄大慧

はじめに

世界の長い歴史のページをめくり、人類の文明における波乱万丈と栄枯盛衰をつぶさに振り返ってみると、そこに見出せるのは、世界的にみても、歴史の角度からみても、中日関係はまさに誇れる国家関係だということである。中国と日本は地理的にみれば、一つの海に隔てられ、お互いを見渡せる一衣帯水〔衣服の帯のように狭い川や海に隔てられていること〕の近隣である。一世紀にすでに、中国の史学者班固が『漢書・地理志』のなかで、「楽浪の海中に倭人あり、分かれて百余国となる」と記している。これは、今から二千年以上前の漢の時代に、すでに中日両国の間に接触があったことを物語っている。五七年に、東漢の光武帝が邪馬台国の女王卑弥呼に印綬を授けたことが、中日両国間の正式な交流の始まりとされてきた。これは中日関係史でよく知られた話の一つである。二千年以上もの間、両国の先賢たちと民衆は困難を恐れず、海の荒波を乗り越え、さまざまな障害を克服して、輝かしい友好交流の歴史をともに築き上げてきた。両国関係は長い時代にわたり、深く、広い分野で交流し、大きな影響を与えあってきた。それは世界の民族交流と、国家関係の発展史のなかで非常に重要な位置を占めている。

中日間の文化交流は長くさかのぼることができる。教育や科学技術を含んださまざまな形の文化交流は、日中交流の重要な構成要素として、両国の交流史に輝かしい一ページを書き添えた。七、八世紀頃、中国では隋・唐時代、日本では奈良時代に、日本の「遣唐使」に代表されるように、中日文化交流は第一の波が始まり、空前の繁栄期に入った。吉備真備、阿倍仲麻呂、鑑真、最澄、空海ら多くの友好交流使者が現れたのもこの時期のことである。近代には、日本の明治維新が成功を収め、その経験を借りようと、多くの中国人有志が国家救済の道を求めて、危険な海の荒波を顧みず、日本へ渡った。ここに中日文化交流第二の波が押し寄せた。歴史を振り返ると、明・清の時代、つまり(日本の江戸時代の)鎖国時代でも、近代以降の戦争期でも、そして戦後の中日国交正常化がなされる前においても、不利な要因に阻まれることはあっても、両国の文化交流が完全に途絶えることは一度もなかった。むしろ、文化交流は特殊な時期にも両国の関係を維持する重要なルートとして、両国の政府・民間交流のなかで橋渡し役を果たしてきた。一九七二年の中日国交正常化以降、両国政府に重視され後押しされて、中日文化交流は再び命の輝きを放つようになり、空前の幅広い発展が始まった。

一九七八年八月に、中日両国政府が「中日平和友好条約」に調印したことは、中日文化交流の新たな一里塚であった。まず一九七二年の中日国交正常化によって、両国の歴史的な伝統である友好が回復し、中日関係は発展に向け、歴史的な一ページを開けた。政治的な対立という両国の文化交流を妨げていたものは、これによって一掃された。さらに「中日平和友好条約」の締結によって、両国の近隣友好関係の政治的な基礎がさらに固められた。そして、両国人民の友好交流、文化、科学技術、教育などの分野でさらに幅広く交流し、協力するための道が大きく拓かれた。

「中日平和友好条約」第三条には、「両締約国は、善隣友好の精神に基づき、かつ、平等及び互恵並びに内政に対する相互不干渉の原則に従い、両国間の経済関係及び文化関係の一層の発展並びに両国民の交流の促進のために努力する」と定められている。この規定にしたがい、中日文化交流が発展するにつれ、両国間で日々拡大する文化交流を保障し促進するため、中日両国は政府間の交流協定を結ぶ必要があると考えた。そこで、一九七九年十二月、両国は北京で「中日文化交流協定」に調印した。これによって、両国の文化、教育、学術、スポーツなどの分野における交流目標が確認された。協定の締結後に、両国政府の文化部門間における協力が急激に増えた。また、政府の文化機関と民間の文化機関との接触も頻繁になり、民間の文化・科学・教育交流も空前の繁栄を見せ、ついに中日文化交流史上第三の波が到来した。

「中日平和友好条約」の締結後、今日にいたるまでの三十年間の中日文化交流をまとめると、主に大きく以下の三つの特徴を指摘することができる。まず第一に、文化交流の内容が非常に幅広く、展開方式も多種多様になったこと。第二に、文化交流の主体が日々多様化し、コミュニケーションのチャンネルも多数になったこと。そして第三として、文化交流の連動性が強まり双方向性も明瞭になったことである。

一　文化交流の内容が幅広く、展開形式も多様に

「文化」という言葉には広い意味が込められており、文化交流にはさまざまな内容と形式が含まれる。中日間の文化交流とは、狭義にいえば、各種の文化芸術公演、映画などの映像、書道・絵画、スポーツ競技、文化財の展覧会などになろう。さらに広い意味でいえば、科学技術と教育における交流なども中日文化交流に含まれよう。

中日国交正常化の実現、とくに「中日平和友好条約」の締結後には、両国の文化交流事業が幅広く展開されるようになった。それはほぼすべての文化領域を網羅しており、その取り扱う内容の幅広さや形式の豊かさは、古代と近代における二度の文化交流の波いずれをも凌駕してしまうほどである。

中日両国間の文化芸術交流は、一九七八年以降、新たなすばらしい時代へと突き進んだ。両国間の文化芸術交流は主に演劇、歌、ダンス、そして戯曲などの舞台芸術に集中していた。そして、お互いの交流と理解を深めるなかで、両国の伝統芸術がそれぞれ異彩を放ち、人々を魅了してきた。舞台の上では、京劇、秦腔〔京劇の一種〕、歌舞伎、狂言、能楽などがそれぞれ独自の醍醐味を見せつけ、スポットライトを浴びていた。双方の芸術家と人民の創造性と開拓精神によって、相通ずる文化的な基礎を持つ両国人民の心と感性が、さらに引き寄せられることとなった。こうした芸術交流は、お互いに自国の文化を相手に宣伝する効果もあれば、双方の人民が理解しあい、心理的な距離を縮め、互いに好感がもてるような効果ももっている。芸術には国境がない。中日文化芸術交流はまさに透き通った湧き水のように、枯渇することなく中日関係という大海原にエネルギーを注ぎ込んだのである。

映画交流も、両国の文化関係のなかでとても重要な地位を占めている。この時期に両国の映画関係者の行き来が頻繁になり、映画週間、映画祭、回顧展をお互いに開催するようになった。また、合作映画を撮ったり、映画に関するシンポジウムを開催するようにもなった。映画だけについていえば、両国の交流と協力の第一の波がやってきたのは一九八〇年代であった。当時、門戸を開いたばかりの中国に数多くの優れた日本映画が流入し、中国国内に大きな影響と反響を生んだ。しかし、その後さまざまな原因で日本の映画は徐々に中国人から遠ざかってゆき、なかなか中国に入ってこなくなった。しかし、二十一世紀に入ると、両国間の映画交流に第二の波がやってきた。そして、双方向の交流のなかで、さまざまな生活スタイルを活き活きとしたタッチによって描き、新たな時代らしい特徴と生活感が生み出されるようになった。映画事業における交流と協力は、中日関係の友好と文化交流事業の発展を促している。

日本と中国の書道・絵画芸術は、そもそも発祥が同じであり、

共通した東方文化の基礎がある。そのため、両国の書画に関する交流は、広く深い友好関係を保ってきた。「中日平和友好条約」の調印以降、中日関係はおおむね友好的な発展を維持してきたが、それでも多くの起伏と試練に遭遇した。風雨絶えない両国関係のなかで、書画交流は中日文化交流のなかに現れた鮮やかな虹のような存在であった。それは中日関係がスムーズに発展したときには、さらに光と色を加え、関係が困難にさしかかったときには、両国人民の関係を維持するために独自の橋渡し役を担っていた。

中日間のスポーツ交流は、すでに中日国交正常化前から始まっていた。新中国が成立したばかりの頃、中国のスポーツ交流は日本を含む世界各国の人民と友好的な協力関係を築き上げ、中国の国づくりの成果と対外政策を広く周知させ、外交の手詰まりを打破するうえで重要な役割を果たしてきた。中日国交正常化以降、とくに「中日平和友好条約」の調印後、両国のスポーツ交流はさらに頻繁になった。中日スポーツ交流の分野は広く、内容も豊かである。具体的には、卓球、バレーボール、囲碁、体操、サッカー、バスケットボール、武術、相撲、野球、ソフトボール、水泳、飛び込み、陸上など多方面にわたる。さらに、幅広く盛んに行われてきたスポーツ交流には、民族間の隔たりと偏見を取り除き、中日関係の全面的な発展を促す効果もあった。スポーツ交流は両国の人民が友好的な感情をさらに強める重要な役割を果たしている。それは、この三十年の歴史が証明している。

文化財交流は、中日文化交流におけるもう一つの重要な構成要素である。中日間の文化財交流には、文化遺産保護における協力、文化財に関する学術交流、文化財保護科学技術の学習と援助など、さまざまなものが含まれる。なかでも文化財の展覧会は直接訴える力が強く、美しさとスケールの大きさなどの特徴を持ち、両国の文化財交流でもっとも人気を集め、影響力のある交流形式の一つとなった。中国と日本はともに東アジア文明圏に属している。精巧な中国文化財には歴史的、文化的、地理的、芸術観賞的な価値があり、それによって、日本民衆の審美観と歴史に対する共通性が呼び覚まされる。そのため、中国の文化財が日本で展覧されるとき、展示の数や質、規模、アレンジなどは、みな一流のものばかりである。一九七八年以降、日本で毎年数回の文化財展覧会が行われてきた。これらの優れた中国文化財の展覧会は、いつも多くの日本民衆を引き寄せ、中国五千年の輝かしい歴史、文化、地理に対する日本人民の理解を促し、両国人民の友情と理解をいっそう強固なものにする役割を果たしてきた。

中日両国間の科学技術交流は、一九六〇年代初期から始まった。それは当時中国の科学者にとって、世界の科学技術の発展を把握する重要なチャンネルの一つとなった。一九八〇年五月に両国政府が「中日科学技術協力協定」に調印し、政府間レベルの科学技術協力関係を築き上げた。それ以降、二国間の科学技術交流と協力は日増しに分野と規模を拡大し、多形式、多チャンネル、官民一致の交流協力体制が築かれた。この科学技術交流協力による社会的な効果は幅広く大きなものであった。そして、それは中国の改革開放事業を推進し、中国社会経済の発展を促すうえでも大きく貢献したのである。現在、中日政府間科学技術協力は主に「中日科学技術協力協定」、「中日環境保護協力協定」、JICA経由の技術協力、両政府関連部門間の協力と、(核安全協議を含む)「中日原子力協力協定」という五つの分野を含んでいる。このほかにも、半ば政府によるものや民間形式の科学技術交流も目覚ましく発展を遂げ、多くの組織、地域、研究所、大学が双方においてさまざまな形での交流と協力を展開している。これによって、両国の科学研究者の交流、共同研究などに非常に良い効果をもたらしている。

一九七八年に「中日平和友好条約」が調印された後、中日間の教育協力と交流は飛躍的な発展を遂げることができた。両国が教育の協力と交流を展開した初期には、日本政府と民間組織によって、中国の学校や貧困地域の教育事業に対して力強い支援がなされた。この間の日本政府と民間は、中国の教育業界に対して大量の無償援助を行った。このことは、中国の各領域における人材育成を助け、教育業界に貴重な経験を提供し、中国の改革開放と経済発展を促進した。教育に関する協力と交流の後期には、両国の教育面における協力も徐々に双方向交流の様相を呈するようになった。近年、両国は安定した協力と交流のメカニズムを築き上げ、高いレベルの人材育成を共同で手がけるようになってきた。とくに両国の大学間交流と留学生の交流は、両国の教育の国際化を促しており、能力の高い、国際的な視野を持つ人材を両国から輩出させた。この三十年の間、両国の努力のもとで、中日間教育協力と交流の規模は日に日に拡大し、その分野も、広く高いレベルへと進化し続けてきた。このことは、中国の現代化建設と中日友好関係の発展に対して、多くの人材と知識を供給することになったのである。

二　文化交流の主体が日々多様化し、チャンネルも多彩に

中日文化交流の内容は豊かで、ほぼすべての文化的分野を網羅している。そのうえ、活動の形式も多種多様で、大きな成果を得ることができた。そして、一九七八年以降の中日文化交流について分析すると、両国間の交流は深まってきており、社会経済が発展を遂げるにつれて交流の主体も伝統的なものから変わってきていることに気づく。文化交流を行う各種チャンネルも、もはや政府間だけのものにとどまらず、さまざまなレベルでの交流が現れ、多様化する時代の特徴が現れている。

実施主体と交流チャンネルに着目すると、我々は新しい時代

の中日文化交流を三つのモデルに分けることができる。すなわち、政府間モデル、政府‐民間モデル、民間モデルである。

中日文化交流が発展するなかで、政府の役割は目につきやすい。国と国同士の文化交流であるがゆえに、政治的な影響から完全に脱して、独立して発展することは非常に難しい。政府同士の関係いかんによって、両国の文化交流事業のスムーズな継続に影響が出るのが常である。両国の関係がもっとも厳しい戦争の時代であっても、中日間の文化交流は完全に途絶えることはなかった。しかし、政府同士の関係が両国の文化交流を左右していたことも否めない事実である。まさにこのことが原因で、中日国交正常化、とくに「平和友好条約」の締結後に、両国政府は安定した政治関係を築くことに成功し、スムーズな文化交流に政治的な保証ができたのである。その結果、中日文化交流史上に第三の波が到来した。一九七九年十二月に両国の政府が「中日文化交流協定」を調印したことで、両国の文化交流は新たな段階に入った。それと同時に、双方はまた文化交流政府間協議制度を立ち上げ、定期的な政府の関連部門による協議を通して、文化交流における問題を解決し、交流の発展を促していった。つまり、政府協定の締結と政府間の相次ぐ協議・協力は、両国のさまざまな文化団体と個人レベルにおける文化交流のスムーズな進行を強く後押ししたのである。

政府間の協力と交流は、科学技術、教育交流を含む中日文化交流の多くの分野で大きな役割を果たしたといえる。まず、政府同士で締結した各種文化交流協定と協力協議は、双方による文化交流の基本的な原則、協力内容および発展の方向を明確にしたうえで、交流に建設的な方向性と促進作用をもたらした。次に、文化交流事業を促すための各種政府間文書と関連する一連の保障措置は、スムーズな文化交流のための障害を取り除き、政策的な支持と法的な保護を提供したのである。最後に、政府間文化交流と協力が深まるにつれて、民間の文化交流に対して良い手本となると同時に、各種民間組織が積極的に中日文化交流事業へ参入するのを後押ししたのである。その結果、中日文化交流の全面的な発展に寄与した。

「政府‐民間モデル」は、中日文化交流のなかでよく見られる交流協力モデルである。これは主に中国政府の文化科学教育主管部門と、日本の関連文化機構および民間組織間の交流を指し、双方の科学技術と教育を含む文化交流を促す効果があった。代表的なものとして、中国文化部、教育部などの政府部門と、日本の独立行政法人国際交流基金との協力や、中国教育部、中国科学院などと独立行政法人日本学術振興会との交流がある。こうした「政府‐民間」モデルはその独自の利点を持っている。まず、中国国内の文化事業の発展に関する情報保持について、中国政府は絶対的に優位である。それによって、全体を見て系統立てた調査研究と管理区分ができるのである。一方、日本の独立文化機構と民間組織には大きな資金力と技術面の資源がある。比較的独立した機構として、それらには政府機関にはまねのできない柔軟さと自主性がある。したがって、政府や教育主管部門と文化機構、民間組織と企業同士の協力と交流など、官民一致の利点を十分に発揮することで、中日文化交流を繁栄に導く良いチャンスが得られるのである。

民間での文化交流は、両国の間に長い歴史と伝統がある。隋・唐時代の中日文化交流に第一次の波が生まれた。鑑真の渡日、最澄、空海が中国へ渡り仏法を学ぶといった仏教交流はまさに民間文化交流の典型である。近代の中日文化交流の第二の波にいたっては、中国の多くの維新派と革命先賢たちは東の海を渡り、国を救う術を学ぼうとした。これも多くが民間の自発的なものであった。一九七八年「中日平和友好条約」が締結されて以降、中日文化交流はいよいよ第三の波を迎え、双方の民間文化交流はさらに頻度を増して、深まっていった。芸術公演、スポーツ競技、大学間協力、科学技術導入などなど、中日民間文化交流が扱う分野はすでにあらゆる領域に及んでいる。「民間モデル」の文化交流は幅広く展開され、時間をじっくりとかけてダイナミックに双方向的なものへと深まり、いまやもっともよく見られる交流方式となった。両国が民間の文化交流を展開することは、両国人民の伝統的な友情を保つばかりではなく、民間から政府へと働きかけ、政府間交流のさらなる発展を促すものでもある。このほかにも、民間文化交流のダイナミックさに加え、その幅の広さによって、政府の力が及ばない分野でも力を発揮することができる。こうしたことは、政府間交流に対する単なる補完的な役割ばかりではなく、ある意味で「民間モデル」は「政府間モデル」を凌ぐ交流チャンネルであり、ますますその積極的な役割を果たすであろう。

三　文化交流の連動性が強まり、双方向性も明瞭に

一九七八年以降の文化交流の第三の波には、それ以前の二度の文化交流の波と異なり、明らかな連動性と双方向性がある。

七―八世紀の中日文化交流では、主に日本側が留学生や僧侶を中国に派遣して、進んだ中国の文化を学んでいた。当時、（たとえば日本へ渡った鑑真のように）日本へ赴く中国人は主に中国の進んだ文明を広めることが目的であった。近代になると、中国の多くの愛国人士が日本に赴き真理と救国の道を探ろうとした。よって、この時期における文化交流の方向は主に日本から中国へ向かうものであった。すなわち、中国が日本に新たな文明を求めたのである。現在の、中日文化交流第三の波にいたっては、とくに二十世紀末以降、中国経済の目覚ましい発展と、国力の上昇にしたがって、文化事業はあらゆる面で繁栄を見せ、両国の文化交流に、相互学習、相互借用、互恵協力、共同前進といった新たな特徴が見られるようになった。

新たな時代において、中日文化交流における双方向の連動性は文化芸術、スポーツ、書画、テレビ、文化財展覧、科学技術協力、大学間協力など各方面に現れている。とくに特記すべきは、いまや中日両国間で数度にわたって行われている「文化年」活動である。特殊な文化交流形式をたどる「文化年」は、国同士の交流と相互の働きかけに絶好の形を提供した。国家を主体とし、文化をテーマに、「文化年」は集中的な大型文化相互交流によって各方面にエネルギーを注入し、文化を通して民族間の理解と友情を育み、深めた。両国の間では近年さまざまなテーマを持つ「文化年」活動が展開され、お互いの文化やそれと関連する内容をテーマとした交流を重ね、文化交流の相互の連動性を大きく高めた。それと同時に、「文化年」は中日両政府の国家関係を改善・推進し、双方の人民が友情と協力を深めていくための重要なルートともなった。

こうした相互に連動した中日間の文化交流の特徴は、客観的な現実と時代の流れに沿ったものである。なぜなら、あらゆる国家と民族の文化には優れたところと足りないところがある。外界との文化交流を通して、他の文化の優れた点を学ぶことで自らを補うことは、民族がたえず発展するための必要条件である。数千年の発展と蓄積のうえに、さらにそれぞれが西欧文化などとの接触を経て新たなものを形成してきた。そのため、中日両国の文化には相似するところがあるものの、大きな相違点もある。この観点からいって、双方は文化交流のなかで必ずお互いをひきつけるものを生み出すであろう。そのため、中日文化の双方向の連動性は必要であるばかりではなく、必然的なものでもある。グローバル化が日増しに拡大するいま、異質な文化の間で衝突が起こると同時に、異なる文化間での照らしあいと吸収も必然的に出てくる。そしてその結果、新たなより進んだ文化が生まれるのである。中日文化交流第三の波はこの真新しい時代に適合したものである。この文化交流の双方向性と連動性は今後、きっとさらに勢いを増していくことが予想される。それによって、両国の文化はお互いに補いあい、新たな文化的な特徴を作り出し続けることで、中日文化交流がさらに進んだ方向へと邁進していくことを後押しするであろう。

2　中日文化交流協定・政府間協議

黄大慧　金肖豊

中日文化交流は長い歴史があり、交流の重要な構成要素として、両国交流の歴史に輝かしい一ページを残した。歴史に名を轟かせた吉備真備、阿倍仲麻呂、鑑真、最澄、空海、栄西、蘭渓道隆、朱舜水らの存在が、二千年にわたる中日文化交流がいかに時の試練に耐え、繁栄してきたかを物語っている。さらに彼らは、両国文化交流事業のために、不断の努力を尽くすよう人々を勇気づけてきた。戦時および戦後の中日国交回復前に、さまざまなマイナスとなる要素から影響を受けつつも、両国の文化交流は一度も完全に途絶えることはなかった。逆に文化交流は、特殊な時期における両国関係の維持のための重要なルートとなり、両国の政府・民間交流のなかで橋渡しの役割を果たしてきた。一九七二年に中日国交正常化が実現して以降、両国政府の重視と後押しのもと、両国の文化交流は空前の幅広い発展を遂げてきた。

一九七八年八月に両国の政府は「中日平和友好条約」を締結し、中日関係の発展において歴史的な一ページが開かれた。友好平和条約の締結は、中日の近隣友好関係の基礎となり、両国人民の友好的な交流を発展させた。また、政治、経済、文化、科学技術などの分野における両国の幅広い協力を促進し、未来を切り拓いた。

平和友好条約の第三条は次のように定めている。「両締約国は、善隣友好の精神に基づき、かつ、平等及び互恵並びに内政に対する相互不干渉の原則に従い、両国間の経済関係及び文化関係の一層の発展並びに両国民の交流の促進のために努力する。」この規定に則って、両国政府の積極的な支援のもと、政府高官をはじめとする中日間の行き来が大幅に増え、中日文化交流が日増しに頻繁になり、両国の関係は空前の友好ムードを呈することとなった。

一　「**中日文化交流協定**」

「中日文化交流協定」は「中日平和友好条約」発効後両国が初めて調印した政府間協定であり、中日政府間初の文化協定でもある。

「中日平和友好条約」発効後すぐの一九七八年十二月、日本教育代表団が中国を訪問し、わが国の教育部関連責任者と日本への中国人留学生について会談を行った。ここで一九七九年四月から、日本が決まった人数の中国人留学生を受け入れることが取り決められた。これは「中日平和友好条約」発効後、両国政府の文化交流に関する初めての合意となった。その後、中日間の文化交流は日増しに拡大していった。一九七九年四月十七日から十八日にかけて、中国中央テレビ（CCTV）は日本放送協会（NHK）と「テレビ番組『シルクロード』の共同制作に関する協定書」を締結した。双方は共同出資により、中国初の大型テレビシリーズ・ドキュメンタリー番組『シルクロード』を共同で撮影することを取り決めた。五月七日から六月五日までの間、廖承志中日友好協会会長の率いる「中日友好の船」訪日代表団が日本を訪問した。代表団メンバーは中国各業界の約六百名からなり、うち四割が科学教育文化衛生分野の出身で、科学研究者百七十三名と文化教育衛生関係者七十三名が含まれていた。この廖承志の訪日は、両政府の結びつきを非常に強めた。廖承志は中日友好協会会長の立場で日本を訪問したが、彼は当時、全国人民代表大会常務委員会副委員長をも兼ねていた。中国政府におけるその立場と役割を考慮すれば、この訪問の政府側の意図が浮き彫りにされるであろう。九月十七日、中国科学院は日本学術振興会と学術交流覚書を結んだ。双方はお互いに研究者を派遣することで、両国の研究者同士の連携を強め、研究の成果と情報などを交換することを取り決めた。九月二十九日に日中人文社会科学交流協会が東京で設立され、日本の有名な経済学者の有沢広巳が会長となった。

中日文化交流が深まるにつれて、「中日平和友好条約」の第三条規定にしたがい、両国は政府間の交流協定を結ぶことで、日々拡大していく文化交流を保護し、促進していく必要を感じていた。一九七九年二月六日に鄧小平副総理は訪米の帰国途中に、日本を二日間にわたって訪問した。そこで、新任の大平正芳首相と会談を行い、政治、経済、文化などの各領域について広く意見交換を行い、多くの合意を得ることができた。同年の四月八日から十九日にかけて、鄧穎超副委員長が全国人民代表大会代表団を率いて日本を訪問した。十一日の午後に日本記者クラブが彼女のためにレセプションパーティーを開いた。その場で、両国の政府はすでに「交換留学生について合意を得ており、そしていま科学技術と文化協定の話しあいをしている最中」である、と鄧穎超は語った。

一九七九年十二月五日から九日にかけて、大平正芳首相が中国政府の招待に応え、中国に五日間にわたる正式な友好訪問を行った。これは田中角栄首相の一九七二年九月の訪中に続く、首相で二人目の訪中となった。訪中に先立ち、大平首相は十一月二十日に中国メディア代表団と会見し、「中国人民への手紙」を手渡した。手紙のなかで今回の訪中の目的は「八〇年代の中日関係のために確固たる道を切り拓くことである」と強調していた。訪中期間中に、大平首相は華国鋒総理、鄧小平副総理とそれぞれ会談し、双方ともに関心を寄せる問題について意見を交わした。

十二月六日、両国総理出席のもと、大来佐武郎外相と黄鎮中国文化部長が北京で「文化交流の促進のための中華人民共和国政府と日本国政府との間の協定」（略称、中日文化交流協定）に調印した。これによって、両国の文化、教育、学術、スポーツなど多方面における交流の目標が確立された。

「中日文化交流協定」で、両国の政府は各自の実施体制にしたがい、次の形態でできる限り協力していくことを定めた。

①学者、教員、学生、芸術家、スポーツマンその他文化的、教育的又は学術的活動に従事する者の交流。

②大学その他の教育又は研究の機関における修学及び研究に従事する他方の国の国民に対する奨学金その他の便宜の供与。

③学者又は研究員による共同の学術研究又は学術調査の実施。

④講演、演劇、演奏会、映画会、美術展覧会その他の文化的行事の実施。

⑤書籍、定期刊行物その他の出版物及び学術研究資料の交換。

⑥フィルム、音盤、テープその他の視聴覚用資材の交換。

このほかに、両国政府は外交ルートを通じて、両国間の文化、教育、学術とスポーツ交流に関する諸問題について随時協議すること、そして必要が生じたときは、代表を派遣して協定の実施状況についての意見交換を行うことも定められた。さらに、両政府が双方の各種団体および個人の間の文化交流を促進し、それらがスムーズに行われるようにすることとなった。

十二月七日に、大平首相が中国全国政協礼堂で講演を行い、「（日本政府は）技術協力、あるいは留学生の受け入れをはじめとする文化学術面等において（中国の）人造りに積極的に協力していく用意がある」と述べた。大平は、「相互理解を深めるうえで人の往来を盛んにすることの重要性については、あらためて多言を要」せず、そして日本政府は「とくに両国間の文化学術面における交流、あるいは留学生等の交流を大切にしたい」と話した。近年の日本で、中国語学習がブームになっており、大平首相はこれをたいへん喜ばしいことであると述べ、日本政府も支持したい、と語った。

中日両国の文化は相似しており、概してその政治と経済の分野における交流と比べ、文化交流の障壁は比較的少ない。一九七二年に中日国交正常化が実現された後、中日文化交流の主な障害はすでにほとんどすべてクリアされていた。一九七八年八月に両国政府は「中日平和友好条約」を結び、文化交流の原則と方向性を定めた。「中日文化交流協定」は「中日平和友好条約」の上にできた、といっても過言ではない。その締結によって、両国の文化交流が官民一致の段階に入ったことを示している。

「中日文化交流協定」は双方の、文化、教育、学術とスポーツなどの領域における協力と交流の必要性、およびその大きな可能性を存分に謳っている。協定が結ばれて、八〇年代を通じて今日にいたるまで、中日文化交流が力強く推進されることとなった。教育、学術、文学、音楽、美術、スポーツ、映像、演劇および人的交流などあらゆる側面で、文化の協力と交流は未曾有の発展を遂げることができた。二千年という長い歴史と伝統を持つ両国間の文化交流は、「中日文化交流協定」を新たなスタート地点とし、さらに幅広く、順調に発展を遂げるようになった。

二　中日両政府の文化交流事業への支持および関連協定・協議

中日両政府が「中日文化交流協定」を結んだことは、両国間の文化交流が新たな段階へ入ったことを示している。それと同時に、双方は文化交流政府間協議制度を立ち上げ、定期的に政府の関連部門間の協議を通して、文化交流の際にぶつかるさまざまな問題に対処し、文化交流の絶え間ない発展を促してきた。政府協定の締結と持続された政府間協議は、両国の各種団体と個人の間の文化交流をおおいに促したといえる。それはさらに、こうした文化交流に対する保障となり、建設的な先導の役割を果たすこととなった。双方の努力のもと、中日文化交流・協力は全面的な発展を遂げることができ、官民一致、多チャンネル、多形式という新たな一面を現した。その幅広さ、規模の大きさ、数の多さ、活動の頻繁さ、内容の豊かさなど、どれも中国と文化交流のあるほかの国家をはるかに凌ぐものとなっている。

中日政府の文化交流面における協力をみてみると、双方の青年同士の交流強化と中国の歴史文化財保護が二つの重要な事業であることがわかる。

1．青年交流に関する協定と措置

青年は国家の前途であり未来の希望である。彼らが歴史を受け継ぎ、未来を切り拓く重要な歴史的な責任を担っている。新世紀の中日友好事業は両国の若い世代に託されている。両国の若い世代が幅広く交流活動を展開し、お互いに学びあうなかで相互理解を深め、交流のなかで友情を育む。こうしたことは、中日関係の将来にとってこのうえなく重要な意義がある。したがって、青年交流は中日関係における重要な構成要素であり、青年同士の友好交流は両国政府がともに十分重視するところでもある。

一九八一年十二月十五日から十六日にかけて、第二回中日政府閣僚会議が東京で開かれた。この頃日本国内で、中日文化交流を促進し、日本にいる中国人留学生へ便宜を図るため、中日国交正常化十周年を機に「日中会館」を設立する動きがあった。両政府はこれに関心を寄せ、この問題について引き続き意見交換を行うとした。

一九八三年九月四日から六日にかけて、第三回中日政府閣僚会議が北京で行われた。このとき、両国の青年・学生同士の友好交流を強めることは、両国の若い世代の相互理解と友情を育み、両国人民の伝統ある友情に新たな若いエネルギーを注入するうえで重要である、と両国が確認している。そこで、会議では両政府が若い世代の交流活動を前向きに支援し、できる限りの提供を行うことを提案した。会議期間中の五日の午前中に、呉学謙国務委員兼外交部長は安倍晋太郎外相と北京で会談を行った。会談の中で両者は、前向きな措置を採って、中日間の文化交流と青年交流の不断の発展を促すことに合意した。午後に、胡耀邦中国共産党中央総書記が安倍外相をはじめとする六名の閣僚と会見した際に、両国の青少年が交流を強め、相互理解を深めることに対する関心を示した。六日に安倍外相はプレス・レセプションで再び両国の青少年交流について触れ、両政府が青少年の交流と相互理解のために計画を立て、その実現に尽力していく、と表明した。

一九八三年十一月二十三日から二十六日にかけて、胡耀邦総書記が六日間にわたって日本を正式に友好訪問した。二十六日に、胡耀邦総書記は日本各界の青年集会で演説した。そこで、日本の各友好青年団体を招待し、双方の青年同士の相互理解を深めるため、翌年の秋に三千名の青年を中国に派遣してくれるよう日本側に要請した。一九八四年九月二十四日から十月八日にかけて、四十七都道府県から三千名の日本青年が、上海、杭州、南京、北京、西安と武漢の六つの都市で中国青年と湖上パーティ、キャンプファイア、名所めぐり、関連施設への参観や家庭訪問を行った。北京では三千名の日本青年が、中国の三十五周年国慶節にも参加した。この青年友好交流は規模も大きく、多くの方面を代表しており、影響力が強かった。それは中日交流史上で空前のものとなり、華々しい一夜を飾るとともに、中日友好の快挙であった。これによって、両国の青年と人民の心の交流が深まり、今後も長く近隣友好が続いてほしいという願いとともに、両国青年の相互理解、相互信頼も育まれた。

一九八六年十月二十九日に、両国の中日青年交流センターの設立に関する文書が調印された。十一月八日に胡耀邦総書記の招待に応え、中曽根康弘首相が中国を訪問し、中日青年交流センターの定礎式典へ出席した。訪問期間中に中曽根首相は、一九八七年から毎年百名の中国青年が訪日する「日中青年の友情計画」を提案した。この計画にしたがって、これまで二十回に及ぶ中国青年考察団（国内では百人団とも呼ばれている）が中国全国青年連合から日本を訪問している。考察団は青年育成分団、経済分団、地域振興分団、教育分団という四つの分団に分けられ（分団ごとに百名からなる）、全国三十一の省（自治区、直轄市）と中央国家機関の関連部門から二千名あまりの各界の青年代表が計画へ参加した。中国青年考察団の訪日期間中に、専門領域の考察と研修、経済・文化・歴史講習、ホームステイなどを通じて、日本の青年や各界の民衆と踏み込んだ対話と交流を重ね、相互理解を深めることができた。「日中青年の友情計画」はとくに若い世代をはじめとする双方の社会各方面から注目と評価を集め、中日友好事業に貢献する新たな力を育成した。このことは、健全な中日関係の長期的な安定と発展の基礎となる若い世代を作り出した。

一九九一年八月十日から十三日にかけて、海部俊樹首相が招待に応えて中国を訪問した。十一日に、海部首相は北京の中日青年交流センターで「新しい世界と日中関係」と題した政策講演を行った。そのなかで、日中平和と友好関係を着実に発展させ、その希望を両国の青年に託す、と述べた。さらに、「北京中日青年交流センターは、まさに両国政府が双方の青年交流を通じて、必ず日中平和と友好関係を二十一世紀へ確実に受け継いでいけるという強い信念のもとで協力して作られた。これからの二十年は、両国の若い世代によって切り拓かれるものでなければならない」と話した。十二日には江沢民中国共産党中央総書記が海部首相と会見して、両国の文化には相通ずるところがたくさんあり、日本は中国の古い文化をよく理解しており、双方の協力にとってプラスとなる条件が多く存在する、と語った。また、訪中期間中に海部首相は、深圳大学から名誉教授の称号を受けた。さらに、中日青少年交流を強めるため、日本は今後五年間に千名の中国青年を日本訪問に招待すると表明した。そして両国の政府は、日本政府が中国へ四千九百万円の文化無償援助を提供する合意に達することもできた。

一九九八年十一月二十五日から三十日にかけて、江沢民中国国家主席が日本を公式訪問し、小渕恵三首相と会談した。会談のなかで、中日首脳は双方の青少年交流に対して関心をもち、重視することを明らかにした。また、中日青少年交流が二国間関係の発展を促すうえで積極的な役割を果たしているとの認識を示すとともに、前向きな評価を与えた。こうした交流をさらに拡大させることは、二十一世紀に向けて長く安定した中日関係を発展させ、末永い友好という両国人民の目標実現にとって重要な意義をもっていると捉えられた。十一月二十六日に両政府は「平和と発展のための友好協力パートナーシップの構築に関する中日共同宣言」を発表した。さらに、唐家璇外交部長と高村正彦外相は「青少年交流の一層の発展のための日本国政府と中華人民共和国政府との間の枠組みに関する協力計画」に調印した。

「青少年交流の一層の発展のための日本国政府と中華人民共和国政府との間の枠組みに関する協力計画」にしたがって、両国は双方の青少年交流をさらに深め、発展させることで、以下の協力について合意に達した。

①双方は、文化、教育、学術、スポーツ等の種々の分野における両国の青年の交流及び協力の強化を引き続き支持し、及び奨励する。双方は、一九九九年度より二〇〇三年度の間に一万五千人規模の青年の相互訪問・交流の実現に向けて努力する。

②中華人民共和国政府は、日本国政府又はその指定する団体により選ばれる日本国青年を一九九九年より二〇〇三年(暦年)まで毎年百名ずつ招聘する。中国側は、中華全国青年連合会にその実施を委託する。

③中国側は、日本側がこれまで実施した日本・中国青年親善交流事業、青年日本研修、日中青年の友情計画及び中国実務者招聘計画等の各種青年交流計画を積極的に評価する。双方は、引き続き協力してこれらの計画を実施する。

④双方は、両国の青年教育関係者及び学生の間の交流を協力して推進する。日本側は、中国の中等教育機関の日本語教師及び初等中等教育機関の教師を日本における短期研修に招聘する。関連する事項については、中国側は中華人民共和国教育部が責任を負う。

⑤双方は、両国の留学生相互派遣事業を一層強化し、両国の帰国留学生の活動を積極的に支持する。双方は、留学情報の提供及び留学相談に関する事業を強化するために具体的な措置を講ずる。

⑥双方は、若手行政官・経済人の交流を協力して推進する。日本側は、中国の若手行政官や経済人の訪日研修留学プログラムへの招聘を推進する。

⑦双方は、両国の文化交流、学術交流及びスポーツ交流の発展を推進するために、青年芸術家、若手研究者及びスポーツ関係者の間の交流を一層促進する。

⑧双方は、日本の学生及び生徒が修学旅行により中国を訪問して行う交流は両国の青少年の相互理解を深めるものと認識する。中国側は、引き続きこれに便宜をはかり、中国国家旅遊総局が責任を持って具体的に実施する。

⑨両国の青少年の間の相互理解を促進するために、日本側は、中国側と協力して、中国の高校生の訪日を招請する。中国側はこれを歓迎し、中華人民共和国教育部を指定して、責任を持って日本側と協議する。

⑩双方は、この計画に言及されたすべての事項に関して具体的に協議する。

両国政府によって調印された「青少年交流の一層の発展のための日本国政府と中華人民共和国政府との間の枠組みに関する協力計画」は日中青年による世紀をまたぐ交流の基本的なプロジェクトを定め、青年同士の相互理解を促進させ、両国人民の友情を深め、近隣友好協力関係の発展のために新たな活力を注いだ。

一九九九年七月に小渕恵三首相が中国を訪問した。双方の民間交流を深め、環境保護における協力を推進し、中国の緑化事業を支援するため、日本政府は総額百億円規模の「日中緑化交流基金」（略称、小渕基金）の設立を提案した。「小渕基金」は青少年をはじめとする日本国民が中国との環境保護における協力を支持し、植林を通して、生態環境を改善することで、いっそう幅広く両国の相互理解と交流を促し、両国人民の友情を深めることを主旨とする。社会各方面尽力のもと、この基金は中国共産主義青年団と「母なる河を保護する運動」を成功裡に収めた。日本青年団協議会を含む十七の日本の民間団体は、全国青年連合および中国地方四十六の青年団体と共同で百五十五のプロジェクトを遂行した。二十あまりの省、市、自治区で今のところのべ約二万ヘクタールの植林が完成されている。日本政府主導のもとで設立された「小渕基金」は、中国の緑化環境保護事業のために大きく貢献し、若い世代を中心とする両国人民の友情を深めた。

二〇〇七年十二月に、福田康夫首相が中国を訪問した。両国首脳は「『中日青少年友好交流年』の活動に関する覚書」など、人的交流に関する協議に調印した。両国間の青少年交流を幅広く展開することは、両国民の相互理解と友好感情を高め、双方の戦略的な互恵関係のために重要であると確認した。「中日平和友好条約」の締結三十周年を記念し、青少年交流をいっそう促し、若い世代の相手国に対する理解を深めるため、二〇〇八年は「中日青少年友好交流年」と定められた。さらに、覚書に付属する「『中日青少年友好交流年』の活動に関する協力計画」にしたがって、文化、学術、環境保護、科学技術、メディア、映像、観光などの分野で一連の青少年交流活動が展開されることとなった。また、両国は二〇〇八年にそれぞれ三千名の若い学生を相手国へ派遣し、相互訪問させることを企画した。二〇〇八年三月に、胡錦濤国家主席は中国人民大学で行われた中日青少年友好交流年開幕式へ出席した。開幕式で胡錦濤主席は、中国と日本の末永い友好はつまるところ両国人民の友好によるものであり、つまるところ両国の青少年から始めなければならない、と述べた。胡錦濤主席は小林陽太郎訪中団団長および開幕式に参加した政府関係者、青年学生代表と一緒に中国人民大学で中日友好を象徴する二本の木を植えた。

二〇〇八年五月六日から十日にかけて、胡錦濤国家主席は日本を公式訪問した。そして五月七日に、両国は『戦略的互恵関係』の包括的推進に関する日中共同声明」を発表した。中日間の文化と青年交流事業に関して、両政府は声明のなかで以下のことを確認し合意している。

・双方は、「日中青少年友好交流年」の順調な立ち上げに満足の意を表明する。双方は、今後四年間、毎年四千名規模の青少年交流を実施することを確認し、最大限有効な青少年交流が行われるよう努力する。

・双方は、日中青少年友好交流を長期にわたり継続的に行っていくことで一致し、両国の各界に青少年交流促進の協力を強化するよう呼びかける。

・双方は、両国中堅幹部の交流を一層強化することが積極的な意義を有し、今後この分野における交流及び協力に取り組むことを引き続き支持することで一致した。

・双方は、文化センターの相互設置に関する協定が署名されたことを歓迎し、同センターが、両国国民の相互理解の促進に積極的役割を果たすことへの期待を表明した。

・双方は、人文分野における交流及び協力に積極的に取り組み、関係部門及び社会団体が文化遺産の保護等の分野で共同研究を行うことを奨励する。

・昨年（二〇〇七年）十二月の福田総理訪中時に、日本側は北京大学の対日交流強化のためのプランを提案した。双方は、関連の準備が進められていることを歓迎し、知的交流の更なる強化のため協力を継続する。

五月八日午後、中日青少年友好交流年日本側開幕式が東京の早稲田大学で行われ、胡錦濤中国国家主席と福田康夫首相、中曽根康弘元首相が一緒に開幕式に列席した。胡錦濤主席は早稲田大学で講演を行い、「人文交流を拡大させる」ことは両国が共同で推進する戦略的な互恵関係の重要な一側面である、と指摘した。さらに胡錦濤は、「人的交流は両国人民の相互理解を深める橋渡しの役割を果たし、文化交流は両国人民の心を通わせるパイプである。我々は恒久的に両国の人的交流を展開し、双方の青少年交流を長期に、かつ効率的に行うメカニズムの構築に力を注がなければならない。これによって、両国の末永い友好の社会的な基礎ができあがる」と語った。また、胡錦濤主席は中国政府が百名の早稲田大学学生を中国訪問に招待する計画を明らかにし、日本の青年学生が中国を自らの目で見てほしい、と述べた。開幕式が終わった後、胡錦濤主席は有名な卓球選手である王楠、福原愛と卓球の友好試合を行った。青年は希望と未来を象徴しており、今日蒔いた種は明日必ず巨木になる、と胡錦濤はメディアに対して話した。そして、両国の人民が永遠に友好で、中日戦略的な互恵関係も絶え間なく前向きに発展してほしいと語った。

2. 文化財保護に関する協定と措置

中日両政府は中国歴史文化財の保護について幅広い協力を行ってきた。歴史上、中日両国は、東洋の儒教文化圏に属し、文化が似ており、同文同種である。もっといえば、中国の古代文化は日本文化の源流の一つである。中華文化は古代の日本に対して大きな影響をもたらしたばかりではなく、現在の日本に対してもその影響力が大きく、かつ魅力に満ちている。歴史文化遺産は全人類共通の富である。中日両政府は歴史文化遺産の保護と、お互いに共通する歴史文化の発揚のために重要な貢献をしてきた。

一九八〇年四月十三日に、日本政府、文化界、仏教界の支持のもと、両国人民の熱い思いが込められた奈良の唐招提寺の鑑真和上像が巡回展のため中国に渡った。鄧小平中国国務院副総理、廖承志全国人民代表大会常務委員会副委員長がそれぞれ祝辞を書き記し、唐招提寺の鑑真和上像が巡回展のために里帰りすることを歓迎した。そのなかで、今回の試みは大きな意義をもつすばらしいことであると賞賛し、人々も鑑真の献身的な精神に学び、両国人民の末永い友好のために努力してほしい、と記した。鑑真和上像の巡回展は両国の友情をいっそう輝かせた。

一九八八年八月二十五日から三十日にかけて、竹下登首相が中国を訪問した。二十九日に竹下登首相は西安人民大厦礼堂で「新たなる飛躍をめざして」と題された記念講演を行った。そのなかで、中日文化交流が充実して初めて両国の関係に幅広い発展が得られる、と指摘した。これに関して、竹下首相は中日文化交流を強めるために三つの提案を行った。第一は人的交流の拡大、第二は心の交流の活発化、第三は文化財・遺跡保存に対する協力である。竹下首相が敦煌を訪問したとき、日本政府は敦煌石窟文化財に対して無償援助を行うことに関して中国政府と合意した。その内容とは、「敦煌石窟文化財保存研究・展示センター」を設立するため、日本政府が十億円の無償援助を提供することである。一九九四年八月二十一日に、すでに首相の座から退いた竹下登、日中友好協会会長の平山郁夫、および中国駐在日本大使の国広道彦らが敦煌石窟文化財保存研究・展示センターの竣工式に参加した。八月二十二日に江沢民国家主席は、竹下元首相との会見のなかで、「中日両国の文化は相通じており、長い交流の歴史がある。文化は双方の国と人民を結びつける重要なチャンネルである。敦煌石窟文化財保存研究・展示センターの設立は必ず両国の文化交流をいっそう強め、人民同士の相互理解と友情をきっと深めるであろう」と述べた。その日の午前中に、竹下登は中国人民大学から名誉博士学位を授与された。

一九九四年三月十八日に、日本は西安の唐大明宮含元殿を保存・修復するため、ユネスコを通して中国へ百万ドルを提供することを取り決めた。一九九五年五月に、村山富市首相は招待に応えて中国を訪問した。西安を参観訪問したとき、両国は日本政府による中国政府への文化無償援助協定に調印した。これによって、日本政府は陝西省の文化財管理部門へ四千六百万円相当の撮影機材を無償で提供することが決定された。

3．文化交流を促進するその他の協定と措置

文化財保護と青年交流以外にも、両政府は他の文化分野において協議と協力を強め、さまざまな協定と協議を通じて一連の前向きな措置を採ることで、二国間の文化交流と協力を力強く後押ししてきた。

一九八〇年に中国教育部は、中国の大学の日本語教師育成に関して、国際交流基金[1]との協力を開始した。中国がその改革開放を実施し始めた八〇年代初期において、日本の国際交流基金は中国のために六百名あまりの大学日本語教師を育成し、中国の外国語教育の発展に寄与した。一九八〇年三月二十七日に、中国新華社通信は日本の共同通信社と音声専用回線の共同運営についての協定に調印した。続いて四月十四日には、東京で新華社通信と時事通信社との間でニュースに関する協力協定が結ばれた。さらに六月十九日には、中国社会科学院と日本学術振興会は学術交流の覚書に調印し、双方は両国の研究者のパイプを強めるために科学研究者を交換派遣することを取り決めた。研究の成果と情報を交換することで、人文社会科学全領域の研究者の交流を促すことがこの協定の主眼であった。一九八一年三月二十日に、日本政府の中国政府に対する五千万円分の文化無償協力の交換文書が北京で調印された。一九八三年三月十七日に第二回中日文化交流政府間協議が東京で行われ、双方はいかに文化交流をさらに発展させるかについて意見交換を行った。

一九八四年二月に、呂志先中国文化部副部長と鹿取泰衛中国駐在日本大使はそれぞれ本国政府を代表して、北京で中日文化無償協力の交換文書に調印した。同年八月に森喜朗文部大臣が中国を訪問し、何東昌教育部部長と北京で「会談覚書」に正式署名した。これによって、平和友好、平等互恵、相互信頼、長期安定という共通原則のもとで、両人民の末永い友好実現という崇高な目標のために努力するという両国の重要な使命が確認された。また、これによって両国の教育分野における交流の指標となる原則と協力範疇も確定されることとなった。一九八五年に、中国教育部と日本の国際交流基金との間で調印された交流計画にしたがって、北京外国語大学内に「北京日本学研究センター」が設立され、両国が協力して中国の大学の日本語教師を育成することとなった。いまや「北京日本学研究センター」は、中国で日本文化と言語を研究する重要拠点となり、関連資料が集められている。一九八七年四月に王蒙中国文化部長が日本を訪問した。さらに九月には、第四回中日文化交流政府間協議

が東京で行われた。

一九九〇年に、劉徳有文化部副部長は橋本恕駐中国日本大使と、それぞれ本国政府を代表して北京で、日本政府による宋慶齢基金会への文化無償協力提供に関する交換文書に調印した。一九九三年三月二十六日に北京で、日本政府が二つの事業からなる八千四百万円相当の文化無償援助を中国に提供する交換文書が、両国政府の間で調印された。さらに一九九四年三月に、文化交流を趣旨とする国際交流基金北京事務所が正式に設立された。一九九四年一月に、中国を訪問していた羽田孜外相は中国文化部部長劉忠徳とそれぞれ本国政府を代表して、中国政府に対して日本政府が無償で文化協力を提供する協定に署名した。また一九九八年に、中国教育部と日本学術振興会との間で「拠点大学交流事業覚書」が結ばれた。この覚書は北京大学をはじめとする重点大学と日本の筑波大学などの大学との間における「バイオシステム学分野」での「より強力な協力」に対して便宜を提供した。同年八月に、高村正彦外相が中国を訪問した。そこで、両国政府は日本政府の対中文化無償援助の協定に調印した。

二〇〇一年八月三日に北京で、両国政府は「北京日本学研究センター拡張計画」に対する日本側の支援事業交換文書に調印した。また、二〇〇二年一月十六日に、第十一回中日文化交流政府間協議が北京で行われた。双方は人的交流、言語習得、学術知識交流、芸術交流、文化財保護および著作権保護など文化領域の交流について幅広く意見を交わした。同年四月二日から九日にかけて、李鵬委員長が日本を訪問し、小泉純一郎首相と中日国交正常化三十周年記念イベントである「中国文化年」と「日本文化年」の開幕式に出席した。二〇〇六年十月八日から九日にかけて、温家宝総理の招待に応えて、安倍晋三首相が中国を正式訪問した。双方は二〇〇七年の中日国交正常化三十五周年を機に、文化・スポーツ交流年を開催することで、両国の青少年をはじめとする両国民の交流と友好を深めることを取り決めた。二〇〇七年十一月十七日から十九日にかけて、中国政府文化代表団が日本を訪問し、中日文化・スポーツ交流年の中国側閉幕式に参加するとともに、日本の政界要人および民間文化団体の責任者と会見した。二〇〇八年八月一日に、同年五月に胡錦濤中国国家主席の訪日中に両国が締結した「文化センターの設置に関する日本国政府と中華人民共和国政府との間の協定」にしたがって、国際交流基金北京事務所は「国際交流基金北京日本文化センター」へと改称した。

「中日文化交流協定」にしたがって、両国は原則として毎年それぞれの首都で一度中日文化交流政府間協議を開くことになっている。第一回中日文化交流政府間協議は一九八〇年九月一日に北京で行われた。二〇〇六年五月二十三日に、第十二回会議が東京で行われた。双方は、定期的に会議を開催し、意見を交わすことは相互理解を深め、両国の文化交流と協力の健全な発展にとって有益であると確認した。そして、文化、教育、科学技術、学術など各領域の交流と協力をいっそう促し、青少年および民間団体間の文化交流活動を積極的に支援していくことについて合意した。この会議の場で、両国は「日本国外務省と中華人民共和国文化部との東京における中国文化センター設立に関する覚書」に署名した。

つまり、「中日平和友好条約」の調印以降、とくに一九七九年十二月に「中日文化交流協定」が調印されて以降、両国間の文化交流はさまざまな領域で目覚ましい進歩を遂げ、成果を収めてきた。中日文化交流が発展するなかで、両国政府は前向きに先導的な役割を果たした。定期的な文化交流政府間協議を通じて、一連の関連協定・協議が結ばれた。そのうえ、両国の各団体・個人間の文化交流が促進された。これらによって、両国の文化交流に政策面の支持と法的なよりどころができたばかりではなく、文化交流事業の進展も保たれた。そして、両国の文化交流における原則、内容と発展の方向が明らかにされ、そのスムーズな発展を建設的に誘導し、促してきた。

3　教育協力と交流

馬暁娟

一　概論

一九七二年に中日国交正常化がなされて以来、両国政府の教育部門は「中日共同声明」と「中日平和友好条約」をもとに、相次いで「文化交流の促進のための中華人民共和国政府と日本国政府との間の協定」（略称、「文化交流協定」）、中国教育部長と日本の文部大臣による「会談覚書」などの協定を結び、教育分野における両国の幅広い協力と交流のために堅実な基礎を築き上げた。

教育分野における両国の交流は早くも一九七二年の中日国交正常化のときから始まっている。一九七三年三月三十一日に、京都大学人文科学研究所訪中団が中国を訪問した。その答礼訪問として、一九七四年十一月十二日に北京大学は社会科学代表団を編成し、日本を訪問した。一九七七年から中国教育部は日本から、小、中、高、大学教材を採り入れ、中国での教材づくりの参考とした。続く一九七八年に「中日平和友好条約」が調印されてから、中日間の教育協力と交流は飛躍的な発展を遂げることができた。双方の努力のもと、協力と交流の規模は年を追って拡大し、分野が幅広くなり、レベルも高くなっていった。

一九七八年から二〇〇八年までの中日教育協力・交流を顧みると、おおよそ三つのレベルが見てとれる。一つ目は政府間の協力・交流である。主に両国政府の教育担当部門間で締結された協定、および教育部門リーダー間の相互訪問などがこれである。二つ目は官民協力によるものである。これは、政府あるいは教育担当部門と文化機構、民間組織、企業などとの協力と交流である。これらは主に中国政府と日本の民間組織との間での協力協定、共同プロジェクトなどの形をとっている。たとえば、一九八二年に中国教育部は日本学術振興会と「学術交流覚書」

を結んでいる。その後、このプロジェクトは、両国の大学の科学研究者による専門分野での学術協力と交流に対して資金を提供し、良い役割を果たした。三つ目は両国の民間組織間での協力と交流である。これは主に中国教育国際交流協会と日本の民間団体および中日両国の高等教育機関同士の交流に見ることができる。

「中日平和友好条約」が調印されて三十年の間、政府間、官民、民間いずれの形であれ、両国の教育協力・交流は急速にその規模を拡大し、交流もますます盛んな傾向をたどっている。また、その役割と意義も万人の目に明らかである。両国が教育協力・交流活動を実施した前半では、とくに日本の政府と民間が中国の小、中、高、大学、および貧困地域の教育事業に対し大きく貢献したことが意義深い。日本政府と民間は中国の教育業界に対して無償援助と貴重な経験を提供することで、中国の改革開放と経済発展を促進する役割を果たした。教育協力と交流の後半では、両国の教育分野における協力は、徐々に双方向交流の形をとるようになった。近年、双方は安定した協力と交流のメカニズムを築き上げ、ハイレベルでクリエーティブな人材をともに育成し始めた。とくに、大学間の交流と留学生の相互派遣は両国の教育の国際化を促し、素質が高く、国際的なビジョンを持つ人材を両国に輩出させた。こうした人材はいまや、それぞれの政府、学界、産業界で活躍し、中日の互恵的な戦略パートナーシップの実現にとって不可欠な役割を果たしている。三十年間の成果を顧みて、中日教育協力と交流は、中国の近代化建設と中日友好関係の発展のために、人材支援と知識の供給において、おおいに貢献したといえる。

二　中日教育主管部門交流と協議

一九七八年に「中日平和友好条約」が締結されて以降、中日両国政府は教育の分野でつねに密接な交流を保ち、双方の教育協力と交流の発展を推進し続けてきた。一九七八年七月十八日から八月二十六日にかけて、中国教育部は日本の文部省と日本語教師短期育成コースを共同で運営した。短期コースは中国教育部が北京大学に委託して行われ、文部省が東京外国語大学の阪田雪子教授を団長とする講師団を派遣して、講義を主に担当した。これは中日国交正常化後、初の両国間における比較的規模の大きい教育交流活動となった。この交流は、中国の高等教育機関における一万人近い日本語教師のためにたいへん役立った。大学の日本語教師に対する訓練を行うと同時に、日本語教育レベルをさらに上げるため、一九七八年より、多くの高等教育機関が相次いで日本の専門家や学者を訪問講義に招待した。

一九七九年十二月六日に、中日両国は「中日平和友好条約」第三条規定にしたがい、「文化交流の促進のための中華人民共和国政府と日本国政府との間の協定」を結んだ。協定によると、両国政府は本国の実施体制にしたがって、学者、教員、学生、芸術家、スポーツ選手その他文化的、教育的または学術的活動に従事する者の交流を行うこと、大学とその他の教育機関または研究機関において学習と研究に従事する相手国民に対して、奨学金その他の便宜を供与すること、学者または研究者による共同の学術研究または学術調査を実施すること、書籍、定期刊行物その他の出版物および学術研究資料を交換することなどができると定められている。協定には、中日両国が教育と学術の分野で協力と交流を行う必要があり、それには多種多様な内容と幅広い可能性があると、十分に記されている。協定が調印された後、双方は中国に日本語研修センターを設立するほか、日本語講師の中国への派遣、図書教材の贈呈、中国人教師の渡日研修受け入れなどのために、日本側が中国に対して十億円を支援することで合意した。この研修センターは大平正芳首相の提案によるものであったため、「大平学校」とも称されている。「大平学校」は一九八〇年九月に北京外国語学院で正式に設立された。そして、五年間（一九八〇年から一九八五年まで）で中国の六百名近い日本語教師に対して系統だった訓練を行い、中国の日本語教育の発展に大きく貢献した。現在、この事業は北京日本学研究センターによって引き継がれている。さらに一九八〇年から、中日の大学間交流も日増しに頻繁になってきた。日本の京都大学、早稲田大学、慶應義塾大学、神戸大学、名古屋大学、上智大学などの有名大学が中国の大学と学術交流活動を展開した。

一九八四年八月に、「中日文化交流協定」の関係する条項にしたがって、何東昌中国国家教育部部長は森喜朗文部大臣と北京で「会談覚書」に正式に署名した。これが中日教育交流五ヵ年計画である。「会談覚書」は、平和友好、平等互恵、相互信頼、長期安定という共通原則のもとで、両国人民の末永い友好実現という崇高な目標のために努力するという両国の重要な使命を確認した。さらにそれは、両国の教育分野における交流の指標となる原則と協力範疇も確定したのである。また、これによって留学生交流の拡大、教育考察団の相互派遣、大学間協力、中日大学学長会議開催および学術交流の増進に関して、双方が意見を一致させることができた。その後、両国の教育部長（国家教育委員会主任を含む）と文部大臣は五年おきの「会談覚書」交換を続けてきた。そして、「会談覚書」の交流計画にしたがって、中国国家教育委員会が定期的に、中国高等教育事情調査団と地方教育行政官研修団を日本に派遣した。さらに中国側も、定期的に日本の文部省教育担当代表団の訪中を受け入れることで、両国の教育部門間における理解と友情をいっそう増進させた。この後、中日関係に数々の波乱が起きたものの、五ヵ年交流計画は中日関係のひずみによって止むことはなく、いまだにその役割を果たし、意義を保っている。

一九九〇年に、中国国家教育委員会は日本の文部省と教育交流協定に調印した。国家教育国際協力司が中央教育行政学院に委託して、一九九〇年、日本基礎教育行政研究コースを立ち上げた。この研究コースに所属した十名のメンバーはみな、中国全国教育改革実験県の教育局長であった。メンバーは教育コースで日本基礎教育の経験を学び、卒業後に中国教育改革の重要な予備軍となった。

中日政府間教育協力と教育交流を振り返るとき、日本政府の文化無償援助事業も言及に値する。この事業は長い間、中日教育協力を支持し、中国における日本語教育事業の発展を促してきた。たとえば、一九八八年十月に、中国政府は日本政府による二つの文化無償援助事業を受け入れている。中日間の交換文書調印式が北京で行われ、中国国家教育委員会副主任滕藤は中国駐在日本国大使中島敏次郎とそれぞれ本国政府を代表して交換文書に署名した。この二つの援助計画はそれぞれ、日本政府による大連外国語学院への総額四千三百万円相当の語学教育視聴機材の提供と、中央放送電視大学への四千九百万円相当の基礎日本語課程テレビ教材の提供である。

中日両国の歴史教育を主管する指導者たちは互いに友好訪問を行ってきた。たとえば、中国国家教育委員会主任の李鉄映、朱開軒、教育部部長の陳至立、周済などが挙げられる。一方の日本側からは、文部大臣の与謝野馨、奥田幹生、町村信孝、中曽根弘文らが相次いで中国への友好訪問を行っている。そのほかにも、中日両国の指導者たちも中日間の教育協力と交流をたいへん重視している。一九九八年に、江沢民中国国家主席が日本を訪問し、小渕恵三首相と「青少年交流の一層の発展のための日本国政府と中華人民共和国政府の間の枠組みに関する協力計画」を取り決めた。これが「二十一世紀青少年交流計画」である。二〇〇六年七月五日に、小沢一郎民主党党首が民主党代表団を率いて中国を訪問した。周済教育部部長が小沢一行と会見し、双方はとくに中日青少年交流などの興味深い問題をはじめとする、中日教育交流協力に関して存分に意見を交わした。[2]

三　中国教育主管部門と日本の文化機関、民間組織および企業などとの協力

1　国際交流基金との協力

国際交流基金（Japan Foundation）は日本の国際文化交流事業推進を目的とする文化機関である。その前身は外務省所管の特殊法人であり、現在はすでに独立行政法人へと変わり、主に政府出資と民間の寄付によって活動を展開している。その理念は、「国際文化交流事業を総合的かつ効率的に行うことにより、我が国に対する諸外国の理解を深め、国際相互理解を増進し、及び文化その他の分野において世界に貢献し、もって良好な国際環境の整備並びに我が国の調和ある対外関係の維持及び発展に

寄与する」ことである（「国際交流基金法」第三条）。基金の主な業務は、文化芸術交流の促進、海外の日本語教育と学習に対する援助、海外の日本研究と知的交流の促進、国際交流のための情報提供である。

　国際交流基金は、中国の改革開放初期においてすでに、中国教育部と大学の日本語教師育成に関する協力活動を展開している。中国の改革開放によって、各領域における中日の協力と交流は深まり続けた。そのため、日本語教師の育成を主な事業とすることは、中国が日本を理解するチャンネルとして徐々に単調なものになってきてしまった。そこで一九八三年に、中国側は中国での日本語教師育成、日本語教育と日本研究を一体化した「大学院課程」を提案した。中国教育部が国際交流基金と再び合意に達し、一九八〇年に開設された「大平学校」の後継として、一九八五年九月に北京外国語学院（現・北京外国語大学）に「北京日本学研究センター」（当時「北京日本学センター」と称された）の設立を取り決めた。これは「文化大革命」以降に成立した初の日本研究を行う学術機関となった。

　現在、北京日本学研究センターには、次の二つの課程がある。

修士、博士課程

修士課程には日本語・日本語教育、日本文学・日本文化、日本社会・日本経済という三つの研究課程が設けられている。修士学位を取得した学生は、センターで継続して博士課程を履修するか、文部科学省の「国費」留学生として（すなわち文部科学省の政府奨学金を受け取って）、日本の各大学で博士学位を取得する。二〇〇七年七月までの統計によると、これまでにすでに大学院修士課程二十二期生まで四百七十六名、国費留学博士課程十七期生まで六十八名（博士学位取得者十六名）、北京日本学研究センター博士課程二十四名（博士学位取得者十一名）が育成された。

在職日本語教師修士課程

日本語研修コースの発展型として、二〇〇一年九月に北京日本学研究センターでは、中国の現職大学日本語教師を対象に実施する在職日本語教師修士課程が開設された。これもまた、中日相互理解のため、文化、言語などのより複合的な知識を有する日本語教育者の育成を目指している。このプログラムは二〇〇七年に終わり、その後は修士課程の日本語・日本語教育研究課程に統合された。二〇〇七年までに育成した日本語教師は、日本語研修コース十五期まで三百九十五名、在職日本語教師修士課程四期まで三十二名（修士学位取得者二十三名）であった。

　国際交流基金は北京日本学研究センター大学院課程に合計五百十五名の専門家（二〇〇七年七月統計）を派遣し、日本語研修コースと在職日本語教師修士課程に対して、それぞれ九十一名と十七名の専門家を派遣した。現在、北京日本学研究センターは中国で日本の文化と言語を研究する重要な拠点であり、図書と資料の中心でもある。

このほかにも、北京日本学研究センターの拡張として一九九〇年に、国際交流基金は中国国家教育委員会と北京大学内に「北京大学現代日本研究センター」を設立することを取り決めた。当時、このセンターは主に、中国の企業と政府機関の管部向けの講義を行っていた。二〇〇〇年から、北京大学社会学部の修士と博士課程の大学院生も対象に加え、講義を実施した。二〇〇六年に「北京大学現代日本研究センター」と改称し、博士課程の学生のみを対象とし、より高い専門性と学術性を備えたものへと転換した。これまでにこのセンターで教育を受けた社会人および北京大学大学院生は総計三百五十一名（二〇〇七年七月統計）に上る。修了生は中国各地の政府機関、企業と学界で幅広く活躍している。国際交流基金はこのセンターに対してのべ百八十名の専門家（教授）を派遣した。「北京大学現代日本研究センター」はすでに中国で現代日本研究を行う最先端の拠点になっている。

2．日本学術振興会との協力

日本学術振興会（ＪＳＰＳ）は日本をもっとも代表する基金機構であり、主に大学を母体とする学術研究と国際交流活動に対して資金援助を行っている。一九六七年九月二十一日に設立し、現在は文部科学省の管轄下にある独立行政法人である。設立の目的は、学術研究の助成、研究者の支援育成、国際学術交流およびその他学術振興と関連した事業活動の展開である。その前身は一九三二年に天皇が学術研究の奨励のため文部大臣に贈った百五十万円で創設された財団法人日本学術振興会である。七十年の間、さまざまな事業を展開し、日本学術振興会は日本の学術振興を担う中核機関から、アジア地域の学術交流と協力を行う多元的な機関へと発展を遂げている。

日本学術振興会の主な活動領域と資金援助分野は、自然科学、社会人文科学、人材育成、対外交流と協力、国外の科学技術人材誘致、資料情報の提供、国際生物学賞の査定などが含まれる。創造性豊かな基礎研究支援は、近年における日本学術振興会の重要な業務の一つである。同時に、外国人特別研究員制度を使って幅広く海外の優秀な科学技術研究者を受け入れ、アジア各国の数多くの研究者を育成した。さらに、本会はアジアで地域をまたぐ学術機関と研究者の連絡ネットワークを構築している。

「中日平和友好条約」が調印されて、中日関係が順調に発展するのを背景に、日本学術振興会は積極的に中国の教育界と協力・交流を行ってきた。一九七九年九月に、中国科学院は日本学術振興会と学術交流覚書を結んだ。また、一九八一年十一月、一九八二年三月と五月に、日本学術振興会の増田四郎会長が三度にわたって中国を訪問し、中国教育部と研究者を交換して研究を行うことなどについて学術交流覚書を結んだ。長い間、日本学術振興会は中国と協力することで、両国の大学の科学研究者が専門分野における学術協力と交流を行うための重要な経費を保障し、良い役割を果たしてきた。

一九九三年、日本学術振興会が支援する拠点大学交流事業が、中日両国の大学および研究機関の間で正式にスタートした。拠点大学交流事業は、日本学術振興会とアジア各国が長期にわたり協力・交流を実施する一大プロジェクトである。参加国は中国、韓国、インドと東南アジアの各国が挙げられる。研究のテーマは主に、両国の先端分野の自然科学研究、相手国の生物資源に関する研究、相手国の医療、開発、環境問題などに関する研究である。基本的に実施期間は十年間だが、必要に応じて延期も可能である。拠点大学交流事業の具体的な実施体制は、日本学術振興会と相手国の対応機関（中国の場合は教育部と中国科学院）との協定によって、まず両国からそれぞれ拠点となる大学を一つ選ぶ。さらに、拠点大学の研究協力を中心に、両国の他の大学や研究者も協力者として共同研究に加わる。双方は主となる研究テーマを取り決めたうえで、四つから五つの研究課題を設けて、それぞれに関して共同研究と議論を重ねていく。日本側は主に、相手国の人材育成と両国の若手研究者交流に力を入れることが多い。拠点大学は協力研究のハブでありながら、協力大学間の連絡と調整を行う役割も果たしている。中日間の拠点大学交流事業には次のような成功例がある。

（1）中国科学技術大学と東京大学を拠点とする大学交流

一九八二年より、中国科学技術大学は東京大学と十年間にわたる協力活動を行ってきた。一九九三年に日本学術振興会の支援のもと、両大学を拠点リーダーとして、両国にある数カ所の重点大学が協力することになった。これは中日拠点大学交流事業が正式に始動してから初の協力となった。交流のスタイルは研究者の相互派遣、協力研究の展開、二国間学術討論会と学術情報の交換である。主に双方が世界でもっとも関心が寄せられていると認識した五つの学術分野で共同研究が行われた。五つの分野とは、材料と物質、先進生産工程、新エネルギーと交通ネットワーク、グリーンテクノロジー、そしてインテリジェンス・情報ネットワークである。すべての分野はさらに三つのサブ分野を含んでいる。各交流分野の責任者はそれぞれ拠点大学の研究者が担当する。中国側の協力参加大学は、清華大学、浙江大学、上海交通大学であり、日本側の協力大学は、東京工業大学、大阪大学、九州大学と東北大学である。

「協力交流の成果はまず、若手研究者の大幅な学術レベルの向上につながった。中核となる多くの若手が育成され、彼らは徐々に各分野の第一人者となっていった。もう一つの成果は、共同発表による六十あまりの論文である。なかには「フィジカル・レビュー」誌のような高いレベルの雑誌に発表されたものもある。また、このプログラムは拠点大学である中国科学技術大学の発展にも大いに貢献した。東京大学をはじめとする大学群との二十年間にわたる協力交流によって得られた成果は非常に大きかった。現在、中国科学技術大学各学科で活躍する者の半分以上が、八〇年代に東京大学との協力交流に参加した若い教員である。アカデミー会員になったり、長江学者〔中国政府が選ぶ若手の優秀な学者〕になったり、また九七三プログラムの首席研究者になったりする者もいる。この大学の一部の重点学科研究室は、東京大学との協力交流を行ってから、急速に力をつけて成長してきた。火災科学国家重点研究室、音声合成研究室、高分子研究室、画像処理研究室、風洞研究室、半導体実験室などがまさにそうである。[3]」

（2）北京大学と筑波大学を拠点とする大学交流

一九九七年に中国教育部と日本学術振興会は、北京大学と筑波大学がそれぞれリーダーとなって展開した拠点大学交流への資金援助を行った。双方はバイオシステム学の分野で共同研究を行い、持続的発展と環境保全的調和の観点で、人類の生存にとって不可欠な食品生産システムの秩序ある構築のために、バイオテクノロジーを中心とする先端技術と地域に実在する技術との融合に関する学術研究を行った。主な研究テーマとして、農業生産力の増進、劣化土壌の改善による持続的な生産の確保、食品生産過程で発生する汚水の再利用、農産物の流通と技術加工、バイオテクノロジーによる水源地修復と水質改善、農業生産に対する大気汚染の解析、乾燥地の土壌環境の解析と改善などが挙げられる。共同研究へ参加した中国側の協力大学は、清華大学、中国農業大学、南開大学、南京大学、中国海洋大学、復旦大学、西北農林科学技術大学、吉林大学、上海交通大学である。一方、日本側の協力大学は、東北大学、岩手大学、弘前大学、茨城大学、千葉大学、新潟大学、日本大学、神戸大学、島根大学、海洋生物ネットワーク研究センターだった。この事業で多くの研究成果が得られ、有意義な学術論文も数多く発表された。そして、日本水処理生物学会論文賞など多数の賞を獲得することができた。さらに、もっとも重要なことは、この事業によって中国の若い世代の研究者たちが鍛え上げられたことである。

（3）清華大学と京都大学を拠点とする大学交流

二〇〇一年四月に、中国教育部の働きかけによって、日本学術振興会は清華大学と京都大学間で拠点大学交流を開始した。双方は都市環境の分野で共同研究を行った。中国側は清華大学環境科学・工学研究院がリーダーを務め、日本側では京都大学工学研究科がリーダーを務めた。研究の目的は、高度な経済発展の過程で中国が必ず遭遇する環境破壊問題の解決である。具体的には、生活環境汚染の拡大や、自動車排気汚染の拡大などの問題がある。主な研究テーマは、都市水環境の制御と管理、大気汚染の制御と管理、廃棄物の制御・管理および資源化、都市基盤施設の制御と管理、そして環境保護教育の分野に関するものである。この大学交流には、中国側から、北京大学、南開大学、大連理工大学、同済大学、上海交通大学、昆明理工大学、重慶大学、ハルビン工業大学、華東理工大学、東南大学、四川大学、西安建築科技大学、武漢大学、湖南大学、西安交通大学、北京工業大学が参加した。また日本側からは、北海道大学、東北大学、東京農工大学、豊橋技術科学大学、滋賀県立大学、龍谷大学、立命館大学、大阪大学、岡山大学、広島大学、愛媛大学、高知大学、福岡大学、九州大学、山口大学、琉球大学などが参加した。このほかにも、この拠点大学交流事業は、中国教育部と日本学術振興会との協力によるというだけではなく、より多くの幅広い交流事業を行うための土台づくりの役割も果たした。二〇〇四年には三つの拠点大学、清華大学、京都大学とマラヤ大学が遠隔同時講義を開設する計画を推進した。さらに二〇〇五年には、中国高等環境工程専門教育指導委員会のメンバーが所属する高等教育機関も、中国側の協力大学に加わった。これは、双方の教育面での調整、課程の設置などにおける協力をよりいっそう深めるためであった。同じ年に、環境教育を普及させ、環境技術を開発する人材を育成するために、清華大学は京都大学と協力して、清華大学深圳大学院で清華－京大環境技術共同研究・教育センターを開設し、「中日環境技術研究講座」を設けた。京都大学がここに研究者を派遣し、長期にわたって教育と研究の協力を行うと同時に、清華大学の教員や学生との相互訪問および交流を行った。

さらに、中国廃棄物処理場の技術向上のため、清華大学は福岡市にある福岡大学と廃棄物処理分野の技術協力協定を結び、「大都市圏廃棄物処理と環境保護シンポジウム」を開催した。そして、中国で福岡市の廃棄物処理技術（「福岡方式」）を推奨、普及させようとした。

拠点大学交流事業とそれによって生み出された研究計画は、博士課程の学生を積極的に参加させるよう促した。参加者の一〇％は各協力大学の博士課程の学生である。そうすることによって、若い研究者たちに超先端分野における研究と、一流の研究者から指導される機会を与えると同時に、国際交流と学術の視野を広げる場をも提供したのである。

(4) 中国科学院プラズマ物理研究所と核融合科学研究所を拠点とする大学交流

中国科学院も日本学術振興会と拠点大学交流事業に協力してきた。二〇〇一年に、中国科学院プラズマ物理研究所は日本の核融合科学研究所とともに拠点施設となり、先進核融合炉と炉工学に関する研究を手掛けた。主な研究テーマとして、炉心プラズマの特性改善に関する研究、核融合炉工学の基礎研究、および理論シミュレーションに関する研究などがある。この交流事業へ参加した中国側の大学および研究施設には、中国科学技術大学、近代物理研究所、西南物理研究院、北京科学技術大学、中国原子エネルギー科学研究院、上海セラミックス研究所、応用物理計算数学研究所、高効率レーザー物理研究所、山西石炭化学研究所、清華大学、西北師範大学、復旦大学、北京大学、上海交通大学、レーザー核融合研究センター、物理研究所、上海光学精密機械研究所、紫金山天文台、四川材料技術研究所、大連理工大学、華中大学があった。一方、日本側の参加大学および研究施設には、北海道大学、室蘭工業大学、岩手大学、東北大学、新潟大学、筑波大学、東京大学、東京工業大学、電気通信大学、富山大学、信州大学、岐阜大学、静岡大学、名古屋大学、三重大学、京都大学、大阪大学、広島大学、山口大学、九州大学、東京都立大学、大阪府立大学、兵庫県立大学、慶應義塾大学、上智大学、中央大学、東邦大学、中部大学、三重中京大学、大阪工業大学、日本原子力研究開発機構、産業技術総合研究所などがある。

この拠点大学交流事業は、グリーン・エネルギー開発の先端協力研究である。グリーン・エネルギー開発はまさに中国が高度成長の時期に解決を急ぐ問題である。さらに、この拠点大学交流で技術研究が進められるなかで、多くの中国の大学の研究者が共同研究に参加し、中日の高等教育機関の研究者同士が相互訪問する機会を得た。また同時に、両国の大学間の実験設備を共有する機会も生まれた。中国プラズマ物理研究所と西南物理研究院は、この交流事業の実施過程で実験設備を新しくすることができた。

(5) 中国科学院水利部水土保持研究所と鳥取大学を拠点とする大学交流

二〇〇一年に、中国科学院水利部水土保持研究所と、鳥取大学乾燥地研究センターを拠点として、中日双方の高等研究機関が中国内陸部の砂漠化防止および開発利用に関する共同研究を実施した。研究の重点対象は中国で砂漠化の著しい黄土高原である。研究課題は五つからなり、砂漠化の過程とその影響の究明、砂漠化防止計画の作成、代替システムの開発、住民参加と環境教育に関する計画の作成、緑化と環境保全に関する総合的研究である。研究に協力した中国側の大学および研究施設は、中国科学院石家荘農業現代化研究所、陝西省砂漠管理研究所、西安理工大学、北京師範大学、中国農業大学、新疆農業大学である。一方、日本側の大学および研究施設は、東京大学、九州大学、京都大学、千葉大学、東京成徳大学、山口大学、独立法人国立環境研究所、総合地球環境学研究所である。そのほかに、陝西省延河流域世界銀行借款プロジェクト・オフィスと陝西省水利庁もこの交流事業に参加した。

双方はさまざまな国際交流を行った。たとえば、毎年中国と日本で交互に研修を実施し、現在までに三百名あまりが参加している。さらに、日本の博士課程の学生とポストドクターたちが現地に長期滞在し、砂漠化の調査・観測を行ってきた。また、中国の若手研究者たちは日本に招聘されて訓練を受けたり、博士課程で学んだりしている。中日の研究者たちによる共同論文が多数あり、その成果は中国および世界の砂漠化地域における持続的な発展のために示唆を与えた。

さらに、ほかの中日拠点大学交流事業には、一九九九年に実施された、電子加速器、素粒子物理学と放射光科学およびその応用領域における共同研究も挙げられる。中国側は中国科学院高エネルギー物理研究所が拠点となり、参加大学には、北京大学、清華大学、中国科学技術大学があった。一方、日本側は高エネルギー加速器研究機構（ＫＥＫ）が拠点となり、東京大学、京都大学、広島大学、東北大学、名古屋大学、東京工業大学、佐賀大学、大阪大学、筑波大学が参加した。

中日拠点大学交流事業は世界の先端技術、および両国がともに関心を寄せる旬のテーマに取り組んだ。両国の高等教育研究機関は共同研究を通して、高度経済発展を遂げる中国が直面するさまざまな具体的な問題に対して、解決の方法を探った。さらに重要なことは、この事業を通して、高等研究における優秀な人材を中国に数多く輩出させたことである。それによって、中国教育の持続的な発展の基礎を固めるとともに、教育の国際化にも貴重な経験を提供した。

3. 日本財団との協力[4]

日本財団は一九六二年に成立し、当時の名称は財団法人日本船舶振興会であったが、一九九六年一月一日から通称として日本財団を使用することになった。日本財団はボートレース事業における毎年の収益の三・三％を運営資金とし、海洋研究、文化、教育、社会福祉、国際援助などの分野における公益性の高い資金援助活動を展開している。一九八七年には、日本財団の故会長の笹川良一によって、国際協力援助事業である「笹川良一ヤングリーダー奨学基金（The Ryoichi Sasakawa Young Leaders Fellowship Fund—SYLFF）」が設立された[5]。この基金は国際的な奨学金プログラムであり、現在、東京財団の管理下にある。そして、世界各地の大学に各々百万ドルの基金を寄贈し、人文社会科学分野で将来優秀なリーダーとなる人材育成を目的としている。基金が設立された大学は、さまざまな活動を幅広く展開してきた（各大学の状況は一様ではない）。たとえば、共同研究・交流プログラム（ＪＲＥＸ）、ＳＹＬＦＦフェロー協議会、教授交流プログラム、管理部門責任者交流プログラム、日本訪問プログラムなどである。これらのプログラムは基金設立校の教員、大学院生の間の幅広く多種多様な国際交流を促した。現在、この基金はすでに（日本以外の）世界四十五カ国六十九大学に対して援助を行っており、九千名あまりの優秀な若い学生を育成している。

一九九一年四月二日に北京の人民大会堂で、中国国家教育委員会は財団法人日本船舶振興会と「笹川良一ヤングリーダー奨学基金」を中国に設立することに関する協定書の調印式を行った。何東昌中国国家教育委員会副主任と、笹川良一日本船舶振興会会長がそれぞれ双方を代表して、協定書に署名した。協定によって、中国の北京大学、吉林大学、復旦大学、南京大学と蘭州大学の五つの大学で「笹川良一ヤングリーダー奨学基金」が設立された。一九九三年までに、日本財団は中国国家教育委員会との協力を通じて、すでに十の大学で基金を設立し、その総額は一千万ドルにも達する。後に基金を設立した大学には、重慶大学、内モンゴル大学、中山大学、新疆大学と雲南大学がある。

4．日本企業との協力

「中日平和友好条約」の調印以降、中国の教育事業を支援するため、日本の各大手企業も中国教育部と協力関係を築き上げた。

（1）ダイエーとの協力

一九九五年十月一日に、株式会社ダイエーグループは中国国家教育委員会に対して寄付を行い、その調印式が北京で行われた。中国の貧困地域に九年間の義務教育を普及させるため、ダイエーは一九九五年から五年間連続で、毎年一千万円を寄付することを取り決めた。ダイエーは日本の有名な小売業者であり、一九五七年に創業された。その前身は大阪の雑貨店である。一九七二年にダイエーは老舗三越の売り上げ高を追い抜き、一度は日本小売業界の覇者となった。

（2）オムロンとの協力

オムロン[6]（OMRON）株式会社は、中国と協力関係を作った最初の日本企業の一つである。早くも一九七四年の段階で、オムロンの創業者である立石一真はすでに日本国際貿易促進協会京都総局副会長として中国を訪問している。一九九六年三月二十二日に、オムロン株式会社は中国教育部と北京で協定の調印式を行い、「オムロン中国教育基金」を共同設立した。双方の協議によって、日本オムロン株式会社は北京、上海、大連と天津にある理工系の大学で総額五百万元の教育基金を設立し、それを用いて文献、書籍、実験設備、奨学金および教員奨励金を提供することになった。北京大学、清華大学を含む数十の大学、短大の優秀な教員と理工系の研究プログラムはみなオムロンの支援を受けたことがある。

中国教育部との協力以外にも、オムロンはさらに中国の大学と直接関係を樹立した。たとえば、上海交通大学と産学協創の協力協定を結び、画像センシングの技術研究で緊密な協力体制をとることになった。プロジェクト制を採用したこの試みは、委託開発、協力開発と技術サービスを行うものである。協力で得た科学技術の成果は共有され、さまざまな賞に一緒に申請される。また、上海交通大学独自の研究成果とパテントも優先的にオムロンへ移転されることになった。そして、学部生と院生の学習・研究レベルを上げるため、オムロンは上海交通大学へ毎年百万元を提供し、創新活動基金を設立した。さらに、オムロンは上海交通大学、大連理工大学と「オムロン－上海交通大学機械電気制御共同ラボ」、および「大連理工大学－オムロン測量制御技術共同ラボ」を設立し、地域における優秀な人材育成を行っている。実験室建設のため、オムロンは総額百万元の実験室設備を寄付した。中国の教育業界と協力するなかで、オムロンは中国の産業技術分野の人材育成に寄与した。

（3）電通グループとの協力

電通グループ[7]も比較的早い時期に、中国教育部の認定を受け、中国で大学教育活動に加わった日本の民間企業の一つである。一九九六年に電通は中国教育部と共同で、専門知識をもった広告人材を育成する「日中プロジェクト」を手掛けはじめた。このプロジェクトは十年以上にわたって実施され、「広告教育を通じて、中日両国の文化交流を促進させ、相互理解と友好を深める」ことを目的に掲げ、さまざまな教育事業に取り組んできた。プロジェクトは三期からなり、第一期は「日中広告教育交流プロジェクト」（一九九六年—二〇〇一年）、第二期は「日中マーケティング研究交流プロジェクト」（二〇〇一年—二〇〇五年）、そして第三期は「電通・中国広告人材育成基金プロジェクト」（二〇〇六年—）である[8]。

第一期　日中広告教育交流プロジェクト（一九九六年—二〇〇一年）

一九九六年七月一日、創業九十五周年の記念事業として、電通グループは中国と「日中広告教育交流プロジェクト」を共同運営することを取り決めた。九月九日に江沢民主席が北京で電通の成田豊社長と会見し、電通は中国教育部と協力協定を正式に結んだ。「日中広告教育交流プロジェクト」は、大学の人材育成への手助けを通して、中国広告業界の発展に人的資源の面で貢献することを主眼としている。プロジェクトは六つの有名大学（北京大学、中央工芸美術学院〔現・清華大学美術学院〕、北京放送学院〔現・中国伝媒大学〕、中国人民大学、復旦大学、上海大学）を対象として、各大学で二週間の広告講座を行った。講師はすべて電通の最前線で活躍する優秀な社員であった。学生は講義を受講することで、大学の単位を取得することができた。一九九六年から二〇〇三年までの八年間で、電通はのべ三百四十名の社員を中国に派遣し、授業を行わせた。受講した学生の数は四千人に上る。受講生の多くが、卒業後に北京電通などの有名広告会社やマスコミ業界に就職し、中国の産業界で幅広いネットワークを築いた。

さらに、電通は六大学の教員を日本へ招き、電通で日本の経済、文化、広告などに関する留学研修を行った。第一期は六ヵ月の研修が毎年二回、通算十回行われた。

第二期　日中マーケティング研究交流プロジェクト（二〇〇一年―二〇〇五年）

二〇〇一年は電通の創立百周年にあたる。電通と中国教育部は協力して新たなプロジェクトである「日中マーケティング研究交流プロジェクト」を始動させた。このプロジェクトは広告分野における研究交流が目的で、対象は一期と同じ六大学だった。活動は次の三つに分けられ、三年にわたって実施された。

①電通合同広告講座（二〇〇一年―二〇〇三年）　電通合同広告講座は第一期プロジェクトの広告講座を発展させたものである。六つの協力大学の学生を一堂に集めて講義を行った。講義は一週間で、毎年北京と上海で計六回行われ、各大学の学生にさまざまな交流の場を提供した。復旦大学と上海大学から百五十―百八十名、そして北京大学、清華大学、中国人民大学、北京放送学院からは三百―三百五十名の学生が受講した。

②電通新留学制度研修（二〇〇二年―二〇〇五年）　それまでの大学教員の留学育成研修のほかに、新たに三ヵ月の留学研修コースが設けられた。ここでは、中国の大学教員を日本に招き、専門分野のテーマについて深く研究を行った。留学研修は、参加者の帰国後の講義と教材作成に有益なヒントを与えることとなった。

③日中マーケティング交流セミナー（二〇〇二年―二〇〇五年）　二〇〇二年に、日中マーケティング研究交流プロジェクトの重要な一環として、世界最新のマーケティング理論と実例を紹介する日中マーケティング交流セミナーが開催された。大学の学術研究者、広告業界関係者などが参加し、北京では八百名、上海では五百名がそれぞれ参加した。講師として中国、欧米、日本の著名な専門家たちが一堂に集められた。交流セミナーの学術面での先進ぶりは、中国で大きな反響を呼んだ。

第三期　電通・中国広告人材育成基金プロジェクト（二〇〇六年―）

「日中広告教育交流プロジェクト」と「日中マーケティング研究交流プロジェクト」に引き続き、二〇〇六年に電通は中国教育部と「電通・中国広告人材育成基金プロジェクト」を発足させた。主に博士課程の大学院生および大学の若手教員を対象として、ハイレベルな教育研修を行っている。電通留学研修員招聘制度が設けられており、中国の大学教員のなかから六名が選ばれ、電通で三カ月間の留学研修を受けることができる。さらに中国伝媒大学で中国広告人材育成セミナーが開催され、中国の百五十の大学から三百名あまりの教員がセミナーに参加した。また、このプロジェクトは広告教育を研究テーマとする学生に対して研究費を提供している。また、中日双方の大学が協力して博士を育成することや、中国で広告教育の教材の翻訳出版に対する資金援助も行っている。

さらに、電通は「日中プロジェクト」以外にも、東北師範大学の日本との文化協力を支援しており、合計三百万元に上る資金を提供している。

一九九六年以降、中国教育部と電通は十年以上の協力を続けてきた。協力プロジェクトに対して電通は累計で二十億円（人民元で約一・五億元相当）を投入し、五千五百人がその恩恵を受け、すばらしい成果を得ることができた。二〇〇六年八月二十二日に、「中国教育部と電通協力プロジェクト十周年を祝うレセプション」が北京で行われた。中国教育部より電通に「教育支援特別貢献賞」が授与された。この栄誉を手にした日本企業は、電通が初めてであった。また同時に、電通の成田豊最高顧問に「教育支援記念章」が授与された。

四　中日両国の民間組織間の協力と交流

1．中国教育国際交流協会と日本民間団体の協力

中国教育国際交流協会は中国の教育界で対外教育交流を行う全国規模の非営利機関である。その掲げる目的は、中国の教育界と世界各国、各地域との交流と協力を促進し、教育、科学技術と文化事業の発展を促し、人民同士の理解と友情を深めることである。各国と地域の教育研究機構、学術団体、教育・科学技術交流団体、学校および教育事業を熱心に支援する組織、企業、基金、そして関係者とともに、平等互恵友好の原則のもと、幅広い交流と協力活動を展開することがその責務である。中国教育国際交流協会は中国の各地方にある教育国際交流協会と協力して、非政府中国教育国際交流ネットワークを構築している。現在までに、中国全土ですでに三十一の省、自治区、直轄市において地方協会を設立しており、十一の都市で独立した市のレベルでの協会を設けている。現在、中国教育国際交流協会には百四十五の団体が所属しており、五十三の国と地域における百七十を超す教育組織や団体と長期的な交流協力関係を築き上げている。

中国教育国際交流協会は一九八〇年代の時点ですでに、日本の各界と積極的な協力と交流を展開している。たとえば、一九八二年に協会は、外務省が支援する民間組織の霞山会と協定を

結んだ。そして、日本社会の理解を深めるために、中国の福建師範大学などの教育機関から十名の日本語教員を選抜し、無料の短期日本研修を行った。このプログラムは、霞山会が中国と協力交流を行う主要事業として今なお継続されている。さらに、一九八七年に協会は、田英夫参議員をはじめとする訪中代表団を招待している。同年に、協会は招待に応え、第四十三回日本ユネスコ運動全国大会に出席した。その大会の場で、日本の大衆に対して中国の対外開放政策、教育改革で得た成果について紹介した。また、協会は一九八七年に日本教育交流懇談会と交換プログラムを結んだ。それによると、中国側が中学の理科教育訪日団を日本に派遣し、理科教育の現状、特徴、問題および改革の傾向に関して日本側の関係部門と交流を行うことになった。こうした交流は中国の中学・高校の理科教育改革にとって啓蒙的な役割を果たした。

国際政治の状況がどんなに厳しくなろうとも、中日民間友好交流は良好な状態を崩すことはなかった。一九八九年に、中国は国際社会からさまざまな圧力を加えられ、多くの国が中国との交流を減少させた。しかしそのときにおいてさえ、日本の民間組織は中国教育国際交流協会との協力を保ち続けた。たとえば、霞山会は協会と五名の奨学金留学生を交換し、それぞれ相手国で学ばせている。また同年十月に、中国教育国際交流協会副会長邵宗傑が率いる小・中学校教員団が、招請に応えて日本を訪問した。中国教員団は日本の家庭教育がいかに社会教育と融合するか、そして学校の伝統文化教育に何を求めるかなどについて視察し、多くの有益な経験を得ることができた。

一九九二年は中日国交正常化二十周年にあたる。正常化二十周年を祝するため、中国教育国際交流協会は日本の各民間団体と大規模な友好交流相互訪問活動を数多く展開した。四月十三日から二十三日にかけて、中国教育国際交流協会は国家教育委員会副主任の滕藤を団長、協会責任者の呂型偉と倪孟雄を副団長とする幼稚園・小・中学校教員代表団の一行百二十六名を組織し、日本を訪問した。今回の訪問は、両国の教育交流史上、かなり大規模なものとなった。代表団は日本各地を訪問し、日本の教育界と幅広い交流を行った。また、日本の小・中学校を参観し、その教員、生徒および保護者たちと親交を深めた。同時に、日本側も関西地方の小・中学校教員視察団を組織し、中国の大連、撫順、瀋陽等の地を訪問した。こうした教育相互訪問活動によって、両国の基礎教育の交流と協力が促進された。

（1）霞山会との協力

霞山会は一九四八年に設立された。その前身である東亜同文会と同様に、中国との文化交流活動を通じて中日友好と相互理解の促進を図ることが会の目的である。主な活動に、アジア諸国との留学生・研究者の相互交流の促進、中国をはじめとするアジアに関する調査研究、図書の出版、ワークショップの開催などがある。霞山会と中国教育国際交流協会との協力事業には主に次のものがある。

中国日本語教師訪日団の招請

一九八二年に中国教育国際交流協会は霞山会と協定を結び、中国日本語教師訪日団を招請する事業を実施した。過去に日本に行ったことのない中国の日本語教師十名を招請し、短期訪日研修を行うものである。日本での滞在期間中に、教師たちは日本の教育機関の参観や日本の有名な都市への訪問を通じて日本文化に対する理解を深めた。一九八二年から二〇〇三年までの間に、十八回の訪日団を招請し、参加者の総数は百七十六名に上った。

中国留学

一九八六年に、中国教育国際交流協会は霞山会と交換留学生協定を結び、毎年五名の学生を相手国に派遣し、短期留学を行うこととした。現在のところ、資金援助の対象は、主に中国へ留学する日本の大学生と大学院生である。こうした学生たちの留学目的は中国語の学習だけではなく、専門知識を踏まえたうえでの中国語強化である。したがって、申請する日本人学生は、必ず一定の中国語のレベルに達していなければならない。また

この事業は、日本の若い世代が近現代の中国を理解することによって中日友好交流を促進することもその目的としている。そのため、申請する学生は近現代中国に関する人文・社会・自然科学研究を専攻しなければならない。これらの留学生を受け入れる中国側の大学に、北京大学、中国人民大学、北方交通大学、北京第二外国語学院、北京中医薬大学、対外経済貿易大学、清華大学、北京師範大学、北京外国語大学、北京語言文化大学、南開大学、天津大学、山東大学、吉林大学、東北師範大学、復旦大学、上海交通大学、同済大学、華東師範大学、上海外国語大学、南京大学、浙江大学、中山大学、華南理工大学、厦門大学、武漢大学、重慶大学、四川大学、西南師範大学、西安交通大学、陝西師範大学、蘭州大学などがある。二〇〇八年までに、すでに中国に第二十一期留学生まで派遣している。

日本留学

中国教育国際交流協会と霞山会との間で一九八六年に結ばれた協力協定にしたがって行われる協力事業である。中国教育国際交流協会が、中国の大学の人文・社会・自然科学の分野から高い学術レベルの若手教員や研究者を選抜し、霞山会に推薦する。霞山会は毎年五名を招聘し、客員研究員として日本の高等教育機関および研究機関で、一年ないし半年にわたって研修を行わせる。その目的は、研究者の視野を広げ、学術レベルを向

上させ、そして中日両国の学術交流を促進させることである。これまでに留学した研究者の数はすでに百名を超えている。

（2）ケア・ジャパンとの協力

ケア・インターナショナル（CARE International）は世界有数の国際協力NGOであり、財団法人ケア・インターナショナル・ジャパン（CARE International Japan）はその日本事務局である。ケア・ジャパン〔二〇〇五年にケア・インターナショナル・ジャパンと名称変更〕は一九八七年に発足し、その目的は、貧困の根源をなくし、発展途上国への人道支援を行うことである。また、女性、子どもとエイズ患者に関心をよせ、苦境に立たされている人々の自立を支援している。

一九九〇年に、中国教育国際交流協会はケア・ジャパンと初の協力計画を結んだ。これによって、ケア・ジャパンは中国に対して三千二百四十六箱の小・中学生用文房具を無償で寄付し、中国の革命に由来のある地域や少数民族の地域、辺境地域、貧困地域などにある小・中学校に対し支援を行った。一九九一年にケア・ジャパンは日本のPTAと共同で、中国教育国際交流協会とさらなる協力を展開した。日本側は、河北省と海南省の六つの県の困窮地域にある二千あまりの小学校に、三千六百箱の文房具を寄付した。そして、引き続き中国の災害地域である安徽省、甘粛省、山西省の貧困地域の学校にも文房具を寄付している。その後、双方の協力が拡大し、ケア・ジャパンは毎年中国の貧困地域に対する教育支援プログラムを実施した。一九九四年四月に、陝西省の小学校に約五十万元相当の三千二百箱の文房具を寄付し、陝西省の教育事業を支援した。そして、一九九五年三月二十五日に、ケア・ジャパンとPTAによる第五回中国小学生文房具贈呈式が北京で行われた。日本側の支援のもと、二千箱あまりの文房具が遼寧省と甘粛省などの貧困地域に運ばれた。贈呈式の後、日本側は中国教育国際交流協会と、その後五年間の協力計画について会談を行い、合意に達することができた。また、一九九九年三月に、北京で海南省五指山地域貧困県・市に対する寄付式典が行われた。ケア・ジャパンは二千百箱の文房具を贈呈した。ケア・ジャパンと中国教育国際交流協会との協力によって、中国の貧困、災害地域に住む無数の児童が救援され、中国の基礎教育に大きく貢献した。

2．中日大学間交流

（1）大学間の協力と交流

一九八〇年代以降、中日関係の改善と中日高等教育の国際化が深まるなかで、両国の大学間交流・協力が急速に進展した。現在まで、協力協定校の数は中日大学間に結ばれたものがもっとも多く、交流の内容ももっとも多彩である。双方の交流・協力の規模と進捗度は、ともに未曾有のレベルに達している。これによって、両国の大学の人材育成と科学研究事業の発展が後押しされることとなった。

一九八二年から一九八五年にかけて、中国教育部の指導のもと、中国の十九の高等教育機関とそれに相当する日本の四十八の学校との間に交流関係が作られた。一九八五年から、中国の教育部部長と日本の文部大臣による定期会合が行われるようになり、「会談覚書」も調印され、その後の教育協力と交流が順調な発展を遂げることができた。日本の文部科学省の統計によると、二〇〇四年十月までに、日本の二千五十四大学が中国の関連大学と友好交流に関する協定を結んでいるという。たとえば、一九八〇年十二月に、日本の愛知工業大学学長が中国の南京工学院院長と、友好大学提携を行う文書に調印し、中日大学間の友好交流の幕開けとなった。一九八六年に、清華大学が東京工業大学と学術交流協定を結び、各専門分野における密接な協力関係を築き上げた。現在、双方はナノテクノロジー、バイオサイエンスおよび社会理工学の三つの専門分野で大学院合同プログラムを展開している。双方の協議によって、清華大学は毎年、バイオサイエンス・バイオテクノロジーとナノテクノロジーの二つの学科から十名の修士学生を合同プログラムに選抜する。学生は清華大学と東京工業大学それぞれで講義と課題研究の訓練を受け、単位を双方から取得できる。そして卒業時には、出身大学の修士学位を取得するのはもちろんのこと、相手大学の修士学位も取得することができる。二〇〇二年九月には、復旦大学の国際関係・公共事務学院、日本の慶應義塾大学総合政策学部、および韓国の延世大学大学院の代表が延世大学で覚書に調印した。それによって、三大学で、東北アジア国際関係に関する共同遠隔授業をスタートさせることが取り決められた。この授業では、グローバリゼーションと地域ガバナンス、グローバリゼーションと地域変容、グローバル・ガバナンスという、三つの大学院生向けの講義が行われている。講義では遠隔視聴システムが用いられ、三大学の大学院生に対してリアルタイムの教育を施し、修士課程のダブルディグリー制度を設けている。さらに三大学間で定期的に、学生研究討論会と大学行政責任者・教員検討会が開かれている。こうした協力は、北東アジアの有名大学の間で遠隔教育を行う試みとして意義深いものであった。さらに、二〇〇四年八月に、北京大学は早稲田大学と正式に「北京大学‐早稲田大学ダブルディグリー学生共同育成協定」に調印した。このような協定はすでに中日の大学間で広く結ばれており、両国の学生に海外で学習し、交流するより多くの機会を与えている。

(2)　中日両国の大学学長間交流

両国の教育交流のレベルを上げ、交流分野を拡大させるため、一九八四年八月に、日本の文部大臣が中国国家教育委員会主任と会談を行った。双方は一九八五年に教育視察団を相互派遣し、中日の大学学長会議の立ち上げなどについて合意した。一九八五年四月三十日から五月二日にかけて、第一回中日大学学長会議が北京の香山飯店で開かれた。さらに同年の七月に、中日大学学長懇談会が東京で開かれた。また、一九八六年十月二十八日から三十日にかけて、両国は東京で第二回中日大学学長会議を行った。

二〇〇〇年十月に、第一回中日学長会議が東京で行われた。両国の四つの重点大学から集まった学長らが、双方の高等教育発展における経験について交流した。また、新しい世紀に両国の高等教育が抱える課題についても話しあいがもたれた。

二〇〇三年二月に、第二回中日学長会議が再度東京で行われた。今回は東京大学が主催し、日本学術振興会が協賛した。会議に参加したのは、両国の教育部門の責任者、日本の九大学と中国の五大学の代表であった。日本からは、東京大学、京都大学、北海道大学、東北大学、名古屋大学、大阪大学、九州大学、早稲田大学と慶應義塾大学が参加した。中国からは、北京大学、清華大学、復旦大学、南京大学、中国科学技術大学が参加した。会議では、両国の学界・高等教育界における改革の現状について話しあいがもたれた。また、双方はそれぞれの教学、科学研究で直面する問題について詳しく語った。さらに、近年の両国教育界の協力について総括が行われ、今後の協力の見通しについて展望がなされた。周済中国教育部副部長と日本駐在中国大使館の李東翔公使もわざわざ会議に駆けつけた。周済は「中国高等教育の改革と発展に関する回顧と展望」と題したスピーチを行った。一方、日本側の工藤智規文部科学省文部科学審議官が「日本の学術政策」と題してスピーチを行った。

二〇〇四年八月北京で、第三回中日学長会議が北京大学の主催で行われた。北京大学内の十一の組織と関連機関、日本からは北海道大学など九大学と関連機関の代表が参加した。周済教育部部長と近藤信司文部科学省審議官も出席した。会議の期間中、両国の代表者たちは、「中国が実施する教育振興施策計画と日本が実施する国立大学法人化改革によって新たに生まれる、両国の大学間協力の機会」の問題について意見交換し、今後追及すべき大学間協力や、両国間の教育交流などの問題についても話しあった。

二〇〇五年十二月に、「イニシアチブとパートナーシップ――中日大学の使命と役割」をテーマとする中日学長会議第一回学術シンポジウムが復旦大学で行われた。これは、中日学長会議の枠組み下における初のシンポジウムである。これはもともと、復旦大学、北京大学、京都大学と慶應義塾大学の四つの高等教育機関による合同提案であった。とくに有名校をはじめとする両国の大学の間に、安定的で実務的で効率のよい協力体制を作ることがその目的であった。会議後に双方の大学によって、次のことに関する合同提案が出された。科学研究の分野における協力をいっそう強めること、現代的な大学制度の確立をともに推進すること、両国大学の教育レベル維持および学位相互認定システムを構築すること、学生同士の幅広い交流を力強く後押しし、中日学長会議の枠組みのなかに中日大学生交流会議を設立すること、東アジアの国際関係および中日関係に関わる両国大学の研究者同士の共同研究と交流を全力で推進することである。アジア太平洋地域の経済の繁栄と平和安定のために、両国の大学が一緒にイニシアチブを推進しなければならないし、またそうすることができる、と双方が認識をともにした。さらに、「高等教育の大衆化への道——中日比較の視点から」と「二十一世紀中国大学の新たな使命」などのトピックに関して、清華大学、上海交通大学、武漢大学、四川大学、中国科学技術大学、浙江大学、早稲田大学、北海道大学、大阪大学、東京大学など三十近い大学の学長らが熱く討論した。

二〇〇六年八月に、第四回中日学長会議が中国の西安で行われた。両国の学長らは、高等教育の発展と国際化などの問題について意見を交わした。

経済のグローバル化が進行するなか、教育の国際交流と協力を強めることは発展するために必然的な趨勢である。両国の大学は各分野で密接に協力しあい、レベル・質ともに高く、創造的で複合的な人材を育成することで、国際的視野と総合的な競争力をもつ学生の育成に重要な役割を果たした。中日学長会議は、両国が高等教育の分野においてハイレベルな対話と交流を行う賑やかな場となり、良い協力関係を築く土台となった。中日大学間の密接な交流は、両国の理解と友情を深め、高等教育の発展に重要な役割を果たした。そして、両国が平等互恵の戦略的パートナーシップを築くための人材支援にもなった。

五　留学生相互派遣と留学規模の急速な拡大

留学生は中国が外国と交流を行う架け橋である。彼らはお互いに学習し、交流し、ともに発展することを促すうえで独自の役割を担ってきた。中日交流の歴史のなかで、留学生の存在はとても意義深い。一千年以上前の隋・唐の時代、すなわち日本の天平文化の時代に、中国はすでに日本と盛大な友好交流を始めていた。唐の貞観年間に、日本は十三回にわたって「遣唐使」を送り、そして唐からの使者を六度迎え入れている。遣唐使団の規模は毎回大きく、もっとも多いときには六百人に達したことがあった。使節団には留学生や留学僧も同行していた。そして使節団が帰国しても、留学生（僧）たちは残って中国の文化を学んだ。日本の留学生たちは、中国で数年ないし数十年にわたって勉強してから、再び日本へ戻って中国の進んだ科学技術と文化をもたらした。彼らは日本の政治、経済、文化の発展および社会の進歩に大きな役割を果たした。そのなかでもっとも有名なのが、阿倍仲麻呂、吉備真備と弘法大師である。阿倍仲麻呂は唐で官吏となり、唐の有名な詩人である王維、李白、儲光羲らとの交流が厚く、長生きもして中日友好に大きく貢献した。吉備真備と弘法大師は中国の漢字を利用して、それぞれ日本語の片仮名と平仮名を作り出した。一方、中国人が日本へ留学しだしたのは近代になってからのことである。一八九六年に、中国の清政府が日本に唐宝锷、戢翼翬ら十三名の留学生を派遣し、中国から日本への留学生派遣はここに始まった。二十世紀初頭に、李大釗、陳独秀、周恩来など多くの優秀な学生が日本へ留学し、日本で革命思想を学んだ。彼らはマルクス主義を中国に持ち帰り、中国の民主革命推進に後世に残る貢献をもたらした。さらに、日本への留学生のなかから政治、経済、文化、科学技術、軍事など各領域における優秀な人材も数多く輩出し、そのなかには魯迅、郭沫若、李四光、蘇歩青、範旭東、蔡锷などがいる。

しかし、古代でも近代でも、中日間の留学生交流はずっと一方通行であった（古代では日本から中国、そして近代では中国から日本へ）。一九七八年に中国が改革開放政策を実施し、「中日平和友好条約」が締結されるという大きな背景のもと、両国の間でついに大々的に留学生が相互派遣され、しかも短い期間に未曾有の発展を遂げた。これまでの三十年の間、双方の努力の甲斐あって、両国が派遣した留学生の総数はすでに二十五万人を超えている。中国から日本への留学生は約十五万人に上り、日本から中国への留学生は累計十一万人弱になっている。留学生の相互派遣が回復された当初、両国は数百名程度の学生しか派遣しなかった。しかし、三十年の間にそれが二十五万人以上に跳ね上がったということは、両国の教育協力関係がたえず発展した結果といえる。今日の中国のさまざまな領域で活躍する日本帰りの留学生たちは、日本で学んだ知識、技術と文化を祖国の建設事業の近代化に応用している。一方中国へ留学した日本人学生も、彼らの先輩たちと同じように、中日交流と中日友好を後押しする民間大使となっている。

1．中国から日本への留学生

一九七八年六月に、中国共産党第十一期三中全会が開かれる前に、鄧小平が海外留学生派遣の拡大について重要なスピーチを行った。留学生の数を増やさなければならないとされ、「数千数万の単位で派遣」し、「何としても早め」なければならない、とされた。一九七八年八月四日に、教育部が「出国留学生選出増加に関する教育部の通知」を出した。これはこの時期において、中国が出した留学に関する初めての重要文書となった。一九七八年八月十二日に、中日両国が「中日平和友好条約」に調印した。条約の第三条は、「両締約国は善隣友好の精神に基づき、かつ、平等及び互恵並びに内政に対する相互不干渉の原則に従い、両国間の経済関係及び文化関係の一層の発展並びに両国民の交流の促進のために努力する」と定めている。これを機に両国政府の間で、留学生交流を実施することに関して正式な合意がなされた。一九七九年三月に、中国教育部と外交部は日本政府と協力して、長春の東北師範大学で「中国赴日本国留学生予備学校」を設けた。これは、日本の大学への留学を目的とした、中国政府による留学生派遣の予備教育機関である。一九七九年六月三日に、中国教育部、国家科学委員会および外交部が合同で「出国留学生管理教育業務に関する暫定規定」と「出国留学生規則」を出した。十二月二十日から二十九日にかけて、教育部は国務院科学技術幹部局と北京で、全国留学生業務会議を共同開催し、国家の必要と能力に応じて、できるだけ多く派遣する方針を定めた。中国の改革開放の政策のもと、渡日する留学生の数も急速に増えていった。

一方、日本への留学生の規模が急速に拡大したことは、日本政府の留学生政策とも密接な関連がある。日本政府は留学生政策を、二十一世紀に向けたもっとも重要な国策の一つと定めている。日本に留学生を受け入れるための経費の投入や、政策の制定がかなり重視されていた。すでに一九八三年に日本政府は「二十一世紀への留学生政策に関する提言」を打ち出している。留学生政策に関して提言は次の四点を挙げている。

①二十一世紀に向かって、我が国に対する国際的期待は、国力の充実とともに各分野において一層強まり、我が国の国際的に果たすべき役割も、ますます重要度を加えるに至るものと考えられる。特に、その在立と繁栄を諸外国との円滑な関係の維持・発展に依存している我が国としては、各分野における国際交流や広報活動を通じて諸外国との間に相互理解を増進し、相互信頼に基づいた友好関係を築いていくことが極めて重要である。

②教育の国際交流、特に留学生を通じての高等教育段階における交流は、我が国と諸外国相互の教育、研究水準を高めるとともに、国際理解、国際協調の精神の醸成、推進に寄与し、さらに、開発途上国の場合にはその人材養成に協力するところに、その重要な機能をもつと考えられる。

③国家、社会の発展における人的能力の開発の重要性は、今日、広く反省を込めて再認識されつつあり、人的能力の開発なくしては、物的な援助は必ずしも十分にその実を結ばないと考えられるに至っている。留学生政策を通ずる開発途上国の人材養成への協力は、今日ますます重要性を帯びてきている。

④さらに、我が国の大学等で学んだ帰国留学生が、我が国とそれぞれの母国との友好関係の発展、強化のための重要な架け橋となることをあわせて考えると、二十一世紀を望む日本にとって、留学生政策は、その文教政策、対外政策の

中心に据えてしかるべき重要国策の一つであるといっても過言ではない。

一九八三年の「二十一世紀への留学生政策に関する提言」、および一九八四年の「二十一世紀への留学生政策の展開について」を踏まえ、日本政府は「留学生受け入れ十万人計画」を提案し、実行した。これは二十一世紀の初頭に、来日する留学生数を十万人にする計画である。これは総合的な計画であり、留学生に対する来日前と帰国後の支援も含まれていた。計画の実施については、以下のことに重きが置かれていた。

①教育、研究、奨学金および住宅の面で留学生規定を設け、特定の学科と都市に留学生が集中しないようにすると同時に、各学科と都市に平均的に学生を振り当てるよう心がける。

②学生渡日前に言語をはじめとする準備をサポートする。

③各大学が独自の留学生政策を制定し、留学生に対して積極的で、独自のアプローチを行うことを奨励する。

④留学生が本国の大学に登録しながら、日本で短期学習を行なえるような制度を許可する。英語やその他の言語で行われる特設コースがこの制度のなかに含まれる。

⑤すでに帰国した学生に対してもサービスを引き続き提供し、彼らの学習と研究のサポートを行う。

こうすることで、留学生出身国と日本との友好関係および学術交流を保つ。

中国政府の留学生政策奨励と同時に、日本政府も完備されたサポート体制を提供していた。こうした環境のもと、日本学生支援機構[9]の統計によると、二〇〇七年五月一日時点で日本の大学（短期大学を含む）で学ぶ中国人留学生は七万千二百七十七人に上り、日本へ留学する学生総数の六〇・二%を占めるという。また、二〇〇七年時点で日本の語学学校などで短期留学を行う中国人留学生も二千七十人になる。さらに、一九七八年から、中国から日本に渡った留学生の数は累計で十五万人ほどになっており、日本にいる留学生のうち、中国人がもっとも人数が多くなった。

留学生のレベルを見てみると、「中日平和友好条約」が締結され、留学生派遣業務が始まったばかりの頃、中国では日本語能力に優れた人材に対する需要が急激に増えた。したがってこの頃は、主に日本語研修生を派遣して、日本で日本語を学ばせていた。学習期間は一年から二年だった。その後、中国の改革開放が進み、経済社会が発展するにつれて、こうした状況に変化が現われてきた。現在、中国人留学生は主に日本の大学の学部や大学院で学んでいる。また、短期大学、専門学校や語学学校などの短期課程で学ぶ者もいる。いまや日本で学ぶ中国人留学生は、学部、修士、博士、あるいは専門知識をもつ研究者などといった、さまざまな層に拡がっている。とくに学部以上の高い知識をもつ留学生は、高いレベルの大学、研究機関に留学する割合が大きく増えた。

専門分野については、中国人留学生は主に日本の大学の人文社会科学の分野で学んでいる。経済、法律、金融、会計、管理、文学などがあり、人数は日本で留学する留学生の半数以上を占めている。留学のルートを見てみると、留学生の相互派遣が回復された当初は、国家による派遣がほぼ唯一のルートであった。しかし、いまや中国からの留学ルートは、国家による派遣、組織・団体による派遣、中国と外国による共同育成派遣、私費留学など多様化している。私費留学生の数はすでに日本へ留学する中国人留学生総数の九割以上を占めている。留学の規模が拡大し、留学生のレベルが高まり、留学の分野も多元化していった。その原因は、中国が改革開放を拡大し、とりわけ世界貿易機関（WTO）加盟後、人材に対するニーズが多様化していき、レベルも高まったことが挙げられる。さらに、中日両国の教育協力関係が発展し続けた結果でもある。

留学後の状況に関する統計によると、現在日本で学業を終え、帰国して仕事をする人は三万人前後に上るという。なかでも、博士学位を取得した後に帰国した者が約六千人いる。こうした帰国者のうち、多くが中国の各領域で重責を担い、重要な役割を果たしている。たとえば、中央および地方政府の副部（省）レベル以上の職に就いた者も数名いる。元教育部副部長周遠清、青海省副省長馬培華らがそうである。また元日本留学生のなかで大学の学長、副学長に選ばれた者も十数名いる。たとえば、東北大学学長赫冀成、東北師範大学学長史寧中、前青海大学学長李建保、吉林大学副学長李玉林らがこれにあたる。また、日本留学帰国者のなかに、中国最高の学術と科学技術を誇る中国科学院や中国工学院に所属する者も数多く存在する。たとえば、中国医学科学院の前院長巴徳年、内モンゴル大学学長旭日干、西安交通大学学長鄭南寧、四川大学副学長魏於全、中科院科学所副所長姚建年といった人々は、日本の大学で博士学位を取得している。彼らは帰国後に、中国の科学技術発展へ特別に寄与したため、中国工学院や中国科学院の会員に選ばれることとなった。その他に、長江学者、国家重点プログラム、重点ラボの責任者のなかにも日本留学の帰国者が相当な割合を占めている。たとえば、北京大学の劉忠範教授、中国科学院の江雷教授、清華大学の羅毅教授らも各々の分野で一流の研究成果を得ている。さらに、日本留学から帰国してから経済建設の第一線と地方政府管理部門で活躍する人も数多く存在する。たとえば、北京経済技術開発区ＳＭＣ（中国）有限公司の総経理である趙彤博士、安徽「三聯」グループ総裁、三聯職業技術学院院長である金会慶博士、団中央常務委員、山東省団委員会書記陳偉博士などである。

同時に、日本で学業を終えた後に日本で就職する中国人留学生も多数いる。そのなかで博士号を取得した者は三千名を超えている。そのうち八百名あまりが日本の国・公・私立大学で教授、准教授を務めている。また、日本の産業界でも大勢活躍しており、中日経済産業界の橋渡し役をしてきた。なかには専門知識をもつ人々の団体もできている。たとえば、支援青海留日博士専家団、全日本中国人博士協会、日本華人教授会議、中国留日同窓総会、在日中国科学技術者連盟、在日華人汽車工程師協会などが挙げられる。日本で学んだ現代科学知識を駆使して、彼らは海外から中国の近代化建設のために貢献している。彼らは広い国際的な視野を持っており、中日両国の文化と社会構造の違いを理解している。そのため、両国の学術、科学技術、経済、教育、文化などの分野における交流と協力を促進し、両国間の相互理解を促すうえで重要な役割を果たしている。

2．日本から中国への留学生

中国政府はかねてから外国人留学生の受け入れと育成を重視してきた。一九六二年に、周恩来総理自らが留学生教育管理の方針を、「学習面では要求を厳格に、サポートを真剣にすること、政治面では積極的に影響を与えるが無理強いはしないこと、生活面では適切なケアをし、管理を厳粛にすること」と改定した。一九七三年四月三日に、国務院科教組は「一九七三年来中留学生受け入れに関する打診報告」を発布した。この報告は国務院の批准を経たもので、その年から外国人留学生の受け入れを再開することが取り決められた。さらに、一九六二年に決められた、留学生の教育管理方針が改めて確認された。一九七九年一月八日から十九日にかけて、教育部、外交部、文化部と公安部が北京で外国人留学生業務会議を共同開催した。そこで「外国人留学生業務条例」が出され、日本人留学生受け入れの政策土台が定められた。一九八〇年に、中国は百六十三名に上る日本人留学生を受け入れ、一九八一年には二百三十四名、一九八二年には二百二十五名、一九八三年には二百六十一名、そして一九八五年にはその人数は五百名を超えてきた。一九八七年九月に、中国国家教育委員会は中国への新たな留学生受け入れ方法を試行し始めた。それによると、日本からの私費留学生受け入れ業務は、国家教育委員会から各高等教育機関へと移され、留学生は学校が直接受け入れられることとなった(10)。この方法によって、中国の高等教育機関が海外留学生を受け入れる道が開かれ、その後、中国に来る日本の私費留学生の数が年を追うごとに増えていった。一九八〇年から一九九〇年までの十年間、のべ六千人前後の日本留学生が受け入れられた。一九九八年に、中国で学ぶ日本人留学生の数は一万四千五百二十四名に上り、中国で学ぶ各国留学生のトップとなった。二〇〇四年に中国で長期留学をする日本人学生は一万六千人に達し、二〇〇五年には一万八千八百七十四人にまで膨れ上がった。この数字は、中国における外国人留学生の数で韓国に次ぐ第二位を占めている。一九七八年に「中日平和友好条約」が締結され、留学生の相互派遣が復帰されて以来、中国に来た日本人留学生の数はすでに累計で十一万人近くに達している。

留学生のレベルを見てみると、日本から中国に来る留学生は主に研修と短期留学を主としている。一方、中国の大学で学部や大学院に所属する者も年を追うごとに増えてきている。専門とする分野としては、中国語の勉強をする人数がもっとも多い。その他に、文学、歴史、社会学、漢方医学などを学ぶ学生もいる。留学のルートについては、日本人留学生は私費留学を主としている。また、政府間の協議にしたがって、中国に交換留学するのも一つのルートである。現在、中日両国政府の間で毎年百十名の奨学金枠が設けられている。さらに、高等教育機関同士の協定による交換留学生プログラム、中日の大学による学生共同育成、単位の相互認定なども両国の間で一般的に実施されている。高等教育機関における交換留学以外にも、中学・高校の留学生交流も行われている。これらは主に友好都市の協定によって行われているものである。

現在、中国やその他の国に留学した日本人学生のほとんどが、帰国することを留学後第一の選択肢としている。日本学生支援機構の統計によると、帰国学生の約半数が学校に戻って学業を継続している。そして、残りの半数は就職している。中国留学から帰国した日本人学生も同様に、日本の各分野で活躍している。政府機関のうち、外務省や中国駐在日本大使館・領事館で働く多くの者が中国留学の経験がある。学界で中国や、中国の言語・文学を研究する学者も、長期ないし短期の留学経験があるのが一般的とされている。さらに、中国留学の帰国者のなかで日本企業で活躍する者もいる。彼らは、中日両国の経済関係が緊密化していく流れのなかに現れ、同時に両国関係の発展を促す役割を果たしている。

さらに近年、中国で日本企業が激増したことによって、中国留学を終えて、そのまま中国にある日本企業や中日合弁企業に入社する日本人留学生も現れ始めている。そして、北京大学をはじめとする多くの中国の大学は、すでに外国人教員の採用を開始している。北京大学では教鞭をとる日本国籍の教員がいる。中国経済が発展し、社会がさらに開けていくにつれて、中国で仕事したり、生活したりする日本人留学生の数も必ず増えていくことであろう。

両国の留学生相互派遣の現状を見てみると、規模、政策、そしてレベルの面でまだ両国の間に相当の距離が存在している。中国は、多くの優秀な留学生を中国にひきつけ、彼らが勉強を通じて中国の理解を深めていくために、留学生政策をさらに整えていかなければならない。とくに政策面で、日本には政府と民間の協力による力強い留学生サポート体制がある。そのうえ、留学生による国際交流の促進と国際関係の改善以外にも、日本はすでに留学生の育成を、人材開発、発展途上国への人的支援というレベルにまで高めている。中国もこれを留学生業務における一つの長期目標とする必要がある。平和友好条約が締結されてから三十年の間、両国が留学生の相互派遣を回復させ、その規模は迅速に拡大していった。このことにより、留学生が両国関係のなかで重要な役割を果たしてきたことは明白である。彼らの日本や中国における経験は、彼ら自身の日本や中国に対する印象を左右するばかりではなく、そのまわりの日本人や中国人にも影響を与えている。両国の政府、学界および産業界で留学生は活躍している。彼らの日本や中国に対する心構えが両国の政治、経済と文化関係に無視できない影響を及ぼしていることは疑いの余地もない。今後、日本は多くの中国の人材を必要とし、そして中国も同様に日本の人材を必要とするであろう。

4　映画交流と協力

黄大慧　葛暁慧

一九七八年、中国と日本は「中日平和友好条約」を締結した。これは中日両国の友好関係が新たな段階に入ったことを示すものである。これにより両国の各方面で、交流と協力がより拡がりをもって進展することになった。一九七九年十二月六日には、北京で、黄鎮文化部部長と大来佐武郎外務大臣が両国政府を代表して「文化交流の促進のための中華人民共和国政府と日本国政府との間の協定」に調印した。両国の政治的な蜜月関係によって、さまざまな文化交流と協力活動が活発化することになった。

中日の文化交流を語るとき、映画の交流と協力は重要な位置を占める。中国の改革開放が始まって以来、両国の映画関係者は頻繁に行き来してきた。映画週間や映画祭、回顧展を互いに開催したり、合作映画の製作やシンポジウムを開催したりすることで、中日友好と文化交流事業の発展に多大な貢献を果たした。

中日両国の映画交流と協力の第一次ブームは一九八〇年代である。当時、日本の優れた映画が中国で上映され、大きな衝撃をもたらした。しかしその後、さまざまな原因によって日本映画は次第に中国人の注目から遠ざかることになり、中国での上映が少なくなった。二十一世紀に入ってから、中日間の映画交流と協力はふたたび注目され、第二次ブームとなった。この第二次ブームの大きな特徴は、双方向性のある交流と、活き活きとして多様な生活感覚である。

一　日本映画の上映

一九七八年は「中日平和友好条約」が正式に発効した年であり、中国が対外開放政策を始めた年でもある。長期にわたる中日両国間の民間交流は、これまで両国の正式な外交関係の発展に貢献してきた。中日の政治関係が良好になったことで、両国間の文化交流はさまざまな形でさらに促進された。一九七〇年代末という、映画が贅沢とされた時代において、日本映画が中国で上映されることになったのである。

『サンダカン八番娼館　望郷』や『君よ憤怒の河を渉れ』、『キタキツネ物語』が中日映画交流の新しい窓口となった。

一九七八年に上映された『君よ憤怒の河を渉れ』は、推理作家である西村寿行の同名小説が原作であり、一九七六年の松竹配給作品である。一九七八年には、上海映画訳制片廠で中国語吹替版が作られた。中国上映第一弾となった本作品は、大きな評判を呼んだ。改革開放間もない中国観衆に大好評をもって迎えられたのである。ストーリー、俳優、吹替、ファッション、音楽、恋愛といった要素が、当時抑圧されていた若者たちの注目を集めた。出演した中野良子や高倉健は若者のアイドルとなり、映画のテーマ曲やセリフが流行した。中野良子が演じた「真由美」は、若くてきれいな日本女性の代名詞になった。このような現象はその後の中日文化交流の場で話題となった。中野良子はそれに深く感動し、中国と中国人をこよなく愛するようになった。彼女は中日文化交流の友好大使となった。『君よ憤怒の河を渉れ』上映式典への参加で初めて訪中した彼女だが、それ以降ほぼ毎年、通算三十回以上、中国を訪れている。

『サンダカン八番娼館　望郷』は『君よ憤怒の河を渉れ』と同じ年に上映されているが、その思想性や芸術性が当時の中国社会に大きな影響を与えた。日本帝国主義が中日両国のみならずアジア諸国の市民に災難と苦痛を与えたという本作品の上映によって、観衆は平和の追求や世代的な友好への思いを新たにした。中国の著名な作家の巴金は「この映画を観てから日本人に対する感情が深まった」と評している。作品に出演した女優の栗原小巻は、中日友好の文化大使であり、何度も訪中している。中国の観衆の間でよく知られており、ファンも多い。

一九七〇年代末、五本の日本映画が上映された。上記の二作品に加えて、『愛と死』、『金環蝕』、『キタキツネ物語』である。これらは当時の中国人が日本を理解するための窓口となった。

一九八〇年代には『あゝ野麦峠』や『アッシイたちの街』、『遥かなる山の呼び声』、『幸福の黄色いハンカチ』、『男はつらいよ　口笛を吹く寅次郎』、『蒲田行進曲』、『Wの悲劇』、『上海バンスキング』、『瀬戸内少年野球団』、『台風クラブ』などのほか、鑑真が日本に渡るという、中日友好を称揚した井上靖原作の『天平の甍』が上映された。またテレビ連続ドラマ『おしん』も放送された。これらは中国の観衆に改めて日本映画の風格を見せつけたのみならず、感情を大きく揺さぶって、当時の人々の記憶に日本映画の魅力を植えつけた。たとえば『幸福の黄色いハンカチ』は日本映画界の巨匠である山田洋次監督自身も誇る名作だが、中国の観衆にもよく知られ、愛されている日本映画の一つである。山田洋次の作品はこれ以外にも『たそがれ清兵衛』、『遥かなる山の呼び声』、『男はつらいよ』などが中国で一世を風靡している。人間性を探求した日本映画『人間の証明』は、中国で上映されると大きな反響を呼び、そのテーマ曲も全国で流行した。これらの映画作品によって中国の観衆は、日本が戦争による廃墟から艱難辛苦を乗り越えて迅速に発展・繁栄したことを認識し、「中国の近代化のゆくえ」について考える契機にもなった。

しかし一九八〇年代末、日本映画は徐々に中国観衆の注目を集めなくなった。ハリウッドの大作に注目が集まったことや日本の経済状況などが影響して、しばらくの間、日本映画は中国の映画館で上映されることがなくなったのである。日本を代表する映画ですら中国で上映されることは稀になった。今村昌平監督や北野武監督など巨匠が国際映画祭ですばらしい結果を残しても、中国の観衆に知られる日本映画は数少なかった。

一九九〇年代、中国では上映時間が制限されたり劇場数が減ったため、商業的な配慮からアメリカの大作や欧米の有名な作品が多数上映され、日本映画の上映は少なかった。しかし一部で好評を得た日本映画が上映されており、たとえば恋愛映画『Love Letter』がある。

一九九〇年代初頭、中国では海外のアニメが放映された。そのなかで特筆すべきは日本アニメの『聖闘士星矢』である。この作品が中国で放送されるとブームが起こり、人々は日本のアニメの輪郭を知ることになった。その後も『鉄腕アトム』や『美少女戦士セーラームーン』、『スラムダンク』、『もののけ姫』、『魔神英雄伝ワタル』、『ロスト・ユニバース』、『イタズラなKiss』など数多くの日本のアニメが受け入れられた。これらは中国の若い観衆の心を摑んだ。

二十一世紀になると、持続的に発展してきた中日両国の映画交流が、再度ピークを迎えることになった。中国ではかなり多くの日本映画が上映されるようになった。たとえば『盲導犬クイールの一生』や『一リットルの涙』、『いま、会いにゆきます』、『スワロウテイル』、『日本沈没』などである。特筆すべきなのは、中国のテレビで大量の日本アニメが放送されたことである。たとえば『ウルトラマン』や『名探偵コナン』、『ドラえもん』、『テニスの王子様』、『千と千尋の神隠し』、『となりのトトロ』、『ハウルの動く城』、『火垂るの墓』、『天空の城ラピュタ』、『風の谷のナウシカ』、『モノクローム・ファクター』、『イタズラなKiss』、『デスノート』、『クリスタルブレイズ』などがある。

そのうち、日本アニメの巨匠である宮崎駿の作品は、その完璧主義と思想性のために大人気となった。中国の若い観衆に大きな影響を与え、忠実な宮崎駿ファンが次々と生まれた。宮崎駿の作品には、俗世の汚れにまだ染まっていない美しさや、責任感とあきらめない姿で表現される美しさ、示唆に富む哲学的な訴求、善良・純潔・美・力の崇高さ、シーンの雄大さと精緻さ、テーマのコンセプトの深さがある。たとえば『千と千尋の神隠し』は、いわば自己救済の寓話である。非常に複雑な未知の世界においてどうして自己を見失ったのか、どうやって生き残るべきか。十歳の少女、千尋が体験した恐怖と戸惑いは、未知なものに出会ったすべての人々にとって共感できるものである。乗り越えなければならない未知や困難に直面したときにこそ、内面の深いところに眠っていた生命力や、他者に対する心からの愛情が呼び醒まされることに、誰もが多かれ少なかれ気づかされるのである。

二〇〇四年十一月、日本アニメの巨匠である手塚治虫の遺作を基にした日本のアニメ作品『ぼくの孫悟空』のワールドプレミアが北京で開催された。日本の『ぼくの孫悟空』は中国古典『西遊記』を題材にしたものである。中国の観衆がよく知る賢く奇怪なサルとはイメージや行為が異なる部分があり、日本の芸術家の想像力が伺われる。早くも一九八〇年代には、日本のアニメは豊富な想像力と精美な描写力、夢中にさせるプロットで中国の観衆のを心を摑んでいた。日本アニメの父といわれる手塚治虫の『鉄腕アトム』は、無数の中国の若者を熱狂させ、中国の観衆のよく知る外国アニメの代表となった。

手塚治虫の漫画・アニメ創作には、中国とも深い縁がある。一九四三年、まだ小学生だった手塚治虫は、中国アニメ界の鼻祖である万籟鳴兄弟が監督した中国初のアニメ映画『鉄扇公主』を観た。彼は「手に如意棒を持ち、斤斗雲で十万八千里を飛ぶ」孫悟空に深く魅せられた。その後、漫画やアニメを創る道に進み、一九五二年に漫画『ぼくの孫悟空』が雑誌に連載された。この作品には手塚治虫と万籟鳴との友情についても記されている。手塚プロダクションの松谷孝征代表取締役は「万先生は手塚がもっとも尊敬する人物。手塚はディズニーアニメの影響を多く受けていると考えられているが、実は中国アニメ、とくに万先生のアニメの影響のほうが早く、またはるかに深い」と述べている。また「『ぼくの孫悟空』が日本で上映されたとき、日本の経済はやっと立ち直ったばかりだった。孫悟空の勇敢さ・善良さ・忠実さが、呆然としていた日本の民衆に生きる力と希望を与えられればと願った。この作品は中年に中国に里帰りした。中国の人々に同様の希望を与えられればと思う」と述べている。

二　映画週間による集中上映

日本の優秀な映画作品を集中上映する映画週間と回顧展は、中国の観衆が日本の文化や風土、人情、社会生活を集中的、重点的に理解するのに貢献した。また中日両国の相互理解と信頼を深めることにもなった。これらは両国市民の友情を深めるた

め の重要な手段となり、絶好の機会となった。一九七八年に調印された「中日友好平和条約」以来、中日両国は何度も映画週間や回顧展を開催してきた。そうした交流を通して、中日の映画人が顔を合わせて研究、検討し、深いレベルでの対話や思想上の議論を行った。これらが情報として流通することで、両国の市民は互いの社会生活や風俗と人情、思想観念などを理解し、深いレベルでの相互理解が可能になった。それは中日間の文化交流を促進させるとともに、両国市民の友情を深めた。

一九七八年十月、「中日平和友好条約」の正式発効を記念し、中国人民対外友好協会と中日友好協会、中国映画家協会は共同で「日本映画週間」を開催した。中国の八都市で『サンダカン八番娼館　望郷』、『君よ憤怒の河を渉れ』、『キタキツネ物語』が上映され、大きな反響を呼んだ。

一九七九年九月、中日友好協会と中国映画家協会、中国映画発行公司は共同で「日本映画週間」を開催した。『愛と死』、『お吟さま』、『先生のつうしんぼ』、『龍の子太郎』、『金環蝕』の五作品が上映された。訪中した日本映画代表団と日本映画界友好参観団が、映画週間の活動に参加した。

一九八〇年五月、杭州、北京、上海、西安で開催された「日本映画週間」で『天平の甍』が上映された。十月に西安と成都で開催された「日本映画週間プレミア」では『絶唱』と『あゝ野麦峠』が上映された。

一九八一年から一九八五年まで、中日で四回映画週間が開催され、それぞれ二十以上の作品が上映された。

一九八一年八月に開催された瀋陽とハルビンでの「日本映画週間」では、『遥かなる山の呼び声』、『アッシィたちの街』、『お母さんのつうしんぼ』などが上映された。一九八一年九月、中国で「日本科学技術映画祭」が開催され、三十二作品が上映された。一九八二年九月、北京で『未完の対局』が上映され、大連や天津では『男はつらいよ』などが上映された。一九八二年十二月、中国映画家協会が五都市で「日本映画名作鑑賞会」を開催し、一九五〇―六〇年代の映画十四作品を上映した。一九八三年九月、昆明の「日本映画週間」では、『海峡』や『蒲田行進曲』などが上映された。

一九八五年、中国映画資料館と中国映画家協会は「日本映画回顧展」を主催し、同年十月下旬より、北京、上海、長春で開催された。この映画祭では木下恵介監督作品の『大曽根家の朝』、『カルメン故郷に帰る』や、小津安二郎監督作品の『麦秋』、黒澤明監督作品の『生きる』、『七人の侍』など、日本映画四十作品を集中上映した。それまでも中国ではたえず日本映画が上映されてきたが、戦後の日本映画四十作品を集中上映することは中国初だった。これらの映画を通して中国の観衆や映画人は、戦後の日本社会や風俗、人情をさらに理解するとともに、日本映画の発展ぶりを知ることになった。東京国立近代美術館フィルムセンター主任の丸尾定は映画祭での祝辞で、「日本映画回顧展」を通じて日本の人々がいかに苦しみのなかから立ち上がってきたかを中国の人々に深く理解してもらいたいと述べると同時に、中日両国の映画人と観衆の相互理解と交流がさらに深まることを願うと述べた。現代中国における日本映画の全面的な紹介は、この「日本映画回顧展」から始まったといえる。

一九八八年十月、中国映画資料館と中国映画家協会は「日本映画回顧展」を開催した。この映画祭では、山田洋次監督の『男はつらいよ』や大島渚監督の『少年』のほか、『非行少女』、『にっぽん昆虫記』、『乱れ雲』、『日本の青春』、『忍ぶ川』、『旅の重さ』などが上映された。日本映画は一九五〇年代末より不振が続いていた。テレビの登場、製作費用の上昇、娯楽の多様化といった要因が「映画の危機」をもたらし、日本映画界は危機を克服するためにさまざまな努力をしていた。この回顧展で選定された作品はみな一九六〇年代以降の代表的な作品であるが、中国で映画に従事する者に対する良い教訓となるものだった。興行収入を唯一の基準にするのでないのならば、六〇—七〇年代の日本映画は、テーマや風格、深みの面でもっとも輝いていた。中国映画資料館と中国映画家協会はこれを機会に両国の映画芸術の交流が推進され、中日民衆の相互理解が深まることを期待した。

一九九三年七月十五日、中国映画資料館と日本のフィルムセンターは共同で、「日本映画回顧展」を北京、上海、広州などの地域で開催した。この回顧展では一九八〇年代の日本映画作品を中心に三十六作品が上映された。『冬の華』、『サード』、『遠雷』、『瀬戸内少年野球団』、『台風クラブ』、『それから』、『華の乱』、『優駿　ORACION』、『男はつらいよ』などである。これらの作品のなかには、すでに中国観衆がよく知る巨匠・大島渚や、市川崑、熊井啓、深作欣二といった中堅監督の作品のほかにも、森田芳光や伊丹十三、相米慎二、大林宣彦、小栗康平といった一九八〇年代に現れた日本の〝ニューウェーブ監督〟の代表作も含まれていた。この回顧展は七〇—八〇年代の日本映画芸術の発展の軌跡を示し、日本の風俗と人情、ライフスタイルに関する多彩な映像を多角的・多層的に紹介した。

一九九九年十一月、中国映画資料館は四度目の「日本映画回顧展」を開催した。これは当時の数年間でも中日映画文化交流における大きなトピックとなった。一九九〇年代に入ると、日本映画は若手監督たちの活躍により、再び勢いを盛り返していた。この回顧展では一九九〇年代の日本映画の力作十三作品が上映された。『Ｓｈａｌｌ　ｗｅ　ダンス?』、『眠る男』、『居酒屋ゆうれい』、『学校の怪談』、『萌の朱雀』、『ＨＡＮＡ-ＢＩ』などである。これらの作品の監督のなかには、すでに中国の観衆によく知られた北野武、周防正行、竹中直人、崔洋一などの新人も含まれていた。数多くの作品が国際映画界でも高い評価を得たものであり、中国観衆にも好評を得た。なかでも小栗康平監督による『眠る男』は、第二十回モントリオール世界映画祭審査員特別大賞や第四十七回ベルリン国際映画祭国際芸術映画連盟賞など多くの賞を受賞している。河瀬直美監督の『萌の朱雀』は国境を越える映画であり、当時すでに二十カ国以上で次々と上映され、同年の第五十回カンヌ国際映画祭で新人監督賞など数多くの賞を受賞している。北野武監督の『HANA-BI』は第五十四回ヴェネチア国際映画祭で金獅子賞、第二十一回サンパウロ国際映画祭で批評家賞、ヨーロピアン・フィルム・アワードでスクリーン・インターナショナル賞などを受賞している。芸術は交流を求め、芸術交流は中日両国市民の友好関係を促進させる有意義な仕事である。

「二〇〇二年中国映画祭」は二〇〇二年九月十八日から二十二日まで東京で開催された。作品数の多さ、来日した映画代表団の陣容からみて、日本で行われた最大規模の中国映画祭であり、日本のメディアや一般市民の注目を集めるものとなった。この中国映画祭は中国国家放送映画テレビ総局と日本のオメガプロジェクト株式会社の共催であり、中日国交正常化三十周年の重要な記念活動の一つだった。五日間で中国映画三十作品が集中上映された。陳凱歌監督の力作『北京バイオリン』や、当年の上海国際映画祭で最優秀作品賞、最優秀女優賞、最優秀撮影賞といった主要な賞を総なめにした『ションヤンの酒家』など、現代の中国人の生活を描いた七作品に加え、二十三作のアニメ作品やドキュメンタリー作品が上映された。

二〇〇二年四月十四日から十七日まで、中日国交正常化三十周年を記念して、中国人民対外友好協会と中国映画資料館、日本の日中文化交流協会が共同で、日本の著名な女優である栗原小巻の映画作品展を北京で開催した。上映期間中には、栗原小巻出演の『乳泉村の子』、『サンダカン八番娼館　望郷』、『愛と死』、『モスクワわが愛』、『子育てごっこ』、『忍ぶ川』といったかつて中国で上映された六作品が映画資料館芸術影院で上映された。著名な謝晋監督による一九九〇年代の中日合作映画『乳泉村の子』で栗原小巻が演じた主人公は残留孤児の日本人生母だが、この映画は中国で大きな衝撃をもたらした。日本人残留孤児の体験を通じて戦争の残酷さを表現した作品である。映画祭ではオープニング上演された。オープニングでこの映画を上映することは、栗原小巻の提案である。この作品は彼女の代表作ではないが、中日国交正常化三十周年を記念するにあたって有意義であると彼女は考えたのである。

二〇〇三年三月七日から八日まで、中国映画資料館主催による「日本名作映画回顧展」が中国映画資料館芸術影院で開催された。これは中国映画資料館による、一九八五年から数えて五回目となる日本映画回顧展であり、また中日国交正常化三十一周年にあたって行う重要な文化交流活動だった。中国映画資料館は日本の異なるジャンルの古典的な作品を紹介した。上映作品には『暁の脱走』、『忍びの者』、『緋牡丹博徒　花札勝負』、『黒い雨』、『コント55号とミーコの絶対絶命』、『八つ墓村』、『君よ憤怒の河を渉れ』の七作品がある。この回顧展で上映された作品のジャンルは多様であり、高い水準のものばかりである。七作品ともに特色があり、反戦的なものもあれば平和を希求するもの、核戦争に反対するものもあり、時代劇、サスペンス、コメディーもあり、著名な今村昌平監督の作品もあった。特筆すべきは、今回の回顧展には著名な俳優である高倉健が主演した『緋牡丹博徒　花札勝負』と二十年前に中国で上映された『君よ憤怒の河を渉れ』の二本が上映されたことである。多くの観衆がノスタルジックな気分になったと同時に、日本の映画文化の多様性に対する理解をさらに深めることになった。

二〇〇五年、中国映画誕生百周年にあたり、「第五回彩の国さいたま中国映画祭」が十一月五日から二十七日まで埼玉県の四都市で開催された。この映画祭では中国映画『花嫁大旋風（雲南の花嫁）』、『恋する地下鉄』、『父さんの長い七月（胡同愛歌）』、『学校へ行きたい！』、『わが家の犬は世界一』の五作品が上映された。『わが家の犬は世界一』以外の四作品は日本で初めての上映だった。この映画祭にはほかにもテーマがあり、それは「埼玉で中国映画誕生百周年を祝う」というものだった。この映画祭は二〇〇五年までにすでに何年も連続して開催されており、日本映画界と中国映画ファンに大きな影響を与えている。これは埼玉県と中国放送映画テレビ事業局の共催である。中国映画祭実行委員会によって具体的に組織されていることを中国映画当局が高く評価し、映画祭が開催される期間、中国側は正式な映画代表団を派遣して活動に参加している。

二〇〇六年六月十六日、この年の中日映画文化交流活動の重要なポイントとなる中国映画週間が東京で開幕した。オープニング上映作品は有名な映画監督である黄建新の新作であり、範偉や王志文、陳好が出演する『私に栄誉を！』だった。この作品は、一年前に大学生映画祭組織委員会大賞と、上海国際映画祭メディア大賞、同審査委員会賞を受賞している。この作品の持つ人間性の深い追求に広範な注目が集まった。今回のオープニング上映でも、人間性の追求というテーマによって日本人の好評を得ることになった。

二〇〇六年十一月十八日、「二〇〇六年北京・日本映画週間」が中日青年交流センター世紀劇院で開幕した。今回の映画祭は中国映画資料館と北京映画学院が運営し、時期もスタイルもジャンルも異なる日本の優れた映画十一作品が上映された。オープニング上映作品となった生野慈朗監督の『手紙』のほか、武士をテーマとした日本の映画界の巨匠・黒澤明監督の『椿三十郎』、山田洋次監督の『男はつらいよ　寅次郎あじさいの恋』、同監督の「侍三部作」のうち『たそがれ清兵衛』と『隠し剣鬼の爪』の優れた二作品、日本の〝ヌーヴェルヴァーグの一人〟と呼ばれた篠田正浩監督の力作で戦争映画の『スパイ・ゾルゲ』、ホラー映画の『妖怪大戦争』、ラブストーリーの『春の雪』、ハートウォーミングな『幸福のスイッチ』、『明日の記憶』などである。日本を代表する各監督の作品は、ほとんどすべてが中国で初めての正式上映となった。オープニング上映作品『手紙』の生野慈朗監督は「この映画は兄弟の絆をテーマにしています。もし私の映画にあるこの絆を両国関係のそれと関連づけていただけるのならば、映画人としてとても励まされます」と語った。篠田正浩監督の力作『スパイ・ゾルゲ』は、日本軍の中国侵略を背景に、中国人民に対して深く同情する中国問題専門家である尾崎秀実が、ソ連のために在中日本軍の情報収集をするドイツ人記者ゾルゲの手助けをするストーリーである。中国国家放送映画テレビ総局映画局副局長の張丕民は「映画は昔から〝黒い箱の大使〟と呼ばれてきました。映画を通じて異なる国家と異なる民族の文化交流が進みました。形式は気軽で活き活きとしていますが、中身は味わいがあって深いものです」と述べた。

二〇〇七年は中日国交正常化三十五周年であり、中日間で協力して「中日文化・スポーツ交流年」という大きなイベントを行った。プロジェクトの一つとして、中国国家放送映画テレビ総局映画管理局と日本の文化庁の主催による「中日国交正常化三十五周年記念——二〇〇七年日本映画祭」が北京で三月十五日から十八日まで開催された。四日間の開催期間中に、日本の若者の生活を描いた八本の映画が北京新世紀影院と北京新東安影城で上映された。『博士の愛した数式』、『がんばっていきまっしょい』、『ＨＩＮＯＫＩＯ　ヒノキオ』、『ニライカナイからの手紙』、『いちご同盟』、『村の写真集』、『雪に願うこと』と、当時日本で公開されて一ヵ月足らずの『天国は待ってくれる』である。近藤信司文化庁長官は開幕式で、今回の映画祭の上映作品はみな、若者の恋愛や夢、悩みを反映した中日両国あるいは全世界で共通するテーマとなっており、「中国のみなさんが映画鑑賞を通じて現在の日本の風土文化や生活様式などに触れていただき、両国の相互理解がより深まることを希望します」と述べた。中国放送映画テレビ総局の映画局局長である童剛は、〝黒い箱の大使〟である映画は、中日両国人民の友情の促進と中日関係の改善と発展にとって非常に有意義であると述べた。

二〇〇七年六月十七日、「中日文化・スポーツ交流年」の重要なイベントの一つとして、また同時に第十回上海国際映画祭の重要な活動の一つとして、上海国際映画祭組織委員会と上海映画集団公司、中日友好映画祭実行委員会は共同で、日本映画週間を上海国際会議センターで開催した。この映画週間では『大奥』、『武士の一分』、『ＮＡＮＡ』、『眉山—びざん—』、『バッテリー』、『虹の女神』、『どろろ』、『東京タワー　オカンとボクと、時々、オトン』など十三本の優秀作品が集められた。稀に見る世界的映画祭での日本映画集中上映である。この十三作品はそれぞれ異なるテーマを持ち、またベテラン・中堅・若手の日本映画人による新作であり、風格も異なり、それぞれ特色がある。各作品がそれぞれの観点で、それぞれの手法で、日本映画人の視点から日本の現在の社会状況と人々の生活の状態を表現している。この映画祭の主旨は「和諧美（調和のとれた美）」であり、調和のとれた美しい人間関係、調和のとれた美しいコミュニティ（都市）、調和のとれた美しい文化という三つのテーマを重点的に紹介した。一週間の日本映画週間は二十三日に終了したが、上海影城や永華電影城などの映画館であわせて三十回上映され、九〇％以上の高い観客動員数で、ほとんど満席の状態だった。上映作品が中国の観衆から熱烈に歓迎された理由の一つには、近年中国で優れた日本作品を上映することがほとんどなかったとはいえ、国内の観衆はインターネットなどを通じてつねに日本映画を注視していたということがある。また、今回の日本映画週間で上映された十三本の作品が日本のここ数年の最新作であったというだけでなく、山田洋次や桃井かおり、犬童一心、宮本信子、林徹、西島秀俊、木村拓哉、松嶋菜々子、オダギリジョーといった数々のベテラン・中堅・若手の日本映画人が揃ったこと、またテーマが広範であり、日本の今の現代生活をさまざまに描いたものが含まれていたことがある。

中日文化交流プロジェクトの一つとして、日本の文化庁と中国国家放送映画テレビ総局映画管理局主催による「中国映画祭」が二〇〇七年八月三十一日から九月三日まで東京の新宿で開催された。期間中には二〇〇五年から二〇〇七年までに中国で公開された八本の優秀作品が上映された。八月三十一日の夜、日本の文化庁長官の青木保と中国国家放送映画テレビ総局映画劇本規画策画中心主任の呉克、中日文化大使の酒井法子に加え、『美しきホームランド』の高峰監督、『公園』の尹麗川監督、『天狗』のヒロインである朱媛媛といった中国映画代表団メンバーが映画祭の開幕式に出席した。オープニング上映作品の『夜の上海』で主演した趙薇と本木雅弘も会場に訪れて舞台挨拶を行った。この「二〇〇七年中国映画祭」は、日本の観衆が現代の中国映画をさらに理解する良い機会を提供し、中日映画人の相互理解と協力を深めるための機会をつくることになった。さらに重要なことに、氷河期のような中日関係のなか、日本の観衆はこれらの映画を通じて現代中国の社会状況と現代中国人の精神状態を側面から理解することができた。

二〇〇七年十月二十日、第二十回東京国際映画祭が東京で開催された。中日国交正常化三十五周年を記念して東京国際映画祭で特別開催された「中国映画週間」が、十月二十一日に渋谷の文化村で開幕した。これは東京国際映画祭が初めて開催する中国映画週間であり、東京国際映画祭組織委員会と中国映画集団公司、上海映画集団公司などが共同で企画したものである。それは同時に「二〇〇七年中日文化・スポーツ交流年」の重要な活動の一つでもあった。「中国映画週間」代表団団長で上海映画集団公司総裁である任仲倫は開幕式で、「映画は人々が相互理解し、相互交流するためのもっともストレートな方法。映画週間では日本のみなさんに十本の多様なテーマの中国映画をお届けするので、中国映画を楽しみ、これらの映画を作り上げた優れた芸術家を好きになっていただきたい」と演説した。この映画週間では『雲水謡』、『圓明園』、『コール・フォー・ラブ』、『勇士』、『レッド・ジャケット』など多様なテーマの作品が上映された。映画週間で上映された作品には、中国人の美しい生活と多様な文化が描き出されていた。

「中日平和友好条約」締結三十周年を記念して、二〇〇七年に日本で中国映画週間を成功させたのに引き続き、「二〇〇八東京・中国映画週間」が二〇〇八年十月十八日から二十六日まで、第二十一回東京国際映画祭と同時に東京で開催された。二〇〇八年の「中国映画週間」は中国国家放送映画テレビ総局、中国映画集団、上海映画集団、中国映画資料館、北京映画学院、中国映画海外推広公司の共催で、日本のムーラン・プロモーションが具体的な運営を行った。中国映画週間では近年の中国の出資、撮影による優秀作品九本が上映され、ほとんどが日本初上映のものだった。『集結号』、『愚公移山～Li Shuangliang』、『女人本色～Wonder Women』、『大灌籃～カンフーダンク』、『超強台風』、『胡同裏的陽光～Hutong Days』、『レッドクリフ』、『風雲決　ストームライダーズ』などが上映された。また中国側は豪華な陣容の代表団を組織して日本に派遣、映画週間の活動に参加して多くの日本の映画ファンと直接交流をした。

三　合作映画

一九七〇年代以降、日本では外国との合作映画が流行した。中日両国の映画の交流は合作映画を作るための基礎を固め、中日合作映画もまた大きな成果を収めることとなった。

一九八〇年から一九九〇年まで、中国は日本と共同で『未完の対局』と『菊豆』を製作し、『敦煌』、『上海バンスキング』、『天平の甍』、『スパイゲーム』など十の物語作品と『世界之最（原題）』など三十八本のドキュメンタリー作品の撮影に協力した。

一九八〇年、国際主義を讃えた戦士・長谷川テル（緑川英子）を取材した伝記ドラマ『望郷の星』が完成した。この作品の主人公である長谷川テルは、日本帝国主義の全面的な中国侵攻が始まるとき、裕福な生活を投げ打って日本を離れて中国に行き、中華民族の日本帝国主義との闘争に身を投じ、正義を宣揚して反戦を訴え、中日友好のために奔走したが、最後には若くして命を落とすことになった。この人物を演じたのは日本の有名な女優である栗原小巻である。長谷川テルが中国で歩んだ場所に沿って、撮影隊は上海、重慶、武漢、北京、チャムスなどで撮影した。中国の指導者である鄧小平が『望郷の星』のために題字を記した。

一九八一年から一九八二年まで、友好と文化交流の目的から作られた『未完の対局』は中日の初めての合作映画であり、「文化大革命」以降で初めて中国が外国と合作した映画となった。中日の劇作家が順番で修正を五回行い、脚本は記念碑的な古典となった。この映画は日本の作家、南里征典の小説『未完の対局』を基にしたもので、日本の中国侵略戦争勃発前後の中日の棋士の交流と体験、そして両家庭の悲喜と離合を描いている。戦争が両国市民にもたらす災難や痛苦を如実に描き、中日両国民の友情と中国人民の奮闘する精神を讃えている。また平和に対する情熱と世代を超えた友好への祈念を描いている。『未完の対局』は日本の東光徳間と中国映画合作制片廠、北京映画制片廠が共同で出資して撮影された。日本の佐藤純彌監督と中国の段吉順監督が共同で監督し、中国の著名な俳優である孫道臨が主役の況易山を演じ、日本の著名な俳優である三國連太郎が松波麟作に扮した。一九八一年一月、神奈川県の長浜海岸で撮影が開始された。一九八二年八月二十九日、中日国交正常化十周年を記念し、東京と北京でプレミアが盛大に行われた。中国映画代表団と日本映画代表団がそれぞれプレミアに参加した。『未完の対局』は中国文化部より特別賞が授与されただけでなく、日本の文部省からも賞を獲得し、同年の日本の優秀作品ベストテンの一つと評されることになった。

一九八六年、中国が日本側の撮影に協力した作品『敦煌』は、日本の著名な作家である井上靖の同名小説を基にした大型歴史映画であり、中国の浩瀚な古代文化を描き、ヨーロッパとアジアのシルクロードにおける人々の往来の盛んなさまを再現した。撮影の過程で、中国側は現場のセット、民俗、服飾、事務処理を担当し、日本側は主に映画監督と俳優の仕事を担当した。撮影には、のべ十万人のエキストラや四万頭の馬、五千頭のラクダが使われ、ゴビ砂漠で一年かけて撮影された。これは中日合作の撮影として空前の規模であり、もっとも成功した物語映画となった。一九八八年四月と五月に『敦煌』のプレミアが東京と北京で行われ、広く注目を集めた。日本の興行収入は四十五億円にも上り、その年の日本映画興行収入の第一位だった。同時に本作品は同年の日本アカデミー賞の最優秀作品賞を獲得し、日本映画芸術学会賞の最優秀作品賞と最優秀監督賞、最優秀主演男優賞と最優秀撮影賞を受賞した。この作品によって敦煌ブームが長く続くことになった。

一九八九年に中日合作で撮影された『菊豆』は、劉恒の小説

『伏義伏義』を基にしたものである。日本の東光徳間が出資し、中国西安映画制片廠が撮影した。中国側は俳優とスタッフを組織し、日本側は撮影などの機材と編集や合成などのポストプロダクションを担当した。『菊豆』は中国の物語映画では初めて同時録音方式の撮影が行われた。また中日両国にとって映画製作における初めての協力交流でもあった。またこの映画は著名な張芸謀監督にとって初めての中国と外国の合作映画となった。本作品はフランスの第四十三回カンヌ国際映画祭においてルイス・ブニュエル賞を受賞するなど国際的な賞を受賞したり、ノミネートされたりした。

一九八九年、日本のマックスダイと長春映画集団公司が合作して『北京的西瓜』が作られた。日本に住む中国人留学生たちと八百屋の主人の間に本当にあった出来事を基にしており、北京の西瓜を糸口に、平凡な人に起きた些細な出来事を通して、世代を超えた中日市民の美しい友情の歴史を描いている。

一九九〇年代に入ると、中日合作映画は一九八〇年代ほど頻繁、多産ではなくなった。この期間、『乳泉村の子』、『好男好女』、『始皇帝暗殺』、『北京原人』などの中日合作映画が製作された。

中国の著名な謝晋監督による一九九一年の作品『乳泉村の子』は、中国の著名な俳優である濮存昕や丁一と、日本の著名な女優である栗原小巻が出演しており、戦後のある日本人残留孤児の物語を通して中国大衆の質朴さと善良さを表現すると同時に、戦争がもたらす大きな悲劇——罪のない子供が巻き添えになるだけでなく、それによって孤独に年老いてしまった父母の苦しみ——を描いた。この作品は中日両国の優秀な俳優が多く集まり、琴線に触れる人間の真実を演じきり、当時の中国で大きな評判を呼んだ。この作品は一九九二年、第十二回中国映画金鶏賞最優秀音楽賞を受賞した。

『北京原人』は佐藤純彌が監督し、東映株式会社と中国映画合作制片公司の合作で製作された。

中日両国の映画協力と交流を拡大するため、映画局の批准を経て、中国映画合作制片公司は一九九六年七月一日、東京で正式に代表事務所を設立した。設立当初、「ジャパンタイムズ」や日本経済新聞、「ハリウッド・レポーター」、「チャイニーズドラゴン」、文化通信社など十を超える影響力のある新聞や映画・映像雑誌が報道するとともに、代表事務所は三百以上の映画・映像機関や業界人に対して設立を通知した。

二十一世紀に入ると中日の映画合作は徐々に盛んになり、中日映画協力・交流は新たな時代と新たなピークを迎えた。現在までに『最後の恋、初めての恋』、『T.R.Y.』、『終極忍者』、『about love/関於愛』、『赤い月』、『単騎、千里を走る。』、『銀色の髪のアギト』、『思い出の西幹道』、『夜の上海』、『鳳凰　わが愛』、『靖国』および『花の生涯　梅蘭芳』など十以上の映画が中日合作で製作され、多くが人口に膾炙される映画となった。

二〇〇三年、中国映画集団公司と上海映画制片廠、日本のムービーアイ・エンタテインメント株式会社、上海上影数碼伝播股份有限公司が合作し、日本の映画スター渡部篤郎と中国の新進映画スター徐静蕾、董潔が出演する『最後の恋、初めての恋』が撮影された。

二〇〇五年、中国の映画監督である韋廉と陳健、沈東は、抗日戦争をテーマにした映画『太行山上（原題）』を共同で監督した。抗日戦争を背景に、八路軍総司令・朱徳率いる改編したばかりの八路軍の三つの主力師団が、黄河を渡って前線の日本軍に立ち向かい、太行山に根拠地を築くまでの輝かしい行程を描いている。日本の俳優である工藤俊作が日本軍の安部規秀中将を演じている。

二〇〇五年、張芸謀は中日合作映画『単騎、千里を走る。』を撮影した。本作品は高倉健や中井貴一、蔣雯、寺島しのぶが出演している。二〇〇五年十月二十二日、張芸謀はこの作品を第十八回東京国際映画祭の開幕式でワールドプレミアとして上映し、中国駐日特命全権大使の王毅が自ら会場に赴き祝辞を述べた。王毅は『単騎、千里を走る。』は人々の間には交流とコミュニケーションが大切であるという人類共通のテーマが描かれているすばらしい映画です。監督や俳優がみな世界一流であるのも良かったし、中日両国の民衆が長年見ることのできなかった中日合作の優秀作品となったのも良かった」と評した。張芸謀は、自分自身これまで日本との合作がもっとも多く、日本映画界と厚い友情を結んでいると自らの思いを述べた。

『未完の対局』から『紫日（原題）』まで、中日関係をテーマにした作品はしばしば歴史的な恨みが主題だったり背景だったりしていた。しかし『単騎、千里を走る。』では新境地を切り拓き、中日両国の民衆の〝人情〟に焦点を合わせ、ある日本の父子と中国の父子のそれぞれの感情と戸惑いの物語を描いた。作品は温かみに溢れ、中日両国の観衆を感動させた。しかも『単騎、千里を走る。』はまさに中日関係が悪化しているときに上映されており、人間の真実の情を描くことをテーマにしたことで、民衆間にあった互いの〝好感を抱けない〟印象をほぐすのに有利に働いた。芸能の世界が中日関係に新鮮な空気を注入したといえるだろう。

二〇〇五年には、中国映画集団公司と株式会社ＧＤＨが協力して配給した、環境保全がテーマのアニメ映画『銀色の髪のアギト』も製作された。この作品は人類の善悪両勢力の闘争の物語である。三百年後の未来世界において、人類が環境保護を行わなかったために地球は極度の汚染に見舞われていた。都市は荒廃し、水源は尽き、月さえも人類のオペレーションミスによって砕かれていた。女性主人公であるトゥーラは、地球を守ることもできれば地球を破壊することもできるネックバンドを持っており、暗黒勢力がこのネックバンドを利用して地球環境をさらに破壊しようとしていた。トゥーラの思考と道徳観念はこの暗黒勢力にコントロールされ、人類は重大な危機に陥る。この難局に主人公のアギトは、知恵と勇気と愛情でトゥーラの心を変えることに成功し、彼らと善の勢力の協力のもと、ついに地球と月と人類を危機から救い出す。この作品は二〇〇六年一月に日本で上映され、同年六月に中国で上映された。これは初の中日協力により配給されたアニメ映画である。

二〇〇七年六月に上映された『夜の上海』は中日が協力して作り上げた都市のラブストーリーで、中国の映画スター趙薇と日本の映画スター本木雅弘が出演し、自己と愛情の模索をテーマにしている。本作品は二〇〇七年にスペインのイビサ・フォルメンテラ国際映画祭で金の鷹賞審査委員特別賞や、中国広播影視大賞の〝華表賞〟の第十二回優秀作品ノミネート、第十回上海国際映画祭の新作上映部門・もっとも収益潜在力のある作品賞、第十四回北京大学生映画祭組織委員会大賞など多数の賞を受賞した。

二〇〇七年、日本の俳優である中井貴一と中国の女優である苗圃が出演する映画『鳳凰　わが愛』は、清末民初の二人の若者が獄中で数奇な運命をたどるラブストーリーである。中井貴一が演じるのは中国を放浪する劉浪である。劉浪はやくざ者と喧嘩し、誤って大けがをさせたために投獄される。苗圃は侮辱に耐えられず夫を殺害してしまった周紅を演じている。監獄のなかで相思相愛になるが、悲劇に終わる物語である。『鳳凰　わが愛』は中日国交正常化三十五周年記念作品であり、日本人が主演する映画では初めて人民大会堂でプレミアが行われた。二〇〇七年十一月初旬の第二十回東京国際映画祭ではオープニング上映作品として上映され、日本で非常に高い評価を得た。同月末には中国でも上映され、好評を得た。

二〇〇七年に中日合作で撮影された映画作品『靖国』は、年末に日本で映画上映の宣伝が行われると日本の世論が強烈に反応した。右翼メディアが〝反日映画〟であると扇動したものの、日本の映画人や文化人が応援団体を組織して右翼の言論に反撃した。二〇〇八年五月三日より、東京と大阪、横浜で順時上映された。

陳凱歌が監督し、中国の映画スター黎明、章子怡、孫紅雷、陳紅と日本の映画スター安藤政信が出演する時代劇大作、『花の生涯　梅蘭芳』は七カ月に及ぶ撮影期間を経て、二〇〇八年二月に北京で正式に完成した。京劇の巨匠である梅蘭芳の数奇な人生を描いたものである。中国映画集団公司の董事長である韓三平は二〇〇八年九月十六日に行った北京放映（北京映画祭）の記者会見で、『花の生涯　梅蘭芳』はすでに関連する審査を通過しており、非常に優秀なハイレベルかつ高い芸術性をもった作品であることと、日本はすでに二百万米ドルで購入しており、ヨーロッパ諸国からもすでに注文を受けていることを明かした。

この三十年、映画は中日民間の良好な潤滑剤であり続けている。中日間の映画関係での交流と協力は次第に成熟期に入り、映画芸術をともに学びあう道を歩んでいる。映画合作は内容から形式にいたるまで新しい段階に入り、民間協力が定着した。二〇〇七年六月、これまで中日映画共同製作の発展を促進し続け、不断に協力し、努力をしてきた中国映画合作制片公司と財団法人日本映像国際振興協会（UNIJAPAN）は、第十回上海国際映画祭開催期間中、「中日映画協力覚書」に調印した。これは両国の映画人の協力と交流をさらに促進させる趣旨を持つ。双方は最初の合作映画を『禅』とすることを決定した。中日両国の国交正常化三十五周年を記念するものであり、両国の文化交流を目的として計画された民間協力の最初の映画である。

日中で初めての合作映画『未完の対局』は〝友好〟をテーマとしていた。今日、中日合作映画は単なる〝友好〟というテーマを乗り越え、『単騎、千里を走る。』のように、歴史もの、あるいは現代ものを問わず、全方位的、多角的に拡がりながら両国の社会状況や生活のなかの人々の感情や思想を描き、表現内容から協力の形式まで徐々に新しい時代に向かっている。

中日合作により撮影された作品は、日本の人々には中国の歴史と現実を伝えており、徐々に日本の民衆は中国を理解、認識してきている。中国の美しい自然の風景や輝かしい歴史文化、特色ある民俗文化、急速な経済発展は、映画のなかですべて表現されている。中国の民衆もこれらの映画作品を通じて日本社会の状況と各界人士の感情や思想を理解している。中国と日本の友好的な交流と人々の間の真摯な友情を直接的に描いた作品もある。多くの合作映画は国内外で重要な賞と栄誉を獲得しており、両国の映画人に積極的な影響を与えていると同時に、両国の映画産業の発展に寄与している。協力の過程において、相互が学びあい、互いの製作とマネジメントの経験を手本としており、相互交流とその促進が互いを向上させている。

四　映画人の交流

さまざまな形の交流と協力のなかで、積極的な作用を大いに発揮してきたのが中日両国の映画人である。彼らの純粋な芸術的理想と中日友好に対する理想が、両国の映画事業の発展と両国民衆の相互理解を深めるのに大きな力を尽くしてきた。両国の映画人は第二次世界大戦後に交流をもち、一九七〇年代末に中日が平和友好条約を締結した後にはさらに頻繁な往来がなされ、より広くて深い相互交流が進んだ。映画代表団や映画事業に従事する俳優、映画研究者などが、それぞれのやり方で両国市民間の友好的な交流と協力を促進してきたのである。

一九五六年六月には早くも、北京などの十大都市で「日本映画週間」が開催されている。この期間、日本の著名な女優である乙羽信子を代表とする日本映画代表団が訪中し、新中国成立後の中日映画交流の先鞭をつけた。一九六二年五月、司徒恵敏を団長とする中国映画代表団が初めて訪日し、日本の映画人と交流を深めるだけでなく、大映や東宝、松竹、東映、日活といった大手映画会社の幹部と会見し、中日映画交流に転機をもたらした。中日国交正常化以降、両国の映画交流は急速に進み、高倉健や中野良子、栗原小巻、山口百恵、三浦友和といった日本映画スターが中国の観客の心を摑んだ。

一九七〇年代末、東光徳間は連続して三回「中国映画祭」を開催し、銭筱璋、袁文殊、陳播などが中国映画代表団として訪日し、映画祭の活動に参加した。一九七九年九月に中国で開催された「日本映画週間」では、日本映画代表団と日本映画界友好参観団が訪中して映画週間の活動に参加した。

一九八〇年代になると、中日両国の映画交流と協力はさらに進んだ。

一九八〇年の映画人の往来は次のとおりである。司徒恵敏を団長とする中国映画家協会代表団が訪日した。孟波、陳播、張駿祥を団長とする中国映画代表団がそれぞれ訪日した。汪洋を代表とする中国映画代表団が訪日し、日本映画『天平の甍』のプレミアに参加した。中国映画『桜―さくら―』の演出をした詹相持と、主要出演者である許還山、程暁英などが訪日して本作品のプレミアに参加した。金子操を団長とする日本映画代表団が訪中し、日本映画『絶唱』と『あゝ野麦峠』のプレミアに出席した。一九八一年九月、中国で開催された「日本科学映画週間」の期間には、小口禎三を団長とする日本科学映画代表団が訪中し、映画週間の活動に参加した。一九八五年七月に日本で開催された「中国映画回顧祭」では、桑弧を団長とする中国映画代表団が訪日して映画祭の活動に参加している。同年十一月、「中国新作映画祭」が東京と大阪で開催された。胡健をはじめとする中国映画代表団が訪日して映画祭に参加した。一九八七年十月、日本で開催された「中国映画回顧展」の期間中、中国映画代表団が訪日して活動に参加した。一九八五年十月と一九八八年十月に中国映画資料館と中国映画家協会により「日本映画回顧展」が開催され、日本映画代表団がそれぞれ訪中して活動に参加した。一九八〇年代には北京と東京で「中日映画文学検討会」が五回開催され、両国の映画作家が一堂に会して映画作品を鑑賞、ともに興味をもつ問題に関して議論した。

一九九〇年代には、日本の古い世代にあたる巨匠の黒澤明や著名な俳優である三船敏郎といった人々が次々に逝去し、日本映画界は世代交代の時期を迎え、新世代の映画監督や俳優が現れるようになった。中日両国の映画界は引き続き良好な交流と協力関係を維持していた。一九九二年七月と一九九九年三月、日本で開催された「中国映画回顧展」の期間に中国映画代表団が訪日している。一九九三年七月と一九九九年十一月、中国映画資料館が主催する「日本映画回顧展」の期間、それぞれ映画俳優や監督、研究者で組織された日本映画代表団が訪中して映画祭の活動に参加した。

二〇〇二年四月、中国人民対外友好協会と中国映画資料館、日本の中日文化交流協会の共催による「栗原小巻映画作品展」の期間、栗原小巻と日本映画界に従事する人々が訪中し、四月十四日に中国映画資料館で開催された開幕式に出席した。中国中央テレビ第三局と北京テレビは栗原小巻にインタビューして、特集番組を製作した。栗原小巻の演技と日本映画の芸術を各界の人々にさらに理解し研究してもらうため、主催者は四月十七日午後に「栗原小巻演技芸術検討会」を対外友好協会で開催している。一九七〇年代より栗原小巻は、映画におけるイメージの形成を重視し始めていた。「栗原小巻映画作品展」で上映された『愛と死』、『忍ぶ川』、『サンダカン八番娼館　望郷』、『モスクワわが愛』、『子育てごっこ』は、みな一九七〇年代の作品である。その中の『忍ぶ川』は第十回ゴールデン・アロー賞を受賞し、彼女自身も毎日映画コンクールの女優演技賞やゴールデン・アロー賞映画賞、エールフランス女優賞を受賞し、日本の七〇年代における青春文学映画スターとなった。一九七八年と一九七九年には、彼女の出演する『サンダカン八番娼館　望郷』と『愛と死』がそれぞれ中国で上映され、中国の映画界では〝栗原小巻ブーム〟が巻き起こった。栗原小巻は中国文化界において交流がもっとも多い日本の俳優の一人といえる。

「二〇〇二年中国映画祭」が九月十八日から二十二日まで東京で開催された。放送映画テレビ総局映画局局長の劉建中を代表とする中国映画代表団が訪日した。団員には著名な映画監督である陳凱歌や霍建起や、著名な俳優である陶紅や蔣雯麗などもいた。

日本映画撮影監督協会の招聘により、中国の著名な映画監督である呉天明や穆徳遠、脚本家の羅雪瑩の一行が二〇〇四年十一月二十日に訪日し、「中日映画人シンポジウム」に参加した。二〇〇六年八月、「中日映画協力フォーラム」が北京で開催され、総勢五十名あまりの中日双方の映画関係者が参加した。

二〇〇六年三月十一日、中日のアニメ映画の協力業務のさらなる推進と中国のアニメ産業発展のため、中国映画集団公司と日本のデジタルコンテンツ協会により「中日アニメ・映画産業発展フォーラム」が北京の崑崙飯店で開催された。国家放送映画テレビ総局副局長の張丕民や中国映画集団公司総経理の韓三平、中影動画産業有限公司総経理の黄軍および日本のデジタルコンテンツ協会などの関係者がフォーラムで発言した。他にも元中華全国台湾同胞聯誼会主席の林麗韞や国家放送映画テレビ総局総編室副主任の王丹彦、電影頻道節目中心副主任の賈琪、北京映画学院動画学院院長の孫立軍、映画監督の尹力、陸力、霍建起、プロデューサーの李小婉などがフォーラムに出席した。国家放送映画テレビ総局副局長の張丕民と株式会社ギャガ・コミュニケーションズの依田巽が、それぞれ中日両国の映画産業の発展状況および中日映画の協力の実現可能性に関する分析を紹介するとともに、両国映画の協力の発展見通しについて述べた。中影動画産業有限公司総経理の黄軍は、中国のアニメ映画が児童向けのみでなく、年齢の垣根を越えて老若男女が観るものにする必要があることを強調した。そのほかにも、中影動画産業有限公司はネットをプラットフォームにしてオリジナルのアニメイメージを展示し、産業の幅を拡げていくことを示した。日本側の代表団には日本国内の有名な映画製作、配給、興行の責任者も参加しており、中国映画集団公司や尹力、陸力、霍建起といった映画監督やプロデューサーの李小婉などと広く交流と相互理解を深め、映画合作プロジェクトについて深く話し合った。

二〇〇六年九月、中国映画家協会の主催、山東省文学者連盟と山東省映画家協会後援の運営により「第二十一回中日映画文学劇作検討会」が済南で開催された。三日間の会議期間には、二十名以上の中日両国の映画作家が両国の映画作品を二作品ずつ（中国映画『天狗』『光栄な憤怒』、日本映画『娘道成寺――蛇炎の恋』『豚と軍艦』）鑑賞し、これらの作品について検討した。「中日映画文学劇作検討会」は一九八四年に始まり、毎年一回、中日両国の映画劇作家が代表組織を派遣しあって参加するもので、二〇〇六年までに二十回を重ねている。これは、中日の映画劇作家の交流のために両国の映画芸術を紹介するプラットフォームとしての役割を果たしているだけでなく、中日両国の芸術家がお互いを知る機会を得る場ともなっており、両国の映画界に大きな影響を与えている。

二〇〇六年十月、「中日映画協力フォーラム」が東京で開催され、多くの日本の大手会社がフォーラムに参加した。フォーラムの参加以外でも、日本の関係会社によって十五名の中国映画プロデューサーを集めた十日間の育成・調査活動が行われた。

二〇〇七年三月二十七日、「中日映画協力フォーラム」が北京で開幕され、両国の映画管理部門の責任者、映画制作会社の幹部、一線で活躍する映画監督やカメラマンが一堂に会し、中日の映画交流と協力の仕方や中日合作映画の現状、発展の展望などについて話しあった。国家放送映画テレビ総局映画管理局国際交流処処長の欒国志が検討会の司会を務めた。国家放送映画テレビ総局映画管理局副局長の張丕民、日本の経済産業省大臣官房審議官の貝沼孝二、中国映画合作制片公司総経理の喇培康、日本映画監督協会理事長の崔洋一、映画監督の金琛が祝辞を述べた。中国映画合作制片公司副総経理の苗暁天、財団法人日本映像国際振興協会事務局副局長の西村隆は両国の協力について、中日協力意向書の準備状況と上海国際映画祭での中国と外国の映画共同製作フォーラムの準備状況について詳細に報告した。北京激動影業有限公司の董事副総経理の趙武、日本のムービーアイ・エンタテインメント株式会社企画製作部部長の武部由美子は、中日合作映画『夜の上海』を例に、中日間における映画事業の開発の可能性について報告した。天津電影制片廠副廠長の任煥起とニューウェーブのカメラマンである服部英夫が『鳳凰　わが愛』を例に、中日の共同製作の現状を説明した。

五　結語

中日両国の映画交流を眺めると、喜ばしいことに、両国の映画人、あるいは一般民衆は、政界や学会に関わらず、大きな友好の心を持って映画交流を支持、推進してきたことがわかる。両国の映画交流と協力の過程において、相互に映画を導入したり共同制作したりするだけでなく、さまざまな形式でそれぞれの映画文化を紹介し、映画代表団を相互に派遣することで理解を深め、長所を伸ばし短所を補ってきた。映画交流はハード面や技術面の交流に留まらず、思想面でもより多くの相互理解をもたらした。両国の映画交流において、国家関係を反映した作品もあれば、互いに共通する人間性や生命を探求する内容の作品もあった。

中日両国の映画交流と協力は、両国文化の相互発信と交流の助けとなるだけでなく、両国国民間の感情面での理解の架け橋となっている。中日国交正常化以降、とりわけ「中日平和友好条約」締結後、中日両国間の映画交流と協力は、中日友好と文化交流事業に大きく貢献してきたのである。

5　硯で路を造り、筆で橋を架ける――中日書画交流の三十年

黄大慧　廖俊宇

中日の書画は同じ源から発し、共通の文化的基礎を有しているので、両国の書画界にも広範囲にわたり核心に迫る友好的なつながりがある。「中日平和友好条約」締結以来三十年間、両国の書画交流はずっと両国の文化交流のなかの明るく美しい光景であり、両国の関係が順調に発展しているときには栄誉を増し、両国の関係が困難に陥っているときには道を切り拓き、三十年にわたって総体的に安定している中日関係の発展のために、文化の面から基礎的な貢献をしてきた。

中日の書画交流の三十年の歴史は四つの段階に分けることができる。

一九七八年と一九七九年は第一段階にあたる。これは双方の書画交流の発端の段階である。三十年の歴史のなかに占める比率はあまり大きくないものの、「幸先の良いスタートを切る」役割を果たした。周恩来総理の「雨中嵐山」詩碑の除幕〔一九七九年四月〕を象徴とし、中日書画交流史上において、民間のみの交流から政府の参与へという重要な転化を果たした意義を有する。

一九八〇年代は第二段階になる。この段階の特徴は冷熱交替であり、政治事件からかなり大きな影響を受けた。日本の教科書改竄〔一九八二年六―八月〕、中曽根康弘首相の靖国神社公式参拝〔一九八五年八月〕、北京の政治風波〔一九八九年の六四天安門事件〕など、重大な政治事件が双方の書画交流に深刻な打撃をもたらし、この十年間の書画交流は動揺と起伏に富んでいた。政治事件にかき乱されたなかで、一九八七年〔四月〕の中日蘭亭書会は中日書画交流史上の画期的な催しであり、ずっと興味津々として語られてきた。

一九九〇年代は第三段階にあたる。この段階の特徴は「低開高走」〔低地から高地へいたる〕に要約することができ、両国の

書画交流は北京の政治風波の巨大な困難のなかから再出発し、十年にわたる努力のすえ、まったく新しい高みに到達した。その間、日中友好協会会長の平山郁夫は何回も中国を訪れるとともに個展を開催し、国務院の李鵬総理の接見を受け、日中関係の健全な発展のために際立った貢献をした。

新しい世紀が始まってからは第四段階に区分することができる。この段階に中日双方は小泉純一郎首相の靖国神社公式参拝〔二〇〇一—〇六年〕が引き起こした連続的な困難に直面した。そのような困難な状況のもとで、中日書画交流は「氷を砕く」使者〔二〇〇六年十月に中国を訪問した安倍晋三首相〕の先鋒の役割を担い、冷えきった両国関係に活力を注入した。そのうち、二〇〇四年〔十一月〕に無錫で開催された「中日書道絵画交流大展」は、メディアに中日書画交流史上で非常に影響力を有したすばらしい催しの一つと称えられた。二〇〇五年〔八月〕、日本の天皇皇后両陛下は東京国立博物館に親しく臨んで特別展「遣唐使と唐美術」を鑑賞した。これは民間を主力とする中日書画交流が迎えた最高レベルの要人であり、両国の書画交流史上の重要な出来事であった。

一　一九七〇年代、すばらしい始まり

一九七八年八月の「中日平和友好条約」の締結から数えれば、一九八〇年代の中日書画交流はわずか二年たらずにすぎない。しかし、まさにわずかなこの二年間が、中日書画交流のためにまったく新しい大門を開き、続く数十年間の中日書画界の活躍や協力のためにすばらしい基礎を築いた。すなわち、この段階の中日書画交流には重要事件がいくつかあった。一九七八年の北京の「東山魁夷展」と東京の「平山郁夫個展」、一九七九年の周恩来総理の「雨中嵐山」詩碑の京都での除幕式と、平山郁夫が初めて中国で開催した個展〔一九七九年九—十月、北京と広州〕である。

一九七八年、中日両国がまもなく「中日平和友好条約」を締結するというニュースが両国の人民の間で強烈な反響を引き起こし、それと同時に両国の書画交流も熱気を帯び、条約の締結に向けて良好な文化的雰囲気を生み出した。五月二十六日から六月九日にかけて、東山魁夷が、歴史上初めて中国で個展を開催する現代日本の画家として、北京の労働人民文化ホールで「東山魁夷展」を開催した。中日友好協会の廖承志会長、中国人民対外友好協会の王炳南会長らが東山魁夷の案内で鑑賞した。その後、会場を瀋陽に移して開催された。個展は北京と瀋陽の多数の観衆をひきつけ、非常に大きな反響を引き起こした。

それに呼応し、五月三十日、日中友好協会と読売新聞社の共催する平山郁夫個展が東京で開幕した。中国を描いた作品を主題とし、東京で小さからぬ「中国ブーム」を巻き起こした。開幕当日、自民党の大平正芳幹事長、文化庁の犬丸直長官、符浩

中国大使らの貴賓が鑑賞した。この個展は非常に大きな反響をよび、平和友好条約の締結前に日本人が中国を理解する窓口を開いた。

一九七八年八月十二日に「中日平和友好条約」が北京で締結され、十月二十三日に正式に発効した。条約の締結によって両国の関係は新たな発展段階に入り、中日両国の書画交流もまったく新しい活力を注入された。

一九七九年四月十六日、周恩来総理の詩碑「雨中嵐山」の除幕式が京都西部郊外の嵐山公園で開催され、総理夫人で全国人民代表大会副委員長の鄧穎超が自ら出席した。一九一九年四月五日、当時、日本に留学中であった周恩来総理は京都で即興的に「雨中嵐山」を詠じた。

雨の中　二次《ふたたび》嵐山に遊べば、
両岸の蒼松　幾株かの桜を夾《まじ》う。
到り尽くる処　突《にわ》かに見ゆ一山の高きを、
流れ出ずる泉の水は緑しとどに、
石を繞《めぐ》りて人を照《うつ》す。
瀟々《しょうしょう》たる雨　霧は濛濃《もうのう》たり、
一線《ひとすじ》の陽光　雲を穿《つらぬ》き出ずれば、
愈《いよい》よ姣妍《あでやか》さを見《あら》わす。
人間《じんかん》の万象の真理《ことわり》は、
愈よ求むるに愈よ模糊たり。
模糊たる中に偶然の一点の光明を見着《み》いださば、
真に愈よ姣妍なるを覚ゆ。

「中日平和友好条約」の締結後、日本国際貿易促進協会京都総局の吉村孫三郎会長の提案のもと、京都の日中友好十団体の協賛を得て、「雨中嵐山」は廖承志会長が揮毫し、七十八歳という高齢の高城芳三郎と六十二歳の植村正二が石に彫り、中日の子々孫々にわたる友好に対する日中両国人民の熱い期待を示した。詩碑の左側に、副碑が立っていて、日本語で建立の由来が記載されている。

一九七八年十月に締結した「日中平和友好条約」を記念し、
また京都人の世々代々にわたる友好の願いを示すために、
この縁の深い地に、偉大な周恩来総理の詩碑を建立する。

一九七九年九月七日から十月十三日にかけて、平山郁夫の個展が北京の労働人民文化ホールと広州の文化公園で相次いで開催された。平山郁夫は一九三〇年に生まれ、一九四五年、十五歳のとき広島で原子爆弾に見舞われたが、幸運にも生き残った。一九五二年に東京美術学校日本画科を卒業し、一九八九年に東京芸術大学学長に就任した。一九七五年以来、頻繁に中国を訪れて個展を開催し、一九八四年に日中文化交流協会会長に就任し、一九八六年中国中央美術学院の名誉教授となり、一九九二年日中友好協会会長に就任した。「中日友好の使者」、「文化交流貢献賞」などの栄誉を授けられ、中日書画交流の手本である。

二　一九八〇年代、冷熱交替

一九八〇年代に入っても、中日書画交流は前年と前々年の良好な関係を維持して、かなり高い頻度の交流をもち続けていた。しかし、日本が侵略の歴史を改竄した教科書事件、中曽根康弘首相の靖国神社公式参拝事件、北京の政治風波など、政治的要因の影響を受け、両国の書画交流も低調となり、この十年間は基本的に冷熱交替〔冷却と熱烈の交替〕の構造が見られた。この段階における象徴的な交流活動は、一九八七年に紹興で開催された「中日蘭亭書会」と東京で開催された「中国現代書道展」である。そのうち、「中日蘭亭書会」は中日書画交流史におけるすばらしい催しで、ずっと中日人民に称讃されてきた。

一九八七年四月十日、中日両国の書の第一人者が、王羲之〔三二一―三七九。東晋代の書家〕がかつて「蘭亭集序」〔王羲之ら四十二人の名士が三五三年三月三日の節句に蘭亭に集まり、曲水の宴を催したときの詩集の序〕を記したといわれる紹興の〔会稽山の〕蘭亭に集まり、当時の「蘭亭集の会」にならい、空前の盛況となる「中日蘭亭書会」を開催した。この書会に参加したのはいずれも名声を得ている現代の書の第一人者である。そのうち、中国側は中国書道家協会の沙孟海名誉理事、顧廷龍名誉理事、啓功主席、蘭亭書会の沈定庵会長をはじめ、方去疾、沈鵬らを含む二十八人の書家、日本側は日本芸術院会員の青山杉雨、村上三島をはじめ、あわせて十八人の書家が参加した。都合のために出席できなかった中国書道家協会の舒同名誉主席、趙朴初、王個簃、方介堪、蕭嫻、商承祚名誉理事や日本の柳田泰雲、手島右卿ら、中日の著名な書家も作品を寄せて交流に参加した。そのうち、手島右卿は書会の十日前に不幸にも病気で亡くなったけれども、弟子が遺言にしたがい、遺影と遺作を捧げ持って書会に参加した。書会はまず書の交流を行い、両国の書家が墨池の傍らで即興で揮毫し、書をもって友と顔を合わせ、自己の腕を披露した。そのうち、啓功主席は詩を詠ずるとともに揮毫した。

> 風に臨んで朗詠す　暢懐の人、情に同欣有りて今因有り。
> 比す可し　諸賢の清興の永きに、水流尽くること無く歳長春なり。

日本の青山杉雨も即興で詩を詠じて揮毫した。

> 盛会　当年　九老を懐い、此の地に暢遊して群賢を得。

ついで、王羲之の「蘭亭集の会」にならって「曲水流觴」という優雅な催しを行った。中国側の名家は中山服、日本側の名家は和服を身に着け、羽觴〔雀が羽を広げた形の杯〕が流れてくるのを待ち、觴の停まったところの人が觴を手に取って飲むとともに、即興で詩を一首詠じ、かつての「蘭亭集の会」の盛況を再現した。そのうち、最初に觴を手に入れた古谷先生は、

岸を隔てて春雲　翰墨を邀《むか》え、檐に傍《そ》う垂柳極めて芳菲たり。

と詠じた。

そして、沙孟海名誉理事の詩は、参加した名家の中日両国の世々代々の友好を願う共通の気持ちを詠じている。

中日の能書の者、嚶鳴して友の声を求む。
交邦　道有るを欣び、万世　和平を卜す。

「曲水流觴」は四時間にわたって行われ、あわせて四十七首の詩が作られ、それらの作品の多くは後に出版された『中日書法討論会暨一九八七年中日蘭亭書会紀念集』に収録されている。中日蘭亭書会は、開催形式のうえでも、芸術的価値のうえでも、中日の三十年間の書画交流史上の、極めて稀な輝かしい一ページであり、中日文化交流において重要かつ突出した意義を有する。

また、一九八七年八月、中国現代書画学会主催の「中国現代書道展」が東京都美術館で開催された。ずっと「深窓で養われ人に知られなかった」現代中国の書が、初めて国外の大衆の目に触れる場として日本を選択したことは、中日の書の同族同源の歴史的なつながりを物語っており、中日書画交流の密接さをも反映していた。

三　一九九〇年代、徐々に佳境に入る

一九九〇年代に入ると、中日書画交流は北京の政治風波のもたらした政治的苦境に直面した。しかし、双方の共同の努力を経て、両国の書画交流は困難のなかで再び歩み始めたうえ、中日関係が春を迎えるのにともなって徐々に佳境に入り、再度の高まりを迎えた。そのうち、象徴的な意義がある出来事は、一九九四年に中国書道研究団が黄山を訪れて歙硯と徽墨の研修をしたことと、一九九六年に国務院の李鵬総理が平山郁夫を接見したことである。

一九九四年六月、中国書道家協会と全日本書道連盟が第十一回中国書道研究団を共催し、安徽省黄山市で歙硯、徽墨の研修を行った。歙硯と徽墨はともに安徽省黄山市歙県、つまり古の

徽州地区の産で、宣紙、宣筆〔ともに古の宣州、つまり現在の宣城市宣州区の産〕とともに「文房四宝」中の絶品とされ、その製作技術も第一次国家級無形文化財として登録されている。中国書道研究団の団員は歙県研修という絶好の機会を利用し、歙硯と徽墨の材料選択、製作技術などに対する理解を深めた。歙硯と徽墨という千年の歴史を有する絶品が材料不足、人材流失など、一刻も猶予ができない問題に直面していることを知ると危機感を抱き、自分たちの力で歙硯と徽墨という絶品を伝承させていくことを表明した。同時に、中日の団員はこの機会を利用して書道を切磋琢磨し、書によって友に会い、互いに親近感を深めた。

一九九六年二月二十七日、日中友好協会の平山郁夫会長が同協会代表団を率いて中国を訪問し、国務院の李鵬総理が平山会長の一行を接見した。李鵬総理は平山会長との談話で、まず平山会長と会長の率いる日中友好協会が中日の民間交流と中日関係の健全な発展のために尽くした卓越した貢献に感謝した。さらに、とくに、平山会長が敦煌文化の研究と保存に情熱を傾け、シルクロード沿いにみずから敦煌文化の考察に足繁く赴くとともに、資金を提供して中国の敦煌研究を援助し、同時に中国敦煌石窟保護研究基金会の設立を発起し、敦煌を保護し、敦煌を研究するために多大な貢献をしたことに言及し、心から称讃するとともに深い感謝の意を表明した。平山会長は、自分は十五歳のときに広島の原子爆弾の悲痛な光景を目の当たりにし、戦争が庶民にもたらす苦痛を肌身で感じたので、自分が幸いにも生き残ることができたからには、平和を促進し、戦争をなくすために全力を尽くさなければならないと表明した。さらに、日本の中国侵略戦争は中国人民に多大な苦痛をもたらしたので、そのことに対して大きな悲しみを感じ、自らの力で中日両国の民間交流を促進し、中日両国が世々代々友好的に付き合い、永遠に戦争をしないようにすることを決意していることを表明した。

四　二十一世紀、氷を砕く使者

二十一世紀に入り、中日関係は新たな発展の契機を迎えたが、同時に中日国交正常化以降、最大の危機にも直面した。小泉純一郎首相の靖国神社への連続参拝の影響を受け、中日の政治関係はその後の五年間徐々に冷却化し、日増しに悪化した。しかし、中日の書画界は国交正常化三十周年を契機として、「政冷」〔政治的関係が冷却していること〕という不利な条件のもとでも、依然としてどちらかといえば活発な交流を維持し、中日の氷を砕く活動を積極的に推進し、冷えきった両国関係にわずかながら明るさを添えた。安倍晋三首相が就任した後、中日の書画界は氷を砕く先鋒の役割を継続的に果たして、「中日文化・スポーツ交流年」を契機とし、中日関係に暖かさを取り戻すために重要な貢献をした。この時期、中日双方は名作を集めた第一級の書画展を数多く開催し、作品の価値のうえでも、規模や影響のうえでも、それまでにない新しい高みに到達して、書画交流の水準を新たな段階に押し上げた。同時に、書画交流が中日関係の健全な発展を促進するなかで原動力の役割を果たしたことも両国の指導者に日増しに重視され、二〇〇五年、天皇・皇后両陛下は親しく東京国立博物館に臨んで特別展「遣唐使と唐の美術」を鑑賞し、中日関係が重大な困難に直面しているときに、両国関係の改善を希望するという明確なシグナルを発した。

二〇〇二年六月二十六日、中国の少数民族美術促進会と日本墨美書画会の共催する第二回「中日友好書画交流展」が北京で開幕した。この美術展は東京展と北京展の二ヵ所で行われ、東京展は四月に開催された。この美術展は中日国交正常化三十周年を記念するために開催され、中日両国の各民族の画家に心から支持され、多くの日本の画家は筆墨で中国の美しい山河を讃美し、中国の各民族の画家の作品も非常に豊富多彩であった。日本墨美会の杉谷隆志会長が入念に描いた九寨溝は中国の多数の参観者をひきつけ、吉田城山の描いた楽山大仏、大野陽代の描いた黄山も大勢の人に注目された。この美術展に出品した中国の画家の作品は百十点展示され、その大半は国画〔水墨画〕で、日本の画家の作品は五十点で、その多くは水墨画であった。中国の国家民族事務委員会の李晋有副主任、文化部の劉徳有元副部長、日本の宮家邦彦公使らが開幕式に出席し、日本側はさらに二十四人の中国訪問団を結成して開幕式に参加した。

二〇〇四年九月八日、日本の世界芸術文化振興協会と中国文化部の中外文化交流センターが共催した「第二回東アジア美術交流祭」が東京の日中友好会館で開幕し、中国美術館の馮遠館長、中国大使館の趙宝智公使兼文化担当参事官、世界芸術文化振興協会の深見東州会長が開幕式に出席して祝辞を述べ、中国大使館文化部の外交官と二百人近くの各界の人々が開幕式に出席した。この美術展には馮遠、張道興、陳鈺銘ら中国の多くの画家と、深見東州ら日本の書画家が創作した絵画と書が百六十余点展示された。作品は内容が豊富で、風格がそれぞれ異なり、高い芸術性と鑑賞性を具えている。この催しは、中日両国の芸術家が書画の領域における交流と協力を深めるのに有益であったばかりか、中国の当代の絵画芸術を紹介するのにも積極的な役割を果たした。

二〇〇四年十一月六日、多数のメディアに中日書画交流史上でもっとも影響力のあるすばらしい催しの一つと称えられた「中日書道絵画交流大展」が江蘇省の無錫で開幕した。この美術展は「交流、融合、想像」をテーマとし、中日両国の百余名の現代の書画家に出展を要請し、彼らの新作を二百点展示し、中日の書と水墨画の最高水準を代表しており、東洋の文化創作の絢爛さと繁栄ぶりを示した。この催しの趣旨は、中日両国人民の友好と交流を強化し、中日の書画の共同の発展を促進して、中日の書画交流史上でもっとも影響力のある芸術的な催しにすることにあった。中国側は中国人民対外友好協会の陳昊蘇会長、中華全国新聞工作者協会の邵華沢主席、文化部の常克仁副部長、国家博物館の潘振宙館長らが開幕式に出席し、阿南惟茂大使もわざわざ祝電を寄せて美術展の開催を祝い、この美術展が文化交流を促進し、相互理解を深めるのに積極的な役割を果たすことを希望した。この美術展はそれまでの中日両国の書画交流史上でもっとも影響力のある芸術的な催しの一つであり、期間中、中日両国の書や絵画の大家の佳作を展示しただけでなく、さらに「繁栄の時代の絵画――中日百メートル長巻創作実演」、「中日伝統芸術の比較、協力、発展シンポジウム」、「中日書画名家献愛心義拍活動」なども行われた。そのうち、「繁栄の時代の絵画――中日百メートル長巻創作実演」では、中日の大家が長さ百二十メートルの巻物に揮毫と潑墨〔筆に墨を十分含ませ、潑《は》ね散らして描く描法〕を行って、みるみるうちに活き活きとした絵を描くと、観客は讃嘆の声をあげた。至近距離で見る共同創作に芸術家たちも非常に感動し、中日の世々代々の友好に対する期待を筆墨に託した。中国美術家協会の程允賢副主席に「筆墨の情と縁」と称えられたこの催しは、中日の現代書画の成果を集中的に展示することで、優秀な東洋文化を発展させ、中日両国の文化上の共鳴と思考を引き起こし、両国間の善隣友好関係を推進するうえで、非常に重要な意義を有している。

二〇〇五年八月二十四日は、中日書画交流史上銘記すべき重要な日である。この日、天皇皇后両陛下が東京国立博物館に赴き、開催中の特別展「遣唐使と唐の美術」を鑑賞したのである。午後五時、両陛下が東京国立博物館の平成館の正門に到着すると、中国の王毅大使、野崎弘館長、日中友好協会の平山郁夫会長、朝日新聞社の秋山耿太郎社長が出迎えた。ついで、両陛下は興味深げに展示品を見てまわり、遣唐使の井真成の墓誌に見入った。千二百余年前、遣唐使の井真成は留学のため長安〔唐朝の都城。現在の陝西省長安市〕に派遣されたが、学業を終えて帰国する前に亡くなり、唐朝の玄宗〔在位七一二―七五六年〕から官職を追贈され、手厚く葬られるとともに墓誌を建てられたのである。二〇〇四年、中国の西安で「井真成墓誌」が発見されたので、日本で井真成研究ブームが巻き起こった。「井真成墓誌」はかつて愛知世界博覧会で展示され、その後、さらに奈良国立博物館、九州国立博物館、大阪歴史博物館でも巡回展示された。特別展「遣唐使と唐の美術」は東京国立博物館、日中友好協会、朝日新聞社の共催で、この墓誌を中心に、唐代の精巧な美術品と遣唐使と関係のある文化財をあわせて八十余点展示し、七月二十日から九月十一日まで開催され、毎日、数千人の観衆をひきつけた。

また、二〇〇七年は、前年に安部晋三首相が中国を訪問したときに中日双方で取り決めた「中日文化・スポーツ交流年」であった。「中日文化・スポーツ交流年」における重要な書画交流としては、七月十七日、中国少数民族美術促進会と日本墨美会の共催の第三回「中日友好書画交流展」が北京で開幕し、中日両国の絵画と書が百八十点展示され、そのうち日本人の作品は七十三点で、中国側の作品には尼瑪沢仁、官布、王復羊ら有名画家の書と絵画もあった。九月二十一日、「日本中国水墨画交流展」が西安で開幕し、十月二日から十日、第二回「日中女流書道家代表作品展」が中国美術館で開催され、十月二十二日、日中書画交流展委員会（日本）、北京大学中日交流協会、北京大学学生書画協会の共催の「中日書画芸術交流展」が北京で開幕し、十二月八日から十四日、「第十回全日中展東京記念展」が東京都美術館で開催された。

五　三十年——硯で路を造り、筆で橋を架ける

　一九七八年の「日中平和友好条約」の締結から、中日双方の書画家が満腔の情熱を抱きつつ交流と協力に身を投じたので、中日の書画交流にはわずか数年で活気の満ちあふれるすばらしい局面が出現した。しかしその後、一九八〇年代には、中日の書画界は三回にわたって重大な政治的挫折を被った。すなわち、一九八二年の日本が中国侵略の歴史を改竄した教科書事件、一九八五年の中曽根康弘首相の靖国神社公式参拝事件、一九八九年の北京の「政治風波」の結果、中日の書画交流は挫折のなかで前進し、起伏が生ずることになった。一九九〇年代に入ると、中日の書画界は政治関係がほとんど中断しかかるという困難のなかから歩み始め、再び勇を奮って中日文化交流事業に努め、十年間に双方の交流は未曾有の水準に到達した。二十一世紀には、中日の書画家は小泉純一郎首相の靖国神社連続参拝の引き起こした両国関係の持続的悪化に再び直面したが、けっして政治の冷えきった空気の影響を受けず、逆にいっそう情熱的に交流と協力に身を投じ、硯で路を造り、筆で橋を架け、両国の人民のために交流と意思疎通の基盤を築き、自らの努力によって双方の政治関係が春を迎えるために人知れず基礎固めの貢献をした。

　三十年の中日の書画交流の歴史を振り返るとき、我々は両国関係が順風満帆のときであれ、氷点下のときであれ、中日の書画家が両国関係の大局を重んじ、中日の世々代々の友好を重んじ、文化の使者の重責を担うことができたことを喜びをもって目にし、未来の中日関係の発展のなかで、両国の書画家は依然として硯で路を造り、筆で橋を架け、両国人民の包容と交流のために努力し続け、中日関係の壮大な歴史のなかで引き続き濃い墨と彩りで一ページを記すことができると信ずる。

六　中日書画交流重要年表（一九七八—二〇〇七年）

年次		重要事項
一九七八	五月	「東山魁夷展」、北京で開催
一九七九	四月	「大阪上海友好都市書道交流展覧会」、上海で開催
	五月	人民美術出版社代表団、日本を訪問
	七月	「日本現代絵画展」、北京の労働人民文化ホールで開催
	九—十月	「平山郁夫個展」、北京と広州で開催
一九八〇	四月	日本書道家代表団、中国を訪問
	十月	中国漫画家代表団、日本を訪問
	十一月	中国書道家代表団、日本を再訪問
一九八二	四月	「中国敦煌壁画展」、日本で開催
	九月	中国画院・日本南画院連合展、日本で開催
	十月	「関山月展」と「李可染展」、日本で開催
一九八三	一月	中国書道家協会代表団、日本を訪問
	二月	「日中芸術展」、東京で開催
	三月	「中日書道芸術交流展」、北京で開催
一九八四	四月	舒同主席を団長とする中国書道家協会代表団、日本を訪問
	十月	「呉作人・蕭淑芳作品展」、東京と大阪で開催
一九八六	九月	中国書道家協会の陸石副主席の率いる中国書道家代表団、日本を訪問
一九八七	三月	「中日女流書道交流展」、北京の中国美術館で開催
	四月	中日蘭亭書会、紹興〔江蘇省〕で開催
	八月	「中日書道シンポジウム」、上海で開催
	八月	「中国現代書道展」、東京都美術館で開催
	十一月	「中日刻字書道芸術聯展」、山東省の済南で開催
	十一月	中国女流書道家代表団、日本を訪問
一九八八	四月	「中日書道交流展」、香港で初めて開催
	五月	佟韋を団長とする中国書道家協会代表団、日本を訪問
一九八九	三月	「第二回中日女流書道交流展」、北京の中国美術館で開催
	四月	中国書道家協会の啓功主席一行、日本を訪問
	九月	日本書道家代表団、中国を訪問

	十一月	中国女流書道家代表団、日本を訪問して「第二回日中女流書道交流展」開幕式に参加
一九九〇	九月	中国書道家協会刻字代表団、日本を訪問
	九月	「現代中国美術展――中国第七回全国美術作品展優秀作品」東京で開催
	十二月	「中国第三回現代書道展」、日本で開催
一九九一	九月	「平山郁夫シルクロード展」、北京で開催
	十月	「中日書道交流展」、北京で開催
	十月	「中国四季美展」、東京で開催
	十一月	日本美術家代表団、中国を訪問
一九九二	二月	「中日書道展」、北京で開催
	五月	「上海‐大阪篆刻交流展覧」、大阪市立美術館で開催
	九月	「中日名家書道展」、北京で開催
	九月	「中日書道交流展」、北京で開催
	九月	「現代日本画展」、北京で開催
	十月	「上海‐大阪篆刻交流展覧」、会場を上海美術館に移して開催
	十一月	「呉冠中個展」東京で開催
一九九三	三月	「日中友好篆刻と書道展」、東京で開催
	四月	「梅舒適書画篆刻展」、上海の中国画院で開催
	八月	「戸口勉版画展」、北京で開催
	十一月	「中日現代絵画展」、中国美術館で開催
一九九四	四月	「中日仏教書画芸術展」、北京で開催
	四月	「大阪市立美術館蔵中国書画珍品展」、上海博物館で開催
	六月	第十一回中国書道研究団、黄山市で歙硯・徽墨の研修会を開催
	十一月	「小林斗盦篆刻書道展」と「全日本篆刻連盟展」、北京の中国美術館で開催
一九九六	五月	「現代中国美術展」、長崎、大阪、福岡、東京などで開催
	八月	「中日現代水墨画交流展」、中国美術館で開催
一九九八	九月	中国書道家協会の李鐸副主席の率いる中国書道家代表団、東京などで講演
一九九九	五月	「中日水墨画交流北京展」、炎黄芸術館で開催
二〇〇〇	八月	「中日書道作品展」、故宮博物院で開催
	八月	「華宝斎――中日漫画展」、中国美術館

		で開催
二〇〇二	二月	中国人民対外友好協会、北京で「中日老年人書画交流展」を開催
	四月	「日中友好書画交流展」、東京で開催
二〇〇三	六月	「中日友好書画交流展」、北京で開催
	二月	「日中友好水墨画作品交流展」、東京で開催
	十月	「下保召絵画芸術展」、北京で開催
二〇〇四	十一月	「中日書道絵画交流大展」、江蘇省の無錫で開催
	十一月	「現代中国絵画二人展――冷軍・楊金星」、日中友好会館美術館で開催
	十二月	「張鉄林書画展」、東京の銀座の画廊で開催
二〇〇五	二月	「二〇〇五新春書画交流展」、東京で開催
	四月	「隋唐美術展」、琵琶湖畔の佐川美術館で開催
	七―九月	特別展「遣唐使と唐の美術」、東京国立博物館で開催
	八月	天皇皇后両陛下、特別展「遣唐使と唐の美術」を見学
二〇〇六	二月	「全日本華人書道家協会」、四人の在日華僑の書道家の発起で結成
二〇〇七	七月	「第三回中日友好書画交流展」、北京で開催
	九月	「日本中国水墨画西安交流展」、西安で開催
	十月	「第二回中日女流書道家代表作品展」、中国美術館で開催
	十月	「中日書画芸術交流展」、北京で開催
	十二月	第十回「全日中展東京記念展」、東京都美術館で開催

6　すばらしい文化財の訪日展

黄大慧　虞開拓

中日両国は一衣帯水の隣国で、その友好交流の歴史は古くて長い。歴史上、両国間の文化交流と相互学習によって、互いによく似た歴史的・文化的な背景が生み出され、それは両国人民の世々代々の友好を結びつける緊密な絆になっている。戦後、両国は歴史的・現実的な政治的原因によってすみやかに国交正常化を実現できなかったにもかかわらず、新中国の成立後、広範かつ頻繁な民間の文化交流活動が始まった。そして、文化財、書、詩歌、絵画、演劇など伝統的な東洋文化の領域における交流は、中日文化の相似性のために、とりわけ順調、活発であることは明らかである。一九七二年の中日国交正常化以来、とりわけ一九七八年に中日両国が平和友好条約を締結した後、両国政府間の文化的関係は初めて樹立され、たえず強化されてきた。一九七九年十二月六日、中日両国は「中日文化交流協定」に調印し、各領域の文化交流の目標を明確に定め、あらゆる方面のさまざまなレベルの文化交流活動をより高い水準に引き上げた。

一九七八年に中日両国が平和友好条約を締結してから現在までの三十年間、文化財の交流は両国の文化交流にとって重要不可欠であったし、特殊な地位、意義、影響をもっていた。新中国成立直後の民間の文化交流では、演劇の公演や芸術団体の交流を除くと、文化財の展覧会が主要な交流形式であった。とりわけ、中国側が民間や半官半民のルートを通じて日本で展覧に供したすばらしい文化財は、大量の民衆をひきつけ、戦後、日本人民が中国五千年の輝かしい歴史、文化、地理に対する理解を深め、両国人民の友情と感情を深めるために重要な役割を果たした。改革開放以来、中国が文化財学、考古学、博物館学を重視するようになるのにともない、文化財考古学、発掘、保護は長足の進歩を遂げ、すばらしい文化財の国外における展覧が頻繁になったが、その重要な対象は日本にほかならなかった。

一　一九七八年以後における文化財の訪日展

改革開放以後、中国が自らの歴史的、文化的資源の伝承、保護、発揚を重視するようになったのにともない、海外との文化財の交流ももはや新中国成立直後に行われた文化財の展覧という形式だけに限られず、文化遺産保護の協力、文化財の学術交流、文化財保護のための科学技術の学習と援助など、さまざまな形式にわたるようになった。しかしながら、文化財の展覧会は、その直観性、精巧さ、雄大さのゆえに、依然として文化財の対外交流でもっとも歓迎され、もっとも特色があり、もっとも影響力をもつ活動である。中国と日本は同じ東アジア文明圏に属し、早くも漢・唐代に日本が中国文明を吸収し、教訓を汲みとる非常に高い水準に到達したので、中国のすばらしい文化財自体が具えている歴史的、文化的、地理的、芸術的価値は、容易に日本の民衆の審美感と歴史的共感をかきたて、ひいては多数のすばらしい文化財の反映する中国の歴史的、文化的軌跡は、日本の民衆にとって耳慣れていて詳しく話すことさえできるのである。そのためもあって、中国の文化財の対外展覧のうち、展示品の数量、質、規模の面でも、組織化の水準の面でも、訪日文化財展覧会が第一位を占めている。

規模の面からみると、日本での文化財の展覧会は一九七八年以来ほとんど毎年行われており、少なければ年に一、二回、多ければ十回近く開催され、文化財と文化の交流の役割をかなりよく果たしてきた。国務院文化部の資料によれば、三十年近くにわたる訪日文化交流のうち、数量からみると、文化財の展覧はけっして高い比重を占めているわけではない。なぜならば、演劇の公演、芸術団体の交流など、その他の文化交流事業に比べ、文化財の展覧会は企画立案、展示品の選択、文化財の輸送から展覧期間中の安全措置、警備などに至るまで、かなりの時間と精力を必要とし、とりわけ国宝級の逸品の海外展覧については、往々にして極めて周到かつ厳密な段取りと技術的な支援を必要とするからである。

文化財の訪日展覧会の性格からみると、総体として、絶対多数の文化財展覧は民間の文化交流に属している。しかし、時期によって状況が異なる。一九七〇年代と一九八〇年代における文化財の訪日展覧では、中国側は国家や各地方政府の文化財・博物館の主管機関が責任を負うことが多く、国家や地方の文化財収蔵機関や博物館などが単独で関係したり組織したりして主催した訪日展覧は非常に少なかった。しかし、一九九〇年代になると、中日双方が共催する中国のすばらしい文化財の訪日展覧は大半が民間的な性格のものになったが、何かを記念する特殊な意義をもつ少数の国家級の文化財の展覧会は、主に中日双方の主管部門の共催であった。たとえば、中日双方が両国の国交正常化のそれぞれ二十周年、三十周年、三十五周年を記念するために開催した文化財の展覧会などである。それらは日本に多大な影響を及ぼした。

文化財の訪日展覧会は、展示品の種類と主催（共催）する中国側の機関に基づいて、だいたい大きく国家級と地方級に分けることができる。

国家級の訪日展覧会は、国務院の文化部、文物局など、文化財・博物館の政府主管部門、中日友好協会など人民団体や、中国対外文物展覧公司など全国的、専門的な文化財展覧企業が、日本側の関連する機関や団体を仲介したり、それらと主催、共催したりする展覧が多い。展示する優れた文化財は、中国国家博物館、故宮博物院など国家級の文化財収蔵機関や博物館に収蔵されているものもあるし、特定のテーマの展覧を開催するためにわざわざ各地方の博物館や専門的な博物館から選ばれるものもある。この種の展覧は、中日両国の重大な文化交流プロジェクトに属し、展覧や記念のための特殊な意義を有することが多く、展示品の大半は国家級の逸品であり、ひいては極めて稀有で、貴重な国宝級のものさえある。こうした展覧はふつう展示期間が長く、参観者がかなり多く、影響がかなり大きく、日本人民が中華民族の五千年の文明や人類文明に対するその多大な貢献を深く理解し、改革開放によってもたらされた現代中国の繁栄隆盛、雄大気概を真摯に感じとるのにまたとない役割を発揮する。

地方級の訪日展覧は、ふつう地方の文化財収蔵機関や博物館、文物展覧公司、あるいは関連する政府部門が主催したり、共催したりする展覧である。その展示品はふつう地方の省、市の文化財収蔵機関や博物館の収蔵しているものである。この種の展覧は、ふつう両国の地方間の文化交流プロジェクトに属し、その展示は商業的であるか、両国の地方間の結縁関係（友好省県、友好都市）や文化交流を記念、促進するためのものである。国家級の訪日文化財交流展にくらべると、規模、参観者数、文化的影響力などがはるかに小さい。

また、注意しなければならないのは、一般的にいえば、地方級の文化財展覧会が日本国内に及ぼす影響は相対的に限られているにもかかわらず、中国の地方の文化財収蔵機関や博物館の組織する「特定テーマの文化財展覧会」はむしろ逆に、大きな文化的影響力を生む場合がある。この種の展覧の展示品は、ふつう中国の特定の歴史的時期、地域文化、あるいは中国古代のある方面の特定の文明の成果をめぐって開催される。たとえば、一九八三年に東京で開催された「中国内蒙古北方騎馬民族文物展」、一九八五年に東京で開催された「中国敦煌展」、一九九〇年に日本で開催された「中国・長沙馬王堆漢墓展」などである。それらは先に述べた国家級の訪日文化財展覧に属さず、企画立案したり、主催、共催したりしたのは地方の文化財収蔵機関や博物館であったが、中国古代のある特定の文明領域の成果をかなり完璧に反映しており、当時の中国においてもっとも注目を集め、もっとも成果に富む考古学の新しい成果を代表していたので、一般的な文化財展覧の及ばない文化的影響力を日本で生み出した。

ページ数が限られているので、本文では一九七八年以来の国家級訪日文化財展覧を重点的に紹介するが、かなり完璧に記録し、中日両国の文化財交流の盛況ぶりを示すために、細目表には重要と思われる地方級の特定のテーマの文化財展覧も含めた。

二　一九七八年以降の主要な訪日文化財展

一九七八年以降の中日文化財展交流において、訪日文化財展のなかには、選択、派遣した文化財の等級がかなり高く、影響がかなり大きかったり、特殊な政治的・文化的意義を有していたので、ほかの多くの訪日文化財展に比べると独自の特色が見られたりするものがいくつかあった。

1．中国陶俑の美展

一九八四年九月二十二日から一九八五年五月六日にかけて、朝日新聞社、日中文化交流協会の招請に応じて、中国対外文物展覧公司と陝西省対外文物展覧公司が共催した「中国陶俑の美展」が、名古屋、福岡、京都、東京を巡回した。

一九八四年九月二十一日午後、「中国陶俑の美展」が名古屋市博物館で開幕し、国務院文化部文物局の呂済民局長を団長とする中国代表団が開幕式に参加した。開幕式は朝日新聞社企画部の工藤均部長が司会を務め、名古屋市博物館の浅井呀一館長が開幕の挨拶を述べ、日中文化交流協会の後藤淳理事、朝日新聞社の渡辺誠毅社長、名古屋市の山本政雄市長、日中文化交流協会の白土吾夫常務理事、木村美智子事務局次長、京都国立博物館の八賀晋考古室長をはじめ、日本の考古学界、文化界の知名人、社会各界の人々、あわせて三百人あまりが参加した。同日の朝日新聞の夕刊、名古屋のテレビ放送などが開幕式の盛況ぶりを伝えた。

展示された歴代の陶俑はあわせて百五十四点で、陝西、山西、河南、四川四省の二十市（県）の博物館や文化財収蔵機関の収蔵品から精選したものであり、陝西の文化財が約八〇%を占めていた。展示品には、新石器時代の陶塑人頭壺、高さが五センチにも満たない戦国時代の彩色楽舞俑、等身大の秦兵馬俑、ユーモラスな形象の後漢代の説唱俑、色彩が鮮やかな唐三彩騎馬俑をはじめ、民族的な息吹が濃厚な元代の騎馬俑などの逸品が含まれていた。

日本と中国は一衣帯水の隣国であり、両国の間には二千年にわたる友好交流の歴史がある。それゆえ、日本人民は中国の歴史と文化芸術に対して特殊な感情を抱いており、中国の文化財がたいへん好きである。「中国陶俑の美展」が名古屋市博物館で開幕してから、その他の都市から遠路はるばる見に来る人が少なくなかった。また、次々に見にやって来る華僑や留学生も少なくなかった。この展覧は、国外で初めて開催した特定のテーマに関する体系的な中国陶俑芸術品の展覧であり、大きな成果を収め、中日両国人民の文化交流を増進し、両国人民の友情を深めた。

2．中国敦煌展

一九八五年十月四日、創価学会の池田大作会長の提唱のもと、中国の敦煌研究院、敦煌市博物館が創価学会と共催した「中国敦煌展」が東京富士美術館で開幕した。

この展覧は、東京富士美術館、福岡市美術館、長野の信濃美術館、奈良県美術館、静岡の富士美術館で巡回展示された。

この展覧の展示品は、北朝から西夏にかけての壁画の模写、北朝から西夏にかけての蔵経洞から出土した書物、前漢代から明代にかけて敦煌地区の出土文物の三つの部分からなり、あわせて百二十七点であった。

わずか六カ月間の会期中に、来場者は五十三万五千人に達し、一日あたりの入場者数は各美術館の開館以来の記録を更新し、また、信濃美術館を除く各美術館の一日の来館者は、各美術館の開館以来の最高記録である一万五千人に達することもあった。展覧会は一九八六年三月二十六日に閉幕した。

この展覧会は空前の盛況であり、中日両国の文化交流を促進したばかりか、シルクロードにある敦煌に対する日本人民の理解をもいっそう深めた。

3．世界四大文明・中国古代文明展

NHK〔日本放送協会〕と中国の国家文物局が主催し、中国文物交流センターと横浜美術館が請け負った世界四大文明展の一つ、「中国古代文明展」が、二〇〇〇年八月五日に横浜美術館で開幕した。三笠宮親王殿下夫妻、日中友好協会の平山郁夫会長、NHKの海老沢勝二会長、横浜市長〔当時は高秀秀信〕、国家文物局の張文彬局長、陳健中国大使をはじめ、中国文物工作者代表団、日本各界の人々、在日華僑、留学生ら、あわせて千五百人余りが開幕式に出席した。

開幕式で、NHKの海老沢勝二会長、横浜美術館の陰里鉄郎館長が挨拶を述べ、中国文明展の開幕を祝った。国家文物局の張文彬局長は開幕の挨拶で、次のように述べた。「中国は四大文明古国の一つ、東洋文明の揺籃であるが、中国文明は悠久の歴史を有するだけでなく、さらに長江の激流のように古くから長く続いており、四大文明のうち今日まで存続している唯一の文明であり、世界の文明史上で唯一無二のものである。中国人民は自己の古い文明を誇りとし、それと同時に、中華民族は世界のあらゆる優秀な文明の成果をたえず学び、教訓とする民族

としても世界に知られている。中日両国は一衣帯水の隣国で、海を隔てて互いに望みあっており、今回の展覧は、中日の文化交流史上に輝かしい一ページを記すであろう。」

この「中国古代文明展」の展示品は、中国の十三の省・市の三十五の文化財収蔵機関や博物館、考古学研究機構の収蔵品から選んだものである。その年代はおおよそ七千年前から西暦一〇〇〇年にまたがる八千年もの長きにわたり、新石器時代から隋唐代にあたっており、基本的に中国古代文明の形成、発展の軌跡を描き出していた。展示品には、有名な人面魚紋彩陶盆、陶鷹鼎、湖北省秭帰県出土の太陽神石刻、四羊銅方尊、虢季子白銅盤、四川省広漢市三星堆出土の貼金銅人頭像、湖南省長沙市の馬王堆漢墓出土の漆器、長沙市走馬楼出土の木簡、章懐太子墓の壁画など貴重なものが含まれていた。これらの展示品は極めて重要な実物証拠として、世界の四大文明古国の一つである中国の古代文明の悠久な歴史、輝かしい文化、卓越した技術を体現していた。展覧は日本各界の民衆に歓迎され、好評を博し、来場者数は四十二万人あまりに達した。その後、引き続き仙台市博物館、石川県立美術館、香川県歴史博物館、広島県立博物館で展示された。

4. 中国国宝展

二〇〇〇年十月二十四日から十二月十七日まで、日中友好協会創立五十周年を祝い、中日両国間の文化交流を促進するために、国家文物局の委託を受け、中国文物交流協会、中国文物交流センターは東京国立博物館、日中友好協会、朝日新聞社とともに東京国立博物館で「中国国宝展」を共催した。二〇〇〇年十月二十三日に東京国立博物館で開幕し、日中友好協会の平山郁夫会長、東京国立博物館の坂元弘道館長、朝日新聞社の箱島信一社長、陳健大使、中国文物代表団の董保華団長らが開幕式に出席するとともに、開幕の挨拶をした。

国家文物局副局長である董保華団長は開幕の挨拶で、中国は世界文明古国の一つで、東洋文明の発祥の地であり、大量の遺跡や出土文物が裏づけているように、中華文明は古くから脈々と続き、豊かで優れており、世界の文明史で稀にみるもので、とりわけ山東省青州市龍興寺出土の仏像は初めて国外で展示するものであり、必ず世界にセンセーションを巻き起こすだろうと述べた。

この展覧会の展示品はあわせて百六十組二百点あまりで、十三の省・市の二十九の文化財収蔵機関や博物館の収蔵品から選ばれたものである。上は新石器時代から下は唐代、五代までまたがり、主に彩陶、青銅器、玉器、金銀器、石彫などからなっていた。主要なものは、河南省汝州市出土の彩絵鸛魚石斧図陶缸、浙江省杭州市余杭区出土の玉琮、四川省広漢市三星堆出土の大銅立人像、湖北省随州市出土の曾侯乙銅尊盤、陝西省西安市臨潼区出土の秦始皇陵陶将軍俑、同省扶風県の法門寺塔の地下宮殿から出土した嵌宝水晶椁、河北省満城県出土の劉勝金縷玉衣、同省曲陽県出土の彩絵石散楽浮彫などである。そのほか、四川省成都市万仏寺出土の石如来立像、山東省青州市龍興寺出土の貼金彩絵石仏立像、河北省正定県出土の石双思維菩薩像など、南北朝時代の仏像も展示された。

これらの国宝級の貴重な文化財は大半が過去二十年間の発掘で出土したもので、種類が多く、造形が精巧で美しく、科学、芸術、歴史的な価値がかなり高く、日本の各界で非常に大きな反響を巻き起こし、開催期間中の来場者はのべ三十九万人に上った。

5．中国　美の十字路展——後漢から盛唐へ

中国の国家文物局などが主催した「中国　美の十字路展——後漢から盛唐へ」は、二〇〇五年七月一日に東京六本木の森美術館で開幕した。中曽根康弘、橋本龍太郎、森喜朗の三人の首相経験者、王毅中国大使、国家文物局の張柏副局長、日中友好議員連盟の高村正彦会長らが開幕式に出席し、中国文物代表団の張柏団長が開幕の挨拶で、「中日両国は一衣帯水の隣国であり、両国人民の文化交流は古くから長く続いており、両国関係の主流は千年もの友好交流である。今回の展覧会はきっと広く日本人に歓迎され、好感をもたれるであろう」と述べた。

この展覧会の展示品は、漢代末期から盛唐にかけてのものである。中国側の主催者は、十四の省・市・自治区の四十七の文化財収蔵機関や博物館から三百点あまりの逸品を一堂に集め、青銅、金銀、玉石、陶磁など十種類に分け、哲学思想、宗教信仰、社会習俗、芸術的成果などの面で、三—六世紀の中国が南北朝の民族融合、中国と西方との文化交流のなかで創造した精巧な技術と新しい社会理念を反映し、漢代末期から盛唐期における中国の哲学、宗教、社会、芸術の発展上の成果が盛り込まれるよう最善の努力をした。

この展覧会は、展示品の数量の面でも、価値の面でも、日本で開催される中国文化財展覧会の最高峰ということができ、この展覧会が両国の文化交流の架け橋になることを願った。展示品のうち、一級文化財が約七〇％を占め、約三分の一が国外で初めて展示されるものであった。たとえば、一九六〇年代の中期に山西省大同市の北魏代の司馬金龍墓で出土した漆屏風は、当時における東方と西方との、また中国の南北間の文化交流を裏づけており、日本の研究者から、今回の展覧で歴史研究上の価値が非常に高く、非常に重要なものの一つと見なされた。

この展覧会は、中国の近年における文化財の訪日展覧のうち、内容が豊富、気宇が壮大なものの一つで、日本で広く大衆に歓迎され、好評を博した。森美術館で開催された後、二〇〇五年九月から滋賀、福岡、宮城三県を巡回し、二〇〇六年六月に終

了し、一年近くにわたって開催された。

6．悠久の美——中国国家博物館名品展

中国国家博物館、日中文化交流協会、朝日新聞社、東京国立博物館が共催した「悠久の美——中国国家博物館名品展」は、二〇〇七年一月二日から東京国立博物館で開催された。この名品展で展示された六十一点は芸術的価値に非常に富み、いずれも中国国家博物館の収蔵品で、紀元前四〇〇〇年の新石器時代中期から十世紀の五代末期にまたがる時期のもので、出土地点は十六の省・市にわたっていた。新石器時代の紅山文化の玉龍が含まれ、そのうち遼寧省建平県出土の玉龍は考古学界で現存最古の立体龍と認定されているし、殷代の四羊尊、西周代の天亡簋、戦国時代の大尊缶、秦代の武士俑、三国時代の呉国の青磁羊など、各歴史時代の逸品もあった。この名品展は中日国交正常化三十五周年を記念するために開催されたもので、二〇〇七年二月二十五日に終了した。開催期間中、東京国立博物館は、名品展と関連のある特別朗読会を開催し、「中国考古学五千年」と題して記念講演会を開催した。

三　一九七八年以来の主要訪日文化財展覧会の細目表

名称	展示期間	開催地	展示文化財	影響・評価
中国秦・兵馬俑展	一九八三年十月一日—一九八四年五月十二日	大阪、東京、静岡、福岡など	あわせて三十六点（組）、そのうち秦の始皇帝時代の兵馬俑が十三点	好評を博し、のべ二百万人以上が参観し、国外で開催された文化財展で観客数が非常に多かったものの一つ
中国内蒙古北方騎馬民族文物展	一九八三年十月二十七日—一九八四年五月六日	東京、大阪、京都、名古屋、北九州など	展示品は、上は石器時代から下は近現代までまたがり、東胡、匈奴、烏桓、鮮卑、突厥、契丹、女真、党項、蒙古などの民族のあわせて百二十五点	

中国歴代陶磁展	一九八四年七月十日—一九八五年二月十七日	東京の西武美術館で開幕し、ついで大阪、福岡、北九州などで開催	新石器時代から清代にいたるまでの九十八点の貴重な陶磁品を展示。原始社会の黄河流域の彩陶、長江流域の刻紋陶、奴隷社会の原始磁、封建社会の帯釉明器、青磁、唐三彩、有名な窯の代表的な磁器を含む	参観者はのべ十六万人近かった
中国陶俑の美展	一九八四年九月二十二日—一九八五年五月六日	名古屋、福岡、京都、東京など	陝西、山西、河南、四川の十三ヵ所の博物館の収蔵する、新石器時代から元代にいたるまでの歴代の陶俑百五十四点を展示。新石器時代の陶塑人頭壺、戦国時代の彩絵楽舞俑、秦兵馬俑、前漢代の説唱俑、唐三彩騎馬俑、元代の騎馬俑などを含む	初めて海外で開催された特定のテーマに関する系統的な展示で、極めて高度な芸術的、学術的価値を体現し、各界の人々に歓迎され、好評を博した
故宮博物院展　紫禁城の宮廷芸術	一九八五年六月二十八日—一九八六年二月八日	東京、長崎、名古屋、兵庫の四都市	故宮所蔵の清代の宮廷文化財と各種の貴重な芸術品百二十七点	参観者はのべ三十七万人以上
中国敦煌展	一九八五年十月四日—一九八六年三月二十六日	東京富士美術館、福岡市美術館、長野の信濃美術館、奈良県美術館、静岡の富士美術館	敦煌壁画の模写、蔵経洞出土の書物、敦煌地区出土の文物の三部からなり、あわせて百二十七点	参観者はのべ五十七万人以上。一日平均入場者数は各美術館の開館以来の記録を更新
黄河文明展	一九八六年五月二十日—十一月	東京、奈良、札幌、名古屋など	黄河流域の各地の文化財収蔵機関・博物館所蔵の文化財百三十六点で、陝西、山西、河北、河南などの出土品が多数を占める。黄河文明の発展脈絡を活き活きと展示	新中国建国以来、最大規模の国外における文化財展で、日本でセンセーションを巻き起こし、日本側が展示用図録として『黄河文明展』を作成
北京故宮博物院展	一九八八年三月二十日—十一月二十九日	川崎、長浜、山形、静岡、札幌、船橋、福井、富山など九都市	青銅器、陶磁器、絵画、書、漆器、筆墨、宗教文物、宮廷用品の八部からなる百十五点。殷周戦国時代の青銅器、唐三彩、金造四壁観音、宋代の龍泉窯の青磁、元明代の	「中日平和友好条約」締結十周年を記念して開催され、参観者はのべ二十二万人

			青花、元代の釉裡紅、明代の紅釉、清代の雍正朝の粉彩などの陶磁器、乾隆帝の朝服などを含む	
中国古代科学技術展	一九八八年四月二十四日—十月二十三日	奈良市のシルクロード博覧会の中国古代科学館で展示	中国歴史博物館所蔵の四百二十三点。中国古代の製紙、印刷、天文、火薬、灌漑水利、紡織、建築、羅針盤、陶磁器、車船の十の部分からなる	
中国・長沙馬王堆漢墓展	一九九〇年三月十七日—八月三十一日	大阪の万博記念公園（エキスポランド）で展示	馬王堆漢墓出土の貴重な文化財七十九点、レプリカ十四点	五カ月間あまりの展示期間中の参観者はのべ四十万人。日本の新聞やテレビが広範に報道
特別展　曾侯乙墓	一九九二年三月十七日—五月十日	東京国立博物館	有名な「尊盤」、「鑑缶」、「漆豆」などを含む八十七組百三十二点	参観者は天皇皇后両陛下をはじめ、その他の皇族を含め、のべ十五万人
楼蘭王国と悠久の美女——日中国交正常化二十周年記念展	一九九二年九月八日—十一月二十九日	東京	漢代から晋代にかけての楼蘭——鄯善国の文化財を中心とし、楼蘭周辺出土のさまざまな時代の文化財を含む	中日国交正常化に二十周年を記念して開催され、日本各界の人々に歓迎され、好評を博し、皇太子、衆議院議長、文部大臣や政府関係者をはじめ、日本各界の人々が相次いで参観
砂漠の美術館——永遠なる敦煌	一九九六年十月二十六日—一九九七年四月二十日	東京で開幕し、福岡、神戸などを巡回	百三点の展示品のうち、九十点は敦煌研究院の提供で、壁画の模写、石窟の模型、彩塑、敦煌の文献、莫高窟の出土文物などを含む。その他の十三点は大英博物館、東京国立博物館の提供	敦煌研究院創立五十周年と莫高窟開鑿千六百三十周年を記念して開催され、参観者は東京だけでのべ十七万人を超え、大きな反響を呼んだ
紫禁城の后妃と宮廷芸術　日中国交正常化二十五周年記念北京故宮博物院展	一九九七年十月四日—十二月一日	東京	百二十点の展示品は清朝の后妃の生活用品を中心とし、皇帝、后妃の七十二点の衣服を展示。そのほか、宮廷の収蔵していた四十三点の貴重な芸術品を展示。西周代の菫臨簋、春秋時代の嬰次鍾、宋代の汝窯の三	日中芸術協会の招請に応じて、中日国交正常化二十五周年を祝うために開催され、日本に大きな影響を与え、日本の民衆に歓迎された

			足洗、元代の楊茂款剔紅観瀑図八方盤、明の成化年間の斗彩高士杯、明代の青花蓋罐、明代の紅釉僧帽壺など北京の故宮博物院所蔵の貴重な文化財を含む	
金縷玉衣　銀縷玉衣——中国歴代王朝二〇〇〇年展	一九九九年三月十三日—六月十三日	大阪の万博記念公園（エキスポランド）	金縷玉衣と銀縷玉衣を含む、戦国時代から明代までの王室貴族の墓から出土した貴重な文化財八十八点	非常に好評を博し、三ヵ月の展示期間中に参観者はのべ十六万人に達し、入園者総数の三三%を占めた
よみがえる漢王朝——二〇〇〇年の時をこえて	一九九九年四月十二日—十一月二十八日	大阪市立美術館で開幕し、千葉、青森、山口などを巡回	漢代の軍事、墓葬、社会生活などに関わる文化財	
秦の始皇帝と兵馬俑展	二〇〇〇年三月二十四日—十一月十九日	東北地方を巡回	秦王朝と春秋戦国時代の秦国の文化財九十点。秦始皇兵馬俑博物館など、十四ヵ所の文化財収蔵機関・博物館の所蔵品	「秦帝国への道」を主題に、大量の文化財と図版を通じて、秦国が辺地の諸侯の国から中原へ発展し、さらに中国を統一した歴史的脈絡を活き活きと展示し、日本の民衆に歓迎され、好評を博した
世界四大文明・中国古代文明展	二〇〇〇年八月五日—	横浜美術館で開幕し、仙台、石川、香川、広島などを巡回	全国の十三省・市・自治区の三十五ヵ所の文化財収蔵機関・博物館所蔵の、新石器時代から隋唐代までの百二十一点の文化財	世界の四大文明古国の一つである中国古代文明の悠久の歴史、輝かしい文化、卓越した技芸を充分に体現し、日本各界の民衆に歓迎され、好評を博し、期間中の参観者は四十二万人あまりに達した
北京　故宮博物院黄金の至宝展	二〇〇〇年九月二十二日—	岡山で開幕し、佐賀、愛媛、浜松、島根などを巡回	清代の宮廷の文化財の逸品を中心に、宮廷内の仏教の文化財、各種の美術工芸品、あわせて百二十点（組）	二〇〇〇年度の故宮博物院の代表的な大型国外展示で、等級が高く、精巧で美しく、日本の学術界と社会の注目を集めた
中国国宝展	二〇〇〇年十月二十四日—十二月十七日	東京国立博物館	十三省・市の二十九ヵ所の文化財収蔵機関・博物館の所蔵する百六十組、二百点あまりで、新石器時代から唐・五代までの文化財。彩陶、青銅器、玉器、金銀器、石彫	展示品の種類が多く、等級が高く、造形が精巧で美しく、科学的、芸術的、歴史的な価値が高く、参観者はのべ三十九万人に達した

			など国宝級の貴重な文化財	
シルクロード　絹と黄金の道	二〇〇二年八月二十日—十二月十六日	東京と大阪	石玉器、銅器、陶器、木器、漆器、織物、俑、絵画、文書、金銀器、ガラス器、骨器など、あわせて百五十二点。新疆の七ヵ所の文化財収蔵機関・博物館の所蔵品で、新疆の各地で出土した、紀元前八〇〇年から元代までの逸品を集めた	中日国交正常化三十周年を記念するために開催され、新たな発掘で出土した逸品が多く、しかも最初の海外展示。参観者はのべ十九万人に達した
よみがえる四川文明——三星堆と金沙遺跡の秘宝展	二〇〇四年五月二十二日—	秋田など七都市を巡回	広漢三星堆博物館など六ヵ所の文化財収蔵機関・博物館の所蔵する百十点。三星堆博物館蔵の青銅立人と縦目面具、成都博物館の蔵する金沙遺跡出土の金面具、金冠帯などの逸品を含む	近年における古蜀文明の考古学的発見の重大な成果を集中的に体現。主催者は大型図録『よみがえる四川文明——三星堆と金沙遺跡の秘宝展』を編集、出版
中国国宝展	二〇〇四年九月二十八日—十一月二十八日	東京国立博物館平成館	「考古学の新発見」と「仏教美術」の二つの部分からなり、十数年来の考古学の重大な発見を反映し、千年近い仏教美術の変遷を表す百七十点の文化財を展示。その大半は日本初のもの	
中国　美の十字路展——後漢から盛唐へ	二〇〇五年七月一日—二〇〇六年六月	東京の森美術館で開幕し、九月から滋賀、福岡、宮城三県を巡回	青銅、金銀、玉石、陶磁など十の種類別に分かれ、十四省・市・自治区の三百点あまりの逸品からなり、漢代末期から盛唐期までの哲学、宗教、社会、芸術の発展の成果を反映	近年の発掘で出土した文化財が中心で、内容が豊富、気宇が壮大な逸品の大展示で、参観者に歓迎され、好評を博した
悠久の美——中国国家博物館名品展	二〇〇七年一月二日—二月二十五日	東京国立博物館	中国国家博物館蔵の六十一点を展示。新石器時代の紅山文化の玉龍、殷代の四羊尊、西周代の天亡簋、戦国時代の大尊缶、秦代の武士俑、三国時代の呉国の青磁羊などを含む	中日国交正常化三十五周年を記念して開催

7　スポーツ交流

楊琪　胡慧蕾

スポーツ交流は中国が世界各国の人民と友好協力関係を築き上げ、中国の建設成果と対外関係政策を広く知らせ、外交における手詰まりを打開するために重要な役割を果たしてきた。周恩来総理はかつてスポーツを「外交先行官」と称していた。世に広く知られる「ピンポン外交」はかつて、人民同士の友情によって国同士の交流と和解を成功させた事例となった。こうした形の外交スタイルはまさに国境とイデオロギーによる障害を乗り越えた国際スポーツ交流である。

アジアのスポーツ大国として、中国と日本の友好競技はかねてからアジアスポーツ界にとって主要なテーマであった。隣国としてスポーツの領域で双方が交流し、助けあうようになってからすでに時が久しい。中日国交正常化以来、とくに中国の改革開放以降に、スポーツを含む各領域における交流と協力はさらに目覚ましい成果を収めるようになった。両国のスポーツ交流の分野は広く、内容も豊かである。具体的にはバレーボール、囲碁、卓球、体操、サッカー、バスケットボール、武術、相撲、野球、ソフトボール、水泳、飛び込み、陸上などがある。これらのスポーツ交流は両国民の相互理解と友好感情を高めるうえで有益であるばかりではなく、互いの隔たりと偏見を取り除き、中日関係の健全な発展を促す効果もある。

一　バレーボール交流

バレーボールは一九〇五年に中国に入ってきた。一九四九年の中華人民共和国の成立後、バレーボールは重要なスポーツとして広められ、徐々に全国レベルで好まれ、すばやい発展を遂げたスポーツの一つとなった。

新中国が成立した直後に、日本と中国の間に国交はなかった。ゆえに、両国のバレーボールチーム間で直接の二国間交流や試合も存在しなかった。民間で友好を唱える人々の推進によって、一九五七年七月に中華全国体育総会の招待に応えて、日本女子バレーボール訪中団が北京を訪れ、日中バレーボール交流・友好試合がここに始まった。一九六三年に、中国は日本のバレーボールチームを何度も交流試合に招いた。一九六三年八月に中国は日本の男女バレーボールチームを中国に招待した。日本チームは上海、北京などで中国の男女バレーボールチームと数回にわたり試合を行った。北京での試合期間中に、周恩来総理と彭真市長自らが友好試合を観戦した。そして日本のチームメンバーたちと会話を交わし、記念撮影をする一方、中国のチームメンバーたちに対して真剣に虚心に日本チームから学ぶよう勇気づけた。一連の試合を通して中国チームは、とくに女子チームをはじめとする日本チームの優れた技術力と、基礎訓練による底力を身にしみて感じた。よりよく日本女子バレーから学ぶため、中国バレーは来訪している日本男女バレーのすべての試合を真剣に細かく観察し、相手の戦術特徴を分析した。日本バレーを中国へ招待して、試合と観戦を行うとともに、中国もチームを日本へ派遣し親善試合を行い、交流を絶やさなかった。一九六四年三月に日本バレーボール協会の招待に応え、趙斌団長率いる中国バレーボールチーム訪日代表団一行三十一名が日本で学び、実戦を通して、日本チームの技術を体得した。こうして日本と中国は数多くの交流と試合を続けた。日本チームとの交流と試合を通じて、中国バレーボールのレベルは高くなった。なかでも、日本の有名な監督である大松博文率いる日本チームの訪中は中国バレーボール界にもっとも大きな影響を与えた。

一九六〇年代に日本女子バレーが突如として頭角を現し、世界バレーを震撼させた。一九六二年の世界大会優勝に輝き、一九六四年に東京オリンピックで金メダルを獲得し、さらに百十八回続けて国際試合で全勝し、九セットしか落とさないという記録を残した。ヨーロッパでは彼女たちは「東洋の魔女」と称され、そしてこのチームを率いていたのがまさに鬼監督の大松博文であった。東京オリンピック後に大松博文は一九六四年十一月二十日から十二月十二日にかけて、「東洋の魔女」を率いて中国で試合をして、その力を披露した。一九六五年四月に周恩来総理は中国の男女バレーを訓練するよう大松博文を中国に招いた。大松博文には独自の訓練方法と技術があった。一つ目が多くのボールを同時に使った訓練、二つ目が回転レシーブ、三つ目が木の葉落としサーブ、四つ目が腕を小さく回すアタック、五つ目が猛特訓である。こうした大松博文の訓練方法と独特な技術は世界最高峰でも通用する有力な武器とみなされたが、彼はそれらを中国の選手たちに惜しみなく伝授した。

一九六五年十一月に中華全国体育総会の招待に応え、日本バレーボールチームは前田豊に率いられて中国を訪問して試合を行い、これに対して中国国家チームと北京チームはそれぞれ三対〇で勝っている。その後、中日間のバレーボール交流は中国「文化大革命」の影響を受け、停滞してしまった。

七〇年代初期に「文化大革命」の影響力が弱まるにつれ、中国バレーも徐々に回復を見せた。一九七二年三月に日本バレーボール協会、日中文化交流協会は中国バレーボール協会と会談紀要に署名し、中日間のバレーボール交流を再び軌道に乗せた。その年の七月十五日に日本バレーボール協会の前田豊副会長が日本の男女バレーボールチームを率いて中国を訪れ、中国チームとの親善試合を行った。中日国交正常化以降、両国のバレー交流はさらに頻度を増した。一九七三年の一年間に限ってみても、両国チームによる相互訪問は四回に上っている。両国のバレー交流が深まるにつれて、中国チームは敗戦のなかから経験と教訓を得た。一九七六年六月に中国チームは、招待に応えて中国を訪れた日本男女チームと北京で二度の試合を行った。そこで中国男子チームは一勝一敗の成績を収めている。

「十年の動乱」が過ぎ去った後、ひどく干渉を受けていた中国バレーは再びよみがえった。一九七六年に中国は男女の国家チームを再建し、戴延斌と袁偉民がそれぞれヘッドコーチを務めた。中国チームは姿を一新させて世界のバレーボール界に再び現れた。一九七七年十一月に、中国の男女チームは第二回女子バレーのワールドカップへ遠征した。予選で中国女子チームは日本チームに勝ち、リーグ一位の戦績を収めたが、決勝のときに日本チームに負け、ワールドカップ四位に終わった。一方男子チームは五位の戦績を収めることができた。この時期にアジアで両国のバレーボールチームは交流と対戦を繰り返し、中国チームはすでにチャンピオンたる日本の地位を脅かしていたのである。一九七九年に中国男女バレーチームは初めてともにアジア選手権優勝を勝ちとり、オリンピックの参戦資格を得た。

長い間にわたって日本との実りある交流を通して、中国チームは最終的な大きな成果を得ることができた。一九八一年のワールドカップで、中国女子チームは日本に打ち勝ち、王座に輝いた。一九八一年に中国女子チームは日本で行われた第三回ワールドカップで強豪を打ち破り、最終的に七戦全勝の戦績で初めての世界優勝を勝ちとることができた。この優勝の重みはいうまでもないが、これによって全国で女子バレー精神に学ぶ風潮が沸き起こった。さらに一九八二年の第九回アジア競技大会で、中国女子バレーは日本女子のアジア大会連覇を止めることに成功した。

これと同時に、中国の男子チームも大きく道を切り拓いた。一連の世界大会の場で八位という好成績を数多く勝ちとっており、最高時には世界ランキング五位まで上り詰めることができた。

一九八一年に世界チャンピオンに輝いてから、中国女子バレーは一気呵成でその後も立て続けに一九八二年の世界選手権大会、一九八四年のロサンゼルスオリンピック、一九八五年のワールドカップ、一九八六年の世界選手権大会で優勝を飾った。これは今でも中国人の間で称えられる「五連覇」の偉業である。

九〇年代に入ると、両国のバレーボール交流はさらに密接になった。そして、交流の領域も国家チーム同士の相互訪問に限定されず、民間チーム同士の交流も増えてきた。

一九九七年十二月に日本の関東専門学校バレーボール連盟訪中団一行四十名が、北京市国際スポーツ交流センターの招待に応えて北京を訪れ、第十回中日青年バレーボール友好交流試合に参加した。この活動は両国の大学生バレーボールを後押しし、両国青年の友好交流に貢献した。北京滞在の間、訪中団は清華大学、北京航空航天大学、中国人民大学のバレーボールチームと交流試合を行った。さらに天津南開大学にも訪問し、交流を行っている。

中日大学生間のバレーボール交流以外にも、「ママさんバレー」交流活動も発展を見せ、両国バレー交流の重要な一つとなった。第二十六回中日「ママさんバレー」友好交流活動は二〇〇〇年に北方交通大学体育館で行われた。元日本国家女子バレーチームメンバーの主力選手六名と八十名あまりのバレー愛好家たち、そして中国バレー界の名将・梁艶、張蓉芳ら、かつて六〇年代に世界のバレー界を風靡した「東洋の魔女」が一堂に会した。「ママさんバレー」は試合を通して、両国の元選手たちが長年にわたって友好を保つ一つの形であり、友好的なムードに包まれ、伝統ある友好交流活動へと発展した。

二　その他の球技交流

早くも中日国交正常化の前から、両国の卓球チームはすでに幾度となく相互訪問を重ね、切磋琢磨していた。

両国卓球選手による初の試合は、一九五五年ワルシャワで行われた第二回世界青年友好スポーツ大会までさかのぼることができる。中日国交正常化がまだ果たされていない一九五六年に、東京で行われた第二十三回世界卓球選手権大会に参加するため、中国の卓球選手たちは初めて日本へ渡った。彼らは新中国が成立した後初めて日本へ渡った中国スポーツ代表団でもある。その後の五十年の間、中日関係に解決されにくい問題が現れても、卓球の友好交流は途絶えることがなかった。

一九六〇年代に、日本の卓球はアジアで最初に台頭し、前に躍り出た。中国卓球界は日本の長所を学ぼうと非常に注目していた。一方中国政府は、日本とのスポーツ交流を通して両国の友好交流を推進しようと考えていた。周恩来総理が熱心に気遣うなか、日本の優秀なコーチと選手たちが中国に招かれ、進んだ訓練方法と試合経験を伝授し、中国の競技スポーツのレベルアップに貢献した。一九六一年に北京で中国初の世界的な試合となる第二十六回世界卓球選手権大会が行われた。これに参加するため、日本卓球チームは第二次世界大戦後初めて、まだ国交のなかった中国に入った。その後、両国の卓球チームはさらに頻繁に交流を重ねた。一九六二年六月に日本の卓球チームが中国を訪問した。そして十月に中国卓球チームも日本を訪れ、交流試合を行っている。一九六四年五月と一九六六年五月に、中国卓球チームは二度にわたり日本を訪問している。さらに、一九六六年八月に日本卓球チームは中国を訪れ、交流試合を行なった。

両国の卓球における交流の歴史は、中国と日本の二大巨頭によって切り拓かれたといっても過言ではない。その二人とは中国の周恩来総理と日本卓球協会会長の後藤鉀二である。六〇年代後半から七〇年代前半にかけて、「文化大革命」の影響によって、中国卓球は世界の舞台から遠ざかっていた。だが後藤会長の尽力によって、中国チームは一九七一年に名古屋で行われた第三十一回世界卓球選手権大会に招かれたのである。その大会を通して中国は日本や世界各国との友情と理解を深め、中日国交正常化を促す役割を果たした。さらに、後に世に知られる「ピンポン外交」の幕開けとなり、「小さい球で大きな球を転がす」という世界を驚かせる壮挙となったのである。この後、両国卓球代表団の間で交流が日増しに頻繁になっていった。名古屋大会の後、一年の間に、中国は日本の卓球代表団をじつに七回も中国に招待すると同時に、自らも卓球代表団を日本に派遣している。

中日国交正常化以降、両国の卓球交流がさらに頻度を増し、勢いをつけた。両国はほとんど毎年欠かさずに代表団を派遣して交流を重ねた。中国が改革開放を行い、スポーツも力をつけるにしたがって、中日卓球交流はさらなる段階へ到達した。卓球交流の回数、形式や範囲などはみな拡大された。世界の舞台での試合や国家チーム間の相互交流以外にも、両国はその他の形式でも交流を重ねるようになった。中日卓球交流は両国人民の相互理解と友情を深め、中日関係の改善に対しても一定の役割を果たした。

中日国交正常化以降、両国間のサッカー交流も日に日に発展を遂げ、両国民の幅広い関心を集めるようになった。一九七二年八月に上海少年サッカーチームは日中文化交流協会の招待に応え、初めて日本を訪問した。さらに一九七六年八月に日本の京都サッカー代表団が訪中し、上海を訪れた。

しかし、両国のサッカー交流が本格的にスタートしたのはやはり八〇年代以降に入ってからであった。統計によると、ここ二十年の間、両国の国家サッカーチーム同士の対戦は二十回に及ぶという。一見すると双方の実力は伯仲しているように見えるが、詳しく見てみると九〇年代より以前の段階で中国チームはある程度優性に立っていたことがわかる。たとえば、十一試合中、中国は五勝四敗二引き分けの戦績を収めている。しかし九〇年代に入ると日本チームの勝率が著しく高まり、九試合で中国は三回しか勝っていない。したがって、九〇年代以降の日本チームは大きく進歩したことがわかる。

日本サッカーが急速に力をつけ、国際ランキングを上げ続けることで、両国のサッカーはすでに同じレベルにあるとはいえない状態になっており、いまや日本は、技術の面でアジアサッカーを代表する第一人者となっている。日本サッカーのレベルが短い期間で急速な発展を遂げた重要な原因の一つとして、青少年サッカーの推進と普及が挙げられる。これに比べ、中国のサッカーは大きく遅れをとっている。中国サッカーも日本サッカーのやりかたを学び、青少年サッカーを推進することでより多くの高いレベルの選手を育て、中国サッカーの全体的なレベルアップを図らなければならない。二十一世紀に入ると、両国はサッカーでお互いに学びあう以外にも、「中日青年がアジアカップ・サッカーを契機として友好交流を促進する」という新理念を打ち出すなどの交流を重ねている。

両国のバスケットボール交流は国交正常化以降に始まった。一九七六年六月に中国バスケットボール代表団が日本を訪問した。一九七八年三月から四月にかけて中国男子バスケットボールチームが日本を訪問し、東京で七試合を行った。さらに一九七八年六月から七月にかけて、中国男子バスケットボールチームは日本の東京でソ・日・米・中四カ国の男子バスケットボール招待試合に参加した。そして一九七八年八月に日本男子バスケットボール代表団が中国を訪問した。また、一九七八年八月から九月にかけて日本鋼管男子バスケットボール代表団が中国を訪問し、北京で五試合を行なった。その後の八〇年代と九〇年代で両国のバスケットボール交流はさらに深まり、数ばかりではなく、規模もはるかに大きくなった。そして、二十一世紀に入ってからも、両国のバスケットボール交流は相変わらず頻繁に続けられている。

バレーボール、卓球、サッカーやバスケットボールと比べて中日野球交流はほとんど知られていない。しかし実際のところ、日本のプロ野球協会は技術、資金とリーグ戦運営などの面で中国に対して全面的にサポートし、中国野球のレベルアップと活動の普及に貢献してきた。

二〇〇二年に中国はプロ野球のリーグ戦を試行するようになった。しかし、リーグ戦のスタートが遅かったために野球人口に限りがあり、中国チームのレベルはアジアでずっと日本、韓国、中国台北チームに遅れをとっていた。二〇〇五年の第二十三回アジア野球選手権で、中国は韓国チームに勝利し、初めてアジア・ベスト３に輝くことができた。

一方日本では野球が国民の人気を博し、国民的球技と称されており、そのプロ野球リーグ戦も七十年あまりの歴史がある。

そして、野球の最高峰である二〇〇六年第一回ワールド・ベースボール・クラシックで日本は一位を獲得した。すみやかにレベルを上げるため、中国野球界は近年積極的に日本からリーグ戦の運営方法や試合の技術などを取り入れている。一方、野球の世界強国としての日本も、技術と資金面で中国野球界に対して大きな支援を与えている。二〇〇二年から、中国の国家チームとプロチームは毎年日本へ赴いて訓練を受け、日本のチームと試合を行っている。そのほかにも、両国のプロチームは緊密な協力関係を保っている。たとえば中国のリーグ戦期間中に、日本のプロ野球リーグのチームはコーチと選手を中国へ派遣し、中国の選手たちに技術面の支援を行っている。実際、中国プロリーグの有力チームである天津ライオンズは、パートナーの横浜ベイスターズからチームの守備監督を招いている。さらに、北京タイガースも読売ジャイアンツ、上海ゴールデン・イーグルスは阪神タイガースなど、ほとんどの中国プロ野球チームは日本のプロチームと業務提携を結んでいる。そして、日本のチームも毎年中国のチームを日本へ招き、訓練と試合を行っている。こうした一連の技術交流を通じて、中国のプロチームは技術力を上げることができた。技術面に限らず、日本は資金面でも中国のリーグを支援している。中国プロリーグの第一シーズンから日本企業は資金援助を行っている。たとえば二〇〇七年の中国野球リーグ戦に対して日本のキャノンとミノルタはスポンサーを務め、さらにほかの日本企業も参加チームに出資している。さらに、運営面でも日本のソフトバンクの子会社である中国棒球企画株式会社はリーグを全面的に支援し、試合の開催やファンの関連活動まで一手に引き受けている。

両国野球界の協力は多面的なものであるといえよう。そして、こうした協力は今後さらに深まるであろう。二〇〇八年の北京オリンピックの後、野球はオリンピックの種目から離れてしまうが、中国の野球リーグは今後も継続され、中日両国の野球交流も続けられていくだろう。

三　囲碁交流

近隣の友好国同士として、中国と日本は文化、風習の面で似ているところが多々ある。なかでも囲碁は両国人民がともに愛してやまないものの一つである。隋・唐時代に囲碁は日本に伝わり、中日囲碁交流史の幕開けとなり、その交流は途絶えることはなかった。

新中国が成立し、とくに両国の国交が正常化されると、双方の囲碁交流も頻度を増して盛んになった。一九六六年六月に中国囲碁代表団が訪日した。続く一九六六年十一月に今度は日本の囲碁代表団が訪中している。さらに一九七三年七月から八月にかけて日本代表団が訪中し、一九七四年四月に中国代表団が訪日した。一九七八年六月にさらに中国代表団が訪日している。

同年の十一月から十二月にかけて日本代表団が訪中した。そして、一九七九年六月に日本代表団が訪中した。

一九七〇年代以降、中国棋士たちは急速に実力をつけ、聶衛平が一九七四年に初めて日本の九段棋士宮本直毅に勝利してから、向かうところ敵なしの状態が続いた。一九七八年の戦績はさらに輝かしく、当時日本の二冠〝天元〟藤沢秀行と〝本因坊〟石田芳夫への勝利を含め、訪日試合で七戦六勝を収め、九段試合の勝率は七五％にも達した。一九八〇年夏に至るまで、聶衛平は日本の九段と二十九局を指し、十七勝十敗二引き分けを収めている。

八〇年代の中国囲碁界に現れた伝説的な人物こそ、中日囲碁試合でその名を世界に轟かせた「棋聖」聶衛平である。一九八四年十月からＮＥＣの賛助と新体育雑誌社の後援のもと、「日中スーパー囲碁・ＮＥＣ杯」が正式にスタートした。この試合は囲碁界で画期的な意義をもつようになる。中日囲碁試合に出場する選手たちは両国の最高水準を代表していた。初回試合で聶衛平をはじめとする中国チームは八対七で勝利を収めた。その後、ピークの時期を迎えた聶衛平は前三回の試合で九連勝を収め、中国チームに輝かしい三連勝をもたらした。とくに二回目の試合において、一人で五人を破る快挙を遂げたことは、現在でも世界の囲碁界で語り継がれている。

中日囲碁試合は一九九六年まで続き、計十一回の試合を行っている。中国チームはトータルで七対四で優勢を誇り、この勝利が沸き立たせた愛国感情はほかのどのスポーツにも勝るとも劣らない。それと同時に、一連の試合は中国の大地を吹きぬける春風のように、メディアの熱心な報道にともなって、中国の囲碁人口を当初の一千万人から三千万人にまで押し上げた。常昊、羅洗河らの天才少年はまさにこうした雰囲気のなかで育ち、中国囲碁のここ十年の栄枯盛衰の重責を担うようになったのである。

日中スーパー囲碁が四年目に入った年に、富士通杯と応氏杯という二つの世界大会が生まれた。これは囲碁が国際化に向けて発展する重要な兆しであった。その後、各種の世界大会が次々と現れ、いまや十あまりを数えるようになり、囲碁は世界でますます繁栄に向かう様子を窺わせている。

九〇年代に入ると、中国の馬暁春は第六回東洋証券杯、第八回富士通杯の世界囲碁選手権大会で首位を続けて奪取し、歴史的な快挙を実現した。すばらしい成績を収めた中国は「超級大国」を誇る日本囲碁の地位を脅かし、世界の囲碁界は中・日・韓三雄割拠の局面を呈するようになった。

中国に発祥する囲碁はいまや深く東アジアに根ざし、その枝葉を世界各地に広げようとしている。世界囲碁の歴史のなかで、中日囲碁試合は先駆的な歴史意義を持ち、長く世に伝わる逸話となっている。

四　武術、相撲交流

　中日間のスポーツ交流のなかで、武術と相撲を含む民族伝統スポーツは両国のスポーツ交流と協力に大きく貢献してきた。

　およそ一四〇〇年以上前に、中国武術は今の日本の琉球諸島に伝わった。そこには拳術以外に各種兵器を操る武術も含まれていた。その後、中国武術は日本の各地で広がり続け、さまざまな流派が生まれた。日本の空手や柔道などの発祥と発展も中国武術の影響を多分に受けている。このように両国の武術交流の歴史は長い。新中国が成立し、とくに中日国交正常化以降、両国の武術交流はさらに頻度を増し、盛んになってきた。

　一九七四年九月に日本側の招待に応え、中国少年武術代表団が日本を訪問し、演武を通じて中日間の友好を促した。一九七六年五月に中華全国体育総会の責任者である李夢華は宗道臣を団長とする日本少林寺拳法連盟友好代表団と会見した。続く十月に、日本太極拳代表団中野春美一行が中国を訪問した。さらに一九七七年に日本大使館が中国武術代表団団員李海燕に訪日ビザを出した。これは中日国交正常化が実現されて第一万件目のビザであった。その後、国家体育委員会の「積極的に確実に武術を世界に押し広げる必要」があるという方針にしたがい、一九八四年十月に中国武術協会は日本を含む十二の国と地域の武術団体責任者を招待し、武漢で国際武術座談会を開催した。この場で、武術が世界でさらに発展することに関して討議が行われ、「覚書」への共同署名が行われた。一九八五年八月に西安で第一回国際武術招待試合が行われ、日本、ベルギー、フランスなど十七の国と地域の代表が会議を開催し、国際武術機関の設立について再度話しあった。話しあいの結果、中国、イギリス、イタリア、日本、シンガポールの五カ国がそれぞれ一名の代表を派遣して国際武術連盟の設立準備委員会を立ち上げることを、会議に参加した代表者たちが一致して取り決めた。一九八六年十一月に、日本とシンガポールを含む八つの国と地域が参加するアジア武術連盟設立委員会が天津で設立された。さらに一九八七年九月に日本の横浜で、アジア武術連盟が正式に発足した。一九九四年十月に日本の広島で、アジア武術連盟第五回総会が行われた。この大会で袁偉民（中国）が会長、村岡久平（日本）が書記長にそれぞれ推薦された。

　八〇年代以降に多くの日本人が中国で太極拳を学び、日本の民間では太極拳全国交流大会、政府関係では日本舞会、太極拳大会などの試合の場がある。社団法人日本武術太極拳連盟は日本の多くの若者をひきつけている。また、日本の多くの中高生たちが修学旅行で中国を訪れたときに行う活動の一つに太極拳体験がある。

　二〇〇七年七月十四日に中日国交正常化三十五周年を祝して、大型の武術パフォーマンス公演『少林寺伝説』が日本でステージに上った。東京での初公演には数百名の日本観衆が集まり、中国少林寺拳法に対し賛嘆の声を惜しまなかった。今回の公演はのべ五十二日間にわたって行われ、約四百万人がさまざまなルートですばらしい少林寺の演武を目の当たりにした。これは中日文化スポーツ交流のなかでもっとも実施日数が長く、規模がもっとも大きい活動となった。

相撲は中日両国特有の文化ではなく、世界の他の民族でもその片鱗をみつけることができる。相撲が日本で急速に発展するにつれて、国技として世界各地に広がり、浸透するようになった。そして、他の民族の文化にも影響を与えることで、世界で相撲ブームが沸き起こった。

一九七三年に中日国交正常化一周年を祝し、友好を育むため、日本相撲団は中国で公演を行い、中国人民から熱烈な歓迎を受けた。日本大相撲代表団は招待に応えて初めて中国を訪れ、中国観客の目を驚きで見開かせ、両国スポーツ交流における一つの空白を埋めることに成功し、相撲選手たちは両国人民の間の友情と交流に大きく貢献した。当時、百十七名からなる日本相撲代表団が招待に応えて中国を訪問し、北京で公演を行った際に、じつに一万五千人の観客が集まり、空前の盛況を博した。

両国の友好関係をいっそう促すため、駐日中国大使館は日本の日中友好協会などの団体と中日通航三十周年を機に、大相撲訪中を通して中日友好と文化交流を促進することを提案した。二〇〇三年八月に、中華全国体育総会と中日友好協会は日本大相撲代表団の二〇〇四年六月訪中を正式に書面で招待した。三十一年の時を経て、中日国交樹立三十二周年および中日通航三十周年を祝して、日本の大相撲代表団は二〇〇四年六月に再度中国を訪れ、公演を行った。大相撲代表団の訪中は成功裡に終わり、両国関係の発展を力強く後押しした。三十一年前と同じように、両国ともに今回の公演を非常に重視していた。日本側は村山富市前首相を顧問とする組織委員会を立ち上げ、一方の中国側では曾慶紅国家副主席と唐家璇国務委員が重ねて今回の大相撲訪中の重視を表明した。

「われわれは中国に縁がある。」二〇〇四年大相撲中国巡業の日本側責任者、日本相撲協会伊勢ノ海理事のこの言葉は、恐らく日本相撲の中国再公演をもっとも端的に表しているだろう。日本の「国技」である大相撲の海外巡業は歴史的にも稀であり、のべ十二回しか行われていない。そのうち中国行きは二度にも及んでいる。

日本大相撲団の二度にわたる訪中のなかで、北の湖は中日相撲交流の証人であった。彼は二〇〇四年の日本相撲代表団のなかで、唯一の一九七三年日本相撲中国訪問代表団のメンバーであった。当時わずか十九歳の北の湖は実力を有する幕の内力士であった。今回旧地をたずねて、北の湖は深く感慨し、開幕式で「三十一年ぶりにまた北京に来ることができ、非常に光栄に思うと同時に、その責任の重大さを感じています。中日の善隣友好関係のさらなる促進に貢献できれば、私たちもうれしい」と述べている。伊勢ノ海は三十一年前の日本相撲団メンバーではなかったものの、日本側の責任者として当時の活動に当たっていたのが彼の師匠であった。彼は、「三十一年後に私も同じような責任を担うようになりました。先輩たちが、中日友好交流のバトンを私に手渡してくれた感じがします」と話している。

北京でわずか三日の滞在を通して、日本の相撲力士たちは中国の民衆と溶け込み、和気あいあいと交流を重ねた。両国人民の友情は沸き起こる歓喜のなかでさらに深まり、広まっていった。力士たちは、土俵の上では観客を驚かせるパフォーマンスを見せる一方、万里の長城を登るときはもっとも適任な「微笑み大使」として力を発揮した。彼らが万里の長城に現れたときは多くの注目を集め、すぐに観光客たちから一緒に記念撮影をするよう求められた。山登りの疲れをよそに、彼らは誰一人拒むことなく、微笑みながら観光客たちとジェスチャーを交えながら交流していた。彼らのような日本の民間からやってきた親善大使たちを見ると、人は思わず中日友好の歴史の長さと両国人民の思いを感じざるをえなかった。

民間親善大使として日本の相撲力士による中国巡業は、中国の民衆から熱烈な歓迎を受けた。このことは長きにわたって、両国の人民が築き上げた伝統ある友好が持つ堅実な礎を世に知らしめた。末永い中日友好は両国人民に共通する思いである。力士による訪問は、単なるスポーツ交流ではなく、日本が他の国家と友好交流を行う際の重要な大使としての役割も果たしている。両国の長い友好交流を促すために、スポーツは重要な役割を果たしてきた。選手たちはスポーツを通して、切磋琢磨し、心と心を通わせ、友情を育んできた。彼らは民間親善大使としての役割を果たしてきたのである。

中日間のスポーツ交流は相当幅広い分野に及び、先に述べた各種球技、囲碁、武術と相撲以外にも、体操、水泳、飛び込みや陸上といった分野の交流と協力も数えられる。

五　まとめ

スポーツ交流は中日両国民の友好を促す重要なチャンネルである。両国が各方面で一連のスポーツ交流を展開してきたことは、国民同士の相互理解を深めたばかりではなく、二国関係を発展させるうえでも良い条件を作ることとなった。事実から明らかなように、両国の間で幅広く展開されているスポーツ交流はすでに二国間関係を発展させるために欠かせない要素となっている。中日関係におけるスポーツ交流は、とくに両国の関係発展が難しい時期に差し掛かるときにいっそうその重要性が増してくる。二〇〇六年十月に両国は二〇〇七年を「中日文化・スポーツ交流年」として定め、これを機に一連の文化・スポーツ交流活動を展開することで、中日国交正常化三十五周年を記念しようとした。またこうすることで、両国民の相互理解を深め、中日関係の改善と発展を遂げることができると考えられた。「中日文化・スポーツ交流年」のなかで、両国は数百もの文化芸術、スポーツ、観光、メディア、映像および青少年交流などの活動を催し、中日関係の発展を力強く後押しし、両国民同士の友好を深めた。二〇〇八年の北京オリンピックは、日本人が現代中国を理解するための絶好のチャンスである。「中日平和友好条約」締結三十周年に、北京オリンピックの開催が成功に終われば、必ずや中日関係を新たな発展段階へと押し上げることであろう。

8　「文化年」交流活動

黄大慧　程婧

「文化年」という特殊な形式は、国と国との間の意思疎通、交流、協力のために絶好の機会を提供する。国家を主体とし、文化を主題とし、集中・大型の文化協力を通じて各方面の活力を誘導し、文化の浸透を通じて国家、民族の理解と友情を深める。「文化年」は、政治、経済の波の外で、歴史的・文化的背景を異にする人々のために、互いに認識しあい理解を深める新しい可能性を提供するうえ、「文化」という人類の精神世界の貴重な財産を国際交流の舞台に押し上げる。「国家文化年」の形式で自国や他国で文化やそれに関連する内容を主体とする交流活動を進めることも、各国が他国との関係を改善、推進し、友好と協力を促進する重要なルートになっている。

中日両国の文化交流には悠久の歴史がある。中日が国交を回復すると、両国政府は文化交流を非常に重視した。一九七九年〔十二月〕に中日が文化交流協定に署名すると、双方は両国の文化、教育、学術、スポーツの協力と交流を発展させ、さらに両国人民の相互理解と友情を深めることを確認した。この三十年近く、中日両国の文化団体と友好人士の交流は中断したことがなく、文化交流は中日関係の発展のために重要な貢献をしてきた。とくに中日関係があまり順調に進展しなかったとき、「文化外交」と「経済外交」は一時的に中日関係の主流になり、文化外交は両国人民の精神的な絆をつなぎとめるために、積極的な役割を発揮した。近年、中日両国は多数の大型文化交流活動を開催しているが、そのうち中日「文化年」を主題とする多様な形式の交流活動は、まさにその独特の影響力によって中日両国の人民や国家の間の友情の発展を推進している。

一　「一九九九　中日文化友好年」活動

一九九九年七月から十一月、「中日文化交流協定」締結二十

周年、新中国建国五十周年を記念するため、中日両国は共同で「一九九九　中日文化友好年」活動を展開した。そのうち、規模がかなり大きな活動としては、中国が日本で展開した「九九日本ツアー」活動、日本が中国で展開した「日中文化友好年」活動があった。

新中国成立五十周年と「中日文化交流協定」締結二十周年を祝うために、文化部によって派遣され、中国対外演出公司が主催する「九九日本ツアー」中日大型文化活動は、中国と日本の両地で世紀潑剌と展開された。中国の江沢民国家主席はこの文化交流活動のために激励の言葉を記し、『九九日本ツアー』大型公演・展覧活動は日本で開催され、中日文化交流と人民の友好を増進するのに非常に有意義である。中国の著名な芸術家が今回日本に赴くことは、中日が二十一世紀に向けて平和と発展のための友好協力パートナーシップを構築するのを積極的に推進するであろう」と表明した。日本の小渕恵三首相もこの日中交流活動のために激励の言葉を記し、日中両国が相互に活気溢れる文化交流事業を展開することは、相互理解を深める文化交流の重要性をいっそう明確にしていると表明した。

この「九九日本ツアー」大型公演・展覧活動は、大連京劇団、北京京劇院、中国国家交響楽団、山東京劇団、梅蘭芳京劇団の巡回公演をはじめ、「輝かしい歴程――中華人民共和国成立五十周年を祝う」写真展などからなり、中日の国交回復以来最大規模の訪日公演・展覧活動であった。中国交響楽団、梅蘭芳京劇団、山東京劇団からなる九月の秋の日本公演は、この文化活動の重要な催しとして、新中国成立五十周年前後に中日文化交流を盛り上げた。

一九九九年九月、「九九日本ツアー」の重要な催しとして、中国国家交響楽団が日本を訪問して演奏会を行った。中国国家交響楽団のこの日本訪問は、中国の交響楽団の最初の大規模な訪日演奏会であったばかりか、この時期の中日交流の一大事でもあった。高水準の演奏と高水準の鑑賞力を有する古典音楽の舞台で、中国国家交響楽団の初演は、日本の音楽界の特別の関心を引き起こした。日本のあわせて七都市で八回の演奏会を行い、チャイコフスキーの『交響曲第四番』、『ロココの主題による変奏曲』、ベルリオーズの『ローマの謝肉祭序曲』をはじめ、三人の中国人作曲家の作品、つまり陳培勛の『詠雪』、華彦鈞の『二泉映月』、楊立青の二胡協奏曲『悲歌』を演奏し、空前の成功を収めた。

梅蘭芳は生前に数回招請に応じて劇団を率いて訪日公演を行い、梅葆玖も中国の文化芸術の使者としてかつて数回交流公演を行ったことがある。一九九九年九月、日本の国立劇場で行った一連の梅派京劇第六回訪日公演は、日本の観衆に熱烈に歓迎され、空前の成功を収めた。梅派の古典的なハイライトである『貴妃酔酒』、『覇王別姫』、『天女散花』や、人口に膾炙している『鍘美案』、『虹橋贈珠』などの演目を相次いで上演し、観衆の鳴りやまない拍手を受けた。色彩が入り交じって美しい舞台衣裳、独特で豊富な節まわし、瀟洒な仕種と型、基礎のしっかりした基本的な演技、および女優が男性に扮することから生ずる歌舞伎に対する連想によって、日本の観衆は深みのある京劇を口を極めて褒め称えた。中日文化の共通性や類似性によって、観衆はいっそう容易に上演中に発する情報をも理解し、共感を抱いた。

一九九九年七月八日から十一月二十一日まで、「日中文化友好年」記念活動として、日本側は中国で各種各様の文化交流活動を展開した。たとえば、日本建築写真展、活け花の実演と講習会、一九九〇年代の代表的な日本映画の上映、沖縄の民謡と舞踊の公演などである。劇団四季は中央戯劇学院と北京で『美女と野獣』の合同公演を行った。この一連の文化交流活動も、同じように中国の観衆に熱烈に歓迎され、好評を博した。

二 「中国文化年」と「日本文化年」

二〇〇二年、中日両国の国交正常化三十周年を記念するために、両国政府はそれぞれ相手国で「中国文化年」と「日本文化年」〔日本では「日本年」「中国年」〕を開催することを決定した。中国側は文化部が取りまとめ、十七の部と委員会からなる組織委員会が結成され、文化部の孫家正部長が主席に就任した。四月初め、ちょうど日本を訪問していた全国人民代表大会常務委員会の李鵬委員長と小泉純一郎首相が日本で行われた中国文化年の開幕式典に出席した。

「中国文化年」の主要な活動としては、中国国家交響楽団、中央民族楽団、少林武術団などが日本を訪問して演奏会や演武の披露を行い、「中日国交正常化三十年の歩み展」、「京劇人形展」などを開催した。「日本文化年」の主要な活動としては、宝塚歌劇団の訪中巡回公演、劇団四季による『蝶々夫人』の訪中公演などが行われた。また、双方が「中日韓青少年サマーキャンプ」、「中日韓テレビクイズ大会」、「中日経済フォーラム」など、豊富多彩な文化交流活動を展開した。

国交正常化三十周年を記念するために、中国国家観光局や日本の国土交通省など、関係部門が共同で開催する「世々代々の友好、中国で会いましょう」をテーマにした大規模な観光友好交流活動が、二〇〇二年九月二十一日に北京の人民大会堂で開幕した。橋本龍太郎元首相の率いる、四十七都道府県の一万三千八百人あまりからなる私費の観光友好交流団が、この観光友好交流活動に参加した。中日両国の民間交流史上で最大規模の盛大な行事であった。国務院の銭其琛副総理が日本各界の人々の中国訪問に対して歓迎の意を表明し、「中日両国には二千余年の友好交流の伝統があり、中日国交正常化してから三十年、両国関係は大きな発展を遂げ、両国人民に大きな利益をもたらした。中日関係の発展の歴程を回顧すると、もっとも重要なことは『歴史を鑑とし、未来に目を向ける』べきだということにほかならない。我々はこの精神に基づきつつ、一歩進めて両国の各領域における友好交流と協力を拡大、深化させ、両国関係の新世紀におけるいっそう健全で安定した発展を推進するよう希望する」と述べた。この友好交流活動は日本では東京を主会場とし、大規模な観光交流活動を展開し、それぞれ東京と大阪で「世々代々の友好、中国で会いましょう」をテーマにした大規模な観光の相談会と説明会を開催するとともに、日本各地で多様な形式の販売促進交流活動を展開した。そして、中国では北京を主会場とし、それぞれ中日友好観光一万人交流会と中日友好一万人の植林活動を展開した。

九月二十二日午前、北京の延慶県八達嶺特区で、中日両国の各界の人々が友誼林記念碑除幕式を挙行した。「中日友好万人友誼林」記念碑は中国の江沢民国家主席が自ら揮毫した。除幕式の終了後、銭其琛副総理、扇千景国土交通相ら政府要員と両国の各界の五千余人が長城の麓で植樹活動に共同参加し、両国人民が平和を愛し、友情の樹木を永遠に枯らせないという共通の希望と願いを表明した。

九月二十二日正午、『NHKのど自慢』が北京展覧館劇場で開催された。『のど自慢』は、日本で非常に人気のあるテレビ番組の一つである。日本以外のアジアの国で初めて開催されたもので、人工衛星を通じて日本の三つのチャンネルで実況中継された。日本の有名歌手の天童よしみ、氷川きよしと中国の歌手の郭峰がゲスト出演して興を盛り上げた。二十五組の中日のアマチュア歌手が決勝に進んだ。

九月二十二日の夜、中日国交正常化三十周年記念友好交流大会が人民大会堂で開催され、江沢民主席、胡錦濤副主席が出席し、橋本龍太郎元首相、扇千景国土交通相、保守党の野田毅党首、自民党の山崎拓幹事長、公明党の冬柴鉄三幹事長、保守党の二階俊博幹事長をはじめ、八十三余人の国会議員の率いる、四十七都道府県の一万三千余人の日本各界の人々が出席した。江沢民主席は大会で中日関係について重要講話を発表し、「中日交流の歴史を総括し、中日友好の前途を展望するとき、もっとも重要なことは『歴史を鑑とし、未来に目を向ける』ことにほかならない。希望に満ちた二十一世紀において、中日両国はいっそう仲よくつきあうべきである。中日両国の子々孫々にわたる平和と友好は、双方の根本的利益に合致している」と強調した。大会は北京市の劉淇市長が司会し、国家観光局の何光暐局長が祝辞を述べ、橋本龍太郎元首相と扇千景国土交通相も祝辞を述べた。橋本龍太郎元首相は祝辞のなかで、「日本は中日国交正常化三十周年の記念活動を非常に重視しており、今回の中国訪問の規模の大きさ、議員数の多さは、日本史上でも初めてのものである。日本各界の人々は日中友好関係を新しい世紀に全面的に発展させるためにいっそう積極的に努力する決意を固めている」と述べた。

九月二十二日の夜、〝日本のブロードウェイ〟といわれている宝塚歌劇団が世紀劇院で公演を行った。前半は中国の民間故事「梁山伯と祝英台」を潤色した日本歌劇『蝶・恋』を上演し、後半は奔放な情熱がみなぎるラテン歌劇『サザンクロス・レビュー・イン・チャイナ』を上演し、そのなかに中国の歌曲と、中国語で唱う日本の歌曲を挿入した。世界の文化芸術を融合した宝塚歌劇に、中国の観衆は惜しみない拍手を送った。

九月二十二日の夜、「中日が手を携え、世紀をともに歩む」ビッグコンサートが北京の工人体育場で開催された。中国の譚詠麟、李玟、孫楠ら有名歌手、日本の谷村新司、浜崎あゆみ、酒井法子らが出演し、中国の多数の若いファンをひきつけた。中日両国の流行歌手が手を携えて催した最大規模の交流活動であった。

この「世々代々の友好、中国で会いましょう」をテーマにした大型観光友好交流活動の参加人数と交流行事の多さは、中日友好交流史上空前のもので、中日友好交流史に重要な一ページを記した。

中日国交正常化三十周年を記念し、中日両国の文化とメディアの交流と協力を強化するために、「日中メディア協力交流成果写真展」と「日中友好芸能フェスティバル」などが二〇〇二年十月東京で開催された。「中日メディア協力交流成果写真展」は中日文化年交流活動における質の高い大規模な交流活動で、非常に影響力のある中日両国の二十余社のマスメディアが参加した。展示された百枚近い貴重な写真は、中日国交正常化後の三十年間に両国がメディアの交流で収めた実り豊かな成果を示すとともに、両国の政府から民間までの、何世代もの友好人士が中日国交正常化のために果たしたたゆまぬ努力と貢献を回顧し、中日両国人民の友情を深め、両国の報道関係者の協力を強化するのに積極的で深遠な意義を有していた。

「相約北京〔北京で会いましょう〕」文化活動は、中華人民共和国文化部、北京市人民政府、国家放送映画テレビ総局が主催し、中国対外文化集団公司、北京市文化局が請け負い、中華民族の文化を発展させ、外国の芸術の精華を取り入れ、国際的な文化交流を促進することを目的とし、広範かつ多様な要素を集めた中国の国家級の大型総合国際芸術祭である。二〇〇〇年の開催以来、数年の蓄積を通じて、中国の国家級の大型総合国際芸術祭とアジア地区最大の春の芸術祭として、「相約北京」はすでに一定の影響力を有する芸術的なブランドになっており、国内外の芸術界に認知されている。そうであるばかりか、さらに中国の政府と指導者にも非常に重視されるとともに、広範なメディアに支持され、多数の演目が中央テレビ、北京テレビによって生中継や録画中継で何回も放映され、国内外の何億人もの視聴者がテレビ画面を通じて「相約北京」のすばらしい番組を楽しんでいる。

第三回「相約北京」文化活動は、ちょうど中日国交正常化三十周年にあたっていたので、多数の日本の芸術団体や有名な芸術家が参加し、二〇〇二年の中日文化年の芸術交流活動に花を添えた。そのうち、この「相約北京」文化活動の重要部分として、「第一回中国現代書道二十人展」、「第四十六回日本現代書道二十人展」、「江蘇文化精品展」、「中日国交正常化三十周年記念——中日作硯・書作品交流展」、「世紀滄桑——北京の今と昔」などの活動は、「相約北京」文化活動に「静」の芸術的魅力を添えた。

三　「中日観光交流年」活動

経済が急激に発展する中国からより多くの観光客を迎え入れるために、日本政府は二〇〇五年八月二十五日に二〇〇六年を「日中観光交流年」とすることを決定した。日本政府はこれを機に小泉首相の靖国神社参拝問題や教科書問題などのために日増しに悪化している日中関係を改善できるよう願った。中国側との協議を経て、中日両国政府の観光主管部門の共同の努力のもと、二〇〇六年は「日中観光交流年」と定められた。

二〇〇六年三月十日、中日観光交流年の開幕式典が東京で行われ、中日観光交流年の開幕を飾った。北側一雄国土交通相、中国国家観光局の張希欽副局長、王毅中国大使らが式典に参加して挨拶をした。北側一雄国土交通相は、「前年、中国を三度訪問し、国家観光局の邵琪偉局長と多くの分野で認識を共有するとともに、二〇〇六年を日中観光交流年とすることを取り決め、友好都市交流を促進し、一歩進んだ協力を展開することについて同意に達した。当面の日中関係のもとで、両国は交流をいっそう必要としている」と述べた。張希欽副局長は、「二〇〇五年は中日両国の観光交流が実り多い成果を収めた一年であった（統計によれば、同年に約三百四十万人の日本人が中国を訪れ、約六十万人の中国人が日本を訪れた）。両国政府が極めて重視するもとで、両国の観光交流には洋々たる前途が広がっている」と述べ、さらに、「中日両国が観光業を発展させるのには四つの有利な条件がある、すなわち、第一に地理的条件にとくに恵まれ、文化の共通性がいたるところに見られ、民間交流が古く長いことである。第二に両国政府が非常に重視し、引き続き全面的に観光協力を強めていることである。第三に両国の観光の双方向交流がすでに堅実な基礎を固めていることである。第四に緊密で牢固とした経済貿易の絆が両国の観光交流のためにルートを拡大していることである」と指摘した。王毅大使は挨拶のなかで、中日両国の民間友好の強化に対する観光の役割を強調した。両国の関係要員は式典で、中日観光交流年の活動計画と観光を促進する措置を紹介した。

中日観光交流年の活動において、中国側は販売促進、人員交流をテーマとし、国家観光局と各地の観光局が先頭に立って、南京、河南、大連、北京、貴州などで中日観光交流年に関する六十あまりのイベントを開催した。そのなかには、セミナー、文化・スポーツ交流活動の開催、研修・視察、中日観光業者の交流の推進、メディアの相互招請、観光説明会と写真展の開催、展示による販売促進などがある。

二〇〇六年十月二十一日、中日観光交流年の重要な活動として、第三回東アジア国際観光博覧会のメイン・イベントである中日観光資源交流展が大連の星海コンベンションセンターで開幕した。この中日観光資源交流展は展示面積が二千平方メートル、出展者が百二に上り、日本の観光業界の航空会社、旅行社、ホテルをはじめ、各地の観光団体が出展した。三日間の会期中に、日本の出展者は相次いで茶道、人工知能ロボットの競技の実演などを行い、日本の風景写真などの資料を展示し、中国の観光業界関係者の大きな注目を集めた。

二〇〇七年三月十六日の夜、中日観光交流年の閉幕式が広州の花園酒店で盛大に行われた。中国の国家観光局、日本の国土交通省、広東省人民政府の共催で、国家観光局の邵琪偉局長、冬柴鉄三国土交通相、広東省人民政府の雷于藍副省長が出席して挨拶し、中日両国の観光、航空、文化、報道など各界の人々あわせて五百五十余人が参加した。邵琪偉局長はＪＴＢグループの佐々木隆社長に二〇〇六年度の「中国観光金賞」を授与した。

両国政府の強力なサポートのもと、中国の国家観光局と日本の国土交通省が共同で提唱した「中日観光交流年」は、日本で行われた開幕式、両国の観光部門のハイレベル会談、中日韓三カ国の観光主管大臣会議、両国の大型販売促進団の相互訪問、中日青少年の教育交流など内容豊富な活動を経て、十分な成功を収め、両国の観光部門が掲げた「共通の利益に立脚し、未来に着目し、中日の観光交流事業を発展させる」という目標を実現した。中日観光交流年の開催は、両国の観光業の発展を最大限に推進した。関連するデータによれば、二〇〇七年に中国を訪れた日本人観光客はのべ四百万人を突破し、増加率は一〇％以上を維持し、それと同時に、日本を訪れた中国人観光客も同一歩調で力強く増加し、二〇〇七年にはのべ百万人を超えた。すなわち、中日両国の観光交流総人数はのべ五百万人前後に達したのである。

中日観光交流年の開催は、中日両国の観光業界の相互交流と協力と発展を深めるための絶好の機会を提供し、中日両国の友誼と文化交流を促進することを目的とする壮挙でもあった。観光は平和の使者、友情の橋であり、両国の観光交流の規模がたえず拡大し、協力分野がたえず拡大するのにともない、両国人民の相互理解は必ずたえず深まり、友好的な感情も必ずたえず深まるであろう。

四　「中日文化・スポーツ交流年」活動

二〇〇七年は、中日国交正常化三十五周年にあたっていた。二〇〇六年〔十月〕に安倍晋三首相が中国を訪問したときに、両国の指導者は二〇〇七年を「中日文化・スポーツ交流年」と定め、一連の記念交流活動を展開し、中日両国人民の相互理解を増進することを決定した。

この活動では、文化部が外交部、国家体育総局、国家放送映画テレビ総局、国家観光局、国務院新聞弁公室、共産主義青年団中央委員会など七つの部や委員会と共同で中日文化・スポーツ交流年中国組織委員会を結成し、文化部の孫家正部長が主席に就任した。そして、日本側の日中文化・スポーツ交流年実行委員会も二〇〇六年十二月に結成され、日本経済団体連合会の御手洗冨士夫会長が委員長、森喜朗元首相が最高顧問に就任した。

この文化スポーツ交流年の一年間の活動は三百余種にも上り、文化、芸術、スポーツ、観光、メディア、映画・テレビ、青少年交流など多数の分野を含んでいた。

中日文化スポーツ交流年のロゴマークは中国と日本の英語の頭文字の「C」と「J」を組み合わせたハート形で、「中日交流の心」を意味し、キャッチフレーズは「期待を未来へつなげよう」で、中日関係の発展を両国国民が心から期待し、その気持ちが両国の新たな未来を創造し、両国の国民、ひいてはアジアや全世界に幸せをもたらすことを意味していた。

二〇〇七年三月十二日、日本側が主催する「日中文化・スポーツ交流年」開幕式が北京の日本大使館で行われた。三月十三日、「日中スーパーライブ　ｉｎ 北京」が北京で開催され、後藤真希、中孝介、平原綾香、Ｗ‐ｉｎｄｓと中国の紀敏佳、韓雪が北京展覧館劇場で首都の二千余名の観衆に情熱に満ち溢れたパフォーマンスを見せ、「中日文化・スポーツ交流年」の幕が切って落とされた。三月十七日、日本の文化庁と中国の国家放送映画テレビ総局が共催する日本映画祭が開幕し、その日の夜、日本映画『ＨＩＮＯＫＩＯ　ヒノキオ』が上映された。上映の前に、秋山貴彦監督と主演の多部未華子が映画ファンに撮影過程と関連情報を紹介した。三月十八日、中日文化・スポーツ交流年活動の一つとして、「劇団銅鑼」が『センポ・スギハァラ』公演を北京の海淀劇院で行った。この芝居は、第二次大戦中に日本の外交官の杉原千畝がナチスに追われ虐殺されるユダヤ人を救った実話を基にしたものである。

二〇〇七年四月十日、世界華商大会・中華年組織委員会主催による「日本中華年」活動のイベントの一つ、「春の音」音楽会が東京で開催され、海部俊樹元首相、日中協会の野田毅会長をはじめ、千人以上の日本人、華僑・華人が鑑賞した。在日華人の芸術家で、「京胡の第一人者」と称えられている呉汝俊が東京フィルハーモニー交響楽団と共演し、『三国志』組曲をはじめ、軽音楽の『夢』、『夢郷』、『恋慕』、『虹』などを演奏した。「日本中華年」活動は「春の音」、「春の旅」、「春の色」の三つのイベントからなり、音楽の魅力を楽しむ「春の音」のほかに、「春の旅」では中国人を日本の観光地に案内し、「春の色」では東京で呉氏三代（呉瀛、呉祖光、呉歓）の書画展を開催した。

二〇〇七年四月十二日、中日文化・スポーツ交流年の中国側の開幕式が東京で開催され、国務院の温家宝総理と安倍晋三首相が出席した。両国の指導者は挨拶で、文化は両国を結ぶ絆であり、文化交流の強化は両国の友好関係の発展を促進するのに役立つと一致して表明した。温家宝総理は、「中日両国の二千余年にわたる友好交流の歴史のなかで、我々を固く結びつける二本の絆がある。一つは経済の絆で、一つは文化の絆である。文化は魂の言葉であり、芸術は感情を伝える。文化と芸術が両国人民の心と感情を結ぶ架け橋となっている。中日文化・スポーツ交流年は両国政府が定めた重要な文化交流活動であり、両国人民の相互理解をいっそう深め、友情の種を播くであろう」と述べた。安倍晋三首相は挨拶で、「日中両国には長い歴史があり、ともに歴史と文化を重んじている。中日国交正常化三十五周年という歴史的意義のある年を記念するために、日中両国政府は日中文化・スポーツ交流年の開催を決定したが、この催しによって両国人民の相互理解が増進されるであろう」と述べた。挨拶の後、両国の指導者と一千余名の各界の人々は日本の国立劇場で中国の民間芸術家が携えてきた中国の無形文化遺産の特別公演『守望家園（故郷を見守る）』を鑑賞した。中国側の芸術家は、ユネスコの「人類の口承及び無形遺産の傑作の宣言」に登録された演目——古琴、昆曲、新疆ウイグルの木卡姆芸術、蒙古の長調民歌をはじめ、中国第一期国家級無形文化遺産に登録された演目を演奏した。斬新な演奏形式は、日本に観衆に千年にわたる中国の芸術絵巻を披露した。中国の伝統芸能の真に迫ったパフォーマンスは、すべての観衆に感銘を与え、中華文明と中国人民の精神生活に対する日本人民の理解をも深めた。

二〇〇七年七月十四日、大型武術公演『少林寺伝説』が中日国交正常化三十五周年を記念する重要なイベントの一つとして東京で初めて上演された。四十五分間にわたる公演は少林功夫《カンフー》の絶技をつなぎあわせて一つのストーリーにまとめている。「十三棍僧、唐王を救う」、「山門を打って出る」などの少林寺の伝説によって、日本の観衆は少林の武功を味わうと同時に、少林寺の豊富な文化をいっそう深く理解した。妙技である硬気功「銀槍刺喉」は少林カンフーの豊かさと深さを感じさせ、杭渡りでは少林武功の驚くべきバランスの技巧を見せた。さらに、出演者と観衆の双方向の交流を実現し、舞台上の音楽、歌舞、照明と少林カンフーが融合して一体化し、極めて大きな芸術的な満足感をもたらし、日本各界の観客を喜ばせた。この武術公演は、河南省テレビと日本のフジテレビが共催し、「人民日報」海外版、河南省対外友好協会、北京アジア・スポーツ文化交流センターが後援した。公演はあわせて五十二日間行われ、約四百万人の観衆がさまざまな形式で鑑賞し、中日文化・スポーツ交流年で期間が最長、規模が最大の活動でもあった。公演の延長として、二〇〇七年八月中旬、東京でさらに日中韓格闘技大会が開催され、五人の中国の民間の格闘技の名手が日韓の民間の名手と技を競い、武によって友と交わった。

二〇〇七年十一月十八日、「中日文化・スポーツ交流年」の中国側の閉幕式が東京国際フォーラムのホールで行われ、二千名あまりの中日各界の友好人士、日本の小中学校の教師と児童・生徒、中国人留学生の代表が出席し、中国の崔天凱中国大使が温家宝総理の祝辞を代読した。祝辞は、「この一年、『中日文化・スポーツ交流年』は三百近い豊富多彩な活動を行い、両国人民の相互理解を大いに深めた。文化とスポーツの交流はゆっくり流れる渓流のように人々の心を潤わせ、人民の心のなかに根づいた友情の木をいつまでも枯れさせない」、「『中日文化・スポーツ交流年』の開催は、両国政府が中日友好と協力を深めるためにとった重要な措置であり、その成功は両国人民の交流のなかで重要な一ページを記した。『中日文化・スポーツ交流年』には期限があるが、両国人民の交流は永遠に中断しないであろう。私は心から両国人民が密接に交流し、友情を受け継ぎ、中日の戦略的互恵関係を推進するために新たに寄与するよう希望する」と述べていた。日本の岩城光英内閣官房副長官が福田康夫首相の祝辞を代読した。その祝辞は、「目下、日中両国はまさに戦略的互恵関係の構築を目標とし、アジアと世界の平和、安定、発展のためにさまざまな分野の協力を展開しつつあるので、両国人民の間の交流と相互関係を強化することが極めて重要である。文化・スポーツ交流年は両国人民、とりわけ青少年のために交流の機会を提供することによって、両国人民の相互理解を大いに深めた」と述べ、このすばらしい勢いが継続するよう希望した。中国文化部の副部長が「交流年」中国側組織委員会を代表して挨拶し、中日国交正常化三十五周年にあたって、中日双方が相互に「文化・スポーツ交流年」を開催し、大きな成果を収め、深い影響を与えたと述べた。閉幕式で、中国側組織委員会はさらに「日中文化・スポーツ交流年日本側実行委員会」の御手洗冨士夫委員長と日中文化交流協会に「文化交流貢献賞」を授与した。ついで、中国青少年芸術団がバラエティーに富む公演を行った。

五　「中日青少年友好交流年」活動

「中日平和友好条約」締結三十周年を記念し、中日関係の改善と発展の勢いを推進するために、二〇〇七年十一月二十日、温家宝国務院総理と福田康夫首相がシンガポールで会談した際、二〇〇八年を「中日青少年友好交流年」とすることを決定した。これは、二〇〇七年の「中日文化・スポーツ交流年」と中日国交正常化三十五周年に続いて、両国の国民感情をいっそう深め、両国で友好事業の後継者を育てることを目的とした重要な交流活動であった。

二〇〇七年十二月二十八日、中日両国政府は福田康夫首相の中国訪問中に『中日青少年友好交流年』の活動に関する覚書」に共同署名した。「覚書」は、両国が文化、学術、環境保護、科学技術、メディア、映画・テレビ、観光などの分野で、一連の青少年の交流活動を進めることを明確にした。

中国政府は中華全国青年連合会を「交流年」活動の中国側の実施窓口団体に指定するとともに、中華全国青年連合会など十四団体からなる中国側の組織委員会を結成した。日本側の窓口機関は外務省であった。

「中国青少年友好交流年」の活動の最初のハイライトとして、新日中友好二十一世紀委員会の小林陽太郎日本側座長を最高顧問とし、外務省の宇野治政務官を総団長とする日本青少年「友好の使者」代表団の一千名が、中国政府の招請に応じて、日本政府に派遣されて、二〇〇八年三月十日から十六日にかけて、中国を訪問し、中日双方が北京で開催した「中日青少年友好交流年」開幕式に出席した。日本青少年代表団は六組に分かれ、それぞれ上海、重慶、広州、成都、杭州、瀋陽、大連などを訪れるなかで、十四日にはそれぞれ北京に到着した。代表団は若い国会議員、中・高校生、大学生、公務員、会社員、報道記者など日本各界の青年からなり、日本の各地や各業界から選ばれ、広範な代表性を具えていた。

三月十五日午後、中国人民大学の世紀館で「二〇〇八中日青少年友好交流年」開幕式が開催され、二千八名の中日両国の青少年が集い、多種多様な交流活動を展開した。午後二時すぎ、胡錦濤国家主席が中国人民大学にやってきて、世紀館の貴賓室で日本代表団の一部のメンバーと会見し、中国政府を代表し、はるばるやって来た日本の青少年に心から歓迎の意を表した。そして、日本代表団の小林陽太郎最高顧問は胡錦濤主席に福田康夫首相の親書を手渡した。温家宝総理と福田康夫首相がそれぞれ開幕式に祝辞を寄せた。開幕式で、「交流年」中国側組織委員会主席である中国共産主義青年団中央書記処の胡春華第一書記と、日本代表団最高顧問である新日中友好二十一世紀委員会の小林陽太郎座長がそれぞれ挨拶し、中日双方の青年代表が共同で交流年のロゴマークの除幕を行った。

二〇〇八年五月八日、中日青少年友好交流年の日本側開幕式が東京の早稲田大学で開催され、中国の胡錦濤国家主席と福田康夫首相、中曽根康弘元首相が出席した。胡錦濤主席は開幕式で挨拶し、早稲田大学で両国の青少年が再び集い、中日青少年友好交流年の日本での開幕をともに祝うことができて非常にうれしいと表明し、中国政府と人民を代表して、両国の青少年に心からの挨拶を述べた。さらに、「青少年は青春と活力を象徴し、希望と未来を代表している。中日の世々代々にわたる友好はつまるところ両国人民の友好に依拠しなければならず、両国人民の世々代々の友好はつまるところ両国の青少年が始めなければならない。両国の青少年がしっかり手を携え、互いに学びあい、互いに教訓を汲みあい、交流し、信頼しあい、中日友好の崇高な使命を自覚して担うよう心から希望している。ともに努力し、中日友好の種を広く播き、中日友好の旗を代々伝えてほしい」と述べた。福田康夫首相は挨拶で、「日中青少年友好交流年の日本側の開幕式がここで開催されることは、両国の青少年の友好交流の歴史の新たな一ページがめくられることを示している。青少年の友好交流を強化することについては胡錦濤主席と共通の認識に達している。本日の開幕式が両国の青少年の豊富多彩な交流活動の端緒になるよう希望するとともに、これらの友好交流活動が両国の人民の理解を増進し、長期にわたる友好の絆になってほしい」と述べた。中曽根康弘元首相は挨拶で、胡錦濤主席と福田康夫首相が調印した『「戦略的互恵関係」の包括的推進に関する中日共同声明』を高く評価し、胡錦濤主席の日本公式訪問は両国関係の長期にわたる健全かつ安定した発展を促す重要な役割を果たすだろうと指摘し、「両国が青少年の友好交流活動を行うことは、両国人民が理解を深め、長期友好協力を促進するのに役立つ。日中両国は強みで互いに補いあい、協力を強化し、すばらしい未来をともに切り拓くべきである」と指摘した。挨拶の後、胡錦濤主席と福田康夫首相、中曽根康弘元首相は中日両国青年の演ずる演目を鑑賞した。開幕式の終了後、胡錦濤主席と福田康夫首相は早稲田大学の国際交流センターに移動し、中日の青年と交流した。さらに、胡錦濤主席は卓球選手の王楠、福原愛と友好試合をした。

青少年の交流は、中日の交流のなかで特殊な役割を果たしている。一九八四年〔九―十月〕、三千人の日本各界の青年が招請に応じて中国を訪問するとともに、中国の青年と盛大な規模の「中日青年友好交流」活動を行った〔一九八三年十一月、来日した中国共産党の胡耀邦総書記が「中日友好二十一世紀委員会」の設置とともに行った提案に基づく〕。この活動は両国の青年のなかに積極的に中日友好事業のために奮闘する中核となる人材を多数育成し、それらの青年は現在でも各自の持ち場で活躍し、両国の友好交流事業のために積極的な役割を発揮している。二〇〇八年、中日の青少年交流は再び新しい階段を上った。中日関係の鍵は青少年の手に握られているので、青少年の交流を拡大し、双方の理解を強化して、中日関係の長期にわたる友好の基礎を築くべきである。

9　多彩な文化芸術公演交流

黄大慧　厳媛　賈莎莎

文化交流は人と人との間の感情と思想の相互感応と疎通をもたらすことができ、友好的な感情を奮い立たせることができる。中日両国の芸術交流は古代に初めて美しい輝きを発し、両国の経済と社会の発展を促した。近代以後に戦火の洗礼を経た両国の間で、中日の文化交流は人心をしっかり摑み、二国間関係を発展させる機会を生み出し、国交正常化の実現を推進し、両国人民の友好関係の発展と強化のために貢献した。

「中日平和友好条約」の締結後、両国の文化芸術公演交流はいっそう急速な発展の軌道を歩むようになった。一九七九年十二月六日、両国は「文化交流の促進のための中華人民共和国政府と日本国政府との間の協定」を締結し、両国の文化、教育、学術、スポーツなどの交流を発展させるという目標を定め、中日両国の文化交流に指針と保証を与えたので、両国の文化芸術交流は徐々に新たな繁栄時代を迎えるに至った。両国の文化芸術公演交流は主に演劇、歌舞、戯曲など舞台公演から始まり、中日両国の各レベルの芸能団体や個人が相次いで加わってきた。

この交流と理解の過程で、中日それぞれの伝統芸能がその異彩を放ち、人々は讃嘆してやまなかった。京劇、秦腔〔陝西・甘粛一帯の民謡から発展した芝居〕と歌舞伎、狂言、能楽は彩りに満ち、両国が相異なる形式を採用して協力、上演した演目もあり、両国の芸術家と人民の創造性と開拓精神が両国の芸術を完璧に融合させた。芸術には国境がなく、中日の文化芸術公演交流はまさに清泉のようであり、その奔流が両国の交流の過程で独特のやりかたで相互理解を増進し、堅い氷を融かし、両国の友好の進展を促進した。

一　代表的な文化芸術公演交流

1.「バレエ外交」——松山バレエ団の中国公演

清水正夫と松山樹子が一九四八年一月に創立した松山バレエ団は、日本で非常に有名なバレエ団の一つである。創立した日から、「古典バレエの公演」と「民族的特色の溢れるバレエの創作」という二大目的を柱として活動を展開し、多数の傑出したバレエ作品を創作し、日本国内だけに限られず、つねに海外公演を行ってきた。

松山バレエ団の創作、上演した、外国の故事を題材にした最初の大型バレエ劇こそ中国映画『白毛女』を基にしたものであり、松山バレエ団は世界で初めて『白毛女』をバレエに潤色した芸術団体でもある。松山バレエ団は長期にわたって中日両国の文化交流と友好関係の発展を促進することに努め、中日がまだ国交を樹立していない一九五八年に、妨害をものともせず、中国を訪問してバレエ『白毛女』を上演した。一九五八年から二〇〇三年には十二回にわたって訪中公演を行い、中日両国の文化交流のために精彩に富む記録を残し、感動的な「バレエ外交」の歴史をも展開してきた。

新中国成立後、中日の民間関係を切り拓くために、中国は積極的、主導的に両国の人的交流に努めた。帆足計、高良とみ両参議院議員と宮腰喜助衆議院議員が招請に応じて一九五二年五月に北京を訪問した。新中国の成立後に最初に訪中した日本人の国会議員であり、北京で中国国際貿易促進委員会と最初の日中民間貿易協定に調印した。この協定の調印の過程で、予想外の〝エピソード〟があった。国務院の周恩来総理と会ったときに、三人の国会議員は中日の文化交流に役立つ作品を日本に紹介してほしいと希望した。日本国民に新中国の文化の現状を理解してもらうよう、周恩来総理は映画『白毛女』のフィルムを三人に贈呈した。帆足計は帰国後、日中友好協会を通じて日本各地で『白毛女』の上映会を開催し、清水正夫はまさにこの映画の日本最初の観衆の一人であった。主役の喜児は地主の陵辱と圧迫に耐えることができず、深山に逃げ込み、危険と困難にさらされながらも生き続け、ついに困難と危険を克服し、解放と心から愛する人々と団欒する日を迎える。圧迫された人民が力を振りしぼって解放を勝ち取る映画を見て、清水正夫は深く感動し、しかも喜児の髪の毛が一夜で黒から白に変わってしまうドラマチックな効果に、さらに創作のインスピレーションをかき立てられた。こうして、松山樹子が映画のシナリオを潤色するとともに自ら喜児を演ずることを決意し、中国の故事を日本のバレエの舞台に移すことに取りかかった。

一九五三年の年末、中国戯劇家協会の田漢主席の援助のもと、清水正夫はオペラ『白毛女』のシナリオ、楽譜、舞台写真などより詳しい資料を入手した。一九五四年、東京の未来社がオペラ『白毛女』の台本と楽譜を収録した『白毛女』（訳者は坂井照子、島田政雄ほか）を出版した。日本の作曲家の林光がオペラ『白毛女』の楽譜を参考にして、バレエ『白毛女』の音楽を作曲した。中国のオリジナルの風格に基づいて、清水正夫・松山樹子夫妻はバレエ特有の舞台装置を付け加え、喜児を演ずる松山樹子は肌にじかに身に着ける銀灰色の舞台衣裳をデザインし、鋸の歯のようにぎざぎざに切った形でぼろぼろの着衣を表し、中国のオペラの喜児がだぶだぶの綿入れズボンを穿いているのを改善した。中国の映画が使っていた灰白色の鬘は、舞台上の美観を考慮し、松山樹子が銀白色の鬘に取って代えた。一九五五年二月十二日、日本のバレエ『白毛女』が東京の日比谷公会堂の舞台で誕生した。公演は大成功し、観客に大きな感動を与えた。中日両国がまだ国交を正常化していない状況のもとで、国内の多くの保守勢力の圧力に直面しつつ、松山バレエ団が中国の『白毛女』を上演するのは確かに容易なことではなかった。

一九五五年七月、松山樹子は招請に応じて中国を訪問した。歓迎宴で、周恩来総理は、「白毛女が里帰りした」と述べるとともに、とくに中国のオペラで白毛女を演じた王昆と映画で白毛女を演じた田華を招いてこの会見に参加させた。中国の「白毛女」の援助のもとで、松山樹子は自分たちの『白毛女』を大幅に改訂した。中日の三人の俳優は楽しく一堂に会し、中日の芸術交流史上に美談を添えた。

一九五八年三月、松山バレエ団の一行四十六人が、周恩来総理の招請に応じて二カ月にわたる第一回訪中公演を行った。あわせて二十八回、北京、重慶、武漢、上海などで『白毛女』、『くるみ割り人形』などを上演し、至るところで、中国の観衆の熱烈な歓迎を受け、大きな反響を引き起こした。

一九六四年九月から十二月、松山バレエ団の一行五十名が第二回訪中公演を行った。三十八回の公演を行い、日本を主題とするバレエを上演した。毛沢東主席、周恩来総理、朱徳委員長ら国家の指導者が人民大会堂で公演を鑑賞するとともに、出演者全員と会見した。その後、中国の上海舞踏学校の教師と学生がバレエ『白毛女』の潤色に取りかかったが、松山バレエ団の生み出した新機軸は、西洋のバレエを中国の芸術にいかに結びつけるか探求していた中国の芸術家の目を開かせた。

一九七一年九月から十二月、松山バレエ団の五十七人の団員が第三回訪中公演で三十八回の公演を行い、北京、西安、延安などで『白毛女』、『ベトナムの少女』、『沖縄の五人娘』を上演した。

一九七八年、清水正夫を団長とする松山バレエ団が北京、上海、杭州、昆明、成都、西安、大同などでクラシックバレエ『コッペリア』をはじめ、『白鳥の湖』などを上演した。訪中公演は十一月に終了した。人民大会堂でのレセプションで、一九四五年に延安で初演したオペラ『白毛女』で喜児を演じた王昆、一九五〇年に長春で誕生した映画『白毛女』で喜児を演じた田華が松山樹子、森下洋子両名と会い、中日両国の『白毛女』が再会し、鄧穎超副委員長も出席して祝った。

一九八四年、松山バレエ団は北京、瀋陽などで『ジゼル』、『白鳥の湖』第二幕、『ドン・キホーテ』の公演を行った。さらに一九九二年に北京、上海で『くるみ割り人形』と『シンデレラ』を上演し、一九九六年に上海国際芸術祭に参加し、『くるみ割り人形』を上演した。二〇〇三年〔十月〕、「日中平和友好条約」締結二十五周年を記念して、松山バレエ団は北京、上海で新版『白鳥の湖』を上演した。清水哲太郎総代表がオリジナルを新たに潤色し、森下洋子が主演し、その舞いの美しさ、照明、衣裳、巧妙に編曲した音楽、出演者たちの卓越した演技と影響力は華麗で清新で、それを観る者、聴く者に楽しみをもたらした。

五十年前、松山バレエ団の『白毛女』は日本と中国でセンセーションを巻き起こし、中日友好の橋を架けた。五十年後の二〇〇四年十月、清水正夫と松山樹子は中国文化部から「文化交流貢献賞」を授与された。同賞は中国政府が内外文化交流で傑出した貢献をした外国の友人に授与する最高の褒賞である。十二月二十八日、定期公演で受賞を祝って、松山バレエ団は久しく御無沙汰をしていたバレエ『白毛女』を再び舞台に載せ、観衆の強烈な反響を引き起こした。

二〇〇八年五月八日、胡錦濤国家主席は日本訪問の忙しい日程のなかで松山バレエ団に足を伸ばして、清水正夫の一家を訪ね、「清水正夫さんは長年にわたって中日友好事業に携わってきた先達であり、松山バレエ団は世界的に有名バレエ団です。半世紀にわたって、あなたがたは中日友好の信念を堅持し、積極的に両国の文化交流を促進し、両国人民の相互理解と友情を深めるために独自の役割を果たされた」と述べた。胡錦濤主席の来訪を歓迎するために、松山バレエ団は歓迎の場に大判の貴重な写真を数多く掲げ、中国との友好の歴史を紹介していた。照明のもと、「黄河大合唱」の高揚した調べが奏でられるなか、赤い中国服に身を包んだ森下洋子がバレエダンサーを率いて優美な舞いを披露し、さらに感激の気持ちを胸いっぱいに周恩来総理の「雨中嵐山」を朗誦した。日本の芸術家がバレエの言葉で中国人民に対する真摯な気持ちを表し、その場に居合わせた人々を大きく感動させた。

清水正夫は著書『バレエ『白毛女』はるかな旅をゆく』で、「私は永遠に日本と中国の間に橋を架けるためにずっと努力していきたい」と述べている。松山バレエ団が『白毛女』のために支払った努力は、中国の人民革命に対する日本の芸術界の理解と支持であり、中国人民に対する友好的な感情を表している。中日関係に摩擦と不快が生じたときに、我々は彼ら中日友好の先行者たちが両国人民の友好交流に支払った努力と貢献を思い起こし、友好と平和の絆を堅持、維持すべきである。

2. 中国の京劇の日本公演

民族文化の特色を具えた芸術の公演は中日両国の文化芸術公演交流において重要な影響力をもち、公演という形式を通じて自国の民族文化の特色を相手国の観衆と人民に伝え、その過程で徐々に国外に向けて自国の伝統文化の意味を知らせ、理解と意思疎通を深めるという非常にすばらしい役割を果たしている。

京劇は中国の国粋であり、中国の民族文化を代表する象徴であり、また、中日両国の文化交流の重要な分野であり、日本でも多数の愛好者がいる。梅蘭芳は「四大女形」のトップを極めた京劇の大家で、日本で三回公演を行い、率先して京劇を日本人民に紹介した。一九一九年四月、日本初公演を行い、日本の観衆は初めて京劇の芸術的魅力に触れた。一九二四年、日本で関東大震災が発生すると、日本人民の復興事業を支援するために、再び劇団を率いて日本に赴き慈善公演を行った。日本の歌舞伎役者と舞台に上がって芸を披露し、東京で十五回公演を行い、大阪でも五回公演を行い、その収益はすべて被災地に寄付した。一九五六年、六十二歳の梅蘭芳は中日友好を促進するために、再び劇団を率いて日本を訪問した。このときはは梅派京劇の後継者である息子の梅葆玖も同行し、五十三日間に三十二回の巡回公演を行い、非常に大きなセンセーションを巻き起こした。三度の訪日公演の時代背景は毎回大きく異なっていたが、同じように歓迎され、東京から大阪へ、京都から神戸へ、どこへ行っても「梅蘭芳ブーム」を巻き起こした。

中日国交正常化の後、とくに中国の改革開放後、中国の京劇団の訪日公演はいっそう頻繁になった。一九八二年の四月六日から六月四日まで、北京京劇団が日中芸協の招請に応じて訪日し、東京、大阪、名古屋、広島、札幌、神戸など二十一の都市で公演を行い、『白蛇伝』、『十八羅漢闘悟空』、『覇王別姫』、『虹橋贈珠』、『金銭豹』、『三岔口』などを三十余回上演した。同年の九月四日から十月九日まで、中国京劇団（山東京劇団）が招請に応じて訪日し、東京、水戸、京都など八都市で公演を行い、『孫悟空大鬧乾坤』、『鍘美案』、『双下山』、『鋸大缸』などを上演した。

一九八四年三月、北京京劇院三団が日中芸協の招請に応じて訪日し、東京、大阪など二十一の都市で三十七回公演を行い、『無底洞』、『貴妃酔酒』、『真贋孫悟空』、『盗仙草』、『大登殿』、『三借芭蕉扇』などを上演した。

一九九九年一月、民主音楽協会の招請に応じて、中国京劇団が『覇王別姫』、『三岔口』、『借東風』など京劇の古典を携えて訪日し、二カ月間に四十回の公演を行った。その足跡は東京、大阪、京都、名古屋、福岡、札幌、沖縄などに及び、八万人の観客を動員した。公演会場はいずれも満員で、熱烈な雰囲気に包まれ、拍手が鳴りやまなかった。

二〇〇一年九月、梅蘭芳逝去四十周年の際、梅葆玖は梅蘭芳京劇団を率いて日本を訪れ、父親の往年の足跡をたどり、九日から十五日まで、東京の国立劇場で七回公演を行った。

二〇〇二年二月、民主音楽協会の招請に応じて、中国京劇院訪日団の一行四十五人が三ヵ月にわたって訪日公演を行った。その行程は一万八千四百キロに達し、四十七都市を訪れ、八十回の公演を行い、のべ十七万人の観客を動員した。今回は、『水滸伝』中の『扈家荘』、『白蛇伝』中の『盗仙草』など、中国の伝統的な古典を基にした演目を上演した。上演のあいまには、つねに観客が舞台裏で献花や撮影を行い、資料や楽器を携えて団員と顔をあわせて交流する京劇ファンもいた。

二〇〇二年二月、中日国交正常化三十周年を記念するために、京劇の大家の梅蘭芳の後継者である梅葆玖と能楽の大家の桜間真理が共演する京劇と能の『楊貴妃』が東京芸術劇場で初演され、観客から熱烈に歓迎され、定員二千余人の会場は満席になった。この公演で、中日両国の芸術家はそれぞれの独自の様式で演じ、日本の観客は非常に大きな関心を寄せ、その卓越した演技に熱烈な拍手を送った。

二〇〇六年六月、民主音楽協会の招請に応じて、東京、大阪、京都など、一都二府二十六県の三十八都市で、中国京劇院三団が諸葛亮の生涯を描いた新作京劇『三国志——諸葛孔明』の巡回公演を行った。六十八回の公演を行い、のべ十四万人の観客を動員した。三国志の故事は日本で広く知られており、とりわけ諸葛亮は日本人に人気がある。今回の巡回公演では、「三顧の礼」、「空城の計」、「長坂坡」、「赤壁の戦い」、「五丈原」など、ハイライトシーンと古典的な唱の場を選んで上演した。創価学会名誉会長で、民主音楽協会の創立者の池田大作は公演を見終わった後、高く評価するとともに、中国側の主要な責任者と出演者にメダルを授与して中日文化交流に果たした貢献を顕彰した。最終公演の終了後、日本側の主催者は劇場に「文化の使者に感謝す　中日子々孫々の友好」という横断幕を掲げた。

二〇〇七年十月三十日から三十一日、中日国交正常化三十五周年と「日中文化・スポーツ交流年」の記念活動の一つとして、中国の有名な京劇『覇王別姫』が東京のよみうりホールで上演され、中国大使館の張愛平公使兼参事官と文化処の要員が招待に応じて三十一日の午後の公演を鑑賞した。出演者はすべて在日華人で、中国京劇院の武生〔立ち回りを主とする男役〕として有名な張紹成が企画、演出し、とくに大連京劇院、北方昆曲劇院、四川省の巴蜀芸術院が招請に応じて来日し、同じ舞台で演目を披露した。

中国京劇院の日本公演のほかに、とくに言及に値すべきは中日両国の演劇界の芸術上の協力である。一九八九年三月四日、中国の京劇俳優と日本の歌舞伎俳優が東京の銀座で初めてスーパー歌舞伎・京劇『リュウオー（龍王）』の合同公演を行い、収容人員一千四百余人の会場〔新橋演舞場〕は満席であった。台本を担当したのは中国京劇院の呂瑞明院長と日本の歌舞伎作家の奈河彰輔で、中国の有名俳優の李光（哪吒に扮する）と日本の市川猿之助（海幸彦に扮する）が主演し、共演者は中国側俳優が約六十人、日本側俳優が約百人で、裏方を含めるとあわせて約二百人がこの合同公演に参加した。双方は北京で長時間にわたって苦しい稽古を続け、中国京劇院の俳優が二月中旬に来日した後、緊張したリハーサルを行った。

『リュウオー』は明代の『封神演義』中の「哪吒闹海」と日本の古い伝説を基にし、哪吒と倭国の漁民の海幸彦との間の感動的な友情を描いている。哪吒は海幸彦が凶悪で残忍な龍王を打ち負かすのに手を貸し、後に海幸彦夫婦が神の啓示を受け、村民を守るために自ら進んで生命を犠牲にする哪吒の起死回生に手を貸し、二人は心を一つにして協力して龍王を打ち負かし、中日間の広大な海は再び平和と安寧を取り戻し、二人は永久の友好を誓いあうのである。

それぞれ特色を有するが、節まわしと台詞、仕種、舞台美術などの面で少なからぬ差異のある東洋の二つの伝統芸能は、各自の神髄を展開し、同一の舞台で暗黙の諒解を調和させ、人々に芸術的な感動をもたらした。今回の合同公演は「中日文化交流史上の快挙」と称えられ、中日両国の文化交流史上の一大事であった。

『リュウオー』の成功に引き続いて、中日の演劇界はもう一つの協力を開始した。すなわち、中国の京劇と日本の新制作座の合作による京劇『坂本龍馬』にほかならない。新制作座文化センター理事長の真山美保は、有名な劇作家であった父親の真山青果の歌舞伎の名作『坂本龍馬』を中国の京劇に移植することを提案した。坂本龍馬は明治維新期の歴史的人物で、封建的な対立と正義のない戦争に反対し、列強の侵略に抵抗し、その事蹟は日本では誰もが知っている。一九八九年以来、真山美保は中日の演劇協力というすばらしい希望を実現するために、何回も中国京劇院の呂瑞明院長、有名俳優の李光ら関係者を日本に招待して協議、検討し、京劇へ移植する準備を進めてきた。日本の歴史的人物の形象、生活環境、風習や習俗を中国の舞台に移すことは、まちがいなく巨大な挑戦であるので、中日双方の演劇関係者は力をあわせて協力し、入念に調整を行った。中国の劇作家の呂瑞明が潤色し、有名な京劇俳優の李光、呉鈺璋らが共演した。一九九一年、中国京劇院の『坂本龍馬』チームは日本に赴き、真山美保総監督の指導のもとで稽古を行い、帰国する前に東京で上演し、好評を博した。一九九二年に中日国交正常化二十周年を記念して、『坂本龍馬』は北京で正式に上演され、新制作座が舞台美術の責任を負ったばかりか、入場券の販売にも全力で協力した。この公演は広範な人々に称讃され、さらに中国政府からも「文華賞」を授与された。『坂本龍馬』は中国の京劇が国外の優秀な芸術を吸収するのに成功した試みであり、さらに中日の芸術家たちの創意と努力の結晶であり、中日国交正常化二十周年に対する貴重な祝いの品でもあった。

真山美保は幼いときから父親の平和・反戦思想の影響を受け、中国に関心を寄せてきた。一九五七年春、新劇代表団の一員として中国を訪問したときに、周恩来総理の懇ろな接見を受け、それ以来、周恩来総理と深く厚い友情を結んできた。一九七四年秋、中国人民対外友好協会の招待を受け、初めて新制作座を率いて訪中公演を行い、北京、武漢、上海で二週間にわたって公演し、中国の観客に日本の特色に富む歌舞を紹介した。武漢では、舞台を工場の生産現場まで持ち込み、中国の労働者を感動させた。この訪中巡回公演は、中日文化交流のなかで最初の中国におけるかなり大規模な日本の歌舞の公演であった。一九七七年春、新制作座は再び訪中巡回公演を行い、「文化大革命」後に最初に中国を訪問した日本の芸術団体になった。中国のメディアは、真山美保と新制作座を友情を満載した「平和の使者」と見なしたので、公演は空前の盛況を呈した。

中日両国の演劇界は協力する場合でも、同一舞台上の共演でも、調和のとれたすばらしい芸術作品を披露した。この新境地を切り拓く精神と相互に教訓を得るという姿勢を、先人から引き継いで発展させれば、それは今後の両国の演劇分野の交流・協力のすばらしい典型として、両国の芸術家たちを鼓舞、激励し、新たな協力を成功させるべく邁進することであろう。

3.『鑑真東渡』、友情を語る

一九八〇年の四月二十一日から五月十五日まで、鑑真和上坐像の里帰り巡回展の北京での開幕を祝って、歌舞伎俳優の河原崎長十郎の一行三人が、中央実験話劇〔歌劇である京劇に対して対話で演ずる演劇〕院の招請に応じて、話劇『鑑真東渡』の稽古に協力するとともに、五月五日に政治協商会議全国委員会の講堂で上演した。中国仏教協会の趙朴初会長、日本の唐招提寺の森本長老、河原崎長十郎が一緒に観劇した。

鑑真は日本では誰でも知っているような人物で、鑑真を題材とする作品もたえず世に問われている。小説家の井上靖は長篇小説『天平の甍』（天平は日本の聖武天皇時代の年号である）を執筆し、留学僧の普照、栄叡、玄朗、戒融らが遣唐使として中国に留学し、鑑真和上を日本に招聘する物語を描いた。登場人物はそれぞれ個性的な性格で、あたかも生きているかのようであり、日本でベストセラーになった。一九六四年、河原崎長十郎はこの長篇小説を舞台化した同名の芝居で鑑真を演じたことがある。

鑑真の臨終の前に、弟子が塑像を作った。その塑像は鑑真の強固な意志と物静かな風格を表現した貴重な芸術的傑作であり、日本人民に「国宝」として崇められている。一九八〇年四月、鑑真像は唐招提寺の森本長老の同行のもと「里帰りのために」帰国し、揚州と北京で展示された。鄧小平副総理は、鑑真和上像の里帰り巡回展は「大きな意義をもつ出来事である」と述べた。だからこそ、今回の『鑑真東渡』の北京公演も、中日文化芸術交流史上の美談になったのである。

二〇〇三年の第一回北京国際演劇祭で、日本の前進座がこの中日友好の貴重な歴史を描いた芝居を北京で上演し、中日国交正常化三十周年と鑑真和上の日本渡航の千二百五十周年を記念した。前進座は一九六〇年と一九六六年の二回訪中公演を行ったことがあり、座長兼主演の嵐圭史は、今回の訪中公演は「鑑真の三十九年の夢幻を完了させ、前進座の三十七年の気持ちを継続する」ものだと語り、一九六六年の訪中公演が深情に満ち溢れていたことから説き起こし、「あのときは私はまだ子どもで、劇団で子役を演じたが、当時の情景はいまなお記憶に新しい」と述べた。『天平の甍――鑑真東渡』も嵐圭史の上演にともなって芸術的により完璧なものになっている。彼は、どんな鑑真の劇を北京で上演するつもりかということについて、「前進座の第二代の俳優として、中国を訪問して『天平の甍』上演することは我々が待ち望んでいたものである。この芝居は鑑真の精神を真に日本の観衆に伝えた。そのような精神を中国にもたらせば、中国の観衆にも必ず感銘を与えることができると確信している。鑑真に日本への東渡を要請した五人の若い僧侶にも関心を寄せてほしいし、五人の僧侶がさまざまな運命を有していたことも、この芝居の焦点であり、その意味から〝青春ドラマ〟であるといえる」と語った。

鑑真東渡の故事は、中国でも話劇、テレビドラマなどさまざまな様式に改編されている。一九七〇年代の末、中央実験話劇院は大型話劇『鑑真東渡』を上演し、そのときは田成仁が演出し、有名な趙丹が芸術顧問を担当し、呂復と雷恪生が鑑真を演じ、李法が高弟の思托を演じた。それ以前の話劇の舞台で僧侶を題材とする芝居が上演されることはめったになかったし、それと同時にこの芝居が中日国交に対して積極的な意義をも有していたので、芸術界で非常に大きな反響を巻き起こした。

中日友好のさまざまな場において、唐代の高僧の鑑真の名は話題にのぼるようになっており、鑑真はすでに中日友好の象徴になっている。

4．「中日が手を携え、世紀をともに歩む」コンサート

中日の間には、両国の観衆におおいに歓迎されるコンサートが少なくない。両国の芸術家が披露する感動的ですばらしい楽曲の調べのなかで、抑揚のある美しい歌声のなかで、両国人民は一堂に喜び集まり、平和の貴さと友情の思いやりをともに享受するのである。

二〇〇二年は中日国交正常化三十周年にあたっていた。九月二十二日、中国人民対外友好協会、中国国際友好連絡会、中日友好協会が主催し、中日国交正常化三十周年を記念する「中国文化年」「日本文化年」（日本名は「日本年」「中国年」）の中国側組織委員会と日本側実行委員会が後援する、「中日が手を携え、世紀をともに歩む」ビッグコンサートが北京工人体育場で開催され、五万人あまりが中日双方の芸能人を観賞した。谷村新司、酒井法子、浜崎あゆみ、譚詠麟、李玟、孫楠、零点など中日両国のスター歌手が一堂に会して旧暦八月十六日の夜に歌声で北京の夜空を明るく彩った。

日本側の出場者は多くなかったが、日本の三世代の歌手の代表が含まれていた。浜崎あゆみは日本でもっとも人気のあるスター歌手である。十年あまり前から人気のある酒井法子は中堅芸能人の代表で、一九八〇年代後期の歌謡界では光り輝くスターであった。谷村新司は正真正銘の「歌謡界の常緑樹」で、日本では誰もが知っている歌手で、日本の歌謡界の大御所である。デビューしてから三十年あまり、自ら舞台に立って唱うだけでなく、ほかの歌手のためにも人々に愛唱される多数の作品を作曲している。早くも一九八一年、谷村新司は中国の舞台に立った。北京工人体育場の「Hand in Hand　北京」ビッグコンサートで、中国の音楽ファンと観衆に美しい歌とすばらしいショーを披露した。出演した中国の芸能人のうち、譚詠麟は中国語の歌謡界の重鎮の輝きを代表し、やはり中国歌謡界の「常緑樹」と称えられ、谷村新司とは二十年近い親友であり、互いに尊敬しあっていることは早くから中日歌謡界の美談になっている。人々によく知られている譚詠麟の初期の名曲『遅れた春』は谷村新司の作曲である。李玟は世界の歌謡界に衝撃を与えた中国語歌手の代表であり、孫楠の実力は早くから歌謡ファンには知られていたし、また中国のバンドの代表である零点と新人の劉俊の応援出演もあった。浜崎あゆみと李玟のはじけるようなパワフルなパフォーマンスが会場の雰囲気を盛り上げた。歌謡界からフェードアウトしていく人が多いなか、再び北京にやって来た酒井法子は甘さが昔のままで、とりわけ中国語で唱った『私はあなただけのもの』は、時間を昔に連れ戻したようで、酒井法子も観衆も非常に感動した。「中日が手を携え、世紀をともに歩む」ビッグコンサートは威勢のいい演奏で開幕し、全出場者が一緒に『宝石の心』を唱うなかで終了した。これまで最大の規模、最強の陣容、最高の水準の中日の歌謡曲サミットの一つであった。

二〇〇七年の九月二十九日と十月一日、中日国交正常化三十五周年と中日文化・スポーツ交流年を記念するために、中国人民対外友好協会、中国友好平和発展基金会、上海市対外友好協会、江蘇省対外友好協会の共催で、谷村新司が企画した「中日が手を携え、世紀をともに歩む　二〇〇七」ビッグコンサートが上海と南京で開催された。九月二十九日は、一九七二年に「中日共同声明」が調印された日であり、両国の芸術家と観客はこの有意義な日に音楽で歴史を記念し、ともに友情を語りあった。上海のビッグコンサートは上海東方芸術センターで開催され、中日両国の各界の一千八百人あまりが楽しんだ。上海交響楽団が伴奏を担当し、中日の有名な指揮者である陳燮陽、服部克久が指揮した。中日の二つの少年児童合唱団――日本の八千代少年少女合唱団と上海少年児童放送合唱団が『赤とんぼ・茉莉花』組曲を唱うなか、幕が開いた。谷村新司と新しい世代を代表する平原綾香、中国の毛阿敏、毛寧が次々に登場し、『昴』、『群青』、『思念』、『同一の歌』、『晩秋』、『風の自由』、『誓い』、『Jupiter』など中日の歌の抑揚に富むなじみ深い旋律がこだまし、会場の誰もが感動した。出演者全員で谷村新司が作詞、作曲した『花』を熱唱するなかで幕を閉じた。十月一日、南京人民大会堂でも同じように精彩に富む二回目のコンサートが開催された。

5. 日本で中国旋風を巻き起こす――女子十二楽坊

二〇〇三年の大晦日、中国の「女子十二楽坊」はＮＨＫの招請に応じ、日本の歌謡界の最高の栄誉を象徴する二〇〇三年「紅白歌合戦」に出場し、「紅白歌合戦」の舞台に立った中国本土の最初の音楽グループになり、テレサ・テンに引き続き、中国の芸能人として二番目にこの特別な栄誉に輝いた。

海内外で中国の文化ブランドと称えられている女子十二楽坊は二〇〇一年六月に誕生した。彼女たちはそれぞれ中央音楽学院、中国音楽学院、中央民族大学、解放軍芸術学院など有名大学の出身で、中国の著名な民族楽器の大家に師事し、いずれも非常に高い資質とレベルの演奏家である。楽坊には、古箏、二胡、三弦、竹笛、古琴、葫蘆絲、簫、塤、揚琴、琵琶など中国の伝統的な民族楽器を含む、中国特有の古いさまざまな楽器が集められており、さらにあまり人に知られることのない少数民族の楽器――菊芘、吐良、独弦琴などもある。伝統的な民族音楽の奥行きのある味わい深い演奏の風格を一変し、伝統的な中国の民族楽器を使って、ラテン、ジャズ、ロックなど多数の音楽を融合した楽曲を演奏している。中国の伝統的な民族楽器と世界で流行している当世風の音楽を完璧に有機的に結びつけて、作品に中国の民族音楽の特色を濃厚に留めつつ、当世風の音楽の風格も具えさせ、独特の味わいのある数多くの作品を独創的に創作している。さらに、現代のハイテクの音、光、舞台美術なども採用し、視覚的にも聴覚的にも完璧の域に達した二重の効果をあげ、観衆に二重の満足をもたらしている。

二〇〇三年七月二十四日、北京世紀星礫伝播有限公司と日本のプラティア・エンタテインメント株式会社は、共同で女子十二楽坊を日本市場に登場させた。巨額を投入した大規模かつ多様な宣伝によって、女子十二楽坊が日本で売り出した最初のアルバム『女子十二楽坊　Beautiful Energy』は世に出るや、一躍、ミリオンセラーを記録した。初日に一万枚売り出し、二カ月たらずで百万枚の大台を突破した。現在までに、このアルバムは日本ですでに二百万枚あまりを売り上げ、中国の音楽CDの海外販売の奇跡を起こし、日本の器楽アルバム販売の奇跡をも起こすとともに、日本レコード大賞特別賞、販売大賞、優秀芸能人賞などを相次いで授与された。日本歌謡界の最高の栄誉を象徴する「紅白歌合戦」も、慣例を破って初めて十二人の外国人からなる女子十二楽坊の集団出演を受け入れた。二〇〇四年一月二日、女子十二楽坊は日本武道館でコンサートを開催した。同年二月十八日から十九日、日本のJTBとの共催で上海でコンサートを開催し、一千余名の日本の音楽ファンがわざわざ上海に出かけて鑑賞した。二〇〇四年三月三日、女子十二楽坊の二枚目のアルバム『輝煌　Shining Energy』が日本で売り出され、販売記録を更新した。すなわち、初日の売上枚数が第一位、一週間の売上枚数が第一位である。二〇〇四年四月一日から五月八日まで、女子十二楽坊は日本全国コンサートツアーを三十二公演行った。

二〇〇五年三月、「日本のグラミー賞」とよばれている日本レコード協会主催の「日本ゴールドディスク大賞」の年に一度の授賞式が、東京のNHKホールで盛大に行われた。中国からやってきた女子十二楽坊の娘たちは、二〇〇四年に第十八回洋楽部門アーティスト・オブ・ザ・イヤーを受賞したのに続いて、『輝煌』と『ベストセレクション』の二枚のCDのすばらしい販売枚数によって、再び第十九回インストゥルメンタル・アルバム・オブ・ザ・イヤーという特別の栄誉に輝いた。授賞式の会場で、主催者は心の底から、女子十二楽坊の音楽は本当に日本の聴衆の心を動かし、連続受賞にふさわしいと感嘆した。

二〇〇六年十二月二日、中国大使館の大宴会場で開催された中日メディア懇親会で、女子十二楽坊は情熱いっぱいに代表的な数曲を演奏し、熱烈な反響を得た。王毅大使は、「女子十二楽坊は中国の新しいイメージであり、この数年来、中日友好の発展に大きく貢献した」と指摘した。懇親会場は中日のメディアが雲集し、そのなかには中国で暮らしたことのある日本の記者が多勢いた。女子十二楽坊は唯一の中国人バンドとして参加して演奏し、会場の雰囲気を盛り上げ、陽気で熱烈な雰囲気を醸し出し、相互の距離を縮めた。

中日国交回復三十五周年を記念するために、二〇〇七年、女子十二楽坊は日本でコンサートツアーを行った。この全国ツアーは三十五日間にわたり、その足跡は日本の重要都市に及び、二十六回のコンサートを行った。

女子十二楽坊が日本で人気を博したため、中国楽器がよく売れ、東京と北海道では二胡が一時的に売り切れた。女子十二楽坊は中国の民族音楽に興味をもつ多くのグループをひきつけ、中国の新しい民族音楽のブームを巻き起こし、中日の音楽文化の交流が大々的に推進された。

中日両国間の芸術公演の交流は、種類が豊富で、舞踊、音楽、演劇など、伝統的、あるいは現代的なさまざまな様式にわたる。公演方式も多様で、中日のそれぞれの芸術団体が訪問公演したり、芸術面で協力したり、共催することもあり、関わる人々も広範にわたり、民間団体から国家級の団体まで、個人の公演から合同公演まで、中日の老年、中年、青年の芸術家たちが次々に舞台に上がって芸を披露している。

以上、ここまで言及したのは、この百花斉放の文化芸術公演絵巻の代表的な交流活動にすぎず、これらのほかにも、我々はさらに永遠に中日両国人民の記憶に残る多数の優秀な作品を目にすることができる。

二　その他の各種文化芸術公演交流

中日両国の文化芸術交流のなかで、中国の京劇が日本の観衆に知られるようになっただけでなく、日本の伝統的な舞台芸術も中国の観衆に強い印象を残している。歌舞伎は日本の典型的な伝統芸能であり、その起源は十七世紀の江戸時代初期で、能楽、狂言とともに今日まで存続し、日本独得の伝統芸能で、日本文化の宝物であり、世界文化の重要不可欠な一部でもあり、中国の京劇と同工異曲の妙がある。一九七九年一月、林健太郎国際交流基金理事を団長とする歌舞伎使節団が招きに応じて我が国を友好訪問し、公演を行った。北京、上海、杭州などで『忠臣蔵』、『鏡獅子』などを上演し、大きな成功を収めた。

「能楽」は日本の代表的な伝統芸能（古典芸能）の様式の一つである。「能楽」は、筋書きのある歌舞劇の「能」と掛け合いの台詞を主体とする喜劇の「狂言」からなる。我が国の唐代の散楽（音楽に合わせて行う踊り、芝居、軽業、手品などの民間芸能の総称）が日本に伝えられ、日本の民間芸能と融合して形成された古典芸能であると伝えられている。一九八一年の六月二十二日から七月四日まで、演出家の上田照也を団長とする日本能楽訪中団の一行二十七人が中国戯劇家協会の招請に応じて中国を訪問し、北京、天津、上海で能楽『隅田川』、狂言『瓜盗人』などを上演した。

文楽は人形の演技、物語を語る義太夫、三味線の伴奏が結合した芸術であり、日本の四大古典演劇の一つである。一九八二年八月十日から二十四日まで、日本の日中文化交流協会、日本文楽協会は中国文化部の招請に応じて、佐伯勇団長（日本文楽協会理事長、近畿日本鉄道株式会社代表取締役会長）、白土吾夫副団長、山本弘顧問の率いる文楽（人形）訪中団の一行四十二人が中国を訪問し、北京、上海などで公演を行った。団員のなかには、人間国宝（国家に文化遺産の保持者と認定された芸術家の呼称）の竹本津太夫と有名な吉田玉男らがいた。上演劇目は『平家女護島・鬼界ヶ島』と一幕滑稽劇『釣女』であった。

一九八〇年に現代劇『鑑真東渡』が北京で上演された後、その他の日本の現代劇の俳優や団体も相次いで中国を訪問して公演交流を行い、両国の現代劇公演の交流も日増しに頻繁になった。中日両国の文化芸術交流では現代劇など文化芸術公演が際立っており、中日の共同制作も重要な成果を収めている。

一九八一年四月四日から二十六日、演出家の千田是也と女優の杉村春子の率いる日本新劇訪中団が中国を訪問して公演を行った。今回の訪中団は俳優座、文学座、青年座、朋友劇団の一部の劇団員からなり、北京、南京、上海などで歴史劇『華岡青洲の妻』と児童劇『ブンナよ、木からおりてこい』を上演し、大歓迎された。

一九八一年十二月九日、劇団民藝が東京で中国の劇作家の曹禺の名作『日の出』を上演した。劇団民藝が中国劇の公演を行うのは初めてで、主人公の陳白露は真野響子が演じた。

一九八二年八月三十日から九月十五日まで、日本の話劇人社の招請に応じて、中国戯劇家協会江蘇省分会の副主席で、江蘇省話劇団で阿Qを演ずる張輝、中央実験話劇院で『阿Q正伝』を演出する文興宇の両氏が日本を訪問し、話劇人社の上演した『阿Q正伝』を観劇した。

一九八三年九月十日から十月五日まで、夏淳団長、于是之副団長の率いる北京人民芸術劇院の『茶館』チーム訪日公演団の一行七十人が、日本の国際交流基金と民主音楽協会、日本新劇俳優協会など民間団体が結成した「中国新劇『茶館』公演委員会」の招請に応じて、東京、京都、大阪、広島などを訪問して『茶館』を上演した。

一九八四年十二月四日から十三日まで、文化部と中国対外演出公司の招請に応じて、劇団世代訪中団が中国を訪問して公演を行った。彼らは、北京、上海、杭州などで魯迅の日本留学中の生活の断片を描いた『藤野先生さようなら』を上演するとともに、魯迅の故郷、紹興を訪問した。

一九八七年の九月二十九日から十月一日まで、作家の呂遠が日本の民間伝承に基づいて劇化、作曲したオペラ『歌仙――小野小町』が北京で上演され、中日両国の芸術家が共演し、十一月初めには日本の東京、大阪でも上演された。

伝統芸能の交流のほかにも、中日の文化芸術交流では、コンサートなど、両国の観客に歓迎された現代の舞台芸術も少なくなかった。

一九八〇年七月十五日から二十日まで、天羽民雄の率いる日本の文化政府代表団が中国を訪問した。七月三十一日、日本のビクター少年合唱団が北京で新生面を切り拓くコンサートを開催し、国務院の谷牧副総理が出席して鑑賞するとともに、子どもたちの公演の成功を称讃した。同年十一月二日、中国観光公司、中国音楽家協会上海分会、日本の大阪邦楽友好使節団が上海で古筝、簫、古琴の合奏交流コンサートを開催し、上海分会の賀緑汀主席、周小燕、衛仲楽両副主席ら芸術界の五百余人が出席した。十一月十日から十九日まで、NHKの招請に応じて、中国放送芸術団民族楽団が日本を訪問してコンサートを行った。訪問中、東京、仙台、名古屋、大阪などを訪れた。一九八一年五月八日、日本舞踊の流派の一つである藤乃流の舞踊家からなり、藤乃隆浩を団長とする日中友好舞踊家訪中団が北京に到着し、九日、人民大会堂で日本舞踊の古典である『寿式三番叟』、『春日民間舞』、『火の国旅情』などを披露した。

一九八二年の六月から、中日両国の芸術公演は、交流が頻繁になったうえ、精彩に富む段階に入った。六月八日、村田英雄が北京で最初の訪中コンサートを行った。全国人民代表大会常務委員会の廖承志副委員長が出席するとともに、その場で「中日友好」の四字を揮毫し、村田英雄の訪中の記念とした。七月二十八日、日中音楽交流協会の小笠原美都子会長を団長とする「日中音楽友好の翼」訪中団の一行三十人あまりがハルビンに到着し、第十回「ハルビンの夏」音楽会に参加した。八月六日、日本芸術院の有光次郎院長の率いる日本民族舞踊芸術団が、中日国交正常化十周年を祝うために訪中公演を行った。栗林範治の率いる北九州少年合唱団が大連で訪問公演を行った後、八月十八日、北京に到着し、十九日、民族文化ホールの講堂でコンサートを開催した。八月二十二日から二十六日、高橋圭三参議院議員の率いる盛岡市少年児童合唱団と美恵子舞踊団が、北京で中日国交正常化十周年を祝う活動に参加した。十月三日、音楽家の團伊玖磨、小林武史、浅野繁の三氏が北京に到着し、八日、北京映画交響楽団と紅塔講堂で共同演奏会を行った。

すでに古稀を過ぎている音楽家の山田一雄が、一九八七年七月三日の夜、海淀劇院で中央交響楽団と合同演奏会を行い、一千余名の交響楽の愛好者から鳴りやまない拍手と歓声を受けた。この合同演奏会で、山田一雄は中央交響楽団を指揮し、ベルリオーズの『ローマの謝肉祭』、馬思聡の『塞外舞曲』、オイゲン・ライヒェの『トロンボーン協奏曲第二番』、ドボルザークの『交響曲ト長調第八番』を演奏した。

中日両国の人民の期待と情熱は、「中日文化交流協定」締結二十周年と中華人民共和国建国五十周年を記念するために中日両国が共催した「一九九九　中日文化友好年」の活動のなかでいっそう発揮され、友情と希望をバラエティー豊かに表現した。一九九九年五月十二日から十三日まで、北京の民族文化ホールで「鼓童」の太鼓演奏会が開催された。「鼓童」は和太鼓の演奏グループで、中国での初公演であった。十二名の演奏者は和太鼓に笛と歌を組み合わせ、衝撃力に満ち溢れた舞台効果を生み出し、聴衆から鳴りやまぬ拍手と歓呼を受けた。九月三日、嶋崎譲名誉団長、水野好子団長の率いる日本伝統音楽演奏団の一行百六人が中国を訪問し、世紀劇院で中国放送民族楽団と合同で、『六段の調べ・松籟の譜』、『山の木挽歌』など新たに編曲した日本の楽曲を演奏した。

二十一世紀に入ると、両国の文化芸術団体の間の交流はいっそう広範になり、深まった。二〇〇四年二月、中国国際文化センターの招請に応じて、世界的に有名な指揮者の小澤征爾がオーストリアのウィーン・フィルハーモニー管弦楽団を率いて中国を訪問するとともに、人民大会堂と上海大劇院でコンサートを三回行った。この訪中で、指揮の大家と音楽家たちは北京・上海の音楽愛好者のためにシューベルト、ブラームス、ブルックナー、シュトラウス父子の古典的な交響楽を演奏した。十一月二十一日、財団法人神奈川芸術文化財団の招請に応じて、有名なダンサーの黄豆豆が率いる上海歌舞団の一行三十人が、神奈川県民ホールで「上海歌舞団現代ダンス公演」を開催し、中国大使館の程永華公使、黄星原参事官、神奈川芸術文化財団の川村恒明理事長をはじめ、日本各界の観客約一千五百人が鑑賞した。公演内容は豊富多彩で、中国の伝統の特色が濃厚な『秦俑魂』、『棋』など歌舞団のレパートリーの演目もあれば、現代的な歌舞を融合した最新作の『金銀』、『黄土地』などもあり、そのほかに、日本の舞踊家の近藤良平の創作した『腹が減った！　とにかく腹が減った！』なども踊り、観客はおおいに目の保養をした。

二〇〇四年十一月二十一日、フジテレビとエイベックスの共催した「呉汝俊コンサート二〇〇四――情熱」がNHKホールで盛大に開催された。中国の王毅大使、自民党の古賀誠前幹事長、安倍晋三幹事長代理、民主党の海江田万里衆議院議員、中国大使館員をはじめ、日本各界の約一千五百人が鑑賞した。終了したとき、会場全体が沸騰し、雷鳴のような拍手が鳴りやまず、多くの観客が「汝俊」、「汝俊」と叫び、なかなか立ち去ろうとしなかった。

二〇〇五年二月二十四日午後、中日両国の民族楽器の演奏家で結成した「ＢＡＯ」が、中国の駐日大使館の講堂で「中日友好演奏会」を開催し、中国の民族音楽の無窮の魅力が百名の観客を酔い痴れさせた。演奏会で、「ＢＡＯ」は東儀秀樹の指揮のもと、中国の民族楽器の琵琶、二胡、笛をはじめ、日本の雅楽の代表的な楽器の篳篥を用いて『春色彩華』、『大河悠久』、『New　ASIA』など新曲を演奏した。中日両国の民族楽器が完璧に結合し、中日間の文化交流は民族楽器によっても新しい橋を架けられた。皇族の高円宮妃殿下、日中友好協会の佐藤嘉恭会長代理をはじめ、日中友好人士、国会議員の夫人たちが鑑賞した。同年五月三十日、満席となった収容人員二千人の愛知県芸術センターのコンサートホールで、譚盾が上海交響楽団を指揮し、自身が湖南省西部の民謡から題材を得て作曲した『水楽』と『地図』を演奏した。聴衆は音で路を探し、自然な状態に還る演奏に浸り、譚盾の「自然の音」の音楽が鮮明になる「大自然の知恵」を感じとった。コンサートは二つの部分に分かれ、前半の『水楽』は半球形の透明な水盆、水管、揺水器、水鑼、水音琴をはじめ、水面に浮いている木製の碗などの新型楽器によって、豊富多彩なメロディを奏で、生まれ故郷の音楽に対する譚盾の若い頃の追憶を反映していた。後半の『地図』は、二度にわたって湖南省西部のトウチャ族、ミャオ族、トン族のなかに深く入って採集したオリジナルの音の素材に基づいて譚盾が創作したものである。譚盾のコンサートは自然の躍動を摘みとっており、聴衆の強烈な共感を喚起した。コンサートが終わったとき、会場には長時間熱烈な拍手が鳴り響き、譚盾と上海交響楽団は四回もカーテンコールに出てきた。

二〇〇五年六月十八日、中国中央バレエ団と日本のNBAバレエ団の六十余名のトップダンサーは、東京でハイレベルな交流公演を披露した。孫杰、朱妍、王啓敏の率いる十一名の中国のバレエダンサーはコンテンポラリーの要素を取り入れた『追憶』、『夜の虹』、『五首の詩』を踊った。後半には、NBAバレエ団から田熊弓子と数名のヨーロッパのプリマドンナ級のダンサーが二つの小品と古典の喜劇『コッペリア』の第三幕を演じた。

二〇〇五年九月十六日から十一月二十四日まで、民主音楽協会の招請に応じて、天津歌舞劇院の一行四十名あまりが東京、大阪など三十九都市で大型音楽舞踊『異彩流金』を五十六回上演し、至るところで熱烈な歓迎を受けた。十一月五日、中国大使館の程永華公使と文化処の係官が招待に応じて東京の公演に出席し、民主音楽協会の小林啓泰代表理事らとともに鑑賞した。最後に、出演者が中日友好を象徴する「周桜」を日本語で気持ちを高ぶらせて唱うと、会場は熱気に包まれ、観客が立ち上がって拍手を送り、カーテンコールの後も長いこと立ち去ろうとしなかった。

二〇〇六年三月十四日、日中文化交流協会創立五十周年を祝うために、「中国音楽家の台頭」と銘打ったコンサートが東京のサントリーホールで開催された。中国の王毅大使と日中文化交流協会の辻井喬会長ら各界の友好人士約二千人が鑑賞した。このコンサートは東京交響楽団が主催し、中国国家交響楽団の常任指揮者の李心草が指揮し、上海音楽学院のバイオリン教授の黄蒙拉が独奏をした。聴衆は中国のバイオリン奏者の卓越した独奏と東京交響楽団の見事な協奏に心服し、一曲終わるごとに、会場は長時間にわたる熱烈な拍手で報いた。

二〇〇六年十一月九日、中日両国の芸術家がパシフィコ横浜国立大ホールでのコンサートでその技を披露し、「二〇〇七日本中華年」の開幕を記念して朗々たる序曲を奏でた。中国の中央テレビの白岩松、朱迅、香港のフェニックステレビの曽子墨、NHKの佐藤充宏が共同で司会し、この三つのテレビ局が実況中継と報道を行った。その夜、華人、華僑、日本の聴衆のあわせて五千人近くがコンサートを鑑賞し、非常に大きな国立大ホールは満席であった。このコンサートは「二〇〇七　日本中華年」の開幕を見事に飾り、その後の一年間の豊富多彩な行事を成功裡に開催するための堅実な基礎を固め、さらに多くの華人と日本人が「二〇〇七　日本中華年」に関心を寄せ、支持するようひきつけた。

二〇〇六年〔十月〕、日本の安倍晋三首相が中国を訪問し、両国の指導者は、二〇〇七年を「中日文化・スポーツ交流年」に確定するとともに、一連の記念交流活動を実施して、中日両国の相互理解を深め、民間交流を拡大することを決定した。二〇〇七年、中日両国の文化芸術交流は空前の盛況を見た。

二〇〇七年九月三日から、中国対外友好協会の招請に応じて、中日国交正常化三十五周年を記念するために、中日文化・スポーツ交流年の重要なプロジェクトの一つとして、「松竹大歌舞伎・近松座訪中公演団」の一行七十五人が、中国で二十日間の巡回公演を行った。九月四日と五日に北京の保利劇場で行った二回の公演は申し分なく成功した。今回は過去半世紀で四回目の大型歌舞伎の中国訪問で、陣容が強力で、上演演目もすべて歌舞伎の代表作であった。主演の坂田藤十郎は、その深く厚い芸術的造詣によって日本で「人間国宝」の称号を得ている。劇団「近松座」は坂田が自ら創立し、二十余年来、古典の名作を復活し、上方の伝統的な芝居の表現手法を伝承することに力を尽くしている。前半の『傾城反魂香』では、坂田藤十郎は女形を演じ、手ぶり、歩く姿、ちょっとした表情の変化で賢明貞淑な妻の形象を余すところなく表現した。後半の『英執着獅子』では、坂田藤十郎は二役を演じ、まず華やかな娘に扮して軽快に舞い、ついで速変わりで勇猛な獅子になり、まったく異なる二つの役柄を卓越したきめ細かな演技で迫真的に浮き彫りにし、満場の喝采を浴びた。

二〇〇七年十一月九日から十二月四日まで、中国身体障害者芸術団の一行五十六人が訪日し、大型音楽舞踊『Ｍｙ　夢　Ｄｒｅａｍ』を巡回上演した。十一月二十一日の夜、中国の崔天凱大使が招待に応じて日本の五千余名の観客とともに東京国際フォーラムのホールで公演を鑑賞した。その公演は、舞踊の『千手観音』、『麦笛青春』、『化蝶』、『黄土高原』、独唱の『生命神秘』、『天国』、『乾杯』、楽器合奏、ピアノ独奏、京劇の『三岔口』などからなり、精彩に富む公演に熱烈な拍手が送られた。『千手観音』の主演の邰麗華は手話で観客に、「愛は私たち共通の言葉です。心に愛がありさえすれば、気立てが善良でありさえすれば、一千本の手を伸ばして人を助けることができ、一千本の手があなたを助けてくれるでしょう」と訴えた。公演が終わったとき、観客が次々に立ち上がり、舞台の前に殺到し、雷鳴のような拍手がなかなか鳴りやまず、カーテンコールが二十分にも達した。今回の身体障害者芸術団の日本訪問は、東京、仙台などで二十五公演を行った。至るところで大きな反響をよび、公演会場はまたたくまに満員になり、入場券がすぐ完売した。この公演も中日正常化三十五周年と「中日文化・スポーツ交流年」を記念する活動の一つであった。

中日両国の間には二千余年の友好交流史があり、とくに文化交流の面では、両国人民が相互に学習しあい、相互に参考にしあい、共同で輝かしい東洋文明を創造した。国交正常化以来、中日間の人々の往来、経済的なつながり、文化交流の広さと深さは、歴史上のいかなる時期をも凌駕している。

文化芸術公演は中日文化交流の重要な分野であり、ルートである。文化芸術公演は内容が豊富多彩で、形式が多様、双方に恩恵をもたらすという特徴を具えている。一つ一つの具体的な文化芸術公演は、大半が政治と関係がないが、千ものプロジェクトが集まったときの両国人民の間の文化交流の盛況と趨勢は、極めて重大な政治的意義をもつことになり、政治外交や経済貿易が果たせない効果を発揮するだけでなく、政治外交、経済貿易関係の展開をもたらすことができる。

中日関係は、歴史認識の問題や、領土、海上資源をめぐる紛争などの問題によってつねに暗礁に乗り上げているけれども、平和と発展が主流となる時代でありさえすれば、相互信頼、相互利益だけが東アジアと世界の平和に役立つという前提がありさえすれば、中日間の枠は必ず取り除くことができるにちがいない。一衣帯水、一葦可航の中日両国は、すばらしい歌声とたおやかな舞いのなかに、古くから長く続いている友情を未来に向けて深め、新しい春に向けて進まなければならない。

第二部　民間交流

1　民間交流　総論

二国間関係のなかで、相互交流を行う主体は主に政府と民間に分けられる。民間交流とは通常、政府の外交政策や意思と直接関係がない、それぞれの国の国民同士または民間団体同士の交流を指す。たとえば、一般的な経済貿易交流、文化交流および個人の学習、仕事、旅行などである。こうした活動は政治的色彩や意味合いを持たない。特殊なケースでは、民間交流にも政府の意思を反映するような民間外交の要素が含まれる。これは非公式のルートを通じて意識的に国家関係をとりなすものである。政府と直接関係のない民間人または民間団体が行う、国の外交に影響をもたらす公式または非公式な国際交流、たとえば貿易、スポーツ、芸術、文化などの交流活動も「民間外交」または「人民外交」と呼ばれる。たとえば、中日国交正常化以前、両国は民間経済貿易と文化交流を通して、非公式での接触を続け、両国関係の正常化に向けた基盤を築いた。この時期の交流活動が典型的な「人民外交」である。

日本の小学館の国語大辞典によると「民間外交」とは「政府に頼らない民間同士の芸術、文化、スポーツなどを通じた親善外交の一つ」とされている。国際関係理論上では、民間外交は「非公式な外交ルート」の一つとされている。民間外交は完全に民間交流と同じというわけではないのである。民間外交の活動は一定の政治的色彩と外交を補足する、またはそれに替わるという主体的な意識または目的を持つが、民間交流は政治的な功能と利益は薄く、両国の交流の架け橋となる役割だけを持つ。両者がカバーする範囲は明らかに異なっている。民間外交は民間交流の一部分なのである。(11)

民間交流の特徴とその役割は、中日関係のなかでも際立っている。中日間の民間交流は、国交正常化以前の二十世紀、「民間外交」の形で始まった。ゼロからのスタートであり、規模を徐々に拡大し、国民に根付き、長きにわたり続いてきた。終始活力に満ち、発展を続けてきた。戦後の両国関係の歴史のなかでも非常に重要な位置づけにある。良好な中日関係は簡単に打ち立てられたものではなく、民間交流がそのために果たした役割は非常に大きい。この半世紀を振り返ってみると、中日交流の扉を開き、両国間の友好活動を盛んにし、中日関係を全面的、健全かつ順調に発展させるために、両国間の民間交流は政府やその他のルートが替わることができない役割を果たしてきたのである。民間交流は両国の友好協力の先駆けとなり、両国関係のために道をつけ、架け橋を作ってきた。胡錦濤国家主席が中国人民対外友好協会五十周年の記念大会で行った演説でも、民間外交を高く評価し、「民間外交を発展させることは各国の国民の友情を深め、また、経済および文化の交流と協力の促進に資する。そして、国家関係の発展のために広い範囲での市民基盤を構築するのに資する」と述べている。中国政府は一貫して民間外交を重視し、国の外交の有機的な一部分とし、民間外交が果たす大きな役割を重視している。

本編では「中日平和友好条約」締結前の中日民間交流を振り返り、三十年来の民間交流の特徴と果たしてきた役割を整理し、両国の青年交流、メディア交流、友好都市交流、代表的な民間団体交流などを分析し、民間交流の両国関係における重要かつ独特な位置付けと意義を示す。

民間における友好は両国の二千年にわたる交流で貫かれてきたものであり、両国関係をつなぐ重要なものである。両国の友好に尽くした民間人は長期にわたり両国関係の修復と発展に大きな貢献をしてきた。第二次世界大戦終了後、その特殊な歴史環境から、中華人民共和国と日本は一九七二年になってやっと国交を回復した。しかし、そうした時期にあっても民間交流はしっかりと行われてきたのである。当時の民間交流の変化は政府の意向の変化の表れでもある。正式な外交関係はなかったが、特殊な民間交流の形で、両国間は非公式な外交的接触を行った。こうした非公式な外交的接触と交流により、特別な歴史的、政治的状況下で戦後問題を適切に処理し、民間貿易という形で外交関係に先立って経済関係を打ち立てたのである。さらに重要なのは、この民間交流が国交正常化のプロセスを後押しした点である。国交正常化後、政府間の外交ルートに障害はなくなったが、民間交流の範囲と内容は拡大し続け、多元的な外交ルートの一つとなった。民間交流と政府外交は相互に補いあいながら、時代とともに変化してきたのである。両国は正式な外交関係が樹立された後も民間友好交流をさらに強化するべきであると認識していた。

一九七八年、両国政府は「中日平和友好条約」を締結し、両国関係の政治的基盤は法律によって保障を与えられ、より強固なものとなった。中日関係はこの三十年来、紆余曲折を経たものの、両国政府と民間がともに努力したことによって、両国の友好関係はたえず前進し発展を遂げ、両国の交流史上、これまでにないほど広範囲でかつ深みのあるものとなっている。民間交流の範囲と内容も拡大し続けている。民間交流での対話メカニズムも日々整い、民が官を促し、文化交流が相互信頼を深め、経済が政治を促すというパターンがより顕著なものとなった。人々の友好交流も実務的な要素が増え、異業種間交流が専門化し、カウンターパートができ、交流を行う主体も徐々に多様化し始めた。この段階における民間交流は中日関係が政治的にも安定した状況下で進められたものであり、両国の友好協力を進め、お互いに信頼しあう良い雰囲気を作りあげる大切な原動力となった。両国が政治的な信頼関係を崩している状況にあっても、民間協力、投資、貿易、留学、観光は依然として活発に行われた。このことからも中日関係が切り離すことのできない地理的なつながり、文化的なつながりをもっていることがわかる。

中日両国の若者はそれぞれの国を発展させるという重い役割を担っているが、また同時に中日友好事業を促進させるという歴史的な重い責任も担っているのである。中国と日本の若者の交流は、両国関係の対立、回復、発展とともに、五十年以上にわたる平坦ではない道のりを歩んできた。そして重要な成果もあげてきた。両国の若者の交流は、そのルートも増え、範囲も広がり、さまざまな段階に広がり、方式も多様化しているという流れができている。しかし、十分に理解し、信頼し、また、両国間に問題が発生した際には問題を解決する責任を果たしていくためには、今後も努力し学び続けていく必要がある。両国の若者は正しい歴史観、平和および協力に対する認識を育てていかなければならない。理性的、客観的、全面的に中日関係をとらえ、相手国の国情や国民の気持ちを正確に理解できるようにならなければならない。そして、文化、芸術、環境保護、省エネ、農村建設など従来からの分野と新たな分野での若者の交流を強化し、広めていくべきである。

科学技術の発展と交流の拡大によって、両国国民のコミュニケーションツールにも大きな変化が見られるようになった。新聞、雑誌、書籍、映画、インターネットなどのツールはスピーディで、広範囲性、持続性があるため、両国国民は相手国の情報をすばやくキャッチできるようになった。こうした情報によって相手国を知り、コミュニケーションの話題もどんどん増えてきた。こうした話題は再報道されることで、マスコミを利用する人々にさらに広い影響を与えている。互いが認識するコミュニケーションの過程は、よく世論調査で明らかになる。世論調査は新聞、ラジオ、ネットワークなどのマスコミツールを介して行われるもので、国の政策や社会問題に対する人々の認識を理解する方法の一つである。一時期、国民感情が揺れ動き悪化したが、その原因の一つとして、マスコミ報道のやり方とその内容がある程度悪い影響を与えたという点が挙げられる。両国国民が互いに認識しあい、理解しあう過程で、両国のマスコミ関係者は事実を尊重するという原則に基づいて、全面的、客観的に報道するべきである。これはマスコミ報道において最低限やらねばならないことであり、大きな影響と作用をもたらすことができるコミュニケーション手段でもある。

友好都市交流を主な内容とする都市外交は国の外交の一部である。都市の特徴を備えたもので、その性質上、半分は公的な外交でもある。一九七三年六月、天津市と神戸市は友好都市となった。中日両国の友好都市第一号である。二〇〇七年十月現在、両国は三百七組の友好都市を誕生させた。ゼロからスタートしたものが徐々に数を増やし、その効果は、地方政府から一般市民、経済貿易、観光から文化、スポーツ、衛生など多くの分野へ広まってきた。両国国民にふれあいのチャンスを与え、相互理解、相互交流、相互理解の場を作り、中日友好関係のための確固たる市民基盤を築いたのである。都市間の相互交流は「未来を見据え長期的な友好を行う、尊重しあい対話を進める、誠実に協力しあい互いに利益を得る、それぞれの強みで互いを補いあいともに発展する」という原則に基づき、自らの強みで友好都市関係がもたらすものを十分に引き出し、両国のさまざまなレベルの広範囲にわたる交流のために、ますます大きな活動の場を与えている。

中日友好協会と中日友好七団体をはじめとする民間団体は、両国の外交にしっかりと協力しながら、民間の強みを発揮して、政治、経済、科学技術、文化、マスコミ、スポーツ、教育、宗教、観光、助成、若者および地方自治体交流などの各分野で、内容の濃い、バラエティーに富んだ交流活動を行い、両国国民の相互理解、相互信頼を深め、自国の世論を正しく導き、国際協力を促進し、世界平和を守り、ともに発展するようにし、中国人民と日本国民の友情を深め、両国関係の発展に必要な良好な国際的環境を築くために、多くの有益な活動を行ってきた。その成果は目を見張るものがある。

笹川日中友好基金は現在、両国間で最大規模の民間交流基金である。この基金は日本財団の前会長、笹川良一が設立したものである。一九八九年十二月、笹川良一が五十億円を出資して「笹川日中友好基金」を設立し、中日間の政治、経済、文化、教育などの分野での友好交流活動に無償で使われてきた。一九九三年、笹川はこの基金を百億円に増やすことを決めた。日本最大の民間対中友好基金となり、両国の民間友好交流に大きな効果をもたらしている。日本財団は政府機関ではなく、また、経済的な利益を追求する営利目的の団体でもない。日本財団の下部団体である多くの財団、基金はさまざまな分野で、それぞれの方法で中国と広範囲にわたる協力と交流を行っている。影響を与えた交流事業としては、中日青年将校交流、中日笹川医学奨学金事業、笹川日中友好奨学金事業などがある。日本財団は両国の民間交流の分野で、その規模の大きさでも実施した交流事業からいっても代表的なものなのである。

中日関係の安定した発展がもつ意義はすでに二国間関係の範疇を超えている。福田康夫前首相は一九九三年、中日間の友好関係を世界平和の見地からとらえた。福田は「日中の友好はすなわち世界の平和である」と述べている。中日関係の安定した発展、両国の平和共存はアジアの発展と繁栄に不可欠な重要要素なのである。中日両国の友好は多くの両国民の友好に支えられるものであり、その最終的な目的も両国民の友好なのである。鄧小平は、「中日関係は長期的な視点で考え、発展させなければならない。その第一歩は二十一世紀、それを二十二世紀まで発展させ、そして永遠に続く友好を築いていかなければならない。このことは我々のすべての問題の重要さに勝るものである」と述べている。これは中国政府と歴代の指導者の心からの願いでもある。両国の民間友好交流を発展させ、民間関係の構築を重視することは、今この時代、両国がともに関心を寄せる課題であり、また、両国国民が等しく認識している点でもある。中日関係はこれまでの歴史を引き継ぎ、未来を切り拓いていく重要な段階にある。中日両国の民間交流の独特さと効果を充分に認識し、民間交流に中日友好の歴史的使命を託し、友好という基本路線を歌い上げ、民が官を促すという従来の優れた方法をもりたてていくことは、両国関係の改善と発展にとくに重要な意義をもつ。

2 「中日平和友好条約」締結以前の民間交流

中華人民共和国の誕生から中国と日本の国交正常化まで二十三年の時間がかかった。その後六年を経て、両国はついに「中日平和友好条約」を締結した。国交正常化を早期に実現し、両国人民の友情の新たな一ページを開くために、中国政府と中国人民は長きにわたり絶え間ない努力を重ねてきた。新中国の建国初期、中国政府は日本との関係を非常に重視し、日本と友好善隣関係を再構築し発展させることは両国人民の利益となるだけでなく、アジアおよび世界の平和と安定に資するものであるとし、日本との国交正常化を実現させるという目標を打ち出した。両国の公的関係がすぐに改善できるような状況にないなか、両国の指導者は「まずは民間が動き、民が官を促す」という方針を打ち出し、両国間の民間外交を大々的に行い、両国関係の正常化に向けて土台を築いた。一九五〇年代の中日民間交流はその範囲を広げ、深みを増し、単一方向のものから相互訪問を行う双方向のものへと発展し、純粋な民間交流から徐々に政治的色彩を帯びた、政府にリンクするものへと発展していった。

新中国成立後まもなく、中国政府は「日本と正常な関係を築きたい」という姿勢を示した。しかし、新中国成立後二十年あまり、日本政府は中国を抑止して敵視するアメリカの政策に追随し、両国関係の正常化は実現しなかった。こうしたなか、中国政府は「政治経済不可分」を基本原則とし、「まずは民間が動き、民が官を促す」という方針をもって、中日関係の改善を目指す民間外交を行って、経済貿易をメインとしたさまざまな交流を通じて、両国の交流の道を模索し、両国間の民間経済と人的交流を発展させた。

一　経済貿易における協力、経済によって政治を動かす

民間外交のルートを切り拓くために、中国はまず中日間貿易

をスムーズに行うために積極的な動きを見せた。一九五二年五月、高良とみ、帆足計、宮腰喜助の三名の国会議員が招きに応じ中国を訪問した。新中国成立後、日本の政財界の関係者が中国を訪れたのはこれが初めてで、このときの会談で初の民間貿易協定が結ばれたが、アメリカと日本政府の妨害にあい、締結後もあまりうまく機能しなかった。しかし、中国と日本の民間交流の扉はこのとき大きく開かれたのである。

戦後間もなく、日本側は対中貿易の再開に大きな期待を寄せていた。対中貿易を促進させるための団体が相次いで設立された。一九四九年五月、「中日（のちに日中と変更）貿易促進会」が設立され、同じ年の五月には国会議員で組織される「日中貿易促進議員連盟」が設立された。そして、一九五二年五月に「日中貿易促進会議」、一九五四年九月には「日本国際貿易促進協会」が設立された。しかし、「サンフランシスコ平和条約」が発効した一九五二年から、日本は「対共産圏輸出統制委員会（COCOM）」（一九四九年設立）と「対中国輸出統制委員会（CHINCOM）」（一九五二年設立）のメンバーとして対中輸出禁止を実施し始めた。対中貿易に対する日本の積極的な動きは、アメリカから牽制された。たとえば中日第三次民間貿易交渉の際、鳩山内閣はこの交渉を公的なものに格上げしようとしたが、アメリカから牽制され、結局はこの考えを捨て、民間協定を「支持する」という政府の姿勢を示すにとどまり、アメリカに誘導、サポートされながら、アメリカや東南アジアのマーケットを目指したのである。そして中国市場に依存する経済戦略は影を潜めた。こうした逆境にあって、日本の政財界の一部関係者や民間団体は政府からの威圧には屈せず、手を尽くして対中貿易を進めた。

一九五三年十月、中国側と訪中した日中貿易促進議員連盟代表団は第二次中日民間貿易協定に調印した。しかし、吉田内閣もアメリカに追随する対中輸出禁止政策を進めたため、貿易契約は三八・八％しか実行されなかった。一九五五年一月二十五日、中国国際貿易促進委員会は日本側からの招きを受け代表団を日本に派遣し、第三次中日民間貿易協定の交渉にあたらせ、調印にいたった。三月、中国貿易代表団が東京を訪れた。これは中国が派遣した二つ目の訪日代表団であった。五月、両国は第三次中日民間貿易協定に調印した。中国側の提案により、双方は共同コミュニケを発表し、次の点を明確に打ち出した。今回調印した貿易協定は、両国政府のサポートと協力のもと、スムーズに実行に移されるであろう。両国の貿易関係を正常に発展させるには、両国政府が貿易協定について話しあいをもち、これに調印しなければならない。双方は本国政府に早くこれを実現させるよう努力して呼びかける。このように第三次中日民間貿易協定は民間協定と政府のつながりをつけるという目的を果たした。協定を実施するために有利な状況を作ったので、契約額の六七％が実行され、前の二度と比べ大きく前進した。代表団は日本滞在中、鳩山内閣の閣僚や与党幹部と会見した。この活動では日本の民間団体がホストとなり政府関係者が参加するといった形がとられ、両国の政府関係者が接触を持つ最初の場となった。

一九五五年一月から四月にかけて、中日民間漁業交渉が行われた。民間の漁業交渉といっても、両国政府がそれぞれ後ろ盾となっており、両国政府が民間団体に「代理交渉」させる形であったといってもいい。四月十五日、第一次中日民間漁業協定に調印した。一九五八年「長崎国旗事件」で民間漁業協定は破棄されたが、両国の漁業協会はすでに漁業問題解決のための基盤を徐々に築いていた。国交正常化まで両国は東シナ海と黄海で平和的な漁業を続けた。

一九五八年三月、双方は第四次中日民間貿易協定に調印した。貿易事務所を互いに開設し、その常駐機関の建物に国旗を掲げることにお互いが合意した。しかし、その後まもなく、岸信介内閣がこれに反対を唱えた。このため、協定は調印されたものの実行されなかった。広範囲にわたるバラエティーに富んだ中日民間交流が頻繁に行われ、大きな盛り上がりを見せていた一九五八年五月二日、「長崎国旗事件」が発生し、すでに開かれていた交流ルートが再び閉ざされてしまった。このため、両国の貿易と文化交流も一九五八年以降、いったん中断された。中日関係はたいへん難しい状況に直面した。ピークから急激に落ち込み、日本側の純粋な民間団体の中国訪問だけが行われ、中国側の日本訪問は行われない、という状況になった。漁業関係も協定が結ばれない状態が続いた。貿易関係はほぼ断絶した状態となり、中日関係は大打撃を受けたのである。こうしたなか、中国側は七月に中日関係史のなかでも有名な中日関係の政治三原則を提示した。これから派生する形で「政経不可分」の原則も打ち出した。

池田内閣の誕生と池田内閣の対米対中政策が、中日関係に改善の契機をもたらした。中日関係は民間の友好のうえで進み、半官半民、官民並行という新しい段階に入った。こうした形勢の変化にともない、日本の政財界の関係者は具体的な行動を取り始めた。石橋湛山、松村謙三、高碕達之助、岡崎嘉平太らが中日関係改善のために手を尽くした。こうした力と中日友好や国交回復を求める動きが結びつき、さらに長年にわたる努力を重ねた結果、六〇年代の前半に新たな局面を迎えたのである。

一九六二年九月、日本の与党、自民党の顧問、松村謙三は池田首相から「全権」を託され中国を訪問し、周恩来総理と「漸進的積み重ね」方式で両国の政治および経済関係で〝紳士協定〟を結ぶまでに発展させた。同年十一月、廖承志と日本の前通産大臣、高碕達之助がそれぞれ中日双方を代表して、「中日LT貿易覚書」すなわち「LT貿易」に調印した。これにより新たな形の半官半民的な貿易ルートが切り拓かれた。一九六四年八月および一九六五年一月、「LT貿易」の双方は相手国の首都にそれぞれ連絡事務所を設置し、中日関係を半官半民、民でもって官を代行するという交流の段階に推し進めた。中日「LT貿易」の双方は、自国政府の支援を受けており、実際には半官半民的な常設事務所が置かれた。中国側・廖承志の事務所は直接国務院の指導を受け、作業グループは外交部、対外貿易部など政府部門のメンバーで構成された。対外貿易部の地区政策第四局が日本側への連絡事務を担当した。日本側・高碕達之助の事務所の正式名は「日中総合貿易連絡協議会」といい、その主要メンバーは主に閣僚経験のある政治家や通産省、大蔵省の官僚および財界関係者からなっており、日本政府と密接に連絡をとっており、実際には公的なニュアンスの強い、通産省外郭団体であった。双方は次の点で合意した。新たな総合貿易、つまり覚書貿易は、中日両国民が困難な状況のなかで、大変な苦労をして作り上げた友好貿易と共存するもので、あたかも車の両輪のようにどちらも欠けてはならないものである。(12)「LT貿易」は実質上、民間の形式をとった、政府側の接触もある半官半民の関係で、その貿易規模と貿易金額は多くはなかったが、金銭では測れないほどの意義があった。

二　相手国人民の相互帰国

一九五二年十二月、中国政府は法律を守る日本人居留民を保護し、帰国を希望する者には帰国を支援するという考えを明らかにした。そして、日本側の担当機関または民間団体が中国に人を派遣して話しあいを行うことを歓迎すると表明した。一九五三年一月、日本赤十字社、日中友好協会および日本平和連絡会の三団体の代表団が中国を訪れ、中国に滞在している日本人居留民の帰国について話しあった。中国紅十字会の代表団が日本の三団体からなる代表団と会談を行った。三月五日、双方は「日本人居留民帰国問題に関する共同コミュニケ」を合意し発表した。同時に、日本側は中国側の要請に応じ、帰国を希望する数千名の在日中国人を次々と中国に送り届けた。一九五三年九月、祖国を熱愛し、社会主義建設に燃える華僑の若者たちを乗せた「興安丸」が中国に到着した。この興安丸に送り届けられた日本人居留民と華僑の人々は、中日友好運動の灯となり、長年にわたりそれぞれの立場で大きな役割を発揮している。今日、日中友好の分野で活躍している日本の先達、著名人、先頭に立って活動する人々の多くは、当時興安丸で帰国した人々である。また、中国でも当時、帰国した多くの華僑青年らが今では党や政治機関、渉外担当部署、高等教育機関、鉱工業企業の幹部や中心人物となっている。日本の侵略者に日本に送られ、惨い仕打ちにあい、亡くなった中国人労働者らの遺骨も中国に届けられた。一九五三年二月、日本では「中国人俘虜殉難者慰霊実行委員会」が設置され、殉難者の遺骨を中国に送り届ける作業にあたった。興安丸は十回にわたって遺骨を送り届け、その総数は三千柱に上った。中国に滞在する日本人の帰国支援は、中国が行った中日民間外交の重要な一部分であった。この活動によって両国国民の相互理解と友情が深まっただけでなく、日本政府の新中国に対する態度を変化させ、両国の国交回復のプロセスを前進させた。

三　友好相互訪問

一九五四年の国慶節前、中国は日本の各政党、各界の友好関係者を中国観光および国慶節の祝賀行事に招待した。日本側は各政党の有識者四十名からなる大規模な議員団を北京に派遣した。この団には団長と副団長を設けず、各政党の顔となる人物らが順番に団長役を務めた。新中国建国五周年の祝賀行事中、北京に集った日本の衆参両院議員の数は全国会議員の二十分の一に相当した。これほど多くの日本の政治家と日本の友人らが北京に集まったことから、成長を続ける社会主義国家・中国への関心の高さ、また、中日友好がすでに人々が望むすばらしい事業になっていたことがうかがえる。

一九五四年十月三十日から十一月十二日にかけて、李徳全を団長、廖承志を副団長とする中国紅十字会代表団が日本を友好訪問した。新中国成立後、初の大型代表団の日本訪問であった。周恩来総理は代表団の出発に先立ち、次のように指示した。今日のような複雑な状況下で、日本を訪問できるだけで十分にすばらしい。日本では友好交流についてのみを語り、その他のことを語ってはならない。中国の平和政策と友好的な態度、中国人民は過去の憎しみを水に流す、日本人も中国人民とともにふたたび戦争が起こるのを防ぐべきだ、ということを伝えるよう指示したのである。代表団は訪れる場所すべてで日本国民の熱烈な歓迎を受け、訪問は大成功を収めた。これを契機に中日の民間関係は経済交流から政治交流へと発展し、日本の各党派と各界の友好人士が続々と中国を訪問した。

一九五五年に締結された第三次中日民間貿易協定に基づいて、中国商品見本市団と日本商品見本市団が相手国でそれぞれ見本市を開き、ともに成功を収めた。周恩来総理は見本市の開幕祝賀パーティの席上、「日本商品見本市は中日両国の貿易、友好関係および人民の友情といった面で重要な役割を果たすに違いない。両国は依然として外国から干渉されているので、我々は互いに支えあい、助けあっていくべきで、平和共存、友好協力、平等互恵といった考えに基づき、中日両国関係を発展させ、真の共存共栄を実現しなければならない」と語った。

一九五七年と一九五九年、日本の社会党が訪中使節団と訪中代表団を派遣し、中国人民外交学会と二度にわたり共同声明に調印した。そして後に語り継がれる「浅沼精神」を残したのである。一九五七年三月、中国青年代表団が日本を訪問した。その年の冬、王震、廖承志がそれぞれ農業代表団と第二次紅十字会代表団を率いて日本を訪問した。

四　文化・スポーツ交流

中国と日本の文化交流で、早くから中国を訪問し、つきあいも長く、関係が親密なのは松山バレエ団である。松山バレエ団は近代的なテーマを扱った中国オペラ『白毛女』を初めてバレエの舞台に作り上げ、日本と中国で上演し、センセーションを巻き起こした。一九五五年七月、松山バレエ団は初めて中国を訪問し、周恩来総理の案内で『白毛女』を演じた三名の役者が対面した。松山バレエ団の訪中を皮切りに、日本の文化芸術界の多くの人々が続々と中国を訪問し、中国側も日本へ多くの訪問団を派遣した。中日間の民間文化交流はこれまでにないほど盛んになり、五〇年代半ばにピークを迎えた。この年の十月、日本の伝統芸能である歌舞伎の第一回北京公演が行われた。その答礼訪問として、一九五六年五月、中国は梅蘭芳が率いる京劇代表団を日本に派遣した。京劇団の日本公演は中国ブームを巻き起こし、至るところで熱烈な歓迎を受けた。

一九五五年十一月、片山哲元首相が率いる憲法擁護国民連合代表団が中国を訪問し、中国人民対外文化協会と初の中日民間文化交流協定に調印した。一九五六年六月、北京など中国の十大都市で「日本映画週間」が行われ、健全な内容で、芸術的にもすばらしいストーリー映画数本が上映された。それらの映画は多くの中国人にたいへん愛された。同じ年の秋、日本の文化人代表団が中国を訪問し、室町時代の著名な画家、雪舟の絵画展を北京で開催した。一九五八年三月、松山バレエ団が再び中国を訪問し、バレエ『白毛女』の公演を行った。

一九五六年四月、中国は優れた卓球選手を日本で行われた第二十三回世界卓球選手権大会に参加させた。新中国成立後、第一期の卓球選手たちが日本の試合で初めて頭角を表わした。また、一九七二年七月には、孫平化が率いる上海バレエ団が訪日し、滞在期間中、田中首相と会見した。この会見は事実上、田中首相の訪中が近いというプレス発表が事前になされたようなもので、両国人民が長い間願ってきた国交正常化がまもなく実現することを意味していた。

五　学術交流

中国と日本の学術界の交流は一九五四年にスタートした。初めて中国を訪問した代表団は、その年の九月に学習院院長の安倍能成が率いた大型学術代表団であった。一九五五年五月、日本の学術会議代表団が訪中し、十一月には日本医学界代表団が中国を訪問した。北京滞在期間中、中華医学会と中日医学交流協定に調印し、両国の医学交流に道筋をつけた。一九五五年十二月、郭沫若を団長とする中国科学代表団が日本学術会議の招聘に応じ答礼訪問を行った。一九五六年から中国の学者らも続々と日本を訪れ、国際的な学術会議に参加するようになった。たとえばアジア・太平洋保健会議、人文社会科学学術会議、アジア・太平洋電子顕微鏡学会議などである。一九五七年、日本考古学代表団、物理学代表団が相次いで中国を訪問した。自然科学の分野では、物理学界の交流がもっとも早くに始まったといえる。その後徐々に拡大し、燃料、土木工事、水利および農業分野の専門家視察団が相次いで中国を訪問した。農業分野の交流は当時から現在まで一貫して続けられており、その範囲も徐々に拡大している。

六　日本の元軍人の友好活動

中日友好に取り組む人のなかには、日本が中国を侵略していた時期に、中国人民に危害を加えた元軍人の人々が多くいる。これもまた中国と日本の歴史による特別な現象である。一九五六年、将校出身の元軍人からなる代表団が中国を訪問した。九月四日、毛沢東主席がこの代表団と会見し、前を向いて歩み両国の友好に貢献するよう彼らを励ました。そして「日中友好元軍人の会」が一九六一年に設立され、中国人民外交学会および中日友好協会と長期にわたる友好協力関係を築いた。「元軍人会」のメンバーはみな、陸軍大学校および陸軍士官学校の出身者で、戦後、軍の世界を離れ、民間企業の活動に従事していた人々であった。その後、メンバーは軍人出身の日本の自衛隊退官者まで広がり、「中国政経懇談会」を設立し、中日友好のために貢献した。「中国帰還者連絡会」はもう一つの元軍人友好団体である。メンバーは全員、撫順戦犯管理所から早期釈放された日本の元戦犯である。彼らの一部は日本に帰国してから中国の友人となり、中日友好のために力を尽くし続けた。また、中日友好の活動に参加した元軍人の団体「旧友会」もある。

中日両国は戦争を経た後、歴史や国際政治の要因で、その両国関係は長い間正常な状態になく、関係正常化へ向けた努力は民間または半官半民の形で行うしかなかった。両国の民間外交は、冷戦の時代にあった両国人民が、当時の国内外の環境および主観的な要因に基づいて行ったものである。国際法に照らせば、中日両国は当時、依然として戦争状態にあった。しかし、両国人民の積極的な行動によって、とくに中国政府の積極的な動きによって、国際慣例にとらわれない民間外交が迅速に展開された。国交正常化以前、政府主導による経済貿易をメインとした民間交流は、両国間の非公式な外交的接触を可能にし、またそれを維持した。戦後処理と経済復興は両国が当時取り扱った主な内容であった。しかし、正式な外交関係があったわけではないので、形式上は経済と政治を分けて行うものとし、民間交流は非公式の外交ルートとなっていた。こうしたことは外交的に非常に特殊な意義をもっている。このような接触と交流によって、両国は特殊な歴史状況と現実的な国際政治環境にあっても一部の戦後問題を適切に処理したのである。

一九五〇年代および六〇年代、中日関係は非常に険しい発展の道をたどったが、これは民間友好事業の難しさを示していると同時に、民間友好がなしえた優れた功績をも示している。双方の絶え間ない努力によって、とくに民間が長期にわたり、大変な仕事をきめ細かくやってきたことによって、さまざまな問題を克服し、氷河時代を乗り越えた。茨の道が切り拓かれ、狭かった道は徐々に広がり、起伏だらけの道は徐々に平坦になり、ぬかるみは徐々に広々とした歩みやすい道となった。そして中日関係をより発展させるための下地が作られたのである(13)。しかし、政権を担当してすでに七年八ヵ月となっていた佐藤政権は、中国問題でとくにこれといった取り組みを行わず、飛躍的な発展などまったくなかった。七〇年代に入ると、中日友好と中日の国交回復を望む声が日本中で沸き起こり、後戻りできない一つの流れとなっていた。ニクソンの「頭越し外交」と中国が国連における合法的な議席を回復したことで、長い間アメリカに追随してきた佐藤内閣も時勢に乗った田中内閣に政権を譲った。一九七二年の国交正常化へのプロセスのなかで、政府主導、官民並行という民間外交が事実上、政府間外交の一部となっていた。田中内閣は具体的な対話、各原則の制定、正常化の方法とプロセスといった問題を検討するにあたって、日本の野党を通して日中覚書貿易事務所の重要な代表者と検討のうえ、確定した。

両国人民間の長期にわたる交流を経て、日本国内にも中日関係を前進させようという多くの人々と団体が生まれた。政治関係が依然として回復されていない状況で、日中民間貿易の意義は経済という単純な枠組みを超えていた。当初、日本の対中政策の中心は、吉田内閣が打ち出した「政経分離」という方針であった。つまり、政治関係を発展させるのではなく、限られた範囲内での民間貿易と人的往来の発展を認めるというものであった。しかしながら、当時「政治」と「経済」はもともと切り離されてはいなかったのである。日本政府が民間交流にさまざまな妨害を与えたという点がこのことを充分に証明している。吉田内閣以降の石橋内閣、鳩山内閣、池田内閣などいくつかの内閣は、対中関係の発展に前向きだったが、岸内閣と佐藤内閣は反中の道をもっとも遠くまで歩んだ。いずれの内閣であっても、その対中政策は「政治と経済の分離」という枠組みを踏み越えるものではなく、それぞれの内閣の中国に対する姿勢の違いは、「水面下」で行われる民間外交への対処の仕方にしか現れなかった。その主な原因は、日本がアメリカからの牽制と台湾からの干渉を受けていたからである。七〇年代の初め、日本と中国の国交回復を求める民間外交が最高の盛り上がりを見せた。日本の社会党は労働組合総評議会（総評）の支援のもと、一九七一年二月に「日中国交回復国民会議」を設立した。同じ年の十月二十一日、日本全国で百万人以上が参加する大規模なデモを行い、佐藤内閣の中国を敵視する姿勢に反対し、すぐに国交を回復するよう訴えた。一九七二年の前半、日本では日中国交問題が政局の中心になっていた。市民団体、野党、与党に至る有識者、集会によるデモから国会での質疑、労働者、文化界から経済界、宗教界までが佐藤内閣の反中政策に反対し、日中国交回復を求める声が日本列島中にこだました。一つの外交問題をめぐって、全国の各市民団体、各界の識者、与野党の有識者が立ち上がり、共通する目標に向かって前進したのは、世界でもあまり類をみない。中国と日本がそれまで長期にわたって友好運動と民間外交活動を行い、それによって巨大なエネルギーを蓄えてきたからこそ、日本であのようなかつてない盛り上がりが見られたのである。

田中角栄は「憲法第九条を対外政策の基本とし、できる限り早く中華人民共和国との国交を樹立し、アジアと世界の平和のために貢献する」という選挙綱領を掲げて、激戦となった自民党総裁選を制し、一九七二年七月七日、首相に就任した。田中内閣組閣三日目に孫平化が上海バレエ団を率いて日本を訪問し、一カ月あまりにわたり滞在して公演を行った。孫平化は覚書貿易東京連絡事務所の肖向前主席代表とともに日本の各界関係者と接触し、自民党や野党の古い友人や新しい友人と会見し、田中首相が引き続き行動を起こして早い時期に中国を訪問できるよう後押しした。日本での滞在も後半に入ると、孫平化と肖向前は大平正芳外務大臣と会見を重ねた。大平は、「私と田中首相は一心同体の盟友だ。首相は私に外交事務の一切を処理する全権を与えている。田中首相と私は、日本の政府首脳が中国を訪問し国交正常化問題を解決する、その時期は熟したと考えている」と語った。孫平化は周恩来総理の指示にしたがい、中国側は田中首相が北京を訪問し周総理と直接会談することを歓迎する、と述べた。八月十一日、大平外務大臣が再度、孫と肖に会い、田中首相の訪中の意向を正式に伝えた。八月十二日、周恩来総理から権限を受けた姫鵬飛外交部長は、田中首相が訪中して会談を行いかつ中国と日本の国交問題を解決することを歓迎する、という声明を発表した。八月十五日、田中首相は孫平化および肖向前と会い、周恩来総理の好意に対する感謝を述べ、中国を訪問する決意を固めたこと、また、訪中を通して大きな成果を上げ、両国関係を順調に発展させたいとの意向を示した。会見後、中日双方は田中首相の訪中が近く実現されるということをマスコミ発表した。両国政府の重大な外交日程は、こうした民間外交のルートを通して決定されたのであった。

田中首相が中日国交正常化を自らの内閣の外交の中心に据え

た際、日本の与野党の有識者や中日友好に熱心に取り組んでいた各界の友人らは、すぐに東京と北京を行き来するようになり、中日両国政府のために積極的な交流を行った。こうした民間外交はとても重要な架け橋的な役割を果たし、両国首脳の相互理解と相互信頼に役立った。そして外務当局の手続き的な準備作業を経ず、直接政府間の正式な会談に入ったのである。こうして国交正常化のプロセスは急ピッチで進んだ。一九七二年九月二十九日、「中日共同声明」の調印式が人民大会堂で盛大に行われた。この声明が発表された即日、二十年あまり続いた両国の異常な状態に終止符が打たれた。外交関係が樹立され、両国関係史の新たな一ページが刻まれた。共同声明の第九条は具体的な民間交流に関する部分で、「中華人民共和国政府及び日本国政府は両国間の関係を一層発展させ、人的往来を拡大するため、必要に応じ、また、既存の民間取決めをも考慮しつつ、貿易、海運、航空、漁業等の事項に関する協定の締結を目的として、交渉を行うことに同意した」とある。

中国と日本の国交正常化は中日関係史の新たな一ページを開いた。両国間のさまざまな分野で、関係発展の道が大きく開かれた。両国の経済関係はこれまでの「半民半官」から「官民並行」へと変化し、二国間貿易も急速な発展段階に入った。国交回復後の数年間、双方はとても積極的に経済交流を行い、民間団体の交流も非常に積極的なものだった。文化、学術、スポーツ、市民、工業・農業団体などあらゆる分野で両国間の民間交流が急速に進んだ。友好都市締結や「青年の船」など一連の新たな交流形式も生まれた。

中日関係の特徴は、政府間の関係正常化がすべて政府を通じで行われたものではない点にある。新たな段階でもっとも顕著な点としては、人的往来と交流が急速に発展したことが挙げられる。友好団体と友好運動はこうした往来と交流を計画し実施する重大な任務を負っていた。大平正芳は首相就任後、中日関係を発展させる思いきった措置を再度実施した。一九七六年末、福田赳夫が首相に就任すると、中国に対して友好的な人々を党の要職に起用し、また、条約締結作業を積極的に進めていた園田直が外務大臣に任命され、全力で締結交渉にあたった。一九七八年八月十二日、両国はついに平和友好条約に調印した。同年十月、鄧小平副総理が日本を訪問し、「中日平和友好条約」批准書交換式に参加した。

3「中日平和友好条約」締結以降の民間交流

一九七八年八月十二日、北京で「中日平和友好条約」の調印式が行われた。八月十六日、中国全国人民代表大会常務委員会がこの条約を審議し採択した。日本の衆参両議院も十月十六日と十八日、それぞれ「中日平和友好条約」を起立表決方式で批准した。「中日平和友好条約」の締結は非常に大きな現実的意義と歴史的意義を持っている。この条約は両国の善隣友好関係を確固たる基盤のうえに成立させた。両国関係史において、国交正常化に次ぐ非常に大きな出来事であった。条約は中日関係を政治的に総括したもので、両国関係をさらに発展させるスタートでもあった。条約は「中日共同声明」の原則を継承し、この原則を法的に確認した。共同声明とともに中日関係の政治的基盤を築いた。条約の締結は、両国国民の友情の深まり、両国の経済、文化、科学技術の交流のために大きな可能性をもたらし、中国経済の急速な発展を支える環境を作った。

中日両国の友好団体は条約締結を祝い、それぞれの方法で喜びを表わした。このことからも、両国の国民が未来に大きな期待を寄せていることがうかがえる。九月一日、中日友好協会など十一の団体が人民大会堂で条約締結を祝う盛大なレセプションを開催した。浜野清吾会長が招待に応じ、日中友好議員連盟のメンバー二十名からなる「日中締結を祝う日中議員連盟友好訪中団」を率いて中国を訪問した。訪中団は日本の慣習で、おめでたい大きな餅と赤飯を北京に持参し、中国の友人らとともに祝った。当時北京を訪問したその他の日本代表団、駐中国日本国大使館の外交官、日本企業の北京駐在代表および北京滞在中の日本の専門家、留学生ら一千六百名が招待を受けて出席した。調印後の一カ月あまり、日本の四十七都道府県のうち、三十一の府と県がそれぞれ官民共同の祝賀会を開催した。

「中日平和友好条約」の批准書交換式に参加するために、一九七八年十月二十二日、鄧小平副総理が訪日した。中華人民共和国成立後、中国指導者の日本への公式友好訪問はこれが初めてであった。十月二十三日、首相官邸の一階ホールで「中日平和友好条約」の批准書交換式が行われた。「中日平和友好条約」はこれをもって発効した。日本のマスコミと政界関係者は鄧小平の訪日で日本列島に沸き起こった「中国ブーム」を「鄧小平旋風」と呼んだ。日本の財界関係者は、人口も多く石油や石炭など豊富な資源に恵まれている中国が四つの近代化を進めるなかで、多くの機械設備を海外から購入するだろうと考えていた。いかなる点からいっても、中国は世界に残された最大の貿易市場であるに違いなかった。こうした認識に基づき、いすゞ、三菱、トヨタ、日立など二百社を超える企業が二十四日、これまでに類のない行動をとった。彼らは「中日平和友好条約」の発効を祝い、読売新聞、日本経済新聞、毎日新聞などの大手新聞に鄧小平の訪日を歓迎する広告を掲載したのである。二十五日には、日本経済団体連合会など六つの経済団体が鄧小平を歓迎するレセプションを開催した。参加者は三百二十名に上った。参加者数はイギリスのエリザベス女王歓迎レセプションの三百名を超え、これまでで最高となった。

「中日平和友好条約」の締結によって、中日友好協力関係の全面的な発展のために政治的かつ法的な基盤が築かれた。国交正常化から三十年、日本と中国の間にはさまざまな問題が起きたが、両国関係は正常な前進を続けてきた。そのこと自体が大きな成果といえる。正常化そのものも関係を正常に発展させた直接的な原動力となった。簡単にいうと、その原動力は経済の相互依存の深化、人的相互交流の拡大、社会的な共同体験の拡大である。本編に添付した表のデータ〔章末、表3―5参照〕が示すように、中日両国の人的往来はこれまでにないほど急速な伸びを見せ、両国は相手国の国民をどんどん受け入れ、理解と相互信頼を深めた。中日関係が進展するにつれ、正式な外交関係樹立後も民間友好交流をいっそう強化し、政治、経済、学術、文化などの各分野や各レベルでの国民の知識を結集し、率直に意見を交換しあうべきであるという認識を両国が持つようになった。このため、政府の公式な外交ルートが開かれた後も民間外交が色褪せることはなかった。逆に多様化される外交ルートの一部となっていったのである。政府の公式なルートが開かれたと同時に、民間ルートを通じた友好交流と協力は両国関係発展の基盤となり、また、原動力となった。両国の国民は自らの大切な役割を引き続き発揮するべきであったし、また、それができたのである。

一　拡大を続ける民間交流の範囲と内容

一九八〇年代に入ると、中日関係はより深まりを見せた。友好交流も官民双方が携わるものとなり、そのルートも大きく開かれるというすばらしい環境にあった。かつてそれほど交流が進まなかった分野やプロジェクトも動き出し、以前にはできなかった新しい交流形式も取り入れ、これまでは交流できなかった人々との接触も始まった。従来から続いていた経済貿易をメインとする交流も拡大を続けたが、さらに、茶道、華道、俳句などの分野でも日本で影響力を持つ裏千家、草月会、俳人協会なども次々と中国と友好交流関係を結び、中国公演を行ったり、中国の文人らと詩を作ったり詠じたりした。こうした交流で中日交流に新たな内容が加わった。これは中国と日本の文化交流の内容の豊富さ、多彩さを示している。

宗教分野での交流も徐々に進んだ。唐の時代、鑑真は六度にわたり日本への渡航を試みた末、大変な苦労をして日本にたどり着いた。そして医学を教え、説法を行って戒律を授けた。鑑真がこの世を去った後、弟子が実物大の塑像を作ったが、この塑像は日本の国宝となっている。関係機関と友好に携わる人々が話しあった結果、日本を訪れて千年が過ぎた鑑真和上を「故郷である揚州の大明寺に里帰りさせよう」ということになった。一九八〇年四月十三日、鑑真和上像が森本孝順長老の付き添いで揚州に里帰りした。そして北京歴史博物館と法源寺で多くの市民と「対面」した。鑑真は里帰りの途中、沿道で多くの人々に暖かく迎えられた。中日関係史上、大変大きな出来事で、国際交流のなかでも非常に珍しいケースであった(14)。日本の弘法大師空海は有名な学問僧であり、西安の青龍寺に十年ほど留学していたことがある。そして日本の真言宗を開いた人物でもある。真言宗には日本で多くの信徒がいるが、一九八〇年、その信者らが青龍寺の修復に寄付したい、それが無理なのであれば、青龍寺のあった場所に空海紀念堂を建てたいと申し出た。そしてついに、遺跡の傍らに日本の風格を湛えた「慧果空海紀念堂」が建てられた。一九八四年、紀念堂の竣工に際し、真言宗座主と信徒三百人が西安を訪れ、落成式典に参加した。その後、中日友好協会と中国仏教協会および真言宗の代表三百人が北京で行われた空海を記念する盛大な行事に参加した。揚州大明寺と慧果空海紀念堂は中日間の友好と文化交流の歴史が非常に長く続いてきたことを証明している。

二　民間交流における対話メカニズムの整備

一九七八年から一九八八年の十年間は中日関係が大きく発展した時期といえる。この間、両国の各分野の交流と協力は、その範囲および深みのいずれからみても、これまでの中日関係史上にないほどまでに発展した。この間、両国の指導者は頻繁に相互訪問を行った。公的なものとしては、政府閣僚会議（一九八〇年開始）、外交事務当局定期協議などの定期会議制度（一九八〇年開始）がすでに実施されていた。こうしたなかにあって、民間も定期的な交流ルートを築くことが求められるようになった。

中日民間人会議と中日友好交流会議は、廖承志の支援で作られた二つの民間交流ルートである。日本の元衆議院副議長、岡田春夫は一九八〇年代初め、北京を訪問した際、中国と日本は民間分野での定期的な交流ルートを築くべきであると提案した。日本とアメリカやソ連には類似する民間ルートが存在しており、中日両国の民間分野でもこれに類似する定期会議制度を構築する必要があった。双方は充分な話しあいを重ね、二年ほどの下準備を経て、一九八二年秋の中日国交正常化十周年の際、第一回中日民間人会議を東京で開催した。会議では二国間関係や国際情勢および中日経済技術協力などの問題が重点的に話しあわれた。中日友好交流会議は当初、中日友好協会の責任者と廖承志が提起した。彼らの考えは、「民間における中日友好はしっかりした基盤をもっており、交流も頻繁に行われている。また、中日双方の友好協会は長期にわたり友好協力関係を築いてきた。したがってこれまでの経験を総括するルートをもつべきである」というものだった。両者は定期的な会議制度を作ることを決め、第一回中日友好交流会議を一九八三年八月、北京で開催した。両者は両国の友好協会間で友好事業をどうやって進めてきたかを振り返り総括した。そして、中国と日本の友好事業が直面している重要課題や採るべき施策などについて話しあった。

中日友好二十一世紀委員会は一九八三年、胡耀邦総書記が訪日した際、中曽根首相が中日善隣友好関係の長期的かつ安定した発展の道を探ろうとする胡耀邦総書記の主張に答える形で設立した。一九八四年三月二十三日、中曽根首相の訪中期間中、中国と日本は中日友好二十一世紀委員会の設立で合意した。この委員会の任務は、「中日共同声明」および「中日平和友好条約」の基本原則に基づき、「平和友好、平等互恵、相互信頼、長期安定」という四つの原則を厳守し、政治、経済、文化、科学技術などの広い視点から、中日善隣友好関係の長期的かつ安定した発展の道を研究し、両国政府に提案を出すというものである。一九八四年九月、中日友好二十一世紀委員会は東京で初会議を開いた。

三　民が官を促すという作用を充分に発揮する

中国と日本の国交正常化以降、中日関係が歩んだ道はけっして平坦ではなかったが、その多くの段階で中日友好を求める声は非常に強く、両国国民の多くが中日友好を支持していたし、また、たくさんの人々が有益な活動を行った。しかし、不調和音が聞こえてくることもあった。とくに新しい世紀が始まってまもなくの頃、中国と日本の有識者が望まない局面、つまり日本の一部の指導者が歴史問題を後退させ、中国人民の感情を傷つけるようなことを行った。それによって中国と日本の間には「政冷経熱」〔政治関係は冷え込んでいるが、経済関係は熱い〕、

「上冷下熱」「政府レベルは冷えきり、民間レベルは熱を帯びている」といった現象が生じ、両国の政治関係の発展の障害となった。そしてこの障害はますます深刻化し、両国トップの相互訪問がまったく行えない状態となり、民間レベルでも相互信頼を失うといった事態に陥った。「政冷経熱」と「上冷下熱」の現象が進むと、双方の有識者は焦慮し始めた。歴史上、五十年にわたり戦争と対抗を経験してきた二つの大国が、二十一世紀の始まるこのときに平和の道を選ばず、二十世紀と同じ道を歩むのであろうか。そのようなことがあってよいはずはない。双方が手を尽くしてこうした状況を改善しようとした。

二〇〇六年三月、中国人民対外友好協会と中日友好協会は、日本側の対中友好七団体の会長がともに中国を訪問するよう招請した。こうした友好団体は頻繁に中国を訪問していたが、七団体の会長が同時に中国を訪問したのは初めてであった。

二〇〇六年三月三十日、中日友好協会の招待を受け、日本の中日友好七団体の会長が初めてともに中国を訪問した。この七団体とは、日本国際貿易促進協会、日中友好議員連盟、社団法人日中友好協会、日中文化交流協会、財団法人日中経済協会、社団法人日中協会および財団法人日中友好会館である。期間中、彼らは中国側関連団体のトップと民間交流の強化、両国関係の発展について意見交換を行った。胡錦濤主席も日本の七団体のトップと会見し、中日関係を改善したいという中国側の意向を伝えた。

日本国際貿易促進協会の中田慶雄会長は次のように述べている。ここ数年、日本の一部の政治家が中日間の三つの政治文書の精神に基づかずに歴史問題と台湾問題を処理しているため、中日両国の政治および外交面で摩擦が生じており、人々を心配させている。中国と日本の政治関係が冷え切ったため、経済関係や国民感情にも影響が出始めた。日本の友好七団体トップによる代表団が北京を訪問したのは、中日間の問題解決に向けて努力するためである。この訪中は日本の経済界の共通認識を反映するものでもあった。経済界の考えは、中国と日本の政治関係はすでに両国の経済交流に影響を与えており、こうした状況は改善せねばならず、両国国民の友好的な気持ちをさらに強いものとする必要がある、というものであった。三月三十一日午前、七団体の会長と対外友好協会、中日友好協会、中国国際貿易促進委員会、中華全国青年連合会、中華全国婦女連合会、中華全国総工会など中国側民間友好団体のトップが座談会を行い、民間交流の強化、中日関係の改善について意見を交わした。会議では次の点で合意した。一つ目の目標は、中日関係をこの困難な状況から脱出させなければならない、これは早急にやらねばならないことである。二つ目の目標として、困難な状況から脱した後、引き続き発展させていかなければならない、子々孫々にわたる友好を実現しなければならない、これは一時的な問題ではなく、長期的な視点でとらえなければならない問題である。また、双方は「民が官を促す」という役割を充分に発揮し、両国関係を改善し、さらに発展させようという点でも一致した。

四　文化による信頼醸成を続ける

文化により信頼を醸成する、つまり、文化交流によって互いに信頼しあう気持ちを深めようとするものである。中国と日本の五十年にわたる戦争と対抗によって、両国人民の信頼感情は大きく損なわれた。しかし、中国と日本は二千年以上にわたり文化交流と友好的な協力を行ってきたのである。戦後六十年あまり、中日友好団体は従来両国にあった相互信頼を取り戻そうと多くの取り組みを行った。

両国国民の友好感情を深め、中日関係の健全な発展を推し進めるために、中日友好協会と中華全国体育総会（中国武術協会）、日中友好協会、日本相撲協会、株式会社アサツーディ・ケイは共同で二〇〇四年六月四日から十一日まで、北京と上海で大相撲中国巡業を開催した。これは大相撲にとって三十一年ぶりの中国訪問であった。前回の訪問は中日国交正常化を祝うもので、周恩来総理も取り組みを観戦した。この話は両国の政治における一つの良い話となっている。大相撲は日本ですでに一千五百年という悠久の歴史を持っており、日本の真髄であり、日本の伝統的な競技を代表するものとして、国民から広く愛されてきた。そして、その独特さと日本文化の特徴を色濃く出していることから、世界的にも高い知名度を誇っている。大相撲が再び中国巡業を行ったことは、中日両国の文化交流のなかでも大きな出来事であり、両国国民の相互理解と友情を育てるといった点でも大きな意義を持っている。中国の人々はこうした文化交流に大変な盛り上がりを見せた。訪中した力士の一人、琴ノ海（陳詩聡）は生粋の上海人であった。小さな頃からバスケットボールと船をこぐことが好きだった彼は、淮海中学に通っていた当時、徐匯区の少年体育学校に通うようになった。十四歳のときに母親とともに日本に移住した。ちょっとした偶然によって彼は相撲との縁を結んだ。当時は三段目だった陳詩聡は中日友好の使者として故郷に戻ってこられたことに感激し、誇りを感じていた。彼は「日本の真髄を中国に紹介したい、中日両国民の友情が深められるよう力を尽くしたい」と述べている。

二〇〇五年五月十二日から十四日にかけて、日本の人間国宝、中村鴈治郎率いる歌舞伎近松座が北京公演を行った。一九七九年以降、二十五年ぶりに日本の歌舞伎が中国でお目見えした。一九七九年に歌舞伎が訪中したのは、両国の平和友好条約調印に華を添えるためであった。五月二十五日、日本の文化財九十九点を展示する「日本名宝展」が中国国家博物館で開幕した。これ日本の国宝級の文化財が中国で初めて大規模展示された。これほど多くの貴重な文化財が海外で展示されたのは、歴史的にも非常に稀なことであった。歌舞伎、大相撲などはまさに日本の国粋であり、日本の伝統文化・芸術を代表するものである。彼らの中国訪問の目的は、中国と日本の政治関係をさらに密接で友好的なものにしようというものであった。

五　経済をもって政治を促す、経済貿易分野では交流をリードする役割を継承、交流は徐々に複合化

一九七八年の中日長期貿易協定と一九八〇年の中日科学技術協力協定の締結によって、中日経済貿易関係はそれまでの単純な輸出入取引から経済貿易、科学技術といった全方位的な協力へと発展した。九〇年代に中日投資促進機関が設立され、両国の民間経済貿易協力は質的にも量的にも飛躍的な伸びを見せた。この三十年来、両国の経済貿易交流は全面的かつ急速な発展を遂げ、両国関係のなかにあっても「ウィンウィン」の効果がもっとも顕著な分野になった。一九七九年の中日貿易総額は六十九億九百万ドル、一九八一年には百億ドルの大台を超えた。九〇年代以降、中日貿易額は急速に伸び始めた。一九九一年には二百二億八千万ドル、一九九五年には五百七十四億六千万ドル、一九九九年には六百六十億ドル、二〇〇一年には八百七十七億五千万ドル、二〇〇四年には一千六百七十八億ドルに達した。中米貿易、中欧貿易とともに三つのパターンで貿易を支える形となった。もし、香港マカオ特別行政区を含んだ場合、中国はすでに日本の最大の貿易相手となっている。経済協力の面では、二〇〇四年末時点で、日本の対中直接投資は契約ベース累計で六百六十六億ドル、中国の外資導入では上位となっている。そのうえ、輸出入製品の構成からみると、両国は垂直分業から水平分業へと変化している。経済協力のレベルからみると、強みをもって互いに補いあう関係からさらに密な相互依存性を持つ段階へと移っている。

日本は世界第二の経済大国で、現在、中国のGNPは世界第四位である。日本は繁栄を保とうとし、中国もある程度ゆとりある社会の構築を進めている。中国と日本の経済分野での協力が進めば、双方がウィンウィンを勝ち取るためにプラスとなる。こうしたウィンウィンは両国関係を非常に強く、そしてさらに密なるベースのうえに成り立たせることができるだろう。これは世界の平和、世界の発展にも資することなのである。

六　友好交流の実務化

両国間の人的往来は国交回復時の年間のべ数千人からのべ数百万人まで増えた。二〇〇四年、中国を訪れた日本人はのべ四百三十五万人に達し、両国間のフライト数は、一週間で五百便となった。交流の内容もバラエティー豊かで、具体的かつ着実なものとなった。多くの日本人が中国の砂漠化改善、植樹、古

跡修復、貧困に苦しむ学生への奨学金支給などのプロジェクトに参加している。

　中国人民対外友好協会の陳昊蘇会長は遠山正瑛について、新しい世紀のベチュン〔カナダ人医師。抗日戦争中に中国人の治療にあたり、中国に貢献した外国人〕である、自分のことのように中国人の緑化事業に取り組む姿勢はまさに国際主義的な精神だと称している[15]。鳥取大学名誉教授だった遠山正瑛は、二〇〇四年二月二十七日午前八時四十七分この世を去った。享年九十七歳だった。遠山の命の水は、中国内モンゴル自治区のクブチ砂漠の恩格貝にオアシスを誕生させた。永遠に敬慕の念を捧げたい人物である。一九三五年、中国に留学して農耕文化と植物の生態について研究した遠山は、中国の砂漠を緑化したいという夢を持った。国交正常化によってこの夢を現実のものとするチャンスが訪れた。一九七九年、中国西域学術調査団に参加し、シルクロード沿いの砂漠を視察した。そして、一九八四年、遠山は中国砂漠開発日本協力隊隊長に就任した。

　そしてボランティアとともに黄河上流の砂漠地帯にぶどうなどの作物を植えたのである。一九九〇年に定年になると、八十四歳の遠山は「地球村の村民」として内モンゴル・クブチ砂漠の恩格貝に定住した。遠山はこの果てしない砂漠は生命の帰る場所だ、まるで「ふるさと」の懐に戻ったようだと感じた。「恩格貝」はモンゴル語で平安、吉祥という意味を持つ。その名の通り、かつてここは緑の海原で、牛も羊もよく育ち、生活も安定していた。人々はみな、この場所はいつまでも平安な場所であってほしいと願っていた。しかし、長年におよぶ無秩序な開墾によって、生態系のバランスは崩れ、美しい草原は一面の砂漠になってしまった。遠山はこの激しい変化を非常に残念に思い、大変な苦労をもってしてもこの地にまた緑を取り戻すことを決意した。彼はボランティアを率いて長年にわたり奮闘し、人による砂漠化の改善を実現し、その足跡を残した。一九九五年にはポプラ百万本を植え、一九九八年には二百万本、二〇〇一年には三百万、現在は年三百四十万本の規模になっている。遠山は生涯にわたり砂漠の研究と砂漠緑化技術の研究を行った。遠山の指導のもと、樹木の生存率は八〇%に達した。二万ヘクタールの砂漠開発試験場はすでに三分の一の面積が日本のボランティアにより森林となった。この場所でこうした緑化がなされたために、三百人規模の集落ができた。そして遠山は国連の「人類に対する思いやり市民賞[16]」を受賞した。

　一人の日本人がなぜ遠く中国まで来て砂漠の緑化をするのか。遠山はボランティアを募る際、このことをよく話題にした。遠山は次のような認識を持っていたのである。砂漠の緑化と世界平和は密接に関連している。世界の土地の三分の一は乾燥地帯である。地球温暖化、人口増加そして無秩序な開墾によって、砂漠化は急速に進んでいる。人類は今後、食糧危機に直面するであろう。砂漠の緑化、そして人による砂漠化の改善こそが、もっとも賢明な選択である。砂漠の緑化は日本にとってもプラスとなる。環境問題はすでに国境を越えた問題だ。衛星で観察すれば、黄砂が国境を越えて飛んでいる様子がわかる。環境問題を解決するには世界が一つにならなければならない。この点からいえば、日本人が中国で砂漠の緑化を行ってもそれは自分を助けることでもある。遠山はかつて、日本で影響力を持つマスメディア、NHKのテレビ番組のスタジオで、黄河両岸で緑化を行う意義を涙ながらに語ったことがある。そして豪快な気概をもって恩格貝での「百万株植樹プロジェクト」を始めたのだ。日本人に向けて「一人毎週、お茶碗一杯のご飯を節約しよう」とのメッセージを発信し、恩格貝を支援しようとした。七千名のボランティアが感化され、費用自己負担で「緑の協力隊」に参加し、中国を訪れ砂漠の緑化に取り組もうとした。武村正義元大蔵大臣もそのなかの一人である。遠山は、砂漠の緑化を中国の故事「愚公山を移す」ような取り組みだとし、子々孫々にわたって植林を続けて初めて砂漠化を食い止めることができるのだ、と語っている。長男もすでにボランティアに加わり、遠山をほっとさせた。遠山自らが設立した日本沙漠緑化実践協会のメンバーが今後もこの事業をさらに盛んなものにしていくだろう。臨終の際、ともに植樹をしてきた仲間にいい残すことはないかと問われた遠山は、「もう一度砂丘に立ちたい」といったそうである。彼はすでに亡くなってしまった。しかし、彼の精神はいつまでも残り、中国で砂漠の緑化のために流した汗は美しい湧き水となった。オアシスに茂るポプラはまさに、遠山の中国人民に対する温かい友情の象徴にほかならない。

七　交流組織の多様化、業界間交流のカウンターパート化

一九七〇年代に入ると、友好都市、省、県の締結が始まった。両国の地域間交流はさらに活発化した。同時に、「友好学校」、「友好港」、「友好新聞社」などが相次いで誕生した。科学研究、スポーツ、教育、文化、医療などの機関による業界間のカウンターパート同士の交流も範囲を拡大していった。地域間、機関同士、業界間のカウンターパート同士の交流は、似たような生活環境や同様の事業に携わっている両国の国民に互いが関心を寄せる事柄を提示して、交流の中味をさらに豊かにした。それによって心と心の交流ができるようになり、また、今後の末永い交流のために基盤が築かれた。六〇年代の中日青年友好交流会や七〇年代にスタートした「青年の船」、「友好の翼」に続き、両国の民間交流は大型化する傾向を見せ始めた。たとえば一九八四年秋、日本の各界の青年ら三千人が招待を受け訪中した。二〇〇〇年五月には五千人からなる日本民間友好使節団が訪中し、二〇〇二年には一万三千人の日本の各界の民間人が北京に集まって中国各界の人々と盛大な友好交流を行い、大きな反響

をよんだ。中日間の人的往来では低年齢化が進んで青少年の交流が占める割合が増加しており、両国友好事業の後継者育成にも貢献している。両国の民間交流の急速な発展によって、市民による「草の根」交流も増え始めた。人的往来はエリートらの交流から市民交流へと進み、「関西日中朋友会」、「中国に日本語教材を送る会」、「日中技術留学交流協会」などの自発的な市民交流団体が続々登場した。個人または家庭をベースにした交流も数えきれないほど行われた。

二〇〇六年五月十六日、中国の高校生二百名が日本を訪問し、日本の高校生と一緒に授業を受けたり、部活動に参加したりした。また、日本の家庭にホームステイし、文化、経済、社会状況について視察を行った。これは「中日二十一世紀交流事業」の一環として行われたもので、実施機関は日中友好会館であった。この事業は中国と日本の高校生、さらに高校生と市民の相互理解を深めようとするもので、学校生活、共同生活、ホームスティなどの直接交流を行うプロジェクトであった。見学場所の選定では、学生が環境保護対策、先進技術、福祉、伝統文化などに触れ、より多くの点について理解できるよう配慮し、その機会をできる限り学生に提供した。

二〇〇七年十二月、中国を訪問した福田首相が北京大学で講演した際、北京大学の女子学生が「戦略的互恵関係」とは何を意味するのか、という質問をした。これに対し、福田総理はユーモアを交えて「日本の女性の社会進出は中国より遅れている。あなたにも日本に来て、中国人女性の才能、仕事、暮らしを紹介してほしい。日本も中国に学ばなければならない。つまりこれが『互恵』というものである」と答えた。北京大学での講演のこの一幕によって、福田総理は「いかにして多くの中国人を世界に送り出し、中国を世界に伝え、イメージを作っていくのか」という点についてもヒントを示したといえる。

八　コミュニケーションツールの多元化

一九七〇年代に入ると、自治体交流のなかで、新たな取り組みが行われ、その成果もあがった。「青年の船」「青少年の船」といった形で多くの日本人が中国を訪れた。こうした方法では船の入港が可能な上海、天津（最大限に拡大して北京まで）を訪問することしかできなかったが、一隻の船で数百人が中国を訪問し、かつ、費用もそれほどかからないという特徴があった。最初のケースは一九七三年、兵庫県と三重県が実施した「青年の船」および「和歌山青年の船」である。一九七五年には「青年の船」がさらに発展し、仙台市の「青年の翼」、兵庫県および大阪市などの「友好の翼」など、チャーター便を利用した大型グループの訪中が試みられた。多くは若者が参加する団体で、中国を訪問することによって、次の世代の人々が中国について知り、中国の若者たちと相互理解を深めた。その意義はたいへん大きい。

両国の経済および科学技術が進歩するにつれ、両国のコミュニケーションツールも大きく変化し始め、近代化されたコミュニケーションツールが使われるようになった。両国の人民は、新聞、雑誌、書籍、テレビ、ラジオ、映画といった情報ツールを通して、その速さ、広範囲性、持続性によって、非常に便利に相手側の多くの情報をキャッチしている。こうして両国の人民がコミュニケーションできる話題もどんどん増えた。もっとも注目を集めているのは、インターネットの普及により情報発信の方法が多元化したことである。インターネットの普及は国際交流を促進した。インターネットはスピーディで、また、カバーする範囲も広い。従来のメディアにはない強みを持っており、これまで一方通行だった情報伝達の形も、一般のネットユーザーが意見を発表したり、議論に参加する場を提供するものへと変化した。

以上みてきたように、三十年に及ぶ民間交流には八つの特徴があるが、これは民間交流自体がある程度のレベルまで発展したことを示すものでもあり、また、この三十年間にわたり中日関係が絶え間なく発展し、比較的安定した政治環境を作り出したことによって現れた現象でもある。民間交流は、中日友好関係を推進して相互信頼の良好なムードを築く最高の手段なのである。中国と日本の両国関係を発展させるためには、政府間の協力が必要であるだけでなく、さまざまな分野での交流を深め、両国国民の相互理解と相互信頼を強化していく必要もある。民間交流を拡大させ深めていくためには、両国政府の支援が必要なのである。同時に、民間友好交流も安定した外交関係のベースとなっている。さまざまなルートを通じた交流は、二十一世紀に向けた友好協力パートナーシップの構築に重要な意義を持っている。こうしたなか、民間交流の内容はどんどん膨らみ、その位置付けと役割もますます重視されているのである。

しかし、歴史的そして文化的に特殊な背景をもつ中日関係にあって、民間交流が両国の外交関係のすべてだったわけではなく、一つの側面にすぎなかったということをはっきり認識しなければならない。両国の外交の中心はやはり政府の公式あるいは非公式な外交ルートでの接触であり、民間交流は往々にして政府による外交の補塡的な取り組みとして行われた。民間交流は、その特徴からして政府の政治や外交に取って代わることはできない。民間交流が果たす役割は限られているし、あくまで補助的なものである。関係正常化を実現する過程で、両国政府はしっかりとその主導的役割を果たした。その最前線に立って、民間の旗印を掲げた政界関係者の取り組みは、多少なりとも政府の支援を受けた。ある意味、その取り組みは政府の外交そのものだったともいえる。また、民間交流の拡大によってもたらされたものが何もかも良いものだったというわけでもない。実際、いかなる国の二国間関係にあっても、人的交流が増えれば、お互いの交流のなかで軋轢や衝突などが起きる。まして中日両国は歴史的にも複雑な恩讐を抱き、またイデオロギー、価値観および文化的にも大きな違いがある。交流の拡大により、さまざまな効果が得られたのと同時に、マイナスの結果を起こしてしまう事態も免れなかった。中日両国の交流が広がるにつれ、マイナスの要素も招いてしまった。民間交流にはコントロールしきれないという点があるが、これが両国関係に新たな課題を突きつけたのである。

現在、中国は百六十から百七十の国と公式な外交関係を結んでいる。こうした状況にあって、民間外交は必要なのであろうか。その答えはイエスである。政府関係はときに不安定な状況に陥る。たとえば、政権交代、国益の違い、さらには衝突などが政府の外交関係に影響を与える。このようなとき、人と人の直接的な交流が大きな役割を果たす。政府外交や外交全体の発展のための強固な人的基盤を築いてくれるのである。

たとえば、新たな世紀が始まったばかりの二〇〇一年一月、日本の対中友好七団体が招きを受けて中国を訪問し、中国側の十団体と会議を行った。そして「新世紀中日民間友好宣言」を発表した。二〇〇二年、中日国交正常化三十周年の際には「中日友好アピール」が発表された。二〇〇四年、両国関係に問題が起きると、中国は二〇〇一年の宣言を再度表明した。二〇〇五年四月十二日、中国の三十五団体と日本の二十五団体の代表が東京で両国の「平和と善隣友好に関するアピール」を共同で発表した。小泉首相の靖国参拝問題で両国の政治関係は冷えきったが、こうした状況のなか、両国の友好団体が友好の呼びかけを行い、国民に友好の大切さを知らせようとした。そして、両国は歴史を鑑とし未来に向かうという精神をもって、友好的な話しあいで両国または両国人民の問題、軋轢、論争を適切に処理するよう呼びかけた。

現在、両国にはまだ表面化していない問題があるが、これはまさしく両国関係が発展し、両国の相互依存度が高まり、競争意識が高まってきた結果でもある。中日関係は静的な視点と動的な視点の両方から考え、分析する必要がある。静的な視点からみると、国交正常化以来三十年、中日関係の発展はこれまでにない成果を遂げた。あくまでこれが両国関係の主流であり、衝突や軋轢は副次的なものにすぎない。動的な視点からみると、この三十年、中日関係は問題の解決と妨害の排除を続けながら発展してきた。現在、そして今後の中日関係は新たなチャンスと課題に直面するだろうが、必要なのはさまざまな問題に理知的に対処していくことである。日本にはたしかに右翼勢力があって、中国人と日本人の間の憎しみをかきたて、感情的にも互いに信頼ができないという状況を作り出そうとしている。もし双方が理論的な態度で問題に接しないなら、右翼勢力の願いを実現させてしまう。

二〇〇七年八月十七日、北京大学と日本の言論NPOが共同で実施した第三回中日共同世論調査の結果が発表された。「言論NPO」は日本の各界の代表的な有識者と言論のリーダーたちが個人の名義で参加する非営利団体である。メンバーには実力ある政治家と民間企業の経営者、官僚、記者、さまざまな分野の学者および研究者らが参加している。ここ一年、両国の政府が中日関係の改善に向けた努力を重ねたので、相手国に対して良いイメージを持っている人は二〇〇六年より増えた。この調査は二〇〇五年にスタートし、三年にわたり実施している。両国が同時に行っている唯一の世論調査である。今回は二〇〇七年五月に北京、上海、西安、成都、瀋陽など五つの都市で二千人近い人を対象に行われた。また、北京大学、清華大学など五つの重点高等教育機関の一千人あまりの学生も中国側の調査に参加した。両国の政治関係に「氷を砕く」、「氷を融かす」といった状況が見られるようになり、二〇〇七年、両国の世論は好転した。調査に参加した中国の大学生と市民のなかで、日本に対し「とても良い」または「やや良い」という印象をもっている人は二〇〇六年に比べそれぞれ二七・三%、九・九%増えた。日本の市民および有識者の中国に対する印象も「大幅に好転」または「少し好転」しており、その比率もそれぞれ一〇・二%、一八・二%増えた。両国の国民は中日関係を大変重視しており、六割以上の市民が、自国の発展にとって相手国は非常に重要だと見ており、半数以上の市民がエネルギー、経済などの分野で両国が協力を行える可能性があると考えており、今後の中日関係を楽観視している人の比率が増加している。

中日双方の調査結果によると、両国人民にとって相手を理解するもっとも重要なツールはメディアであること、また、両国の人民には相手国に対する直接的かつ深い理解が欠けていることがわかった。主催者側は、情報コミュニケーションのツールを増やし、民間交流を促進し、両国の民衆が直接触れあえる機会を増やすことは、中日関係の改善と発展にとても重要な意義がある、としている。両国の民間交流の意義と必要性について、調査を受けた両国の市民は前向きな態度を示しており、中国では七六・五%の学生と七八・三%の市民が両国の民間交流は「比較的重要」「たいへん重要」と考えている。また、日本では六三・三%の市民と九八%の有識者が、教育、芸術、観光などにおける国民レベルの交流が、両国関係の改善にとって「重要」あるいは「比較的重要」と考えている。このことからも、情報コミュニケーションツールを増やし、民間交流を促進し、両国人民が直接触れあう機会を増やすことは、中日関係の改善と発展に重要な意義をもっていることがわかる。

大平正芳元首相はかつてこう語ったことがある。「相手を知ろうと努力することはけっして容易なことではない。中日両国は一衣帯水の隣国であり、二〇〇〇年にわたる歴史的・文化的つながりがあるが、このことのみをもって、努力もせずに両国民が理解しあえると安易に考えるのは危険なことである。日本人と中国人では、物の考え方、人間の生き方、物事への対処の仕方などに大きな違いがある。この点をしっかり認識しておかねばならない。体制も流儀も異なる両国では、このような自覚的努力がなおさら必要なのである。このことを忘れ、一時的なムードや情緒的な親近感、さらに、経済上の利害、打算のみのうえに中日関係を築き上げようとするならば、それは砂上の楼閣のようにはかなく脆弱なものに終わるだろう。[17]」

中国と日本は二千年にわたる友好の歴史があり、長期にわたり民間交流が行われてきた。戦後六十年あまり、民間交流は両国の国交回復と関係の発展のために、たえず貢献してきた。

現在と一九八〇年代を比較してみると、両国交流は大きく拡大し、内容も深まっている。我々の想像を超える発展を遂げたのである。これほど多くの人々が密接な相互依存関係を築いたのは、この関係を壊すことが双方にとってマイナスとなることがわかっているからである。中日関係が重大な転換期にあり、平等で実務的かつ成熟し、双方が利益を獲得する新しい段階を迎えようとするなかで、民間交流は政府やその他のいかなるルートも変わることのできない重要な役割を今後も果たしていくだろう。そのためにはまず、双方の政府が、両国の子々孫々にわたる友好、前進、発展、繁栄のなかで、民間交流事業に重要な位置付けを与えるべきである。そして、これを重要視すると同時に、民間交流をさらに活発化させるための状況、雰囲気、環境を提供するべきである。二つ目として、両国の民間が時代とともに進み、より大きな、より長期にわたる、新しい努力目標を打ちたて、双方の交流をより広い範囲で、より深く、持続的なものへとする新しい段階へと推し進めなければならない。三つ目は、政治や経済での交流を進めると同時に、文化交流を強化し、人的交流を拡大して、文化的な隔たりを埋め、心と心による相互理解を深め、信頼を高めて疑いを取り除き、感情的にも「正常化」を実感することである。四つ目は、両国関係の転換期に噴出した問題、衝突、軋轢について、民間も大局的な視点から胸襟を開き、冷静な考え方、平和的な態度、理知的な振る舞い、たゆまぬ精神をもって、双方の政府が問題を適切に処理するのを助けるべきである。そして、友好の兆しをその芽生えの段階で潰さず、中日関係を正しい方向へと導いていくべきである。五つ目は、両国の若者達の交流を拡大することである。事業を引き継ぐ人材を急ぎ育てなければならない。そして、友好の大事業をさらに活発化し、子々孫々にわたって引き継いでいかなければならない。[18]

表1　中国人民対外友好協会「人民友好の使者」の称号を授与された日本人

番号	時期	氏名
一	一九九一年六月十二日	西園寺公一
二	一九九一年九月十九日	古井喜実
三	一九九一年九月二十五日	伊東正義
四	一九九一年十一月六日	宇都宮徳馬
五	一九九二年十月十三日	池田大作
六	一九九五年九月二十七日	團伊玖磨
七	一九九五年十月十六日	江上波夫
八	一九九八年八月十九日	森　繁
九	一九九九年九月十四日	関木忠弘
一〇	一九九九年十月七日	真山美保
一一	一九九九年十一月十五日	清水正夫
一二	二〇〇〇年五月十六日	松下正治

表2　中日友好協会から「中日友好の使者」の称号を授与された日本人

番号	氏名	職務
一	伊東正義	日中友好議員連盟会長
二	宇都宮徳馬	日中友好協会会長
三	平山郁夫	日中友好協会会長
四	向坊隆	日中協会会長
五	千田是也	日中文化交流協会専務理事
六	白土吾夫	日中文化交流協会専務理事
七	桜内義雄	日本国際貿易促進協会会長
八	河合良一	日中経済協会会長
九	池田大作	創価学会名誉会長
一〇	古井喜実	日中友好会館会長
一一	野田英二郎	日中友好会館理事長
一二	小林悦夫	日本全国市長会事務総長
一三	林義郎	日中友好議員連盟会長代理
一四	團伊玖磨	日中文化交流協会代表理事
一五	東山魁夷	日中文化交流協会代表理事
一六	司馬遼太郎	日中文化交流協会代表理事
一七	陳焜旺	東京華僑総会名誉会長
一八	博仁特古斯	東京華僑総会常任理事
一九	黄文欽	東京華僑総会常任理事
二〇	平岩外四	経済団体連合会会長
二一	斎藤英四郎	経済団体連合会会長
二二	花村仁八郎	経済団体連合会相談役
二三	二階堂進	衆議院議員、元官房長官
二四	真山美保	新制作座文化センター理事長
二五	清水正夫	松山バレエ団名誉団長
二六	松山樹子	松山バレエ団名誉芸術監督
二七	川村統一郎	廖承志の生前の良き友人
二八	後藤田正晴	日中友好会館会長
二九	長野士郎	全国知事会会長
三〇	小林隆治	東工コーセン社長
三一	脇信男	高松市市長
三二	松下正治	松下電器産業株式会社会長
三三	大内啓伍	民社党委員長
三四	小島鐐次郎	豊田市小島プレス工業会長
三五	藤井賢	香川県日中友好協会会長
三六	高田勇	長崎県知事

三七	三浦頼子	日中友好協会全国本部メンバー
三八	島田政雄	日中友好協会全国本部メンバー
三九	森繁一	自治体国際化協会理事長
四〇	野川康昌	日本麺類業団体連合会副会長
四一	田畑金光	日中友好協会副会長
四二	井口えみ	日中友好協会副会長
四三	石水伴清	愛媛県日中友好協会会長
四四	大谷武	日中友好宗教者懇話会会長
四五	金原博	石川県日中友好協会会長
四六	佐藤信	尚志学園園長
四七	遠山正瑛	砂漠化防止専門家
四八	栗田幸雄	福井県知事
四九	堀内巳次	長野県日中友好協会会長
五〇	松藤悟司	長崎全日空ホテルグラバーヒル代表取締役社長
五一	土屋義彦	元衆議院議長、埼玉県知事
五二	中山時子	日本の漢学家
五三	松村進	松村謙三の子息
五四	海部俊樹	元首相
五五	石野久男	社会党衆議院議員
五六	藤田高敏	社会党衆議院議員
五七	中田慶雄	日本国際貿易促進協会理事長
五八	組坂繁之	部落解放同盟執行委員長
五九	桂信雄	札幌市市長
六〇	森下洋一	松下電器産業株式会社会長
六一	稲盛和夫	京セラグループ名誉会長
六二	村岡久平	日中友好協会理事長

資料出典　中国人民対外友好協会サイト　www.cpaffc.org.cn

表 3　日本における 1983 年—2003 年の留学生数の統計

年　度	留学生総数	国費外国人留学生	中国人留学生	中国人留学生の割合（パーセント）
1983	10,428	2,082	2,136	20.5
1984	12,470	2,345	2,491	20.0
1985	15,009	2,502	2,730	18.2
1986	18,631	3,077	4,418	23.7
1988	25,643	4,118	7,708	30.1
1989	31,251	4,465	10,850	34.7
1990	41,347	4,961	18,063	43.7
1991	45,066	5,219	19,625	43.5
1992	48,561	5,699	20,437	42.1
1993	52,405	6,408	21,801	41.6
1994	53,787	6,880	23,256	43.2
1995	53,847	7,371	24,026	44.6
1996	52,921	8,051	23,341	44.1
1997	51,047	8,250	22,323	43.7
1998	51,298	8,323	22,810	44.5
1999	55,755	8,774	25,907	46.5
2000	64,011	8,930	32,297	50.5
2001	78,812	9,173	44,014	55.8
2002	95,550	9,009	58,533	61.3
2003	109,508	9,746	70,814	64.7

資料出典：日本文部科学省学生支援課

表５　1978年—2004年の中国に長期滞在した日本人数の統計　単位：人

年　度	中国大陸	中国香港	中国台湾
1978	691	6,251	4,058
1979	785	6,947	4,694
1980	1,366	7,687	4,722
1981	1,788	7,802	5,100
1982	2,209	7,976	5,177
1983	2,738	8,108	4,937
1984	3,062	8,416	4,882
1985	4,538	8,617	4,829
1986	4,967	9,143	5,000
1987	4,989	10,160	5,742
1988	5,770	10,978	6,438
1989	5,894	11,382	7,728
1990	6,205	13,540	7,364
1991	6,416	13,824	7,512
1992	7,291	15,311	7,607
1993	9,682	16,603	7,546
1994	12,736	17,548	7,544
1995	16,009	20,776	10,017
1996	18,925	23,483	12,917
1997	19,785	25,547	11,359
1998	19,236	24,032	11,448
1999	20,356	22,872	12,130
2000	22,912	22,512	13,613
2001	28,785	24,035	14,023
2002	37,677	25,421	14,719
2003	51,737	24,323	15,041
2004	73,405	24,656	15,416

＊ 中国に長期滞在とは、永久滞在のほか中国での滞在期間が３カ月を超えるものを指す。

資料出典　日本外務省領事局政策課「海外在留邦人統計」

表４　1978年—2004年の訪日者数と訪中者数の統計　単位：人

年　度	訪中した日本人	訪日した中国人
1978	27,828	7,220
1979	106,382	12,195
1980	169,308	18,142
1981	223,511	18,142
1982	245,103	20,756
1983	265,033	26,655
1984	386,169	47,811
1985	470,492	90,914
1986	483,507	69,270
1987	577,702	69,561
1988	591,929	108,511
1989	358,828	97,451
1990	463,265	105,993
1991	640,859	130,487
1992	791,528	183,220
1993	912,033	206,743
1994	1,141,225	193,486
1995	1,305,190	220,715
1996	1,548,843	241,525
1997	1,581,747	260,627
1998	1,572,098	267,180
1999	1,855,197	294,937
2000	2,201,528	351,788
2001	2,385,700	391,384
2002	2,925,553	452,420
2003	2,254,723	448,782
2004	3,334,255	616,009

4　青少年交流

二〇〇七年十二月二十九日午前、中国国務院の温家宝総理と日本の福田康夫首相は、釣魚台国賓館で開催された中日民間友好団体主催の朝食会に出席した。席上、温家宝総理は「中日友好には三つの重要な基礎がある。第一は中日の国交樹立に関する三つの政治文書の精神を遵守し、歴史を鑑とし、未来に目を向けること。第二は、中日友好の真の基礎は民心にあり、中日両国人民の間にある。両国人民は互いに尊重しあい、理解しあい、平等に相対すること。第三は、中日友好の未来は青少年にかかっているということである」と述べた。福田首相はこの訪中期間中、相互理解を増進するため、頻繁に相互交流を行う必要があると語った。真の相互理解があって初めて、相互信頼が確立される。対話を促進し、理解と信頼の好ましい循環を実現するためのもっとも効果的な方法は、次の三つの面の交流を強化することである。第一に青少年の交流、第二に知識交流、第三に安全保障分野の交流である。両国の指導者の話から、ともに青少年交流を重視していることが容易にみてとれる。

このことは、両国政府がいずれもすでに、青年間の理解や感情を育むことは両国関係の未来の発展に深い意義があると考えていることを示している。なぜなら、青年は未来を代表し、中日青年の交流と協力は中日関係の未来を代表しているからである。中日関係の改善には、両国青年の相互理解の増進が必要であり、中日関係の発展には、両国青年の共同の努力が必要であり、中日関係の未来は、両国青年が手をとりあって切り拓く必要がある。

一　大型中日青年交流活動の活性化、交流システムの日進月歩

長期にわたり、中日青年交流は両国関係の回復や発展にともない、五十数年間、並々ならぬ道を歩み、一連の重要な成果を

あげてきた。二〇〇六年二月、日本青年団協議会が東京で、中日青年交流五十周年記念パーティーを開催し、王毅大使が席上、半世紀前の青年交流の状況を振り返った。大使は、「五十年前の中日関係は冷戦と対立の暗い影のもとにあったが、日本青年団協議会のみなさんが両国人民の友好回復のため、地域と世界の平和を守るため、想像を絶する困難を克服し、中国全国青年連合会の招きにこたえ、中国への道を切り拓き、中日青年交流の歴史を切り拓いた」と語った。

一九五六年、日本最大の青年団体「日本青年団協議会」が中国訪問団を派遣し、第二次世界大戦後の中日青年交流の第一ページを開いた。一九六五年に始まった中日青年友好大交流は、十九年後の一九八四年、成功裏にその第二回が実施され、三千名の日本青年が訪中し、翌年には五百名の中国青年が日本へ答礼訪問をした。これは中日青年交流史における重要な一里塚となった。二十三年前の青年交流活動のフォローアップ活動として、二〇〇七年六月には「日中青年世代友好訪中」活動で二百名あまりの日本人が中国の大地を踏んだ。

日本青年団協議会（以下「日青協」と略す）は、日本でもっとも歴史があり、末端組織のカバー範囲がもっとも広い青年団体である。日青協は第二次世界大戦中、軍国主義に力を貸したこともあるが、戦後は一九五一年五月に再建され、二度と戦争の轍を踏まない、二度と銃をとらないことを誓った。日青協の基本理念は、青年の権益擁護、青年の生活レベルの向上、青年の生活環境改善、青年の社会的地位の向上である。国際問題については、「人類の博愛と正義によって世界平和を維持・擁護する」、「世界平和を勝ち取ることは人類生存の崇高な任務であり、覇権主義反対と民族自決権支持は世界の潮流である」と主張しており、核兵器の禁止、あらゆる核実験に反対の立場をとっている。中華全国青年連合会（以下「全国青連」と略す）の招きを受け、一九五六年、日青協は初めて二十二名の青年代表を七十日間訪中させた。代表団は各地で熱烈な歓迎を受けた。当時の代表たちは、中国の青年と夜を徹して飲みあかし、今後は敵にはならないと約束をかわしたことを思い起こすたび、みな胸を熱くせずにはいられないという。その訪中で、日青協は、青年は二度と銃をとらない、中日両国の青年は永遠に戦争をしないという二つの立場を表明した。一九五七年三月二十一日から四月二十四日まで、日青協の招きにこたえ、全国青連の劉西元副主席が中国青年代表団一行十名を率いて日本を訪問した。これは中国の青年組織が初めて日本に派遣した代表団である。代表団は、二十四回の大衆歓迎集会と三十九回の座談会に参加し、日本の青年と幅広く接触した。

一九六五年、中日友好協会、中華全国青年連合会および中華全国学生連合会の三団体は、日中友好協会に招聘状を送り、協会の青年代表団と、協会を通じて北海道、東北、関東、東京、北陸、東海、関西、中国、四国、九州など地方の各界青年から選抜した訪中代表団を派遣してほしいと申し出た。この招聘状は一九六五年六月二十八日に届けられた。各青年団体および労働組合など民主団体の青年組織も同時に代表団を派遣するよう求める招聘状を受けとった。その数は四十一団体、五百人におよんだ。この中日青年友好大交流は非常に意義のある活動であり、中国側は日本の各界の青年を招くにあたり、中国各界の青年との友情を深めるため、八月二十一日から北京を皮切りに全国十五の都市で音楽・演劇・スポーツの友好試合を計画し、また名所旧跡の観光など豊富で多彩な活動を企画するなど準備を進めた。交流活動に参加した日本の各界の青年代表第一陣は二百七十一名、計二十三の代表団である。交流活動は、同年九月十五日に上海で終了した。第二陣は日本の各界の青年代表百三十九名、計十五の代表団で、同年十一月十五日に北京に到着し、十六日から交流活動を始め、十二月十三日に終了した。中国の党と国家の指導者、毛沢東、劉少奇、周恩来、朱徳、鄧小平、彭真らは、中国を訪問し交流活動に参加した日本の来客全員と会見した。十一月十五日付の人民日報には、日本の日韓条約批准反対闘争の記事とともに、半ページを割いて、訪中する日本青年のパスポート取得のための詳細な「八十日間の闘争記録」が掲載され、「中日両国の青年と人民の友情は、いかなる反動勢力もこれを阻止することはできない」と伝えた。

第二回中日青年友好大交流活動は、一九八四年九月二十四日から十月八日まで、中国の北京、上海、南京、杭州、西安、武漢の六都市でそれぞれ実施された。交流活動に参加した日本の各界の青年代表は三千名あまり、計二百十七の代表団であった。交流活動に参加した中国側の青年は百万人近くに上った。九月二十九日、四つのグループ、四つのルートに分かれて中国を訪問し交流活動に参加した三千名の日本の青年たちが、北京に集結した。九月三十日、首都の青少年一万五千人が大会を開き、日本の友人を歓迎した。胡耀邦、李先念、彭真ら党と国家の指導者が歓迎大会に出席した。十月一日、三千名の日本青年は、北京で中華人民共和国建国三十五周年の祝賀イベントに参加し、大衆のパレードや閲兵式を参観したほか、夜には天安門広場で首都の青少年とともに花火大会に参加した。この活動は内容は豊富多彩で、中日青年の世々代々の友好とアジアおよび世界の平和と安定の維持・擁護への願いを十分に表すことができた。

この交流活動は、中日の青年に深い印象を残し、大きな影響をもたらした。中日青年の友好往来の生き証人である日本の中曽根康弘元首相は二〇〇七年、温故知新、友好継承のため再度中国を訪問し、「一九八四年の中日青年の交流会は、我々の世代に中日関係融和の兆しを見せてくれた」と述べた。日本民主党の重要なメンバーである菅直人衆議院議員は、二十三年前、日本の各青年団体が組織した三千名の日本青年訪中団は、中国で熱烈な歓迎を受け、胡耀邦総書記（当時）の親しい接見を受けたと語り、招きを受けて訪中した日本青年の一員として、帰国後、日本で学ぶ中国人留学生と日本の青年との友好交流促進に努めるべきだとつねに考えるようになり、自分の母校である東京工業大学の中国人留学生との親睦会を毎年一回開催することを決めた、とも話した。

一九八五年、中国各地の青年代表五百名が、船で日本を友好答礼訪問した。中国新聞社の記者、潘索菲は光栄にも青年代表のメンバーとなり、代表団とともに日本へ渡った。彼女は「当時、私はまだ二十二歳、大学を出たばかりで、青年記者として、好奇心をもって、日本の同年代の友人をつくろうとした」と当時を振り返る。潘索菲は、日本訪問中に中曽根総理の接見を受けられただけでなく、中国国内で一世を風靡した日本の映画スター、たとえば『君よ憤怒の河を渉れ』で「真由美」を演じた中野良子や、連続テレビドラマ『赤い疑惑』で「大島茂」を演じた宇津井健に会えて、みんなとても興奮した、と述べた。当時、日本のテレビドラマ『おしん』が中国で爆発的人気を得ていたため、中国青年代表はわざわざおしんの故郷として舞台になった新潟を表敬訪問したという。この旅は、中国の青年が日本の庶民の生活を理解するうえで、「一つの窓」を開くことになった。潘索菲と同様、当時の中日青年交流に参加した上海の人たちの多くは、現在すでに不惑の年を越えた。彼らが実証するのは、一九八〇年代に、「中日青年友好交流」の実施によって、両国の青年が長期間持ち続けていた相手に対する神秘のベールが打ち破られたということである。日本のドラマが一時流行したほか、上海の青年の間で、「日本語学習ブーム」が起き、その後勉強のため日本留学を選択した者も少なくない。

それから二十三年経った二〇〇七年六月十四日、日本の中曽根康弘元首相率いる日中青年世代友好代表団が航空機五機に分乗して上海浦東国際空港に到着し、一週間の「中日青年世代友好訪中」活動が始まった。代表団のメンバーは、一九八四年の「中日青年友好交流」活動の日本側参加者の代表、彼らの子どもたちの代表および国会議員、友好団体の代表や友好人士らを含む、合計二百名あまり。このうち最高齢者は八十九歳、最年少者はわずか十三歳だった。中国人民がよく知っている日本のテレビドラマ『おしん』でおしんの子ども時代を演じた小林綾子、映画『君よ憤怒の河を渉れ』で「真由美」を演じた中野良子らも参加した。この活動は一九八四年の「中日青年友好交流」活動のフォローアップ活動であり、二〇〇七年の「中日文化・スポーツ交流年」の一連の活動の一つでもあった。上海のほか、代表団は蘭州や北京も訪問した。中国滞在中、代表団は「温故知新、友好継承」をテーマとするフォーラムや「中日青年世代友好交歓夕食会」などの活動に参加して、中日の政治、経済、文化、社会など各分野の発展状況を知り、また中国各界の青年と交流した。当時の中国青年、潘索菲は、かつてと同じように自分のカメラを取り出し、久しぶりに会った古い友人のためにシャッターを押し、その美しい姿をカメラにおさめた。

八十五歳の鈴木重郎は、代表団で最高齢者の一人であり、何度も中国を訪問したことがあった。全生涯を日中友好事業に尽くしてきたこの老人は、一九五四年に初めて訪中し、世界民主青年連盟大会に参加したときの情景がありありと目に浮かぶという。「毛主席に家はどこですかと尋ねられ、私は日本の静岡県です、富士山があり、過ごしやすい気候で、みかんがたくさんとれるところですと答えた」、「当時、通訳をしていた廖承志先生が、毛主席が尋ねたのは、あなたの家は知識分子か労働者か、それとも農民かという意味だと説明してくれました。そこで農村の青年組織から来たと答えると、毛主席はそれを聞いて『農民、農民』といわれ、私の手をしっかり握り、抱擁を交わしてくれました」と話した。鈴木重郎はその後、中日友好協会副会長、静岡県中日友好協会会長を務め、一九八四年にも日本の三千名の代表団の一員として中国を訪問した。「中日青年世代友好訪中」活動で、甘粛省の農村を訪問した際、彼はまた、なお記憶に新しい往時の出来事を語った。「私はあのときの握手をずっと覚えている。毛主席の手はとても大きく、非常にやわらかくて温かかった」と。鈴木重郎はまた、「自分自身が農民出身であることを終始忘れなかった。だから私は中国の主席の農民に対する思いに感動した」と話した。十三歳の大木博は代表団中最年少の団員で、母親の大木智恵子は一九八四年に代表団とともに中国を訪問した。この訪中で深い感動を受け、帰国後、一貫して日中友好事業に携わってきた。大木智恵子は「あのとき、私は初めて中国を訪れた。人民の友好の気持ちは一生忘れられない。今回は息子を連れて再び中国を訪問した。息子の世代の者たちが先輩からリレーのバトンを受けとり、両国の世々代々の友情を伝えるよう心から願っている」と語った。

「当時の活動によって、中日青年交流の高まりが起きた」と、外交学院外交学部主任の張歴歴教授は話す。彼は中日学生大交流活動を自ら体験し、天安門で日本の友人と語りあった情景をいまなおはっきりと覚えている。彼は、国交正常化以降、中日関係が全体的には急速に発展する傾向にあるのは、両国間の大規模な青年交流と無関係ではないと考えている。「当時の中日青年大交流活動は、中日友好事業に積極的に従事する両国青年の主力軍を大量に育てた。彼らは両国の友好交流事業のために積極的な役割を果たしている。また両国の政治や経済を発展させるうえでも良好な雰囲気づくりをしている」。著名な友好人士、岡崎嘉平太はかつて感慨深げに、「昔の若者は戦争のため、銃をかついで集まった。現在はこんなに多くの若者が平和のために集まっている。おそらく日中関係史上初めてのことだろう」と述べた。当時訪中した若者たちはその後、中日友好交流の中堅的な力となった。彼らをみると、両国関係の内的な変化がうかがい知られる。

一九八〇年代の後半、とくに中曽根内閣の時期、中日関係は「靖国神社」「光華寮」などの問題により摩擦が生まれた。一九八七年十一月、竹下登が首相に就任すると、日本外交に新路線を打ち出し、対中外交をその重要な一つに位置づけた。北京の「政治風波」の後に、中日関係はすぐに発展の正常軌道に乗り、「長城計画」に代表されるような民間交流、とりわけ青少年交流活動などが実行に移された。この計画は、もとは中華全国青年連合会と自民党竹下登派が共同で組織したものであったが、現在では、日中至誠基金と全国青連が共同で実施している。これは、中日両国間の交流にとって重要なチャンネルであり、両国の青年と各界の交流にも深甚な影響を与えた。

この活動は一九八九年から二〇〇七年までで十五回実施され、日本側からは国会議員や社会活動家を含む各界の人士が訪中を行う形式で、両国の政治家の対話に重点を置き、交流内容も政治、経済、文化、スポーツなどで、レベルも高く、効果がはっきりしており、両国で知名度をもつ活動となった。一九八九年九月三十日、奥田敬和衆議院議員率いる「長城計画」の日中青少年交流使節団が中国を訪れ、中日両国青少年友好交流の「万里の長城」における第一歩が踏み出された。

十数年来、日本側は、海部俊樹や羽田孜ら元首相など有名な政治家などを含む百人以上の国会議員や、各界の青年を含む一千人を超す人々が中国を訪れ、中国のリーダーたちの接見を受けた。「長城計画」活動は、強固な中日関係の民間感情を基礎にして両国各界の相互理解と信頼を増進するうえで積極的な作用を発揮し、両国の民間交流分野において重要な事業となった。「長城計画」は、両国の青少年の相互理解と友情醸成に広く堅実な舞台を提供し、両国青年の交流によって、中日友好という偉大な事業を継続に必要な集団が生み出された。彼らは、先達たちが掲げた「世代を超えて友好を続ける」という目標を達成するために、実践に励むようになった。

両国青年の五十年あまりに及ぶ共同の努力により、中国の青年組織は「平和友好、独立自主、相互学習、平等協力、共同発展」という原則のもと、日本政府や関連政党および四十あまりの民間の青年組織や機関と良好な交流関係を続けた。そして、豊富で多様な内容のある、顕著な成果をもたらす友好交流活動を実施してきた。中日の青年交流は、歴史の各時代において、つねに中日両国関係の発展を力強く推進してきた。中日の青年交流は、両国間にすでに形成されている「民が官を促し、官民あげて取り組む」という好ましい交流の形を打ち固め、中日関係の友好ムードを大きく盛り立ててきた。青年交流はすでに中日友好交流のなかで、もっとも活力に満ちたものの一つとなっており、両国の社会各界も、中日青年交流が歴史の各時代において中日両国関係の発展推進に果たした役割を十分に評価している。歴史をかえりみることは、よりよく未来に向かうためであり、今後の交流をよりよく進めるためである。中日青年交流の五十年来の積極的な成果をかえりみると同時に、新しい交流方式を模索し、新たな問題を解決しなければならない。

現在、両国の青年交流では、多くのルート、幅広い分野、豊富な階層、多様な方式という基本的な枠組みがすでに形成されている。交流のルートは、全国的な組織から地方の組織へと広がりをみせている。交流の分野は、政治、経済、文化、科学技術など各方面をカバーしている。交流の階層は、一般の学生、青年学者、青年実業家から青年指導者にいたっている。交流の方式は、代表団の相互訪問、シンポジウムや座談会、視察・研修、文化芸術公演、スポーツ試合、ホームスティ・家庭訪問など幾種類もの形式を網羅している。しかしながら、十分な理解と信頼を得るには、また両国間で問題が生じた場合、責任を持って問題解決にあたるには、そして中日友好の発展に向けて歩み続けるには、なおたゆまぬ努力と学習が必要である。

二　青年交流が含む問題を直視し、明るい未来を展望する

国際先駆導報が二〇〇六年三月十三日に報じたところによると、中日青年交流が五十周年を迎えた今日、日本青少年研究所が発表した調査報告が、日本社会で大きな反響を呼んだ。この調査は、日本青少年研究所が中日米韓四ヵ国の高校生を対象に行ったものである。調査の結果、日本の青年の中国に対する理解が非常に限られており、歴史に対してはさらに煩わしく感じていることが明らかになった。初めて追加された「他国のイメージ」に関する質問項目では、日本の高校生は現代の中国人に対して驚くべき認識を示した。この「高校生の友人関係と生活意識――日本・アメリカ・中国・韓国の四ヵ国比較」と題する報告は、アンケート形式で日本の十二の異なる地域の高校で調査したものである。これによって、中国人の性格的特徴に対する日本の高校生の見方をみてとることができる。「中日米韓四ヵ国人に対する印象」の調査では、二十三項目を列記して高校生が選択するようになっている。その結果、比較的多く選択された項目をみると、日本の高校生の四七・八%は中国人について勤勉で学問好きと見なし、四〇%は冷たい、五二%は考えが古い、五三・四%は気性が激しい、四五%は集団主義、五九・八%は愛国心が強い、と見なしているほか、五一%は中国のことがよくわからないと答えている。これとは逆に、中国人はのんびりしていると見なした者はわずか九・八%、中国人は心が広いと答えた者は一〇%足らず、中国人は陽気が一一%弱、中国人は親しみやすいが一二%弱、中国人は親切がわずか一三%、中国人は人情を重視するが一六・二%、中国人は正義感があるが一八%足らずだった。

この報告では中日間の互いの印象を次のようにまとめている。今回の調査で興味深い現象があった。それは中日両国の生徒がいずれも高い比率で「気性が激しい」と「冷たい」の両項目を選択したことである。このうち中国人生徒の四九・一%が前者を、四六・一%が後者を選んだ。そしてこの二項目はそれぞれ自国のイメージではいずれも最下位だった。すなわち、中国の生徒は中国人は気性が激しくなく、人に対して冷淡だとも考えていないし、日本の生徒も日本人がそのような性格だとは考えていないのである。

中日米韓四ヵ国の生徒の他の国に対する印象のほか、他の国への関心度もこの調査で明らかになった。結果をみると、日本、米国および韓国の生徒の中国に対する関心度の差はほとんどなく、いずれも四〇%前後である。三六・四%の日本の生徒は中国にあまり関心がなく、一九・六%はまったく関心がない。全体を通していえることは、「中国にとても関心がある」と「中国にはまったく関心がない」を選んだ男子生徒がいずれも女子生徒より多いということである。

この調査では、「他国のイメージ」の項目の最後に「他国との接触」という関連質問があり、そこに九つの選択肢が設定されている。調査の結果から、日本の生徒が中国と接触する機会とルートはかなり制限されていることがわかる。両親が中国を好きと答えた者はわずか六・一%、本人が中国を好き、あるいは中国の知り合いがいると答えた者はわずか一〇・二%、中国へ留学したいと答えた者はわずか約五%、中国へ行ったことがあると答えた者は七%足らず、中国の映画や音楽を見たり聞いたことがあるのは一一・二%、中国のテレビや新聞、雑誌、本を読んだことがあるのは一一・〇%、さらに中国の漫画やアニメを見たことがあるのは三%にも届かない。しかし、中国製品を持っていると答えた日本の生徒の割合は六五%近くにも達する。報告ではまとめとして、日米韓三ヵ国とも中国製品を持っていると答えた者の割合がいずれも非常に高いほか、日本や韓国の高校生は中国と接触する機会が非常に少ないと述べている。

専門家は、次のように指摘する。高校生は社会のなかで特殊なグループであり、子ども時代が過ぎて個性や独立を追求し始める年代だが、社会経験に乏しく、思想行動が明らかに未成熟である。日本の高校生の回答が非常に偏っていることは確かだが、少なくとも日本青年の現代中国観の一つの側面が如実に反映されている。調査報告のデータから、日本の青少年の現代中国人に対する普遍的な印象がほぼ明らかになった。日本の青少年は中国をとくによく理解しているわけではない。その国のことを理解せずして好きも嫌いもない。今回の調査で、非常に多くの日本人生徒が「中国のことがよくわからない」との答えを選んでいる。これは、中日の青少年間の交流がまだ極めて不十分であることを物語っている。中日両国の青少年に相互交流や理解が不足している状況のもとでは、主観的な憶測で相手のイメージを曲解しやすくなる。このような状況が長期間継続することは、未来に向けた両国関係の発展にとって極めて不利である。

二〇〇七年六月十八日に北京で行われた「中日青年交流会」で、北京大学三年生の日本人留学生、加藤嘉一（北京大学日本人留学生会会長）は、「私個人の感覚では、中日青年間の相互理解が非常に不足しているので、交流が必要である。これは非常に重要である。現在は情報化時代で、さまざまな情報があり、さまざまな新聞があり、さまざまな報道がある。またいろんな人がいる。こうした状況のなかで、相手をどう認識するか、中国とは何か、日本とは何か、これが非常に重要である。青年は独立した思考能力を持たなければならない。自分自身の考え方で相手は一体何なのかを認識しなければならない。私たちはこの点を強調すべきである」と語った。

青年交流は、中日民間友好交流のなかで非常に活発なパワーであり、中日の世代友好継承事業の希望である。青年が中日の世々代々の友好推進という歴史的重任を確実に背負うために、両国各界の友好人士は青年交流をいかに継続して支持するか、両国の青年組織と機関は青年交流をいかに推進し続けるか、両国青年はいかに青年交流に積極的に参加するか、これが中日両国の直面する具体的な課題である。双方はさらに相互理解を深めるための努力をし、この道理を人々にわからせる必要がある。しかし、実践するのは容易なことではない。

日本の阿南惟茂前駐中国大使はかつて、「日中関係の未来を考えるとき、とくに重要なのは青年の交流である。国と国の関係は人と人の関係をベースに打ち立てるもので、日中の青年は胸襟を開いて、ともに関心のある問題から相互信頼関係を築くべきである」と述べている。千石保は日本青少年研究所の理事長兼所長で、早稲田大学の客員教授である。彼は日本では「青少年問題研究の第一人者」と評されており、中国の伝統文化を心から愛し、「中国ファン」と自称している。彼はこう考えている。「学生の物事に対する判断基準は成人とは異なる。彼らのいわゆる正義感は往々にして自分の好みに基づいている。中国の学生の日本に対する理解のレベルは、日本の学生の中国に対する理解レベルよりはるかに高い。その非常に重要な原因は、日本の漫画やアニメが中国の学生から歓迎されていることである。日本の学生の中国に対する理解が不足しているのは、中国には日本の青少年をひきつける文化作品がないからである。日本のメディアは中国に関するニュースを毎日報じているが、日本の学生はニュースにはあまり関心がない。中国には日本向けに自国の状況を紹介するルートが不足している。将来、もしこの点が改善されれば、中国を好きな日本人がもっと増えるだろう。接触と交流がもっとも重要であり、交流は友情をもたらすことができる。」彼はまた、とても良い提案をしている。「両国の青年がともに関心を持つ問題を探し、彼らが興味を示すものを見つけて、一つの問題をともに考え、行動できるようにする。その過程で友情と信頼を築き、さらには相互理解を深めていこう」と。

中日民間交流は未来に目を向けることがとても重要である。中日友好事業が真の意味で、前人の事業を受け継ぎ、将来の発展に道を拓くためには、中日友好事業の後継者育成に力を入れ、中日関係で重要な役割を果たした先輩たちのような友好人士を多く育てる必要がある。中日友好交流の大業を切り拓いた両国の先輩の政治家や友好人士はほとんどこの世を去った。第二世代も徐々に歴史の舞台を降りようとしている。中日友好の未来は両国の若い世代にかかっている。この三つの世代の中日友好の大局に対する認識は一致しているが、一部の具体的問題に対する見解には差がある。第一世代の人たちは、あの侵略戦争を経験し、歴史を比較的理解しており、中日友好事業への思い入れが割合強いため、双方は多くの問題で一致することができた。戦後生まれの第二世代は、経済の高度成長期に成長し、協力意識が比較的強く、それぞれ自国の経済発展や中日の経済や技術などの分野での協力に非常に大きな貢献をした。第三世代は、成長した環境が異なり、受けた教育も異なるため、両国関係に存在する問題への見方も一致しているとは限らず、場合によっては非常に大きなギャップがある。とくに日本の若い世代は、中日関係の発展に対して比較的冷淡である。このため相互理解の増進を急ぎ、これをベースに両国青年の友好的感情を育み、彼らに中日の世々代々の友好を実現するという歴史的重任を真に担わせる必要がある。二十一世紀の中日友好は両国人民のいっそうの協力に希望を寄せ、さらには両国青年に希望を託すのである。新世紀において、両国の青年交流の内容をさらに充実させ、両国の青年交流のレベルを引き上げ、両国青年の相互信頼と共通認識を増進することは、平和と発展に貢献する中日関係を構築するうえで、重要かつ深遠な意義を有している。

まず、両国の青年が正しい歴史観や平和観および確かな協力観を持つよう教育し指導することである。中日関係に障害や食い違いが生じたとき、両国の青年に正しい歴史観や平和観および確かな協力観を持たせるよう、教育し指導することは非常に重要である。両国の青年は、中日関係史における三つの特殊な段階を正確に把握しなければならない。第一に、中日両国は二千年以上の長きにわたる友好往来の歴史があること。第二に、近代は日本軍国主義が中国人民に甚大な災難をもたらし、日本人民にも深い傷を負わせた、日本の中国侵略戦争の時代であること。第三に、戦後の数十年間は、中日両国の先輩の友好人士や多くの有識者が中日関係発展のために心血を注いだ奮闘の歴史であること。この三段階の歴史をしっかりと心に刻み、認識して、今日の中日関係はたやすく得られたものではないことを理解することによって初めて、両国の青年は中日友好関係を大切にし、維持しようという自覚が高まるのである。

次に、中日両国の青年が理性的、客観的、全面的に中日関係に立ち向かい、相手国の国情や民衆心理を正しく認識するよう、さらに指導することである。経済がグローバル化する今日、中国は経済を発展させ、調和社会を建設する過程で、日本の発展の経験や教訓を参考にする必要がある。中国は日本の発展の戦略的役割についても疑う余地はないと考えている。中日協力の強化は、調和世界の建設推進に有益である。両国青年が相手の立場に立って考え、問題が起きたときは相手の国民感情を十分に考慮し、両国関係の大局から着想し、懸念を取り除き相互信頼を増強するために良好な社会環境を構築するよう、奨励すべきである。

そして、両国は文化、芸術、環境保全、省エネ、農村建設など伝統的な分野と新しい分野で、青年の交流や協力をたえず強化、開拓すべきである。また、両国の青年がともに関心をもち、青年たちから歓迎されるような、同時に両国青年が友好の大局を大切にするよう導き、友好意識をもつよう指導するのに適した交流手段の模索に努める。たとえば両国の国民が関心の持てる、とくに両国の青年が共鳴できる映画・テレビ作品やアーティストの演技などを突破口とし、芸術面の新しい協力モデルを大胆に試行し、内容や形式の面で日本との民間交流の規模をさらに拡大して、両国青年の交流と協力のさらなる強化をはかる。

双方とも青少年交流を重視していることを受け、二〇〇七年十二月二十八日、中日両国政府は「中日青少年友好交流年」の活動に関する覚書を北京で発表した。覚書の付属文書である『中日青少年友好交流年』の活動に関する協力計画」で次の具体的内容が示されている。青少年交流促進について、双方は二〇〇八年から四年間、毎年四千名規模の青少年を相互訪問させる。具体的な交流事業は次のとおりである。

①中国側は、毎年、日本の高校生及び大学生並びに政治、行政、経済、学術、青年団体、友好交流、文化芸術、メディア等の分野の計一千二百名規模の青年代表を中国に短期招聘する。

②日本側は、「二十一世紀東アジア青少年大交流計画」により、二〇〇七年に中国の高校生約二千名を成功裡に招聘した。日本側は、同「計画」により、今後四年間、引き続き毎年二千名規模の中国の高校生を日本に短期招聘し、また、大学生及び行政、経済、学術、青年団体、友好交流、文化芸術、メディア、環境、エネルギー、科学技術、医療衛生、農業等の分野の計七百五十名規模の青年代表を日本に短期招聘する。

③中国側は、二〇〇七年六月に、一九八四年の「中日青年友

好交流」のフォローアップ活動として「中日青年世代友好訪中」活動を成功裡に実施した。日本側は、一九八五年の「中国青年訪日友好の船」の団員代表及び関係者計二百名を、二〇〇八年に日本へ短期招聘する。この事業は上記②の枠内で実施される。

④中国側は、二〇〇七年に中国において第一回「中日韓青少年友好交流」活動を成功裡に実施した。日本側は、二〇〇八年に日本で実施される第二回「中日韓青少年友好交流」活動に参加する中国の青少年を招聘する。

⑤双方は、これまで隔年で実施している「中日記者交流計画」による記者の相互訪問活動を、二〇〇八年以降毎年実施する。

5　メディア交流――世論調査から中日交流を見る

二〇〇七年八月十七日、北京大学と日本の言論NPOが共同で実施した第三回中日共同世論調査の結果が北京で発表された。いずれの調査データとも、中日の民衆の相手国に対する直接的かつ深い理解が相対的に不足していることを明確に示した。両国の民間交流の意義やニーズの程度については、両国の調査対象者とも積極的な姿勢を表明した。調査は、両国民衆が相手を理解するうえで、メディアがもっとも主要な情報源であることを明確に示している。この結果は、過去二年間の結果と同じである。九〇・二％の中国人学生と八七・八％の中国市民は、中国のニュースメディアを通じて日本や中日関係の情報を得ている。このうち、インターネットが、中国人学生が日本を理解するうえでもっとも利用するメディアとなっており、六四％を占めた。テレビは中国市民が日本を理解するうえでもっとも利用するメディアで、八四・九％を占めた。日本の世論調査データによると、九一・三％の日本市民と八四・七％の有識者がメディアを通じて中国や中日関係の情報を得ている。テレビと新聞・雑誌はそれぞれ日本市民と有識者が中国を理解するうえで利用するメディアとなっている。中日両国の主要メディアは、そのほとんどが相手国に常駐機関を設置しており、報道姿勢はいずれも開放的である。それによって相手国について奥深い報道ができるのである。

ある国の他国に対する民意は、国家関係の基本的状況を比較的客観的に反映していることが多く、その国の対外政策の策定に影響を与える要因となることさえある。たとえば、日本が国民を対象に行っている「中国に対する『好き・嫌い』」のアンケート調査では、一九六〇年代、「嫌い」と答えた者は一貫して三〇―四二％を維持し、「好き」と答えたのはわずか二―五％だった。[19]これは日本政府が当時アメリカに追随し、中国に対しては封じ込め路線の外交政策をとっていたことを基本的に反映している。一九七二年は中日国交正常化の年だが、この年の世論調査結果では、「好き」の割合が「嫌い」を初めて上回った。一九八〇年代に入ると、両者の差はさらに拡大し、「好き」はつねに四〇％以上を維持し、「嫌い」はほぼ一五％以下だった。こうしたデータの変化は、両国民の接触、交流、認識、評価の一連の過程を反映しており、それぞれ相手に対する見方を調整し続け、相対的に安定した認知の状態に到達したことを示している。現代社会の両国民の相手に対する認識は、初期段階から相対的成熟に至る発展過程を経たといえよう。

日本はメディア産業が高度に発達した国であり、「情報大国」と称されている。統計によると、日本の新聞発行数は世界第一位で、平均一世帯当たり一・一三部[20]、二人に一部の計算になる。放送、テレビは、公共放送のＮＨＫ系統を除き、朝日新聞、毎日新聞、読売新聞など六大新聞グループがいずれも持株会社として放送会社やテレビ局を保有している。日本の多くのメディアは北京、上海、広州などに支局を設けている。日本は潤沢な資金力と先進的な技術により、中国報道ではスピードが速く、大量かつ全面的に網羅するという点で優位に立っているが、報道の面では非の打ち所がないとはいえない。日本にも次に述べるような中国と同類の問題が存在している。立場や経営方針の違いから、一部の日本メディアの中国報道において、二種類のまったく異なる極端な傾向が見られることもある。

一九七〇年代から八〇年代、中国の新聞・雑誌やテレビ番組の日本に関する報道は、中日友好に関する大量の事績を除くと、主に日本の進んだ科学技術、豊かな国民生活、家電製品、マイカー、スーパーマーケットにならぶ色とりどりの豊富な商品など「モノ」に集中しており、日本人の勤勉な習慣、学業や職業に一生懸命打ち込む精神、長時間労働が原因の「過労」問題および日本社会にも同様に存在する強盗、暴力、犯罪など社会問題の報道は非常に少なかった。日本人の心の奥深くにある真実の考え方、とくに戦争に対する認識、歴史観についての報道は話にならないほど少なかった。もちろん、これらの問題は報道界に反映されているばかりでなく、日本で長年生活し、身近に日本社会を感じている留学生のなかにも程度の差こそあれ存在している。

近年来、改革開放がたえず深まり発展するにともない、中国のメディア管理体制や報道内容に非常に大きな変化が生じており、百花斉放、相互競争の現象が見られ、ニュースは一般庶民や生活にとってますます身近なものになるという新たな局面が現れている。しかしながら、市場化運営のプロセスで、一部のメディアは、市場利益の最大化を追求するがゆえに、客観的で公正な報道ができず、中日関係に関する極めて正常な問題を利用して感情的に大げさに扱うことで、読者をひきつけ、市場シェアの拡大をはかっている。

現在、多くの民衆はメディアから相手国の情報を得ており、その情報のなかから相手国に対するイメージをもち、結論を導く。これらのイメージや結論はまた、世論調査という方法で具体化され、最終的にはメディアが公表、公開し、さらに多くのメディアの受け取り手に影響を及ぼすのである。このような循環により、中日両国の民衆はメディアを通じて、知らず知らずのうちに直接面と向かいあう形ではない交流を行っているのである。この種の交流は随時どこにでも存在しているうえ、すばやく作用を及ぼすため、その影響を無視することはできない。たとえば、民衆が重大事件を理解するうえで、メディアは非常に重要なチャンネルとなるため、中日友好関係の発展にメディアをいかに効果的に利用するかは、双方がともに考えるべき問題である。

世論調査は、新聞、放送、テレビ、ネットなどのメディアツールを使って、国の政策や社会問題に対する大衆の認知度を理解する一つの方法である。中日両国メディアの、中日関係の報道という役割や中日関係への影響力について考えるとき、世論調査の結果は重要な参考資料となりうる。日本はメディア産業が高度に発展した国であり、世論調査は社会生活の各分野や各方面において、極めて広範に活用されており、民衆の意向や政府の政策決定を反映する基本的な資料となっている。世論調査は、改革開放以前の中国ではほとんど見られなかったが、八〇年代以降、幅広く実施され、一般民衆もすばやくこれに慣れたため、中日関係に関する世論調査も徐々に増えてきた。中日両国民衆の互いのイメージはどうか、相互信頼感はどうかなどの問題が、各種メディアでたびたび取り上げられ、さまざまな場面でよく聞かれる。これらは実際には世論調査の結果に基づくものである。

以下、比較的影響力のある中日関係に関する世論調査二十五件を紹介する。調査実施時期は、一九七〇年代から二〇〇二年までのちょうど二十年に及び、調査実施機関によって、四種類に分けられる。中国側の調査は七件で二八％を占め、日本側の調査が九件で三六％、中日共同調査が七件で二八％、このほかの二件は第三国が調査に参加したものである。調査対象を分析すると、調査に応じた両国民衆は基本的に各階層の各界の人々で、一定の代表性を有している。

一　中日双方が共同で企画し、中日両国で実施された調査

中日共同世論調査(21)　中国の社会調査系統と日本の読売新聞社が共同で企画し、一九八八年八月に無作為抽出法により、中国の北京市、上海市および日本の全国範囲で実施された。「中日平和友好条約」調印十周年にあたる年に、中日両国が初めて共同で実施した世論調査である。中国の調査は、北京と上海で十

八歳以上の者各五百十人を選び、合計一千二十人を対象として個別に調査し、一千八人から回答があった。日本の調査は、二十歳以上の三千人を選んで個別調査を行い、二千二百二十三人から回答があった。調査内容は、中日関係の現状、相手国に対する信頼度、過去の戦争に対する認識、核兵器、労働観など十七題。調査結果の発表とあわせて、読売新聞は「日中世論調査に見る友好感」と題する社説を掲載し、人民日報は「中日人民はともに友好と交流を望む」をテーマとする報道をした。この調査結果は、中日両国民衆の相互理解が十分ではないという問題を初めて反映したものとなった。

中日イメージ共同世論調査(22)　この調査は、前述の調査からわずか数ヵ月後の、一九八八年十二月に実施された。中国の吉林大学政治学研究会と日本の関西学院大学世論研究会が共同で企画し、調査地は中国の長春市、北京市、上海市、日本の神戸市、東京都、仙台市だった。同じアンケート調査を中日両国で同時に実施した。中国での調査には比例分配法が採用され、労働者、農民、知識人および幹部などのグループから一千五十人を抽出して個別調査を行い、一千二十人から回答があった。日本での調査方法は、電話帳からランダムに二千九百世帯のサンプルを抽出し、各世帯で生年月日がもっとも近い一人を選び、アンケート用紙を郵送する方法で調査が行われ、一千十五人から回答があった。調査内容は、相手国に対する認識、好感度や嫌悪感、両国関係への評価と期待、相手国の状況に対する理解度など七項目。調査結果は日本の毎日新聞と中国の参考消息で発表され、両国の関係各方面で極めて大きな反響を巻き起こした。

第二回中日イメージ共同世論調査(23)　一九九二年十二月、中国国情研究会社会調査部と日本の中央調査社がそれぞれ両国で企画した。調査地は一九八八年の中日共同世論調査と同じで、前回と同じアンケートに天皇訪中の調査内容を追加し、両国とも無作為抽出法で同時に行われた。中国側は二千十人が回答した。日本側は二千人を対象とし、一千四百二十八人から回答があった。

ギャラップ、読売新聞共同世論調査(24)　一九九五年三月から四月にかけて、ギャラップ・チャイナ社が、北京、上海、広州でそれぞれ五十の地域を選び、人口比率により一千人を無作為に抽出して調査を行い、全員が回答した。日本の読売新聞社は日本全国で無作為に三千人を抽出して調査を行い、一千九百五十八人が回答した。調査内容は、相手国に対するイメージ、信頼度、軍事的脅威の認知度、自国の経済に対するイメージ、中日関係の現状に対する評価など二十四問だった。

中日共同世論調査(25)　一九九七年七月から八月にかけて、中国人民大学世論研究所、メディア研究所が、中国全土の三百四地域で無作為に抽出した三千五百人に対して個別調査を行い、二千七百六十六人が回答した。日本側は一九九七年九月、全国の有権者から無作為に抽出した三千人に対して個別調査を行い、二千二百四十人が回答した。調査内容は、相手国のイメージ、好感度、歴史問題に対する認識、両国関係の現状、軍事的脅威感など二十七問だった。中国での調査は、中国大陸を東部、中部、西部の三つに区分し、さらにそのなかの各都市を人口によって四グループに分け、そのなかから三百四の地点を選んで調査した。これらの地点は分布範囲が広く、漢民族地域と少数民族地域が含まれ、沿海の発展した地域も内陸部の発展が遅れた地域もあり、中日共同調査のうち、選択地点が最多でカバーエリアが最大なものとなった。

中日共同世論調査(26)　一九九九年七月から八月にかけて、ギャラップ・チャイナ社が、北京、上海、成都、大連などの都市で、都市住民戸籍をベースに無作為抽出法で個別調査を行い、一千五百十二人から回答があった。一九九九年八月、日本の読売新聞社は無作為抽出法で、有権者のなかから三千人を選んで個別調査し、一千九百四十二人が回答した。調査内容は、相手国のイメージ、中日関係に対する評価、中国のWTO加盟、日本の対中ODA、日本の安保理常任理事国化、日本人が関心をもつ中国の事柄など二十問。これは一九八八年に引き続いて中日両国民衆を対象として実施された、「対日観」および「対中観」の調査だった。調査項目は大きなタイトルの下にいくつかのサブタイトルがあり、比較的詳細にわたるものだった。両国民衆の内心を理解し、コミュニケーションを増進するうえで有益であり、企画担当者の配慮が反映されていた。

中日関係共同世論調査(27)　二〇〇二年八月二十六日から九月二日にかけて、中国社会科学院新聞伝播研究所中興調査センターが中国側の調査を担当し、二〇〇二年九月十六日から十七日にかけて、日本の朝日新聞社が日本側を担当した。中国の調査は全国二百の地域で実施され、住民戸籍をもとに無作為抽出法で二十歳以上の二千六百人に個別調査を行い、一千八百五十二人が回答した。日本側調査も無作為抽出法を用い、全国範囲で三千人に個別調査を行い、一千九百七十八人が回答した。調査内容は、自分の生活に対する満足度、環境問題、相手国のイメージ、歴史問題に対し日本はいかに対応すべきかなど四十一問だった。

二　日本側が企画し、日本で実施された調査

外交世論調査(28)　これは日本の政府機関が毎年実施している恒例の世論調査で、一九七五年に始まった。調査内容は、たとえば国家関係、国際問題、日本の外交政策など、日本外交の多方面にわたっており、質問内容は毎回異なり、通常二十問以上となる。日本公認の権威ある調査である。本調査は日本の総理府が毎年全国範囲で実施しているため、公的性格と連続性にその特徴がある。日本民衆の対中認識の変化を理解するうえで重要

な資料というべきであろう。これは毎年十月前後に、日本の全国範囲で実施され、無作為抽出法により全国から選んだ二十歳以上の三千人を対象に個別調査を行う。各年の回答率にはわずかな差があるが、基本的には七〇%を維持している。

「日本人の平和観」調査[29]　これは日本人の平和観についての調査で、質問の多くは日本の侵略戦争に対する認識に関するものである。この調査はＮＨＫ世論調査所が一九八二年十月に、日本の全国範囲で実施した。無作為抽出法を用いて全国の十六歳以上の三千六百人に個別調査を行い、二千六百二十三人から回答があった。調査内容は、平和に対する認識、日本国憲法第九条、自衛隊、核兵器、日本の侵略の歴史に対する認識など二十六問。

「日本人の国際感覚」世論調査[30]　これは日本人の国際認識に対する調査で、直接中国に関わる問題が三問ある。この調査はＮＨＫ世論調査部が一九八七年十月に、日本の全国範囲で無作為抽出法を用いて行った。全国の十六歳以上の三千六百人を対象に個別調査を行い、二千四百九十七人が回答した。調査内容は、外国関連情報の情報源、他の国に対するイメージ、過去の戦争に対する認識、国際人となるために備えるべき条件、国に対して何を望むか、二十一世紀の日本はいかに発展すべきかなど三十四問。

国際社会における日本人――九〇年代の選択[31]　一九九〇年九月、ＮＨＫ世論調査部が、日本の全国範囲で行った。無作為抽出法により、全国の十六歳以上の三千六百人に対して個別調査を行い、二千四百九十九人が回答した。調査内容は、世界に対するイメージ、日本と他の先進国との比較、他の国に対するイメージ、他の国と日本との関係、日本はどの方面で世界に貢献するよう希望するかなど三十問。これは一九八七年の「日本人の国際感覚」に続いて、ＮＨＫが行った国際関係問題関連の調査である。

日本人の中国観調査[32]　一九九二年八月、読売新聞社が日本の全国範囲で、無作為抽出法により、全国二百五十の地域の三千人に対して個別調査を行い、二千百二十六人が回答した。調査内容は、中国といえば何が思い浮かぶか、中国の魅力ある点、中日関係、天皇訪中、二十一世紀のアジアでリーダーシップを発揮できるのはどの国かなど十二問。これは天皇訪中の前夜に実施された調査である。

「政治家、中日の意識、高校野球に関する」世論調査[33]　一九九三年八月、朝日新聞社が日本全国の十八歳以上の成人から三千人を無作為に選んで個別調査を実施し、二千二百四十三人から回答があった。調査内容は、政治家、政治献金、中日関係、スポーツイベントに対する考え方など合計四十問。うち中日関係に関わるものはわずか五問だった。

「日本人のアジア観」調査[34]　一九九六年九月、朝日新聞社が日本全国で無作為に三千人を抽出し個別調査を行い、二千三百七人が回答した。調査内容は、アジアに対するイメージ、アジア諸国との経済交流、今後出てくるであろう問題、中国に対するイメージなど十三問。質問はアジア全体についてで、うち中国に直接関連する問いは一問だけだった。

「日韓中米に関する」調査[35]　二〇〇〇年十一月、朝日新聞社が無作為抽出法により、日本全国の二十歳以上の三千人に対して個別調査を行い、二千九十四人が質問に答えた。調査内容は、日本の政治、政党、国際関係、朝鮮半島など三十七問。うち中国に直接関わる質問は二問。

「高校生の中日関係観」調査[36]　二〇〇二年七月、中谷悠里が企画し、日本の島根県浜田市において、浜田商業高等学校三年生百二十六人に対してアンケート調査を実施した。調査内容は、中国への関心度、近代中日関係史の学習、中日関係の現状、中日関係における最大の課題、日中対立の原因など十三問。このアンケートは高校生の特徴を考慮して簡潔明快なもので、調査結果には成人とは異なる特徴が反映された。

三　中国側が企画し、中国で実施された調査

中日経済協力アンケート調査[37]　これは改革開放後、中国で最も早く実施された世論調査で、中国民衆の日本に対するイメージや中日経済協力の認識を理解するうえで、大きな開拓的役割を果たした。この調査は、中国の対外経済貿易コンサルティング会社が一九八四年九月から十一月にかけて、北京、天津、上海、大連、広州、重慶および武漢の七都市において、無作為抽出法で、企業・事業の従業員や大学生一千五百人に調査表を郵送し、有効回答六百七十五部を回収した。調査内容は、日本に対するイメージおよび中日経済協力である。

北京、天津市民の対日意識調査[38]　一九九三年六月、天津社会科学院日本研究所が、北京市と天津市の労働者、知識人、公務員、軍人および学生を調査対象とし、無作為で二千人を選び個別調査を実施し、一千八百五十三人から回答を得た。調査内容は、日本に対するイメージ、日本に対し関心のある問題および歴史問題など。調査結果によると、日本に対してもっとも関心があるのは「経済、技術の発展状況」（五一・五九％）で、日本の中国侵略の歴史について六四・六五％の人が「忘れてはならない、ただし今の中日関係に影響を与えるべきではない」と答えた。調査の対象には現役の軍人が一部含まれているが、全体的にみて、軍人の対日イメージは好感度が一般民衆より低かった。

青島、大連市民の対日意識調査[39]　一九九三年八月、中国人民大学輿論研究所が、青島市と大連市の十八歳以上の成人のなかから無作為抽出により個別調査を実施し、八百人から回答があった。調査内容は、対日好感度、日本に対する希望と懸念など。

日本留学帰国者調査[40]　一九九五年三月、中国人民大学世論研

究所と日本国立国語研究所が、北京市、上海市、西安市の日本留学帰国者に調査表を送付してアンケート調査を実施したところ、北京百二人、上海八十八人、西安三十五人から回答があった。調査内容は、日本語の学習状況、日本留学の目的と成果、日本に対するイメージの変化など。

中国青年の対日意識調査[41]　一九九六年十二月、中国青年報社が「中国青年報」の紙面にアンケート調査を掲載したところ、中国全国各地の読者約十万名から回答があった。このうち無作為に一万五千部を抽出し統計分析を行った。調査内容は、対日イメージ、日本を理解する手段、日本から何を連想するか、日本の軍事大国化など三十八問。この調査はこれまでのところ、中国側が行った最大規模の、またもっとも広範に影響を及ぼした対日世論調査である。調査に参画した人数は前例がない多さで、回収したアンケートは十万部を超えた。調査対象は、男性七九・九%、女性二〇・一%。二十歳以下が二三・四%、二十—二十九歳が五八・九%、三十—三十九歳が一四・九%、四十歳以上が二・八%。学歴は大学院一・四%、大学五一・八%、高校四〇・三%、中学以下六・六%。この調査の結果は、中日関係に摩擦が生じていた当時の大きな背景と密接な関連がある。

「中国人大学生の日本観」調査[42]　一九九九年五月から六月にかけて、当時北京外交学院日本語専門家だった鈴木英司が企画し、北京大学、中国人民大学など北京市内十二の大学の日本語専攻三、四年生三百二十人に対し数回に分けてアンケート調査を実施し、すべて回収した。調査内容は、対日イメージ、好感度、中日関係、日本の経済協力に対する評価、日本が軍事大国になる可能性、中日交流の重要性など四十問。

第一回中日世論調査　二〇〇二年九月から十月、中国社会科学院日本研究所が、中国国内二百二十超の県にアンケート用紙三千四百通を配布し、三千百五十七通を回収した。調査内容には対日親近感、現況の中日関係、中日経済協力、両国メディアの中日関係への影響、日本の首相による靖国神社参拝問題など十六の問いが含まれる。この調査が行われた背景には、中日両国で中日関係の検討会を行うたびに、日本側が世論調査結果を挙げ、日本国民の対中親近感が危険なレベルまで低下していると、中国側に注意と対日政策の適切な調整を求めていたことがある。対して中国側には世論調査のデータが少なく、定量分析が不足している状況で、裏づけのない議論をせざるを得ず、説得力に欠けていた。こうした問題を解決するため、中国側でも相応の世論調査が必要であると、中国社会科学院日本研究所側は認識していた。このアンケートの設計には、そうした研究意図と関心が反映されている。

四　第三国が参加した世論調査

日米中三カ国の世論とメディアに関する調査　日本側は山上俊

治が担当し、一九九三年十月に東京都文京区で、有権者名簿から無作為抽出し個別調査したところ、四百三十四人が回答した。アメリカ側はLee B. BeckerとJerre Kosickiが担当し、一九九三年十月にオハイオ州フランクリン市において、電話帳から無作為抽出して個別調査を実施し、七百二十七人から回答があった。中国側は劉志明、真鍋一史が担当し、一九九四年一月に北京市海淀区で、住民戸籍簿から無作為抽出で個別調査を実施したところ、五百十五人が回答した。調査内容は、自国と相手国間の重要な国際問題、両国関係の評価、相手国に対する好感度と認知度など。これは中米日の三ヵ国が初めて実施した共同調査で、三ヵ国の民衆それぞれの認知度および相手国に対する評価を把握するうえで極めて重要である。

日中韓三カ国調査(43)　一九九九年十月、日本のＮＨＫ放送文化研究所が企画し、無作為抽出法により、日中韓三ヵ国の全国範囲で実施された。日本は十八歳以上の二千二百人、韓国は二十―六十四歳の一千五百十七人、中国は十八歳以上の二千八百人に対して個別調査を行い、日本は一千三百四十一人、韓国は一千五百十七人、中国は二千六十六人が回答した。調査内容は、相手国に対する認知と関心、相手国のイメージ、二国間関係、相手国のテレビと映画について、今後解決すべき問題など四十二問。

五　メディア調査の結果から見る中日間に存在する問題

以上紹介した二十五件の世論調査は、調査内容は多種多様だが、すべて中日関係に関連している。このような密度の高い調査が二十年間にわたって続けられてきたこともまた、中日関係が広く注目されていることを物語っており、中日関係の重要性と影響力はいうまでもない。まず、世論調査機関が、中日関係は民衆がみな注目している問題であると認識しており、次に、調査対象者が調査を受け入れる際、質問について考え、相応の答えを検討する。一方、世論調査は、メディア報道を通じて、ある程度民衆を導く役割を果たし、メディアの受け手に知らず知らずのうちに相応する問題を考えさせるのである。以上の調査のうち中日関係に関する問題をまとめてみると、主に次のいくつかの面に集中している。

1．相手国の好き嫌いの程度

相手国を好きか嫌いかによって、両国民衆の感覚や気持ちを測ることができる。これは両国関係の発展において無視できない民意の基礎となる。中国人で「日本が好き」と答えた者は、一九八八年の「中日イメージ共同調査」時点では三六％、一九九二年の「第二回中日イメージ調査」では四〇％、一九九七年と二〇〇二年の「中日合同調査」では一〇％に低下した。同時期に日本が嫌いと答えた人の割合は、二八％から五三％に上昇した。「中国青年の日本に対する認識」調査で、「日本の全体的イメージ」の質問に、「とても良い」あるいは「良い」と答えた者の割合はあわせて一四・五％、「良くない」あるいは「とても良くない」と答えた者は四一・五％にも達した。中国人のうち、「日本が嫌い」が「日本が好き」を大きく上回っていることが見てとれる。

上述の調査で、「中国が好き」と答えた日本人は、一九八八年が五七％、一九九二年が二九％、二〇〇二年が一九％と、右肩下がりの傾向が顕著である。一方、「中国が嫌い」との回答比率は六％から一七％へ上昇している。両者の増減傾向は基本的には同じである。また、日本の総理府の調査では、中国に「親近感」を持っている日本人は、一九八六年が六八・六％、一九九〇年が五二・三％、一九九五年が四八・四％、二〇〇二年が四五・六％と、これも同様に下降傾向が見られる。中国に対して「親近感がない」と答えた日本人は、それぞれ二四・八％、四二・二％、四八・四％および四九・一％となっており、十六年間でほぼ倍に増えている。

中国人の眼中では、「日本」と「日本人」は異なる。中国人のこの両者に対する好き嫌いの程度も異なり、かすかな差が反映されている。「日本が好き」の割合は「日本人が好き」よりやや高く、「日本人が嫌い」の割合は「日本が嫌い」よりややや高い。たとえば「第二回中日イメージ調査」で、「日本が好き」の割合は「日本人が好き」より六ポイント高く、「日本人が嫌い」は「日本が嫌い」より四ポイント高い。中国人の日本の国全体に対するイメージは、個体としての日本人より、やや良いことがうかがわれる。一方、日本人の「中国」と「中国人」に対する好き嫌いの程度では、この種の差は見られない。中国人が日本に対して「親近感が持てない理由」は、相対的に集中しており、六三・八％の人が「日本は近代の中国侵略に対し、いまなおしっかりと反省していない」と考えている。これに対し、日本人が中国に対して「親近感を持てない理由」は、比較的分散しており、それぞれの時代の中日関係の変化状況あるいは突発事件によって、かなり大きな差がある。もちろん各年度によって態度が変化するのは、そのときの両国の政治関係の変化および当時発生した影響力のある大事件とも密接に関係している。

2．双方の信頼度について

一九八八年から一九九五年にかけての四回の中日共同調査によると、「日本は信頼に値する」と見なす中国人の割合は、それぞれ四八・五％、二六％、二六％、四四・六％で、加重平均は三六・三％になる。「日本は信頼に値しない」と見なす者の割合は、それぞれ四四・三％、三四％、三九％、四二％で、加重平均すると三九・八％である。「日本は信頼に値しない」と見なす者は、「日本は信頼に値する」と見なす者より、三・五ポイント多い。日本側の「中国は信頼に値する」と見なす者の割合は、それぞれ七六％、五〇％、三一％、五六・六％で、加重平均すると五三・四％になる。「中国は信頼に値しない」と見なす者の割合は、それぞれ一四・二％、一七％、三二％、三三・七％で、加重平均は二四・二％である。「中国は信頼に値する」と見なす者の割合は半数以上で、「中国は信頼に値しない」と見なす者に比べて、二九・二ポイント多く、倍以上である。データを分析すれば、中国側は三分の一強の人だけが日本は信頼に値すると考えているのに対して、日本側は半数以上が中国は信頼に値すると考えており、両国民衆には相互信頼度の点でかなり大きな差がある。

3. 相手国のイメージ

中日関係のアンケートにおいて、よく「相手に対してどんなイメージを持っているか」という質問が出される。アンケートによって回答の選択肢が異なるため、調査結果を統一的な基準で分析することは困難である。一九八八年の調査で、日本を形容する言葉として中国人が選んだものは多い順に、富裕、現代、民主だった。中国を形容する言葉として日本人が選んだものは多い順に、伝統、貧窮、非民主だった。一九九二年の調査では、中国側の対日イメージは順に、富裕、現代、信頼できないで、日本側の対中イメージは順に、伝統、非民主、貧窮だった。一九九七年、中国側が選択したのは、伝統、侵略、発展の順で、日本側の選択は、伝統、統制の順になった。一九九九年、中国側の選択は順に、繁栄、清潔、伝統で、日本側の選択は順に、伝統、保守、閉鎖だった。二〇〇二年、中国側の選択は順に、自国の利益だけを考慮する、経済大国で、日本側の選択は順に、独特の文化と伝統を有する、社会格差と犯罪の多発だった。以上の回答から、十数年来の両国民衆の相手国に対するイメージの変化の軌跡がはっきりとわかる。お互いのイメージで重なる部分は多くない。

4. 相手国の人物に対する連想について

一九九七年の調査において、「日本人といえば、何を連想するか」との問いへの回答で、中国人が選んだのは多い順に、東条英機、山口百恵、田中角栄だった。日本人の回答は順に、毛沢東、鄧小平、周恩来だった。一九九二年の調査で、「中国」と聞いて、日本人がよく連想するのは「戦争、日中戦争、太平洋戦争」「大国」「侵略、虐殺、戦後補償」だった。一九九六年の調査で、「日本」と聞いて、中国人が「もっともよく連想するもの」は、「南京大虐殺」「日本鬼子〔日本人の悪称〕」と抗日戦争」だった。両国民衆の脳裏に日本の引き起こした侵略戦争がかくも深いイメージをとどめていることがわかる。

5. 軍事脅威論について

一九八〇年代中ごろから、日本のメディアによる「中国脅威論」に関する報道が徐々に増え、ソ連の解体後、そうした宣伝がいっそう強まった。しかし、その当時の世論調査の結果には、メディアの宣伝が期待したような効果は反映されていない。一九八八年の調査で「自国の存在への軍事的脅威と感ずる国はどこか」と問われて、中国側の回答は順に、ベトナム、ソ連、日本で、日本側の回答は、ソ連、北朝鮮、アメリカの順だった。一九九五年の再度の調査では、中国側の回答はアメリカ、ロシア、日本の順で、日本側の回答は北朝鮮、ロシア、アメリカの順だった。一九九七年の調査では、中国側の回答はアメリカ、日本、インドの順で、日本側の回答は北朝鮮、アメリカ、中国の順だった。この結果が表しているのは、一九八八年から一九九七年までの十年間において、日本の民衆は中国が日本にとって何らかの軍事的脅威であるとはまだ感じていなかったということである。それに反して、一部の中国の民衆は日本が中国にとって軍事的脅威だと感じていたのである。

6. 中日関係の現状について

「現在の中日関係は良好と考えるか否か」との質問に対して、一九八八年から二〇〇二年までの中日共同調査を見ると、中国側で「良好」と見なす者は、一九八八年が五〇・六%、一九九五年が八六%、一九九七年が四〇%、一九九九年が一九・八%、二〇〇二年が二二%で、「良好でない」と見なす者は、それぞれ九・二%、六%、二九%、一〇・四%、五〇%だった。一方、日本側で「良好」と答えた者は、一九八八年が六四・四%、一九九五年が七一・六%、一九九七年が四四%、一九九九年が三二・五%、二〇〇二年が四一%で、「良好でない」と答えた者は、それぞれ一一・六%、一七・八%、四〇%、二〇・一%、四一%だった。総理府の外交に関する世論調査によると、中日関係が「良好」と見なす者は、一九八六年が七六・一%、一九九〇年が五一・五%、一九九五年が四一・二%、二〇〇二年が四七・二%で、「良好でない」と見なす者の割合は、一九八六年の一四・一%から三六・五%、四五・七%、四三%へと増大した。日本の民衆は中日関係の現状に対して否定的な態度の人が次第に増え、一九九五年には肯定的な態度の人を超えるまでになった。

7. 歴史問題の処理

歴史問題をいかに認識するか。結果をいかに処理するか。多くの世論調査はいずれも類似の質問をしている。一九八八年八月の中日共同調査では、五六・七%の中国人と五四・六%の日本人が、「過去の中日戦争に対して、多くの日本人は反省している」と見なした。「過去の戦争等の歴史問題に対する日本の補償は十分だと考えるか否か」との質問に対する回答では、一九九九年七月、八六%の中国人は「不十分」と見なし、「十分」と見なしたのはわずか四%だった。だが、日本側の「不十分」との回答は五八%で、「十分」は二六%だった。二〇〇二年八月に行われた同様の調査では、中国側の回答は基本的には変化がなく、「不十分」と見なす者は八六%で、「十分」と見なす者は三%に減った。しかし、日本側の回答にはかなり大きな変化があり、「不十分」と見なす者は四四%にまで減り、「十分」と見なす者は四二%にまで増えた。

「歴史問題の処理にあたって、日本は今後どの点にもっとも努力すべきか」との質問において、中国側が何よりも希望するのは日本の「心からの謝罪」で、次いで「歴史教育の強化」である。だが、日本側の回答の第一位は「新しい協力関係の樹立」で、その次が「心からの謝罪」である。

8．中日関係に影響する要因について

中日関係に影響を及ぼす主要な原因についての質問では、これまでの調査結果によると、中国側の回答は比較的集中しており、列挙されたすべての原因中、「日本の歴史問題に対する態度」がつねに第一位を占めている。読売新聞社とギャラップ社との共同世論調査によると、四八・六%の人が「日本の軍隊の中国やアジアのほかの国におけるかつての行為が現在の中日関係発展の障害」と見なした。また中国青年報の同じ質問に対する調査では、「日本の侵略の歴史に対する態度」と答えた者が九三・三%で、絶対的に上位を占めた。「中日両国の世々代々の友好は主に何によって決まるか」への回答では、「両国の歴史が残した問題を正しく解決すること」と見なす者が八五・五%にも達した。中国民衆のこの問題に対する認識が高く一致していることを反映しているのである。だが、日本側の上述の質問に対する回答は比較的分散しており、歴史問題、天安門事件、中国の核実験、尖閣諸島問題などを主要なものと見なしている。認識の多様化を表しているが、調査前の突発事件と密接に関連しているという特徴もある。

二〇〇二年八月の調査では、「中日関係にどのような問題があると考えるか」との質問に、中国側は「歴史認識」と答えた者が八一%を占め、「相互理解の不足」は二一%だった。しかし、日本側は「歴史認識」と答えた者は三四%で、「相互理解の不足」が四三%を占めた。両国関係における「歴史認識」の重要性に対する認識で、日本側と中国側では相当大きな開きがあり、両者は根本的に同一の認識レベルにはないといえよう。四割以上の日本人は、中日関係に存在する問題は「相互理解の不足」と考えているが、同様の認識を持っている中国人はその半分でしかない。

9．中日関係の未来について

中日両国関係においてはつねに問題や摩擦が生じているにもかかわらず、調査結果は、両国の民衆が中日関係の前途に対して一貫して楽観的であることをはっきりと示している。中日関係は「好ましい方向に発展する」と見なす者が、中日両国のこれまでの調査でいずれもかなり高い割合を占めている。一九八八年と一九九二年の二度の中日イメージ調査で、「今後五年、中日関係は好ましい方向に発展できると思うか」との質問への回答で、肯定的態度を示した者は、中国側が五〇％と六九％、日本側が八〇％と六五％で、どちらも半数を超えた。二〇〇二年の調査によると、両国民衆の「親近感」と「信頼感」が大幅に低下した背景下でも、中日関係の前途に対して「慎重な楽観」をしている者は中国側でなお六一・五％に上った。一方、日本側で中日関係を「良好」と見なす者は四七・二％で、前年に比べ増大した(44)。

以上が中日世論調査からうかがわれる主要な問題点である。これらの調査で得られたデータは、中日両国民衆の相互認識や相互理解の状況を基本的に写し出している。だが、中日関係に関する世論調査も他の類型の世論調査同様、調査企画者の意向、調査問題の設定、調査時間の選択、および調査対象者の職業や学歴、年齢、分布地域などの要素による影響と制約が、いずれの調査結果にも見てとれる。世論調査はつまるところ世論調査にすぎず、その結果を過度に誇張することも軽視することも現実的ではない。調査結果を正視し、真剣に分析することが、取るべき態度なのである。

二〇〇二年八月、日本の島根県立大学三年生の土肥紗英子は、教師の指導を受けながら、中日関係に関する社会調査を行った。彼女は広島市内の比較的大きな四つの書店を選び、販売中の中国と中日関係に関わる書籍の状況と内容について調査分析し、「書店で販売中の書籍から見た中日関係」と題する調査報告を書き上げた。この報告は、とりあげたいくつかの書店で販売している外国に関する書籍では、中国に関するものがもっとも多く、日本人の中国への関心度を反映していると述べている。書籍の内容では中国史あるいは現代中国に関するものが多く、歴史問題や日中摩擦など日中関係に関わる書籍は極めて少なく、そのなかでも中国側の立場に賛同する書籍となれば、さらに少なかった。中日関係にかかわる書籍では、中国を否定的に描いたものと肯定的に描いたものの割合はほぼ九対一だった(45)。

人民日報国際部のベテラン記者である孫東民は、長期にわたって日本駐在記者を務めており、日本のメディアの歴史と現状について比較的よく理解している。彼によると、「報道の量からみると、中国に関わる報道が日本の各紙の国際報道では第一位を占めている」という。しかし、そのなかには「客観的に事実を追求する報道もあるが、根拠のない憶測のニュースもあれば、悪意から中傷する言論さえある。総じていえば、中国に関わる報道では否定的な報道が相対的に多く、憶測的報道もしばしば見られる。日本のメディアは『客観公正、不偏不党』を標榜しているが、実際にはたびたびこの原則に反している」という[46]。

二〇〇四年七、八月、中国の四川省重慶と北京でそれぞれアジアカップ・サッカーの予選と決勝が行われた。もともと観衆を興奮させる場面の多いスポーツ競技だが、これが不安な結末へと変わってしまった。観戦していた一部の中国青年が興奮して、競技場の日本人選手めがけて物を投げつけるなど、礼節を欠く非理性的な行動をとったのである。この事件が起きたとき、中日間は「政冷経熱」の時代にあり、両国のハイレベルの相互訪問は中断し、政治関係は極度に冷えきっていた。こうした大きな環境のもとでは、双方に相互尊重、相互信頼が欠けており、このような事件が起きたのもけっして突発的なことではなかった。日本の学者、青木麗子は長期にわたって中国との接触を維持し、中国人と深い友情を育んできた。彼女はこの事件の発生を受けて、次のように記した。「政治関係を放置して、単に経済発展のみを重視する考え方はあまりにも幼稚である。今、悲しむべきは中日両国でたえず聞こえてくる『政冷経熱』という流行語だ。これはけっして喜ぶべき民間の言葉ではなく、異常現象なのである。一衣帯水の隣国の首脳交流が完全に中断している状況のなか、日本国内では逆に八〇年代以来の第二次対中投資ブームが起きている」、「経済交流をひたすら拡大することは、人の感情面での交流に好ましい影響を与えるだろう。しかし逆に、この種の経済貿易交流の無限の拡大は摩擦をもたらすことになり、いったんその処理を誤ると、国民感情の問題に発展し、激化させる可能性が高い。そうなると経済交流は損か得かの問題となってしまい、互いに損をしないウィンウィンの経済関係を樹立することは極めて困難である」と[47]。さらに、理性を欠く行動に出る若者の多くは日本へ行ったことがなく、「教育で得た知識やネット上の日本に対する嘲笑誹謗によってのみ日本を理解している。もし彼らが日本へ行ったことがあれば、あのような行動はとらなかったかもしれない」とも書いている。

日本国内のメディアはこの事件にどう反応したのか。青木麗子は同じ文章のなかで、あのサッカー騒ぎが起きると、日本のメディアは連日関連ビデオを放映して、メディアが大議論を展開したと指摘している。それは理解できるとしても、「今回の若者の行動には、中国政府の背後からの支持があった」との論評に、著者は驚きのあまり言葉を失ったという。そうした解説だけを聞いていると、多くの日本国民は中日両国がすでに戦争状態に入ったのではないかとの錯覚に陥る可能性があるからである。国際情勢に疎い人に、テレビででたらめなコメントをさせること、これは日本のメディアの回避できない責任である。幸いなことに、この後、事件に対し冷静に対応するよう求める新聞報道が次々と出てきた[48]。

二〇〇七年六月十八日の「中日青年交流会」で、ある記者が次のように語った。国交正常化以前の両国人民はみな友好的なつきあいを望んでいたが、国交回復三十年後の今日、両国国民が互いに相手を嫌う状況が生じていることは、両国人民が望んでいる局面ではなく、その責任の一端は記者の偏った報道にあると。新聞記者としていえば、中日報道に従事するには信念あるいは前提がなければならず、一種の責任感あるいは一つの大前提がなければならない。それは、両国関係を弱化させてはならず、両国関係の発展を促進しなければならないということである。相互間の理解を増進させ、可能な限り客観公正で、かつ全面的に相手側の状況を紹介して、自国の人民に相手を理解させるべきであって、いわゆる偏向報道をしてはならない。偏向報道とは、一点だけをとらえ、その他をかえりみないことである、と。

中日両国の主流メディアや知識界の青年学者は、正確かつ全面的、客観的に中日関係の報道や論評を行い、相手側国民に対する親近感を高めるべきである。一時期、中日両国民衆の情緒が不安定で、国民感情が悪化した。その重要な原因の一つは、一部のニュースメディアの報道方式や内容が一定の否定的な作用をもたらしたことである。政治の多極化と経済のグローバル化の進展がたえず加速している今日、両国の主流メディアや知識界の若手指導層の相互訪問を互いに招請し、自らの見聞を通じて真実の中日両国を理解し、同時に相手国の同業者と交流することにより、両国の状況を客観的かつ全面的に報道すべきである。中日両国の民衆の相互認識や相互理解を増進する過程で、両国の報道に従事している人たちが事実尊重の原則にしたがい、全面的、客観的な報道を行うことは、ニュース宣伝活動のもっとも基本的な要求であり、また広く影響を与え重要な役割を果たすことができる交流のやり方である。

6　友好都市交流

一九七二年の中日国交回復と一九七八年の「中日平和友好条約」締結によって、中日間の交流は飛躍的に増えた。国交正常化後の両国の活動には、日本の多くの地方行政機関が参加するようになり、交流の新たな担い手となった。両国で友好都市を締結することは新たな友好形式であり、両国の国民はこの方法を活用して、両国友好関係を発展させた。統計によると、一九七三年に天津と神戸が一組目の友好都市となって以降、二〇〇七年十月の時点で、両国にはすでに三百二十四の友好省県と友好都市が誕生している。そのうち、友好省県は四十一組、友好都市は二百八十三組ある。

一　友好都市の締結

友好都市は何をきっかけに締結されたのであろうか。それは次のいくつかに分類される。一つ目は特殊な歴史的関係があるもの。二つ目は一方が積極的に呼びかけたもの。三つ目は関連機関の紹介によるもの。四つ目は以前から協力関係があったもの、などである。また、多くのケースではそれぞれ個別の理由によって締結された。友好都市のなかには、所属する省が先に交流を始めており、その影響で徐々に友好都市の締結へと進んだケースもある。つまり、友好都市締結の理由は千差万別だが、締結の目的はただ一つ、「友好」なのである。

二〇〇七年四月、中国の温家宝総理が日本の国会で演説を行った際、中日友好の良い事例に触れた。戦火が飛び交う時代、聶栄臻元帥が戦場で日本人孤児の美穂子さんを助け、自ら世話をし、手を尽くして家族の元に送り届けた、という話である。江津市と都城市はそれぞれ聶栄臻元帥と美穂子さんの故郷だったため、この二つの市は聶元帥と美穂子さんの話から縁を結んだ。一九九九年十一月、宮崎県都城市の市長が団を率いて重慶市が管轄する江津市〔現・重慶市江津区〕を訪問し、江津市が聶栄臻元帥の生誕百周年を祝って建てた聶元帥陳列館の除幕式に参加した。両市は友好交流協定を結び、友好都市となったのである。この友好都市締結はけっして早い時期に行われたものではなかったが、その小説のような出来事は深い歴史を感じさせるものである。

一九四〇年八月、聶元帥が率いる部隊の兵士が砲火のなかから日本人の姉妹を救い出した。そのことを知った聶元帥は、自ら出向いて少女らを見舞い、この姉妹を日本軍の兵営へ送り届けるよう指示した。聶元帥と姉の美穂子さんは当時一緒に写真を撮っている。一九八〇年五月二十九日、抗日戦線に加わった老兵士が書いた「日本の少女、今どこに?」という文章を人民日報が掲載し、大きな反響を呼んだ。その後、日本の読売新聞が当時の少女をすぐに見つけ出した。美穂子さんによると、姉妹は救出された後、石家荘の石門医院へ送られたが、一歳になっていなかった妹は消化不良で不幸にも亡くなったそうである。美穂子さん本人は、一九四〇年十月に伯父に連れられて無事日本に帰国した。その後、母方の祖母とともに生きてきたそうである。軍が孤児を救ったこの美談が広く知られると、美穂子さんに記者の取材が殺到した。中日友好協会は美穂子さん一家を中国に招き、一九八〇年七月十日、美穂子さん一家は北京に向けて旅立った。美穂子さん自身、想像できないことであったが、空港では「国家元首並みの歓迎」を受けた。聶元帥の娘、聶力さんが聶家で育てた満開のバラと菖蒲を贈った。中国での二週間、美穂子さん一家は北京、石家荘、杭州、上海などを訪れ、天安門、万里の長城、革命軍事博物館、井陘炭鉱などを見学し、温かいもてなしを受けた。彼女にとってもっとも忘れられないのは、聶元帥との対面であった。八十歳を過ぎた聶元帥は一九八〇年七月十四日、人民大会堂の新疆ホールで美穂子さん一家と対面した。美穂子さんは別れて久しい身内に会ったかのように、感激のあまり泣き出した。そして、命を救ってくれたことに感謝した。聶元帥は当時を振り返り、孤児となった少女を送り届けた兵士に日本の士官宛ての手紙を持たせたことを話した。手紙には、中国人と日本人はもともと憎みあっていたわけではない、美穂子のような孤児に罪はない、中国人は日本人を敵としない、と書かれていた。

一九九八年、聶元帥の娘が中華全国婦女連合会代表団団長として日本を訪れた。そして都城市を訪れた際、自分の故郷である江津市と美穂子さんの故郷である都城市が友好都市になってほしいという願いを伝え、日本側からも前向きな反応を得た。翌年、両市は友好都市となった。そして、両市の友好都市締結を記念し、当時の戦争を描いた歴史映画『チンパオ　陳宝的故事』を中国と日本が共同製作した。日本人の多くの観客は「中国に謝罪すべきである」とし、自分の子どもに見せたいからまた上映してほしい、との声もあった。二〇〇一年七月、都城市は聶元帥および江津市を紹介するパネル展示を行った。訪れた人は、「この感動的な実話を知ることができてよかった。涙をこらえながら見た。日本の国民として中国の人の善良さを後世に伝えていかなければならない」という感想を残している。また、「展示を見て、聶元帥と中国の人への感謝の気持ちでいっぱいになった。両国の友好が永遠に続いてほしい」との声もあった。二〇〇二年、都城市と江津市は「聶元帥の人道主義精神および都城と江津市の友好交流についての座談会」を共同で開催した。そして、平和な二十一世紀を築くために、聶元帥の人道主義精神を提唱しようと呼びかけた。ある日本人の友人は、「残酷な戦争中、憎むべき敵軍の子どもを救い出し、自分の子どもと同じように大切に面倒を見て、その少女を敵軍の陣地まで送り届けるという行為は、人道主義精神がもっともよく表れたものではないか」と述べた。

天津市と神戸市の友好都市締結にはまた別の背景があった。両市の友好交流のスタートは一九七〇年代までさかのぼることができる。一九七二年、神戸市の宮崎辰雄市長が中日友好青少年水泳代表団を率いて中国と日本の水泳大会に参加した。周恩来総理が市長に接見した際、市長は、神戸市は中国の港を持つ都市と姉妹都市提携をしたいという意向を伝えた。周恩来総理は友好都市と名づけるほうがいいと提案し、天津市と神戸市の締結を薦めた。一九七三年六月二十四日、宮崎辰雄市長が神戸市友好代表団を率いて天津を訪れ、「天津市と神戸市の友好都市協定書」に調印した。神戸市代表団と一千九百名の天津市民は天津の人民講堂で、締結をともに祝う行事を行った。天津と神戸が樹立した友好都市関係は、周恩来総理自らが作った初の「海に架かる架け橋」であった。これは中国と日本の初の友好都市であり、中国が外国と締結した初めての友好都市であった。これによって、中日両国の外交の新たな一ページが開かれ、新中国成立後の中国と外国の都市による友好都市締結の魁となった。これは中日両国の国民が子々孫々にわたる友好の継続をどれほど願っているかを表しており、これにより中国と日本の地方自治体間の相互交流と相互協力の歴史がスタートした。天津と神戸の友好都市関係の樹立は、国の外交のなかで成されたものであったが、同時に国の外交全体にも貢献した。両市は「友情、相互利益および実行性を重んじる」という原則に基づいて、友情や気持ちを深めあい、「広範囲、高水準、深みのある」交流を実現し、両国友好都市の手本となっている。

江津市と都城市および天津市と神戸市の友好関係の樹立とその発展は、タイプの異なる二つの締結過程と交流の仕方を示している。その他の友好都市の中国での分布および交流の状況をみてみると、その数から、日本との友好都市交流がもっとも盛んなのは中国江蘇省であることがわかる。この省の市が締結した友好都市は四十一都市に上っている。次は浙江省（三十都市）、遼寧省（二十三都市）、山東省（二十都市）、河北省（十六都市）となっている。沿海都市の交流が比較的活発だといえるが、内モンゴル自治区（三都市）、甘粛省（四都市）、寧夏回族自治区（二都市）、雲南省（二都市）があるように、友好都市は広い範囲で締結されていることがわかる。

地理的にも広範囲にわたっていることから、友好都市関係の締結のきっかけや具体的な動機には多様性があることがわかる。たとえば、「環日本海圏」の北陸地区と北九州などは中国の遼寧省と交流を行いたいという意向が比較的強い。北海道も「北方圏交流構想」というスローガンを打ち出し、中国東北三省の一つ、黒龍江省との交流を非常に重視している。友好都市を選ぶ際に自らの地域の特徴を重視した結果、友好都市が地域的に分散したのである。また、中日友好協会や中国大使館など第三機関によって友好都市を選ぶ場合は、地域的に重複しないよう注意した。友好関係の締結の意向が、時としてある一部の特定都市に集中することもあり、この点は調整を行わなければならない。このため、交流の意向を示している都市に他の都市を紹介するケースも少なくない。また、特定の意向を持たず、第三機関の紹介により締結に至るケースもある。

富山県の例を挙げると、富山県と遼寧省は一九八四年に友好協力関係を結んだ。その直接的な動機は、一九七九年五月、中日友好協会の廖承志会長が団を率いて日本を訪問し、中日友好の船「明華号」に乗船して富山を訪問したことにある。この年の七月、第九回青年の船の一行が遼寧省をはじめとする中国各地を訪問した。これが友好関係樹立のベースとなった。この間の歴史は『富山の国際交流　第三十号』に掲載されている。省・県の友好関係を樹立した後、市レベルの交流も徐々に活発になった。富山県で両国友好事業に携わる関係者によると、高岡市は一九八五年に錦州市と、砺波市は一九九一年に盤錦市と友好都市を締結した。つまり、省や県の交流を前提に、県庁がこの二都市を指導したり、多くの情報を提供したりしたのである。こうした点からいうと、富山県の国際交流の特色の一つは、県がある程度、主導的役割を果たしているという点である。しかし、県庁に近い富山市は遼寧省の都市とは締結せず、河北省秦皇島市と友好都市を結んだ。前述した『富山の国際交流』によると、この友好都市締結のきっかけは廖承志会長の訪問にあった。富山市はもともと遼寧省の大連市と友好関係を樹立したいと考えていたが、中国政府からの批准が下りていなかった。その後、廖承志会長が秦皇島市を紹介したのである。これは第三者の紹介により締結に至ったケースといえる。富山県も富山市も、早くから友好都市の締結に動いていたが、これは「井戸を掘った」多くの人たちの積極的な取り組みなしでは実現しなかったことである。交流の歴史が長くなればなるほど、「井戸を掘った人」が果たした役割もさらに際立つ。

日本の中央大学のゼミが一九九一年から一九九二年にかけて、日本の三千二百六十二の地方行政機関に調査を行った。この調査によって、友好都市の締結には数々の生き生きとした背景があったことがわかった。たとえば、アンケートでは、「開拓団の縁で、ハルビン市と深い関係を持っている人がいる」（群馬県甘楽町）、「景徳鎮市と陶器製造の分野で似かよった文化と歴史を有している」（愛知県瀬戸市）、「現地出身の学者が邯鄲市を紹介してくれた」（岐阜県大垣市）、「スポーツ交流を求める市民の声があった」（厦門市との交流をスタート）（沖縄県宜野湾市）、「琵琶湖と（黒龍江省牡丹江市の）鏡泊湖がもたらした縁」（滋賀県大津市）がある。[49] また、周恩来総理の故郷である浙江省紹興市と松村謙三の故郷である富山県福光町、郭沫若の故郷である四川省楽山市と彼が以前住んだことがある千葉県市川市、これらの都市の友好関係は、もともと特別な個人の関係だったものから派生したもので、これは江津と都城の友好都市関係締結に類似するものである。

二　友好都市による交流活動

前述した「日本人孤児の少女」美穂子さんは恩返しの気持ちを抱きながら、日中友好活動に熱心に取り組んでいる。彼女は日中友好協会全国本部から表彰を受け、都城友好協会の理事に選ばれている。二〇〇二年八月、救出されてから六十二年後、命を救われた場所を再び訪れた。井陘炭鉱区、井陘県、平山県などを訪れ、〝感謝の旅〟を行った。当時、自分が救い出されたルートに沿って、その恩人を一人一人訪ねて回った。訪問中、井陘炭鉱区の万人坑記念館を訪れ、また、犠牲になった中国人鉱山労働者を供養した。中古月村ではかつて自分を世話してくれた八路軍兵士の墓参りを行った。また、妹に母乳を与えてくれた平山県の陳文瑞さんと聶元帥の手紙を携えて美穂子さんを日本軍の駐屯地へ送り届けた李華党さんの墓前にお線香を手向けた。美穂子さんの母校である梅北小学校と洪河漕村小学校は友好学校となった。都城友好協会は募金を使って、洪河漕村小学校にコンピュータと机を贈った。また、辛庄中学に「美穂子救助記念進学支援制度」を開設し、毎年十名の優秀な学生に高校での勉学に必要なすべての費用を提供している。

美穂子さんの子どもたちも日中友好のために貢献している。長女の真知子さんは、聶元帥の人道主義の精神に打たれ、自分も社会のために何かしようと取り組みを行っているそうだ。また、もっとも感動的だったのは、人民大会堂で聶元帥と対面したときだそうである。二〇〇三年十一月、真知子さんは母の名代で再び中国を訪れ、洪河漕村の〝聶元帥と美穂子さんの彫像〟と井陘炭鉱区の〝美穂子救出記念碑〟の落成式に出席した。また、百団大戦と美穂子さんの救出を記念するために、中日双方が共同出資して設立した〝井陘・都城友好記念館〟も二〇〇五年八月、井陘炭鉱区で正式オープンしたのである。

戦時中に起きたこの実話によって、我々は簡単に得られるものではない、かけがえのない命と友情を再認識した。友好関係を構築し、この関係を代々伝え続けなければならない。友好都市はあたかも心を繋ぐ一本の紐のように、友好交流や相互理解を深め続けている。こうしたケースは両国国民が平和を渇望しており、友好を続けていきたいという強い願望を示している。

天津と神戸は友好関係を締結してから、この関係をとても大切にしてきた。両市のトップが頻繁に相互訪問と交流を行い、五年に一度の祝賀行事、十年に一度の大規模な祝賀行事を行う交流のメカニズムと定例を作り上げた。同時に双方は、祝賀行事を契機として、経済貿易、文化教育、都市建設、環境保護など多くの分野で交流と協力を拡大し、両市の市民の理解と友情を深め、友好関係を発展させている。両市の友好関係は一つの分野から多くの分野へ、浅い次元から深みのある次元へ、単純な思想的なものから多元的なものへと発展してきた。交流の成果は港の建設、動物の養殖および保護、技術研修および技術導入、都市建設、人的交流、衛生・環境保護、天津での工場建設、文化教育などの分野に現われている。具体的な状況は次のようになっている。

交流分野の開拓――一九八〇年代に入ると、天津と神戸の交流は実質的な内容を持つ、広範囲での交流へと発展した。交流分野は単純な人的往来と動物の相互贈呈から都市建設、文化、スポーツの分野へと拡大した。天津と神戸の友好関係はこの時期に樹立された八つの中国友好都市交流のうちの一つである。これは天津の対外交流の誇りとなった。一九七三年、天津と神戸が中日間で初の友好都市となった。中国では地方都市対外交流締結の魁となった。一九八一年、パンダが初の友好の使者として神戸のポートアイランド博覧会に出展され、一千万人の日本人が見学に訪れ、関西で「パンダブーム」が起こった。また、一九八三年三月、天津市は神戸市の宮崎辰雄前市長に「天津市栄誉市民」の称号を授与した。中国が外国人に栄誉市民の称号を与えたのはこれが初めてである。一九八四年三月、天津市は国務院の認可を得て、初の国外友好都市顧問団である神戸港湾顧問団を招聘し、天津港の滞港の問題を効果的に解決した。一九八四年八月、日本式の居酒屋「神戸の海」が天津でオープンした。これが中国における居酒屋一号店である。この店は日本の文化や生活スタイルを天津に持ち込んだ。これによって天津に滞在する日本人の生活も便利になった。一九八九年、神戸は一億円を出資して、天津水上公園に「神戸園」を建設した。これは中国国内でもっとも早く建設された日本式庭園である。一九九〇年、天津と神戸間の初の定期フェリー便「燕京号」が就航した。一九九三年、神戸は日本政府に対し、無償援助の五億円を使い「天津代謝病予防・治療センター」を設立するよう提唱し、天津で基礎工事を行った。

市民ベースの強化――両市の友好関係は樹立当初、人々の相互訪問とトップの相互訪問が主な内容であった。その後、各レベルでの人的交流が徐々に増え、それが両市友好交流の大きな特徴となり成果もあがった。また、双方は友好港、友好学校、友好テレビ局、友好病院など、多くの末端レベルでの友好関係も結んだ。たとえば、一九八五年、天津市人民政府外事弁公室と日本の神戸弘陵学園高等学校が友好関係を結び、一九八一年には天津人民放送局とラジオ関西が友好放送局の関係を結んだ。こうした末端組織の友好関係の樹立は人的交流を促進した。三十年あまりにわたるさまざまなレベルでの絶え間ない人的交流と業務提携により、天津の人々はだれもが神戸を知っている、神戸でもだれもが天津を知っているという状況になった。また、普通の市民の間でもさまざまな交流がもたれている。

経済貿易協力の推進――一九九〇年代初頭、天津市の対外貿易が急速に伸びると、インフラ設備の立ち遅れが目立つようになった。さらに、港の近代的な管理においても経験が足りず、天津港での貨物の滞港問題（貨物がすぐに積卸ができず、出入港がスムーズに進まない状況）が深刻になった。外国船のなかには港について半月から一月待ってやっと荷が降ろせるといった状況すらあった。一九八四年、天津市と神戸市は「天津港の管理と建設に関する神戸市の支援協議書」に調印し、神戸市港湾局の鳥居幸雄局長が天津港務局最高顧問として招聘された。四月十六日、鳥居幸雄顧問団の一行九名が天津に到着し、二十三日に本格的に仕事をスタートした。鳥居幸雄は天津港の問題について、緊急対応策を作り、天津港の長期的な発展の青写真を作った。双方の協力により、天津港は滞港問題を効果的に解決した。天津港の発展のために尽くした鳥居幸雄の多大な貢献に感謝するために、一九八七年、天津市の李瑞環市長が鳥居幸雄に表彰状を贈った。一九九七年、天津市政治協商会議の李長興副主席が代表団を率いて日本を訪問し、神戸市が開催した国際港湾都市〝神戸サミット〟と神戸港建設百三十周年記念行事に出席した。両市の友好港の交流と協力を推し進めたのである。二〇〇七年九月現在、日本企業一千八百社あまりが天津に投資しており[50]、累計投資額は八十億ドル、トヨタなど大手日系企業は天津で高い投資リターンを得ており、二〇〇六年、天津と日本の貿易額は百億ドルに達した。

文化交流の充実――友好都市の交流では、文化交流はとても重要なもので、友好都市の人々の相互理解を促進した。一九七六年、天津市は神戸市で「中華人民共和国展覧会」を開催した。一九七八年には、神戸大学の須田勇学長が率いる神戸学術訪中団の十九名が天津で学術報告を十八回行った。二千五百人が報告を聞き、テーマ別座談会が二十五回開かれ、四百人あまりが参加した。神戸市の経済的な支援も得て、天津市の文化芸術団体も数回にわたり神戸市を訪れ、公演を行っている。天津市の小中学生の教育代表団も数度にわたり神戸市を視察に訪れた。天津市の医療関係者も神戸市での長期研修を行っている。二〇〇七年九月二十五日、天津科学技術大学が中日友好交流に関するシリーズ講座を開設し、これを選択科目とした。この講座では、両国の著名人を招き、講演をしてもらっている。そして天津市の高校生や一般市民にも徐々に開放している。こうした講座を開設する目的は、多くの若者に視野を広げてもらい、中日両国の青年交流を強化し、学生たちのグローバルな視点とクリエイティブ精神を育て、国内外の人々と調和を図りながら交流を進める力を養うためである。

友好的な相互支援の強化――天津と神戸が友好都市となって三十年、両市の関係はますます緊密さを増し、両市市民の友好的な感情もますます深まった。神戸市は状況に応じて、天津へ最大限の支援を行った。さらに、困難に直面した際は、両市がともに対応した。そこには「兄弟」としての深い情が表れている。たとえば、一九九三年六月、神戸大学大学院医学部の馬場茂明教授が提唱し、日本政府による五億円の無償援助を実施するよう推し進めた。そして天津に中国唯一の予防、教育、科学研究を一体化した天津代謝病予防・治療センターを設立した。一九九五年一月十七日、兵庫県南部で阪神・淡路大震災が発生した。天津市は神戸市に約三十万元相当の救援物資を提供、二月八日には神戸に到着した。二〇〇三年四月、天津市で新型肺炎SARS〔重症急性呼吸器症候群〕が発生した際には、神戸市役所が一貫してこの状況を見守った。そしてお見舞いの気持ちを示すために、神戸市は率先して天津市への募金を呼びかけ、天津市の対外友好都市、二十二都市のなかで、まっさきにSARSの予防と治療のために援助した。

友好都市締結の理由やきっかけは一様ではなく、それぞれに特徴がある。しかし、友好関係構築後の交流には普遍的なものがある。交流は大体「視察団の相互訪問」や「研修生の派遣」、「研修生の受け入れ」、「プロジェクトの実施」などに集中しているが、とくに効果があがったのは次の四点である。

第一に人的交流と幹部研修である。友好都市間で専門家を派遣しあい、相手方のために専門分野に特化した人材を育てるという方法が普及している。とくに日本で友好事業に携わる人々が推進した行政研修生制度は、各都道府県が相手方である中国の友好都市から若い公務員を招き、地方行政機関の関連部署で一年間の研修を行うものである。中国側が近代的な行政管理に熟知した専門的な人材を育成するにあたり、大きな支援となった。

第二はビジネス商談会の実施による経済貿易協力の促進である。以前は中国側が日本を訪れ、投資を誘致するケースが多かったが、現在は、中国で投資を誘致するというやり方に注目する日本の都道府県もある。

第三は環境保護分野での協力である。中日友好都市交流のなかで、この分野の取り組みがますます大きな比率を占めるようになっている。具体的な協力を実施したところもある。

第四は青少年の交流である。双方は未来を担う両国青少年の交流を強化したいという強い願いを持っている。[51]

互いへの深い感情が醸成された都市同士は、さまざまな友好活動も実施しやすい。金沢市の例をみると、蘇州以外にもアメリカ、ロシア、ブラジル、ベルギー、フランスのそれぞれ一都市と友好都市関係を結んでいる。上記五都市に対する市民の見方はそれぞれだが、蘇州にはみな好感を持っている。年度ごとの交流レポートによると、蘇州と行う交流活動の数はこの五都市より多い。金沢と蘇州の活動が頻繁に行われている理由について、金沢の友好交流事業担当者は、日本国民は中国に対する特別な思い入れがあり、文化的、歴史的にも親近感を持っている、さらに侵略戦争に対する償いの気持ちもあり、中国との交流を望む気持ちが強いとみている。蘇州市との交流では、事前にそれほど大規模なキャンペーンを行わずとも、囲碁やゲートボールなどの愛好者協会、卓球やサッカークラブなどが比較的簡単に誕生した。市民同士の広範囲にわたるさまざまな形の交流によって、双方の友好関係は大きく前進したのである。

遼寧省の大連市と北九州市は一九七九年に友好関係を樹立して以来、経済交流を含むさまざまな活動を行った。一九八九年に発表された「北九州市ルネッサンス構想」では、国際交流に関する独自の新しいコンセプトが打ち出されている。なかでも東アジア、とくに中国との経済交流がもっともホットな点となっていた。多くの地方企業が大連と交流を行えるように、一九九一年、北九州市経済・文化交流事務所を大連に開設した。地方行政機関が積極的に経済交流に参与するという点が大きな注目を集めた。金沢市は北九州市と同じく「環日本海圏における重要な都市」であるが、経済交流にはそれほど大きな関心を寄せていなかった。その産業構成の特徴が、観光資源が豊かな江蘇省蘇州市との友好都市締結に向かわせたといってもよいだろう。そして、観光を中心とした交流を行いたいという考えを持ち続けている。交流活動はそれぞれの地方行政機関や地方政府の特徴および現地市民のさまざまなニーズを反映しているといえる。

しかし、具体的な交流を行う過程で、両国の違いによる問題も当然起きてくる。改革開放を進める中国では、行政機関と企業の線引きが日本ほどはっきりしておらず、成熟した民間団体もさほどなかった。外国と交流を行う際、その省や市の外事弁公室が担当するしかなかったのである。中国の一部の交流団体は「官」の色彩を帯びているため、自由に行動を起こせるとい

う わけでもなく、また、個々の事例について、中国側に担当機関がない場合もあり、日本側のすべてのニーズに応えられなかった。交流形式についても、日本側機関が古いしきたりに拘って前進できないという事態が起きないように、新しく柔軟性に富んだ形式を取り入れようとし、双方が参与できる実行可能なプロジェクトを模索し、多くの中国市民と交流して友好都市交流を充実させようとした。

これまでの友好都市の締結数を分析してみる。年代を横軸、数を縦軸とし座標を作ってみると、描き出される曲線は一九七八年以降、二つのピークを描いている。一つは一九八三年、もう一つは一九九四年である。締結数はそれぞれ十六組、二十三組であった。数が落ち込んだのは二〇〇三年で、わずか一組の友好都市しか誕生しない。総体的にみると、こうした曲線の変化は両国の政治関係の状況とほぼ同じ動きを示している。しかし、完全に一致しているというわけでもない。たとえば二〇〇四年、中国と日本の政治関係は依然として氷河期にあったが、この年には十一組の友好都市が誕生している。政治関係の変化が友好都市の締結にある程度の影響をもたらすが、長年の具体的な交流を通して人々の相互理解が深まるにつれ、両国の国民はこうした形式による交流がもたらすメリットを徐々に認識するようになった。そして、政治関係があまり良くない状況にあっても交流を続け、政治関係までも修復するような効果をあげたのである。

友好都市はゼロからスタートし、徐々に数を増やしてきた。友好都市による貢献も地方政府から一般市民、経済貿易、観光から文化、スポーツ、衛生などさまざまな分野にもたらされるようになった。両国国民に交流の機会を提供し、お互いが知りあい、コミュニケーションし、理解しあう場を作ってきた。中日友好関係を強固にする市民の力を確固たるものにするためにも、友好都市は間違いなく重要な意義を持っている。だからこそ我々は、交流のなかで生じたり、生じる可能性がある、正常な交流に影響をもたらす要素をできる限り排除していかなければならない。このためには両国国民がともに努力していかねばならないのである。

表1　中国と日本の友好都市締結数（一九七三年―二〇〇七年）

年	数
1973	2
1974	3
1975	0
1976	0
1977	0
1978	1
1979	8
1980	8
1981	12
1982	12
1983	16
1984	12
1985	13
1986	10
1987	12
1988	6
1989	7
1990	9
1991	12
1992	17
1993	22
1994	23
1995	15
1996	15
1997	15
1998	10
1999	8
2000	9
2001	9
2002	13
2003	1
2004	11
2005	6
2006	5
2007	2

表2　中国と日本の友好都市締結状況一覧（一九七九年三月―二〇〇七年十月）

番号	中国側	日本側	締結時期
一	北京市	東京都	一九七九年三月十四日
二	天津市	北海道　函館市	二〇〇一年十月十八日
三		千葉県　千葉市	一九八六年五月七日
四		三重県　四日市市	一九八〇年十月二十八日
五		兵庫県　神戸市	一九七三年六月二十四日
六	河北省	長野県	一九八三年十一月十一日
七		鳥取県	一九八六年六月九日
八	山西省	埼玉県	一九八二年十月二十七日
九	遼寧省	神奈川県	一九八三年五月十二日
一〇		富山県	一九八四年五月九日
一一	吉林省	宮城県	一九八七年六月一日
一二	黒龍江省	北海道	一九八六年六月十三日
一三		山形県	一九九三年八月十日
一四		新潟県	一九八三年八月五日
一五	上海市	神奈川県　横浜市	一九七三年十一月三十日
一六		大阪府	一九八〇年十一月二十一日
一七		大阪府　大阪市	一九七四年四月十八日

一八	江蘇省	愛知県	一九八〇年七月二十八日
一九		福岡県	一九九二年十一月四日
二〇	浙江省	栃木県	一九九三年十月十三日
二一		静岡県	一九八二年四月二十日
二二		福井県	一九九三年十月六日
二三	安徽省	高知県	一九九四年十一月八日
二四	福建省	長崎県	一九八二年十月十六日
二五		沖縄県	一九九七年九月四日
二六	江西省	岐阜県	一九八八年六月二十一日
二七		岡山県	一九九二年六月一日
二八	山東省	和歌山県	一九八四年四月十八日
二九		山口県	一九八二年八月十二日
三〇	河南省	三重県	一九八六年十一月十九日
三一	湖南省	滋賀県	一九八三年三月二十五日
三二	広東省	兵庫県	一九八三年三月二十三日
三三	広西チワン族自治区	熊本県	一九八二年五月二十日
三四	海南省	兵庫県	一九九〇年九月二十八日
三五	重慶市	広島県　広島市	一九八六年十月二十三日
三六	四川省	山梨県	一九八五年六月十八日
三七		広島県	一九八四年九月十七日
三八	陝西省	京都府	一九八三年七月十六日
三九		香川県	一九九四年四月二十二日
四〇	甘粛省	秋田県	一九八二年八月五日
四一	寧夏回族自治区	島根県	一九九三年十月六日
四二	北京市　東城区	東京都　新宿区	一九九五年十月十五日
四三	西城区	東京都　中野区	一九八六年九月五日
四四	宣武区	東京都　北区	一九九三年四月二十二日
四五	崇文区	東京都　目黒区	一九九一年十月二十六日
四六	朝陽区	東京都　大田区	一九九八年九月二十一日

四七		海淀区	東京都	練馬区	一九九二年十月二十三日
四八		豊台区	東京都	葛飾区	一九九二年十一月十二日
四九		石景山区	東京都	墨田区	一九九七年十二月十三日
五〇			東京都	板橋区	一九九七年十月八日
五一		房山区竇店鎮竇店村	福島県	泉崎村	一九九六年十月二十九日
五二		昌平区	青森県	板柳町	一九九三年六月二十三日
五三		通州区	長野県	伊那市	一九九四年十一月二十二日
五四		順義区	埼玉県	深谷市	一九九五年十一月七日
五五	天津市	和平区	兵庫県	播磨町	一九九三年三月二十五日
五六		薊県	福島県	西郷村	一九九五年四月二十六日
五七	河北省	石家庄市	長野県	長野市	一九八一年四月十九日
五八		新楽市	香川県	綾川町	一九九五年五月二十三日
五九		邯鄲市	大分県	佐伯市	一九九四年四月三日
六〇		保定市	愛媛県	西条市	一九九四年九月二十一日
六一			鳥取県	米子市	一九九一年十月十三日
六二		安国市	宮崎県	串間市	一九九七年九月二十五日
六三		満城県	長野県	坂城町	二〇〇〇年十一月三日
六四		承徳市	群馬県	高崎市	一九八七年十月六日
六五			千葉県	柏市	一九八三年十一月一日
六六		唐山市	山形県	酒田市	一九九〇年七月二十六日
六七		秦皇島市	北海道	苫小牧市	一九九八年九月一日
六八			富山県	富山市	一九八一年五月七日
六九			京都府	宮津市	一九八七年七月六日
七〇		秦皇島市撫寧県牛頭崖鎮	島根県	隠岐の島町	一九九四年十一月四日
七一		廊坊市	長野県	松本市	一九九五年三月二十一日
七二		三河市	茨城県	古河市	一九九九年十一月六日
七三	山西省	太原市	兵庫県	姫路市	一九八七年五月二十日
七四		大同市	福岡県	大牟田市	一九八一年十月十六日
七五		臨汾市	埼玉県	秩父市	一九八八年十月七日

七六	内モンゴル自治区	フフホト市	愛知県	岡崎市	一九八七年八月十日
七七		赤峰市	愛知県	稲沢市	一九八九年五月十六日
七八	遼寧省	瀋陽市	北海道	札幌市	一九八〇年十一月十八日
七九			神奈川県	川崎市	一九八一年八月十八日
八〇		大連市	青森県	青森市	二〇〇四年十二月二十四日
八一			京都府	舞鶴市	一九八二年五月八日
八二			福岡県	北九州市	一九七九年五月一日
八三		大連市金州区	石川県	七尾市	一九八六年四月十三日
八四			三重県	尾鷲市	二〇〇七年七月六日
八五		大連市中山区	東京都	荒川区	二〇〇六年三月十日
八六		瓦房店市	山形県	天童市	二〇〇二年五月二十七日
八七			熊本県	玉名市	一九九四年十月六日
八八		鞍山市	兵庫県	尼崎市	一九八三年二月二日
八九		撫順市	北海道	夕張市	一九八二年四月十九日
九〇			福島県	いわき市	一九八二年四月十五日
九一		本渓市	栃木県	小山市	一九九四年十月二十八日
九二		丹東市	徳島県	徳島市	一九九一年十月一日
九三		錦州市	富山県	高岡市	一九八五年八月十日
九四		五三街道	長野県	安曇野市	一九九八年五月二十八日
九五		葫芦島市	宮崎県	宮崎市	二〇〇四年五月十六日
九六		興城市	石川県	川北町	一九九二年九月十日
九七		営口市	群馬県	太田市	一九八七年九月二十六日
九八		盤錦市	富山県	砺波市	一九九一年四月二十五日
九九		鉄嶺市	栃木県	鹿沼市	一九九二年三月十五日
一〇〇		朝陽市	北海道	帯広市	二〇〇〇年十一月十七日
一〇一	吉林省	長春市	岩手県	金ヶ崎町	一九八九年二月一日
一〇二			宮城県	仙台市	一九八〇年十月二十七日
一〇三		吉林市	山形県	山形市	一九八三年四月二十一日
一〇四			島根県	松江市	一九九九年十一月九日

一〇五		吉林市昌邑区	宮城県	本吉町	二〇〇二年八月三十日
一〇六		四平市	長野県	須坂市	一九九四年五月十二日
一〇七		梨樹県葉赫満族鎮	青森県	西目屋村	一九八五年四月二十九日
一〇八		大安市	鳥取県	八頭町	一九九六年十二月十三日
一〇九		琿春市	新潟県	上越市	一九九六年四月二十九日
一一〇			鳥取県	境港市	一九九三年十月十三日
一一一	黒龍江省	ハルビン市	北海道	旭川市	一九九五年十一月二十一日
一一二			新潟県	新潟市	一九七九年十二月十七日
一一三		五常市	福島県	楢葉町	一九九二年二月十三日
一一四		尚志市	山形県	鶴岡市	二〇〇〇年十月二十五日
一一五		ハルビン市方正県	山形県	大石田町	一九九〇年二月一日
一一六			長野県	泰阜村	一九九七年九月二十七日
一一七		ハルビン市呼蘭県康金鎮	新潟県	上越市	二〇〇二年四月十五日
一一八		チチハル市	栃木県	宇都宮市	一九八四年九月三十日
一一九		双鴨山市	山形県	長井市	一九九二年五月二十一日
一二〇		牡丹江市	滋賀県	大津市	一九八四年十二月三日
一二一		ジャムス市	山梨県	韮崎市	一九八四年十月十日
一二二	上海市	盧湾区	大阪府	寝屋川市	一九九四年五月十二日
一二三		閔行区	長崎県	大村市	一九九三年十二月三日
一二四		徐匯区	滋賀県	草津市	一九九一年五月二十一日
一二五			大阪府	泉佐野市	一九九四年十月二十一日
一二六		嘉定区	大阪府	八尾市	一九八六年九月十三日
一二七			岡山県	和気町	一九九二年十月十五日
一二八		嘉定区馬陸鎮	鹿児島県	薩摩川内市	二〇〇五年四月十四日
一二九		普陀区	香川県	多度津町	二〇〇一年十一月十九日
一三〇		普陀区真如鎮	島根県	浜田市	一九九一年四月二十二日
一三一		楊浦区	大阪府	岸和田市	二〇〇二年十月三十一日
一三二		長寧区	大阪府	枚方市	一九八七年十二月十六日
一三三		青浦区	福岡県	前原市	一九九八年八月六日

一三四		南匯区	大分県	宇佐市	一九九三年十一月五日
一三五			長崎県	長与町	二〇〇二年三月二十六日
一三六	江蘇省	南京市	愛知県	名古屋市	一九七八年十二月二十一日
一三七		徐州市	愛知県	半田市	一九九三年五月二十七日
一三八		連雲港市	大阪府	堺市	一九八三年十二月三日
一三九			佐賀県	佐賀市	一九九八年十一月二十七日
一四〇		淮安市楚州区	新潟県	柏崎市	一九九五年十月二十九日
一四一			岡山県	吉備中央町	一九九九年一月二十六日
一四二		宿遷市	鹿児島県	南さつま市	二〇〇二年十月二十七日
一四三		塩城市	茨城県	鹿嶋市	二〇〇二年十一月八日
一四四		揚州市	神奈川県	厚木市	一九八四年十月二十三日
一四五			佐賀県	唐津市	一九八二年二月二十二日
一四六		興化市	福島県	浪江町	一九九六年四月十七日
一四七		南通市	愛知県	豊橋市	一九八七年五月二十六日
一四八			大阪府	和泉市	一九九三年四月二十四日
一四九		通州市	石川県	羽咋市	二〇〇一年五月二十二日
一五〇		鎮江市	三重県	津市	一九八四年六月十一日
一五一			岡山県	倉敷市	一九九七年十一月十八日
一五二		丹陽市	宮城県	柴田町	一九九四年二月二十三日
一五三		常州市	埼玉県	所沢市	一九九二年四月二十日
一五四			大阪府	高槻市	一九八七年三月十八日
一五五		溧陽市	石川県	白山市	一九九五年十月九日
一五六		無錫市	秋田県	由利本荘市	二〇〇一年七月六日
一五七			神奈川県	相模原市	一九八五年十月六日
一五八			兵庫県	明石市	一九八一年八月二十九日
一五九		無錫市恵山区	宮城県	登米市	二〇〇四年九月九日
一六〇		江陰市	群馬県	藤岡市	二〇〇〇年四月二十八日
一六一		蘇州市	石川県	金沢市	一九八一年六月十三日
一六二			三重県	名張市	二〇〇四年三月二十八日

一六三			京都府	亀岡市	一九九六年十二月三十一日
一六四			大阪府	池田市	一九八一年六月六日
一六五		蘇州市呉県	大分県	日田市	一九九二年六月一日
一六六		蘇州市平江区	長崎県	諫早市	一九九六年十一月十八日
一六七		蘇州市滄浪区	福岡県	広川町	一九九三年十月二十日
一六八		太倉市	鳥取県	鳥取市	一九九五年十一月二十三日
一六九		呉江市	千葉県	千葉市	一九九六年十月十日
一七〇			石川県	内灘町	一九九三年十月七日
一七一		張家港市	福井県	永平寺町	一九九七年八月十三日
一七二			香川県	丸亀市	一九九九年五月二十八日
一七三		昆山市	群馬県	館林市	二〇〇四年十月二十五日
一七四			愛知県	田原市	一九九三年五月十四日
一七五		常熟市	京都府	綾部市	一九八九年五月十二日
一七六			鹿児島市	薩摩川内市	二〇〇五年四月十五日
一七七	浙江省	杭州市	埼玉県	狭山市	一九九六年七月八日
一七八			埼玉県	上尾市	二〇〇四年三月二十六日
一七九			福井県	福井市	一九八九年十一月二十三日
一八〇			岐阜県	岐阜市	一九七九年二月二十一日
一八一			京都府	向日市	一九八五年九月二十七日
一八二			島根県	松江市	二〇〇三年十月十七日
一八三		蕭山市	山梨県	山梨市	一九九三年十月十四日
一八四		淳安県	東京都	奥多摩町	一九九八年四月二十二日
一八五		寧波市	長野県	上田市	一九九五年二月九日
一八六			京都府	長岡京市	一九八三年四月二十一日
一八七			島根県	益田市	一九九一年十月二十日
一八八		余姚市	茨城県	常陸太田市	一九九九年十一月十七日
一八九		奉化市	埼玉県	入間市	二〇〇〇年五月十六日
一九〇		温州市	宮城県	石巻市	二〇〇五年十一月十七日
一九一		嘉興市	静岡県	富士市	一九八九年一月十三日

一九二	平湖市	福井県	小浜市	二〇〇六年四月二十五日
一九三	海塩県	福島県	富岡町	一九九五年六月二十日
一九四	湖州市	静岡県	島田市	一九八七年五月三十日
一九五	安吉県	鹿児島県	さつま町	一九九九年四月十三日
一九六	徳清県	栃木県	矢板市	二〇〇二年四月十二日
一九七	紹興市	富山県	南砺市	一九八三年三月二十一日
一九八		福井県	あわら市	一九八三年五月十八日
一九九		静岡県	富士宮市	一九九七年十一月十一日
二〇〇		兵庫県	西宮市	一九八五年七月二十三日
二〇一	諸暨市	秋田県	にかほ市	二〇〇二年十月二一日
二〇二	金華市	栃木県	栃木市	一九九〇年十月三十日
二〇三	衢州市	栃木県	佐野市	一九九七年十一月十一日
二〇四	舟山市	宮城県	気仙沼市	一九九七年十月八日
二〇五	台州市	福井県	敦賀市	二〇〇一年十一月十三日
二〇六	麗水市	静岡県	三島市	一九九七年五月十二日
二〇七	安徽省　合肥市	福岡県	久留米市	一九八〇年五月十二日
二〇八	蕪湖市	高知県	高知市	一九八五年四月十九日
二〇九	蚌埠市	大阪府	摂津市	一九八四年五月五日
二一〇	馬鞍山市	群馬県	伊勢崎市	一九八九年十一月九日
二一一	安慶市	大阪府	茨木市	一九八五年十月五日
二一二	黄山市	大阪府	藤井寺市	一九九四年十一月九日
二一三	宣城市	愛媛県	四国中央市	二〇〇一年四月十一日
二一四	亳州市	京都府	京丹後市	二〇〇六年十月六日
二一五		高知県	四万十市	一九九七年五月二十六日
二一六	福建省　福州市	長崎県	長崎市	一九八〇年十月二十日
二一七		沖縄県	那覇市	一九八一年五月二十日
二一八	厦門市	長崎県	佐世保市	一九八三年十月二十八日
二一九		沖縄県	宜野湾市	一九九五年十一月二十日
二二〇	泉州市	沖縄県	浦添市	一九八八年九月二十三日

二二一		南安市	長崎県	平戸市	一九九五年十月二十日
二二二		璋州市	長崎県	諫早市	一九九一年四月十五日
二二三	江西省	南昌市	香川県	高松市	一九九〇年九月二十八日
二二四		景徳鎮市	愛知県	瀬戸市	一九九六年十月十一日
二二五			佐賀県	有田町	一九九六年八月二十八日
二二六		九江市	岡山県	玉野市	一九九六年十月五日
二二七		貴渓市	和歌山県	有田川町	二〇〇六年八月三十日
二二八		豊城市	岐阜県	安八町	二〇〇一年五月二十一日
二二九		高安市	岡山県	浅口市	二〇〇五年九月二十六日
二三〇		瑞金市	岡山県	真庭市	二〇〇一年一月十六日
二三一	山東省	済南市	和歌山県	和歌山市	一九八三年一月十四日
二三二			山口県	山口市	一九八五年九月二十日
二三三		章丘市	山口県	柳井町	二〇〇四年五月十四日
二三四		長清県	宮城県	美里町	一九九六年四月十二日
二三五		青島市	山口県	下関市	一九七九年十月三日
二三六		即墨市	香川県	三観広域行政組合	二〇〇〇年七月二十七日
二三七		淄博市	新潟県	加茂市	一九九三年十月二十一日
二三八		濰坊市	宮崎県	日向市	一九八六年二月二十五日
二三九		烟台市	岩手県	宮古市	一九九三年十月二十六日
二四〇			大分県	別府市	一九八五年七月二十六日
二四一		威海市	山口県	宇部市	一九九二年五月十八日
二四二		済寧市	栃木県	足利市	一九八四年九月二十一日
二四三		曲阜市	佐賀県	多久市	一九九三年十一月二十三日
二四四		泗水県	熊本県	菊池市	一九九四年九月二十五日
二四五		泰安市	和歌山県	橋本市	一九八七年五月十三日
二四六		肥城市	山梨県	笛吹市	一九九四年六月二日
二四七		日照市	北海道	室蘭市	二〇〇二年七月二十六日
二四八		徳州市	愛媛県	新居浜市	一九九二年七月二十七日
二四九		栄成市	島根県	浜田市	一九九五年八月一日

二五〇	河南省	棗荘市	山口県	美祢市	一九九三年六月一日
二五一		鄭州市	埼玉県	さいたま市	一九八一年十月十二日
二五二		鄭州市金水区	宮城県	大崎市	一九九四年七月十九日
二五三		鄭州市恵済区	三重県	津市	一九九一年五月十四日
二五四		登封市	熊本県	小国町	一九九八年三月三日
二五五		開封市	埼玉県	戸田市	一九八四年八月二十一日
二五六			長野県	下諏訪町	二〇〇二年四月二十二日
二五七		洛陽市	福島県	須賀川市	一九九三年八月一日
二五八			奈良県	橿原市	二〇〇六年二月十一日
二五九			岡山県	岡山市	一九八一年四月六日
二六〇		済源市	埼玉県	新座市	二〇〇二年五月十六日
二六一		新郷市	大阪府	柏原市	一九九〇年九月二十六日
二六二		安陽市	埼玉県	草加市	一九九八年十一月一日
二六三		三門峡市	岩手県	北上市	一九八五年五月二十五日
二六四		南陽市	山形県	南陽市	一九八八年十月六日
二六五		信陽市浉河区	岡山県	新見市	一九九二年四月十六日
二六六	湖北省	武漢市	大分県	大分市	一九七九年九月七日
二六七		武漢市花山鎮	大分県	豊後大野市	一九八〇年九月七日
二六八		黄石市	岐阜県	関市	一九九七年十二月一日
二六九		襄樊市	愛知県	犬山市	一九八三年三月十三日
二七〇		荊州市	福島県	会津若松市	一九九一年六月十五日
二七一		荊州市荊州区	大分県	豊後大野市	一九九四年九月二十六日
二七二		京山県	福島県	二本松市	一九九四年十月十六日
二七三		鄂州市	新潟県	三条市	一九九四年四月二十八日
二七四	湖南省	長沙市	鹿児島県	鹿児島市	一九八二年十月三十日
二七五		醴陵市	岐阜県	瑞浪市	一九八七年一月十四日
二七六		湘潭市	滋賀県	彦根市	一九九一年十一月一日
二七七		衡陽市	滋賀県	栗東市	一九九二年十月七日
二七八		邵陽市	岐阜県	大野町	一九九六年十月七日

二七九		岳陽市	静岡県	沼津市	一九八五年四月五日
二八〇		汨羅市	北海道	赤平市	一九九九年九月三十日
二八一		常徳市	滋賀県	東近江市	一九九四年八月十五日
二八二	広東省	広州市	福岡県	福岡市	一九七九年五月二日
二八三		深圳市	茨城県	つくば市	二〇〇四年六月九日
二八四		珠海市	静岡県	熱海市	二〇〇四年七月二十五日
二八五		汕頭市	大阪府	岸和田市	一九九〇年六月二日
二八六		東莞市望牛墩鎮	鹿児島県	和泊町	一九九七年八月一日
二八七		中山市	大阪府	守口市	一九八八年四月十八日
二八八		仏山市	兵庫県	伊丹市	一九八五年五月八日
二八九		三水市	兵庫県	多可町	一九九六年十二月十日
二九〇	広西チワン族自治区	桂林市	茨城県	取手市	一九九〇年五月七日
二九一			熊本県	熊本市	一九七九年十月一日
二九二		北海市	熊本県	八代市	一九九六年三月五日
二九三		桂林市霊川県	山梨県	西桂町	二〇〇七年一月二十三日
二九四	重慶市	江津区	宮崎県	都城市	一九九九年十一月十八日
二九五	四川省	成都市	山梨県	甲府市	一九八四年九月二十七日
二九六		都江堰市	山梨県	南アルプス市、甲斐市、中央市、昭和町	一九八九年六月五日
二九七			広島県	大竹市	二〇〇一年四月十日
二九八		彭州市	北海道	石狩市	二〇〇〇年十月二十四日
二九九		徳陽市	広島県	東広島市	一九九三年十月十四日
三〇〇		綿陽市	広島県	庄原市	一九九〇年九月二十九日
三〇一		楽山市	千葉県	市川市	一九八一年十月二十一日
三〇二		峨眉山市	新潟県	柏崎市	二〇〇五年十月二十七日
三〇三		雅安市雨城区	広島県	三次市	一九九二年十月六日
三〇四	雲南省	昆明市	神奈川県	藤沢市	一九八一年十一月五日
三〇五		麗江市	岐阜県	高山市	二〇〇二年三月二十一日
三〇六	陝西省	西安市	千葉県	船橋市	一九九四年十一月二日

三〇七			福井県	小浜市	二〇〇四年九月二十八日
三〇八			京都府	京都市	一九七四年五月十日
三〇九			奈良県	奈良市	一九七四年二月一日
三一〇		耀県	鹿児島県	霧島市	一九九五年十月二十三日
三一一		宝鶏市	京都府	八幡市	一九九二年十一月二日
三一二		咸陽市	千葉県	成田市	一九八八年九月十四日
三一三			京都府	宇治市	一九八六年七月二十四日
三一四		三原県	香川県	三豊市	二〇〇五年七月十六日
三一五		漢中市	島根県	出雲市	一九九一年七月二日
三一六		洋県	新潟県	佐渡市	一九九八年六月二十二日
三一七	甘粛省	蘭州市	秋田県	秋田市	一九八二年八月五日
三一八		武威市涼州区	秋田県	鹿角市	二〇〇〇年十一月六日
三一九		敦煌市	神奈川県	鎌倉市	一九九八年九月二十八日
三二〇			大分県	臼杵市	一九九四年九月二十七日
三二一	寧夏回族自治区	銀川市	島根県	松江市	二〇〇四年九月二十四日
三二二		石嘴山市	島根県	浜田市	一九九四年十一月二日
三二三	新疆ウイグル自治区	トルファン市	山梨県	甲州市	二〇〇〇年十月三日
三二四		ハミ市	富山県	入善町	一九九七年六月五日

7　主な民間友好団体

中国と民間交流を行う日本の団体は、その設立の仕方、目的、設立者の違いから、団体の性質そのものも違っている。その違いは名称にも現れており、各種「法人」が存在している。以下に提示する各種法人の概念を理解しやすいように、まず日本の法人について紹介する必要があろう。

法人とは自然人と相対するもので、法律上負うべき義務と権利を有する主体である。日本では法人の営利性と公益性に基づき、公益法人、営利法人および中間法人の三種類に分けている。このうち、公益法人とは公益性あるいは公共性のある活動に取り組んでいる団体を指し、営利活動を行っている法人ではない。営利法人とは公益法人と相対するもので、営利を主な目的とする法人であり、その主なものがさまざまな会社である。

公益法人と営利法人の中間にもう一種類の団体が存在する。労働組合や農業共同組合のようなもので、公益団体でもなく営利団体でもないが、法人として設立されたものであり、中間法人と呼ばれる。この種の法人は所属メンバーに共通する利益を追求しており、余剰金をメンバーに分配することを目的としない団体である。つまり、公益性を持たずかつ営利性も持たない団体なのである。同窓会、愛好者団体および互助会などが中間法人である。

公益法人には各種公益法人、独立行政法人、特殊法人、認可法人および指定法人など公益性あるいは公共性を持つ活動に従事する法人が含まれる。公益法人は狭義の公益法人とその他公益法人の二種類がある。狭義の公益法人とは民法第三十四条に基づいて設立された社団法人および財団法人である。その設立条件として以下の点が挙げられる。一、公益事業に従事していること。二、営利目的はないこと。三、管轄部門の認可を得ていること。社団法人とは、ある目的のために集まった人たちの集合体であり、設立に際しては発起人が定めた規約、事業計画および収支予算などが必要である。もし、公益目的が民法第三十四条に適用されるものであれば、公益社団法人と呼ばれる。営利目的が商法第五十二条に適用されるものであれば、営利社団法人、つまり「会社」と呼ばれるのである。

財団法人とは、無償で寄贈された公益事業の運営に使われる財産に法人の身分を与えたもので、「公益信託」にあたる。その他公益法人とは民法以外の特別法に基づいて設立された公益目的の法人であり、主に教育、医療、宗教、慈善事業などの公益活動に従事する。

独立行政法人とは、もともと国が直接運営する国立大学、国立博物館、国立病院、国立研究所などの機関であったが、その後法人格を与えられたもので、国の行政機関から独立して、特殊行政組織として独自の運営を行っている機関である。

特殊法人とは特別立法によって設立された法人で、公益性の強い事業に携わり、国の強力な保護と監督の下に置かれている。特殊法人を設立する目的は、国が直接関与するには不適切でありかつ民間企業が直接運営するのも適切ではない事業を行うことにある。特殊法人には特殊会社、公団、事業団および公庫などさまざまな形態がある。

認可法人も特別法により設立された法人である。特殊法人と認可法人はともに国が設立するものであるが、発起人はそれぞれ違う。国の発起によるものは特殊法人である。民間の発起によるもので、かつ、その事業に公共性があり、特別法により管轄大臣の「認可」を受ければ、認可法人となる。

指定法人とは、法令に基づいて行政部門の指定を受け、特定の業務に従事する法人である。主に行政事務を代行する指定法人がある。たとえば審査、検査、登記、照合検査業務を行う機関である。指定法人は政府が指定するものと地方自治体が指定するものがある。寡占状態にある業務もある。また、一部の指定法人の職員は公務員とみなされている。原則的には、指定法人は公益的な性質を持つ法人であるが、実際の業務において、指定法人は行政的な枠組みをはずれており、一部の営利法人も指定を受け、行政事務以外の業務を行う場合がある。すなわち、民間活動を行う指定法人であり、情報収集やアンケート調査、市場調査などの活動を行う機関である。

日本では、「民法」と一連の細かな法律が各種法人の設立手続きを厳格に規定している。しかし同時に、いかなる登記手続きも経ていない「任意団体」の存在も認めている。任意団体は法人資格こそ持たないが合法的な組織である。日本の多くの非営利組織は、任意団体として長期間存続し活動を行っている。一九九八年三月、日本で公布された「特定非営利活動促進法」（NPO法とも称される）によって、任意団体の法人格申請・取得がさらに容易になった。特定非営利活動法人（「NPO法人」

とも称される）はNPO法に基づいて法人格を取得した団体である。その際、各法人は次の条件を満たしていなければならない。営利を目的としないこと。社員資格の得失に不当な条件を設けないこと。役員のうち報酬を受ける者の数が役員総数の三分の一以下であること。宗教活動および政治活動を主要目的としないこと。特定の公職人（立候補者を含む）あるいは特定政党を推薦し、支持し、またはこれに反対することを目的にしないこと。十名以上の社員が必要であること。職員のなかから三名以上の理事と一名以上の監事をたてること。暴力団でないこと。暴力団またはその構成員の統制下にある団体ではないこと。

この他にNGO（Non-Governmental Organization の略語、非政府組織）という言葉もよく目にする。これらの組織の間にはどのような関係があるのだろうか。通常、NPO（Non-Profit Organization）は社会での協力活動や援助活動を行う非営利の民間団体の総称であり、NGOも同じような目的を持った団体である。この二つには重なり合う部分がある。NPOという言葉は、アメリカでは主に税制面で優遇されている団体のことを指し、その他の国ではほとんど使用されていない。国際的にはNGOがよく使われている。後から登場したNPOとNGOをあわせたCSO（Civil Society Organization）という言葉もある。国際協力NGOセンター（JANIC）の伊藤事務局長によると、NGOはNPOのなかでも専門的な団体で、主に海外で国際協力を行う団体を指す。つまり、非営利活動団体のなかで、国内の福祉、教育、環境などの活動をメインに行っている団体はNPO、海外での開発、緊急救援などの活動をメインに行っている団体をNGO(52)と呼ぶ。

ここでは簡単に中日両国の代表的な友好団体を紹介し、次の節では「日本財団」を例に、民間団体の交流活動を具体的に紹介する。

一　中国日本友好協会（中日友好協会）

中国日本友好協会の設立前、国交を回復していない国との民間交流については政治関連は中国人民外交学会が担当し、文化関連は中国人民対外文化協会が担当した。

中華全国総工会など十九の団体の提唱によって、中国日本友好協会は一九六三年十月四日、北京政治協商会議講堂で盛大に創立大会を行った。陳毅副総理をはじめとする中国の各界代表者が創立大会に参加した。日本からは日本工業展覧会の石橋湛山総裁および日中友好協会代表団、労働組合、青年、女性、貿易、文化、芸術、科学、マスコミ、宗教などの代表団が参加した。人民日報は十月五日、「中日友好の一里塚」と題した社説を掲載した。中日友好協会の設立は両国関係史におけるたいへん大きな出来事である。中日友好協会の今後の活動は、両国の友好運動を発展させ両国国民の友情を深めるために、大きな貢献をするであろう、としている。

中日友好協会の主な任務は、日本の対中友好組織、社会団体および各界の人々とともに友好協力関係を発展させることである。相互訪問、記念大会や座談会および報告会の開催、二国間会議への参加、資料の交換などを通して相互理解を深め、友情を深める。民間経済、貿易、社会、教育、科学技術協力を促進し、人材交流を進める。民間文化交流を行い、民間文化芸術団体および文化芸術界の人々を派遣し、また、受け入れる。友好訪問を行い、公演や展覧会を行う。中国政府の委託を受け、中国の各都市が日本と友好都市関係を締結しこれを発展させるなかで、調整と管理にあたる。

二　日本中国友好協会(53)（日中友好協会）

一九四九年十月十日、友好に取り組む日本の人々が日本中国友好協会の設立を呼びかけた。たいへん厳しい環境にあったが、新中国の状況を広める活動を行った。一年の準備期間を経て、一九五〇年十月一日、日本中国友好協会が正式に設立され、内山完造が理事長に就任した。日中友好協会の創立大会で、協会の設立趣旨、活動方針および協会規約などが採択された。取り決められた協会の趣旨は、日中両国の国民の相互理解と友好を深め、文化交流を模索し、両国の繁栄と世界平和のために貢献する、というものであった。綱領は以下の内容からなる。まず、日本国民の誤った中国観を深く反省し、これを正すよう努力する。中日両国の人民の相互理解と協力を打ち立てるため、両国の文化交流を行うよう努力する。両国の経済建設と人民の生活の向上のために、日中貿易を促進するよう努力する。両国人民の友好提携を通して、双方がともに安全と平和を実現し、世界の平和に貢献する。また、会員基準は次のように定められている。過去に日本が犯した帝国主義侵略の過ちを深く反省することに同意し、日中両国の人民が互いに敬いあい、大切にしあい、平等な立場に立って密に手を取りあうことを訴える人であれば、いかなる階級、職業であっても、また、いかなる政治信念をもっていようとも、すべての人が本協会の会員になることができる。一九七三年、全国大会で改正された規約の前言では、「本協会は思想、信条、政党政派の違いを超えて、日中友好を願う各界各層の人々が結集する市民組織である」と明確に規定している。

この協会が成立してまもなく、日米当局の弾圧と迫害にあい、「赤団体」「中共第五縦隊」と呼ばれ、一部の幹部は殴られたり、逮捕されたり、処罰された者もあった。当時の歴史的状況下で、この協会の活動は長きにわたり日本人の反米愛国闘争と結びついており、主導権も日本の共産党と社会党の左派に握られていた。設立初期、「中国人俘虜殉難者慰霊実行委員会」を組織して、日本各地で中国の抗日烈士を記念し、遺骨を送還する活動を行った。その後、日本赤十字社、日本平和連絡会とともに中国に滞在していた日本人居留民の帰国支援を引き受け、また日中貿易促進会、日中漁業協議会などの友好団体の設立を支援した。そして、新中国設立後の初の訪日代表団である中国赤十字会代表団の訪日（一九五四年十月）を努力の末、実現させた。

一九五三年五月三十日、日中友好協会は全国代表大会を開催し、松本治一郎（一九六六年十一月病気のため逝去）を初代の会長に推挙した。一九五七年十月、松本を団長とする日中友好協会代表団が中国を訪問した。そして、当時の中国人民対外文化協会など五団体と初の共同声明を発表した。それは、「二つの中国」を作ろうとする陰謀に反対し、中日貿易と両国人民の友情を促進する、という内容のものだった。

一九六六年上半期から中日友好協会内部は二つの派閥に分裂した。そのうち、黒田寿男、宮崎世民を中心とする一派が十月二十六日、日本中国友好協会（正統）を設立した。一九六七年一月、「正統」代表が北京を訪れ、中日友好協会とともに「四つの敵」に反対する議事録を発表した。その後「正統」は中央から地方の各本部に至るまで、黒田派と宮崎派に分裂した。この分裂と対立は日中友好活動に深刻な影響を与えた。多くの日本の友好活動家の後押しで、一九七一年八月二十九日に両派は話しあいと自己反省の大会を開き、再び団結した。

中国と日本の外交関係樹立後、「正統」は状勢を見極め、両国政府の共同声明を政治の基礎とし、日中友好活動を積極的に進めることを主張した。一九七三年四月に開催した全国代表大会では、「正統」が市民による友好団体であることが再度確認され、日中友好を望む各界の人々が一致団結して、広範にわたり、深みのある、きめ細やかな日中友好活動を行い、日中友好に携わる人々を増やし、「日中共同声明」を徹底し、早期に「日中平和友好条約」締結を実現しようと呼びかけた。「協会の性質と任務」という点では、協会は「各界各層を最大限に含むもので、日中友好を促進する市民組織である」ことを明確に打ち出した。規約前言の最初の部分には、「本協会は思想、信条、政党政派の違いを超えて、日中友好を願う各界各層の人々が結集する市民組織である」と記されている。中日友好協会訪日代表団の廖承志団長は大会で演説を行い（四月二十一日）、次のように述べた。「中日友好を促進し国交を回復しようとする取り組みのなかで、日中友好協会（正統）は最前列に立ってきた。新中国の誕生まもない当時、みなさんの組織ができた。この二十三年間、みなさんは中日友好の旗印を掲げ、中日友好を積極的に広め、国交回復を後押しし、両国の民間友好交流を推進し、中日友好に携わる人々を増やし、中国と日本の友好をさまざまな手段で壊そうとする反勢力と断固戦ってきた。そして大きな成果をあげた。このことを心からお祝いしたい。そして、中日両国の友情を深め、国交正常化実現のために尽くされた多大なる貢献に心から感謝する。」この大会の後、「正統」は日本政府が早く条約を締結するよう、市民集会やパンフレット配布、署名活動などさまざまな活動を行った。

一九七八年五月二十七日から二十八日、日中友好協会（正統）は、第二十二回通常総会を開催した。総会では一九七六年以来の協会の活動を総括し、「団結、拡大」という活動方針を再度確認した。そして、この協会が「国民的な日中友好団体」であることを初めて明確に打ち出した。また、日中両国政府の共同声明をベースに、中国との友好を望むすべての団体と個人が団結し、さまざまな形で両国の民間友好交流をさらに発展させ、日中友好活動を拡大しなければならないと訴えた。大会では新しい規約も採択された。その主な内容は以下のとおりである。まず、協会はかつての名称を復活させる。つまり日本中国友好協会（略称は、日中友協）で、「正統」の二文字を取る。地方の組織の積極性を引き出し、さらに役割を発揮してもらうために、各地方の本部の名称を一年以内にそれぞれ××都（道、府、県）日中友好協会に改め、「中央本部」も「全国本部」と改める。全国本部と地方組織はある程度、指導する、指導を受けるといった関係を維持する。古い機構を改革し、かつての常任理事会と常務会議を常務理事会に簡素化し、常務理事会を十三名からなる全国本部の執行機関とし、全国本部事務局をその事務機関とする。

一九八〇年九月、日中友好協会は全国総会を開き、新たな活動方針を採択した。「日中平和友好条約」の締結による両国の友好と団結は両国のみならずアジアと世界の平和にとって欠かせない、という点を確認するものであった。また、総会では「日中平和友好条約」が中日関係発展の基礎であるということも定められた。そして、日中友好協会は、友好的な雰囲気を作るという活動から実質的な内容をともなう交流と協力へ、その活動を深化させていかなければならないという姿勢を打ち出した。

一九八一年十一月、日中友好協会は臨時総会を開き、主に次の三点を確認した。

①協会の機構改革を行った。協会はもともと理事会と常務理事会を置いていた。理事会は協会の主な指導者（会長、副会長、理事長、副理事長および事務局長）と理事で構成され、全国総会が開かれていない間は、理事会が意思決定機関となった。臨時総会では、常務理事会が廃止され、その機能は理事会が引き継いだ。かつて理事は中央と地方で推挙したが、現在は各地の協会が人数に応じて推薦するようになった。

②協会規約を改訂した。新たな規約によると、協会は単一組織から各都道府県の日中友好協会による連合体へと変化し、会員は所在地の地方の協会に参加し、地方の協会が日中友好協会に加盟するという形をとる。地方の協会により独立性をもたせ

るために、指導的上下関係の色彩を弱め、中央の日中友好協会から〝全国本部〟という名称を外す。

③人事を見直す。副会長を二名、副理事長を一名、それぞれ増やす。中央が三名の理事を選出する。

長年にわたり、日中友好協会は日常的な業務のなかで、報告会、座談会、学習会、中国文学研究会、中国映画上映会などを開催したり、北京放送局の日本語放送を聴いたり、中国の展示会などの活動を行ってきた。こうして中国の状況を紹介し、積極的に中国の方針や政策を伝え、中国に対する歪曲報道を行う新聞や雑誌を批判し、多くの日本人の中国に対する正しい理解を深めた。同時に、毎年計画的に代表団の中国訪問を計画・実施し、また、中国の代表団と芸術団体を招聘して受け入れ、中国の影響力を拡大して各界各層で中日友好を行うためのパワーをアップした。一九七八年八月「中日平和友好条約」締結後の日中友好協会の主な活動は、訪中団の派遣と中国からの訪日団の受け入れ、また、友好団体および新聞社、ラジオ局、テレビ局などのマスコミと協力して、中国の芸術団を受け入れ、各種の展示会などを開催した。全国規模の大きな活動は協会が取りしきり、地域での小規模な活動は各地の協会が独自で行った。

中日友好協会の経費は主に会費と協会機関紙「日本と中国」の発行により賄われている。

三　日中友好会館

日中友好会館は中日両国政府の協力で、両国が人的、文化および教育交流や友好活動を行う場である。中日国交正常化十周年の際に合意した協議に基づいて、両国政府は偽満洲国の領事館があった場所にオフィスビル、美術館、後楽賓館（ホテル）、後楽寮、日中健康センターおよび日中学院を含む広大な施設を建設した。会館建設にあたっては、両国政府が出資したほか、日本の財界および友好活動の関係者らが三十億円を寄付した。一九八八年一月二十二日、日中友好会館は落成した。場所は東京都の中心である文京区後楽の一帯で、東京でも目立つ施設であった。

会館の完成によって、中日友好の新天地が開かれ、中国と外国との協力という新たなモデルが生み出された。こうした共同運営方式が実施されたのは世界でここだけであった。会館の理事会は日本の政界、財界、友好団体の代表と中国政府が任命した人々、華僑の代表から組織されており、両国が共同で管理するという原則が貫かれていた。理事会は初代の会長に、かつて周恩来総理に「中日友好の井戸を掘った人」と称された古井喜実を選出した。古井は閣僚経験もあり、また、日中友好議員連盟の会長職に就いたこともある。「中国は得がたい隣人である。日本の宝だ。争えばともに傷つき、協力すればともに栄える」、これは古井が貫いた「中国観」であり「日中関係論」であった。二代目会長は副総理の経験もある後藤田正晴であった。後藤田は「中国の発展と繁栄は日本に繁栄と安全をもたらす」と繰り返し主張した。現在の会長である林義郎は閣僚経験もあり、また、日中友好議員連盟の会長職にも就いたこともある。会館は設立から二十年あまり、両国間の相互理解と友情を深め、両国人民の友好交流と協力を進めるために、大きな役割を果たしてきた。

会館は中国文化を紹介する窓口として、また、中日文化交流の舞台として、両国の文化界で広く知られている。会館の美術館では毎年、数十回に及ぶ中国と日本の書道展、美術展、文化財展、古書展、工芸展などが行われ、トップクラスの作家の作品や日本のお年寄りや主婦が中国人の先生に学びながら制作した作品も展示される。毎年、中国の国慶節には、「中国文化フェスティバル」を開催し、中国各地の伝統や優れた演目の公演および展示を行い、日本の老若男女の人気を博している。公演にまつわる招聘費用はすべて会館が負担しており、観客も無料で鑑賞することができるため、開場数時間前から長蛇の列ができることも多い。また、会館は中国の団体の学校や農村における公演や交歓会を頻繁に計画・実施して中国文化の普及を行うと同時に、多くの日本国民との交流の場を設けている。

後楽寮は有名な「中国人留学生の家」であり、これまでに三千名あまりの留学生に優遇された住環境を提供してきた。会館の村上立躬理事長によると、チベットと青海を除くその他すべての省、地区、市の学生がここで生活したことがあるそうだ。後楽寮の宿舎は一人部屋で、ホテル式の管理が行われている。理事長によると、後楽寮を旅立った三千名のうち、一千名は修士や博士の学位を取得し、その大部分が帰国して中国の各分野で活躍しているということである。

会館内の日中健康センターは、初代会長の古井喜実が当時、彼に対する周恩来総理の心遣いを記念し、また、中国の健康に関する伝統的な技を日本国民にも享受してもらうために設立したものである。日中友好会館内で開かれる太極拳教室はとても盛況で、日本でも広く知られる中国太極拳の発信センターとなっている。

日中学院の前身は倉石中国語講習会で、一九五一年に設立された。戦後の日本における中国語教育の発祥地であった。現在も会館の一つの機能として、中国語教育を専門に行っている。中国の改革開放実施後、情勢に適応していくために日本語を開設した。中国から来た学生に日本語を教えている。中国語クラスは二年間の全日制本科と一年間の全日制で通訳者を養成する本科研究科を開設している。また、働いている人や家庭の主婦向けの別科もあり、朝、夜、午前、午後のいずれの授業に出てもよいことになっている。七十あまりの授業は入門クラスから通訳までの内容をカバーしており、学生たちは自らの必要に応じて選択することができる。また、企業内での中国語研修やプライベートレッスンなどを行い、学習者に便宜を図っている。

人的交流は会館が近年取り組んでいる重要な事業である。両国政府の協議に基づいて、両国の教育界の交流はすでに一つのシステムとして形作られており、毎年、教師をメインとする教育界代表団が相互訪問を行い、高校生の相互訪問もここ数年、数百人規模から数千人規模へと拡大した。会館は、日本の外務省の委託を受け、交流の窓口としてその派遣や受け入れを行っている。この事業は理解と友情を深めるためのたいへん大きなプロジェクトであり、その任務は非常に重い。

四　日本中国文化交流協会（日中文化交流協会）

日本中国文化交流協会は一九五六年三月二十三日に設立された。会員は主に文学、演劇、映画、音楽、美術、書道、出版、スポーツ、マスコミ、学術などの各界関係者である。一九七一年以来、日本有数の新聞社やラジオ局、テレビ局、出版社および一部県庁や市役所が入会し、団体会員となった。設立場所は東京で、地方組織は持たない。月刊で「日中文化交流」を出版している。

この協会は、一九五五年十一月二十七日に日本の憲法擁護国民連合代表団と中国対外文化交流協会が調印した「中日文化交流協定」を執行するために、日本の文化、学術、芸術、スポーツの各界および政界の著名人が呼びかけて設立した友好団体であり、中国との民間文化交流を専門に行う。協会設立当時の趣旨は、両国の文化交流を行い、両国の文化を発展させ友好親善を促進する、というものであった。

この協会は日本向けの民間文化交流、スポーツ交流を行う中国側機関の主要なカウンターパートである。成立以来、日本の文化、学術、芸術、スポーツなどの分野の著名人および作家、演劇家、音楽家、芸術家、書道家などの専門的な代表団による中国訪問を計画・実施し、松山バレエ団や日本の劇団など多くの芸術団と小規模な芸術団体を中国に派遣して公演を行ってきた。また、中国の京劇、雑技、歌舞、舞踏劇、音楽などの芸術団を日本公演に招いた。さらに、文化、芸術、スポーツ、芸術などの多くの代表団を日本に招き、さまざまな文化、芸術の公演や展示を中国と相互に行った。協会は早い時期から中華全国体育総会と関係を樹立し、中国と日本のスポーツ交流や中国の世界大会開催を手伝うなかで、「二つの中国」に反対する多くの取り組みを行い、貢献した。

五　日中友好議員連盟

日中友好議員連盟（略称「日中議連」）は一九七三年四月に設立された。会員は衆参両議院の議員で、月刊で「日中議連資料」を出版している。

その前身は一九四九年五月に設立された日中貿易促進議員連盟で、一九七〇年十月に名称を日中国交回復促進議員連盟と改めた。ともに共産党議員も参加していた。一九七三年四月、共産党議員を排除し、日中議連となった。この組織改正の際に発表された宣言では次のように述べている。中日国交正常化は両国国民の友好の新たなスタートであり、国交回復後に友好をさらに深めることがたいへん重要で、各分野での友好活動を行わねばならない、そして「日中平和友好条約」の早期締結に向け、また、日中両国政府の共同声明を全面的に実施するために全力を尽くす。日中議連は「中日平和友好条約」締結後、両国の新たな情勢のなかで、両国友好協力関係をさらに発展させるために、また、中国の四つの近代化の早期実現に協力するために努力する、と表明している。

国交回復後、中日両国政府の共同声明が定めた原則的な任務の遂行、「中日航空協定」の調印、青嵐会の反中国運動への反対といった面で奮闘を重ねた。一九七四年には日中議連初の訪中団を派遣している。日中議連は超党派の国会議員から成る、縛りの緩やかな団体である。衆議院解散にともなう総選挙の後、当選した議員が改めて会員登録し、新しい役員を選出する。

六　日中協会

日中協会は一九七五年九月二十九日、東京に設立された。一部地域に支部を設置している。団体会員と個人会員を有する（主に各界の名士および地方自治体の長）。「日中月報」を発行している。

協会設立当初の定款によると、協会の目的は日中両国政府の共同声明の精神と各規定の実現を目指し、両国国民の相互理解を深め、子々孫々にわたり友好を続けていくことである、としている。また、成立宣言では、他の日中友好団体とともに手を携えて前進し、「日中平和友好条約」の早期締結を目指す、と述べている。

日中協会が社団法人となった際の趣旨書には次のようにある。日中友好のゆるぎない基盤を築くためには、各界の人々の力が必要である。「日中平和友好条約」に基づき、両国の友好と相互理解、相互信頼を深め、日中問題に対する国民の意見を一致させ、さまざまな日中友好事業を促進し、日本とアジアおよび世界の平和と繁栄のために貢献したい。

日中協会は主に日本国内で日中友好の普及、中国の重要な代表団の受け入れ、日中問題を学ぶ講演会の開催、交換留学生の援助（とくに日本側の受け入れ態勢改善）、日中問題相談窓口の開設、中国から帰国した日本人の生活、就職、教育問題の改善などに取り組んでいる。

一九七八年十一月、茅誠司を団長とする日中協会訪中団が中国を友好訪問した。茅誠司は、両国の友好関係をさらに密接なものとし、これを持続していくために、また、両国の科学技術従事者が平和共存を目的に、互いに強みを発揮して欠点を補いあう協力を行なえるように、日中・中日学術会議を設置することを提案した。

七　日本国際貿易促進協会

この協会は一九五四年九月に設立した。日本の政財界の有識者が提唱し、平和で民主的かつ自由な日本を作るために、そして、アジアおよび世界の平和と友好的な協力のために、とくに当時まだ日本との国交を回復していなかった新中国およびアジア各国との貿易と経済交流を促進するためにこの協会を設立したのである。設立以来、協会は日中両国の友好関係を促進するために努力を重ねてきた。一九七二年に国交回復を実現するまでの約二十年間、四つの民間貿易協定の調印に参与し、中国の経済、貿易および科学技術代表団を受け入れ、工業、貿易、商業、農業、技術の展示会を開催してきた。また、技術交流を積極的に企画・実施し、両国の産業界、学術界の交流と協力を促進してきた。広州交易会参加のための手配、中国向けフェリーの調整、中国貨物船の日本来航の受け入れなどを行うと同時に、金融、保険、運輸、航空、商品検査および観光などの面でも日中両国の業務提携を積極的に進め、大きな業績をあげた。さまざまな活動を通し、貿易障壁の撤廃に貢献しただけでなく、国交回復および正常な貿易関係樹立のために確固たる基盤を築いた。

中日両国の国交回復後、協会は貿易、海運および航空などの協定の調印を強力に後押しし、「中日平和友好条約」の締結にも積極的に乗り出した。とくに、中国が改革開放の新しい段階に入ってからは、新たな変化に適応するために、正常な貿易や多様化した貿易を積極的に進め、中国の原油、五金鉱産〔金・銀・銅・錫・鉄〕、石炭、穀物・油・食品、紡織、特産品・畜産品、機械電気製品など大口商品の輸入を進め、日本から中国への各商品、プラント設備の輸出や技術協力を促進した。一九七八年以降、協会は中国の改革開放政策に積極的に応じ、日本企業の中国への投資と工場建設を全力で奨励し、両国の経済貿易面での協力は、その規模、構成およびレベルなどで大きな変化と発展を遂げた。

この協会は中国の新たな情勢に適応していくために、両国の経済と政治、二つの分野における協力の健全なる発展を促進した。新たな世紀における変化とニーズにも積極的に対応し、日本の企業界と中国の経済、貿易、投資分野の人材との協力を推進して大きな成果をあげるために、また、両国の政治、経済、文化における協力を進め、国民の友好的な感情を深めていくために、たえずさまざまな事業を展開し、友好促進団体としての役割を積極的に果たしている。

八　日中経済協会

中国と日本の国交回復後、日本では〝覚書貿易事務所〟の機能を維持し続けるために、経団連など産業界や経済界の団体の提唱により、日本政府の支援のもと、一九七二年十一月二十二日にこの協会を設立した。この協会は中国の各部・各委員会、工業部門、学術団体および一部の貿易会社と密接な関係を結んでおり、両国の友好関係と経済貿易および技術協力を進めていくために、多くの努力を重ねてきた。協会の歴代の会長は日本の経済界の重鎮が就任している。初代会長と二代目会長の稲山嘉寛（新日鉄会長）と土光敏夫（石川島播磨重工業社長、東芝会長）は、経団連会長に就いたこともあり、「財界の総理」と呼ばれ、日本の経済界ひいては日本社会に大きな影響力を持つ人物である。三代目会長は渡里杉一郎で東芝の元社長であった。

この協会の活動趣旨は、日本の産業界のニーズを充分に把握し、中国産業界との提携やビジネス交流を拡大し、経験を重ね、中国政府および中国の地方政府、経済団体との信頼関係を構築するよう努力し、日中のさまざまな分野での経済交流および産業分野の技術提携を進めていく、というものである。

表1　戦後の日中関連主要団体一覧

番号	団体名称	成立年	性質
一	国際教育振興会	一九四五	財団法人
二	中国研究所	一九四六	社団法人
三	東方学会	一九四七	財団法人
四	霞山会	一九四八	財団法人
五	日中友好協会	一九五〇	社団法人
六	大阪府日中友好協会	一九五〇	任意団体
七	埼玉県日中友好協会	一九五〇	任意団体
八	東京都日中友好協会	一九五〇	NPO法人
九	広島県日中友好協会	一九五〇	社団法人
一〇	福井県日中友好協会	一九五〇	任意団体
一一	高知県日中友好協会	一九五一	任意団体
一二	国際文化会館	一九五二	財団法人
一三	仙台市日中友好協会	一九五二	社団法人
一四	奈良県日中友好協会	一九五二	任意団体
一五	宮城県日中友好協会	一九五二	任意団体
一六	富山県日中友好協会	一九五三	任意団体
一七	三菱信託山室記念奨学財団	一九五三	財団法人
一八	愛知県日中友好協会	一九五四	任意団体
一九	尼崎市日中友好協会	一九五四	社団法人
二〇	上田日中友好協会	一九五四	任意団体
二一	日中文化交流協会	一九五六	任意団体
二二	秋田県日中友好協会	一九五七	社団法人
二三	アジア・アフリカ文化財団	一九五七	財団法人
二四	アジア会館	一九五七	財団法人
二五	アジア学生文化協会	一九五七	財団法人
二六	静岡県日中友好協会	一九五七	社団法人

二七	日本国際教育支援協会	一九五七	財団法人
二八	アジア友好の家	一九六〇	NPO法人
二九	島田市日中友好協会	一九六〇	任意団体
三〇	飯伊日中友好協会	一九六三	任意団体
三一	アジア文化交流協会	一九六四	任意団体
三二	日本文化財団	一九六七	財団法人
三三	徳島県日中友好協会	一九六八	任意団体
三四	西湘日中友好協会	一九六九	任意団体
三五	日中朋友会	一九六九	任意団体
三六	大分県日中友好協会	一九七〇	任意団体
三七	株洲市日中友好協会	一九七〇	任意団体
三八	千葉市日中友好協会	一九七〇	任意団体
三九	浜田日中友好協会	一九七〇	任意団体
四〇	横浜日中友好協会	一九七〇	任意団体
四一	日中友好運動岩手県民会議	一九七一	任意団体
四二	熊本県日中会議	一九七二	任意団体
四三	国際交流基金	一九七二	独立行政法人
四四	綾部市日中友好協会	一九七三	任意団体
四五	宇治市日中友好協会	一九七三	任意団体
四六	小松地区日中友好協会	一九七三	任意団体
四七	長崎県日中親善協議会	一九七三	任意団体
四八	日中文化交流協会	一九七三	財団法人
四九	トヨタ財団	一九七四	財団法人
五〇	日中友好愛知女性連盟	一九七五	任意団体
五一	日中友好千葉県議員連盟	一九七五	任意団体
五二	大和地区日中友好協会	一九七五	社団法人
五三	国際文化教育交流財団	一九七六	財団法人
五四	佐賀県日中友好協会	一九七六	任意団体
五五	日中友好促進三重県民会議	一九七六	任意団体
五六	アジア太平洋資料センター	一九七七	任意団体
五七	日中友好加須市民会議	一九七七	任意団体
五八	山口県日中友好協会	一九七八	社団法人
五九	大江町日中友好協会	一九七八	任意団体
六〇	上越日中友好協会	一九七八	任意団体
六一	宇部市日中友好協会	一九七八	社団法人
六二	函館日中友好協会	一九七八	財団法人
六三	宮崎県日中友好協会	一九七八	任意団体
六四	和歌山県日中教育交流懇談会	一九七八	任意団体
六五	太田市日中友好協会	一九七九	任意団体
六六	大村市日中親善協会	一九七九	任意団体
六七	神戸日中友好協会	一九七九	任意団体
六八	サントリー文化財団	一九七九	財団法人
六九	長野市日中友好協会	一九七九	任意団体
七〇	日中友好文通会	一九七九	任意団体
七一	日本中国留学生研修生援護協会	一九七九	任意団体
七二	岩国地区日中友好協会	一九七九	社団法人
七三	福井市日中友好協会	一九七九	任意団体
七四	市原市民日中友好推進協議会	一九八〇	任意団体
七五	浦和市日中友好協会	一九八〇	任意団体
七六	相模原市日中交流協会	一九八〇	任意団体
七七	四日市・天津市友好交流協議会	一九八〇	任意団体
七八	泉佐野市日中親交会	一九八一	任意団体
七九	岡山市日中友好協会	一九八一	任意団体
八〇	加賀市日中友好協会	一九八一	任意団体
八一	白鷹町日中友好協会	一九八一	任意団体
八二	富山県日中友好協会	一九八一	任意団体
八三	山口県日中経済交流促進協会	一九八一	任意団体
八四	市川市日中友好協会	一九八二	任意団体

八五	川内市日中友好協会	一九八二	任意団体
八六	伊万里市日中友好協会	一九八三	任意団体
八七	加悦町日中友好協会	一九八三	任意団体
八八	国際教育交流協会	一九八三	任意団体
八九	三和国際基金	一九八三	財団法人
九〇	多久市日中友好協会	一九八三	任意団体
九一	和歌山県日中教育交流懇談会	一九八三	任意団体
九二	愛知日中青年研修協会	一九八四	任意団体
九三	京都洛東日中友好協会	一九八四	任意団体
九四	群馬中国医療研究協会	一九八四	任意団体
九五	高知県日中友好書道協会	一九八四	任意団体
九六	茅ヶ崎日中友好協会	一九八四	任意団体
九七	戸隠村日中友好協会	一九八四	任意団体
九八	日立国際奨学財団	一九八四	財団法人
九九	広島県日中親善協会	一九八四	任意団体
一〇〇	藤島町日中友好協会	一九八四	任意団体
一〇一	夕張・撫順友好都市市民協会	一九八四	任意団体
一〇二	吉川町日中友好協会	一九八四	任意団体
一〇三	関西日中交流懇談会	一九八五	任意団体
一〇四	瀋陽会	一九八五	任意団体
一〇五	諏訪市日中友好協会	一九八五	任意団体
一〇六	中国同人館	一九八五	任意団体
一〇七	徳島県日中青年交流協会	一九八五	任意団体
一〇八	南陽市日中友好協会	一九八五	任意団体
一〇九	西尾地区日中友好協会	一九八五	任意団体
一一〇	日中交流促進会	一九八五	任意団体
一一一	山梨県四川省友好県民会議	一九八五	任意団体
一一二	伊勢崎日中友好協会	一九八六	任意団体
一一三	岡山県日中懇話会	一九八六	任意団体

一一四	笹川平和財団	一九八六	財団法人
一一五	日中文通クラブ	一九八六	任意団体
一一六	日中友好漢詩協会	一九八六	任意団体
一一七	市川国際奨学財団	一九八七	財団法人
一一八	大村市日中交流研究会	一九八七	任意団体
一一九	京都日中文化交流中心	一九八七	NPO法人
一二〇	静岡県日中農林水産交流協会	一九八七	任意団体
一二一	中国留学生援護会	一九八七	任意団体
一二二	飯豊町日中友好協会	一九八八	任意団体
一二三	国際研修交流協会	一九八八	財団法人
一二四	高久国際奨学財団	一九八八	財団法人
一二五	中国緑化基金会	一九八八	任意団体
一二六	富山県日中友好団体連合会	一九八八	任意団体
一二七	日商岩井国際交流財団	一九八八	財団法人
一二八	焼津市日中友好協会	一九八八	任意団体
一二九	岩美町日中友好協会	一九八九	任意団体
一三〇	四国日中平和友好会	一九八九	任意団体
一三一	庄原市日中親善協会	一九八九	任意団体
一三二	東芝国際交流財団	一九八九	財団法人
一三三	日中友好高齢者大学推進委員会	一九八九	任意団体
一三四	アジア女性交流・研究フォーラム	一九九〇	財団法人
一三五	岡崎嘉平太国際奨学財団	一九九〇	財団法人
一三六	彦根市日中友好協会	一九九〇	任意団体
一三七	日中友好技術人材交流協会	一九九〇	NPO法人
一三八	綿貫国際奨学財団	一九九〇	財団法人
一三九	住友財団	一九九一	財団法人
一四〇	一宮地区日中友好協会	一九九一	任意団体
一四一	太田市日中桜友誼の会	一九九一	任意団体
一四二	勝浦市日中友好協会	一九九一	社団法人

一四三	熊野町日中交流協会	一九九一	任意団体
一四四	富士銀行国際交流奨学財団	一九九一	財団法人
一四五	アジア太平洋センター	一九九二	財団法人
一四六	江別日中友好の会	一九九二	任意団体
一四七	神栖市日中友好協会	一九九二	任意団体
一四八	市原国際奨学財団	一九九三	財団法人
一四九	信濃町日中友好協会	一九九三	任意団体
一五〇	浜田日中友好協会	一九九三	任意団体
一五一	米沢市日中友好協会	一九九三	任意団体
一五二	笠間市日中友好協会	一九九四	任意団体
一五三	東京国際交流財団	一九九四	財団法人
一五四	日中沂山教育基金会	一九九四	任意団体
一五五	温海町日中友好協会	一九九五	任意団体
一五六	日中友好雄鷹会	一九九五	任意団体
一五七	大洗町日中友好協会	一九九六	任意団体
一五八	高知県日中友好協会	一九九六	任意団体
一五九	滋賀県日中友好協会	一九九六	任意団体
一六〇	高柳町日中友好協会	一九九六	任意団体
一六一	米子市保定市交流推進協会	一九九六	任意団体
一六二	アジア文化交流協会	一九九七	任意団体
一六三	岐阜日中協会	一九九七	任意団体
一六四	高知県日中友好中国語普及協会	一九九七	任意団体
一六五	豊橋地区日中友好協会	一九九七	任意団体
一六六	日中技術交流会	一九九七	NPO法人
一六七	日中友好奨学金会	一九九七	任意団体
一六八	日本国際協力財団	一九九七	財団法人
一六九	日中友好技術人材交流協会	一九九七	NPO法人
一七〇	高知県日中友好植樹会	一九九八	任意団体
一七一	沙羅の会	一九九八	任意団体
一七二	熊本県民日中平和友好促進会	一九九八	任意団体
一七三	松下国際財団	一九九八	財団法人
一七四	アジア文化交流会	一九九九	NPO法人
一七五	高知県日中友好健康協会	一九九九	任意団体
一七六	国際協力銀行	一九九九	特殊法人
一七七	日中医学交流センター	一九九九	NPO法人
一七八	日中教育人材交流協会	一九九九	NPO法人
一七九	日中協力機構	一九九九	NPO法人
一八〇	日中交流会	一九九九	任意団体
一八一	日中ボランティア活動センター	一九九九	NPO法人
一八二	日中友好市民倶楽部	一九九九	NPO法人
一八三	北海道日中青少年交流協会	一九九九	NPO法人
一八四	アジア芸術文化協会	二〇〇〇	NPO法人
一八五	東北日中平和友好会	二〇〇〇	任意団体
一八六	新潟県日中友好協会	二〇〇〇	NPO法人
一八七	日中文化協会	二〇〇〇	任意団体
一八八	日中平和交流基金フォーラム	二〇〇一	NPO法人

資料出典　翟新『近代以来日本民間渉外活動研究』中国社会科学出版社、二〇〇六年、三六〇—三六六頁。

8　中日友好を実践している民間団体——日本財団を例として

本章では、日本の財団法人「日本財団」をとりあげ、その全体像について紹介する。とくに、日本財団が中国で展開している各交流活動事業のうち代表的な実例を挙げ、その活動理念や実施方法、交流方法、社会の評価などについて多角的に分析する。そのことを通じて、日本の民間団体がどのように中日友好を実践しているかを明らかにする。日本財団をとりあげる理由は、その傘下にある笹川日中友好基金が目下、中日間で最大規模の民間交流基金であるからである。同基金は中日の民間交流の分野で多くの具体的な事業を行っている。そのほかにも日本財団傘下には多分野にわたって数多くの財団や基金があり、それぞれの方法で中国に対し広範な交流事業を展開している。つまり、中日民間交流の分野では規模においても活動事業の内容においても、日本財団はその代表的存在の一つだといえるのである。したがって、その分析には重要な意義があろう。

一　日本財団の概況

日本財団は一九六二年十月一日に設立した財団法人で、正式名は日本船舶振興会である。財団設立当初の主な目的は、日本の海洋産業を振興することであった。「日本財団」という通称を使い始めたのは一九九六年一月一日からである。

日本財団は政府機構ではなく、経済利益を追求する営利組織でもない。一九五一年に制定された「モーターボート競走法」に依拠し、競艇の売上金のうち二・六二%を財源にして各種の事業を展開している。二〇〇七年四月一日から二〇〇八年三月三十一日の決算年度の例でいうと、財団にはおおよそ三百四十八億円の基本財産があった[54]。

時代の発展にともない、日本財団も社会の要請とともに、海洋・船舶に関わる事業だけでなく、その他の公益活動事業も援助するようになり、徐々に援助活動の分野を広げてきた。財団は日本国内だけにとどまらず、世界に広く存在する問題群にまで関心をもつようになり、幅広い公益活動に参加していった。支援活動は国際協力、海洋関係、公益ボランティア、日本国内社会の福祉など四つの主要分野に分けられる。日本財団の事業範囲は広いが、国際協力のサポート、各国間の親善促進とグローバル教育を促進すること、世界の人々の基本的ニーズを満たすなどの領域に集中している。

そのほかにも、日本財団は福祉医療、健康衛生、防災、教育文化、人材育成など直接的・具体的事業を助成している。また国際協力の分野では、日本とその他の国家間の親睦関係を促進するために、特定分野の研究機構や特別基金を設け、各国・各地域の文化と教育の交流を促進している。このような事業は国家間・地域間の関係を強化するのに一定の効果を生み出している。日本財団の海外協力事業は地方から中央政府までの各レベルに深く浸透している。これらの事業の背後には、二つの基本理念が含まれている。それは、世界中の人々の切実なニーズを探り、それに対して重点的な支援を行うこと、そして、人々はすべて自己の潜在力を最大限発揮しなければならない、ということである。

日本財団は東京都港区赤坂にあり、現会長は二〇〇五年に就任した笹川陽平である。二〇〇七年三月末日現在、財団の基本財産は二百九十四億円で、意思決定機関は評議員会、理事会、監事会からなる。二〇〇七年四月一日現在、役員十七名、評議員十四名、職員九十名で、平均年齢は三十八・一歳である。

二　日本財団の中国への取り組み

日本財団と中国の友好交流活動は、初代会長笹川良一によって切り拓かれた。笹川良一は日本の有名な社会活動家である。一九三〇年代には国粋大衆党党首を任じ、戦後は「モーターボート競走法」の制定を推進した。そして、モーターボート事業の創設者として、レースの経営にあたり、巨額の富を生み出した。彼は長期にわたり、日本船舶振興会会長を務めたほか、笹川平和財団、シップ・アンド・オーシャン財団など数十の団体の首脳でもあった。「世界は一家、人類皆兄弟」を主張し、百億ドル超を出資して、医療、教育、文化、被災者救援など多くの公益・慈善事業を行い、日本社会に重要な影響を残した。

歴史的な原因で、笹川良一は長期にわたって中国とつきあいをもたなかった。しかし、一九七二年に中日国交が回復し、その後に中日平和友好条約の締結と中国の改革開放政策の実施が続いた。こうした時代の激変は、笹川良一の考え方にも大きく影響を与えた。彼は、日中の不幸な歴史を悔やみ、両国が友好関係を築いてこそアジアの平和的発展が保障されると確信した。

「日本は歴史上中国から恩恵を受けてきた。中国は日本にとってもっとも尊敬すべき兄」であり、実際の行動で時代の潮流に適応すべきであり、中日友好事業に力を注ぐことで中国の恩に報いるべきだと語り、中日友好活動をためらうことなく展開しようと決意したのである。彼の言動は中国の政治指導者にも重く受け止められた。鄧小平は笹川良一のことを義侠心の厚い人士だと褒めたたえ、進んで協力するように指示した。笹川良一は一九八四年に戦後初めて中国を訪れ、その翌年には八十六歳という高齢をおして中国を再訪した。鄧小平は北京で彼と会見した際、我々はこの百年の中日関係の生き証人であり、両国が二十一世紀にさらに友好を育むためにはともに努力しなければならないと語った。笹川良一は、平和な中日友好のために「六十歳若返る気で」さらに多くの仕事をしなければならないと応えた。(55)

笹川良一の率いた日本財団、笹川平和財団、笹川記念保健協力財団、日本消防協会など、多くの民間財団が中日友好活動を展開した。また、笹川良一は自ら広東を訪れ、ハンセン病研究所を無償で建設しただけでなく、笹川医学奨学金制度を設立したり、八十億円を拠出して中国から二千名の医者を日本に招き、研修を行ったりした。さらに、大興安嶺の火災、江蘇省と安徽省の水害、雲南の地震などには熱心に義援金を出した。

特筆すべきは、一九八九年十二月に笹川良一が指導する日本財団が五十億円を出資し、「笹川日中友好基金」を設立し、無償で中日間の政治、経済、文化、教育各分野の友好交流活動を始めたことである。一九九三年には、笹川良一はその基金額を百億円まで増額し、中日間の最大の民間交流基金として、中日民間友好交流に大きな力を発揮することとなった。

そのほかにも、笹川良一は中日友好の船で六百名を率いて中国を訪問し、天皇の訪中を熱心に推進し、中国の平和的統一のために尽力し、南太平洋の九つの島国の元首の中国訪問を実現した。一九九二年秋には、彼は黄華を団長とし、葉選平を最高顧問とする百二十人の大型代表団を日本に招聘し、国交正常化二十年を中日共同で祝った。その際彼は興奮気味に、「日中関係が安定から発展へ、交流から協力へ向かうのを見ることができ、たいへんうれしい」と述べている。これは笹川良一の真意であろう。ものの道理を悟るのに早晩があっても、友好には前後がない。笹川良一はその生涯の最後の十年に奮闘努力し、中日友好のために満腔の熱情を注いだ。一九八七年十一月、中国を訪れた笹川良一と会見した鄧小平は、彼が中日友好の発展のために尽くした努力に対し賞賛を送った。一九九五年七月笹川良一は九十六歳で生涯を閉じたが、病床でも笹川日中友好基金の交流状況を案じ続けていた。

中日両国の世代を超えた友好のために、父の事業を子が受け継いだ。笹川良一の三男・笹川陽平は、すでに一九八〇年代から父が笹川日中友好基金を創設するのを助けていたが、一九八五年に父にともなって訪中してからは、中国各地を巡り、中国との交流を発展させるために多くの仕事を行うようになっていた。笹川良一が死去した後、彼が日本財団理事長と笹川日中友好基金運営委員長の職を歴任した。彼は、「父は亡くなったけれど、彼が創設した笹川日中友好基金の事業は私が引き継いでいかなければならない」と語った。また彼は、「中日両国は実際の行動があって初めて相互に信頼関係を結ぶことができる」と考えていた。

笹川陽平は、まじめで堅実なタイプで、つねに長期的な展望のもとに斬新なアイデアを構想する。また、交流事業の実施過程でも、自ら率先して運営に携わっている。たとえば、一九九六年に彼の指示で笹川医学奨学金事業の期間が十年から二十年に延長され、さらに一千名の中国の医師が育成されたのは、その一例といえよう。なお、二〇〇五年三月十三日から笹川陽平は個人ブログを開設し、毎日の仕事をブログで一般公開しており、彼の仕事の状況についてはそこでうかがい知ることができる。

笹川親子が中日友好交流を通じて行った慈善事業は各分野から賞賛を受けている。中日友好に全身全霊を傾ける親子二代の姿は、彼らと接触をもった中国人にも深い影響を与えた。笹川良一から笹川陽平へという世代交代には、中日関係の歴史と発展の一端が反映されているともいえよう。

日本財団が展開している国際協力事業は主に国際機構や各国政府、NGOなどと協力しながら、人々が直面している貧困、飢餓、疾病などの基本的な困難を解決し、社会発展の重責を担う人材を育成し、コミュニケーション・ネットワークを作り、平和で豊かな世界を創造しようとしている。中国で展開している各事業にも、そうした日本財団の基本方針が貫かれている。

日本財団傘下には、笹川日中友好基金をはじめ、東京財団、日本科学協会、笹川記念保健協力財団、シップ・アンド・オーシャン財団（現・海洋政策研究財団）、笹川スポーツ財団など多くの基金・財団があり、日本財団は中国との交流活動を円滑に行うために、それらグループ組織と緊密に連携をとりながら事業を展開している。

対中国交流事業の例としては、たとえば笹川日中友好基金の日中国防関係者交流や、日中医学協会と笹川記念保健協力財団および中国衛生部が協力した笹川医学奨学金制度、ハンセン病の制圧事業などがある。また、日本科学協会は教育分野で、中国の大学に図書を贈呈したり、日本知識クイズ大会を催したり、図書館の責任者を訪日研修させるなどしている。また、東京財団は中国の十の大学に笹川ヤングリーダー奨学基金を設立しているし、日本にいる中国人留学生も笹川科学研究助成事業に申請することができる。

三　笹川日中友好基金の活動

笹川日中友好基金は一九八九年に笹川良一が創設したもので、日本財団グループのなかで中国関連事業を中心的に行っている。中日両国の末永い平和と相互発展を維持し促進するため、一九八九年十二月、基金規模五十億円で創設された。一九九〇年六月には、笹川平和財団と中国国際友好連絡会が協定書を結び、両者の協力関係のもとに基金の事業が正式に始動した。現在では基金規模は百一億円になり、日中間で最大の民間交流基金となっている。

笹川日中友好基金は、日本財団グループの笹川平和財団に対象地域別に設置された基金の一つに位置づけられている。笹川平和財団は、国際理解、国際交流、国際協力の促進を通じて健全な国際社会を形成しようと試みる民間団体として、一九八六年に東京で設立された。同財団の前会長の田淵節也はかつてこう語っている。「笹川平和財団のすべての仕事は、一点に集中している。すなわち、国際社会を良くするためでなく、国際社会をより良くする方法を探求するために事業を行っているということである。」

笹川日中友好基金の設立は、ちょうど天安門事件の直後であった。当時、日本政府は欧米諸国と協調し、中国に対し経済制裁を加える姿勢をとり、第三次円借款（一九九〇—一九九五年度で八千百億円）を凍結した。笹川日中友好基金設立のため関係者が北京で調印式を行ったのは、ちょうど天安門事件から一年後の一九九〇年六月であったが、その際、楊尚昆国家主席が笹川良一に対して、経済制裁の解除に向けた協力を依頼した。笹川良一は帰国後、竹下登、安倍晋太郎、海部俊樹ら当時の政府首脳らに、中国の国際社会における孤立を回避するよう働きかけた。こうした働きかけが政府の方針転換を後押しする一因となり、日本政府は凍結解除に動き出した。翌月に開催されたヒューストンサミットで海部首相が、中国を国際社会から孤立させないために対中経済制裁の解除が必要であると主張した。同年九月には、北京で行われた第十一回アジア競技大会で訪中した竹下元首相が日本の対中円借款凍結解除を中国側に伝えた。この一連の経緯における笹川良一の働きかけを中国政府側は高く評価した。つまり、笹川日中友好基金はその設立当初から、民間の立場で政府間関係を補う役割を果たしてきたといえよう。

同基金は、中日両国間の人材育成、人的交流、調査研究、会議開催などの事業に用いられ、現在までに二百七十六事業が実施され、それには日本側五千六百四十七人、中国側一万一千五百四十八人が参加した。一九八九年から二〇〇六年の間に実施された事業総額は約二十三億円であり、その具体的活動は次の四つの分野において展開されてきた。

まず一つ目の分野は、二十一世紀に向けた人材育成である。

これには、たとえば安全保障問題の専門家を育成する事業が含まれる。基金は、中国の安全保障問題担当者を日本の著名大学や研究機構で研修させる事業を実施した。また、中国の若者が日本語を学習することを奨励するため、中国の大学で日本語を学ぶ学生に奨学金を提供した。さらに、両国の若者が相手国について実地研修する機会をつくるとともに、共通の関心事について討論させ、相互理解を増進した。

二つ目の分野は、二十一世紀の中日関係の重要性について、両国関係者の認識を深めることである。たとえば、日本研究をテーマにした若手学者のシンポジウムが毎年中国社会科学院に委託され、北京で行われた。あるいは、中日両国の佐官級防衛関係者の交流事業がある。中国人民解放軍の将校を訪日させて研修し、日本の自衛隊の幹部要員を訪中させて研修を行うなどである。また、両国の安全保障についてシンポジウムを開催し、中国の国防部、人民解放軍および軍事科学院などと、日本の防衛省、陸海空自衛隊および防衛研究所などを討論に参加させている。さらに、中国の市長の訪日交流団を組織して日本の都市インフラや環境保護政策などを視察させたり、両国間でマスコミ関係者の対話を行ったり、若手国会議員を中国に送り、中国各界と交流をもたせたりしている。

三つ目の分野は、二十一世紀の中日関係の発展に関する提言である。中日間においては歴史認識などの問題が相手国への認識を左右する重要な要素である。そこで、両国の若手歴史研究者の参加する学術シンポジウムを行うとともに、中国側の学者を日本研究のために招聘したりしている。両国の民間人士の交流を兼ねた会議の席を設け、両国関係の発展に影響する重大な問題を討論することで、相互理解を増進しようというものである。

四つ目の分野は、中国が世界に向けて情報発信できる社会システムを形成するよう援助することである。現段階における中国社会の経済発展状況に応じて、たとえば、中国が公益事業(NPO)評価システムを作り上げることを援助することである。具体的には、文献や実地調査を通じて、中国で評価を実施するための枠組みや基準、方法などのルールづくりを完成させるよう中日両国の専門家を組織することである。あわせて、中国の非政府組織の経営管理を改善し、自力で社会建設や地区開発の領域で効果を向上させる手助けをすることである。

笹川日中友好基金は、これら四つの分野において、これまでに二百以上の事業を展開してきた。たとえば、次のような事業がある。

「中国市長訪日交流」事業は、一九九〇年から実施が開始された。主な目的は中国の地方政府が日本における地方経済の発展を研究することを支援することである。市長訪日団は日本の地方自治体を訪問し、地方政府との意見交換を行う。二〇〇六年までにすでに百三十一名の中国の地方都市の市長が訪日した。二〇〇六年度を例にとれば、重慶市、四川省雅安市、達州市、貴州省安順市、湖南省衡陽市、雲南省保山市、広西壮族自治区玉林市の六つの省、自治区、直轄市の七都市の行政官と共産党委員会幹部十名が訪日団を結成して来日した。一行は、総務省、自民党本部、広島県、広島市、山口県柳井市、下関市などを訪問した。

「北東アジア安全保障問題シンポジウム」は、二〇〇〇年に開始され、ワークショップや中日両国の防衛部門の交流を通じて、両国の安全保障問題の研究者の相互理解を深めようとするものである。二〇〇六年度には国防大学、軍事科学院、現代国際関係研究院、北京大学、清華大学など中国の主要な研究機関や有名大学の研究者十六名による訪日団が結成され来日し、第七回北東アジア安全保障問題シンポジウムに参加した。滞在中は、当時の久間章生防衛庁長官、斉藤隆海将・統合幕僚長、香田洋二海将・海上自衛隊佐世保地方総監などの日本の防衛関係者、要人との対面を果たした。このほか、訪日団は防衛庁、外務省、防衛研究所などを個別に訪問し、日本の防衛政策に実務レベルで関わる関係者や対中政策に関わる関係者との交流を深めた。

「日中若手歴史研究者会議」は、二〇〇一年から五年計画で始められた事業である。この事業は新しい視点をもった中日の若手歴史研究者に議論の場を提供し、歴史認識問題の整理と解決に向け、新しい提言を試みるものである。この事業は中日両国の若手の歴史研究者によって執筆された『国境を越える歴史認識——日本と中国の学者の視点』が成果物として出版され、目的が達成された。本書は二〇〇六年五月二十二日に、日本側では東京大学出版会から、中国側からは中国社会科学文献出版社から出版され、たいへん高い評価を受けた。また、この事業の総括として、二〇〇六年三月二十八日、「日中若手歴史研究者会議——国境を越える歴史認識」というテーマでシンポジウムが、早稲田大学東アジア研究所と笹川日中友好基金の共同開催によって行われた。

上記などの事業によって、中国の八十以上の都市・地方から三千人近い関係者を日本に招聘した。これらの関係者は、行政、医学、身障者、環境保全、青年交流などの機関・団体に所属し、活動分野も金融証券、エネルギー、税務、ファッション、撮影、絵画、新聞やテレビなど十数の分野にわたる。中国国内においても、中小企業経営セミナー、市場経済や企業経営に関する講習会などの研修活動を頻繁に行い、日本の市場経済や企業経営の経験を紹介し、あるいは、中国側の経済管理などの専門家の日本研修を行った。基金はさらに、日本の若手国会議員の訪中事業を組織し、中国の国有企業の経営改革、農村経済、投資環境整備、南水北調プロジェクトなどを対象に調査を実施し、中日間の経済協力を促進した。教育の分野では、近年中国側と協力し、中国の十三の大学で「笹川日中友好基金」事業を実施し、一九九五年から二〇〇六年までの間に一千百五十人以上の優秀な学生に奨学金を授与してきた。日本国内においても、「中国留学生奨学金」事業を実施し、日本に留学する中国人留学生を支援した。一九八六年から二〇〇五年の間に、基金の支援によって中国に派遣された日本語教育の専門家は一千二百九十二人に上る。基金はまた中国の多くの大学に大量の図書を寄贈してきた。

四　日中国防関係者交流

「日中国防関係者交流」は、笹川日中友好基金が二〇〇〇年に一期十年計画で開始した事業である。その主旨は、中日両国の防衛関係者が相互理解を増進することである。若手将校同士の相互交流を促進することを通じて、両国の友好関係を発展させようとするものである。この事業はすでに民間防衛交流のモデルとなり、各方面から注目を集めており、中日防衛協力に資する人材を育成し、相互交流のチャンネルづくりに貢献している。この事業には二〇〇〇年から二〇〇六年までに一億九千八百三十八万円が投じられた。

中日国交回復から二年後にあたる一九七四年に、中日両国はそれぞれ相手国に駐在武官を置き、軍事交流を開始した。一般にはあまり知られていないが、軍事交流も政治交流と同じく、一貫して政府だけでなく民間も含めた多様なチャンネルで行われてきた。中日防衛トップの相互訪問が開始したのは一九七八年である。同年十一月には、伍修権解放軍副総参謀長は訪米途中日本に立ち寄り、日中防衛担当者のトップレベルの交流の門を開けた。一九八九年六月以降、中国に経済制裁を加える西側諸国の一員として、日本は中国との軍事交流を一方的に中断した。一九九五年に西元徹也統合幕僚会議議長が中国を訪れ、中日防衛部門のハイレベルの交流が再び開始された。軍事関係のハイレベル交流が推進されつつ、両国間には軍事交流のチャンネルが開拓されていった。たとえば、中国の国防大学と日本の防衛研究所は相互に研究員を留学・研修に送り出した。この事業活動は二〇〇三年に開始され、毎年留学生を相互派遣している。また、日本防衛医科大学校の専門家と中国側の間では学術交流を行っている。そのほかにも民間の形式で交流も行っている。

しかしながら、少数の保守的な立場を固守する政治家によって両国関係の政治的な基礎が破壊され、軍事交流もときおり中断することがあった。たとえば、二〇〇一年前半には、二月に解放軍空軍司令官が初めて訪日し、五月には日本の佐藤謙防衛庁事務次官が訪中した。ところが、八月に小泉首相が頑として靖国神社を参拝し、両国軍事交流に衝撃を与え、その年の後半はすべての政府間交流が停止した。さらに、中日国交回復三十周年を迎える年である二〇〇二年の三月には、記念活動の一部として二つの重要な軍事交流が計画されていた。一つは日本側防衛庁長官が訪中し、遅浩田中国国防部長と一九九八年以来初の大臣レベルの軍事会議を行うことであった。もう一つは、両国の艦艇の相互訪問である。まず中国の海軍艦艇が日本を訪れ、続いて翌年に日本海上自衛隊の艦艇が中国を訪れるはずであった。ところが、その年の四月初旬に小泉首相がまた靖国神社に参拝し、交流活動は中断を迫られた。幸いなことに、民間組織を通じて防衛交流は継続実行されたが、それは中日の政治対話と同様に重要な意義のあることであった。

中国の発展は驚くような効果を発揮し、日本財団は人民解放軍と自衛隊の交流はまだ不足であり、両国関係の未来は両国の若手将校の双肩にかかっており、彼らの交流こそが重要だと認識するようになった。笹川陽平は「ハイレベルの防衛交流は政治の影響を受けるが、政府間の関係が緊張したときでさえ、我々はこの民間組織による現役佐官級の交流事業をストップしなかった。こうしたことは世界を探してもほかに例がない。財団の仕事は政府が行う交流の手が回らない部分を補っているといってもよいだろう」と考えている。

二〇〇六年度に展開された事業を例に挙げると、石破茂前防衛庁長官を顧問とする日本佐官級自衛官訪中研修団十三名が中国を訪れた際、徐才厚中央軍事委員会副主席、熊光楷中国国際戦略学会会長と面会し、南海艦隊湛江基地と北京軍区装甲部隊第六師団、広州軍区空軍第九師団、国防大学防務学院、中央党校などを見学した。南海艦隊は中国のなかでも装備が比較的先進的な艦隊の一つで、アメリカ第五艦隊や韓国艦艇編隊などの訪問も受けたことがある。前回までの訪問と比べ、このときの訪問はとりわけ注目を受けた。というのも、このときは中日関係が緊張緩和に向かいつつある時期であったことに加え、訪問団が中国の陸海空三軍の精鋭を訪れたことによる。

日本側自衛隊佐官級訪中団の興味を強くかきたてたのは、中国の陸海空三軍が彼らに対して開放的であり、透明性が高かったことである。六月二十六日、自衛隊佐官団は北京の南口鎮に駐屯している北京軍区装甲第六師団を訪れた。この師団は中国軍でも最新の九八型戦車を有していた。もちろん訓練や装備状況についても、装甲第六師団は中国陸軍の機械化を代表する最高水準の部隊である。一方、南海艦隊は中国の重要な海軍基地である。新鋭艦が装備されている。かつて、アメリカ第五艦隊や韓国の艦隊を迎え入れたこともあった。さらに広州に駐屯する空軍第九師団は、解放軍の空軍のなかでもとくに高い名声と勲功をもつ部隊であり、最新鋭機を装備している。中国側はこのとき自衛隊佐官団に対して、作戦精鋭部隊を開放し、軍事の透明性を向上してみせた。中国の軍事面での透明性については、米国や日本の一部メディアが問題視しているが、このときの自衛隊佐官団メンバーの一人は日本側メディアの取材に応えて、「日本国内で中国軍は不透明であると報道されているのを見たが、我々が実際に見た印象とはやや異なる」と述べている。

さらに、そのとき訪れた石破茂自衛隊佐官団顧問の立場が外部の注意をひいた。彼個人は日中軍事交流の曲折を何度も経験してきている。二〇〇二年中日国交正常化三十周年の際、中日双方は海軍艦艇の相互訪問を実施し、当時の中谷元防衛庁長官が訪中する予定であった。しかし、小泉首相の同年四月の靖国神社参拝で計画は実現できなかった。その後、中日軍事関係改善の兆しとしては、二〇〇三年九月当時の石破茂防衛庁長官による訪中がメルクマールである。石破茂は防衛庁長官の立場で中国を訪問し、中日のメディアと大衆の注目を集めた。日本側メディアのなかには、二〇〇三年の艦艇相互訪問の実現を有望視するものも少なくなかった。しかし、中日軍事交流は日本側の靖国神社参拝問題でふたたび阻害されるのである。波乱に富んだ政治関係を背景に、中日軍事関係の発展はたびたび困難に遭遇し、ハイレベル交流はさらに停滞して進まなかった。そして、ついに笹川日中友好基金の努力によって民間チャンネルを利用することで、両国佐官級の相互訪問が実現することになったのである。

石破茂は、「武器はウソをつかないし、軍人もウソをつかない。その目で見識を広めて初めて疑念が晴らせる」のであるから、こうした交流は中日の制服組に理解と相互信頼を打ち立てる良い機会である、と語っている。さらにまた、いま日本国内には中国の「軍事的脅威」を強調する人が少なくないが、そうした議論には大して意味がない、中国に行って実地見学をしてこそ日本の若手自衛官に中国解放軍の防衛思想を理解させることができる、ともいっている。日本の自衛官には米国に留学した者が多いが、中国についての理解は乏しい。多くの若手自衛官は第二次世界大戦についてあまり理解していない。中国は日本の中下層の若い自衛官が中国に来て、中国を理解することを望んでいる。また、中国の将校も日本の自衛官が交流するなかで、日本の自衛隊についてさらに理解できるし、日本側に対して中国の平和的な発展戦略と積極的防御戦略について解説することもできる。現場の軍人同士の交流は細かなところまで触れることができる。そして、このような軍人たちこそ両国の未来の軍事力を支える人材であり、将来のハイレベル交流の基礎となるのである。

二〇〇六年は二十名の中国人民解放軍佐官級訪日団が訪日研修し、久間章生防衛庁長官、斉藤隆統幕長を表敬訪問した。訪日団はさらに防衛庁、防衛研究所、防衛大学校、外務省を訪問し、海上自衛隊の観艦式、航空自衛隊第一二飛行教育団、陸上自衛隊西部方面総監部、第八師団などを視察した。

中日佐官級の相互訪問交流事業は七年継続し、良い効果を出している。中日の政治関係がやや緊張した状況下でも、軍事関係は完全に失われてしまうことがなかった。こうした意味でいえば、現今の中日関係の枠組みのなかで特殊な意義を有しているといえよう。中国メディアは笹川陽平日本財団会長のことを七年に及ぶ中日佐官級交流の「重要な推進役」(56)とみている。「軍人は戦を好むと多くの人がいうけれど、それは大きな間違い。軍人こそ戦争を嫌い、平和を愛するのです」と笹川陽平は中日佐官級交流の事業を始めた動機をこういう。笹川陽平は笹川日中友好基金を窓口に、中日友好の民間団体が手をつけることがほとんどない分野を開拓した。それが軍事交流であった。もちろん、もしも中国側に防衛分野の国際交流を担うパートナーがなかったら、このような民間主導型の中日制服組の直接交流は想像することさえ難しかった。その重要な窓口として積極的な活動を行ったのが中国国際戦略学会であった。笹川日中友好基金と中国国際戦略学会のアレンジのもとで、二〇〇一年から現在までに少なくとも百二十数名の解放軍将校と約八十名の自衛官が相互訪問交流に参加した。この事業は二〇一一年まで続けられる。中日関係がもっとも冷えきったときでさえ、中日の中堅将校は七年間相互訪問を維持し続けたのである。二〇〇二年四月、小泉首相が再度靖国神社を参拝し、日本の防衛庁長官の訪中と中国海軍艦艇の訪日は延期を迫られた。しかし、それでもその七月の解放軍佐官級の訪日は予定どおり実施し、日本側自衛官の訪中も計画どおり実現した。中日軍事交流活動はその年ひときわ際立つ出来事であった。

こうした活動をうまく組織し展開するためには、双方が毎回の交流をきめ細かく計画し、中身のあるスケジュールを組まなければならない。二〇〇七年度の例をとると、日本の佐官級自衛官が六月に中国を訪れ、瀋陽軍区と大連艦艇学院を見学したほか、北京大学国際関係学院の教授・学生らと交流した。そして、十月には解放軍佐官級が日本を訪問し、防衛大学、防衛研究所、海上自衛隊基地と陸上自衛隊第十一師団を視察したほか、日本社会を直接見聞した。毎回訪日団が中国に帰国する前に、笹川日中友好基金はアンケートを実施し、訪問スケジュールでもっとも満足したことは何か、不満だったことは何か、ほかに提案はないかなどを調査している。そうして中国側の意見を参考にしながら、たえず事業の内容を改善している。時間の経過とともに、交流初期の生硬さが徐々に真心のこもった自然なものに変化していった。七年前に最初の解放軍佐官級訪日団が日本に来たときは、団長以外は話をすることも少なく堅苦しさがあったが、七年を経て、日本のメディア関係者と接するときでさえ中国の若手軍官は自信に溢れ率直で堂々と対処できるようになった。中国軍事科学院の研究員江新鳳は二〇〇三年にこの事業の訪日団に参加し、その後、同事業の日本佐官級訪中団の受け入れにあたっている。彼女によれば、七年経っても日本から来る訪中団のメンバーは毎回そのほとんどが中国は初めてで、会話も遠慮がちだという。

「小泉首相が靖国神社に参拝して政治関係が悪化したとき、軍事交流を停止したほうがいいという人もいました。しかし、私はそうした勧めを断わりました。」笹川陽平は当時の艱難辛苦の日々を思い出し、こういう。そして、中日双方に継続を説得するために何度も中国に飛んだという。一方、中国側の江新鳳は、政治関係が良くないからという理由で一切の交流を停止するというわけにはいかないし、またその必要もなかったという。むしろ、関係が良くなかったからこそ、あのようなチャンネルを残しておくことに将来の新しい局面打開へ向けて意味があると考えていた。つまり、中日双方が交流を継続するという一点で認識をともにしていたからこそ、両国の国防関係者交流の特殊なルートが保たれたのである。それは、軍のハイレベルの相互訪問が中断しても、実際には、学術レベルと専門家レベルの軍事交流が続けられたということである。このような交流活動が相互理解の増進を助けている。その効果はたとえ短期間のうちにハイレベルな軍事戦略のなかに現われることがないとしても、参加した若手将校が軍の中堅勢力となる十数年後には、その意義がはっきりするであろう。

五　その他の日本財団グループによる中国関連事業

日本財団傘下には、笹川日中友好基金以外にもさまざまな機構や団体があり、各分野において中国側の機構や団体と広く協力や交流を行っている。

1　笹川医学奨学金制度

中日両国民の医学分野における友好協力を促進し、ひいては両国民の相互理解を深めるため、中国衛生部、日中医学協会、笹川記念保健協力財団の三者が署名した協定に基づいて、一九八七年から十年計画で日中笹川医学奨学制度が実施された。制度の中身は、中国で医学・医療に従事する者から毎年百人の研修生を日本が受け入れ、日本各地の医学関係の大学、研究施設、医療機構に派遣する。研修参加者は各研修先で一年間にわたって、医学、歯科、薬学、看護学などの分野で研究指導を受ける。そして、研修が終わった彼らが中国に帰り、日本で取得した研修成果を中国の医療に活かすというものである。一九九二年以降、双方の協議を経て、さらに新たに五年間の事業も創設された。それは、帰国した医学研修生が再度日本に赴けるようにする「特別研究員」制度である。

笹川医学奨学金制度は、当初、毎年百人の医学研修生と十人の特別研究員を迎え入れた。一九九八年からは毎年八十人の研修生と二十人の特別研究員を受け入れるようになった。一九八七年から二〇〇七年の二十年の間に笹川医学奨学金を得た人数は累計で二千三十七人に及び、そのうち研修生（一九八七―二〇〇七年）は一千七百八十一人、特別研究員（一九九三―二〇〇七年）は二百五十六人に及んだ。奨学金総額（一九八七―二〇〇七年）は約八十億円である。日本での研修を終えて帰国してからも、研修生らはさらに積極的に同学会活動を展開し、北京に事務所を設立して、農村でボランティア診療を行ったり、同学会の会報を発行したりしている。一九九六年八月に、彭珮雲国務委員が同事業について評価し、こう述べている。「中国政府は一貫してこの制度を高度に重視してきた。これは医学界の智恵によって構築された重要なチャンネルである。日本の友人の卓越した見識がこの制度の誕生につながった。第二回目の十年協定は世紀をまたぐ協力事業となるので、まさに二十一世紀に向けた人材育成事業である。」

二〇〇七年八月二十六日、二十年にわたる日中笹川医学奨学金事業が生んだ豊富な成果と事業の成功を祝うとともに、同事業の順調な実施に貢献した人々に感謝を表すため、中国衛生部、日本財団、笹川記念保健協力財団、日中医学協会が共同で、北京で記念大会を開催した。この記念大会には、中国の中央官庁や各地の衛生庁・局の関係幹部、世界保健機関（WHO）、笹川医学奨学金研修生代表者、日本側関係機関、そして研修生を受け入れた日本側の指導教官ら約一千二百人が参加した。陳竺衛生部部長が、尾形武寿日本財団理事長、紀伊国献三笹川記念保健協力財団理事長、森岡恭彦日中医学協会理事長に「中国衛生賞」を授与した。中日双方はまた笹川医学奨学金事業にとくに貢献のあった人々に感謝状を渡した。そして、大会の後、蔣作君中国衛生部副部長と笹川陽平日本財団会長は次期の笹川医学奨学金事業の協力協定に署名した。その内容は、二〇〇八年から二〇一三年まで、中国側は毎年三十人の医療衛生関係者を日本に研修のために派遣することを取り決めたものである。すなわち、笹川医学奨学金事業は二十年を成功に収め、より良い未来に向かってさらに展開することになったのである。

ここで、この事業が歩んだ平坦ならざる歩みについて振り返ってみよう。

一九八五年九月、財団法人日中医学協会が成立した。そして、最初の常任理事会において、中国が医療分野の人材育成を行うことをサポートするため、日本船舶振興会（現・日本財団）に助成申請を行うことを決定した。一九八六年、笹川良一日本船舶振興会会長（当時）、笹川陽平理事は、石館守三日中医学協会理事長に対し、中国側の同意さえ得られれば、期間一年、毎年百人、十年連続で研修者を招待する中国医学研修生招聘制度を創設する案を出した。必要とされる経費は日本船舶振興会の資金援助をもとに、笹川記念保健協力財団を通じて提供されることとし、受け入れ計画およびその実務業務、事業管理などは日中医学協会が責任をもつこととした。一九八六年八月十四日、人民大会堂で「笹川医学奨学金協定書」の調印式が行われ、同事業は正式に開始されることとなった。

協定書に署名した三つの機構は、それぞれ異なる役割を担当しながら協力して事業にあたることになった。笹川記念保健協力財団は、事前調査および初年度の事業費の交付、次年度の事業計画を確認し、それに基づいて日本船舶振興会への助成申請を担当し、日中医学協会が迅速に事業に取りかかれるよう手助けすることである。同協会は一九八七年に事務局を強化し、日本全国の主要な医学研究所や教育機関を調査し、外国人研究者の受け入れ状況を把握した。

上記の過程において、各関連団体は日本の厚生省、外務省、文部省など各関係省庁からの理解と協力も得ながら、実施過程で発生する問題を解決してきた。中国衛生部においてこの事業を担当するのは外事司（現・国際合作司）となり、また、科学技術司が優秀な人材の選抜を担当した。最初の頃は省や機構ごとに人数を割るやり方をとっていたが、後には全国医療衛生分野外語能力テスト（LPT）を選抜の基準として利用することにした。衛生部は長春と瀋陽に日本語研修センターを設置し、日本側は衛生部の求めに応じて、毎回四人の日本語教師を派遣した。

一九八七年九月に第一期研修生が日本に来てから、その後十年間、研修者が毎年二期に分かれて来日し、計二十期継続した。一九八八年八月には、日中医学協会は箱根で第一期生と第二期生の合宿セミナーを行い、研究者間の意見交換と親善促進を図った。帰国後に同学会をつくろうという提案が参加者から出たのも、この箱根合宿のときであった。その同学会は、一九九一年八月十六日に正式に成立した。第二十一期以降の研修生は毎年一グループでやってくるようになり、以来、こうしたセミナーも毎年行うようになり、笹川陽平も毎年出席し、挨拶した。

中国衛生部、日中医学協会、笹川記念保健協力財団は、事業運営上の問題について協議し解決しやすいように、取り決めにしたがい、毎年少なくとも一回の実務者協議を行うことにしている。一九九一年に協議の仕組みがつくられて以降、毎年一回もしくは二回実施されてきた。衛生部外事司、科学技術司なども視察団を組織し、毎年訪日して、研修生の研究状況について研究機構や関係部門などと意見交換を行った。

五年間の共同の努力で、一九九一年八月十六日には、三機構は北京の人民大会堂で笹川医学奨学金制度調印五周年の記念式典を行った。席上、陳敏章衛生部部長が笹川良一、石館守三に「中国衛生賞」を授与した。二人は同賞をもっとも早く受賞した者となった。

一九九二年四月二十日に三機関の代表者は「笹川医学奨学金

特別研究員制度」に署名した。この制度は、中国に帰国した後の研究者が再度日本を訪問できるよう資金援助するものである。一九九二年から一九九六年まで五年間実施され、毎年十人を招聘した。特別研究員は帰国の際、日本側の二機関と、指導にあたった先生に対して一年間の研究成果を報告することが義務付けられた。

十年の計画が終わりにさしかかると、事業を延長するか否かが問題となった。これまで日本で研修を受け、帰国した研修生たちが、中国の医療・医学分野の発展に対して重要な影響を発揮していることから、衛生部はこの事業の継続を強く望んだ。一方、日本で研究生を受け入れた機構側の研修生に対する評価も高かった。一九九四年七月に行った調査の結果、大部分の指導教授たちが次の計画実施を希望していることがわかった。翌八月、三機関の代表者は北京で会議し、事業の継続実施を決定した。一九九六年八月十四日、三機関の代表者は人民大会堂に集まり、第二次十年計画協定書に署名した。それは、後に一九九八年から「日中笹川医学研究者制度」と呼ばれるようになる事業である。一九九七年十二月五日、笹川医学奨学金制度十周年記念式典が人民大会堂で行われ、中国側関係者十人、日本側指導責任者代表十人が貢献賞を与えられるとともに、陳敏章から笹川陽平、岡本道雄、日野原重明の三人に「中国衛生賞」を授与した。

笹川医学奨学金制度は笹川良一、陳敏章、石館守三の三人が署名した協定書を基礎に設立され、発展を遂げてきた。その究極の目的は、中国人民の健康と福祉である。陳敏章はかつて、「この事業は新中国成立以来、規模の大きさを見ても、実施期間の長さを見ても、これまでどこにもみられなかったような奨学金制度である。日本財団は異なる角度から世界平和と人類の明るい未来を追求する公益事業団体であり、世界中にすばらしい人的ネットワークを広げている。財団は全人類への愛の基礎の上に立ち、日中医学交流計画の実践を通じて、人々の交流や育成を行うことで、世界平和の理念を追求している」と評した。

最初の研修生の一人である張斉昌は自分の経験を踏まえ、こう語る。「中国にとって医療衛生がもっとも必要とされた時期に、しかも私個人にとっても年齢的に最適なときに、留学の機会が得られたことは、私の人生にとって何にも替えがたい財産でした。」また、第十八期生の戴朝六は、次のように語る。「長期的かつ大規模に中国の医師・看護士を育成する制度は、両国の歴史上でも例がない。これは壮挙であり、中日友好の歴史上に刻まれるでしょう。現在の中国医学の発展は笹川医学奨学金制度なしには語れません。」

2．ハンセン病制圧事業

笹川記念保健協力財団は一九七四年に成立した。同財団は日本財団の創始者笹川良一が会長を務め、ハンセン病化学療法の父と呼ばれる石館守三博士が理事長を務めた。

財団設立当時の主要な目標は、世界中からハンセン病を根絶することであった。WHOが統計をとり始めた一九八五年時点で、報告のあった百二十二カ国に五百万人以上（五百三十五万一千四百八人）のハンセン病患者がいたが、二〇〇三年には毎年の新しい患者数は約五十一万人（五十一万四千七百十八人）に、さらに二〇〇六年には約二十六万人（二十五万九千十七人）にまで減少した。

また、ハンセン病患者とその家族は病気がもたらす肉体的苦しみに加え、精神的苦痛にも苦しめられる。財団が出資する目的は、疾病を治療することとともに、人々のハンセン病への差別や偏見を是正すること、さらに、患者およびその家族の尊厳を守り、彼らが社会で平等な機会を得られるようになることである。

日本財団の現理事長である尾形武寿（彼はかつて笹川良一の秘書を長く勤めた）によれば、笹川良一がハンセン病制圧事業に乗り出したのは、幼い頃隣家に住んでいた女の子がハンセン病のために幼くして亡くなったからだという。この一件は笹川良一の心の奥に深く刻み込まれた。後になって彼は、ハンセン病は人々が信じ込んでいるような天罰の病などではなく、治療すれば治すことができる病気なのだと知り、ハンセン病を制圧する事業をしようと思い立った。

笹川陽平が父の事業を継承した。その卓越した貢献により、彼は一九九八年に世界保健機関（WHO）のヘルス・フォア・オール金賞を受賞した。さらに、二〇〇一年には国際ハンセン病連盟ミレニアム・ガンジー賞（インド）とWHOハンセン病制圧特別大使証書を、さらに二〇〇四年にはWHOハンセン病制圧親善大使証書を与えられた。かれには、『世界のハンセン病がなくなる日』（明石書店、二〇〇四年）という本もある。

一九八三年、世界上のハンセン病制圧事業に対する援助活動として、日本財団は中国に対して治療薬の無償提供を開始した。さらに一九八四年以降には、ハンセン病患者が比較的多い山東省、江蘇省、浙江省、安徽省、湖北省、江西省などへ、キャンピングカー、オートバイ、顕微鏡、その他のリハビリの機器などを無償で提供した。これは中国全土のハンセン病制圧のために多大な貢献となった。

中国側で日本財団と最初の出会いは、一九八二年、中国衛生部顧問馬海徳博士が訪米した際、当時笹川記念保健協力財団の医療部長だった湯浅洋と会ったときである。このとき、馬海徳は世界各地のハンセン病関連のNGOをまわり、帰国後ただちに中国のハンセン病対策を国際的な軌道に乗せたのである。これをきっかけに、中国は世界のハンセン病関連組織との接触を始めたが、笹川記念保健協力財団との関係も、地理的に近いことに加え、石館理事長、湯浅理事が馬海徳博士など中国衛生部関係者との間に良好な信頼関係ができたこともあって、たえず深まり、中国側の支援要望にも、笹川記念保健協力財団が迅速に答えるようになった。

一九八五年十一月になると、中国側が主催する「第一回中国国際ハンセン病シンポジウム」に対して財団が資金を提供した。この席上で、中国政府は全世界に対してハンセン病根絶に努力すると表明した。このことはハンセン病制圧活動にとっても大きな進展となった。さらにこの大会をきっかけに、中国でハンセン病防治協会、ハンセン病福利基金会、ハンセン病研究センターの三機関が成立した。これは中国政府が今後もハンセン病について、いっそう多くの活動を展開していくという意思表示でもあった。中国政府はさらに一九九八年、北京で「第十五回国際ハンセン病学会」を開き、正式にハンセン病根絶宣言を発表した。財団はこの会議も全力でサポートした。

その後、財団はハンセン病から回復した人々の社会復帰や自立、あるいはハンセン病患者の子どもらに対する奨学金提供のために、資金援助を行った。一九八二年から二〇〇六年までに、財団が無償提供した資金総額は六億三千四百万円以上である。

3．図書館担当者訪日交流事業

日本財団が行った教育分野での交流の例として、中国の大学に対する図書の寄贈が挙げられる。教育学術の研究用図書の寄贈によって、国際間の相互理解と友好協力を増進することが主旨である。事業は日本科学協会が担当した。日本科学協会は一九四四年に設立されたのだが、多くの理由で業務が順調に展開していなかった。日本財団が一九七六年に資金援助を開始して、やっと活動できるようになった。日本科学協会は一九九九年から、日本の出版社、企業、大学、研究機構、一般市民から集められた図書を整理分類して、海外の大学や研究機構に寄贈する事業を開始した。現在までにこの事業を通じて、中国の関連する大学に対して、百七十五万八千六百三十二冊の図書が贈られた（別添、「図書寄贈状況一覧表」参照）。

日本科学協会はこの事業の質を上げるために、一九九九年に「短中期計画検討会」を、さらに二〇〇一年には「教育・研究図書友好活用プロジェクト推進委員会」を立ち上げた。寄贈図書を受け入れる大学側は協会と覚書を交わす必要があるのだが、活動規模は徐々に拡大し、調印する大学もたえず増えてきた。二〇〇〇年初旬に十大学と調印し、二〇〇二年に三校、二〇〇三年に四校、二〇〇五年に七校増加した。

二〇〇六年には大連理工大学、上海海事大学と図書寄贈の中継校に関する覚書を交わし、その後はこの二つの大学を通じて各大学に図書が贈られることになった。協会は覚書を交わす前に相手側を選別する調査を行い、その結果に基づいて寄贈対象を決定している。たとえば、最初の調印を行う前に、七十二の大学、二つの研究機構および六つの公共図書館を調査し、そのうち十ヵ所で図書寄贈式を挙行した。

さらに、二〇〇一年から日本科学協会は、中国の大学図書館の責任者らにさまざまな角度から日本理解を深め、日中間の学術交流を強化するため、人物招聘による研修事業を開始した。図書を寄贈する対象大学の図書館の責任者を日本に招聘し、図書館、歴史・文化施設などの見学や研修、図書館員との交流や情報交換などを行う事業である。大学図書館の責任者は帰国後、寧波大学、南京大学、延辺大学で「訪日交流総括会」を行った。また、訪日研修の成果をさらに充実したものにするため、大学図書館同士のネットワークを強化している。これまでに招聘されて訪日した中国の大学図書館責任者の数は、二〇〇一年に十一人、二〇〇二年に十二人、二〇〇四年に十七人、二〇〇六年に二十七人、合計六十七人である。

この事業は日本でも注目を集めており、二〇〇〇年十月七日の毎日新聞に関連の記事が掲載された。二〇〇三年には、東京新聞紙上で宣伝広告が掲載され、二〇〇七年二月五日の同紙に関連記事が報道されている。報道のなかでは、日本科学協会は中国で撮った、本を読む読者の写真があり、寄贈先の個人と図書館が写っている。

協会には学生から寄贈図書に対する感謝の手紙が寄せられており、これらの手紙はインターネット上でも公開されている。寄贈図書は日本語学習者向けだけではなく、日本語で学ぶ人向けでもある。たとえば、遼寧省の中国医科大学の学生の場合は、一年生のときに日本語を学び、二年生から一部の課程で日本語で書かれた教科書を利用しており、多くの寄贈書を参考文献として利用している。寧波大学のある女子学生からは、次の手紙が寄せてきた。「日本語を勉強しようとして日本語の書庫に入ると、そこには二万冊の本があり、日本語学習のものだけでなく、政治、経済、医学、教育、娯楽などの分野の本まであるのを発見した。私はこれから日本語の書庫を窓口にして、私にとって未知だった世界、とくに日本人の世界を知ってみたい」（別添「図書寄贈状況一覧表」参照）。

4. 笹川杯日本知識クイズ大会

中国の大学に図書を寄贈する目的の一つは、中国で日本語を学び、中日友好を担うことになる若い人々が、日本への理解をさらに深め、日本語学習の積極性を高めることである。この目的をさらに促進するため、二〇〇四年十一月には、ハルビンで「第一回笹川杯日本知識クイズ大会」を実施した。この大会は開催地も二〇〇五年以降には黒龍江省と華東地区に広がり、毎年行われるようになった。二〇〇七年九月にはさらに吉林省も加わり、三箇所で毎年行われるようになった。

クイズ大会終了後、日本科学協会が優勝者を日本に招待し、各地を見学したり、日本人家庭に短期間生活したり、日本の大学生と意見交換や自由な交流など、さまざまな形式の活動をさせ、異なる角度から日本理解を深め友好交流を促進した。これまでのところ笹川杯日本知識クイズ大会優勝者は、二〇〇四年に七人、二〇〇五年に十二人、二〇〇六年に十二人、合計三十一人が日本を訪れた。

中国では現在、四十六万人の大学生が日本語を勉強している。これは全世界の日本語学習者の四〇%である。ハルビンと寧波では、外国語学習者のうち日本語学習者の数は二番目である。二〇〇六年の日本知識クイズ大会は、ハルビンと寧波の十七の大学に分かれて予選が行われるが、決勝の前に日本語だけでなく、日本の歴史文化の知識の特訓も行われた。寧波での決勝前に、参加者たちは百以上の問題と答えを理解しておかなければならず、記憶力と反応力の競争でもある。笹川杯日本知識クイズ大会は、寄贈書のさらなる有効利用を狙ったものであるが、同時に寄贈書の効果を測るものでもあるといえよう。

5．世界海事大学奨学金事業

「世界海事大学奨学金事業」は、一九八七年から日本財団が世界海事大学（WMU：World Maritime University）を通じて、主にアジア太平洋地区の留学生に向けて設立した奨学金制度である。現在、すでに奨学金を受け取った学生は三百五十人を超え、うち中国人奨学生が五十名ともっとも多い。この奨学金を受賞された学生は卒業後、自国の政府や教育機関等の要職に就き、指導的立場で活躍している。さらに、卒業生（笹川フェロー）の間の情報交換や人材交流を促進するため、日本財団は卒業生のネットワーク構築や交流活動も支援している。これら事業の支援活動の推進機構として、「MWU友人会JAPAN」（事務局は海洋政策研究財団）が形成され、二〇〇四年十一月三日に笹川フェローにより、上海で「WMU笹川中国人フェローフォーラム」が開催された。

6．中日鉄道分野における国際交流事業

「日中鉄道分野における国際交流事業」は、中日両国の鉄道事業の発展を通して、経済や社会、グローバルな環境保全にも貢献していくことを目的としている。一九九七年から二〇〇二年に、「日中鉄道友好推進協議会」と「海外鉄道技術協力協会」の中日両国の鉄道関係者の人材交流、技術協力事業に、日本財団は七億四千万円の資金援助を行い、中国の鉄道関係幹部の訪日、高速鉄道に関する研究、中国の鉄道技術関係者の来日研修を支援した。このうち、日中鉄道友好推進協議会による鉄道関係の技術交流、研修事業には、一九九六から二〇〇二年度で五億円、海外鉄道技術協力協会による北京–上海間の高速鉄道の

共同研究には、一九九八から二〇〇〇年度までに二億四千万円の資金が援助された。技術交流や共同研究による交流の参加者数は、訪日が四百三十二人、訪中が五百二十二人であった。現在、中国の鉄道は幾度もスピードアップし、運行スピードももとからあった基礎の上にさらに改善された。本交流事業がこうしたことに対して大きく貢献したといえよう。

7．SSFのスポーツ団体に対する資金援助

笹川スポーツ財団（SSF）によるスポーツ団体への資金援助制度は、一九九一年度から実施されている。SSFスポーツ資金援助事業は、競技、講座・講習会、国際交流、競技種目、強化訓練などに分けられており、二〇〇七年度のスポーツを媒介にして中国と国際交流を行うための資金援助事業は以下の二つであった。①青島障害者セーリング運動交流モーターボートレース（二〇〇七年六月、中国山東省青島市）。②九龍少年野球チームへのコーチ派遣（二〇〇七年七月、香港九龍地区）。支援金額は合計二百万円であった。

そのほかに、スポーツ関連の事業として、日本財団は、ゲートボールの普及と振興を通して国際交流を促進するため、一九八四年に財団法人日本ゲートボール連盟を設立し、連盟の活動を通じて、全世界のゲートボールの発展を推進してきた。とくに中国には五百万人のゲートボール愛好者がいるので、財団は、競技ルールの統一や審判制度の確立に継続的な支援をしてきた。また、二〇〇〇年に上海で行われた第三回アジアゲートボール選手権（アジアゲートボール連合主催）に二百五十万円の開催経費を援助した。

8．日本音楽財団海外演奏会事業

日本音楽財団海外演奏会は、日本音楽財団が実施するものである。同財団で収蔵されている貴重な楽器を演奏者に貸与し、借りだした奏者が海外の主要都市において演奏会を開くことを通じて、クラシック音楽への貢献を目指す事業である。日中国交回復三十年を記念する国家事業の一環として、二〇〇二年十月二十五日に、北京の保利劇場において、バイオリンの名器ストラディヴァリウス（日本音楽財団保有）八挺による特別公演「ストラディヴァリウスコンサート」が行われた。また、十月二十六日には、中国政府首脳を釣魚台国賓館に招いて、同様のコンサートを開催した。

このほかに、文化・芸術関連の事業としては、日本太鼓連盟の中国公演が挙げられる。笹川良一は、日本太鼓のパフォーマンスの普及と向上のために、一九七九年に全日本太鼓連盟（会長笹川良一）を創設した。さらに、一九九七年十一月十一日、日本財団の資金援助のもとで「財団法人日本太鼓連盟」が成立した。日本太鼓は日本の伝統楽器の一つで、国際親善と文化交

流の重責を担っている。中日国交回復三十周年を記念して、太鼓連盟は北京国際音楽祭に公演を行った。これまでに四回行われた同音楽祭には、いずれも西洋音楽の公演が行われたが、このとき初めて日本太鼓が中国で公演され、さらに北京大学と広州でも公演が実施された。

六　日本財団の対中交流の特徴と意義

日本財団はNPOとして、対中民間交流事業を進めていくうえで、組織の活動原則を堅持しながらも、対中交流の特殊性に留意しつつ、活動を進めてきた。中日両国で優れた実績と幅広い評価を収め、中日交流のモデルとされる。以下、その活動の特徴と意義を概観する。

1．二〇〇〇年の歴史を鑑とし、未来を志向した友好交流

日本財団の笹川陽平会長の考えでは、中日両国は隣国同士であり、相手方を理解することは重要な仕事であるにもかかわらず、現実にはまだお互い理解できていないところが多い。彼が日本財団で中国と友好交流事業を行うのも、よりいっそう多くの「知日派」が必要だと認識しているからである。中日両国は「同文同種」で、物の見方や感じ方が同じだと考える人が多いが、笹川陽平会長は、これが誤解だと指摘している。日本と中国は異なる国家であり、異なる歴史と文化を有している。また、「歴史を鑑とする」という場合にも、二千年の歴史を鑑とする必要がある。こうした点に留意しながら中日関係を眺めることで初めて、より良い発展ができるのだと、笹川陽平は考えている。

日本財団は、対中交流の初期に、どのようなプロジェクトをするべきかについて検討した。その際、中国の国民に直接関わること、なかでも国民の健康が最重要であるという認識から、中国の医療関係者の人材育成プロジェクトを開始した。そして、中国が近代化建設を進めるなかで、日本財団は笹川日中友好基金を設立し、中国と交流するなかで中国の改革開放に寄与することを期待した。基金設立当初は、一部外務官僚経験者から非難されたが、財団は設置計画を押し進めた。

笹川陽平会長は、基金の今後の事業構想について、こう語っている。日中基金の事業展開の一つの重点分野は、中国における日本語教育であり、そして、より多くの中国の若者に日本を理解してもらうことである。日本財団グループ全体が若い人材の育成を重視し、その代表的な事業例は、笹川日中友好基金を通して実施した「日本語学習者奨学金」事業である。これは、中国の大学で日本語を専攻する大学生のために設立された奨学金制度である。一九九五年から二〇〇六年の間で支援総額は五千四百六十万四百十一円、二〇〇六年までに一千百五十人が奨学金を受領した。二〇〇六年を例にとると、北京外国語大学、

上海外国語大学、大連外語学院、四川外国語学院、広西大学、西北大学、南京大学、広東外語外貿大学、黒龍江大学、山東大学、湖南大学、厦門大学、貴州大学の十三校、計百五名の日本語専攻の学業優秀な学部生および大学院生が年額二千元の奨学金を受け取った。

もう一つ優秀な若者に対する奨学金制度は、世界の平和と繁栄のために、政治や宗教、人種、国境を越えて活動する優秀な若手リーダーの育成を目的に、一九八七年より発足した奨学金事業である。この事業は、人文社会科学分野の大学院生を対象に、日本財団から寄付された基金の運用収益をもとに、大学が独自に決定した学生に奨学金を提供している。二〇〇六年までに四十五カ国、六十九校の大学に、それぞれ百万米ドルの基金が設立され、九千人を超える学生が奨学金を受け取った。このうち、中国には十大学に奨学基金が設立され、四千八百二十九人の奨学生を輩出している。具体的には、一九九二年に復旦大学、吉林大学、蘭州大学、南京大学、北京大学に奨学基金が設立され、これまでにそれぞれ、四百三十七人、一千二百二十九人、四百六十四人、三百十二人、八百七十四人が奨学金を受領した。また、一九九四年には、重慶大学、内蒙古大学、新疆大学、雲南大学、中山大学に基金が設立され、それぞれ、百三十三人、四百十七人、二百八十二人、三百六十五人、三百十六人が奨学金を獲得した。

上記のほかに、中国における国際関係学研究の推進事業がある。これは、笹川日中友好基金が実施した人材育成事業（一九九四、一九九五年度に資金援助）とは別に、アジア太平洋地域研究を中心とした国際関係学分野で、将来の活躍が期待される専門家の育成を目指して、日本財団が一九九六年から開始した事業である。北京大学国際関係学の大学院修士課程、博士課程に在籍する学生に対して奨学金を支給し、日本留学の機会を与えるプロジェクトである。一九九四、一九九五年度は、笹川日中友好基金が総額三千三百万円の資金援助を行い、一九九六年から二〇〇五年は日本財団により年間一千八百万円と五百五十八万米ドルの支援が行われた。一九九四年から二〇〇〇年までに、修士課程の学生六十人（第一期から第六期）、二〇〇一年から二〇〇六年までに修士課程（第七期から第十二期）の学生七十人ならびに博士課程の学生（第一期から第六期）三十二人が助成対象になった。支給された奨学金の内容は、学費、生活費、研究費などである。

2. カウンターパートを確立し、整備された交流チャンネルを活用

日本財団グループが進めている交流事業は、日本国内では、相応の専門家を備えた団体の責任において実施されている。事業を立ち上げるまで、事前に綿密な調査や検証をし、中国国内においては、実施内容に即してパートナーを見つけ、資金の合

理的配分と使用を図る。たとえば、医学分野の交流は基本的には笹川記念保健協会財団が責任を負い、中国衛生部との協力のもとで実施されている。しかし、ハンセン病抑制関連事業の場合、事業の性格から、日中笹川医学奨学金制度と異なる交流方式で事業が実施されている。このような事業内容に見合った交流チャンネルの確保と活用は、順調で効果の高い交流事業を支えている。

日本財団は一九七〇年代から、関連団体である笹川記念保健協会財団を通じて、世界の医療保健関連組織と緊密に協力し、ハンセン病治療の方法を模索し、事業の範囲を単純な医療から、社会生活領域にも広げ、ハンセン病患者と彼らが社会から受けるさまざまな差別を軽減する努力も積み重ねてきた。八〇年代中期に、日本財団は笹川記念保健協会財団を通じて、中国衛生部のハンセン病制圧事業に参画してきた。前期調査および今までの事業の経験の成果に基づき、財団はすみやかに中国に新薬を無償で提供できたため、中国全土におけるハンセン病の迅速な制圧に貢献することができた。

上記事業は、根拠のない空想や、衝動から生じたものではなく、日本財団の長年にわたる実践に基づき、そこから得た貴重な経験を中国のハンセン病制圧事業に活用した結果である。したがって、笹川記念保健協会財団は具体的な実施者として、この事業を通じて、自分自身と日本財団がもつ強みを組み合わせ、中国で活用した事例といえよう。

経験の重視は、財団が中国における新規事業の開発に保守的な立場をとることを意味するものではない。たとえば、前述の笹川医学奨学金制度の設立は、最初は日本財団の発案ではなく、日中医学協会から原案が提出されたものである。日本財団は助成申請書を審査した結果、このような事業を中国で広く推進する必要があると判断して事業化し、医学奨学金制度が誕生した。事業の規模は、当初の日中医学協会の申請内容をはるかに超えた。中国の医学研修生の受け入れ機関と指導教官を連絡するなかで、日中医学協会は、日本の医学界における同会の影響力を存分に発揮し、中日両国の専門家による共通分野における協力を推し進め、奨学金制度がたえず前進するための基盤を固めた。〝笹川生〟（本事業で来日する研修生をこう呼ぶ）を受け入れる日本の専門家は、全員日中医学協会の会員である。二十年来、日中医学協会は研究テーマと専攻に基づいて、二千名近い〝笹川生〟をそれぞれの専門分野にもっとも適した研修先に配置し、当該分野の優秀な医師による指導を可能にした。研修生の指導を頼まれた日本側の医師に、今まで研修生の受け入れを拒んだ者が一人もいなかった。指導教官の方々は、研修生に対して、医術の指導だけでなく、研修生に日本の社会、文化について学ぶ機会も与え、医師同士の相互理解を深めることができた。この事業では、日本財団、笹川記念保健協力財団、日中医学協会という三者の協力が成功の鍵となったのである。

二十年来、日本財団は笹川医学奨学金事業を通じて、中日両国の医学分野における国際協力と中国のハイレベルな医療従事者の育成という宗旨を貫き、中国衛生部とともに中国各地と医学の各分野の人材を発掘し、優秀な医療従事者を育成した。日本財団は、中日両国の医薬関係者の協力を進め、両国の医薬衛生関係者の親善を深めた。中国全国人民代表大会常任委員会副委員長、欧米同学会・中国留学人員連誼会の韓啓徳会長の言を借りれば、「日本の笹川医学奨学金は中国の医学事業に貢献しただけでなく、中国国民の敬意も獲得した。中国における笹川医学奨学金事業の成功は、中日両国民の末永い友好への祈願を記すものであり、両国民の共同利益に合致するものである」。二十年来、「笹川生」たちは絶え間なく医学の領域で活躍し、幅広いネットワークも築き上げた。彼らは、日本の文化を理解し、それを中国に持ち帰り、中日両国民の交流と相互理解を深め、中日友好の架け橋となった。

3. 一貫したポリシーと実効を重んじる交流方式

具体的な支援活動を行うなかで、日本財団は七つの活動指針を定めている。

1. あまねく平等にではなく、優先順位をつけ、深く、かつ、きめ細かく対応すること
2. 前例にこだわることなく、新たな創造に取り組むこと
3. 失敗を恐れずにすみやかに行動すること
4. 社会に対してつねにオープンで透明であること
5. たえず自らを評価し、自らを教育すること
6. 新しい変化の兆しをいち早く見つけて、それへの対応をすること
7. 世界中に良き人脈を開拓すること

世のなかに各種の困難が存在し、支援活動を行う際、もっとも重要なのは限られた資金をいかに有効に利用するかということである。このことは、日本財団が社会情勢と世界の発展動向を正確に把握していることが求められるだけでなく、どのような援助活動が必要かを確定し、迅速に行動と実施を行わなければならない。日本財団が援助活動を展開するときには、十分に援助活動の社会的、国際的影響および未来への発展を注意し、どんな小さな活動でも発展につながるよう、社会に新しい活力を吹き込むことを期待する。自らの活動能力と品位を高めるために、未来のさまざまな変化に迅速に対応し、財団は活動制度をつねに維持し、迅速に新しい変化に対応し、しかも画一的でなく、もっとも良い対応方式を採用することが望まれる。問題処理の先見性と創造性が追求され、広範な活動のなかで決断力と実務精神が養われる。具体的な対中交流事業を見れば、日本財団は非常に資金支援の実効性を重視しており、つねに原則を

遵守していることがわかる。支援の分野と支援方法がたえず変わっているものの、支援金を無駄にすることなく、実効性を追求する精神が一貫している。

日本科学協会による図書の寄贈活動を例に挙げれば、図書の寄付を最大限に発揮するために、協会は中国に職員を派遣して各大学の図書需要を調査し、ニーズにあった図書を寄贈している。

協会の寄贈図書は主に、図書館が保有できなくなった収蔵図書、閉鎖される学校の収蔵図書、企業の資料室などの図書である。時に協会は雑誌に寄贈図書の状況を掲載するので、各個人も随時、寄贈図書の情報を確認して、図書の寄贈を希望することができる。協会はまず図書リストの提出を要求し、必要とする図書のみ集める。なかには、定年退職した方々が、図書を家の中にためておくよりも、蔵書に第二の人生を与えたいと願い、専門書や技術書を厳選して協会に寄贈してきた。科学協会の図書プロジェクトの担当責任者の紹介によれば、現在、図書の寄贈を望む大学がますます増えている。政治環境に左右されず、着実に成果を出していくこの事業は、関係者から高い評価を受けている。

4．小さいことから始まり、事業の範囲を漸次拡大

日本財団の対中国民間交流の起源はそれほど古くなく、基本的には八〇年代中旬に開始した。まず、中国への日本語教師の派遣や、医学研修生の受け入れを発端に支援活動を始め、そこから国防、科学、文化、教育、経済、体育などの分野へと広がっている。すべての分野をカバーする目論見をせず、実効性の高いいくつかの事業の実例を通じて、関連分野での実効性と好影響を目指した。財団のなかには研究部門があり、研究報告は単に本棚に飾っておくものではなく、行動と結びつき、行動の指導に活用されている。笹川陽平会長は日本財団のことを、活動する研究財団だと称し、研究力とともに、行動力も求められる。笹川会長は、「我々は活動をするとき、一つの長期的な計画を策定し、大きな視点で問題を考慮する。毎年、我々は事業に対して評価をし、次の年で改善をする。評価と改善は活動の継続に重要な要素となる。我々の職員は活動の重要性を深く認識し、全身全霊でこれに従事しており、これが事業を続けていくうえで重要なことになる。よその団体には、三年ごとに組織のトップが替わるところもあるが、そういうところに比べたら、私は幸いで、長年この財団で働き続けることができる。私は一生日中交流の仕事に携わりたいと願い、この仕事に深い愛着をもっている」と述べている。

先にも紹介した具体的事業を通して、私たちは、日本財団がどの事業を展開するときにも、綿密な事前調査を行い、実行の可能性を論証することがわかった。事業実施を確定した後も、

図書寄贈状況一覧表

受入先大学	累　計	1999	2000	2001	2002	2003	2004	2005	2006	2007 (7月以前)
黒竜江大学	68,581	1,051	5,987	4,979	10,361	4,371	20,601	16,407	4,426	398
ハルビン医科大学	38,044	1,208	14,451	3,702	5,129	2,847	6,161	0	3,921	625
牡丹江医学院	27,863	0	0	0	0	4,274	2,998	13,312	6,094	1,185
黒竜江東方学院	79,605	0	0	0	0	15,762	39,210	19,504	5,085	44
チチハル大学	68,217	—	—	—	—	—	—	6,925	9,522	51,770
東北林業大学	19,898	—	—	—	—	—	—	6,022	8,316	5,560
延辺大学	116,312	5,679	28,923	41,487	21,191	0	12,101	4,352	2,452	127
吉林大学	133,937	3,421	5,863	35,000	78,641	2,899	3,561	0	4,505	47
長春師範学院	89,486	0	0	0	26,937	38,323	19,135	1,207	3670	214
中国医科大学	67,559	1,952	24,273	1,801	5,672	11,368	12,660	1,146	5,256	3,431
大連外国語大学	256,938	0	2,956	15,145	34,339	183,423	8,770	2,656	8,900	749
遼寧師範大学	5,817	0	0	0	0	2,645	0	1,993	1,124	55
大連医科大学	29,441	0	0	0	0	1,944	4,536	5,663	8,593	8,705
大連海事大学	7,453	—	—	—	—	—	—	2,910	4,216	327
大連理工大学	22,217	—	—	—	—	—	—	1,337	17,465	3,415
遼寧対外経貿易学院	12,524	—	—	—	—	—	—	2,015	6,551	3,958
清華大学	24,013	0	6,245	3,777	1,265	0	8,037	1,610	3,017	62
南京大学	94,393	2,436	4,209	12,043	11,981	40,459	12,251	3,407	4,922	2,685
江南大学	164,309	0	4,586	17,416	3,936	9,841	26,604	89,642	10,855	1,429
上海交通大学	66,687	3,854	3,715	2,479	8,242	21,818	13,695	7,442	5,246	196
上海海事大学	4,220	—	—	—	—	—	—	369	2,670	1,181
寧波大学	77,880	0	0	0	27,978	28,207	15,581	2,442	3,276	396
貴州大学	166,333	—	—	—	—	—	—	53,077	106,714	6,542
広西師範大学	106,882	0	0	0	24,175	48,766	32,866	0	1,061	14
その他	10,023	0	7,425	0	0	0	533	1,513	36	516
寄贈合計冊数	1758,632	19,601	108,633	137,829	259,847	416,947	239,300	244,951	237,893	93,631
収集合計冊数	1,795,000	129,000	103,000	242,000	232,000	405,000	169,000	265,000	250,000	107,000

逐一、事業の展開や進展に対して評価が行われ、支援される側の受け止め方を非常に重視している。ほとんどの事業の場合、実施完了後に、財団は援助先から支援に対する文字による評価を回収し、それは財団が事業を評価する際の重要な根拠となっている。このような支援方式は、長期的助成活動の展開に大いに役立っている。双方の絶え間ない意思疎通は、問題の早期発見と、迅速な解決につながる。また、長期にわたる協力は、財団と助成先の間の良好な信頼関係を築くことができ、新しい分野における協力を切り拓く基礎となり、好循環をもたらし、絶え間なく事業を押し進めることができる。

笹川陽平は、人からよく「中日両国にどうしてこんなに幅広い人脈があるのか」と聞かれる。まさにこれこそ日本財団の人的ネットワークの広範さを示している。笹川陽平は中日両国関係における民間団体の役割が今後ますます際立ってくると考えている。たとえば、日本の新法である「海洋基本法」は、日本財団が立案起草し、政治家を通じて議案となったものである。「この時代は民間人でも法律を制定できる時代になった」と、笹川陽平は未来に対して自信をみなぎらせている。

9　むすび

現実を正視してこそ、しっかりと未来を見据えることができる。二〇〇七年、中日両国の貿易額は二千三百億ドルを超え、中国はすでにアメリカに替わり日本の最大の貿易相手国となった。日本は中国にとって第三の貿易相手国であり、最大の投資国となっている。日本経済研究センターは、数年後の二〇一五年、中国はアメリカに替わり日本の最大の輸出先になると予測している。

「中日平和友好条約」締結後、三十年の発展を経て、中日両国は平和共存し、相互協力し、ともに発展を目指していく以外道はない、という認識に至った。子々孫々にわたる友好協力関係を構築するために、まず、国民同士が理解しあい、信頼しあい、尊重しあえる中日関係を築かなければならない。

しかし、双方の間には少なからぬ問題が存在している。こうした状況にあって、中日両国はお互いに対策を講じていかなければならない。ネックとなる問題をきちんと乗り越えられれば、両国関係は新たな、そしてもっと開かれた発展の道に踏み出すことができるだろう。両国はいずれも大国である。お互いの認識や立場が急激に変化するような状況になれば、安定した、確かな中日善隣関係の構築がさらに必要となってくる。

両国は社会体制と発展の度合いが違うため、二国間関係のなかでそれぞれの政府や民間が相手にもたらす作用がアンバランスになる場合がある。一九七〇年代、中国と日本の間では、実際に行動する主体とそれが相手にもたらす作用の釣り合いがとれていない状況が見られたが、近年は中国と日本の国力、相互依存度、心理的な要素などが近づいてきたために、両国がもたらす相互作用もバランスがとれるようになってきた。

とくに、この三十年、中国の国内改革と対外開放が全面的に進むにつれ、両国の交流でも、実際に行動する主体の種類、行動方式および相互作用の程度において、日増しにバランスがとられるようになってきた。双方の行動主体が多様化し、相互作用が頻繁にもたらされるようになると、互いにひきつけあうと同時に互いに排斥しあう、という現象も見られるようになった。

たとえば、両国関係が発展し情報伝達手段が進歩するにしたがって、両国の国民は、相手の情報をより早くより多くキャッチできるようになっただけではなく、良い情報と悪い情報が同時にかつ大量に流れ込んでくるようになった。こうした新たな状況にあって、中日間の相互作用も当然のことながら複雑化し、不確定な要因もみられるようになった。しかしながら、長期的な視点でみれば、双方の相互作用のバランスがとれてくると、両国の各界、各ルートでの相互依存性も日々高まり、両国関係は最終的にはさらに成熟して安定したものとなる(57)。

過去三十年の経験を総括したうえで今後を展望すると、両国の民間交流においては、次の点で発展を遂げる必要がある。

まず、お互いを良く思う国民感情を育てるということである。国民感情というのは両国の安定した協力関係を保つ基盤となるもので、中日関係がお互いにとってどれほど重要なものなのかを国民にはっきりと認識させなければならない。両国関係の健全で安定しかつ持続的な発展は両国にとってプラスとなる。国民は理性的かつ冷静に問題と向きあい、国益を守るという点からスタートし、また、それを目標にして、問題に対して慎重な判断を下していかなければならない。相手の考え方が自分と違うからといって、すぐに感情的に反発したりせず、疑問をもちながらも自分とは異なる相手の見解や考え方を理解し、相手の立場に立ってものを考えるべきなのである。

また、中日両国の国交正常化がどれほど困難な状況下でなされたものなのか、当時の先輩たちがどれほど苦労し、努力したかということをしっかりと記憶に留めておかなければならない。当時、両国の指導者らはさまざまな大きな困難を乗り越え、両国の関係を正常化した。その後も中国と日本は多くの困難に直面したが、それは正常化前の困難とは比べものにならない。後世の者たちは先人の顔に泥を塗ってはならない。先人たちが築き上げてきた財産を無にしてしまうことはあってはならないのである。

そして、もう一つは、敏感な問題を適切に処理すべきだということである。歴史を鑑とし、未来に向かう。これは歴史という鏡で、国が間違った方向へと進んでいくのを修正するという意味であって、両国関係を永遠にあの暗い影のなかに留まらせておこうという意味ではない。歴史の暗闇から抜け出し、広い心で相手とつきあい、すばらしい未来に向かっていくべきだということである。

そして最後に、民間交流の独立性を担保しなければならないということである。民間団体または個人が、開かれた交流が行える環境をもち、たとえ両国が政治的にうまくいっていない場合にあっても活動を続け、民が官を促すという独特な役割がきちんとかつ効果的に果たせるようにしておかなければならない。民間外交が中日国交正常化を促した。その過程で、民間外交は大きな力と特別な意義をもっていることを知らしめた。民間交流は今日でも両国関係を正常かつ健全に発展させる礎であり、また、それを保障するものでもある。民間外交をいっそう発展させ、輝かしいものとして初めて、中日両国の子々孫々にわたる理想的な友好を実現できるのである。(58)

文化編・原註

（1）国際交流基金の前身は、日本の国際文化交流事業を促進すべく、外務省の所管の専門的な機関として、一九七二年に設立された特殊法人である。二〇〇三年十月二日より、独立行政法人国際交流基金（Japan Foundation）へと変わった。国内では、本部、京都支部、および二つの付属機構（日本語国際センターと関西国際センター）を持つ。国外では、十九の国と地域に二十の海外事務所がある。政府からの出資（一千百十億円）を財政基盤として、政府資金の運用から得た収入、政府から得た運営補助金、および民間寄付によってその財政補填がなされている。

（2）小沢一郎は影響力ある日本の政治家として、長く日中の善隣友好に尽力してきた。一九九二年に小沢は個人の資金を投入して、「小沢一郎至誠基金」を設立し、一九九六年に「日中至誠基金」と改称された。一九九七年から二〇〇六年までの間、当基金は中国教育部を通して、中国大学生代表団（毎回二十人前後）を七回日本に招き、十日間の友好交流訪問を行わせた。

（3）宋志勇「国際化の時代における日中重点大学の交流と協力」『「イニシアチブとパートナーシップ――中日大学の使命と役割」中日学長会議第一回学術シンポジウム論文集』復旦大学日本研究センター。

（4）日本財団ＨＰ参照。http://www.nippon-foundation.or.jp/index.html

（5）東京財団は日本財団と競艇業界から援助を受け、一九九七年七月一日に成立したシンクタンクである。

（6）オムロン株式会社は一九三三年に設立された、世界で有名な制御機器および電子部品のメーカーであり、世界をリードするセンシング&コントロール技術をもっている。二〇〇二年に、オムロンは中国で日本の本社に次ぐ「中国本社」を設立し、中国で第二のオムロンを作り出すことを目指した。

（7）電通グループは一九〇一年創立。日本で、そして世界でも最大の、国際的に活動を行う総合的な広告会社である。

（8）電通ＨＰを参照。http://www.dentsu.co.jp/index.html

（9）日本学生支援機構は日本文部科学省所属の独立行政法人である。主に学生生活への支援を行い、経済面で困難な学生に対して奨学金を提供し、留学生交流活動の支援などを行っている。

（10）一九八〇年の『外国人留学生の中国高等教育機関における学習に関する中華人民共和国教育部の規定』第九条によると、「中国教育部は留学生の専門学習ないし研修のニーズにしたがって、専門機関への割り当てを一律に行う。来中前に留学生は『外国人留学生来中学習申請表』に三校まで希望校を記入し、中国教育部が割り当てる際の参考とすることができる。中国教育部の割り当てに不服がある場合、来中を控えてください」とある。（『中国教育年鑑』編集部編『中国教育年鑑一九四九―一九八一』中国大百科全書出版社、一九八四年）

(11) 笪志剛『美麗的橋』日本僑報出版社、二〇〇五年、八二頁。
(12) 孫平化『中日友好随想録』世界知識出版社、一九八六年、六三頁。
(13) 孫平化『中日友好随想録』、五五頁。
(14) 孫平化『中日友好随想録』、一五二頁。
(15) 中央テレビ・ニュースチャンネル、二〇〇七年四月 〝政策決定者は語る〟のなかの〝陳昊蘇氏、中日民間外交を語る〟
(16) 参考消息、二〇〇四年三月四日
(17) 田桓主編『戦後中日関係文献集（一九七一―一九九五）』中国社会科学出版社、一九九七年、二八九頁。
(18) 張香山「作用巨大任重道遠――論戦後中日民間交流的特征与作用」中国社会科学院日本研究所編『日本学刊行』、二〇〇二年第四期。
(19) NHK放送世論調査所編『図説戦後世論史』日本放送出版協会、一九七五年、一八二―一八三頁。
(20) 魯義『中日相互理解環有多遠　関于両国民衆相互認識的比較研究』世界知識出版社、二〇〇六年。
(21) 読売新聞、一九八八年九月二十四日
(22) 毎日新聞、一九八九年一月三十日
(23) 毎日新聞、一九九二年十二月二十三日
(24) 読売新聞、一九九五年六月一日
(25) 朝日新聞、一九九七年九月二十二日
(26) 読売新聞、一九九九年九月三十日
(27) 朝日新聞、二〇〇二年九月二十七日
(28) 日本内閣府総理大臣官房広報室編『世論調査年鑑』、各年度版参照。
(29) 内閣総理大臣官房広報室編『世論調査年鑑』、一九八三年版、五七二頁。
(30) NHK世論調査部編『世論調査資料集第五集』、一九八九年版、一〇八四頁。
(31) NHK放送文化研究所世論調査部編『世論調査資料集第五集』、一九九三年版、一三頁。
(32) 読売新聞、一九九二年九月十三日
(33) 日本内閣総理大臣官房広報室編『世論調査年鑑』、一九九四年版、四三四頁。
(34) 朝日新聞、一九九六年十一月九日
(35) 日本内閣総理大臣官房広報室編『世論調査年鑑』、二〇〇一年版、四六一頁。
(36) 島根県立大学総合政策学部鹿錫俊研究班編『日本のメディアから見た日中関係』、二〇〇二年九月。
(37) 朝日新聞、一九八五年二月十一日
(38) 毎日新聞、一九九三年八月十二日
(39) 毎日新聞、一九九三年十一月六日
(40) 劉志明『中国のマスメディアと日本イメージ』株式会社エピック、一九九八年、一九〇頁。
(41) 中国青年報、一九九七年二月十五日

(42) 蔣立峰主編『第四回中日青年フォーラム——転換中の中国と日本』世界知識出版社、二〇〇一年、二五七頁。
(43) 日本内閣総理大臣官房広報室編『世論調査年鑑』、二〇〇〇年版、五六二頁。
(44) 魯義『中日相互理解環有多遠　関于両国民衆相互認識的比較研究』世界知識出版社、二〇〇六年、八六—九五頁。
(45) 島根県立大学総合政策学部鹿錫俊研究班編『日本のメディアから見た日中関係』、二〇〇二年九月。
(46) 孫東民「『中国の脅威』を唱える——日本メディアの中国報道解析」『環球時報』、二〇〇三年九月一日。
(47) 笪志剛『美麗的橋』日本僑報出版社、二〇〇五年、五四四頁。
(48) 同上、五四六頁。
(49) 天児慧、園田茂人編『日中交流の四半世紀』東洋経済新聞社、一九九八年、一四二頁。
(50) 天津日報、二〇〇七年九月十日
(51) 呉寄南、陳鴻斌『中日関係〝瓶頸〟論』時事出版社、二〇〇四年、三一〇頁。
(52) 杉下恒夫『NPO・NGOガイド』自由国民社、二〇〇一年、四頁。
(53) この部分は中国人民対外友好協会編『各国対華友好組織概況滙編（一九八二年改訂版）』の関係する箇所を参考にした。ここに謝意を表する。
(54) http://www.nippon-foundation.or.jp
(55) 人民日報、二〇〇二年四月十九日
(56) 国際先駆導報、二〇〇七年十二月十一日
(57) 金熙徳『中日関係——復交三十周年的思考』世界知識出版社、二〇〇二年、二三三頁。
(58) 呉学文、卓南生『中日関係出了什么問題』北京大学出版社、二〇〇五年、一七八頁。

文化編・年表

年	月日	
1978年（昭和53年）	3月31日	中国男子バスケットボールチームが日本を訪問し、東京で七試合を行った。
	5月26日	著名な画家の東山魁夷は、中国で個展を行う史上初の日本人画家として、北京労働人民文化ホールで「東山魁夷展」を開催。
	6月27日	中国バスケットボールチームが日本に赴き、東京で行われた四カ国バスケットボール招待試合に参加した。
	6月	中国囲碁代表団が日本を訪問した。
	7月18日～8月26日	中国教育部と日本文部省が共同で日本語教師短期育成コースを運営した。
	8月14日～18日	日本男子バスケットボール代表団が中国を訪問し、北京国際男子バスケットボール友好招待試合に参加した。
	9月1日	中日友好協会など十一団体が人民大会堂で「中日平和友好条約」締結を祝う盛大なレセプションを行い、浜野清吾会長が招待に応え、日中友好議員連盟メンバー二十名からなる「日中締結を祝う日中議員連盟友好訪中団」を率いてレセプションへ参加した。
	10月	「中日平和友好条約」の正式発効を祝して、中国人民対外友好協会、中日友好協会および中国映画家協会が共同で「日本映画週間」を催し、中国八つの都市で『サンダカン八番娼館　望郷』、『君よ、憤怒の河を渉れ』、『キタキツネ物語』などの日本映画を上映した。
	11月25日	中国体操選手たちが初めて招待

年	月日	事項
		に応えて、日本へ赴き中部日本体操大会へ参加した。大会は日本の名古屋と東京の二ヵ所で行われた。
	11月〜12月	日本囲碁代表団が中国を訪問した。
		この年に、清水正夫を団長とする松山バレエ団が中国の北京、上海、杭州、昆明、成都、西安、大同などでクラシックバレエの『コッペリア』や『白鳥の湖』を上演した。訪中公演は十一月に幕を閉じた。
1979年（昭和54年）	1月8日	林健太郎、今里広記を団長とする歌舞伎訪中団が招待に応えて友好訪問を行い、公演を行った。
	3月	中国教育部、外交部と日本政府が協力して、長春の東北師範大学で日本の大学への留学を目的とした、中国政府による派遣留学生の予備教育機関である「中国赴日本国留学生予備学校」が設立された。
	3月14日	北京と東京が友好都市となる。
	4月16日	周恩来総理の詩碑「雨中嵐山」が京都の西部郊外にある嵐山公園で除幕され、周総理夫人であり、全国人民代表大会常務委員会副委員長でもある鄧穎超自ら除幕式に出席した。
	4月17日	中国中央テレビ（CCTV）と日本放送協会（NHK）は「テレビ番組『シルクロード』の共同制作に関する協定書」を締結し、中国初の大型テレビシリーズ・ドキュメンタリー番組『シルクロード』の共同出資による共同制作に合意した。
	6月	日本囲碁代表団が中国を訪問した。
	7月	「日本現代絵画展」が北京の労

年	月日	事項
		働人民文化ホールで開催された。
	9月7日～10月13日	「平山郁夫個展」が北京の労働人民文化ホールと広州の文化公園で相次いで開催された。
	9月17日	中国科学院と日本学術振興会が学術交流覚書に調印し、双方は研究者を互いに派遣し、両国研究者の関係を深め、研究成果と情報を交換することに合意した。
	9月29日	日中人文社会科学交流協会が東京で設立された。著名な経済学者の有沢広巳が会長を務めた。
	9月	中日友好協会、中国映画家協会と中国映画発行公司が共同で「日本映画週間」を催し、『愛と死』『お吟さま』『先生のつうしんぼ』『龍の子太郎』『金環蝕』の五本の映画を上映した。
	10月30日～11月13日	中国ソフトボール代表団が招待に応えて日本を訪問した。
	11月11日	中国留学生友の会が東京で設立された。
	12月6日	「中日文化交流協定」が北京で調印され、両国の文化、教育、学術、スポーツなどの分野における交流の目標が確認された。
1980年（昭和55年）	3月27日	中国新華社通信と日本の共同通信社との間で音声専用回線の共同運営に関する協定が調印された。
	4月9日～22日	日本ソフトボール協会常務理事御喜正を団長とする日本女子ソフトボール代表団が招待に応えて中国を訪問した。
	4月13日	奈良の唐招提寺の鑑真和上像の回覧展が中国で行われた。
	4月14日	中国新華社通信と日本の時事通信社との間にニュースに関する協力協定が東京で調印された。

4月21日～5月15日	鑑真和上像の里帰り巡回覧展の北京での開催を祝して、歌舞伎俳優の河原崎長十郎一行三人が、中央実験話劇院の招待に応え、話劇『鑑真東渡』の制作に協力し、五月五日に全国政治協商会議講堂で上演した。
4月	日本書道家代表団が中国を訪問した。
5月28日	中日両国政府が東京で「中日科学技術協力協定」に調印した。
5月	「日本映画週間」が杭州、北京、上海、西安で開催され、『天平の甍』を上演した。
6月19日	中国社会科学院と日本学術振興会が学術交流覚書に調印し、双方は研究者を互いに派遣することによって両国研究者同士の関係を強め、研究成果と情報などを交換して人文社会科学全分野における研究者交流を促進することに合意した。
7月14日	聶栄臻元帥が人民大会堂の新疆ホールで美穂子さん一家と対面した。
7月15日～20日	天羽民雄が率いる日本の文化政府代表団が中国を訪問した。
7月31日	日本ビクター少年合唱団が北京でコンサートを行った。
9月1日	第一回中日文化交流政府間協議が開催された。
9月	北京外国語学院における日本語教師研修センター（大平首相訪中の際に取り決めたものであるため、「大平学校」とも称されている）に対して、日本が十億円の資金援助を行った。
10月	「日本映画週間プレミア」が西安と成都で開催され、『絶唱』

		と『あゝ野麦峠』が上映された。
	10月	中国の漫画家代表団が日本を訪問した。
	11月10日～19日	NHKの招待に応え、中国放送芸術団民族楽団が日本を訪問し、公演を行った。
	11月	中国書道家代表団が日本を答礼訪問した。
	12月	愛知工業大学学長と南京工学院院長が友好大学提携を行う協定に調印することで、中日大学間の友好交流の幕開けとなった。
1981年（昭和56年）	3月20日	日本政府が中国政府に対して五千万円の文化無償協力を提供し、それに関する交換文書が北京で調印された。
	4月4日～26日	演出家の千田是也と女優の杉村春子が率いる日本新劇訪中団が中国で公演した。
	5月8日	舞踊家である藤乃隆浩を団長とする日中友好舞踊家訪中団が北京に到着した。九日に北京の人民大会堂で日本舞踊の古典である『寿式三番叟』、『春日民間舞』、『火の国旅情』を公演した。
	6月10日～15日	中国の水泳、ダイビング、水球代表団が日本を訪問し、さらに十二、十三日に東京で試合を行った。
	6月22日～7月4日	舞台演出家の上田照也を団長とする日本能楽訪中団一行二十七人が中国戯曲家協会の招待に応え、中国を訪問した。
	6月23日～24日	第一回中日科学技術協力委員会が北京で開催され、会議紀要への署名がなされた。
	9月5日～13日	第一回中・日・米女子ソフトボール大会が東京で開かれた。

年	月日	事項
	9月	中国で日本科学技術映画祭が開催され、三十二本の映画が上映された。
	11月	日本学術振興会の増田四郎会長が団体を率いて中国を訪問し、双方の研究者を交換して研究することなどに関する学術交流覚書を中国教育部と結んだ。
	12月9日	劇団民藝が東京で中国の劇作家の曹禺の名作『日の出』を上演した。
1982年（昭和57年）	4月6日～6月4日	北京京劇団が日中芸協の招待に応え、東京などを訪問し、公演を行った。
	4月	「中国敦煌壁画展」が日本で開催された。
	5月	日本学術振興会の増田四郎会長が団体を率いて中国を訪問した。
	6月8日	歌手の村田英雄が北京で初の訪中コンサートを行った。
	6月12日～13日	中国水泳代表団が日本を訪問し、神戸で行われた第一回中日水泳競技大会に参加した。
	7月28日	日中音楽交流協会の小笠原美都子会長を団長とする「日中音楽友好の翼」訪中団一行三十名あまりがハルビンに到着し、第十回「ハルビンの夏」音楽会に参加した。
	8月6日	日本芸術院の有光次郎院長の率いる日本民族舞踊芸術団が、中日国交正常化十周年を祝して中国を訪問し、公演を行った。
	8月10日～24日	中国文化部の招待に応え、佐伯勇（日本文楽協会理事長、近畿日本鉄道株式会社代表取締役会長）を団長とし、白土吾夫を副団長、山本弘を顧問とする文楽（人形）訪中団一行四十二名が中国を訪問し、北京と上海など

		で公演を行った。
	8月29日	中日両国の合作映画『未完の対局』のプレミアが東京と北京で盛大に行われた。
	8月30日〜9月15日	日本話劇人社の招待に応え、中国戯劇家協会の江蘇分会の副主席で阿Qを演じた江蘇省話劇団の俳優の張輝、『阿Q正伝』を演出する中央実験話劇院の文興宇が日本を訪問し、話劇人社の『阿Q正伝』を観劇した。
	9月4日〜10月9日	中国京劇団（山東京劇団）が招待に応えて東京と京都などの都市を訪問し、公演を行った。
	9月	中国画院・日本南画院連合展が日本で開催された。
	10月3日	音楽家の團伊玖磨、小林武史と浅野繁の三名が北京に到着し、八日に北京映画交響楽団と赤塔講堂で共同演奏を行った。
	10月7日〜9日	第一回中日民間人会議が東京で開催された。
	10月	中国の著名な画家である「関山月展」と、「李可染展」が日本で開催された。
	12月	中国映画家協会が五都市で日本映画名作鑑賞会を行い、一九五〇年代から六〇年代の十四作品を上映した。
1983年（昭和58年）	1月	中国書道家協会代表団が日本を訪問した。
	2月	「日中芸術展」が東京で開催された。
	3月17日	第二回中日文化交流政府間協議が東京で行われ、双方はさらなる中日文化交流についての意見を交わした。
	3月	「中日書道芸術交流展」が北京

		で開催された。
	3月	天津市が神戸前市長である宮崎辰雄に「天津市栄誉市民」の称号を授与した。これは中国が外国人に贈った初めての「栄誉市民」称号となった。
	7月6日	第一回中日友好交流会議が北京で開催された。
	9月10日～10月5日	夏淳を団長、于是之を副団長とする北京人民芸術劇院の『茶館』チーム訪日上演団一行七十名が、日本の国際交流基金、民主音楽協会、日本新劇俳優協会などの団体の招待に応え、東京、京都、大阪、広島などを訪問し、『茶館』を上演した。
	10月1日	「中国秦・兵馬俑展」が日本各地で開催された。
	10月27日	「中国内蒙古北方騎馬民族文物展」が東京、大阪、京都、名古
1984年（昭和59年）		屋と九州などで開催された。
	2月	中国文化部の呂志先副部長と中国駐在日本大使の鹿取泰衛がそれぞれ本国政府を代表して、北京で中日文化無償協力の交換文書に署名した。
	3月	北京京劇院三団が日中芸協の招待に応え、日本を訪問して公演を行った。
	3月	国務院の認可を経て、天津市が中国初の国外友好都市顧問団である神戸港湾顧問団を招き、天津港における湾岸混雑の状況改善に貢献した。
	4月	舒同主席を団長とする中国書道家協会代表団が日本を訪問した。
	6月26日	第二回中日民間人会議が北京で行われた。
	7月10日	「中国歴代陶磁展」が東京の西

武美術館で開催された。

8月7日〜13日	日本の劇団の新制作座の遠山美保を団長とする一行が中国を訪問した。
8月	森喜朗文部大臣が中国を訪問し、北京で何東昌教育部長と「会談覚書」に正式署名した。
9月22日	「中国陶俑の美展」が日本で巡回展示された。
9月24日〜10月8日	四十七都道府県から三千名の日本青年が、それぞれ上海、杭州、南京、北京、西安と武漢の六つの都市で中国青年と湖上パーティやキャンプファイアを行うほか、名所めぐり、関連施設の参観や家庭訪問などを行った。
9月30日	中国国家体育委員会、中華全国体育総会が北京でレセプションを行い、日本からの三千名に上るスポーツ界の友人による訪中

を熱烈に歓迎した。

10月	NECが賛助し、新体育雑誌社の後援によって開催される「日中スーパー囲碁NEC杯」が正式にスタートした。
10月	中国武術協会が日本を含む十二の国と地域の武術団体責任者を招待し、武漢で国際武術座談会を開催した。武術が世界でさらに発展することに関する討論が行われ、「覚書」が調印された。
10月	「呉作人・蕭淑芳作品展」が東京と大阪で開催された。
11月8日〜22日	井上清が中日文化交流協会代表団を率いて訪中した。
12月4日〜13日	中国文化部と中国対外演出公司の招待に応え、「劇団世代」訪中団が中国を訪れ、公演を行った。

1985年（昭和60年）	4月30日～5月2日	第一回中日大学学長会議が北京香山飯店で開かれた。
	6月28日	「故宮博物院展　紫禁城の宮廷芸術」が東京、長崎、名古屋、大阪の四都市で巡回展示された。
	7月20日～22日	中国ソフトボール協会の主催によって、第二回中・日・米女子ソフトボール大会が北京で行われた。
	7月	日本で「中国映画回顧祭」が開催され、桑孤を団長とする中国映画代表団が日本を訪れ、映画祭の活動に参加した。
	7月	中日大学学長会議が東京で開催された。
	8月	西安で第一回国際武術招待試合が行われ、日本、ベルギー、フランスなど十七の国と地域の代表が会議を開催し、国際武術機関の設立について再度話しあった。
	9月	中国女子ソフトボールチームが日本を訪れ、大阪、広島、宮崎、高知などでジャパン・カップ女子ソフトボール大会に出場した。
	9月	北京外国語学院（現・北京外国語大学）で「北京日本学研究センター」が設立された。（当時「北京日本学センター」と称されていた）
	10月4日	「中国敦煌展」が、東京の富士美術館、福岡市美術館、長野の信濃美術館、奈良県美術館と静岡の富士美術館の五つの地で巡回展示された。
	11月	「中国新作映画祭」が東京と大阪で開催された。胡健をはじめとする中国映画代表団が訪日して映画祭に参加した。
1986年	4月15日～18日	第三回中日民間人会議が東京で

（昭和61年）		開催された。
	5月20日	「黄河文明展」が東京、大阪、奈良、札幌と名古屋などで開催された。
	8月14日	人民大会堂で「日中笹川医学奨学制度協定書」の調印式が行われ、本事業が正式に発足した。
	9月	中国書道家協会の陸石副主席が中国書道家代表団を率いて日本を訪問した。
	10月28日〜30日	第二回中日大学学長会議が東京で行われた。
	10月29日	中日両国が中日青年交流センターの設立に関する文書に調印した。
	11月8日	胡耀邦総書記の招待に応え、中曽根康弘首相が中国を訪問し、中日青年交流センターの定礎式典に出席した。
	11月	日本とシンガポールを含む八つの国と地域が参加するアジア武術連盟設立委員会が天津で設立された。さらに一九八七年九月二十五日、横浜でアジア武術連盟が正式に設立された。
1987年（昭和62年）	3月	「中日女流書道交流展」が北京の中国美術館で行われた。
	4月10日	中日両国の書道家たちが、王羲之が昔「蘭亭集序」を記したといわれる紹興の蘭亭に集まり、当時の「蘭亭集の会」にならって「中日蘭亭書会」を行った。会は未曾有の盛況をみせた。
	4月	中国文化部部長の王蒙が日本を訪問した。
	7月5日〜7日	第三回中日友好交流会議が北京で行われた。
	8月30日	二日間にわたる中日少年スポー

		ツ交流大会が閉幕した。一九八六年に中国少年スポーツ代表団が日本を訪問し、試合を行ったものに続く二回目のものである。
	8月	中国現代書画学会が「中国現代書道展」を東京都美術館で開催した。
	8月	「中日書道シンポジウム」が上海で開催された。
	9月29日〜10月1日	作家の呂遠が日本の民間伝承に基づいて劇化、作曲したオペラ『歌仙――小野小町』が北京で上演された。
	9月	第四回中日文化交流政府間協議が東京で行われた。
	10月	日本で「中国映画回顧展」が行われ、中国映画代表団が日本を訪問し、活動に参加した。
	11月	中国女流書道家代表団が日本を

		訪問した。
1988年（昭和63年）	1月22日	日中友好会館完成式典が東京で行われた。
	3月20日	「北京故宮博物院展」が川崎、長浜、山形、静岡、札幌、船橋、福井、富山など九都市で開催された。
	4月24日	「中国古代科学技術展」が奈良市のシルクロード博覧会の中国古代科学館で展示された。
	4月28日〜30日	第四回中日民間人会議が北京で開催された。
	5月	佟韋を団長とする中国書道家協会代表団が日本を訪問した。
	8月25日〜30日	竹下登首相が訪中し、敦煌を訪れた際、敦煌石窟文化財に対して日本政府が無償援助を提供することに関して中国政府と合意した。これによって、日本政府

年	月日	事項
		が十億円の無償援助を提供し、「敦煌石窟文化財保存研究・展示センター」を建設することとなった。
	10月	中国映画資料館と中国映画家協会が「日本映画回顧展」を行った。
1989年（平成元年）	3月	「第二回中日女流書道交流展」が北京の中国美術館で開催された。
	4月	中日が合同でスーパー歌舞伎・京劇『リュウオー』を上演した。この協力は「中日文化交流史上の快挙」と称えられ、「二十一世紀の舞台新芸術に道標を示した」と評された。
	4月	中国書道家協会の啓功主席一行が日本を訪問した。
	11月20日～21日	第四回中日友好交流会議が東京で行われた。
	11月	中国女流書道家代表団が日本を訪問し、「第二回日中女流書道交流展」の開幕式に参加した。
	12月5日	中日間の政治、経済、文化、教育などの領域における友好交流活動に充てるため、笹川良一が五十億円を出資して、「笹川日中友好基金」を設立した。
1990年（平成2年）	1月18日～19日	第五回中日科学技術協力委員会が北京で開催された。
	3月17日	「中国・長沙馬王堆漢墓展」が大阪の万博記念公園（エキスポランド）で展示された。
	6月10日	笹川日中友好基金協定書が北京で調印された。
	9月3日～6日	第五回中日民間人会議が東京で開催された。
	9月	中国書道家協会刻字代表団が日

		本を訪問した。
	9月	「現代中国美術展――中国第七回全国美術作品展優秀作品」が東京で展示された。
	11月27日	中日友好都市卓球交歓大会が北京で行われた。
	12月	「中国第三回現代書道展」が日本で開催された。
1991年（平成3年）	4月2日	中国国家教育委員会と財団法人日本船舶振興会が北京の人民大会堂で、「笹川良一ヤングリーダー奨学基金」を中国に設立することに関する協定書の調印式を行った。
	9月	「平山郁夫シルクロード展」が北京で開催された。
	10月5日	中日科学技術討論会が東京で行われた。
	10月	「中日書道交流展」が北京で開催された。
	10月	「中国四季美展」が東京で開催された。
	11月27日～29日	第五回中日友好交流会議が北京で行われた。
	11月	高山辰雄が率いる日本美術家代表団が中国を訪問した。
1992年（平成4年）	2月	「中日書道展」が上海で開催された。
	3月17日～5月10日	「特別展　曾侯乙墓」が東京国立博物館で開催された。
	4月13日～23日	国家教育委員会副主任の滕藤を団長、中国教育国際交流協会責任者の呂型偉と倪孟雄を副団長とする幼稚園・小・中学校教員代表団の一行百二十六名が日本を訪問した。

	9月8日〜11月29日	「楼蘭王国と悠久の美女」展が東京で開催された。
	9月	「中日名家書道展」、「中日書道交流展」、「現代日本画展」が北京で開催された。
1993年（平成5年）	3月26日	中日両国政府が北京で、日本政府が二つの事業からなる総額八千四百万円の文化無償援助を中国に提供する交換文書に調印した。
	3月	「日中友好篆刻と書道展」が東京で開催された。
	6月	神戸大学大学院医学部の馬場茂明教授が、天津に中国唯一の予防、教育、科学研究を一体化した天津代謝病予防・治療センターの建設に対して、五億円の無償援助を行うよう、日本政府に提案し、働きかけた。
	7月15日	中国映画資料館と日本のフィルムセンターが共同で「日本映画回顧展」を北京、上海、広州などで開催した。
	11月	「中日現代絵画展」が中国美術館で開催された。
1994年（平成6年）	3月18日	日本がユネスコを通して中国に百万ドルを提供し、西安の唐大明宮含元殿の保存・修復を行うことを取り決めた。
	3月	文化交流の促進を主眼とする日本の国際交流基金北京事務所が正式に設立された。
	4月	ケア・ジャパンが陝西省の小学校に三千二百箱、五十万元相当の文房具を寄付した。
	4月	「中日仏教書画芸術展」が北京で開催された。
	6月	中国書道家協会と全日本書道連盟の合同による第十一回中国書

	道研究団が安徽省黄山市に赴き、歙硯と徽墨に関する研修を行った。
8月21日	竹下登前首相、平山郁夫日中友好協会会長および中国駐在日本大使の国広道彦らが、敦煌石窟文化財保存研究・展示センターの竣工式に参加した。
11月	「小林斗盦篆刻書道展」および「全日本篆刻連盟展」が北京の中国美術館で展示された。
1995年（平成7年）	
2月8日	兵庫県南部に阪神・淡路大震災が発生し、天津市は神戸市に三十万元相当の救援物資を提供した。
3月25日	ケア・ジャパンと日本のＰＴＡによる第五回中国小学生文房具贈呈式が北京で行われた。
5月	村山富市首相が招待に応え、中国を訪問した。村山首相は西安

	を参観訪問したとき、両国は日本政府による中国政府への文化無償援助協定に調印した。これによって、日本政府は陝西省文化財管理部門に対して、総額四千六百万円相当の撮影機材を無償で提供することが定められた。
6月19日	松下電器産業株式会社が、中国友好平和発展基金会に対して百万ドルを寄付し、「松下電器育英基金」を設立した。
10月1日	株式会社ダイエーグループによる中国国家教育委員会への寄付の調印式が北京で行われた。
1996年（平成8年）	
2月	日中友好協会会長である著名な画家の平山郁夫が中国を訪問し、国務院の李鵬総理と会見した。
3月22日	オムロン株式会社が中国教育部と北京で調印式を行い、共同で「オムロン中国教育基金」を設

		立した。
	4月3日〜5日	第六回中日民間人会議が北京で開催された。
	5月	「現代中国美術展」が日本の長崎、大阪、福岡、東京などの地で開催された。
	7月1日	中国映画合作制片公司が東京に代表事務所を設立した。
	7月1日	創業九十五周年記念事業として、電通グループは中国と協力し、「日中広告協力交流プロジェクト」を展開した。
	8月	「中日現代水墨画交流展」が中国美術館で開催された。
	9月9日	江沢民主席が北京で電通の成田豊社長と会見し、電通は中国教育部と正式な協力協定を結んだ。
	10月26日	「砂漠の美術館――永遠なる敦煌」展が東京で開幕し、福岡と神戸などで巡回展示された。
1997年（平成9年）	10月4日〜12月1日	「紫禁城の后妃と宮廷芸術」展が東京で開催された。
	12月5日	日中笹川医学奨学制度十周年記念式典が北京の人民大会堂で行われた。
	12月	日本の関東専門学校バレーボール連盟訪中団の一行四十名が、北京市国際スポーツ交流センターの招待に応えて北京を訪れ、第十回中日青年バレーボール友好交流試合に参加した。
1998年（平成10年）	8月26日〜9月6日	第七回中日民間人会議が東京で開催された。
	9月	中国書道家協会副主席である李鐸が、中国書道家代表団を率いて日本の東京などで講義を行った。

1999年（平成11年）	1月	民主音楽協会の招待に応え、中国京劇団が『覇王別姫』、『三岔口』と『借東風』などの京劇の古典を携えて日本を訪問し、二カ月間にわたって四十回の公演を行った。
	3月13日～6月13日	「金縷玉衣　銀縷玉衣――中国歴代王朝二二〇〇年展」が大阪の万博記念公園（エキスポランド）で展示された。
	3月	北京で海南省五指山地域貧困県市に対する寄付式典が行われ、ケア・ジャパンが二千百箱の文房具を寄付した。
	4月12日	「よみがえる漢王朝」展が大阪市立美術館で開幕し、千葉、青森、山口などで巡回展示された。
	5月12日～13日	北京の民族文化ホールで「鼓童」の太鼓演奏会が行われた。
	5月	「中日水墨画交流北京展」が炎黄芸術館で開催された。
	11月	中国映画資料館が第四回「日本映画回顧展」を開催した。
2000年（平成12年）	3月24日	「秦の始皇帝と兵馬俑展」が東北地方で巡回展示された。
	5月20日	中日文化観光交流大会が人民大会堂で開かれ、中日双方から約五千二百人が出席した。
	8月5日	「世界四大文明・中国古代文明展」が横浜美術館で開幕し、仙台、石川、香川、広島などで巡回展示された。
	8月	「中日書道作品展」が故宮博物院で開催された。
	8月	「華宝斎――中日漫画展」が中国美術館で開催された。
	9月22日	「北京　故宮博物院　黄金の至宝展」が岡山で開幕し、岐阜、

		佐賀、愛媛、浜松と島根などで巡回展示された。
	10月24日	「中国国宝展」が東京国立博物館で開催された。
	10月	第一回の中日学長会議が東京で行われた。
2001年（平成13年）	1月16日	日本の対中友好七団体と中国側の十団体が共同で「新世紀中日民間友好宣言」を発表した。
	2月13日	中国西部地区の十二の省と市の貧困学生を支援するため、京セラ株式会社名誉会長稲盛和夫と京セラ株式会社が、百万ドルを寄付し、「稲盛京セラ西部開発奨学基金」を設立した。
	8月3日	北京で中日政府が、日本の支援事業である「北京日本学研究センター拡張計画」の交換文書に調印した。
	9月	梅蘭芳逝去四十周年にあたり、息子の梅葆玖が梅蘭芳京劇団を率いて訪日、父親の往年の足跡をたどった。九日から十五日まで、梅蘭芳京劇団は東京の国立劇場で七回公演を行った。
2002年（平成14年）	1月16日	第十一回中日文化交流政府間協議が北京で行われた。
	2月	民主音楽協会の招待に応え、中国京劇院訪日団の一行四十五名が三ヵ月間にわたって訪日公演を行った。
	2月	中日国交正常化三十周年を祝うため、京劇の大家・梅蘭芳の後継者である梅葆玖と、能楽の大家である桜間真理が共演し、京劇と能楽による初めての共同公演『楊貴妃』を東京芸術劇場で上演した。
	4月2日～9日	李鵬委員長が日本を訪問し、小泉純一郎首相と中日国交正常化

		三十周年を記念する「中国文化年」と「日本文化年」の開幕式に出席した。
	4月14日〜17日	中日国交正常化三十周年を祝うため、中国人民対外友好協会と中国映画資料館、日本の日中文化交流協会が共同で、著名な女優の栗原小巻の映画作品展を北京で行った。
	4月	「日中友好書画交流展」が東京で開催された。
	8月20日	「シルクロード　絹と黄金の道」展が東京と大阪で開催された。
	9月18日〜22日	「二〇〇二年中国映画祭」が東京で開催された。
	9月21日	中国国家観光局と日本の国土交通省など関係部門の共催によって、「世々代々の友好、中国で会いましょう」という大規模な観光友好交流活動が北京の人民
		大会堂で開幕した。
	9月22日	中日国交正常化三十周年記念友好交流大会が人民大会堂で開催された。
	9月	中国の復旦大学の国際関係・公共事務学院、慶応大学総合政策学部、韓国の延世大学大学院の代表が、延世大学で覚書に調印し、三大学が協力して東北アジア国際関係に関する共同遠隔授業を始めることを取り決めた。
	10月	「日中メディア協力交流成果写真展」、「日中友好芸能フェスティバル」などが東京で開催された。
2003年（平成15年）	2月	「日中友好水墨画作品交流展」が東京で開催された。
	2月	第二回中日学長会議が東京で行われた。

	3月7日～8日	中国映画資料館の主催で「日本名作映画回顧展」が中国映画資料館芸術影院で開催された。
	12月31日	中国の「女子十二楽坊」がNHKの招待に応え、大晦日の夜に二〇〇三年「紅白歌合戦」に出場し、「紅白歌合戦」に参加する初の中国本土の音楽グループとなった。
2004年（平成16年）	2月	中国国際文化センターの招待に応え、世界的に著名な指揮者である小澤征爾がオーストリアのウィーン・フィルハーモニー管弦楽団を率いて、北京の人民大会堂および上海大劇院でコンサートを三回行った。
	4月1日～5月8日	「女子十二楽坊」が日本で三十二回に及ぶ全国コンサートツアーを行った。
	5月19日～21日	松山バレエ団名誉団長の清水正夫が招待に応えて中国を訪問し、北京舞踏学院で交流を行った。
	5月22日	「よみがえる四川文明——三星堆と金沙遺跡の秘宝」が日本で開催された。
	6月4日～11日	北京大学と早稲田大学が「北京大学－早稲田大学ダブルディグリー学生共同育成協定」に調印した。
	8月	第三回中日学長会議が北京で開催された。
	9月28日	「中国国宝展」が東京国立博物館平成館で開催された。
	11月6日	「中日書道絵画交流大展」が江蘇省無錫で開催された。
	11月	日本アニメの巨匠・手塚治虫の遺作を基にした『ぼくの孫悟空』のワールドプレミアムが、北京で開催された。

	11月	第一回笹川杯日本クイズ大会がハルビンで行われた。
2005年（平成17年）	4月1日	卓球選手の福原愛が、遼寧省本渓市で中国スーパーリーグ遼寧本鋼チームと、八カ月間にわたる契約を結んだ。
	4月12日	中国の三十五団体と日本の二十五団体の代表が東京で、「平和と善隣友好に関するアピール」を共同発表した。
	5月12日～14日	日本の人間国宝である俳優中村鴈治郎が歌舞伎近松座一行を率いて、北京公演を行った。
	5月25日	日本の文化財九十九点を展示した、「日本名宝展」が中国国家博物館で開催された。
	5月30日	著名な音楽家である譚盾が愛知県芸術センターのコンサートホールで上海交響楽団を指揮し、彼が湖南省西部の民謡から題材を得た作品『水楽』と『地図』を演奏した。
	6月18日	中国中央バレエ団と日本のNBAバレエ団の六十名あまりのトップダンサーたちが東京でハイレベルな交流公演を合同で行った。
	7月1日	「中国　美の十字路展――後漢から盛唐へ」が巡回展示された。
	7月	特別展「遣唐使と唐の美術」が東京国立博物館で開催された。
	9月16日～11月24日	民主音楽協会の招待に応え、天津歌舞劇院一行四十名あまりが東京、大阪など三十九都市で大型音楽舞踊『異彩流金』を計五十六回上演した。
	10月2日	世界的な指揮者で、七十歳となった小澤征爾が、北京保利劇院で名作歌劇「セビリアの理髪師」を指揮し、上演した。

年	月日	事項
	10月22日	張芸謀が監督した『単騎、千里を走る。』が、第十八回東京国際映画祭の開幕式でワールドプレミアとして上映された。
	12月	「イニシアチブとパートナーシップ——中日大学の使命と役割」をテーマとする中日学長会議第一回学術シンポジウムが、復旦大学で行われた。
2006年（平成18年）	3月10日	中日観光交流年の開幕式典が東京で行われ、中日観光交流年が開幕した。
	3月11日	中日アニメ映画の協力事業の発展を後押しするために、中国映画集団公司と日本のデジタルコンテンツ協会による「中日アニメ・映画産業発展フォーラム」が、北京の崑崙飯店で開催された。
	3月14日	日中文化交流協会創立五十周年を祝って、「中国音楽家の台頭」と題された音楽会が、東京のサントリーホールで開催された。中国国家交響楽団の常任指揮者の李心草が指揮し、上海音楽学院のバイオリニストの黄蒙拉が共演した。
	3月31日	中日卓球交流五十周年を祝って、一九五〇年—六〇年代に活躍した日本卓球選手や世界チャンピオンからなる代表団が北京に到着し、五日間にわたる友好訪問を行った。
	5月16日	中国の高校生二百名が日本を訪問した。
	5月23日	第十二回中日文化交流政府間協議が東京で行われた。
	6月16日	中国映画週間が東京で開幕した。
	8月	「中日映画協力フォーラム」が北京で開催され、五十名あまり

		の中日映画関係者が参加した。
	8月	第四回中日学長会議が中国の西安で行われた。
	10月21日	「二〇〇六年中日観光交流年」の重要な活動として、第三回東アジア国際観光博覧会のメイン・イベントである、中日観光資源交流展が大連の星海コンベンションセンターで開幕した。
	10月29日	第一回中日成人水泳競技大会が、北京の中日青年交流センターで行われた。
	11月28日	「二〇〇六年北京・日本映画週間」が中日青年交流センター世紀劇院で開幕した。
2007年（平成19年）	1月2日～2月25日	「悠久の美――中国国家博物館名品展」が東京国立博物館で開催された。
	3月12日	日本側が主催する「日中文化・スポーツ交流年」の開幕式が、北京の日本大使館で行われた。
	3月18日	中日文化・スポーツ交流年の文化交流活動の一つとして、日本の「劇団銅鑼」の演劇『センポ・スギハァラ』が北京の海淀劇院で上演された。
	4月12日	中日文化・スポーツ交流年の中国側開幕式が東京で行われた。温家宝総理と安倍晋三首相が開幕式に出席した。
	6月14日	中曽根康弘元首相率いる日中青年世代友好代表団が、五機に分乗して上海浦東国際空港に到着し、一週間にわたる「中日青年世代友好中国の旅」活動を開始した。
	6月17日	「中日文化・スポーツ交流年」の重要なイベントの一つ、また第十回上海国際映画祭の重要な活動の一つとして、日本映画週

		間が上海国際会議センターで開催された。
	6月	中国映画合作制片公司と財団法人日本映像国際振興協会（UNIJAPAN）は第十回上海国際映画祭の期間中に、「中日映画協力覚書」に調印した。
	7月14日	大型武術公演『少林寺伝説』が、中日国交正常化三十五周年を記念する重要なイベントの一つとして、東京で初上演された。
	8月17日	北京大学と日本の言論NPOによって共同実施された、第三回中日共同世論調査の結果が発表された。
	8月26日	日中笹川医学奨学金制度実施二十年を祝し、経験を総括し、事業に貢献した人々に感謝するため、中国衛生部と日本財団、笹川記念保健協力財団、日中医学協会が北京で記念セレモニーを共同開催した。
	8月28日	第四回中日青年ソフトボール友好交流試合が北京の豊台スポーツセンターで行われた。
	9月3日	「松竹大歌舞伎・近松座訪中公演団」一行七十五名が、中国で二十日間に渡る巡回公演を行った。
	9月29日・10月1日	著名な音楽家の谷村新司がプロデュースし、中日国交正常化三十五周年と中日文化・スポーツ交流年を記念するビッグコンサート「中日が手を携え、世紀をともに歩む　二〇〇七」が、上海と南京で行われた。
	10月2日〜10日	「第二回中日女流書道家代表作品展」が中国美術館で開催された。
	10月22日〜28日	中日国交正常化三十五周年を祝うために、東京国際映画祭「中

年	月日	事項
		国映画週間」が特別開催され、十月二十一日に渋谷の文化村で盛大に開幕した。
	11月9日〜12月4日	中国身体障害者芸術団の一行五十六名が日本を訪れ、大型音楽舞踊『My 夢 Dream』を巡回公演した。
	11月18日	「中日文化・スポーツ交流年」中国側の閉幕式が東京国際フォーラムのホールで行われ、中日各界の友好人士、日本の小中学校児童・生徒、教師、および中国人留学生の代表二千名あまりが出席した。
	11月20日	温家宝中国国務院総理と福田康夫首相がシンガポールで会談し、二〇〇八年を「中日青少年友好交流年」と定めた。
	12月28日	中日両国政府は、福田康夫首相の訪中期間に、『中日青少年友好交流年』の活動に関する覚
		書」に調印した。「覚書」は、文化、学術、環境保護、科学技術、メディア、映画・テレビ、観光などの分野で一連の青少年交流活動を進めることを明確にした。
2008年（平成20年）	3月10日〜16日	中国政府の招待に応え、新日中友好二十一世紀委員会の日本側座長の小林陽太郎を最高顧問、外務省政務官の宇野治を総団長とする、日本青少年「友好の使者」代表団の一行一千名が日本政府に派遣され、中国を訪問した。中日双方が北京で開催した「中日青少年友好交流年」開幕式に参加した。
	3月15日	中国人民大学の世紀館で、「二〇〇八中日青少年友好交流年」開幕式が行われた。二千八名の中日両国の青少年が集まり、多種多様な交流活動を展開した。
	5月3日	中日合作映画『靖国』が、東京、

		大阪、横浜で順時上映された。
	5月8日	胡錦濤中国国家主席が訪日中に、松山バレエ団を訪ね、日本の友人である清水正夫一家を訪問した。
	5月8日	中日青少年友好交流年の日本側開幕式が東京の早稲田大学で開催され、胡錦濤中国国家主席、福田康夫首相、中曽根康弘元首相が開幕式に参加した。
	8月1日	五月の胡錦濤中国国家主席による訪日中に、中日両国が調印した「文化センターの設置に関する日本国政府と中華人民共和国政府との間の協定」に基づいて、国際交流基金北京事務所を「国際基金北京日本文化センター」と改称した。

文化編・参考文献

中国戯劇年鑑編集部編『中国戯劇年鑑』中国戯劇出版社、一九八一年―一九八五年。

『一九八一年中国文芸年鑑』文化芸術出版社、一九八二年。

『中国教育年鑑　一九四九年―一九八一年』中国大百科全書出版社、一九八四年。

『中国教育年鑑』（一九八四年から二〇〇七年各年版）人民教育出版社、一九八四年―二〇〇七年。

『一九八三年中国文芸年鑑』文化芸術出版社、一九八五年。

外交部政策研究室『中国外交概況』世界知識出版社、一九八七年―一九九四年。

旅日華僑中日交流促進会主編『一衣帯水―中日国交正常化后中日関係回顧』同朋舎、一九八九年。

『一九八八中国音楽年鑑』文化芸術出版社、一九八九年。

『一九八八中国文芸年鑑』文化芸術出版社、一九九一年。

王奇生『中国留学生の歴史軌跡』湖北教育出版社、一九九二年。

『一九九一中国音楽年鑑』山東教育出版社、一九九二年。

卞彦勤「当代日中教育交流点描」『遼寧師範大学学報』、一九九三年第二期。

外交部政策研究司『中国外交』世界知識出版社、一九九五年―二〇〇七年。

王勇・上原昭一主編『中日文化交流史大系（七）芸術巻』浙江人民出版社、一九九六年。

田桓主編『戦後中日関係文献集（一九七一―一九九五）』中国社会科学出版社、一九九七年。

徐海寧「中美日三国留学生教育的状況与政策比較研究」『河北科技大学学報』、第二十一巻第一期、二〇〇一年六月。

中国文化編集委員会『中国文化年鑑』新華出版社、二〇〇一年―二〇〇七年。

徐之先主編『中日関係三十年（一九七二―二〇〇二）』時事出版社、二〇〇二年。

李喜所主編『中外五千年文化交流史』（第五巻）世界知識出版社、二〇〇二年。

田桓主編『戦後中日関係史（一九四五―一九九五）』中国社会科学出版社、二〇〇二年。

田正平主編『中外教育交流史』広東教育出版社、二〇〇四年。

教育部国際協力与交流司編『全球化背景下的中日大学合作与交流』、二〇〇六年。

李東翔「改革開放与中日留学生交流的新発展」『神州学人』二〇〇六年七月。

趙霞『邦交正常化以来的中日教育交流研究―以日本政府主導的事業為中心』、華中師範大学博士学位論文、二〇〇七年四月。

高剣華「日中留学生教育の現状及び政策に関する比較研究」『遼寧師範大学学報』、第三十一巻第一期、二〇〇八年一月。

『人民日報』
宋志勇「国際化時代中日重点大学的交流与協力」『イニシアチブとパートナーシップ――中日大学の使命と役割』中日学長会議第一回学術シンポジウム論文集』復旦大学日本研究センター、http://www.jsc.fudan.edu.cn/meeting/061208/06120807.pdf
中華人民共和国外交部ウェブ・サイト　http://www.fmprc.gov.cn
日本駐在中国大使館ウェブ・サイト　http://www.fmprc.gov.cn/ce/cejp/chn/
中国駐在日本大使館ウェブ・サイト　http://www.cn.emb-japan.go.jp/
中国京劇院ウェブ・サイト　http://www.cnpoc.cn
中国文化部ウェブ・サイト　http://www.ccnt.gov.cn
孫平化『中日友好随想録』世界知識出版社、一九八六年。
永野信利（顧汝鈺訳）『日中建交談判記実』時事出版社、一九八九年。
王振鎖『日本戦後五十年（一九四五―一九九五）』世界知識出版社、一九九六年。
張香山『中日関係管窺与見証』当代世界出版社、一九九八年。
天児慧、園田茂人編『日中交流の四半世紀』東洋経済新報社、一九九八年。
劉徳有『時光之旅――我経歴的中日関係』商務印書館、一九九九年。（邦訳、王雅丹訳『時は流れて―日中関係秘史五十年』藤原書店、二〇〇二年）
杉下恒夫『NPO・NGOガイド』自由国民社、二〇〇一年。
金熙徳『中日関係――復交三十周年的思考』世界知識出版社、二〇〇二年。
呉寄南、陳鴻斌『中日関係〝瓶頸〟論』時事出版社、二〇〇四年。
笪志剛『美麗的橋〈夢大地中国〉及中日友好暢想』日本僑報出版社、二〇〇五年。
呉学文、卓南生『中日関係出了什么問題』北京大学出版社、二〇〇五年。
翟新『近代以来日本民間渉外活動研究』中国社会科学出版社、二〇〇六年。
魯義『中日相互理解環有多遠　関于両国民衆相互認識的比較研究』世界知識出版社、二〇〇六年。
中国人民対外友好協会編『各国対華友好組織概況滙編』一九八二年改訂版。

あとがき

三十年前の一九七八年、中日両国は北京で正式に「中日平和友好条約」に署名し、二国間の平和友好関係を法律によって固め、これによって中日関係は新たな段階に入った。いみじくも一九七八年には、中国の歴史的な歩みと運命を変える改革開放政策が打ち出され、その後の三十年の中国史に新たな一ページを加えた。中日両国の関係はまさにこうした状況の中で数奇な三十年をたどってきたのである。

三十年の間、中日間の往来と交流は質、量ともに飛躍的な発展を遂げてきた。ある報道によるば、いまや中国は日本にとって最大の貿易相手国となり、また日本は中国にとって三番目の貿易パートナーないし三番目の投資国である。二〇〇七年に両国を行きかう人々の数は延べ五〇〇万人を突破した。今日、両国の交流の幅広さ、人数の多さ、双方への影響の大きさは、近代以降の中日交流史上で未曾有のものだといえる。もちろん、この三十年の間、両国の関係に波乱もあった。歴史認識、釣魚島、靖国神社などの問題に関して、両国は大きな隔たりを持っている。

本書の目的はできるだけ多角的かつ正確に、「中日平和友好条約」調印以降両国の政治、経済、文化教育および民間交流の大まかなようすを描くことである。既存研究をもとに、多くの読者が三十年間の中日交流の実情を理解できるよう、一般書として提供する。読者が三十年にわたる中日関係の実情をつかむ一助になればと願っている。このような位置づけのもと、我々は基本的に叙述することに重点を置き、三十年間の両国各分野の往来・交流について具体的な状況を客観的に描写し、分析は簡単、少量にとどめている。お読みになった内容に基づいて、読者ご自身で分析、判断いただくことを願う。

本書の編纂に加わった学者は、おもに中国社会科学院日本研究所、北京大学国際関係学院および歴史学部、中国人民大学国際関係学院および中国社会科学院近代史研究所の者である。執筆にあたっては、これまでの学術界の研究成果を参考にした。ここに深く感謝の意を表する。

また、笹川平和財団のご援助、中国社会科学院社会科学文献出版社に感謝したい。彼らは本書の執筆に先立つ準備および出版に大いに尽力した。

本書を出版するにあたって、我々はうれしく思うと同時にいささかの不安も感じている。三十年もの中日交流は極めて幅広い内容を持っている。したがって、漏れがあることは避けがたく、そのうえ我々の見識の狭さのせいもあり、内容が疎かになることはさらに避けがたい。ここに、読者各位のご理解とご教示を請いたい。

編集委員会

二〇〇八年十月

『中日友好交流三十年（一九七八－二〇〇八年）』編集委員会

編集代表　歩　平　謝寿光

副代表　王新生　張季風　楊　群

編集委員（姓氏の筆画順）

王新生　江新鳳　李　薇　李寒梅　楊　群

歩　平　初暁波　張季風　張青松　周穎昕

栄維木　徐思彦　徐輝琪　黄大慧　謝寿光

梁雲祥

編集長　楊　群

編集　劉　瑋　馬暁娟

編集代表略歴
歩　平（プー・ピン BU Ping）
中国社会科学院近代史研究所所長.
1948年生れ. 横浜市立大学, 新潟大学, 慶應義塾大学の客員教授を歴任. 2006年12月からスタートした「日中歴史共同研究」の中国側首席委員もつとめる.
主要著書：『黒龍江通史』（共著, 中国社会科学出版社, 2002年),『日本の中国侵略と毒ガス兵器』（明石書店, 1995年)『若者に伝えたい中国の歴史――共同の歴史認識に向けて』（共著, 明石書店, 2008年).

監訳者略歴
高原明生（たかはら あきお TAKAHARA　Akio）
東京大学大学院法学政治学研究科教授.
1981年 東京大学法学部卒業. 83年 サセックス大学開発問題研究所修士課程修了 88年 サセックス大学開発問題研究所博士課程修了. 88年 笹川平和財団研究員. 89年 在香港日本国総領事館専門調査員. 91年 桜美林大学国際学部専任講師. 93年 桜美林大学国際学部助教授. 95年 立教大学法学部助教授. 00年 立教大学法学部教授 05年 東京大学大学院法学政治学研究科教授.
主要著書：*The Politics of Wage Policy in Post-Revolutionary China*（Macmillan Press, 1992),『毛沢東, 鄧小平そして江沢民』（共著, 東洋経済新報社, 1999年),『平和・コミュニティ叢書1　東アジア安全保障の新展開』（共編著, 明石書店, 2005年),『現代アジア研究1　越境』アジア政経学会監修（共編著, 慶應義塾大学出版会, 2008年).

中日関係史　1978-2008

2009年8月1日　初　版

［検印廃止］

編集代表　歩　平

監 訳 者　高原明生

発 行 所　財団法人　東京大学出版会
代 表 者　長谷川寿一
113-8654 東京都文京区本郷7-3-1 東大構内
電話 03-3811-8814　Fax 03-3812-6958
振替 00160-6-59964

装　　幀　高麗隆彦
印 刷 所　株式会社精興社
製 本 所　牧製本印刷株式会社

ISBN 978-4-13-026250-7　Printed in Japan